Springer-Lehrbuch

Weitere Bände siehe
www.springer.com/series/1183

Christoph Safferling

Internationales Strafrecht

Strafanwendungsrecht –
Völkerstrafrecht –
Europäisches Strafrecht

 Springer

Professor Dr. Christoph Safferling
Institut für Kriminalwissenschaften
Philipps-Universität Marburg
Universitätsstraße 6
35032 Marburg
Deutschland
christoph.safferling@jura.uni-marburg.de

ISSN 0937-7433
ISBN 978-3-642-14913-9   e-ISBN 978-3-642-14914-6
DOI 10.1007/978-3-642-14914-6
Springer Heidelberg Dordrecht London New York

Die Deutsche Nationalbibliothek verzeichnet diese Publikation in der Deutschen Nationalbibliografie;
detaillierte bibliografische Daten sind im Internet über http://dnb.d-nb.de abrufbar.

Einbandentwurf: WMXDesign GmbH, Heidelberg

Gedruckt auf säurefreiem Papier

Springer ist Teil der Fachverlagsgruppe Springer Science+Business Media (www.springer.com)

Vorwort

Dieses Buch ist aus Lehrveranstaltungen zum Internationalen Strafrecht hervorgegangen, die ich in den letzten drei Jahren an der Philipps-Universität Marburg und der Friedrich-Alexander-Universität Erlangen-Nürnberg gehalten habe. Es umfasst den Bereich des Strafanwendungsrechts, des Völkerstrafrechts und des Europäischen Strafrechts und fasst diese Themen unter dem Oberbegriff des „Internationalen Strafrechts" zusammen, wie das in anderen Lehrbüchern auch schon geschehen ist. Damit sollen die Bereiche abgedeckt werden, die in vielen juristischen Fakultäten im Schwerpunktstudium gelehrt und geprüft werden. Die Zusammenfassung dieser Themen in einem Lernbuch erfolgt also aus diesem pragmatischen Grund. Strukturell und methodisch sind die drei Bereiche hingegen sehr unterschiedlich, so dass sich in der Darstellung kaum Synergien nutzen lassen. Die Abhandlung der eigenständigen internationalen Völkerstrafrechtsordnung macht es etwa erforderlich, ein Lehrbuch zu allen Teilen des materiellen Strafrechts (allgemeiner Teil und besonderer Teil) zu verfassen, und dazu wenigstens im Überblick in das Völkerstrafprozessrecht einzuführen. Für die Erörterung der Einflüsse der supranationalen Rechtsordnung, wie sie das Europarecht bildet, auf das nationale Straf- und Strafverfahrensrecht muss hingegen auf die komplexe Ebenenverschränkung zwischen nationalem Recht und europäischem Recht abgehoben werden. Beim Strafanwendungsrecht handelt es sich letztlich um eine Kommentierung der §§ 3–7, 9 StGB unter besonderer Berücksichtigung der völkerrechtlichen Herkunft und Legitimität der Vorschriften. Das vorliegende Buch umfasst also im Grunde drei Lehrbücher in einem.

Die Darstellung des Völkerstrafrechts richtet sich nicht nur an Studierende der Rechtswissenschaft, sondern – den Marburger Traditionen entsprechend – auch an Studierende der Friedens- und Konfliktforschung. Es wurde deshalb darauf geachtet, dass auch strafrechtliche Grundlagen und die historischen Hintergründe verständlich wiedergegeben werden. Zudem wird der Versuch unternommen, Strukturen aufzuzeigen und diese nach Möglichkeit auch graphisch darzustellen. Umfangreiche Prüfungsschemata richten sich nicht nur an die Jurastudenten zur Vorbereitung auf Klausuren, sondern sollen auch helfen, Zusammenhänge und Unterschiede zu verdeutlichen.

Die vielen Beispielsfälle, die zur Lebendigkeit des völkerstrafrechtlichen Teils beitragen sollen, sind aus der gemeinsamen Arbeit mit Mitarbeiterinnen und Mitarbeitern des Forschungs- und Dokumentationszentrums Kriegsverbrecherprozesse und meiner Professur hervorgegangen. Dazu zählen: Frau Alena Hartwig, Frau Franziska Kowalski, Frau Nadine Peter sowie die Herren Lars Büngener, Philipp Graebke, Florian Hansen, Sascha Hörmann, Martin Luber und Sebastian Nussbaum. Das Europäische Strafrecht wurde aus meinem vorlesungsbegleitenden Skript entwickelt, dessen Grundlagen meine ehemaligen Mitarbeiter, Dr. Simon Menz und Dr. Tobias Scholz, gelegt haben. An der Weiterentwicklung haben helfend mitgewirkt die Herren Timo Ide und Sebastian Kluckow. Im Teil Strafanwendungsrecht hat Frau Dr. Hilde Farthofer wertvolle Vorarbeiten beigetragen. Ihnen allen bin ich für die Opferung so mancher Abend- und Nachtstunde sehr dankbar. Dank schulde ich ebenfalls Frau Daniela Ziegler und Herrn Markus Bender, die dafür gesorgt haben, dass der allgemeine Lehrstuhlbetrieb aufrechterhalten werden konnte, auch wenn alle anderen Mitarbeiterinnen und Mitarbeiter mit Internationalem Strafrecht beschäftigt waren. Herr RA Dr. Stefan Kirsch, mit dem ich die Freude habe, Veranstaltungen zum Internationalen Strafrecht an der Philipps-Universität gemeinsam zu halten, hat etliche Teile des Manuskripts gelesen und meine Meinung zum Internationalen Strafrecht durch viele Gespräche mit geprägt. Herr Kollege Professor Dr. Claus Kreß war so freundlich, das Kapitel zur Aggression vorab zu lesen, damit grobe Missverständnisse bezüglich des Kampala-Kompromisses vermieden werden konnten. Vielen Dank dafür!

Ich danke außerdem Herrn RA Michael Salleck und der Kanzlei Salleck und Partner in Erlangen, in der ich außerhalb der Universität ein ruhiges Büro und eine angenehme Arbeitsatmosphäre vorfinde.

Dank sagen möchte ich auch Frau Seyfried und dem Springer-Verlag, die mir die Idee dieses Lehrbuchs angetragen und mir die Zeit gelassen haben, das Konzept so zu verwirklichen, wie ich es mir vorstelle.

Schließlich danke ich meiner lieben Frau Helga Weinland-Safferling und bitte um Verständnis und Entschuldigung für die vielen Momente, in denen ich mich gedanklich von der Arbeit schwer lösen konnte. Ihr und unseren Kindern, Mia und Julian, ist dieses Buch gewidmet.

Marburg/Erlangen   Christoph Safferling
im Januar 2011

Inhalt

Abkürzungsverzeichnis

a. A.	andere Ansicht
a. F.	alte Fassung
ABC-Waffen	Atomare, biologische und chemische Waffen
ABlEG	Amtsblatt der Europäischen Gemeinschaft
ABlEU	Amtsblatt der Europäischen Union
Abs.	Absatz
AEUV	Vertrag über die Arbeitsweise der Europäischen Union
AJIL	American Journal for International Law
AMG	Gesetz über den Verkehr mit Arzneimitteln (Arzneimittelgesetz)
APuZ	Aus Politik und Zeitgeschichte
ARIEL	Austrian Review of International and European Law
Art.	Artikel
AT	Allgemeiner Teil
Aufl.	Auflage
AVR	Archiv des Völkerrechts
AWG	Außenwirtschaftsgesetz
BAK	Blutalkoholkonzentration
BayObLG	Bayerisches Oberstes Landesgericht
Beschl.	Beschluss
BGB	Bürgerliches Gesetzbuch
BGBl.	Bundesgesetzblatt
BGH	Bundesgerichtshof
BGHSt	Entscheidungen des Bundesgerichtshofs in Strafsachen
BGHZ	Entscheidungen des Bundesgerichtshofs in Zivilsachen
BKA	Bundeskriminalamt
BR-Drucks.	Bundesratsdrucksache
BT	Besonderer Teil
BT-Drucks.	Bundestagsdrucksache
BVerfG	Bundesverfassungsgericht
BVerfGE	Entscheidungen des Bundesverfassungsgerichts
bzw.	beziehungsweise
ca.	circa

CJ	Corpus Juris
CLJ	Cambridge Law Journal
CR	Computer und Recht
Crim.L.R.	Criminal Law Report
CrimLR	Criminal Law Review
d. h.	das heißt
ders.	derselbe
dies.	dieselbe
Diss.	Dissertation
EAG	Europäische Atomgemeinschaft
ECCC	Extraordinary Chambers in the Courts of Cambodia
EG	Europäische Gemeinschaft
EGKS	Europäische Gemeinschaft für Kohle und Stahl
EGMR	Europäischer Gerichtshof für Menschenrechte
Einl. Rn.	Einleitung Randnummer
EJIL	European Journal for International Law
EJN	Europäisches Justizielles Netz
EMRK	Europäische Menschenrechtskonvention
Endg.	Endgültige Fassung
EU	Europäische Union
EuGH Slg.	Entscheidungssammlung des Europäischen Gerichtshofs
EuGH	Europäischer Gerichtshof
EuGRZ	Europäische Grundrechte-Zeitschrift
EuHbG	Europäisches Haftbefehlgesetz
EuR	Europarecht
EUV	Vertrag über die Europäische Union
Evtl.	eventuell
f.	folgende
ff.	folgende
Fn.	Fußnote
FS	Festschrift
GA	Goltdammer's Archiv für Strafrecht
GA-Res.	General Assembly Resolution
GASP	Gemeinsame Außen- und Sicherheitspolitik
GBA	Generalbundesanwaltschaft
Gem.	gemäß
GG	Grundgesetz für die Bundesrepublik Deutschland
GK	Genfer Konventionen
GLJ	German Law Journal
GO	Geschäftsordnung
h. L.	herrschende Lehre
h. M.	herrschende Meinung
HLKO	Haager Landkriegsordnung
HRRS	Höchstrichterliche Rechtsprechung in Strafsachen
Hrsg.	Herausgeber
HuV	Humanitäres Völkerrecht – Informationsschriften

i. d. F.	in der Fassung
i. S.	im Sinne
i. S. v.	im Sinne von
i. V. m.	in Verbindung mit
ICLR	International Criminal Law Review
IGH	Internationaler Gerichtshof
IKRK	Internationales Komitee des Roten Kreuzes
ILC	International Law Commission
ILM	International Legal Material
IMG	Internationaler Militärgerichtshof
IMGSt	Statut des Internationalen Militärgerichtshofs
IMT	International Military Tribunal
IMTFE	Internationaler Militärgerichtshof für den Fernen Osten
IPbpR	Internationaler Pakt über bürgerliche und politische Rechte
IPR	Internationales Privatrecht
IRG	Gesetz über die internationale Rechtshilfe in Strafsachen
ISAF	International Security Assistance Force
IStGH	Internationaler Strafgerichtshof
IStGHG	Ausführungsgesetz zum IStGH-Statut
IStGHSt	Statut des Internationalen Strafgerichtshofs
JA	Juristische Arbeitsblätter
Jb.J.ZivRWiss	Jahrbuch Junger Zivilrechtswissenschaftler
Jce	Joint criminal enterprise
JICJ	Journal of International Criminal Justice
JR	Juristische Rundschau
JStGH	Jugoslawienstrafgerichtshof
JStGHSt	Statut des Jugoslawienstrafgerichtshofs
Jura	Juristische Ausbildung
JuS	Juristische Schulung
JZ	Juristenzeitung
Kap.	Kapitel
Kfz	Kraftfahrzeug
KG	Kammergericht
Krit.	Kritisch
KritJ	Kritische Justiz
KritV	Kritische Vierteljahresschrift für Gesetzgebung und Rechtswissenschaft
LG	Landgericht
lit.	litera (Buchstabe)
LJIL	Leiden Journal of International Law
LK	Leipziger Kommentar
LKA	Landeskriminalamt
m. w. N.	mit weiteren Nachweisen
mE	meines Erachtens
MK	Münchener Kommentar zum StGB
n. F.	Neue Fassung

NATO	North Atlantic Treaty Organisation
NJ	Neue Justiz
NJW	Neue Juristische Wochenschrift
NK	Nomos Kommentar
Nr.	Nummer
NSDAP	Nationalsozialistische Deutsche Arbeiterpartei
NStZ	Neue Zeitschrift für Strafrecht
NStZ-RR	NStZ-Rechtsprechungsreport
NZWehrr	Neue Zeitschrift für Wehrrecht
OECD	Organisation for Economic Cooperation and Development
ÖJZ	Österreichische Juristenzeitung
OKW	Oberkommando der Wehrmacht
OLAF	Office européen de Lutte Anti-Fraude
OLG	Oberlandesgericht
PCIJ	Permanent Court of International Justice
PJZ	Polizeiliche und Justizielle Zusammenarbeit
Pkw	Personenkraftwagen
Rb	Rahmenbeschluss
Res.	Resolution
RG	Reichsgericht
RGBl.	Reichsgesetzblatt
RGSt	Entscheidungen des Reichsgerichts in Strafsachen
RiL	Richtlinie
Rn.	Randnummer
RPE	Rules of Procedure and Evidence
Rs.	Rechtssache
Rspr.	Rechtsprechung
RStGB	Reichsstrafgesetzbuch
RStGH	Ruandastrafgerichtshof
RStGHSt	Statut des Ruandastrafgerichtshofs
Rz.	Randziffer
S.	Seite; Satz
s.	siehe
s. o.	siehe oben
s. u.	siehe unten
SA	Sturmabteilung
SCSL	Special Court for Sierra Leone
SDÜ	Schengener Durchführungsübereinkommen
SIS	Schengener Informationssystem
SK	Systematischer Kommentar
sog.	so genannte(r)
SR-Res.	Sicherheitsrat Resolution
SRÜ	Seerechtsübereinkommen
SS	Schutzstaffel
StA	Staatsanwaltschaft
StGB	Strafgesetzbuch

StPO	Strafprozessordnung
str.	strittig
StraFo	Strafverteidigerforum
StV	Strafverteidiger
StVG	Straßenverkehrsgesetz
u. a.	unter anderem
u. U.	unter Umständen
UA	Unterabsatz
UCLA LR	University of California Los Angeles Law Review
UCLFA	Unité de Coordination de la Lutte Anti-Fraude
UN	United Nations
UNTS	United Nations Treaty Series
UNWCC	United Nations War Crimes Commission
USA	United States of America
usw.	und so weiter
v.	vom, von
v. a.	vor allem
Var.	Variante
Verb. Rs.	Verbundene Rechtssachen
vgl.	vergleiche
VN	Vereinte Nationen
VO	Verordnung
Vol.	Volume (Band)
VölkerR	Völkerrecht
Vorbem.	Vorbemerkung
VStGB	Völkerstrafgesetzbuch
WCC	War Crimes Chambers
wistra	Zeitschrift für Wirtschafts- und Steuerstrafrecht
Yb	Yearbook
YbIHL	Yearbook of International Humanitarian Law
z. B.	zum Beispiel
ZaöRV	Zeitschrift für ausländisches öffentliches Recht und Völkerrecht
ZEuS	Zeitschrift für Europarechtliche Studien
ZIS	Zeitschrift für Internationale Strafrechtsdogmatik
ZP	Zusatzprotokoll
ZRP	Zeitschrift für Rechtspolitik
ZStW	Zeitschrift für die gesamte Strafrechtswissenschaft
zust.	zustimmend
zutr.	zutreffend

§ 1 Internationalisierung des Strafrechts

Die Globalisierung macht auch vor dem Strafrecht nicht halt. Selbst wenn das **1** Strafrecht häufig mit der Souveränität des Nationalstaates in Verbindung gebracht und Strafgewalt als Hort der staatlichen Gewalt angesehen wird, zeigt die Entwicklung vor allem der letzten 30 Jahre, dass dem längst nicht mehr so ist. Dafür sind unmittelbar drei Ursachenebenen auszumachen:

1. Die **zunehmende Mobilität** der Menschen lässt Kriminalität über die staatlichen Grenzen hinauswachsen und wirft Fragen der Zuständigkeit und Kooperation im Hinblick auf strafrechtliche Verfolgung unter den Einzelstaaten auf.
2. Die Institutionalisierung der Verfolgung **internationaler Kernverbrechen** durch den Internationalen Strafgerichtshof und andere internationale Strafgerichtshöfe verfestigt eine neue internationale Strafrechtsordnung.
3. Die **Fortentwicklung des Europarechts** beeinflusst in immer stärkerem Maße auch das nationale Strafrecht und Strafprozessrecht.

Häufig wird in der universitären Ausbildung so getan, als sei das Strafrecht eine **2** isolierte Insel der Seeligen und das StGB frei von Einflüssen von außen. Das ist zunächst auch gut so und zwar nicht nur aus propädeutischen Gründen, sondern auch zur Schaffung einer Sensibilität für die rechtsstaatlichen Grundpfeiler des Strafrechts und Strafverfahrensrechts bei den Studierenden. Die Praxis der Strafverfolgung ist indes gezwungen, die Internationalisierung des Rechts und der Kriminalitätssachverhalte zur Kenntnis zu nehmen und darauf zu reagieren. Es ist deshalb richtig, wenn in spezifischen Schwerpunktangeboten an den Universitäten der überstaatliche Charakter des Strafrechts thematisiert wird und in Vorlesungen und Seminaren das Strafanwendungsrecht, das Völkerstrafrecht und das Europäische Strafrecht thematisiert werden. Wenigstens was die Europäisierung des Strafrechts anbelangt muss allerdings auch im Pflichtfachbereich der Zusammenhang einzelner Regelungen mit europäischen Vorgaben erörtert werden. Das gilt nicht nur für wirtschaftsstrafrechtliche Bereiche wie die Geldwäsche und den Subventionsbetrug. Auch das Umweltstrafrecht steht seit der Richtlinie 2008/99 unter europarechtlichem Einfluss, der Auswirkungen auf die Auslegung dieser Vorschriften haben muss und haben wird. Mit der Ausweitung der Kompetenzen zur Strafrechtssetzung

C. Safferling, *Internationales Strafrecht,*
DOI 10.1007/978-3-642-14914-6_1, © Springer-Verlag Berlin Heidelberg 2011

im weiteren Sinne durch den Lissabonner Vertrag wird diese Dynamik, wie man sie aus dem Zivil- und dem Verwaltungsrecht kennt, auch das Strafrecht erreichen.

3   In diesem Lehr- bzw. Lernbuch sollen diese teilweise sehr unterschiedlichen Auswirkungen der Globalisierung – das Strafanwendungsrecht, das Völkerstrafrecht und das Europäische Strafrecht – dargestellt werden. Dabei wurde besonderer Wert darauf gelegt, die Strukturen und Hintergründe der jeweiligen Regelungen zu beleuchten, in der Hoffnung, dass so den Studierenden der Zugang und das Verständnis erleichtert werden. Den Usancen der strafrechtlichen Ausbildung in Deutschland folgend wurde darüber hinaus der Versuch unternommen, Prüfungsschemata zu entwickeln, um die Anwendung im Einzelfall zu erleichtern. Das erweist sich angesichts der Andersartigkeit der Problemstellungen häufig als schwierig und gelingt vielleicht auch nicht immer. Einzelfallgerechtigkeit ist schließlich auch mit schematischer Rechtsanwendung nicht zu erreichen.

4   Das Strafrecht in seiner herkömmlichen freiheitlich-liberalen Form ist erheblichen Veränderungen und Verführungen ausgesetzt. Als härteste Reaktionsform staatlicher Gewalt muss seine Anwendung auch am stärksten kontrolliert werden. Die Versuchung, strafrechtliche Mittel zu missbrauchen und exzessiv anzuwenden, ist angesichts der weltweiten Sicherheitslage groß. Deshalb ist es besonders wichtig gerade bei neueren Entwicklungen wie dem Völkerstrafrecht oder dem Europäischen Strafrecht eine besondere Wachsamkeit an den Tag zu legen und auf der Einhaltung rechtsstaatlicher Kautelen zu beharren. In diesem Sinne soll dieses Buch auf Schieflagen und Probleme aufmerksam machen, auch wenn der Prozess der Internationalisierung und Europäisierung grundsätzlich als positive Entwicklung und als große gestalterische Chance für das Strafrecht gesehen wird.

§ 2 Erscheinungsformen des Internationalen Strafrechts

Internationales Strafrecht hat sich als Oberbegriff für eine ganze Reihe sehr unterschiedlicher Erscheinungsformen eingebürgert.[1] Der Begriff ist zwar wegen seiner Weite nicht sehr aussagekräftig und muss auch im Vergleich zu anderen Rechtsordnungen sehr vorsichtig verwendet werden, denn die Begriffe „*international criminal law*" oder „*droit pénal international*" sind mit dem deutschen Begriff „internationales Strafrecht" nicht synonym. Eine allgemeine Definition könnte jedoch wie folgt lauten:

1

> Internationales Strafrecht umfasst all diejenigen strafrechtlichen Normen oder Kriminalitätssachverhalte, die nicht ausschließlich nationalen Bezug aufweisen.

Anknüpfend an die in § 1 genannten Globalisierungssachverhalte mit strafrechtlichem Bezug lassen sich vier Anwendungsfälle des Internationalen Strafrechts unterscheiden:

1. Strafanwendungsrecht,
2. Rechtshilferecht,
3. Völkerstrafrecht und
4. Europäisches Strafrecht.

Alle dieser vier Erscheinungsformen haben einen spezifischen Zuschnitt und unterscheiden sich wesentlich voneinander.

---

[1] Vgl. die Lehrbücher von *Ambos* (2008) und *Satzger* (2010).

C. Safferling, *Internationales Strafrecht,*
DOI 10.1007/978-3-642-14914-6_2, © Springer-Verlag Berlin Heidelberg 2011

1 Strafanwendungsrecht

2   Das Internationale Strafrecht bezeichnet in erster Linie diejenigen Normen, die den Anwendungsbereich des nationalen Strafrechts festlegen.[2] Gerade hier ist der Begriff indes besonders irreführend, denn es handelt sich beim Strafanwendungsrecht um rein **nationale Regelungen** (§§ 3–7, 9 StGB und § 1 VStGB). Lediglich der tatsächliche Sachverhalt hat grenzüberschreitende Dimension und ist insoweit „international". „International" ist auch die hinter den Normen des StGB stehende Rechtfertigung der Anwendung des nationalen Strafrechts auf ausländische Sachverhalte, was potentiell einen Eingriff in die Souveränität eines anderen Staates bedeutet. Mögliche Anknüpfungspunkte (*genuine link*) für die Ausübung der nationalen Strafgewalt ergeben sich nämlich aus dem Völkerrecht.

Das Strafanwendungsrecht gewinnt in einer zunehmend **mobilen Welt** immer mehr an Bedeutung. Transnationale organisierte Kriminalität bedroht ebenso wie Terrorismus und internationaler Drogenhandel die Sicherheit mehrerer Staaten. Die Grundzüge des Strafanwendungsrechts werden in diesem Buch zu Beginn (§ 3) dargestellt.

2 Rechtshilferecht

3   Ebenfalls als Ausfluss zunehmender gesellschaftlicher Mobilität erfährt das Rechtshilferecht verstärkte Aufmerksamkeit. Dabei geht es um Regelungen, die der **grenzüberschreitenden Rechtsdurchsetzung** dienen. Dazu gehören Auslieferungen, Vollstreckungshilfe und die wechselseitige Beweisbeschaffung zur Strafverfolgung. Das Gesetz über die internationale Rechtshilfe in Strafsachen (IRG) bildet hierfür die Regelungsgrundlage im nationalen Recht neben einer ganzen Reihe an bi- und multilateralen Verträgen. Neben diese Zusammenarbeit unter den Nationalstaaten in horizontaler Hinsicht tritt auch die vertikale Kooperation mit internationalen Gerichtshöfen. So bestimmt etwa das Gesetz über die Zusammenarbeit mit dem Internationalen Strafgerichtshof (IStGHG) die maßgeblichen Regelungen im Verhältnis zwischen den deutschen Justizbehörden und dem Internationalen Strafgerichtshof (IStGH).

4   Die fortschreitende europäische Integration führt dazu, dass im **Unionsrecht** die strafrechtliche und polizeiliche Zusammenarbeit besonderer Aufmerksamkeit bedarf. Im Europäischen Strafrecht finden sich demnach eine ganze Reihe an Regelungen und Institutionen, welche die Zusammenarbeit der Mitgliedstaaten der EU hinsichtlich der Strafverfolgung vereinfachen sollen. So tritt etwa der Europäische Haftbefehl an die Stelle des klassischen Auslieferungsrechts mit dem Ziel, die Überstellung von Verdächtigen im Unionsraum zu beschleunigen.

---

[2] Vgl. etwa *Oehler*, Rn. 1.

In diesem Buch kann das Rechtshilferecht nicht umfassend dargestellt werden. Soweit es allerdings für die Zusammenarbeit im völkerstrafrechtlichen Kontext erforderlich ist (§ 8) oder für die Darstellung der Kriterien der Europäischen Strafverfolgung unerlässlich ist (§ 12), werden dort die entsprechenden Teilbereiche erörtert.

3 Völkerstrafrecht

Eine **eigenständige Strafrechtsordnung** auf völkerrechtlicher Ebene bildet das   5
sog. Völkerstrafrecht. Materiell ist es beschränkt auf die individuelle Verantwortlichkeit für vier Tatbestände, namentlich

* Völkermord,
* Verbrechen gegen die Menschlichkeit,
* Kriegsverbrechen und
* Aggression.

Dafür ist es mit eigenen Zurechnungsregeln versehen, die den gesamten Allgemeinen Teil des Strafrechts umfassen. Es kann durch eigene Gerichtshöfe auf internationaler Ebene durchgesetzt werden. Seit dem 01.07.2002 gibt es mit dem IStGH auch eine dauerhafte Institution, die auf der Grundlage eines eigenen Prozessrechts (Völkerstrafprozessrecht) Individuen wegen des Verdachts völkerrechtlicher Kernverbrechen in den Mitgliedstaaten verfolgen kann.

Völkerstrafrecht kann und muss aber auch durch nationale Strafverfolgungs-   6
behörden durchgesetzt werden, da der IStGH oder andere internationale Gerichte eine umfassende Strafverfolgung schon aus Kapazitätsgründen nicht gewährleisten können. Das Völkerstrafgesetzbuch (VStGB) setzt die internationalen Kernverbrechen in nationales Recht um. Dadurch soll ein möglichst homogenes Strafsystem geschaffen werden, dass sowohl den IStGH wie auch die nationalen Justizbehörden umfasst.

Da das Völkerstrafrecht eine selbständige Strafrechtsordnung darstellt, nimmt die Darstellung des Allgemeinen Teils, des Besonderen Teils und des Prozessrechts den größten Teil dieses Lehrbuchs ein (§ 4–8).

4 Europäisches Strafrecht

Die fortschreitende europäische Integration widmet sich zurzeit besonders inten-   7
siv dem Strafrecht. Der **Lissabonner Vertrag**, der als europäische Verfassung bezeichnet werden kann, hat die strafrechtlichen Kompetenzen der EU auf eine neue und breite Grundlage gestellt. Die Verwirklichung eines Raumes der Freiheit, der Sicherheit und des Rechts steht dabei als Ziel des Unionshandelns im Vordergrund. Die dazu erforderlichen Aktivitäten der EU erstrecken sich dabei sowohl auf das materielle Recht wie auch auf das Prozessrecht.

Der Begriff Europäisches Strafrecht ist indes nicht minder vage als der des Internationalen Strafrechts. Davon umfasst sind:

1. Eigenes **Kriminalstrafrecht** der EU, das bislang noch nicht verwirklicht ist;
2. **Europäisiertes nationales Strafrecht**, sowohl in materieller wie in prozessualer Hinsicht;
3. Zusammenarbeit zur **Strafverfolgung** innerhalb der EU; und
4. Einflüsse der **Europäischen Menschenrechtskonvention** (EMRK) auf das nationale Strafrecht.

8 Anders als beim Völkerstrafrecht bezieht sich der Begriff Europäisches Strafrecht also nicht auf eine eigenständige (supranationale) Strafrechtsordnung, sondern auf ganz unterschiedliche Bereiche der Diffusion des Unionsrechts in das nationale Recht, der strafrechtlichen Zusammenarbeit und der menschenrechtlichen Vorgaben vor allem für das nationale Strafverfahrensrecht. Das Europäische Strafrecht wird im letzten Teil des Buches ausführlich dargestellt (§ 9–13).

§ 3 Strafkompetenz und Kollisionsfälle

I Funktion des Strafanwendungsrechts

1 Begriff

Das Strafanwendungsrecht wird in der Terminologie oftmals auch als „Internationa- 1
les Strafrecht" bezeichnet.[1] Dadurch wird fälschlicherweise der Eindruck erweckt,
es würde sich um Strafrechtsnormen mit supranationalem Charakter handeln.[2] Das
„Strafanwendungsrecht" ist aber geregelt in §§ 3–7, 9 StGB und daher rein nationalen Ursprungs. Es legt ausschließlich fest, ob nationales Strafrecht anzuwenden
ist oder nicht und ob deutsche Strafverfolgungsbehörden und Strafgerichte tätig
werden dürfen. Daraus ergibt sich zwangsläufig, dass das Strafanwendungsrecht,
anders als das „Internationale Privatrecht" (IPR), das maßgeblich in den Art. 3–46
EGBGB geregelt ist,[3] kein **echtes Kollisionsrecht** ist. Das IPR legt die jeweils
anzuwendende Rechtsordnung fest und wägt dabei zwischen unterschiedlichen,
im Einzelfall kollidierenden Rechtsordnungen ab, um dasjenige Recht zu identifizieren, das die engste Berührung mit dem zu regelnden Fall aufweist.[4] Das Strafanwendungsrecht stellt demgegenüber allein auf die nationalen Interessen ab und
blendet somit den Kollisionsfall zu einer möglicherweise anderen gleichrangigen
Strafgewalt *de facto* aus.

Eine **Fremdanwendung** in dem Sinne, dass ausländisches Strafrecht von deut- 2
schen Gerichten angewendet wird, ist ohnedies ausgeschlossen.[5] Allenfalls mittelbar kann es zu einer Berücksichtigung des ausländischen Strafrechts kommen.[6]

---

[1] Vgl. z.B. Lackner/*Kühl*, Vor §§ 3–7 Rn. 1.

[2] *Ambos* (2008), § 1 Rn. 2; s. auch *Rengier*, AT (2010), § 6 Rn. 1.

[3] Mit Sonderregelungen im Wechsel-, Scheck-, Börsengesetz oder der Insolvenzordnung.

[4] Palandt/*Thorn*, EGBGB Einl. Art. 3 Rn. 1.

[5] *Hecker* (2010), § 2 Rn. 2.

[6] Vgl. dazu *Mankowski/Bock*, ZStW 120 (2008), S. 704.

C. Safferling, *Internationales Strafrecht*,
DOI 10.1007/978-3-642-14914-6_3, © Springer-Verlag Berlin Heidelberg 2011

Auch aus diesem Grund ist die Terminologie „Internationales Strafrecht" irreführend, weil sie eine so nicht gegebene Parallelität zum IPR suggeriert.[7]

Dieser Unterschied zwischen IPR und Strafanwendungsrecht verdeutlicht die Verschiedenheit der Regelungsmaterien, Privatrecht auf der einen und Strafrecht auf der anderen Seite. Beim **Privatrecht** und auch bei dessen gerichtlicher Durchsetzung handelt es sich um eine Angelegenheit, in der es grundsätzlich den Parteien vorbehalten ist, die Regeln, nach denen entschieden werden soll, selbst festzulegen. Sie können das anwendbare Recht, ebenso wie den Gerichtsstand auf der Grundlage ihrer Privatautonomie vereinbaren. Die staatlichen Gerichte stellen lediglich eine öffentlich zugängliche Dienstleistung dar, freilich mit dem Ergebnis einer hoheitlich wirksamen und damit auch durch roheste Gewalt durchsetzbaren Entscheidung über den Rechtsstreit.

3   Die **Strafgewalt** ist demgegenüber eng mit der staatlichen Souveränität verbunden und legitimiert sich im Wesentlichen über die Staatlichkeit selbst. Strafgerichte können daher nicht über das anzuwendende Gesetz entscheiden, sondern dienen stets der Durchsetzung der nationalen Strafgesetze und der Aufrechterhaltung der staatlichen öffentlichen Ordnung.[8] Würden deutsche Strafgerichte ausländische Strafgesetze anwenden, machten sie sich zu Agenten des ausländischen Staates und dessen Strafgewalt. Zwingend ist ein solches Verständnis freilich nicht und es erscheint vor dem Hintergrund vor allem der Entwicklung einer supranationalen Rechtsordnung im Rahmen der EU etwas verstaubt.[9] Ebenso führt die zunehmende Expansion des Strafrechts[10] dazu, dass in einigen Bereichen Strafrecht eher den Charakter moralisch neutraler technischer Durchsetzungsvorschriften aufweist und damit der Bezug zur staatlichen Gemeinschaft abnimmt. Gleichwohl bildet es die staatstheoretische Grundlage des deutschen Strafanwendungsrechts.

4   In der Sache betreffen die Normen des Strafanwendungsrechts daher eine Ausdehnung des nationalen Strafrechts über die Staatsgrenzen hinaus. Es geht demnach um eine transnationale Ausdehnung des nationalen Strafrechts. Daher wird vorgeschlagen, von **transnationalem Strafrecht** zu sprechen.[11] Allerdings ist auch dieser Begriff nicht eindeutig. Unter Transnationalität kann nämlich sowohl eine Rechtsregelung verstanden werden, die über eine nationale Rechtsordnung hinweg wirkt, als auch eine Regelung, die jenseits staatlicher Strukturen entsteht und seine Legitimität daher nicht dem formellen Verfassungsrecht, sondern den Erfordernissen der Selbstregulierung entspringt.[12]

---

[7] Schönke/Schröder/*Eser*, Vorbem §§ 3–7 Rn. 1.

[8] Vgl. auch LK/*Werle/Jeßberger*, Vor § 3 Rn. 8 und 330; MK/*Ambos*, Vor §§ 3–7 Rn. 2.

[9] Vgl. *Satzger* (2010), § 3 Rn. 5, der die „eiserne Grundregel" des Verbots der Fremdrechtsanwendung im Strafrecht zu Recht für archaisch hält.

[10] *Silva Sánchez*, Die Expansion des Strafrechts, 2003, S. 67 ff.: Der Autor spricht von einer Angleichung des Strafrechts an das verwaltungsrechtliche Risikomanagement.

[11] Vgl. MK/*Ambos*, Vor §§ 3–7 Rn. 1; Schönke/Schröder/*Eser*, Vorbem §§ 3–7 Rn. 2.

[12] Vgl. *Gralf-Peter Calliess*, Grenzüberschreitende Verbraucherverträge, 2006, S. 219. Transnationales Recht als „dritte Kategorie" neben nationalem und internationalem Recht.

2 Dogmatische Einordnung

Die Normen der §§ 3–7 StGB sind systematisch Teil des **materiellen Rechts**. Im internationalen Vergleich erweist sich das materiellrechtliche Verständnis der Strafanwendungsregeln als keine Selbstverständlichkeit. Vor allem im angloamerikanischen Rechtsraum ist die Strafanwendung Teil der Frage nach der Jurisdiktion, also der Gerichtsbarkeit, und somit dem Verfahrensrecht zugeordnet. 5

Trotz der systematischen Einordnung der Regeln des Strafanwendungsrechts im StGB besitzen die §§ 3–7 StGB auch eine verfahrensrechtliche Komponente. Zunächst ist aber festzuhalten, dass die Anwendung deutschen Strafrechts i. S. des Strafanwendungsrechts nach h. M. eine **objektive Bedingung** der Strafbarkeit darstellt.[13] Die Voraussetzungen der §§ 3–7 StGB sind daher keine Tatbestandsmerkmale, so dass sich darauf der Vorsatz nicht beziehen muss. Daraus ergibt sich, dass ein Tatbestandsirrtum (§ 16 Abs. 1 StGB) unbeachtlich bleibt, während ein Verbotsirrtum (§ 17 StGB) zu beachten ist. Fehlt dem Täter bei Begehung seiner Tat die Einsicht Unrecht zu tun, d. h. einen Straftatbestand des Strafrechts, gültig am Tatort, zu verwirklichen, handelt er ohne Schuld.[14]

Beispiel: Begeht ein Schweizer eine Straftat, von der er richtigerweise annimmt, dass sie nach Schweizer Strafgesetzbuch nicht strafbar ist, und geht aber dabei fälschlicherweise davon aus, sich nicht auf deutschem sondern auf schweizer Territorium zu befinden, ist dies ein beachtlicher Verbotsirrtum i. S. des § 17 StGB.

Prozessual hat das Fehlen der Voraussetzungen des Strafanwendungsrechts nach dem StGB zur Folge, dass ein **Prozesshindernis** besteht.[15] Das Verfahren vor dem deutschen Strafgericht müsste eingestellt werden und es ergeht kein Freispruch.[16] Demnach haben die Regeln des Strafanwendungsrechts eine materiellrechtlich-prozessuale **Doppelnatur**.[17]

3 Gefahren

Die Wirkung nationaler Strafgesetze über die Grenzen des staatlichen Territoriums hinaus birgt natürlich auch Gefahren. Um Souveränitätskonflikte zwischen den einzelnen Staaten zu vermeiden, ist der völkerrechtliche Grundsatz der Nichteinmischung zu beachten. Ein Staat hat nicht die Kompetenz, die Anwendbarkeit seines Strafrechts unbegrenzt über die eigenen Staatsgrenzen hinaus zu erweitern, er 6

---

[13] *Fischer*, Vor §§ 3–7 Rn. 30; *Hecker* (2010), § 2 Rn. 3; Lackner/*Kühl*, Vor §§ 3–7 Rn. 10; a.A. *Pawlik*, FS Schroeder, S. 357, 361, 373.

[14] *Satzger*, Jura 2010, 111.

[15] Vgl. *Volk*, GK-StPO § 14 Rn. 11.

[16] BGHSt 34, 1, 3; Lackner/*Kühl*, Vor §§ 3–7 Rn. 10; Schönke/Schröder/*Eser*, Vorbem §§ 3–7 Rn. 2.

[17] *Ambos* (2008), § 1 Rn. 4.

würde damit den bereits in Art. 2 Abs. 1 der Charta VN anerkannten Grundsatz der **souveränen Gleichheit der Staaten** missachten.[18] Die nationale Strafgewalt darf deshalb nur in speziellen Fällen über die Territoriumsgrenzen hinaus ausgedehnt werden.[19]

Es sollten nur Strafanwendungsprinzipien von den einzelnen Staaten angewendet werden, die völkerrechtlich zumindest teilweise anerkannt werden. Bedienen sich mehrere Staaten derselben Anknüpfungspunkte für die nationale Strafanwendung, kann es u. U. zu **positiven Kompetenzkonflikten** kommen, d. h. zwei oder mehr Staaten können strafverfolgend tätig werden. Der Vorrang sollte, bis auf wenige Ausnahmen,[20] dem Territorialitätsprinzip eingeräumt werden (s. u. Rn. 15). Eine gegenteilige Situation entsteht, wenn keiner der von der Tat und ihrem Erfolg betroffenen Staaten gewillt ist, seine Strafgewalt anzuwenden. Ein solcher **negativer Kompetenzkonflikt** ist aber in der Praxis äußerst selten.[21]

7 Ein positiver Aspekt der Erweiterung der nationalen Strafrechtsanwendung, über das Territorialitätsprinzip hinaus, ist eine Schließung allfälliger Strafbarkeitslücken. Entsteht aber ein oben bereits erwähnter positiver Kompetenzkonflikt, führt dies u. U. zu der Gefahr einer **mehrfachen Strafverfolgung**. Art. 103 Abs. 3 GG normiert für den Fall des Auftretens einer solchen Situation im Inland den Grundsatz „**ne bis in idem**" und verhindert damit eine Mehrfachverfolgung wegen derselben Tat (dazu auch § 12 Rn. 77). Dieser Grundsatz gilt aber – trotz seiner menschenrechtlichen Verbürgung in Art. 14 Abs. 7 IPbpR oder Art. 4 des 7. ZP zur EMRK – nicht im grenzüberschreitenden Kontext.[22] Die Internationalisierung des Doppelbestrafungsverbots kann nur durch völkerrechtliche Verträge erfolgen, wie z. B. gem. Art. 54 Schengener Durchführungsübereinkommen (SDÜ) oder Art. 50 der Europäischen Grundrechtecharta.[23] Für alle anderen Fälle gilt nicht das Erledigungsprinzip, sondern das **Anrechnungsprinzip**. Das hat zwei Konsequenzen, eine strafzumessungs- und eine verfahrensrechtliche:[24]

• **Strafzumessungsrecht**: Gem. **§ 51 Abs. 3 StGB** ist dem Täter bei einer neuerlichen Verurteilung für dieselbe Tat die im Ausland verbüßte Strafe **anzurechnen**.

---

[18] Vgl. dazu etwa Simma/*Fassbender/Bleckmann*, Art. 2 (1) Rn. 3 ff.; *Herdegen*, VR (2010), § 33 Rn. 1; *Kempen/Hillgruber* (2007), Kap. 6 Rn. 4.

[19] *Ambos* (2008), § 2 Rn. 2 ff.

[20] U.a. Art. 97 Abs. 1 SRÜ: „Im Fall eines Zusammenstoßes oder eines anderen mit der Führung eines Schiffes zusammenhängenden Ereignisses auf Hoher See, welche die strafrechtliche oder disziplinarische Verantwortlichkeit des Kapitäns oder einer sonstigen im Dienst des Schiffes stehenden Person nach sich ziehen könnten, darf ein Straf- oder Disziplinarverfahren gegen diese Personen nur vor den Justiz- oder Verwaltungsbehörden des Flaggenstaats oder des Staates eingeleitet werden, dessen Staatsangehörigkeit die betreffende Person besitzt."

[21] Im Fall „Öcalan" hatte Deutschland keinen Auslieferungsantrag an Italien gestellt, obwohl er aufgrund eines deutschen Haftbefehls festgenommen wurde.

[22] *Safferling* (2003), S. 319 ff.; *Ambos* (2008), § 4 Rn. 4 ff. vgl. dazu auch unten § 12 Rn. 77 ff.

[23] S. dazu unten § 12 Rn. 79 ff.

[24] Vgl. statt aller Matt/*Renzikowski*, Vor §§ 3–7 Rn. 18.

- **Verfahrensrecht**: Die Strafverfolgungsbehörden können aber gänzlich von einer weiteren Verfolgung gem. § 153 c StPO absehen, wenn die für die Tat nach deutschem Strafrecht zu verhängende Strafe im Hinblick auf die bereits verhängte und vollzogene Strafe im Ausland nicht mehr ins Gewicht fallen würde.

Das Strafanwendungsrecht hilft demnach nicht, Kompetenzkonflikte zwischen verschiedenen Strafrechtsordnungen zu lösen.[25] **Konkurrierende Zuständigkeiten** verschiedener nationaler Strafrechtsordnungen können zwischenstaatlich nur über gesonderte Regelungen in Bezug auf das Verbot der doppelten Strafverfolgung gelöst werden. Eine gelegentlich diskutierte Kompetenzverteilungsnorm, die auf einen Vorrang des Territorialitätsprinzips bauen würde, hat bislang keine umfassende Anerkennung erfahren und ist dem StGB fremd.[26] **8**

4 Schutzbereich deutscher Straftatbestände

Das Strafanwendungsrecht ist schließlich generell abhängig vom Schutzbereich der jeweils relevanten Strafnorm, wie er vom Gesetzgeber festgelegt wird.[27] Das ist im Grunde selbsterklärend, denn die Ausdehnung eines Straftatbestandes über die staatlichen Grenzen hinaus ist nur dann sinnvoll, wenn der Tatbestand auch **wirklich einschlägig** ist. Bezieht sich eine Strafnorm deshalb ausschließlich auf den Schutz inländischer Rechtsgüter, kann sie im Ausland keine Geltung beanspruchen. **9**

> **Beispiel:** Bei einem Championsleague-Spiel zwischen dem FC Bayern und Manchester United in Manchester widersetzt sich ein mitgereister, bayerischer Hooligan der Festnahme durch die englische Polizei. Ein solches Verhalten wäre, wenn es gegenüber einem deutschen Polizeibeamten an den Tag gelegt werden würde, nach § 113 StGB strafbar. Für die Anwendung auf den Beispielsfall müsste aber der Schutzbereich des § 113 StGB auch die englische Polizei umfassen. Das ist nach den allgemeinen Auslegungsmethoden nicht der Fall. Der Schutzbereich bezieht sich nur auf inländische Vollstreckungsbeamte.[28]

Ähnliches gilt bei den **Staatsschutzdelikten** wie Hochverrat nach §§ 81 ff. StGB, Landesverrat nach §§ 93 ff. StGB, bei Straftaten gegen die Landesverteidigung nach §§ 109 ff. StGB oder bei der Gefangenenbefreiung nach § 120 StGB, dem Vortäuschen einer Straftat nach § 145 d StGB oder der Strafvereitelung nach § 258 StGB und Steuer- und Zollhinterziehung (§§ 369, 370 AO).[29]

Allerdings kann im Rahmen der (unionsrechtskonformen) Auslegung auch über eine **europarechtlich notwendige Assimilierung** von Strafvorschriften der Anwendungsbereich auf Interessen der EU ausgedehnt werden (vgl. dazu auch § 11 **10**

---

[25] Vgl. Schönke/Schröder/*Eser*, Vorbem §§ 3–7 Rn. 60.

[26] Vgl. Matt/*Renzikowski*, Vor §§ 3–7 Rn. 14; dazu auch *Ambos* (2008), § 4 Rn. 128; *Hecker* (2010), § 2 Rn. 57 ff., dort auch zu den Regelungen im Rechtsraum der EU. Dazu auch unten § 12 Rn. 77 ff.

[27] S. *Ambos* (2008), § 1 Rn. 31.

[28] Vgl. etwa Lackner/*Kühl*, § 113 Rn. 2; Schönke/Schröder/*Eser*, § 113 Rn. 7.

[29] Vgl. dazu die Liste bei *Fischer*, Vor §§ 3–7 Rn. 9; Lackner/*Kühl*, Vor §§ 3–7 Rn. 9.

Rn. 31 ff.). So ist etwa nach § 154 StGB wegen Meineids auch strafbar, wer vor dem EuGH falsch schwört.[30] Dem Gesetzgeber bleibt es unbenommen, den Schutzbereich auf ausländische Rechtsgüter und Interessen auszudehnen. So gilt Steuerhinterziehung nach § 370 Abs. 6 AO auch für Abgaben, die von anderen EU-Mitgliedstaaten verwaltet werden.[31] Ebenso ist vom Schutzbereich des § 264 Abs. 1 StGB (Subventionsbetrug) nach Abs. 7 auch der EU-Finanzhaushalt umfasst. Damit erweitert sich die Reichweite des Schutzbereichs des deutschen Strafrechts.

11   Die Beschränkung des Schutzbereichs auf nationale Interessen wirkt sich vor allem bei kollektiven Rechtsgütern aus. Eine ähnliche Reichweitenbegrenzung ist bei **Individualrechtsgütern** wenig einleuchtend. Leben, Freiheit, Vermögen, Eigentum oder Ehre sind unabhängig von der Staatsangehörigkeit schützenswert; vielmehr wohnen sie jedem Menschen als unveräußerliche persönliche Rechte inne.[32] Die Frage nach der Schutzbereichsbeschränkung wird deshalb bei Individualrechtsgütern kaum relevant werden.

5 Prüfungsreihenfolge

12   In der gutachterlichen Prüfung des Strafanwendungsrechts sind demnach neben den Anwendungstatbeständen der §§ 3 ff. StGB auch die Fragen der Reichweite der Norm zu beachten. Demnach ist wie folgt zu prüfen:[33]

> 1. Prüfung der **Prinzipien des Strafanwendungsrechts** nach §§ 3 ff. StGB
> 2. Prüfung des **Schutzbereichs der konkreten Norm** in Hinblick auf ausländische Rechtsgüter unter besonderer Beachtung des Erfordernisses der **unionsrechtskonformen** Auslegung.

Zu beachten ist, dass diese Voraussetzungen jeweils für jeden in Betracht kommenden Strafrechtsverstoß isoliert geprüft werden müssen.[34]

Im obigen Fall des Widerstands des Hooligans gegen einen englischen Polizeibeamten in Manchester wäre daher (1) grundsätzlich das deutsche Strafrecht nach § 7 Abs. 2 Nr. 1 StGB (aktives Personalitätsprinzip, vgl. u. Rn. 33 ff.) anwendbar. Allerdings erstreckt sich (2) der Schutz des § 113 StGB nicht auf die englische Polizei. Hätte der Hooligan im Zuge seines Widerstandes den englischen Polizisten körperlich verletzt, könnte ein Verfahren in

---

[30] Dazu *Hecker* (2010), § 2 Rn. 6.

[31] Dazu auch *Fischer*, Vor §§ 3–7 Rn. 9.

[32] Vgl. OLG Karlsruhe NStZ 1985, 317; *Rath*, JA 2007, 26, 34; LK/*Werle/Jeßberger*, Vor §§ 3–7 Rn. 274 f.; Matt/*Renzikowski*, Vor §§ 3–7 Rn. 15; MK/*Ambos*, Vor §§ 3–7 Rn. 86 ff.; NK/*Lemke*, Vor §§ 3–7 Rn. 29; SK/*Hoyer*, Vor §§ 3–7 Rn. 33.

[33] So auch *Satzger* (2010), § 3 Rn. 9 und *Rengier*, AT (2010), § 6 Rn. 3–5.

[34] Vgl. *Fischer*, § 7 Rn. 9 a. E.

Deutschland wegen § 223 Abs. 1 StGB durchgeführt werden, da die Reichweite der Körperverletzung als Individualrechtsgut nicht auf inländische Rechtsgutsträger beschränkt ist. Als Anknüpfungstatbestand käme § 7 Abs. 2 Nr. 1 StGB in Betracht, da die Tat von einem Deutschen i. S. von Art. 116 Abs. 1 GG im Ausland begangen wurde und Körperverletzung auch nach englischem Recht strafbar ist.[35]

II Strafkompetenzen

Die Strafkompetenz ist mit der staatlichen Souveränität eng verbunden. Die Entscheidung über die Strafbarkeit bestimmter Sachverhalte ist deshalb eine Sache der **staatlichen Autonomie**, steht also letztlich in der Kompetenz des Gesetzgebers innerhalb der von der nationalen Verfassung vorgegebenen Grenzen. Das bezieht sich nicht nur auf die grundsätzliche Strafwürdigkeit eines Verhaltens,[36] sondern auch auf die Ausdehnung des Strafrechts auf Sachverhalte mit Auslandsbezug.   **13**

Da der Staat im Außenverhältnis indes in Konflikt zur Souveränität anderer Staaten gerät, ist die grundsätzliche Kompetenz zur Ausdehnung des Strafrechts **völkerrechtlich** beschränkt.[37] Da nach Art. 2 Abs. 1 Charta VN alle Staaten als gleich anerkannt sind, müssen die jeweiligen Souveränitätsstandpunkte auf der Ebene des Völkerrechts gegeneinander abgewogen werden (s. o. Rn. 6 ff.). Ein Staat kann demnach nur dann seine Staatsgewalt ausüben, wenn ein **sinnvoller – legitimierender – Anknüpfungspunkt**, ein sog. **genuine link**[38] zwischen dem Lebenssachverhalt und dem jeweiligen Staat besteht.[39] Dieses Erfordernis eines sinnvollen Anknüpfungspunktes wird in einer Reihe völkerrechtlich anerkannter Ausformungen konkretisiert. Darunter fallen: **14**

1. Territorialitätsprinzip
2. Flaggenprinzip
3. Aktives Personalitätsprinzip
4. Schutzprinzip
5. Weltrechtsprinzip
6. Stellvertretende Strafrechtspflege

---

[35] Als einfacher „assault" nach section 39 des Criminal Justice Act 1988 bzw. „inflicting grievous bodily harm" nach section 20 des Criminal Law Act 1967.

[36] Vgl. hierzu BVerfGE 120, 224.

[37] Vgl. auch *Hecker* (2010), § 2 Rn. 9.

[38] Zu den unterschiedlichen Terminologien vgl. *Ambos* (2008), § 2 Rn. 6.

[39] Vgl. dazu etwa IGH *Nottebohm*-Fall (Lichtenstein/Guatemala), IGH Rep. 1955, 4, 24 ff.: in diesem Fall ging es um die völkerrechtliche Wirksamkeit einer Einbürgerung; dazu *auch Delbrück/ Dahm/Wolfrum* (2002), S. 46; IGH *Barcelona Traction*-Fall (Belgien/Spanien), IGH Rep. 1970, 1 ff. hierbei ging es in Anknüpfung an *Nottebohm* um die Gewährung diplomatischen Schutzes für juristische Personen; vgl. dazu *Menzel/Pierlings/Hoffmann* (2005), S. 470.

Innerhalb dieser Prinzipien sind einzelne Modifikationen denkbar und möglich. Im Folgenden werden diese sechs genannten anerkannten Anknüpfungspunkte und ihre Bedeutung im deutschen Strafanwendungsrecht nach den §§ 3–7, 9 StGB dargestellt.

1 Territorialitätsprinzip

15 Das Territorialitätsprinzip wird häufig als Hauptprinzip des Strafanwendungsrechts bezeichnet.[40] Daran ist richtig, dass die Gebietshoheit elementarer Ausfluss nationaler Staatssouveränität ist und insofern den Ausgangspunkt der Strafgewalt darstellt.[41] Es wird ergänzt und erweitert durch andere Prinzipien.[42]

> Nach dem **Territorialitätsprinzip** (auch Gebietsgrundsatz) kann der Staat seine Strafgewalt auf alle Lebenssachverhalte erstrecken, die sich auf seinem Staatsgebiet ereignen.

Für die Anwendung des Territorialitätsprinzips ist (zunächst) der **Ort der Tathandlung** oder der Unterlassung ausschlaggebend. Der Staat, in dessen Hoheitsgebiet sich der Tatort befindet, darf seine Strafgewalt ausüben. Dabei unbeachtlich ist die Staatsangehörigkeit von Täter und Opfer.

> **Beispiel:** Schlägt auf dem Münchner Oktoberfest ein Schwede einen Italiener mit einem Bierkrug nieder, ist aufgrund der Erfüllung des Begriffs „Inland" i. S. des § 3 StGB deutsches Strafrecht anzuwenden.

16 Eine Erweiterung der Strafgewalt über den Ort der Tathandlung hinaus ergibt sich aus § 9 Abs. 1 StGB. Nicht nur der Ort, an dem der Täter gehandelt hat oder es unterlassen hat zu handeln, wird vom Territorialitätsprinzip umfasst, sondern auch jener Ort, an dem der Erfolg der Tat eingetreten ist, soweit der Straftatbestand einen Erfolg umfasst, der sog. **Ubiquitätsgrundsatz**. Der Begriff ergibt sich aus dem historischen Streit, ob das deutsche Strafrecht an der Tätigkeit oder am Erfolg anknüpft.[43] Die Antwort, die nun § 9 StGB bereithält, ist, dass das deutsche Strafrecht allgegenwärtig, also ubiquitär ist, d. h. es gilt sowohl am Ort der Handlung bzw. der Nichtvornahme der Handlung (Unterlassen) als auch am Ort des Erfolgseintritts. Der Gebietsgrundsatz umfasst somit auch die Auswirkungen einer strafrechtlich

---

[40] Vgl. etwa Lackner/*Kühl*, § 3 Rn. 1.

[41] Vgl. *Ambos* (2008), § 3 Rn. 4 u. Rn. 10, der aufgrund der mannigfaltigen Durchbrechungen den „Grundsatzcharakter" des Territorialitätsprinzips in Frage stellt.

[42] Ebenso Schönke/Schröder/Eser, § 3 Rn. 1.

[43] Vgl. *Jescheck/Weigend*, AT, § 18 IV 1.

relevanten Handlung,[44] aber nur soweit sie vom Tatbestand umfasst sind. Andere Folgen des Delikts bleiben für die Tatortbestimmung außer Betracht.[45]

> **Beispiel:** Vergiftet der A in Spanien kurz vor Antritt einer Deutschlandreise seinen Erbonkel und verstirbt dieser infolge des ihm verabreichten Giftes in Hamburg, wurde zwar die Tathandlung im Ausland gesetzt, der Erfolg, der Eintritt des Todes, trat aber im Inland ein.

Die Anwendung dieser Grundlagen ist im Einzelfall umstritten und schwierig. Im Folgenden sollen einige der Hauptprobleme dargestellt werden.

a) Täterschaft

Mittäterschaft. Das Gesetz bietet keine unmittelbare Antwort auf die Frage, nach   **17**
welchen Grundsätzen sich der Handlungsort bestimmt, wenn ein Mittäter im Inland und andere im Ausland tätig werden. Vorstellbar sind hier zwei Wege: nach der Einzellösung bestimmt sich der Handlungsort für jeden Mittäter getrennt.[46] Eine solche Betrachtungsweise wird der Struktur von § 25 Abs. 2 StGB als Zurechnungsnorm aber kaum gerecht, so dass der zweite Weg, die Gesamtbetrachtung richtig erscheint. Danach ist jeder Ort, an dem auch nur ein Mittäter gehandelt hat, Handlungsort.[47] Dass es dann mehrere Handlungsorte gibt und dass mehrere nationale Verfolgungskompetenzen konkurrieren, ist unschädlich. Dieses Problem muss auf zwischenstaatlicher Ebene gelöst werden.

Mittelbare Täterschaft. Ähnlich verhält es sich bei der mittelbaren Täterschaft,   **18**
wo es mit der Zurechnungsnorm des § 25 Abs. 1 Var. 2 StGB nicht zu vereinbaren scheint, für Werkzeug und Hintermann einen einzigen Handlungsort zu konstruieren. Die Handlung kann also sowohl dort, wo der Hintermann gehandelt hat, liegen, als auch dort, wo der unmittelbare Täter (Werkzeug) die Tat begangen hat.[48]

> **Beispiel:** T möchte als Begünstigter die Lebensversicherungssumme von O kassieren und überredet O deshalb, nach Genf zu fahren und sich dort das Leben zu nehmen, weil ihr dann ein besseres Leben in einer höheren Seinssphäre bevorstünde.[49] O ist hier die unmittelbare Täterin als Werkzeug gegen sich selbst, wenn sie sich nach Genf begibt und dort einen Selbstmordversuch unternimmt. T beherrscht die Tat von Deutschland aus, so dass Tatort jedenfalls auch Deutschland ist.

---

[44] Vgl. *Ambos* (2008), § 3 Rn. 6.

[45] BGH NStZ-RR 2007, 48, wo der Nachteil i.S. des § 266 Abs. 1 StGB im Ausland eingetreten war und nur sonstige Folgen in Deutschland eintraten. Die Voraussetzungen der §§ 3, 9 StGB wurden abgelehnt.

[46] Vgl. SK/*Hoyer* § 9 Rn. 5.

[47] Vgl. BGHSt 39, 90; BGH NStZ-RR 2009, 197; *Fischer*, § 9 Rn. 3a; *Miller/Rackow*, ZStW 117 (2005), S. 379, 408; *Satzger* (2010), § 5 Rn. 19.

[48] Vgl. BGH wistra 1991, 135; Lackner/*Kühl*, § 9 Rn. 2; LK/*Werle/Jeßberger*, § 9 Rn. 14; *Rath*, JA 2007, 26; *Satzger* (2010), § 5 Rn. 20.

[49] Vgl. BGHSt 32, 38 (Sirius-Fall).

b) Teilnahme

19 Für die Teilnahme (Anstiftung und Beihilfe) gilt die Sondervorschrift des § 9 Abs. 2 S. 1 StGB. Danach gibt es verschiedene Anknüpfungspunkte. Tatort ist

- der Ort der **Haupttat** (Handlungs- oder Erfolgsort nach § 9 Abs. 1 StGB),[50]
- der Ort der **Teilnahmehandlung** (Bestimmungshandlung oder Beihilfehandlung), und
- bei der versuchten Teilnahme nach § 30 Abs. 1 S. 1 StGB bestimmt sich der Tatort aus der **Vorstellung des Teilnehmers von der Haupttat**.[51]

Eine Sondervorschrift enthält § 9 Abs. 2 S. 2 StGB für Fälle, in denen die Haupttat eine Auslandstat ist, die nach dem Recht des Tatortstaates nicht strafbar ist, nach deutschem Recht aber strafbar wäre.

> **Beispiel:** Der Niederländer N telefoniert auf einer Geschäftsreise von Mannheim aus mit dem Frauenarzt seiner Frau und stiftet diesen an, bei ihr eine Abtreibung vorzunehmen. Nach deutschem Recht wäre dies eine strafbare Anstiftung nach §§ 218, 26 StGB. In den Niederlanden ist hingegen die Abtreibung kein Straftatbestand. Der Ort der Anstiftungshandlung ist allerdings Mannheim, so dass unabhängig von der Strafbarkeit der Tat nach niederländischem Recht nach § 9 Abs. 2 S. 2 StGB das StGB anwendbar ist. N hat sich demnach wegen Anstiftung zu einer Abtreibung strafbar gemacht.

20 Diese Konsequenz erschließt sich nicht unmittelbar, weshalb diese Regelung kriminalpolitisch auch oft kritisiert wird.[52] Hauptargument für die Anwendung des deutschen Strafrechts auf diese Fälle ist das **generalpräventive** Erfordernis, Teilnahmehandlungen auf deutschem Territorium gleich zu behandeln.[53] Die Vorschrift ist rechtspolitisch letztlich auch getragen von dem Ansinnen, negative Rückschlüsse auf das Ansehen der Bundesrepublik Deutschland zu vermeiden. Die materiellrechtlich zunächst übertrieben strikte Anwendungsregel des § 9 Abs. 2 S. 2 StGB wird in diesem Sinne **prozessual** abgefedert. Nach § 153 c Abs. 1 Nr. 1 StPO wird die Tat nämlich nur dann strafrechtlich verfolgt, wenn die Staatsanwaltschaft ein überwiegendes Verfolgungsinteresse feststellt (**Opportunitätsprinzip**).[54]

c) Delikte mit Dauercharakter

21 Bei **Dauerdelikten**, deren Tatbestandsverwirklichung auf unterschiedlichen Staatsgebieten durchgeführt wird, ist am Ausführungsort eines jeden Teilaktes ein Handlungsort gegeben.

---

[50] *Satzger* (2010), § 5 Rn. 35.

[51] S. Lackner/*Kühl*, § 9 Rn. 3.

[52] Vgl. etwa LK/*Werle/Jeßberger*, § 9 Rn. 52.; SK/*Hoyer*, § 9 Rn. 13.

[53] Vgl. dazu *Satzger* (2010), § 5 Rn. 39 ff.

[54] Vgl. *Fischer*, § 9 Rn. 10; *Jung*, JZ 1979, 325.

Beispiel: T sperrt in Frankreich sein Entführungsopfer in den Kofferraum seines Pkw und fährt damit nach Deutschland. Hier ist die Freiheitsberaubung (§ 239 StGB) als Dauerdelikt auch in Deutschland begangen.

Fraglich ist auch, wie bei Einzeldelikten, die in ihrer Zusammenschau die Gewerbs-, Geschäfts- oder **Gewohnheitsmäßigkeit** begründen würden, der Handlungsort bestimmt wird. Hier bleibt es nach überwiegender Ansicht bei der Einzelbetrachtung, so dass für jede einzelne Tat der Handlungsort bestimmt werden muss und keine Verklammerung über das wiederholte Tätigwerden im Sinne der Gewerbs-, Geschäfts- oder Gewohnheitsmäßigkeit konstituiert wird.[55]

d) Gefährdungsdelikte

Nicht unumstritten ist die Anknüpfung nationaler Strafrechtsanwendung bei **abstrakten Gefährdungsdelikten.** Hier liegt regelmäßig keine Rechtsgutsverletzung vor, sondern bereits die allgemeine Wahrscheinlichkeit einer Schädigung genügt für die Tatbestandsmäßigkeit. Abstrakte Gefährdungsdelikte knüpfen demnach nicht unmittelbar an einen Schädigungstatbestand an, sondern verbinden die Strafbarkeit mit der als gefährlich eingestuften Handlung.[56] Relevant wird die Frage der Anwendbarkeit deutschen Strafrechts vor allem im Umweltrecht.

    22

Beispiel: Ein dänisches Unternehmen entsorgt gefährliche Stoffe in der Nähe der deutschen Grenze außerhalb einer dafür zugelassenen Anlage. Der „Erfolg" der Tat ist bereits durch die nicht fachgerechte Beseitigung gem. § 326 Abs. 1 StGB eingetreten. Es bedarf keiner Verunreinigung deutschen Bodens im faktischen Sinne, sondern bereits die bloße Wahrscheinlichkeit ihres Eintritts reicht für die Verwirklichung des Straftatbestands aus.

Der zum Tatbestand gehörende „Erfolg" gem. § 9 Abs. 1 StGB darf nicht mit dem „Erfolg" i. S. des Erfolgsdelikts gleichgesetzt werden.[57] Die Ausdehnung der deutschen Strafgewalt i. S. der §§ 3 und 9 StGB ist aufgrund des räumlichen Wirkungskreises, in dem die Umwelt vor Einwirkungen geschützt werden soll, bestimmt.[58] Da die Vornahme der Handlung unbefugt, d. h. ohne amtliche Genehmigung erfolgen muss, ist anzunehmen, dass auch eine diesbezügliche Verbotsnorm im territorial zuständigen Staat besteht. Bei einem diesbezüglichen positiven Kompetenzkonflikt ist dem Tatortstaat Vorrang einzuräumen, außer dieser sieht aus nachvollziehbaren Gründen, d. h. Rechtfertigungs- oder Entschuldigungsgründen, von der Strafverfolgung ab. Kein Staat kann dazu verpflichtet werden eine grenzüberschreitende

    23

---

[55] Vgl. *Satzger* (2010), § 5 Rn. 22.

[56] Statt aller: *Roxin*, AT/1 § 10 Rn. 124 und § 11 Rn. 153 ff.

[57] So aber Lackner/*Kühl*, § 9 Rn. 2. Mangels Anknüpfungsmöglichkeit kommt das deutsche Strafrecht daher nicht in Betracht. Ähnlich auch Matt/*Renzikowski*, § 9 Rn. 10, der dem Gesetzgeber vorhält, mit der Entscheidung für das abstrakte Gefährdungsdelikt zugleich auf den „Erfolg" als Anknüpfungspunkt verzichtet zu haben.

[58] *Martin*, ZRP 1992, 19 ff.; a.A. *Satzger* (2010), § 5 Rn. 25 ff., der neben der gefährlichen Handlung außerdem eine Veränderung in der Außenwelt als „Zwischenerfolg" klassifiziert, der den Tatort begründen würde.

Umweltverschmutzung hinzunehmen, auch wenn der Tatortstaat diese billigen sollte.[59]

24 Bei **konkreten Gefährdungsdelikten** ist die Sachlage einfacher. Die konkrete Gefährdung stellt den tatbestandlichen Erfolg dar, so dass dort, wo diese eingetreten ist, der Erfolgsort i. S. von § 9 Abs. 1 StGB zu finden ist.[60]

> **Beispiel:** Eine Trunkenheitsfahrt, die in Österreich beginnt, führt in Passau zu einem „Beinahe-Unfall". Das deutsche Strafrecht ist in Form von § 315 c Abs. 1 Nr. 1 a) StGB anwendbar, da der Erfolgsort in Deutschland liegt.[61]

e) Verbreitungsdelikte (Internetkriminalität)

25 Bei Verbreitungs- und Äußerungsdelikten im Internet stellt sich das Problem der Anknüpfung in besonderer Weise. Inhalte, die irgendwo auf der Welt in das *world wide web* eingestellt werden, können überall abgerufen werden. Ist dann aber etwa für alle *downloads*, die auf deutschem Boden durchgeführt werden, das deutsche Strafrecht anwendbar? Die Folge wäre eine **globale Zuständigkeit** des deutschen Strafrechts, da ja die Möglichkeit, Inhalte aus dem Internet abzurufen, im Grunde immer besteht.[62] Unter Berücksichtigung des völkerrechtlichen Reziprozitätsgrundsatzes ergäbe sich umgekehrt, dass jedes Einstellen von Inhalten in das Internet am jeweils strengsten Strafrecht zu messen wäre. Erlaubt wäre ein Hochladen demnach nur dann, wenn die Verbreitung der Inhalte nirgends unter Strafe stünde, was angesichts repressiver Rechtssysteme wie China oder Saudi-Arabien kaum akzeptabel scheint.[63]

26 Probleme mit der Frage der Anwendung des deutschen Strafrechts bestehen insbesondere bei

- der Verbreitung der sog. **Auschwitzlüge** (§ 130 Abs. 1 und 3 StGB),
- der Verbreitung pornographischer Schriften (§ 184 StGB),
- der Verbreitung von Propagandamitteln verfassungswidriger Organisationen (§ 86 StGB),
- der Verbreitung von volksverhetzenden Schriften (§ 130 Abs. 2 Nr. 1 StGB),
- Beleidigungsdelikte (§§ 185 ff. StGB) und
- der Anleitung zur Begehung einer schweren staatsgefährdenden Gewalttat (§ 91 StGB).

---

[59] Vgl. *Martin*, Strafbarkeit grenzüberschreitender Umweltbeeinträchtigungen, 1989, S. 79, 118. Wie hier auch *Hecker* (2010), § 2 Rn. 37–41; *Rengier*, AT (2010), § 6 Rn. 15–19; a.A. etwa Matt/*Renzikowski*, § 9 Rn. 10, der die Anwendungsregel für Umwelttaten des § 5 Nr. 11 StGB für abschließend hält.

[60] S. etwa *Fischer*, § 9 Rn. 4 b.; Matt/*Renzikowski*, § 9 Rn. 9; *Rath*, JA 2006, 435, 437.

[61] Beispiel nach *Satzger* (2010), § 5 Rn. 24.

[62] Vgl. *Satzger* (2010), § 5 Rn. 44, 47.

[63] Vgl. *Sieber* NJW 1999, 2065, 2067; *Vec* NJW 2002, 1535, 1536; *Fischer*, § 9 Rn. 8 a; Matt/*Renzikowski*, § 9 Rn. 10; Schönke/Schröder/*Eser*, § 9 Rn. 7; *Satzger* (2010), § 5 Rn. 43; a.A. offenbar HK-GS/*Hartmann* Rn. 8, der diese Konsequenz für plausibel hält.

In den meisten Fällen ist man bei der Bestrafung auf § 3 StGB als Anknüpfungspunkt angewiesen, weshalb sich die Frage nach dem Tatort i. S. von § 9 StGB stellt.
Der **Handlungsort** befindet sich in jenem Staat, in dem das rassistische, pornogra-
phische oder beleidigende Material in das Internet gestellt wird. Entscheidend ist
hierfür der Sitz des Anbieters und nicht der Standort des Servers.[64] Werden allein
durch Handlungen im Ausland Inhalte auf ausländischen Servern bereitgestellt, besteht kein inländischer Handlungsort nach § 9 Abs. 1 Var. 1 StGB.[65]

In diesen Fällen kommt es also auf den **Erfolgsort** an. Bei den genannten Dis- **27**
tanzdelikten, die über das Internet verbreitet werden, ist aber fraglich, wo der zum
Tatbestand gehörende Erfolg nach § 9 Abs. 1 Var. 2 und 3 StGB eintritt. Bei Er-
folgsdelikten, wie etwa den Beleidigungsdelikten, ist diese Feststellung noch verhältnismäßig einfach, solange etwa über die Verwendung der deutschen Sprache
oder den Zweck der Äußerung feststeht, dass auf deutsches Territorium eingewirkt
werden soll.[66] Erschwert wird die Beantwortung, wenn das entsprechende Delikt
ein Gefährdungsdelikt darstellt, also gar keinen strafbaren Erfolg kennt (dazu o.
Rn. 22 ff.). Die Problematik verdeutlicht folgendes

Beispiel: Der 1944 in Deutschland geborene T wanderte 1954 mit seinen Eltern nach
Australien aus und nahm die australische Staatsbürgerschaft an. Nach seinem Studium in
Deutschland arbeitete er als Lehrer in Australien. Über das Internet machte er auf einem
australischen Server von ihm verfasste Artikel zugänglich, in denen er die Ermordung der
Juden während des Dritten Reichs leugnete und als jüdische Erfindung bezeichnete. Wäh-
rend einer Deutschlandreise wurde T verhaftet.
Der BGH[67] sah in diesem Fall den Tatbestand des § 130 Abs. 1 und 3 StGB (sog.
qualifizierte Auschwitzlüge) erfüllt. Ein Anknüpfungstatbestand nach §§ 5, 6 StGB lag nicht
vor und da die Auschwitzlüge nach australischem Recht nicht strafbar ist, half auch § 7
StGB nicht weiter. Damit lässt sich die Anwendbarkeit des deutschen Strafrechts allein
auf § 3 StGB stützen, wenn der Erfolgsort i. S. von § 9 Abs. 1 StGB in Deutschland liegt.
Das hat der BGH bejaht mit der Begründung, dass nach § 9 Abs. 1 StGB deutsches Strafrecht – auch bei Vornahme der Tathandlung im Ausland – Anwendung finden soll, sofern
es im Inland zu der Schädigung von Rechtsgütern oder zu Gefährdungen kommt, deren
Vermeidung Zweck der jeweiligen Strafvorschrift ist. Außerdem sei § 130 Abs. 1 u. 3 StGB
ein „konkret-abstraktes" Gefährdungsdelikt (auch Eignungsdelikt oder potentielles Gefährdungsdelikt genannt), bei dem es darauf ankomme, wo die konkrete Tat die im Tatbestand
beschriebene Gefahr hervorrufen könne. Die Vorverlagerung des Rechtsgüterschutzes
durch die Schaffung eines Gefährdungsdeliktes sei zudem Sache des Gesetzgebers. Hier
sei es dem Gesetzgeber darauf angekommen, die „Vergiftung des politischen Klimas" in
Deutschland zu vermeiden. Demnach kommt es nach Sicht des BGH darauf an, dass die
im Ausland begangene Tat den Schutzzweck einer deutschen Strafnorm berühren kann und

---

[64] Vgl. *Fischer*, § 9 Rn. 5 a; *Derksen*, NJW 1997, 1880.

[65] LK/*Werle/Jeßberger*, § 9 Rn. 79; *Fischer*, § 9 Rn. 5 a.

[66] BGHSt 46, 212; vgl. dazu auch *Rengier*, AT (2010), § 6 Rn. 13; *Hecker* (2010), § 2 Rn. 35;
Hilgendorf, ZStW 113 (2001), S. 668; *Werle/Jeßberger*, JuS 2001, 39.

[67] BGHSt 46, 212, dazu *Clauß*, MMR 2001, 232; *Heghmanns*, JA 2001, 276; *Hörnle*, NStZ 2001,
309; *Jeßberger*, JR 2001, 432; *Kudlich*, StV 2001, 397; *Lagodny*, JZ 2001, 1198; *Vassilaki*, CR
2001, 262; *Vec*, NJW 2002, 1535. Dazu auch *Sieber*, NJW 1999, 2065; *Koch*, GA 2002, 703; *ders.*,
JuS 2002, 123; *Kudlich*, HRRS 2004, 278.

legt somit eine denkbar weite Auslegung des Begriffs „Erfolg" i. S. von § 9 Abs. 1 StGB an den Tag.[68]
Die Entscheidung wurde heftig kritisiert. Sie lässt sich rechtspolitisch erklären, denn Holocaust-Leugnern soll in Deutschland aufgrund seiner besonderen Geschichte keine wie auch immer geartete Plattform gegeben werden. Rechtsdogmatisch ist die Begründung, basierend auf der Unterscheidung zwischen abstraktem und konkret-abstraktem Gefährdungsdelikt, sehr angreifbar, mE aber zutreffend. Wenn die Handlung geeignet sein muss, einen gewissen Erfolg herbeizuführen, so ist hierin sicher eine Engführung mit dem geschützten Rechtsgut festzustellen.[69] Die Möglichkeit einer konkreten Handlung, das Rechtsgut zu beeinträchtigen, scheint daher als „Erfolg" i. S. von § 9 Abs. 1 StGB tragfähig.

28   Diese Fälle sind äußerst umstritten[70] und in der Tat wird angesichts der Möglichkeiten der Verbreitung von Inhalten über das Internet das Strafanwendungsrecht an seine Grenzen geführt. Die bislang übliche Unterscheidung nach Deliktstypen erweist sich als nicht besonders hilfreich.[71]

29   Eine an **technische Hintergründe** des Internets anknüpfende Lösung für diese Problemfälle bietet *Sieber*:[72] Werden die Inhalte i. S. der „Push-Technologie" aktiv an Computersysteme in Deutschland gesendet, tritt der „Erfolg" im Inland ein. Gleiches gilt bei einer besonderen Verbindung zum Inland, z. B. durch die Verwendung der deutschen Sprache etc. Bei Abrufen von derartigen Daten von ausländischen Servern i. S. der „Pull-Technologie" bietet sich jedoch kein Anknüpfungspunkt i. S. des § 9 Abs. 1 StGB für die Anwendung deutschen Strafrechts auf den ausländischen Anbieter, zumal vielleicht sogar die dargestellten Inhalte im Tatortstaat nicht mit Strafe bedroht sind.[73]

30   Trotz aller Rufe nach dem Gesetzgeber scheint der Ansatz des BGH, der vor allem auf den Schutzzweck der Norm abhebt, gangbar.[74] Bei den (rein) abstrakten Gefährdungsdelikten wurde ebenfalls im materiell-rechtlichen Bereich eine eher extensive Interpretation von § 9 Abs. 1 StGB vorgeschlagen (s. o. Rn. 22). Der Anwendungsbereich des deutschen Strafrechts sollte nicht von vornherein ausgeschlossen sein, nur weil der Wirkungsbereich der strafbaren Handlung „deterritorialisiert" ist. Eine sinnvolle **Verfolgungsbeschränkung** ergibt sich aus dem Zusammenspiel mit § 153 c StPO, wonach die Staatsanwaltschaft bei Auslandstaten nicht verfolgen muss, sondern eine politische Entscheidung über die Verfolgung treffen kann.[75]

---

[68] BGHSt 46, 212, 221; zustimmend LK/*Werle/Jeßberger*, § 9 Rn. 89.

[69] In diesem Sinne zum Eignungsdelikt auch *Safferling*, NStZ 2009, 604.

[70] Einen Überblick über den Meinungsstand bietet etwa *Fischer*, § 9 Rn. 5-8 b.

[71] Sehr kritisch auch *Satzger* (2010), § 5 Rn. 52.

[72] Vgl. *Sieber*, NJW 1999, 2068 ff.; Matt/*Renzikowski*, § 9 Rn. 14 weist dieser Unterscheidung Indizfunktion zu.

[73] Ebenso *Sieber*, NJW 1999, 2065 ff. und *Hecker* (2010), § 2 Rn. 32 ff., a.A. *Collardin*, CR 1995, 618 ff.

[74] Anders Matt/*Renzikowski*, § 9 Rn. 17 f.; *Satzger* (2010), § 5 Rn. 52.

[75] So auch *Rengier*, AT (2010), § 6 Rn. 18.

2 Flaggenprinzip

Schiffe, Luft- und Weltraumfahrzeuge fallen gem. § 4 StGB unter das Flaggenprin-   **31**
zip, d. h. sie unterstehen (auch) der Strafgewalt des Staates, unter dessen Flagge sie
registriert sind.

> **Beispiel:** Während eines Fluges der Lufthansa von Sydney nach Frankfurt stiehlt der Pas-
> sagier P einem anderen Passagier O die Brieftasche. Ist P nach § 242 StGB zu bestrafen?

In diesem Fall kommt deutsches Strafrecht zur Anwendung, unabhängig davon, in
welchem Luftraum sich das Flugzeug zum Zeitpunkt der Tathandlung befunden
hat. Gleiches gilt für auf einem Schiff begangene Delikte, wenn das Schiff, egal ob
Staats-, Privat-, See- oder Binnenschiff, nach dem Flaggenrechtsgesetz (FlaggRG)
und der Flaggenrechtsverordnung (FlaggRV) berechtigt ist, die Bundesflagge zu
führen.[76] Das Flaggenprinzip erweitert insofern das Territorialitätsprinzip nach § 3
StGB, ohne dass allerdings dadurch das Staatsgebiet tatsächlich ausgedehnt wird.[77]
Der inländische Tatort wird lediglich „**fingiert**".[78] Die alte völkerrechtliche Lehre
von den „schwimmenden Territorien" (*„territoires flottants"*), hat sich überlebt.[79]

Befindet sich das Schiff aber im Hafen von Kapstadt oder das Flugzeug am   **32**
Flughafen von Sydney, stellt sich die Frage, ob das Territorialitätsprinzip hier nicht
vorrangig anzuwenden ist. Das Flaggenprinzip dient letztlich vor allem der Verhinderung von Strafbarkeitslücken aufgrund der erschwerten Anwendung des Territorialitätsprinzips[80] und für die Fälle, in denen kein staatlicher Zugriff besteht,
wie etwa auf Hoher See.[81] Im Falle der konkurrierenden Zuständigkeiten bei Auslandstaten sollte die Lösung wieder über § 153 c StPO gesucht werden. Demnach
ist das Territorialitätsprinzip, wonach Südafrika bzw. Australien zuständig wären,
nicht vorrangig.

3 Aktives Personalitätsprinzip

a) Grundsatz

Der Anknüpfungspunkt beim aktiven Personalitätsprinzip ist die Nationalität des   **33**
Täters. Begründet wird diese ergänzende Strafanwendung durch die Personalho-
heit jedes Staates in Bezug auf die **eigenen Staatsangehörigen**. Zu jenen, auf die

---

[76] S. Lackner/*Kühl*, § 4 Rn. 2.

[77] A.A. Schönke/Schröder/*Eser*, § 4 Rn. 1, der die Begründung des Flaggenprinzips im Schutzprinzip (s.u. Rn. 39 ff.) findet, wonach jeder, der sich auf einem deutschen Schiff oder Flugzeug
befindet, den Schutz des deutschen Strafrechts in Anspruch nehmen können soll.

[78] Vgl. *Satzger* (2010), § 5 Rn. 60; Lackner/*Kühl*, § 4 Rn. 1; *Walter*, JuS 2006, 967.

[79] Vgl. dazu *Ambos* (2008), § 3 Rn. 26.

[80] *Satzger* (2010), § 5 Rn. 60 ff.

[81] *Ambos* (2008), § 3 Rn. 29.

deutsches Strafrecht angewendet werden kann, obwohl der Ort der Tathandlung im Ausland liegt und auch kein Taterfolg im Inland eingetreten ist, gehören neben deutschen Staatsbürgern auch in Deutschland anerkannte Flüchtlinge.[82] Der Staat kann demnach von seinen Staatsangehörigen Treuepflichten einfordern und wird und soll auch im Rahmen einer internationalen Solidarität nicht untätig zusehen, wenn seine Staatsbürger im Ausland Straftaten begehen.[83]

Die Strafgewalt eines Staates erstreckt sich auf alle seine Staatsbürger, unabhängig davon, wo die Straftat begangen wird.

b) Umsetzung in Deutschland

(1) Relatives aktives Personalitätsprinzip

34 Das deutsche Strafanwendungsrecht setzt dieses aktive Personalitätsprinzip im Grunde nur eingeschränkt um. Nach § 7 Abs. 2 Nr. 1 StGB wird deutsches Strafrecht nur dann angewendet, wenn am Tatort eine identische Strafvorschrift existiert. Das aktive Personalitätsprinzip ist also durch die **Tatortstrafbarkeit** begrenzt (*lex loci*). Das bedeutet freilich auch, dass das deutsche Strafrecht ausschließlich anwendbar ist auf Handlungen, die mit Strafe bedroht sind und nicht auf bloße Verwaltungsübertretungen.[84] Das ausländische Strafrecht muss einen identischen Tatbestand normiert haben, d. h. aber nicht, dass das Delikt gleich bezeichnet wird oder das gleiche Rechtsgut schützt.[85] Die Strafanwendungsregel des § 7 Abs. 1 StGB entspricht daher wenigstens auch dem Prinzip der stellvertretenden Strafrechtspflege und nicht nur dem aktiven Personalitätsprinzip.

35 Umstritten ist indes, inwieweit der Richter bei der Beurteilung der Tatortstrafbarkeit nur auf die Tatbestandsmäßigkeit des Verhaltens abstellen muss oder ob er materiell-rechtliche Straffreistellungsgründe, Verfolgungshindernisse und faktische Nichtverfolgung nach dem ausländischen Recht zu berücksichtigen hat.[86] Dazu gilt – auch unter Berücksichtigung des Prinzips der stellvertretenden Strafrechtspflege – Folgendes:

---

[82] *Rath*, JA 2007, 32.

[83] *Satzger* (2010), § 4 Rn. 7.

[84] BGHSt 27, 5; Lackner/*Kühl*, § 7 Rn. 2.

[85] Im VG Wiesbaden, 04.09.2008, Az 6 K 669/08.WI, JurPec Web-Dok. 115/2009, Abs. 28 wird auf eines Beschluss des OLG München vom 01.03.2005 verwiesen, nach dem sich nur der Lebenssachverhalt der deutschen Verurteilung mit dem Lebenssachverhalt, dem das ausländische Verfahren zugrunde liegt, decken muss, um das Erfordernis der identischen Tatortnorm zu erfüllen. Nicht notwendig ist, dass die Tat unter den gleichen Straftatbestand subsumiert wird.

[86] Vgl. dazu ausführlich *Satzger* (2010), § 5 Rn. 90–96.

- Die am Tatort für den Täter geltenden **materiellen Strafausschließungsgründe** sind auch in einem deutschen Verfahren grundsätzlich zu beachten.
- Nicht beachtlich sind jedoch Entschuldigungs- und Rechtfertigungsgründe, die gegen „elementare rechtsstaatliche Grundsätze" verstoßen. Somit gilt ein allgemeiner *„ordre public"*-**Vorbehalt**.
- **Verfahrenshindernisse** sind generell beachtlich, es sei denn sie verstoßen gegen den *ordre public*.
- **Tatsächliche Verfolgungshindernisse**, wie etwa Opportunitätsentscheidungen von Strafverfolgungsbehörden, sind nur schwer fassbar und überprüfbar. Sie sollten daher generell außer Betracht bleiben.[87]

Die Voraussetzung der Strafbarkeit am Tatort ist unerheblich, wenn der Tatort keiner Strafgewalt unterliegt.[88]   **36**

> **Beispiel:** Nimmt eine unter den Begriff „Deutscher" gem. § 7 Abs. 2 Nr. 1 Var. 1. StGB fallende Person in Moskau Betrugshandlungen vor, so kann sie in Deutschland nach deutschem Strafrecht dafür zur Verantwortung gezogen werden, wenn nach russischem Strafrecht der Betrug strafbar ist.

Gem. § 7 Abs. 2 Nr. 1 Var. 2 kann deutsches Strafrecht auch auf Täter, die erst nach Verübung der Tat deutsche Staatsbürger geworden sind, angewendet werden (sog. **Neubürgerklausel**). *Ambos* kritisiert zu Recht, dass eine derartige Erweiterung in Konflikt mit dem Grundsatz *nullum crimen, nulla poena sine lege* gerät.[89] Da indes die entsprechende Person sich freiwillig der deutschen Rechtsordnung unterordnet und darüber hinaus auch am Tatort mit Strafe rechnen muss, ist letztlich ein Verstoß gegen Art. 103 Abs. 2 GG nicht zu besorgen.[90]

(2) Absolutes aktives Personalitätsprinzip

Neben dem relativen aktiven Personalitätsprinzip finden sich in § 5 StGB einige Anknüpfungspunkte für ein **absolutes aktives Personalitätsprinzip**. Deutsches Strafrecht ist unabhängig davon, ob die Tat am Tatort mit Strafe bedroht wird, anzuwenden, wenn der Täter zum Zeitpunkt der Tat deutscher Staatsangehöriger ist. Darunter fallen: **37**

- § 5 Nr. 3 a) – bestimmte Fälle der Gefährdung des demokratischen Rechtsstaates,
- § 5 Nr. 5 b) – bestimmte Fälle der Landesverteidigung,
- § 5 Nr. 8 – Straftaten gegen die sexuelle Selbstbestimmung,

---

[87] Anders *Satzger*, Jura 2010, 194, der die rechtspolitische Entscheidung des Tatortstaats respektiert sehen will. Damit betont er den Aspekt der stellvertretenden Strafrechtspflege mE zu stark. Im Ergebnis wie hier: Lackner/*Kühl*, § 7 Rn. 2.

[88] *Rath*, JA 2007, 26, 33 f.; LK/*Werle/Jeßberger*, § 7 Rn. 51 ff.

[89] *Ambos* (2008), § 3 Rn. 48.

[90] Vgl. Matt/*Renzikowski*, § 7 Rn. 14 und *Satzger* (2010), § 5 Rn. 85, die in der Neubürgerklausel nicht das aktive Personalitätsprinzip verwirklich sehen, sondern das Prinzip der stellvertretenden Strafrechtspflege (s.u. Rn. 57 ff.).

- § 5 Nr. 9 – Schwangerschaftsabbruch,
- § 5 Nr. 11 a – Verursachung einer Nuklearexplosion,
- § 5 Nr. 12 – Amtsdelikte,
- § 5 Nr. 14 a – Abgeordnetenbestechung, und
- § 5 Nr. 15 – Organhandel.

Beispiel: Verkauft ein Mitarbeiter der deutschen Botschaft in Ausübung seines Amtes in Nigeria Einreisevisa, so ist er auch dann strafrechtlich zu verfolgen, wenn Nigeria selbst keinen diesbezüglichen Straftatbestand vorsieht, nach § 5 Nr. 12 StGB und §§ 331 bzw. 332 StGB.

38   Einige Anknüpfungspunkte für deutsches Strafrecht, die auf dem absoluten aktiven Personalitätsprinzip gem. § 5 StGB basieren, sind kombiniert mit dem **Domizilprinzip**.[91] Der Täter der Auslandstat muss nicht nur Deutscher sein, sondern er muss darüber hinaus seine Lebensgrundlage im Inland haben. Dazu zählt u. a. gem. § 5 Nr. 9 StGB der Abbruch der Schwangerschaft i. S. des § 218 StGB, wenn der Täter Deutscher ist und seine Lebensgrundlage im Inland hat.[92]

Gem. § 153 c StPO kann der Staatsanwalt bei Auslandstaten wiederum von der Strafverfolgung absehen, wenn z. B. die Durchführung des Verfahrens die Gefahr eines schweren Nachteils für Deutschland herbeiführen würde.

4 Schutzprinzip

39   Sowohl das passive Personalitätsprinzip wie auch das Staatsschutzprinzip (auch Realprinzip) dienen dem Schutz inländischer Rechtsgüter. Die Verfolgung dieser Straftaten ist unabhängig vom Tatort **im unbedingten Interesse** des deutschen Staates.

> Nach dem Schutzprinzip kann das nationale Strafrecht zum Selbstschutz des Staates und seiner Institutionen sowie zum Schutz der eigenen Staatsbürger angewendet werden.

a) Passives Personalitätsprinzip

40   Das passive Personalitätsprinzip ermöglicht die Erweiterung der nationalen Strafgewalt auf jene Fälle, in denen **deutsche Staatsbürger Opfer** einer Straftat im

---

[91] Das für die juristische Person korrespondierende „Sitzprinzip" ist für die Anwendung des deutschen Strafrechts irrelevant, da es in Deutschland (jedenfalls bislang) keine Strafbarkeiten juristischer Personen gibt. Dazu *Ambos* (2008), § 3 Rn. 43.

[92] *Satzger* (2010), § 5 Rn. 69 ff.

Ausland werden und der Täter Ausländer ist.[93] Ist der Täter deutscher Staatsangehöriger, käme das aktive Personalitätsprinzip (s. o. Rn. 33 ff.) in Betracht. Die derartige Erweiterung der deutschen Strafgewalt ist nicht unumstritten. Die Kritik ist
dahingehend gerechtfertigt, dass der ausländische Täter meist die Straftat in seinem
eigenen Heimatstaat begangen hat und somit grundsätzlich nach dem Vorrang des
Territorialitätsprinzips ausschließlich der Tatortstaat zur Anwendung seiner Strafgewalt berufen ist.[94] Diese Kritik mag zwar vom Grunde her nicht unberechtigt
sein, jedoch bleibt zu bedenken, dass deutsche Strafverfolgungsbehörden mit hoher
Wahrscheinlichkeit nur dann tätig werden, wenn der Tatortstaat nicht willens oder
nicht fähig zur Strafverfolgung ist.

> **Beispiel:** Ermordet ein Afghane einen Deutschen in Afghanistan und sucht nach der Tat,
> die in seinem Heimatstaat zwar unter Strafe steht, aber aus welchen Gründen auch immer
> nicht verfolgt wurde, in Deutschland um Asyl nach, so wäre es unbillig, wenn deutsche
> Strafverfolgungsbehörden das Delikt nicht verfolgen dürften.

Es besteht also ein beachtliches Interesse an der Anwendung des deutschen Straf-   **41**
rechts. Der Einwand des **völkerrechtlichen Verstoßes** gegen die „Einmischung"
der fremden Strafgewalt[95] vermag ebenfalls nicht zu überzeugen[96] und zwar aus
zwei Gründen:

- Das Völkerrecht kennt eine **Ausnahme vom Gewaltverbot** nach Art. 2 Nr. 4 der
  Charta VN bei militärischen Interventionen zum Schutz eigener Staatsangehöriger.[97] Die Ausweitung des Anwendungsbereichs des nationalen Strafrechts zum
  Schutze eigener Staatsbürger ist demgegenüber sicherlich der geringere Eingriff
  in die Souveränität.
- Im Völkerstrafrecht nimmt die **Bedeutung des Opferschutzes** eine immer größere Rolle ein. Zwar anerkennt Art. 12 IStGHSt das Schutzprinzip selbst nicht
  für die Zuständigkeit des IStGH, gleichwohl wird im Zusammenhang mit Op-
  ferrechten immer mehr das Strafrecht als wirksamer Mechanismus zum Opferschutz hervorgehoben.[98]

Wie beim aktiven Personalitätsprinzip muss auch gem. § 7 Abs. 1 StGB die Tat am
Ort der Tatbegehung mit Strafe bedroht sein. Es gilt auch hier, dass nur die Identität
des Tatbestands ausschlaggebend ist (dazu schon o. Rn. 34).[99]

---

[93] *Satzger*, Jura 2010, 191.

[94] *Ambos* (2008), § 3 Rn. 71 ff., der darauf hinweist, dass der ausländische Täter mit dem deutschen Recht nicht vertraut ist und deshalb diese Fälle mit dem Schuldprinzip in Konflikt geraten.
Das scheint mir kein grundsätzlicher Einwand gegen die Anwendbarkeit des deutschen Strafrechts zu sein, wobei selbstverständlich die Voraussetzungen der schuldhaften Handlung individuell geprüft werden müssen.

[95] Einmal mehr *Ambos* (2008), § 3 Rn. 73.

[96] Zustimmend auch Matt/*Renzikowski*, Vor §§ 3–7, Rn. 8.

[97] Vgl. nur *Kempen/Hillgruber* (2007), 7. Kap. Rn. 111–113.

[98] Vgl. dazu unten § 4 Rn. 73 f. m.w.N.

[99] *Rath*, JA 2007, 32 f.

42   In § 5 StGB werden Ausnahmen angeführt, bei denen die Voraussetzung der identischen Tatnorm im Tatortstaat nicht gefordert ist.[100] Dazu gehören:

- § 5 Nr. 6: die Verschleppung und politische Verdächtigung eines Deutschen im Ausland. Der Deutsche muss aber seine Lebensgrundlage i. S. des Domizilprinzips (o. Rn. 38) im Inland haben.
- § 5 Nr. 6 a: Kindesentziehung,
- § 5 Nr. 8 a: Sexueller Missbrauch von Schutzbefohlenen, und
- § 5 Nr. 14 a: Bestechung deutscher Abgeordneter.

> **Beispiel:** Wird ein deutscher Journalist im Iran von einem Iraner wegen Diffamierung des Islams angezeigt und verhaftet, wird er der Gefahr, Opfer politischer Verfolgung und Folter zu werden, ausgesetzt. Der Täter kann in Deutschland nach deutschem Strafrecht gem. § 241 a StGB verurteilt werden.

§ 153 c StPO kann auch in diesem Fall von der deutschen Staatsanwaltschaft angewendet werden. D. h. es kann darauf verzichtet werden ein Verfahren zu eröffnen bzw. die Staatsanwaltschaft kann die Klage in jedem Stadium des Verfahrens zurücknehmen und gem. § 153 c Abs. 4 StPO das Verfahren einstellen.

b) Staatsschutzprinzip

(1) Grundlagen

43   § 5 StGB kodifiziert neben Anknüpfungspunkten für das absolute aktive und das absolute passive Personalitätsprinzip auch das Staatsschutzprinzip. Jeder Staat hat das Recht, sich gegen Angriffe gegen seine politische und militärische Integrität zu wehren. Ein Konflikt mit dem völkerrechtlichen Nichteinmischungsgrundsatz wird hier in aller Regel nicht gesehen. Vielmehr gilt es als völkergewohnheitsrechtlich anerkannt, dass ein Staat sich selbst mit den Mitteln des Strafrechts auch im Ausland schützen darf.[101]

> **Beispiel:** Verbrennt ein Afghane im Rahmen einer Demonstration vor der Blauen Moschee in Mazar-i-Sharif in Nordafghanistan die deutsche Flagge, so erfüllt er nach deutschem Strafrecht den Tatbestand des § 90 a Abs. 2 StGB. Kann er auch in Deutschland strafrechtlich zur Verantwortung gezogen werden?

44   Grundsätzlich verfolgt der einzelne Staat nur Straftaten, die sich gegen seine eigenen inländischen Rechtsgüter richten, weshalb der Tatortstaat im Falle eines Angriffs gegen die Interessen eines fremden Staates in der Regel nicht willens oder auch nicht fähig ist gegen den Täter strafrechtlich vorzugehen.[102] Eine identische Tatnorm ist aus eben genannten Gründen nicht gefordert. Das afghanische Recht wird in obigem Beispiel nicht zum Schutz deutscher Interessen eingesetzt werden

---

[100] *Hecker*, (2010), § 2 Rn. 45.

[101] MK/*Ambos*, Vor §§ 3–7 Rn. 40 m.w.N.

[102] Vgl. *Satzger* (2010), § 4 Rn. 10.

können. Den erforderlichen Inlandsbezug stellt der Täter allerdings selbst über die Tathandlung her, indem er die Interessen Deutschlands, d. h. ein inländisches Rechtsgut, verletzt.[103] Das Schutzprinzip greift nach § 5 StGB in folgenden Situationen ein:

- § 5 Nr. 1 – Vorbereitung eines Angriffskrieges nach § 80 StGB;
- § 5 Nr. 2 – Hochverrat nach §§ 81–83 StGB;
- § 5 Nr. 3 – Gefährdung des demokratischen Rechtsstaats durch Einwirkung auf Sicherheitsorgane und Bundeswehr (§ 89 StGB), Verunglimpfung des Bundespräsidenten (§ 90 StGB) oder anderer Verfassungsorgane (§ 90 b StGB) und Verunglimpfung des Staates und seiner Symbole (§ 90 a StGB);
- § 5 Nr. 4 – Landesverrat und Gefährdung der äußeren Sicherheit nach §§ 94–100 a StGB;
- § 5 Nr. 5 – Straftaten gegen die Landesverteidigung;
- § 5 Nr. 10 – Falschaussagen und Meineid nach §§ 153–156 StGB; und
- § 5 Nr. 12 und 13 – Amtsdelikte.[104]

Im obigen Beispielsfall ist also gem. § 5 Nr. 3 lit. b StGB deutsches Strafrecht auf den ausländischen Täter, der gem. § 90 a Abs. 2 StGB eine öffentlich gezeigte Flagge von Deutschland zerstört oder beschädigt, anzuwenden.[105]

Auf prozessualer Ebene kommt wiederum § 153 c StPO zur Anwendung, d. h. die deutsche Staatsanwaltschaft kann unter gewissen Gründen von der Einleitung eines Verfahrens absehen.

(2) Erweiterung durch das Unionsschutzprinzip

Auf Grundlage des Vertrags von Lissabon können die Mitgliedstaaten der Europäischen Union das Staatsschutzprinzip auf Verletzungen von Rechtsgütern, die im Interesse der Union stehen, erweitern (sog. **Unionsschutzprinzip**).[106] Bereits vor dem Lissabonner Vertrag war es anerkannt, dass die Interessen der Gemeinschaft von den Mitgliedstaaten geschützt werden können bzw. müssen (Gemeinschaftsschutzprinzip).[107] Das Unionsschutzprinzip korreliert im Bereich des Strafanwendungsrechts mit dem Grundsatz der unionsrechtskonformen Auslegung der Straftatbestände (dazu unten § 11 Rn. 15 ff.).[108] Mangels eigenen Strafrechts wäre die Union andernfalls nicht in der Lage, sich gegen Angriffe auf ihre Symbole zur Wehr zu setzen. Das müssen die Mitgliedstaaten übernehmen.

45

---

[103] *Jescheck/Weigend*, § 18 II 4; *Hecker* (2010), § 2 Rn. 46 f.

[104] Vgl. *Fischer*, Vor §§ 3–7 Rn. 3. Die Amtsdelikte sind aber ebenso dem aktiven Personalitätsprinzip zuzuordnen und werden von manchen Autoren daher nicht zum Schutzprinzip gezählt.

[105] Dazu auch *Werle/Jeßberger*, JuS 2001, 141.

[106] *Satzger*, Jura 2010, 110.

[107] Dazu LK/*Werle/Jeßberger*, Vor § 3 Rn. 251 f.

[108] So richtigerweise *Satzger* (2010), § 4 Rn. 18.

Zerstört im oben geschilderten Beispiel der Afghane nicht eine deutsche sondern eine europäische Flagge, kann er auch hierfür in Deutschland nach deutschem Strafrecht verurteilt werden.

5 Weltrechtsprinzip (Universalitätsprinzip)

a) Materiell-rechtliche Grundlagen

46   Im Sinne des Weltrechtsprinzips übt ein Staat seine Strafgewalt nicht aufgrund eines Inlandsbezuges der Tat, sondern im Interesse aller Staaten der Welt aus. Es handelt sich dabei um Verbrechen, die nach völkerrechtlichen Grundlagen gegen das Interesse der Staatengemeinschaft als Ganzes verstoßen.

> Nach dem Weltrechtsprinzip kann der Staat seine Strafgewalt auf Taten gegen die Interessen der Völkergemeinschaft ausdehnen, unabhängig von Tatort oder Staatsangehörigkeit von Täter oder Opfer.

Der völkerrechtlich erforderliche *genuine link* zum nationalen Recht wird in diesen Fällen nicht über faktische Umstände des Lebenssachverhaltes konstruiert, sondern über das zu schützende Rechtsgut.[109] Verletzt der Täter demnach ein Rechtsgut, an dessen Schutz die internationale Gemeinschaft insgesamt ein Interesse hat, tritt er durch diese Angriffsrichtung in die Rechtsordnungen aller Staaten der Welt ein.[110] Entsprechend wird die nationale Rechtsordnung zum Schutz der Interessen der Weltgemeinschaft als Ganzes tätig.[111]

47   Die Interessen der internationalen Gemeinschaft lassen sich in zwei Gruppen einteilen:

1. **Normativ**: Verletzung universell anerkannter Rechtsgüter, welche die Staatengemeinschaft als solche betreffen.
2. **Realpolitisch**: Bedrohung der gemeinsamen Sicherheitsinteressen aller Staaten.

Zur **ersten Gruppe** gehören die **internationalen Kernverbrechen** wie Völkermord, Verbrechen gegen die Menschlichkeit und Kriegsverbrechen. Das Universalitätsprinzip ist im deutschen Recht diesbezüglich in **§ 1 VStGB verankert**.[112]

---

[109] S. *Rengier*, AT (2010), § 6 Rn. 26.

[110] Vgl. *Jescheck/Weigend*, § 18 II 5; *Satzger* (2010), § 4 Rn. 12

[111] Vgl. *Ambos* (2008), § 3 Rn. 93.

[112] Vor der Verabschiedung des VStGB kannte das deutsche Strafrecht lediglich den Völkermord nach § 220 a StGB a.F. In § 6 Nr. 1 StGB a.F. war dafür das Universalitätsprinzip vorgesehen. Für Altfälle, die vor dem 30.06.2002, dem Inkrafttreten des VStGB, liegen, gilt diese Rechtslage fort. Nach der dazu ergangenen Rechtsprechung war allerdings ein unmittelbarer Bezug zur Strafver-

Das Verbrechen der Aggression (s. dazu u. § 6 Rn. 163 ff.) wird zwar im VStGB als Straftatbestand (noch) nicht explizit erwähnt, ist aber als solches geeignet, den Frieden und die Sicherheit der Menschheit zu gefährden und zählt zu den Kernverbrechen des Rom Statuts (Art. 5 IStGHSt). Eine Straftat gegen das Völkerrecht i. S. des § 1 VStGB kann darin aufgrund des insoweit eindeutigen Wortlauts trotzdem nicht gesehen werden. Der Angriffskrieg ist materiell-rechtlich in Deutschland bislang lediglich nach § 80 StGB strafbar. Dafür ergibt sich die Strafanwendung aus § 5 Nr. 1 StGB, dem Staatsschutzprinzip.

Die **zweite Gruppe** bezieht sich vor allem auf Piraterie und Terrorismus, bei **48** denen ein gemeinsames Verfolgungsinteresse aller Staaten besteht. Anknüpfungspunkte für das Strafanwendungsrecht finden sich in § 6 StGB. Demnach ist das deutsche Strafrecht unabhängig vom Tatort anwendbar bei:

- Nr. 2 – Kernenergie-, Sprengstoff- und Strahlungsverbrechen nach §§ 307–310 StGB;
- Nr. 3 – Angriffe auf Luft- und Seeverkehr nach § 316 c StGB;
- Nr. 4 – Menschenhandel nach §§ 232–233 a StGB;
- Nr. 5 – Drogenhandel;
- Nr. 6 – Verbreitung pornographischer Schriften nach §§ 184 a und § 184 b StGB;
- Nr. 7 – Fälschungsdelikte;
- Nr. 8 – Subventionsbetrug nach § 264 StGB; und
- Nr. 9 – andere Taten für die aufgrund zwischenstaatlicher Abkommen eine Verfolgungspflicht besteht.

Die Anwendung des Weltrechtsprinzips auf diese Tatbestände ergibt sich – wie er- **49** wähnt – aus dem gemeinsamen Verfolgungsinteresse. Eine völkerrechtliche Verfolgungspflicht ist hingegen nicht erforderlich.[113] Die **Verfolgungsbefugnis** ergibt sich in der Regel aus zwischenstaatlichen Übereinkommen. Die Anwendung des Weltrechtsprinzips, d. h. die Anwendung deutschen Strafrechts zum Schutze der in § 6 StGB aufgezählten Rechtsgüter, ist im Einzelfall nicht unumstritten, zumal der internationale Schutzzweck nicht durchwegs klar erkennbar ist.[114] Unproblematisch ist sie in folgendem

Beispiel: Greifen somalische Piraten einen Tanker aus Saudi-Arabien im Golf vor Arden an und werden in der Folge von der deutschen Marine festgenommen, so kann auch ein deutscher Staatsanwalt gegen die Täter Anklage erheben. Nach § 6 Nr. 3 StGB ist deutsches Strafrecht, unabhängig von der Strafbarkeit am Tatort, auf Angriffe auf den Luft- und Seeverkehr anzuwenden.

Fraglich ist der internationale Charakter insbesondere bei Nr. 8. Der Subventions- **50** betrug nach § 264 StGB hat insofern supranationale Bedeutung, als er vor allem auch den Schutz der finanziellen Interessen der EU bewerkstelligen soll. Dabei handelt es sich also um ein Rechtsgut der Union, was aber nicht gleichbedeutend

---

folgung im Inland erforderlich, s. BGHSt 45, 66, 68. Diese Rspr. ist durch § 1 VStGB hinfällig geworden, s. nur *Satzger*, NStZ 2002, 131.

[113] S. *Satzger* (2010), § 5 Rn. 75.

[114] Kritisch dazu etwa MK/*Ambos*, § 6 Rn. 3 ff.

ist mit einem „internationalen Rechtsgut" i. S. des Weltrechtsprinzips. Die Nr. 8 dürfte daher eher dem Staatsschutzprinzip (s. o. Rn. 43 f.) in der Form des Unionsschutzprinzips (s. o. Rn. 45) zuzuordnen sein.[115] Allerdings ist zuzugestehen, dass es Fälle gibt, in denen die internationale Verflechtung der Deliktsbegehung über die EU hinausgeht und deshalb durchaus ein Verfolgungsinteresse über das Unionsgebiet hinaus besteht.[116]

51   § 6 Nr. 9 StGB enthält insofern eine Auffangnorm, als der Gesetzgeber den Katalog des § 6 StGB nicht ständig erweitern muss, wenn sich eine internationale Verfolgungspflicht unmittelbar einem völkerrechtlichen Vertrag entnehmen lässt.[117] Das ist im Einzelfall freilich nicht unumstritten, was Fragen der Bestimmtheit nach Art. 103 Abs. 2 GG aufwirft. Es handelt sich insoweit um eine Blankettnorm, die zur Ausfüllung auf zwischenstaatliche Abkommen verweist,[118] deren Bestimmtheit sich in der Zusammenschau von Verweisungsnorm und Ausfüllungsnorm ergibt (vgl. u. § 11 Rn. 54 ff.). Nur im nationalen Recht bestehende Straftatbestände können zur Erfüllung der völkerrechtlichen Pflicht herangezogen werden.[119] Die Strafbarkeit von Verhalten kann sich nicht nur aus dem zwischenstaatlichen Abkommen ergeben.

b) Sonderfall: Terrorismus

52   Die Anwendung des deutschen Strafrechts auf Straftatbestände des internationalen Terrorismus ist allgemein anerkannt. Es wurde bis zum jetzigen Zeitpunkt keine universelle Anti-Terrorismus Konvention aufgrund einer fehlenden gemeinsamen Definition erreicht, aber es sind andere, sich mit Teilbereichen des Problems befassende Übereinkommen, wie z. B. das Übereinkommen zur Bekämpfung terroristischer Bombenanschläge (1997) und der Bekämpfung der Finanzierung von Terrorismus (1999), in Kraft.[120] Das nationale Strafrecht findet auf diese Tatbestände, auch ohne Vorliegen eines konkreten Inlandsbezuges, Anwendung. In vielen Fällen werden aber die Anknüpfungspunkte des § 6 Nr. 2 und 3 StGB bereits erfüllt sein, so dass ein Rückgriff auf Nr. 9 nicht erforderlich ist.[121]

53   Als Anti-Terror Maßnahme wurde **§ 129 b StGB** eingeführt, der auch die Mitgliedschaft in einer ausländischen terroristischen Organisation unter Strafe stellt. In § 129 b Abs. 1 S. 2 StGB wird eine Verfolgungsbeschränkung vorgenommen, die

---

[115] So auch LK/*Werle/Jeßberger*, Vor § 3 Rn. 100; *Satzger* (2010), § 5 Rn. 75.

[116] Vgl. dazu etwa Schönke/Schröder/*Eser*, § 6 Rn. 9.

[117] *Hecker* (2010), § 2 Rn. 51. Eine Liste der hier einschlägigen völkerrechtlichen Verträge findet sich bei MK/*Ambos*, § 6 Rn. 23–31.

[118] Vgl. *Satzger* (2010), § 5 Rn. 76.

[119] S. *Fischer*, § 6 Rn. 9.

[120] *Sulk*, Jura 2010, 684 ff.

[121] Vgl. *Ambos* (2008), § 3 Rn. 112.

mit den Vorschriften des Strafanwendungsrechts nicht abgestimmt ist.[122] Danach ist die Mitgliedschaft nur dann strafbar, wenn

1. eine Tätigkeit im räumlichen Anwendungsbereich des StGB vorgenommen wird, oder
2. der Täter oder das Opfer[123] Deutscher ist oder
3. der Täter oder das Opfer sich in Deutschland befindet.

Während Var. 1 den §§ 3, 9 StGB entspricht, wird bei Var. 2 das aktive Personalitätsprinzip weit ausgedehnt, weil auf eine Tatortstrafbarkeit verzichtet wird. Soweit in Var. 2 bezogen auf das Opfer das passive Personalitätsprinzip angesprochen ist, gilt inhaltsgleich § 7 Abs. 1 StGB. Bei Var. 3 wird beim Täter lediglich auf den Ergreifungsort abgestellt, was als Anknüpfungspunkt denkbar dünn ist; hinsichtlich des Opfers ist entweder bereits § 3 StGB gegeben, wenn die Viktimisierung im Inland erfolgt,[124] oder, wenn das Opfer nach der Verletzung erst nach Deutschland einreist, erweist sich der völkerrechtliche Anknüpfungspunkt wiederum als denkbar gering.

Die mit dieser Vorschrift erreichte **Ausweitung des Strafanwendungsrechts** 54 ist sicherlich intendiert und soll zum Ausdruck bringen, dass Terrorismus überall strafbar ist, Terroristen nirgendwo sicher und Opfer terroristischer Straftaten überall geschützt sind.[125] Prozessual wird diese Ausdehnung durch die Sondervorschrift des § 129 b Abs. 1 S. 3 StGB nur bedingt und im Übrigen nicht justizförmig eingeschränkt, wenn das Bundesjustizministerium eine Verfolgungsermächtigung erteilen muss.[126] § 129 b Abs. 1 StGB muss jedenfalls dem Willen des Gesetzgebers entsprechend als *lex specialis* zu §§ 3 ff. angesehen werden.[127]

c) Prozessuale Umsetzung

Diese materiell-rechtlichen, teilweise recht weiten Vorgaben werden **prozessual** 55 aufgefangen.[128] Hier gilt es zu unterscheiden zwischen dem Weltrechtsprinzip nach

1. § 6 StGB, für den **§ 153 c StPO** gilt und
2. § 1 VStGB, für den **§ 153 f StPO** gilt.

---

[122] Vgl. *Ambos* (2008), § 4 Rn. 128 a; *Fischer*, § 129 b Rn. 2, 4 ff.; MK/*Miebach/Schäfer*, § 129 b Rn. 9, 11, 17 f.

[123] Der Opferbegriff ist hier problematisch. Die missverständliche Regelung bezieht sich auf Opfer von Straftaten, die von Mitgliedern der Organisation unternommen wurden; die Organisation selbst hat keine Opfer; vgl. BGHSt 54, 264, 271.

[124] So auch BGHSt 54, 264, 271.

[125] Vgl. BT-Drucks. 14/8893, S. 9; dazu kritisch *Fischer*, § 129 b Rn. 10 und *Kreß*, JA 2005, 220, 227.

[126] Dazu auch *Safferling*, JICJ 4 (2006), 1152, 1156 f.

[127] So nun auch BGHSt 54, 264, 271.

[128] Vgl. Schönke/Schröder/*Eser*, § 6 Rn. 13, der von gelockertem Verfolgungszwang spricht.

Bei allen Straftaten, die nicht unter das Territorialitätsprinzip fallen, d. h. bei denen sich weder die Tathandlung noch der aus ihr resultierende Erfolg im Inland manifestiert, ist auf prozessualer Ebene ein Strafverfolgungsverzicht gem. § 153 c StPO möglich. Die Staatsanwaltschaft kann u. a. von der Verfolgung der Straftat absehen, wenn Gründe vorliegen, weshalb sie dem überwiegenden öffentlichen Interesse widersprechen würde (**Opportunitätsprinzip**).

56   Darüber hinaus kann gem. § 153 f StPO von der strafrechtlichen Verfolgung eines Täters bei internationalen Straftaten i. S. des VStGB abgesehen werden, wenn nicht zu erwarten ist, dass dieser sich jemals im Inland aufhalten werde (dazu auch unten § 8 Rn. 21 ff.).[129]

6 Grundsatz der stellvertretenden Rechtspflege

57   Beim Grundsatz der stellvertretenden Rechtspflege ist eben keiner der oben angeführten Anknüpfungspunkte für eine Anwendung deutschen Strafrechts gegeben. Er dient insofern der Lückenfüllung.[130] Der Staat übernimmt i. S. des Erledigungsverfahrens aufgrund einer Ermächtigung stellvertretend für den Tatortstaat oder den Herkunftsstaat die Strafverfolgung. Das entspricht dem völkerrechtlichen Prinzip *aut dedere aut iudicare*, dass also entweder ausgeliefert oder eine eigene Strafverfolgung eingeleitet werden muss.[131] Dieses Prinzip findet sich in vielen multilateralen Verträgen.[132]

> Subsidiär zu den anderen Anknüpfungspunkten kann der Staat sein Strafrecht auf Fälle ausdehnen, in denen der Täter im Inland angetroffen wird und nicht ausgeliefert werden kann. Die eigene Strafgewalt wird stellvertretend für den ausländischen Staat tätig, indem die Tat demnach strafbar sein muss.

58   Es muss sich um eine im Ausland begangene Straftat handeln und der Täter muss gem. § 7 Abs. 2 Nr. 2 StGB im Inland **angetroffen** worden sein.[133] Eine Ausdeh-

---

[129] Am 01.03.2006 brachten u. a. ehemalige Häftlinge des Foltergefängnisses Abu Ghraib im Irak bei der Generalbundesanwaltschaft Anzeigen gegen Donald Rumsfeld (damaliger US-Verteidigungsminister) und andere ein. Die Generalbundesanwaltschaft berief sich auf § 153 f StPO und leistete den Anzeigen somit nicht Folge. *Ambos*, NStZ 2006, 434 ff.

[130] Vgl. *Satzger* (2010), § 4 Rn. 15.

[131] Dieser Grundsatz geht auf *Hugo Grotius* zurück und lautete ursprünglich: *aut dedere aut punire*. Rechtsstaatlich korrekt kann aber nicht von einer „Bestrafung", sondern allenfalls von einer „Strafverfolgung" gesprochen werden; dazu auch *Ambos* (2008), § 3 Rn. 118.

[132] Vgl. *Herdegen*, VR (2010), § 26 Rn. 14. Ausführlich: *Maierhöfer*, „Aut dedere – aut iudicare", 2006.

[133] Vgl. BGH NStZ-RR 2007, 48, 50: Diese Frage ist vom jeweiligen Tatrichter zu prüfen und spielt für den Zeitpunkt der Revisionsentscheidung keine Rolle.

nung der deutschen Strafgewalt auf Taten, die nach den oben genannten Prinzipien keinen Inlandsbezug aufweisen, ist bei Fehlen einer der beiden genannten Anforderungen nicht möglich.[134] So wird die Anwendung deutschen Strafrechts kaum nach völkerrechtlichen Grundsätzen zu rechtfertigen sein bei einem Täter georgischer Staatsangehörigkeit, der in Georgien einen Mord begangen hat.

Eine Strafverfolgung kommt darüber hinaus auch nur dann in Betracht, wenn Deutschland den Täter aus einem der in § 7 Abs. 2 Nr. 2 StGB aufgezählten Gründen nicht an den Tatortstaat oder Herkunftsstaat **ausliefern** kann. Dazu gehört das Fehlen eines Auslieferungsantrages seitens des Tatort- oder Herkunftsstaates oder die Ablehnung eines solchen oder das Vorliegen von Gründen, die eine Auslieferung praktisch undurchführbar machen.[135]

Deutsches Strafrecht kann überdies nur dann angewendet werden, wenn im Inland eine **identische Tatnorm** vorliegt.[136] Inländische Gerichte wenden auch im Falle einer stellvertretenden Strafrechtspflege kein ausländisches (Fremdrecht), sondern deutsches Strafrecht an und das ist bei dem Strafrechtssystem fremden Delikten, wie z. B. einem Ehebruch, nicht möglich. Ausgeschlossen ist eine Verfolgung in Deutschland auch dann, wenn die Tat im Tatortstaat bereits erledigt ist, sei es durch Aburteilung, Straferlass oder Begnadigung (**Erledigungsprinzip**).[137] Als „Stellvertreterin" kann die deutsche Strafrechtsordnung nicht mehr als die Strafrechtsordnung des Tatortstaates anwenden.

59

Beispiel: Ein US-amerikanischer Staatsbürger wird beschuldigt, in den USA einen brutalen Raubmord begangen zu haben. Er flüchtet aus Furcht vor der Strafverfolgung zu Verwandten in Deutschland. Aufgrund eines Auslieferungsersuchens der USA wird er in Düsseldorf festgenommen. Er soll in seinen Heimatstaat Florida ausgeliefert werden. Da ihm dort allerdings die Todesstrafe droht, ist eine Auslieferung nicht möglich.[138] Möglicherweise ist nach dem Prinzip der stellvertretenden Strafrechtspflege das deutsche Strafrecht anwendbar. Nach § 7 Abs. 2 StGB handelt es sich um eine Tat, die im Ausland (USA) begangen wurde und auch dort mit Strafe bedroht ist. Der Täter war zur Zeit der Tat Ausländer und wurde im Inland betroffen (§ 7 Abs. 2 Nr. 2 StGB). Er kann nicht ausgeliefert werden, weil das Auslieferungsrecht in dem Fall der drohenden Todesstrafe eine Auslieferung nicht zulässt.[139] Demnach ist das deutsche Strafrecht, in diesem Fall §§ 211, 212 StGB anwendbar und die StA Düsseldorf wird eine Anklage zum Schwurgericht vorbereiten. Schließlich besteht ein erhebliches Verfolgungsinteresse (§ 153 c StPO), denn das Ansehen der Bundesrepublik gegenüber den USA könnte erheblich leiden, wenn der Eindruck entstünde, Verbrecher könnten hier unbeschadet Zuflucht nehmen.

---

[134] Dazu *Hecker* (2010), § 2 Rn. 53 ff.

[135] S. auch *Ambos* (2008), § 3 Rn. 123 ff.; *Satzger* (2010), § 5 Rn. 86.

[136] Das ist zwingend, vgl. Matt/*Renzikowski*, Vor §§ 3–7 Rn. 13.

[137] Vgl. *Jescheck/Weigend*, § 18 II 6.

[138] Nach Art. 12 des Auslieferungsvertrags zwischen der Bundesrepublik Deutschland und den Vereinigten Staaten von Amerika vom 20.06.1978, BGBl. 1980 II S. 647.

[139] Vgl. im Übrigen auch EGMR *Soering/Vereinigtes Königreich*, Serie A Nr. 161.

Literatur

Ambos, Völkerrechtliche Kernverbrechen, Weltrechtsprinzip und § 153 f StGB, NStZ 2006, 434

Böse, Die Stellung des sog. Internationalen Strafrechts im Deliktsaufbau und ihre Konsequenzen für den Tatbestandsaufbau, FS Maiwald, 2010, S. 61

Collardin, Straftaten im Internet, Fragen zum internationalen Strafrecht, CR 1995, 618

Derksen, Strafrechtliche Verantwortung für in internationalen Computernetzwerken verbreitete Daten mit strafbarem Inhalt, NJW 1997, 1878

Gralf-Peter Calliess, Grenzüberschreitende Verbraucherverträge, 2006

Hilgendorf, Neue Medien und Strafrecht, ZStW 113 (2001), S. 650

Jung, Die Inlandsteilnahme an ausländischer strafloser Haupttat, JZ 1979, 325

Koch, Nationales Strafrecht und globale Internet-Kriminalität, GA 2002, 702

ders., Zur Strafbarkeit der Auschwitzlüge im Internet, JuS 2002, 123

Kreß, Das Strafrecht in der Europäischen Union vor der Herausforderung durch organisierte Kriminalität und Terrorismus, JA 2005, 220

Kudlich, Herkunftslandprinzip und internationales Strafrecht, HRRS 2004, 278

Lagodny/Nill-Theobald, Weltrechtsprinzip und Völkermord, JR 2000, 205

Maierhöfer, Aut dedere – aut iudicare, 2006

Mankowski/Bock, Fremdrechtsanwendung im Strafrecht durch Zivilrechtsakzessorität bei Sachverhalten mit Auslandsbezug für Blanketttatbestände und Tatbestände mit normativem Tatbestandsmerkmal, ZStW 120 (2008), S. 704

Martin, Strafbarkeit grenzüberschreitender Umweltbeeinträchtigungen, 1989, S. 79, 118

ders., Grenzüberschreitende Umweltbeeinträchtigungen im deutschen Strafrecht, ZRP 1992, 19

Miller/Rackow, Transnationale Täterschaft und Teilnahme – Beteiligungsdogmatik und Strafanwendungsrecht, ZStW 117 (2005), S. 379

Pawlik, Strafe oder Gefahrenbekämpfung? Die Prinzipien des deutschen Internationalen Strafrechts vor dem Forum der Straftheorie, FS Schroeder, 2006, S. 357, 361, 373

Rath, Prüfungsschema. Auslandsbezug. Tatortbestimmung, JA 2006, 435

ders., Tatortbestimmung bei Beteiligung, Deliktszusammenfassung und Deliktsbegehung im Internet, JA 2007, 26

Rotsch, Der Handlungsort i.S.d. § 9 I StGB – Zur Anwendung deutschen Strafrechts im Falle des Unterlassens und der Mittäterschaft, ZIS 2010, 168

Safferling, Die Gefährdung der „auswärtigen Beziehungen" der Bundesrepublik Deutschland als strafwürdiges Verhalten im Außenwirtschaftsverkehr, NStZ 2009, 604

ders., Terror and Law in Germany, German Responses to 9/11, JICJ 4 (2006), 1152

Satzger, Die Anwendung des deutschen Strafrechts auf grenzüberschreitende Gefährdungsdelikte, NStZ 1998, 112

ders., Das neue Völkerstrafgesetzbuch – Eine kritische Würdigung, NStZ 2002, 125

ders., Das deutsche Strafanwendungsrecht (§§ 3 ff. StGB) – Teil 1, Jura 2010, 109

Sieber, Internationales Strafrecht im Internet, NJW 1999, 2065

Silva Sánchez, Die Expansion des Strafrechts, 2003

Sulk, Völker- und Europarecht Internationalisierung auf völkerrechtlicher Ebene – Rechtliche Maßnahmen der Vereinten Nationen zur Bekämpfung des Terrorismus und der Organisierten Kriminalität, Jura 2010, 684

Vec, Internet, Internationalisierung und nationalstaatlicher Rechtsgüterschutz, NJW 2002, 1535

Wamser, Der Geltungsbereich des deutschen Strafgesetzbuches auf See auf der Grundlage des § 3 StGB, StraFo 2010, 279

Werle/Jeßberger, Grundfälle zum Strafanwendungsrecht, JuS 2001, 35, 141

Walter, Internationales Strafrecht, §§ 3 ff. StGB, JuS 2006, 870

Völkerstrafrecht

§ 4 Grundlagen

I Begriff

1 Definition

Der Begriff „**Völkerstrafrecht**" vereint terminologisch zwei Rechtsgebiete, die 1
strukturell zunächst nicht zusammenpassen: Völkerrecht und Strafrecht. Während
das Völkerrecht nach seinem klassischen Verständnis die Rechtsverhältnisse der
Staaten als geborene Völkerrechtssubjekte untereinander regelt,[1] stellt das Strafrecht
Grundregeln des gesellschaftlichen Zusammenlebens auf und droht bei Verstößen
dem Individuum strafrechtliche Sanktionen etwa in der Form von Freiheits- oder
Geldstrafen an.[2] Die begriffliche Zusammenfassung dieser beiden Rechtsgebiete
in „Völkerstrafrecht" suggeriert daher, dass es um die Strafbarkeit der Subjekte des
Völkerrechts, also der Staaten, geht. Das ist aber gerade nicht der Fall. Allein die
Verantwortung von Individuen ist Regelungsgegenstand des Völkerstrafrechts. Der
Begriff ist daher zumindest missverständlich.

Alternativ wird der Begriff des „**Internationalen Strafrechts**" verwendet und 2
dadurch der etwa im Englischen („International Criminal Law") oder im Französischen („*Droit Pénal International*") gebräuchliche Terminus nachgeahmt. Präziser
ist diese Bezeichnung allerdings auch nicht, da sich unter „Internationalem Strafrecht" sehr viel vorstellen lässt, etwa auch das Europäische Strafrecht oder die internationale Zusammenarbeit in Strafsachen[3]. So muss für eine exakte Bezeichnung in
der englischen Sprache zu weiteren Beiwörtern gegriffen werden, etwa „international criminal law in the material sense of the word".[4]

---

[1] Vgl. statt aller die Ausführungen zum Begriff des „Völkerrechts" bei *Verdross/Simma* (1984),
§ 1.

[2] Vgl. statt aller *Roxin*, AT/1, § 1 Rn. 8.

[3] Vgl. etwa die Begriffsklärung bei *Satzger* (2010), § 2 Rn. 1.

[4] Vgl. *Schwarzenberger*, Current Legal Problems 3 (1950), S. 263, 264 ff., der insgesamt sechs
verschiedene Bedeutungen von „*international criminal law*" unterscheidet; dazu auch *Safferling*,
ARIEL 4 (1999), S. 126, 140 ff.

C. Safferling, *Internationales Strafrecht,*
DOI 10.1007/978-3-642-14914-6_4, © Springer-Verlag Berlin Heidelberg 2011

Tab. 1 Unterschied Strafrecht-Völkerrecht

Strafrecht	Völkerrecht
Individuum	Staat
Repressives Rechtsinstrument	Konsensprinzip
Legalitätprinzip	Realpolitik
Unabhängigkeit der (Straf-)Justiz	Politisches Recht
Bestimmtheitsgrundsatz	Völkergewohnheitsrecht
Rechtssicherheit	Dynamische Entwicklung
Schuldprinzip	Staatenverantwortlichkeit

3   Wir bleiben also beim Begriff des „Völkerstrafrechts", nicht nur weil das die traditionelle[5] und „gefühlsbetontere" Bezeichnung[6] ist, sondern weil sich – richtig verstanden – eine ganze Menge über die Struktur und die Probleme dieser Materie aus dem Begriff ableiten lässt. Über die Definition ist man sich weitgehend einig.[7]

> **Völkerstrafrecht** bezeichnet die Gesamtheit aller Normen, die ein bestimmtes individuell vorwerfbares Verhalten bei Androhung von Strafe verbieten, sich aus Quellen des Völkerrechts speisen und unmittelbar für das Individuum gelten.

2 Ambivalenzen

4   Formal gehört Völkerstrafrecht zum Völkerrecht, da es sich aus den Quellen des Völkerrechts ableitet; substantiell ist es Strafrecht, da es individuelle Verantwortlichkeit begründet und Strafe androht. Diese Ambivalenz (s. Tab. 1) bringt eine stets spürbare **Spannung** mit sich, die ein Blick auf die Erfahrungen und Erwartungen, die sich in der westeuropäischen Demokratie mit Völkerrecht einerseits und Strafrecht andererseits verbinden, verdeutlicht.

5   Strafrecht hat in der Gesellschaft insgesamt sowie für das einzelne, individuelle Leben unmittelbar und spürbar Bedeutung. Das **soziale Gefüge** der westlichen Demokratien basiert neben anderem auch auf dem Konzept der Sicherung als fundamental empfundener Grundwert mit strafrechtlichen Mitteln.[8] Eine solche positiv

---

[5] Der Begriff wurde geprägt von *Beling* (1896), S. 40 f. und etabliert von *Jescheck*, (1952).

[6] So *Verdross/Simma* (1984), § 1 hinsichtlich des Begriffs „Völkerrecht".

[7] Vgl. *Ambos* (2008), § 5 Rn. 1; *Triffterer* (1966), S. 34; *Satzger* (2010), § 12 Rn. 1 f.; *Werle* (2007), Rn. 71.

[8] In diese Richtung argumentiert auch das BVerfG, 2. Kammer 2. Senat, 2 BvR 2307/06 v. 4.2.2010, §§ 19 ff. mit Verweis auf die Rspr. des EGMR, *Yasa/Türkei* v. 2.9.1998, Rep. 1998-VI S. 2411 u. a.

generalpräventive Wirkung lässt sich allerdings nur generieren, wenn das System zuverlässig funktioniert, d. h. wenn Strafrecht gleichmäßig angewendet wird.[9] Sind die Verwerfungen zu groß, wobei eine gewisse Toleranz einkalkuliert werden muss, sinkt die Akzeptanz von Strafrecht und die Gesellschaft wird sich andere Wege suchen, um sich selbst zu stabilisieren.

Die Erfahrungen mit Völkerrecht sind andere. Es ist bestimmt durch den **freiwilligen Zusammenschluss** unabhängiger Staaten, die keiner höheren Instanz verpflichtet sind. Macht, Einfluss und militärische Stärke spielen eine große Rolle. Auch wenn das Völkerrecht in vielerlei Hinsicht eine verlässliche Materie darstellt und durchaus über angemessene Konfliktlösungsmechanismen verfügt, ist das Funktionieren in hohem Maße von der Freiwilligkeit der Staaten abhängig.[10] Verweigern einzelne Staaten die Kooperation gibt es kaum Mittel der Rechtsdurchsetzung.[11] Völkerrecht hat eher einen normativen denn einen repressiven Charakter.[12] Die Rechtsdurchsetzung ist daher abhängig von der Machbarkeit und damit selektiv.

6

Das Völkerstrafrecht, zugleich Völkerrecht und Strafrecht, leidet unter dieser **Ambivalenz**. Selektivität in der Durchsetzung ist eines seiner Hauptprobleme. Zur Erläuterung folgendes.

7

> **Beispiel:** Die ugandische Regierung überträgt die Situation im Norden des eigenen Landes, wo seit Jahren die paramilitärische Lord's Resistance Army (LRA) eine Schreckensherrschaft aufrechterhält, an den IStGH. Dieser erlässt einen Haftbefehl gegen den Anführer der LRA, Joseph Kony. In der Folge zeigt sich Kony zu Friedensverhandlungen bereit, allerdings nur unter der Bedingung, dass das Verfahren vor dem IStGH gegen ihn eingestellt und ihm Immunität vor Strafverfolgung gewährt wird.

Wie ist hier zu entscheiden? Das Strafrecht gebietet eine gleichmäßige Anwendung. Immunitäten sind für dieses Ziel kontraproduktiv. Das Völkerrecht sieht die Durchsetzung der kollektiven Sicherheit im Vordergrund und strebt nach dem erreichbaren Waffenstillstand. Immunitäten sind Ausdruck nationalstaatlicher Souveränität. Bislang ist dieser Grundkonflikt ungelöst. Für das Verständnis der Materie ist es allerdings essentiell, diesen wahrzunehmen und zu akzeptieren, dass er dem Völkerstrafrecht immanent ist.

---

[9] Vgl. *Stolle/Singelnstein*, in: Kaleck/Ratner/Singelnstein/Weiss (2007), S. 37, 46–49.

[10] Dazu gehört etwa der Internationale Gerichtshof (IGH). Als Hauptrechtsprechungsorgan der VN kann er auch streitige Fälle entscheiden (Art. 34 IGHSt). Dieses Gericht hat international allerdings nicht die Bedeutung erlangt, die anfangs erhofft wurde; vgl. *Schröder*, in: Vitzthum (2010), 6. Abschnitt Rn. 102.

[11] Der Sicherheitsrat der VN hat zwar die Möglichkeit, auf der Grundlage von Kap. VII der Charta VN Zwangsmittel in der Form von wirtschaftlichen und militärischen Sanktionen zu verhängen; deren Anwendung und Durchsetzung im Einzelfall bleibt aber zweifelhaft; vgl. etwa *Kempen/Hillgruber* (2007), 7. Kap. Rn. 21–63.

[12] *Cassese* (2008), S. 9.

3 Der Bestand des Völkerstrafrechts

8   Auf der Grundlage dieser Definition stellt sich nun die Frage, welche Normen dem
     Völkerstrafrecht zuzurechnen sind, d. h. was die sog. Völkerrechtsverbrechen sind.
     Etabliert hat sich die Liste folgender „**Kernverbrechen**" (vgl. Art. 5 IStGHSt):

- Völkermord (Art. 6 IStGHSt)
- Verbrechen gegen die Menschlichkeit (Art. 7 IStGHSt)
- Kriegsverbrechen (Art. 8 IStGHSt)
- Verbrechen der Aggression (Art. 5 Abs. 1, 2; Art. 8*bis* IStGHSt)

Bei diesen handelt es sich um die „schwersten Verbrechen, welche die internationale Gemeinschaft als Ganzes berühren" (vgl. IStGHSt Präambel). Weitere Verbrechenstatbestände wären hier durchaus denkbar und werden diskutiert. Brisant
ist dabei der Tatbestand der Piraterie, den man als ältesten völkerrechtlichen Straftatbestand bezeichnen kann[13], die Strafbarkeit von **Terrorismus**[14], internationaler
Drogen- und Menschenhandel[15] und weitere.[16] Bislang konnte sich keiner dieser
Tatbestände durchsetzen und es ist auch nicht davon auszugehen, dass sich das bald
ändert.

9   In den letzten Jahren ist allerdings eine Diskussion um die internationale Straf-
     barkeit der **Piraterie** aufgekommen.[17] Angesichts der Gefährdungslage am Horn
     von Afrika, insbesondere in Somalia, sind Stimmen laut geworden, die eine interna-
     tional strafrechtliche Lösung für das Piratenproblem fordern. Der Grund, weshalb
     die Piraterie als internationaler Straftatbestand bereits in der Antike Anerkennung
     fand[18], lag aber weniger in systemischen oder normativen Gründen als in der prak-
     tischen Frage der gerichtlichen Zuständigkeit für Straftaten, die auf Hoher See be-
     gangen werden.[19] Phänotypisch unterscheidet sich Piraterie nämlich von anderen
     Formen organisierter Kriminalität nur dadurch, dass sie nicht auf dem Territorium
     eines souveränen Staates stattfindet. Zudem muss anerkannt werden, dass das Pira-

---

[13] Eine Definition enthält Art. 101 des UN Seerechtsübereinkommens vom 10.12.1982.

[14] Vgl. etwa: Convention for the Suppression of Unlawful Acts Against the Safety of Civil Aviation
v. 23.9.1971 (sog. Montreal-Konvention 1971), wo neben einer Definition von Straftaten (Art. 1)
auch verlangt wird, dass die Mitgliedstaaten nationale Strafrechtsnormen schaffen (Art. 3 ff.); vgl.
dazu vor dem Hintergrund des IStGHSt: *Wolny* (2008), S.137 ff.

[15] Vgl. *Broomhall* (2003), S. 12.

[16] Autoren wie *Bassiouni* (2008), S. 1, 135 und *Dinstein*, Israel Law Review 1985, 207 ff., zählen
insgesamt 22 internationale Verbrechen.

[17] Vgl. dazu auch *Hecker*, JA 2009, 673 zur Strafverfolgung in Deutschland.

[18] Vgl. *Cicero*, De officiis, S. 29, der den Piraten „hostis generi humani" nennt. Vgl. dazu auch
König (2004), S. 51 und *Wolny* (2008), S. 72, die Piraterie als den ältesten internationalen Straftatbestand bezeichnen.

[19] Vgl. *Li* (1991), S. 190

tenproblem vor allem auf sozialen Problemen in den jeweiligen Staaten gründet.[20] Strukturell handelt es sich um einen Sonderfall der organisierten Kriminalität.

Ein Tatbestand der Piraterie findet sich zwar in den gleich lautenden Bestimmun **10** gen des Art. 15 des Übereinkommens über die Hohe See (1958) und des Art. 101 des Seerechtsübereinkommens (1982). Es ist aber kaum vorstellbar, dass die Piraterie als völkerrechtliches Kernverbrechen i. S. von Art. 5 IStGHSt anerkannt werden wird. Die Strafverfolgung bleibt deshalb horizontal der **Zusammenarbeit der Nationalstaaten** überlassen.[21] Das geschieht vor der Küste Somalias mit der Autorisierung durch den UN Sicherheitsrat.[22] Gerade die sozialen Spannungen in den Herkunftsländern der Piraten und die systematischen Verflechtungen mit Drogenhandel und anderen Formen organisierter Kriminalität erschweren die Strafverfolgung erheblich. Eine nachhaltige Lösung des Problems lässt sich nur durch wirtschaftliche und politische Entwicklung in den betroffenen Staaten erreichen.

4 Direkte und indirekte Durchsetzung

Das materielle Völkerstrafrecht kennt zwei Arten der Rechtsdurchsetzung. Es kann **11** **unmittelbar**, d. h. auf völkerrechtlicher Ebene durch ein internationales Strafgericht durchgesetzt werden oder **mittelbar**, d. h. auf nationaler Ebene durch die (bestehenden) nationalen Gerichte (s. Abb. 1). So weist etwa § 1 VStGB auch den deutschen Gerichten die Kompetenz zu, Völkerstraftaten abzuurteilen.[23]

In der **geschichtlichen Entwicklung** des Völkerstrafrechts nimmt die indirekte Durchsetzung (quantitativ) den weitaus größeren Platz ein. Während nach dem 2. Weltkrieg nur zwei internationale Verfahren durchgeführt wurden (IMT Nürnberg und IMT Tokio), sind weltweit über 10.000 Verfahren wegen Kriegsverbrechen in Europa und in Asien durchgeführt worden (s. dazu unten Rn. 38 ff.).

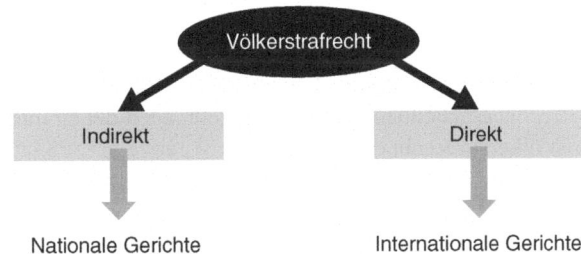

Abb. 1 Durchsetzung von
Völkerstrafrecht

---

[20] Vgl. *Petretto*, Blätter für deutsche und internationale Politik 2008, S. 71, 73; *Böni* (2008), S. 12.
[21] Zu den Problemen der Zusammenarbeit im nationalen Strafrecht und Strafprozessrecht vgl. auch *Esser/Fischer*, JZ 2010, 217.
[22] SR Res. 1816 (2008), verlängert durch Res. 1846 (2008) und Res. 1897 (2009) jeweils auf der Grundlage des Seerechtsübereinkommens (1982).
[23] Auf die Opportunitätsregel des § 153 f StPO muss hier nicht eingegangen werden, s. dazu § 3 Rn. 55.

Auch im heutigen, modernen System bildet der indirekte Durchsetzungsmechanismus das Rückgrat des internationalen Strafsystems. Der IStGH ist nämlich lediglich eine **Komplementärinstitution** zu den nationalen Strafgerichten; d. h. er kann nur dann – ergänzend – tätig werden, wenn die nationalen Strafverfolgungsbehörden nicht willens oder in der Lage sind, Verfahren selbständig durchzuführen (s. dazu § 7 Rn. 22 ff.).

12   Die beiden Durchsetzungsmechanismen haben jeweils ihre **Vor-** und **Nachteile**. Das große Problem der indirekten Durchsetzung liegt in der Gefahr der Partikularisierung des Völkerstrafrechts, die dadurch entsteht, dass sich nationale Vorschriften der Kernverbrechen unterscheiden und nationale Gerichte die jeweiligen Voraussetzungen unterschiedlich auslegen. So können etwa bzgl. des Straftatbestandes des Völkermordes bereits unterschiedliche Interpretationen des BGH einerseits und des JStGH andererseits beobachtet werden (s. dazu § 6 Rn. 3).

Ein Vorteil nationaler Strafverfolgung ist die (relative) Klarheit der prozessualen Regelungen. Die nationalen Gerichte und Staatsanwaltschaften wenden dem Prinzip der „*lex fori*" entsprechend das jeweils gültige, **nationale Prozessrecht** an.[24] Die direkte Durchsetzung ist auf die Schaffung eigener internationaler Tribunale (wie IMT, JStGH, SCSL) bzw. die Anrufung des IStGH angewiesen. Die prozessrechtliche Situation an diesen internationalen Institutionen muss jeweils speziell geschaffen werden und kann nicht auf gewachsene Traditionen bauen. Im einzelnen ist das ein Problem des „Völkerstrafprozessrechts".

5 Das Völkerstrafprozessrecht

13   Neben dem Begriff des Völkerstrafrechts hat sich noch ein zweiter eingebürgert: der Begriff des Völkerstrafprozessrechts.[25] Dabei handelt es sich um den das materielle Völkerstrafrecht flankierenden **prozessualen Korrespondenzbegriff**.

> Völkerstrafprozessrecht meint die sich aus den Rechtsquellen des Völkerrechts ergebenden Verfahrensregeln, nach denen internationale Gerichtshöfe Völkerstrafrecht durchsetzen.

Zurzeit wird an fünf verschiedenen Gerichten Völkerstrafprozessrecht auf der Grundlage jeweils eigenständiger Statuten und Verfahrensregeln angewendet. Das sind:

---

[24] Vgl. *Heldrich* (1969), S. 14; *Coester-Waltjen* (1983), Rn. 102 Fn. 380 m. w. N.; *Jaeckel* (1995), S. 19 ff.; zum englischen Recht vgl. *North/Fawcett* (2008), S. 75 ff.: „one of the eternal rules of every system of private international law".

[25] Dazu *Safferling*, in: Renzikowski (2004), S. 137 ff.

- **JStGH**: Jugoslawienstrafgerichtshof (International Criminal Tribunal for the former Yugoslavia).
  Verfahrensrechtliche Grundlage: JStGHSt, Rules of Procedure and Evidence
- **RStGH**: Ruandastrafgerichtshof (International Criminal Tribunal for Rwanda)
  Verfahrensrechtliche Grundlage: RStGHSt, Rules of Procedure and Evidence
- **SCSL**: Sondergericht für Sierra Leone (Special Court for Sierra Leone)
  Verfahrensrechtliche Grundlage: SCSLSt, Rules of Procedure and Evidence
- **STL**: Sondertribunal für den Libanon
  Verfahrensrechtliche Grundlage: STLSt
- **IStGH**: Internationaler Strafgerichtshof (International Criminal Court).
  Verfahrensrechtliche Grundlage: IStGHSt, Rules of Procedure and Evidence, Regulations.[26]

Eine Sonderstellung nehmen die **ECCC** ein: Die außerordentlichen Kammern in den Gerichten Kambodschas (Extraordinary Chambers in the Courts of Cambodia). Es handelt sich dabei um ein Gericht, das zunächst auf kambodschanisches Verfahrensrecht baut, bei dem aber gewisse (internationale) Sonderregelungen Anwendung finden. Verfahrensrechtliche Grundlage: Law on the Establishment of the Extraordinary Chambers; Internal Rules. **14**

Von diesen fünf Institutionen ist nur der **IStGH** auf Dauer angelegt. Die anderen Gerichtshöfe wurden lediglich zur Aufarbeitung einer bestimmten Situation für eine gewisse Zeit eingesetzt. Die Zukunft des Völkerstrafprozessrechts liegt demnach beim IStGH. Die besondere Herausforderung des Völkerstrafprozessrechts besteht in der Schaffung einer global akzeptablen Verfahrensordnung. Die hier zu bewältigenden Schwierigkeiten sind mindestens genauso groß wie die im materiellen Recht. Das liegt vor allem daran, dass Strafprozessrecht als rein nationale Angelegenheit betrachtet wird und hier häufig verfassungsrechtliche Garantien einwirken, die stark von nationalen Traditionen geprägt sind. Das gilt – wie an anderer Stelle ausgeführt (vgl. § 9 Rn. 66 ff.) – für das Europäische Strafrecht ebenso wie für das Völkerstrafprozessrecht. **15**

> **Beispiel:** Das Recht auf den gesetzlichen Richter nach Art. 101 Abs. 1 S. 2 GG umfasst eine sehr detaillierte Regelung bis hin zur Festlegung der Geschäftsverteilung (vgl. BVerfGE 17, 294; 95, 322). Hingegen sieht der 6. Zusatzartikel zur US-amerikanischen Verfassung das Recht auf einen Geschworenenprozess vor.

Internationale **Menschenrechte**, wie das Recht auf ein faires Verfahren nach Art. 6 EMRK und Art. 14 IPbpR, bilden hierfür zwar eine gewisse Klammer, vermögen aber häufig nicht über grundlegend unterschiedliche Herangehensweisen hinweg zu helfen. Der Erfolg des IStGH wird auch daran gemessen, ob es ihm gelingt, ein Strafverfahrensrecht zu entwickeln, das global auf Anerkennung trifft. **16**

---

[26] Siehe dazu *Kreß*, GA 2006, 528.

II Geschichte

17 In einem kodifizierten Rechtssystem ergibt sich das Recht aus der systematischen Interpretation des gesetzten Normgefüges.[27] Dabei spielt die **historische Entwicklung** durch Gewohnheits- und Richterrecht zwar eine gewisse Rolle, steht aber letztlich immer unter dem Vorbehalt der Systemkonvergenz. In der angloamerikanischen Tradition ergibt sich Recht eher historisch, *„built od the perfection of reason"*[28] und geschriebene Gesetzestexte erheben nicht den Anspruch, ein System zu konstituieren, das nach strengen exegetischen Methoden ausgelegt werden könnte.[29]

Ähnlich verhält es sich mit dem Völkerrecht. Dieses kennt geschriebene, d. h. vertragliche Regelungen nur in Teilbereichen und ist denkbar weit entfernt von dem kontinentaleuropäischen Ideal eines kodifizierten Systems.[30] Politik, internationale Beziehungen, Diplomatie und Macht spielen in der Entwicklung des Völkerrechts eine erhebliche Rolle.[31] Auch wenn im Jahr 1998 mit der Verabschiedung des Römischen Statuts eine **kleine Kodifikation des Völkerstrafrechts** gelungen ist, lässt sich das völkerstrafrechtliche System, so es denn eines ist, nur mit Blick auf die historische Entwicklung verstehen. Der Weg vom 1. Weltkrieg mit dem Versailler Vertrag und den Leipziger Prozessen über den 2. Weltkrieg mit dem Nürnberger Hauptkriegsverbrecherprozess und dem Tokioter Kriegsverbrecherprozess bis nach Den Haag zu den *Ad hoc*-Tribunalen der Vereinten Nationen und der zivilgesellschaftlich lange ersehnten Gründung des Internationalen Strafgerichtshofs wurde oft beschrieben.[32] Dieser muss auch hier nachgezeichnet werden, da diese Entwicklungsgeschichte das Völkerstrafrecht bis heute ausmacht und noch lange ausmachen wird.

1 Entwicklung bis 1919

18 Im klassischen, westfälischen Völkerrecht spielt das Individuum keine Rolle.[33] Staaten sind die (originären) Subjekte des Völkerrechts.[34] Individuen sind lediglich mittelbar, mediatisiert durch den Staat, im Völkerrecht berechtigt oder verpflichtet.[35] Die Staaten begegnen sich als gleichberechtigte Subjekte, die sich gegenseitig

---

[27] Vgl. *Safferling*, Jb.J.ZivRWiss. 2001, S. 133, 137–154.

[28] S. *Zimmermann*, CLJ 56 (1997), S. 315, 318 m. w. N.

[29] Vgl. *Radbruch* (1946); *Holmes* (1991); *Safferling* (2008), S. 286–290.

[30] Vgl. *Dahm/Delbrück/Wolfrum* (1989), S. 83.

[31] Vgl. etwa das Kapitel „Ordnungsfunktion und Gestaltungsaufgaben des Völkerrechts" bei *Herdegen* (2009), § 4; sowie die ausführliche Geschichte des Völkerrechts von *Grewe* (2000).

[32] S. nur *Werle* (2007), Rn. 1–69; *Kreß*, JZ 2006, 981 ff.; umfassend: *Ahlbrecht* (1999), S. 27 ff.

[33] Der Begriff entstammt dem sog. Westfälischen Frieden von 1648, der das Ende des 30jährigen Kriegs markiert; vgl. *Hobe* (2008), S. 26.

[34] Vgl. *Stein/Von Buttlar* (2009), Rn. 244.

[35] Vgl. *Dahm/Delbrück/Wolfrum* (2002), S. 259 f.; *Shaw* (2008), S. 258.

als souverän anerkennen und daher der Gerichtsbarkeit eines anderen Staates nicht unterworfen sind (Grundsatz der **Staatenimmunität**, s. dazu unten § 5 Rn. 60).[36] Strafrecht im traditionellen Sinne passt nicht zu dieser Struktur, da es *Individuen* für ihr Handeln verantwortlich hält. Staatsoberhäupter, Regierungschefs und Militärmachthaber repräsentieren aber jeweils den Staat und sind in dieser Eigenschaft als Individuen für ihr Handeln nicht verantwortlich (Grundsatz der **persönlichen Immunität**, s. unten § 5 Rn. 60). Verantwortlich ist allein der Staat nach den Regeln der „*State Responsibility*".[37] Allenfalls intern konnten die Entscheidungen des Machthabers Folgen für ihn persönlich haben. Dies sind aber seltener strafrechtliche als politische, etwa Abwahl, Rücktritt, Putsch oder ähnliches. Eine Einmischung in diese inneren Angelegenheiten durch einen anderen Staat wird als Eingriff in die Souveränität der Staaten nicht toleriert. Im „Außenverhältnis" findet zumeist eine gewisse Schlussstrich-Mentalität Anwendung. So werden in einem Friedensvertrag nach Ende des Kriegs **Amnestieklauseln** vereinbart, wodurch der Anwendung von Strafrecht ein Riegel vorgeschoben wird.

Respekt für Individuen tritt in diesem Kontext erst verhältnismäßig spät sichtbar in Erscheinung. Mit der Gründung des Internationalen Komitees vom Roten Kreuz (**IKRK**) durch den Schweizer *Henry Dunant* im Jahr 1864 wurde in einem völkerrechtlichen Dokument, der 1. Genfer Konvention[38], anerkannt, dass verwundete Soldaten im Feld geschützt werden müssen. Diese Konvention bildet den Ausgangspunkt für die Entwicklung des humanitären Völkerrechts und der Kriegsverbrechen (s. u. § 6 Rn. 112 ff.). Das traditionelle Verhältnis von Völkerrecht und Individuen wird dadurch in Frage gestellt. Das Völkerrecht sieht nämlich jetzt Regeln vor, die **Einzelpersonen** (hier den verletzten Kombattanten) unmittelbar zu Gute kommen sollen. Der nächste Schritt, dass bei Verletzung dieser Regel Sanktionen drohen, ist die logische Kehrseite, denn schließlich kennt jedes Recht eine korrespondierende Pflicht. Entsprechend forderte der damalige Präsident des IKRK im Anschluss an den deutsch-französischen Krieg von 1870/1871 die Einsetzung eines unabhängigen, internationalen Strafgerichtshofs zur Aburteilung von Kriegsverbrechern aller beteiligten Parteien. Durchsetzbar war das zu diesem Zeitpunkt allerdings nicht. Das traditionelle Denken sollte noch lange Zeit vorherrschen.

Immerhin wurde das „Kriegsvölkerrecht" um die Jahrhundertwende 19./20. Jh. weiter ausgebaut. Neben den Genfer Konventionen wurde auf Friedenskonferenzen in Den Haag in den Jahren 1899 und 1907 die wichtige Haager Landkriegsordnung (**HLKO**) verabschiedet und damit ein umfassendes Regelungswerk für die „Gebräuche und Gewohnheiten des Krieges" aufgestellt. Eine klare strafrechtliche Verantwortung fehlt darin aber ebenso wie die Thematisierung des Krieges überhaupt. „Krieg" wurde noch immer als legitimes Mittel politischer Auseinandersetzung angesehen[39] und die Mächtigen der Welt waren zu diesem Zeitpunkt nicht bereit, sich in dieser Hinsicht zu beschränken.

19

20

---

[36] Vgl. *Dahm/Delbrück/Wolfrum* (1989), S. 215 ff.; *Herdegen* (2009), § 37.

[37] Vgl. dazu *Stein/von Buttlar* (2009), Rn. 1101 ff.; *Shaw* (2008), S. 778 ff.

[38] Genfer Konvention vom 22.6.1864.

[39] Nach der Clausewitz-Doktrin, vgl. *Clausewitz* (1832), S. 1, 24.

2 Nach dem 1. Weltkrieg: Versailles und Leipzig

a) Versailler Vertrag

21 Ein nächster Schritt auf dem Weg zu einer strafrechtlichen Verantwortlichkeit nach Völkerrecht wurde nach dem Ersten Weltkrieg gegangen. Im Versailler Vertrag war eine Bestrafung des als Aggressor ausgemachten deutschen **Kaisers Wilhelm II.** vorgesehen (Art. 227 Versailler Vertrag).[40] Allerdings kam es vor allem aus zwei Gründen nie zu einem solchen Verfahren: (1) Der auf einem britischen Vorschlag basierende Straftatbestand, „Verbrechen gegen die Heiligkeit der Verträge", war reichlich unbestimmt und damit unanwendbar.[41] (2) Die Niederlande gewährten dem verfolgten Kaiser nach einer längeren Auseinandersetzung unter Berufung auf das strafrechtliche Rückwirkungsverbot politisches Asyl.[42] Prozesse gegen Kriegsverbrecher durchzuführen wurde auf der Grundlage des Versailler Vertrages schließlich Deutschland, also der nationalen Justiz, anheim gestellt.[43] Nach Art. 228 des Versailler Vertrages stellten die alliierten Regierungen eine Namensliste mit mutmaßlichen deutschen Kriegsverbrechern zusammen. Vorgesehen war zunächst eine Auslieferung dieser Personen, was die deutsche Regierung durch die Verfolgung von Kriegsverbrechen durch eigene Gerichte abzuwenden wusste. Die Auslieferung hochrangiger Militärs an ein alliiertes oder internationales Gericht zur strafrechtlichen Verfolgung wegen Kriegsverbrechen war gesellschaftlich in Deutschland nicht durchzusetzen. Quer durch alle gesellschaftlichen und politischen Schichten wäre dies als Erniedrigung empfunden worden. Zudem konnte darauf verwiesen werden, dass nach § 9 RStGB von 1871 ein Deutscher nicht an eine ausländische Regierung zur Strafverfolgung ausgeliefert werden durfte.

> Dieses Auslieferungsverbot hatte auch in der Bundesrepublik Deutschland in Art. 16 GG eine grundrechtliche Verankerung und wurde erst in Zusammenhang mit der Ratifizierung des Römischen Statuts für den IStGH und der Verabschiedung des VStGB gelockert. Grundlage dieses Auslieferungsverbots ist ein idealistisches Staatsbild, das von einem Staat ausgeht, der sich um seine Bürger sorgt und sich schützend vor sie stellt. Mit einem multiethnischen, pluralistischen Staatsverständnis lässt sich dies kaum (mehr) vereinbaren.

Die alliierten Siegermächte behielten sich aber das Recht vor, die Verfahren vor eigenen Gerichten zu wiederholen, sollte die Strafverfolgung in Deutschland nicht befriedigend ausfallen.[44]

---

[40] Dazu auch *Wiggenhorn* (2005), S. 21 f.

[41] Vgl. *Bassiouni* (2002), S. 244–296, S. 271–275.

[42] Vgl. *Bassiouni* (2002), S. 244, S. 283–285.

[43] Vgl. *Ahlbrecht* (1999), S. 41–44.

[44] Vgl. *Bassiouni* (2002), S. 244, 286.

b) Leipziger Prozesse

Befriedigen konnte die daraufhin auf der Grundlage des Kriegsverbrecherverfol-   **22**
gungsgesetzes[45] von 1919 durchgeführte Strafverfolgung in Deutschland allerdings
nicht: Aus der langen Liste von ca. 890 mutmaßlichen Kriegsverbrechern wurden
schließlich in den Jahren 1921/1922 zwölf Personen vor dem Reichsgericht in erster
und einziger Instanz angeklagt. Diese Verfahren sind als sog. **Leipziger Prozesse**
in die Geschichte eingegangen.[46] Die geringe Zahl der tatsächlich Verfolgten wurde begleitet von großer richterlicher Milde; schließlich kam es zu acht Verurteilungen.[47] Eine ernsthafte Strafvollstreckung fand nicht statt. Den Bemühungen der
Alliierten, den Verfolgungsanspruch aus dem Versailler Vertrag durchzusetzen, be-
gegnete Deutschland mit beharrlicher Weigerung der Auslieferung. Zwangsmittel
hatten die Alliierten nicht, denn wie Robert Jackson in seiner Eröffnungsrede im
Nürnberger Hauptkriegsverbrecherprozess ausführte:

> Im Völkerrecht, das ja nur mit Staaten zu tun hat, läßt sich einem Gesetz nur durch Krieg
> Geltung verschaffen, da der Krieg am wirksamsten ist, Zwang auf einen Staat auszuüben.[48]

Einen neuerlichen Krieg in Europa wollte man aber auch vermeiden, so dass die
Regierungen nicht weiter auf der Auslieferung beharrten, ohne das Ersuchen allerdings förmlich zurückzunehmen.[49]

Die „Leipziger Prozesse" stehen daher als Synonym für ein Versagen juristischer   **23**
Aufarbeitung von Kriegsverbrechen. Die nationale Justiz hat sich als unfähig erwiesen, Kriegsverbrecher zu verfolgen.[50] Schuld daran ist aber gewiss auch die damals
nicht nur in Deutschland herrschende Mentalität, wonach kriegerische Akte keine
„Verbrechen" sind und sein können. „**Heldentaten**" im bedingungslosen Einsatz
für das „Vaterland" sind nach dieser Auffassung keine strafbaren Handlungen.[51]
Sicherlich fing angesichts des großen Leids des 1. Weltkriegs diese Einstellung an,
ihre Überzeugungskraft in der Gesellschaft einzubüßen.

---

[45] Gesetz zur Verfolgung von Kriegsverbrechen und Kriegsvergehen v. 18.12.1919, RGBl. 1919,
2125 f. Zur Entstehungsgeschichte ausführlich *Wiggenhorn* (2005), S. 42–61.

[46] Dazu die Darstellungen von *Hankel* (2003) und *Wiggenhorn* (2005).

[47] Davon wurden aber nur vier wegen völkerrechtlicher Verbrechen im eigentlichen Sinne verfolgt; vgl. *Hassel* (2009), S. 55.

[48] Justice Robert H. Jackson, Eröffnungsrede, IMT Bd. 2, S. 177. Der englische Originalwortlaut
ist hier deutlicher „An international law which operates only on states can be enforced only by war
because the most practicable method of coercing a state is warfare".

[49] Vgl. *Satzger* (2010), § 13 Rn. 4.

[50] Darauf weist auch *Justice Jackson* in seiner Eröffnungsrede vor dem IMT in Nürnberg hin, IMT
Bd. 2, 118.

[51] Vgl. etwa die Nachweise bei *Wiggenhorn* (2005), S. 282 f. So schrieb der Reichsjustizminister
Schiffer in einer vertraulichen Note an den württembergischen Staatspräsidenten *Hieber*, dass die
Aburteilung deutscher Kriegsverbrecher „vom Volksempfinden mit Recht als eine brutale Verhöh-
nung und Vergewaltigung jeden Rechtsgefühls empfunden wird.

Für die Entwicklung des Völkerstrafrechts sind die Leipziger Prozesse aber nicht ganz unbedeutend. Es wurde zwar durchgehend deutsches Recht angewendet; wenigstens ein Fall aber schaffte es in die völkerrechtliche Literatur: der sog. Fall *Llandovery Castle*.[52] Das kanadische Lazarett-Schiff wurde von einem deutschen U-Boot versenkt. In dem Fall stand die Frage nach dem Handeln auf Befehl als Frage des Allgemeinen Teils im Vordergrund (s. Fall § 5 Rn. 38 ff.).

c) Weitere Entwicklungen

24 Während im Versailler Vertrag internationale Strafverfolgung wenigstens erörtert und immerhin politischer Druck auf das Deutsche Reich ausgeübt wurde, die Kriegsverbrecher zu bestrafen, blieben die Bemühungen des Völkerbundes um eine Ahndung der massenhaften Deportation und Ermordung Hunderttausender armenischer Christen in der Türkei erfolglos. Diese Untätigkeit der internationalen Gemeinschaft diente Hitler offenbar als Rechtfertigung für sein Vorgehen gegen die Juden.[53] Bis heute bleibt der „Völkermord" an den **Armeniern** politisch umstritten.[54]

Die Gründung des **Völkerbundes** im Jahr 1919 brachte auch sonst keine wesentlichen Fortschritte im Bereich der Friedenssicherung.[55] Ein internationales Sicherheitssystem ließ sich nicht durchsetzen, da das Dogma der Staatssouveränität als unüberwindbar galt. Eine internationale Gerichtsbarkeit wurde zwar mit dem Ständigen Internationalen Gerichtshof (PICJ) geschaffen, dessen Bedeutung aber über die eines dauerhaften Schiedsgerichts nicht hinausging.[56]

25 Eine wesentliche völkerrechtliche Neuerung trat allerdings im Jahr 1928 auf den Plan. Mit dem „Vertrag über die Ächtung des Krieges", der nach den Initiatoren, dem französischen Außenminister Aristide Briand und seinem US-amerikanischen Amtskollegen Frank Kellogg, auch **Briand-Kellogg-Pakt** oder nach dem Ort der Unterzeichnung Pariser Vertrag genannt wird, vereinbarten die Unterzeichnerstaaten in knappen Worten, künftig auf „Krieg"[57] als Mittel der Durchsetzung ihrer Interessen zu verzichten:[58]

Artikel I
Die Hohen Vertragschließenden Parteien erklären feierlich im Namen ihrer Völker, daß sie den Krieg als Mittel für die Lösung internationaler Streitfälle verurteilen und auf ihn als Werkzeug nationaler Politik in ihren gegenseitigen Beziehungen verzichten.

---

[52] Vgl. zu diesem Fall: *Wiggenhorn* (2005), S. 256–284 und dessen „heimlicher" Revision, S. 370 ff.

[53] Vgl. *Cassese*, Modern Law Review 1997, 1.

[54] *Barth* (2006), S. 62 ff.

[55] Vgl. *Ahlbrecht* (1999), S. 46 ff.

[56] Vgl. etwa *Shaw* (2008), S. 1058; *Grewe* (2000), S. 614 ff.

[57] Zum Konzept des Krieges vor 1928 vgl. *Oppenheim* (1921), S. 136 f.

[58] Vertrag vom 27.8.1928, RGBl. 1929 II, S. 97. Der Vertrag wurde von insgesamt 63 Staaten – einschließlich Deutschland – ratifiziert. Vgl. *Ahlbrecht* (1999), S. 55 ff.

Artikel II
Die Hohen Vertragschließenden Parteien vereinbaren, daß die Regelung und Entscheidung aller Streitigkeiten oder Konflikte, die zwischen ihnen entstehen könnten, welcher Art oder welchen Ursprungs sie auch sein mögen, niemals anders als durch friedliche Mittel angestrebt werden soll.

Der sehr vage Text besaß **kaum rechtliche Durchsetzungskraft**, enthielt aber immerhin den politischen Willen zu einem generellen Kriegsverbot[59] und nötigte die Regierungen, kriegerische Handlungen besonders zu rechtfertigen. Im Nürnberger Prozess sollte der Pakt dann strafrechtliche Bedeutung erlangen (s. u. Rn. 26 ff.).

3 Nach dem 2. Weltkrieg: Nürnberg und Tokio

a) Der Weg über Moskau und London nach Nürnberg

Im 2. Weltkrieg erreichten die Aggressivität, die Brutalität der Kriegsführung und **26** die Systematik der Menschenrechtsverletzungen ein bislang unbekanntes Ausmaß. Der Umstand, dass das nationalsozialistische Deutschland ganz Europa in einen Krieg hineingezogen und hinter der Front die besetzten Gebiete mit ungeheuerlichem Leid überzogen hatte, konnte nicht tatenlos hingenommen werden. Bereits in der **Moskauer Erklärung** vom 30.10. und 1.11.1943 vereinbarten die Alliierten (USA, Großbritannien und die Sowjetunion), die Verantwortlichen strafrechtlich zur Rechenschaft zu ziehen. Dabei wurde vereinbart, dass Kriegsverbrecher dort abgeurteilt werden sollen, wo sie ihre Untaten begangen hatten. Im letzten Satz hieß es allerdings:

> The above declaration is without prejudice to the case of German criminals whose offenses have no particular geographical localization and who will be punished by joint decision of the government of the Allies.

In Fällen, in denen eine territoriale Zuordnung der Untaten nicht möglich war, wür- **27** den die alliierten Staaten die Strafverfolgung gemeinsam durchführen. Kurz zuvor, am 20.10.1943, war von den Westalliierten und anderen Verbündeten bereits die United Nations War Crimes Commission (**UNWCC**) gegründet worden, um Dokumentation und Sammlung von Beweismaterial für von den Deutschen begangenen Kriegsverbrechen zu gewährleisten, verantwortliche Personen zu identifizieren und bei der Durchführung nationaler Prozesse unterstützend tätig zu werden.[60] Die Sowjetunion war zwar an der Planung der UNWCC beteiligt, gründete aber schließlich ihre eigene Untersuchungskommission.[61]

---

[59] Vgl. *Hobe* (2008), S. 48.

[60] Vgl. *Form*, in: *Eiber/Sigl* (2007).

[61] S. *Karner*, FS Alfred Ogris (2001), S. 509–523, der den umständlichen Titel der Kommission übersetzt: „Außerordentliche Staatliche Kommission zur Feststellung und Untersuchung von Verbrechen und Schäden, die vom deutsch-faschistischen Okkupator und seinen Mittätern den Bürgern, Kolchosen, öffentlichen Organisationen, Staatsunternehmen und Einrichtungen der UdSSR

28   Die Einigung in der Grundsatzfrage, nach Ende des Kriegs nicht zur politischen Tagesordnung überzugehen, sondern den NS-Untaten Sanktionen folgen zu lassen, kontrastierte deutlich mit den Vorstellungen, wie konkret vorgegangen werden sollte. Die Idee, einen **rechtsstaatlichen Strafprozess** durchzuführen, musste sich erst gegen Churchills Forderungen nach summarischer Exekution und Stalins Vorstellung von Schauprozessen durchsetzen. Zu verdanken ist dies vor allem dem späteren US-amerikanischen Chefankläger und damaligen Supreme Court Justice Robert H. Jackson. Entscheidet man sich für ein Strafverfahren, so Robert Jackson in seiner Rede vor der Amerikanischen Gesellschaft für Internationales Recht am 14. April 1945, kurz nach dem Tod seines Förderers Präsident Roosevelt, so müsse grundsätzlich von der Unschuld der Angeklagten ausgegangen werden. Sei man nicht bereit, den Angeklagten freizusprechen, so dürfe man kein rechtsstaatliches Strafverfahren durchführen:

> That is one of the risks that are taken whenever trials are commenced. The ultimate principle is that you must put no man on trial under the forms judicial proceedings if you are not willing to see him freed if not proven guilty.[62]

29   Von April bis August 1945 tagten die Delegierten der alliierten Regierungen (nun unter Einbeziehung Frankreichs) in London, um sich auf ein Statut für ein internationales Militärtribunal (IMT) zu einigen. Die Verhandlungen waren zäh und drohten mehr als nur einmal zu scheitern.[63] Schließlich wurde am 8.8.1945 das **Londoner Viermächteabkommen** über die Verfolgung und Bestrafung der Hauptkriegsverbrecher der europäischen Achse und das Statut für den Internationalen Militärgerichtshof verabschiedet, das von einer Reihe weiterer Staaten unterstützt wurde.[64] Als Sitz des IMT war Berlin vorgesehen; der erste von weiteren geplanten Prozessen sollte in Nürnberg durchgeführt werden (vgl. Art. 22 IMTSt). Die Entscheidung für Nürnberg als Tagungsort hatte allerdings nichts mit seiner Geschichte als Ort der Reichsparteitage und der Verabschiedung der sog. Nürnberger Rassegesetze zu tun, sondern erfolgte allein aus infrastrukturellen Gründen und Sicherheitsaspekten. In Nürnberg fand sich ein intaktes Gerichtsgebäude mit nahem Gefängnis und es lag in der amerikanischen Besatzungszone.[65]

---

zugefügt wurden" (ebenda S. 510); dazu auch *Sorokina,* in: Griech-Polelle (2009), S. 21–32. Zum Beitrag der Sowjetunion zum IMT insgesamt *Hirsch*, American Historical Review 2008, 701 ff.

[62] *Robert H. Jackson*, 14. April 1945, Washington D.C. American Society of International Law.

[63] Vgl. die Verhandlungsprotokolle und die darin deutlich werdenden Auseinandersetzungen zwischen den Siegermächten, insbesondere zwischen Russland und den USA, im Jackson Report (1947), S. 71 ff.

[64] Das waren: Griechenland, Dänemark, Jugoslawien, die Niederlande, Tschechoslowakei, Polen, Belgien, Äthiopien, Australien, Honduras, Norwegen, Panama, Luxemburg, Haiti, Neuseeland, Indien, Venezuela, Uruguay, and Paraguay.

[65] Der symbolische Charakter der Wahl dieses Standorts war den beteiligten Entscheidungsträgern gleichwohl nicht unbekannt; vgl. Jackson Report (1947), S. 156 ff.

b) Das Statut des IMT

(1) Materielles Recht

Das Statut des IMT ist mit 30 Artikeln ein dürftiges, rudimentäres Regelwerk. Es **30**
enthält die Straftatbestände und einige wenige Aussagen zur strafrechtlichen Zurechnung.

> Art. 6 IMTSt
> a) Verbrechen gegen den Frieden;
> b) Kriegsverbrechen;
> c) Verbrechen gegen die Menschlichkeit.

Zusätzlich wurde die „**Verschwörung**" genannt, die aber – entgegen der herrschenden angloamerikanischen Strafrechtsdoktrin der „*conspiracy*" – vom IMT als spezielle Erscheinungsform des Verbrechens gegen den Frieden behandelt wurde und
nicht als eigener Strafgrund.[66] Die Straftaten setzten stets einen Zusammenhang mit
dem Krieg voraus, so dass tatsächlich nur zwischen 1939 und 1945 begangene Taten
Verfahrensgegenstand waren und Verbrechen, die vor Kriegsbeginn am 1.9.1939 an
der deutschen Bevölkerung begangen wurden, nicht verhandelt wurden. Entgegen
der allgemeinen Wahrnehmung war in Nürnberg auch der Holocaust kaum Gegenstand der Verhandlung, da die Anklage – vor allem von US-amerikanischer Seite
– auf die Bestrafung des Angriffskriegs fixiert war:

> Alles andere, so dramatisch, so schmutzig, so abstoßend und empörend es auch auf den
> gewöhnlichen Instinkt zivilisierter Völker wirken möge, ist demgegenüber eine völlige
> Nebenerscheinung, oder es ist den Merkmalen des Angriffskriegs bei diesem Sachverhalt
> untergeordnet.[67]

„**Völkermord**" erscheint im IMTSt nicht als separater Tatbestand. Erst in der Nach- **31**
folge zum Nürnberger Verfahren im Jahr 1948 wurde er als eigenständiger Tatbestand von der Internationalen Gemeinschaft in der Verabschiedung der Konvention
zur Verhütung und Bestrafung des Völkermordes anerkannt (s. u. § 6 Rn. 2).
    Das IMTSt legte ferner fest, dass die amtliche Stellung eines Angeklagten seiner
Strafverfolgung nicht entgegenstehe (Art. 7 IMTSt) und dass ein „Handeln auf Befehl" die Verantwortung für die Tat nicht ausschließen, allenfalls die Strafe mildern
könne (Art. 8 IMTSt). Damit waren zwei wichtigen Verteidigungsmöglichkeiten
statutsgemäß die Grundlage entzogen worden. Auch die Rechtmäßigkeit der Einrichtung des IMT selbst durfte nach Art. 3 IMTSt nicht angegriffen werden. Neben
Einzelpersonen konnten auch **Organisationen** angeklagt werden. Der Hintergrund
dieser für ein Strafverfahren ungewöhnlichen Vorgehensweise lag in dem Bedürfnis, einmal den verbrecherischen Charakter einer Organisation von einem internationalen Tribunal feststellen zu können, um sich in späteren (nationalen) Prozessen
auf diese Deklaration berufen zu können und nicht in jedem Verfahren wegen Mit-

---

[66] Vgl. dazu *Safferling,* KritV 2010, 65 ff.
[67] US-Ankläger *Aldermann* vor dem IMT in Nürnberg, s. IMT Bd. 2, S. 272.

gliedschaft in einer verbrecherischen Organisation erneut Beweis über den verbrecherischen Charakter der Vereinigung führen zu müssen (Art. 10 IMTSt).

(2) Gerichtsverfassung und Verfahren

32   Das IMT wurde von den alliierten Siegermächten gebildet; die USA, die Sowjetunion, Großbritannien und Frankreich waren je mit einem Richter nebst Ersatzrich-
ter (Art. 2 IMTSt) und einem Anklageteam (Art. 14, 23 IMTSt) vertreten. **Strafver-
fahrensrechtliche Regelungen** enthielt das Statut kaum. Es wurde aber festgelegt,
dass das IMT selbst über sein Verfahren entscheiden durfte (Art. 13 IMTSt). Die
am 29.10.1945 verabschiedeten *Rules of Procedure* geraten aber mit gerade elf Regeln noch spärlicher als das Statut.[68] Prozessiert wurde – allerdings ohne Geschworene – auf der Grundlage des angloamerikanischen Strafprozesses, d. h. Anklage
und Verteidigung trugen jeweils nacheinander ihre „Fälle" vor (vgl. Ablaufplan in
Art. 24 IMTSt). Zeugen wurden ins Kreuzverhör genommen. Es genügte aber in
aller Regel, dass „*affidavits*", d. h. Niederschriften über die Vernehmung außerhalb
des Gerichtssaals, verlesen wurden. Über die Zulässigkeit von Beweismitteln entschied das IMT in freier Würdigung (Art. 19 IMTSt).

33   **Angeklagtenrechte** waren im Statut immerhin vorgesehen (Art. 16 IMTSt), insbesondere durfte sich der Angeklagte einen Verteidiger wählen. Leicht hatte es die
Verteidigung in Nürnberg allerdings nicht. Zwar betonte das Gericht immer wieder, wie wichtig die Verteidiger für das Verfahren waren,[69] die Arbeit der Verteidiger wurde aber mit dem Argument der Verfahrensbeschleunigung (vgl. Art. 18
IMTSt) häufig erschwert.[70] Dass dem Angeklagten das letzte Wort zustand (Art. 24 j
IMTSt) wurde als besonderes Zugeständnis an das deutsche Strafverfahrensrecht
angesehen.[71]

(3) Prozess und Urteil

34   Am 18.10.1945 erfolgte die konstituierende Sitzung des IMT im Kammergericht in
Berlin und die Übergabe der Anklageschrift gegen 24 Personen und sechs „verbre-
cherische Organisationen"[72]. Am 20.11.1945 wurde der Prozess im Schwurgerichts-
saal in Nürnberg durch den Vorsitzenden, den britischen Lordrichter Geoffrey Lawrence, gegen dann 21 anwesende Angeklagte eröffnet.[73] Höhepunkt der Eröffnungs-
tage war das Eröffnungsplädoyer von Robert H. Jackson, Chefankläger der USA:

---

[68] Verfahrensordnung v. 29.10.1945, abgedruckt: IMT Bd. 1, S. 20.

[69] IMT Bd. 22, S. 465. Danksagung des Vorsitzenden Lordrichters Lawrence an die Verteidiger
am Ende des Prozesses.

[70] *Kastner* (2001), S. 133 ff.

[71] Vgl. die Aussage von *Justice Jackson* in Jackson Report (1947), S. 409.

[72] Das waren: NSDAP, SS, SA, Reichsregierung, Generalstab, Gestapo und Sicherheitsdienst.

[73] Der Angeklagte Ley konnte sich durch Selbstmord dem Verfahren entziehen; Gustav Krupp von
Bohlen und Halbach schied aus Altersgründen aus; der Versuch, statt dessen seinen Sohn Alfred

> Daß vier große Nationen, erfüllt von ihrem Siege und schmerzlich gepeinigt von dem geschehenen Unrecht, nicht Rache üben, sondern ihre gefangenen Feinde freiwillig dem Richtspruch des Gesetzes übergeben, ist eines der bedeutsamsten Zugeständnisse, das die Macht jemals der Vernunft eingeräumt hat.[74]

Mit diesen Worten markierte Jackson die außergewöhnliche, historische Bedeutung des beginnenden Prozesses für die weitere Entwicklung des Völkerrechts. Diese Rede ist bis heute eines der bedeutendsten völkerrechtlichen Dokumente. Der **weitere Prozessverlauf** war verhältnismäßig arm an Spannung, da die Beweisführung in aller Regel auf Dokumenten beruhte und nur wenige Zeugen auftraten.[75] Immerhin brachten die Zeugenaussagen von Ohlendorffs oder Rudolf Höss' das Ausmaß der systematischen Vernichtung in das Verfahren ein, ebenso sorgten Filmvorführungen über die Befreiung der KZ und die Aussagen der Angeklagten wieder für Dramatik im Gerichtssaal.

Nach (nur) zehn Monaten Verhandlungsdauer wurde am 30.9. und 1.10.1946 das Urteil verkündet, das für viele überraschend differenziert ausfiel: **35**

- Zwölf Todesstrafen (Bormann, Frank, Frick, Göring, Jodl, Kaltenbrunner, Keitel, Rosenberg, Sauckel, Seyß-Inquart, Streicher und von Ribbentrop);
- drei lebenslange Freiheitsstrafen (Funk, Heß, Raeder);
- vier zeitige Freiheitsstrafen (Dönitz, Speer, von Neurath, von Schirach) und
- drei Freisprüche (Fritzsche, Schacht, von Papen).

Die Todesstrafen wurden durch die besonders erniedrigende Form des **Erhängens** vollstreckt. Insbesondere Göring legte großen Wert darauf, als Soldat „ehrenhaft" erschossen zu werden. Entsprechende Anträge der Verteidigung wurden indes abgelehnt, um deutlich zu machen, dass die Verurteilten als gewöhnliche Verbrecher galten und nicht als Militärs oder Staatsführer. Göring gelang es auf bislang unbekanntem Weg, sich diesem Urteil wenige Stunden vor der Vollstreckung durch Selbstmord zu entziehen.

c) Bewertung des Prozesses

Nürnberg ist die **Geburtsstunde** der internationalen Strafjustiz.[76] Während der Prozesse wurde auch von der deutschen Bevölkerung die strafrechtliche Verfolgung durchaus begrüßt,[77] was nicht verwundert, denn mit der in einem Strafprozess statt- **36**

Krupp anzuklagen, scheiterte; Martin Bormann konnte nicht gefunden werden, so dass gegen ihn in Abwesenheit verhandelt wurde; später stellte sich heraus, dass er bereits am 2.5.1945 zu Tode gekommen war.

[74] Justice *Robert H. Jackson*, Eröffnungsrede, IM/Bd. 2, S. 115.

[75] Als „Hochburg der Langeweile" wurde der Prozess von Rebecca West bezeichnet: *West* (2000), S. 3.

[76] Vgl. auch *Werle*, ZStW 109 (1997), S. 809.

[77] Vgl. Nürnberger Nachrichten vom 27. Februar 1946, abgedruckt in: Radlmaier (2001), S. 210–212; vgl. *Eser*, in: Reginbogin/Safferling (2006), S. 50 und *Weinke* (2006), S. 99 ff.

findenden Individualisierung der Verantwortung ist sozialpsychologisch eine Exkulpation aller nicht angeklagten Personen verbunden. Als in späteren Prozessen und im alliierten Entnazifizierungsprogramm die Schuld vieler Deutscher deutlich wurde, fiel die Bewertung des Umgangs der Alliierten mit der „deutschen Schuld" eher negativ aus und auch die Zustimmung zu dem Nürnberger Prozess schwand.[78]

Kritik ist in vielen Einzelpunkten natürlich gerechtfertigt. Uneingelöst ist auch das **Versprechen**, das Robert Jackson in seiner Eröffnungsrede formulierte:

> Denn wir dürfen niemals vergessen, dass nach dem gleichen Maß, mit dem wir die Angeklagten heute messen, auch wir morgen von der Geschichte gemessen werden. Diesen Angeklagten einen vergifteten Becher reichen, bedeutet, ihn an unsere eigenen Lippen zu bringen.[79]

Die durchaus vorhandenen Verbrechen der Sieger blieben ungesühnt. Die Ermordung der polnischen Elite in *Katyn* durch Anordnung Stalins fällt hier ebenso darunter[80] wie die völkerrechtswidrigen Terrorbombardements deutscher Städte, die zudem mit zivilen Flüchtlingen überfüllt waren. Der Vorwurf der „**Siegerjustiz**" liegt deshalb zunächst auf der Hand. Zugleich bleibt der von Jackson formulierte Anspruch bis heute wahr, wenn die internationale Strafjustiz um Anerkennung ringt.

Andere Vorwürfe, wie der Verstoß gegen das **Rückwirkungsverbot**[81], die Parteilichkeit der Richter[82] oder der Einwand des *tu quoque*-Prinzips,[83] bedürfen weiterhin der Diskussion, können aber die positive Gesamtbewertung des Prozesses nicht schmälern. Immerhin gilt seit Nürnberg der Grundsatz, dass sich Staatsmänner und militärische Machthaber vor dem Recht zu verantworten haben, unabhängig von ihrer Amtsstellung.

> Selbstverständlich ist der Gedanke, daß ein Staat, ebenso wie eine Körperschaft, ein Verbrechen begehen könne, eine bloße Annahme. Verbrechen werden immer nur von Einzelpersonen begangen.[84]

37   Die internationale Gemeinschaft hat kurz nach Ende des Prozesses dieses Prinzip als Regel des Völkerrechts akzeptiert. Die Tatbestände Aggression, Verbrechen gegen die Menschlichkeit und Kriegsverbrechen wurden von der Generalversamm-

---

[78] *Weinke* (2006), S. 99–105.

[79] IMT Bd. 2, S. 118.

[80] Vgl. *Harris* (2008), S. 243–263. Erst im Jahr 2009 hat Russland sich öffentlich zu diesen Verbrechen bekannt. Im Nürnberger Verfahren sollte dieses Massaker auf Drängen der sowjetischen Ankläger den deutschen Angeklagten angelastet werden, was aber am Widerstand der anderen Prozessbeteiligten bald scheiterte.

[81] Vgl. Eingabe der Gesamtverteidigung vom 19.11.1945 in Protokolle I, 186 ff., S. 186; Protokolle XVII, 521; Protokolle XIX, 421; siehe auch *Kranzbühler* (1949), S. 13; *Kraus*, DePaul Law Review 13 (1963–1964), 233, 244 f.; *Laternser*, Whittier Law Review 8 (1986–1987), 557, 572 ff.; *Pannenbecker*, DePaul Law Review 14 (1964–1965), 348, 350 f.; *Taylor* (1992), S. 581.

[82] Vgl. *Kastner* (2001), S. 216; siehe schon *Haensel*, DePaul Law Review 13 (1963–1964), 248, 259.

[83] Vgl. dazu *Kaufmann*, Whittier Law Review 9 (1987–1988), 537, 549. Allgemein zum völkerrechtlichen *tu quoque* vgl. *Verdross/Simma* (1984), § 67.

[84] IMT Bd. 2, S. 177

lung der Vereinten Nationen am 11. Dezember 1946 als Völkerrechtsprinzipien unter der Überschrift „**Nürnberg Principles**" bekräftigt[85] und am 29.07.1950 vom Rechtsausschuss der VN in einer ausgearbeiteten Fassung der Generalversammlung vorgelegt.[86] Sie sind bis heute gültig.

c) Nürnberger Nachfolgeprozesse und darüber hinaus

Das Kontrollratsgesetz Nr. 10[87] ermächtigte in Anlehnung an das im IMTSt niedergelegte materielle Recht die Besatzungsmächte, weitere Prozesse in eigener Regie durchzuführen. Die bekanntesten sind die von den USA nach Ende des Hauptkriegsverbrecherprozesses in Nürnberg abgehaltenen Prozesse (sog. **Nürnberger Nachfolgeprozesse**).[88] Deren Bekanntheit liegt auch an der Anklagestrategie der Vereinigten Staaten, eine einprägsame Konzentration auf verschiedene Berufsgruppen vorzunehmen. Es wurden also gleichsam Stellvertreter-Prozesse geführt gegen Ärzte[89], Juristen[90], Mitglieder von Einsatzgruppen, gegen Industrielle[91] und Diplomaten[92].   **38**

Während der Hauptkriegsverbrecherprozess für die internationale Strafjustiz als Vorbild, in eingeschränktem Sinn auch als Präzedenz gelten darf, stellen die Nachfolgeprozesse keine Form der internationalen Durchsetzung von Völkerstrafrecht dar. Allerdings bleiben sie trotz ihres nationalen Charakters für die Entwicklung des materiellen Völkerstrafrechts und für den moralischen Strafanspruch der internationalen Gemeinschaft bedeutsam. Parallel wurden sowohl in der französischen[93] wie der britischen[94], aber auch in der sowjetisch besetzten Zone[95] Verfahren gegen Kriegsverbrecher abgehalten.   **39**

Die juristische Aufarbeitung des 2. Weltkrieges fand aber in allen Staaten Europas und darüber hinaus statt (s. auch u. Abb. 2). In den Nachkriegsjahren wurden mehrere tausend Verfahren vor nationalen Gerichten durchgeführt, deren Doku-   **40**

---

[85] GA-Res. 95 [I].

[86] Yb ILC 1950, Bd. II, S. 374–378.

[87] Gesetz Nr. 10 des Alliierten Kontrollrats v. 20.12.1945 über die Bestrafung von Personen, die sich Kriegsverbrechen, Verbrechen gegen den Frieden oder gegen Menschlichkeit schuldig gemacht haben, in: Der Alliierte Kontrollrat Heft 1 (1945). Berlin 1946, S. 71 ff.

[88] Einen Überblick bieten: *Kastner* (2001), S. 227–283; *Harris* (2008), S. 532–550; ebenso die diversen Beiträge in dem Sammelband *Ueberschär* (2000).

[89] Dies ist der bislang einzige vollständig dokumentierte Nachfolgeprozess, vgl. *Ebbinghaus, Dörner* u. a. (1999).

[90] Dazu der Sammelband: *Peschel-Gutzeit* (1996).

[91] Speziell zu Fall V, der Prozess gegen Flick u. a.: *Jung* (1992).

[92] Vgl. *Blasius*, Fall 11: Der Wilhelmstraßen-Prozess, in: *Ueberschär* (2000), S. 190; *Kastner*, FS Stöckel (2010), S. 499.

[93] Vgl. *Moisel* (2004). Die Verfahren sind bislang wenig aufgearbeitet.

[94] Vgl. zu den Verfahren unter dem Royal Warrant vom 18. Juni 1945: *Hassel* (2009).

[95] Vgl. *Rüping*, in: Reginbogin/Safferling (2006), S. 186–195; *Weinke* (2006), S. 112–115.

Abb. 2 Praxis und Kodifizierung des Völkerstrafrechts im kalten Krieg

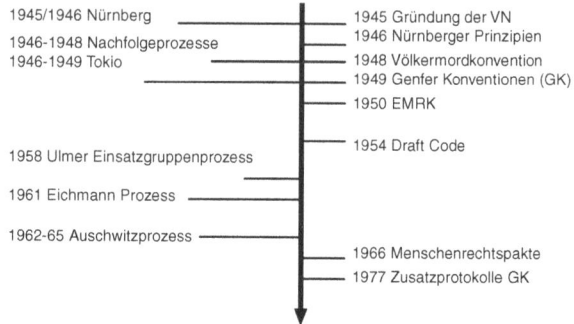

mentation und Analyse noch lange nicht abgeschlossen ist. Weltweites Aufsehen erregte der Prozess gegen **Adolf Eichmann** in Jerusalem, der 1964 in 2. Instanz zum Tode verurteilt wurde.[96] Auch in der 1949 gegründeten Bundesrepublik wurden Verfahren gegen NS-Täter durchgeführt. Es fiel schwer, sich der Vergangenheit zu stellen und erst 1958 kam es im sog. **Ulmer Einsatzgruppenprozess** und 1961 im sog. **Frankfurter Auschwitzprozess**[97] zu einer gewissen Initialzündung. Die Koordination der Strafverfolgung wurde von der 1958 gegründeten Zentralen Ermittlungsstelle in Ludwigsburg übernommen, wo Vorermittlungen durchgeführt und etwa 7000 Anklagen vorbereitet wurden.[98]

d) Tokioter Kriegsverbrecherprozess

41   Die im asiatischen Schauplatz des 2. Weltkriegs durch Japaner begangenen Kriegsverbrechen wurden in einem eigenen Tribunal, dem Internationalen Militärtribunal für den Fernen Osten (**IMTFO**), abgeurteilt.[99] Dieses Gericht hat nie eine vergleichbare Bedeutung erlangt wie sein Nürnberger Vorbild.[100] Strukturell sind beide Institutionen eng verwandt, weisen aber auch erhebliche Unterschiede auf. So lag die Rechtsgrundlage in Tokio nicht in einem völkerrechtlichen Vertrag, sondern in einer „Special Proclamation" des Oberbefehlshabers der Alliierten Streitkräfte, General MacArthur.[101] Auf der Richterbank saßen insgesamt elf Richter, nicht nur aus den vier Siegermächten, sondern auch aus Australien, China, Indien, Kanada, Neuseeland, den Niederlanden und den Philippinen. Angeklagt waren insgesamt 28 Perso-

---

[96] Vgl. *Bach*, in: Reginbogin/Safferling (2006), S. 216; *ders.*, in: Safferling und Conze (2010), S. 275.

[97] Vgl. *Werle/Wandres* (1995).

[98] Vgl. *Weinke* (2009).

[99] Jüngst dazu: *Boister/Cryer* (2008).

[100] Vgl. im Kontext und zur Rezeption des Prozesses in Japan: *Futamura* (2008). Zur Aufnahme in der Rechtswissenschaft vgl. *Osten* (2003).

[101] Völkerrechtlich ist diese Legitimationsbasis sehr umstritten; vgl. *Ahlbrecht* (1999), S. 105 ff. Zu den rechtlichen Verfahren gegen das Tribunal vgl. *Boister/Cryer* (2008), S. 28 ff.

nen, darunter neben führenden Militärs und Politikern auch der japanische Premierminister Tōjō Hideki. Die Prozesse begannen am 3.5.1946, die Urteile wurden am 12.11.1948 verkündet. Alle Angeklagten wurden verurteilt.[102] Auch gegen Japaner wurden weitere Prozesse vor nationalen Gerichten oder von den jeweiligen Besatzungsmächten durchgeführt, was wenig bekannt und erforscht ist.

4 Die Jahre des kalten Krieges

Das internationale Klima kühlte sich nach dem gemeinsam gewonnenen Krieg   **42**
rasch ab. Letztlich wurde schon im Sommer 1945 während der Londoner Verhandlungen deutlich, dass die kommunistische Sowjetunion und die kapitalistisch geprägten westlichen Alliierten unter der Führung der USA unvereinbare Positionen einnahmen. Auch im Richterzimmer von Nürnberg war dieser heraufziehende „kalte Krieg" spürbar, was die sowjetischen Richter durch ihr abweichendes Votum auch nach außen hin verdeutlichten. Nach der Gründung der Vereinten Nationen mit der Verabschiedung der Charta am 26.6.1945 war es noch möglich, die Nürnberger Errungenschaften in den bereits erwähnten „**Nürnberger Prinzipien**" zusammenzufassen. Außerdem wurde am 9.12.1948 die sog. Völkermordkonvention verabschiedet, durch die der Straftatbestand des „Völkermordes" geschaffen wurde.[103]

Kein Erfolg war den Bemühungen um eine institutionelle Verankerung der   **43**
„Nürnberger Prinzipien" in einem ständigen Internationalen Strafgerichtshof beschieden. Zwar beauftragte die Generalversammlung der VN den Rechtsausschuss (**International Law Commission – ILC**) damit, einen Kodex der Völkerstraftaten zu entwickeln; parallel wurden Arbeiten an einem Statut für einen solchen Strafgerichtshof vorangetrieben. Der 1954 vorgelegte Satzungsentwurf fand aber politisch keine ausreichende Zustimmung. In dem Klima des „kalten Krieges" war keiner der mächtigen Staaten bereit, sich einem Strafgericht als übergeordnete Instanz zu unterwerfen.

Allerdings sind in den Jahren bis zur „Wende", den Jahrzehnten der völkerrecht-   **44**
lichen Kodifikationen,[104] auch positive Entwicklungen zu verzeichnen (vgl. Abb. 2) So wurden durch das IKRK im Jahr 1949 die **Genfer Konventionen** (GK) neu formuliert und erheblich ausgeweitet. Im Jahr 1977 folgten zwei Zusatzprotokolle, die das humanitäre Völkerrecht erheblich präzisierten und erweiterten. Die Vereinten Nationen verstärkten ihre Tätigkeit im Bereich der Menschenrechte und es gelang, neben der (unverbindlichen) Universellen Deklaration der Menschenrechte am 8.12.1946 zwei Pakte zu verabschieden, denen völkerrechtlich bindende Wirkung zukam: (1) der Internationale Pakt über wirtschaftliche, soziale und kulturel-

---

[102] Bis auf Okama Shumei, der in eine psychiatrische Anstalt eingewiesen (allerdings 1948 als freier Mann entlassen) wurde und Matsuoka Yousuke, Japans Außenminister, der noch vor Prozessbeginn verstarb.

[103] BGBl. 1954 II, S. 729; umgesetzt zunächst in § 220 a StGB nun in § 6 VStGB.

[104] Vgl. *Grewe* (2000), S. 712.

le Rechte (sog. A-Pakt) und (2) der **Internationale Pakt über bürgerliche und politische Rechte** (sog. B-Pakt, IPbpR). Vor allem der IPbpR wurde mit einem Komitee ausgestattet, das die Einhaltung der dort verbürgten Menschenrechte nach dem 1. Zusatzprotokoll auch auf individuelle Beschwerde hin überwachen sollte. Immerhin kann darin ein Zeichen gesehen werden, dass Staaten begannen, die Idee einer supranationalen Kontrollinstanz zu akzeptieren. In Europa ist durch die **Europäische Menschenrechtskonvention** (EMRK) und den Europäischen Gerichtshof für Menschenrechte (EGMR) mittlerweile ein Gericht herangewachsen, das gleich einem Verfassungsgericht auf transnationaler Ebene quasi bindende Entscheidungen gegenüber den Mitgliedstaaten der EMRK erlassen kann (ausführlich dazu § 13 Rn. 7 ff. u. 104 f.). Ein solches System konnte sich bislang auf keinem anderen Kontinent etablieren.

5 Die Renaissance des Völkerstrafrechts in der postsozialistischen Zeit

45   Nach der „Wende" und dem Ende des „kalten Kriegs" herrschte eine regelrechte **Aufbruchstimmung** auch im Völkerrecht. Damit verbunden waren das Ende der Blockbildung, das Ende der Machtlosigkeit des Sicherheitsrates der VN und der Beginn eines globalen, kollektiven Sicherheitssystems auf der Grundlage universell verbürgter Menschenrechte. All dies schien in greifbarer Nähe. Die Ernüchterung folgte rasch und brutal: Auf dem **Balkan** entwickelte sich bereits ab 1991 ein Konflikt, der in seiner Perseveranz und Grausamkeit kaum vorstellbar war. Der jugoslawische Vielvölkerstaat zerfiel in immer kleinere Einheiten, wobei ethnische und religiöse Animositäten geradezu schamlos ausgelebt wurden. Nicht weniger schockierend waren die Übergriffe der Hutu gegen die Tutsi in **Ruanda**, denen zwischen April und Juli 1994 etwa 800.000 Menschen zum Opfer fielen.

46   Diese ernüchternde Bilanz der „Neuen Welt" zwang zum Handeln in Erinnerung an die Worte Robert Jacksons in Bezug auf die in Nürnberg zu verhandelnden NS-Verbrechen:

> Die Untaten, die wir zu verurteilen und zu bestrafen suchen, waren so ausgeklügelt, so böse und von so verwüstender Wirkung, daß die menschliche Zivilisation es nicht dulden kann, sie unbeachtet zu lassen, sie würde sonst eine Wiederholung solchen Unheils nicht überleben.[105]

Die Weltgemeinschaft erinnerte sich an das **Völkerstrafrecht** und schuf für beide Situationen *Ad hoc*-Tribunale zur strafrechtlichen Verfolgung der verantwortlichen Personen, in der Hoffnung, damit der Wiederherstellung des Friedens zu dienen und weitere Verbrechen zu verhindern.[106] In der Folge wurden auch in anderen Situa-

---

[105] Justice *Robert H. Jackson*, Eröffnungsrede, IMT Bd. 2, S. 115.
[106] So die Präambel der VN SR-Res. 827 (1993).

tionen strafrechtliche Maßnahmen getroffen, allerdings in modifizierter Form unter stärkerer Einbeziehung der betroffenen Staaten. Wiederbelebt wurde damit auch die Hoffnung auf einen ständigen internationalen Strafgerichtshof, die sich im Jahr 1998 schließlich mit der Verabschiedung des sog. Römischen Statuts für den Internationalen Strafgerichtshof auch erfüllte.

a) Internationaler Strafgerichtshof für das ehemalige Jugoslawien (JStGH)

(1) Gründung

Alarmiert durch die Berichte von massiven Verstößen gegen das humanitäre Völkerrecht, insbesondere von Massenexekutionen und „ethnischen Säuberungen",[107] richteten die VN eine **Kommission** ein, die – nicht unähnlich der UNWCC während des 2. Weltkriegs – auf dem Territorium des früheren Jugoslawiens Beweise für Kriegsverbrechen sammeln und dafür verantwortliche Personen identifizieren sollte.[108] In ihrem Zwischenbericht empfahl die Kommission die Einrichtung eines Straftribunals.[109] Daraufhin beschloss der Sicherheitsrat der VN am 22.2.1993 die Errichtung des JStGH[110] und verabschiedete auf der Grundlage eines Berichts des Generalsekretariats am 25.5.1993 ein entsprechendes Statut (**JStGHSt**).[111] Formal ist der JStGH ein Nebenorgan des SR gemäß Art. 29 VNS, errichtet auf der Rechtsgrundlage von Kap. VII (Art. 41 VNS).

47

Die Einrichtung des Tribunals an sich hatte offensichtlich keine Wirkung auf die Kriegsparteien. Der Spruchkörper musste schließlich erst „zum Laufen" gebracht werden, was sich als schwierig herausstellte. Aus einem anhaltenden, in der Tat eskalierenden kriegerischen Konflikt auf dem Balkan heraus war es geradezu unmöglich, vermeintlicher Verbrecher habhaft zu werden. Der erste Testfall kam daher auch über Umwege nach Den Haag. *Dusko Tadic* war in München von verschiedenen Personen als ehemaliger Lageraufseher erkannt und am 12.2.1994 von den deutschen Behörden verhaftet worden. Vor dem BayObLG wurde Anklage erhoben, als kurz vor Beginn des Prozesses der JStGH im April 1995 auf der Grundlage von Art. 9 Abs. 2 JStGHSt die Überstellung nach Den Haag verlangte. Diesem Antrag musste die Bundesrepublik selbstverständlich nachkommen, da die Maßnahme auf eine zwingende Kap. VII-Resolution des SR der VN zurückgeht (vgl. Art. 29 JStGHSt). Dies stellte die Regierung aber vor nicht unerhebliche Schwierigkeiten. Es fehlte an einer Rechtsgrundlage für die Überstellung (nicht Auslieferung!)[112] von Personen an ein inter-

---

[107] Vgl. Präambel der VN SR-Res. 808 (1993).

[108] VN SR-Res. 780 (1992).

[109] UN Doc. S/25274.

[110] VN SR-Res. 808 (1993).

[111] VN SR-Res. 827 (1993). Der Bericht des Generalsekretärs UN Security Council, Report of the Secretary-General Pursuant to Paragraph 2 of Security Council Resolution 808 (1993), UN Doc. S/25704 vom 3.5.1993.

[112] Das IRG ging bis zu diesem Zeitpunkt nur von einer Auslieferung an ausländische Staaten aus und berücksichtigte nicht die Möglichkeit einer vertikalen Kooperation mit einem UN-Organ; dazu *Ahlbrecht* (1999), S. 283 mit Fn. 177.

nationales Strafgericht. Nach Inkrafttreten des eilig verabschiedeten JStGH-Gesetzes[113]
wurde *Tadic* am 24.04.1995 nach Den Haag überstellt. Am 07.05.1996 begann der erste
internationale Strafprozess seit Nürnberg.

(2) Zuständigkeit und materielles Recht

48   Die **Zuständigkeit** dieses Gerichtshofs ist in zeitlicher wie in territorialer Hinsicht
beschränkt. Es können nur Völkerrechtsverbrechen, die seit dem Jahr 1991 auf dem
Gebiet der ehemaligen Sozialistischen Föderativen Republik Jugoslawien begangen wurden, verfolgt werden.
In materieller Hinsicht beschränkt sich das Statut auf vier Tatbestände:

- Schwere Verletzungen der GK (Art. 2 JStGHSt);
- Verstöße gegen die Gesetze und Gebräuche des Krieges (Art. 3 JStGHSt);
- Völkermord (Art. 4 JStGHSt);
- Verbrechen gegen die Menschlichkeit (Art. 5 JStGHSt).

Substantiell lassen sich hier die Nürnberger Verbrechen herauslesen mit zwei Veränderungen: Verbrechen gegen den Frieden (Aggression) entfällt und der Völkermord auf der Grundlage der 1948er Konvention kommt hinzu.

(3) Aufbau und Verfahren

49   Dieses erste internationale Straftribunal seit dem IMT hat eine dreigliedrige Struktur, die bei allen weiteren Strafgerichtshöfen auf internationaler Ebene gleichfalls
zu beobachten ist: **Gericht – Kanzlei – Anklagebehörde**.
Das **Richterkollegium** ist mit 16 ständigen und bis zu neun zusätzlichen (sog.
ad litem) Richtern stark besetzt. Es untergliedert sich in drei Kammern 1. Instanz,
die mit jeweils drei Richtern besetzt sind, und eine Berufungskammer, die mit fünf
ständigen Richtern die Rechtsentwicklung maßgeblich steuert. Die Existenz einer
Berufungskammer macht deutlich, dass sich die Vorstellung von Verfahrensfairness
seit Nürnberg erheblich verändert hat. Nunmehr gehört die Möglichkeit, Rechtsmittel einzulegen, zum internationalen Standard (vgl. auch Art. 14 Abs. 3 lit. g) IPbpR.

50   Das **Verfahren** richtet sich nach dem Statut (JStGHSt) und den Rules of Procedure and Evidence (RPE). Ebenso wie in Nürnberg obliegt es den Richtern selbst,
die RPE zu entwerfen, was unter dem Aspekt der Gewaltenteilung nicht unproble-

---

[113] Gesetz über die Zusammenarbeit mit dem Internationalen Strafgerichtshof für das ehemalige
Jugoslawien v. 09.03.1995, in Kraft seit 19.04.1995, BGBl. I, S. 485.

Tab. 2 JStGH. Stand:
Dezember 2010

Angeklagte Personen insgesamt	161
Freisprüche	12
Verurteilungen	64
Überstellungen an nationale Justiz	13
Andere Beendigungen	36
Laufende Verfahren	36
Beschäftigte insgesamt	1039 aus 83 Staaten
Gesamtkosten/Jahr	Ca. 150. Mio. US $

matisch ist.[114] Das Verfahren ist im Wesentlichen **angloamerikanisch** geprägt, was schon deshalb nicht überrascht, weil von den USA ein ausführlicher Entwurf der RPE auf den Weg gegeben wurde, den die Richter dankbar aufgegriffen haben.[115] Im Verlauf der Prozesse wurde das Verfahren allerdings ständig modifiziert und entfernte sich immer mehr von seinem angelsächsischen Ursprung.[116]

Eines der Hauptprobleme des JStGH ist die **Länge der Verfahren**. Durch die Möglichkeit bereits vorab wegen einzelner Rechtsfragen Rechtsmittel einzulegen (sog. *interlocutory appeal*), verzögert sich der Abschluss des Verfahrens teilweise erheblich. So wurde das erste Strafverfahren gegen *Tadic*, das mit der Überstellung nach Den Haag am 24.04.1995 begann, erst im Jahr 2000 mit der Berufungsentscheidung endgültig abgeschlossen. Gleichwohl ist die Arbeit des JStGH beeindruckend, was die folgende Tabelle (Tab. 2) belegt.

Die Aufgabe des JStGH neigt sich dem Ende entgegen. Zur fließenden Abwicklung wurde bereits im Jahr 2002 die sog. *completion strategy* mit dem Ziel entwickelt, die internationale Strafverfolgung auf die **schwersten Verbrecher** zu beschränken und weniger wichtige Personen an die nationale Justiz zu überführen sowie die Verfahren insgesamt bis 2010 abzuschließen.[117] Gelingen wird das nicht. Obwohl der bosnische Serbenführer Radovan Karadzic und der bosnisch-serbische General Mladic nach langen Jahren des Wartens verhaftet und nach Den Haag überstellt wurden, sind diese Verfahren erst am Anfang. Ohne den rechtskräftigen Abschluss dieses Verfahrens wird die strafrechtliche Aufarbeitung des Konflikts unvollständig bleiben.

51

(4) Bewertung

Eine abschließende Bewertung der Arbeit des JStGH ist zum jetzigen Zeitpunkt schwer möglich. Der Schritt zur Errichtung des JStGH war politisch ebenso kühn wie rechtlich umstritten. Bis zur entscheidenden Resolution 808 war es nicht bekannt, dass der SR zur Aufrechterhaltung bzw. Wiederherstellung des internationalen Friedens und der Sicherheit neben Wirtschaftssanktionen und militärischen

52

---

[114] *Werle* (2007), Rn. 52 Fn. 95 spricht hier von einem „gewissen Legitimationsdefizit".

[115] *Morris/Scharf* (1995), S. 177. Siehe auch *Tochilovsky*, Netherlands International Law Review 1999, S. 343 m. Fn. 8.

[116] Vgl. etwa *Werle* (2007), Rn. 261.

[117] Ausführlicher hierzu *Werle* (2007), Rn. 266–271.

Maßnahmen auch mit juristischen Mitteln **intervenieren** kann und darf. Mittlerweile ist diese „juristische Intervention"[118] anerkannt und findet sich in Art. 13 b) IStGHSt institutionell verbürgt (vgl. unten Rn. 61).[119]

Die Glaubwürdigkeit dieser Intervention mit strafrechtlichen Mitteln hatte von vorneherein damit zu kämpfen, dass der Konflikt in Jugoslawien zum Interventionszeitpunkt noch nicht beendet war. Im Gegenteil kamen die größten Verbrechen, die Belagerung Sarajevos und das Massaker von Srebrenica, erst danach. Die Hoffnung, durch die Errichtung eines *Ad hoc*-Tribunals eine **Abschreckungswirkung** zu erreichen, blieb unerfüllt. Vielmehr war die pure Existenz des JStGH ohne entsprechenden politischen Druck wirkungslos.[120]

53   Das materielle Völkerstrafrecht hat sich durch die Rechtsprechung des JStGH wesentlich fortentwickelt. Die wohl größte Veränderung wurde bereits in der ersten Entscheidung der **Berufungskammer** vom 2.10.1995 erkennbar, als die Richter entschieden, dass Art. 3 JStGHSt, Verstöße gegen die Gesetze und Gebräuche des Krieges, in vollem Umfang auch im nicht-internationalen bewaffneten Konflikt Anwendung findet, solange dieser „lange andauernd" ist (s. dazu unten § 6 Rn. 119). Die Dramatik dieser Veränderung lässt sich daran erkennen, dass seit dieser Entscheidung auch von der 2. Generation des Völkerstrafrechts gesprochen wird.[121] Wesentliche Entwicklungen zeigen sich auch im Bereich der strafrechtlichen Zurechnung, insbesondere bei der Mittäterschaft bzw. der sog. *joint criminal enterprise* (s. unten § 5 Rn. 78 ff.).

54   In **verfahrensrechtlicher Sicht** war die Entwicklung weniger geradlinig.[122] Fehlende Erfahrung auf vielen Ebenen führte zu einem *try and error*-Vorgehen, das teilweise groteske Züge annahm. Immerhin muss insgesamt konstatiert werden, dass die Richter große Sensibilität für die Angeklagtenrechte an den Tag legten, bei aller Fragwürdigkeit der Entscheidungen im Detail.[123]

Ob schließlich die Bemühungen des JStGH, im sog. *outreach programme* unter der betroffenen Bevölkerung Verständnis für die Verfahren im fernen Den Haag zu gewinnen, erfolgreich waren und die strafrechtliche Aufarbeitung durch die VN dem Befriedungsprozess zuträglich war, wird sich erst noch zeigen müssen. Die Chance für einen Neuanfang ist für die auf dem Balkan lebenden Völker und Volksgruppen sicher gegeben.

b) Internationaler Strafgerichtshof für Ruanda (RStGH)

55   Kurz nach der Schaffung des JStGH schaute die internationale Gemeinschaft tatenlos zu, wie fast eine Million Menschen in **Ruanda** in einem vermeintlich

---

[118] Begriff von *Roggemann* (1994), S. 8.

[119] Vgl. *Triffterer/Williams/Schabas*, Art. 13 Rn. 16.

[120] Vgl. dazu *Safferling/Melcic*, in: Melcic (Hg.), Der Jugoslawienkonflikt, 2. Aufl. 2008, S. 503.

[121] *Kreß*, in: *Reginbogin/Safferling* (2006), S. 219.

[122] Vgl. *Safferling*, YbIHL 5 (2002), S. 219.

[123] Methodenkritik bringen vor allem *Zahar/Sluiter* (2008), S. 79 ff.

ethnischen Konflikt zwischen *Hutu* und *Tutsi* umkamen.[124] Die Errichtung eines vergleichbaren *Ad hoc*-Tribunals für Ruanda ist einer ähnlichen Hilflosigkeit geschuldet wie im Fall Jugoslawiens. Immerhin war der Konflikt hier bereits beendet als der SR der VN mit Res. 955 am 8.11.1994 die Einrichtung des RStGH beschloss. Das Tribunal wurde weitgehend als „Anhängsel" an den JStGH konzipiert. Institutionell war zunächst eine gemeinsame Anklagebehörde vorgesehen (Art. 15 Abs. 3 RStGHSt), die aber im Jahr 2003 getrennt,[125] und über eine einheitliche Berufungskammer miteinander verschränkt wurde (Art. 13 Abs. 4 RStGHSt). Die Kammern 1. Instanz wurden nicht in Ruanda selbst, sondern in Arusha im benachbarten Tansania eingerichtet.

Im Hinblick auf das materielle Recht sind den unterschiedlichen Situationen entsprechend einige Veränderungen gegenüber dem JStGH zu verzeichnen. Da es sich um einen primär **internen Konflikt** handelte, konnte das Konzept der Kriegsverbrechen nicht vom JStGH übernommen werden. Stattdessen wurden Verstöße gegen den gemeinsamen Art. 3 GK und gegen das ZP II nach Art. 4 RStGHSt zu Straftaten erhoben. Daneben finden sich Völkermord (Art. 2 RStGHSt) und Verbrechen gegen die Menschlichkeit (Art. 3 RStGHSt) als strafbare Handlungen. Wie noch zu sehen sein wird, hat der RStGH insbesondere den Völkermordtatbestand erheblich weiterentwickelt (vgl. u. § 6 Rn. 7). So war es der RStGH, der am 2.9.1998 im Fall *Akayesu* die weltweit erste Verurteilung wegen Völkermordes durch ein internationales Gericht überhaupt aussprach.[126] **56**

Die strafrechtliche Aufarbeitung des Konflikts in Ruanda brachte andere Herausforderungen mit sich als im Fall Jugoslawien (zum Vergleich s. Tab. 3). So besteht in Ruanda ein **traditionelles Reaktionsmuster** auf Straftaten (sog. *Gacacas*), das nur geringe Überschneidungen mit westlich geprägten Strafverfahren aufweist.[127] Außerdem war die Anzahl der Verdächtigen um ein vielfaches höher und Infrastruktur und Sicherheitslage erwiesen sich als sehr viel schwieriger als in Den Haag. Auch hier gibt es mittlerweile eine *completion strategy*, auf deren Grundlage die Arbeit am RStGH abgewickelt werden soll.[128] **57**

Tab. 3 RStGH: Stand Dezember 2010	Angeklagte Personen insgesamt	90
	Freisprüche	8
	Verurteilungen	36
	Überstellungen an nationale Justiz	2
	Andere Beendigungen	4
	Laufende Verfahren	30
	Beschäftigte insgesamt	690 aus 73 Staaten
	Gesamtkosten/Jahr	Ca. 120. Mio. US $

---

[124] Auch hier ging der Bericht einer Expertenkommission dem Beschluss voraus, vgl. SR Res. 935 vom 1.7.1994.

[125] SR Res. 1503 (2003).

[126] RStGH, *Prosecutor v. Akayesu*, Urteil, Verfahrenskammer, 02.09.1998.

[127] *Buckley-Zistel*, Die Friedenswarte 80 (2005), S. 113, 117 ff. *Drumbl* (2007), S. 85 ff.

[128] vgl. dazu *Werle* (2007), Rn. 275.

c) Weitere internationale Bemühungen

58 Neben diesen Maßnahmen des SR der VN wurde nach **anderen**, weniger interventionistischen **Möglichkeiten** gesucht, nationale und internationale Konflikte mit strafrechtlichen Mitteln aufzuarbeiten. Dabei wurde versucht, durch eine Kooperation mit den betroffenen Staaten, was Einrichtung, Besetzung und Verfahren anbelangt, die Akzeptanz in der Bevölkerung zu verbessern. Aufgrund des dadurch entstehenden gemischten Charakters der Tribunale werden diese Kombinationsmodelle von nationaler und internationaler Strafjustiz auch „hybride Gerichte" genannt.[129]

Darunter fallen die Sonderkammern in **Osttimor**[130] sowie der Special Court for **Sierra Leone** (SCSL),[131] der strukturell weitgehend den *Ad hoc*-Tribunalen ähnelt. In **Kambodscha** wurden nach zähem Ringen Sonderkammern eingerichtet (Extraordinary Chambers in the Courts of Cambodia – ECCC), um die Verbrechen der Roten Khmer in der Zeit vom 17.4.1975 bis 6.1.1979 strafrechtlich aufzuarbeiten.[132] Als „internationalisiert" lässt sich auch das Verfahren gegen Saddam Hussein vor dem **Iraqi High Tribunal** bezeichnen.[133] Zuletzt seien noch die War Crimes Chambers in **Bosnien-Herzegowina** (WCC) erwähnt, wo die Arbeit des JStGH fortgesetzt wird.[134] Eine Neugründung stellt auch der **Special Court for Lebanon** dar, mit dem Ziel, die Ermordung des libanesischen Premierministers Hariri zu untersuchen.[135]

59 Diese Hybridstruktur soll neben der strafrechtlichen Aufarbeitung in Übergangsgesellschaften außerdem **Vorbild und Hilfe beim Aufbau** eines nationalen Justizsystems, das internationalen rechtsstaatlichen Anforderungen genügt, sein.[136] Eine Bewertung dieses Unterfangens kann zum jetzigen Zeitpunkt nicht erfolgen. Der Erfolg scheint sich von Fall zu Fall unterschiedlich darzustellen. Während in Kambodscha „internationale" Mitarbeiter frustriert die ECCC verlassen, stimmen Ergebnisse in Bosnien zuversichtlicher. Die Begeisterung für gemischte Strukturen hat in der Zwischenzeit nachgelassen. Mit der Gründung des IStGH wurde schließlich eine Struktur geschaffen, die Grundlage für eine verlässliche internationale Strafjustiz sein kann und Partikularisierungen überflüssig macht.[137] Das am IStGH vorgesehene Komplementaritätsprinzip stellt das Verhältnis zwischen nationaler

---

[129] Zusammenfassend: *Bohlander/Winter*, in: Kirsch (2005), S. 261

[130] Zum Konflikt in Osttimor (1998–2002) insgesamt: *Meier* (2005); zu den Verfahren: *Bertodano*, in: *Romano/Nollkaemper/Kleffner* (2004), S. 79.

[131] Dazu *Schabas*, in: *Romano/Nollkaemper/Kleffner* (2004), S. 157.

[132] *Meijer*, in: *Romano/Nollkaemper/Kleffner* (2004), S. 207; *Studzinsky*, ZIS 2009, 43; *Schulz* (2009), S. 99 ff.

[133] *Kelly* (2009); *Scharf/McNeal* (2006).

[134] S. *von Braun* (2008), S. 341 f.

[135] SR-Res. 1757 (2007), 30. 05. 2007 mit Annex „Agreement between the United Nations and the Lebanese Republic on the establishment of a Special Tribunal for Lebanon" und dem Statut des Tribunals.

[136] Vgl. *Mégret*, Cornell International Law Journal 38 (2005), 725.

[137] Anders die Einschätzung von *Schulz* (2009), S. 93, die eine „Tendenz" zur ‚Nationalisierung'" beobachtet.

und internationaler Strafgerichtsbarkeit auf eine neue, hierarchisch weniger proble-
matische Basis (dazu u. § 7 Rn. 22 ff.).

6 Der Internationale Strafgerichtshof (IStGH)

Mit der Errichtung des Internationalen Strafgerichtshofs erhält die internationale   **60**
Strafjustiz ein völlig neues Antlitz. Diese ständige Institution kann den Vorwurf der
selektiven Strafverfolgung, der seit Nürnberg immer wieder erhoben wird, entkräften
und zur Legitimität auf eine verlässliche völkerrechtliche Quelle verweisen: das **Römische Statut** als völkerrechtlichen Vertrag. Diese Rechtsgrundlage wurde auf der
Diplomatischen Bevollmächtigtenkonferenz, die vom 15.6. bis 17.7. 1998 in Rom
tagte und an der 160 Staaten, 17 zwischenstaatliche Organisationen und 250 Nichtregierungsorganisationen beteiligt waren, verabschiedet. Besonderes moralisches Gewicht erhielt die Konferenz durch die Anwesenheit noch lebender ehemaliger Nürnberger Ankläger wie Whitney Harris und Benjamin Ferencz. Eine deutliche Mehrheit
von 120 Staaten stimmte im Ergebnis für den nach zähen Verhandlungen erreichten
Kompromiss, 21 Staaten enthielten sich der Stimme und sieben stimmten mit Nein.[138]
Die Konferenz konnte auf Vorarbeiten der ILC aufbauen, die 1994 den Entwurf eines
Statuts für einen Internationalen Strafgerichtshof vorgelegt hatte.[139] Das Römische
Statut konnte nach Eingang der 60. Ratifizierungsurkunde bereits am 1.7.2002 in
Kraft treten. Als Sitz des neuen internationalen Gerichts verständigte man sich auf
Den Haag.[140] Mittlerweile verzeichnet das Statut 114 Mitgliedstaaten, zuletzt sind
im Juli 2009 die Tschechische Republik und Chile zu den Vertragsstaaten gestoßen.

Die zukünftige Struktur der internationalen Strafjustiz basiert auf folgenden   **61**
Grundentscheidungen:

- Nur die **Kernverbrechen**, Völkermord, Verbrechen gegen die Menschlichkeit,
  Kriegsverbrechen und das Verbrechen der Aggression, sind als internationale
  Straftaten anerkannt (vgl. Art. 5 IStGHSt).
- Der IStGH ist dem Grundsatz der **Komplementarität** verpflichtet. Das bedeutet,
  dass die nationale Strafjustiz Vorrang hat und nur dann, wenn diese nicht willens
  oder nicht in der Lage ist, die Verfolgung der Kernverbrechen zu gewährleisten,
  die Zuständigkeit des IStGH entsteht (vgl. Art. 17 IStGHSt).
- Der IStGH ist grundsätzlich an das **Territorialitätsprinzip** und das aktive Personalitätsprinzip gebunden. Das Weltrechtspflegeprinzip gilt nicht (vgl. Art. 12
  IStGHSt).

---

[138] Das waren: USA, China, Irak, Israel, Jemen, Katar und Libyen. In wenigen anderen Situationen
wird man diese sieben Staaten miteinander koaliert sehen.

[139] ILC Draft Statute for an International Criminal Court, in: *Yearbook of the International Law
Commission, 1994*, vol. II (Part Two).

[140] Die Bemühungen der Stadt Nürnberg, den Sitz des IStGH zu erhalten, wurden von der Bundesrepublik nicht verfolgt. Man sah hierin keine Aussicht auf Erfolg, weil Deutschland 1996 bereits
der Sitz des Internationalen Seegerichtshofs in Hamburg zugesprochen wurde.

- Der Ankläger kann **von Amts wegen** tätig werden und wird lediglich durch eine Vorverfahrenskammer in der Entscheidung, Ermittlungen aufzunehmen, kontrolliert. Er ist somit vom politischen Willen der Mitgliedstaaten unabhängig (Art. 13 c, 15 IStGHSt).
- Der SR der VN kann den IStGH wie ein *Ad hoc*-Tribunal zur strafrechtlichen Verfolgung einzelner Situation **heranziehen** (Art. 13 b IStGHSt).
- Der SR der VN kann, wenn es zur Erhaltung oder Sicherung des Friedens unerlässlich ist, die Tätigkeit des IStGH für zwölf Monate **aufschieben** (Art. 16 IStGHSt).

62 Das Römische Statut versucht den Spagat zwischen dem Respekt vor der Souveränität der Mitgliedstaaten und dem Bedürfnis einer unabhängigen Strafjustiz, die frei ist von politischen Einflüssen. Damit wurde ein komplexer Mechanismus geschaffen, der dem IStGH bislang nur wenige Fälle beschert hat. Folgende Situationen und Fälle (s. Tab. 4) werden zum jetzigen Zeitpunkt verfolgt:

Zur Zeit verfügt der IStGH über etwa 700 Mitarbeiterinnen und Mitarbeiter aus ca. 90 Staaten und über einen Jahresetat von ca. 100 Mio. Euro (ca. 133 Mio. US-$).

Tab. 4 Situation am IStGH: Stand Dezember 2010

Situationen	Fälle	Stand
Demokratische Republik Kongo Dok. Nr. ICC-01/04	Thomas Lubanga Dyilo Dok. Nr. ICC-01/04-01/06	Hauptverfahren
	Germain Katanga und Mathieu Ngudjolo Chui Dok. Nr. ICC-01/04-01/07	Hauptverfahren
	Callixte Mbarushimana Dok. Nr. ICC-01/04-01/10	Vorverfahren
Uganda Dok. Nr. ICC-02/04	Joseph Kony et al. Dok. Nr. ICC-02/04-01/05	Haftbefehl erlassen
Zentralafrikanische Republik Dok. Nr. ICC-01/05	Jean-Peirre Bemba Gombo Dok. Nr. ICC-01/05-01/08	Hauptverfahren
Dafur/Sudan Dok. Nr. ICC-02/05	Omar Hassan Ahmad Al Bashir Dok. Nr. ICC-02/05-01/09	Haftbefehl erlassen
	Ahmad Muhammad Harun und Ali Muhammad ali Abd-Al-Rahman Dok. Nr. ICC-02/05-01/07	Haftbefehl erlassen
	Bahar Ibriss Abu Garda Dok. Nr. ICC-02/05-02/09	Bestätigung der Anklage abgelehnt
	Abdallah Banda Abaker Nourain und Aleh Mohammed Jerbo Jamus Dok. Nr. ICC-02/05-03/09	Vorverfahren
Kenia Dok, Nr. ICC-01/09		Genehmigung der Ermittlungen durch Vorverfahrenskammer erfolgt.

Das IStGHSt kann materiell wie formell als **Grundlage des künftigen Völker-**   **63**
strafrechts angesehen werden. Ergänzend kommen die Rules of Procedure and
Evidence (RPE) zur Anwendung, die nicht von den Richtern[141], sondern von der
Assembly of State Parties, der Versammlung der Vertragsstaaten, beschlossen werden. Die weitere systematische Darstellung der Tatbestände, der Zurechnungslehre
sowie des Strafverfahrens bezieht sich daher primär auf das Römische Statut.

III Legitimation von Völkerstrafrecht

Strafrecht als **schärfstes gesellschaftliches Reaktionsmuster** verlangt nach einer   **64**
stichhaltigen Legitimation. Im nationalen Kontext wird hierzu zunächst auf den
durch Strafrecht intendierten Schutz wesentlicher Rechtsgüter hingewiesen und
dann herkömmlicherweise auf den geläufigen Kanon der Strafzwecke rekurriert,
namentlich Vergeltung, Spezial- sowie Generalprävention. Es stellt sich die Frage,
ob diese Überlegungen auf das Völkerstrafrecht übertragen werden können. Zunächst ist aber zu klären, ob Völkerstrafrecht überhaupt eine eigenständige Legitimation benötigt oder ob es nicht als „Verlängerung" des nationalen Strafrechts den
gleichen Regeln folgt wie dieses.

1 Bedarf nach einer eigenständigen Begründung

Sieht man im Völkerstrafrecht lediglich eine **besondere internationale Zuständig-**   **65**
keitsregel, so kann auf eine eigenständige umfassende Rechtfertigung verzichtet
werden. Die geschützten Rechtsgüter wären parallel zum nationalen Recht die Individualrechtsgüter wie Leben, körperliche Unversehrtheit, Freiheit usw. Nur die Verortung der Rechtsverfolgung auf supranationaler Ebene verlangt dann nach einer
Begründung.[142]
   Eine solche Herangehensweise scheint mir letztlich aber nicht überzeugend.
Völkerstrafrecht soll das nationale Strafrechts nicht ergänzen oder fortführen. Es
geht auf internationaler Ebene, der völkerrechtlichen Herkunft entsprechend, nicht
um eine Erweiterung des Individualrechtsgüterschutzes, sondern um den **Schutz**
internationaler Interessen. Während das nationale Strafrecht die Gemeinschaft
der Individuen schützt, will Völkerstrafrecht das Zusammenleben der Völker ordnen. Es kann sich daher nur um **supraindividuelle Interessen** handeln, Interessen,
welche die „internationale Gemeinschaft als Ganzes" betreffen, wie es die Präambel

---

[141] Wie am JStGH und am IMT, s. oben Rn. 50.
[142] In diese Richtung mit beachtlichen Argumenten: *Kirsch* (2009).

des IStGHSt ausdrückt.[143] Nur in einem solchen Fall lässt sich im Übrigen auch der
Eingriff in die Staatssouveränität durch Völkerstrafrecht rechtfertigen.[144]

2 Rechtsgüterschutz

66   Der Rechtsgüterbegriff ist in der deutschen Strafrechtsdogmatik weit verbreitet,
wenn auch nicht unangefochten.[145] International stößt er auf ein elementares Problem: er lässt sich nicht ins Englische übersetzen. Meist wird mit dem Begriff *„legal
interests"* operiert, der aber den statischen Charakter des „Gutes" kaum widerspiegelt.[146] Interessen sind flüchtig, tendenziös und streitbar; „Güter" sind für die Ewig-
keit und allgemein anerkannt. Im internationalen Kontext wird öfters von *„values"*
(**Werten**) gesprochen, die von der internationalen Gemeinschaft als fundamental
und deshalb für alle Staaten und Individuen bindend angesehen werden.[147]

Akzeptiert man das Rechtsgut als Ansatzpunkt, stellt sich die Frage, welches
nun diese **kollektiven Werte** oder Rechtsgüter sind, deren Schutz Völkerstrafrecht
gewährleisten will. Die Präambel des IStGHSt spricht von „Frieden, Sicherheit
und Wohl der Welt". Diese Begriffe drücken – einer Präambel entsprechend – eher
politische Programmatik aus, als dass sie taugliche Rechtsbegriffe darstellen. Sie
erscheinen außerdem normativ einseitig und legen für sich genommen keinen positiven substantiellen Gehalt nahe. Alle drei Begriffe können schließlich rein negativ
als Abwesenheit von bewaffneten Auseinandersetzungen definiert werden.[148]

67   Bei dem Versuch, die Ziele inhaltlich zu konkretisieren, ist es hilfreich, völkerrechtliche Grundnormen, in denen sich die „Verfassung" der internationalen Gemeinschaft widerspiegelt, heranzuziehen. Dabei gelangt man zu einem „Dreiklang"
(s. Abb. 3):[149]

---

[143] Vgl. *Ambos* (2008), § 5 Rn. 3, der aber parallel „(natürlich) auch individuelle Rechtsgüter"
geschützt sieht.

[144] Vgl. auch *Richter Kaul* in seiner *dissenting opinion* in der Entscheidung IStGH, *Situation in the
Republic of Kenya*, Decision Pursuant to Article 15 of the Rome Statute on the Authorization of an
Investigation into the Situation in the Republic of Kenya, Vorverfahrenskammer, 31.03.2010, § 10.

[145] Vgl. etwa BVerfGE 50, 142 (153); 96, 245 (249); NK/*Hassemer/Neumann*, Vor § 1 Rn. 108 ff;
zur Rechtsgutsdiskussion statt vieler *Hefendehl*, GA 2007, 1 ff.

[146] Im angloamerikanischen Recht gibt es mit dem „harm-principle" einen vermeintlichen funktionalen Korrespondenzbegriff zum „Rechtsgut". Damit gemeint ist aber zunächst der unmittelbare
Verletzungserfolg, der etwa bei Versuchsstrafbarkeit streitig ist. Gelegentliche Übertragungen in
den gesellschaftlichen Kontext sind bislang wenig ausgeformt; vgl. *Robinson*, in: UCLA LR 23
(1975), 226.

[147] *Cassese* (2008), 11.

[148] Zu den Schwierigkeiten allein den „Friedensbegriff" zu definieren, vgl. *Galtung* (1996), S. 2 ff.

[149] Ähnlich auch *Melloh* (2010), S. 84 ff., der aber nicht zwischen Menschenrechten und Minderheitenschutz differenziert.

Abb. 3 Rechtsgüterschutz
im Völkerstrafrecht

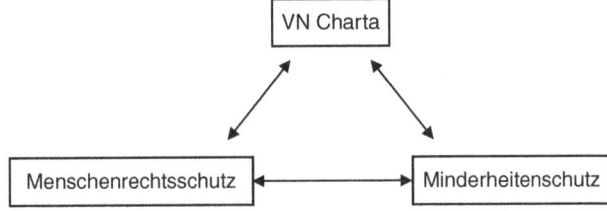

- Die **VN Charta** ist geprägt von dem Geist, ein friedliches Zusammenleben der Völker zu ermöglichen und in einem System kollektiver Sicherheit zu garantieren (s. vor allem Kap. VII).
- **Menschenrechte** sind ein zentrales Anliegen der internationalen Gemeinschaft und bilden ihr normatives Rückgrat.
- Eine spezifische (kollektive) Ausformung des Menschenrechtsschutzes findet sich im **Schutz von Minderheiten**.

Die Antwort auf die Frage, welche Rechtsgüter durch Völkerstrafrecht geschützt werden sollen, ergibt sich aus diesen **drei Parametern**, die jeweils in wechselseitiger Abhängigkeit und auch in Konflikt miteinander stehen können. Während die VN Charta insbesondere die zwischenstaatlichen Beziehungen in den Blick nimmt, ist der Menschenrechts- und Minderheitenschutz eher im Bereich der Beziehung zwischen Regierung und Bevölkerung angesiedelt. Völkerrechtlich von Relevanz sind daher die generelle Möglichkeit der Ausübung fundamentaler Menschenrechte seitens der Bevölkerung und der grundsätzlich schützende und bewahrende Umgang mit Minderheiten. Allgemein kann festgehalten werden:

Völkerstrafrecht dient dem Schutz des friedlichen Zusammenlebens der Völker in Ermöglichung der Ausübung fundamentaler Menschenrechte, insbesondere im Hinblick auf den Schutz von Minderheiten.

3 Strafzwecke

Auch die Strafzwecke werden im internationalen Kontext anders diskutiert als im nationalen Strafrechtsdiskurs. Gerade im angelsächsischen Rechtsraum ist die Strafrechtspraxis von der (unausgesprochenen) Überzeugung getragen, dass Strafe aus **Vergeltungszwecken** verhängt werden muss und dass Strafrecht in seiner Abschreckungsfunktion gesellschaftlich wirkt.[150] Im internationalen Kontext scheint das ähnlich zu sein. Der JStGH hat in verschiedenen Entscheidungen immer wieder zum Ausdruck gebracht,

68

---

[150] Vgl. dazu etwa *von Hirsch/Hörnle*, GA 1995, 265.

…that, in general, retribution and deterrence are the main purpose to be considered when imposing sentences before the International Tribunal.[151]

Im Folgenden sei kurz auf die verschiedenen Strafzwecke und ihre Belastbarkeit im Völkerstrafrecht hingewiesen.[152]

a) Vergeltung

69   Rache ist intuitiv im Menschen verankert.[153] Ein Rechtssystem soll diese irrationale Emotion durch ein rationales Verfahren auffangen und somit das Zusammenleben insgesamt stabilisieren. Bei **Staaten** scheint das nicht anders zu sein. Staatliche Gemeinschaften „merken" sich Erniedrigungen und Verletzungen und werden, falls sie es vermögen, Rache nehmen. Insofern gilt der Ausspruch von Robert Jackson:

> Daß vier große Nationen, erfüllt von ihrem Siege und schmerzlich gepeinigt von dem geschehenen Unrecht, nicht Rache üben, sondern ihre gefangenen Feinde freiwillig dem Richterspruch des Gesetzes übergeben, ist eines der bedeutsamsten Zugeständnisse, das die Macht jemals der Vernunft eingeräumt hat.[154]

Strafrecht soll demnach Vergeltung für Unrecht ausdrücken und damit zugleich **Racheakte** überflüssig machen.[155] Anders ausgedrückt ist die Bestrafung von Völkerrechtsverbrechen ein Gebot elementarer Gerechtigkeit und dient dem Schuldausgleich.[156]

b) Abschreckung

70   Strafrecht soll außerdem **abschreckend** wirken. Das Römische Statut behauptet das in seiner Präambel ebenso wie die Resolutionen des Sicherheitsrates 827 (JStGH) und 955 (RStGH).[157] Wahr ist aber auch, dass die Verabschiedung der Resolution 827 im Mai 1992 die Belagerung Sarajevos und die Massaker von Srebrenica nicht verhindern konnte, ganz zu schweigen von den Übergriffen im Kosovo.

---

[151] JStGH, *Prosecutor v. Kupreskic et al.*, Urteil, Verfahrenskammer, 14.01.2000, §§ 848 f.; *Prosecutor v. Naletilic und Martinovic*, Urteil, Verfahrenskammer, 31.03.2003, § 739.

[152] Eine ausführliche Analyse der einzelnen Theorien bzgl. des Völkerstrafrechts findet sich bei *Melloh* (2010), S. 94 ff.

[153] Vgl. *von Liszt*, ZStW 3 (1883), S. 1, 45; dazu auch *Höffe* (1999), S. 68.

[154] Justice *Robert H. Jackson* im Eröffnungsplädoyer IMT, Bd. 2, S. 115.

[155] Vgl. auch *Safferling*, FS Stöckel (2010), S. 521, 531 ff.

[156] Vgl. *Werle* (2007), Rn. 85.

[157] Res. 827: „…*Believing* that the establishment of an international tribunal and the prosecution of persons responsible for the above-mentioned violations of international humanitarian law will contribute to ensuring that such violations are halted and effectively redressed…".

Res. 955: „…*Believing* that the establishment of an international tribunal for the prosecution of persons responsible for genocide and the other above-mentioned violations of international humanitarian law will contribute to ensuring that such violations are halted and effectively redressed…".

> Wir können im Innern Gewaltherrschaft, Willkür, Zwang und Überfall derer, die gegen die Rechte ihres eigenen Volkes an der Macht sind, nur beseitigen, wenn wir jedermann vor dem Gesetz verantwortlich machen. Dieser Prozess ist der verzweifelte Versuch der Menschheit, die Strenge des Gesetzes auf die Staatsmänner anzuwenden, die ihre Macht im Staate benutzt haben, die Grundlagen des Weltfriedens anzugreifen und die Hoheitsrechte ihrer Nachbarn durch Übergriff und Überfall zu verletzen.[158]

Jackson verleiht in diesem Zitat seiner Hoffnung Ausdruck, dass Völkerstrafrecht (hier vor allem in Bezug auf den Tatbestand der Aggression) wie im nationalen Recht wirkt, und Staatsmänner davon abhalten wird, in Zukunft Kriege zu beginnen. Wenn er dabei von der „**Disziplin des Rechts**" spricht, wird deutlich, dass diese Wirkung nur gegenüber vernünftig denkenden Menschen eintreten wird und nur dann, wenn das Recht tatsächlich diszipliniert, d. h. sanktioniert.

Bislang ist es noch nicht gelungen, ein verlässlich wirkendes internationales **71** Strafjustizsystem aufzubauen; eine abschreckende Wirkung kann aber überhaupt nur dann eintreten, wenn die **Strafdrohung eine realistische** ist, d. h. wenn das Recht auch durchgesetzt wird.[159] Das belegen sämtliche Studien zur Generalprävention.[160] Die Bestrafung hängt allerdings vielfach noch von einer militärischen Niederlage ab[161] und die Hoffnung auf einen Sieg steht am Anfang jeder kriegerischen Auseinandersetzung.[162]

c) Positiv-Präventive Ziele

Die „Verhütung" weiterer Verbrechen soll aber nicht nur durch Abschreckung ge- **72** schehen, sondern ist auch in einem **positiven Aspekt** wirkmächtig: Völkerstrafrecht soll ein **internationales Normbewusstsein** fördern und damit zur Stabilisierung der Normen des Völkerrechts beitragen. Dieses in der deutschen Strafrechtsliteratur seit langem herrschende Verständnis einer „positiven Generalprävention"[163] fasst mehr und mehr auch in der internationalen Diskussion Fuß.[164]

Auch im Speziellen kann eine positive Prävention erzielt werden, wenn der Rechtsbrecher durch Verurteilung und Strafvollzug **resozialisiert** wird.[165] Im völkerstrafrechtlichen Kontext ist diese Begründung allerdings sehr fragwürdig. Die

---

[158] *Robert H. Jackson*, Eröffnungsrede, IMT Bd. 2, S. 182.

[159] S. *Safferling* (1999), 157 f. m. w. N.; skeptisch auch *Drumbl* (2007), S. 169–173.

[160] Vgl. nur *Dölling*, ZStW 102 (1990), S. 1 ff.; bei leichter Kriminalität ist ein Abschreckungseffekt eher nachzuweisen als bei Schwerstkriminalität, vgl. *Streng*, ZStW 101 (1989), 273, 286 f. m. w. N.

[161] *Jescheck* (1952), S. 194 f.; *Ambos und Steiner*, JuS 2001, 9, 13.

[162] Zur Abschreckungswirkung von Völkerstrafrecht s. auch *Safferling*, FS Stöckel (2010), S. 521, 527 ff.

[163] Vgl. statt aller MK/*Joecks*, Einl. Rn. 68 ff.

[164] Vgl. *Drumbl* (2007), S. 61, 173 ff., der diese Ansätze als „Expressivismus" bezeichnet. Auch in der Rspr. finden sich solche Ansätze: JStGH, *Prosecutor v. Rajic*, Urteil, Verfahrenskammer, 08.05.2006, § 69.

[165] Vgl. *Werle* (2007), Rn. 86.

individuellen Verbrechen stehen in einem sich kaum wiederholenden makrokriminellen Kontext und in aller Regel ist den Tätern von Kriegsverbrechen in einer
friedlichen Gesellschaftsform ein angepasstes soziales Leben problemlos möglich.
Individuelle Abschreckung ist ebenso überflüssig wie Rehabilitation. Jedenfalls
nach Ende des Konflikts muss die Gesellschaft auch nicht mehr vor dem Täter geschützt werden, so dass auch der Aspekt der *social incapacitation* nicht trägt.[166]

d) Opfergerechtigkeit

73   In immer stärkerem Ausmaß wird „**Opfergerechtigkeit**" zu einem der Ziele von
Völkerstrafrecht erhoben,[167] das in den traditionellen Strafrechtstheorien eher eine
untergeordnete Bedeutung hat.[168] *„Bringing justice to victims"* steht als Anspruch
auf der Homepage des JStGHSt.[169] In der Präambel des IStGHSt ist die Verbindung
zur Opfergerechtigkeit zwar weniger explizit,[170] dafür sieht das Statut bisher nicht
bekannte Beteiligungsmöglichkeiten von Opfern am Strafverfahren vor (dazu unten
§ 7, Rn. 50).[171] Den Opfern soll durch das Strafverfahren „eine Stimme verliehen"
werden und dadurch ihre Opferrolle Anerkennung finden.[172]

74   Ein wichtiger Aspekt, der im Völkerstrafrecht angesichts der Massenviktimisie-
rung eine erhebliche Rolle spielt, ist die **Dokumentation** der Ereignisse.[173] Auch
wenn die Anklagebehörde und das Gericht keine historische Quellenforschung betreiben, wird in einem Strafverfahren der Sachverhalt ermittelt und dokumentiert.
Die Sicherung der Beweise, die gegebenenfalls mit Zwangsmitteln durchgesetzt
werden kann, führt schließlich dazu, dass die tatsächlichen Geschehnisse in einem
öffentlichen Verfahren festgehalten werden. Damit wird ein weiteres Bedürfnis der
Opfer befriedigt: das Recht, die Wahrheit zu erfahren.[174]

Diese Dokumentation ist indes nicht nur für die Opfer von Bedeutung, sondern
erfährt grundlegende Bedeutung in dem Gesamtkontext der **gesellschaftlichen Be-
wältigung** von Massenunrecht. Insofern war etwa die Tätigkeit der Ankläger in
Nürnberg und in den vielen weiteren Prozessen der Nachkriegszeit für die Vergan-

---

[166] Vgl. dazu auch JStGH, *Prosecutor v. Kordic und Cerkez*, Urteil, Berufungskammer, 17.12.2004,
§ 1076.

[167] *Safferling*, FS Stöckel (2010), S. 521, 535 ff.; *ders.*, ZStW 122 (2010), S. 87, 101 ff.

[168] Vgl. *Sautner* (2010), S. 37–56.

[169] www.icty.org (02.11.2009).

[170] „*Eingedenk* dessen, dass in diesem Jahrhundert Millionen von Kindern, Frauen und Männern
Opfer unvorstellbarer Gräueltaten geworden sind, die das Gewissen der Menschheit zutiefst er-
schüttern."

[171] *Safferling*, ZStW 115 (2003), S. 352.

[172] *Neubacher* (2005), S. 209.

[173] Dies wird auch als „*the right to know*" umschrieben, vgl. *Möller* (2003), S. 552; *Schulz* (2009),
S. 48 f.

[174] Vgl. *Safferling*, ZStW 122 (2010), 87, 101–103.

genheitsbewältigung insgesamt von nicht zu unterschätzendem Wert (s. dazu auch unten zu Transitional Justice, Rn. 79).

e) Fazit

Völkerstrafrecht ähnelt in seinem (vermeintlichen) Wirkungszusammenhang dem   **75**
nationalen Strafrecht. Neben dem Vergeltungsaspekt ist die Abschreckung ein wesentliches Kriterium. In zunehmendem Maße wird aber auch auf den **Normstabilisierungscharakter** abgestellt, der durch die Errichtung eines internationalen Strafsystems begründet wird. Im weitesten Sinne zur positiven Generalprävention zählt auch das Bestreben, die tatsächlichen Geschehnisse zu dokumentieren und dadurch den Opfern in ihrem Leid Anerkennung zu Teil werden zu lassen.

IV Kriminologischer Hintergrund

Eine Kriminologie des Völkerstrafrechts ist bislang allenfalls in Ansätzen erkenn-   **76**
bar.[175] Zwar gibt es eine lebhafte internationale kriminologische „Community", die sich aber fast ausschließlich mit Straftaten im nationalen gesellschaftlichen Kontext beschäftigt. Ob daraus gewonnene Erkenntnisse auf die „internationale Gesellschaft" übertragbar sind, ist unklar, und darf mit Fug bezweifelt werden. Der gesellschaftliche Rahmen internationaler Verbrechen unterscheidet sich nämlich fundamental von der Alltagskriminalität nationaler Gesellschaften. Diesen Bereich bezeichnet man als **Makrokriminalität**.

> Makrokriminalität heißt systemkonforme und situationsangepasste kriminelle Verhaltensweisen innerhalb eines Organisationsgefüges, Machtapparates oder sonstigen kollektiven Aktionszusammenhangs.[176]

Dabei handelt es sich in der Regel um Kriminalität, die unter Beteiligung staatlicher Organe stattfindet, der sog. staatsverstärkten Kriminalität.
Im Kontext von Völkerstrafrecht durchläuft die traditionelle **soziale Funktion**   **77**
von Strafrecht einen Wandel. Während bislang Strafrecht von den Regierenden als Mittel zur Kontrolle der Gesellschaft eingesetzt wurde, dient Völkerstrafrecht der Kontrolle der Mächtigen durch die Gesellschaft.[177] Damit einher geht die Fokus-

---

[175] Pionierarbeit haben hier die Arbeiten von *Möller* (2003) und vor allem *Neubacher* (2005) geleistet.

[176] Vgl. *Jäger*, in: Lüderssen (Hrsg.), 1998, 122 f.

[177] Vgl. dazu *Stolle/Singelnstein*, in: *Kaleck/Ratner/Singelnstein/Weiss* (Hrsg.), 2006, S. 37–52; vgl. auch *Neubacher* (2005), S. 153, der von „Kriminalisierung der Mächtigen" spricht; s. auch *Schabas*, Duke Journal of Comparative and International Law 7 (1997), 461, 515.

sierung auf die Opfer von **Regimekriminalität**. Die zivilisierte Gesellschaft wird dadurch in die Lage versetzt, sich gegen tyrannische Regime zur Wehr zu setzen – in den Worten des früheren UN Generalsekretärs Kofi Annan: „Humanity can strike back!"[178]

Zu diesem grundsätzlich zu begrüßenden Wandel ist allerdings kritisch anzumerken, dass bei einer Verschiebung des sozialen Bezugspunkts, die alten Strukturen wieder sichtbar werden. Im Völkerstrafrecht liegt die gesellschaftliche Referenz in der **internationalen Gemeinschaft** und nicht primär in der unterdrückten nationalen Gesellschaft. Somit besteht die Möglichkeit der Umdeutung in ein System der Kontrolle der mächtigen Staaten gegenüber den unterlegenen Staaten. Solange die Gültigkeit und Durchsetzung von Völkerstrafrecht im Wesentlichen vom Willen der Staaten abhängig ist und keine wirklich unabhängige Anklagebehörde weltweit ermitteln kann, wird auch Völkerstrafrecht ein Machtinstrument der Mächtigen bleiben.

78   Zudem stellen sich aus kriminologischer Sicht zwei weitere Fragen, die bislang nicht umfassend beantwortet werden können:

1. Die **Viktimologie**, also die Frage, wie Opferwerdung stattfindet, welche Besonderheiten die Opferwerdung im internationalen Kontext mit sich bringt und wie damit umgegangen werden soll.[179] Es sind bislang wenige Untersuchungen zu diesem Themenkomplex durchgeführt worden. In einer größeren Studie des MPI für ausländisches und internationales Strafrecht in Freiburg wurden Opfer in verschiedenen Konflikten (Afghanistan, Bosnien und Herzegowina, Kambodscha, Kroatien, Demokratische Republik Kongo, Israel, Kosovo, Republik Mazedonien, Palästinensische Gebiete, Philippinen und Sudan) befragt.[180]

2. Die **Kriminalätiologie**, d. h. die Frage, was einen völkerstrafrechtlichen Täter ausmacht. Wie werden aus ganz normalen Menschen Massenmörder?[181] In Nürnberg sind die Angeklagten nach den zum damaligen Zeitpunkt üblichen psychologischen Tests untersucht worden. Ein Psychologe, Gustav M. Gilbert[182], und ein Psychiater, Leon Goldensohn[183], haben während der gesamten Prozessdauer mit Göring und den anderen Angeklagten Gespräche geführt und darüber ausführliche Niederschriften angefertigt. Verallgemeinerungsfähige Rückschlüsse lassen sich daraus aber kaum ableiten. Ungeklärt ist bislang auch das Verhältnis zwischen der individualpsychologischen Ebene und dem makrokriminellen System.[184]

---

[178] Der damalige Generalsekretär der VN Kofi Annan anlässlich der Eröffnung der Römischen Konferenz, United Nations Press Release, Dpt. Pub. Info., L/ROM/6/Rev. 1, 14.06.1998.

[179] Vgl. dazu *Möller* (2003), S. 350 ff.

[180] *Kiza/Rathgeber/Rohne*, Victims of War (2006).

[181] *Welzer* (2005).

[182] S. *Gilbert* (1977).

[183] S. *Goldensohn* (2005).

[184] Vgl. dazu insgesamt *Neubacher* (2005), S. 240 ff.

V Transitional Justice

Völkerstrafrecht kann und muss als Teil eines weiter gefassten **Konfliktbearbei-** **79**
tungsprozesses verstanden und betrachtet werden. Jener Prozess des Übergangs
von einer gewaltbetonten, Kriegs-, Bürgerkriegs- oder diktatorischen Gesellschaft,
hin zu einer demokratischen, gewaltfreien Gesellschaft wird häufig mit dem Begriff
„Transitional Justice" umschrieben. Darunter versteht man im weiteren Sinne die
Suche nach Gerechtigkeit in Zeiten des Übergangs. Somit sind der gesamtgesell-
schaftliche Prozess der Vergangenheitsbewältigung und der Versöhnungsprozess
zwischen den Konfliktparteien mit umfasst.[185] Im engeren Sinne werden darunter
rechtliche, insbesondere strafrechtliche Maßnahmen verstanden, um die Verbrechen
der Vergangenheit zu verarbeiten. „Justice" meint dann vor allem „Strafgerechtig-
keit".[186] Beide Ansätze sind insofern schwierig, als dass das weite Verständnis zu
vage ist, während das enge Verständnis eine Überforderung des strafrechtlichen
Systems in sich birgt.

Trotz allem lassen sich **einige Ziele** von Transitional Justice formulieren:[187]   **80**

- Aufdecken der Wahrheit über Verbrechen
- Identifizieren und zur Rechenschaft ziehen der Verantwortlichen
- Prävention zukünftiger Straftaten
- Wiederherstellung der Würde der Opfer
- Rehabilitation und Kompensation für die Opfer
- Ermutigung zur Aussöhnung und friedlichen Koexistenz

Bei etlichen dieser Ziele kann Strafrecht einen sinnvollen Beitrag leisten.[188] So können bei der Suche nach der **Wahrheit** staatsanwaltschaftliche Ermittlungsmethoden
wertvolle Hilfe leisten; das Strafverfahren bietet eine Möglichkeit, Verantwortliche
zu identifizieren und zu sanktionieren; im Allgemeinen wird Strafrecht eine präventive Wirkung zugesprochen; die Verurteilung von Tätern kann den Opfern ein Stück
ihrer Würde zurückgeben. Insofern spielt Strafrecht in diesem Transitionsprozess
eine durchaus bedeutende Rolle.

Zugleich ist aber davor zu warnen, die **Rolle des Strafrechts über zu bewerten**.   **81**
Bei der Wahrheitssuche sind die strafrechtlichen Mittel beschränkt, da es nur um
eine forensische, d. h. prozessbezogene Wahrheit, und nicht um eine historische,

---

[185] In diese Richtung etwa der Bericht des VN Generalsekretärs: *The rule of law and transitional justice in conflict and post-conflict societies*, Report of the Secretary-General, 23.08.2004,
UN Doc. S/2004/616, § 8.

[186] In diese Richtung eher *Werle*, FS Eisenberg, 2009, S. 791.

[187] Vgl. dazu etwa *Buckley-Zistel* (2008), S. 6. Vgl. auch *Schulz* (2009), S. 48 mit einer etwas
anderen Terminologie.

[188] Vgl. *The rule of law and transitional justice in conflict and post-conflict societies*, Report of the
Secretary-General, 23.08.2004, UN Doc. S/2004/616, § 39.

umfassende Wahrheit geht.[189] Die Identifikation der Verantwortlichen ist außerdem stets auf einen Individualkonflikt beschränkt. Im strafrechtlichen Verfahren werden kollektive Verantwortlichkeiten ausgeblendet.[190] Die Präventionswirkung ist ebenso fraglich, da nur unter einem sehr abstrakten Verständnis der gesellschaftlichen Wirkung von Verurteilung und Würde angenommen werden kann, die Würde des Opfers werde durch Bestrafung der Täter „wiederhergestellt".

82   Ein alternatives Modell zur Strafverfolgung ist die sog. **Wahrheits-** oder **Versöhnungskommission**. Dabei werden die Ziele von Transitional Justice nicht durch strafrechtliche Repression, sondern nur durch freiwillige Mitarbeit zu erreichen versucht.[191] Das bedeutet, dass Tätern bei freiwilliger Offenlegung der begangenen Untaten und Mitwirkung an der Wahrheitssuche Straffreiheit zugesichert wird. Solche Kommissionen waren in Südafrika, in verschiedenen lateinamerikanischen Ländern, und in Sierra Leone, flankierend zu der Strafverfolgung durch den SCSL tätig. Zeitweise wurde den Wahrheitskommissionen eine stärkere integrative Kraft zugesprochen als der Strafverfolgung. Empirisch belegbar ist indes auch das nicht.

83   Bislang fehlt es an einer **umfassenden Theorie** von Transitional Justice. Ob eine solche überhaupt entwickelt werden kann, ist angesichts der stets unterschiedlichen Rahmenbedingungen eines jeden Konflikts fraglich. Die disparaten gesellschaftlichen Ausgangsbedingungen stehen einer allgemeingültigen Theorie im Weg. Für das weitere Verständnis des Völkerstrafrechts ist es aber wichtig, den gesamtgesellschaftlichen Kontext im Auge zu behalten und sich auch den Schwächen und Unzulänglichkeiten einer strafrechtlichen Intervention bewusst zu sein. Nur so wird es möglich sein, die Erwartungen auf ein realistisches Maß zu reduzieren und das Strafverfahren nicht mit wesensfremden Mechanismen zu überfrachten.

VI Methodologie des Völkerstrafrechts

84   Zu den Grundlagenfragen zählt selbstverständlich auch die Frage nach der **Methode** der Rechtsfindung im Völkerstrafrecht. Aufgrund der diffizilen Mischstruktur von Völkerstrafrecht (vgl. o. Rn. 1) erweist sich auch diese Frage als komplexe Angelegenheit. Erschwert wird die Methodik außerdem durch das Zusammentreffen verschiedener Rechtssysteme und das je nach Herkunft unterschiedliche methodische Vorverständnis bei den beteiligten Personen.

85   Die internationale Rechtsprechung wird immer wieder für eine methodisch unsaubere Vorgehensweise kritisiert.[192] Diese **Kritik** ist berechtigt, denn allzu oft erscheint die Rechtsfindung methodisch zufällig zu sein. Wenigstens ist sie als eklektisch zu bezeichnen, wenn zur Argumentation unterschiedliche Ansätze unreflektiert herangezogen werden, um möglichst rasch zu dem gewünschten Ergebnis zu gelan-

---

[189] Zur Situation in Ruanda etwa *Hankel*, APuZ 2006, 3 ff.

[190] Vgl. *Safferling*, FS Stöckel (2010), S. 521, 524 ff.

[191] Dazu *Safferling*, FS Stöckel (2010), S. 521, 522 ff. m. w. N.

[192] Vgl. vor allem die methodenkritische Arbeit von *Zahar/Sluiter* (2008).

gen.[193] Vorsicht ist insbesondere auch am IStGH angemahnt, sich nicht vorschnell Entscheidungen der Rechtsfindung der UN Tribunale anzuschließen oder sie gar als quasi bindend anzusehen.[194] Auch bei rechtsvergleichenden Ausführungen in Entscheidungen internationaler Tribunale scheint das Ergebnis häufig im Vordergrund zu stehen.[195] Durch extensives Zitieren literarischer Quellen aus einer nationalen Rechtsordnung wird das Ergebnis indes auch nicht überzeugender.[196]

Im Folgenden wird ausgehend vom IStGHSt der Versuch unternommen, die methodischen Grundlagen des Völkerstrafrechts herauszuarbeiten. Dabei wird zunächst dargestellt, welches Recht der IStGH anzuwenden hat (1) und dann erörtert, wie die Interpretation der anwendbaren Rechtstexte zu erfolgen hat (2).

1 Anwendbares Recht

Als positivistischer Ausgangspunkt muss **Art. 21 IStGHSt** herangezogen werden, in dem das „anwendbare Recht" am IStGH definiert wird. Diese Auflistung ist letztlich nicht sehr hilfreich, da ihr wohl aufgrund erforderlicher Kompromissfindungen die klare Struktur fehlt;[197] sie orientiert sich – wenigstens partiell – an Art. 38 IGHSt, wo nach h. M. die **Rechtsquellen** des Völkerrechts, Verträge, Gewohnheitsrecht und allgemeine Rechtsprinzipien, aufgelistet sind.[198] Das ist konsequent, entstammt doch das Völkerstrafrecht den Rechtsquellen des Völkerrechts (vgl. Definition oben Rn. 3). Unverständlicherweise wird aber das Völkergewohnheitsrecht im Gegensatz zu Art. 38 b) IGHSt nicht ausdrücklich erwähnt.[199]   86

Art. 21 Abs. 1 IStGHSt bringt eine gewisse **Hierarchisierung** und unterscheidet zwischen der völkerrechtlichen (1 und 2) und einer nationalgesetzlichen (3) Ebene: 87

1. Danach steht an **erster Stelle** das IStGHSt als zentrale Rechtsquelle des Völkerstrafrechts in der Form eines völkerrechtlichen Vertrages. Ergänzend hierzu sind die „Rules of Procedure and Evidence", die Verfahrens- und Beweisordnung (VBO), und die „Elements of Crimes", die Verbrechenselemente, heranzuziehen.

---

[193] Speziell zum JStGH: *Zahar/Sluiter* (2008), S. 92 ff.

[194] Zu Recht daher die kritischen Worte von Richter Kaul in seiner *dissenting opinion* in der Entscheidung IStGH, *Situation in the Republic of Kenya*, Decision Pursuant to Article 15 of the Rome Statute on the Authorization of an Investigation into the Situation in the Republic of Kenya, Vorverfahrenskammer, 31.03.2010, §§ 28 ff.

[195] Bemerkenswert ist hier etwa die Entscheidung IStGH, *Prosecutor v. Katanga/Chui*, Confirmation, 18.09.2008, §§ 502 ff., wo auf ein argentinisches Urteil abgestellt wird, das vom Verfassungsgericht aufgehoben wurde, was auch offen zugegeben, aber als irrelevant bezeichnet wird, da der BGH in den Mauerschützen-Prozessen ähnlich wie das Argentinische Berufungsgericht entschieden hätte.

[196] So geschehen in IStGH, *Prosecutor v. Katanga* und *Chui*, Confirmation, 18.09.2008, §§ 500 ff.

[197] Zur Entstehungsgeschichte vgl. Triffterer/*McAuliffe deGuzman*, Art. 21 Rn. 14.

[198] *Verdross/Simma* (1984), §§ 516 ff.

[199] Triffterer/*McAuliffe deGuzman*, Art. 21 Rn. 13.

Die „Rules of Procedure and Evidence" ergänzen bereits im IStGHSt enthaltene verfahrensrechtliche Vorschriften. Sie werden von der Staatenversammlung verabschiedet. Im Konfliktfall geht das Statut allerdings vor (vgl. Art. 51 IStGHSt).

Die „Elements of Crimes" enthalten einen Definitionskatalog zur Präzisierung der im IStGHSt enthaltenen Tatbestände. Auch diese werden von der Staatenversammlung verabschiedet. Als Auslegungshilfe sind sie im Hinblick auf das IStGHSt stets nachrangig (vgl. Art. 9 IStGHSt). Sie können daher das Statut nicht zum Nachteil des Angeklagten modifizieren.[200]

2. An **zweiter Stelle** stehen sonstige Verträge, sowie Grundsätze und Regeln des Völkerrechts. Diese Begrifflichkeit ist neu und auch deshalb unklar.

- **Verträge**: Zwischen zwei oder mehreren Staaten bzw. anderen Völkerrechtssubjekten getroffene Vereinbarungen, die dem Völkerrecht unterliegen.[201]
- **Regeln des Völkerrechts**: Völkergewohnheitsrecht i. S. von Art. 38 b) IGHSt.[202] Wichtig wird die Einbeziehung von Gewohnheitsrecht insbesondere bei „Kriegsverbrechen" i. S. v. Art. 8 IStGHSt im Verhältnis zum humanitären Völkerrecht.
- **Grundsätze des Völkerrechts**: Allgemeine Rechtsgrundsätze i. S. von Art. 38 c) IGHSt.[203]

Das ist umstritten. Andere sehen in den „Grundsätzen des Völkerrechts" einen weiteren Ausdruck von „Völkergewohnheitsrecht"[204] und sind der Meinung die „allgemeinen Rechtsgrundsätze" seien nur subsidiär nach Art. 21 Abs. 1c) IStGHSt heranzuziehen.[205] Richtigerweise wird man die allgemeinen Rechtsgrundsätze i. S. v. Art. 38 IGHSt hier einordnen müssen, denn Art. 21 Abs. 1c) IStGHSt vollzieht eine weitere Ebenenverschiebung auf das nationale Recht, die der klassischen Völkerrechtslehre nicht gerecht werden würde.

3. Subsidiär, d. h. wenn auf den völkerrechtlichen Ebenen 1 und 2 keine Lösung gefunden werden konnte, kommen auf einer **dritten Ebene** Rechtsprinzipien nationaler Rechtsordnungen zur Anwendung. Das sollen insbesondere diejenigen Rechtsordnungen sein, die über den entsprechenden Fall Gerichtsbarkeit ausüben könnten. Dadurch dass Art. 21 Abs. 1 c) IStGHSt außerdem vorschreibt, dass diese Prinzipien mit Völkerrecht vereinbar sein müssen, wird deutlich, dass diese Rechtsprinzipien keine völkerrechtliche Natur i. S. v. Art. 38 IGHSt haben können. Die Richter des IStGH sollen demnach nationales Recht nicht unmittelbar anwenden, sondern die dem nationalen Recht zugrunde liegenden Prinzipien extrahieren und in das Völkerstrafrecht übertragen.

---

[200] Vgl. *Koch*, ZIS, 2007, 150 ff.

[201] Vgl. etwa *Kempen/Hillgruber* (2007), 3. Kap. Rn. 8; *Ipsen et al.* (2008), § 9 Rn. 1 ff.

[202] *Schabas* (2001), S. 73; *Werle* (2007), Rn. 168; Triffterer/*McAuliffe deGuzman*, Art. 21 Rn. 13.

[203] So wohl *Cassese* (2008), S. 22; *Ambos* (2002), S. 41; *Ambos* (2008), § 5 Rn. 5.

[204] Triffterer/*McAuliffe deGuzman*, Art. 21 Rn. 12.

[205] So explizit *Werle* (2007), Rn. 168; *Satzger* (2010), § 15 Rn. 8.

2 Auslegung

Für eine umfassende völkerstrafrechtliche Methodenlehre ist Art. 21 IStGHSt un-   **88**
vollständig. Neben der Auffindung des anwendbaren Rechts stellt sich auch die
Frage nach der Auslegung der entsprechend grundsätzlich für anwendbar gehal-
tenen Norm. Um zu einer **Auslegungsmethode** zu gelangen, die der völkerstrafrechtlichen Materie und dem IStGH gerecht wird, wird zunächst (a) auf die Grundlagen der allgemeinen Methodenlehre Bezug genommen, wie sie sich in nationalen
Rechtsordnungen darstellt und dann (b) die völkerrechtlichen und (c) die strafrechtlichen methodischen Besonderheiten dargelegt. Erst vor diesem Hintergrund lassen
sich (d) einige Grundlagen für die Rechtsfindung am IStGH aufstellen.

a) Methodische Grundlagen in nationalen Rechtssystemen

Zu Beginn dieses Abschnitts sollen einige **grundlegende Unterschiede** in der   **89**
Rechtsmethodik in nationalen Rechtstraditionen dargelegt werden. Dabei wird auf
das deutsche Recht einerseits und das *common law* andererseits Bezug genommen.
Während ersteres als gesetztes, kodifiziertes Recht an der Textauslegung orientiert
ist, beschäftigt sich letzteres als organisches Fallrecht mit der Interpretation und
Fortentwicklung von Präzedenzen.[206]

(1) Rechtsmethode im deutschen Recht

Zunächst ist der im deutschen nationalen Recht bekannte Auslegungskanon in Er-   **90**
innerung zu rufen:[207]

- Wortlautauslegung
- Systematische Auslegung
- Historische Auslegung
- Teleologische Auslegung
- Verfassungskonforme Auslegung
- Unionsrechtskonforme Auslegung
- Menschenrechtskonforme Auslegung

Für die Anwendung dieser Auslegungsmethoden gibt es keine statische Reihenfolge.[208] Den Gehalt des Wortlauts zu ergründen, stellt an sich bereits eine erhebliche

---

[206] Vgl. *Zimmermann*, CLJ 56 (1997), 315, 318.

[207] Zurückgehend auf *von Savigny* (1840), S. 212 ff.; vgl. *Larenz/Canaris* (1995), S. 141 ff. und
NK/*Hassemer/Kargl*, § 1 Rn. 105.

[208] *Hager* (2009), 2. Kap. Rn. 76; *Canaris*, FS Medicus, 1999, S. 25, 58 f. *Hassemer*, ZRP 2007,
213, 216. Für das Strafrecht gelten hier wegen des Bestimmtheitsgebots andere Parameter, s. u.
Rn. 102.

Schwierigkeit dar. Eine reine Wortlautinterpretation gibt es *in praxi* nicht, da der Wortlaut wenigstens mit dem systematischen Kontext in einem Wechselverhältnis steht.[209] Zur **systematischen** Auslegung gehört auch die Einbeziehung von „**Fallrecht**".[210] Hier ist danach zu fragen, welchen Inhalt und welche Bedeutung die obergerichtliche Rechtsprechung der auszulegenden Norm in ihrem systematischen Zusammenhang gegeben hat.

91 Umstritten ist die Stellung der **historischen** Auslegung. Hier markieren eine subjektive und eine objektive Theorie die Grenzsteine.[211] Im kodifizierten System sprechen die besseren Argumente für eine objektive Herangehensweise, die eher nach Systemimmanenz und Effizienz strebt als danach, dem Willen des Gesetzgebers unter allen Umständen zu folgen.[212] Außerdem hat eine strenge Orientierung an dem Willen des Gesetzgebers eine ungewollte Statik der Rechtsentwicklung zur Folge.[213]

92 Das im Rahmen der Auslegung gefundene Ergebnis ist auf seine **Verfassungskonformität** hin zu überprüfen.[214] Bei mehreren möglichen Ergebnissen ist demjenigen Lösungsweg zu folgen, der mit dem Grundgesetz in Einklang steht. Dazu muss Konformität mit dem Unionsrecht hergestellt werden (früher richtlinienkonforme bzw. gemeinschaftskonforme Auslegung).[215]

Schließlich ist noch nach der Vereinbarkeit mit **menschenrechtlichen** Vorgaben zu fragen. Spätestens seit dem sog. *Görgülü*-Beschluss des BVerfG ist die Einbeziehung der EMRK und der Rechtsprechung des EGMR in die Rechtsfindung ein rechtsstaatliches Erfordernis.[216]

(2) Rechtsfindung im common law

93 Diese exegetischen Grundregeln gelten grundsätzlich nicht nur im kodifizierten System im engeren Sinne, sondern können an **jeden Rechtstext** angelegt werden.[217] Sie setzen allerdings eine abstrakt-generelle Regelung voraus und taugen nicht zur

---

[209] *Hager* (2009), 2. Kap. Rn. 64.

[210] NK/*Hassemer/Kargl*, § 1 Rn. 107; *Hager* (2009), 3. Kap. Rn. 87.

[211] Vgl. *Zippelius* (2006), S. 21 ff.

[212] Anders etwa *Rüthers*, JZ 2006, 53, der die objektive Auslegung für verfassungswidrig hält.

[213] *Hager* (2009), 7. Kap. Rn. 74.

[214] *Kudlich*, JZ 2003, 127; vgl. *Hager* (2009), 5. Kap. Rn. 22 f.; alternativ kann die verfassungskonforme Auslegung bereits bei der Inhaltsbestimmung der Norm in Ansatz gebracht werden, ohne dass hierdurch im Ergebnis Änderungen entstehen.

[215] Vgl. MK/*Schmitz*, § 1 Rn. 81.

[216] BVerfGE 111, 307.

[217] S. *Zimmermann*, CLJ 56 (1997), 315, 322. Das wird auch bezweifelt, vgl. etwa *Hassemer*, ZRP 2007, 213, 214 f., der die Methodenlehre allein dem kodifikatorischen System zuweist. Das WVÜ schreibt diese Methoden aber auch der Vertragsauslegung zu, s. u. Rn. 98.

Analyse von Urteilen im Sinne von Präzedenzen.[218] In einem auf Präzedenzfällen basierenden Rechtssystem, wie etwa dem *common law*, muss argumentativ anders vorgegangen werden. Ausgangspunkt ist die Feststellung, dass „**precedents**" in ihrem materiellen Gehalt (*ratio decidendi*) bindend sind (*stare decisis*).[219] Nachdem dieser bindende Gehalt von den *obiter dicta* abgegrenzt ist, muss der zu lösende neue Sachverhalt (Y) mit dem eines Präzedenzfalls (X) verglichen werden, um festzustellen, ob die in X gefundene Rechtsfolge (R) auch für Y passt. Will man R für Y nicht, so muss man argumentieren, dass X und Y gerade nicht deckungsgleich sind, sondern sich unterscheiden lassen (Distinktion).[220]

> **Beispiel:** R ist mit M verheiratet, allerdings ist die Ehe gründlich zerrüttet. M zieht daher aus der gemeinsamen Wohnung aus und konsultiert einen Anwalt zur Vorbereitung des Scheidungsantrags. Noch vor Einreichung des Antrags erscheint R bei M und verlangt eine (neuerliche) Aussprache. Im Verlauf des Gesprächs bedrängt R die M zusehends und erzwingt schließlich den Beischlaf. Ist R strafbar, wenn in der bisherigen Rechtsprechung das Bestehen eines ehelichen Verhältnisses stets als Rechtfertigungsgrund für eine Vergewaltigung angesehen wurde?[221]

Unter „*Distinguishing*" versteht der englische Jurist das „Aufzeigen rechtserheb- **94** licher Unterschiede zwischen zwei Fällen".[222] Dies stellt den eigentlichen „juristischen Gedankengang" im englischen Recht dar. Natürlich kann ein Gericht eine bisher anerkannte Regel unter gewissen Umständen aufheben („*overruling*"). Das Prinzip der Rechtssicherheit gebietet indes einen sehr vorsichtigen Umgang mit dieser Möglichkeit, neues Recht zu schaffen.[223]

> Im Beispielsfall wurde entsprechend argumentiert, dass der Auszug der M wie eine Auflösung des ehelichen Verhältnisses wirkt und die Einreichung des Scheidungsantrags bzw. die Rechtskraft eines Scheidungsurteils eine eher zufällige Formalität sei. Der Rechtfertigungsgrund der bestehenden Ehe kann daher nicht eingreifen. R wurde wegen Vergewaltigung verurteilt.[224] Eine Menschenrechtsbeschwerde zum EGMR wegen Verstoßes gegen das Rückwirkungsverbot wurde abgewiesen.[225]

Seit dem Human Rights Act 1998 gibt es auch in England das Erfordernis der **men-** **95** **schenrechtskonformen** Auslegung. Das hergeleitete Ergebnis ist stets auf seine Vereinbarkeit mit der EMRK und der Rechtsprechung des EGMR hin zu überprü-

---

[218] *Langenbucher* (1996), S. 2.

[219] *Zweigert/Kötz* (1996), S. 253 ff.; dazu auch *Langenbucher*, CLJ 57 (1998), 481, 490 ff.

[220] Vgl. *Fikentscher* (1975), S. 95; *Langenbucher* (1996), S. 93 ff.; *Hager* (2009), 3. Kap. Rn. 31.

[221] Rechtstechnisch ist die Situation hier ein bisschen komplizierter, da seit dem Sexual Offences (Ammendment) Act 1976, Vergewaltigung entsprechend dem früheren *common law* gesetzlich definiert wurde (nunmehr: Criminal Justice and Public Order Act 1994, S. 142). Gleichwohl akzeptierte die Rechtsprechung den Rechtfertigungsgrund der bestehenden Ehe wie vor der Verabschiedung des Gesetzes; vgl. dazu *Smith/Hogan* (2002), S. 472.

[222] *Fikentscher* (1975), S. 95. Dort auch zu den verschiedenen Unterarten der Distinktion.

[223] Nicht selten findet daher ein verkapptes „overruling" statt, wenn vordergründig Fälle unterschieden werden und die ursprüngliche Grundregel marginalisiert wird; *Fikentscher* (1975), S. 96.

[224] *R. v. R.* [1991] 4 All ER 481 = [1992] CrimLR 207, House of Lords.

[225] Vgl. dazu auch unten § 13 Rn. 60.

fen.[226] Auch wenn die Entscheidungen des EGMR nicht bindend im Sinne der *stare decisis*-Regel sind, kommt ihnen der Status von „*persuasive precedents*" zu, d. h. sie müssen von den englischen Gerichten als für die Auslegung der EMRK verbindlich angenommen werden.[227] Im Ergebnis kann das englische Gericht zu einer menschenrechtskonformen Interpretation gelangen oder die entsprechende Norm des nationalen Rechts wegen Unvereinbarkeit mit der EMRK im Einzelfall nicht anwenden.

(3) Methodenvergleich

96 Trotz der verschiedenartigen Ansatzpunkte lassen sich zwischen beiden interpretatorischen Herangehensweisen **Parallelen** ausmachen. Auch der Präzedenzfall ist geleitet von einem Rechtsprinzip, ebenso wie einer generell-abstrakten Norm ein Ausgangsfall zu Grunde liegt.[228] Es wird zweifellos in beiden Systemen der Wortlaut eines Rechtstextes erforscht, die Anwendbarkeit einer Norm wird abgelehnt oder per Analogie hergeleitet, ebenso werden jeweils teleologische Überlegungen angestellt.

Im kodifizierten System bildet sich das System auch über **Fallrecht** fort.[229] Dafür eignen sich „Einfallstore" wie „Gesetzeslücken", Generalklauseln und unbestimmte Rechtsbegriffe. Eine **systematische Analyse** einer Rechtsnorm umfasst daher stets auch eine ausführliche Erörterung der dazu ergangenen Rechtsprechung.[230] Dass hier letztlich nach der Distinktionsmethode vorgegangen wird und entsprechend gefragt wird, ob der vormals entschiedene Fall mit dem neu zu entscheidenden Fall vergleichbar ist oder eben gerade nicht,[231] wird nicht offen ausgesprochen. Vielmehr wird auf das Erfordernis der Auslegung etwa eines unbestimmten Rechtsbegriffs verwiesen.

> **Beispiel:** Nach § 32 Abs. 1 StGB ist die durch Notwehr „gebotene" Tat nicht rechtswidrig. Dieser Begriff wird von der Rechtsprechung genutzt, um dem Notwehrrecht sozial-ethische Grenzen zu setzen. Ausgangsfall ist der Obstdiebstahlsfall in RGSt 55, 82. Seitdem sind verschiedene Fallgruppen entwickelt worden,[232] letztlich wird aber immer nach der normativen Gleichwertigkeit mit dem Präzedenzfall gefragt.

97 Einen deutlichen Vorteil bietet die Distinktionsmethode beim analytischen Umgang mit Urteilen. Eine **exakte Urteilsanalyse** nach der *common law*-Methode, anstelle von pauschalen Rechtsprechungsverweisen zur Auslegung von Rechtsbegriffen, bannt die Gefahr des Missverstehens und der Zufälligkeit. Für die Fortentwicklung

---

[226] Vgl. *Wilson v. Secretary of State for Trade and Industry* [2003] H.R.L.R. 33.

[227] Vgl. *Smith/Hogan* (2008), S. 23 f.

[228] *Hager* (2009), 3. Kap. Rn. 59 ff.

[229] Vgl. *Larenz/Canaris* (1995), S. 187; *Langenbucher* (1996), S. 40 ff.; *Zippelius* (2006), S. 79.

[230] vgl. *Hager* (2009), 3. Kap. Rn. 94.

[231] Vgl. *Langenbucher*, CLJ 57 (1998), S. 481, 496.

[232] Vgl. etwa *Roxin*, AT/1 (2006), § 15 Rn. 55 ff. und *Wessels/Beulke*, Rn. 342 ff.

des Rechts kommt es auf die tragenden Gründe an; *obiter dicta* können aus allen möglichen Gründen in den Entscheidungstext gelangt sein, sie haben jedenfalls nicht mehr Aussagekraft als eine wissenschaftliche Meinungsäußerung.[233]

b) Völkerrechtliche Auslegungsregeln

(1) Grundlagen

Methodische Grundlagen zur **Auslegung völkerrechtlicher Verträge** finden sich   **98**
im Wiener Vertragsrechtsübereinkommen vom 23.5.1969.[234] Dem Grunde nach finden sich die aus dem deutschen Recht bekannten vier Auslegungsregeln hier wieder:

> Art. 31 und 32 WVÜ
> Ausgehend vom **Wortlaut** („gewöhnliche Bedeutung" – „*ordinary meaning*") ist die Vertragsklausel in ihrer **systematischen** Verbundenheit („im Zusammenhang zukommende Bedeutung") nach Sinn und Zweck der Klausel sowie des gesamten Vertrages („im Lichte seines Ziels und Zwecks") **teleologisch** auszulegen. Die **historische** Auslegung („vorbereitenden Arbeiten") ist nur dann hinzuzuziehen, wenn anders kein Ergebnis gefunden werden kann.

Diese Regelungen dürfen als **Gewohnheitsrecht** gelten[235] und finden nicht nur auf völkerrechtliche Verträge, sondern auch auf andere internationale Rechtssätze Anwendung. Das ist keine Selbstverständlichkeit, denn vertragliche Regelungen haben nicht immer den Charakter einer generellen Norm. Die Überschrift von Art. 31 WVÜ („general rule of interpretation") offenbart, dass es sich um einen einheitlichen Auslegungsvorgang und nicht um abgrenzbare Einzelmethoden handelt.[236] Das Völkerrecht ist demnach einer grundsätzlich objektiven Auslegungsmethode verpflichtet; nur ergänzend ist nach dem (subjektiven) Willen der Vertragsparteien zu fragen.[237]

Darüber hinaus hat sich bei institutionellen Dokumenten eine teleologisch-funk-   **99**
tionelle bzw. **dynamische** Interpretation etabliert.[238] Das zeigt sich bei der VN-Charta, wird aber insbesondere für die EMRK und die Rechtsprechung des EGMR relevant. Dieser bezeichnet die EMRK seit langem als „*living instrument*", das jeweils mit Blick für sich verändernde tatsächliche Gegebenheiten interpretiert wer-

---

[233] Vgl. *Zahar/Sluiter* (2008), S. 99.

[234] BGBl. 1985 II, 927.

[235] Vgl. IGH, Case Concerning Oil Platforms, *Iran/USA*, 12.12.1996, Rep. 1996, 803, § 23; *Indonesien/Malaysia*, Rep. 2002, § 37.

[236] Vgl. *Kempen und Hillgruber* (2007), § 12 Rn. 65.

[237] *Ipsen* u. a. (2004), § 11 Rn. 4.

[238] Dazu *Verdross/Simma* (1984), § 780; *Kempen/Hillgruber* (2007), § 12 Rn. 71.

den muss.[239] Hier entwickelt sich ein selbständiges System; der EGMR nimmt in exzessiver Art und Weise Bezug auf die eigene Rechtsprechung und kreiert damit „Fallrecht".[240]

100 Ein Problem bei der Interpretation völkerrechtlicher Texte ist außerdem die **Sprache**. Das WVÜ nimmt darauf Bezug und stellt in Art. 33 klar, dass alle authentischen Fassungen für die Interpretation gleichermaßen relevant sind. Sollte bei den verschiedenen Sprachfassungen kein einheitlicher Sinn erkennbar sein, so ist wiederum der Vertragszweck das entscheidende Auslegungskriterium (vgl. Art. 33 Abs. 4 WVÜ).[241]

(2) Schwierigkeiten

101 Probleme bei der Übertragung dieser Methoden auf das IStGHSt ergeben sich wenigstens in zweierlei Hinsicht. Zunächst müssen die nach Art. 128 IStGHSt sechs **authentischen Sprachen** miteinander in Einklang gebracht werden.

Außerdem ist eine Übertragung des „objektiven Tests" des Art. 31 WVÜ auf das Völkerstrafrecht unbesehen nicht möglich.[242] Das WVÜ ist sicher nicht mit Blick auf **Strafnormen** formuliert worden. Wenn es dort heißt, dass der Text nach „Treu und Glaube ... im Lichte seines Ziels und Zwecks" auszulegen sei, so stellt sich die Frage, was Ziel und Zweck des IStGHSt sein mag. Die Übersetzung dieses Erfordernisses in ein „*effet utile*" à la Europarechtsharmonisierung[243] verdeutlicht, dass genau diese Herangehensweise im Strafrecht höchst gefährlich ist.

c) Methodische Besonderheiten im Strafrecht

(1) Grundlagen

102 Das Strafrecht ist traditionell skeptisch, was richterliche Auslegung anbelangt. Lange Zeit galt der Strafrichter nur als Sprachrohr des Gesetzes, dem Auslegung nicht zustand, sondern der das Gesetz gleich einem **Subsumtionsautomaten** nur anzuwenden habe.[244] Freilich setzte sich bald die Auffassung durch, dass eine solche Herangehensweise gänzlich unrealistisch ist. Der Richter muss stets interpretieren; das Gesetz bietet einen Rahmen, den der Richter durch Rechtsauslegung füllen

---

[239] Vgl. EGMR *Tyrer/Vereinigtes Königreich*, Serie A Nr. 26, S. 15; *Marckx/Belgien*, Serie A Nr. 31, S. 19.

[240] Vgl. *Hager* (2009), 5. Kap. Rn. 14.

[241] *Verdross/Simma* (1984), § 783; *Kempen/Hillgruber* (2007), § 12 Rn. 72 mit Beispielen.

[242] Zu den Problemen der „objektiven" Auslegung im Strafrecht, vgl. NK/*Hassemer/Kargl*, § 1 Rn. 113 f.

[243] So *Werle* (2007), Rn. 162; ebenso *Satzger* (2010), § 15 Rn. 10.

[244] Vgl. dazu *Roxin*, AT/1 (2006), § 5 Rn. 26; s. auch *Hassemer*, ZRP 2007, 213, 214 f.

muss. Allerdings gilt für strafrechtliche Normen mehr als für Normen in anderen Rechtsgebieten, dass diese bestimmt genug sein müssen. Der repressive Charakter des Strafrechts gebietet, dass der Normadressat vor der Tat in hinreichender Klarheit erkennen kann, welches Verhalten strafbar ist.[245] **Rückwirkungsverbot** (*nullum crimen sine lege praevia*) und **Bestimmtheitsgrundsatz** (*lex certa*) sind zwei Seiten der gleichen Medaille.

Im Strafrecht muss man entsprechend davon ausgehen, dass der Wortlautauslegung auf Grund des Bestimmtheitsgrundsatzes eine besondere Bedeutung zukommt.[246] Die sog. **Wortlautgrenze**, abgeleitet aus Art. 103 Abs. 2 GG, steckt den Interpretationsspielraum ab.[247] Daraus ergibt sich außerdem das sog. **Analogieverbot**.[248] Demnach darf ein Verbrechenstatbestand nicht zu Lasten des Täters auf ähnliche Fälle ausgedehnt werden. **103**

(2) Schwierigkeiten

Im Völkerstrafrecht ergeben sich hinsichtlich dieser strafrechtlichen Besonderheiten einige Schwierigkeiten. So stand lange Zeit Völkerstrafrecht in dem Verdacht, das **Rückwirkungsverbot** zu missachten.[249] Die Annahme, Gewohnheitsrecht könne einen Verbrechenstatbestand begründen, stößt gerade nach dem deutschen Rechtsverständnis auf erhebliche Akzeptanzprobleme.[250] Ein solcher Vorwurf lässt sich nicht nur gegen das Verfahren von Nürnberg vorbringen, sondern er trifft sicherlich auch die Rspr. des JStGH. Nach dem Selbstverständnis der Richter enthält das JStGHSt lediglich Zuständigkeitsregelungen und besitzt selbst für die Auslegung der Verbrechenstatbestände keine textliche Autorität. Die Bestrafungsgrundlage bildet der hinter den Art. 2–5 JStGHSt stehende völkergewohnheitsrechtliche Gehalt der Strafnorm.[251] Auch wenn die Suche nach einer völkergewohnheitsrechtlichen Grundlage für die Strafbarkeit den Vorwurf der rückwärtigen Anwendung gerade entkräften sollte, verfährt der JStGH mit der Auslegung der Verbrechenstatbestände recht großzügig.[252] **104**

---

[245] Vgl. BGHSt 39, 1, 29.

[246] NK/*Hassemer/Kargl*, § 1 Rn. 115 f.

[247] Vgl. MK/*Schmitz*, § 1 Rn. 88.

[248] Vgl. *Wessels/Beulke*, Rn. 56.

[249] Vgl. *Jescheck/Weigend* (1996), S. 120; NK/*Hassemer/Kargl* (2005), § 1 Rn. 11.

[250] Vgl. *Wessels/Beulke*, Rn. 52 ff.; MK/*Schmitz*, § 1 Rn. 24 ff.; NK/*Hassemer/Kargl*, § 1 Rn. 64 ff. mit dem Hinweis, dass nach der Definition von Gewohnheitsrecht ein solches im Strafrecht gar nicht vorstellbar ist.

[251] Vgl. JStGH, *Prosecutor v. Tadic*, Decision on the Defence Motion for Interlocutory Appeal on Jurisdiction, Berufungskammer, 02.10.1995, § 94, mit Bezug auf Kriegsverbrechen; allgemein *ebenda*, § 143. Ob daneben auch Vertragsrecht, etwa das ZP I, Anwendung finden kann, ist in der Rspr. des JStGH immer umstritten geblieben, vgl. *Zahar/Sluiter* (2008), S. 89 ff.

[252] Vgl. *Zahar/Sluiter* (2008), S. 92–105 mit etlichen Nachweisen aus der Rspr. des JStGH.

Abb. 4 Elemente der Rechtsmethode

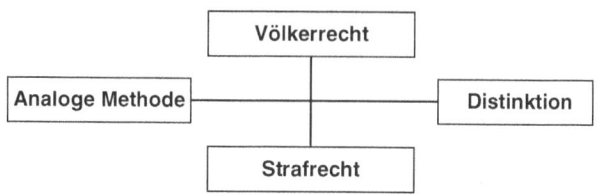

> **Beispiel:** Eine geradezu dramatische Entscheidung hat die Berufungskammer des JStGH mit ihrer ersten Entscheidung im Fall *Tadic* gefällt und damit die Kriegsverbrechen auf eine bis dato neue rechtliche Grundlage gestellt. Dabei ging es um die Rechtsfrage, ob „Kriegsverbrechen" auch im nicht-internationalen Konflikt anwendbar sind. Entgegen der bis dahin vorherrschenden Meinung entschied die Kammer, dass die „Gesetze und Gebräuche des Kriegs" nach Art. 3 JStGHSt auch für den nicht-internationalen Konflikt gelten, wenn dieser lang anhaltend ist.[253] Bis zu diesem Zeitpunkt war davon auszugehen, dass nur Art. 3 GK und das ZP II für interne Konflikte gelten.

Mit der Verabschiedung des IStGHSt hat sich die Realität insoweit geändert als nunmehr eine verbindliche textliche Grundlage für die Verbrechenstatbestände vorhanden ist. Im Verbund mit dem Verbot der rückwirkenden Anwendung nach Art. 22 IStGHSt hat sich die Lage daher erheblich verbessert. Gleichwohl lässt die Bestimmtheit der Normen in vielerlei Hinsicht zu wünschen übrig. Darauf wird im „Besonderen Teil" noch zurückzukommen sein.

d) Völkerstrafrechtliche Methodik

(1) Grundlagen

105 Vor diesem **rechtsvergleichenden Hintergrund** ist eine völkerstrafrechtliche Methodik für den IStGH zu entwickeln. Dabei wirken vier Elemente auf die Methodik ein (s. Abb. 4):

In welchem Verhältnis diese Ansätze jeweils zueinander stehen ist im Einzelnen unklar. Dabei trifft **Art. 21 IStGHSt** noch zwei wichtige Aussagen:

1. Art. 21 Abs. 2 IStGHSt stellt zunächst grundsätzlich klar, dass die *stare decisis*-Regel keine Anwendung findet; d. h. der IStGH ist nicht einer **Präjudizienbindung** unterworfen, wie im *common law*.[254]
2. Nach Art. 21 Abs. 3 IStGHSt bilden die **Menschenrechte** und insbesondere das Diskriminierungsverbot einen äußeren normativen Rahmen, der in jeder Lage des Verfahrens zu beachten ist.

---

[253] JStGH, *Prosecutor v. Tadic*, Decision on the Defence Motion for Interlocutory Appeal on Jurisdiction, Berufungskammer, 02.10.1995, § 96–137.

[254] *Werle* (2007), Rn. 169.

Das bedeutet nicht, dass die Berufung auf vorangegangene Entscheidungen der IStGH-Spruchkörper gänzlich ausgeschlossen ist. Im Gegenteil: Die Richter werden sich aus einem gewissen Selbstverständnis heraus sicher an der **eigenen Rechtsprechung orientieren**. Frühere Entscheidungen entfalten indes keine Bindungswirkung. Die Berufung auf die eigene Rechtsprechung spielt in der Gerichtspraxis eines jeden Gerichts eine große Rolle. Dadurch wird der Interpretationsvorgang argumentativ und zeitlich verkürzt.[255]

(2) Eckpunkte

Eine Methodenlehre für das Völkerstrafrecht muss den zuvor beschriebenen tatsächlichen Gegebenheiten gerecht werden. Dabei sind folgende Eckpunkte relevant: **106**

1. Autonome Interpretation
2. Funktionale Interpretation
3. Komparative Interpretation
4. Normative Interpretation

1. Autonome Interpretation

Die Auslegung des IStGHSt hat autonom zu erfolgen. Das bedeutet, dass nationale   **107**
Auslegungsmethoden oder -inhalte **keine Bindungswirkung** für den IStGH entfalten. Das gilt insbesondere für einzelne Rechtsbegriffe. Diese dürfen nicht unbesehen von nationalstaatlichen Rechtssystemen übernommen werden, sondern bedürfen jeweils einer eigenständigen Herleitung und Begründung. Im internationalen Kontext hat die Formulierung in einer Einzelsprache keine zwingende Aussagekraft hinsichtlich des Inhalts einer Norm.

2. Funktionale Interpretation

Von besonderer Bedeutung ist die funktionale Analyse der Rechtstexte. Dabei ist   **108**
danach zu fragen, welche **Rolle die Norm** im Gefüge des Rechtssystems am IStGH einnimmt. Erst wenn feststeht, in welchem systematischen Zusammenhang ein Rechtssatz steht, kann eine konkrete Auslegung (insbesondere anhand der komparativen und normativen Methode) gewonnen werden. Dies ist ein objektiver methodischer Schritt, bei dem die *travaux préparatoires* keine Rolle spielen. Bei strafbegründenden Normen bildet der Wortlaut wegen der strafrechtlichen Besonderheit der Materie eine absolute Auslegungsgrenze.[256]

---

[255] *Hager* (2009), 5. Kap. Rn. 9.

[256] Zu weit gehend daher *Cassese* (2008), S. 74, wonach wegen des völkerrechtlichen Charakters der Normen eine rein an Logik und Effektivität ausgelegte teleologische Auslegung angemessen ist.

3. Komparative Interpretation

109   Zur Interpretation der jeweiligen Norm ist weiterhin **rechtsvergleichend** vorzugehen. Ein komparativer Ansatz ist häufig auch schon deshalb erforderlich, um die
semantische Herkunft der einzelnen Begriffe zu klären und Verständnis zwischen
den verschiedenen sprachlichen Fassungen zu generieren. Dabei sind nicht nur nationalstaatliche Begründungsmuster erheblich, sondern auch diejenigen internationaler Gerichte, wie die Rechtsprechung der *Ad hoc*-Tribunale. Es ist also danach zu
fragen, welche Lösungsmodelle in anderen Rechtsordnungen angeboten werden.
Diese sind vor dem Hintergrund der funktionalen Analyse auf ihre Überzeugungskraft hin abzuwägen. Sie bieten – bei funktionaler Betrachtung – in Form von „*persuasive precedents*" Entscheidungshilfen an.[257]

4. Normative Interpretation

110   Schließlich ist eine menschenrechtskonforme Auslegung vorzunehmen.[258] Dieses
Erfordernis ergibt sich nicht nur aus der besonderen Struktur des IStGH als „Welt-
strafgericht", sondern konkret auch aus Art. 21 Abs. 3 IStGHSt. Das Auslegungs-
ergebnis ist auf seine Kompatibilität mit Menschenrechten hin zu überprüfen und
gegebenenfalls zu korrigieren.

Literatur

Ambos/Large/Wierda (Hrsg.), Bulding a Future on Peace and Justice, 2009
Ambos/Steiner, Vom Sinn des Strafens auf nationaler und supranationaler Ebene, JuS 2001, 9
Barth, Genozid – Völkermord im 20. Jahrhundert. Geschichte, Theorien und Kontroversen, 2006
Bassiouni, International Criminal Law Vol. 1, 3. Aufl. 2008
ders., World War I: „The War to End all Wars" and the Birth of a Handicapped International Crimi-
    nal Justice System, Denver Journal of International Law and Policy 30 (2002), 244
Beling, Die strafrechtliche Bedeutung der Exterritorialität, 1896
Boister/Cryer, The Tokyo International Military Tribunal: A Reappraisal, 2008
Böni, Piraterie und Marktwirtschaft, 2008
Broomhall, International Justice & the International Criminal Court, 2003
Buckley-Zistel, „Die Wahrheit heilt"? *Gacaca*-Tribunale und Friedenskonsolidierung in Ruanda,
    Die Friedenswarte 80 (2005), S. 113
dies., Transitional Justice als Weg zu Frieden und Sicherheit, 2008
Canaris, Das Rangverhältnis der klassischen Auslegungskriterien, demonstriert an Standardprob-
    lemen aus dem Zivilrecht, FS Medicus, 1999
Cassese, Reflection on International Criminal Justice, Modern Law Review 61 (1997), 1
Clausewitz, Vom Kriege Bd. I, 1832
Coester-Waltjen, Internationales Beweisrecht, 1983
Conde/Vormbaum (Hrsg.), Transformation von Diktaturen in Demokratien und Aufarbeitung der
    Vergangenheit, 2010
Dinstein, International Criminal Law, Israel Law Review 1985, 207

---

[257] „Argumentative Schützenhilfe", vgl. *Langenbucher*, in: *dies.* (2008), § 1 Rn. 10 a.

[258] Zu den Menschenrechten als Fundament der internationalen Strafrechtsordnung vgl. auch *Neubacher* (2005), S. 42 ff.

Dölling, Generalprävention durch Strafrecht – Realität oder Illusion?, ZStW 102 (1990), S. 1

Ebbinghaus/Dörner u. a., Der Nürnberger Ärzteprozess 1946/1947. Wortprotokolle, Anklage- und Verteidigungsmaterial, 1999

Esser/Fischer, Strafvereitelung durch Überstellung von Piraterieverdächtigen an Drittstaaten?, JZ 2010, 217

Fikentscher, Methoden des Rechts, Bd. 2, 1975; 25

Form, Justizpolitische Aspekte west-alliierter Kriegsverbrecherprozesse 1942–1950, in: Eiber/Sigl (Hrsg.), Dachauer Prozesse – NS-Verbrechen vor amerikanischen Militärgerichten in Dachau 1945 – 1948, 2007

Futamura, War Crimes Tribunals and Transitional Justice, 2008

Galtung, Peace by Peaceful Means. Peace and Conflict, Development and Civilization, 1996

Gilbert, Nürnberger Tagebuch. Gespräche der Angeklagten mit Gerichtspsychologen, 13. Aufl. 1977

Goldensohn, Die Nürnberger Interviews. Gespräche mit Angeklagten und Zeugen, 2005

Haensel, The Nuremberg Trial Revisited, DePaul Law Review 13 (1963–1964), 248

Hankel, Die Leipziger Prozesse, 2003

ders., Vergangenheit, die nicht ruhen darf, APuZ 2006, 3

Harris, Tyrannen vor Gericht, 2008

Hassel, Kriegsverbrechen vor Gericht, 2009

Hassemer, Gesetzesbindung und Methodenlehre, ZRP 2007, 213

Hecker, Luft- und Seepiraterie (316c StGB), JA 2009, 673

Hefendehl, Mit langem Atem – Der Begriff des Rechtsguts, GA 2007, 1

Heldrich, Internationale Zuständigkeit, 1969

Hirsch, The Soviets at Nuremberg: International Law, Propaganda, and the Making of the Postwar Order, American Historical Review 2008, 701

Höffe, Gibt es ein interkulturelles Strafrecht?, 1999

Holmes, The Comon Law, 1991

Jaeckel, Die Reichweite des lex fori im internationalen Zivilprozessrecht, 1995

Jäger, Ist Politik kriminalisierbar, in: Lüderssen (Hrsg.), Aufgegklärte Kriminalpolitik oder der Kampf gegen das Böse? Bd. 3, 1998, 121

Jung, Die Rechtsprobleme der Nürnberger Prozesse, 1992

Karner, Zum Umgang mit der historischen Wahrheit in der Sowjetunion. Die „Außerordentliche Staatliche Kommission" 1942 bis 1951, FS Ogris, 2001, S. 509

Kastner, Strafrechtliche Verantwortlichkeit für administratives Unrecht; der Wilhemstraßen-Prozess, FS Stöckel, 2010, S. 499

Kaufmann, The Nuremberg Trial in Retrospect, Whittier Law Review 9 (1987–1988), 537

Kelly, Ghosts of Halabja, 2009; Mégret, In Defence of Hybridity, Cornell International Law Journal 38 (2005), S. 725

Kirsch, Der Begehungszusammenhang der Verbrechen gegen die Menschlichkeit, 2009

Kiza, Rathgeber/Rohne, Victims of War, 2006

Koch, Über den Wert der Verbrechenselemente („Elements of Crime") nach Art. 9 IStGH-Statut, ZIS 2007, 150

König, Die völkerrechtliche Legitimation der Strafgewalt internationaler Strafjustiz, 2004

Kraus, The Nuremberg Trial of the Major War Criminals: Reflections after Seventeen Years, DePaul Law Review 13 (1963–1964), 233

Kreß, Die strafprozessualen Texte des Internationalen Strafgerichtshofs, GA 2006, 528

ders., Versailles – Nürnberg – Den Haag. Deutschland und das Völkerstrafrecht, JZ 2006, 981

Langenbucher, Die Entwicklung und Auslegung von Richterrecht, 1996

dies., Argument by Analogy in European Law, CLJ 57 (1998), 481

Laternser, Looking Back at the Nuremberg Trials with Special Consideration of the Processes against Military Leaders, Whittier Law Review 8 (1986–1987), 557

Li, Prinzipien des internationalen Strafrechts, 1991

Meier, Der Osttimor-Konflikt, 2005

Melcic (Hrsg.), Der Jugoslawienkonflikt, 2. Aufl. 2008

Melloh, Einheitliche Strafzumessung in den Rechtsquellen des ICC-Statuts, 2010

Moisel, Frankreich und die deutschen Kriegsverbrecher, 2004

Möller, Völkerstrafrecht und Internationaler Strafgerichtshof, 2003

Morris/Scharf, An insider's guide to the international criminal tribunal for the former Yugoslavia. Vol. I., 1995

Nitsche, Der Internationale Strafgerichtshof ICC und der Frieden, 2007

North/Fawcett, Private International Law, 14. Aufl. 2008

Oppenheim, International Law Vol. II, 3. Aufl. 1921

Osten, Der Tokioter Kriegsverbrecherprozess und die japanische Rechtswissenschaft, 2003

Pannenbecker, The Nuremberg War-Crimes Trial, DePaul Law Review 14 (1964–1965), 348

Peschel-Gutzeit (Hrsg.), Das Nürnberger Juristen-Urteil von 1947, 1996

Petretto, Renaissance der Piraterie, Blätter für deutsche und internationale Politik 2008, S. 71

Radbruch, Der Geist des Englischen Rechts, 1946

Radlmeier (Hrsg.), Der Nürnberger Lernprozess, 2001

Reginbogin/Safferling (Hrsg.), Die Nürnberger Prozesse, Völkerstrafrecht seit 1945, 2006

Robinson, A Theory of Justification: Societal Harm as a Prerequisite to Criminal Liability, in: UCLA LR 23 (1975), 226

Roggemann, Der Internationale Strafgerichtshof der Vereinten Nationen von 1993 und der Krieg auf dem Balkan, 1994

Rüthers, Methodenrealismus in Jurisprudenz und Justiz, JZ 2006, 53

Safferling, Frieden durch Völkerstrafrecht, FS Stöckel, 2010, S. 521

ders., Frieden durch Völkerstrafrecht? Politische und rechtliche Bedingungen für eine nachhaltige Friedenswirkung, FS Stöckel, 2010, S. 521

ders., Die Rolle des Opfers im Strafverfahren, ZStW 122 (2010), S. 87

ders., Das Opfer völkerrechtlicher Verbrechen, ZStW 115 (2003), 352

ders., The Justification of Punishment in International Criminal Law, ARIEL 4 (1999), S. 126

ders., International criminal procedure and its participants, YbIHL 5 (2002), S. 219

ders., Re-Kodifizierung des BGB im Zeitalter der Europäisierung des Zivilrechts – ein Anachronismus?, Jb.J.ZivRWiss. 2001, 133

ders., Die Strafbarkeit wegen „Conspiracy" in Nürnberg und ihre Bedeutung für die Gegenwart, KritV 2010, 65

ders., The Justification of Punishment in International Criminal Law, ARIEL 4 (1999), S. 126

ders., Die EMRK und das Völkerstrafrecht, in: Renzikowski, Die EMRK im Zivil-, Straf- und Öffentlichen Recht – Grundlagen einer Europäischen Rechtskultur, 2004, 137

Sautner, Opferinteressen und Strafrechtstheorien. Zugleich ein Beitrag zum restorativen Umgang mit Straftaten, 2010

Savigny, System des heutigen Römischen Rechts, Bd. I, 1840

Schabas, Sentencing by International Tribunals: A Human Rights Approach, Duke Journal of Comparative and International Law 7 (1997), S. 461

Scharf/McNeal, Sadam on Trial, 2006

Schulz, Transitional Justice und hybride Gerichte, 2009

Schwarzenberger, The Problem of an International Criminal Law, Current Legal Problems 3 (1959), 263

Smith/Hogen, Criminal Law, 12. ed. 2008

Sorokina, On the Way to Nuremberg: The Soviet Commission for the Investigation of Nazi War Crimes, in: Griech-Polelle (ed.), The Nuremberg War Crimes Trial and its Policy Consequences Today, 2009, S. 21

Streng, Schuld ohne Freiheit? Der funktionale Schuldbegriff auf dem Prüfstand, ZStW 101 (1989), S. 273

Studzinsky, Nebenklage vor dem Extraordinary Chambers of the Courts of Cambodia (ECCC), ZIS 2009, 44

Taylor, Die Nürnberger Prozesse, 3. Aufl. 1992

Tochilovsky, Rules of Procedure for the International Criminal Court: Problems to Address in Light of the Experience of the Ad Hoc Tribunals, Netherlands International Law Review 1999, S. 343

Triffterer, Dogmatische Untersuchungen zur Entwicklung des materiellen Völkerstrafrechts seit Nürnberg, 1966

von Braun, Internationalisierte Strafgerichte, 2008

von Hirsch/Hörnle, Positive Generalprävention und Tadel, GA 1995, 265

von Liszt, Der Zweckgedanke im Strafrecht, ZStW 3 (1883), 1

Weinke, Die Nürnberger Prozesse, 2006

dies., Eine Gesellschaft ermittelt gegen sich selbst, 2009

Welzer, Täter: Wie aus ganz normalen Menschen Massenmörder werden, 4. Aufl. 2007

Werle, Menschenrechtsschutz durch Völkerstrafrecht, ZStW 109 (1997), 808

ders., Transitional Justice – Der juristische Rahmen, FS Eisenberg, 2009, S. 791–806

Werle/Wandres, Der Auschwitz vor Gericht, 1995

West, A Train of Powder, 2000

Wiggenhorn, Verliererjustiz. Die Leipziger Kriegsverbrecherprozesse nach dem Ersten Weltkrieg, 2005

Wolny, Die völkerrechtliche Kriminalisierung von modernen Akten des internationalen Terrorismus unter Berücksichtigung des Statuts des Internationalen Strafgerichtshofs, 2008

Zimmermann, Statuta Strict Interpretanda? Statutes and the Common Law: A Continental Prespective, CLJ 56 (1997), 315

Zweigert/Kötz, Einführung in die Rechtsvergleichung auf dem Gebiet des Privatrechts, 1999

§ 5 Zurechnung im Völkerstrafrecht: Der Allgemeine Teil

I Einführung

Die völkerstrafrechtliche Zurechnungslehre, also das, was der deutsche Jurist als **1** einen Schwerpunkt des Strafrechts – Allgemeiner Teil begreift, ist offenbar unterentwickelt, wenn man überhaupt schon von einer eigenen Lehre sprechen kann.[1] Entsprechend orientieren sich die Teilnehmer am völkerstrafrechtlichen Diskurs in aller Regel an nationalstaatlich **überkommenen Zurechnungsmodellen**. Die nationalstaatlichen Vorstellungen treffen an dieser entscheidenden Stelle mit all ihren Gegensätzlichkeiten aufeinander, die sich sowohl im Grundsätzlichen, wie im Detail beobachten lassen. Die Verständnisschwierigkeiten sind hier in der Regel dramatischer als im „Besonderen Teil", wo immerhin allgemein anerkannt ist, dass die Kernverbrechen des Völkerstrafrechts eine völkerrechtliche Herkunft haben und deshalb „anders" zu behandeln sind als (einfache) nationale Regelungen. Unterschiedlich ist vor allem das dogmatische und systematische Denken, während sich im Ergebnis, also im Normativen, häufig Übereinstimmung ausmachen lässt.

Aber auch für die Zurechnungslehre ist die völkerrechtliche Herkunft der Mate- **2** rie relevant. Die universelle Gültigkeit des Straftatsystems darf nicht aus dem Blick verloren werden.[2] Ebenso muss der **makrokriminelle Hintergrund** der Straftaten Berücksichtigung finden.[3] Abgesehen von traditionell unterschiedlichen Herangehensweisen an den AT ist daher stets zu fragen, ob das herkömmliche Muster dem völkerstrafrechtlichen Kontext überhaupt gerecht wird und gerecht werden kann. Schließlich spielt der kollektive Charakter des Verbrechens bei der nationalen Verbrechensbekämpfung nur in wenigen Fällen eine Rolle. Im Völkerstrafrecht ist die Beteiligung vieler auf unterschiedlichen hierarchischen Ebenen ein zentraler As-

---

[1] Das gilt natürlich vor allem in Ansehung der überkomplexen deutschen Zurechnungslehre, die nicht unbedingt einen geeigneten Maßstab darstellt, die allerdings aus didaktischen Gründen hier immer wieder zum Vergleich herangezogen wird.

[2] *Ambos* (2008), § 7 Rn. 1.

[3] Vgl. *Werle* (2007), Rn. 332.

C. Safferling, *Internationales Strafrecht*,
DOI 10.1007/978-3-642-14914-6_5, © Springer-Verlag Berlin Heidelberg 2011

pekt der Straftatkonzeption. In aller Regel stellt die militärische oder zivile Kommandostruktur bei der Begehung der Tat einen entscheidenden Faktor dar. Zur Erläuterung folgendes

> **Beispiel:** In Ozeanien kämpft bereits seit fünf Jahren die staatliche Armee gegen eine Rebellengruppe, die weite Teile des Nordens Ozeaniens kontrolliert. Um die Rebellen einer „besonderen Behandlung" zu unterziehen ordnet der Verteidigungsminister V die Errichtung eines Konzentrationslagers für Mitglieder und Sympathisanten der Rebellengruppe an. Mit der Einrichtung wird General G beauftragt, der dem Kommandant K die Aufsicht über die Inhaftierten überträgt. Wärter X und Y sind Teil der Sicherungstruppe, die die Aufsicht über das KZ führt. X ist nur tagsüber zuständig, Y arbeitet lediglich nachts. Y vergewaltigt während seines Dienstes Lagerinsassen L. Hier stellt sich die Frage, wer für die Vergewaltigung verantwortlich ist.

3   Die Zurechnungslehre muss auf diese Besonderheiten reagieren. Das Römische Statut enthält in „**Part III: General Principles of Criminal Law**" (Art. 22–33 IStGHSt) immerhin eine ganze Reihe an Regelungen. Dort werden die Fragestellungen wie Beteiligungsformen, Vorgesetztenverantwortlichkeit, Vorsatzerfordernisse und Handeln auf Befehl immerhin angesprochen, eine dogmatisch einwandfreie Lösung, wie von einem deutschen Jurist erwartet und gefordert, ist damit aber nie verbunden. Die rudimentären Regelungen müssen – ähnlich wie im deutschen Allgemeinen Teil – systemkonform ausgeformt werden.

4   Wichtig ist dabei, dass die völkerstrafrechtliche Zurechnungslehre **funktional leistungsfähig**, d. h. praktikabel sein muss.[4] Nationalstaatliche Überzeugungen können in diesem Entwicklungsprozess indes nicht unbeachtet bleiben. Einen völkerstrafrechtlichen Allgemeinen Teil zu entwickeln kann schließlich nur gelingen, wenn die Modelle verständlich sind und eine breite Akzeptanz der Nationalstaaten finden.[5] Die folgende Darstellung folgt deshalb nicht der traditionell deutschen Vorstellungen des Deliktsaufbaus, sondern orientiert sich an der Terminologie des Römischen Statuts.

II Straftatlehre

5   Eine völkerstrafrechtliche Lehre von der Straftat hat sich bislang noch nicht etabliert. Eine solche muss sich aus der Normstruktur des IStGHSt entwickeln und kann nicht auf JStGH und RStGH als vermeintliche Vorgängerinstitutionen oder auf nationalstaatliche Traditionen rekurrieren. Aus diesem System ergibt sich folgende Gliederung (s. Abb. 1):[6]

---

[4] *Ambos* (2008), § 7 Rn. 1.

[5] Vgl. dazu *Burghardt*, in: Beck/Burchard/Fateh-Moghadam, Strafrechtsvergleichung, 2010, S. 235.

[6] So auch *Satzger* (2010), § 15 Rn. 19.

Abb. 1 Verbrechenslehre
Völkerstrafrecht

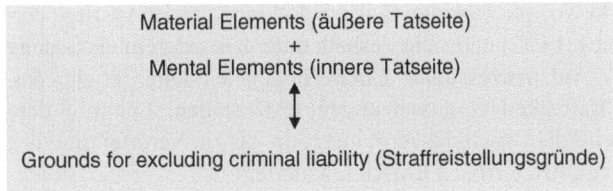

Material Elements (äußere Tatseite)
+
Mental Elements (innere Tatseite)

Grounds for excluding criminal liability (Straffreistellungsgründe)

Trotz dieser neuartigen und eigenständigen Begrifflichkeit ist damit noch nicht viel über die völkerrechtliche Straftat ausgesagt. Zum besseren Verständnis der unterschiedlichen Herangehensweisen seien deshalb zwei Prototypen, der materielle und der prozessuale Straftatbegriff, kurz skizziert.

1 Materieller Straftatbegriff

Wie der Name schon sagt, stellt der materielle Straftatbegriff auf das materielle Recht ab und blendet die prozessuale Durchsetzbarkeit aus der Frage, ob sich eine Person strafbar gemacht hat, aus. Dieser Struktur folgt etwa die **deutsche Strafrechtsdogmatik**.[7] Das entscheidende Kriterium in der langen Entwicklungsgeschichte ist die „strafbare Handlung". Dabei wird zwischen drei Zurechnungsebenen unterschieden, weshalb auch von einem drei-stufigen Deliktsaufbau gesprochen wird (s. Abb. 2):   **6**

Die willensgesteuerte Verwirklichung der Tatbestandsmerkmale ist in aller Regel bereits aufgrund der Tatbestandsmäßigkeit rechtswidrig.[8] Lediglich bei Vorliegen besonderer Rechtfertigungsgründe mag die rechtliche Beurteilung der Tat anders ausfallen. Strafbar ist die rechtswidrige Tat aber nur dann, wenn sie dem Täter auch individuell vorgeworfen werden kann, d. h. wenn dem Täter das Unrecht bewusst war und er sich in der konkreten Situation hätte anders verhalten können.[9]   **7**

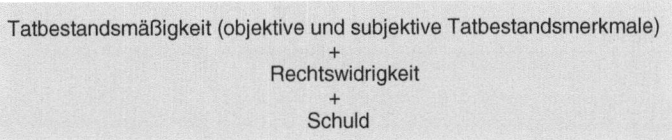

Tatbestandsmäßigkeit (objektive und subjektive Tatbestandsmerkmale)
+
Rechtswidrigkeit
+
Schuld

Abb. 2 Tatbestandslehre Deutschland

---

[7] Jedenfalls weitgehend, da teilweise bei Antragsdelikten der Strafantrag dem materiellen Recht zugeordnet wird; die hM sieht den Strafantrag allerdings als Prozessvoraussetzung; vgl. Schönke/Schröder/*Stree/Sternberg-Lieben*, § 77 Rn. 8 f. m.w.N.

[8] Vgl. *Roxin* (2006), AT/1, § 14 Rn. 1.

[9] Vgl. *Wessels/Beulke*, Rn. 394.

Die Vorwerfbarkeit i. S. des Schuldprinzips ist Ausfluss der Menschenwürde (Art. 1 Abs. 1 GG) und steht deshalb unter besonderem verfassungsrechtlichem Schutz.[10]

Auf **prozessualer Ebene** obliegt es dem Gericht, das positive Vorliegen der Strafbarkeitsvoraussetzungen festzustellen. Erst mit dem rechtskräftigen Urteil wird die Unschuldsvermutung, die bis zur Verurteilung für den Angeklagten streitet (vgl. Art. 6 Abs. 2 EMRK), widerlegt.[11]

2 Prozessualer Straftatbegriff

8 Nach dem prozessualen Straftatbegriff, wie er vor allem im angloamerikanischen Rechtskreis vorherrscht, ist die Frage der Strafbarkeit eng mit der **Durchsetzbarkeit** im Verfahren verbunden,[12] bzw. wird isoliert kaum gestellt.[13] Die Skepsis gegenüber einer materiellen Strafrechtsdogmatik wird ausgelöst von einer traditionell begründeten Sorge um Einzelfallgerechtigkeit. Je größer der doktrinäre Einfluss, desto weniger ist man im Prozess bereit und in der Lage, den historischen und sozialen Kontext der Tat zu berücksichtigen.[14]

9 Entsprechend der Parteienorientierung des Prozessrechts obliegt es dem Ankläger, die für eine Strafbarkeit sprechenden Gründe vorzutragen (*prosecution case*), und dem Verteidiger, entsprechende Gegenargumente vorzutragen (*defence case*). Daraus ergibt sich ein **zweigliedriges Straftatverständnis** (s. Abb. 3).

10 Auf erster, gleichsam strafbegründender Ebene werden die objektiven Merkmale einer Straftat (*offence*)[15] geprüft (*actus reus*), die mit dem entsprechend erforderlichen verbrecherischen Willen (*mens rea*) ausgeführt werden müssen.

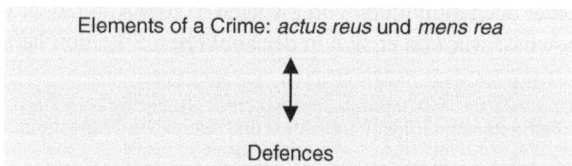

Abb. 3 Tatbestandslehre im *Common Law*

---

[10] BVerfGE 123, 267; Rn. 364.

[11] Vgl. BVerfGE 35, 202, 232; *Meyer-Goßner*, StPO – MRK, Art. 4 Rn. 14.

[12] Vgl. dazu *Safferling* (2008), S. 283.

[13] Vgl. etwa *Smith und Hogan* (2008), S. 10, die den Versuch der Definition einer Straftat schlicht ablehnen.

[14] Vgl. *Norrie* (2001), S. 31; *Safferling* (2008), S. 273.

[15] Der Begriff „offence" bezeichnet die einzelne Strafnorm (vgl. *Smith und Hogan* (2008), S. 321) und sollte nicht als Synonym für die Strafbegründungsebene und Antonym für den Begriff „defences" verwendet werden; so aber *Satzger* (2010), § 15 Rn. 17; *Dubber* (2005), S. 139.

Die zweite Ebene der „*defences*" umfasst diejenigen Gründe, welche gegen eine Strafbarkeit sprechen.[16] Neben den Fragen nach den tatsächlichen Umständen der Tat, also etwa auch dem Alibi-Beweis, bezeichnet der Begriff im engeren Sinne rechtliche Gründe, die trotz Vorliegens von *actus reus* und *mens rea* die Strafbarkeit anerkanntermaßen entfallen lassen.[17] Dazu gehören: Notwehr, Notstand, Einwilligung, Schuldunfähigkeit.[18] Eine Differenzierung zwischen den Ebenen Rechtswidrigkeit und Schuld wird im *common law* nicht vorgenommen.[19]

3 Die Völkerstraftat

Vor diesem Hintergrund ist zunächst festzuhalten, dass das Römische Statut die Begrifflichkeiten der einzelnen nationalstaatlichen Modelle vermeidet, um so einer vorschnellen Übernahme nationaler Begründungsmuster einen Riegel vorzuschieben.[20] Daher kann in der Tat festgestellt werden, dass der **Verbrechensbegriff** des Römischen Statuts **selbständig** ist.[21] **11**

Vor diesem Hintergrund ist es zweifelhaft, wenn die Vorverfahrenskammer im Fall Bemba auf den im angloamerikanischen Rechtskreis bekannten Satz „*actus non facit reum nisi mens (sit) rea*" zur Begründung des subjektiven Verbrechenstatbestandes abstellt.[22] Das IStGHSt vermeidet diese Begriffe. Daran sollte sich auch die Rechtsprechung halten. Insbesondere die Vermeidung des Begriffs „*defences*" und die Aufzählung von „Straffreistellungsgründen" legen eher einen **materiell** geprägten Straftatbegriff nahe.[23] Das wird bestätigt durch die Bindung des Anklägers an den Ermittlungsgrundsatz, d. h. die Pflicht auch zu Gunsten des Verdächtigen zu ermitteln.[24]

---

[16] Eine Übersetzung des Begriffs, der zugleich die materielle Wirkung einer „defence" zum Ausdruck bringt, scheint mir nicht möglich; vgl. *Safferling* (2008), S. 293.

[17] Vgl. dazu *Safferling* (2008), S. 295 f. m.w.N.

[18] Zu den einzelnen *defences* auch *Dubber* (2005), S. 139–144 und ausführlich *Smith/Hogan* (2008), S. 321–378.

[19] Über das einflussreiche Buch von *Fletcher* (1978), Ch. 10 ist diese Differenzierung zwar auch im angloamerikanischen Rechtskreis bekannt geworden. Auswirkungen auf die Rechtspraxis waren damit aber nicht verbunden; vgl. *Smith und Hogan* (2008), S. 270 f., wo auch erhebliche theoretische Einwände gegen die Differenzierung vorgetragen werden.

[20] *Ambos* (2008), § 7 Rn. 2; *Werle* (2007), Rn. 329.

[21] So auch *Jesse* (2009), S. 305.

[22] S. IStGH, *Prosecutor v. Bemba*, Decision Pursuant to Article 61(7)(a) and (b) of the Rome Statute on the Charges of the Prosecutor Against Jean-Pierre Bemba Gombo, Vorverfahrenskammer, 15.06.2009, § 351. Zur Herkunft dieses Rechtssatzes, vgl. *Safferling* (2008), S. 292 f.

[23] AA *Werle* (2007), Rn. 324, der eine Bindung an den Verbrechensbegriff des *common law* erkennt. Differenzierend aber wiederum Fn. 15.

[24] Ebenso *Satzger* (2010), § 15 Rn. 18.

12   Die Struktur des IStGHSt legt es nahe, von einem **zweigliedrigen Straftatbegriff** auszugehen.[25] Während auf der ersten Ebene die Unrechtsbegründung in
objektiver wie subjektiver Hinsicht verortet ist, tritt auf der zweiten Ebene der
Strafbarkeitsausschluss dem gegenüber. Diese zweite Ebene ist geprägt vom individuellen Strafbarkeitsvorwurf, wo nicht zwischen (objektiver) Rechtswidrigkeit und
(individuellem) Andershandelnkönnen differenziert wird, während die Unrechts-
ebene neben dem objektiven einen subjektiven Teil (Vorsatz) enthält. Insofern ist
der Verbrechensbegriff des IStGHSt insgesamt täterorientiert.

III Objektive Deliktsmerkmale

13   Die „äußere Tatseite" („*material elements*") des Völkerrechtsverbrechens umfasst
alle Voraussetzungen, die das äußere Erscheinungsbild der Tat bestimmen.[26] Bei
den einzelnen Verbrechensnormen kann dabei zwischen einzelnen Tatbestandsmerkmalen differenziert werden. Das ergibt sich aus der Vorschrift zum subjektiven
Tatbestand, Art. 30 IStGHSt, wo wie folgt unterschieden wird:[27]

- **Conduct** (Verhalten): Dem Verbrechen liegt ein menschliches Verhalten zu
  Grunde, dass in einem Tun oder Unterlassen gesehen werden kann.
  Unterlassen ist jedenfalls dann strafbar, wenn das Gesetz eine spezielle Anord-
  nung trifft. Darunter fallen der Komplex der Vorgesetztenverantwortung nach
  Art. 28 IStGHSt (s. u. Rn. 94) und einige Verhaltensbeschreibungen im BT, etwa
  das „Aushungern" der Zivilbevölkerung nach Art. 8 Abs. 2b (xxv) IStGHSt als
  Kriegsverbrechen. Ob darüber hinaus auch ein „unechtes" Unterlassen anzuerkennen ist, wird bestritten.[28] Der IStGHSt scheint allerdings davon auszugehen
  ohne Einzelheiten zu benennen.[29]
- **Consequences** (Erfolg): Zumeist wird vorausgesetzt, dass das Verhalten einen
  bestimmten inkriminierten Erfolg hervorbringt. Dieser Erfolg kann in einer tatsächlichen Verletzung, aber auch in der Gefährdung eines Schutzgutes liegen.
- **Circumstances** (Begleitumstände): Für das Völkerrechtsverbrechen sind darüber hinaus in der Regel tatsächliche Begleitumstände relevant. Das sind Tatbestandsmerkmale, die weder das Verhalten noch den Erfolg umschreiben. Das
  gilt vor allem für das Kontextelement wie etwa den ausgedehnten oder systema-

---

[25] *Jesse* (2009), S. 302 unterscheidet zwischen Unrechtsbeziehung und Verantwortlichkeitsbezie-
hung. Das leuchtet grundsätzlich ein, vermag aber die Zwitterstellung der subjektiven Verbrechenselemente (strafbegründend – Art. 30 IStGHSt – und straffreistellend – Art. 32 IStGHSt) nicht
in befriedigendem Maße zu erklären.

[26] *Werle* (2007), Rn. 339.

[27] Triffterer/*Piragoff*/*Robinson*, Art. 30 Rn. 5 f.

[28] Dafür etwa *Werle* (2007), Rn. 602; *Burghardt* (2008), S. 347 ff.; dagegen aber *Ambos* (2008),
§ 7 Rn. 3 und *Weltz* (2004), S. 279 ff.: Verstoß gegen das Gesetzlichkeitsprinzip.

[29] Vgl. IStGH, *Prosecutor v. Lubanga*, Confirmation, Vorverfahrenskammer, 29.01.2007, § 351 ff.

tischen Angriff auf eine Zivilbevölkerung in Art. 7 IStGHSt oder das Bestehen eines bewaffneten Konflikts in Art. 8 IStGHSt.

Wenn es sich nicht um ein (schlichtes) Tätigkeitsdelikt[30] handelt (wie z. B. bei der Erklärung, dass „kein Pardon gegeben wird" nach Art. 8 Abs. 2b) (xii) IStGHSt), ist zwischen dem Verhalten (Tun oder Unterlassen) und dem Erfolg ein **Kausalzusammenhang** erforderlich. Zwar regelt das IStGHSt dieses Erfordernis nicht, es ist aber davon auszugehen, dass dazu ein naturalistisches Kausalitätsverständnis im Sinne der *condicio sine qua non*-Formel, bzw. dem englischen „*but-for-test*"[31] anzuwenden ist. Das ergibt sich zum einen aus dem logischen Verhältnis der verschiedenen Merkmale zueinander, zum anderen kann es als generelles Rechtsprinzip aus einem Vergleich der nationalen Rechtsordnungen abgeleitet werden.[32] Häufig wird mit Verweis auf die Übung des IMT sowie der *Ad hoc*-Tribunale auch von einer völkergewohnheitsrechtlichen Akzeptanz gesprochen.[33]   **14**

Hinweise ergeben sich wiederum aus der Vorschrift zum subjektiven Tatbestand, genauer aus Art. 30 Abs. 2 lit. b) IStGHSt, wo von „*ordinary course of event*", also dem gewöhnlichen Verlauf der Dinge gesprochen wird. Dabei scheint mir der Schluss nahe liegend, dass im objektiven Tatbestand die naturalistische Kausalität angelegt werden soll und erst im subjektiven Tatbestand unwahrscheinliche Kausalabläufe *in concreto* von der Zurechnung ausgenommen werden. Ein objektiver normativer Filter, wie er von der deutschen Rechtslehre in Form der **objektiven Zurechnung** entwickelt worden ist, scheint mir ausgeschlossen.[34]   **15**

In der **Rspr. des IStGH** ist das Thema bislang nicht erörtert worden, außer dass festgestellt wird, dass der Ankläger einen „*causal link*" zwischen Handlung und Erfolg darlegen muss.[35] Bislang wurden breitere Ausführungen zum Thema Kausalitätszurechnung nur beim Problem der Vorgesetztenverantwortlichkeit getätigt (dazu unten Rn. 94). Grundsätzlich handelt es sich um eine **Unterlassenskonstellation**, die bekanntermaßen mit naturalistischen Kausalitätsformeln nicht zu fassen ist.[36] Die Vorverfahrenskammer stellt hinsichtlich der Handlung zunächst auf den „*but-for-test*", also die Bedingungstheorie, ab.[37] Für den Fall des Unterlassens   **16**

---

[30] Zur Terminologie vgl. Schönke/Schröder/*Lenckner/Eisele*, Vor § 13 Rn. 130.

[31] Vgl. dazu *Safferling* (2008), S. 317 f.

[32] Vgl. *Hart/Honoré*, Causation in the Law (1985).

[33] So etwa *Satzger* (2010), § 15 Rn. 20; *Werle* (2007), Rn. 258, dessen Verweis auf JStGH, *Prosecutor v. Delalic et al*, Urteil, Verfahrenskammer, 16.11.1998, § 424 spricht indes von „*substantial cause*" und verlangt daher mehr als nach der Bedingungstheorie für die Kausalität vorausgesetzt wird.

[34] Den gegenteiligen Schluss zieht *Satzger* (2010), § 15 Rn. 20 m. Fn. 34.

[35] IStGH, *Prosecutor v. Bemba*, Decision Pursuant to Article 61(7)(a) and (b) of the Rome Statute on the Charges of the Prosecutor Against Jean-Pierre Bemba Gombo, Vorverfahrenskammer, 15.06.2009, §§ 132, 154, 274.

[36] Vgl. etwa *Roxin* AT/2 (2003), § 31 Rn. 37 ff.

[37] IStGH, *Prosecutor v. Bemba*, Decision Pursuant to Article 61(7)(a) and (b) of the Rome Statute on the Charges of the Prosecutor Against Jean-Pierre Bemba Gombo, Vorverfahrenskammer, 15.06.2009, § 425.

Abb. 4 Objektiver Tatbestand der Völkerstraftat

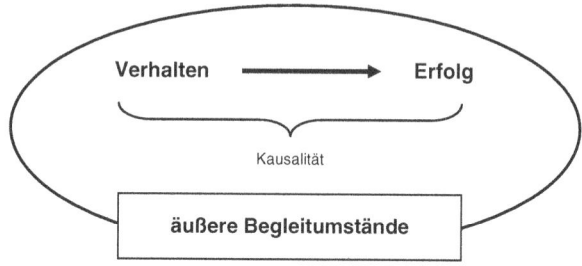

wird kurzerhand die Risikoerhöhungslehre angeführt.[38] Das ist in der deutschen Rspr. nicht anerkannt,[39] in der Literatur höchst umstritten[40] und kann aber so allenfalls für die Vorgesetztenverantwortlichkeit nach Art. 28 IStGHSt akzeptiert werden.

17   Zusammengefasst ergibt sich für die objektiven Deliktsmerkmale folgendes Bild (s. Abb. 4):
       Zur Unterscheidung der einzelnen Merkmalsgruppen folgendes

Beispiel: Im Land L sind alle Mitglieder der Oppositionspartei OPP für vogelfrei erklärt worden. Der Oppositionsführer F wird daraufhin vom Soldaten S erschossen. S macht sich eines Verbrechen gegen die Menschlichkeit schuldig nach Art. 7 Abs. 1a) IStGHSt, wenn er im Rahmen eines groß angelegten oder systematischen Angriffs auf eine Zivilbevölkerung einen Mord begangen hat. Das Tatbestandsmerkmal „Mord" umfasst die Tötungshandlung (*conduct*) und den Tötungserfolg (*result*). Der Angriff auf eine Zivilbevölkerung sind äußere Begleitumstände der Tat (*circumstance*).

IV Subjektive Deliktsmerkmale

18   Die „**innere Tatseite**" („*mental elements*") des Völkerrechtsverbrechens umfasst die innere Einstellung des Täters zur Tat. Dass eine subjektive Zurechnung erforderlich ist und Völkerstrafrecht nicht auf einer reinen Erfolgshaftung basiert, ergibt sich nicht nur aus allgemeinen Rechtsprinzipien und Völkergewohnheitsrecht, sondern definitiv auch aus Art. 30 Abs. 1 IStGHSt.[41] Die Ausgestaltung des subjektiven Tatbestandes ist im Römischen Statut allerdings – kompromissbedingt – wenig geglückt und stellt den Anwender vor einige Schwierigkeiten.[42]

---

[38] IStGH, *Prosecutor v. Bemba*, Decision Pursuant to Article 61(7)(a) and (b) of the Rome Statute on the Charges of the Prosecutor Against Jean-Pierre Bemba Gombo, Vorverfahrenskammer, 15.06.2009, § 425; vgl. zur Risikoerhöhungstheorie beim Unterlassungsdelikt: *Roxin*, AT/2 (2003), § 31 Rn. 46 ff.

[39] Vgl. BGHSt 37, 106, 127 (Lederspray-Fall) und BGH, NJW 2000, 2757.

[40] Ablehnend etwa MK/*Freund*, Vor §13 Rn. 288; § 13 Rn. 211; ebenso Schönke/Schröder/*Stree*, § 13 Rn. 61.

[41] Vgl. Triffterer/*Piragoff/Robinson*, Art. 30 Rn. 2 und 4.

[42] *Satzger* (2010), § 15 Rn. 21 f.

1 Grundlagen

Art. 30 Abs. 1 IStGHSt verlangt für den **subjektiven Tatbestand**, dass der Täter   **19**
mit *intent and knowledge* gehandelt haben muss. Terminologisch ist diese Anordnung für den deutschen Leser nicht leicht nachzuvollziehen.[43] Wenn die deutsche
amtliche Übersetzung diese Voraussetzung mit „vorsätzlich und wissentlich" übersetzt, ist sie wenigstens missverständlich. Der deutsche Begriff „Vorsatz" umfasst
ja bereits – nach hM – ein **kognitives und ein voluntatives Element**.[44] Es wäre
daher besser die Begriffe willentlich und wissentlich zu verwenden oder ganz auf
eine Übersetzung zu verzichten.[45] Die Bedeutung erschließt sich ohnehin erst in der
Zusammenschau mit Art. 30 Abs. 2 und 3 IStGHSt.

a) Anwendungsbereich

Art. 30 Abs. 1 IStGHSt legt den **eigenen Anwendungsbereich** fest. Danach sind   **20**
die subjektiven Voraussetzungen immer dann dieser Vorschrift zu entnehmen, wenn
keine andere Anordnung getroffen ist („*unless otherwise provided*"). Dabei ist strittig, ob diese anderweitige Bestimmung im IStGHSt selbst enthalten sein muss, oder
ob auch andere (völkerstrafrechtliche) Rechtsquellen, insbesondere die *Elements
of Crimes* oder Völkergewohnheitsrecht, in Betracht kommen. Aus Gründen der
Rechtssicherheit vorzugswürdig scheint mir ein restriktiver Ansatz, wonach Völkergewohnheitsrecht und auch die Verbrechenselemente als Rechtsquelle jedenfalls
dann ausscheiden, wenn die Strafbarkeitsanforderungen dadurch abgesenkt werden. Unter den subjektiven Anforderungen von Art. 30 IStGHSt kann nur das Statut
selbst bleiben.[46]

Das IStGHSt enthält im Rahmen der einzelnen Verbrechenstatbestände eine   **21**
ganze Reihe von **abweichenden subjektiven Anforderungen**. So verlangt Art. 6
IStGH eine überschießende Innentendenz in Form der Völkermordabsicht,[47] Art. 7
IStGH spricht wiederholt von „*intentionally*", in Art. 8 IStGHSt tauchen häufig
Worte wie „*intenionally*", „*wilfully*" oder „*wantonly*" auf,[48] die jeweils daraufhin
untersucht werden müssen, ob und inwiefern dadurch die allgemeinen Anforderungen des Art. 30 IStGHSt modifiziert werden. Dazu folgendes

Beispiel: Soldat S beschießt im Gefecht im Rahmen eines internationalen bewaffneten
Konflikts einen Konvoi von Militärfahrzeugen mit einem Granatwerfer, wobei es ihm egal

---

[43] Im angelsächsischen Kontext ist Wissen aber nicht automatisch Teil von „*intent*"; vgl. *Casse-se* (2008), S. 61 ff.

[44] Unklar im Übrigen die Differenzierung in der Vorverfahrenskammer in IStGH, *Prosecutor v. Lubanga*, Confirmation, Vorverfahrenskammer, 29.01.2007, § 353.

[45] So etwa *Satzger* (2010), § 15 Rn. 22.

[46] Für eine enge Auslegung: *Ambos* (2002), S. 789; für die weite Auslegung hingegen: *Wer-le* (2007), Rn. 371–386; *Satzger* (2010), § 15 Rn. 25.

[47] Vgl. *Ambos* (2002), S. 789.

[48] Jeweils ausführlich analysiert bei *Ambos* (2002), S. 797–804.

ist, dass eines der Fahrzeuge mit einem Roten Kreuz als Krankenwagen gekennzeichnet war. Hat sich S nach Art. 8 Abs. 2b) (xxiv) IStGHSt strafbar gemacht?

S hat den objektiven Tatbestand erfüllt, da er ein durch die Genfer Abkommen geschütztes Sanitätsfahrzeug beschossen hat (vgl. Art. 44 GA I). Allerdings ist fraglich, ob er dies auch „vorsätzlich" begangen hat. Nach einhelliger Meinung setzt Art. 8 Abs. 2b) (xxiv) IStGHSt voraus, dass es dem Täter gerade auf den Beschuss des Krankentransports angekommen sein muss. *Intentionally directing an attack* meint demnach immer zielgerichtetes Handeln.[49] Dieses Ergebnis lässt sich mit Verweis auf Art. 8 Abs. 2b) (iv) IStGH erklären, denn dieser enthält die Grundregel des humanitären Völkerrechts (vgl. § 6 Rn. 124), wonach Angriffe auf militärische Objekte (hier der Konvoi insgesamt) nur dann strafbar sind, wenn sie unverhältnismäßige Kollateralschäden an zivilen Objekten (hier der Krankenwagen) herbeiführen. Demnach wäre ein Angriff auf den Krankentransport nur dann strafbar, wenn S diesen unmittelbar und direkt beschossen hätte. Hier ging es ihm aber um den Angriff auf den Konvoi insgesamt. Ob eine Strafbarkeit nach Art. 8 Abs. 2 lit. b) (iv) IStGHSt gegeben wäre, ist gesondert zu prüfen.

b) Bezugspunkt

22   Als Bezugspunkt für die subjektive Zurechnung dienen die „*material elements*" der Art. 6–8 IStGHSt. Auch hier gilt also der **Grundsatz**, dass sich die objektiven Deliktsmerkmale im subjektiven Tatbestand spiegeln müssen. Nicht zu den „*material elements*" gehört die Rechtswidrigkeit.[50] Sodann ist entsprechend der objektiven Merkmale zu unterscheiden (s. Tab. 1):

23   Art. 30 Abs. 2 und 3 IStGHSt weisen den objektiven Elementen jeweils subjektive Anforderungen zu. Im Vergleich zu der pauschalen Vorsatzdefinition, wonach der Täter die objektiven Deliktsmerkmale mit „Wissen und Wollen" verwirklicht haben muss,[51] die in Ermangelung einer gesetzlichen Definition von Rspr. und Wis-

Tab. 1 Subjektiver Tatbestand

Material Element		Mental Element
Conduct (Verhalten)	Art. 30 Abs. 2a:	Willentlich „means to engage" (dolus directus)
Consequence (Erfolg)	Abs. 30 Abs. 2b:	absichtlich oder wissentlich „means to cause or is aware" (Absicht oder dolus directus)
Circumstance (äußere Begleitumstände)	Abs. 30 und 3:	Wissen bzw. Bewusstsein „awareness" (dolus directus)

---

[49] So etwa *Ambos* (2002), S. 803 f; *Werle* (2007), Rn. 1143, 1162.

[50] Vgl. Triffterer/*Piragoff/Robinson*, Art. 30 Rn. 6: der Bezug besteht nur zu den Elementen der Verbrechenstatbestände nach Art. 5–8 IStGHSt.

[51] Vgl. BGHSt 19, 295, 298; 36, 1, 10; 51, 100, 119; vgl. auch *Kühl*, AT, § 5 Rn. 6; *Wessels/Beulke*, AT Rn. 203.

senschaft im deutschen Strafrecht entwickelt worden ist, ist Art. 30 IStGHSt demnach differenziert formuliert, was aber nicht widerspruchsfrei gelingt.

- Hinsichtlich des **Verhaltens** stellt Art. 30 Abs. 2a) IStGHSt klar, dass das Tätigsein vom Willen getragen ist. In der Substanz muss der Täter also wissen, was er tut (*dolus directus*);[52] wenn er weiß, was er tut, dann will er dies in aller Regel auch tun.[53] Eine Absicht im Sinne eines zielgerichteten Willens ist hinsichtlich der bloßen Tätigkeit konstruktiv nicht denkbar.[54]
- Bezüglich des **tatbestandlichen Erfolgs** nennt Art. 30 Abs. 2b) IStGHSt zwei alternative subjektive Anforderungen. Danach muss der Täter entweder den Erfolg herbeiführen wollen oder sicher wissen, dass der Erfolg im normalen Verlauf der Dinge eintreten wird.[55] Die alternative Formulierung in Abs. 2b) hat Kritik erfahren. Nimmt man nämlich Abs. 1 hinzu, so scheint es nahe zu liegen, auch bei Absicht das sichere Wissen um den Erfolgseintritt zu verlangen.[56] Eine solche Wirkung scheint mir Abs. 1 allerdings nicht zuzukommen. Als allgemeine Vorschrift bezieht er sich auf die verschiedenen in Abs. 2 und 3 genannten Anforderungen insgesamt und verlangt keine Re-Interpretation der einzelnen Merkmale. Demnach bleibt es in Abs. 2b) bei einem alternativen Verhältnis.[57]

Die verschiedenen Meinungen können theoretisch zu verschiedenen Ergebnissen **24** führen; das zeigt folgendes

Beispiel: A will B unbedingt töten und wirft ihn aus dem Fenster, wobei ihm bewusst ist, dass der Todeseintritt bei einem Sturz aus dem Hochparterre gänzlich unwahrscheinlich ist. Gleichwohl kommt B unglücklich auf dem Boden auf und bricht sich das Genick. Folgt man der hier vertretenen Meinung, kann A wegen vollendeter vorsätzlicher Tötung verurteilt werden; nach der aA kommt nur eine Strafbarkeit wegen Versuchs und fahrlässiger Tötung in Betracht.

- Die **Begleitumstände** müssen dem Täter bewusst sein. Begleitumstände können nicht vom Willen getragen sein, da objektive Fakten vom Willen unabhängig sind,[58] so dass es nur auf das Wissen des Täters um ihre Existenz ankommt.

Diese Faktoren sind im Völkerstrafrecht besonders wichtig, da die Kontextelemente, wie der systematische oder ausgedehnte Angriff auf eine Zivilbevölkerung in Art. 7 ebenso wie der Kriegsbezug in Art. 8 IStGHSt jeweils solche Begleitumstände darstellen, die dem Täter bekannt sein müssen.

---

[52] Vgl. Triffterer/*Piragoff/Robinson*, Art. 30 Rn. 19.

[53] Vgl. *Hruschka* (1988), S. 435 f.

[54] Zu Recht *Satzger* (2010), § 15 Rn. 24.

[55] Diese Unterscheidung scheint dem englischen Recht zu entsprechen, wo zwischen *direct intention* und *oblique* bzw. *indirect intention* unterschieden wird, vgl. *Safferling* (2008), S. 357 f.

[56] So etwa *Ambos* (2002), S. 770, ihm folgend *Satzger* (2010), § 15 Rn. 25.

[57] Unklar in diesem Punkt IStGH, *Prosecutor v. Lubanga*, Confirmation, Vorverfahrenskammer, 29.01.2007, § 351. Hier scheint sich eine Tendenz hin zu einer kumulativen Interpretation abzuzeichnen.

[58] Dazu allgemein *Kühl*, AT, § 5 Rn. 8.

c) Eventualvorsatz oder *Recklessness*

25 Für den in der deutschen Strafrechtsdogmatik beheimateten Juristen stellt sich die Frage nach der Berücksichtigungsfähigkeit des **Eventualvorsatzes**. In gleicher Weise fragt sich der angloamerikanische Jurist, ob sich das Konzept der **reckless-ness** mit Art. 30 IStGHSt vereinbaren lässt. Beide Konzepte sind miteinander vergleichbar da im Minimalkonsens jeweils vorausgesetzt wird, dass dem Täter die möglichen Konsequenzen seines Tuns bewusst sind und er trotzdem handelt.[59]

Nach Art. 30 ist **Eventualvorsatz** grundsätzlich ausgeschlossen, jedenfalls wenn die Formel: „a consequence will occur in the ordinary course of events", d. h. das Bewusstsein des Risikos der Erfolgsverwirklichung, so verstanden wird, dass auf Seiten des Täters sicheres Wissen und nicht nur Wissen um die Wahrscheinlichkeit des Erfolgseintritts verlangt wird.[60]

26 Die **Vorverfahrenskammern des IStGH** sind in diesem Punkt uneins. Während im Fall *Lubanga* mit einigem Argumentationsaufwand der *dolus eventualis* als von Art. 30 IStGHSt mit umfasst eingestuft wurde[61], schließt die Kammer im Fall *Bemba* eine Einbeziehung aus.[62] Im Vorverfahren *Katanga/Chui* schließt sich die Mehrheit der *Lubanga*-Kammer an.[63] In den entscheidenden Passagen stellt die Kammer in *Lubanga* auf das „Willenselement" des Vorsatzes ab und meint, dass es hierfür ausreichend sei, dass der Täter die Möglichkeit der Tatbestandsverwirklichung erkennt und sich damit abfindet (*reconciles himself with the outcome*).[64] Für den Fall, dass die Wahrscheinlichkeit des Erfolgseintritts hoch ist (*substantial likelihood*), kann darauf geschlossen werden, dass der Täter diesen billigend in Kauf genommen hat.[65] Andernfalls muss die Entscheidung für die Rechtsgutsverletzung durch den Täter nachgewiesen werden. Zur dogmatischen Herleitung stützt sich die Kammer

---

[59] ME sind beide Konzepte daher – jedenfalls für den Fall schwerer Kriminalität – identisch, vgl. *Safferling* (2008), S. 483; ebenso *Cassese* (2008), S. 66 f. So im Ergebnis auch JStGH, *Prosecutor v. Blaskic*, Urteil, Berufungskammer, 29.07.2004, §§ 34–39. Offengelassen in JStGH, *Prosecutor v. Oric*, Urteil, Verfahrenskammer, 30.06.2006, § 279 Fn. 773. Anders hingegen die Vorverfahrenskammer des IStGH in *Lubanga*, die in Fn. 438 feststellt, dass „recklessness" zwar das Bewusstsein der möglichen Schädigung, nicht aber ein Sichabfinden mit dem Schadenseintritt voraussetzt.

[60] Missverständlich Triffterer/*Piragoff/Robinson*, Art. 30 Rn. 22.

[61] Vgl. IStGH, *Prosecutor v. Lubanga*, Confirmation, Vorverfahrenskammer, 29.01.2007, § 353.

[62] So auch IStGH, *Prosecutor v. Bemba*, Decision Pursuant to Article 61(7)(a) and (b) of the Rome Statute on the Charges of the Prosecutor Against Jean-Pierre Bemba Gombo, Vorverfahrenskammer, 15.06.2009, § 360–369 mit ausführlicher Begründung beruhend auf dem Wortlaut und den Materialien. Dazu auch *Satzger* (2010), § 15 Rn. 24; *Ambos*, LJIL 22 (2009), S. 715, 718 f.

[63] Ohne Nennung von Gründen IStGH, *Prosecutor v. Katanga/Chui*, Confirmation, Vorverfahrenskammer, 30.09.2008, § 251 Fn. 329. Richterin *Usacka* konnte sich dem jedoch nicht anschließen.

[64] IStGH, *Prosecutor v. Lubanga*, Confirmation, Vorverfahrenskammer, 29.01.2007, § 352 f. Für eine Einbeziehung des Eventualvorsatzes auch *Jescheck*, JICJ 2 (2004), 38, 45.

[65] Vgl. etwa auch BGH NStZ 2003, 259 (260) m. Anm. *Jasch*, NStZ 2005, 8; vgl. auch *Fischer*, StGB § 212 Rn. 6. Allgemein zum *dolus ex re* vgl. etwa *Volk*, FS Arthur Kaufmann, 1993, S. 613, 619; zum englischen Recht *Safferling* (2008), S. 349 ff.

auf „Allgemeine Rechtsprinzipien" und auf die Rechtsprechung des JStGH im Fall *Stakic*, wo ausdrücklich auf *Schönke/Schröder* Bezug genommen wird.[66]

Insgesamt überzeugen die Argumente der Kammer nicht und zwar aus folgenden   **27**
Gründen: (1) In methodischer Hinsicht ist es grundsätzlich zweifelhaft, dass sich
die Kammer auf ein Urteil des JStGH bezieht. (2) Das *Stakic*-Urteil bezog sich
außerdem gar nicht auf allgemeine Vorsatzanforderungen, sondern auf die Interpretation von „Mord" als Kriegsverbrechen nach Art. 3 JStGHSt.[67] Die Argumentation
der Vorverfahrenskammer ist demnach methodisch unlauter. (3) Die Kammer behauptet zwar, lediglich das *„volitional element"*, also das Willenselement, zu betrachten; sie argumentiert dann aber stets mit Blick auf das Wissenselement. (4) In
systematischer Hinsicht schließlich stellt die Kammer mE zu sehr auf Art. 30 Abs. 1
IStGHSt ab, der aber lediglich die allgemeine Anordnung trifft, dass der Täter mit
"intent" und "knowledge" handeln muss. Die verbindliche Definitionen von "intent" findet sich sodann in Art. 30 Abs. 2 IStGHSt und diejenige von "knowledge"
in Art. 30 Abs. 3 IStGHSt. Die Vorverfahrenskammer läuft demnach Gefahr, die gesetzlichen Voraussetzungen über einen Kamm zu scheren und die begrüßenswerten
Differenzierungen des Römischen Statuts zu nivellieren.

Auch wenn die besseren Argumente gegen eine Einbeziehung des *dolus eventua-*   **28**
lis oder der *recklessness* in Art. 30 IStGHSt sprechen, kann zum jetzigen Zeitpunkt
kaum abgesehen werden, wie das IStGH-System insgesamt auf diese Fragestellung
reagiert. Richtig ist jedenfalls der methodische Ansatz im Fall *Bemba*, wo die Vorverfahrenskammer auf die Interpretation der textlichen Grundlage, d. h. das Römische Statut, abstellt und nicht auf vermeintliche Vorgängerentscheidungen.

2 Irrtümer

Irrtumsregelungen werden hier im Zusammenhang mit dem subjektiven Tatbestand   **29**
erörtert und nicht als Strafbarkeitsausschließungsnormen.[68] Der Irrtum – und zwar
sowohl der Tatirrtum wie der Rechtsirrtum – sind nämlich in Art. 32 IStGHSt jeweils auf den subjektiven Tatbestand bezogen und schließen die Strafbarkeit des-

---

[66] S. JStGH, *Prosecutor v. Stakic*, Urteil, Verfahrenskammer, 31.07.2003, § 587.

[67] Näher hätte eine Bezugnahme auf JStGH, *Prosecutor v. Blaskic*, Urteil, Berufungskammer, 29.07.2004, §§ 27 ff. gelegen. Allerdings ging es auch dort um die Sonderbegehungsform des „ordering" i.S. von Art. 7 Abs. 1 JStGHSt und nicht um allgemeine Vorsatzanforderungen. Auch im Fall JStGH, *Prosecutor v. Oric*, Urteil, Verfahrenskammer, 30.06.2006, § 279 Fn. 773 beziehen sich die Ausführungen zum *dolus eventualis* auf den Anstiftervorsatz.

[68] Vgl. auch *Ambos* (2008), § 7 Rn. 102, der Irrtümer aber wegen der Terminologie in Art. 32 als Straffreistellungsgründe behandelt. Auch im englischen Strafrecht werden die Irrtümer als *defences* verstanden mit erheblichen Folgen für die Prozesspraxis, vgl. *Safferling* (2008), S. 379 f.

wegen aus. **Rechtssystematisch** handelt es sich deshalb um die Strafbegründungs-ebene und nicht um die Strafausschlussebene.[69]

a) Grundlagen

30 Die Irrtumsregeln gelten gemeinhin als hochkomplex und schwer verständlich. Dabei ist der Begriff „Irrtum" als solcher schon nicht weiterführend. Ob nämlich der Täter bei der Ausführung seiner Tat einem wie auch immer gearteten Irrtum unterliegt, ist für die strafrechtliche Würdigung irrelevant. Relevant ist nur, ob ihm **vorsätzliches Verhalten** vorgeworfen werden kann oder nicht. Demnach ist das so häufig bemühte Wildschwein, welches der Täter als Jäger im Wald sieht, obwohl in Wahrheit ein Mensch Pilze sammelnd durch das Unterholz kriecht, für das Tötungsverbot schlicht irrelevant, weil es kein Tatbestandsmerkmal des § 212 StGB darstellt. Auch wenn der objektive Tatbestand eines Tötungsdelikts daher erfüllt ist, wenn der Jäger den Pilzesammler erschießt, spiegelt sich der objektive Tatbestand nicht im subjektiven Tatbestand und der Jäger handelt bzgl. der Tötung vorsatzlos. Zu dieser Fehlvorstellung des Jägers kann man freilich Tatbestandsirrtum sagen, zur rechtlichen Lösung trägt diese Terminologie allerdings nicht bei.

> Dass möglicherweise andere Tatbestände, wie Sachbeschädigung, Jagdwilderei oder fahr-lässige Tötung erfüllt sind, ist eine Frage der Prüfung der Voraussetzungen der Merkmale dieser Tatbestände. Die fahrlässige Tötung wird problemlos erfüllt sein, während die Sach-beschädigung an der Fremdheit der Sache und die (versuchte) Jagdwilderei an der Jagd-erlaubnis scheitern.

31 In **Art. 32 IStGHSt** findet sich eine Vorschrift, die auf Irrtümer Bezug nimmt. Sie hat letztlich nur **deklaratorische Bedeutung**, denn sie bezieht die Fehlvorstellung richtigerweise auf den subjektiven Tatbestand. Vor diesem Hintergrund wird der zirkulär oder tautologisch anmutende Wortlaut der Norm verständlich.[70]

Art. 32 IStGHSt unterscheidet zwischen

- Mistake of Fact (Abs. 1) und
- Mistake of Law (Abs. 2).

Diese Unterscheidung ist **nicht deckungsgleich** mit der im deutschen Strafrecht üblichen zwischen Tatbestands- und Verbotsirrtum der §§ 16, 17 StGB.[71]

---

[69] Anders der Aufbau von *Satzger* (2010), § 15 Rn. 40–43.

[70] Vgl. Triffterer/*Triffterer*, Art. 32 Rn. 11; *Satzger* (2010), § 15 Rn. 40; *Stuckenberg* (2008), S. 19.

[71] *Satzger* (2010), § 15 Rn. 41. Die frühere Unterscheidung zwischen strafrechtlichen und außer-strafrechtlichen Irrtümern, *error iuris criminalis nocet, error iuris non criminalis non nocet,* vgl. etwa RGSt 4, 98, kann bei weiter Auslegung noch am ehesten zum Vergleich herangezogen wer-den. Der BGH hat diese Differenzierung allerdings früh aufgegeben, BGHSt 2, 194.

b) Mistake of Fact (Tatsachenirrtum)

Der Irrtum über Tatsachen bezieht sich allein auf Umstände, die nach der traditionellen **32**
deutschen Terminologie als *deskriptive* Tatbestandsmerkmale bezeichnet werden.[72]
Normative Tatbestandsmerkmale sind keine „*facts*" im Sinne dieser Vorschrift.[73]

Erkennt der Täter also eine Tatsache, die zum objektiven Tatbestand gehört,
nicht richtig, fehlen ihm hinsichtlich dieses Merkmals die erforderlichen subjektiven Voraussetzungen nach Art. 30 Abs. 2 oder 3 IStGHSt. Die Fehlvorstellung führt
demnach zum Ausschluss der Strafbarkeit. Zur Erläuterung folgendes

> **Beispiel:** In einem nicht-internationalen Konflikt stattet Rebellenführer L zwei 14-Jährige
> mit Uniform und Waffen aus und setzt sie als seine Leibwächter ein. Er geht dabei sicher
> davon aus, dass beide bereits 16 Jahre alt sind. Hat sich L wegen Eingliederung von Kindern
> unter 15 Jahren in bewaffnete Gruppen nach Art. 8 Abs. 2 e) (vii) IStGHSt strafbar gemacht?
> Während der objektive Tatbestand vorliegt, ist fraglich, ob L auch die erforderlichen subjektiven Voraussetzungen erfüllt. Hinsichtlich der „Eingliederung in bewaffnete Gruppen"
> handelt es sich um eine Tätigkeit und L hat diesbezüglich sicheres Wissen nach Art. 30
> Abs. 2b) IStGHSt. Bei dem Alter handelt es sich um einen äußeren Begleitumstand, bzgl.
> dessen L Kenntnis nach Art. 30 Abs. 3 IStGHSt haben muss.[74] Das ist hier nicht der Fall;
> L macht sich nicht strafbar, da die subjektiven Elemente der Straftat nicht erfüllt werden
> (Tatirrtum nach Art. 32 Abs. 1 IStGHSt).

> **GegenBeispiel:** L weiß, dass die beiden Kinder 14 Jahre als sind, meint aber das Verbot von Kindersoldaten beziehe sich auf unter 13-Jährige. Hier irrt L lediglich über das
> konkrete Verbotensein seines Handelns. Die objektiven Tatumstände sind ihm hingegen
> bekannt. Die Strafbarkeit entfällt nach Art. 32 Abs. 2 S. 1 IStGHSt gerade nicht.

Umstritten ist, ob die tatsächlichen Voraussetzungen eines **Rechtfertigungsgrun-** **33**
des auch zu den „Tatsachen" im Sinne von Art. 32 Abs. 1 IStGHSt zählen.[75] Wäre
das der Fall hätte man eine schöne Lösung für den **Erlaubnistatbestandsirrtum**,
denn dann wären die subjektiven Voraussetzungen nicht erfüllt. Der Wortlaut von
Art. 32 Abs. 1 IStGHSt spricht allerdings dagegen, denn er bezieht sich auf die Voraussetzungen des Verbrechens und nicht auch auf Straffreistellungsgründe gleichsam als negative Tatbestandsmerkmale.[76]

---

[72] Zu Sinn und Unsinn dieser Terminologie vgl. *Safferling* (2008), S. 126 ff.

[73] Vgl. *Werle* (2007), Rn. 529 ff. Anders Triffterer/*Triffterer*, Art. 32 Rn. 21 f., dem aber keine
überzeugende Abgrenzung gelingt und konsequenterweise zu einem sehr engen Anwendungsbereich von Art. 32 Abs. 2 IStGHSt gelangt (a.a.O. Rn. 34).

[74] Im Fall IStGH, *Prosecutor v. Lubanga*, Confirmation, Vorverfahrenskammer, 29.01.2007,
§ 359, kommt die Vorverfahrenskammer zu einem anderen Ergebnis. Als Maßstab zieht die Kammer hier die Verbrechenselemente heran wonach Fahrlässigkeit hinsichtlich des Alters ausreichen
soll. Diese Ansicht ist nicht hinnehmbar, denn die Voraussetzungen der Art. 8 und 30 IStGHSt
können nicht durch die Verbrechenselemente zu Lasten des Täters modifiziert werden.

[75] Dafür etwa *Ambos* (2008), § 7 Rn. 103; dagegen *Satzger* (2010), § 15 Rn. 43; *Werle* (2007),
Rn. 532.

[76] Das würde auch voraussetzen, dass das IStGHSt dem materiellen Verbrechensbegriff folgt, was
jedenfalls nicht eindeutig festzustellen ist.

Beispiel: Soldat A erschießt einen Zivilisten, weil er glaubt, von diesem angegriffen zu werden. In Wahrheit wollte der Zivilist A als Befreier begrüßen und umarmen. A wäre strafbar nach Art. 8 Abs. 2a) (i) IStGHSt, da er hinsichtlich der Strafbegründung vorsätzlich handelt; ebenso sind die Voraussetzungen der Notwehr nach Art. 31 Abs. 1c) IStGHSt nicht erfüllt (dazu unten Rn. 42). A müsste also bestraft werden, es sei denn, man wendete Art. 32 Abs. 1 zu seinen Gunsten analog an.[77]

c) Mistake of Law (Rechtsirrtum)

34 Die deutsche Übersetzung des *mistake of law* als Verbotsirrtum ist falsch. Es geht hier nicht um das fehlende Unrechtsbewusstsein, das nach § 17 StGB bei Unvermeidbarkeit die Strafbarkeit ausschließt. Ein solches Schuldspezifikum ist im Völkerstrafrecht nicht vorhanden.[78] Als Rechtsirrtum sind sämtliche Fehlvorstellungen über **rechtliche Normen und Wertungen** anzusehen.[79] Dabei trifft Art. 32 Abs. 2 IStGHSt zwei grundlegende Aussagen:

1. Der **Strafbarkeitsirrtum** ist stets irrelevant, Art. 32 Abs. 2 S. 1 IStGHSt (*error iuris non nocet*).
2. Ein Irrtum über rechtliche Normen oder **Wertungen** ist dann relevant, wenn diese Teil des objektiven Tatbestands sind, Art. 32 Abs. 2 S. 2 IStGHSt.

35 Damit ist der Irrtum über die Existenz eines strafrechtlichen Verbots im Völkerstrafrecht **immer unbeachtlich** und nicht nur bei vermeidbarer Rechtsunkenntnis.[80] Aus Sicht des deutschen Strafrechts mag ein Grund dafür darin liegen, dass die Kernverbrechen gleichsam evidente Straftaten sind, so dass ein Irrtum über die Strafbarkeit faktisch ausgeschlossen ist.[81] Im internationalen Kontext ist freilich eine Begründung nicht erforderlich, denn die Grundentscheidung, ob das Unrechtsbewusstsein strafbegründend ist oder nicht, ist Sache des Gesetzgebers.[82]

36 Gehört indes eine **rechtliche Wertung** zu den objektiven Tatbestandsmerkmalen, kann eine Fehlvorstellung darüber dazu führen, dass die subjektiven Anforderungen i. S. von Art. 30 Abs. 2 und 3 IStGHSt nicht erfüllt sind. Dazu gehören nach deutscher Terminologie die *normativen* Tatbestandsmerkmale.[83] Bei solchen ist der

---

[77] So etwa *Satzger* (2010), § 15 Rn. 43. Zur Behandlung des Erlaubnistatbestandsirrtums im deutschen und englischen Recht vgl. *Safferling* (2008), S. 205 ff., 392 ff.

[78] *Satzger* (2010), § 15 Rn. 41.

[79] Nach den einzelnen Wertungsformen unterscheidend: Triffterer/*Piragoff/Robinson*, Art. 30 Rn. 6.

[80] Vgl. *Cassese* (2008), S. 294 f.

[81] In diese Richtung auch Triffterer/*Triffterer*, Art. 32 Rn. 43, dessen Annahme, dass Kriegsverbrechen aufgrund ihrer gewohnheitsrechtlichen Herkunft bei den Soldaten bekannt sein dürften mit der sehr starken Ausdifferenzierung dieser Normen und mit dem Umstand, dass auch Zivilpersonen Kriegsverbrechen begehen können, kaum in Einklang zu bringen ist.

[82] So geht etwa das englische Strafrecht davon aus, dass das fehlende Unrechtsbewusstsein Strafe nicht ausschließt; vgl. mit entsprechenden Begründungsansätzen *Safferling* (2008), S. 386–391.

[83] *Ambos* (2007), § 7 Rn. 103; *Werle* (2007), Rn. 536.

subjektive Tatbestand dann nicht erfüllt, wenn der Täter den sozialen Bedeutungsgehalt des Merkmals nicht nachvollzogen hat.[84]

Beispiel 1: Im Rahmen eines Bürgerkriegs meldet sich Soldat S freiwillig zum Exeku-
tionskommando der Regierungstruppen. Die Verhängung der Todesstrafe erfolgt durch eine
ad hoc Militärkommission mit einem Richter, ohne dass dem Angeklagten ein Verteidiger
zugestanden wird. Der in rechtlichen Fragen unerfahrene S hält dies für ein ordnungsgemä-
ßes Verfahren. Macht sich S eines Kriegsverbrechens nach Art. 8 Abs. 2 (c) (iv) IStGHSt
schuldig, wenn er den zum Tode verurteilten Kriegsgefangenen O im Rahmen der Exekution erschießt?[85]
Die objektiven Tatbestandselemente sind erfüllt, da ein interner bewaffneter Konflikt (Bürgerkrieg) vorliegt, O als Kriegsgefangener nach der GK III geschützt ist und die Verurteilung in einem nicht ordnungsgemäßen Verfahren unter Missachtung selbstverständlicher
rechtlicher Garantien (Recht auf Verteidiger) zustande gekommen ist. Fraglich ist allein,
ob S auch den subjektiven Tatbestand erfüllt. S irrt hier über das „ordnungsgemäße Verfahren". Da es sich dabei um ein normatives Kriterium handelt, findet Art. 32 Abs. 2 IStGHSt
Anwendung. Demnach wäre der Irrtum relevant, wenn S wegen dieser Fehlvorstellung
ohne Bewusstsein der Fehlerhaftigkeit des Verfahrens gehandelt hätte. Selbst wenn S den
tatsächlichen Verfahrensablauf kannte, hat er den sozialen Bedeutungsgehalt des Entzugs
der Rechtsgarantien nicht nachvollzogen. Damit handelt er ohne die erforderlichen subjektiven Voraussetzungen der Straftat.

Beispiel 2: In einem internationalen Konflikt sieht der unerfahrene Soldat T einen Schüt-
zenpanzer mit einem deutlich erkennbaren roten Kreuz auf sich zufahren. S, der aus einem
islamischen Kulturkreis stammt, weiß nicht, was ein rotes Kreuz bedeuten soll und feuert
eine Panzerfaust auf das Fahrzeug ab. Hat sich T nach Art. 8 Abs. 2b) (xxiv) IStGHSt strafbar gemacht?
Die objektiven Merkmale des Tatbestands sind erfüllt, da es sich um einen internationalen
bewaffneten Konflikt handelt und T einen Angriff gegen ein medizinisches Transportfahr-
zeug führt, das mit einem geschützten Symbol versehen ist. Fraglich ist auch hier wieder,
ob T die subjektiven Elemente erfüllt, da er nicht weiß, dass ein rotes Kreuz ein spezifisches Symbol der Genfer Konventionen darstellt. T handelt demnach ohne Bewusstsein
hinsichtlich des Begleitumstands des geschützten Symbols und damit auch hinsichtlich des
Angriffsobjekts. Ordnet man das Wesen des Angriffsobjekts als deskriptives Tatbestandsmerkmal ein, handelt S in jedem Fall vorsatzlos. Man wird aber hierin ein normatives Tatbestandsmerkmal sehen müssen, da es letztlich um die Interpretation von Symbolen geht.
Da T den normativen Gehalt des Symbols in diesem Fall nicht nachvollzogen hat, handelt
er ohne das erforderliche subjektive Element.

Die Beispielfälle verdeutlichen, dass Kriterien gefunden werden müssen, nach   **37**
denen bemessen werden kann, ob der Täter den **sozialen Bedeutungsgehalt** des
jeweiligen Tatbestandsmerkmals erkannt hat. Wird rein auf die tatsächliche Ebene
abgestellt, so sind die Täter in beiden Fällen straflos, denn ihnen fehlt das entsprechend Bewusstsein hinsichtlich eines tatbestandlichen Begleitumstands. Andererseits kann dieses Bewusstsein hinterfragt werden, indem auf Kriterien abgestellt
wird wie die Bedeutung und Bekanntheit der Verbotsnorm, die Ausbildung, Bildung, der soziale Status des Täters, die Position in der militärischen Hierarchie und

---

[84] IStGH, *Prosecutor v. Lubanga*, Confirmation, Vorverfahrenskammer, 29.01.2007, § 316; s. auch
Werle (2007), Rn. 536.
[85] *Weigend*, FS Roxin, 2001, S. 1375, 1391; auch *Satzger* (2010), § 15 Rn. 41 und *Werle* (2007),
Rn. 536.

den in der Norm geschützten Grundwert.[86] In den Beispielfällen wird man gleichwohl dem einfachen Soldaten das fehlende Bewusstsein hinsichtlich der Begleitumstände nicht vorwerfen (können).

c) Handeln auf Befehl oder Anordnung

38   Einen **Sonderfall des Rechtsirrtums** stellt das Handeln auf Befehl dar. Ist der Täter zur Befolgung des Befehls verpflichtet und weiß er nicht, dass der Befehl rechtswidrig ist, so ist er nach Art. 33, auf den Art. 32 Abs. 2 S. 2 IStGHSt verweist, nicht strafbar. Allerdings gilt diese Ausnahme nicht allgemein. Dem Untergebenen ist seine Unwissenheit nämlich dann vorwerfbar, wenn die Anordnung „*manifestly unlawful*" (offensichtlich rechtswidrig) ist, Art. 33 Abs. 1 (c) IStGHSt. Wie Art. 33 Abs. 2 IStGHSt klarstellt, wird dies nur bei Kriegsverbrechen relevant, denn bei einem Befehl zur Begehung von Völkermord oder Verbrechen gegen die Menschlichkeit wird die offensichtliche Rechtswidrigkeit unwiderleglich vermutet.

Der Maßstab der offensichtlichen Rechtswidrigkeit ist angeklagtenfreundlicher als der Maßstab der Vermeidbarkeit bei § 17 StGB. Dem Befehl muss die Rechtswidrigkeit „auf die Stirn geschrieben", also für jedermann unschwer erkennbar sein.[87]

39   Der Umgang mit dem hierarchischen System des Befehlsgebers und des Befehlsempfängers ist in vielerlei Hinsicht schwierig. Die Frage nach der **Verantwortlichkeit des Untergebenen** wird seit jeher unterschiedlich gesehen. Im klassischen Völkerrecht galt immer nur der Befehlshaber als (völkerrechtlich) verantwortlich.[88] Auch unter dem Eindruck des *Llandovery Castle*-Falles der Leipziger Prozesse (s. o. § 4 Rn. 23) begann ein Umschwung. Im Nürnberger Statut wurde in Art. 8 IMTSt das Handeln auf Befehl ausdrücklich nicht als Strafausschließungsgrund anerkannt, d. h. es herrschte ein System der „*strict liability*".[89] Danach konnte die Berufung auf einen Befehl allenfalls strafmildernde Wirkung haben und niemals zum Ausschluss der Strafbarkeit führen. Auch eine Strafmilderung wurde im Urteil von Nürnberg abgelehnt, da „derart empörende und weitverbreitete Verbrechen bewusst, rücksichtslos und ohne militärische Notwendigkeit oder Rechtfertigung begangen worden sind".[90] In diesen Fällen hat der Angeklagte immer die Wahl („*moral choice*") sich gegen das Unrecht und für

---

[86] So etwa *Cassese* (2008), S. 298 f., der diese Parameter aus nationaler Rechtsprechung ableitet.

[87] *Ambos* (2007), § 7 Rn. 103.

[88] Vgl. etwa *Oppenheim*, International Law, 4. Aufl. 1926, S. 410, wo in Fn. 2 (anders als noch in der Vorauflage von 1921) Zweifel an der strafbefreienden Wirkung des Befehls geäußert werden.

[89] *Safferling*, Rechtsgeschichte 14 (2009), S. 148, 162.

[90] IMT, 1947, Bd. 1, S. 291.

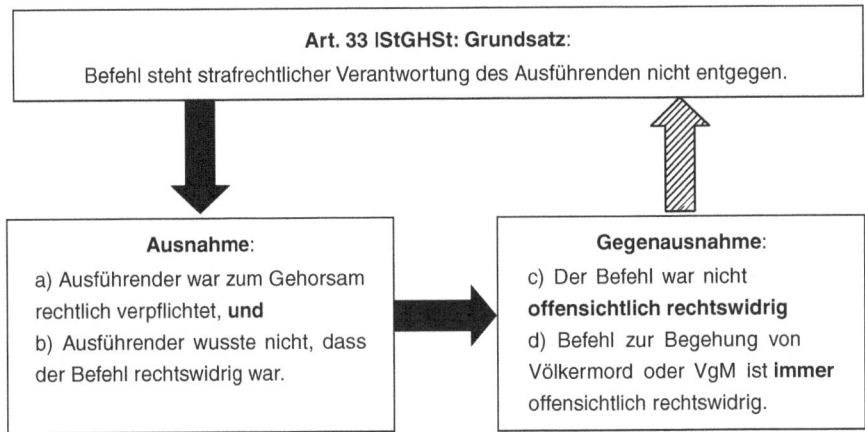

Abb. 5 Art. 33 IStGHSt

das Recht zu entscheiden.[91] Auch die *Ad hoc*-Tribunale haben sich an diesen Ausschluss gehalten.[92] Allenfalls als Sonderform des Nötigungsnotstands (dazu unten
Rn. 49) kann eine Entschuldigungswirkung anerkannt werden.[93] Das **Römische
Statut** anerkennt zwar auch keinen eigenständigen Strafbarkeitsausschluss für
den Fall des Handelns auf Befehl;[94] es sieht aber diese eine Ausnahme als Unterfall des Rechtsirrtums vor, dass bei Kriegsverbrechen der Untergebene von der
Rechtmäßigkeit des Befehls ausgeht und dieser nicht offensichtlich rechtswidrig
ist (s. Abb. 5).[95]

Zur Einübung folgendes   **40**

Beispiel: Kampfpilot K erhält im Rahmen eines internationalen Konfliktes von seinem
Vorgesetzten den Befehl, einen Lkw zu zerstören, der in einem Wohngebiet unterwegs ist
und Sprengstoff für einen Angriff auf eine Kaserne geladen hat. Zu dem Zeitpunkt des
Befehls bestand keine Bedrohungslage und es hätte mit dem Angriff noch abgewartet werden können, bis der Lkw das Wohngebiet verlassen hat. K fühlte sich durch den Befehl
gebunden und sah auch keine Anhaltspunkte für dessen Rechtswidrigkeit. Der Angriff hat
neben der Zerstörung des Lkw zur Folge, dass mehrere Mehrfamilienwohnhäuser ein-
stürzen und 250 Zivilisten ums Leben kommen. Hat sich K eines Kriegsverbrechens nach
Art. 8 Abs. 2 lit. b) (iv) IStGHSt strafbar gemacht oder kann er sich strafbefreiend auf
„Handeln auf Befehl" berufen?

---

[91] Ebenda, S. 224.

[92] Art. 7 Abs. 4 JStGHSt und Art. 6 Abs. 4 RStGHSt wonach Handeln auf Befehl allenfalls als
Strafmilderungsgrund berücksichtigt werden kann, niemals aber die Strafbarkeit ausschließt.

[93] Vgl. das Sondervotum von *Cassese* im Fall JStGH, *Prosecutor v. Erdemovic*, Urteil, Berufungskammer, 07.10.1997, § 15.

[94] *Ambos* (2007), § 7 Rn. 92 f. auch zu den kontroversen Verhandlungen zum Römischen Statut.

[95] *Safferling*, Rechtsgeschichte 14 (2009), S. 148, 164.

Zunächst ist fraglich, ob die Strafbarkeitsbegründung überhaupt vorliegt. Die Rahmenbedingungen für eine Anwendung von Art. 8 Abs. 2 lit. b) IStGHSt liegen vor, da K innerhalb eines internationalen Konflikts tätig wird. K hat allerdings kein ziviles Ziel angegriffen, sondern einen mit Sprengstoff beladenen Laster, der für einen feindlichen Angriff vorgesehen war. Das Angriffsziel ist demnach ein militärisches und damit nach dem „Haager Recht" legitimes Ziel. Allerdings ist auch ein Angriff auf militärische Objekte nur dann gestattet, wenn kein (eindeutig) unverhältnismäßiger Kollateralschaden unter der Zivilbevölkerung hervorgerufen wird. Dazu müssten die Umstände des Einzelfalls genau analysiert werden. Hier scheint es aber so zu sein, dass die zivilen Menschenleben, die durch den Angriff gefordert wurden, tatsächlich unverhältnismäßig waren. In subjektiver Hinsicht führt K zunächst den Angriff vorsätzlich aus; zugleich hat er aber auch Kenntnis von dem Umstand, dass sich das militärische Ziel in einem zivilen Umfeld befindet. Die Voraussetzungen der Strafbegründung liegen also vor.

Das Handeln auf Befehl führt nach Art. 33 IStGHSt nur dann zum Ausschluss der Strafbarkeit, wenn K an die militärische Anordnung gebunden war und er die Rechtswidrigkeit des Befehls nicht kannte (s. Abb. 5). Beides ist der Fall. Eine Berufung auf Art. 33 IStGHSt scheidet bei Völkermord und Verbrechen gegen die Menschlichkeit aus; hier handelt es sich aber um ein Kriegsverbrechen i. S. von Art. 8 IStGHSt, so dass es darauf ankommt, ob die Rechtswidrigkeit des Befehls offensichtlich war. Offensichtlich rechtswidrig ist ein Befehl dann, wenn der Widerspruch zu den Grundprinzipien des humanitären Völkerrecht „unerträglich" ist.[96] Als solche Grundprinzipien kommen in Betracht:

Der allgemeine Schutz der Zivilbevölkerung oder das Differenzierungsgebot zwischen militärischen und nicht-militärischen Angriffsobjekten. Im vorliegenden Fall handelt es sich eben um einen Grenzfall. Während einerseits die Beeinträchtigung ziviler Objekte grundsätzlich ausgeschlossen sein soll, können zivile Opfer bei überragendem militärischen Vorteil rechtmäßig sein. Zwar darf im Zweifelsfall ein Angriff nicht durchgeführt werden – zumal wenn keine akute Bedrohungslage vorliegt – aber von Offensichtlichkeit zu sprechen, scheint in diesem Fall auch nicht möglich. K wäre somit wegen seines guten Glaubens an die Rechtmäßigkeit des Befehls zum Angriff nicht strafbar.

Im Übrigen wird der Befehlshaber als mittelbarer Täter nach Art. 25 Abs. 3 lit. a) Fall 3 IStGHSt strafrechtlich zur Verantwortung gezogen werden können.

V Straffreistellungsgründe

41   Entsprechend dem zweistufigen Aufbau (o. Rn. 12) wird bei Umständen, die zur Straflosigkeit eines tatbestandsmäßigen Handelns führen, nicht zwischen Unrecht- und Schuldebene unterschieden. Das Römische Statut unternimmt den bislang im Völkerstrafrecht einmaligen Versuch, solche Gründe zu normieren (Art. 31 IStGHSt als Zentralnorm). Sie gelten für alle Verbrechen, die der Zuständigkeit des IStGH unterliegen in gleichem Maße.[97] Inwieweit sie praktische Relevanz entfalten, bleibt abzuwarten. In der bisherigen völkerstrafrechtlichen Rechtsprechung hat vor allem der Nötigungsnotstand und das Handeln auf Befehl Bedeutung erlangt. Im Folgenden werden die wichtigsten Straffreistellungsgründe dargestellt.

---

[96] In Anlehnung an die Radbruchsche Formel, vgl. *Radbruch*, SJZ 1946, 105, 107. Vgl. dazu auch BGHSt 39, 1 und 41, 101.

[97] Vgl. *Satzger* (2010), § 15 Rn. 29, der (praktische) Relevanz nur für die Kriegsverbrechen annimmt.

1 Notwehr

In Art. 31 Abs. 1 c) IStGHSt wird Notwehr als Strafbarkeitsausschluss anerkannt. **42**
Dabei wird in S. 2 (überflüssigerweise) klargestellt, dass das *ius ad bellum* keine
Auswirkungen auf die Frage der Strafbarkeit einer spezifischen Kriegshandlung
hat. Der Umstand, dass ein Land in rechtmäßiger Selbstverteidigung nach Art. 51
UN-Charta zu den Waffen greift, hat nicht zur Folge, dass sämtliche Kriegshandlungen *per se* gerechtfertigt sind.[98] Das ergibt sich bereits aus der allgemeinen Struktur
des humanitären Völkerrechts und dem grundsätzlichen Verhältnis zwischen *ius ad
bellum* und *ius in bello*.[99]

Im Hinblick auf das Notwehrrecht ist das deutsche Recht im internationalen Ver- **43**
gleich (fast) ein Einzelfall. § 32 StGB bindet den Angegriffenen nicht an eine Verhältnismäßigkeit der Reaktion.[100] Lediglich im Rahmen der Gebotenheit wird eine
(eigentlich systemfremde) rechtsethische Einschränkung vorgenommen, um besonders krasse Fälle zu entschärfen.[101] Im IStGHSt ist eine so weitgehende Straffreiheit nicht vorgesehen; die Notwehrhandlung muss angemessen (*reasonable*) und
verhältnismäßig (*proportionate*) sein.[102] Es bedarf daher einer genauen Prüfung der
Verhältnismäßigkeit zwischen der Verteidigungshandlung und der Gefahr für das
angegriffene Rechtsgut.[103] Die Tötung eines Menschen ist daher nur als *ultima ratio* möglich, wenn dem Täter selbst der Tod oder eine schwere Körperverletzung
droht.[104]

Die weiteren Voraussetzungen entsprechen im Wesentlichen den aus dem deut- **44**
schen Strafrecht bekannten Kriterien. Notwehrfähig ist nur ein **Angriff** (drohende
Gewalt), der gegen den Handelnden oder eine andere Person gerichtet ist (Nothilfe). Lediglich bei Kriegsverbrechen können auch Angriffe auf besonders wichtige
Sachen die Selbstverteidigung rechtfertigen.[105] Die drohende Gewalt muss **gegenwärtig** (*imminent*) sein, d. h. sie muss unmittelbar bevorstehen, gerade stattfinden
oder noch fortdauern.

Der Angriff muss auch „**rechtswidrig**" (*unlawful*) sein. Die Auslegung dieser **45**
Voraussetzungen stößt auf mehrere Schwierigkeiten: Da im zweistufigen Aufbau
des IStGHSt nicht zwischen Rechtswidrigkeit und Schuld differenziert wird, kann
der im deutschen Strafrecht bei § 32 StGB übliche Hinweis, dass die Angriffshandlung ihrerseits nicht gerechtfertigt sein darf,[106] nicht herangezogen werden. Es über-

---

[98] Ausführlich Triffterer/*Eser*, Art. 31 Rn. 38–40.

[99] S. dazu u. Rn. 109–111.

[100] Vgl. statt aller: *Kühl* (2005), § 7 Rn. 4.

[101] Statt aller vgl. *Roxin* AT/1 (2006), § 15 Rn. 55 ff.

[102] Die doppelte Nennung durch die Begriffe angemessen und verhältnismäßig sollte als einheitliche Verhältnismäßigkeitsprüfung verstanden werden; vgl. *Werle* (2007), Rn. 167, Rn. 507.

[103] *Ambos* (2002), S. 851.

[104] *Werle* (2007), Rn. 507.

[105] Die Aufnahme der Notwehr gegen Sachangriffe war höchst umstritten, vgl. *Ambos* (2008), § 7
Rn. 87.

[106] Vgl. dazu *Wessels/Beulke* (2010), Rn. 331; ausführlich auch *Kühl* (2005), § 7 Rn. 54 ff.

zeugt auch nicht, darauf abzustellen, ob die Angriffshandlung von einem Strafbarkeitsfreistellungsgrund i. S. von Art. 31 IStGHSt gedeckt ist,[107] denn in der Konsequenz dürfte man sich gegen einen Schuldunfähigen (Art. 31 Abs. 1a) IStGHSt) nicht zur Wehr setzen. *Unlawful* bedeutet demnach, dass der Angriff objektiv den Bewertungsnormen des Rechts zuwiderläuft.[108] Bereits dann ist eine Notwehrlage im System des IStGHSt gegeben. Weitere Differenzierungen ergeben sich erst im Rahmen der Verhältnismäßigkeitsprüfung auf der Ebene der Notwehrhandlung.

46   Von einem **subjektiven** Element ist in der Vorschrift kaum die Rede. Der englische Text gibt dazu nichts her, die deutsche Übersetzung insinuiert über die Worte „um… zu" einen Willenszusammenhang. Letztlich wird man nach allgemeinen strafrechtlichen Prinzipien wenigstens Kenntnis von der Notwehrlage verlangen können; einen spezifischen Notwehrwillen braucht es nicht.[109] Fehlt das subjektive Rechtfertigungselement, liegen die Voraussetzungen des Straffreistellungsgrundes nicht vor und es bleibt bei der Bestrafung wegen vollendeter Tat.[110]

Prüfungsaufbau: Notwehr

1. *Notwehrlage*

   a. Drohende Gewalt

      i. gegen den Handelnden oder
      ii. eine andere Person (Nothilfe)
      iii. gegen lebensnotwendige oder militärisch unverzichtbare Sachen (nur bei Kriegsverbrechen)

   b. Unmittelbarkeit
   c. Rechtswidrigkeit i. S. eines objektiven Verstoßen gegen eine Bewertungsnorm

2. *Notwehrhandlung*

   a. Erforderlichkeit
   b. Verhältnismäßigkeit

3. *Kenntnis der Notwehrlage*

---

[107] So aber *Satzger* (2010), § 15 Rn. 31.

[108] Vgl. Triffterer/*Eser*, Art. 31 Rn. 41.

[109] So auch *Ambos* (2002), 831; anders *Satzger* (2010), § 14 Rn. 33; *Werle* (2007), Rn. 508; differenzierend Triffterer/*Eser*, Art. 31 Rn. 48.

[110] Die im deutschen Recht umstrittene Differenzierung zwischen dem Wegfall des Erfolgsunwertes wegen der objektiven Rechtmäßigkeit und der Bestrafung nur nach Versuchsvorschriften wegen des bestehenden Handlungsunrechts, hat im zweistufigen Aufbau des IStGHSt keinen Raum. Zum StGB vgl. *Wessels/Beulke* (2010), Rn. 276–280; rechtsvergleichend *Safferling* (2008), S. 199–203 und 392 ff.

Ob die Vorschrift **praktische Relevanz** entfalten wird, ist fraglich, denn wenigs- 47
tens bei den vor dem IStGH zu verhandelnden Fällen gegen die Hauptverantwortlichen von Massenverbrechen wird Notwehr kaum je eine Rolle spielen.[111] Immerhin kommt hier die Vorbildfunktion des Römischen Statuts zum Tragen, die dieses
gegenüber nationalen Rechtsordnungen entfalten soll. Schließlich sind bei Tätern
niederen Ranges Notwehrsituationen durchaus vorstellbar. Das zeigt folgendes

Beispiel: Soldat S der ozeanischen Armee ist nach der siegreichen Einnahme eines Dorfes
in Mediterraneo in die Dorfschenke eingekehrt, wo sich auch einige Dorfbewohner aufhalten. Dorfbewohner D holt in der Küche ein Fleischermesser und geht damit auf S los.
Dieser zieht seine Pistole und erschießt D, da er keine andere Möglichkeit sieht, den Angriff
abzuwehren.
Im Rahmen eines internationalen bewaffneten Konfliktes ist es ein Kriegsverbrechen, einen
Zivilisten zu erschießen, Art. 8 Abs. 2a) (i) IStGHSt. S erfüllt auch die objektiven wie
subjektiven Strafbegründungsvoraussetzungen. Allerdings kann hier der Straffreistellungsgrund der Notwehr nach Art. 31 Abs. 1c) IStGHSt für S streiten. Eine Notwehrlage liegt
vor, denn es droht dem S unmittelbare Gewalt durch D, die auch ihrerseits unrechtmäßig ist.
Zivilisten dürfen sich an Feindseligkeiten nicht beteiligen. Die Notwehrhandlung ist erforderlich, da kein milderes Mittel zur Verfügung steht; sie ist auch verhältnismäßig, da ein
Angriff auf das Leben des S vorlag. Da S außerdem in Kenntnis der Notwehrlage handelt,
ist er wegen Notwehr straffrei.

Abwandlung: Wie wäre nun die Situation, wenn D in einem schuldausschließenden Maße
betrunken war, als er auf S mit dem Messer losging? Im Rahmen der Notwehrlage stellt
sich zunächst die Frage, ob ein solcher Angriff „rechtswidrig" ist. Das ist zu bejahen, denn
es kommt allein auf den Widerspruch zur Rechtsordnung und nicht auf das Vorliegen evtl.
Straffreistellungsgründe an. Dass D seinerseits nach Art. 31 Abs. 1a) IStGHSt straffrei
wäre, ist demnach unerheblich. Allerdings ist im Rahmen der Verhältnismäßigkeit zu prüfen, ob die Notwehrhandlung angemessen war. Hier würde man verlangen müssen, dass
S dem Angriff eines Betrunkenen zunächst ausweicht und nur dann Trutzwehr übt, wenn
keine andere Möglichkeit zur Rettung seines Lebens verbleibt.[112]

Beispiel: Im Feldlager der ozeanischen Armee auf dem Gebiet von Mediterraneo dringen
nachts die Zivilisten A und B ein, um für eigene, private Zwecke Diesel zu stehlen. Bei dem
Versuch mit einem Tanklaster auszubrechen werden sie von dem Wachposten W erschossen, der keine andere Möglichkeit sah, A und B am Verlassen des Feldlagers zu hindern.
Auch hier hat sich W eines Kriegsverbrechens schuldig gemacht nach Art. 8 Abs. 2a) (i)
IStGHSt, wenn er nicht aus Notwehr gehandelt hat. Der gegenwärtige Angriff richtet sich
hier gegen militärisch wichtige Sachen, was von Art. 31 Abs. 1c) IStGHSt umfasst ist.
Allerdings ist fraglich, ob die Erschießung von Personen zum Schutz von Sachen verhältnismäßig ist. Selbst wenn keine andere Verteidigungsmöglichkeit besteht, muss das ver-
teidigte Gut (Diesel) und das verletzte Gut (Leben von A und B) in einem angemessenen
Verhältnis stehen. Das ist nicht der Fall, da das Rechtsgut Leben einen weitaus höheren
Stellenwert hat als das Sacheigentum. W hätte daher A und B nur verletzen nicht aber töten
dürfen.

---

[111] So auch MK/*Weigend*, § 2 VStGB Rn. 18.
[112] Ähnlich löst den Fall die deutsche Rechtsprechung über die „Stufentheorie" im Rahmen der
„Gebotenheit" der Notwehrhandlung; vgl. *Kühl* (2005), AT, § 7 Rn. 192; *Roxin*, AT/1 (2006), § 15
Rn. 57.

48   Notwehr ist auch bei **Völkermord** und **Verbrechen gegen die Menschlichkeit** re-
        levant. Das macht schon Art. 31 Abs. 1c) IStGHSt deutlich, wenn dort festgestellt
        wird, dass zur Verteidigung von Sachen Notwehr nur bei Kriegsverbrechen vor-
        gebracht werden kann. Im Umkehrschluss muss Notwehr grundsätzlich auch bei
        Völkermord und Verbrechen gegen die Menschlichkeit möglich sein. Praktische
        Anwendungsfälle sind aber schon deshalb problematisch, weil im Rahmen der Ver-
        hältnismäßigkeitsprüfung das erhöhte Handlungsunrecht bei Völkermord (Völker-
        mordabsicht) kaum kompensiert werden kann.[113]

2 Notstand

49   Der Notstand erfährt in Art. 31 Abs. 1d) IStGHSt eine **allgemeine Regelung**. In die-
        ser werden die verschiedenen Notstandslagen, wie sie nationale Rechtsordnungen
        kennen, zusammengefasst.[114] Demnach wird nicht grundsätzlich zwischen *„duress"*
        und *„necessity"* nach angloamerikanischem Recht[115] und auch nicht nach rechtfer-
        tigendem und entschuldigendem Notstand oder Aggressiv- und Defensivnotstand
        nach deutschem Recht unterschieden.[116] Im völkerstrafrechtlichen Zusammen-
        hang sind verschiedene Notstandssituationen bereits praktisch relevant geworden
        (s. u. Rn. 54). Die (erstmalige) Normierung der Voraussetzungen ist ein Gewinn an
        Rechtssicherheit.[117]

> Auffallend sind hier freilich die unterschiedlichen Begrifflichkeiten zwischen Notwehr in
> Art. 31 Abs. 1c) und Notstand in Abs. 1d) IStGHSt. Während bei ersterem von *„reasona-
> bly"* und *„proportionate"* gesprochen wird, tauchen bei letzterem die Begriffe *„necessarily"*
> und *„reasonably"* auf. Als exegetisch geschulter Jurist ist man geneigt, hier nach jeweils
> unterschiedlichem Bedeutungsgehalt zu suchen. Mir scheint auf der Grundlage der Wort-
> wahl eine vernünftige Differenzierung nicht möglich zu sein.[118]

50   Voraussetzung der Straffreiheit ist zunächst das Vorliegen einer **Notstandslage**. Das
        bedingt das Vorliegen einer unmittelbar drohenden Gefahr für das Leben oder eines
        schweren körperlichen Schadens. Andere Rechtsgüter (etwa Freiheit oder Eigen-
        tum) sind nach dem eindeutigen Wortlaut nicht notstandsfähig. Diese Gefahr muss
        unmittelbar drohen. Sie kann von einer anderen Person ausgehen, aber auch von

---

[113] *Schabas* (2009), S. 395 hält deswegen beim Völkermord eine Berufung auf Notwehr grundsätzlich für ausgeschlossen.

[114] *Cassese* (2008), S. 289. Es scheint mir aber nicht angebracht, sich bei der Auslegung an einer
speziellen nationalen Rechtsordnung zu orientieren; in diese Richtung (resigniert) *Ambos* (2008),
§ 7 Rn. 98.

[115] Dazu *Safferling* (2008), S. 468 ff. m.w.N.; vgl. auch *Dubber* (2005), S. 180 ff. zum US Model
Penal Code.

[116] Vgl. dazu *Wessels/Beulke* (2010), Rn. 290–296 (zivilrechtlicher Notstand), Rn. 297. ff. (rechtfertigender Notstand), Rn. 434 ff. (entschuldigender Notstand); *Roxin*, AT/1 (2006), § 16 Rn. 1–11
(rechtfertigender Notstand) und § 22 Rn. 1–14 (entschuldigender Notstand).

[117] *Werle* (2007), Rn. 513.

[118] Vgl. dazu auch *Ambos* (2002), S. 851 f.; vgl. auch Triffterer/*Eser*, Art. 31 Rn. 58 f.

sonstigen Umständen herrühren. Ausgeschlossen ist eine Berufung auf die Notstandsvorschrift aber regelmäßig dann, wenn die Notstandslage vom Täter selbst verursacht ist. Dabei dürfte es ausreichen, dass der Täter zur Entstehung der Notstandslage einen kausalen Beitrag geleistet hat.[119] Unklar ist indes die Beantwortung der damit zusammenhängenden Frage, ob und in welcher Hinsicht im Völkerstrafrecht erhöhte Gefahrtragungspflichten eine Rolle spielen. Insofern wären Soldaten aufgrund ihres Auftrags und ihrer Ausbildung verpflichtet, gewisse Gefahrensituationen, letztlich auch das Risiko, im Gefecht getötet oder verwundet zu werden, hinzunehmen.[120]

Die **Notstandshandlung** muss zunächst erforderlich (*necessary*) sein, d. h. es **51** muss das mildeste Mittel zur Abwehr angewendet werden. Dazu muss die Handlung angemessen (*reasonable*) sein, d. h. es dürfen keine unverhältnismäßigen Folgen verursacht werden.[121] Danach muss (ähnlich dem deutschen Recht nach §§ 34, 35 StGB) eine Abwägung zwischen dem angegriffenen und dem verteidigten Interesse durchgeführt werden. Eine genauere Umschreibung dieser Abwägung findet sich in Art. 31 Abs. 1c) IStGHSt als (negatives) Absichtskriterium, wonach der Handelnde keinen größeren Schaden intendieren darf als er abwenden will. Zur Prüfung dieser Absicht im Rahmen des subjektiven Notstandstatbestandes muss freilich im Rahmen der Verhältnismäßigkeitsprüfung eine objektive Güterabwägung erfolgen.[122] Daraus kann man schließen, dass bei einer objektiven Gleichrangigkeit der Interessen die Straffreiheit nicht grundsätzlich ausgeschlossen ist. Demnach kann auch die Tötung eines Menschen wegen Notstands straffrei bleiben, denn es wird nicht zwischen rechtfertigendem und entschuldigendem Notstand differenziert.

In **subjektiver Hinsicht** muss zunächst Kenntnis der Notstandslage vorausgesetzt werden. Dazu muss der Täter handeln, um die Gefahr abzuwenden (Gefahrabwendungswille). Außerdem ist festzustellen, dass der Täter keinen größeren Schaden herbeiführen wollte als er zu verhindern trachtete. Notstand ist daher in weitaus stärkerem Maße als Notwehr subjektiv überlagert.[123] Dieser Umstand, der im Ergebnis strafschärfend wirkt, wird mit Verweis auf die Entwicklungsgeschichte und der Schwere der Völkerstraftaten sowie der Weite der objektiven Voraussetzungen gerechtfertigt.[124]

52

Beispiel: In einem internationalen bewaffneten Konflikt wird Soldat T befohlen an einer Exekution von Kriegsgefangenen teilzunehmen. Der Befehlshaber stellt klar, dass jeder, der sich weigerte die Exekution durchzuführen, seinerseits erschossen werde. T, zunächst über den Befehl erschrocken, erkennt in einem der Kriegsgefangenen seinen langjährigen Nebenbuhler N, schreitet nunmehr ohne Gewissensbisse zur Tat und erschießt N.

---

[119] *Werle* (2007), Rn. 522.

[120] Vgl. *Ambos* (2002), S. 856 f.

[121] Vgl. *Satzger* (2010), § 15 Rn. 36; *Werle* (2007), Rn. 518 mit jeweils unterschiedlicher Terminologie.

[122] Anders hier Triffterer/*Eser*, Art. 31 Rn. 58 f. Danach findet die Verhältnismäßigkeitsprüfung nur als subjektive Voraussetzung Anwendung.

[123] Vgl. dazu auch *Ambos* (2002), S. 852 ff.; Triffterer/*Eser*, Art. 31 Rn. 61 spricht hier von *dolus malus*.

[124] *Werle* (2007), Rn. 520.

In diesem Fall hat sich T nach Art. 8 Abs. 2 lit. a) (i) IStGHSt durch die Erschießung von N als nach GK III geschützter Person strafbar gemacht. Der Strafausschließungsgrund des Art. 31 Abs. 1 lit. d) IStGHSt kommt T hier nicht zugute, da er trotz Kenntnis nicht zur Abwendung, der ihm drohenden Gefahr, sondern aus persönlichen Motiven gehandelt hat

Beispiel: Der über bergigem Frontgebiet abgeschossene Kampfpilot H trifft bei seinem Versuch, sich zu den eigenen Linien durchzuschlagen und so dem nahenden Feind zu entkommen, auf den verletzten Soldaten O der gegnerischen Partei, der noch Wasser für drei Tage hat. H nimmt die Vorräte an sich, in dem sicheren Wissen, dass O ohne das Wasser nicht überleben kann und auch nicht rechtzeitig gerettet werden wird. Er selbst geht davon aus in 1 ½ Tagen die eigenen Truppen erreicht zu haben. Tatsächlich benötigt er bis zu seiner Rettung die gesamten Wasservorräte. Wie erwartet stirbt O, der von den eigenen Truppen gerettet worden wäre, hätte ihm H die Hälfte des Wasser belassen. Hat sich H nach Art. 8 Abs. 2 lit. a) (i) IStGHSt strafbar gemacht?

O ist nach GK I geschützte Person i. S. des Art. 8 IStGHSt, so dass die Voraussetzungen für die Strafbegründung erfüllt sind. Darüber hinaus befindet H in einer Notstandslage, da sein eigenes Leben bedroht ist. Das Ansichnehmen des Wassers war die einzige Möglichkeit, sein eigenes Überleben zu sichern, welches im Rahmen einer Güterabwägung dem Leben des O nicht nachsteht. All dessen war er sich bewusst und handelte überdies, um sich zu retten; da er davon ausging, dem O genügend Wasser hinterlassen zu können, dass dieser überlebe, handelte er insoweit mit der Absicht, eine größeren Schaden zuzufügen als zur Abwendung der Notstandslage erforderlich war. Der Straffreistellungsgrund nach Art. 31 Abs. 1 lit. d) IStGHSt ist somit nicht erfüllt.

53 Prüfungsaufbau: Notstand

1. *Notstandslage*

    a. Drohende Gefahr

        i. für das Leben oder körperliche Unversehrtheit des Handelnden oder
        ii. einer anderen Person

    b. *Ausgehend von*

        i. einer anderen Person *oder*
        ii. anderen Umständen, für die der Bedrohte nicht verantwortlich ist

    c. Gegenwärtigkeit
    d. Rechtswidrigkeit

2. *Notstandshandlung*

    a. Erforderlich
    b. Verhältnismäßig: Güterabwägung

3. *Subjektives Notstandselement*

    a. Kenntnis der Notstandslage
    b. Gefahrabwendungswille
    c. Fehlende Absicht einer überschießenden Schadenszufügung

Notstand hat im Gegensatz zur Notwehr bereits nicht unerhebliche **praktische**   54
Relevanz in der völkerstrafrechtlichen Rechtsprechung entwickelt.[125] Es sind vor
allem die Fälle des Nötigungsnotstands, die zu umstrittenen und teilweise wider-
sprüchlichen Entscheidungen geführt haben. Am Ende dieses Abschnitts findet sich
hierzu ein Übungsfall (s. u. Rn. 74).

3 Unzurechnungsfähigkeit

a) Allgemein

An erster Stelle findet sich unter den Schuldfreistellungsgründen die Unzurech-   55
nungsfähigkeit in Art. 31 Abs. 1a) IStGHSt. Die **praktische Relevanz** der „Schuldunfähigkeit" ist nicht von vorneherein klein zu reden, immerhin wurde auch vor
dem IMT in Nürnberg bzgl. des Angeklagten Rudolf Hess dessen Schuldunfähigkeit diskutiert. Es wurde letztlich darüber nicht entschieden, weil Hess sich selbst
mit den denkwürdigen Worten, „[a]b nunmehr steht mein Gedächtnis auch nach
außen hin wieder zur Verfügung", für zurechnungsfähig erklärt hat, wobei durchaus einiges dafür sprach, dass er tatsächlich unter einer Amnesie litt.[126] Bereits im
Rahmen der Leipziger Prozesse wurde die Schuldfähigkeit relevant.[127] Der JStGH
hat den Vortrag einer psychischen Störung als Strafmilderungsgrund (*diminished
responsibility*) für den Angeklagten *Landzo* nicht akzeptiert.[128] Im nationalen Recht
sind die Voraussetzungen der Schuldunfähigkeit wegen psychischer Störungen
höchst unterschiedlich ausgestaltet.[129]

Die Prüfung der Unzurechnungsfähigkeit ist – vergleichbar mit § 20 StGB[130] –   56
zweistufig:

1. Feststellung einer seelischen Krankheit oder Störung. Darunter fallen psychische
   Störungen (und nicht nur „Krankheiten") unabhängig von ihrem **Ursprung**. Sie
   können demnach organischer, anorganischer oder emotionaler Herkunft sein.[131]
   Allerdings muss die Störung eine **erhebliche Beeinträchtigung** des allgemeinen Lebens des Täters mit sich bringen.[132] Zur Beantwortung dieser Fragen wird

---

[125] Vgl. den Überblick bei *Cassese* (2008), S. 281–289.

[126] IMT, Bd. 3 S. 529–549; vgl. dazu auch *Taylor* (1993), S. 150 f.; 177 ff.

[127] Dazu der Fall Stenger und Crusius bei *Cassese* (2008), S. 263 f.

[128] Vgl. JStGH, *Prosecutor v. Delalic*, Urteil, Verfahrenskammer, 16.11.1998, §§ 1156 ff. mit
einem indes sehr „englischen" Ansatz zum Verständnis der Schuldfähigkeitsvoraussetzungen.

[129] Vgl. etwa zum sehr problematischen englischen Recht: *Safferling* (2008), S. 433 ff.

[130] Dazu statt aller MK/*Streng*, § 20 Rn. 15.

[131] Aufgrund der nicht eindeutigen Wortwahl ist dieser weite Ansatz allerdings umstritten, wie hier
etwa Triffterer/*Eser*, Art. 31 Rn. 23; anders *Werle* (2007), Rn. 557.

[132] Das ergibt sich aus dem Merkmal „*suffering*"; vgl. Triffterer/*Eser*, Art. 31 Rn. 25.

in der Regel ein psychiatrischer oder psychologischer Sachverständiger dem Gericht Auskunft geben.

2. Beseitigung der **Einsichts-** oder **Steuerungsfähigkeit** des Täters auf Grund seiner psychischen Störung im Tatzeitpunkt. Diese **normative** Frage der Verhaltenszurechnung ist allein von den Richtern zu entscheiden.[133]

b) Actio libera in causa

57   Eine eigenständige Regelung erfährt in Art. 31 Abs. 1b) IStGHSt die rauschbedingte Schuldunfähigkeit[134] und der Ausschluss nach den Regeln der *actio libera in causa*. Die „**Intoxikationspsychose**" führt danach grundsätzlich – und zwar bezogen auf sämtliche Verbrechenstatbestände des Art. 5 IStGHSt[135] – nach den allgemeinen Regeln der **Schuldunfähigkeit** (s. o. Rn. 55) zum Schuldausschluss.

Für den Fall, dass die Intoxikation aus **freien Stücken** erfolgte (*voluntarily*), sieht S. 2 eine Ausnahme vor.[136] Danach bleibt der Täter strafbar, wenn er sich berauschte, obwohl er wusste oder sich wenigstens des **Risikos** bewusst war, dass er im Rausch eine Straftat nach dem IStGHSt begehen werden. Die subjektiven Voraussetzungen entsprechen dem deutschen Verständnis von Eventualvorsatz, denn es genügt, dass der Täter trotz Erkennens des Risikos, eine strafbare Handlung zu begehen, handelt.[137]

58   Die **praktische Bedeutung** dieser Ausnahme für den IStGH wird nicht allzu hoch sein, denn bei den Hauptverantwortlichen wird ein schuldausschließender Alkoholisierungsgrad eher selten sein.[138] Für die Vollständigkeit der strafrechtlichen Regelungen und als Vorbild für nationale Umsetzungsnormen ist die Ausformulierung der *actio libera in causa* aber sicher wichtig.[139] Ein Beispielsfall zur Einübung findet sich am Ende dieses Abschnitts (s. u. Rn. 65).

---

[133] Vgl. *Safferling* (2008), S. 265 f. m.w.N.

[134] International ist die Alkoholintoxikation keinesfalls immer als Strafbarkeitsausschluss anerkannt; vgl. zum englischen Recht etwa *Safferling* (2008), S. 459 ff. Aus arabisch-islamischer Sicht ist Alkoholgenuss eher ein Strafschärfungsgrund, vgl. *Ambos* (2008), § 7 Rn. 86; Triffterer/*Eser*, Art. 31 Rn. 35 zur Entstehungsgeschichte.

[135] Vgl. hierzu Triffterer/*Eser*, Art. 31 Rn. 31.

[136] Bei einer medizinisch indizierten Intoxikation etwa mit bewusstseinsverändernden Sedativa kommt diese Ausnahme also nicht in Betracht; vgl. *Cassese* (2008), S. 266.

[137] Nach aA entspricht die Vorschrift den Voraussetzungen der „recklessness", vgl. *Ambos* (2008) § 7 Rn. 86; Triffterer/*Eser*, Art. 31 Rn. 35; *Werle* (2007), Rn. 567. Nach der hier vertretenen Ansicht zur „recklessness" ist diese mit Eventualvorsatz identisch.

[138] So auch *Ambos* (2008), § 7 Rn. 86.

[139] In diese Richtung wohl auch *Satzger* (2010), § 15 Rn. 44.

4 Handeln auf Befehl

Das „Handeln auf Befehl" ist in Art. 33 IStGHSt gesondert normiert (s. o. Abb. 5).   **59**
Die im Völkerstrafrecht seit Nürnberg stets umstrittene Frage, ob in einer Befehls-
hierarchie der Befehlsempfänger straffrei sein kann oder voll verantwortlich ist, findet im Römischen Statut eine ambivalente Antwort.[140] Dabei sind folgende Punkte
festzuhalten:

1. Das IStGHSt anerkennt **keinen** eigenständigen Straffreistellungsgrund für Handeln auf Befehl.
2. Ein Befehl kann nur **im Zusammenhang** mit einem anderen Straffreistellungsgrund mittelbar zur Straffreistellung führen. Dazu gehören:

   – **Nötigungsnotstand** nach Art. 31 Abs. 1d) IStGHSt, wenn über den Befehl
     der Befehlsempfänger in eine Lage gebracht wird, dass er sein eigenes Leben
     opfern müsste, wenn er den Befehl nicht ausführt (s. o. Rn. 49);
   – **Rechtsirrtum** nach Art. 32 Abs. 2 IStGHSt jedoch nur in Bezug auf Kriegs-
     verbrechen (vgl. Art. 33 Abs. 2 IStGHSt), wenn der Täter nicht erkennt, dass
     der Befehl rechtswidrig ist und dieser auch nicht offensichtlich rechtswidrig
     ist (vgl. Art. 33 Abs. 1 IStGHSt – s. o. Rn. 34).

Darüber hinaus kann der Berufung auf einen Befehl allenfalls strafmildernde Wirkung zukommen.

5 Immunitäten

Immunitäten sind für das klassische Völkerrecht von herausragender Bedeutung.   **60**
Da alle Staaten als gleich und souverän anzusehen sind, soll kein Staat über einen
anderen zu Gericht sitzen können (**Staatensouveränität**).[141] Was für die Staaten
selbst gilt, muss letztlich auch für die staatlichen Organe gelten, weil sonst der
Grundsatz der Staatenimmunität durch die individuelle Verantwortung der handelnden Personen ausgehebelt werden könnte. Um dies zu verhindern sind Amtsträger
wie folgt doppelt geschützt:

- Immunität *ratione materiae* (**funktionelle Immunität**): Hoheitliche Handlungen unterliegen keiner auswärtigen Gerichtsbarkeit, sondern sind allein dem
  Staat zuzurechnen. Diese Immunität gilt unabhängig von Amtszeiten.
- Immunität *ratione personae* (**persönliche Immunität**): Staatsoberhäupter und
  Regierungsmitglieder können während ihrer Amtszeit für nicht-hoheitlich-
  dienstliche und auch für rein private Handlungen nicht gerichtlich zur Rechenschaft gezogen werden. Für Diplomaten gilt dies im Rahmen ihrer völkerver-

---

[140] Zur umfangreichen Literatur vgl. *Ambos* (2008), § 7 Rn. 90 mit Fn. 372 und 373.
[141] Vgl. statt aller *Kempen/Hillgruber* (2007), Kap. 6 Rn. 20 ff. und *Cassese* (2008), S. 302 ff.

traglich zuerkannten **diplomatischen Immunität** in gleicher Weise.[142] Die persönliche Immunität lässt nicht die Strafbarkeit entfallen, sondern begründet ein auf die Amtszeit befristetes Verfahrenshindernis.

61 Diese Immunitäten werden durch die völkerstrafrechtlichen Kernverbrechen in materieller Hinsicht eingeschränkt:

- Art. 27 Abs. 1 IStGHSt schließt die funktionelle Immunität aus.
- Art. 27 Abs. 2 IStGHSt beseitigt die persönliche Immunität für Staatsführer und Regierungsmitglieder von Vertragsstaaten.

Diese Immunitätsbeschränkung wirkt unmittelbar aber nur für eine Strafverfolgung durch den IStGH. Gegenüber **nationalen** Gerichten, die grundsätzlich für die Verfolgung der völkerrechtlichen Kernverbrechen kraft des Universalitätsprinzips zuständig wären, gilt die persönliche Immunität weiterhin fort. Ein Verfahren gegen einen amtierenden Staatschef vor einem nationalen Gericht ist daher nach wie vor ausgeschlossen.[143] Begründet wird diese Wirkung mit dem Bedürfnis nach Aufrechterhaltung der Grundregeln internationaler Beziehungen. Andernfalls wäre die Gefahr virulent, dass die Staaten sich wechselseitig mit Strafverfahren gegen die jeweiligen Staatsoberhäupter überziehen. Die Reichweite dieser Immunität sowohl in funktioneller wie in persönlicher Hinsicht ist allerdings umstritten. Internationale wie nationale Gerichte sind bislang sehr zurückhaltend in der Aufweichung der völkerrechtlichen Immunitäten bei hoheitlichen Akten.

62 Der IGH hat im Fall des Haftbefehls gegen den kongolesischen Außenminister durch die belgische Justiz die persönliche Immunität gegenüber der nationalen Gerichtsbarkeit bestätigt.[144] Der EGMR hat die funktionelle Immunität Kuwaits bestätigt und dem Folteropfer versagt, in England, einem EMRK-Mitgliedstaat, gegen den Staat (Kuwait) vorzugehen.[145] Im Fall *Princz v. Deutschland* wurde die Klage auf Schadenersatz eines ehemaligen Konzentrationslagerinsassens wegen Immunität abgewiesen.[146] Im Fall des Massakers im griechischen Dorf Distomo im Jahr 1944 durch eine SS-Einheit wurde ebenfalls der Bundesrepublik Immunität zugestanden.[147]

Andererseits wurde im Fall *Pinochet* vom House of Lords dem Auslieferungsersuchen Spaniens entsprochen und die persönliche Immunität des ehem. Staatsoberhauptes Augusto Pinochet mit Hinweis auf die staatlich angeordnete Folter aufgehoben.[148] In Deutschland wurde die Strafverfolgung des ehemaligen US-Verteidigungsministers Donald Rumsfeld sowohl zur Amtszeit als auch danach abgelehnt.[149]

---

[142] Hierfür gelten Art. 4, 29 und 31 Wiener Übereinkommen über die diplomatischen Beziehungen.

[143] So insbesondere IGH, Arrest Warrant Case (*Kongo v. Belgien*), Urteil v. 14.02.2002, Rep. 2002, 3.

[144] IGH, Arrest Warrant Case (*Kongo v. Belgien*), ebenda.

[145] EGMR, *Al Adsani v. Vereinigtes Königreich*, 21.11.2001, § 54.

[146] U.S. Cour of Appeal, *Princz v. Republic of Germany*, ILM 33 (1994), 1483; vgl. aber auch die *dissenting opinion* von Wald, ebenda, 1494, die für Verstöße gegen *ius cogens* Staatenimmunität ausschließt.

[147] EGMR, *Kalogeropoulou v. Griechenland*, 12.12.2002. Dazu auch BGH, NJW 2003, 3488 m. Anm. *Dolzer*, NJW 2001, 3525.

[148] Entscheidung abgedruckt in ILM 38 (1999), 581.

[149] Vgl. OLG Stuttgart, Beschluss v. 13.09.2005, NStZ 2006, 117 und GBA, JZ 2005, 113; s. *Ambos*, NStZ, 2006, 434; *Jessberger*, in: Kaleck/Ratner/Singelnstein/Weiss (Hg.), S. 213 ff.

Die Vorverfahrenskammer 1 des IStGH hat in der Situation Darfur (Sudan) am 04.03.2009 Haftbefehl gegen den amtierenden Staatspräsidenten des Sudan, Omar Hassan Ahmad Al Bashir, erlassen.[150] Bislang konnte Al Bashir zwar nicht gefasst werden, aber der IStGH hat immer wieder deutlich gemacht, dass die Mitgliedstaaten zur Kooperation bei der Durchsetzung des Haftbefehls verpflichtet sind.[151]

6 Verjährung

Art. 29 IStGHSt erklärt die völkerrechtlichen Kernverbrechen für unverjährbar. Eine   **63**
Berufung auf Verjährung als Straffreistellungsgrund ist demnach ausgeschlossen.

7 Sonstige Straffreistellungsgründe

Nach Art. 31 Abs. 3 IStGHSt können die Richter des IStGH weitere ungeschrie-   **64**
bene Straffreistellungsgründe anerkennen, soweit sich diese aus dem nach Art. 21 IStGHSt anwendbaren Recht ergeben. Da diese zugunsten des Täters wirken, ist dieses Vorgehen mit dem Rückwirkungsverbot vereinbar,[152] aus Gründen der Rechtssicherheit und der Rechtsgleichheit bleibt es aber problematisch. In Betracht kommen die folgenden Gründe:[153]

- **Einwilligung/Einverständnis des Opfers**: Problematisch ist die Einwilligungs-fähigkeit, da die supra-individuellen Rechtsgüter nicht einwilligungsfähig sind.[154]
- **Pflichtenkollision**: Eine solche Konstellation ist denkbar, wenn von zwei Rechtspflichten der Täter nur eine erfüllen kann.[155]
- **Repressalie**: Im humanitären Völkerrecht ist die Repressalie als unmittelbare Reaktion auf völkerrechtwidriges Verhalten der Gegenseite grundsätzlich an-erkannt.[156] Für den Bereich der Kriegsverbrechen kann sich hieraus eine Straf-freistellung ergeben.[157]

---

[150] IStGH, *Prosecutor v. Omar Hassan Ahmad Al Bashir*, Warrant of Arrest for Omar Hassan Ahmad Al Bashir, Vorverfahrenskammer, 04.03.2009; sowie Urteil, Berufungskammer, 03.02.2010.

[151] Vgl. etwa IStGH, *Prosecutor v. Omar Hassan Ahmad Al Bashir*, Decision informing the United Nations Security Council and the Assembly of the States Parties to the Rome Statute about Omar Al-Bashir's presence in the territory of the Republic of Kenya, Vorverfahrenskammer, 27.08.2010.

[152] Vgl. *Satzger* (2010), § 15 Rn. 49.

[153] Vgl. die Liste bei Triffterer/*Eser*, Art. 31 Rn. 15.

[154] Vgl. *Werle* (2007), Rn. 574.

[155] *Werle* (2007), Rn. 575.

[156] Vgl. *Werle* (2007), Rn. 571. AA hingegen *Kempen/Hillgruber* (2007), 8. Kap. Rn. 40 (humanitäres Völkerrecht ist repressalienfest).

[157] Eine Analyse der Rechtsprechung des JStGH in diesem Punkt findet sich bei *Greenwood*, in: Fischer et al (2001), S. 539, der für eine Anerkennung auf der Grundlage der Staatenpraxis plädiert.

- **Militärische Notwendigkeit**: Eine Völkerrechtsverletzung wird begangen, um sich gegen eine militärische Bedrohung zur Wehr zu setzen.
- **Das *tu quoque*-Argument**: grundsätzlich kann der Verweis auf die Verbrechen der Gegenseite die strafrechtliche Verantwortung nicht beseitigen.
  Im Nürnberger Verfahren wurde aber darauf hingewiesen, dass gleichförmiges Verhalten auf beiden Seiten dafür spricht, dass dieses nicht strafbar ist. Im Fall ging es um die Beschießung von Handelsschiffen durch U-Boote.[158]
- **Amnestien**: Pauschale Straffreistellungen durch nationale Gesetze stehen im Widerspruch zur völkerrechtlichen Verfolgungs- und Bestrafungspflicht schwerer Menschenrechtsverletzungen, insbesondere der Kernverbrechen nach Art. 5 IStGHSt.[159] Im Rahmen eines Transitionsprozesses (vgl. oben § 4 Rn. 7) mag eine Amnestierung der mittleren und unteren Ebene mit den „Interessen der Gerechtigkeit" (vgl. Art. 53 IStGHSt) vereinbar sein, wenn der Verzicht auf Strafverfolgung durch andere eher restorative Maßnahmen aufgefangen wird.[160]

65   Zur Erläuterung zwei Fälle:

> **Beispiel 1:** In dem Land L wütet seit Jahren ein „Bürgerkrieg" zwischen der Nationalarmee LNA und der Rebellengruppe LRP. Es kommt immer wieder zu verbittert geführten Kämpfen zwischen beiden Parteien. Nach einem schweren Gefecht schafft es die LRP schließlich die strategisch wichtige Stadt A einzunehmen. Der glorreiche Sieg wird ausgelassen und mit viel Alkohol gefeiert. In der Nacht vergewaltigt der Soldat B, unter sehr starkem Alkoholeinfluss (4,0 ‰), die Zivilistin C. Nach siegreichen Kämpfen der LRP kam es allerdings zuvor schon wiederholt zu Vergewaltigungen, da sich aufgrund von Anfeuerungsrufen und Provokationen eine gewisse Gruppendynamik entwickelt hat. B hat sich bis zu diesem Zeitpunkt daran aber nie aktiv beteiligt. Hat sich B nach Art. 8 IStGHSt Statut strafbar gemacht?
>
> **Lösungshinweise:**
> **Strafbarkeit des E wegen Kriegsverbrechen nach Art. 8 Abs. 2e) vi) IStGHSt**
>
> **I.   Objektiver Tatbestand**
>
> 1) Nicht internationaler bewaffneter Konflikt: (+), da lang anhaltender Bürgerkrieg zwischen LNA und LRP; kein Fall von Art. 8 Abs. 2f), da seit Jahren verbittert geführte Kämpfe; ebenso keine Grenzüberschreitungen und keine Angaben im Sachverhalt, dass LRP schon ein „de facto-Regime" darstellt, daher kein internationaler Charakter.
> 2) Einzeltat: Vergewaltigung gem. Art. 8 Abs. 2e) vi) IStGHSt
> 3) Funktionaler Zusammenhang zwischen Konflikt und Einzeltat: Die Vergewaltigung geschah aufgrund des siegreichen Gefechts um die strategisch wichtige Stadt A

---

[158] Urteil des IMT, Bd. 1, 189, S. 352 f; tatsächlich stellt der Gerichtshof hier fest, dass die Briten ihre Handelsschiffe bewaffneten, angreifen ließen und in das marinenachrichtendienstliche System einbanden, weshalb die deutsche U-Bootkriegsführung diesbezüglich Dönitz nicht als Kriegsverbrechen angelastet werden könne. Dazu: *Kranzbühler* (1949), S. 16; *Taylor* (1993), S. 399 ff. und 408 f.

[159] S. etwa den Bericht des UN Generalsekretärs The rule of law and transitional justice in conflict and post-conflict societies v. 23.08.2004, UN Doc. S/2004/616 para. 10: „United Nations-endorsed peace agreements can never promise amnesties for genocide, war crimes, crimes against humanity or gross violations of human rights".

[160] *Safferling*, FS Stöckel, 2010, S. 521, 538.

II. Subjektiver Tatbestand

1) Kenntnis bzgl. des nationalen bewaffneten Konflikts (Art. 30 Abs. 3 IStGHSt) (+)
2) Wissentliche und willentliche Vornahme der Vergewaltigung (+)

III. Strafbarkeitsausschließungsgründe

Art. 31 I lit. b): Unfähigkeit die Rechtswidrigkeit oder Art seines Verhaltens zu erkennen wegen Rauschzustand wohl (+), da B einen BAK- Wert von 4,0‰ und damit eine krankhaft seelische Störung hatte, die seine Einsichts- bzw. Steuerungsfähigkeit aufhob.
Rückausnahme gem. Art. 31 I lit. b) 2. HS (alic): aufgrund der zuvor schon mehrfach vorgekommenen Vergewaltigungen durch Mitglieder der LRP liegt ein „*dolus eventualis*" des B nahe (a. A. mit entsprechender Begründung vertretbar; evtl. ist nach dem Wortlaut auch besondere Rücksichtslosigkeit ausreichend), so dass der Strafausschließungsgrund gem. Art. 31 I lit. b) im Ergebnis eher abzulehnen ist.
B macht sich wegen Kriegsverbrechen schuldig nach Art. 8 Abs. 2e) vi) IStGHSt.

Beispiel 2: Das Besatzungsregime der Koalitionstruppen hat die Hauptstadt B des Landes I   **66**
weitgehend unter Kontrolle, jedoch kommt es immer wieder zu Diebstählen an Nahrungsmitteln und Treibstoff durch Zivilisten. Die bevorstehenden militärischen Operationen geraten dadurch in Gefahr, weshalb der Kommandant K den Soldaten S anweist für jeden Diebstahl (wahllos) irgendeinen Zivilisten zu töten, um die Zivilbevölkerung einzuschüchtern und so von weiteren Diebstählen abzuhalten. S führt den Befehl aus und erschießt fünf Zivilisten, obwohl er Bedenken an der Rechtmäßigkeit dieses Befehls besitzt. Hat sich der Soldat S nach Art. 8 IStGHSt strafbar gemacht? Sowohl die Koalitionstruppen als auch das Land I sind Vertragsparteien der Genfer Abkommen und der Zusatzprotokolle.

Lösungshinweise:

Strafbarkeit des S wegen Kriegsverbrechen nach Art. 8 Abs. 2 lit. a.) i) und lit. b.) i.) IStGHSt

I. Objektiver Tatbestand

1) Internationaler bewaffneter Konflikt: (+), da es sich um eine bewaffnete Auseinandersetzung zwischen den Koalitionstruppen und dem Land I handelt. Das Besatzungsregime ändert diesen Rechtszustand nicht.
2) Einzeltat: Das Töten von Zivilisten könnte gem. Art. 8 Abs. 2a.) i) IStGHSt ein Kriegsverbrechen darstellen. Hierfür müssten sich die Zivilpersonen gem. Art. 4 Abs. 1 GK IV in der Gewalt einer gegnerischen Konfliktpartei befinden. Aufgrund der Besatzungsregimes und der Kontrolle der Koalitionstruppen über die Hauptstadt B liegt diese Voraussetzung vor. Weiterhin sind sie auch nicht Angehörige der Besatzungsmacht. *[Die Anwendbarkeit der Genfer Konventionen ist laut Bearbeitervermerk zu unterstellen.]*
Zudem ist auch der Kriegsverbrechenstatbestand nach Art. 8 Abs. 2 lit. b.) i.) IStGHSt erfüllt, da es sich vorliegend um Zivilpersonen handelt, die nicht an Feindseligkeiten teilgenommen haben.
3) Funktionaler Zusammenhang zwischen Konflikt und Einzeltat: (+), weil die Erschießung der Zivilisten in engem Zusammenhang mit den Feindseligkeiten steht, die in den anderen Teilen des durch die Besatzungsmacht kontrollierten Gebietes stattfinden.

II. Subjektiver Tatbestand

1) Kenntnis bzgl. des (internationalen) bewaffneten Konflikts (Art. 30 Abs. 3 IStGHSt) und dessen zivilen (geschützten) Status (+)
2) Wissentliche und willentliche Vornahme der Erschießung (+)

III. Strafbarkeitsausschließungsgründe

1) Art. 31 Abs. 1 lit. c) IStGHSt: Vorliegend könnte eine Notwehr des Soldaten S in Betracht kommen. Hierfür müsste zunächst eine Notwehrlage bestanden haben. Als Schutzgut kommt allerdings nur ein „für die Ausführung eines militärischen Einsatzes unverzichtbares Eigentum" in Frage. Die Nahrungsmittel und der Treibstoff können durchaus darunter fallen, da sie für die bevorstehenden militärischen Operationen von entscheidender Bedeutung sind. Zweifelhaft ist hingegen die Gegenwärtigkeit des Angriffs, da der Diebstahl zum Zeitpunkt der Erschießungen schon beendet ist. Zudem darf sich die Notwehrhandlung nur gegen den Angreifer richten und nicht gegen unbeteiligte Dritte. Selbst bei Bejahung dieser Voraussetzungen müsste die Notwehrhandlung auch verhältnismäßig sein. Auch wenn die Tötung von unbeteiligten Zivilisten als Abschreckung für weitere Diebstähle effektiv sein mag, ist diese Maßnahme allerdings nicht mehr als verhältnismäßig zu erachten. Als mildere Maßnahme kommt z. B. eine bessere Überwachung in Betracht.

2) Art. 31 Abs. 1 lit. d.) IStGHSt: Aufgrund der Dauergefahr der Diebstähle könnte man allerdings noch an einen Notstand denken, jedoch fehlt es hier schon an der Notstandslage, da als notstandsfähiges Rechtsgut nur das Leben und die körperliche Unversehrtheit in Frage kommen.

3) Art. 33 Abs. 1 IStGHSt: Das Handeln auf Befehl entbindet von der individuellen Verantwortlichkeit grundsätzlich nicht, es sei denn der Täter war gesetzlich zur Durchführung des Befehls verpflichtet, wusste nicht, dass die Anordnung rechtswidrig ist und die Anordnung nicht evident rechtswidrig gewesen ist. Hier hat S selbst Zweifel an der Rechtmäßigkeit besessen, weshalb anzunehmen ist, dass er um die Rechtswidrigkeit des Befehls wusste. Zudem war der Befehl aber auch offensichtlich rechtwidrig, so dass ein Strafbarkeitsausschluss nach Art. 33 Abs. 1 IStGHSt in jedem Fall scheitert.

S macht sich wegen Kriegsverbrechen schuldig nach Art. 8 Abs. 2 lit.) a) i) und lit.) b.) i.) IStGHSt.

VI Täterschaft und Teilnahme

67 Täterschaft und Teilnahme haben im Völkerstrafrecht einen besonderen Stellenwert. **Massenverbrechen**, wie die Kernverbrechen nach Art. 5 IStGHSt werden selten von Einzelpersonen begangen, sondern sind in aller Regel bedingt durch einen größeren Zusammenschluss von Personen in einem strengen hierarchischen Ordnungssystem. Das völkerrechtliche Makroverbrechen zeichnet sich in **vertikaler** Hinsicht durch ein gestuftes System unterschiedlicher Machtebenen und **horizontal** durch die Beteiligung vieler aus.[161] Die Verantwortlichkeit kann wie in Abb. 6 in Form einer Pyramide graphisch dargestellt werden.

68 In dieser Pyramide werden Verantwortungsbereiche von oben nach unten weitergegeben und die kriminelle Handlung in aller Regel (nur) auf der Ausführungsebene durchgeführt. Auf Befehlsebene handelt es sich hingegen um „**Schreibtischtäter**", die sich „die Hände nicht schmutzig machen". Auch wenn solche Konstellationen im nationalen Strafrecht in Bereichen der organisierten Kriminalität durchaus vorkommen, sind sie nicht der kriminologische „Normalfall". Anders im Völkerstraf-

---

[161] Vgl. dazu auch JStGH, *Prosecutor v. Tadic*, Urteil, Berufungskammer, 15.07.1999, § 191.

Abb. 6 Verantwortlichkeit
bei Makroverbrechen

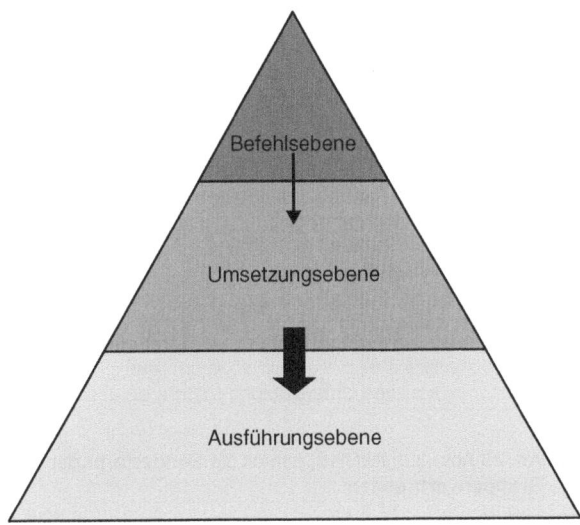

recht, wo die beschriebene Struktur dem Straftatbestand immanent ist. Das Völkerstrafrecht muss auf diese kriminologische Sonderkonstellation reagieren und
die Zurechnungslehre entsprechend ausrichten. Das gilt im Übrigen nicht nur für
die **Beteiligungslehre**, sondern auch für die Strafbarkeit des Vorgesetzten in Form
der **Vorgesetztenverantwortlichkeit** (dazu unten Rn. 94). In einer hierarchischen
Struktur kann man nicht nur davon ausgehen, dass die Anordnungen der oberen
Ebene ohne Widersprüche umgesetzt werden; die Vorgesetzten trifft für die jeweils
untergeordnete Ebene auch eine Kontroll- und Fürsorgepflicht, die eine besondere
Verantwortung auch in strafrechtlicher Hinsicht mit sich bringt. Die Verantwortungs-
verschiebung funktioniert demnach, wie Abb. 7 verdeutlicht, in zwei Richtungen:

In der historischen Perspektive wurde in **Nürnberg** zunächst der Versuch unter-   **69**
nommen, diesem Verbrechensphänotyp dadurch beizukommen, dass (partiell) das
angloamerikanische „**Verschwörungsmodell**" übernommen wurde.[162] Bereits unter
den Richtern in Nürnberg war dieses pauschalisierende Zurechnungsmodell äußerst
umstritten und konnte sich auf internationaler Ebene nicht weiter durchsetzen. Der

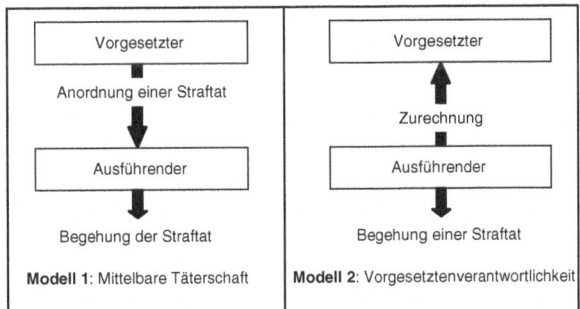

Abb. 7 Verantwortungsver-
schiebung

---

[162] Ausführlich hierzu *Safferling*, KritV 2010, 65.

- Art. 25 Abs. 3 a) IStGHSt umfasst drei **Täterschaftsformen**:
  - unmittelbare,
  - mittelbare und
  - Mittäterschaft.

- Art. 25 Abs. 3 b) IStGHSt unterscheidet **verschiedene Anstiftungsformen**:
  - Anordnung *(order)*,
  - Aufforderung *(solicit)* und
  - Anstiftung *(induce)*.

- Art. 25 Abs. 3 c) IStGHSt umfasst als **Gehilfentätigkeiten**:
  - Beihilfe *(aiding and abetting)* und
  - sonstige Unterstützung *(otherwise assist)*.

- Art. 25 Abs. 3 d) IStGHSt enthält die **Sonderform der Teilnahme** an einem **Gruppenverbrechen**.

Abb. 8 Übersicht: Täterschaft und Teilnahme

„gemeinsame Plan" als Zurechnungsgrund gerade für „Schreibtischtäter", fand auch in nationalen Verfahren nach dem 2. Weltkrieg immer wieder Anwendung.[163] Die UN Tribunale suchten ihr Heil, anknüpfend an Nachkriegsrechtsprechung, in einer breiten Mittäterschaftszurechnung, der sog. *joint criminal enterprise* (s. u. Rn. 78).

70   Das IStGHSt unterscheidet – wie aus dem deutschen Strafrecht bekannt – nach Täterschaft (**Principal Responsibility**)[164] und Teilnahme, trifft aber teilweise andere Differenzierungen (s. Abb. 8). Einer völligen Neuorientierung der Beteiligungsformen, etwa an Hand der beschriebenen Verantwortungsebenen, wurde damit eine Absage erteilt.[165]

71   Die Unterscheidung der einzelnen Täterschafts- und Beteiligungsformen ist teilweise schwer zu erklären und muss durch die Rechtsprechung **erst ausdifferenziert** werden.[166] Eine Stufung zwischen den einzelnen Formen ist ebenfalls kaum auszumachen, auch wenn die Beteiligungsart im Rahmen der Strafzumessung zu berücksichtigen ist (vgl. Art. 78 Abs. 1 IStGHSt und Rule 145 Abs. 1a) VBO; dazu unten Rn. 121).

---

[163] Etwa in den Dachauer Verfahren, vgl. *Lessing* (1993), S. 103 ff., das von den französischen Gerichten übernommen wurde, vgl. *Thalhover*, in: Eiber *und* Sigel (Hrsg.) (2007), S. 192, 201.

[164] Terminologie von IStGH, *Prosecutor v. Katanga/Chui*, Confirmation, Vorverfahrenskammer, 30.09.2008, § 487.

[165] So etwa der Vorschlag von *Vest* (2002), S. 240 ff., 302.

[166] *Ambos* (2002), S. 546 nennt das Teilnahmerecht nicht zu unrecht „konfus".

1 Täterschaftsformen

a) Alleintäterschaft

Wer ein Völkerrechtsverbrechen **selbst** – gemeint ist eigenhändig – (*commits a cri-*   **72**
me as an individual)[167] begeht, ist nach Art. 25 Abs. 3a) Var. 1 IStGHSt strafrechtlich verantwortlich. In der Terminologie der Vorverfahrenskammer des IStGH im
Fall *Lubanga*, handelt es sich um „*direct perpetration*".[168] Der unmittelbare Allein-
täter unterscheidet sich nicht vom deutschen Strafrecht.

b) Mittelbare Täterschaft

Wer die Tat durch eine andere Person (*through another person*) begeht ist als mit-   **73**
telbarer Täter (*indirect perpetration*)[169] nach Art. 25 Abs. 3a) Var. 3 IStGHSt verantwortlich. Dabei stellt der Gesetzestext klar, dass es auf eine Strafbarkeit des
Vordermannes nicht ankommt. Damit ist auch die Rechtsfigur des „**Täters hinter
dem Täter**" völkerstrafrechtlich anerkannt,[170] worauf eine Vorverfahrenskammer
des IStGH explizit hingewiesen hat.[171] Das betrifft vor allem die Fälle der sog. Organisationsherrschaft, d. h. der Willensherrschaft kraft organisatorischer Machtapparate. Dazu ist erforderlich, dass der Täter die Organisation beherrscht (*control*).[172]
Das bedarf einer hierarchischen Struktur und einer beliebigen Austauschbarkeit der
Person auf der Ausführungsebene, was zu einer gleichsam mechanischen Ausführung des Befehls führt.[173]

Beispiele:

(1) **Nötigungsherrschaft**: Unteroffizier U teilt für die Exekution von zwei Frauen aus dem   **74**
besetzten Dorf den Soldaten E ein. Dieser weigert sich, da er die Tötung Unschuldiger nicht
mit seinem Gewissen vereinbaren könne. U hält daraufhin E eine Pistole an die Schläfe
und stellt ihn vor die Wahl, entweder die Zivilisten zu erschießen oder selbst erschossen zu
werden. E erschießt daraufhin die beiden Frauen.
U beherrscht E kraft Nötigung und muss sich deshalb die Tötung der Zivilisten durch
E zurechnen lassen und ist deshalb strafbar wegen eines Kriegsverbrechens nach Art. 8
Abs. 2a) (i) IStGHSt. Dass E in diesem Fall nach Art. 31 Abs. 1d) i) IStGH straffrei ist, ist
wegen des eindeutigen Wortlautes von Art. 25 Abs. 3a) Var. 3 IStGHSt irrelevant.

---

[167] Die Formulierung ist nicht glücklich, da sie lediglich den Grundsatz der individuellen Verantwortlichkeit zu wiederholen scheint; vgl. *Ambos* (2008), § 7 Rn. 18.

[168] IStGH, *Prosecutor v. Lubanga*, Confirmation, Vorverfahrenskammer I, 29.01.2007, § 318.

[169] IStGH, *Prosecutor v. Lubanga*, Confirmation, Vorverfahrenskammer I, 29.01.2007, § 318.

[170] *Satzger* (2010), § 15 Rn. 59; ausführlich *Ambos* (2008), § 7 Rn. 25–29.

[171] Mit Referenz zu *Claus Roxin* als Begründer dieser Lehre, s. IStGH, *Prosecutor v. Katanga/
Chui*, Confirmation, Vorverfahrenskammer I, 30.09.2008, § 496.

[172] IStGH, *Prosecutor v. Katanga/Chui*, Confirmation, Vorverfahrenskammer I, 30.09.2008,
§ 500 ff. mit Bezug auf die Mauerschützenfälle des BGH.

[173] Vgl. IStGH, *Prosecutor v. Katanga/Chui*, Confirmation, Vorverfahrenskammer I 30.09.2008,
§ 512 ff.

- **Objektiv**:
    - Bestehen eines **gemeinsamen Planes** zur Erfüllung eines Straftatbestands (*common plan*);
    - **Wesentlicher Beitrag** zur Erfüllung der Tatbestandsvoraussetzungen (*essential contribution*), wobei Wesentlichkeit dann gegeben ist, wenn die Tatausführung von dem Beitrag abhängt.

- **Subjektiv**:
    - Jeder Mittäter muss die **subjektiven Voraussetzungen** der Straftat in eigener Person ganz erfüllen;
    - **Bewusstsein** eines gemeinsamen Planes zur Erfüllung eines Straftatbestandes.
    - **Bewusstsein** der Wesentlichkeit des eigenen Tatbeitrages.

Abb. 9 Voraussetzungen Mittäterschaft

75   (2) **Organisationsherrschaft**: General G befiehlt Unteroffizier U jeden aus dem besetzten Dorf fliehenden Zivilisten ohne Vorwarnung erschießen zu lassen. U gibt den Befehl an die Sicherungseinheit weiter, wovon G sicher ausgeht, in dem Wissen, sich auf seine Armee bedingungslos verlassen zu können. Im Laufe der kommenden drei Tage werden zwei Frauen vom Soldaten S bei dem Versuch zu fliehen, erschossen.
G hat sich eines Kriegsverbrechens nach Art. 8 Abs. 2a) (i) IStGHSt in Form der mittelbaren Täterschaft nach Art. 25 Abs. 3a) Var. 3 IStGHSt strafbar gemacht, weil er sich eines organisatorischen Machtapparates bediente, in dem der Ausführende strengem Gehorsam unterworfen und im Übrigen rasch ausgetauscht werden kann. Das gleiche gilt für U, der sich nach Art. 33 IStGHSt auch nicht auf die Ausführung eines Befehls berufen kann. Strafbar ist auch S als unmittelbarer Täter nach Art. 25 Abs. 3a) Var. 1 IStGHSt.

c) Mittäterschaft

76   Die *co-perpetration* setzt nach Art. 25 Abs. 3a) Var. 2 IStGHSt voraus, dass der Täter „**gemeinschaftlich mit einem anderen**" (*jointly with another*) handelt.[174] Die genauen Voraussetzungen für die mittäterschaftliche Zurechnung sind unklar. Die bislang erkennbare Rechtsprechung des IStGH orientiert sich stark an der deutschen Strafrechtsdogmatik.[175] Die Mittäterschaft wird demnach als gegenseitige Verantwortlichkeit verstanden, die sich aus dem arbeitsteiligen Vorgehen bei der Tatbestandsverwirklichung ergibt.[176] Dies führt zu einer „*joint control*" der jeweiligen Mittäter.[177] Daraus ergeben sich folgende Voraussetzungen (s. Abb. 9):[178]

---

[174] IStGH, *Prosecutor v. Lubanga*, Confirmation, Vorverfahrenskammer I, 29.01.2007, § 318.

[175] *Satzger* (2010), § 15 Rn. 54.

[176] IStGH, *Prosecutor v. Lubanga*, Confirmation, Vorverfahrenskammer I, 29.01.2007, § 326, s. auch IStGH, *Prosecutor v. Katanga/Chui*, Confirmation, Vorverfahrenskammer, 30.09.2008, § 520.

[177] IStGH, *Prosecutor v. Katanga/Chui*, Confirmation, Vorverfahrenskammer I, 30.09.2008, § 521.

[178] Dazu ausführlich IStGH, *Prosecutor v. Katanga/Chui*, Confirmation, Vorverfahrenskammer I, 30.09.2008, § 520–539.

Die Vorverfahrenskammern des IStGH legen der Mittäterschaft demnach eine   **77**
materiell-objektive Abgrenzung der Mittäterschaft zu Grunde und orientieren
sich auch hier an der Tatherrschaftslehre, wie sie in der deutschen Strafrechtsliteratur vertreten wird. Es bleibt abzuwarten, ob sie sich damit durchsetzen können,
denn unumstritten ist dieses Konzept, das nicht einmal von der deutschen Rechtsprechung mitgetragen wird[179], keinesfalls. Auch methodisch haben sich die Richter der Vorverfahrenskammer durch ein einseitiges Verlegen auf deutschsprachige
oder von der deutschen Dogmatik beeinflusste Literatur angreifbar gemacht.

Dieses Konzept der Mittäterschaft wird sich gegen das von den VN Tribunalen
entwickelte Zurechnungsmodell der „*joint criminal enterprise*" durchsetzen müssen. Auch wenn dieses vom IStGHSt nicht explizit übernommen wurde, scheint es
durch seine offenere Ausrichtung den völkerstrafrechtlichen Gegebenheiten eher
entgegenzukommen.

d) Exkurs: *joint criminal enterprise (jce)*

Das Statut des JStGH enthält weniger präzise Vorschriften über die **Täterschafts-**   **78**
formen. Art. 7 Abs. 1 JStGHSt und Art. 6 Abs. 1 RStGHSt sprachen jeweils nur
von „Begehung" (*commission*) einer Straftat. In der Lösung der Zurechnungsfragen
war man demnach relativ frei. Diese Freiheit wurde entsprechend genutzt und in
Anknüpfung an die Rechtsprechung nach dem 2. Weltkrieg, wo insbesondere durch
den IMT eine Verantwortung wegen Mitgliedschaft in einer kriminellen Organisation und „Verschwörung zum Angriffskrieg"[180] sowie durch US-amerikanische
Militärkommissionen in Dachau der Grundsatz des „*common design*" oder „*common purpose*" entwickelt worden war, das Zurechnungsmodell der *joint criminal
enterprise* (jce) entworfen.[181] Es handelt sich um ein institutionalistisch-partizipato-
risches oder **systemisches** Zurechnungsmodell,[182] d. h. auch wenn es einen originär
täterschaftlichen Strafvorwurf enthält,[183] speist sich die Zurechnung auch aus dem
Vorwurf der Mitgliedschaft in einem kriminellen Zweckverbund.

Die Zurechnung kraft *jce* wird – wie in Tab. 2 wiedergegeben – in drei Erschei-   **79**
nungsformen untergliedert mit jeweils unterschiedlichen Anforderungen auf objektiver und subjektiver Ebene.

---

[179] Der BGH folgt auf der Grundlage eines naturalistischen Kausalitätsverständnisses in ständi-
ger Rechtsprechung einer (gemäßigten) subjektiven Theorie, wenn er auf den Willen zur Tatherrschaft, aber niemals auf eine rein materiell-objektive Abgrenzung abstellt; vgl. dazu *Safferling*,
JuS 2005, 135.

[180] Dazu *Safferling*, KritV 2010, 65, 80.

[181] JStGH, *Prosecutor v. Tadic*, Urteil, Berufungskammer, 15.07.1999, §§ 185 ff., 220 ff. Methodisch ist die Anknüpfung an Völkergewohnheitsrecht unter diesen Voraussetzungen sicherlich
angreifbar; vgl. *Zahar/Sluiter* (2008), S. 223–230.

[182] Vgl. *Ambos* (2008), § 7 Rn. 30.

[183] Bestätigt in JStGH, *Prosecutor v. Vasiljevic*, Urteil, Berufungskammer, 25.02.2004, § 102.

Tab. 2 Übersicht Joint Criminal Enterprise

	JCE 1	JCE 2	JCE 3
	Grundform	Systemische Form	Erweiterte Form
Objektiv	(1) Mehrzahl von Personen	(1) Mehrzahl von Personen	(1) Mehrzahl von Personen
	(2) gemeinsamer Plan/Zweck zur Begehung von Völkerrechtsverbrechen	(2) gemeinsamer Plan/Zweck zur Begehung von Völkerrechtsverbrechen im Zusammenhang mit einem **Konzentrationslager**	(2) gemeinsamer Plan/Zweck zur Begehung von Völkerrechtsverbrechen
	(3) Beitrag im Rahmen des gemeinsamen Planes bzw. Zwecks	(3) Beitrag in diesem Rahmen	(3) Beitrag im Rahmen des gemeinsamen Planes bzw. Zwecks
	(4) Verbrechen innerhalb des Planes	(4) Verbrechen innerhalb Misshandlungssystems KZ	(4) Verbrechen außerhalb des Tatplans (**Exzesstaten**)
Subjektiv	Gemeinschaftlicher Vorsatz zur Begehung der Taten	(1) Kenntnis der KZ-Situation	(1) Absicht, den gemeinsamen kriminellen Plan/Zweck zu fördern (**Förderungsabsicht**)
		(2) Vorsatz zur Förderung, der in der Regel bereits aus der Beteiligung geschlossen wird (**Förderungsvorsatz**)	(2) **Vorhersehbarkeit** der möglichen Begehung der Exzesstaten.
			(3) In Kauf nehmen des Risikos

80 Trotz heftiger Kritik, die zunächst an dieser Rechtsprechung geäußert wurde[184], hat der JStGH an der Zurechnungsfigur stets festgehalten und sie weiterentwickelt. In der Tat lassen sich die drei Modelle nur schwer mit einem **schuldstrafrechtlichen Täterschaftsmodell**, wie es etwa das deutsche Strafrecht kennt, vereinbaren. Demnach ist es schon bei jce 1 fraglich, wie der Tatbeitrag aussehen muss. Nur bei einem „wesentlichen" Tatbeitrag käme auf der Grundlage der Tatherrschaftslehre tatsächlich eine Täterschaft in Frage; andernfalls läge ein Fall der Beihilfe vor.[185] Entsprechendes gilt für jce 2.

Äußerst problematisch ist die Zurechnung von **Exzesstaten** im Rahmen der jce 3. Während sich bei jce 2 über das KZ als Misshandlungssystem eine Zurech-

---

[184] Vgl. z.B. *Zahar/Sluiter* (2008), S. 221 ff.

[185] Der BGH würde zwar auch untergeordnete Tatbeiträge zulassen, dann aber zwischen dem Willen zur Tatherrschaft (dann Täterschaft) oder Gehilfenvorsatz (dann Teilnahme) unterscheiden.

nung konstruieren lässt, weil sich die Tat im Rahmen dieser Vereinbarung bewegt, fällt bei jce 3 die Tat gerade aus dem planmäßigen Zusammenhang heraus. Die subjektive Verbindung über die Vorhersehbarkeit und das Inkaufnehmen des Risikos wird nicht in Form eines *dolus eventualis* bezogen auf die begangene Tat verstanden, sondern allgemein und abstrakt auf die Begehung weiterer, vom Tatplan nicht mehr gedeckter Taten.[186] Erst recht problematisch wäre die Zurechnung von Taten, die eine spezifische Absicht verlangen, z. B. Völkermord, als Exzesstat. Hier muss verlangt werden, dass jeder Täter diese Völkermordabsicht in eigener Person aufweist.[187] Die Vorverfahrenskammer der ECCC hat nach intensiver Auseinandersetzung mit der Rspr. des JStGH in einer Entscheidung vom 20.05.2010 im Übrigen die jce 3 als Zurechnungsform abgelehnt.[188]

Zusammenfassend lässt sich festhalten, dass die jce eine Sonderform täterschaft- **81** licher Zurechnung darstellt, die auf der **Teilhabe an einem kriminellen Plan** oder Zweck als strafrechtlichem Vorwurf fußt. Im völkerstrafrechtlichen makrokriminellen Kontext besteht für diese Anknüpfung sicherlich ein kriminalpolitischer Bedarf, denn im Alleingang lassen sich die wenigsten völkerstrafrechtlichen Tatbestände verwirklichen. Die Gefährlichkeit für die kollektiven Rechtsgüter ergibt sich gerade aus dieser gemeinschaftlichen Verabredung im makrokriminellen Kontext. Die Zurechnung einer Einzeltat im subjektiven Bereich gerät darüber in den Hintergrund, so lange das Risiko weiterer Taten bewusst war.

2 Teilnahmeformen

Das IStGHSt unterscheidet drei unterschiedliche Gruppen der Teilnahmestrafbar- **82** keit: **Veranlassungsformen** nach Art. 25 Abs. 3b) IStGHSt, **Unterstützungsformen** nach Art. 25 Abs. 3c) IStGHSt und die Sonderform der Unterstützung eines **Gruppenverbrechens** nach Art. 25 Abs. 3d) IStGHSt.

a) Veranlassung zur Begehung einer Straftat

In Art. 25 Abs. 3b) IStGHSt werden **drei Formen** der Veranlassung fremder Straftaten genannt: anordnen (*order*), auffordern (*solicit*) und anstiften (*induce*).

(1) Anordnung

Unter Ausnutzung eines faktisch bestehenden **Über-Unterordnungsverhältnisses** **83** wird ein Untergebener davon überzeugt oder gezwungen eine Straftat zu begehen.

---

[186] Andernfalls wäre das spezielle Zurechnungsmodell jce 3 auch gar nicht erforderlich; vgl. *Satzger* (2010), § 15 Rn. 58.

[187] Problematisch daher JStGH, *Prosecutor v. Brdanin*, Decision on Interlocutory Appeal, Berufungskammer, 19.03.2004, § 6; dazu auch *Ambos* (2008), § 7 Rn. 32.

[188] ECCC, Case 002, Entscheidung v. 20.05.2010, §§ 51–89.

In subjektiver Hinsicht wird verlangt, dass der Anordnende mit Vorsatz nach Art. 30 IStGHSt auch bzgl. der zu begehenden Straftat handelt.

Hier ergeben sich in zweierlei Hinsicht Abgrenzungsschwierigkeiten, nämlich zur Vorgesetztenverantwortlichkeit und zur mittelbaren Täterschaft kraft Organisationsherrschaft. Im Gegensatz zu Art. 28 IStGHSt wird der Anordnende wegen positiven Tuns und nur bei Vorsatz bestraft. Nach Art. 28 IStGHSt liegt der Vorwurf in einem Unterlassen und Fahrlässigkeit reicht regelmäßig aus. Zur Organisationsherrschaft ist die Abgrenzung eher graduell. Eine täterschaftliche Begehung setzt voraus, dass der Täter das Geschehen über den organisatorischen Machtapparat beherrscht. Der Anordnende muss zwar als Übergeordneter in der Hierarchie über dem Ausführungsorgan sein, muss aber den gesamten Apparat nicht beherrschen. Das bedeutet auch, dass Organisationsherrschaft in aller Regel nur die obere Führungsebene treffen kann, während eine Anordnung auch auf mittlerer und unterer Führungsebene erfolgen kann.[189]

(2) Aufforderung und Anstiftung

84   Bei den weiteren Formen der Aufforderung und Anstiftung fällt eine Differenzierung **schwer**. Rein begrifflich wäre die Aufforderung[190] eine deutlichere und vehementere Form der Anstiftung.[191] Beide Male handelt es sich um die akzessorische Teilnahme an einer fremden Haupttat in der Form des Bestimmens zur Straftat, ohne dass ein hierarchisches Über-Unterverhältnis vorhanden ist und ausgenutzt wird. Subjektiv wird jeweils verlangt, dass der Täter die Haupttat herbeiführen will (im Sinne von Art. 30 Abs. 2a) ISGHSt) und in dem Bewusstsein handelt, dass seine Einwirkung nach der allgemeinen Lebenserfahrung dazu führen wird, dass die Tat ausgeführt wird (im Sinne von Art. 30 Abs. 2b) IStGHSt). Das wird im Wesentlichen dem deutschen „doppelten Anstiftervorsatz" entsprechen.[192]

b) Unterstützung einer Straftat

85   Die Vorschrift Art. 25 Abs. 3c) IStGHSt unterscheidet zwischen der **Beihilfe** (*aiding and abetting*) und **sonstigen Unterstützungshandlungen** (*otherwise assist*). Der objektive Tatbestand ist unter diesen Voraussetzungen denkbar weit. Es genügt jeder Beitrag, der physisch oder psychisch-moralisch die Haupttat wesentlich beeinflusst. Das kann durch ein Tun ebenso wie durch ein Unterlassen erfolgen. Der Beitrag muss auch nicht kausal für die Erfolgsherbeiführung werden.[193]

---

[189] Vgl. etwa *Ambos* (2008), § 7 Rn. 46.

[190] Nicht zu verstehen als Aufforderung an einen unbestimmten Personenkreis wie § 111 StGB, vgl. *Ambos* (2008), § 7 Rn. 47.

[191] So *Satzger* (2010), § 15 Rn. 61.

[192] Vgl. *Satzger* (2010), § 15 Rn. 62; in diesem Sinne auch *Werle* (2007), Rn. 437; *Ambos* (2008), § 7 Rn. 47.

[193] Vgl. Triffterer/*Ambos*, Special Print, Art. 25 Rn. 20.

Beihilfe

   I. Objektiver Tatbestand
     a. Haupttat
     b. Unterstützungshandlung
     c. Förderungswirkung
  II. Subjektiver Tatbestand
     a. Vorsatz bzgl. der Haupttat, Art. 30 IStGHSt
     b. Vorsatz bzgl. der Unterstützungshandlung
     c. Absicht der Förderung, Art. 25 Abs. 3 lit. c) IStGHSt

---

Abb. 10 Voraussetzungen Beihilfe

Die Begrenzung erfolgt auf subjektiver Ebene, denn die Unterstützung muss in der **Absicht** erfolgen, die Tatbegehung zu erleichtern (*for the purpose of facilitating*). In diesem Punkt wird der subjektive Tatbestand i. S. von Art. 30 Abs. 1 IStGHSt durch das Statut selbst modifiziert.[194] Der Vorsatz bzgl. der Haupttat bleibt nach Art. 30 Abs. 2 lit. a) IStGHSt ebenfalls bestehen. Besondere Absichten des Haupttäters muss der Unterstützer allerdings nicht teilen, es genügt, dass er davon Kenntnis hat (vgl. Abb. 10).[195]

c) Teilnahme am Gruppenverbrechen

Art. 25 Abs. 3d) IStGHSt enthält – in Anlehnung an die Anti-Terror-Konvention von 1998[196] – eine **neue Teilnahmevorschrift**, die das bereits beschriebene, kollektive Element der Völkerrechtsverbrechen aufgreift und umsetzt.[197] Dabei handelt es sich, wie der Wortlaut deutlich macht, um eine Auffangvorschrift, die erst dann zu prüfen ist, wenn eine andere Täterschafts- und Teilnahmeform nicht durchgreift. Diese kompromisshafte Vorschrift erinnert einerseits an das „*Conspiracy*"-Konzept im angloamerikanischen Strafrecht sowie an die Zurechnungsform der jce des JStGH andererseits.[198] Im Gegensatz zu diesen stellt die Vorschrift des IStGHSt jedoch eine Teilnahme- und keine Täterschaftsform dar. **86**

Die Voraussetzungen sind die in Abb. 11 aufgezählten:

Im objektiven Tatbestand ist diese Teilnahmeform demnach auf **Gruppenver-**   **87**
brechen beschränkt, wobei der Tatbeitrag des Teilnehmers keine spezifischen Voraussetzungen erfüllen muss; er muss demnach weder wesentlich, noch kausal sein.

---

[194] Vgl. *Ambos* (2008), § 7 Rn. 43; *Satzger* (2010), § 15 Rn. 62.

[195] *Werle* (2007), Rn. 416.

[196] International Convention for the Suppression of Terrorist Bombings, U.N. Doc. A/RES/52/164 (1998), Annex, Art. 2 § 3 c).

[197] Die Vorschrift wird für überflüssig gehalten von: *Mantovani*, JICJ 1 (2003), 26, 35.

[198] Vgl. dazu *Ambos* (2008), § 7 Rn. 31 u. 43.

- Objektiv:

  – **Haupttat:** Verbrechen nach Art. 5 IStGHSt begangen oder versucht von einer Gruppe von Personen auf Grund eines gemeismen Zwecks;
  – Irgendein **Tatbeitrag** („...auf sonstige Weise...") zu dieser Haupttat.

- Subjektiv:

  – **Vorsatz** bzgl. des Tatbetrags i.S. von Art. 30 Abs. 2 a) IStGHSt;
  – Unterstützungsvorsatz entweder:
    a) **Förderungsabsicht** bzgl. des Verbrechens der des verbrecherschen Zwecks, **oder**
    b) **Kenntnis** von der Absicht der Gruppe, ein Verbrechen zu begehen.

Abb. 11 Voraussetzungen Gruppenverbrechen

Es genügt eine irgendwie geartete physische oder psychisch-moralische Unterstützungshandlung, die vom eigentlichen Verbrechen sehr weit entfernt sein kann.

88 In subjektiver Hinsicht bedarf es zunächst **Vorsatz** bezogen auf den Unterstützungsbeitrag nach der allgemeinen Vorschrift des Art. 30 Abs. 2 lit. a) IStGHSt und darüber hinaus entweder **Förderungsabsicht** oder **bloße Kenntnis** von dem Gruppenverbrechen.[199] Nur in diesem letzten Punkt, wird die Vorschrift eigenständige Bedeutung entfalten, denn bei Förderungsabsicht wird in aller Regel bereits die „normale" Beihilfe nach Art. 25 Abs. 3 lit. c) IStGHSt erfüllt sein.

Beispiel: In einer groß angelegten „ethnischen Säuberungsaktion" lässt die Regierung von Mediterraneo die ozeanische Minderheit im eigenen Land zusammentreiben und in Konzentrationslagern inhaftieren. Für die Sicherung der Lager werden spezielle Selbstschussanlagen benötigt, die der Waffenhersteller K herstellt und vertreibt.
Variante 1: K liefert die Selbstschussanlagen zum marktüblichen Preis, wobei ihm bekannt ist, wofür die Anlagen benötigt werden. Er ist allein am Profit interessiert.
Variante 2: K liefert die Selbstschussanlagen zu einem besonders günstigen Preis, denn er teilt die Ziele der repressiven Politik.
Variante 3: K sagt in einem Interview mit einer verbreiteten Tageszeitung, dass er die Maßnahmen der Regierung unterstütze und jederzeit bereit sei, für diese gute Tat kostenlos Waffen zur Verfügung zu stellen.

Lösungshinweise: Die Mitglieder der Regierung von M machen sich der Deportation und Inhaftierung als Verbrechen gegen die Menschlichkeit (Art. 7 Abs. 1 lit. d) und e) IStGHSt) in Mittäterschaft schuldig (Art. 25 Abs. 3 lit. a) Fall 2 IStGHSt). In Variante 1 könnte K als Unterstützer der Haupttat nach Art. 25 Abs. 3 lit. c) IStGHSt schuldig sein. Dazu müsste er die Haupttat durch seinen Beitrag gefördert haben. Als Haupttat kommt nun ausschließlich die Inhaftierung in Betracht, denn allein für diesen Teil wirken die verkauften Waffen unterstützend. Fraglich ist aber, ob K auch den subjektiven Tatbestand erfüllt. K kennt die Umstände der Tat, was nach Art. 30 IStGHSt grundsätzlich ausreicht. Allerdings muss er zusätzlich auch „zur Erleichterung" der Haupttat handeln. Das ist hier nicht der Fall, denn K handelt rein aus wirtschaftlichem Interesse. Er kann deshalb nicht bestraft werden. Eine Strafbarkeit ergibt sich aber aus Art. 25 Abs. 3 lit. d) (ii) IStGHSt, denn K trägt objektiv zur Sicherung der KZs bei und handelt subjektiv in Kenntnis der Absicht der Regierung von der Inhaftierung der Minderheit.

---

[199] Vgl. *Satzger* (2010), § 15 Rn. 63; *Vogel*, ZStW 114 (2002), S. 403, 421.

In Variante 2 liegt eine Erleichterung der Haupttat bereits in dem günstigeren Preis für die gelieferten Waffen, so dass daraus geschlossen werden kann, dass W handelt, um gezielt die Haupttat zu fördern. Hier liegt also eine Unterstützung nach Art. 25 Abs. 3 lit. c) IStGHSt vor. Ob darüber hinaus auch die Teilnahme an einem Gruppenverbrechen nach Art. 25 Abs. 3 lit. d) IStGHSt gegeben ist, hängt davon ab, welche Anforderungen an den subjektiven Tatbestand gestellt werden. Das Verhältnis zwischen lit. c) und d) ist im Übrigen unklar.[200] Betrachtet man bei lit. d) den untergeordneten objektiven Tatbeitrag als entscheidenden Faktor, würde man lit. c) als vorrangig ansehen.[201] Betont man hingegen den subjektiven Tatbestand und den darin enthaltenen „Verschwörungscharakter" der Tat, so muss man (mindestens) von einer Gleichstufigkeit ausgehen.[202]

Bei Variante 3 lässt sich eine Teilnahme nach Art. 25 Abs. 3 lit. c) IStGHSt nicht begründen, denn die Förderungswirkung ist nicht konkret auf die Haupttat bezogen. Hier kommt aber eine Beitrag „auf sonstige Weise" in Betracht im Sinne der lit. d). Eine psychisch-moralische Unterstützung ist hier ausreichend. Ein befürwortendes Interview eines offenbar einflussreichen Industriellen stellt eine solche Handlung dar. Allerdings muss im subjektiven Bereich, der Beitrag zur Tat mit dem Ziel geleistet werden, den gemeinsamen Zweck der Gruppe zu fördern. Davon ist auszugehen, denn immerhin ist K bereit, auf den Kaufpreis zu verzichten, um die Inhaftierung zu ermöglichen bzw. zu erleichtern.

3 Vergleich der Konzepte

Ob sich die jce mit der Beendigung der Arbeit der VN Tribunale erledigt haben wird, ist schwer zu prognostizieren. Das IStGHSt ist sicherlich genauer in seinen **Differenzierungen** und die Entscheidungen der Vorverfahrenskammern weisen durchaus in ein tatherrschaftlich ausgewiesenes Täterschaftsverständnis. Die Würfel sind aber noch nicht endgültig gefallen. Deshalb sollen hier einige Fälle gegenüber gestellt werden, um die Unterschiede und Gemeinsamkeiten der Zurechnungsmodelle verständlicher zu machen.   **89**

Beispiele 1: In einem internationalen bewaffneten Konflikt überfällt eine Gruppe von Soldaten ein unbeschütztes Dorf, um alle Männer im wehrfähigen Alter zu erschießen. Während A, B und C die Exekutionen durchführen, sichern D und E den Eingang zum Dorf. Haben sich die Beteiligten nach Art. 8 Abs. 2 lit. a) (i) IStGHSt strafbar gemacht?   **90**
Lösung nach jce: A, B und C haben auf der Grundlage eines gemeinsamen Tatplans die Exekutionen vorgenommen und sind deshalb für die Tötungen insgesamt im Rahmen einer jce I verantwortlich. D und E haben keine Tötungen durchgeführt, aber dennoch durch ihre Sicherung einen Beitrag zu dem gemeinsamen Plan geleistet. Da ihnen dieser Plan auch bekannt war, sind sie ebenfalls Teil der jce und damit für die Tötungen strafrechtlich verantwortlich.
Lösung nach Art. 25 Abs. 3 lit. a) IStGHSt: Hier kommt es objektiv darauf an, ob D und E einen wesentlichen Beitrag zur Ausführung des Tatplans geleistet haben, der ihnen „joint control" vermittelt. Dieser Beitrag liegt in der Sicherung des Dorfes, der die Durchführung des Planes ermöglicht. Da dieser Beitrag in Kenntnis des Plans und der Wesentlichkeit des Beitrag durchgeführt wurde, sind D und E als Mittäter strafbar.

---

[200] Vgl. Triffterer/*Ambos*, Art. 25 Rn. 25.

[201] So etwa *Werle* (2007), Rn. 447.

[202] In diese Richtung tendieren Triffterer/*Ambos*, Art. 25 Rn. 25; *Vogel*, ZStW 114 (2002), S. 421.

91   **Beispiel 2**: Wie Beispiel 1, allerdings kommt es parallel zu den Exekutionen der männlichen Dorfbewohner auch zu Vergewaltigungen von Dorfbewohnerinnen. D und E bemerken davon nichts. Sind sie für die sexuellen Übergriffe von A, B und C strafrechtlich nach Art. 8 Abs. 2 lit. b (xxii) IStGHSt zu belangen?

Lösung nach jce: A, B und C haben den gemeinsamen Plan, Frauen des Dorfes zu vergewaltigen und sind jeweils nach jce 1 wechselseitig verantwortlich. D und E sind nicht Teil dieses Vorhabens. Da die sexuellen Übergriffe vom ursprünglichen Tatplan nicht gedeckt waren, kommt allenfalls eine Strafbarkeit nach jce 3 in Betracht. Zunächst ist festzuhalten, dass ein gemeinsamer Tatplan zum Überfall auf das Dorf und die Hinrichtung der männlichen Bevölkerung vorliegt und dass D und E einen Beitrag zur Durchführung dieses Planes geleistet haben. Da die Vergewaltigungen nicht von diesem Tatplan umfasst waren, handelt es sich um sog. Exzesstaten. Für die Strafbarkeit von D und E ist es daher erforderlich, dass sie den gemeinsamen Zweck des gemeinsamen Plans (Überfall auf das Dorf und Exekution der Männer) fördern wollten (Förderungsabsicht), und über die Tötung der männlichen Bewohner hinausgehende Taten an den Frauen vorhersehbar waren.

Lösung nach Art. 25 Abs. 3 lit. a) IStGHSt: Hier liegt ein gemeinsamer Tatplan vor zu dem D und E auch einen wesentlichen Tatbeitrag geleistet haben; allerdings liegen die subjektiven Erfordernisse nicht vor. D und E erfüllen die subjektiven Voraussetzungen der konkret begangenen Straftat, Art. 8 Abs. 2 lit. b (xxii) IStGHSt, nicht, da sie von den Vergewaltigungen keine Kenntnis hatten.

92   **Beispiel 3**: Die weibliche Bevölkerung des in den vorherigen Beispielen überfallenen Dorfes wird in ein Konzentrationslager verbracht. Das Lager ist ein Internierungs- und Arbeitslager, wobei die Versorgung mit Nahrungsmittel, die medizinische Versorgung sowie die hygienischen Zustände desolat sind. Kommandant H und die Unteroffiziere W und S sparen so an den zur Verfügung gestellten Mitteln, um sich selbst zu bereichern. W führt am Tag und S in der Nacht Aufsicht über die Wachmannschaften. Eines Nachts prügelt S die Lagerinsassin O aus purer Lust fast zu Tode. Sind H und W für die unmenschliche Behandlung der O durch den S nach Art. 8 Abs. 2 lit. a) (iii) IStGHSt strafrechtlich verantwortlich?

Lösung nach jce: H, W und S verfolgen einen gemeinsamen Zweck, indem sie unmenschliche Lebensbedingungen den KZ-Insassen auferlegen. Möglich wäre daher eine Zurechnung über jce 2. H, W und S leisten jeweils ihren Beitrag zur Aufrechterhaltung dieses Plans. S begeht ein Verbrechen im Zusammenhang mit dem Unrechtssystem KZ, indem er O verprügelt. Auch wenn H und W von diesem Übergriff nichts wussten und ihn auch nicht wollten, so wussten sie um das KZ und wollten das KZ-System insgesamt unterstützen. Das reicht für eine Zurechnung nach jce 2 aus, so dass sich H und W ebenfalls für die unmenschliche Behandlung der O zu verantworten hätten. Hier wird deutlich, dass die Zurechnung über jce 2 auf der grundsätzlichen Teilnahme an dem Unrechtssystem KZ herrührt.

Im Übrigen sind H, W und S auch im Rahmen einer jce 1 wegen Art. 7 Abs. 1 lit. e) (Freiheitsentzug) bzw. lit. k) (andere unmenschliche Handlung) IStGHSt verantwortlich.

Lösung nach Art. 25 Abs. 3 lit. a) IStGHSt: H und W wären für die Tat des S nur dann als Mittäter verantwortlich, wenn sie einen gemeinsamen Tatplan gefasst und jeder eine wesentliche Unterstützungshandlung getätigt hätten. Das liegt in Bezug auf die Einrichtung des KZ und der Auferlegung repressiver Lebensbedingungen sicherlich vor. In Bezug auf die unmenschliche Handlung des S gegenüber O wird die Verbindung schwieriger zu begründen. Vor allem am Erfordernis des Vorsatzes bezüglich der Tat des S droht die Zurechnung zu scheitern, es sei denn man ist bereit hier eine Argumentation ähnlich der jce 2 aufzubauen, indem man behauptet, dass derartige Übergriffe mit dem Tatplan zur Errichtung und Durchführung eines KZ und der unmenschlichen Behandlung der Insassen durch Nahrungsentzug und Vorenthalten medizinischer Versorgung auf das Engste verbunden sind. Dann könnten sich H und W nicht damit entschuldigen, dass sie die Übergriffe nicht gewollt hätten, denn die Prügeleien des S stehen in derart engem Zusammenhang mit dem KZ-System insgesamt, dass sie schlicht ein besonderer Ausdruck des gemeinsamen Tatplans darstellen. Mit einer solchen Argumentation kommt man gefährlich nahe an den *dolus generalis* bzw. des *versari in re illicita*. Allerdings muss man auch sehen, dass in den

Zusammenhängen der Makrokriminalität nicht die gleichen Vorsatzanforderungen gelten können wie im nationalen Recht, sondern der kollektive und systematische Charakter der Straftaten auch im Rahmen der Zurechnung zum Ausdruck kommen muss.

Beispiel 4: Wie Beispiel 3. T ist einfacher Wachsoldat der Tagesschicht und leistet seinen Wehrdienst ab. Ihm ist die Beaufsichtigung der KZ-Insassen unangenehm und er steckt diesen gelegentlich Schokolade zu. Ist T wegen Art. 7 Abs. 1 lit. e) IStGHSt zu bestrafen? T ist kein Mittäter. Er könnte weder nach jce 1 noch jce 2 belangt werden, da er sich den Tatplan nicht zu eigen macht. Als Mittäter nach Art. 25 Abs. 3 lit. a) IStGHSt fehlt ihm ebenfalls die Einbeziehung in den Tatplan. Allerdings könnte er als Unterstützer nach Art. 25 Abs. 3 lit. d) IStGHSt verantwortlich sein. Die objektiven Voraussetzungen liegen vor, da T als Wachsoldat bei der Aufrechterhaltung des Unrechtssystems KZ hilft und die Völkerstraftaten von H, W und S dadurch fördert. Hinsichtlich der Haupttat und der Förderungswirkung seines Beitrags kann von Kenntnis seitens T ausgegangen werden; allerdings fehlt es an der Absicht, die Haupttat auch zu unterstützen, da T im Gegenteil den Zweck der Haupttat durch sein Verhalten unterminiert. Das IStGHSt verlangt für die Beihilfe auf subjektiver Ebene eine über das bloße Bewusstsein hinausgehende Förderungsabsicht. T wäre demnach nicht zu bestrafen.

93

4 Vorgesetztenverantwortlichkeit

Es wurde bereits mehrfach darauf hingewiesen, dass Völkerrechtsverbrechen in aller Regel in einem hierarchisch strukturierten Kontext begangen werden. Die unterschiedlichen Ebenen (s. Rn. 67, 68) bringen verschiedene Verantwortlichkeiten mit sich. Hier stellt sich nun die Frage, unter welchen Umständen der Vorgesetzte für eine Straftat der Untergebenen verantwortlich sein kann, die er nicht angeordnet hat. Im Anschluss an das humanitäre Völkerrecht, insbesondere das Genfer Recht, hat sich im Völkerstrafrecht ein eigenständiges Konzept der **Vorgesetztenverantwortlichkeit** (*command* oder *superior responsibility*) entwickelt, das in Art. 28 IStGHSt seinen Niederschlag gefunden hat.[203] Art. 7 Abs. 3 JStGHSt und Art. 6 Abs. 3 RStGHSt enthielten jeweils ähnliche Vorschriften, die in der Praxis der UN Tribunale eine große Rolle gespielt haben.[204] Im Grundsatz ist diese Verantwortungsform völkergewohnheitsrechtlich anerkannt.[205] Im Fall *Bemba* hat die Vorverfahrenskammer 2 bereits ausführlich zum Problem des Art. 28 lit. a) IStGHSt Stellung bezogen.[206]

94

Ausgangspunkt der Verantwortungszuschreibung ist die Aufsichts- und Kontrollpflicht des Vorgesetzten (**Garantenstellung**), sei dieser nun militärisch oder zivil. Eine solche Pflichtverletzung kommt nur dann in Betracht, wenn dem Vorgesetzten weder Täterschaft noch Teilnahme an der begangenen Straftat nachgewiesen werden kann. Insofern ist Art. 25 Abs. 3 immer vorrangig gegenüber Art. 28 IStGHSt zu prüfen.[207] Die Verantwortung des Vorgesetzten entsteht nicht nur bei positiver Kenntnis

95

---

[203] Zur Terminologie *Werle* (2007), Rn. 451.

[204] Vgl. dazu ausführlich *Burghardt* (2008); *ders.*, ZIS 2010, 695.

[205] Vgl. *Werle* (2007), Rn. 453: „gesicherter Bestand des Völkergewohnheitsrechts".

[206] IStGH, *Prosecutor v. Bemba*, Confirmation, 15.06.2009, § 402 ff.

[207] S. IStGH, *Prosecutor v. Bemba*, Confirmation, 15.06.2009, § 402; *Satzger* (2010), § 15 Rn. 64; *Ambos* (2008), § 7 Rn. 57.

um eine völkerrechtliche Straftat in seinem Zuständigkeitsbereich, sondern grundsätzlich auch bei (bewusster) Fahrlässigkeit. Daraus resultiert letztlich die Pflicht des
Vorgesetzten, seinen Einflussbereich so zu strukturieren und mit einem Kontrollnetz
auszugestalten, dass Straftaten effektiv verhindert werden können. Man könnte hier
von völkerstrafrechtlicher „Compliance" analog dem Wirtschaftsstrafrecht sprechen.

a) Vorgesetztenstellung

96 Ausgangspunkt für die Strafbarkeit ist eine **Vorgesetzten-Untergebenen Bezie-
    hung**, die einer militärischen[208] oder auch nicht-militärischen Hierarchiestruktur
    entstammen kann, etwa der zivilen Verwaltung oder einem Wirtschaftsunterneh-
    men. In diesem Verhältnis muss dem Vorgesetzten auch tatsächliche (*„effective"*)
    Führungsgewalt und Kontrolle zukommen. Substantiell wird darunter verstanden,
    dass der Vorgesetzte in der Lage sein muss, das Verbrechen zu verhindern oder
    zu verfolgen (*„prevent and punish"*).[209] Während der Aufgabenbereich im militä-
    rischen Kontext kraft Organisationsstruktur abgesteckt ist und sich auf sämtliche
    militärischen Aufgabenfelder bezieht, ist im zivilen Bereich der Hinweis enthalten,
    dass der Vorgesetzte nur für Verhaltensweisen seiner Untergebenen verantwortlich
    ist, die sich auf den tatsächlichen Aufgabenbereich beziehen, vgl. Art. 28 lit. b) (ii)
    IStGHSt. Als Vorgesetzter im Sinne des Art. 28 IStGHSt gilt nicht nur derjenige
    an der Spitze der Hierarchie, sondern jeder, der innerhalb eines gestuften Systems
    Führungsgewalt ausübt.[210]

b) Die Pflichten des Vorgesetzten

97 Die Pflichten des Vorgesetzten sind – je nach Verwirklichungsstadium des zugrun-
    de liegenden Verbrechens – dreifach:[211]

- **Verhinderungspflicht** (*duty to prevent*): Der Vorgesetzte muss, wenn er von
  einem bevorstehenden Verstoß gegen Völkerstrafrecht erfährt, einschreiten und
  die Begehung des Verbrechens unterbinden. Dazu gehört auch Schulung der
  Untergebenen und die Organisation der (militärischen) Struktur, um sicherzustellen, dass Kriegsverbrechen u. a. unterbleiben (Compliance). Es handelt sich
  hier grundsätzlich um eine präventive Maßnahme.
- **Unterdrückungspflicht** (*duty to repress*): Hat die Ausführung des Verbrechens
  bereits begonnen, muss er dafür Sorgen, dass die Begehung sofort beendet wird.

---

[208] Darunter fallen auch quasi-militärische Hierarchiestrukturen, also Polizei, paramilitärische
Einheiten oder Rebellengruppen, vgl. IStGH, *Prosecutor v. Bemba*, Confirmation, Vorverfahrenskammer II, 15.06.2009, §§ 408–410.

[209] IStGH, *Prosecutor v. Bemba*, Confirmation, Vorverfahrenskammer II, 15.06.2009, § 415 mit
Verweis auf JStGH, *Prosecutor v. Delalic*, Urteil, Berufungskammer, 20.02.2001, § 256.

[210] Vgl. *Weltz* (2004), S. 267 f.

[211] Vgl. IStGH, *Prosecutor v. Bemba*, Confirmation, Vorverfahrenskammer II, 15.06.2009, § 424.

Abb. 12 Vorgesetztenverantwortung

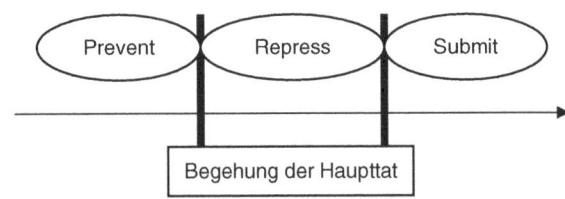

Damit verbunden ist nach der Rspr. aber noch eine weitere Pflicht, nämlich die
bereits begangenen Taten zu sanktionieren.[212] Der Vorgesetzte muss also, soweit
vorhanden, das interne Disziplinierungssystem aktivieren und die Täter bestrafen. Kann er das nicht, tritt die dritte Pflicht auf den Plan.

- **Meldepflicht** (*duty to submit the matter*): Wurde von Untergebenen bereits eine
  Straftat begangen, so muss der Vorgesetzte einschreiten, indem er die Straftat
  strafrechtlich verfolgen lässt. Das bedeutet, er muss den Vorfall und die verantwortlichen Untergebenen den Strafverfolgungsbehörden melden, um selbst
  seiner Verantwortung gerecht zu werden. In diesem Fall handelt es sich also um
  eine repressive Maßnahme nach begangener Tat.

Auf einem Zeitstrahl dargestellt, sieht der Ablauf der **Pflichten** des Vorgesetz-   **98**
ten in Bezug zur Haupttat (vom Versuch bis zur Vollendung) wie in Abb. 12 dargestellt aus:

c) Kausalitätserfordernis

Art. 28 setzt dem Wortlaut nach Kausalität zwischen der Pflicht des Vorgesetzten   **99**
und der Straftat des Untergebenen voraus („...*as a result of*..."). Umstritten ist,
ob ein solches **Kausalitätserfordernis** dem Stand des Völkerstrafrechts entspricht,
bzw. ob es überhaupt sinnvoll durchgeführt werden kann. Das ist alles andere als
eine akademische Frage. Im Fall *Bemba* hat die Vorverfahrenskammer 2 am IStGH
sich für eine kausale Beziehung zwischen der Pflichtverletzung des Vorgesetzten
und der Verbrechensbegehung des Untergebenen ausgesprochen.[213] Die Rechtsprechung des JStGH war noch vom Gegenteil ausgegangen und hatte dabei vor allem
an die 3. Rechtspflicht des Vorgesetzten angeknüpft:

> The very existence of the principle of superior responsibility for failure to punish demon-
> strates the absence of a requirement of causality as a separate element of the doctrine of
> superior responsibility.[214]

---

[212] So IStGH, *Prosecutor v. Bemba*, Confirmation, Vorverfahrenskammer II, 15.06.2009, § 439 f.
[213] IStGH, *Prosecutor v. Bemba*, Confirmation, Vorverfahrenskammer II, 15.06.2009, § 423, abgeleitet aus den Worten: „as a result of" in Art. 28 a) IStGHSt.
[214] JStGH, *Prosecutor v. Delalic et al*, Urteil, Verfahrenskammer, 16.11.1998, § 400; *Prosecutor v.
Blaskic*, Urteil, Berufungskammer, 29.07.2004, § 76

100 In der Tat ist es ausgeschlossen von einer **Kausalitätsbeziehung** im Sinne einer *condicio sine qua non* (im Englischen auch *but-for*-Test genannt) zwischen der Meldepflicht und der Verbrechensbegehung zu sprechen. Im Fall *Bemba* windet sich die Kammer dann auch und behauptet, die unterlassene Meldung eines Verbrechens sei kausal für die Verhinderung weiterer Verbrechen. Allerdings sei Kausalität hier nicht im Sinne der Bedingungstheorie zu verstehen, sondern im Sinne einer **Risikoerhöhung**.[215] Aus der empirisch nicht verifizierbaren Ausgangsthese der Abschreckungswirkung eine Rechtsbeziehung abzuleiten, bleibt auch bei der Reduzierung auf die Risikoerhöhung als Kausalbeziehung recht vermessen. Richtig bleibt indes die – von der Kammer aber so nicht getroffene – Feststellung, dass im Fall des Unterlassens ohnedies nicht von einer Kausalität im naturalistischen Sinne gesprochen werden kann, sondern allenfalls von einer Quasi-Kausalität, die an eine Wahrscheinlichkeitsprognose anknüpft.

101 Eine quasi-kausale Beziehung zwischen der Pflichtverletzung und der Haupttat kann nur dann festgestellt werden, wenn an eine Pflicht angeknüpft wird, die zeitlich vor oder wenigstens bei Begehung der Haupttat besteht (s. vorgängiges Schema). Eine Pflicht, die erst nach Begehung der Haupttat überhaupt entsteht, kann nicht auf diese zurückbezogen werden. Die Frage hat noch eine spezielle **praktische Bedeutung**. Das verdeutlicht folgendes

> **Beispiel:** Hauptmann H übernimmt – im Rahmen eines andauernden internationalen bewaffneten Konflikts – am 1.7. den Befehl über die Kompanie 272 von seinem Vorgänger Major M. Am 8.7. erfährt er, dass Obergefreiter O in der Zeit vom 15.4. bis 30.4. bei der Bewachung des Kriegsgefangenenlagers, Insassen gefoltert und vergewaltigt hat. Kann H, wenn er diese Verbrechen nicht meldet, wegen Vorgesetztenverantwortlichkeit nach Art. 28 a) (ii) IStGHSt für Art. 8 Abs. 2 lit. a) (ii), (iii); b) (xxi), (xxii) für schuldig befunden werden? Die Antwort auf diese Frage hängt davon ab, ob man die Meldepflicht als eigenständige Vorgesetztenpflicht ansieht, die mit der konkreten Tatbegehung nur indirekt in Zusammenhang steht. Sieht man die Meldepflicht als Ausfluss der Verhinderungspflicht, kann der neue Vorgesetzte kaum in diese, den früheren Vorgesetzten treffende Pflicht eintreten, ohne dass das Dogma der individuellen Schuld leidet.[216] Danach wäre H nicht strafbar. Wird hingegen anerkannt, dass die Meldepflicht eine eigenständige, von der „Vorgeschichte" unabhängige Verantwortung des Vorgesetzten ist, ist er wegen unterlassener Meldung strafbar.

Die Frage nach der Kausalität ist ungelöst. Während bei der Verhinderungs- und Unterdrückungspflicht von einem quasi Kausalitätsverhältnis ausgegangen werden kann[217], scheint mir dies für die Bestrafungs- bzw. Meldepflicht ausgeschlossen zu sein. Letztlich hängt diese Frage auch mit der Beantwortung der Frage nach dem eigentlichen Wesen der *Superior Responsibility* zusammen (dazu unten Rn. 104, 105).

---

[215] IStGH, *Prosecutor v. Bemba*, Confirmation, Vorverfahrenskammer II, 15.06.2009, § 425; so bereits Cassese/Gaeta/Jones/*Ambos*, S. 860. Anders hingegen *Nerlich*, JICJ 3 (2007), 665, 678 f., der darauf abstellt, dass bei jeder unterlassenen Meldung eine unterlassene Verhinderung vorausgeht und daran zur Frage der Kausalität angeknüpft werden müsse.

[216] Das wäre die Konsequenz der Meinung von *Nerlich*, JICJ 3 (2007), 665, 678 f.

[217] *Ambos* (2002), S. 686 verlangt darüber hinaus eine objektive Zurechnung im Sinne einer normativen Zurechnungsstufe.

d) Subjektive Voraussetzungen

In **subjektiver Hinsicht** ist der Vorgesetzte, militärisch oder zivil, in jedem Fall   **102**
dann verantwortlich, wenn er von den Straftaten (allgemeine) positive Kenntnis
erlangt. Detailwissen ist nicht erforderlich.[218] Seine Verantwortung geht aber noch
weiter. Der militärische Vorgesetzte ist für jede Form der fahrlässigen Unkennt-
nis,[219] der zivile Vorgesetzte für eine Art gesteigerte Fahrlässigkeit verantwortlich,
wenn er eindeutig auf Straftaten seiner Untergebenen hinweisende Information bewusst außer Acht lässt, vgl. Art. 28 lit. b) (i) IStGHSt.[220]

e) Übersicht

Aus dem Vorstehenden ergibt sich folgende Prüfungsreihenfolge (s. Abb. 13).   **103**

	Militärischer Vorgesetzter Art. 28 a) IStGHSt	Ziviler Vorgesetzter Art. 28 b) IStGHSt
objektiv	Vorgesetzten-Untergebenen Beziehung	
	Tatsächliche militärische Befehlsgewalt	Tatsächliche Führungsgewalt und Kontrolle im tatsächlichen Aufgabenbereich, s. Art. 28 b) (ii)
	Unterlassen einer erforderlichen und angemessenen Maßnahme	
	• Präventiv: **Verhinderungspflicht**	
	• Präventiv/Repressiv: **Unterdrückungspflicht**	
	• Repressiv: **Meldepflicht**	
	Kausalität zwischen Versäumnis und Straftat (str.)	
Subjektiv	Positive Kenntnis oder	Positive Kenntnis oder
	Fahrlässige Unkenntnis („*should have known*")	Bewusst fahrlässige Unkenntnis („*consciously disregarded information which clearly indicated...*")

Abb. 13 Voraussetzungen der Vorgesetztenverantwortung

---

[218] Vgl. *Nerlich*, JICJ 3 (2007), 665, 671 f.

[219] IStGH, *Prosecutor v. Bemba*, Confirmation, Vorverfahrenskammer II, 15.06.2009, § 429–434;
die Kammer spricht von „*negligence*" und sieht darin eine Erweiterung im Vergleich zum Standard der *Ad Hoc*-Tribunale, wo von „had reason to know" etwa in Art. 7 Abs. 3 JStGHSt gesprochen wird. Der Standard „should have known" verlangt ein aktives Kontrollieren und Nachfragen
seitens des Vorgesetzten. Die deutsche Übersetzung spricht beide Male von „hätte wissen müssen" und verschleiert deshalb den Unterschied; vgl. auch *Werle* (2007), Rn. 469; *Ambos*, LJIL 22
(2009), S. 715, 722.

[220] Vgl. *Satzger* (2010), § 15 Rn. 66.

f) Dogmatische Einordnung

104 Das genaue **Zurechnungskonzept** bzw. die rechtliche Wirkung von Art. 28 IStGHSt ist weithin umstritten. Nach der deutschen Strafrechtsdogmatik handelt es sich bei der Vorgesetztenverantwortlichkeit um ein echtes Unterlassensdelikt in jeweils unterschiedlichen Erscheinungsformen entsprechend den unterschiedlichen Pflichten des Vorgesetzten, Prävention oder Repression. Dementsprechend formuliert das VStGB die Pflichten des Vorgesetzten als Verletzung der Aufsichtspflicht (§ 13 VStGB), bzw. Verletzung der Meldepflicht (§ 14 VStGB). Der Wortlaut von Art. 28 IStGHSt spricht eher für eine eigenständige Zurechnungsnorm der Anlasstat und die Begründung von Täterschaft beim Vorgesetzten.[221] So ist auch die Herangehensweise der Vorverfahrenskammer, die von einer Verantwortlichkeit des Vorgesetzten für eine Völkerrechtsstraftat nach Art. 6–8 IStGHSt nach Art. 28 IStGHSt spricht.[222] Das ist insoweit schwierig zu akzeptieren als demnach auch bei fahrlässig unterbliebener Verhinderung oder fahrlässig unterlassener Meldepflicht der Vorgesetzte für die Handlung und den eingetretenen strafbaren Erfolg verantwortlich wäre. Das wird als Wertungswiderspruch kritisiert.[223]

105 Eine parallele Verantwortlichkeit des Vorgesetzten für den Erfolg der Straftat, nicht jedoch für die Handlung des Untergebenen, ähnlich der Strafbarkeit des Gehilfen, kann wenigstens für die Fälle der Verhinderungs- und Unterdrückungspflicht ein richtiger Ansatzpunkt sein.[224] Die unterlassene Meldung ebenfalls als analog eines Gehilfenbeitrags in Form einer nachträglichen, psychisch-moralischen Unterstützung des Haupttäters anzusehen, trägt schon Züge eines *dolus subsequens*, der kaum für eine schuldangemessene Zurechnung des Erfolgs taugt.[225] Vorzugswürdig wäre daher die Anerkennung einer eigenständigen **Unterlassensverantwortung** für vorsätzlich oder fahrlässig unterbliebene Strafanzeigen entsprechend § 14 VStGB.

VII Versuch und Rücktritt

106 Das Römische Statut regelt auch die Strafbarkeit des **Versuchs** und die Straflosigkeit des **Rücktritts** in Art. 25 Abs. 3 lit. f) IStGHSt. Die praktische Relevanz dieser (ambitionierten) Regelung tritt indes hinter der Funktion der Abrundung der „General Principles" deutlich zurück. Bislang ist jedenfalls noch keine versuchte Völkerstraftat eigenständig zur Anklage gelangt, gleichwohl gilt er als Völkerge-

---

[221] Vgl. *Werle* (2007), Rn. 454.

[222] S. IStGH, *Prosecutor v. Bemba*, Confirmation, Vorverfahrenskammer II, 15.06.2009, § 407.

[223] Vgl. *Nerlich*, JICJ 3 (2007), 665, 676.

[224] *Nerlich*, JICJ 3 (2007), 665, 676 f.

[225] Dazu etwa *Rengier*, AT (2009), § 14 Rn. 60.

wohnheitsrecht.[226] Die Strafbarkeit umfasst wegen der grundsätzlich subjektiven Ausrichtung der Versuchsstrafbarkeit auch den sog. untauglichen Versuch.[227]

1 Versuch

Der Prüfung des Versuchs einer Tat setzt voraus, dass diese nicht vollendet wurde. **107** Erforderlich ist dann die Feststellung eines **Tatvorsatzes** (*intentions*), was aus der negativen Formulierung des Art. 25 Abs. 3 lit. f) S. 1 IStGHSt geschlossen werden kann.[228] Im **äußeren Tatgeschehen** muss der Täter einen „*substantial step*" zur „*execution*" des Verbrechens begangen haben.[229] Die Vermischung verschiedener nationaler Konzepte zur stets strittigen Frage des exakten Zeitpunkts des Versuchsbeginns soll nicht davon ablenken, dass in der Sache die übliche Formel von der Handlung, die ohne weitere Zwischenschritte in die unmittelbare Tatbestandsverwirklichung einmündet, sicherlich für die Prüfung taugt.[230]

2 Rücktritt

Zunächst erinnert die Regelung des Rücktritts in Art. 25 Abs. 3 lit. f) S. 2 IStGHSt **108** an die Formulierung des § 24 StGB. Jedoch enthält S. 1 eine eigenartige Formulierung, wenn es heißt, dass die Tat „unabhängig von [der] Tatabsicht" nicht vollendet wird. Das bedeutet im Umkehrschluss, dass wenn die Tat entsprechend der Absicht des Täters unvollendet bleibt, überhaupt keine Strafbarkeit des Versuchs entstehen kann. Diese an die französische Rücktrittsdogmatik erinnernde Formulierung des Versuchs führt dazu, dass tatsächlich der Rücktritt einmal als positive und einmal als negative Formulierung in Art. 25 Abs. 3 lit. f) IStGHSt enthalten ist. Es handelt sich dabei offenbar um ein **Redaktionsversehen**.[231] Im Folgenden beschränken wir uns auf die Darstellung der Regelung nach S. 2.

In S. 2 werden zwei mögliche **Rücktrittshandlungen** genannt: (1) Aufgabe des **109** Tatplans und (2) aktive Erfolgsverhinderung. Das legt nahe, ähnlich dem deutschen Recht nach § 24 StGB zwischen unbeendetem (dann genügt ein Aufgeben der Tat)

---

[226] *Ambos* (2002), S. 707 ff; *Satzger* (2010), § 15 Rn. 68.

[227] Vgl. *Werle* (2007), Rn. 590 allerdings ohne Begründung; vgl. *Safferling*, ZStW 118 (2006), S. 682, S. 712 m. Fn. 171.

[228] Vgl. auch *Satzger* (2010), § 15 Rn. 69.

[229] Zu den Formulierungen auch *Ambos* (2007), § 7 Rn. 72; *Safferling* (2008), S. 416 ff speziell zum englischen Recht.

[230] Vgl. dazu *Safferling*, ZStW 118 (2006), S. 682, S. 707–712; so auch *Satzger* (2010), § 15 Rn. 70. Für eine eher objektive Auslegung *Ambos* (2007), § 7 Rn. 73.

[231] Eine genaue Analyse der Regelung findet sich bei *Ambos* (2002), S. 709–715.

und beendetem (dann muss eine Rettungskausalität in Gang gesetzt werden) zu unterscheiden.[232]

Das Kriterium der **Freiwilligkeit** der Aufgabe des Tatplans wird ausdrücklich genannt, aber nicht näher ausgeführt.[233]

110 Unklar ist im Übrigen auch die **Wirkung** des Rücktritts. Folgt man den Voraussetzungen nach S. 2, so wirkt der Rücktritt strafbefreiend wie im deutschen Recht (persönlicher Strafaufhebungsgrund). Knüpft man an S. 1 an, hat der Rücktritt tatbestandsausschließende Wirkung, mit der Folge, dass eine Teilnahmestrafbarkeit entfällt.[234]

VIII Konkurrenzen und Strafzumessung

1 Konkurrenzen

111 Das Völkerstrafrecht kennt (bislang) lediglich **vier Verbrechenstatbestände**, Aggression, Völkermord, Verbrechen gegen die Menschlichkeit und Kriegsverbrechen. Oftmals werden sich die Tatbestände indes überschneiden. So kann etwa Folter sowohl Völkermord (Art. 6 lit. b) IStGHSt), Verbrechen gegen die Menschlichkeit (Art. 7 Abs. 1 lit. f) IStGHSt) und Kriegsverbrechen (Art. 8 Abs. 2 lit. a) (ii) IStGHSt darstellen. Ebenso können Einzeltaten unterschiedliche Tatvarianten eines Verbrechens darstellen, also etwa Folter und Tötung als Verbrechen gegen die Menschlichkeit (Art. 7 Abs. 1 lit. a) und lit. f) IStGHSt). Schließlich wird der makrokriminelle Kontext zu berücksichtigen sein, denn in aller Regel ist eine Vielzahl von Personen tätig, die eine Vielzahl an Einzeltaten begehen.

112 Das IStGHSt nimmt zu diesem Problem keine Stellung, geht aber im Zusammenhang mit der Gesamtstrafbildung nach Art. 78 Abs. 3 IStGHSt davon aus, dass eine Person mehrere Verbrechen für schuldig befunden werden kann.[235] Wenig substantiell ist auch die völkerstrafrechtliche Praxis in diesem Punkt. In Nürnberg etwa verurteilte der IMT ohne nähere Begründung etwa wegen Verschwörung zum Angriffskrieg und Kriegsverbrechen. Der JStGH hat sich um eine **rechtliche Systematisierung** der Konkurrenzfragen bemüht.[236] „*Leading case*" ist hier der Fall *Delalic*, in dem die Berufungskammer den sog. *Celebici*-Test entwickelt hat.[237]

---

[232] Ebenso *Satzger* (2010), § 15 Rn. 71.

[233] S. *Ambos* (2008), § 7 Rn. 74.

[234] Vgl. *Werle* (2007), Rn. 594.

[235] Vgl. *Werle* (2007), Rn. 623.

[236] Vgl. *Stuckenberg* (2001), S. 559, 573 ff.

[237] JStGH, *Prosecutor v. Delalic et al*, Urteil, Berufungskammer, 20.02.2001, § 412 f.

Demnach ist bei mehreren Delikten wie folgt zu verfahren: **113**

- **Vergleich** zwischen den Tatbeständen, ob diese identisch sind oder ob mindestens ein Merkmal vorhanden ist, das in dem anderen Tatbestand nicht enthalten ist.
- Bei **Nichtidentität** wird wegen beider Delikte verurteilt
- Bei **Identität** ist zu unterscheiden, welche Vorschrift die speziellere ist; nur wegen dieser wird verurteilt.

Das Verhältnis der einzelnen Völkerrechtsverbrechen ist mittlerweile geklärt: Völkermord, Verbrechen gegen die Menschlichkeit[238] und Kriegsverbrechen können jeweils nebeneinander zu Anwendung gelangen. Im Verhältnis verschiedener Einzeltaten kann hier nicht jede denkbare Konkurrenzsituation aufgeführt werden. Im Besonderen Teil (u. § 6) werden einzelne Konfliktsituationen besprochen.

Die Vorgesetztenverantwortlichkeit tritt hinter Täterschaft oder Teilnahme des   **114**
Vorgesetzten an der (Haupt-)Tat zurück.[239] Die Planung bzw. die versuchte Begehung eines Verbrechens tritt hinter der Vollendung zurück.

2 Grundregeln der Strafzumessung

a) Gesetzlicher Rahmen

Die Strafzumessung ist im Völkerstrafrecht weit weniger systematisiert und kon-   **115**
turiert als im deutschen Strafrecht.[240] Da auch **Strafrahmen** fehlen, fehlt jeglicher Anhaltspunkt für die grundsätzliche Gewichtung der verschiedenen Delikte des „Besonderen Teils" des Völkerstrafrechts.[241] Nach Art. 26 IMTSt konnte das Nürnberger Tribunal die Todesstrafe oder eine „andere dem Tribunal gerecht erscheinende Strafe" verhängen. Art. 24 JStGHSt und Art. 23 RStGHSt machen deutlich, dass die Todesstrafe auch wegen schwerer völkerrechtlicher Verbrechen keine men-

---

[238] Zunächst wurde vom RStGH, *Prosecutor v. Kayishema und Ruzindana*, Urteil, Verfahrenskammer, 21.05.1999, § 648 davon ausgegangen, dass Verbrechen gegen die Menschlichkeit vom Völkermord konsumiert werden. Wegen der besonderen Völkermordabsicht einerseits und der spezifischen Kontextelemente bei Verbrechen gegen die Menschlichkeit andererseits ist das nicht überzeugend; vgl. nun auch RStGH, *Prosecutor v. Musema*, Urteil, Berufungskammer, 16.11.2001, §§ 366 f.

[239] Vgl. dazu *Werle* (2007), Rn. 633.

[240] Aus rechtsvergleichender Sicht (Schweden, England, Deutschland, Frankreich): *Nemitz* (2002), S. 65–176; zusätzlich noch Minnesota, USA, Victoria und dem Commonwealth von Australien: *Melloh* (2010), S. 380–490.

[241] Eine Ausnahme bildet hier ein Verstoß gegen die Rechtspflegedelikte, für die nach Art. 70 Abs. 3 IStGHSt eine Freiheitsstrafe von höchstens fünf Jahren oder Geldstrafe vorgesehen ist.

schenrechtlich akzeptable Sanktion darstellt, und beschränkt daher die Sanktionsmöglichkeiten auf **Freiheitsstrafe**.[242]

Wohl aus Verlegenheit verweisen Art. 24 Abs. 1 JStGHSt zur Strafzumessung auf die Praxis im ehemaligen Jugoslawien und Art. 23 Abs. 1 RStGHSt auf die ruandische Gerichtspraxis.[243] Als Strafzumessungsfaktoren nennen Art. 24 Abs. 2 JStGHSt ebenso wie Art. 23 Abs. 2 RStGHSt die „Schwere der Tat"[244] und die „persönlichen Verhältnisse" der Verurteilten.

116 Nach Art. 77 IStGHSt kann eine zeitige Freiheitsstrafe von bis zu 30 Jahren verhängt werden. **Lebenslange Freiheitsstrafe** ist in außergewöhnlich schweren Fällen möglich, wenn die persönlichen Umstände des Verurteilten dies zulassen. Nach Rule 145 Abs. 3 VBO bedeutet dies, dass lebenslange Freiheitsstrafe nur verhängt werden kann, wenn wenigstens ein Strafschärfungsgrund vorliegt. Daneben kann der IStGH auch zu einer Geldstrafe verurteilen und den Verfall der unmittelbar oder mittelbar aus den Verbrechen stammenden Vermögenswerte anordnen. Die Berechnung der Geldstrafe ist in Rule 146 VBO niedergelegt. Eine solche soll verhängt werden, wenn es dem Täter bei der Tatbegehung gerade auf einen finanziellen Gewinn ankam.

Nach Art. 78 IStGHSt sind die entscheidenden Kriterien die „Schwere der Tat" und die „persönlichen Verhältnisse" des Angeklagten. Dieser Grundsatz wird in Rule 145 VBO näher ausgeführt. Hier – und bedauerlicherweise nicht im Statut selbst – wird als entscheidender Faktor die „**Schuld**" des Angeklagten genannt, die sich in der Strafe insgesamt widerspiegeln muss (*must reflect the culpability of the offender*).

b) Strafzwecke

117 Die Funktion der Strafe knüpft an die allgemeinen Strafzwecke an, die bereits im Einleitungskapitel dargestellt wurden (s. o. Rn. 68 ff.). Als vorrangiges Ziel der Strafzumessung kann der „gerechte Schuldausgleich" im Sinne der „Vergeltungstheorie" gelten.[245]

118 Daneben hat die **Integrationsgeneralprävention**, also die Erziehungsfunktion von Strafe, in der Rechtsprechung der UN Tribunale eine erhebliche Rolle gespielt.[246] Das gilt insbesondere für die Durchsetzung des humanitären Völkerrechts, da mit zunehmendem Kriegsverlauf eine Umkehrung der gesellschaftlichen Wer-

---

[242] In Ruanda wurde im Übrigen die Todesstrafe erst im Jahr 2007 abgeschafft.

[243] Dieser Verweis wurde zu Recht kritisiert und von den Tribunalen nicht besonders ernst genommen, vgl. *Nemitz* (2002), S. 243 f.

[244] Zum Schwere-Kriterium in der Rspr. der UN Tribunale: *Nemitz* (2002), S. 245–250.

[245] Vgl. *Melloh* (2010), S. 491, der jeweils von „*just desert*"-Theorien spricht; vgl. auch *Nemitz* (2002), S. 163, der vor einer begrifflichen Orientierung an dem „Rachegedanken" warnt, der bei der Strafzumessung keine Rolle spielen sollte. Ähnlich *Drumbl* (2007), S. 65.

[246] *Melloh* (2010), S. 492; *Nemitz* (2002), S. 164 ff.

te einhergeht, wenn Tötung zum Normalfall wird.[247] Völkerstrafrecht kann daher zu einer Instanz zur Aufrechterhaltung der „normalen" normativen Werteordnung werden. Diese Wirkung bezieht sich auf die Durchsetzung von Völkerstrafrecht insgesamt; für den IStGHSt, der die Hauptverantwortlichen von Massenverbrechen im Visier hat, dürfte die individuelle Erziehungsfunktion eher keine allzu große Rolle spielen. Hier kann aber auf das Rechtsempfinden der Bevölkerung insgesamt abgestellt werden, das durch die Bestrafung der Staatsoberhäupter und militärischen Führer (wieder) aufgerichtet werden soll.

Die Abschreckungswirkung von Strafe (**negative Generalprävention**) wird mittlerweile insgesamt kritisch gesehen.[248] In den Urteilsbegründungen der *Ad Hoc*-Tribunale findet sich dieser Strafzweck hingegen an prominenter Stelle und wird neben dem Schuldausgleich als wichtigster Strafzweck genannt.[249]   **119**

Ein weiterer Aspekt wird in der **positiven Spezialprävention** gesehen.[250] Allerdings kann die Resozialisierung der Täter eher eine geringe Bedeutung besitzen, denn der internationale Straftäter begeht typischerweise nur aus der Situation heraus Völkerstraftaten, ist aber ansonsten in der Lage eine völlig gesellschaftskonformes und angepasstes Leben zu führen.[251] Eine Betonung der Resozialisierung könnte daher zu einer nicht vermittelbaren Milde bei der Strafzumessung führen.   **120**

3 Strafzumessungsfaktoren

Ausgangspunkt für die Verhängung der Strafe ist also die **Schuld**.[252] Als Faktoren für die Strafzumessung kennt die VBO in Rule 145 neben der „Schwere" und den „persönlichen Umständen" noch Strafschärfungs- und Strafmilderungsgründe.[253]   **121**

a) Schwere der Tat

Die Schwere der Tat ist ein wesentlicher Strafzumessungsfaktor. Rule 145 Abs. 1c) HS 1 VBO bestimmt, dass folgende Faktoren zu berücksichtigen sind: **122**

---

[247] Vgl. auch *Welzer* (2007).

[248] *Nemitz* (2002), S. 170 ff.; vgl. auch *Melloh* (2010), S. 494, der in der Berufung auf die negative Generalprävention einen Verstoß gegen die Menschenwürde sieht.

[249] Vgl. dazu *Drumbl* (2007), S. 81 m.w.N.

[250] *Nemitz* (2002), S. 173 ff.

[251] Dieses Phänomen ist gerade auch bei den Haupttätern des NS-Regimes immer wieder offenkundig geworden; vgl. etwa zum Leben des KZ-Aufsehers Rudolf Höss, *Harris* (2004).

[252] *Melloh* (2010), S. 309.

[253] Diese Kriterien gelten nach Rule 146 Abs. 1 VBO auch für die Zumessung der Geldstrafe, wobei diese nicht mehr als 75 % des Gesamtvermögens des Angeklagten ausmachen darf.

extent of the damage caused, in particular the harm caused to the victims and their families, the nature of the unlawful behaviour and the means employed to execute the crime; the degree of participation of the convicted person; the degree of intent; the circumstances of manner, time and location.

Die Schwere der Tat bemisst sich daher nicht nur am Erfolg, sondern auch am **Handlungsunwert**, d. h. an der Planung oder der Vorsatzform, sowie den äußeren Gegebenheiten. So kann etwa ein Angriff, während einer kollektiven Gebetsstunde oder einem besonderen Feiertag das Unrecht der Tat steigern.

b) Persönliche Verhältnisse

123   Als zu berücksichtigende persönlichen Verhältnisse bestimmt Rule 145 Abs. 1c) HS 2 VBO:

the age, education, social and economic condition of the convicted person.

Neben dem Alter sind also auch die soziale und wirtschaftliche Herkunft des Täters relevant. Damit können auch der Bildung bzw. Ausbildung des Täters erhebliche Bedeutung zukommen sowohl in strafschärfender als auch in strafmildernder Hinsicht.

c) Strafschärfungsgründe

124   Zusätzlich bestimmt Rule 145 Abs. 2b) VBO noch eine Reihe von **Strafschärfungskriterien**. Dazu zählen:

(i)   Any relevant prior criminal convictions for crimes under the jurisdiction of the Court or of a similar nature;
(ii)   Abuse of power or official capacity;
(iii) Commission of the crime where the victim is particularly defenceless;
(iv)   Commission of the crime with particular cruelty or where there were multiple victims;
(v)   Commission of the crime for any motive involving discrimination on any of the grounds referred to in article 21, paragraph 3;
(vi)   Other circumstances which, although not enumerated above, by virtue of their nature are similar to those mentioned.

Ähnlich hatte bereits der JStGH Gründe zur Strafschärfung entwickelt:[254]

• Position of leadership of the Accused
• Status and vulnerability of the victims and impact of the crimes on the victims
• Willingness of the Accused's participation
• Duration of the criminal conduct
• Educational Background of the Accused

---

[254] JStGH, *Prosecutor v. Brdanin*, Urteil, Verfahrenskammer, 01.09.2004.

d) Strafmilderungsgründe

Milderungsgründe sind in Rule 145 Abs. 2a) VBO enhalten: **125**

(i) The circumstances falling short of constituting grounds for exclusion of criminal responsibility, such as substantially diminished mental capacity or duress;
(ii) The convicted person's conduct after the act, including any efforts by the person to compensate the victims and any cooperation with the Court;

Auch die *Ad Hoc*-Tribunale halten ein Geständnis für strafzumessungsrelevant häufig verbunden mit dem Ausdruck der Reue.[255] Allerdings fallen die Ergebnisse höchst unterschiedlich aus.[256] Im Zusammenhang mit plea agreement sind die Strafzumessungsentscheidungen teilweise kaum mehr nachvollziehbar und nur mit Effizienzgründen zur *Completion Strategy* zu erklären.[257]

Offiziell wurden folgende Kriterien aufgestellt:[258] **126**

The Trial Chamber has not found other mitigating factors *proprio motu*. In light of the above, the Trial Chamber finds that the following are relevant mitigating circumstances to which appropriate weight as stated above has been attached when determining the sentence contributing to the decision to provide shelter to Bosnian Muslims from Celinac

* equal treatment
* participating in the decision to arrest members of the Mice group
* voicing concern about paramilitaries, in particular about Veljko Milankovic
* the family status and age of the Accused
* speeches against profiteering
* respectful conduct during the course of the proceedings and with respect to a particular Prosecution witness
* remorse in individualised instances

e) Gesamtbetrachtung

Die Strafzumessung erfolgt in einer **Gesamtbetrachtung** der genannten vier Fak- **127** toren: Schwere der Tat, persönliche Verhältnisse, Strafschärfungs- und Strafmilderungsgründe. In welchem Verhältnis diese Faktoren zueinander stehen und wie die jeweilige Gewichtung ausfällt, ist weithin unklar.[259] Insgesamt scheinen die individuellen Kriterien bei der Strafzumessung zu überwiegen, so dass nicht von einem Übergewicht der Schwere der Tat gesprochen werden kann, zumal sich die Schwere auch am Handlungsunwert orientiert. Das stimmt mit der prinzipiellen Täterorientierung des Völkerstrafrechts überein (s. o. Rn. 12).

---

[255] *Nemitz* (2002), S. 262–266.

[256] *Nemitz* (2002), S. 267.

[257] Vgl. etwa den Fall JStGHSt, *Prosecutor v. Todorovic*, Urteil, Verfahrenskammer, 31.07.2001; dazu *Nemitz* (2002), S. 265 f.

[258] JStGH, *Prosecutor v. Brdanin*, Urteil, Verfahrenskammer, 01.09.2004

[259] Vgl. *Melloh* (2010), S. 310.

Literatur

Ambos, Critical Issues in the Bemba Confirmation Decision, LJIL 22 (2009), 715

Badar, The Mental Element in the Rome Statute of the International Court, Criminal Law Forum 19 (2008), 473

Barthe, Joint Criminal Enterprise (JCE), 2009

Bearbeiter, in: Eiber/Sigel (Hrsg.), Dachauer Prozesse – NS-Verbrechen vor amerikanischen Militärgerichten in Dachau 1945–1948, 2007

Bernd-Dieter Meier, Strafrechtliche Sanktionen, 2. Aufl. 2006

Berster, Zu der Frage, ob die unter dem Oberbegriff der „Joint Criminal Enterprise" (JCE) zusammengefassten völkerstrafrechtlichen Beteiligungsformen bereits vor 1975 völkergewohnheitsrechtliche Verfestigung erlangt hatten, ZIS 2010, 538

Burghardt, Die Vorgesetztenverantwortlichkeit im völkerrechtlichen Straftatsystem, 2008

ders., Die Vorgesetztenverantwortlichkeit nach Völkerstrafrecht und deutschem Recht (§ 4 VStGB)

Clark, The Mental Element in International Criminal Law, Criminal Law Forum 12 (2001), 291

Drumbl, Atrocity, Punishment, and International Law, 2007

Folnovic: Aspekte der Entwicklung der Rechtsfigur des Handelns auf Befehl im deutschen und internationalen Recht, 2007

Grimminger, Die allgemeine Unterlassungshaftung im Völkerstrafrecht, 2009

Haan, Joint Criminal Enterprise, 2008

Harris, Murder by the Million, 2004

Hruschka, Strafrecht nach logisch-analytischer Methode, 1988

Hühnerbein, Die Straftatenkonkurrenz im Völkerstrafrecht, 2005

Jasch, Übernahme von Garantenstellung aus Ingerenz? – Zugleich eine Auseinandersetzung mit BGH NStZ 2003, 259, NStZ 2005, 8

Jescheck, 'The General Principles of International Criminal Law Set Out in Nuremberg, as Mirrored in the ICC Statute', JICJ 2 (2004), 38

Jesse, Der Verbrechensbegriff des Römischen Statuts, 2009

Jung, Zum gegenwärtigen Stand einer „Dogmatik des Völkerstrafrechts", AVR 2005, 525

Kaleck/Ratner/Singelnstein/Weiss (Hg.), International Prosecution of Human Rights Crimes, 2006

Klaus Volk, Dolus ex re, in: Festschrift für Arthur Kaufmann zum 70. Geburtstag, 1993, 613

Knoops, Defenses in Contemporary International Criminal Law, 2008

Krug, The Emerging Mental Incapacity Defence in International Criminal Law: Some Initial Questions of Interpretation, AJIL 94 (2000), 317

Lessing, Der erste Dachauer Prozess, 1993

Mantovani, The General Principles of International Criminal Law: The Viewpoint of a National Criminal Lawyer, JICJ 1 (2003), 26

Melloh, Einheitliche Strafzumessung in den Rechtsquellen des ICC-Statuts, 2010

Nemitz, Strafzumessung im Völkerstrafrecht, 2002

ders., Sentencing in the Jurisprudence of the International Criminal Tribunals for the Former Yugoslavia and Rwanda, in: Fischer/Kreß/Lüder (2001), 605

Nerlich, Superior Responsibility under Article 28 ICC Statute: For What Exactly is the Superior Held Responsible?, JICJ 3 (2007), 665

Oppenheim, International Law, 1926

Radbruch, Gesetzliches Unrecht und übergesetzliches Recht, SJZ, 1946

Safferling, Die Abgrenzung von strafloser Vorbereitung und strafbarem Versuch im deutschen, europäischen und im Völkerstrafrecht, ZStW 118 (2006), S. 682

ders., Frieden durch Völkerstrafrecht?, in: Festschrift für Stöckel, 2010, S. 521

ders., Lernen von Nürnberg: Die Relevanz des Nürnberger Hauptkriegsverbrecherprozesses für das moderne Völkerstrafrecht, in: Rechtsgeschichte 14 (2009), 148

ders., Die Strafbarkeit wegen „Conspiracy" in Nürnberg und ihre Bedeutung für die Gegenwart, KritV 2010, 65

Schabas, Genocide in International Law, 2009

Schlösser, Mittelbare Individuelle Verantwortlichkeit im Völkerstrafrecht, 2004

Streng, Strafrechtliche Sanktionen, 2. Aufl. 2002

Stuckenberg, Multiplicity of Offences: Concursus Delictorum, in: Fischer/Kreß/Lüder (2001), 559

ders., Vorstudien zum Vorsatz und Irrtum im Völkerstrafrecht, 2007

Vest, Genozid durch organisatorische Machtapparate. An der Grenze von individueller und kollektiver Verantwortlichkeit, 2002

Vogel, Individuelle Verantwortlichkeit im Völkerstrafrecht. Zugleich ein Beitrag zu den Regelungsmodellen der Beteiligung, in: ZStW 114 (2002), S. 403

Weigend, Zur Frage eines „internationalen" Allgemeinen Teils, in: Festschrift für Claus Roxin zum 70. Geburtstag, 2001, S. 1375

Weltz, Die Unterlassungshaftung im Völkerstrafrecht, 2004

Welzer, Täter. Wie aus ganz normalen Menschen Massenmörder werden, 2007

§ 6 Die Völkerstraftaten: Der Besondere Teil

In diesem Kapitel werden die einzelnen Verbrechenstatbestände des Völkerstraf- **1** rechts vorgestellt. Ausgangspunkt ist dabei auch hier wie beim Allgemeinen Teil in § 5 das IStGHSt. Aus Art. 5 IStGHSt ergeben sich folgende Tatbestände:

- Völkermord (unten A.),
- Verbrechen gegen die Menschlichkeit (unten B.),
- Kriegsverbrechen (unten C.) und
- Verbrechen der Aggression (unten D.).

Andere internationale Verbrechen sind bislang nicht international verfolgbar und bleiben deshalb hier unberücksichtigt (vgl. dazu § 4 Rn. 8–10). Ergänzend werden auch das VStGB in die Erörterung einbezogen und ggf. Unterschiede erläutert.

A Völkermord

I Einführung

Der Tatbestand des Völkermordes ist eine spezifisch völkerrechtliche Strafvor- **2** schrift, die in der heute angewendeten Form der **Konvention zur Bestrafung und Verhütung von Völkermord** vom 8.12.1948 entstammt. Heute wird er von Vielen als das „crime of all crimes"[1] bezeichnet und hat das Verbrechen der Aggression

---

[1] *Lüders* (2004), S. 263; *Cryer/Friman/Robinson/Wilmshurst* (2010), S. 203 m. Fn. 2; *Vest* (2006), S. 143; RStGH, *Prosecutor v. Kambanda*, Urteil, Verfahrenskammer, 04.09.1998, § 16; RStGH, *Prosecutor v. Serushago*, Urteil, Verfahrskammer, 05.02.1999, § 15. Jetzt auch IStGH, *Prosecutor v. Al Bashir*, Decision on the Prosecution's Request for a Warrant of Arrest against Omar Hassan Ahmad Al Bashir, Vorverfahrenskammer, 04.03.2009, § 133.

C. Safferling, *Internationales Strafrecht,*
DOI 10.1007/978-3-642-14914-6_6, © Springer-Verlag Berlin Heidelberg 2011

von der 1. Stelle der Völkerrechtsverbrechen verdrängt (vgl. die Liste in Art. 5 I IStGHSt).[2]

Bei der Diskussion um den Begriff und den Tatbestand „Völkermord" darf nicht übersehen werden, dass in der **internationalen Politik** und Politikwissenschaft häufig ein sehr viel weiteres und mit der juristischen Definition nicht übereinstimmendes Verständnis von Völkermord vorherrschend ist.[3] Häufig wird mit Völkermord pauschal jede massive Verletzung fundamentaler Menschenrechte bezeichnet. Dabei bleibt unberücksichtigt, dass juristisch Völkermord spezifischen Gruppenkriterien und die besondere „Völkermordabsicht" voraussetzt.

Zu beachten ist außerdem, dass der Völkermord auch juristisch auf zwei unterschiedlichen Ebenen auftaucht. Neben dem hier vor allem interessierenden völkerstrafrechtlichen Begriff eines internationalen Straftatbestandes, ist der „Völkermord" auch ein an Staaten adressiertes Verbot nach klassischem Völkerrecht.[4] Neben der individuellen – strafrechtlichen – Verantwortung, gibt es also noch die kollektive – völkerrechtliche – **Staatenverantwortlichkeit** (Art. IX Völkermordkonvention).

1 Historische Entwicklung

a) Die Bedeutung Raphael Lemkins für die Konvention

3   Der Begriff „Völkermord" bzw. „Genozid" ist ein verhältnismäßig junges Kunstwort, zusammengesetzt aus dem griechischen Wort γε΄νος für Rasse bzw. Volk und dem lateinischen *caedere* für töten. Geprägt wurde er von dem polnischen Juristen **Raphael Lemkin** (* 1900 in Bezwodne, † 1959 in New York), der sich bereits als Student Anfang der 1920er Jahre in Lemberg intensiv mit den zwischen 1915 und 1917 an den Armeniern im Osmanischen Reich von Türken durchgeführten Massakern beschäftigte und in Ansehung der Vernichtung von Juden und anderen Minderheiten durch die Nationalsozialisten zum ersten Mal von „Genozid" sprach.[5] Er selbst entkam dem NS-Regime unmittelbar nach Kriegsbeginn 1939 über Schweden in die USA, verlor allerdings fast seine gesamte Familie im Holocaust.[6] Seit 1941 lehrte er an der renommierten Duke University in Durham, North Carolina, war dabei aber weder besonders beliebt noch erfolgreich. Als mit der „Moskauer Erklärung" vom 1.10.1943 klar wurde, dass die alliierten Staaten die nationalsozialistischen Kriegsverbrecher strafrechtlich zur Verantwortung ziehen würden,

---

[2] Diese „Vorrangstellung" wurde auch auf der Überprüfungskonferenz der IStGH-Mitgliedstaaten in Kampala im Juni 2010 nicht in Frage gestellt.

[3] Vgl. zu den verschiedenen Missverständnis: *Barth* (2006), S. 37–47.

[4] IGH *Application of the Convention on the Prevention and Punishment of Genocide (Bosnia and Herzegovina v. Serbia and Montenegro)*, Urteil v. 26.02.2007. Dazu die Beiträge von *Seibert-Fohr* in: Safferling/Conze (2010), S. 283 und *Simma* in: Safferling/Conze (2010), S. 299.

[5] Vgl. *Lemkin*, Axis Rule in Occupied Europe, 1944, S. 79.

[6] Zur Biographie Lemkins vgl. *Cooper* (2008).

setzte er seine gesamt Kraft dafür ein, einen Straftatbestand des „Völkermordes"
durchzusetzen. Als intimer Kenner der rechtlichen Situation war er dann auch im
US-amerikanischen Vorbereitungsstab für den Nürnberger Hauptkriegsverbrecherprozess um den Chefankläger Robert H. Jackson zeitweilig tätig.[7] Es gelang ihm
zwar nicht, den „Völkermord" als eigenständigen Tatbestand in das Londoner Statut
für das IMT einzubringen, der Begriff taucht allerdings in der Anklageschrift als
besonderes Kriegsverbrechen nach Art. 6 lit. b) IMTSt auf.[8]

Im **Nürnberger Urteil** hingegen fehlt der Begriff. Zusätzlich beschränkten sich   **4**
die Richter darauf, Verbrechen gegen die Menschlichkeit nur im Zusammenhang
mit Kriegsverbrechen abzuurteilen, was Raphael Lemkin zutiefst entrüstet hat, da
es offensichtlich seine Idee einer Bestrafung wegen massiver Menschenrechtsverletzungen speziell einer bestimmten Gruppe konterkarierte. Dieser „Makel" des
Urteils des IMT veranlasste Lemkin dazu, seine Idee eines Völkermordtatbestandes
vor die Vereinten Nationen zu bringen und eine eigenständige Konvention vorzu-
schlagen.[9] Bereits kurz nach dem Nürnberger Hauptkriegsverbrecherprozess[10] am
11.12.1946 konnte Lemkin in dieser Hinsicht einen Zwischenerfolg verbuchen,
denn unmittelbar nach der Verabschiedung der sog. Nürnberger Prinzipien durch
die Generalversammlung der Vereinten Nationen in Res. 95 (I), wurde in Res. 96 (I)
einstimmig beschlossen, **Völkermord als Verbrechen** weltweit anzuerkennen und
eine entsprechende Konvention vorzubereiten.

Damit begann aber erst Lemkins unermüdliche Werbekampagne für die Konvention über die Verhütung und Bestrafung des Völkermordes, die schließlich
nach umfangreichen Vorarbeiten in verschiedenen Ausschüssen[11] am 9.12.1948 als
Res. 260 A (III) von der Generalversammlung der Vereinten Nationen einstimmig
verabschiedet wurde.[12] Darin wurde in Art. I die Selbstständigkeit des Verbrechens
festgestellt und in Art. II definiert. In Art. III sind die Begehungsformen definiert,
wonach neben (a) „Täterschaft" auch (b) die „Verschwörung zur Begehung von
Völkermord", (c) die unmittelbare und öffentliche Anreizung zur Begehung von
Völkermord, (d) der Versuch und (e) die Teilnahme am Völkermord zu bestrafen
sind. In Art. IV wird klargestellt, dass ein öffentliches Amt nicht von der Verantwortlichkeit entbindet. Die Durchsetzungsstruktur der Völkermordkonvention baut
grundsätzlich auf die Strafverfolgung durch die Mitgliedstaaten (sog. indirekte
Durchsetzung); es ist aber nach Art. VI auch (alternativ) ein **internationales Strafgericht** vorgesehen.

Für Lemkin war die Verabschiedung der Konvention allerdings nur ein Teil-   **5**
erfolg. Damit die Konvention in Kraft treten konnte, waren 20 Ratifikationen er-

---

[7] Zu der wechselhaften Geschichte Lemkins mit Nürnberg vgl. *Barrett* in: Safferling/Conze
(2010), S. 48.

[8] IMT, 1946, Vol. 1, S. 43. Der Vorwurf richtet sich deshalb insbesondere an die Deutsche Wehr-
macht, die vorsätzlich und systematisch „Genozid" begangen haben soll.

[9] Vgl. *Dülffer*, in: Safferling/Conze (2010), S. 71.

[10] Unrichtig *Satzger* (2010), § 16 Rn. 5.

[11] Vgl. dazu *Werle* (2007), Rn. 656 m. w. N.

[12] UN GA Res 3/260 (1948), deutsch: BGBl. 1954 II S. 730.

forderlich (Art. XIII). Da gerade seitens der USA und Englands kein unerheblicher Widerstand gegen die Konvention zu verzeichnen war,[13] machte sich Lemkin erneut daran, in vielen ermüdenden Einzelgesprächen für „seine" Konvention zu werben. Schließlich konnte sie am 12.01.1951 in Kraft treten.

Lemkin war offenbar im persönlichen Umgang nicht ganz einfach. Weder in der öffentlichen Verwaltung noch als Hochschullehrer konnte er reüssieren. Er starb als vereinsamter und verarmter Mann in einem Ein-Zimmer Apartment in New York und hinterließ nicht viel mehr als eine Menge unveröffentlichter Manuskripte. Ohne ihn und seinen persönlichen Einsatz wäre es aber sicherlich nicht zur Anerkennung eines Tatbestandes des „Völkermordes" gekommen.

bb) Die Entwicklung nach 1990

6   Nach Verabschiedung und Inkrafttreten entwickelte sich die Völkermordkonvention in den politischen Zwängen des kalten Krieges eher im Hintergrund.[14] Zwar hätte es eine ganze Reihe möglicher Anwendungsgebiete gegeben[15], zu einer **internationalen Strafverfolgung** kam es aber bis 1993 nicht. Auch auf nationaler Ebene wurde zwar der völkerrechtlichen **Umsetzungspflicht** Genüge getan, indem etwa die Bundesrepublik Deutschland durch Gesetz v. 9.8.1954 den § 220a in das StGB einführte.[16] Eine (nationale) Strafverfolgung wurde aber auch erst im Zusammenhang mit dem Jugoslawienkrieg durchgeführt.[17]

Nicht zu unterschätzen ist allerdings die grundsätzliche Akzeptanz der Völkermordkonvention als verbindliches **völkerrechtliches Dokument**, das auch Nicht-vertragsstaaten bindet. Am 28.5.1951 wurde vom IGH in einem Rechtsgutachten ·festgestellt, dass die der Konvention zugrunde liegenden Prinzipien solche seien, die von allen zivilisierten Nationen als für die Staaten bindend anerkannt seien.[18] Der IGH vermeidet hier sehr vorsichtig eine völkergewohnheitsrechtliche Bindung und argumentiert mit starker moralischer Kraft.[19] In einem späteren Urteil, im Fall *Barcelona Traction*, wurde das Verbot des Völkermordes als völkerrechtliche *erga omnes*-Verpflichtung bezeichnet,[20] was voraussetzt, dass es sich hierbei um zwin-

---

[13] Die USA haben die Konvention erst am 25.11.1988 ratifiziert. Das Vereinigte Königreich ist auch erst am 30.1.1970 beigetreten; vgl. dazu auch *Dülffer* in: Safferling/Conze (2010), S. 71.

[14] Daher auch die kritischen Bemerkungen von *Verdross/Simma* (1984), Rn. 433.

[15] Eine kurze Übersicht über die Konflikte gibt *Werle* (2007), Rn. 652 m. w. N.

[16] Vgl. MK/*Kreß*, § 220a/§ 6 VStGB Rn. 26.

[17] Vgl. das Urteil gegen *Djajic*: BayObLG NJW 1998, 392 m. Anm. *Safferling*, AJIL 92 (1998), 528 und gegen *Jorgic*: BGHSt 45, 65, m. Anm. *Ambos*, NStZ, 1999, 404; *Werle*, JZ, 1999, 1181; *Lagodny/Nill-Theobald*, JR 2000, 205.

[18] IGH Reservations to the Convention on the Prevention and Punishment of Genocide, Advisory Opinion v. 28.05.1951, Rep. 1951, 15, 23. Das Gutachten wurde von der GA selbst eingeholt.

[19] Anders *Satzger* (2010), § 16 Rn. 5, der eine völkergewohnheitsrechtliche Begründung in das Gutachten hineinliest. Vor dem Hintergrund völkerrechtlicher Methodik insgesamt vgl. *Kempen/Hillgruber* (2007), Kap. 3 Rn. 32.

[20] IGH *Barcelona Traction*, Urteil v. 05.02.1970, Rep. 1970, 3, 32, §§ 33 f.

gendes Völkerrecht, sog. *ius cogens*, handelt.[21] Dies hat der IGH in den Verfahren *Congo v. Rwanda* im Jahr 2006[22] und *Bosnia and Herzegovina v. Serbia and Montenegro* im Jahr 2007 auch anerkannt.[23] Mittlerweile verzeichnet die Konvention über 140 Vertragsstaaten.

Als **strafrechtlicher** Tatbestand gelang der Durchbruch mit der Errichtung des   7
Jugoslawientribunals im Jahr 1993 und dem Ruandatribunal 1994. Mit der Gründung dieser *Ad hoc-* Tribunale durch den Sicherheitsrat der Vereinten Nationen wurde zum ersten Mal in der Geschichte der Tatbestand des Völkermordes auf internationaler Ebene operationalisiert. In den Statuten wurde die Definition der Völkermordkonvention nebst der verschiedenen Erscheinungsformen im Wesentlichen übernommen (vgl. Art. 4 JStGHSt bzw. Art. 2 RStGHSt). So fand der Völkermord erstmalig am 11.7.1996 eine justizielle Anwendung auf internationaler Ebene im Rule 61-Verfahren gegen *Karadzic* und *Mladic* vor dem JStGH.[24] Die erste Verurteilung eines Völkermörders durch ein internationales Gericht erfolgte fast 50 Jahre nach der Verabschiedung der Konvention im Fall *Akayesu* vor dem RStGH.[25] Nunmehr steht der Völkermord in **Art. 6 IStGHSt** an erster Stelle unter den völkerrechtlichen Kernverbrechen und zwar in der Formulierung des Art. II der Völkermordkonvention.[26]

Dieser geschichtliche Rückblick verdeutlicht, dass der Tatbestand „Völkermord"   8
eng mit den **nationalsozialistischen Verbrechen**, insbesondere dem Holocaust, verbunden ist. Im weiteren Verlauf der Darstellung wird sich zeigen, dass damit erhebliche Schwierigkeiten in der Anwendung auf andere Konflikte verbunden sind. In diesem Sinne ist die Völkermordkonvention rückwärts gewandt als darin der Versuch unternommen wird, einen (vermeintlichen) Makel im Nürnberger Urteil (dazu oben Rn. 4) zu heilen. Für eine generell-abstrakte Verbotsnorm ist dieses Konzept der Rechtssetzung sicherlich nicht optimal.[27]

---

[21] *Kempen/Hillgruber* (2007), Kap. 3 Rn. 2 f.

[22] IGH *Armed Activities on the Territory of the Congo (New Application 2002) (Democratic Republic of the Congo v. Rwanda)*, Urteil 3.2.2006, § 64.

[23] IGH *Application of the Convention on the Prevention and Punishment of Genocide (Bosnia and Herzegovina v. Serbia and Montenegro)*, Urteil v. 26.02.2007, § 161; in der Zulässigkeitsentscheidung wurde nur von *erga omnes*-Verpflichtung gesprochen: IGH *Application of the Convention on the Prevention and Punishment of Genocide*, Preliminary Objections, Urteil v. 11.07.1996, Rep. 1996, 595.

[24] JStGH, *Prosecutor v. Karadzic and Mladic*, Review of the Indictments Pursuant to Rule 61 of the Rules of Procedure and Evidence, Verfahrenskammer, 11.07.1996. Das Rule 61-Verfahren entwickelte in den ersten Jahren der Tätigkeit des JStGH eine gewisse Bedeutung, die aber mit zunehmender Arbeitsbelastung rapide abnahm, so dass insgesamt dieser etwas umständliche Weg zur Erlangung eines „internationalen Haftbefehls" in der Rechtsprechung des Tribunals keine Bedeutung erlangt hat.

[25] RStGH, *Prosecutor v. Akayesu*, Urteil, Verfahrenskammer, 02.09.1998.

[26] Vgl. zur völkerrechtlichen Entstehungsgeschichte: MK/*Kreß*, § 220a/§ 6 VStGB Rn. 22–25.

[27] Ähnlich kritisch *Zahar/Sluiter* (2008), S. 157.

2 Geschütztes Rechtsgut

9 Das durch den Straftatbestand des Völkermordes geschützte Rechtsgut ist umstritten.[28] Der Streit, der insbesondere in der deutschen, am **Rechtsgutsbegriff** orientierten Dogmatik geführt wird, liegt in der Ambivalenz des Völkerstrafrechts insgesamt begründet. Das Wechselspiel zwischen einer völkerrechtlichen, kollektiven und einer individuellen Ebene ist wie bei den anderen völkerrechtlichen Kernverbrechen ungelöst. Wird der erste Aspekt betont, liegt das Schutzgut allein in der Sicherung des Bestands der im Tatbestand genannten spezifischen Gruppe.[29] Stellt man den 2. Ansatzpunkt in den Vordergrund, dient der Tatbestand dem Schutz der Individualrechtsgüter aller Gruppenmitglieder.[30] Schließlich kann auch eine Kombinationstheorie vertreten werden, dass sowohl der Bestand der Gruppe wie auch die betroffenen Individualrechtsgüter der Gruppenmitglieder geschützt sind.[31]

Nach dem hier vertretenen Ansatz einer getrennten Betrachtung der **verschiedenen Rechtsebenen** ist die erste Meinung vorzugswürdig. Dies wird auch von der Ansicht des IGH bestätigt, der die Ziele der Völkermordkonvention wie folgt beschreibt:

> The objects of such a convention must also be considered. The Convention was manifestly adopted for a purely humanitarian and civilizing purpose. It is indeed difficult to imagine a convention that might have this dual character to a greater degree, since its object on the one hand is to safeguard the very existence of certain human groups and on the other to confirm and endorse the most elementary principles of morality.[32]

10 Eine individuelle Ebene ist hier zu Recht nicht vorgesehen, denn das Völkerrecht dient nicht vorrangig dem Schutz des Individuums, sondern knüpft an Gruppen- und Staateninteressen an und bezieht sich auf normative Grundprinzipien zur Gewährleistung einer friedlichen Koexistenz der Völker.[33] Der Schutz von Individuen ist in diesem Konzept allenfalls ein **Reflex**, aber nicht der eigentliche Anlass.[34] Auch der häufig erfolgende Hinweis auf die historische Entwicklung aus den Ver-

---

[28] Vgl. MK/*Kreß*, § 220a/§ 6 VStGB Rn. 1; *Satzger* (2010), § 16 Rn. 7.

[29] So etwa BGHSt 45, 81 f., BVerfG NJW 2001, 1848.

[30] So wohl *Kirsch*, in: Safferling/Conze (2010), S. 167.

[31] So MK/*Kreß*, § 220a/§ 6 VStGB Rn. 2; ihm folgend *Satzger* (2010), § 16 Rn. 7. Letztlich auch *Ambos* (2008), § 5 Rn. 3 und § 7 Rn. 130, der allerdings auch darauf hinweist, dass die individuelle Komponente durch ein zugleich begangenes „einfaches" Verbrechen abgedeckt wird.

[32] IGH *Reservations to the Convention on the Prevention and Punishment of the Crime of Genocide*, Advisory Opinion v. 28.05.1951, Rep. 1951, S. 23; bestätigt in IGH *Application of the Convention on the Prevention and Punishment of Genocide (Bosnia and Herzegovina v. Serbia and Montenegro)*, Urteil v. 26.02.2007, § 161.

[33] In diesem Sinne ist der „internationale Friede" Schutzgut des Völkermordtatbestands, vgl. MK/*Kreß*, § 220a/§ 6 VStGB Rn. 4; *Stahn*, KJ 1999, 352.

[34] Vgl. *Safferling*, in: ders./Conze (2010), 189.

brechen gegen die Menschlichkeit[35] vermag hier nicht zu überzeugen. Zum einen ist es durchaus fraglich, ob rechtsdogmatisch diese Entwicklung tatsächlich so linear zu beobachten ist, wie es behauptet wird, zum anderen liegt diesem Rückschluss die Annahme zu Grunde, der Tatbestand der Verbrechen gegen die Menschlichkeit würde Individualinteressen schützen, was auch erst begründet werden müsste (s. dazu u. Rn. 54 f.).

II Systematik des Tatbestandes

1 Überblick über die Struktur

Der Tatbestand des Völkermordes ist insgesamt ein komplexes Delikt (s. Abb. 1). **11** Dabei zeigt sich, dass neben einer konkreten **Einzeltat**, wie sie in der Liste von Art. 6 lit. (a)–(e) IStGHSt enthalten sind, ein übergeordnetes Kriterium, namentlich der Vernichtung einer in Art. 6 IStGHSt genannten Gruppe, hinzukommen muss. Die strukturelle Verbindung dieser beiden Elemente erfolgt im subjektiven Tatbestand über das Merkmal der **Völkermordabsicht**. Die Vernichtung der besonders geschützten Gruppe muss nicht tatsächlich eintreten, sie muss aber beabsichtigt sein. Es handelt sich daher grundsätzlich um ein Gefährdungsdelikt, wobei das besondere Merkmal des Völkermordes gerade in dieser überschießenden Innentendenz, dem sog. *dolus specialis,* liegt,[36] d. h. der Absicht, eine rassisch, religiös, national oder ethisch bestimmte Gruppe ganz oder teilweise zu zerstören.

Die dogmatische Struktur der Einzelhandlungen ist im Einzelnen schwierig und **12** im Kontext der Gesamttat wenig erschlossen.[37] So ist es etwa auch im Zusammenhang mit den Tathandlungen der Tötung oder schweren Verletzung von Gruppenmitgliedern (Art. 6 lit. (a) IStGHSt) unklar, inwieweit hier wenigstens partiell ein Erfolgsdelikt vorliegt. Dazu folgendes

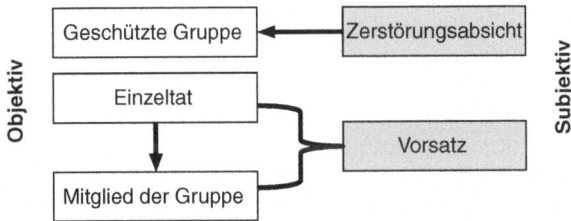

Abb. 1 Struktur des Völkermordtatbestandes

---

[35] Vgl. MK/*Kreß*, § 220a/§ 6 VStGB Rn. 2; unentschieden hingegen *Ambos* (2008), § 7 Rn. 130 (einerseits für die Einbeziehung einer individuellen Ebene) und Rn. 166 (andererseits gegen eine solche Einbeziehung).

[36] *Ambos*, Int. Rev. Red Cross 91 (2009), 833, 835.

[37] Ansätze einer Einordnung finden sich bei MK/*Kreß*, § 220a/§ 6 VStGB Rn. 8–12.

> **Beispiel:** J, ein kongolesischer Asylbewerber, wird nach seiner Festnahme wegen eines BtMG-Verstoßes zur körperlichen Untersuchung und Befragung auf das Polizeipräsidium verbracht. Der die Befragung durchführende Polizist P hasst alle Menschen schwarzer Hautfarbe und misshandelt J körperlich in erheblichem Maße, so dass dieser ein Auge verliert. Dabei will P sämtliche Afrikaner vernichten oder aus Deutschland verbannen und sieht bei J die Möglichkeit mit der Umsetzung seines Vorhabens anzufangen.

13   Diese Situation wird in der Literatur auch als „*lone genocidal maniac*"[38] bezeichnet und wurde auch in der Rechtsprechung des JStGH reflektiert.[39] Dabei wird deutlich, dass zum einen der Erfolgseintritt bei der Einzeltat, hier schwere Körperverletzung nach Art. 6 lit. (b) IStGHSt, ebenso wie der spezielle Völkermordvorsatz vorhanden sein können, sich aber gleichwohl die Frage stellt, ob es sich hier um einen Völkermord handeln kann. Hierzu werden verschiedene Auffassungen vertreten. Während manche Autoren im objektiven Tatbestand ein *policy*-Element verlangen, wonach die Einzeltat im Zusammenhang mit einem offensichtlichen Muster ähnlicher Verhaltensweisen stehen muss bzw. eine „strukturell organisierte zentrale Lenkung" erfordert[40], stellen andere darauf ab, dass die Verwirklichung der Vernichtungsabsicht wenigstens theoretisch möglich sein muss.[41] Der Wortlaut der Norm verlangt allerdings gerade keinen solchen **Begehungszusammenhang** und auch die Rechtsprechung der *Ad hoc*- Tribunale[42] sowie des IGH[43] sieht in einem (kollektiven) Vernichtungsplan ein wichtiges Indiz für die Annahme der (individuellen) Vernichtungsabsicht, aber kein unrechtkonstituierendes Merkmal.[44] Der IStGH hat in der Haftbefehlsentscheidung zu *Al Bashir* angedeutet, dass man gewillt ist, ein Kontextelement zu akzeptieren.[45] Lehnt man es in Übereinstimmung mit dem Wortlaut ab, kommt es entscheidend auf die Interpretation des subjektiven Tatbestandes an.[46]

> **Beispiel (Lösung):** J könnte nach der hM tatsächlich wegen Völkermordes bestraft werden, allerdings nur wenn ihm Völkermordabsicht nachgewiesen werden kann. Fehlt es an einem Geständnis wird indes der Beweis, dass eine entsprechende Absicht bei J vorliegt, nicht geführt werden können.

---

[38] Polemisch *Schabas*, LeidenJIL 14 (2001), S. 125, 138.

[39] JStGH, *Prosecutor v. Jelisić*, Urteil, Verfahrenskammer, 14.12.1999, § 100.

[40] So die Elements of Crime zu Art. 6 und insbesondere die deutsche Rechsprechung vgl. BVerfG NJW 2001, 1848.

[41] So MK/*Kreß*, § 220a/§ 6 VStGB Rn. 78, der allerdings (Rn. 14) im Einsatz einer Massenvernichtungswaffe einen extremen Ausnahmefall der Gruppenvernichtung im Alleingang anerkennt.

[42] JStGH, *Prosecutor v. Jelisić*, Urteil, Verfahrenskammer, 14.12.1999, § 48.

[43] IGH *Application of the Convention on the Prevention and Punishment of Genocide (Bosnia and Herzegovina v. Serbia and Montenegro)*, Urteil v. 26.02.2007, §§ 373, 376.

[44] Vgl. auch *Ambos* (2008) § 7 Rn. 145; *Safferling*, in: ders./Conze (2010), S. 189. Differenzierend *Cassese*, in: Safferling/Conze (2010), S. 159 und *ders.* (2008), S. 140 f.

[45] IStGH, *Prosecutor v. Al Bashir*, Decision on the Prosecution's Request for a Warrant of Arrest against Omar Hassan Ahmad Al Bashir, Vorverfahrenskammer, 04.03.2009, § 117–133.

[46] S. auch *Cryer/Friman/Robinson/Wilmshurst* (2010), S. 218 f., die im Ergebnis aber für eine Einbeziehung des „contextual elements" plädieren.

2 Verschiedene Verwirklichungsmöglichkeiten

Bereits in der Völkermordkonvention ist in Art. III wie gesehen eine ganze Reihe an **14**
Verwirklichungsformen des Tatbestands vorgesehen. Im IStGHSt finden sich diese
im Rahmen des AT in Art. 25 IStGHSt. Dabei steht neben den Täterschafts- und Beteiligungsformen (Art. 25 (3) lit. a) bis (d) IStGHSt), in Art. 25 (3) lit. f) IStGHSt
der Tatbestand des „**öffentlichen Aufforderns**" zur Begehung von Völkermord.
Diese Aufstachelung („incitement" – Art. III (c) Völkermordkonvention) zum Genozid ist ein selbstständiges (abstraktes) Gefährdungsdelikt, das unabhängig ist von
der Begehung des Völkermordes[47] und daher gerade keine Teilnahmestrafbarkeit
darstellt. Die besondere Gefährlichkeit der Aufstachelung liegt in den unvorher-
sehbaren und unbeherrschbaren gruppendynamischen Prozessen, die dadurch ausgelöst werden können, dass über Medien zu Hass auf eine bestimmte Gruppe oder
zu Vergeltungsmaßnahmen aufgerufen wird. Von der Anstiftung unterscheidet sich
das Auffordern durch den unbestimmten Adressatenkreis. Die Aufforderung ist eine
„öffentliche", während die Anstiftung unmittelbar an einen konkreten Täter gerichtet sein muss.[48] In subjektiver Hinsicht muss der Aufstachelnde vorsätzlich und mit
der speziellen Völkermordabsicht tätig geworden sein.[49]

Beispiel: Radiomoderator Z hat bereits Monate vor den Übergriffen an der muslimischen
Bevölkerung im Militärsender der bosnisch-serbischen Truppen Hetzparolen gegen Muslime, deren Lebensgewohnheiten und Religion ausgestrahlt und immer wieder die Überlegenheit der serbischen Bevölkerung herausgestellt. Die einzige Konsequenz dieser
Überlegenheit sei die Vertreibung und Vernichtung der muslimischen Bevölkerung aus dem
serbischen Lebensraum. Hat sich Z des Völkermordes schuldig gemacht?[50]
Im vorliegenden Fall handelt es sich um einen Fall der Hasspropaganda. Zur Beantwortung
der Frage, ob diese bereits ein öffentliches Aufforderung zur Begehung von Völkermord
darstellt, muss berücksichtigt werden, dass grundsätzlich Z das Recht hat, seine Meinung
frei zu äußern (vgl. etwa Art. 19 IPbpR und Art. 10 EMRK).[51] Das IMT von Nürnberg hat
Julius Streicher für seine antisemitischen Hetzparolen zum Tode verurteilt, freilich als Fall
der Verbrechen gegen die Menschlichkeit, da der Völkermordtatbestand noch nicht existierte.[52] Für die öffentliche Aufforderung zum Völkermord muss indes aus den Aussagen
klar der Aufruf zur Begehung von Einzelhandlungen i. S. des Art. 6 IStGHSt hervorgehen.
Hier hat Z zur Vertreibung und Vernichtung aufgefordert. Wenn ihm eine Völkermordabsicht nachgewiesen werden kann, ist Z tatsächlich eine Aufforderung zum Völkermord
schuldig. Eine reine Hassrede erfüllt hingegen den Tatbestand nicht und könnte allenfalls
als Verbrechen gegen die Menschlichkeit in Form der „Verfolgung" strafbar sein. Das ist
allerdings wegen der Meinungsfreiheit höchst umstritten.[53]

---

[47] Vgl. *Ambos* (2002), 652 f., 664.

[48] *Ambos* (2008), § 7 Rn. 48.

[49] *Werle*, JICJ 5 (2007), 972.

[50] Vgl. RStGH („media judgment"), *Prosecutor v. Nahimana* et al., Urteil, Berufungskammer, 28.11.2007.

[51] Vgl. *Schabas* (2009), S. 319 und 579 ff.

[52] Vgl. IMT Urteil v. 01.10.1946, IMT Bd. 1, S. 301–303; *Safferling* RG 14 (2009), 148, 159.

[53] Vgl. RStGH, *Prosecutor v. Nahimana* et al., Urteil, Berufungskammer, 28.11.2007, § 692; und
die abweichenden Meinungen der Richter *Shahbuddeen* und *Meron*. Zum Streitstand *Schabas*
(2009), S. 585 ff.

15   Eine besondere Form der Beteiligung ist im IStGHSt nicht aufgeführt: die **Ver-schwörung** zur Begehung von Völkermord.[54] Bei den *Ad hoc-* Tribunalen war Art. III (b) der Völkermordkonvention in Art. 4 Abs. 3 JStGHSt und Art. 2 Abs. 3 RStGHSt rezipiert,[55] was zu nicht unerheblichen Abgrenzungsschwierigkeiten der in Art. 7 JStGHSt bzw. Art. 6 RStGHSt niedergelegten allgemeinen Beteiligungs-formen führte.[56] Eine praktische Bedeutung hat diese Vorfeldkriminalisierung (sog. *inchoate offence*) nicht entfaltet, da sie ohnedies zurücktritt, sobald eine andere Be-gehungsform vorliegt.

3 Prüfungsschema

16   **I.   Tatbestandsmäßigkeit**

   1. Objektiver Tatbestand

   a) Vorliegen einer bestimmten, abgrenzbaren, „**geschützten Gruppe**": national, ethnisch, rassisch, religiös

   b) Vorliegen einer tatbestandlichen **Handlung** bzw. eines **Erfolgs**:

   – Tötung
   – Verursachung schwerer körperlicher oder seelischer Schäden
   – Auferlegung von zerstörerischen Lebensbedingungen
   – Geburtenverhinderungsmaßnahmen
   – Zwangsüberführung von Kindern

   c) Gesamttat i.S. einer systemischen Verklammerung der Einzeltat

   2. Subjektiver Tatbestand

   a) **Vorsatz** i.S. von Art. 30 ICC:

   – bezogen auf Tathandlung: Wissen und Wollen (vgl. Art. 30 II a ICC)
   – bezogen auf die Tatfolgen: Absicht oder sicheres Wissen (vgl. Art. 30 II b ICC)
   – bezogen auf die Umstände: sichere Kenntnis (Art. 30 III ICC)

   b) **Zerstörungsabsicht** (*dolus specialis*) = zielgerichtetes Wollen der (quantitativ oder qualitativ) ganzen oder teilweisen Zerstörung der Gruppe

II.   Strafausschlussgründe

---

[54] Zu den Gründen: *Schabas* (2009), S. 109; zur Abgrenzung im Einzelnen vgl. *Ambos* (2008), § 7 Rn. 44; s. auch *Cassese* (2008), S. 146.

[55] Vgl. RStGH, *Prosecutor v. Musema*, Urteil, Verfahrenskammer, 27.01.2000. Zum Konzept der *conspiracy* insgesamt vgl. auch *Safferling*, KritV 2010, 65, 78 ff.

[56] Vgl. dazu auch Ahlbrecht/*Kirsch* Rn. 1240.

III Objektiver Tatbestand

Im objektiven Tatbestand bietet es sich an, zwischen den Erfordernissen der Gruppe   **17**
als **Angriffsobjekt** des Völkermordes, und der Prüfung der Einzeltaten als verbotene **Handlungsmodalität** zu unterscheiden.

1 Gruppe

Zur tatbestandlichen Verwirklichung des Völkermordes gehört zunächst die Feststellung, ob das **Angriffsziel eine Gruppe** darstellt, auf welche die Eigenschaften
zutreffen, die Art. 6 IStGHSt verlangt. Zu fragen ist demnach zunächst, ob der Angriff der Einzeltat überhaupt auf Mitglieder einer „Gruppe" erfolgt. Anschließend
ist zu untersuchen, ob die Gruppe eine national, ethnisch, rassisch oder religiös bestimmte Gruppe ist. Die Aufzählung dieser Gruppenfaktoren ist abschließend. Eine
Ausdehnung auf andere, etwa politische, kulturelle oder wirtschaftliche Faktoren
wurde ausdrücklich abgelehnt.[57]
Die Völkermordkonvention und ihr folgend Art. 6 IStGHSt gehen von einem
Idealtypus einer **dauerhaften Gruppe** aus. Die Gruppenzugehörigkeit ist menschliches Schicksal, man wird in eine Gruppe hineingeboren und kann sie mitunter
nicht verlassen. In diesem Sinne spricht man auch davon, dass nur „stabile" Gruppen von der Völkermordkonvention geschützt sind.[58]
Dabei stellt sich durchaus die Frage, ob eine solche statische Betrachtung von   **18**
Gesellschaftsgruppen heute in einer sehr viel durchlässigeren Gesellschaft noch
zeitgemäß ist. Die Reduktion des strafrechtlichen Schutzes auf die genannten Faktoren bereitet mitunter erhebliche Schwierigkeiten in der Anwendung. Eine Ausweitung des Schutzbereichs auf andere (stabile) Gruppen, wie etwa vom RStGH
angenommen[59], verstößt allerdings gegen den strafrechtlichen Bestimmtheitsgrundsatz, da damit eine unzulässige Ausweitung der Strafbarkeit über den Wortlaut hinaus verbunden ist.[60] Die Definition lautet:

> Eine Gruppe ist eine durch gemeinsame Merkmale dauerhaft verbundene Per-
> sonenmehrheit, die sich von der übrigen Bevölkerung abhebt.

Die anvisierte Person oder Personengruppe muss dabei objektiv Mitglied der Gruppe sein.

---

[57] Nachweise bei MK/*Kreß*, § 220a/§ 6 VStGB Rn. 32.
[58] Vgl. *Satzger* (2010), § 16 Rn. 11.
[59] RStGH, *Prosecuor v. Akayesu*, Urteil, Verfahrenskammer, 02.09.1998, § 701.
[60] Zu Ausweitungstendenzen in der Literatur, vgl. *Schabas* (2009), S. 117 ff.

19   Die im Tatbestand genannten vier Faktoren lassen sich nicht immer sauber von einander trennen. Gleichwohl sollte man nicht der Versuchung erliegen, auf eine Abgrenzung ganz zu verzichten.[61]

- **National:** Darunter fallen Personen, welche dieselbe Staatsangehörigkeit besitzen. Neben diesem (sehr formalen und daher auch zufälligen) Kriterium sollten hierbei auch Elemente des modernen Minderheitenschutzes eine Rolle spielen und als nationale Gruppe auch diejenige angesehen werden, die in einem (anderen) Staat die „staatstragende" Nation darstellt.[62]
- **Ethnisch:** Charakterisiert durch gemeinsame Kultur, Geschichte, Lebensweise, Sprache oder Religion, sofern diese Elemente einzeln oder auch in Verbindung miteinander eine gemeinsame Identität bilden. Das setzt eine gewisse numerische Stärke und eine gewisse dauerhafte Existenz der Gruppe voraus. Eine (staatliche) Anerkennung als Minderheit ist nicht erforderlich.
- **Rassisch:** Wesentlich sind vererbliche grundlegende äußere Merkmale, die den Angehörigen einer Gruppe gemein sind.[63]
- **Religiös:** Hierfür ist erforderlich, dass die Mitglieder sich zu derselben Religion bekennen oder denselben religiösen Bräuchen folgen. Da die Religionszugehörigkeit zumal in pluralistischen Gesellschaften änderbar ist, wird richtigerweise vorgeschlagen, die religiöse Gruppe in der Zusammenschau mit den anderen Gruppenfaktoren restriktiv auszulegen und zu verlangen, dass es sich um eine stabile religiöse Gruppe handeln muss. Danach muss eine feste Organisationsstruktur bestehen, die auf Dauer angelegt ist und hinreichende Bindekraft entfaltet.[64]

20   Die Subsumtion der einzelnen Fälle unter die Gruppenfaktoren ruft in der Praxis nicht unerhebliche Schwierigkeiten hervor. Das belegen folgende Beispiele:

Beispiel 1: Die in Schleswig-Holstein lebenden Dänen sind politisch über den Südschleswigschen Wählerverband organisiert. Aber sind sie auch als Gruppe i. S. des Völkermordes vor Übergriffen geschützt? Ja, denn sie bilden nach der oben genannten Definition eine nationale Gruppe, denn in Dänemark sind die Dänen die „staatstragende Nation". Lehnt man diese Auslegung der nationalen Gruppe ab, wird man in jedem Fall eine ethnische Gruppe annehmen müssen, weil die Dänen eine gemeinsame Kultur, Sprache und Geschichte verbindet.

Beispiel 2: In Kambodscha regierten von 1975–1979 die Roten Khmer unter der Führung von Pol Pot mit dem Ziel, einen kommunistisch-maoistischen Bauernstaat zu errichten. Zur Durchsetzung dieses Ziels kam es zu Massentötungen und Folterungen, Umsiedelungen ganzer Bevölkerungsteile und Zwangsehen. Diese Maßnahmen richteten sich indes nicht

---

[61] Vgl. MK/*Kreß*, § 220a/§ 6 VStGB Rn. 36; in diese Richtung aber *Cryer/Friman/Robinson/ Wilmshurst* (2010), S. 210, die für eine größere Durchlässigkeit der einzelnen Gruppen argumentieren; ähnlich *Schabas* (2009), S. 129 f. mit Verweis auf die Intention der Völkermordkonvention, stabile Gruppen zu umschreiben.

[62] Überzeugend MK/*Kreß*, § 220a/§ 6 VStGB Rn. 40.

[63] RStGH, *Prosecutor v. Akayesu*, Urteil, Verfahrenskammer, 02.09.1998, § 514; vgl. auch *Safferling*, JuS 2001, 738.

[64] MK/*Kreß*, § 220a/§ 6 VStGB Rn. 44.

gegen eine spezifische Gruppe, sondern gegen die gesamte Bevölkerung. Juristisch handelt es sich deshalb nicht um einen Völkermord.[65]

Beispiel 3: In Planetopia wird der Glaube an die Götter Isis und Osiris zur Staatsreligion erklärt. Eine Gruppe überzeugter Atheisten widersetzt sich dem Kult. Daraufhin werden die Kinder dieser Atheisten ihren Eltern weggenommen und in staatlichen Erziehungsheimen entsprechend den Vorstellungen der Regierung erzogen. Diese Maßnahme kann nur dann als Völkermord angesehen werden, wenn die Atheisten eine religiöse Gruppe im Sinne des Völkermordtatbestandes darstellen. Das ist sehr fraglich, denn eine Verbindung über eine gemeinsame Religionsausübung, einen gemeinsamen Kult fehlt gerade. Atheismus ist zwar eine Weltanschauung, aber keine Religion. Auch hier scheidet Völkermord demnach aus.

Beispiel 4: In Ruanda wurden von April bis Juli 1994 ca. 800.000 Mitglieder der Tutsi-Minderheit von der Hutu-Mehrheit umgebracht. Zur Beurteilung, ob dieses Ereignis ein Völkermord war, muss begründet werden, dass die Tutsi eine geschützte Gruppe darstellen. Eine rassische Gruppe liegt nicht vor, da keine entsprechenden vererblichen besonderen Unterscheidungsmerkmale erkennbar sind. Als ethnische Gruppe müssten sie über eine eigene Kultur, Geschichte, Lebensweise, Sprache oder Religion miteinander verbunden und abgrenzbar sein. Nach der Beweislage vor dem RStGH war diese Unterscheidung äußerst fraglich.[66]

Nach der Rechtsprechung der VN *Ad hoc*-Tribunale erfolgt die Subsumtion nicht   **21**
(nur) anhand von objektiven Kriterien, wie dies von einem idealistischen Standpunkt aus nahe liegend zu sein scheint. Es kommt vielmehr ganz entscheidend auf
die **Selbstwahrnehmung** („self identification") der Gruppe bzw. ihrer Mitglieder
als Gruppe und die **Fremdwahrnehmung** („identification by others") der Gruppe
durch andere an.[67] Dieser konstruktivistische Ansatz ist richtig, denn Gruppenzugehörigkeit ist – wie man aus der modernen sozialpsychologischen Forschung weiß
– ein Akt sozialer Zuschreibung.[68]

Beispiel 5: Mit dieser Argumentation konnte der RStGH denn auch die Gruppe der Tutsi als geschützte Gruppe i. S. des Völkermordtatbestands anerkennen, denn in der sozialen Wirklichkeit wurden die Hutu und Tutsi, selbst wenn sie einer gemeinsamen Schicksalsgemeinschaft angehören, als unterschiedliche Gruppen verstanden, was durch entsprechende Vermerke im Personalausweis belegt werden konnte, und sahen sich auch selbst als separate ethnische Gruppierungen.[69]

---

[65] Ausführlich dazu *Ratner/Abrams* (2009), Chapters 12–14.

[66] Vgl. *Cryer/Friman/Robinson/Wilmshurst* (2010), S. 210; ausführlich auch *Schabas* (2009), S. 125 f.

[67] Vgl. JStGH, *Prosecutor v. Jelisić*, Urteil, Verfahrenskammer, 14.12.1999, § 70 und RStGH, *Prosecutor v. Akayesu*, Urteil, Verfahrenskammer, 02.09.1998,§ 702; RStGH, *Prosecutor v. Kay-ishema/Ruzindana*, Urteil, Verfahrenskammer, 21.05.1999, § 98.

[68] *Zick*, in: Bonacker (2008), S. 409 ff.; *Dutton* (2007), S. 96 ff.; *Shaw* (2007), S. 94, 104.

[69] Vgl. RStGH, *Prosecutor v. Akayesu*, Urteil, Verfahrenskammer, 02.09.1998, § 702; *Prosecutor v. Kayishema/Ruzindana*, Urteil, Verfahrenskammer, 21.05.1999, § 98; dazu auch *Schabas* (2009), S. 126. Sehr kritisch zu den Entscheidungen des RStGH: *Zahar/Sluiter* (2008), S. 158–162, die zu Recht die Frage aufwerfen, ob die Gruppen tatsächlich ethnische sind oder ob sie nicht eher von den Kolonialmächten aus politischen Gründen entsprechend eingeteilt worden sind.

Beispiel 6: Vor diesem Hintergrund kann auch die Frage aufgeworfen werden, ob die Ost- und Westdeutschen jeweils eigenständige ethnische Gruppierungen darstellen.[70] In diesem Fall besteht das Problem vor allem in der Feststellung der Homogenität der jeweiligen Gruppen. Es besteht eben gerade keine spezifisch ostdeutsche Sprache und Kultur. Eine eigene politische Gemeinschaft für gut 40 Jahre vermag ebenso wenig eine ethnische Gruppe zu begründen wie die Entwicklung der Begriffe „Ossi" und „Wessi" nach dem Fall der Mauer.

2 Einzeltaten

22   Der Tatbestand des Art. 6 IStGHSt unterscheidet insgesamt fünf verschiedene Einzeltaten. Auch diese Aufzählung ist abschließend.

(a) Tötung von Mitgliedern der Gruppe

Die Einzeltat der „Tötung von Mitgliedern" einer Gruppe ist als zurechenbare Verursachung des Todes von mindestens **einer** Person, die Gruppenmitglied ist, zu verstehen.[71] Bezogen auf das Individuum ist der Völkermord in dieser Variante demnach ein Erfolgsdelikt. Ein weiterer Erfolg in Bezug auf die Gruppe ist hingegen nicht erforderlich.[72]

(b) Verursachung von schwerem körperlichem oder seelischem Schaden an Mitgliedern der Gruppe

23   Die als zweites genannte Einzeltat bezieht sich auf Körperverletzungen. Auch hier muss bei wenigstens einem Individuum ein Erfolg eingetreten sein. Im Vergleich zu §§ 223 ff. StGB werden hier aber explizit psychische Schädigungen mit einbezogen. Auch das „Schwerekriterium" entspricht nicht den Anforderungen des § 226 StGB.

Bei der Verursachung von schwerem **körperlichem** Schaden ist eine Handlung erforderlich, die die Gesundheit des Opfers ernsthaft gefährdet. Dazu gehören auch Verstümmelungen, es ist aber – anders als bei § 226 StGB – nicht erforderlich, dass die körperlichen Schäden dauerhaft und unabänderlich sind. Es genügt also eine schwerwiegende Verletzung der äußeren und inneren Organe oder der Sinne des Opfers.[73]

---

[70] In einem arbeitsgerichtlichen Streit ging es um die Frage, ob eine Arbeitnehmerin auf Grund ihre ethnischen Abstammung als Ostdeutsche in Westdeutschland i. S. von § 15 AGG diskriminiert wurde, vgl. ArbG Stuttgart, Urteil v. 15.04.2010 – 17 Ca 8907/09 = GWR 2010, 256 m. Anm. *Ch. Arnold.*

[71] Vgl. *Schabas* (2009), S. 179; *Werle* (2007), Rn. 686 vgl. auch die „Elements of Crimes". Anders etwa *Ambos* (2008), § 7 Rn. 135, der den Wortlaut zwingend für Plural hält, d. h. es müssen mindestens zwei Gruppenangehörige getötet worden sein.

[72] MK/*Kreß*, § 220a/§ 6 VStGB Rn. 8 spricht deshalb von einem „verkümmert mehraktigem Delikt".

[73] Vgl. RStGH, *Prosecutor v. Kayishema/Ruzindana*, Urteil, Verfahrenskammer, 21.05.1999, § 109.

Ein schwerer **seelischer** Schaden setzt voraus, dass eine erhebliche und nicht nur **24**
vorübergehende Beeinträchtigung des geistigen Zustands des Opfers hervorgerufen
wird. Eine solche Beeinträchtigung kann man daran erkennen, dass die Fähigkeit
des Opfers, ein „normales" Leben zu führen, aufgrund seines psychischen Zustands
erheblich und langfristig eingeschränkt ist.[74]

Als mögliche Tathandlungen kommen demnach auch körperliche und seelische
Folter, unmenschliche oder entwürdigende Behandlung, insbesondere auch Vergewaltigung und andere Sexualdelikte in Betracht, solange die o. g. Kriterien der
schwerwiegenden Verletzung bzw. der erheblichen und langfristigen Einschränkungen in der Lebensführung beim Opfer festgestellt werden können.[75]

*(c) Vorsätzliche Auferlegung von Lebensbedingungen für die Gruppe, die geeignet
sind, ihre körperliche Zerstörung ganz oder teilweise herbeizuführen*

Die an dritter Stelle genannte Einzeltat ist im Vergleich zu den vorgenannten sehr **25**
viel vager. Am besten lässt sich diese umschreiben mit der Vernichtung durch
„langsamen Tod" – im Gegensatz zur unmittelbaren Tötung nach (1). Dazu gehören Maßnahmen wie Unterernährung, medizinische Unterversorgung, systematische Vertreibung, harte Zwangsarbeit. Angriffsobjekt ist aber – anders als bei (1)
und (2) – nicht ein individuelles Mitglied, sondern die Gruppe selbst.

Diese Maßnahmen müssen den Tod von Mitgliedern der Gruppe nicht tatsächlich **26**
herbeiführen; sie müssen aber – objektiv – geeignet sein, die physische Vernichtung
von Angehörigen der Gruppe herbeizuführen.[76] Dogmatisch handelt es sich bei dieser Einzeltat demnach um ein **Eignungsdelikt**, als Unterfall eines (abstrakten) Gefährdungsdeliktes.[77] Auch wenn – was zu hoffen bleibt – die Maßnahmen vor dem
Eintritt konkreter Schäden etwa durch humanitäre Intervention beendet werden
können, ist der objektive Tatbestand bereits durch die Auferlegung entsprechender
lebensvernichtender Bedingungen erfüllt.[78]

Als Problem stellt sich hier die Subsumtion der „ethnischen Säuberung" unter den Völkermordtatbestand. Unter „ethnischer Säuberung" wird die mit Gewalt oder Drohung mit
Gewalt erreichte Vertreibung einer Bevölkerungsgruppe aus einem bestimmten Territorium verstanden, mit dem Ziel eine ethnisch homogene Bevölkerungszusammensetzung zu
erreichen.[79] Der Begriff ist im Zusammenhang mit Vertreibungen im Jugoslawienkonflikt
bekannt geworden. Ethnische Säuberungen sind allerdings nicht *per se* eine geeignete Völ-
kermordhandlung. Es muss stets eine konkrete Einzeltat i. S. von Art. 6 IStGHSt nachge-

---

[74] RStGH, *Prosecutor v. Kayishema/Ruzindana*, Urteil, Verfahrenskammer, 21.05.1999, § 110.

[75] RStGH, *Prosecutor v. Akayesu*, Urteil, Verfahrenskammer, 02.09.1998, § 731; JStGH, *Prosecutor v. Furundzjia*, Urteil, Verfahrenskammer, 10.12.1998, § 126.

[76] Vgl. MK/*Kreß*, § 220a/§ 6 VStGB Rn. 54. Gelegentlich wird für eine rein subjektive Auslegung
eingetreten, vgl. etwa Eser/Kreicker/*Groppengießer*, S. 103.

[77] Vgl. MK/*Kreß*, § 220a/§ 6 VStGB Rn. 10.

[78] Es scheint mir deshalb hier nicht ganz richtig von Dauerdelikt zu sprechen, so aber MK/*Kreß*,
§ 220a/§ 6 VStGB Rn. 10.

[79] Vgl. dazu Interim Report of the Commission of Experts Established Pursuant to Security Council Resolution 780 (1992), UN Doc. S/35374 (1993), § 55.

wiesen werden. Bei „Vertreibungen" genügt auch nicht die bloße räumlich Verbringung an einen anderen Ort; es muss damit die Vernichtung der Gruppe als solche beabsichtigt sein.[80]

(d) Verhängung von Maßnahmen, die auf die Geburtenverhinderung innerhalb der Gruppe gerichtet sind

27   Diese Einzelhandlung wird auch als „**biologischer Völkermord**" bezeichnet, da sie auf die Zerstörung der Reproduktionsfähigkeit innerhalb der Gruppe gerichtet ist. Auch in dieser Variante liegt ein sog. Eignungsdelikt vor, auch wenn der Wortlaut nicht so eindeutig darauf hinweist, wie bei (3).[81]

Geburtenverhinderungsmaßnahmen sind:

- Verstümmelung der Geschlechtsorgane
- Zwangssterilisation
- Geburtenkontrolle jeglicher Art
- Geschlechtertrennung
- Verbot der Ehe

Vor allem in patriarchalischen Gesellschaften kann auch die Vergewaltigung von Frauen durch Männer einer anderen Gruppe den objektiven Tatbestand erfüllen, da die so gezeugten Kinder nicht als Gruppenmitglieder akzeptiert werden.[82] Dies kann zum **langsamen Aussterben** der Gruppe führen. Eine Einschränkung der Gestalt, dass die vergewaltigte Frau wegen der Tat aus physischen oder psychischen Gründen nicht mehr in der Lage ist, Kinder zu empfangen oder zu gebären,[83] ist mE nicht erforderlich und in dieser Allgemeinheit auch kaum justiziabel. Der Eignungsbegriff (dazu sogleich) reicht als Einschränkung völlig aus. Ausreichend ist auch die Anwendung von psychischer Gewalt, die dazu führt, dass die bedrohte Gruppe aus Angst die Fortpflanzung verweigert.[84]

Der Charakter eines **Eignungsdelikts** führt zu einer restriktiven Auslegung in dem Sinne, dass die Maßnahme objektiv geeignet sein muss, Geburten innerhalb der Gruppe zu verhindern.[85]

(e) Gewaltsame Überführung von Kindern der Gruppe in eine andere Gruppe

28   Die letzte Variante enthält eine weitere Völkermordform bei welcher die Grenze zum – nicht strafbaren – „**kulturellen Völkermord**" fließend ist.[86] Dabei ist um-

---

[80] Vgl. JStGH, *Prosecutor v. Krstić*, Urteil, Verfahrenskammer, 02.08.2001, § 543 ff. und BGH NJW 2001, 2732, 2733. Ausführlich dazu *Schabas* (2009), S. 221–234.

[81] In diese Richtung auch MK/*Kreß*, § 220a/§ 6 VStGB Rn. 11 u. 61.

[82] *Kittichaisaree*, S. 108. Vgl. auch RStGH, *Prosecutor v. Akayesu*, Urteil, Verfahrenskammer, 02.09.1998, § 507 f.; *Gropengießer*, in Eser/Kreicker, S. 104.

[83] Diese Einschränkung fordert etwa *Satzger* (2010), § 16 Rn. 22.

[84] In diese Richtung RStGH, *Prosecutor v. Akayesu*, Urteil, Verfahrenskammer, 02.09.1998, § 508.

[85] In diesem Sinne auch MK/*Kreß*, § 220a/§ 6 VStGB Rn. 61.

[86] Vgl. auch *Ambos* (2008), § 7 Rn. 142; *Schabas* (2009), S. 201, der die Vorschrift als „enigmatic" bezeichnet; *Vest* (2002), S. 126 sieht hierin einen Fall des kulturellen Völkermordes.

stritten, ob die durch die Überführung bewirkte Entfremdung der Kinder von ihrer sozialen Herkunft ausreicht oder ob die Maßnahme für die Gruppe existenzbedrohend wirken muss. Das wäre etwa der Fall, wenn der Gruppe die Reproduktionsmöglichkeit durch den Kindesentzug genommen wird.[87] Nach Wortlaut und Schutzzweck wird man die Zerstörung der kulturellen Identität und ethnischen Besonderheiten der Gruppe ausreichen lassen müssen.[88]

Tathandlung ist die direkte und dauerhafte Überführung von Kindern durch die Täter. Das Merkmal „gewaltsam" umfasst nicht nur die Anwendung körperlichen Zwangs; ausreichend ist auch **psychische Gewalt**, die dazu führt, dass aus Angst die Eltern selber ihre Kinder in eine andere Gruppe überführen, um diese zu schützen.[89] Nach der deutschen Terminologie fällt also auch die „Drohung" mit Gewalt unter den Tatbestand. Bei § 6 VStGB wurde dies nicht nachvollzogen, so dass hier (wohl) der enge nur auf körperliche Zwangswirkung abstellende Gewaltbegriff von BVerfG[90] und BGH[91] angewendet werden muss.[92]

Als **Kinder** werden nach den Verbrechenselementen zu Art. 6 IStGHSt im Anschluss an die VN-Kinderrechtskonvention Personen unter 18 Jahre gezählt.[93] Auch hier ist eine Abweichung vom deutschen Recht zu beobachten. Kinder sind in § 176 Abs. 1 StGB als Personen unter 14 Jahren legaldefiniert. Diese Definition ist aber wohl nur auf Sexualdelikte hin konzipiert. In § 236 Abs. 1 StGB (Kinderhandel) etwa wird auf die Altersgrenze von 18 Jahren abgestellt. Eine völkerrechtskonforme Auslegung von § 6 Abs. 1 Nr. 5 VStGB sollte daher möglich sein.[94]

IV Subjektiver Tatbestand

Im Rahmen des subjektiven Tatbestandes ist zwischen den allgemeinen Vorsatzanforderungen, wie sie sich aus Art. 30 IStGHSt ergeben, und der spezifischen Völkermordabsicht zu unterscheiden (s. auch Abb. 2). In der Rechtsprechung wird diese Differenzierung nicht immer sauber durchgehalten, sie ist aber nach der Struktur der Norm zwingend.[95]   29

---

[87] MK/*Kreß*, § 220a/§ 6 VStGB Rn. 65.

[88] Vgl. *Schabas* (2009), S. 204 ff. mwN.

[89] RStGH, *Prosecutor v. Akayesu*, Urteil, Verfahrenskammer, 02.09.1998, § 505; *Satzger* (2010), § 16 Rn. 23.

[90] BVerfGE 92, 18.

[91] BGHSt 37, 353.

[92] *Satzger* (2010), § 16 Rn. 23; nach MK/*Kreß*, § 220a/§ 6 VStGB Rn. 68 ist die Drohung gerade noch von dem Begriff „gewaltsam" gedeckt, da es ja nicht heißt „mit Gewalt".

[93] Für zu hoch halten diese Altersgrenze etwa *Schabas* (2009), S. 203; *Werle* (2007), Rn. 698 mit dem richtigen Hinweis, dass bei einem (fast) ausgewachsenen 18-Jährigen eine Entfremdung nur noch schwer möglich sein wird.

[94] So auch *Satzger* (2010), § 16 Rn. 24; MK/*Kreß*, § 220a/§ 6 VStGB Rn. 66.

[95] Vgl. dazu auch *Ambos* (2008), § 7 Rn. 146.

Abb. 2 Struktur des Völkermordtatbestandes

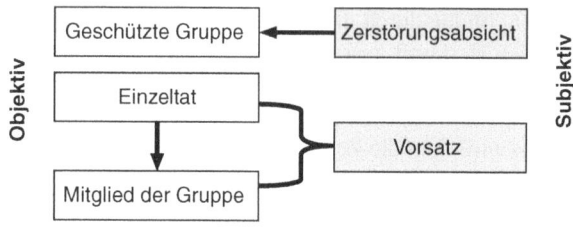

1 Vorsatz

30 Voraussetzung des subjektiven Tatbestands ist zunächst, dass der Täter die objektiven Merkmale wissentlich und willentlich, d. h. **vorsätzlich** erfüllt. Der jeweilige Maßstab findet sich in Art. 30 IStGHSt.

Das Vorsatzerfordernis bezieht sich zunächst auf das **Gruppenelement**. Hierzu müssen dem Täter die Gruppenidentität und die Zugehörigkeit des oder der Opfer zu einer geschützten Gruppe als „Umstände der Tat" bewusst sein nach Art. 30 Abs. 3 IStGHSt. Im Hinblick auf die Einzeltat ist jeweils zu unterscheiden:

(1) Tötung von Mitgliedern der Gruppe

31 Hinsichtlich der Tötung von Gruppenmitgliedern sind die Voraussetzungen des Tötungsvorsatzes umstritten. Das rührt her von der terminologischen Inhomogenität einzelner nationaler Rechtsordnungen bzgl. vorsätzlicher, fahrlässiger oder absichtlicher Tötung.[96] Es ist aber davon auszugehen, dass „Tötung" bzw. „killing" i. S. v. Art. 6 lit. a) IStGHSt lediglich die objektive Tötungshandlung umschreiben will und keine spezifischen subjektiven Anforderungen schafft. Demnach genügt für die Tötungshandlung nach Art. 30 Abs. 2 lit. b) IStGHSt *dolus directus*, d. h. sicheres Wissen um den Eintritt des Todeserfolges, wohingegen *dolus eventualis* nicht ausreicht.[97] Über eine Parallele zu den Verbrechen gegen die Menschlichkeit bzw. Kriegsverbrechen wird argumentiert, dass die Tötung unter „leichtfertiger Missachtung des menschlichen Lebens" ausreicht,[98] was im Ergebnis *dolus eventualis* entsprechen dürfte.[99] Mit einer solchen Auslegung entfernt man sich indes erheblich von Art. 30 IStGHSt, was trotz der relativen Öffnungsklausel in Art. 30 Abs. 1 IStGHSt mE zu weit geht.

---

[96] Dazu ausführlich *Schabas* (2009), S. 287 ff.; *Ambos* (2008), § 7 Rn. 147.

[97] S. *Gropengießer*, in: Eser/Kreicker, S. 100; a.A. hier *Dahm/Delbrück/Wolfrum*, Bd. I/3 (2002), 1083.

[98] In diese Richtung *Werle* (2007), Rn. 709.

[99] Zur Parallelität von *recklessness* und *dolus eventualis*, vgl. *Safferling* (2008), S. 367 f.

*(2) Verursachung von schweren körperlichem oder seelischem Schaden
an Mitgliedern der Gruppe*

Für diese Variante gilt das zu (1) Gesagte. Da es sich auch hier um ein **Erfolgsdelikt**   **32**
handelt, ist sicheres Wissen um den Eintritt der Schäden erforderlich nach Art. 30
Abs. 2 lit. b) IStGHSt.

*(3) Vorsätzliche Auferlegung von Lebensbedingungen für die Gruppe, die geeignet
sind, ihre körperliche Zerstörung ganz oder teilweise herbeizuführen*

Zunächst weist der Zusatz der „**vorsätzlichen**" („deliberately") Auferlegung nur auf   **33**
die allgemeinen Vorsatzerfordernisse hin.[100] Hinsichtlich der „Eignung" zur körperlichen Vernichtung der Gruppe ist an dieser Stelle lediglich entsprechende Kenntnis
oder Bewusstsein erforderlich, da dieses Kriterium im objektiven Tatbestand den
Charakter eines „Umstandes" i. S. v. Art. 30 Abs. 3 IStGHSt einnimmt. Gelegentlich wird darin auch ein zusätzliches Absichtsmerkmal erkannt,[101] was mE. überflüssig ist, da es in der ohnedies zu prüfenden Völkermordabsicht enthalten ist.[102]

*(4) Verhängung von Maßnahmen, die auf die Geburtenverhinderung innerhalb
der Gruppe gerichtet sind*

Tathandlung ist hier die Verhängung von Geburtenverhinderungsmaßnahmen. Nach   **34**
Art. 30 Abs. 2 lit. a) IStGHSt muss der Täter die Anordnung der Maßnahmen willentlich veranlasst haben. Wie bei (3) ist auch hier zu verlangen, dass ihm die mögliche Wirkung der erlassenen Maßnahmen zur Geburtenverhinderung bewusst war
i. S. v. Art. 30 Abs. 3 IStGHSt. Dies entspricht der Struktur eines **Eignungsdeliktes**.
Wer freilich diese Struktur nicht anerkennt, ist geneigt, das Merkmal „gerichtet auf"
ausschließlich subjektiv im Sinne einer Absicht zu verstehen.[103] Vertretbar scheint
mir dies nur, wenn die verhängte Maßnahme objektiv geeignet ist, Geburten zu verhindern, und dem Täter dies auch bewusst ist. Andernfalls würde im Ergebnis nur
die Tätergesinnung bestraft werden. Ist dies aber der Fall, unterscheiden sich die
Absicht zur Geburtenverhinderung und die erforderliche Völkermordabsicht nicht
substantiell voneinander.

(5) Gewaltsame Überführung von Kindern der Gruppe in eine andere Gruppe

Zunächst ist hinsichtlich der gewaltsamen Überführung **Vorsatz** erforderlich in   **35**
dem Sinne, dass der Täter die Kinder aus ihrer gewohnten Umgebung herausneh-
men will (Art. 30 Abs. 2 lit. a) IStGHSt) und ihm bewusst ist, dass dies gewaltsam
erfolgt (Art. 30 Abs. 3 IStGHSt).

---

[100] Vgl. *Ambos* (2008), § 7 Rn. 148; a.A. *Gropengießer*, in: Eser/Kreicker, S. 103.

[101] So etwa bei *Ambos* (2008), § 7 Rn. 139 f.

[102] Vgl. *Schabas* (2009), S. 291; in diesem Sinne wohl auch *Satzger* (2010), § 16 Rn. 21.

[103] So etwa *Ambos* (2008), § 7 Rn. 149.

2 Völkermordabsicht

(1) Absicht

36 Der Tatbestand des Völkermordes setzt in subjektiver Hinsicht *zusätzlich* zum Vorsatz voraus[104], dass der Täter die Taten mit **genozidaler Absicht** (Völkermordabsicht, *dolus specialis* oder *specific intent*) ausführt.[105] In dieser speziellen Absicht liegt das besondere Merkmal des Völkermordes. Es handelt sich dabei um ein spezifisches subjektives Merkmal, dass nach Art. 30 (1) IStGHSt gerade nicht zur Anwendung von Art. 30 (2) und (3) IStGHSt führt.[106] Es bedarf also einer eigenständigen Interpretation der Völkermordabsicht.[107] Hier werden verschiedene **Meinungen** vertreten

1. *Objektive (kollektivistische) Ansätze:* Objektive Theorien stellen auf das Wissen des Täters ab (***knowledge-based approach***). Dabei kann unterschieden werden zwischen dem Bezugspunkt zu einem Kollektiv, das gesehen wird entweder in der

    a. tatsächlich stattfindenden Zerstörung, von welcher der Täter weiß,[108] oder in dem

    b. realistischen Plan, eine Gruppe zu zerstören, den der Täter kennt und sich zu Eigen macht.[109]

2. *Subjektiver (individualistischer) Ansatz*: Der rein subjektive Ansatz stellt allein auf die Absicht des Täters ab, eine geschützte Gruppe ganz oder teilweise zu zerstören (***purpose-based approach***).

37 Auch wenn für die kollektivistischen Theorien spricht, dass sie versuchen, die schwierige Interpretation der Völkermordabsicht stärker zu strukturieren, kann nicht verkannt werden, dass sie den Tatbestand erheblich verändern. Zudem vermengen sie Fragen der **Beweisbarkeit** eines subjektiven Merkmals mit Definitionsfragen. So tendiert auch die Rechsprechung der *ad hoc*-Tribunale zu dem individualistischen Ansatz. Der RStGH und ihm folgend der JStGH führt dazu aus:

> Special intent of a crime is the specific intention, required as a constitutive element of the crime, which demands that the *perpetrator* clearly seeks to produce the act charged.[110]

---

[104] *Cassese* (2008), S. 137.

[105] Vgl. zu den sprachlichen Differenzierungen *Schabas* (2009), S. 260 f.

[106] *Paul*, Kritische Analyse (2008), S. 250.

[107] Vgl. *Vest* (2002), S. 104 ff. MK/*Kreß*, § 220a/§ 6 VStGB Rn. 83 nennt das Absichtsmerkmal „interpretationsoffen".

[108] So etwa vertreten von: *Gil Gil*, ZStW 112 (2000), S. 281, 295; *Greenawalt*, Colum. L. R. 99 (1999), S. 2259, 2265 f.; *Triffterer*, FS Roxin, 2001, 1422, 1438 f.; jetzt auch *Ambos*, Int. Rev. Red Cross 91 (2009), 833 mit Differenzierungen; dagegen *Werle* (2007), Rn. 713.

[109] MK/*Kreß*, § 220a/§ 6 VStGB Rn. 86.

[110] RStGH, *Prosecutor v. Akayesu*, Urteil, Verfahrenskammer, 02.09.1998, §§ 497, 518. Kritisch dazu *Zahar/Sluiter* (2008), S. 163 f. JStGH, *Prosecutor v. Krstić*, Urteil, Verfahrenskammer, 02.08.2001, § 571. Eine Zusammenfassung der Rspr. des JStGH gibt *Paul*, Kritische Analyse, S. 244.

Der Täter muss demnach zielgerichtet darauf hinwirken wollen, eine geschützte Gruppe vollständig oder teilweise zu vernichten. Er selbst muss die Absicht haben, die Gruppe in ihrer Existenz zu gefährden oder zu zerstören.[111] Die Vorverfahrenskammer I des IStGH hat im Fall *Al Bashir* sich ebenfalls auf diese (traditionelle) Interpretation der Völkermordabsicht berufen.[112] Da es sich hier lediglich um eine Entscheidung zum Erlass eines Haftbefehls handelte, steht das letzte Wort des IStGH in dieser Frage noch aus.

(2) Zerstörung

Umstritten ist die Frage, worauf die Zerstörung gerichtet sein muss. BGH[113] und BVerfG[114] gehen davon aus, dass es für die Völkermordabsicht ausreicht, wenn der Täter die soziale Existenz der geschützten Gruppe vernichten will.[115] Hingegen wird von den *Ad hoc*-Tribunalen und ihnen folgend vom IGH verlangt, dass sich die Zerstörungsabsicht auf die **biologische Vernichtung** der Gruppe beziehen muss.[116]   **38**

Die Frage ist nicht einfach zu beantworten. Die engere Interpretation der internationalen Gerichte dürfte die vorherrschende Meinung darstellen. Allerdings sollte bedacht werden, dass für gesellschaftliche Kollektive, die in der Regel **soziale Konstrukte** darstellen, neben der biologischen Vernichtung ihrer Mitglieder auch die Auflösung ihrer sozialen Gruppenstruktur das Ende der Gemeinschaft bedeutet.[117] Es genügt mE daher, dass sich die Zerstörungsabsicht auf das Entfernen der Gruppe aus der gesellschaftlichen Realität bezieht, was eine biologische Vernichtung nicht zwingend voraussetzt.[118] Die hM muss sich den Vorwurf gefallen lassen, dass sie einerseits eine soziokulturelle Entstehung einer Gruppe befürwortet, bei dessen Vernichtung dann aber ausschließlich auf eine biologisch-naturalistische Betrachtung abstellt. Das scheint mir inkonsequent.

---

[111] S. *Cryer/Friman/Robinson/Wilmshurst* (2010), S. 226 ff; *Werle* (2007), Rn. 712; auch *Ambos* (2008), § 7 Rn. 152.

[112] IStGH, *Prosecutor v. Al Bashir*, Decision on the Prosecution's Request for a Warrant of Arrest against Omar Hassan Ahmad Al Bashir, Vorverfahrenskammer, 04.03.2009, § 139 f.

[113] BGHSt 45, 64, 80.

[114] BVerfG, NJW 2001, 1848, 1850.

[115] Insoweit ist die Rspr. gedeckt von der EMRK, vgl. EGMR, *Jorgić v. Germany*, 12.07.2007, § 113; s. *Werle*, FS Küper, 2007, S. 675. Ähnlich auch das Minderheitenvotum des Richters *Shahabudeen* im Fall JStGH, *Prosecutor v. Kristić*, Urteil, Berufungskammer, 19.04.2004.

[116] JStGH, *Prosecutor v. Krstić*, Urteil, Verfahrenskammer, 02.08.2001, § 580. Vgl. auch *Paul*, Kritische Analyse, S. 289–298 und MK/*Kreß*, § 220a/§ 6 VStGB Rn. 72; ebenso IGH, *Bosnia and Herzegovina v. Serbia and Montenegro ("Case concerning the application of the Convention on the Prevention and Punishment of the Crime of Genocide")*, 26.02. 2007, § 190; dazu *Gattini*, 'Evidentiary Issues in the ICJ's Genocide Judgment', 5 JICJ (2007), 889 und *Meyer*, 'Die Verantwortlichkeiten von Vertragsstaaten nach der Völkermordkonventionen' HRRS 8 (2007), S. 218.

[117] Vgl. *Safferling*, in: ders./Conze (2010), S. 189. Ebenso *Ambos* (2008), § 7 Rn. 156 f.

[118] *Schabas* (2009), S. 271 f. hält diese Ansicht für mit dem Wortlaut vereinbar, aber der Entstehungsgeschichte widersprechend. Nach den allgemeinen Auslegungsregeln (s. oben § 4 Rn. 98 f.) kann es auf diese aber nicht ankommen.

39   Es ist auch nicht erforderlich, dass der Täter die gesamte Gruppe vernichten will. Ausweislich des Wortlauts genügt eine **teilweise** Vernichtung. Dabei stellt sich die Frage, wie sich die Gemeinschaft aufteilen lässt. Erforderlich ist, dass es sich um einen substantiellen Teil handeln muss.[119] Zwei Ansätze sind hier zu berücksichtigen:

1. *Quantitativ:* ein numerisch hoher Anteil der Gruppe soll vernichtet werden.
2. *Qualitativ:* es wird ein im sozialen Gefüge der Gruppe besonders bedeutsamer, möglicherweise quantitativ aber kleiner Teil anvisiert.[120]

Demnach genügt es, wenn sich die Zerstörungsabsicht etwa nur auf die politische Elite der geschützten Gruppe bezieht.

Die Abgrenzung bleibt im Einzelfall schwierig und hängt auch von der Definition der geschützten Gruppe ab. Dazu folgendes

> **Beispiel:** Im Massaker von Srebrenica wurden ca. 7000 bosnisch-muslimische Männer im wehrfähigen Alter umgebracht. Hier stellt sich die Frage, wie die Gruppen genau umschrieben werden kann. Sind etwa Muslime die geschützte religiöse Gruppe und die Männer im wehrfähigen Alter etwa „Teil" der Gruppe? Besteht die Gruppe nur aus den bosnisch-muslimischen Einwohnern Srebrenicas? Der JStGH erkannte die muslimische Gemeinschaft in der Region Srebrenica als relevante Gruppe und sah in den ermordeten Männern einen signifikanten Teil dieser Gruppe.[121]

Im Ergebnis muss festgehalten werden, dass die Frage des substantiellen Teils einer Gruppe ein Bestandteil der Vernichtungsabsicht ist. D. h. es ist im Rahmen einer Gesamtabwägung zu ermitteln, ob der Täter eine objektiv geschützte Gruppe ganz oder teilweise zerstören *wollte*.

(3) Nachweis

40   Von dem substantiellen Gehalt der Völkermordabsicht ist die Frage zu trennen, wie der **Beweis** für eine solche Absicht erbracht werden kann.[122] Für den Fall, dass es hierzu keine eindeutigen Indizien gibt, wie eigene Aussagen (etwa auch ein Geständnis) oder Zeugenaussagen, muss – wie im Übrigen sonst auch[123] – auf die objektiven Umstände der Tat rekurriert und davon auf den Willen des Täters geschlossen werden.[124] Die Völkermordabsicht wird aus der Gesamtheit der verübten Taten

---

[119] Ausführlich dazu *Ambos* (2008), § 7 Rn. 159–165; *Schabas* (2009), S. 277 ff; vgl. auch *Satzger* (2010), § 16 Rn. 16.

[120] JStGH, *Prosecutor v. Jelisić*, Urteil, Verfahrenskammer, 14.12.1999, § 82.

[121] JStGH, *Prosecutor v. Krstić*, Urteil, Verfahrenskammer, 02.08.2001, § 590 ff. Ähnlich IGH *Bosnia and Herzegovina v. Serbia and Montenegro ("Case concerning the application of the Convention on the Prevention and Punishment of the Crime of Genocide")*, 26.02.2007, § 199; vgl. dazu auch *Cassese* (2008), S. 135 f.

[122] JStGH, *Prosecutor v. Jelisić*, Urteil, Verfahrenskammer, 14.12.1999, § 101. *Jelisić* wurde im Übrigen vom Vorwurf des Völkermordes entlastet, weil ihm die Völkermordabsicht nicht nachgewiesen werden konnte.

[123] Allgemein zum *dolus ex re* vgl. etwa *Volk*, FS Arthur Kaufmann, 1993, S. 613, 619; zum englischen Recht *Safferling* (2008), S. 349 ff.

[124] Vgl. *Schabas* (2009), S. 264 f.

und der sozialen und politischen Umstände gegen eine bestimmte geschützte Gruppe indiziert.[125] Dabei kommt es auch darauf an, in welchem Zusammenhang mit den äußeren Umständen die Tat in räumlicher und zeitlicher Hinsicht verübt wurde.

V Strafzumessung

Die Schwere des Verbrechens des Völkermordes muss sich im Strafmaß ausdrü-   **41**
cken. In Ermangelung konkreter Strafrahmen beziehen sich die Richter internationaler Strafgerichte auf **allgemeine Erwägungen**. Im Vordergrund stehen dabei Vergeltung und Abschreckung.[126] Die „Schwere" des Verbrechens und die individuellen Umstände des Angeklagten sind dabei die entscheidenden Zumessungskriterien.[127] Erwähnt wird auch das Anliegen, durch Strafhöhe die Interessen der Opfer sichtbar zu machen.[128]

Dabei fällt es bereits schwer, die Kernverbrechen **untereinander zu gewichten**. Auch wenn der Völkermord als „crime of crimes" bezeichnet wird (s. o. Rn. 2), kann kaum überzeugend begründet werden, warum Völkermord grundsätzlich schwerer wiegt als Verbrechen gegen die Menschlichkeit.[129] Im Fall *Kristic* verweist der JStGH zwar auf die spezifische Absicht als generell schulderhöhendes Merkmal, wagt es gleichwohl nicht darauf eine abstrakte Stufung zwischen den Kernverbrechen zu begründen.[130] Es kommt also auf den Einzelfall an.

Maßgeblich für die „Schwere" der Tat sind die Zahl (**quantitatives** Element)   **42**
und das Leiden der Opfer, wie es sich aus der Art der Ausführung und den Konsequenzen der Tat ergibt[131] (**qualitatives** Element).[132] Dazu kommen Art und Maß der Planung sowie die Genauigkeit der Durchführung.[133]

Im Fall *Akayesu* wurden beispielsweise jeweils lebenslange Einzelfreiheitsstrafen ausgeworfen für 1. Völkermord, 2. Aufstachelung zum Völkermord und 3. Ausrottung als Verbrechen gegen die Menschlichkeit.[134] Vor dem JStGH wurde *Kristic*

---

[125] Genauere Differenzierungen finden sich bei *Safferling*, in: ders./Conze (2010), S. 163, 177 ff.

[126] So bereits in dem 1. Urteil wegen Völkermordes, RStGH, *Prosecutor v. Akayesu*, Urteil Strafzumessung, Verfahrenskammer, 02.10.1998; ebenso JStGH, *Prosecutor v. Kristić*, Urteil, Verfahrenskammer, 2 August 2001, § 693.

[127] JStGH, *Prosecutor v. Kristić*, Urteil, Verfahrenskammer, 02.08.2001, § 696.

[128] JStGH, *Prosecutor v. Kristić*, Urteil, Verfahrenskammer, 02.08.2001, § 703.

[129] Vgl. auch *Cryer/Friman/Robinson/Wilmshurst* (2010), S. 203 m. den Hinweisen in Fn. 2.

[130] JStGH, *Prosecutor v. Kristić*, Urteil, Verfahrenskammer, 02.08.2001, § 700.

[131] Etwa das sog. Srebrenica Syndrom, vgl. JStGH, *Prosecutor v. Blagojević/Jokić*, Urteil, Verfahrenskammer, 17.01.2005, § 845.

[132] JStGH, *Prosecutor v. Kristić*, Urteil, Verfahrenskammer, 02.08.2001, § 701 ff.

[133] JStGH, *Prosecutor v. Kristić*, Urteil, Verfahrenskammer, 2.08.2001, § 720.

[134] Vgl. RStGH, *Prosecutor v. Akayesu*, Urteil Strafzumessung, Verfahrenskammer, 02.10.1998. Die Strafen wurden schließlich mit anderen Einzelfreiheitsstrafen zu einer lebenslangen Gesamtfreiheitsstrafe verbunden.

von der Verfahrenskammer „nur" zu 46 Jahren Haft verurteilt.[135] Die Berufungskammer änderte den Schuldspruch von Täterschaft zu Teilnahme und verringerte
die Strafe entsprechend auf 35 Jahre Freiheitsstrafe.[136]

VI Beispielsfall

43   Im Jahr 1995 wurde die UN-Sicherheitszone Srebrenica von bosnisch-serbischen Militär-
einheiten belagert und im Juli schließlich eingenommen. Muslimisch-bosnische Männer im
wehrfähigen Alter wurden sodann von der übrigen Bevölkerung getrennt. Frauen, Kinder
und ältere Personen (insgesamt etwa 25.000 Personen) wurden mit Bussen in bosnisch-
muslimisches Gebiet verbracht, während etwa 7000–8000 Männer zunächst eingesperrt
und dann hingerichtet wurden.
Frage 1: Hat sich General K eines Völkermordes schuldig gemacht, wenn er die Vertrei-
bungs- und Ermordungsaktion angeordnet und selbst fünf Männer erschossen hat?
Frage 2: Wie hat sich General K strafbar gemacht, wenn er zwar den Oberbefehl über die
Truppen innehatte, ihm aber keine unmittelbare Tötungshandlung nachgewiesen werden
konnte?
Zu Frage 1: Hier kommt eine Strafbarkeit des K wegen Art. 6 Abs. 1 lit. a) IStGHSt in
Betracht. Dazu ist es erforderlich, dass eine bestimmte abgrenzbare, „geschützte Gruppe"
vorliegt. Die Gruppe der Muslime in Srebrenica ist eine religiöse Gruppe, die wehrfähigen
Männer eine entsprechend mitgeschützte Teil dieser Gruppe. Als Tathandlung kommt die
eigenhändige Tötung von fünf Männern in Betracht (Art. 25 Abs. 3 lit. a) IStGHSt). Wenn
man einen Gesamttatzusammenhang verlangt, so liegt auch dieser vor, denn die Tat ist
eingebettet in eine genozidale Politik. In subjektiver Hinsicht ist K zunächst Vorsatz i. S.
von Art. 30 IStGHSt vorzuwerfen, da er die Gruppenzugehörigkeit der Opfer kannte und
hinsichtlich der Tötungshandlungen absichtlich gehandelt hat. Ob K aber wirklich wegen
Völkermordes verurteilt werden kann, hängt davon ab, ob ihm Völkermordabsicht nachgewiesen werden kann. Davon wird man ausgehen können, denn K hat die Vertreibungs-
und Ermordungsaktionen selbst befohlen und sich deshalb die politischen Ziele zu Eigen
gemacht. Da Strafausschließungsgründe nicht ersichtlich sind, hat sich K wegen Völkermordes strafbar gemacht.
Zu Frage 2: Zwar sind auch hier Mitglieder einer geschützten Gruppe umgebracht worden, K können aber Tötungshandlungen nicht nachgewiesen werden. Eine Täterschaft i. S.
von Art. 25 Abs. 3 lit. a) scheidet deshalb aus. Möglich wäre eine Strafbarkeit als militärisch Verantwortlicher nach Art. 28 lit. a) IStGHSt. Zunächst ist festzuhalten, dass K
sowohl rechtlich wie faktisch als General Verantwortung für die Taten seiner Soldaten trägt.
Danach hätte K die Völkermordhandlungen seiner Untergebenen verhindern, unterdrücken
oder melden müssen. In subjektiver Hinsicht ist erforderlich, dass K von den Taten Kenntnis hat bzw. hätte Kenntnis haben müssen. Als Oberbefehlshaber wird er sich schwer tun,
nachzuweisen, dass er von diesen massiven Vernichtungsaktionen bzw. Exekutionen nichts
wusste bzw. nichts hätte wissen können. Eine eigene Völkermordabsicht muss K hingegen
nicht nachgewiesen werden.

---

[135] JStGH, *Prosecutor v. Kristić*, Urteil, Verfahrenskammer, 02.08.2001, § 726.

[136] JStGH, *Prosecutor v. Kristić*, Urteil, Berufungskammer, 19.04.2004, § 275.

B Verbrechen gegen die Menschlichkeit

I Einführung

Verbrechen gegen die Menschlichkeit (crimes against humanity) bezeichnen Tat- **44**
handlungen, die in besonderer Art und Weise die **Menschheit als Ganzes** betreffen,
wenn sie Teil eines systematischen oder ausgedehnten Angriffs auf eine Zivilbevölkerung sind. Tathandlungen wie Tötung, Folter, Vergewaltigung, die bereits als
„einfache Verbrechen" nach nationalem Recht strafbar sind, erscheinen im Rahmen
von Verbrechen gegen die Menschlichkeit in einem makrokriminellen Gesamtkontext und werden dadurch völkerrechtlich relevant.

1 Historische Entwicklung

a) Bis Nürnberg und Tokio

Die erste Verwendung des Begriffs „crimes against humanity" in internationalen **45**
Beziehungen findet sich in der gemeinsamen Deklaration der Regierungen Frankreichs, Englands und Russlands vom 24.5.1915. Darin wurden die Massaker an der
armenischen Minderheit im Osmanischen Reich als „new crimes against humanity and civilization" bezeichnet, für welche man Regierungsmitglieder persönlich
verantwortlich machen werde.[137] Strafrechtliche Folgen blieben in diesem Fall allerdings aus.

    In rechtsverbindlicher Form werden Verbrechen gegen die Menschlichkeit zum
ersten Mal im Londoner Statut niedergelegt.[138] Dort heißt es:

> Art. 6 (c) CRIMES AGAINST HUMANITY: namely, murder, extermination, enslavement,
> deportation, and other inhumane acts committed against any civilian population, before
> or during the war; or persecutions on political, racial or religious grounds in execution of
> or in connection with any crime within the jurisdiction of the Tribunal, whether or not in
> violation of the domestic law of the country where perpetrated.

Der Begriff „crimes against humanity" taucht in den Verhandlungen zum **Lon-** **46**
doner Statut erst relativ spät auf. Zum ersten Mal ist er in einem Vorschlag der
US-amerikanischen Delegation vom 31.7.1945 enthalten; soweit ersichtlich wird
er von den Verhandlungsführern der anderen Signatarstaaten nicht angezweifelt.[139]
In den vorherigen Entwürfen wurde auf „atrocities against civilian populations"als
Sonderform der Kriegsverbrechen abgestellt.[140] Diese Ausweitung der Kriegsverbrechen in diese Richtung war erforderlich, weil das überkommene Konzept des

---

[137] Vgl. *Schabas* (2000), S. 19 f.; vgl. auch *Cassese* (2008), S. 101 f.

[138] Zu der Entwicklung auch *Kirsch* (2009), S. 38–47.

[139] Vgl. Jackson Report (1947), S. 395 und die Aussprache bzgl. Art. 6 auf S. 415–418.

[140] S. Jackson Report (1947), S. 392 (britischer Vorschlag vom 28. Juli 1945), S. 393 (US-amerikanischer Vorschlag vom 30.7.1945).

Kriegsvölkerrechts nicht in der Lage war, die ungeheuerlichen Verbrechen der Nazis gegen die Zivilbevölkerung adäquat zu erfassen. Gleichzeitig legte vor allem Justice Jackson Wert darauf, dass die Bestrafung von Verbrechen, die sich „nur" gegen die eigene Bevölkerung richtet, als Intervention in innere Angelegenheiten völkerrechtlich nicht in Betracht kommen könne. Er führt dazu aus:

> Unless we have a war connection as a basis for reaching them, I would think we have no basis for dealing with atrocities.[141]

Und er verweist auf einen politischen Grund für diese Einschränkung in seltener Offenheit:

> We have some regrettable circumstances at times in our own country in which minorities are unfairly treated.[142]

Dieser Konnex spiegelt sich in dem schließlich verabschiedeten Text von Art. 6 lit. c) IMTSt wider, der auch tatsächlich vom IMT dahingehend ausgelegt wurde, dass Menschlichkeitsverbrechen **nur im Zusammenhang** mit einer anderen Verbrechensvorschrift des Statuts (Aggression bzw. Kriegsverbrechen) zur Anwendung gelangen konnten.[143] Es bedurfte also einer Verbindung mit dem Krieg, um eine Tat als Verbrechen gegen die Menschlichkeit zu bezeichnen.[144] In Nürnberg wurden lediglich Julius Streicher[145] und Baldur von Schirach ausschließlich wegen Menschlichkeitsverbrechen verurteilt.[146] Im Tokioter Militärtribunal fand sich der Tatbestand der Verbrechen gegen die Menschlichkeit in Art. 5 lit. c) IMTFO. Es wurden aber keine Verurteilungen ausgesprochen.[147]

b) Nürnberger Nachfolge

47 Im Anschluss an das Verfahren gegen die Hauptkriegsverbrecher vor dem IMT wurden in einer Vielzahl **nationaler Verfahren** Verbrechen gegen die Menschlichkeit verfolgt. Als Grundlage diente das bereits am 20.12.1945 verabschiedete Kontrollratsgesetz Nr. 10 (KRG 10).[148] Dort wurden die in Art. 6 lit. c) IMTSt enthaltenen Verbrechen gegen die Menschlichkeit aufgegriffen und in einem entscheidenden Punkt modifiziert: die explizite Bezugnahme auf die Verbindung zum Angriffskrieg oder Kriegsverbrechen wurde fallengelassen.

> Kontrollratsgesetz Nr. 10
> Art. II c) *Verbrechen gegen die Menschlichkeit.* Gewalttaten und Vergehen, einschließlich der folgenden den obigen Tatbestand jedoch nicht erschöpfenden Beispiele: Mord, Ausrot-

---

[141] S. Jackson Report (1947), S. 331.

[142] Jackson Report (1947), S. 333.

[143] Dazu *Cassese* (2008), S. 104, der diese Verbindung als „one major shortcoming" bezeichnet. Im historischen Kontext wird das Erfordernis dieser Einschränkung mE aber verständlich.

[144] Vgl. etwa *Ambos* (2008), § 7 Rn. 174.

[145] Zu Streicher vgl. *Harris* (2009), S. 273–278.

[146] Vgl. dazu *Cassese* (2008), S. 106.

[147] Vgl. dazu ausführlich *Osten* (2003); *Werle* (2007), Rn. 746.

[148] Dazu auch *Kirsch* (2009), S. 48–52.

tung, Versklavung; Zwangsverschleppung, Freiheitsberaubung, Folterung, Vergewaltigung oder andere an der Zivilbevölkerung begangene unmenschliche Handlungen; Verfolgung aus politischen, rassischen oder religiösen Gründen, ohne Rücksicht darauf, ob sie das nationale Recht des Landes, in welchem die Handlung begangen worden ist, verletzen.

Damit ließen sich auch Verbrechen, die von Deutschen an Deutschen innerhalb Deutschlands begangen wurden, als Verbrechen gegen die Menschlichkeit aburteilen.[149] Auf dieser gesetzlichen Grundlage lässt sich in den Nürnberger Nachfolgeprozessen zwar keine einheitliche Linie erkennen, aber es gibt deutliche Anzeichen für eine modifizierte Interpretation und eine **Abkehr vom Kriegsbezug** hin zu einer Einbettung der individuellen Tat in den größeren Kontext der Regierungskriminalität.[150] Im Vordergrund steht der Ausschluss isolierter Einzeltaten.[151]

Auch deutsche Gerichte, allen voran der Oberste Gerichtshof für die Britische   **48** Zone (OGHBrZ), wenden das KRG 10 an und verlangen, dass die Einzeltat „im Zusammenhang mit dem System von Macht und Tyrannei stehe, wie es während der nationalsozialistischen Zeit existierte".[152] In den Vordergrund rückt damit der systematische Zusammenhang mit einer staatlichen Autorität.[153]

Die **Nürnberger Prinzipien**, bekräftigt durch GA Res. 95 (I) vom 11.12.1946[154],   **49** in der Formulierung der *International Law Commission* vom 29.7.1950, bilden in dieser Hinsicht einen neuerlichen Rückschritt, denn dort ist in Grundsatz VI c) erneut ein Bezug zum Angriffskrieg oder Kriegsverbrechen vorgesehen.[155] Jedoch entfällt der Zusammenhang wiederum in den *ILC*-Draft Code of Offences against the Peace and Security of Mankind von 1954, wo es heißt:[156]

Inhuman acts such as murder, extermination, enslavement, deportation or persecutions, committed against any civilian population on social, political, racial, religious or cultural grounds by the authorities of a State or by private individuals acting at the instigation or with the toleration of such authorities.

Im sich anschließenden ILC Draft Code von 1991 wurde dieser Ansatz fortentwickelt. In Art. 21 ILC Draft Code (1991) wurde verlangt, dass Verletzungen von Menschenrechten in „einer systematischen Art und Weise oder in großem Ausmaß"

---

[149] *Satzger* (2010), § 16 Rn. 29.

[150] Das gilt insbesondere für den Prozess *US. v. Flick et al.*, Urteil v. 22.12.1947, in: Trials of War Criminals, Bd. 6, 1187, 1213; *US v. Weizsäcker et al.* (Wilhelmstraßenprozesse), Urteil v. 12.12.1949, in: Trials of War Criminals, Bd. 14, 308 ff.; in *US v. Altstoetter et al.* (Juristenprozess), Urteil v. 04.12.1947, in: Trials of War Criminals, Bd. 3, 954 ff., 973 und 982 wird von „conscious participation in systematic government organised or approved procedures" gesprochen, auch wenn in diesem Prozess keine Verbrechen vor 1939 angeklagt wurden.

[151] *Ambos* (2008), § 7 Rn. 175.

[152] OGHBrZ 1, 11, 15.

[153] *Ambos* (2008), § 7 Rn. 175.

[154] „Nürnberg Principles" vom 11.12.1946, GA-Res. 95 (I).

[155] „Principles of International Law Recognized in the Charter of the Nürnberg Tribunal and in the Judgment of the Tribunal", see *Yearbook of the International Law Commission, 1950*, vol. II, Doc.A/1316, §§ 97–127.

[156] See *Yearbook of the International Law Commission*, 1954, vol. II, Doc. A/2693, §§ 49 und 54.

begangen wurde.[157] Der letzte Draft Code von 1996 sieht in Art. 18 zu der systematischen Begehung oder dem großem Ausmaß vor, dass die Tat „instigated or directed by a Government or by any organization or group" sein muss.[158]

c) Die *Ad hoc*-Tribunale

50   Angesichts dieser wechselhaften Entwicklungsgeschichte verwundert es nicht, dass
auch durch die Schaffung zunächst des Jugoslawien- und später des Ruandatribunals die **Verwirrung** eher vergrößert wurde.[159] In Art. 5 JStGHSt werden Verbrechen gegen die Menschlichkeit mit einem internationalen oder internen Konflikt in
Verbindung gebracht und müssen gegen die Zivilbevölkerung gerichtet sein. Zur
Begründung wird mit Verweis auf das *Nicaragua*-Urteil des IGH[160] angeführt, dass
Verbrechen gegen die Menschlichkeit auf den gemeinsamen Art. 3 GK I-IV zurück-
zuführen seien.[161] In dem notorischen Urteil der Berufungskammer im Fall *Tadić*
vom 2.10.1995 wurde dann aber festgestellt, dass

> there is no logical or legal basis for this requirement and it has been abandoned in subse-
> quent State practice with respect to crimes against humanity.[162]

Dabei wird auf KRG 10, aber auch auf die Völkermordkonvention Bezug genommen. Im IMTSt sei der Kriegsbezug nur wegen Zuständigkeitserwägungen aufgenommen worden. Daraus zieht die Berufungskammer den Schluss, dass es nunmehr „*a settled rule of customary international law*" sei, dass Verbrechen gegen
die Menschlichkeit **keinen Bezug zu einem bewaffneten Konflikt** brauchten.[163]
Methodisch ist das sicherlich ein kühner Schluss, der auf einer eher assoziativen
Argumentation fußt,[164] gleichwohl ist es in der Sache richtig und hat sich in der
Folge auch durchgesetzt.

51   In Art. 3 RStGHSt wird denn auch eine andere Definition gebracht. Demnach
bedarf es keines bewaffneten Konflikts, sondern eines breit „angelegten oder sys-

---

[157] Der Tatbestand des Entwurfs von 1991 weist deutlich den Charakter einer Generalklausel auf
und verbindet die Verbrechen gegen die Menschlichkeit im Wortlaut mit Menschenrechtsverletzungen; vgl. *Meseke* (2004), S. 77 f.

[158] See *Yearbook of the International Law Commission*, 1996, vol. II A/CN.4/SER.A/1996/Add.l
(Part 2), S. 47.

[159] ‚„Konfusion" statt Definition?' Überschreibt *Meseke* (2004), S. 81 ff. das Kapitel zu den Tatbeständen der *Ad hoc*-Tribunale. Nach *Werle* (2007), Rn. 750 sind die unterschiedlichen Formulierungen situationsbedingt.

[160] IGH Case concerning Military and Paramilitary Activities in and against Nicaragua (*Nicaragua
v. United States of America*), Urteil v. 27.06.1986, Rep. 1986, S. 114.

[161] Report of the Secretary-General pursuant to Paragraph 2 of the SC-Res 808 (1993) presented
3 May 1993 (2/25704), § 47 Rn. 9.

[162] JStGH, *Prosecutor v. Tadić*, Decision on the Defence Motion for Interlocutory Appeal on Jurisdiction, Berufungskammer, 02.10.1995 § 140.

[163] Ebenda § 141.

[164] Vgl. dazu die Kritik bei *Zahar/Sluiter* (2008), 201 ff.

tematischen Angriffs gegen die Zivilbevölkerung". Hier wird nun allerdings eine neuerliche Einschränkung vorgenommen, wenn gefordert wird, dass der Angriff aus „nationalen, politischen, ethnischen, rassischen oder religiösen Gründen" begangen worden sein muss.

Trotz oder gerade wegen dieser wechselhaften textlichen Grundlagen haben die *Ad hoc*-Tribunale die Entwicklung der Verbrechen gegen die Menschlichkeit maßgeblich beeinflusst.[165] Das liegt natürlich auch an der **vagen Begrifflichkeit** des Tatbestands und den wenigen internationalen und nationalen Urteilen zur Unterstützung bei der Rechtsfindung.

d) Das Römische Statut

Die Formulierung des RStGHSt diente als Vorlage für die nicht einfachen Verhandlungen in Bezug auf Art. 7 IStGHSt.[166] Das Kriegserfordernis ist damit hinfällig und wird ersetzt durch das **moderne Kontextelement des ausgedehnten oder systematischen Begehungszusammenhangs**.[167] Die diskriminierende Absicht wurde als allgemeines Erfordernis allerdings (richtigerweise) fallengelassen.   **52**

Die Liste der nunmehr von Art. 7 umfassten Einzeltaten wurde im Vergleich zum IMTSt präzisiert. Danach sind nunmehr das „zwangsweise Verschwindenlassen" (Art. 7 Abs. 1 lit. i) IStGHSt), „Apartheid" (Art. 7 Abs. 1 lit. j) IStGHSt) und Sexualstraftaten (Art. 7 Abs. 1 lit. g) IStGHSt) als mögliche Erscheinungsformen der Verbrechen gegen die Menschlichkeit anerkannt. Schließlich wurde auch der Auffangtatbestand der „anderen unmenschlichen Handlung" in Art. 7 Abs. 1 lit. k) IStGHSt konkretisiert. Ob das IStGHSt damit Völkergewohnheitsrecht kodifiziert, wovon auszugehen ist,[168] oder neue Einzeltaten als Verbrechen gegen die Menschlichkeit identifiziert, kann letztlich dahinstehen, da eine Anwendung auf zurückliegende Sachverhalte nach Art. 22 IStGHSt (*nullum crimen sine lege*) ausgeschlossen ist, und die Vertragsstaaten die Liste des Art. 7 Abs. 1 IStGHSt als verbindlich anerkannt haben.

2 Begriff

Von Anfang an stand die deutsche Übersetzung des Begriffs „crimes against humanity" als „Verbrechen gegen die Menschlichkeit" in dem Ruf fehlerhaft zu sein. **„Menschlichkeit"**, so der vor allem von *Hannah Arendt* formulierte Vorwurf,[169] verniedliche die Grauen und das Ausmaß der darunter zu fassenden Verbrechen   **53**

---

[165] Vgl. auch hier *Zahar/Sluiter* (2008), S. 218. Dort werden die Verbrechen gegen die Menschlichkeit als „brainchild" der Tribunale bezeichnet.

[166] Vgl. für den „Weg nach Rom": *Meseke* (2004), S. 87 ff.; *Robinson,* AJIL 93 (1999), 43.

[167] S. *Ambos* (2008), § 7 Rn. 180.

[168] Vgl. etwa *Satzger* (2010), § 16 Rn. 31; ausführlich zum gewohnheitsrechtlichen Charakter der Norm: *Cassese* (2008), S. 123–126.

[169] *Arendt*, Eichmann in Jerusalem, 1986, S. 399; vgl. auch *Neubacher* (2005), S. 5.

zu Akten fehlender Mitmenschlichkeit. Anlass der Strafbarkeit sei das ungeheuere Ausmaß oder das systematische Vorgehen. Der Begriff Verbrechen an der „**Menschheit**" sei besser geeignet, diesem Konnex Ausdruck zu verleihen.[170] Der englische Begriff „humanity" lässt sicherlich beide Deutungen zu. Im Nürnberger Prozess ist man diesem Übersetzungsproblem im Übrigen dadurch entgangen, dass man den Tatbestand schlicht „Verbrechen gegen die Humanität" genannt hat.

Aus **drei Gründen** wird hier gleichwohl an dem Begriff „Menschlichkeit" festgehalten. Zunächst ist zu konstatieren, dass sich der Begriff „Verbrechen gegen die Menschlichkeit" – wenigstens im juristischen Sprachgebrauch – eingebürgert hat. Das semantische Verständnis dürfte sich deshalb entsprechend angepasst haben, so dass eine „Verniedlichungstendenz" ausgeschlossen werden kann. Zum zweiten ist aus kriminologischer Perspektive die Dehumanisierung der Opfer ein wesentlicher Bestandteil dieser Verbrechen. In dieser Hinsicht erweist sich „Menschlichkeit" als passend.[171] Daran anschließend muss drittens anerkannt werden, dass „Menschheit" ein quantitativer Begriff und demgegenüber „Menschlichkeit" ein normativer Begriff ist.[172] Eine rein quantitative Betrachtung dieser Verbrechen würde das kollektive Element stark reduzieren und die Grausamkeit der mit den Verbrechen verbundenen Vorgehensweise erst recht relativieren.

3 Geschütztes Rechtsgut

54   Wie schon beim Völkermord, wird auch beim Tatbestand der Verbrechen gegen die Menschlichkeit die Frage nach dem geschützten Rechtsgut nicht einheitlich beantwortet. Umstritten ist wiederum die Frage nach dem Verhältnis zwischen **kollektiven** und **individuellen** Rechtsgütern. Nur selten wird die Ansicht vertreten, es käme ausschließlich auf den Schutz der individuellen Opfer an.[173] Meistens wird auf eine Kombination von individuellen und überindividuellen Rechtsgütern abgestellt. Dazu wird auf „Frieden, Sicherheit und Wohl der Welt" als kollektive Aspekte verwiesen, die wegen der Verletzung der „internationalen Mindeststandards der Menschlichkeit" bedroht sind.[174] Daneben seien aber auch Individualinteressen (Leben, Gesundheit, Freiheit und Menschenwürde) geschützt.[175]

---

[170] Vgl. *Manske* (2003), S. 214 ff.

[171] So etwa Eser/Kreicker/*Gropengießer* (2003), S. 111 f. und *Ambos* (2008), § 7 Rn. 171.

[172] Der Meinung von *Jesse* (2009), S. 181 Fn. 7, dass mit jeder Übersetzung jeweils „dasselbe" gemeint sein, kann deshalb nicht beigetreten werden.

[173] *Kirsch* (2009), S. 119–123; in diese Richtung *Gil Gil* ZStW 112 (2000), S. 381, 382 und Eser/ Kreicker/*Groppengießer*, S. 116. Für nicht vertretbar halten die rein individuelle Sicht MK/*Werle*/ *Burchards*, § 7 Rn. 1.

[174] S. etwa *Werle* (2007), Rn. 754; *Ambos* (2008), § 7 Rn. 173.

[175] Etwas vage formuliert *Satzger* (2010), § 16 Rn. 32, dass Einzelpersonen nur „sekundär" geschützt seien. Für *Meseke* (2004), S. 125 f. scheidet hingegen eine bloß überindividuelle Konzeption

Will man eine Vermischung der verschiedenen Rechts- und Normebenen ver- **55** meiden, so ist es mE zwingend, die individuellen Rechtsgüter nur als reflexartig mitgeschützte Interessen anzusehen, die durch idealkonkurrierende nationale Strafnormen hinreichend geschützt sind. Der eigentliche Grund für die Anerkennung von Verbrechen gegen die Menschlichkeit als internationaler Straftat liegt aber in einem **überindividuellen** Aspekt. Während bei Völkermord die geschützte Gruppe als kollektive Einheit in den Blick zu nehmen ist, kommt bei Verbrechen gegen die Menschlichkeit als Schutzgut der abstrakte Begriff des „unverlierbaren Wert[es] des Menschseins in der sittlichen Ordnung" in Betracht.[176] Es handelt sich dabei in der Tat um ein ideelles (kollektives) Rechtsgut, das dadurch über den Schutz des Einzelnen hinausgeht, indem es nicht auf den Wert des einzelnen Menschen, sondern auf den Wert des Menschseins an sich abstellt.[177] Die Verachtung dieses unverlierbaren Wertes kommt durch den systematischen oder massiven Angriff zum Ausdruck, wonach die Persönlichkeit des individuellen Opfers gerade irrelevant und die Opferauswahl beliebig ist. Durch die Teilnahme an diesem systemischen Angriff in Form einer Einzeltat erfüllt der einzelne Täter dieses gesteigerte Unrecht (Abb. 3).

Zur Erläuterung folgende Beispiele:

Beispiel 1: T misshandelt seinen Nachbarn O schwer aus Wut über dessen Affäre mit der seiner Frau. Hier handelt es sich um ein einfaches Vergehen nach §§ 223, 224, 240 StGB. Betroffen ist das Rechtsgut der körperlichen Integrität des O.

Beispiel 2: T misshandelt seinen Nachbarn O schwer, weil dieser der kommunistischen Partei angehört, die herrschende Partei zur Vernichtung aller Kommunisten aufgefordert hat und bereits mehrere Übergriffe stattgefunden haben.

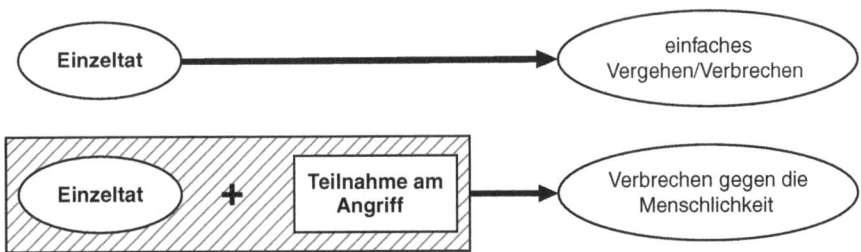

Abb. 3 Unterschied: Verbrechen gegen die Menschlichkeit – einfaches Verbrechen

---

des Schutzgutes aus. Der Verweis auf die Rspr. des JStGHSt in *Erdemovic* ersetzt hier eine Begründung.

[176] So zutreffend etwa OGHBrZ 1, 1, 3; deutlich auch OGHBrZ 1, 11, 15, wonach die „Entwürdigung des Menschen" im Mittelpunkt der Verbrechen gegen die Menschlichkeit steht.

[177] Anders aber *Kirsch* (2009), S. 122, der die Unmenschlichkeit in jedem gegen Einzelpersonen gerichteten Delikt gegeben sieht. Anknüpfungspunkt hier ist aber nicht die Unmenschlichkeit, sondern der Wert des menschlichen Lebens insgesamt.

Hier ist zunächst auch ein einfaches Vergehen gegeben, strafbar nach §§ 223, 224, 240 StGB zum Schutz des betroffenes Rechtsgut der körperliche Integrität des O.

Darüber hinaus steht die Tat aber in Zusammenhang mit dem ausgedehnten und systematischen Vorgehens der herrschenden gegen die kommunistische Partei. Die Teilnahme an dieser systematischen Verfolgung seitens T erweist sich als Verbrechen gegen die Menschlichkeit nach Art. 7 Abs. 1 lit. b) IStGHSt, wodurch nicht mehr das individuelle Rechtsgut betroffen ist, sondern der Wert des Menschseins an sich, denn durch den Angriff wird „Kommunisten" menschliche Würde abgesprochen, indem sie fundamentaler Rechte beraubt werden.

56 Die **Unrechtssteigerung** im Vergleich zu einem einfachen Verbrechen ergibt sich objektiv aus dem hohen Gefährdungspotential der menschenverachtenden Politik und subjektiv daraus, dass sich der Täter das menschenverachtende Vorgehen im Rahmen der *policy* zu Eigen macht (s. Abb. 3). So hätte im Beispielsfall 2 T seinen Nachbarn O nicht angefasst, wenn ihn nicht die staatliche Politik dazu ermutigt hätte (objektive Gefährlichkeit). Dass er sich die diskriminierenden Ziele aneignet, steigert seine individuelle Schuld (subjektive Komponente).

II Systematik des Tatbestands

57 Art. 7 IStGHSt umfasst zunächst **zwei Absätze**. Der Verbrechenstatbestand ist in Abs. 1 enthalten. Abs. 2 bringt eine ganze Reihe an zusätzlichen Definitionen, die sich auf einzelne Verbrechensmerkmale des Abs. 1 beziehen.

1 Überblick über die Struktur der Verbrechen

Der Tatbestand der Verbrechen gegen die Menschlichkeit ist systematisch zweigliedrig ausgestaltet. Erforderlich ist eine Einzeltat, die im **funktionalen Zusammenhang** mit einer Gesamttat stehen muss.[178] Die Einzeltaten sind abschließend in Art. 7 Abs. 1 lit. a)–k) IStGHSt aufgezählt. Das Gesamttaterfordernis ergibt sich aus dem sog. *chapeau* von Art. 7 Abs. 1 IStGHSt, wonach ein „*widespread or systematic attack directed against any civilian population*", also ein „ausgedehnter oder systematischer Angriff gegen eine Zivilbevölkerung" stattgefunden haben muss (s. u. Abb. 4).

58 Die subjektive Seite des Verbrechens wird in Art. 7 Abs. 1 IStGHSt insofern spezifiziert, als bzgl. der Gesamttat der Täter wenigstens Kenntnis haben muss.[179] Hin-

---

[178] Statt aller *Werle* (2007), Rn. 753.

[179] Der Hinweis in Art. 7 Abs. 1 IStGHSt ist genau genommen überflüssig, denn aus Art. 30 Abs. 3 IStGHSt hätte sich bezogen auf das Kontextelement das gleiche Ergebnis ableiten lassen; so auch IStGH, *Prosecutor v. Bemba*, Confirmation, Vorverfahrenskammer, 15.06.2009, § 87; vgl. auch *Satzger* (2010), § 16 Rn. 39.

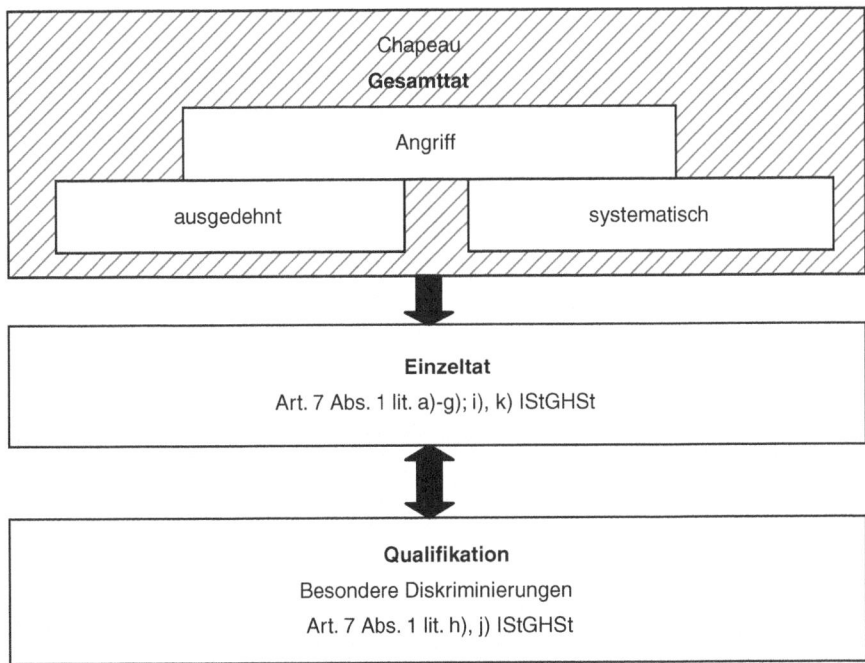

Abb. 4 Struktur: Verbrechen gegen die Menschlichkeit

sichtlich der Einzeltat gelten grds. die Vorsatzanforderungen von Art. 30 IStGHSt bzw. die spezifischen Anforderungen der Einzeltat.[180]

> Dieses Verhältnis zwischen Einzel- und Gesamttat entspricht der hM. Nach der Ansicht von *Kirsch* hat die Gesamttat keinen Unrechtsgehalt, sondern stellt allein eine Zuständigkeitsregel i. S. einer Verfolgungsvoraussetzung dar.[181] In der Konsequenz wird auf Seiten des Täters kein Vorsatz bzgl. der Gesamttat verlangt.[182]

2 Verwirklichungsformen

Zu Art. 7 IStGHSt gibt es **keine besonderen Verwirklichungsformen**, wie zu Art. 6 (vgl. oben Rn. 14, 15). Täterschaft und Teilnahme richten sich deshalb nach den allgemeinen Regeln in Art. 25 IStGHSt (s. dazu § 5 Rn. 67 ff.).   **59**

---

[180] *Cassese* (2008), S. 110.
[181] Vgl. *Kirsch* (2009), S. 140–154.
[182] *Kirsch* (2009), S. 155.

3 Prüfungsschema

I. Tatbestandsmäßigkeit

1. Objektiver Tatbestand

a) Gesamttat (**systemisches Element**)

(1) Angriff = mehrfache Begehung von Einzeltaten in Umsetzung einer repressiven Politik.

(2) Gegen eine Zivilbevölkerung = alle Personen, die nicht oder nicht mehr an Feindseligkeiten teilnehmen.

(3) Ausgedehnt (= quantitativ) oder systematisch (= qualitativ)

b) **Einzeltat**

(1) Verwirklichung einer od. mehrerer der Tatbestandsvarianten nach Art. 7 Abs. 1 lit. a)-j) IStGHSt

(2) Oder **andere** unmenschliche Handlung, die große Leiden bzw. schwere Beeinträchtigung der körperlichen Unversehrtheit oder der geistigen oder körperlichen Gesundheit verursachen nach Art. 7 Abs. 1 lit. k) IStGHSt

2. Subjektiver Tatbestand

a) Vorsatz bzgl. **Gesamttat:** Kenntnis der Umstände, die systemisches Element ausmachen: vgl. Art. 30 Abs. 3 IStGHSt.

b) Vorsatz bzgl. **Einzeltat**

(1) Tathandlungen nach Art. 7 Abs. 1 lit. a)-j) IStGHSt:

– Wissentlichkeit nach Art. 30 Abs. 2 lit. a) IStGHSt bzgl. Handlung
– Absicht od. *dolus directus* nach Art. 30 Abs. 2 lit. b) IStGHSt bzgl. Erfolg

(2) Tathandlung nach Art. 7 Abs. 2 lit. k) IStGHSt:

– Absicht nach Art. 30 Abs. 2 a) IStGHSt bzgl. Handlung
– Absicht od. *dolus directus* nach Art. 30 Abs. 2 lit. b) IStGHSt bzgl. Erfolg

II. Strafbarkeitsausschließungsgründe

III Gesamttat

Der objektive Tatbestand der Verbrechen gegen die Menschlichkeit setzt eine Ge-   **60**
samttat oder **systemischen Zusammenhang** voraus, in dessen Rahmen verbotene
Einzelhandlungen ausgeführt werden. Es muss sich um einen ausgedehnten oder
systematischen Angriff auf eine Zivilbevölkerung handeln. Danach lässt sich die Gesamttat in drei Elemente unterteilen, die im Folgenden näher beschrieben werden:[183]

1 Objektive Voraussetzungen

a) Angriff

Der Angriff ist in Art. 7 Abs. 2 lit. a) IStGHSt definiert als die   **61**

> mehrfache Begehung von Einzeltaten im Zusammenhang mit einer darauf
> gerichteten Politik eines Staates oder einer Organisation.

Ein „**Angriff**" im Sinne von Art. 7 IStGHSt ist demnach nicht gleichzusetzen mit
einem „militärischen Angriff".[184] Bzgl. spezifischer Einzeltaten – etwa für die Errichtung eines Apartheid-Regimes – ist noch nicht einmal Gewaltanwendung erforderlich.[185] Demnach sind zwei Voraussetzungen zu unterscheiden: (1) die mehrfache Begehung und (2) das Politikelement.

(1) Mehrfache Begehung

Eine „mehrfache Begehung" hat zwei Erscheinungsformen:[186]   **62**

- Dieselbe Tatbestandsvariante wird mehrfach verwirklicht, oder
- mehrere verschiedene Tatbestandsvarianten werden verwirklicht.

Die mehrfache Begehung kann durch eine oder mehrere Personen, sie kann zeitgleich oder zu verschiedenen Zeitpunkten erfolgen, wobei Dauer und geographi-

---

[183] Diese Elemente werden nicht immer sauber getrennt, s. etwa IStGH, *Prosecutor v. Katanga/
Chui*, Confirmation, Vorverfahrenskammer, 30.09.2008, §§ 392–399.

[184] S. auch die Verbrechenselemente zu Art. 7: „the acts need not constitute a miliary attack"; bestätigt in IStGH, *Prosecutor v. Bemba*, Confirmation, Vorverfahrenskammer, 15.06.2009, § 75.

[185] Vgl. RStGH, *Prosecutor v. Akayesu*, Urteil, Verfahrenskammer, 02.09.1998, § 581; RStGH,
Prosecutor v. Rutaganda, Urteil, Verfahrenskammer, 06.12.1999, § 68 und *Prosectur v. Musema*,
Urteil, Verfahrenskammer, 27.01.2000, § 205.

[186] Vgl. auch *Werle* (2007), Rn. 763.

sche Ausdehnung unterschiedlich sein können.[187] Das Erfordernis der mehrfachen Begehung soll – negativ formuliert – **isolierte Einzelakte** ausschließen.[188]

Da es sich um ein Kontextelement handelt, muss der Täter dabei den „Angriff" nicht selbst durchgeführt haben. Ein solcher Angriff muss lediglich (objektiv) bestehen und die Einzeltat des Täters muss **funktional** damit in Zusammenhang stehen („als Teil von"). Ein Täter kann sich demnach wegen einer einzigen „Einzeltat" sich eines Verbrechen gegen die Menschlichkeit strafbar gemacht haben, solange im Gesamttatkontext mehrere Taten verübt wurden.[189]

> **Beispiel:** Im Land D herrscht nicht nur eine antisemitische Stimmung in der Bevölkerung, Staatsapparate wie Polizei, Geheimpolizei und Strafverfolgungsbehörden verhaften jüdische Bürgerinnen und Bürger und verschleppen sie in Konzentrationslager. T weiß dies und teilt der Polizei mit, dass auch sein Nachbar O wegen seiner jüdischen Großmutter Jude sei. Tags drauf wird O von der Geheimpolizei abgeholt und in ein Konzentrationslager verbracht.[190] Hat sich T wegen dieser Denunziation eines Verbrechens gegen die Menschlichkeit strafbar gemacht?
> Hier kommt eine Strafbarkeit nach Art. 7 Abs. 1 lit. e) IStGHSt in Betracht. Ein ausgedehnter und systematischer Angriff auf die jüdische Bevölkerung liegt hier vor, denn es wurden bereits mehrfach Juden in KZ verschleppt. Als Einzeltat kommt die Freiheitsberaubung von O in Betracht. Fraglich ist, ob T hier als Täter angesehen werden kann. Möglich wäre eine Zurechnung der Inhaftierung über eine mittelbare Täterschaft nach Art. 25 Abs. 3 lit. a) IStGHSt in der Form der Wissensherrschaft (vgl. § 3 Rn. 18). Fraglich ist außerdem, ob die Tat in einem funktionalen Zusammenhang mit der Gesamttat steht. Das ist zu bejahen, denn in der Einzeltat drückt sich gerade die antisemitische Politik aus. Da T davon Kenntnis hat, macht er sich der Freiheitsberaubung als Verbrechen gegen die Menschlichkeit schuldig. Im Übrigen liegt hier auch die Qualifikation der Diskriminierungsabsicht nach Art. 7 Abs. 1 lit. h) IStGHSt vor (dazu unten Rn. 85, 86).

(2) Politikelement

63   Der Angriff verlangt nach Art. 7 Abs. 2 lit. a) IStGHSt außerdem ein *policy*-Element insofern, als der Angriff in Ausführung oder zur Unterstützung der Politik eine Staates oder einer Organisation erfolgen muss. Dieses Element ist die Folge eines Kompromisses und (völkergewohnheitsrechtlich) nicht erforderlich.[191]

Die Voraussetzungen für das Vorliegen einer solchen Politik werden entsprechend niedrig angesetzt. Es genügt, dass der Angriff tatsächlich einer regelmäßigen

---

[187] Vgl. *Ambos* (2008), § 7 Rn. 183.

[188] IStGH, *Prosecutor v. Bemba*, Confirmation, Vorverfahrenskammer, 15.06.2009, § 81.

[189] JStGH, *Prosecutor v. Tadić*, Urteil, Verfahrenskammer, 07.05.1997, § 649.

[190] Vgl. etwa die Fälle OGHBrZ 1, 6 ff.; 19 ff.; 91 ff.; 105 ff.; 122 ff.; 141 ff. Anders als hier hat der OGHBrZ Denunziation als eigenständige Einzeltat der Verbrechen gegen die Menschlichkeit behandelt. Überträgt man diese Rspr. auf das IStGHSt wäre T unmittelbarer Täter einer „anderen unmenschlichen Handlung" (Denunziation) i. S. von Art. 7 Abs. 1 lit. k) IStGHSt.

[191] Vgl. *Cassese* (2008), 125; *Werle* (2007), Rn. 770 f.; *Ambos* (2008), § 7 Rn. 186 f. m. w. N. insbesondere aus der Rspr.; hier zuletzt JStGH, *Prosecutor v. Kunarac* et al., Urteil, Berufungskammer, 12.06.2002, § 98.

Struktur (*regular pattern*) folgt.[192] Eine Formalisierung ist nicht erforderlich; die dahinter stehende Organisation muss lediglich **tatsächlich** in der Lage sein, ausgedehnte oder strukturierte Angriffe durchzuführen. Die Beherrschung eines gewissen territorialen Gebietes ist dazu nicht erforderlich.[193] Damit erfüllt auch das *policy element* die bereits oben genannte Funktion, isolierte, unkoordinierte und willkürliche Taten von Einzelnen aus dem Tatbestand der Verbrechen gegen die Menschlichkeit auszuschließen.[194] Wenn der Nachweis gelungen ist, dass Einzeltaten ausgedehnt oder systematisch aufgetreten sind, wird dies in aller Regel auf eine entsprechende repressive Politik schließen lassen.[195]

In der Art. 15-IStGHSt-Entscheidung in der Situation Kenia scheint die Vor- **64** verfahrenskammer II allerdings einen anderen Weg einzuschlagen. Hier wird das *policy*-**Element** in den Vordergrund gerückt und verlangt, dass eine Verbindung zu politischen oder wirtschaftlichen Führungspersonen dargelegt wird.[196] Diese Entscheidung scheint die Anforderungen an Art. 7 IStGHSt zu überdehnen; da es sich um eine Vorprüfung handelt, ist es aber unwahrscheinlich, dass die Auswirkungen dieser Entscheidung weit über den Einzelfall hinausgehen werden.

> **Beispiel:** Wenn am 11.09.2001 in einer offenbar akribisch geplanten und durchgeführten Aktion mehrere Flugzeuge in verschiedenen Gebäuden zum Absturz gebracht wurden, handelt es sich um einen ausgedehnten Angriff, da eine Vielzahl von Todesfällen zu beklagen sind, und um einen systematischen Angriff, weil er gezielt und geordnet durchgeführt wurde. Fraglich ist allerdings, ob dieser Terroranschlag auch Ausdruck einer menschenverachtenden Politik ist. Als Bezugspunkt für dieses *policy*-Element könnte der von der Taliban regierte Staat Afghanistan fungieren, da dieser die Anschläge wenigstens toleriert hat. Als Anknüpfungspunkt genügt aber auch eine Organisation, in diesem Fall Al Qaida, die nicht einmal ein territoriales Gebiet beherrschen muss, sondern nur in der Lage sein muss, konzertierte Aktionen durchzuführen. Zu dem damaligen Zeitpunkt kann man davon ausgehen, dass diese Voraussetzung erfüllt ist. Ob Al Qaida heute noch als Organisation in diesem Sinne angesehen werden kann, ist fraglich. Möglicherweise handelt es sich nur mehr um ein terroristisches Netzwerk. Anders allerdings der BGH, der in Al Qaida auch im Jahr 2009 eine terroristische Organisation i. S. von § 129 b StGB ansieht.[197]

b) Gerichtet gegen eine Zivilbevölkerung

Der Angriff muss gegen eine Zivilbevölkerung gerichtet sein. Der Begriff ent- **65** stammt dem humanitären Völkerrecht, wo er der Unterscheidung zwischen zivilen

---

[192] IStGH, *Prosecutor v. Bemba*, Confirmation, Vorverfahrenskammer, 15.06.2009, § 81.

[193] Das legt auch die Formulierung in IStGH, *Prosecutor v. Bemba*, Confirmation, Vorverfahrenskammer, 15.06.2009, § 81 nahe; ebenso IStGH, *Prosecutor v. Katanga/Chui*, Confirmation, Vorverfahrenskammer, 30.09.2008, § 396; vgl. auch *Ambos* (2008), § 7 Rn. 188.

[194] Vgl. Triffterer/*Dixon/Hall*, Art. 7 MN 91.

[195] JStGH, *Prosecutor v. Tadić*, Urteil, Verfahrenskammer, 07.05.1997, § 653.

[196] IStGH Situation Kenia, Decision Requesting Clarification and Additional Information, Vorverfahrenskammer, 18.02.2010, § 13.

[197] Vgl. BGHSt 54, 69 = NJW 2009, 3448.

und militärischen Objekten dient. Im Kontext der Verbrechen gegen die Menschlichkeit ist er insofern ein Atavismus, als der Kriegskontext in Art. 7 IStGHSt zu Recht nicht mehr auftaucht. Ein Rückgriff auf Definitionen des Kriegsvölkerrechts ist hier deshalb nicht zielführend.[198]

66   Bei **funktionaler Betrachtung** ergibt sich als Sinn der Regelung der Ausschluss isolierter Einzelakte, was allerdings durch die Definition des Angriffs bereits in hinreichendem Maße geschieht (s. o.). Ein darüber hinausgehender Zweck kann nicht ausgemacht werden. Ein irgendwie geartetes Gruppenspezifikum hinter einer „beliebigen Zivilbevölkerung" zu vermuten, liefe der umfassenden Schutzintention der Verbrechen gegen die Menschlichkeit entgegen.[199] Die Gruppenidentität spielt lediglich beim Völkermord eine Rolle. Ebenso hilft eine Unterscheidung nach der Schutzwürdigkeit der angegriffenen Person kaum weiter, da eine solche sich evtl. erst *ex post* feststellen lässt.

> **Beispiel:** In Friedenszeiten überfällt eine Rebellenorganisation völlig überraschend eine kleine Militärbasis der staatlichen Armee mit massiver Waffengewalt. Es kommt zu Exekutionen und Folterungen von Soldaten. Fraglich ist hier, ob auch die Uniformierten als Zivilbevölkerung anzusehen sind. Auf den formalen Status als Soldaten kann es hier nicht ankommen, denn die Soldaten unterscheiden sich unter den gegebenen Umständen nur durch das Tragen der Uniform von Personen, die nicht der Armee angehören; eine erhöhte Schutzfähigkeit der Soldaten, die sich in Friedenszeiten keines Angriffs versehen, kann nämlich nicht festgestellt werden.[200] Auf die Schutzbedürftigkeit kann auch nicht abgestellt werden, denn der Umstand, dass die Soldaten dem Angriff letztlich hilflos ausgeliefert waren, konnte erst im Nachhinein festgestellt werden.

Das Merkmal des Angriffs auf eine Zivilbevölkerung hat deshalb nur eine – letztlich auch überflüssige – Funktion: Für den Fall dass ein bewaffneter Konflikt besteht, sind Kombattanten, Kämpfer oder sonst an kriegerischen Handlungen aktiv teilnehmende Personen aus dem Tatbestand ausgeschlossen, da für diese das humanitäre Völkerrecht bzw. die Kriegsverbrechen als spezielle Regelungen ausschließlich anwendbar sind.[201] In der Sache handelt es sich demnach um ein **Konkurrenzproblem**.

---

[198] So auch *Zahar/Sluiter* (2008), S. 206; MK/*Werle/Burchard*, VStGB § 7 Rn. 18; ausführlich dazu *Ambos* (2008), § 7 Rn. 189–191, der zu Recht vorschlägt, den Begriff aus Art. 7 IStGHSt zu streichen. Anders hingegen die Vorverfahrenskammer IStGH, *Prosecutor v. Bemba*, Confirmation, Vorverfahrenskammer, 15.06.2009, § 78. Da die dort vorgeworfenen Taten aber im Rahmen eines bewaffneten Konflikts stattfanden, ist der Rückgriff auf humanitäres Recht unschädlich. Anders wäre bei einem Fall zu entscheiden, der in „Friedenszeiten" spielt.

[199] *Ambos* (2008), § 7 Rn. 189 schlägt eine extensive Auslegung vor und hält es für ausreichend, dass die „Bevölkerung" wahllos angegriffen wird; anders teilweise die Rechtsprechung, vgl. JStGH, *Prosecutor v. Blaskić*, Urteil, Berufungskammer, 29.07.2004, § 114, wo maßgeblich auf die Zugehörigkeit zu einer bewaffneten Organisation abgestellt wird.

[200] So auch JStGH, *Prosecutor v. Blaskić*, Urteil, Verfahrenskammer, 03.03.2000, § 214. Im Fall IStGH, *Prosecutor v. Katanga/Chui*, Confirmation, Vorverfahrenskammer, 30.09.2008, § 405, bleibt diese Frage unbeantwortet. Die Vorverfahrenskammer stellt darauf ab, dass neben der Militärbasis auch das (zivile) Dorf angegriffen wurde.

[201] Ähnlich wohl *Ambos* (2008), § 7 Rn. 191.

c) Ausgedehnt oder systematisch

Der Angriff muss schließlich ausgedehnt *oder* systematisch sein. In dieser **alter-** **67** **nativen** – und nicht kumulativen – Verknüpfung steckt bereits eine gewisse Brisanz. Sie wurde letztlich unter Inkaufnahme des *policy*-Elements auf der römischen Konferenz vereinbart.[202] In aller Regel werden in der Praxis jeweils beide Elemente erfüllt sein. Die beiden Begehungsarten unterscheiden sich wie folgt:

- Ausgedehnt ist ein Angriff, wenn eine Vielzahl von Opfern zu beklagen ist – auf eine geographische Ausdehnung kommt es deshalb nicht an (**quantitatives Element**);[203]
- Systematisch ist ein Angriff, wenn er einem vorgegebenen Plan oder einer Politik folgt (**qualitatives Element**).[204]

In den Fällen *Katanga/Chui* und *Bemba* haben die Vorverfahrenskammern jeweils darauf hingewiesen, dass wegen der alternativen Struktur von Art. 7 Abs. 1 IStGHSt bei Vorliegen eines ausgedehnten Angriffs darauf verzichtet wird, ein systematisches Vorgehen überhaupt zu prüfen.[205]

2 Subjektive Gesamttatvoraussetzungen

Hinsichtlich der Gesamttat muss der Täter Vorsatz aufweisen, d. h. er muss wis- **68** sen, dass ein übergeordneter (ausgedehnter oder systematischer) Angriff stattfindet. Dazu genügt eine **generelle Kenntnis** vom Angriff; Einzelheiten hinsichtlich Organisation, Planung und Politik müssen ihm nicht bekannt sein.[206] Als Vorsatzart genügt nach Art. 30 Abs. 3 IStGHSt Kenntnis, was Art. 7 Abs. 1 zur Klarstellung wiederholt.[207]

> Lediglich zur Klarstellung sei explizit darauf hingewiesen, dass der Tatbestand der Verbrechen gegen die Menschlichkeit nach Art. 7 IStGHSt keine allgemeine Diskriminierungsabsicht voraussetzt.[208] Art. 3 RStGHSt hat hier wohl einige Verwirrung gestiftet, denn dort war ein solches Erfordernis enthalten. Die Diskriminierungsabsicht findet sich lediglich in Art. 7 Abs. 1 lit. h) IStGHSt und wirkt dort als Qualifikation.

---

[202] Dazu *Werle* (2007), Rn. 765.

[203] IStGH, *Prosecutor v. Bemba*, Confirmation, Vorverfahrenskammer, 15.06.2009, § 83 unter Bezugnahme auf die Rspr. der UN *Ad hoc*-Tribunale. Ebenso IStGH, *Prosecutor v. Katanga/Chui*, Confirmation, Vorverfahrenskammer, 30.09.2008, § 396.

[204] Grundlegend RStGH, *Prosecutor v. Akayesu*, Urteil, Verfahrenskammer, 02.09.1998, § 580.

[205] IStGH, *Prosecutor v. Katanga/Chui*, Confirmation, Vorverfahrenskammer, 30.09.2008, § 412; *Prosecutor v. Bemba*, Confirmation, Vorverfahrenskammer, 15.06.2009, § 82.

[206] JStGH, *Prosecutor v. Tadić*, Urteil, Verfahrenskammer, 07.05.1997, §§ 626, 656 ff. Im Anschluss an OGHBrZ 1, 6.

[207] IStGH, *Prosecutor v. Bemba*, Confirmation, Vorverfahrenskammer, 15.06. 2009, § 88.

[208] Vgl. etwa Triffterer/*Dixon/Hall*, Art. 7 Rn. 16.

IV Einzeltaten

69   Art. 7 Abs. 1 IStGHSt enthält insgesamt elf Unterabschnitte mit häufig mehreren Tathandlungen. Eine Zusammenfassung **in verschiedene Gruppen** wurde bislang kaum versucht.[209] Die Unterscheidung zwischen „*murder-crime*" und „*persecution-crime*" ist nicht weiterführend.[210] Am ehesten hilft die von *Kirsch* vorgeschlagene Differenzierung nach der Angriffsrichtung:[211] Straftaten gegen das Leben (Tötung und Ausrottung), Straftaten gegen die körperliche und seelische Unversehrtheit (Folter; andere unmenschliche Handlungen), Straftaten gegen die persönliche Freiheit (Versklavung, Vertreibung, Verschwindenlassen, Freiheitsentziehung) und Straftaten gegen die sexuelle Selbstbestimmung (sexuelle Gewalt). Bei Verfolgung und Apartheid handelt es sich um spezielle subjektive Unrechtserhöhungsgründe, die (bei Vorliegen einer Einzeltat) eine Qualifikation der Verbrechen gegen die Menschlichkeit darstellen.

1 Vorsätzliche Tötung i. S. von Art. 7 Abs. 1 lit. a) IStGHSt

70   Was unter „vorsätzlicher Tötung" zu verstehen ist, wird im IStGHSt nicht näher ausgeführt. So leicht fällt eine exakte Definition des Begriffs allerdings nicht, wie sich die Verfasser des Statuts das vorgestellt haben,[212]. Im deutschen Strafrecht gibt es auch mindestens zwei **verschiedene Formen vorsätzlicher Tötung** (§ 211 – Mord – und § 212 StGB – Totschlag), im internationalen Kontext klaffen die Vorstellungen, was einen Mord bzw. eine vorsätzliche Tötung ausmacht, noch stärker auseinander.[213] Entsprechend muss eine **autonome Auslegung** gefunden werden (vgl. dazu oben § 4 Rn. 107). Die Frage nach dem Umfang des Tötungsdelikts läuft durchaus parallel zur Definition der „Tötung" in Art. 6 lit. a) IStGHSt und „vorsätzlicher Tötung" in Art. 8 Abs. 2 lit. a) (i) IStGHSt. Die jeweils unterschiedliche Wortwahl führt zu weiterer Verwirrung.[214]

Im objektiven Bereich – soviel dürfte unproblematisch sein – wird die kausale Herbeiführung des Todeserfolges durch den Täter verlangt.[215] Die Verursachung des Todes durch Unterlassen ist möglich.[216]

---

[209] Nach Ansicht des OGHBrZ verbietet sich eine Einteilung sogar, vgl. OGHBrZ 1, 6.

[210] Vgl. etwa *Cassese* (2008), S. 118–121, weitere differenzierend zwischen „Einzelverbrechen", „Massenverbrechen" und „Verfolgungsverbrechen", *Meseke* (2004), S. 173 f. Zu Recht ablehnend hingegen *Werle* (2007), Rn 784 f.

[211] Vgl. *Kirsch* (2009), S. 157.

[212] Dazu *Werle* (2007), Rn. 787 m. w. N.

[213] Vgl. etwa *Eser/Koch*, ZStW 92 (1980), S. 491 ff. Zu den verschiedenen Sprachfassungen vgl. *Werle* (2007), Rn. 789.

[214] Vgl. dazu auch Triffterer/*Hall*, Art. 7 Rn. 19 f.

[215] Ausführlich dazu IStGH, *Prosecutor v. Bemba*, Confirmation, Vorverfahrenskammer, 15 Juni 2009, § 132.

[216] IStGH, *Prosecutor v. Bemba*, Confirmation, Vorverfahrenskammer, 15.06.2009, § 132; der dortige Verweis auf *Katanga* ist irreführend.

Auf der **subjektiven Ebene** sind die Anforderungen nicht so eindeutig. Ausrei-   **71**
chend ist in jedem Fall, wenn dem Täter entweder Vorsatz i. S. von Absicht oder
sicherer Kenntnis des Todeseintritts nachgewiesen werden kann.[217] Das ergibt sich
aus den Erfordernissen von Art. 30 Abs. 2 lit. b) IStGHSt.[218] In der **Literatur** wird
es außerdem mehrheitlich für ausreichend angesehen, wenn der Täter vorsätzlich
schweres körperliches Leid zufügt und ihm dabei bewusst ist, dass dies wahrscheinlich zum Tod des Opfers führt.[219] Diese Formulierung lässt den deutschen Straf-
juristen eine Zwitterstellung zwischen Körperverletzung mit Todesfolge und Totschlag in *dolus eventualis* vermuten. Nach meinem Dafürhalten handelt es sich hier
in der Substanz um einen Fall der Tötung mit Eventualvorsatz, da „Leichtfertigkeit"
hinsichtlich der Todesfolge nicht ausreichend sein dürfte. Akzeptiert man dies, stellt
Art. 7 Abs. 1 lit. a) IStGHSt also eine anderweitige Anordnung i. S. von Art. 30
Abs. 1 IStGHSt dar.[220]

Die bisherige **Rspr. des IStGH** entscheidet sich gegen eine solche Sonderregelung. In den – bislang nur im Vorverfahrensstadium – zu entscheidenden Fällen *Ka-
tanga/Chui* und *Bemba* sprachen die Richter sich dafür aus, ohne dass dies entscheidungserheblich gewesen wäre, nur Absicht und *dolus directus* anzuwenden.[221] In
diesem Punkt gibt es bereits einen Widerspruch zur Entscheidung im Fall *Lubanga*.
Dort wurde allgemein zum Vorsatz i. S. von Art. 30 IStGHSt ausgeführt, dass *dolus
eventualis* mit umfasst sei (vgl. dazu die Ausführungen zum AT).[222]

2 Ausrottung, Art. 7 Abs. 1 lit. b) IStGHSt

Der Tatbestand der Ausrottung war bereits in Art. 6 lit. c) IMTSt enthalten, wurde   **72**
aber weder im Nürnberger noch in späteren Verfahren definiert. Am JStGH war die
Auslegung stets umstritten. Meist wurde auf die große Zahl der Opfer, die innerhalb
kurzer Zeit getötet wurden, abgestellt.[223] Die Zahl der Opfer variiert zwischen 17
und 733.[224]

Demnach bedeutet Ausrottung zunächst die **Vernichtung** einer oder mehrerer
Personen als Teil einer Massentötung (direkte Tötungshandlung).[225] Der Tatbestand

---

[217] IStGH, *Prosecutor v. Katanga/Chui*, Confirmation, Vorverfahrenskammer, 30.09.2008, § 422 f.
spricht von *dolus directus* ersten und zweiten Grades.

[218] So auch IStGH, *Prosecutor v. Bemba*, Confirmation, Vorverfahrenskammer, 15.06.2009, § 135.

[219] Vgl. etwa *Ambos* (2008), § 7 Rn. 200 m. w. N. aus der Rspr. der *Ad hoc*-Tribunale; *Cassese*
(2008), S. 114; *Meseke* (2004), S. 179; *Satzger* (2010), § 16 Rn. 41; *Triffterer/Hall*, Art. 7 Rn. 22.

[220] Vgl. *Werle* (2007), Rn. 788 mit Fn. 112.

[221] IStGH, *Prosecutor v. Bemba*, Confirmation, Vorverfahrenskammer, 15.06.2009, § 138; *Prosecuor v. Katanga/Chui*, Confirmation, Vorverfahrenskammer, 30.09.2008, § 422.

[222] IStGH, *Prosecutor v. Lubanga*, Confirmation, Vorverfahrenskammer, 29.01.2007, §§ 352–355.

[223] JStGH, *Prosecutor v. Kristić*, Urteil, Verfahrenskammer, 02.08.2001, § 492 ff; JStGH, *Prosecutor v. Vasiljević*, Urteil, Verfahrenskammer, 29.11.2002, § 229; Fn. 587; JStGH, *Prosecutor v.
Krajisnik*, Urteil, Verfahrenskammer, 27.09.2006, § 716.

[224] Eine Liste findet sich bei *Zahar/Sluiter* (2008), S. 216 f.

[225] Vgl. Elements of Crimes Art. 7 (1) (b) Nr. 1.

kann nach Art. 7 Abs. 2 lit. b) IStGHSt aber auch erfüllt werden durch die vorsätzliche Auferlegung von **Lebensbedingungen**, mit denen beabsichtigt ist, die Vernichtung eines Teiles einer Bevölkerung herbeizuführen (indirekte Tötungshandlung).[226]

> Diese indirekte Begehungsart erinnert stark an Art. 6 lit. c) IStGHSt im Rahmen des Völkermordes (vgl. oben Rn. 25, 26). Diese Parallele darf aber nicht überstrapaziert werden, denn immerhin ist die Bezeichnung des Verbrechens als „Ausrottung" eine andere.[227] Außerdem ist die Auferlegung lebensbedrohlicher Lebensumstände nur eine Begehungsform, die explizit genannt ist, um klarzustellen dass der „langsame Tod" ebenfalls unter den Tatbestand der „Ausrottung" zu zählen ist.

73   Dogmatisch sind zwei **erhebliche Abweichungen** zum **Völkermord** zu verzeichnen. *Zum einen* ist Art. 7 IStGHSt nicht auf eine spezifische Gruppe beschränkt; danach sind auch kulturelle, politische und wirtschaftliche Gruppen geschützt. In der Tat verlangt Art. 7 gar keine Verbindung zwischen den Opfern.[228] Jede willkürliche Massentötung wird vom Tatbestand der „Ausrottung" umfasst. *Zum zweiten* wird in der Rspr. der *Ad hoc*-Tribunale[229] sowie in den Verbrechenselementen zu Art. 7 Abs. 1 lit. b) IStGHSt verlangt, dass tatsächlich der Tod eines oder mehrerer Menschen verursacht wurde, und diese Tötung Teil einer „Massentötung" war.[230] Anders als bei Art. 6 IStGHSt handelt es sich deshalb hier nicht um ein Absichtsdelikt, sondern um ein **Erfolgsdelikt**. Folglich muss stets auch Art. 7 Abs. 1 lit. a) IStGHSt erfüllt sein.[231] Das schränkt die eigenständige Bedeutung von Abs. 1 lit. b) erheblich ein.

In § 7 Abs. 1 Nr. 2 VStGB fehlt diese Voraussetzung im Übrigen; dort handelt es sich in der Tat um ein Absichtsdelikt, das parallel zum Völkermord konzipiert wurde.[232] Für die Fallgruppe der *slow-death-measures* sind deshalb einerseits die objektiven Anforderungen abgesenkt, was aber kompensiert wird durch eine Anhebung des subjektiven Tatbestands, wenn Absicht hinsichtlich des Tötungserfolgs gefordert wird.

74   Auf der **subjektiven Tatbestandsseite** ist Vorsatz i. S. von Art. 30 IStGHSt erforderlich. Das bedeutet: der Täter muss zunächst wie in Art. 7 Abs. 1 lit. a) IStGHSt den Tod eines Menschen wissentlich und willentlich verursacht haben. Er muss sich darüber hinaus bewusst sein, dass zugleich eine Massentötung von Personen stattfindet und seine Tötungshandlung als damit verbunden ansehen.[233]

---

[226] Vgl. MK/*Werle/Burchards*, § 7 Rn. 47. Offenbar übersehen von Triffterer/*Hall* Art. 7 Rn. 24 f.

[227] Für eine strikte Parallele indes *Ambos* (2008), § 7 Rn. 201, der aber eingesteht, dass die Rspr. das Merkmal entsprechend anders auslegt.

[228] Vgl. MK/*Werle/Burchards*, § 7 Rn. 45; dazu allgemein Ahlbrecht/*Kirsch* (2008), Rn. 1216.

[229] Vgl. dazu *Werle* (2007), Rn. 791–793.

[230] Vgl. dazu *Meseke* (2004), S. 184 f., der die Verursachung des Todes eines Menschen nicht für ausreichend hält.

[231] So etwa Triffterer/*Hall*, Art. 7 Rn. 25.

[232] Vgl. dazu MK/*Werle/Burchards*, § 7 Rn. 46 („strafbarkeitserweiternde Wirkung"). Gegen die Konzipierung als Absichtsdelikt hingegen *Meseke* (2004), S. 189 f. wegen der schwierigen Beweisbarkeit.

[233] *Werle* (2007), Rn. 794.

Beispiel: In einem Stadtteil von Atlantis, der Hauptstadt von Ozeanien, wohnt vornehmlich die Unterschicht in ärmlichen Verhältnissen bei schlechten hygienischen Bedingungen. T, der Präsident von Ozeanien, erlässt ein Dekret, wonach in diesem Stadtteil keine ärztliche Versorgung mehr geleistet werden darf. Sein Ziel ist es, den Bestand an Armen und „Parasiten" in Ozeanien deutlich zu reduzieren. Hat sich T eines Verbrechens gegen die Menschlichkeit schuldig gemacht?

Lösung nach IStGHSt: In Betracht kommt hier die Handlungsform der Ausrottung nach Art. 7 Abs. 1 lit. b) IStGHSt in der Form der „indirekten Tötung" nach Art. 7 Abs. 2 lit. b) IStGHSt. Die Gesamttaterfordernisse sind erfüllt, da durch das Dekret eine Vielzahl von Personen betroffen ist und das Vorgehen ausgedehnt und systematisch ist. Als Einzeltat kommt die Auferlegung von Lebensbedingungen in Betracht, die geeignet sind, einen Teil der Bevölkerung zu eliminieren. Die konkrete Handlung besteht im Entzug von ärztlicher Versorgung, die in Art. 7 Abs. 2 lit. b) IStGHSt explizite Erwähnung findet. Nach den Verbrechenselementen zu Art. 7 genügt dies aber nicht, sondern es muss mindestens eine Person bereits an den Folgen des Entzugs medizinischer Versorgung gestorben sein. Entsprechend muss sich der Vorsatz auf die kausale Verknüpfung zwischen den verhängten Lebensbedingungen und dem tatsächlich eingetretenem Tod beziehen.[234] Demnach ist die „Auferlegung von Lebensbedingungen" nur eine spezielle Handlungsform der Ausrottung, ohne dass die Struktur eines Erfolgsdeliktes geändert wird.

Lösung nach VStGB: Anders wäre die Lösung nach § 7 Abs. 1 Nr. 2 VStGB. Danach kommt es nur darauf an, dass der Entzug der medizinischen Versorgung geeignet ist, die Zerstörung der betroffenen Bevölkerung ganz oder teilweise herbeizuführen. Davon kann im vorliegenden Fall sicher ausgegangen werden. Subjektiv muss T nicht nur wissen, dass seine Handlung geeignet ist, die Zerstörung entsprechend herbeizuführen, sondern er muss auch mit Zerstörungsabsicht gehandelt haben. Nach den Angaben des Sachverhalts wäre auch dieses Erfordernis erfüllt.

3 Versklavung, Art. 7 Abs. 1 lit. c) IStGHSt

Unter Versklavung versteht das IStGHSt nach Art. 7 Abs. 2 lit. c) die Ausübung   **75**
einer **eigentumsähnlichen Verfügungsgewalt** über eine andere Person. Darunter fallen Menschenhandel, insbesondere der Handel mit Frauen und Kindern, sowie Zwangsarbeit. Bei dieser Einzeltat geht es um die „Verdinglichung" des Menschen.[235] Wesentlich für die tatbestandsmäßige Handlung ist der Zwangscharakter der Maßnahme, was in der Regel mit Freiheitsentzug verbunden ist,[236] und die wirtschaftliche Beherrschung bzw. Ausbeutung der Opfer.[237] Auf den Willen des Opfers kommt es im Übrigen nicht an.

---

[234] Eine „Eignungskomponente" wie bei Art. 6 (c) IStGHSt ist hier auf der Grundlage der hM nicht der richtige Ansatz – so aber *Werle* (2007), Rn. 794 –, denn der Tod muss tatsächlich eingetreten sein.

[235] Vgl. *Satzger* (2010), § 16 Rn. 42.

[236] Vgl. die weiteren Beispiele in den Verbrechenselementen zu Art. 7 (1) (c) Nr. 1.

[237] So die grundlegende Entscheidung des JStGH, *Prosecutor v. Kunarac* et al., Urteil, Verfahrenskammer, 22.02.2001, § 542.

In subjektiver Hinsicht verlangt Art. 7 Abs. 1 lit. c) IStGHSt Vorsatz nach Art. 30 IStGHSt.[238]

4 Vertreibung oder zwangsweise Überführung, Art. 7 Abs. 1 lit. d) IStGHSt

76   Der Oberbegriff zu den beiden Tatbestandsvarianten Vertreibung („deportation") und zwangsweise Überführung („forcible transfer") lautet **zwangsweise Verbringung** („forcible displacement").[239] Nach Art. 7 Abs. 2 lit. d) IStGHSt fällt hierunter die Ausweisung oder die Verbringung von Personen durch andere Zwangsmaßnahmen ohne völkerrechtlich zulässige Gründe aus dem Gebiet, in dem sie sich rechtmäßig aufhalten. Unter „Vertreibung" wird dabei die Verbringung in ein anderes Staatsgebiet verstanden, wohingegen die „Überführung" innerhalb der Grenzen eines Staates stattfindet.[240]

Der Tatbestand ist in doppelter Hinsicht an **völkerrechtliche** Voraussetzungen gekoppelt. *Zum einen* darf die Maßnahme nicht völkerrechtlich legitim sein. In Betracht kommen hier Gründe der nationalen Sicherheit, der öffentlichen Ordnung[241] oder bestimmte Maßnahmen des humanitären Völkerrechts.[242] *Zum anderen* sind Personen nur geschützt, wenn sie sich rechtmäßig in einem Gebiet aufhalten. Ausländische Staatsangehörige können daher in Einzelfällen aus dem Staatsgebiet verbracht werden.[243]

77   In **subjektiver Hinsicht** ist Vorsatz im Sinne von Art. 30 IStGHSt erforderlich. Dabei ist zu beachten, dass die im Tatbestand enthaltenen Rechtsbedingungen vom Vorsatz umfasst sein müssen. Glaubt der Täter daher an die völkerrechtliche Legitimität einer zwangsweisen Überführung, kann der subjektive Tatbestand nach Art. 32 Abs. 2 IStGHSt entfallen.

Ob darüber hinaus auch noch die **Absicht** erfüllt sein muss, die betroffenen Personen dauerhaft aus ihrem angestammten Gebiet zu vertreiben, ist umstritten.[244] Der Tatbestand enthält ein solches einschränkendes subjektives Element nicht, so dass es im Ergebnis bei der Regelung von Art. 30 IStGHSt bleiben sollte.

> **Beispiel:** Ozeanien ist seit vielen Jahren im Krieg mit dem Nachbarland Mediterraneo. Ozeanische Truppen halten einen Küstenstreifen mit etwa 10.000 Bewohnern besetzt. Als der Geheimdienst von Ozeanien meldet, dass Mediterraneo einen Vernichtungsschlag gegen das besetzte Gebiet plant, befiehlt General G der Besatzungstruppen, die Evakuierung der unmittelbaren Grenzgebiete. Etwa 5.000 Bewohner werden mit Bussen auf das

---

[238] *Ambos* (2008), § 7 Rn. 203; *Werle* (2007), Rn. 801.

[239] Vgl. Elements of Crimes Art. 7 (d) mit Fn. 13.

[240] Vgl. *Ambos* (2008), § 7 Rn. 205; *Werle* (2007), Rn. 810.

[241] Vgl. *Werle* (2007), Rn. 814.

[242] Vgl. etwa Art. 49 GK IV und Art. 17 ZP II.

[243] Vgl. *Werle* (2007), Rn. 815.

[244] Dafür *Ambos* (2008), § 7 Rn. 205 mit Nachweisen aus der Rspr. der *Ad hoc*-Tribunale; dagegen *Werle* (2007), Rn. 817.

Staatsgebiet Ozeaniens verbracht und in Flüchtlingslagern untergebracht. Hat sich G strafbar gemacht?

In Betracht käme hier eine Strafbarkeit nach Art. 7 Abs. 1 lit. d) i. V. m. Abs. 2 lit. d) IStGHSt. Dabei liegen die Gesamttaterfordernis vor, denn die systematische Evakuierung mehrerer Tausend Personen stellt einen Angriff auf eine Zivilbevölkerung dar. Möglicherweise ist die Evakuierung aber mit internationalem Recht vereinbar, so dass es an den Erfordernissen der Einzeltat i. S. von Art. 7 Abs. 1 und Abs. 2 lit. d) IStGHSt mangelt. In Betracht kommt als Rechtfertigungsnorm Art. 49 GK IV. Danach können geschützte Personen (dazu unten Rn. 113–116) im besetzten Gebiet evakuiert werden, wenn und soweit erhebliche kriegerische Auseinandersetzungen in diesem Gebiet bevorstehen (vgl. Art. 49 Abs. 2 GK IV). Eine Strafbarkeit scheidet demnach aus.

5 Freiheitsentziehung, Art. 7 Abs. 1 lit. e) IStGHSt

Nach den Verbrechenselementen muss der Täter das oder die Opfer einsperren oder **78** diese auf andere Art und Weise ihrer **körperlichen Fortbewegungsfreiheit** berauben.[245] Da es sich um einen „schwerwiegenden" Freiheitsentzug handeln muss, fallen unter den Tatbestand nur längerfristige (zeitliche Komponente) oder besonders unmenschliche (qualitative Komponente) Maßnahmen.[246]

Das entscheidende Kriterium für die Strafbarkeit liegt in der **Völkerrechtswidrigkeit** der Maßnahme. Die Freiheitsentziehung muss gegen die „Grundregeln des Völkerrechts" verstoßen.[247] Es ist demnach danach zu fragen, ob die freiheitsentziehende Maßnahme von einer – völkerrechtskonformen – (nationalen oder internationalen) Rechtsgrundlage umfasst und auf der Grundlage eines rechtsstaatlichen Verfahrens ergangen ist.[248]

In **subjektiver Hinsicht** muss dem Täter Vorsatz nachgewiesen werden (Art. 30 **79** IStGHSt). Demnach müssen dem Täter die Umstände bewusst sein, welche die Schwere des Verstoßes ausmachen (Art. 30 Abs. 3 IStGHSt); die Wertung als „schwerwiegend" muss hingegen – wie auch sonst (vgl. § 5 Rn. 24) nicht vom Willen des Täters umfasst sein.[249] Vom Vorsatz umfasst sein muss auch die rechtliche Voraussetzung der Völkerrechtswidrigkeit.

Beispiel: Die Regierung von D beschließt per Verordnung, dass alle Juden festgenommen werden sollen, wenn in einem Verwaltungsgerichtsverfahren deren jüdische Abstammung festgestellt worden ist. Bei O wird durch den Verwaltungsrichter R die entsprechende Abstammung festgestellt. Er wird daraufhin vom Polizeibeamten P ins Gefängnis verbracht. O wurde seiner Fortbewegungsfreiheit beraubt. Dies geschah allerdings auf der Grundlage eines rechtlichen Verfahrens gemäß den gesetzlichen Anordnungen. Diese Rechtsgrundlage ist indes auf ihre Völkerrechtskonformität hin zu untersuchen und nicht per se gültig. Die Festnahme aller Juden widerspricht völkerrechtlichen Minderheitenrechte sowie dem Menschenrecht der Religions- und Meinungsfreiheit. Die Maßnahme ist somit völkerrechts-

---

[245] Elements of Crimes Art. 7 (1) (e) Nr. 1.

[246] Vgl. *Ambos* (2008), § 7 Rn. 206, der von „mindestens einige[n] Wochen" ausgeht.

[247] Vgl. JStGH, *Prosecutor v. Kordic/Cerkez*, Urteil, Verfahrenskammer, 26.02.2001, § 302; JStGH, *Prosecutor v. Krnojelac*, Urteil, Verfahrenskammer, 15.03.2002, § 110.

[248] Vgl. *Ambos* (2008), § 7 Rn. 206.

[249] Vgl. Elements of Crimes Art. 7 (1) (e) Nr. 3 stellen dies klar.

widrig, unabhängig davon, ob die Rechtsgrundlage (Verordnung und Gerichtsbeschluss) formal rechtsmäßig wäre.

Fraglich ist allerdings, wer als möglicher Täter von Verbrechen gegen die Menschlichkeit nach Art. 7 Abs. 2 lit. e) IStGHSt in Betracht kommt. Neben den Mitgliedern der Regierung können dies der Richter R, sowie der Polizeibeamte P und ggf. die Gefängniswärter sein. Die komplizierten Zurechnungsfragen richten sich nach Art. 25 Abs. 3 lit. a) IStGHSt (s. § 5 Rn. 72–77). Strafbar wären in jedem Fall die Mitglieder der Regierung als mittelbare (Mit-)Täter. Im Rahmen des Vorsatzes ist es ausreichend, wenn diese Wissen, dass es zu Inhaftierungen kommen wird; Kenntnis der Person O ist dafür nicht erforderlich. Bei den Ausführenden R und P sowie den Gefängniswärtern kommt jeweils Täterschaft in Betracht, wobei sie sich nicht auf Art. 33 IStGHSt berufen können, da eine willkürliche Inhaftierung von O auf Grundlage allein der Religion offensichtlich rechtswidrig ist (Art. 33 Abs. 2 IStGHSt).

6 Folter, Art. 7 Abs. 1 lit. f) IStGHSt

80   Folter ist ein national wie international höchst umstrittener Begriff. Nach Art. 7 Abs. 2 lit. e) IStGHSt wird darunter verstanden, dass einer im Gewahrsam oder unter der Kontrolle des Beschuldigten befindlichen Person **vorsätzlich große körperliche oder seelische Schmerzen oder Leiden** zugefügt werden. Ausgeschlossen sind Folgen von – völkerrechtskonformen – gesetzlich zulässigen Sanktionen.

Der Folterbegriff nach dieser Vorschrift ist insofern **erheblich weiter** als derjenige der UN-Folterkonvention,[250] der EMRK,[251] oder auch des JStGH[252] als weder eine Verbindung zu einem Hoheitsträger erforderlich ist[253] noch die Schmerzzufügung mit einem gewissen Zweck, etwa der Geständniserpressung, gekoppelt sein muss.[254] Folterung kann daher auch von einer Privatperson durchgeführt und aus reiner Willkür angewendet werden. Demnach ist das wesentliche Kriterium der Folter i. S. des IStGHSt die Schwere der körperlichen oder seelischen Schmerzzufügung.[255]

Subjektiv wird Vorsatz i. S. von Art. 30 IStGHSt verlangt. Dabei müssen dem Täter die Umstände bewusst sein, welche die Schwere der Schmerzzufügung begründen; die Wertung als schwerwiegende Schmerzen oder Leiden hingegen muss nicht vom Vorsatz umfasst sein (vgl. zum AT § 5 Rn. 2).

> **Beispiel:** Es lohnt nicht, an dieser Stelle verschiedene Foltermethoden aufzulisten, denn wegen des Einfallsreichtums des Menschen, anderen Menschen schwere und schwerste Verletzungen und psychische Wunden zuzufügen, wäre diese Liste stets unvollständig. Einige dieser Handlungen sind im Kapitel über die EMRK besprochen, soweit diese in der Rechtsprechung des EGMR relevant geworden sind (vgl. § 13 Rn. 49–57). Rechtlich

---

[250] G.A. Res. 39/46, UN Doc. A/39/51 (1984); in Kraft getreten am 26.06.1987, von Deutschland ratifiziert (BGBl. 1990 II 246).

[251] S. dazu unten § 13 Rn. XX.

[252] Vgl. etwa JStGH, *Prosecutor v. Kunarac* et al., Urteil, Berufungskammer, 12.06.2002, §§ 142–156.

[253] Vgl. *Satzger* (2010), § 16 Rn. 46.

[254] Vgl. Elements of Crimes Art. 7 (1) (f) Fn. 14; s. auch *Werle* (2007), Rn. 825.

[255] Vgl. *Werle* (2007), Rn. 827.

problematisch ist hingegen die Ausnahme, wonach völkerrechtlich zulässige Maßnahmen nicht unter Folter fallen. In Betracht kommt hier etwa die Verhängung der Todesstrafe. Diese ist trotz des 2. Zusatzprotokolls zum IPbpR und trotz des 7. Zusatzprotokolls zur EMRK nicht grundsätzlich völkerrechtswidrig.[256] Allerdings ist fraglich, ob der Aufenthalt in der Todeszelle, die Erwartung des nahen Todes, die stete Hoffnung auf Begnadigung nicht „Folter" darstellt. Der EGMR hat dies im Fall Soering jedenfalls so gesehen.[257] Nach der Gesetzesbegründung zum VStGB ist der Bundesdeutsche Gesetzgeber offenbar anderer Ansicht. Bei der Todesstrafe als völkerrechtlich nicht verbotener Sanktion ist „Folter" i. S. der Verbrechen gegen die Menschlichkeit demnach ausgeschlossen.[258]

7 Sexuelle Gewalt, Art. 7 Abs. 1 lit. g) IStGHSt

Die Strafbarkeit der sexuellen Gewalt als Verbrechen gegen die Menschlichkeit ist in der umfassenden Ausprägung des IStGHSt jüngeren Ursprungs. Die Vergewaltigung war bereits im KRG Nr. 10 als Verbrechen gegen die Menschlichkeit explizit genannt und findet sich in Art. 5 (g) JStGHSt und Art. 3 (g) RStGHSt.   **81**

> Vor den *Ad hoc*-Tribunalen ist sexuelle Gewalt in vielen Fällen relevant geworden. Sexuelle Gewalt gehörte in den Konflikten in Bosnien und Ruanda zur Systematik der Vorgehensweise, als Teil der „ethnischen Säuberungen" oder der Erniedrigungsexzesse in Konzentrationslagern. Als „leading cases" zählen der *Akayesu*-Fall[259] vor dem RStGH, der *Furundzjia*-Fall[260] und insbesondere der *Kurunac*-Fall[261] vor dem JStGH, in dem die drei Angeklagten im Kontext der ethnischen Säuberungen in der bosnischen Region Foca ausschließlich wegen sexueller Gewalt (in der Form von Vergewaltigung, Versklavung und Folter) angeklagt und verurteilt wurden. In den Prozessen sind allerdings diese besonderen „*pattern*" nicht insgesamt thematisiert worden; vielmehr steht immer die Einzeltat eines Angeklagten gegenüber einem speziellen Opfer im Vordergrund. Dieses durchaus nicht unproblematische Vorgehen erklärt sich auch aus der dogmatischen Herangehensweise der Kammern, die Definition der Vergewaltigung aus einer rechtsvergleichenden Analyse der verschiedenen nationalen Rechtsordnungen zu generieren. Überraschend häufig war Gegenstand des Verfahrens sexuelle Gewalt gegen Männer.

Der Text des Römischen Statuts geht indes weit über die Vergewaltigung als Einzeltat hinaus und differenziert zwischen verschiedenen Begehungsarten. Einzelheiten zu den Voraussetzungen einer **Vergewaltigung** finden sich in den Verbrechenselementen und werden im Fall *Katanga/Chui* von der Vorverfahrenskammer bekräftigt.[262] Die Rspr. folgt damit dem vom JStGH entwickelten mechanischen Ansatz, der auf die Penetration abstellt, die ohne die Einwilligung des Opfers erfolgte.[263]   **82**

---

[256] Auch im Verfahren vor dem IGH *LaGrand* (*Germany v. U.S.A.*), Rep. 2001, 466, wurde keine Völkerrechtswidrigkeit der Todesstrafe festgestellt.

[257] Vgl. EGMR, *Soering/Vereinigtes Königreich*, Serie A Nr. 161.

[258] BT-Drucks 14/8524, S. 21, zustimmend MK/*Werle/Burchards*, VStGB § 7 Rn. 72.

[259] RStGH, *Prosecutor v. Akayesu*, Urteil, Verfahrenskammer, 02.09.1998.

[260] JStGH, *Prosecutor v. Furundzjia*, Urteil, Verfahrenskammer, 10.12.1998.

[261] JStGH, *Prosecutor v. Kunarac et al.*, Urteil, Verfahrenskammer, 22.02.2001.

[262] IStGH, *Prosecutor v. Katanga/Chui*, Confirmation, Vorverfahrenskammer, 30.09.2008, § 437 ff.

[263] Vgl. JStGH, *Prosecutor v. Kunarac* et al., Urteil, Verfahrenskammer, 22.02.2001, § 460; aufbauend auf JStGH, *Prosecutor v. Furundzija*, Urteil, Verfahrenskammer, 10.12.1998, § 185 und

Die fehlende Einwilligung kann sich aus der körperlichen Gewaltanwendung oder aus der durch die äußeren Umstände vermittelten Zwangslage ergeben.[264]

Der Tatbestand der **sexuellen Sklaverei** stellt einen Sonderfall der Versklavung nach Art. 7 Abs. 1 lit. c) IStGHSt[265] dar und bezeichnet regelmäßig die Beseitigung der Fortbewegungsfreiheit verbunden mit einem Angriff auf die sexuelle Selbstbestimmung.[266] Darunter fällt auch die erzwungene Heirat oder mit Zwangsarbeit verbundene gewaltsame sexuelle Dienste.[267] In subjektiver Hinsicht muss der Täter bezogen auf beide Elemente, Fortbewegungsfreiheit und sexuelle Selbstbestimmung, mit Vorsatz i. S. von Art. 30 Abs. 2 IStGHSt handeln.[268]

Nötigung zur Prostitution ist als eigenständige Begehungsform der Verbrechen gegen die Menschlichkeit explizit aufgenommen worden.[269] Dabei muss mindestens eine Person durch Gewalt oder Drohung veranlasst worden sein, sich auf sexuelle Handlungen einzulassen, und der Täter dadurch einen (finanziellen) Vorteil erhalten oder wenigstens erwarten.[270]

83   Art. 7 Abs. 2 lit. f) IStGHSt enthält eine Legaldefinition der **erzwungenen Schwangerschaft**. Tathandlung ist die rechtswidrige Gefangenhaltung einer zwangsweise geschwängerten Frau;[271] dabei muss der Täter die Schwangerschaft nicht selbst herbeigeführt haben. **Subjektiv** muss neben Vorsatz bzgl. der objektiven Tatbestandsmerkmale außerdem als sonstiges subjektives Merkmal die Absicht nachgewiesen werden, die ethnische Zusammensetzung einer Bevölkerung zu beeinflussen oder andere schwere Verstöße gegen das Völkerrecht zu begehen.[272]

Unter **Zwangssterilisation** wird die dauerhafte Beseitigung der biologischen Fortpflanzungsfähigkeit an mindestens einer Person verstanden.[273] Bei einer medizinisch indizierten Behandlung ist der Tatbestand ausgeschlossen. Der Täter muss hinsichtlich der äußeren Merkmale vorsätzlich i. S. von Art. 30 Abs. 2 IStGHSt handeln.

---

bestätigt durch die Berufungskammer, JStGH, *Prosecutor v. Kunarac* et al., Urteil, Berufungskammer, 12.06.2002, § 129–133.

[264] Vgl. auch RStGH, *Prosecutor v. Akayesu*, Urteil, Verfahrenskammer, 02.09.1998, § 688.

[265] Vor dem JStGH sind Fälle sexueller Sklaverei als Versklavung abgeurteilt worden nach Art. 5 (c) JStGHSt, vgl. JStGH, *Prosecutor v. Kunarac* et al., Urteil, Verfahrenskammer, 22.02.2001, § 515 ff.

[266] Vgl. IStGH, *Prosecutor v. Katanga/Chui*, Confirmation, Vorverfahrenskammer, 30.09.2008 § 430.

[267] IStGH, *Prosecutor v. Katanga/Chui*, Confirmation, Vorverfahrenskammer, 30.09.2008, § 431.

[268] IStGH, *Prosecutor v. Katanga/Chui*, Confirmation, Vorverfahrenskammer, 30.09.2008, § 433.

[269] Zum Verbot nach humanitärem Völkerrecht s. *Werle* (2007), Rn. 1040 f.

[270] Elements of Crimes Art. 7 (1) (g)-3 Nr. 1 u. 2; vgl. MK/*Werle/Burchards*, § 7 Rn. 82.

[271] Elements of Crimes Art. 7 (1) (g)-4 Nr. 1.

[272] Die Definition enthält außerdem den klarstellenden Hinweis, dass innerstaatliche Gesetze hiervon nicht berührt werden. Diese Klarstellung zielt insbesondere auf nationale Abtreibungsverbote; vgl. BT-Drucks 14/8524, S. 21 zu §§ 218, 219 StGB.

[273] Vgl. Elements of Crimes Art. 7 (1) (g)-5 Nr. 1.

Das IStGHSt erweitert das Verbot auf andere Formen **sexueller Gewalt von** **84**
vergleichbarer Schwere als Auffangtatbestand.[274] Dazu zählt in jedem Fall die sexuelle Nötigung i. S. von § 177 StGB.[275] In subjektiver Hinsicht ist Vorsatz i. S. von
Art. 30 Abs. 2 IStGHSt zu verlangen.

8 Verfolgung aus diskriminierenden Gründen, Art. 7 Abs. 1 lit. h) IStGHSt

Nach Art. 7 Abs. 2 lit. h) IStGHSt bedeutet „Verfolgung" den völkerrechtswidri- **85**
gen, vorsätzlichen schweren Entzug von Grundrechten auf Grund der Identität der
Gruppe oder Gemeinschaft. Der Tatbestand folgt einer besonderen Struktur, die mit
dem Völkermord vergleichbar ist, wonach der subjektive Tatbestand zusätzlich eine
spezifische Diskriminierungsabsicht verlangt.[276]

Prüfungsschema „Verfolgung"

1) **Gesamttat:** ausgedehnter oder systematischer Angriff auf eine
   Zivilbevölkerung (s.o. Rn. 61–67)
2) **Einzeltat:** Entzug oder Einschränkung wesentlicher Grundrechte
   -> tatbestandsmäßige Handlung i.S. von Art. 6-8 IStGHSt
3) Objektiv **diskriminierende Wirkung**

   a. Identifizierbare Gruppe oder Gemeinschaft
   b. Maßnahme nach 2) muss gegen eine solche Gruppe oder Gemeinschaft
      gerichtet sein.

4) **Vorsatz** bezogen auf Nr. 1) und 2) i.S. von Art. 30 IStGHSt
5) **Diskriminierungsabsicht**

Objektiv bedarf es einer Handlung, die ein völkerrechtlich anerkanntes Grundrecht **86**
verweigert und tatsächlich eine diskriminierende Wirkung zeitigt.[277] Dabei ist sehr
fraglich, welche Menschenrechte als grundlegend angesehen werden können. Der
Verweis auf die Allgemeine Menschenrechtserklärung und den IPbpR ist in dieser
Frage kaum weiterführend. Zusätzlich müsste ein gewisser Schweregrad erreicht
sein.[278] Aus Gründen der Bestimmtheit wird hier dafür plädiert, die tatbestandsmäßige Handlung einem Verbrechenstatbestand zu entnehmen, für welchen der IStGH
zuständig ist. Demnach ist zu prüfen, ob die Handlung nach einer der in Art. 6–8
IStGHSt genannten Tatbestände strafbar ist.

---

[274] Vgl. *Satzger* (2010), § 15 Rn. 47.
[275] Vgl. BT-Drucks 14/8524, S. 21.
[276] *Ambos* (2008), § 7 Rn. 215.
[277] Vgl. *Roberts*, LJIL 15 (2002), 624.
[278] So etwa *Meseke* (2004), S. 239 ff., der im Ergebnis aber der hier vertretenen Meinung zustimmt.

Subjektiv muss diese Handlung in der Absicht ausgeführt worden sein, aus politischen, rassischen, nationalen, ethnischen, kulturellen, religiösen, geschlechtsspezifischen oder anderen Gründen zu diskriminieren. Diese Diskriminierungsabsicht ist ein besonderes subjektives Tatbestandsmerkmal (*dolus specialis*) und tritt neben den Vorsatz bezogen auf die Verfolgungshandlung i. S. von Art. 30 Abs. 2 IStGHSt.

87   Diese Sonderstruktur führt dazu, dass über die Verfolgungskomponente jedes andere IStGH-Verbrechen zu einem Verbrechen gegen die Menschlichkeit erwachsen kann. Der Tatbestand wird deshalb auch als „**umbrella crime**" bezeichnet.[279] Im Konnex mit anderen Einzeltaten von Art. 7 IStGHSt wird die Verfolgungskomponente eine Straferhöhung zur Folge haben.[280] In diesem Fall wirkt die „Verfolgung" als Qualifikation des Menschlichkeitsverbrechens.

Freilich ist zu bedenken, dass auch die Gesamttatumstände erfüllt sein müssen, d. h. die Einzeltat muss Teil eines systematischen oder ausgedehnten Angriffs auf eine Zivilbevölkerung sein.

> **Beispiel 1:** In einem nicht internationalen bewaffneten Konflikt erschießt der Soldat der Regierungstruppen T den Sympathisanten einer kommunistischen Rebellengruppe O. Er macht sich deshalb eines Kriegsverbrechens strafbar nach Art. 8 Abs. 2 lit. c) (i) IStGHSt. Handelt er nun zugleich zu Diskriminierungszwecken, könnte das Kriegsverbrechen zu einem Verbrechen gegen die Menschlichkeit nach Art. 7 Abs. 1 lit. h) IStGHSt mutieren. Das ist der Fall, wenn die Tat des T im Kontext eines größeren Angriffs gegen die Rebellengruppe zu sehen ist.

> **Beispiel 2:** Wie im Fall 1. Diesmal nimmt T an einer Massenvergewaltigung von Frauen und Töchtern vermeintlicher Rebellen teil. Diese geplante und gezielt ausgeführte Aktion erfüllt bereits den Tatbestand des Art. 7 Abs. 1 lit. g) IStGHSt. Die Qualifikation des Art. 7 Abs. 1 lit. h) IStGHSt ist ebenfalls erfüllt, wenn die Aktion gezielt auf Grund des Geschlechts erfolgte und T mit Diskriminierungsabsicht handelte.

9 Verschwindenlassen, Art. 7 Abs. 1 lit. i) IStGHSt

88   Das Verschwindenlassen ist vor allem ein in Süd- und Mittelamerika verbreitetes Phänomen **staatlichen oder quasi-staatlichen Terrors**. Als rechtlicher Vorläufer der Vorschrift gilt die Interamerikanische Konvention zum Verschwindenlassen aus dem Jahr 1994.[281] Bislang wurde das Phänomen des Verschwindenlassens (nur) vor Menschenrechtsgerichten erörtert. Als *leading case* gilt hier der Fall *Velásquez Rodríguez* vor dem IAGMR.[282] In dieser Entscheidung geht es freilich nicht um

---

[279] JStGH, *Prosecutor v. Banović*, Urteil, Verfahrenskammer, 28.10.2003, § 38.

[280] IStGH, *Prosecutor v. Kunarac* et al., Urteil, Verfahrenskammer, 22.02.2001, § 867.

[281] Inter-American Convention on Forced Disappearances of Persons, abgedruckt in: International Legal Materials 33 (1994), S. 1429.

[282] IAGMR *Velásquez Rodríguez v. Honduras*, Urteil v. 29.07.1988, Series C Nr. 4.

strafrechtliche Verantwortlichkeit, sondern um Staatenverantwortlichkeit im Sinne der Menschenrechtspakte.[283]

Strafrechtlich versteht man unter dem Verschwindenlassen die Festnahme, den Freiheitsentzug oder die Entführung von Personen durch oder mit Unterstützung eines Staats oder einer politischen Organisation, gefolgt von der Weigerung, diese Freiheitsberaubung anzuerkennen oder Auskunft über das Schicksal der entführten Person zu erteilen. Das geschieht in der **Absicht**, diese Person für lange Zeit dem Schutz des Gesetzes zu entziehen (vgl. Art. 7 Abs. 2 lit. i) IStGHSt). Das variable Erscheinungsbild der Fälle erschwert die Formulierung eines konkreten Straftatbestands. Die Definition des IStGHSt wird man als dem Bestimmtheitsgebot genügend ansehen können.[284]

Im **objektiven** Tatbestand sind zwei Voraussetzungen zu erfüllen: (1) Die Festnahme und (2) die Auskunftsverweigerung.   **89**

In **subjektiver** Hinsicht muss zum Vorsatz i. S. von Art. 30 Abs. 2 IStGHSt die Absicht hinzukommen, die entführte Person für längere Zeit dem rechtsstaatlichen Schutz zu entziehen (**Rechtshilfeverweigerungsabsicht**).[285]

Beispiel: s. unten Rn. 104.

10 Apartheid, Art. 7 Abs. 1 lit. j) IStGHSt

Die Einzeltat der „Apartheid"[286] setzt sich aus unmenschlichen Handlungen zusammen, die im Zusammenhang mit einem institutionalisierten Regime der systematischen **Unterdrückung** und Beherrschung einer oder mehrerer rassischer Gruppen durch eine andere rassische Gruppe in der **Absicht** begangen werden, dieses Regime aufrechtzuerhalten (vgl. Art. 7 Abs. 2 lit. h) IStGHSt).[287] Ähnlich wie bei der Verfolgung i. S. von Art. 7 Abs. 1 lit. h) IStGHSt ist Voraussetzung für die Begehung des Verbrechens der Apartheid eine andere Einzeltat i. S. von Art. 7 Abs. 1 IStGHSt. Es wird deshalb auch als Qualifikation des Verbrechens gegen die Menschlichkeit verstanden.[288] Insbesondere in § 7 Abs. 5 VStGB wurde diese Ansicht gesetzlich umgesetzt.[289] Dabei besteht der Grund der Qualifikation in der besonderen Absicht.   **99**

---

[283] *Ambos* (2008), § 7 Rn. 217.

[284] *Ambos* (2008), § 7 Rn. 216.

[285] Vgl. *Werle* (2007), Rn. 872.

[286] Vgl. hierzu auch die Internationale Konvention über die Bekämpfung und Bestrafung des Verbrechens der Apartheid, UN GA Res. 2391 (XXIII) v. 26.11.1968.

[287] S. *Werle* (2007), Rn. 880.

[288] *Ambos* (2008), § 7 Rn. 218; *Werle* (2007), Rn. 896.

[289] Vgl. *Meseke* (2004), S. 266 ff., 293 f.

11 Andere unmenschliche Handlungen, Art. 7 Abs. 1 lit. k) IStGHSt

100   Die Liste der Einzeltaten muss aus rechtsstaatlichen Gründen (**Bestimmtheitsge-bot**) als abschließend angesehen werden. Gleichwohl müssen die Einzeltaten eine gewisse Offenheit aufweisen, da sie lediglich Ausdruck des Tatbestands des Ver-brechens gegen die Menschlichkeit sind.[290] In Art. 7 Abs. 1 lit. k) IStGHSt wird diesem Umstand Rechnung getragen durch die Einbeziehung „anderer unmensch-licher Handlungen".

Die Verbrechenselemente sprechen davon, dass *„great suffering, or serious inju-ry to body or to mental or physical health, by means of an inhumane act"* auferlegt werden müssen,[291] die zudem Ähnlichkeit zu den genannten Tatbeständen aufwei-sen müssen,[292] um eine „andere unmenschliche Handlung" als Verbrechen gegen die Menschlichkeit darstellen zu können. Es handelt sich daher im IStGHSt – im Gegensatz zum IMT oder den *Ad hoc*-Tribunalen – nicht um eine Auffangnorm, sondern eher um eine „**Ergänzungsnorm**".[293] Die „andere Handlung" muss den genannten ihrem Wesen und ihrer Schwere nach ähnlich sein.[294] Das trifft vor allem auf massive Körperverletzungshandlungen zu. In § 7 Abs. 1 Nr. 8 VStGB hat der deutsche Gesetzgeber versucht, diesem Umstand durch einen Verweis auf § 226 StGB Ausdruck zu verleihen.[295] Allerdings muss sich die Massivität des Angriffs nicht ausschließlich im Erfolg bzw. den körperlichen Folgen niederschlagen, wie dies in § 226 StGB der Fall ist. Der Verweis ist entsprechend nur zur Exemplifizie-rung und nicht abschließend.

101   In subjektiver Hinsicht muss der Täter mit **Vorsatz** i. S. von Art. 30 IStGHSt handeln. Dabei müssen i. S. von Art. 30 Abs. 3 ISGHSt dem Täter auch die Um-stände bewusst sein, die den unmenschlichen Charakter ausmachen.[296]

> **Beispiel:** Im Kampf zwischen zwei Rebellengruppen wird zur Demonstration der eigenen Stärke und der Einschüchterung der Bevölkerung ein Dorf mit Schusswaffen und Macheten angegriffen. Es kommt zu einer Vielzahl an Schwerverletzten, Tote sind hingegen nicht zu beklagen.
> Hier stellt sich zusätzlich die Frage, ob sich die strafrechtliche Bewertung für diejenigen Handelnden ändert, die mit Tötungsvorsatz gehandelt haben. Möglicherweise handelt es sich dann nicht nur um eine Strafbarkeit nach Art. 7 Abs. 1 lit. k) IStGHSt, sondern auch um einen Versuch von Art. 7 Abs. 1 lit. a) i. V. m. Art. 35 Abs. 3 lit. f) IStGHSt. Die Mehrheit

---

[290] In diese Richtung argumentiert der OGHBrZ 1, 6 f.; 11, 12, der in den Einzeltaten des KRG Nr. 10 lediglich Beispielsfälle für den (Gesamt-)Tatbestand Verbrechen gegen die Menschlichkeit sieht.

[291] Elements of Crimes Art. 7 (1) (k) Nr. 1.

[292] Elements of Crimes Art. 7 (1) (k) Nr. 2.

[293] Vgl. die Ausführungen in IStGH, *Prosecutor v. Katanga/Chui*, Confirmation, Vorverfahrens-kammer, 30.09.2008, § 445 ff.

[294] IStGH, *Prosecutor v. Katanga/Chui*, Confirmation, Vorverfahrenskammer, 30.09.2008, § 451.

[295] Damit sollte auch den Bestimmtheitsanforderungen Genüge getan werden, vgl. *Ambos* (2008), § 7 Rn. 219.

[296] IStGH, *Prosecutor v. Katanga/Chui*, Confirmation, Vorverfahrenskammer, 30.09.2008, § 455 und Elements of Crimes Art. 7 (1) (k) Nr. 3.

der Vorverfahrenskammer hat dies im Fall Katanga/Chui so gesehen.[297] Konsequenterweise stellt sich nun die Frage, wie sich der Versuch der schwereren Einzeltat zu der Vollendung der leichteren verhält. Mir scheint hier der Ansatzpunkt nicht zu stimmen. Für den IStGH geht es gar nicht um Versuch oder Vollendung einer Einzeltat im Rahmen der Verbrechen gegen die Menschlichkeit nach Art. 7 IStGHSt. Die Versuchsstrafbarkeit kann lediglich bei Art. 7 IStGHSt insgesamt ansetzen, also ob ein ausgedehnter und systematischer Angriff „versucht" wurde. Die Einzeltaten sind lediglich konkrete Erscheinungsformen des Verbrechens gegen die Menschlichkeit. Abzustellen ist deshalb auf den erreichten Erfolg, hier also auf die Verletzungen als „other inhumane acts".[298] Nähme man hier eine Versuchsstrafbarkeit bzgl. der Einzeltat an, müsste man im Übrigen auch klären, ob die Täter nicht strafbefreiend zurückgetreten sind, wenn Tötungen – wovon auszugehen ist – hätten vollendet werden können (unbeendeter Versuch, vgl. Art. 25 Abs. 3 lit. f) IStGHSt und oben § 5 Rn. 107).

V Subjektive Voraussetzungen hinsichtlich der Einzeltat

Bezüglich der Einzeltat richtet sich der subjektive Tatbestand nach den jeweiligen Erfordernissen (s. dort). Bei den erfolgsbezogenen Tatbeständen ist daher nach Art. 30 Abs. 2 (b) IStGHSt **Wissentlichkeit** (*dolus directus*) erforderlich.   **102**

Beim Merkmal der Verfolgung (Art. 7 Abs. 1 lit. h) IStGHSt), beim Verschwindenlassen (lit. i)) und bei Apartheid (lit. j)) sind darüber hinaus **Absichtsmerkmale** als besondere subjektive Tatbestandsmerkmale zu prüfen. Ebenso ist bei der Ausrottung (lit. b)) in der Variante der *slow death measures* als subjektives Korrektiv eine Zerstörungsabsicht nachzuweisen, folgt man der erweiternden Auslegung des VStGB (s. o. Rn. 74).

VI Funktioneller Zusammenhang

Zwischen der Einzeltat und der Gesamttat, d. h. dem ausgedehnten oder systematischen Angriff, muss es einen spezifischen Zusammenhang geben. Art. 7 Abs. 1 IStGHSt weist durch die Worte „*committed as part*" darauf hin, dass die Einzeltat Teil eines übergeordneten Angriffs sein muss.[299] Die Einzeltat muss sich daher in den Begehungszusammenhang „einfügen".[300]   **103**

---

[297] IStGH, *Prosecutor v. Katanga/Chui*, Confirmation, Vorverfahrenskammer, 30.09.2008, § 458–465.

[298] So auch abweichende Meinung von Judge Usacka, IStGH, *Prosecutor v. Katanga/Chui*, Confirmation, Vorverfahrenskammer, 30.09.2008, § 34 ff.

[299] So auch IStGH, *Prosecutor v. Katanga/Chui*, Confirmation, Vorverfahrenskammer, 30.09.2008, § 400.

[300] Vgl. *Ambos* (2008), § 7 Rn. 192.

Zu prüfen ist demnach, ob die Einzeltat **objektiv** dem Gesamtgeschehen zugerechnet werden kann.[301] Die Vorverfahrenskammer weist im Fall *Bemba* darauf hin, dass zu diesem Zwecke die Charakteristika, die Zwecke, das Wesen und die Konsequenzen der Handlung betrachtet werden müssen.[302]

Der funktionelle Zusammenhang zwischen Gesamt- und Einzeltat muss sich ebenfalls im **subjektiven Tatbestand** spiegeln.[303] Dazu muss der Täter **wissen**, dass seine Tat Teil des übergeordneten Angriffs ist.[304] Das soll – negativ gewendet – ausgeschlossen sein, wenn der Täter aus rein persönlichen Motiven handelt, die in keinem Zusammenhang mit dem bewaffneten Konflikt stehen.[305] Der Täter muss sich indes nicht über sein Wissen hinaus mit der repressiven Politik oder dem Gesamtplan auch identifizieren.[306]

104   **Beispiel:** T ist Leiter eines Polizeispezialkommandos, das dem Diktator D direkt untersteht. Teil der Einschüchterungspolitik von D ist das Verschwindenlassen von Oppositionellen. Die Operationen werden in regelmäßigen Abständen zumeist von T's Spezialkommando auf Geheiß von D durchgeführt. Die in jüngerer Zeit durch sehr kritische Berichterstattung aufgefallene Journalistin J wird von T auf offener Straße aufgegriffen und auf unbestimmte Zeit in ein Geheimgefängnis verbracht. D wusste von dieser Aktion nichts, ist aber im Nachhinein sehr zufrieden mit der Eigeninitiative des T.
Hier hat sich T eines Verbrechens nach Art. 7 Abs. 1 lit. i) IStGHSt strafbar gemacht, weil das Verschwindenlassen in systematischer Form durchgeführt wird und Teil der Unterdrückungspolitik des D ist. Die Tat gegenüber J steht auch im funktionellen Zusammenhang dieses systematischen Angriffs auf die Zivilbevölkerung, denn sie entsprach ihrem Erscheinungsbild, Zweck und Konsequenz nach den übrigen Taten. Darüber hinaus kannte T die repressive Politik und hat die Tat gegen J auch in diesem Zusammenhang gesehen. Im Übrigen ist D wenn auch mangels Vorsatz (*dolus subsequens* reicht nach allg. Meinung nicht aus) nicht als mittelbarer Täter, so doch im Rahmen von Art. 28 lit. b) (iii) IStGHSt als (ziviler) Vorgesetzter verantwortlich (s. o. § 5 Rn. 94).

Gegenbeispiel: Wie oben; J wird von T entführt, allerdings um sich an ihr zu rächen, weil sie eine Affäre mit ihm beendet hat und sich T deshalb in seiner Ehre gekränkt fühlt. Hier ist bereits fraglich, ob sich die Tat objektiv in die Gesamttat einfügt, da sie einen anderen Zweck verfolgt als Terror gegenüber Oppositionellen auszuüben. Da sie allerdings in Art der Ausführung und dem äußeren Erscheinungsbild den anderen Taten gleicht, ist mE eine Differenzierung im objektiven Tatbestand kaum möglich. Die Charakterisierung als Verbrechen gegen die Menschlichkeit scheitert aber an dem subjektiven Erfordernis des funktionellen Zusammenhangs. Bei rein privaten Motiven fehlt der erforderliche Kon-

---

[301] Vgl. etwa JStGH, *Prosecutor v. Kunarac* et al., Urteil, Verfahrenskammer, 22.02.2001, § 418.

[302] IStGH, *Prosecutor v. Bemba*, Confirmation, Vorverfahrenskammer, 15.06.2009, § 86: „the characteristics, the aims, the nature or consequences of the act".

[303] Anders *Kirsch* (2009), S. 156, der wie dargelegt, davon ausgeht, dass der Gesamttatzusammenhang lediglich eine Zuständigkeitsfrage darstellt.

[304] IStGH, *Prosecutor v. Katanga/Chui*, Confirmation, Vorverfahrenskammer, 30.09.2008, § 408; IStGH, *Prosecutor v. Bemba*, Confirmation, Vorverfahrenskammer, 15.06.2009, § 88; JStGH, *Prosecutor v. Kunarac* et al., Urteil, Verfahrenskammer, 22.02.2001, § 418. Dieses Erfordernis findet in den Verbrechenselementen zu Art. 7 eine nochmalige besondere Betonung. Kritisch zur Methodologie des JStGH in diesem Punkt *Zahar/Sluiter* (2008), S. 210 f.

[305] JStGH, *Prosecutor v. Tadić*, Urteil, Verfahrenskammer, 07.05.1997, § 659; *Prosecutor v. Kunarac* et al., Urteil, Verfahrenskammer, 22.02.2001; dazu auch *Ahlbrecht/Kirsch* (2009), Rn. 1222.

[306] JStGH, *Prosecutor v. Blaskić*, Urteil, Verfahrenskammer, 03.03.2000, § 257.

nex. Demnach macht sich T einer Freiheitsberaubung und Nötigung nach einfachem Recht schuldig, aber nicht wegen eines Verbrechens gegen die Menschlichkeit.

Die Frage, ob sich D trotzdem wegen Art. 28 lit. b) (iii) IStGHSt verantworten muss, ist nicht einfach zu beantworten. Voraussetzung hierfür wäre nämlich eine Straftat des Untergebenen, die dem IStGHSt unterfällt. T hat eine solche Straftat aus subjektiven Gründen nicht erfüllt. Man könnte die objektive Tatbestandsmäßigkeit ausreichen lassen, was allerdings den Verantwortungsbereich des Vorgesetzten nicht unerheblich ausweiten würde. Schließlich müsste der Vorgesetzte dann verhindern, dass die Untergebenen überhaupt Straftaten begehen und nicht nur solche, die in den jeweiligen beruflichen Betätigungsfeldern liegen. Hier tritt aber der Sonderfall ein, dass sich T bei seiner Tat die Planungen, die Struktur und Organisation des staatlich angeordneten Verschwindenlassens zu Nutze macht und für seine eigenen Ziele verwendet. Es würde allerdings zu weit führen, diese Ausnutzungsmöglichkeit als verantwortungsauslösend für den Vorgesetzten anzuerkennen.

VII Sanktionen

1 Konkurrenzen

Vor dem JStGH war der **Zusammenhang** zwischen den **Kriegsverbrechen** und   **105** den **Verbrechen gegen die Menschlichkeit** sowie das Verhältnis der Einzeltaten untereinander immer wieder umstritten. Mittlerweile dürfte klar sein, dass die gleiche Tat ein Kriegsverbrechen und ein Verbrechen gegen die Menschlichkeit darstellen kann,[307] d. h. beide in Idealkonkurrenz stehen. Als überzeugendes Argument wird darauf verwiesen, dass der Gesamttatzusammenhang, wie er sich jeweils im „chapeau" des Tatbestands ausdrückt, erhebliche Unterschiede aufweist.

Innerhalb der Verbrechen gegen die Menschlichkeit ist eine Verurteilung wegen **verschiedener Einzeltaten** möglich, wenn diese nicht deckungsgleich sind.[308] Dazu kann die unterschiedliche Angriffsrichtung einen Hinweis geben. Demnach stehen Folter und Vergewaltigung in Tateinheit, weil es sich um jeweils andere Schutzinteressen handelt, namentlich physische Integrität und sexuelle Selbstbestimmung.[309]

2 Bestrafung

Das Fehlen von Strafrahmen gestaltet die Strafzumessung wenig durchschaubar   **106** und systematisch. Dementsprechend weit ist die **Spannbreite** der verhängten Haftstrafen. Von 53 Personen, die wegen Verbrechen gegen die Menschlichkeit vor dem JStGH verurteilt wurden, sind nur zwölf zu Zeitstrafen von unter zehn Jahren verurteilt worden. Bei diesen handelt es sich häufig um Lageraufseher (sechs Fälle).

---

[307] JStGH, *Prosecutor v. Kunarac et al.*, Urteil, Berufungskammer, 12.06.2002, § 176–178.

[308] JStGH, *Prosecutor v. Kunarac et al.*, Urteil, Berufungskammer, 12.06.2002, § 179–184.

[309] Anders der JStGH im Fall *Kunarac*, a. a. O., zu den Einzeltaten Folter und Vergewaltigung nach Art. 5 JStGHSt. Die Berufungskammer stellt vor allem darauf ab, dass Vergewaltigung auf das körperliche Eindringen bezogen ist, während Folter auch die psychischen Folgen der Misshandlung auszudrücken vermag. Das Ergebnis bleibt freilich gleich.

Vier Angeklagte hierunter haben sich schuldig bekannt und eine „plea agreement" abgeschlossen. Zwei Mal wurde lebenslängliche Haft angeordnet,[310] die zeitigen Freiheitsstrafen liegen zwischen zwei und 40 Jahren.

Generell kann festgehalten werden, dass die Strafe für Verbrechen gegen die Menschlichkeit nicht automatisch und notwendigerweise höher als für Kriegsverbrechen ausfallen muss.[311] Als entscheidende Parameter für die Strafzumessung wird vom JStGH stets die **Trias** *retribution* (Vergeltung) – *deterrence* (Abschreckung) – *proportionality* (Verhältnismäßigkeit) angeführt.[312]

Ausgangspunkt stellt dazu die **Schwere** (*gravity*) der Taten dar.[313] In Betracht zu ziehen ist dabei die besondere Verletzlichkeit der Opfer,[314] die Zahl der Opfer[315] und die Dauer des verbrecherischen Tuns.[316] Entscheidend für die Bestrafung ist außerdem die Rolle des Angeklagten im Gesamtkonflikt.[317] Das Verhalten während des Prozesses kann nicht zum Gegenstand einer Strafschärfung gemacht werden.[318] Mildernd wirken sich allerdings die Kooperation mit dem Ankläger, ein Geständnis und Reue auf die Strafhöhe aus.

VII Übungsfall

107   In Mediterraneo hat sich ein faschistisches System etabliert. Ziel der Unterdrückungskampagnen sind die ehemals einflussreichen und mitgliederstarken kommunistischen Parteien. Diese Parteien werden verboten und die ehemaligen Mitglieder in Konzentrationslager verbracht. Dort werden sie weder mit ausreichend Nahrung noch mit der notwendigen medizinischen Fürsorge versorgt. Ein Großteil der Inhaftierten stirbt an den Folgen der Unterernährung und an sich im Lager ausbreitenden Seuchen. *Eickmen* ist Mitarbeiter der Abteilung „Kommunistische Gleichschaltung" im Innenministerium von Mediterraneo und damit beauftragt, Listen mit Personen zu erstellen, die für die Internierung vorgesehen sind. Dass die auf Grund dieser Listen eingewiesenen Personen in den Konzentrationslagern sterben, ist ihm bekannt und von ihm gewünscht.

Wie hat sich E nach dem Statut des IStGH strafbar gemacht?

---

[310] JStGH, *Prosecutor v. Lukić/Lukić*, Urteil, Verfahrenskammer, 20.07.2009, § 1084 und JStGH, *Prosecutor v. Galić*, Urteil, Berufungkammer, 30.11.2006.

[311] JStGH, *Prosecutor v. Tadić*, Urteil Strafzumessung, Berufungskammer, 26.01.2000, § 69; JStGH, *Prosecutor v. Kunarac et al.*, Urteil, Verfahrenskammer, 22.02.2001, § 860; vgl. auch Triffterer/*Hall*, Art. 7 MN 18.

[312] Vgl. etwa JStGH, *Prosecutor v. Aleksovski*, Urteil, Berufungkammer, 24.03.2000, § 185; JStGH, *Prosecutor v. Delalić et al.*, Urteil, Berufungkammer, 20.02.2001, § 803; JStGH, *Prosecutor v. Kunarac et al.*, Urteil, Verfahrenskammer, 22.02.2001, § 839.

[313] JStGH, *Prosecutor v. Aleksovski*, Urteil, Berufungkammer, 24.03.2000, § 182; JStGH, *Prosecutor v. Kunarac et al.*, Urteil, Verfahrenskammer, 22.02.2001, § 856.

[314] JStGH, *Prosecutor v. Kunarac et al.*, Urteil, Verfahrenskammer, 22.02.2001, § 858.

[315] JStGH, *Prosecutor v. Kunarac et al.*, Urteil, Verfahrenskammer, 22.02.2001, § 866.

[316] JStGH, *Prosecutor v. Kunarac et al.*, Urteil, Verfahrenskammer, 22.02.2001, § 865.

[317] JStGH, *Prosecutor v. Delalić et al.*, Urteil, Berufungkammer, 20.02.2001, § 847.

[318] JStGH, *Prosecutor v. Kunarac et al.*, Urteil, Verfahrenskammer, 22.02.2001, § 853. Der Chefankläger hatte ein solches Vorgehen vorgeschlagen.

Lösungshinweise:

I. Eine Strafbarkeit des E wegen Völkermordes nach Art. 6 IStGHSt scheidet aus, da die hier verfolgte Gruppe eine rein politische und deshalb nicht von Art. 6 IStGHSt geschützte Gruppe darstellt.

II. Strafbarkeit des E wegen Verbrechen gegen die Menschlichkeit nach Art. 7 IStGHSt

    1. Zunächst müsste der erforderliche Gesamttatzusammenhang festgestellt werden (systemisches Element).

        a. Unter Angriff versteht man eine Vielzahl von Handlungen in Zusammenhang mit einer repressiven Politik, d. h. es dürfen nicht nur isolierte Einzelfälle vorliegen; vgl. Art. 7 Abs. 2 lit. a) IStGHSt; hier besteht der Angriff in der antikommunistischen Politik und der damit verbundenen Übergriffe gegen Mitglieder der Kommunistischen Partei.

        b. Dieser Angriff muss gegen eine Zivilbevölkerung gerichtet sein. Die Mitglieder der Kommunistischen Partei qualifizieren sich als Zivilbevölkerung, da sie nicht an Feindseligkeiten im Rahmen eines bewaffneten Konflikts teilnehmen.

        c. Der Angriff muss ausgedehnt *oder* systematisch sein. Die Verfolgung der mitgliederstarken Kommunistischen Partei spricht für einen ausgedehnten Angriff; da auch Listen erstellt und Personen in KZs interniert werden, liegt auch ein systematisches Vorgehen vor.

    2. Einzeltaten

        a. Der Tod von KZ-Insassen fällt unter Art. 7 Abs. 1 lit. a), Ermordung.

        b. Die Internierung im KZ stellt einen Freiheitsentzug i. S. von Art. 7 Abs. 1 lit. e) dar, da keine völkerrechtliche Erlaubnis (etwa für Kriegsgefangene) ersichtlich ist.

        c. Qualifikation: Art. 7 Ab. 1 h): Verfolgung aus politischen Gründen = vorsätzlicher Entzug von Grundrechten; vgl. Art. 7 Abs. 2 g). Hier Internierung und Unterversorgung der Inhaftierten.

    3. Täterschaft: E kann hier als Mittäter nach Art. 25 Abs. 3 lit. a) IStGHSt angesehen werden.

    4. In subjektiver Hinsicht muss E sowohl hinsichtlich der Gesamttat als auch hinsichtlich der Einzeltat vorsätzlich i. S. von Art. 30 IStGHSt gehandelt haben.

        a. Vorsatz bzgl. der Gesamttat liegt in der Kenntnis der Umstände, die das systemische Element ausmachen, vgl. Art. 30 Abs. 3 IStGHSt. E ist Beamter und hat Kenntnis von der repressiven Politik.

        b. Hinsichtlich der Einzeltaten gilt Folgendes:

            – Art. 7 Abs. 1 lit. a): E muss Absicht nach Art. 30 Abs. 2 lit. b) bzgl. des Tötungserfolgs nachgewiesen werden; ein darüber hinausgehender Vorsatz bzgl. der Tötungshandlung ist nach hM nicht erforderlich. Hier weiß E, was im KZ geschieht, und möchte das auch.

            – Art. 7 Abs. 1 lit. e): E muss Absicht nach Art. 30 Abs. 2 lit. a) bzgl. der Freiheitsentziehung nachgewiesen werden. Hier handelt E mit Internierungsabsicht.

            – Art. 7 Abs. 1 lit. h): E benötigt Kenntnis der Umstände der Gruppenzugehörigkeit nach Art. 30 Abs. 3 und Absicht nach Art. 30 Abs. 2 lit. a) bzgl. der Verfolgungshandlung. Hier ist beides erfüllt.

    5. Strafbarkeitsausschließungsgründe sind nicht ersichtlich.

E macht sich eines Verbrechens gegen die Menschlichkeit schuldig nach Art. 7 Abs. 1 lit. a), lit. e) in der qualifizierten Form des „Verfolgungsverbrechens" nach lit. h).

C Kriegsverbrechen

I Einführung

108   Art. 8 IStGHSt trägt die Überschrift „Kriegsverbrechen" („*War Crimes*"). Der Begriff ist in mehrfacher Hinsicht **missverständlich** und wird unterschiedlich verwendet. Zunächst ist festzuhalten, dass der *terminus* „Krieg" im modernen Völkerrecht nicht mehr verwendet wird, da er ein normativ-diplomatisches Konzept widerspiegelt, das sich bereits in dem 1919 begonnenen Versuch, ein System kollektiver Sicherheit durch den Völkerbund zu errichten[319] und in der Durchsetzung des *Briand-Kellogg*-Paktes von 1928[320] als unbrauchbar erwiesen hat. Heute wird stattdessen von „bewaffneten Konflikten" gesprochen. Damit wird zum Ausdruck gebracht, dass rein faktisch darauf abzustellen ist, ob bei Meinungsverschiedenheiten die Konfliktparteien zu Waffengewalt greifen.

Weiterhin ist zu unterscheiden zwischen einer politischen und **juristischen** Verwendung des Begriffs. Während politisch der Begriff „Kriegsverbrechen" häufig pauschal gleichsam als *pars pro toto* für sämtliche Formen von Makroverbrechen verwendet wird und somit Völkermord und Verbrechen gegen die Menschlichkeit mit umfasst, ist der Begriff juristisch sehr viel enger zu verstehen. Juristisch definiert sich Kriegsverbrechen als **schwerer Verstoß gegen eine Regel des humanitären Völkerrechts**, sei diese konventionellen oder gewohnheitsrechtlichen Charakters, der unmittelbar nach Völkerrecht strafbar ist.[321]

> **Definition:** Kriegsverbrechen sind schwere Verstöße gegen Regeln des humanitären Völkerrechts, die unmittelbar nach Völkerrecht strafbar sind.

Daran schließen sich weitere Fragen an: (1) Was versteht man unter dem humanitärem Völkerrecht; (2) unter welchen Umständen kommt das humanitäre Völkerrecht zur Anwendung; (3) woran kann man erkennen, ob eine Regel nach Völkerrecht strafbewehrt ist? Zur Beantwortung dieser Fragen wird zunächst eine grundlegend **strukturelle Verortung** des humanitären Völkerrechts im Rahmen des Völkerrechts vorgenommen. Sodann hilft ein Blick auf die historische Entwicklung des „Kriegsvölkerrechts", wie das humanitäre Völkerrecht auch häufig genannt wird. Schließlich wird zu der besonderen strafrechtlichen Komponente des humanitären Völkerrechts hingeführt, die für das Verständnis der Kriegsverbrechen natürlich relevant ist.

---

[319] *Kempen/Hillgruber* (2007), Kap. 7 Rn. 5.

[320] Vgl. dazu *Bothe*, in: Vitzthum (2010), 8. Abschnitt Rn. 6; *Stein/von Buttlar*, Rn. 771 ff.

[321] Zum Begriff *Ambos* (2008)*, § 7 Rn. 224; *Cassese* (2008), S. 41; *Werle* (2007), Rn. 900; so auch die Rspr.: JStGH, *Prosecutor v. Tadic*, Decision on the Defence Motion for Interlocutory Appeal on Jurisdiction, Berufungskammer, 02.10.1995, § 94; vgl. auch Triffterer/*Cottier*, Art. 8 Rn. 1.

1 Strukturelle Verortung

Es ist sicherlich nicht mehr zeitgemäß, zwischen Friedens- und Kriegsvölkerrecht   **109**
zu unterscheiden, da – wie bereits erwähnt – der Krieg als völkerrechtlicher Zustand
keine wesentliche Bedeutung mehr hat. Heute wird eher **phänotypisch nach den
faktischen Umständen** differenziert. Regelt also das Völkerrecht das Verhältnis
der Staaten als originäre Völkerrechtssubjekte untereinander, so lassen sich dabei
verschiedene Situationen identifizieren, in denen jeweils unterschiedliche Regelungen Anwendung finden. Hier interessieren vor allem Regelungen im Zusammenhang mit bewaffneten Konflikten. Dabei lassen sich zwei Szenarien voneinander
trennen (s. Abb. 5): zum einen die Frage, wie der Konflikt entstanden ist und ob die
Gewaltanwendung unter Umständen rechtmäßig war. Dieser Bereich wird traditionell *ius ad bellum* genannt.[322] Zum anderen lässt sich die Situation eines bewaffneten Konflikts unabhängig von dessen Genese isoliert betrachten. Das in einem
solchen Fall anwendbare Recht wird *ius in bello* genannt und umfasst die Normen
des humanitären Völkerrechts.[323]

Das *ius ad bellum* ist heute in der Charta der VN geregelt. Dort gilt das allgemei-   **110**
ne **Gewaltverbot** (Art. 2 Ziff. 4 Charta VN), das lediglich durch das in Kap. VII
niedergelegte System kollektiver Sicherheit (Art. 39 ff. Charta VN) und das Selbstverteidigungsrecht (vgl. Art. 51 Charta VN) durchbrochen wird.[324] Ein Verstoß
gegen dieses *ius ad bellum* kann unter Umständen ein Aggressionsverbrechen darstellen (vgl. § 6 Rn. 175).

Hingegen gilt das *ius in bello* völlig unabhängig von der Frage der Zulässigkeit
der Gewaltanwendung nach Ausbruch des Konflikts für alle Beteiligten **gleichermaßen**. Eine abgestufte Bindung je nach Verantwortlichkeit für die Konfliktgenese
wäre höchst unpraktikabel, da die Frage nach der „Kriegsschuld" kaum befriedi-

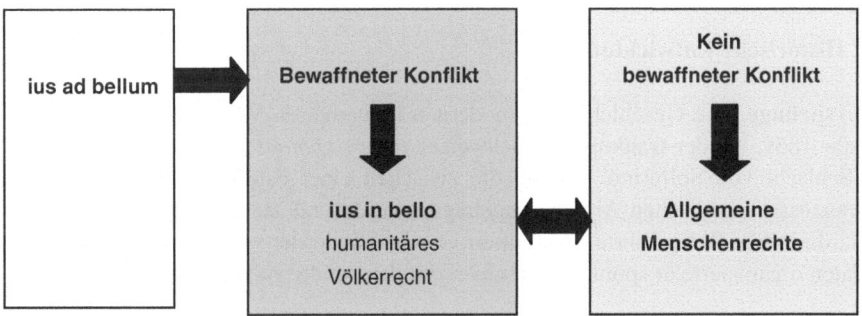

Abb. 5 Anwendungsbereich Kriegsverbrechen

---

[322] *Stein/von Buttlar*, Rn. 769; *Greenwood*, in: Fleck (2008), Nr. 101; zur Frage, wann ein Krieg
„gerecht" ist, vgl. zuletzt *Gornig*, FS Elsas, 2010, S. 470.

[323] *Bothe*, in: Vitzthum (2010.), 8. Abschnitt Rn. 56 ff.

[324] *Kempen/Hillgruber* (2007). 7, Kap. Rn. 92; *Stelter*, S. 139 ff., 184 ff.

gend gelöst werden kann, und würde das Schutzniveau für die durch das humanitäre Völkerrecht geschützten Personen erheblich senken.[325] Ein dritter Grund für die gleichmäßige Anwendung liegt im **Reziprozitätsgrundsatz**, da davon auszugehen ist, dass sich die „Kriegsparteien" (auch) deshalb an das humanitäre Völkerrecht halten, weil sie hoffen, dass die gegnerische Partei sich ebenfalls daran hält und deshalb etwa die eigenen Staatsangehörigen als Kriegsgefangene menschlich behandelt werden.[326]

111   Für die Kriegsverbrechen spielt das Konzept des *ius ad bellum* keine Rolle.[327] Im Gegenteil, **Überlegungen zur Kriegsschuld** müssen grundsätzlich außen vor bleiben. Kriegsverbrechen können demnach auch von der Partei begangen werden, die offensichtlich nur aus Selbstverteidigungsgründen zu den Waffen gegriffen hat. Eine Ausnahme könnte nach dem Gutachten des IGH zur Legitimität von Nuklearwaffen für den Einsatz taktischer Atombomben gelten, die in jedem Fall nur dann gerechtfertigt sind, wenn ein „*extreme act of self-defence*" vorliegt.[328] Diese Einschränkung ist wohl eher der Verzweiflung der Richter zuzuschreiben, die über die Rechtmäßigkeit einer Waffe urteilen mussten, deren Vernichtungspotential die Existenz der Erde insgesamt bedroht. Ein „vernünftiges" rechtliches Konzept lässt sich daraus nicht ableiten (zum Fall s. unten Rn. 163).

Zuletzt muss noch das Verhältnis des humanitären Völkerrechts zu den **Menschenrechten** geklärt werden (s. Abb. 5). Im bewaffneten Konflikt ist jedenfalls für die militärischen Kräfte das fundamentale Menschenrecht, das Recht auf Leben, außer Kraft gesetzt. Im Krieg dürfen Soldaten, was der Staat sonst nicht darf, Menschen töten. Allerdings gilt diese Tötungserlaubnis nicht uneingeschränkt, sondern unterliegt den teilweise sehr detaillierten Regelungen des humanitären Völkerrechts. Es kann also mit dem IGH festgestellt werden, dass im bewaffneten Konflikt das humanitäre Völkerrecht, soweit es anwendbar ist, *lex specialis* zu den Menschenrechten darstellt.[329]

2 Historische Entwicklung

112   **Ursprünge.** Die Geschichte des modernen humanitären Völkerrechts beginnt im Jahr 1859, als der frankophone Schweizer *Henry Dunant* am 24. Juni Zeuge der „Schlacht von Solferino" wurde, die zwischen einer österreichischen und einer französisch-sardischen Armee ausgetragen wurde und zur Entscheidung im sog. Sardinischen Krieg führte. Erschüttert von dem Leid der vielen verwundeten Soldaten organisierte er spontan zusammen mit der Landbevölkerung eine Hilfsaktion

---

[325] *Greenwood*, in: Fleck (2008.), Nr. 101.

[326] *Stein/von Buttlar*, Rn. 1286.

[327] *Ambos* (2008), § 7 Rn. 225.

[328] IGH, Legality of the Threat or Use of Nuclear Weapons, Gutachten v. 06.07.1996, ICJ Reports 1996, 226, 263 para. 97; vgl. dazu auch *Safferling*, NZWehrr 1998, 177 ff. m. w. N.

[329] IGH, Legality of the Threat or Use of Nuclear Weapons, Gutachten v. 06.07.1996, ICJ Reports 1996, 226, 240 para. 25.

zur Versorgung der Verletzten. Im Jahr 1862 veröffentlichte er seine Erinnerungen unter dem Titel „Eine Erinnerung an Solferino" („*Un souvenir de Solferino*") und setzte sich fortan für die Einrichtung einer neutralen internationalen Organisation zur humanitären Hilfe in Kriegen ein.[330] In der Folge wurde das **Internationale Komitee des Roten Kreuzes (IKRK)** gegründet und am 22. August 1865 die erste Genfer Konvention (Konvention betreffend die Linderung des Loses der im Felddienste verwundeten Personen)[331] verabschiedet.

Das Bedürfnis nach Hilfe für Verwundete und Schutz von Kriegsgefangenen in kriegerischen Auseinandersetzungen ist selbstredend älter als 1864.[332] Es wurde auch außerhalb Europas erkannt und rechtlich umgesetzt. Bedeutsam ist hier insbesondere der sog. *Lieber Code* der Streitkräfte der Vereinigten Staaten von Amerika, den der deutsch-amerikanische Jurist *Franz Lieber* im Zusammenhang mit dem amerikanischen Bürgerkrieg als eine Art Verhaltenskodex aufstellte.[333] Die Dynamik der weiteren internationalen Entwicklung des humanitären Völkerrechts bleibt aber wesentlich verbunden mit dem IKRK und dem späteren Friedensnobelpreisträger *Dunant*.

a) Genfer Konventionen

Das Genfer Abkommen von 1864 wurde in den Jahren 1906[334] und 1929[335] wei-   **113**
terentwickelt und ging auf in der **Genfer Konvention I (GK I)** zum Schutz der Kranken und Verwundeten der Landstreitkräfte im Kriege vom 12. August 1949.[336] Daneben wurden 1949 drei weitere Abkommen geschlossen, die GK II zur Verbesserung des Loses der Verwundeten, Kranken und Schiffsbrüchigen der Streitkräfte zur See,[337] die GK III über die Behandlung von Kriegsgefangenen[338] sowie die GK IV zum Schutz der Zivilpersonen, in deren Schutzbereich erstmals die an den bewaffneten Auseinandersetzungen unbeteiligte Bevölkerung einbezogen wurde. Während die Konventionen insgesamt für den bewaffneten Konflikt zwischen zwei oder mehreren vertragsschließenden Parteien, also für den internationalen Konflikt gelten, wurde jeder Konvention der sog. **gemeinsame Artikel 3** beigefügt, der als „*Convention in miniature*", als „Konvention in der Konvention" für nichtinternationale Konflikte, insbesondere Bürgerkriege, Regelungen trifft. Es liegt auf der Hand, dass bei nicht internationalen Konflikten die Staaten eine Einmischung in innere

---

[330] Vgl. *Khan,* JZ 2009, 621 ff.

[331] Abgedruckt in *Schindler/Toman* (2004), S. 203 ff.

[332] Vgl. die Beispiele von der Antike bis zum 30-jährigen Krieg bei *Werle* (2007), Rn. 903.

[333] *Greenwood,* in: Fleck (2008), Nr. 116; *Werle* (2007), Rn. 908.

[334] Vom 06.07.1906, RGBl. 1907, 279.

[335] Vom 27.07.1927, RGBl. 1934 II, 209.

[336] BGBl. 1954 II, 783.

[337] BGBl. 1954 II, 813.

[338] BGBl. 1954 II, 838. Eine Vorläuferkonvention zum Schutz von Kriegsgefangenen war bereits am 27.07.1929 verabschiedet worden, RGBl. 1934 II, 227.

Angelegenheiten vermuten und mit Hinweis auf die nationalstaatliche Souveränität eine Regelung möglichst gering halten wollen. Der Wortlaut von Art. 3 macht mehr als deutlich, dass es sich hierbei um die letzten unveräußerlichen Rechte handelt, die immer respektiert werden müssen:[339]

> Im Falle eines bewaffneten Konflikts, der keinen internationalen Charakter aufweist und der auf dem Gebiet einer der Hohen Vertragsparteien entsteht, ist jede der am Konflikt beteiligten Parteien gehalten, wenigstens die folgenden Bestimmungen anzuwenden:
>
> 1. Personen, die nicht direkt an den Feindseligkeiten teilnehmen, einschließlich der Mitglieder der bewaffneten Streitkräfte, welche die Waffen gestreckt haben, und der Personen, die infolge Krankheit, Verwundung, Gefangennahme oder irgendeiner anderen Ursache außer Kampf gesetzt wurden, sollen unter allen Umständen mit Menschlichkeit behandelt werden, ohne jede Benachteiligung aus Gründen der Rasse, der Farbe, der Religion oder des Glaubens, des Geschlechts, der Geburt oder des Vermögens oder aus irgendeinem ähnlichen Grunde.
>
> Zu diesem Zwecke sind und bleiben in Bezug auf die oben erwähnten Personen jederzeit und jedenorts verboten:
>
>   a. Angriffe auf Leib und Leben, namentlich Mord jeglicher Art, Verstümmelung, grausame Behandlung und Folterung;
>   b. Gefangennahme von Geiseln;
>   c. Beeinträchtigung der persönlichen Würde, namentlich erniedrigende und entwürdigende Behandlung;
>   d. Verurteilungen und Hinrichtungen ohne vorhergehendes Urteil eines ordnungsmäßig bestellten Gerichtes, das die von den zivilisierten Völkern als unerlässlich anerkannten Rechtsgarantien bietet.
>
> 2. Die Verwundeten und Kranken sollen geborgen und gepflegt werden.

114 Die Wichtigkeit des gemeinsamen Art. 3[340] und des darin enthaltenen Minimalkonsenses zeigt sich besonders deutlich in den juristischen Auseinandersetzungen um das mit Military Order Number One v. 13.11.2001 eingerichtete Gefangenenlager der USA in Guantanamo Bay für Taliban und Al Qaida-Kämpfer.

> Die USA haben sich unter der Regierung George W. Bushs geweigert im Fall des Internierungslagers auf Guantanamo Bay, die Anwendung des humanitären Völkerrechts, wenigstens im Mindeststandard des Art. 3 GK anzuerkennen. Selbst wenn den vornehmlich aus Afghanistan stammenden Häftlingen kein Kriegsgefangenenstatus gewährt wurde, hätte Art. 3 GK Folter sowie erniedrigende und entwürdigende Behandlung der Inhaftierten verboten. Die Bush-Administration bestand auf einer eigenen Interpretation des Anwendungsbereichs von Art. 3 GK, indem die bislang dem humanitären Völkerrecht fremde Differenzierung zwischen *lawful enemy combatant*, dem die Rechte aus der GK zustehen, und dem *unlawful enemy combatant*, für den nicht einmal Art. 3 GK streitet, angewendet wurde.[341] Diese Unterscheidung widerspricht nicht nur dem Sinn und Zweck von Art. 3 GK, die eigenständige Interpretation der GK durch die US-Regierung befördert eine kontraproduktive Partikularisierung des humanitären Völkerrechts in der Einführung verschiedener nationaler Standards. Wenn allerdings das humanitäre Völkerrecht nicht gilt, dann gilt das allgemeine

---

[339] Vgl. auch IGH, *Corfu Channel* case, v. 09.04.1949, ICJ Reports 1949, 22.

[340] *Zahar/Sluiter* (2008), S. 113 ff. sehen in Art. 3 GK sogar den Kernbereich der Kriegsverbrechen.

[341] Vgl. Military Commission Act v. 17.10.2006.

zivile (Straf-)Recht mit allen menschenrechtlichen Kautelen. Entsprechend wurde vom US Supreme Court das Sonderrecht für Guantanamo für verfassungswidrig erklärt.[342]

Im Jahr 1977 wurden die GK durch **zwei Zusatzprotokolle** erheblich weiterentwi- **115** ckelt. Mit dem 1. Zusatzprotokoll (ZP I) wurde eine umfassende Re-Kodifikation des humanitären Völkerrechts versucht. Dabei wurde auf der Grundlage der Genfer Konventionen von 1949 auch das Haager Recht (s. u. 117) partiell integriert.[343] Insbesondere wurden auch rechtliche Parameter für einzelne Kampfhandlungen festgelegt. Im 2. Zusatzprotokoll (ZP II) ging man das heiße Eisen der nicht internationalen Konflikte an und entwickelte das rudimentäre Konzept des gemeinsamen Art. 3 fort (vgl. Art. 1 ZP II). Der Anwendungsbereich erweist sich allerdings als äußerst zurückhaltend. Anwendbar sind nur kriegerische Auseinandersetzungen auf dem Hoheitsgebiet einer Vertragspartei zwischen deren Streitkräften und abtrünnigen Streitkräften oder anderen bewaffneten Gruppen, soweit diese ein hohes Maß an struktureller Organisation aufweisen und territoriale Macht ausüben, so dass sie in der Lage sind, „anhaltende, koordinierte Kampfhandlungen" durchzuführen. Das ZP II konnte sich nicht wirklich durchsetzen, was vor allem auch daran lag, dass bereits im ZP I die kriegerischen Auseinandersetzungen im Zuge der **Dekolonialisierung** als internationale Konflikte definiert waren (Art. 1 Abs. 4 ZP I). Erst in Art. 4 des Statuts des Ruandatribunals (ICTR-St.) feierte das ZP II eine späte und überraschende Auferstehung.[344] Der in Ruanda im Jahr 1994 begangene Völkermord wurde von den Vereinten Nationen als (primär) interner Konflikt gewertet, so dass Verletzungen von humanitärem Völkerrecht nur auf der Grundlage des ZP II bestraft werden konnten.[345]

Die GK werden häufig als gewohnheitsrechtlich anerkannt bezeichnet. Bis zum **116** Oktober 2009 haben 194 Staaten die GK ratifiziert, so dass die Annahme einer **gewohnheitsrechtlichen** Geltung durchaus überzeugt. Das gilt im Grunde auch für das ZP I mit 168 und das ZP II mit mittlerweile 164 Ratifizierungen, wobei wichtige Staaten wie China, Indien, Israel und auch die USA nicht zu den Mitgliedstaaten der ZP zählen.[346] Ein Staat wird sich demnach von den sich aus dem Genfer Recht ergebenden Verpflichtungen nicht lösen können.[347]

> **Zusammenfassend** lässt sich feststellen, dass die GK ihrem Ursprung entsprechend unmittelbar auf den Schutz besonders gefährdeter Personengruppen abzielen. Ausgangspunkt sind stets die Kranken, Verwundeten, die Kriegsgefangenen oder die Zivilbevölkerung, wenn diese etwa im besetzen

---

[342] US Supreme Court, *Rasul v. Bush*, 542 U.S. 466 (2004); *Hamdi v. Rumsfeld* 542 U.S. 507 (2004); *Hamdam v. Rumsfeld*, 548 U.S. 557 (2006).

[343] *Satzger* (2010), § 16 Rn. 54; *Kempen/Hillgruber* (2007), Kap. 8 Rn. 8.

[344] Vgl. *Zahar/Sluiter* (2008), S. 116; Ahlbrecht/*Kirsch* (2008), Rn. 1160.

[345] *Werle* (2007), Rn. 939. Eine Bestrafung wegen Völkermord oder Verbrechen gegen die Menschlichkeit bleibt davon freilich unberührt.

[346] Vgl. *Greenwood*, in: Delissen/Tanja (1991), S. 93 ff.

[347] Vgl. *Werle* (2007), Rn. 917.

Gebiet der gegnerischen Partei ausgesetzt und deshalb in besonderem Maße
schutzbedürftig ist. Der Schutz der Zivilbevölkerung insgesamt kam erst spät
durch das ZP I in den Regelungsbereich des Genfer Rechts.

b) Haager Recht

117   Parallel zum Genfer Recht wurde ausgehend von der Petersburger Erklärung von
1868 das sog. Haager Recht entwickelt.[348] Ein wesentlicher Unterschied zu den GK
besteht darin, dass diese auf Initiative einer neutralen internationalen Organisation,
dem IKRK, verabschiedet wurden und die in Den Haag entworfene **Haager Landkriegsordnung (HLKO)** von 1899 und 1907 von Regierungsseite angeregt wurde, konkret vom russischen Zar Alexander II. Diese unterschiedlichen Initiatoren
weisen auf unterschiedliche Interessen und entsprechend andere Ansatzpunkte hin.
Die HLKO hat deshalb nicht unmittelbar die Linderung individuellen Leids zum
Ziel, sondern bezieht sich auf Mittel und Methoden der Kriegsführung, in der neu
gefassten Überzeugung, dass selbst im Krieg nicht jedes Mittel rechtens sei (vgl.
Art. 22 HLKO). Demnach einigten sich die Staaten auf das Verbot, gewisse Munition einzusetzen.[349] In der Folge des 2. Weltkriegs wurde auch das Haager Recht
fortentwickelt. Im Jahr 1954 wurde ein Abkommen zum Schutz von Kulturgut bei
bewaffneten Konflikten[350] geschlossen, das Übereinkommen über bakteriologische
(biologische) Waffen folgte 1972,[351] 1980 das Übereinkommen über konventionelle
unterschiedslos wirkende Waffen[352] und 1997 wurde ein Vertrag zu Antipersonenminen unterzeichnet.[353]

118   Das Haager Recht weist im Bewusstsein der beschränkten Möglichkeit der umfassenden Regelung kriegerischer Auseinandersetzungen über sich hinaus, was in
der sog. *Martens'schen Klausel* zum Ausdruck kommt, die in der Präambel der
HLKO wiedergegeben ist. Diese Klausel geht zurück auf den St. Petersburger Völ-
kerrechtslehrer *Friedrich von Martens*, einem Delegierten des Zaren Nikolaus II.,

---

[348] Vgl. *Werle* (2007), Rn. 913.

[349] Verbot der Verwendung von Projektilen unter 400 Gramm vom 29.11./11.12.1868; abgedruckt
in *Schindler/Toman* (2004), S. 95 ff.

[350] Haager Abkommen vom 14.05.1954 zum Schutz von Kulturgut bei bewaffneten Konflikten,
BGBl. 1967 II, 1233.

[351] Übereinkommen über das Verbot der Entwicklung, Herstellung und Lagerung bakteriologi-
scher (biologischer) Waffen und Toxinwaffen sowie über die Vernichtung solcher Waffen vom
10.04.1972, BGBl. 1983 II, 133.

[352] Übereinkommen über das Verbot oder die Beschränkung des Einsatzes bestimmter konven-
tioneller Waffen, die übermäßige Leiden verursachen oder unterschiedslos wirken können, einschließlich vier Protokolle vom 10.10.1980, BGBl. 1992 II, 985; 1993 II 935.

[353] Übereinkommen über das Verbot des Einsatzes, der Lagerung, der Herstellung und der Weiter-
gabe von Antipersonenminen und über deren Vernichtung (sog. Ottawa-Übereinkommen), vom
03./04.12.1997, BGBl. 1998 II, 779.

während der Konferenz von 1899. Über Sinn und Unsinn dieser Regel wurde viel gestritten.[354] Ihr Wortlaut lautet:

> In Fällen, die von den geschriebenen Regeln des internationalen Rechts nicht erfasst sind, verbleiben Zivilpersonen und Kombattanten unter Schutz und der Herrschaft der Grundsätze des Völkerrechts, wie sie sich aus den feststehenden Gebräuchen, aus den Grundsätzen der Menschlichkeit und aus den Forderungen des öffentlichen Gewissens ergeben.

Damit kommt zum Ausdruck, dass neben konventionellen Regelungen auch ein gewohnheitsrechtliches humanitäres Völkerrecht existiert, das sich aus Gebräuchen, der Menschlichkeit und dem Gewissen ergeben kann. Die Vagheit dieser „**Generalklausel**" macht sie für juristische, zumal für strafrechtliche Zwecke nur eingeschränkt verwertbar. Immerhin ist damit die Mahnung verbunden, dass in einem sich technisch rasant entwickelnden Metier das geschriebene Recht niemals den aktuellen Stand widerspiegelt,[355] dass aber der Einsatz eines jeden kriegerischen Mittels nur im Verhältnis zum Schutz der Zivilbevölkerung zulässig sein kann. Damit ist etwa auch der Einsatz von Atomwaffen, obwohl er kriegsvölkerrechtlich explizit nicht geregelt ist, nicht *per se* erlaubt (vgl. Fall 2 b Rn. 162).[356]

Das Haager Recht ist von seiner Entwicklungsgeschichte her **zwischenstaatliches Recht**, d. h. es findet im Konflikt zwischen zwei Staaten Anwendung. Spezielle Regelungen für den nicht internationalen Konflikt kennt die HLKO, anders als Art. 3 GK, nicht. Diese Grundannahme hatte bis zur Entscheidung der Berufungskammer des JStGH im Fall *Tadic* vom 02.10.1995 Gültigkeit. Dort wurde festgestellt, dass die Unterscheidung von zwischenstaatlich und innerstaatlich für moderne bewaffnete Konflikte nicht mehr tauglich ist. Sodann wurde festgestellt, dass immer dann, wenn ein **nicht internationaler bewaffneter Konflikt** „lang anhaltend" ist und „zwischen staatlichen Behörden und organisierten bewaffneten Gruppen oder zwischen solchen Gruppen" ausgetragen wird, die Gesetze und Gebräuche des Krieges im Sinne des Haager Rechts insgesamt Anwendung finden.[357] Das Gericht verdrängt damit die traditionellen Begründungsmuster und legt eine phänotypische Betrachtungsweise an den Tag. Da sich der internationale Konflikt und der umschriebene lang anhaltende interne Konflikt phänomenologisch nicht unterscheiden, ist es auf der Grundlage eines funktionalen Ansatzes konsequent, die gleichen Regelungen heranzuziehen. Die normativen Schranken des Strafrechts, wie das Rückwirkungsverbot und der Bestimmtheitsgrundsatz, werden dadurch allerdings in den Hintergrund verbannt. Trotz immenser und berechtigter Kritik an der Rspr. ist die Entwicklung richtig und begrüßenswert.[358] Inwieweit der IStGH sie übernimmt, wird noch zu sehen sein.

119

---

[354] Vgl. *Ticehurst*, International Review of the Red Cross 1997, 125–134; *Cassese*, EJIL 2000, 187–216; sowie *Schircks* (2002).

[355] So bereits der IMG, Urteil v. 01.10.1946, Bd. 1 S. 221: „This law is not static, but by continual adaptation follows the needs of a changing world.".

[356] Vgl. das etwas kryptische Gutachten des IGH vom 08.07.1996, Reports 1996, 1; dazu *Safferling*, NZWehrr 1998, 123.

[357] JStGH, *Prosecutor v. Tadic*, Decision on the Defence Motion for Interlocutory Appeal on Jurisdiction, Berufungskammer, 02.10.1995, § 70.

[358] Selbst *Zahar/Sluiter* (2008), S. 81 akzeptieren diese Entwicklung, wenn auch zähneknirschend.

120   Die vielfältigen Regelungen des Haager Rechts selbst können nicht insgesamt als Völkergewohnheitsrecht angesehen werden.[359] Im Einzelfall ist deshalb zu prüfen, ob eine entsprechende Staatenpraxis, die von *opinio iuris* getragen ist, belegt werden kann. Die HLKO allerdings ist insgesamt **Völkergewohnheitsrecht**; in weiten Teilen hat sie vorhandenes Gewohnheitsrecht kodifiziert.[360]

> **Zusammenfassend** lässt sich feststellen, dass das sog. Haager Recht traditionell Regelungen der Mittel und Methoden der Kriegsführung umfasst. Diese Normen gelten nicht mehr nur im internationalen Konflikt, sondern sind auch in nicht internationalen Konflikten anwendbar, wenn sie in Intensität, Dauer und Struktur zwischenstaatlichen Konflikten ähneln.

3 Verhältnis des Völkerstrafrechts zum humanitären Völkerrecht

121   Nach dieser kurzen Einführung in die geschichtliche Entwicklung des humanitären Völkerrechts stellt sich die Frage, wie das **Verhältnis** zwischen **Völkerstrafrecht** und **humanitärem Völkerrecht** aussieht. In der eingangs genannten Definition der Kriegsverbrechen wird auf das humanitäre Völkerrecht als materielles Substrat Bezug genommen, mit anderen Worten, die in der Strafnorm enthaltene Verhaltensnorm entstammt dem humanitären Völkerrecht. Kriegsverbrechen sind in diesem Sinne zu den Regeln des humanitären Völkerrechts akzessorisch (vgl. Abb. 6).[361]

Umgekehrt sind nicht alle Verstöße gegen Verhaltens- oder Verbotsnormen des humanitären Völkerrechts strafbar.[362] Es ist aber eine Folge des *nullum crimen*-Grundsatzes (s. dazu § 4 Rn. 102 ff.), dass nicht nur das Verbot, sondern gerade auch die **Strafbarkeit** vor der Tat explizit angedroht wird. Somit stellt sich die Frage, worauf die Strafbarkeit eines speziellen Verstoßes gestützt werden kann. Dazu sind drei Wege vorstellbar:

1. Das humanitäre Völkerrecht ordnet die Strafbarkeit selbst an;
2. Die Strafbarkeit einer Verbotsnorm ergibt sich aus Völkergewohnheitsrecht;
3. Die Strafbarkeit ist in einem selbstständigen Dokument niedergelegt.

122   Zu 1: Der erste Weg wird jedenfalls teilweise in den Genfer Konventionen eingeschlagen. Dort findet sich nämlich das Regime der „**Schweren Verletzungen**" der Genfer Konventionen. So sind etwa nach Art. 146 GK IV die Mitgliedstaaten verpflichtet, die in Art. 147 GK IV aufgelisteten Verletzungen unter Strafe zu stellen.

---

[359] *Greenwood*, in: Fleck (2008), Nr. 126; *Ipsen*, VölkerR (2008), § 63 Rn. 2.

[360] Vgl. IMG, Urteil v. 1.10.1946, Bd. 1, S. 284; *Werle* (2007), Rn. 917; *Ambos* (2008), § 6 Rn. 18; *Satzger* (2010), § 15 Rn. 5; a. A: HLKO nur *weitgehend* Völkergewohnheitsrecht *Ipsen*, VölkerR (2008), § 63 Rn. 2; *Stein/von Buttlar*, Rn. 1225.

[361] So richtigerweise *Satzger* (2010), § 16 Rn. 53; *Werle* (2007), Rn. 931.

[362] *Werle* (2007), Rn. 930.

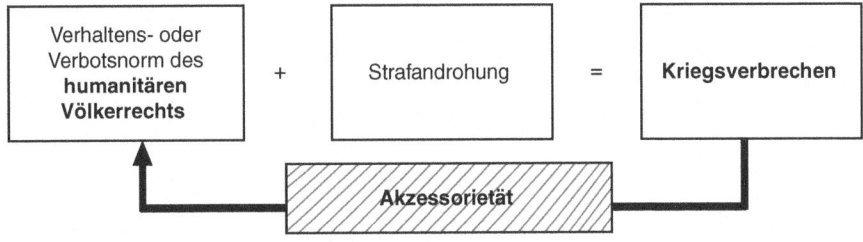

Abb. 6 Völkerstrafrecht – humanitäres Völkerrecht

Ergänzt wird das Konzept durch Art. 11 Abs. 4, Art. 85 ff. ZP I. Das Problem dieser Anordnung ist offensichtlich: Die Strafandrohung findet sich nämlich explizit gerade nicht in der GK, sondern soll erst über ein „**Transformationsgesetz**" im nationalen Recht enthalten sein. Damit entschied man sich auch gegen eine Internationalisierung der Strafverfolgung und verlagerte die strafrechtliche Durchsetzung der Genfer Konvention auf die Nationalstaaten.[363] In der HLKO finden sich überhaupt keine Strafbewährungen.

Zu 2: Bereits nach dem 1. Weltkrieg wurde in Art. 229 Abs. 2 des Versailler **123** Vertrages vom 28.06.1919 der Versuch unternommen, Kriegsverbrechen auf internationaler Ebene zu bestrafen. Nach dem 2. Weltkrieg materialisierte sich dieser Gedanke im Londoner Statut für den Internationalen Militärgerichtshof. Art. 6 lit. b) IMGSt sah die Strafbarkeit von Kriegsverbrechen explizit vor. Diese freilich *ex post* geschaffene Grundlage basiert ihrerseits auf **Völkergewohnheitsrecht**. Ebenso hat der JStGH in der *Tadic*-Entscheidung die Strafbarkeit aus Völkergewohnheitsrecht abgeleitet.[364] Dafür sind zwei Voraussetzungen zu erfüllen: (1) Die Verbotsnorm muss sich ihrem Inhalt nach an Einzelpersonen richten und (2) es muss sich um gewichtige Verstöße handeln. Die dramatischen Konsequenzen dieser Herangehensweise zeigen sich vor allem bei den Kriegsverbrechen im nicht internationalen Konflikt (s. u. Rn. 154).

Diese Begründung stößt auf erhebliche Anwendungs- und Auslegungsschwierigkeiten. Zunächst ist eine **gewohnheitsrechtliche Strafbewährung** für einen kontinentaleuropäischen, zumal deutschen Juristen schwierig zu akzeptieren, da er sich – auf der Grundlage von Art. 103 Abs. 2 GG der *lex scripta* verpflichtet sieht.[365] Aber auch wenn man, dem internationalen Standard entsprechend, die Prämisse einer auch gewohnheitsrechtlichen Begründung von Strafbarkeit akzeptiert, sind die vom JStGH aufgestellten Kriterien wenig tauglich, um eine hinreichend vorhersehbare Rechtsanwendung zu gewährleisten.[366]

---

[363] Anwendbar wäre demnach einerseits das sog. Universalitätsprinzip und das Prinzip *aut dedere aut iudicare* im Rahmen der internationalen Kooperation (s. o. § 3 Rn. 46, 57).

[364] JStGH, *Prosecutor v. Tadic*, Decision on the Defence Motion for Interlocutory Appeal on Jurisdiction, Berufungskammer, 02.10.1995, § 94.

[365] Zu den Einzelnen Kriterien des *nullum crimen*-Grundsatzes, s. *Roxin AT/1* (2006), § 5 Rn. 7.

[366] Kritisch auch: *Alvarez*, EJIL 7 (1996), 245; vgl. auch *Zahar/Sluiter* (2008), S. 110 f.

124   Zu 3: Die umfassendste Androhung von Strafe wegen Verstößen gegen das humanitäre Völkerrecht enthält nunmehr **Art. 8 IStGHSt**. Diese vertragliche Grundlage stellt den Verbrechenscharakter der dort genannten Verbotsnormen des humanitären Rechts klar und beseitigt den Vorwurf des *nullum crimen*-Verstoßes jedenfalls für die Zukunft.

> **Festzuhalten** bleibt, dass zwischen Kriegsverbrechen und humanitärem Völkerrecht sauber getrennt werden muss. Ob eine Verletzung einer Norm des humanitären Völkerrechts tatsächlich strafbar ist, muss im Einzelfall sehr genau geprüft werden. Für den Anwendungsbereich des IStGHSt verbindet Art. 8 die Verbotsnormen mit einer Strafandrohung; die Frage der Strafbarkeit ist damit geklärt. Zur Auslegung der Verbotsnorm muss aber wegen des Akzessorietätsverhältnisses auf die Normen des humanitären Völkerrechts zurückgegriffen werden.

4 Geschütztes Rechtsgut

125   Die Frage nach dem geschützten Rechtsgut bzw. den geschützten Rechtsgütern ist nicht so leicht zu beantworten wie dies häufig suggeriert wird.[367] Bei den Kriegsverbrechen zeigt sich besonders deutlich die **Diskrepanz** zwischen dem **kollektiven** Charakter des Völkerrechts und der Schutzbedürftigkeit von **Individuen** (s. o. Rn. 54). Die Entwicklungsgeschichte des Genfer Rechts zeigt, dass das Schicksal der am Konflikt beteiligten Individuen einen zentralen Aspekt ausmacht. Zugleich bezieht sich der Schutz aber auf eine bestimmte, staatlich veranlasste Situation von Personenmehrheiten (Kriegsgefangene, Personen in besetzten Gebieten, Verwundete) und gar nicht primär auf Persönlichkeit und Würde einzelner Menschen.[368] Das Haager Recht zielt ohnedies auf die „Kriegsführung" als solche ab. Mittel und Methode der Kriegsführung sollen so gestaltet sein, dass die Beeinträchtigungen der nicht beteiligten Bevölkerung möglichst gering gehalten werden. Rechtsgüter von Einzelpersonen sind dabei eher mittelbar geschützt. Gleichwohl scheint die h. M. von einem ausgeprägten Individualschutz auszugehen.[369]

126   Als **überindividuelles Rechtsgut** wird flankierend der „Weltfrieden" genannt.[370] Das erschließt sich nicht unmittelbar, da der „Frieden" im bewaffneten Konflikt ja gerade gebrochen wurde. Dahinter steht letztlich der kantische Gedanke, dass ein

---

[367] *Satzger* (2010), § 16 Rn. 57 widmet diesem Problem keine zehn Zeilen; nicht viel mehr findet sich bei *Ambos* (2008), § 7 Rn. 226.

[368] Anders *Werle* (2007), Rn. 944, der die wichtigsten individuellen Rechtsgüter wie Würde, Leben, körperliche Unversehrtheit unmittelbar geschützt sieht.

[369] S. auch Ahlbrecht/*Kirsch* (2008), Rn. 1169, der den Kriegsverbrechen geradezu ausschließlich Individualschutzcharakter zuspricht.

[370] So übereinstimmend *Ambos* (2008), § 7 Rn. 226; *Satzger* (2010), § 1 Rn. 57; *Werle* (2007), Rn. 945. a. A.: *Gropengießer*, in: Eser/Kreicker (2003), S. 154.

Friedensschluss nach Ende einer mit Waffen ausgetragenen Auseinandersetzung bei massiven Verletzungen des humanitären Völkerrechts sehr schwer fällt und die Gefahr von Racheakten virulent bleibt.[371] Die Bestrafung derjenigen Personen, die für Gräueltaten verantwortlich sind, dient somit (angeblich) der Nachhaltigkeit des späteren Friedens.

Überzeugend sind beide Ansätze nicht. Der individualrechtliche Ansatz über- **127** sieht den erforderlichen kollektiven Zusammenhang im völkerrechtlichen Konflikt; der Friedensaspekt klingt zunächst plausibel, lässt sich empirisch aber nicht erhärten. Der richtige Ansatzpunkt liegt meines Erachtens in der Betrachtung der adressierten **Kollektive**. Das humanitäre Völkerrecht stellt zuvorderst auf **Personenmehrheiten** ab, d. h. auf *die* Kombattanten, auf *die* Nicht-Kombattanten, auf *die* Verletzen, auf *die* Bevölkerung in besetzten Gebieten usw. Dass sich diese Kollektive aus schützenswerten Einzelpersonen zusammensetzen, ist ein Aspekt, der für das nationale Strafrecht wichtig ist, das für den individuellen Rechtsgüterschutz zuständig ist. Völkerstrafrecht erhält seine Rechtfertigung gerade aus dem überindividuellen Charakter (s. o. § 4 Rn. 65).

5 Systematik

Aus dem bisher Dargestellten ergibt sich die komplexe Struktur der Kriegsverbre- **128** chen (vgl. Abb. 7). Dabei sind **zwei Begriffspaare** zu unterscheiden:

1. Genfer Recht – Haager Recht
2. Internationaler bewaffneter Konflikt – nicht internationaler bewaffneter Konflikt

Art. 8 IStGHSt hält an diesen **traditionellen Unterscheidungen** fest. Zwingend war das nicht, denn schließlich hatte der JStGH das Tor zu einem einheitlichen Konzept der Kriegsverbrechen weit aufgestoßen (s. o. Rn. 119). Das Römische Statut geht daher in der strukturellen Formulierung der Kriegsverbrechen eher einen Schritt zurück.[372] Das VStGB hingegen geht den im Fall *Tadic* eingeschlagenen Weg konsequent weiter und schafft ein einfacheres Modell der Differenzierung nach geschützten Rechtsgütern (dazu unten Rn. 147). Der IStGH bleibt hingegen dem sog. *two-box-approach* verpflichtet.[373]

Hält man sich ferner vor Augen, dass beide Begriffspaare jeweils miteinander **129** kombiniert werden können, d. h. dass es Genfer und Haager Recht sowohl jeweils für den internationalen wie für den nicht internationalen Konflikt gibt, kann man Art. 8 IStGHSt dem Grunde nach bereits entwirren.

Diese vier Normblöcke haben außerdem eine Gemeinsamkeit: Es muss jeweils ein **bewaffneter Konflikt** vorliegen in dessen funktionellem Zusammenhang die Tat begangen sein muss. Damit gelangen wir zu einer letzten Unterscheidung, wie sie ganz ähnlich bei Verbrechen gegen die Menschlichkeit ebenfalls vorliegt (s. o.

---

[371] *Kant* (1796), Präliminarartikel 6; dazu *Safferling*, ARIEL 4 (1999), 123, 159.

[372] Deutlich: *Cassese* (2008), S. 94: „Article 8 marks a retrograde step.".

[373] Zum Begriff: *Ambos* (2008), § 6 Rn. 16.

Rn. 57): Die Einzeltat und die systemische Verklammerung. Aus diesen Elementen ergibt sich das folgende Prüfungsschema.

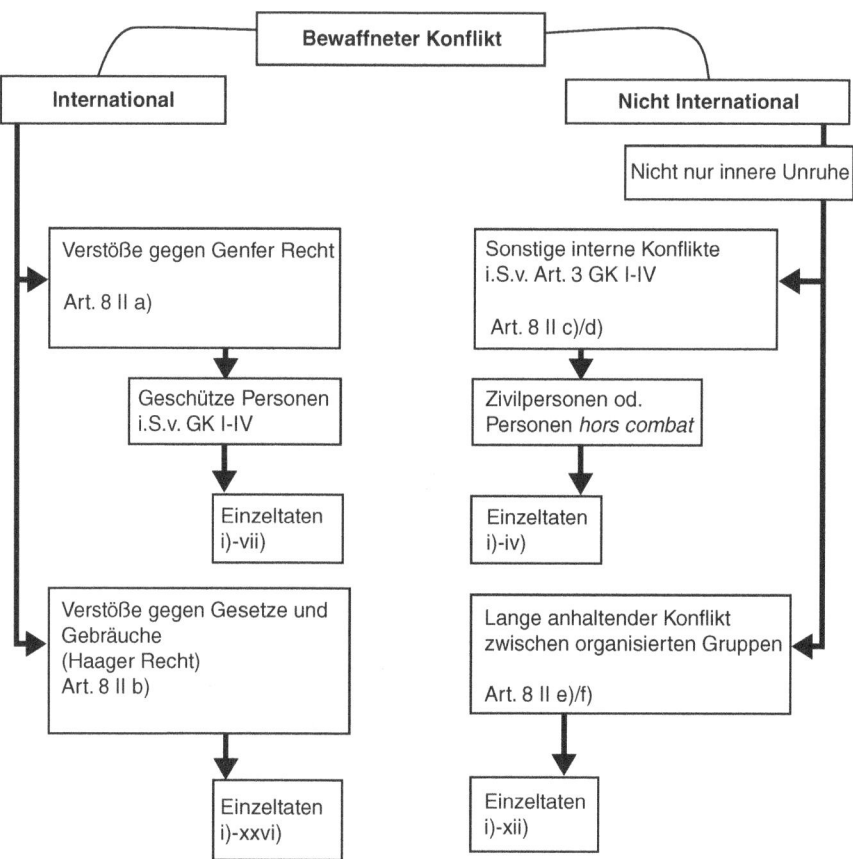

Abb. 7 Struktur Art. 8 IStGHSt

6 Prüfungsschema

Art. 8 IStGHSt 130

I. Objektiver Tatbestand

1. Vorliegen eines bewaffneten Konflikts
2. Charakter des bewaffneten Konflikts

a) International

(1) Abs. 2 lit. a)

(a) Anwendbarkeit der GK
(b) Geschützte Person/Güter
(c) Einzeltat

(2) Abs. 2 lit. b)

(a) Einzeltat
(b) Verhältnismäßigkeit

(3) Funktioneller Zusammenhang

b) Nicht international

(1) Keine bloßen inneren Unruhen
(2) Lang anhaltend nach Abs. 2 lit. f)

(a) Einzeltat nach Abs. 2 lit. e)
(b) Verhältnismäßigkeit

(3) Sonstige Konflikte nach Abs. 2 lit. d)

(a) Anwendbarkeit der GK
(b) Geschützte Person/Güter
(c) Einzeltat nach Abs. 2 lit. c)

(4) Funktioneller Zusammenhang

II. Subjektiver Tatbestand

1. Kenntnis der Umstände, die den Charakter des Konflikts ausmachen
2. Vorsatz bzgl. der Einzeltat
3. Kenntnis des funktionellen Zusammenhangs

III. Rechtswidrigkeit

IV. Schuld

II Art. 8 IStGHSt: Systemischer Zusammenhang

1 Grundstruktur

131   Zu betrachten sind zunächst die „übergreifenden Voraussetzungen" (**Kontextele-ment**). Die Einzeltaten sind nur dann Kriegsverbrechen, wenn sie unter den allgemeinen Anwendungsbedingungen des humanitären Völkerrechts begangen werden, die von Art. 8 IStGHSt vorausgesetzt werden, ohne explizite Erwähnung zu finden. Das ist in aller Regel ein tatsächlicher „bewaffneter Konflikt". Im Genfer Recht nennt der gemeinsame Art. 2 GK Situationen, in denen rein faktisch (noch) keine Waffengewalt angewendet wurde, aber dennoch von einem „bewaffneten Konflikt" im Rechtssinne auszugehen ist:[374] die Kriegserklärung (Art. 2 Abs. 1 GK)[375] und die Besetzung eines feindlichen Gebietes, ohne dass es zu einer nennenswerten Gegenwehr kommt (Art. 2 Abs. 2 GK).

Keine Anwendungsvoraussetzungen birgt indes Art. 8 Abs. 1 IStGHSt. Hier wird lediglich wiederholt, was Art. 5 Abs. 1 IStGHSt bereits festgestellt hat: Der IStGH ist für die Aburteilung von Kriegsverbrechen zuständig. Bereits der Wortlaut („insbesondere") macht deutlich, dass die systematische Begehungsweise oder die Vielzahl an Verbrechen weder zur Definition des Tatbestandes gehören noch an der gerichtlichen Kompetenz irgendetwas ändern. Eine Zuständigkeitseinschränkung aus systemischen oder quantitativen Erwägungen heraus ist lediglich über das **Komplementaritätsprinzip** nach Art. 17 Abs. 1 lit. d) IStGHSt möglich.[376] Bei der Formulierung von Art. 8 IStGHSt wurde wohl die Parallelität zu den Verbrechen gegen die Menschlichkeit hinsichtlich eines funktionellen Begehungszusammenhangs überstrapaziert. Eine solche (einschränkende) tatbestandliche Voraussetzung ist auch nicht erforderlich, um den kollektiven Charakter der Kriegsverbrechen zu betonen.[377] Durch den Zusammenhang mit dem „Konflikt" wird diesem Bedürfnis in hinreichendem Maße Genüge getan. Somit bleibt festzuhalten:

> Auch ein einzelner, **isolierter Akt** kann ein Kriegsverbrechen darstellen, wenn dieser im funktionellen Zusammenhang mit einem bewaffneten Konflikt begangen wird.

---

[374] Bei *Ambos* (2008), § 7 Rn. 231 und *Werle* (2010), Rn. 957 f. werden Zweifel geäußert, ob in diesen Fällen von einem „bewaffneten Konflikt" gesprochen werden kann. Diese Zweifel scheinen mir überflüssig, jedenfalls dann, wenn der Begriff „bewaffneter Konflikt" nicht nur empirisch, sondern auch rechtlich verstanden wird.

[375] Beispiele bei *Greenwood*, in: Fleck (2008), Nr. 202.

[376] Vgl. *Ambos* (2008), § 7 Rn. 228; hingegen gewinnt Triffterer/*Cottier* (2009), Art. 8 Rn. 9 dem Absatz den Charakter einer Entscheidungshilfe für den Ankläger angesichts der Ressourcenknappheit am IStGH ab. Diese Überlegungen scheinen mir in Art. 17 IStGHSt besser aufgehoben.

[377] So aber *Fletcher* (2007), S. 335.

2 „Bewaffneter Konflikt"

Eine Definition des Begriffs „bewaffneter Konflikt" nennt das IStGHSt nicht und **132** auch im humanitären Völkerrecht findet sich keine abschließende Begriffsklärung. Es lassen sich lediglich verschiedene Eckpunkte ausmachen: So stellt der gemeinsame Art. 2 GK klar, dass neben den genannten Fällen der Kriegserklärung und der Besetzung der Begriff **„bewaffneter Konflikt"** rein empirisch zu betrachten ist. Auf den Willen der „Kriegsparteien" kommt es nicht an. Einen weiteren Hinweis auf die Definition bietet Art. 1 Abs. 2 ZP 2. Darin wird festgestellt, dass „innere Unruhen und Spannungen" im *nicht* internationalen Konflikt keine bewaffneten Konflikte darstellen. Art. 8 Abs. 2 lit. d) und lit. f) IStGHSt nehmen diese negativen Merkmale auf.

Viel gewonnen ist mit diesen wenigen Anhaltspunkten nicht. Zusätzlich erschwert wird eine Definition durch die Unterscheidung zwischen internationalen und nicht internationalen Konflikten. Aus völkerrechtlicher Sicht ist es schließlich klar, dass **innere Unruhen** keine Regelungsmaterie darstellen können.

> **Beispiel:** Während des Weltwirtschaftsgipfels in Heiligendamm vom 06.-08.06.2007 kam es zu groß angelegten und gut organisierten Gegendemonstrationen. Etwa 2.000 Autonome des sog. Schwarzen Blocks lieferten sich am Rande dieser Demonstrationen Straßenschlachten mit etwa 5.000 Polizisten. Ca. 1.000 Demonstranten wurden festgenommen und in Gefangenensammelstellen in provisorischen Lagerhallen festgehalten.
>
> In diesem Fall ist das humanitäre Völkerrecht nicht anwendbar. Die inhaftierten Demonstranten sind auch nicht etwa „Kriegsgefangene". Trotz des internationalen Einschlags (Weltwirtschaftsgipfel) sind solche gewalttätigen Demonstrationen allein den nationalen Polizeigesetzen und der StPO überlassen, da jeglicher völkerrechtlicher Anknüpfungspunkt fehlt. Es sind weder verschiedene Völkerrechtssubjekte (d. h. Staaten) involviert noch wird eine Intensität, Dauer oder flächenmäßige Ausdehnung erreicht, dass der Konflikt phänotypisch einem internationalen Konflikt ähnelt.[378]

Wegen dieses völkerrechtlichen Anknüpfungspunktes muss bereits im Rahmen **133** einer Definition des bewaffneten Konflikts zwischen internationalem und nicht internationalem Konflikt unterschieden werden. Um gleichwohl die Bestimmung möglichst einfach zu halten, bietet sich folgende Definition an:

> Ein **bewaffneter Konflikt** liegt vor, wenn zur Lösung von Meinungsverschiedenheiten die Konfliktparteien zu militärischer Waffengewalt greifen, es sei denn, es handelt sich allein um innere Unruhen und Spannungen.

Diese Definition lehnt sich an die Entscheidung des JStGH im Fall *Tadic* an, ohne allerdings die Abgrenzung zwischen international und nicht international vorweg-

---

[378] *Satzger* (2010), § 16 Rn. 61 stellt hier allein auf den „Gefährlichkeitsgrad" ab. Das scheint mir in dieser Allgemeinheit nicht aussagekräftig.

zunehmen.[379] Der bewaffnete Konflikt **beginnt** somit mit der ersten bewaffneten Gewaltanwendung und **endet** frühestens mit dem Ende der Kampfhandlungen, einem „allgemeinen Friedensschluss" oder im nichtinternationalen Konflikt durch „eine friedliche Einigung".[380] Mehr ist an dieser Stelle allerdings auch nicht erforderlich. Der Charakter des Konflikts wird erst im nächsten Prüfungsschritt relevant (vgl. auch das Beispiel unten Rn. 135).

3 Internationaler und nicht internationaler Konflikt

134 In jeder Anwendungssituation muss zwischen einem Konflikt mit internationalem und einem mit nicht internationalem Charakter unterschieden werden. Rechtlich gesehen gibt es keine Mischtypen. Tatsächlich können aber auf einem Gebiet Konflikte verschiedenen Typs ablaufen. Der JStGH hatte ständig mit solchen Konstellationen zu tun, da in verschiedenen, staatlichen und quasi-staatlichen Verbünden verschiedene Konfliktparteien aufeinander trafen. Globale Feststellungen helfen hier juristisch nicht weiter. Deshalb muss bzgl. **jeder zu untersuchenden Handlung** der jeweilige systemische Zusammenhang sorgsam herausgearbeitet und genau subsumiert werden.[381]

Bezüglich des Konfliktcharakters unterscheidet Art. 8 Abs. 2 IStGHSt, wie in Tab. 1 dargelegt, in dreifacher Hinsicht.

Diese komplizierte und wenig geglückte **Dreiteilung** der Konfliktarten wird vielfach kritisiert. Dabei wird häufig versucht, die Unterscheidung zwischen den

Tab. 1 Konfliktarten des Art. 8 IStGHSt

Konfliktcharakter	Anwendbare Normen
Internationaler Konflikt zwischen zwei Völkerrechtssubjekten (unten a))	Art. 8 Abs. 2 lit. a) und lit. b)
Nicht internationaler Konflikt, lang anhaltend, zwischen Regierungstruppen und organisierten bewaffneten Gruppen oder zwischen solchen Gruppen (unten b))	Art. 8 Abs. 2 lit. e) *Tadic*-Formel
Sonstige nicht internationale Konflikte (unten c))	Art. 8 Abs. 2 lit. c) Gemeinsamer Art. 3 GK

---

[379] Vgl. JStGH, *Prosecutor v. Tadic*, Decision on the Defence Motion for Interlocutory Appeal on Jurisdiction, Berufungskammer, 02.10.1995, § 70; bestätigt in JStGH, *Prosecutor v. Delalic et al.*, Urteil, Verfahrenskammer, 16.11.1998, § 183; JStGH, *Prosecutor v. Furundzija*, Urteil, Verfahrenskammer, 10.12.1998, § 59; JStGH, *Prosecutor v. Naletilic et Martinovic*, Urteil, Verfahrenskammer, 31.03.2003, § 177.

[380] JStGH, *Prosecutor v. Tadic*, Decision on the Defence Motion for Interlocutory Appeal on Jurisdiction, Berufungskammer, 02.10.1995, § 70; *Ambos* (2008), § 7 Rn. 233; *Werle* (2007), Rn. 969.

[381] JStGH, *Prosecutor v. Tadic*, Decision on the Defence Motion for Interlocutory Appeal on Jurisdiction, Berufungskammer, 02.10.1995, § 76 f.

zwei nicht internationalen Konflikten einzuebnen.[382] Das widerspricht allerdings dem Wortlaut von Art. 8 Abs. 2 lit. d) bzw. lit. f), wo eindeutig unterschiedliche Anforderungen getroffen werden.[383] Es widerspricht außerdem der **Entwicklungsgeschichte** des Rechts der nicht internationalen Konflikte. Der gemeinsame Art. 3 GK sollte als Auffangnorm bei Waffengewalt immer einen minimalen Schutz garantieren. Die *Tadic*-Entscheidung des JStGH hatte diesen **Minimalschutz** nicht im Blick, sondern hat Voraussetzungen aufgestellt, unter denen phänotypisch ein nicht internationaler Konflikt den internationalen Konflikten derart gleicht, dass eine unterschiedliche Rechtsanwendung sich letztlich nicht legitimieren lässt. Die Gleichstellung von internationalem und nicht internationalem Konflikt, wie sie die Berufungskammer des JStGH propagiert, bezieht sich daher auf eine Assimilierung „nach oben"; der Minimalschutz des Art. 3 GK bleibt davon allerdings unberührt. Zu den Voraussetzungen der Konfliktarten im Einzelnen:

a) Internationaler Konflikt

Ein internationaler Konflikt setzt voraus, dass ein Staat **unmittelbar Waffengewalt** gegen den völkerrechtlich geschützten Bereich eines anderen Staates einsetzt. Eine graduelle Stufung findet hierbei nicht statt.   **135**

> **Beispiel:** In Mediterraneo ist man erbost über immer wieder erfolgende terroristische Anschläge einer Untergrundorganisation (UG), die für die Unabhängigkeit des mehrheitlich von ethnischen Ozeaniern bewohnten Südens Mediterraneos kämpft. Diese Anschläge werden offensichtlich von dem Nachbarland Ozeanien finanziert und Mitglieder der UG finden in Ozeanien stets Unterschlupf. Trotz aller diplomatischen Bemühungen lässt sich die Angelegenheit nicht lösen. Nach einem erneuten schweren Anschlag in der Hauptstadt Mediterraneos, bei dem 150 Personen ums Leben kommen, lässt der Präsident (P) durch zwei Kampfbomber das berühmte Opernhaus in der Hauptstadt Ozeaniens zerstören. Da die abendliche Aufführung zum Zeitpunkt des Angriffs schon beendet war, verlieren nur etwa 50 Personen dabei ihr Leben. Hat sich P eines Kriegsverbrechens nach Art. 8 Abs. 2 lit. b) (ii) und (ix) IStGHSt strafbar gemacht?
> Voraussetzung für die Strafbarkeit wäre, dass ein internationaler bewaffneter Konflikt vorliegt. Um einen „Krieg" im völkerrechtlichen Sinne muss es sich nicht handeln; es kommt auch nicht auf den Willen der beteiligten Staaten, sondern allein auf die tatsächlichen Umstände an. Ein bewaffneter Konflikt liegt demnach vor, wenn zur Lösung einer Meinungsverschiedenheit zu militärischen Mitteln gegriffen wird. Das ist hier der Fall, denn P befiehlt einen Angriff durch die Luftwaffe von Mediterraneo. Ein bewaffneter Konflikt könnte nur mit der Behauptung ausgeschlossen sein, dass es sich bei der Situation um einen isolierten Einzelakt handelt. Diese Bagatellgrenze mag für einen isolierten Schuss-

---

[382] So auch bei *Satzger* (2010), § 16 Rn. 61, wo die Differenzierung im Wortlaut schlicht unterschlagen wird. *Werle* (2007), Rn. 954 behauptet, dass es sich um einen „tiefergehenden Konflikt" handeln müsse, damit überhaupt die Interessen der Völkergemeinschaft berührt sein könnten. Warum diese Voraussetzungen unabhängig von der *Tadic*-Formel allein durch Art. 3 GK nicht erfüllt sein sollen, wird nicht erläutert.

[383] Gelegentlich wird unter Einbeziehung von Art. 1 Abs. 1 ZP II auch von drei Arten nicht internationaler Konflikte ausgegangen; vgl. Triffterer/*Cottier* (2009), Art. 8 Rn. 5; *Ambos* (2008), § 7 Rn. 232. Die zusätzliche Kategorie bringt m. E. keinen zusätzlichen Erkenntnisgewinn.

wechsel an der Grenze zwischen zwei Staaten eingreifen; der Einsatz von Kampffliegern und ein weites Eindringen auf das Territorium des Nachbarlandes zusätzlich zu der massiven Zerstörungswirkung schließen einen Bagatellfall aus. Ein bewaffneter Konflikt liegt daher vor. Dieser ist auch international, denn Mediterraneo verletzt die territoriale Integrität Ozeaniens durch den Einsatz unmittelbarer Waffengewalt. Es handelt sich somit um einen internationalen bewaffneten Konflikt. Nach Art. 8 Abs. 2 lit. b) (ii) und (ix) ist es verboten, zivile Objekte bzw. genauer Objekte, die der Kunst und Kultur gewidmet sind, direkt anzugreifen. Das ist hier geschehen. P ist (als mittelbarer Täter) strafbar.

136   Wann ein Staat Waffengewalt unmittelbar gegen das Territorium eines anderen Staates einsetzt, kann u. U. aus tatsächlichen Gründen schwer zu erkennen sein. Das gilt vor allem in Situationen, in denen ein Staat eine Konfliktpartei etwa durch Waffenlieferungen unterstützt, ohne jedoch selbst militärisch aktiv zu werden. In einer solchen Situation können die Handlungen der Kriegspartei dem **Unterstützerstaat** zugerechnet werden, wenn dieser Staat die Gruppe insgesamt kontrolliert (*overall control*).[384]

> **Beispiel:** In dem obigen Beispiel stellt nur die UG paramilitärische Einheiten zusammen, die von Ozeanien ausgebildet, ausgerüstet und finanziert werden. Niemals aber betreten ozeanische Staatsbürger das Staatsgebiet Mediterraneos. Die UG beherrscht bereits eine unzugängliche Bergregion und leistet sich immer wieder Gefechte mit den staatlichen Truppen Mediterraneos. Handelt es sich in dem Konflikt zwischen Mediterraneo und der UG um einen internationalen Konflikt? Das wäre nach der Rechtsprechung des JStGH und auch des IStGH dann der Fall, wenn Ozeanien die UG insgesamt kontrolliert. Ob Finanzierung, Ausrüstung und Ausbildung dafür ausreichen, ist fraglich, da Ozeanien auf strategische und militärische Entscheidungen der UG keinen (unmittelbaren) Einfluss hat. Mangels vor Ort anwesenden ozeanischen Personals scheint mir deshalb das Erfordernis der „*overall control*" hier noch nicht erfüllt zu sein.[385]

Hier sei außerdem ein rechtshistorischer Ausnahmefall erwähnt: „Nationale Befreiungskriege" zählen *qua* vertraglicher Vereinbarung als „internationale" Konflikte (vgl. Art. 1 Abs. 4 ZP 1 i. V. mit Art. 1 Abs. 3 ZP I und Art. 2 GK). Diese Ausnahme erklärt sich aus dem historischen „*Setting*" der **Dekolonialisierung** heraus und hat sich heute so gut wie überlebt. Aufgrund der funktionellen Gleichstellung zum lang anhaltenden nicht internationalen Konflikt besteht jenseits der in internationalen Beziehungen natürlich stets wichtigen Terminologie keine Notwendigkeit mehr, Befreiungskriege besonders zu behandeln.[386]

137   Fraglich ist auch, ob ein Konflikt „**internationalisiert**" wird, wenn auf Seiten etwa der Regierungstruppen ausländische Verbände kämpfen.[387] Auch diese Frage

---

[384] JStGH, *Prosecutor v. Tadic*, Urteil, Berufungskammer, 15.07.1999, § 137.

[385] Die Frage ist nicht nur im Jugoslawienkonflikt immer wieder, hinsichtlich des Einflusses Serbiens auf die bosnischen Serben, relevant geworden, sondern ist auch im Lubanga-Fall hinsichtlich des Einflusses von Uganda im Kongo wichtig; vgl. IStGH, *Prosecutor v. Lubanga*, Confirmation, Vorverfahrenskammer, 29.01.2007, §§ 207 ff. mit Verweis auf die Rspr. des JStGH in *Tadic*. Der Test geht letztlich zurück auf die Entscheidung des IGH im Nicaragua Fall (*Nicaragua v. U.S.A.*), IGH Rep. 1986, 14, in dem es freilich nicht um die Voraussetzungen von Kriegsverbrechen ging, sondern um einen Verstoß gegen das zwischenstaatliche Gewaltverbot.

[386] Vgl. dazu *Werle* (2007), Rn. 961, der allerdings zu Recht auf die Akzessorietät zwischen humanitärem Völkerrecht und Völkerstrafrecht hinweist und für eine Gleichbehandlung plädiert.

[387] Vgl. *Ambos* (2008), § 7 Rn. 236.

wird man nach dem *overall control*-Test beantworten müssen. Kämpfen einzelne Mitglieder oder kleinere Einheiten eines unbeteiligten Staates auf Seiten einer Konfliktpartei, so sind diese in der Regel in die Truppen der Konfliktpartei voll integriert, sodass deren Taten ihrem Ursprungsstaat nicht zugerechnet werden können. Kommt es hingegen zu einer **Intervention auf Seiten einer Partei** und behält der intervenierende Staat die Kontrolle über seine Truppen, so ist der Konflikt internationalisiert, selbst wenn die eigentlichen Konfliktparteien einem gemeinsamen Staat angehören.

> **Beispiel:** In Afghanistan kämpfen Bundeswehrverbände gemeinsam mit der staatlichen Armee gegen die aufständischen Taliban. Es ist durchaus fraglich, ob der vom Sicherheitsrat der VN mandatierte Einsatz der Bundeswehr[388] (und anderer ausländischer Truppen) den Konflikt „internationalisieren". Nach dem momentanen Stand der Diskussion ist das abzulehnen, weil die internationalen Truppen auf Einladung und auf Seiten der Regierung tätig werden und keine eigenen strategischen Ziele verfolgen.[389]

Somit bleibt festzuhalten:

> Ein **internationaler Konflikt** liegt vor, wenn zwei Völkerrechtssubjekte (in der Regel Staaten) unmittelbar beteiligt sind oder nur ein Staat unmittelbar und ein anderer mittelbar über eine nichtstaatliche Konfliktpartei in einem Maße Einfluss nimmt, dass er die Situation insgesamt kontrolliert.

b) Lang anhaltender, nicht internationaler Konflikt

Ein nicht internationaler Konflikt setzt zunächst voraus, dass keine zwei Staaten **138** als gegnerische Parteien am Konflikt beteiligt sind. Es muss nicht einmal eine Konfliktpartei staatlich sein. Wie schon erwähnt, ist der „lang anhaltende", nicht internationale Konflikt dem internationalen Konflikt weitgehend gleichgestellt, da sie sich vom **äußeren Erscheinungsbild** her kaum unterscheiden. Dabei bedingt diese strukturelle Gleichheit, dass „lang anhaltend" nicht (nur) zeitlich verstanden werden kann, sondern sich auch auf die Intensität und den Grad der Organisation der Parteien beziehen kann. Dieser nicht internationale Konflikt muss eben in jeder Hinsicht einem internationalen gleichen, d. h. die Konfliktparteien müssen wie Armeen auftreten und strukturiert sein. So muss ein systematisches Vorgehen möglich sein, durch eine hierarchische Struktur muss die Ausführung von Befehlen sichergestellt sein und die Durchsetzung des humanitären Völkerrechts muss erfolgen

---

[388] Die Bundeswehr ist mit Mandat des deutschen Bundestages vom 16.10.2008 auf der Grundlage von Res. 1386 des Sicherheitsrats der Vereinten Nationen vom 20.12.2001 – zuletzt verlängert durch Res. 1833 vom 22.09.2008 – im Rahmen der International Security Assistance Force (ISAF) im Norden Afghanistans stationiert, um dort Frieden und Sicherheit zu gewährleisten bzw. herzustellen.

[389] Ausführlich dazu *Safferling/Kirsch,* JA 2010, 81, 82 f.; zustimmend *Ambos,* NJW 2010, 1725 ff. und *von der Groeben,* GLJ 11 (2010), 469 ff.; *Basak,* HRRS 2010, 513.

können, d. h. die Organisation muss ein Disziplinarsystem tragen können.[390] Dass der Konflikt lang anhält ist zumeist ein Indiz dafür, dass eine entsprechend armeegleiche Struktur gegeben ist.[391]

> **Beispiel:** Die Taliban in Afghanistan verfügen über Handfeuerwaffen, Panzerfäuste, mobile Raketenrampen und anderes Kriegsgerät. Seit Ende 2001 sind sie in einer bewaffneten Auseinandersetzung mit afghanischen Truppen und einer internationalen Allianz. Reichen diese Umstände aus, um den bewaffneten Konflikt zu einem lang anhaltenden Konflikt zu machen? Es genügt, dass es sich um eine organisierte bewaffnete Gruppe handelt. Dazu ist keine den Streitkräften ähnliche hierarchische Organisationsstruktur erforderlich, sondern es reicht aus, wenn die Organisation tatsächlich in der Lage ist, anhaltende und konzentrierte militärische Operationen zu planen und durchzuführen.[392] Das ist bei den Taliban, zumal sie auch etliche Gebiete kontrollieren, sicherlich der Fall.[393]

139　**Nicht** erforderlich ist, dass die Konfliktparteien jeweils ein bestimmtes **Territorium beherrschen**. Dieses in Art. 1 Abs. 1 ZP II (noch) enthaltene Erfordernis hat sich zwischenzeitlich überlebt, da es für moderne, von Guerilla-Taktik beherrschte Konflikte untauglich ist.[394] Richtigerweise erwähnt Art. 8 Abs. 2 IStGHSt daher diese Voraussetzung nicht. Somit kann festgehalten werden:

> Ein lang anhaltender, nicht internationaler bewaffneter Konflikt i. S. von Art. 8 Abs. 2 lit. e) und lit. f) IStGHSt liegt dann vor, wenn ein Konflikt zwischen einem Staat und einer organisierten Gruppe oder zwischen zwei organisierten Gruppen seiner Intensität nach mit einem internationalen Konflikt vergleichbar ist.

c) Sonstige nicht internationale Konflikte

140　Liegen die unter b) genannten Voraussetzungen nicht vor, kann es sich um einen sonstigen nicht internationalen Konflikt handeln. Nach Art. 8 Abs. 2 lit. c) und lit. d) IStGHSt ist dies der Anwendungsfall des **gemeinsamen Art. 3 GK**. In der Zusammenschau mit den oben erarbeiteten Voraussetzungen des bewaffneten Konflikts ergeben sich für die sonstigen nicht internationalen Konflikte in Abb. 8 folgende Abgrenzungen.

---

[390] Vgl. RStGH, *Prosecutor v. Musema*, Urteil, Verfahrenskammer, 27.01.2000, §§ 257 f.

[391] Vgl. *Werle* (2007), Rn. 954.

[392] Vgl. etwa RStGH, *Prosecutor v. Musema*, Urteil, Verfahrenskammer I, Urteil v. 27.01.2000, §§ 257 f. Zu den Voraussetzungen und Unterschieden im Einzelnen *Ambos* (2008), § 7 Rn. 232-235.

[393] Vgl. auch *Safferling/Kirsch,* JA 2010, 81, 82 f.

[394] Die Entscheidung des RStGH, *Prosecutor v. Akayesu*, Urteil, Verfahrenskammer, 02.09.1998, § 619 widerspricht dem nur scheinbar. Im RStGHSt ist das ZP II explizit einbezogen, so dass die dortigen Voraussetzungen erfüllt sein müssen.

Abb. 8 Abgrenzung
Gemeinsamer Art. 3 GK

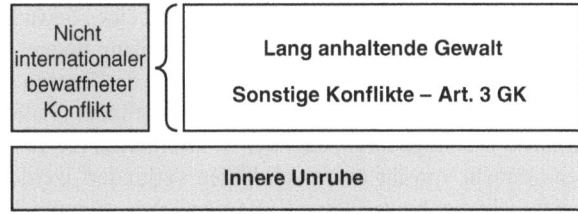

Art. 8 Abs. 2 lit. c) und lit. d) IStGHSt hat einen **Auffangcharakter.** Zunächst 141
bleibt festzuhalten, dass er stets Anwendung findet, solange der Konflikt nicht
international ist. D. h. auch bei lang anhaltenden Konflikten ist der gemeinsame
Art. 3 GK als Minimalgarantie selbstverständlich anwendbar. Besonderer Diskussion bedürfen aber die Fälle, in denen die Schwelle zu Art. 8 Abs. 2 lit. e) und
lit. f) IStGHSt gerade nicht überschritten wird. Relevant wird dies in Situationen,
in denen (wenigstens) eine der Kriegsparteien nicht in der Lage ist, organisierte
Kampfhandlungen über einen längeren Zeitraum durchzuführen, sehr wohl aber
höchst gewaltintensive isolierte **Einzelaktionen** vorzunehmen versteht, die mit
polizeilichen Mitteln nicht ausreichend beantwortet werden können.

> **Beispiel:** Die faschistische Terrorgruppe besetzt die am Wochenende nur spärlich besetzte
> Kaserne der staatlichen Armee und kann nun zur Verteidigung der Besetzung auf schwere
> Artillerie zugreifen. Da die Polizei nicht über angemessene Ausbildung und Ausrüstung zur
> Lösung dieser Situation verfügt, umstellen militärische Einheiten die besetzte Kaserne und
> erobern diese nach zweitägiger Besetzung zurück.[395] Hier handelt es sich um mehr als bloß
> eine innere Unruhe, der faschistischen Terrorgruppe ist es aber auch nicht möglich, Kampf-
> handlungen über einen längeren Zeitraum auszuführen. Hier kommt allein Art. 3 GK bzw.
> Art. 8 Abs. 2 lit. c) IStGHSt zur Anwendung.

Allgemein kann deshalb festgehalten werden:

> Liegt ein nicht internationaler Konflikt und nicht nur eine innere Unruhe vor,
> so kommt Art. 8 Abs. 2 lit. c) und lit. d) zur Anwendung, unabhängig davon,
> ob der Konflikt „lang anhaltend" ist.

III Funktioneller Zusammenhang

Die Einzeltat muss zu dem soeben beschriebenen **Kontextelement** in einem **funk-** 142
tionellen Zusammenhang stehen. Nur wenn ein zeitlicher und inhaltlicher Bezug
zwischen Einzeltat und bewaffnetem Konflikt festgestellt werden kann, handelt es
sich um ein „Kriegsverbrechen". Fehlt ein solcher Zusammenhang, liegt ein „einfa-

---

[395] Vgl. das Beispiel des Angriffs auf die argentinische Militärakademie *La Tablada* bei *Ambos*
(2008), § 7 Rn. 234 Fn. 999.

ches" Verbrechen vor, das zufällig während eines bewaffneten Konfliktes begangen wurde. Worin kann dieser enge Zusammenhang liegen?

Ein Element dieser Verbindung liegt in der **Person des Täters**. Seine Stellung als **Angehöriger einer Konfliktpartei** begründet in aller Regel den erforderlichen Konnex. Das liegt daran, dass der Konfliktpartei die Taten jeweils zugerechnet werden können, von ihr also auch hätten verhindert werden können. Der Täter muss dabei nicht den bewaffneten Kräften angehören; auch „**Beauftragte**", d. h. Beamte, Richter und andere Personen, die im staatlichen Auftrag handeln, sind nach Art. 29 GK IV für die Konfliktpartei tätig. Tatbestandsmäßige Handlungen dieser Personen sind stets im Zusammenhang mit dem Konflikt; auf eine darüber hinausgehende Motivation kommt es nicht an. Ein weiteres Indiz bildet beispielsweise auch die Übereinstimmung der Handlung mit einer militärischen Kampagne der Konfliktpartei.[396]

143   Der funktionelle Zusammenhang dürfte auch evident gegeben sein, wenn die relevante Handlung in einer Gefechtssituation oder der Übernahme einer feindlichen Stellung während des bewaffneten Konflikts vorgenommen wird.[397] Fraglich ist auch, ob ein Täter den funktionellen Zusammenhang durch eine entgegenstehende Motivationslage durchbrechen kann. Zur Erläuterung folgendes

> **Beispiel:** Im Krieg zwischen Mediterraneo und Ozeanien ist Soldat A Wärter in einem ozeanischen Kriegsgefangenenlager. In X, einem Kriegsgefangenen, erkennt A den früheren Geschäftspartner seiner Frau aus Mediterraneo, mit dem ihn seine Frau wiederholt betrogen hat. Aus Eifersucht erschießt er X.
> Hier hat sich A nach Art. 8 Abs. 2 lit. a) (i) IStGHSt strafbar gemacht. Zwar stellt die Eifersucht als Handlungsmotivation den funktionellen Zusammenhang in Frage; gleichwohl ist bei Betrachtung der Situation als Ganzes die Gefährdungslage für den als Kriegsgefangenen geschützten X durch die Kriegssituation typischerweise erhöht. Mit anderen Worten: ohne den Krieg hätte A den X nicht umgebracht.[398]

Persönliche Motive unterbrechen den notwendigen Zusammenhang demnach nicht, wenn sich in der Tat die spezifische Gefahrenlage des bewaffneten Konflikts realisiert.[399]

144   *Sonderproblem*

Fraglich ist allerdings, ob sich auch eine Person der Kriegsverbrechen schuldig machen kann, die rein als Privatperson handelt und deren Taten keinen Bezug zur Konfliktpartei aufweisen. Seit den Nürnberger Prozessen wird das ohne Weiteres angenommen. So unproblematisch wie hM[400] und Rspr.[401] suggerieren, ist es indes nicht. In den Nürnberger Prozessen ging vielmehr die

---

[396] Zu den verschiedenen Indizien JStGHSt, *Prosecutor v. Kunarac*, Urteil, Berufungskammer, 12.6.2002, §§ 423 58 f.; JStGH, *Prosecutor v. Mrksic et al.*, Urteil, Verfahrenskammer, 27.9.2007, § 423; *Boas/Bischoff/Reid* (2008), S. 239 ff.

[397] JStGHSt, *Prosecutor v. Delalic et al.*, Urteil, Verfahrenskammer, 16.11.1998, § 193.

[398] So wohl auch *Werle* (2007), Rn. 844.

[399] MK/*Zimmermann/Geiß* (2009), § 8 VStGB Rn. 113.

[400] MK/*Ambos*, Vor §§ 8-12 VStGB Rn. 37.

[401] Vgl. etwa RStGH, *Prosecutor v. Akayesu*, Urteil, Berufungskammer, 01.06.2001, §§ 425 ff.

amerikanische Anklage in der Regel davon aus, dass die gesamte deutsche Gesellschaft Teil des Krieges war und das alles gesellschaftliche Leben vom Krieg durchdrungen war.[402] Unter dieser Prämisse kann leicht eine rechtliche Zurechnung zur staatlichen Politik konstruiert werden.

Beispiel: Im Dezember 1944 wurden britische Militärflugzeuge abgeschossen. Die Piloten konnten sich mit dem Fallschirm rechtzeitig aus den Flugzeugen retten, wurden aber durch das deutsche Militär gefangen genommen. Zu Verhörzwecken sollten sie allerdings durch eine Eskorte zum nächstgelegenen Luftwaffenstützpunkt gebracht werden. Auf dem Weg dorthin wurden drei britische Piloten von aufgebrachten Zivilisten getötet, da die Soldaten angewiesen wurden, nichts gegen die Angriffe zu unternehmen. Liegt hier ein Kriegsverbrechen seitens der Zivilisten vor?[403]

Die vorsätzliche Tötung von Kriegsgefangenen (Kombattanten) als geschützte Person **145** im Sinne von Art. 13 des III. Genfer Abkommens über die Behandlung der Kriegsgefangenen von 1949 und Art. 4 der Haager Landkriegsordnung von 1907 stellt im internationalen bewaffneten Konflikt grundsätzlich ein Kriegsverbrechen dar [vgl. Art. 8 Abs. 2 lit. a) (i) IStGHSt, falls der Fallschirmspringer zumindest offensichtlich verwundet ist oder sich ergeben hat, kommt auch lit. b) (vi) in Betracht]. Zweifelhaft erscheint allerdings, ob **Zivilpersonen** Täter dieser Kriegsverbrechen sein können, wenn sie **keine Verbindung zu einer Konfliktpartei** besitzen. Es handelte sich im vorliegenden Fall nämlich um eine spontane „Lynch-Aktion" der in der Nähe befindlichen Stadtbewohner, die letztlich auch nach nationalem Strafrecht hätte geahndet werden können. Das britische Militärgericht hat hierin jedoch kein größeres Problem gesehen und einen Zivilist zum Tode sowie zwei weitere zu Freiheitsstrafen verurteilt. Ein Bezug der Zivilisten zum Nazi-Regime kann aber auch dahingehend konstruiert werden, dass diese Angriffe auf alliierte Flieger von Propagandaminister Goebbels explizit gefordert wurden und nach dem sog. „Terrorfliegerbefehl" des OKW v. 9. Juli 1944 den Wehrmachtsangehörigen auch Schutzmaßnahmen zugunsten alliierter Flieger untersagt wurden. Die Handlungen der Zivilpersonen standen insofern im Einklang mit der Politik der Konfliktpartei (Nazi-Regime).

IV Art. 8 IStGHSt: Einzeltaten

Die eigentlichen strafbaren Tathandlungen finden sich in langen Aufzählungen **146** des Art. 8 Abs. 2 IStGHSt. Die Listen sind **abschließend** gemeint. Das ist keine Selbstverständlichkeit, denn wie gesehen (o. Rn. 118) weisen die „Gesetze und Gebräuche" des Krieges über das geschriebene Recht hinaus (vgl. *Martens Clause*). In dieser Tradition waren die Tatbestände der *Ad hoc*-Tribunale nicht erschöpfend (vgl. Art. 3 JStGHSt und Art. 4 RStGHSt). Die Kehrseite dieser aus positivistischer

---

[402] Diese Einschätzung wirkte sich bis in die Zwangsarbeiterprozesse der späten 1990er Jahre aus. Auch dort wurde jedem wirtschaftlichen Handeln in Deutschland von 1939–1945 Kriegsbezug unterstellt; vgl. *Safferling*, NJW 2000, 1922.

[403] Vgl. Essen Lynching Case, British Military Court Essen, 22.12.1945, in: UNWCC, Law Reports I, 88 ff.

Sicht zu begrüßenden Formulierung liegt in der Länge und Unübersichtlichkeit von Art. 8 Abs. 2 IStGHSt insgesamt und der Vagheit einzelner Tatbestände.

Art. 8 Abs. 2 IStGHSt gliedert – wie bereits erläutert (o. Rn. 134) – nach dem Konflikttyp und bezieht sich jeweils auf **Genfer** oder **Haager Recht**. Das bedeutet, dass zur Auslegung der einzelnen Tatbestände auf die Ursprungsnormen rekurriert werden muss.[404] Außerdem ist darauf zu achten, dass einige Tatbestände nicht nur objektive Kriterien aufstellen, sondern auch spezielle subjektive Anforderungen umfassen. Hier können selbstverständlich nicht alle Einzeltaten angesprochen werden.

147 Es ist auch eine andere Gliederung vorstellbar, die sich jeweils an der normativen Substanz orientiert.[405] Dieser Vorgehensweise ist auch das **VStGB** verpflichtet, wenn es zwischen Verbrechen gegen Personen (§ 8 VStGB), gegen Eigentum und sonstige Rechte (§ 9 VStGB), gegen humanitäre Operationen und Embleme (§ 10 VStGB) sowie Kriegsverbrechen des Einsatzes verbotener Methoden der Kriegsführung (§ 11 VStGB) und des Einsatzes verbotener Mittel der Kriegsführung (§ 12 VStGB) unterteilt. Diese Einteilung entspricht sicherlich einer rechtsgutsbezogenen Systematik, wie sie auch dem StGB im BT zugrunde liegt; sie entspricht außerdem der sich entwickelnden einheitlichen Konzeption der Kriegsverbrechen jenseits jeglicher Konflikttypik. Zum Verständnis von Art. 8 IStGHSt scheint es mir allerdings vorzugswürdig, der dort angelegten, dem „*two-box-approach*" (s. o. Rn. 128) verpflichteten, Systematik zu folgen.

1 Im internationalen Konflikt

148 Findet die konkrete Handlung also in einem internationalen Konflikt statt, kann sich eine Strafbarkeit entweder aus Art. 8 Abs. 2 lit. a) (Genfer Recht) oder lit. b) (Haager Recht) ergeben.

a) Genfer Recht, Art. 8 Abs. 2 lit. a) IStGHSt

Der erste „Block" an Einzeltaten bezieht sich auf das Konzept der „Schweren Verstöße" gegen die Genfer Konventionen. Dabei wird explizit auf die **Genfer Konventionen** verwiesen und im Übrigen das ZP I unter den Tisch fallen gelassen. Der vollständige Straftatbestand ergibt sich somit (ähnlich einer Blankettnorm) erst in der gemeinsamen Lektüre der jeweiligen GK und des IStGHSt. Das gilt vor allem für die „Opferseite". Angriffspunkt einer nach den GK verbotenen Handlung kann immer nur eine speziell „geschützte Person" sein. Darunter fallen:

* Verwundete, Kranke, medizinisches und religiöses Personal im Felde (GK I);
* Verwundete, Kranke und Schiffbrüchige, medizinisches und religiöses Personal auf hoher See (GK II);

---

[404] *Ambos* (2008), § 7 Rn. 242.

[405] So etwa *Werle* (2007), Rn. 947. Einer noch anderen Einteilung folgt *Cassese* (2008), S. 88–92; wieder anders *Zahar/Sluiter* (2008), S. 113 ff. und 134 ff.

- Kriegsgefangene (GK III);
- Zivilpersonen, die sich im Falle eines Konflikts oder einer Besetzung zu irgendeinem Zeitpunkt im Machtbereich einer feindlichen Partei oder Besatzungsmacht befinden (GK IV).

Zur Erläuterung des Zusammenspiels folgendes

Beispiel: U-Boot-Kommandant K befiehlt der U-Boot-Besatzung nach der erfolgreichen Zerstörung eines feindlichen Kriegsschiffes, die im Wasser schwimmenden Überlebenden zu erschießen. Hat er sich wegen der Anordnung eines Kriegsverbrechens nach Art. 8 Abs. 2 lit. a) (i) i. V. mit Art. 25 Abs. 3 lit. b) IStGHSt strafbar gemacht? Es handelt sich um einen internationalen Konflikt, in dem die GK (hier GK II) anwendbar sind. Die Schiffsbrüchigen sind nach Art. 13 GK II geschützte Personen; die vorsätzliche Tötung ist nach Art. 8 Abs. 2 lit. a) (i) IStGHSt tatbestandsmäßig. Ein funktioneller Zusammenhang besteht, da jeweils Angehörige der Streitkräfte handeln. Damit ist die Anordnung, die überlebenden Matrosen zu erschießen, die Anordnung zu einem Kriegsverbrechen.

Als komplex stellt sich die Definition der **geschützten Personen** nach Art. 4 Abs. 1 GK IV dar. Es sind nämlich nicht Zivilpersonen als solche geschützt, sondern nur solche, die sich „in der Gewalt einer gegnerischen Konfliktpartei" befinden. Da der GK IV insoweit eine Auffangfunktion zukommt, fallen Verwundete, Schiffbrüchige oder Kriegsgefangene nicht darunter.[406] Zu eng darf der Anwendungsbereich der GK IV indes auch nicht ausfallen. Das Erfordernis, dass sich die geschützte Person „in der Gewalt" der gegnerischen Partei befinden muss, ist demnach weit auszulegen. Ein unmittelbarer Kontakt zwischen der Kriegspartei und der geschützten Person ist deshalb nicht erforderlich, solange der Gegner seine Macht ausüben könnte. Das erhöhte Schutzbedürfnis richtet sich auch hier nach der **besonderen Gefährdungssituation im bewaffneten Konflikt**. Geschützt sind demnach alle Zivilpersonen, die sich auf einem von der gegnerischen Partei kontrollierten Gebiet befinden.

149

b) Haager Recht, Art. 8 Abs. 2 lit. b) IStGHSt

Art. 8 Abs. 2 lit. b) IStGHSt sprengt sämtliche Grenzen gesetzgeberischer Anforderungen und listet in insgesamt 26 Unterabsätzen eine Vielzahl verbotener Handlungen auf. Dabei wird zum Teil auf die klassischen Haager Tatbestände Bezug genommen, zum Teil aber auch neues Recht geschaffen.[407]

150

- **Verbotene Methoden der Kriegsführung**
  Hinsichtlich der Kampfmethoden sind zwei grundlegende Regeln zu beachten:

  – Es muss stets zwischen zivilen und militärischen Objekten unterschieden werden (sog. **Diskriminierungsgebot**), nach Art. 48 ZP I.

---

[406] Vgl. *Werle* (2007), Rn. 992.

[407] Triffterer/*Dörmann* (2009), Art. 8 Rn. 30.

- Der militärische Nutzen ist stets zu den zivilen Opfern ins Verhältnis zu setzen (sog. **Verhältnismäßigkeitsprinzip**). Überwiegt der militärische Nutzen, sind zivile Opfer hinzunehmen (sog. Kollateralschäden), Art. 51 Abs. 5 ZP I.

Danach ist es grundsätzlich verboten, Zivilisten oder zivile Objekte **direkt** anzugreifen (s. Art. 8 Abs. 2 lit. b) (i) und (ii)). Dieses Verbot wird noch spezifiziert nach besonders schützenswerten Situationen: Humanitäre Hilfsoperationen und „*peace-keeping*"-Operationen (iii); unverteidigte Städte (v); Stätten der Religion, Kultur, Kunst oder Erziehung (ix); durch besondere Zeichen der Genfer Konventionen geschützte Orte oder Personen (xxiv).

151   Zugleich ist es aber auch verboten, militärische Objekte anzugreifen, wenn die zu erwartenden zivilen Schäden in **keinem Verhältnis zum militärischen Erfolg** stehen (iv).[408] Ebenso darf feindliches Eigentum nicht ohne zwingenden militärischen Grund zerstört werden (xii).

Daneben steht eine ganze Reihe an **speziellen Handlungsverboten**, wie die Tötung oder Verletzung von Kombattanten, die die Waffen gestreckt haben (vi), Deportation von Teilen der Bevölkerung (viii), Durchführen von medizinischen Experimenten (x), Plünderungen (xvi), Verhungernlassen der Bevölkerung (xxv) und Verwenden menschlicher Schutzschilder (xxiii).

Neueren Ursprungs sind die speziellen Verbote zum Schutz der **sexuellen Selbstbestimmung**[409] (xxii) sowie das Verbot der Rekrutierung und des Einsatzes von **Kindersoldaten** (xxvi).[410] Vergewaltigung wird auch als Verbrechen gegen die Menschlichkeit angesehen (s. o. Rn. 82).

- **Verbotene Mittel der Kriegsführung**
152   Bei den verbotenen Mitteln der Kriegsführung geht es vor allem um Kampfstoffe und spezielle Munition. Verboten ist der Einsatz von Gift (xvii) und Giftgas (xviii) sowie die Verwendung von Geschossen, die besondere Verletzungen hervorrufen (xix).[411] Diesen speziellen Verboten ist gemein, dass sie keinen Verletzungserfolg oder eine konkrete Gefährdung voraussetzen. Die abstrakte Gefährlichkeit reicht für die Strafbarkeit aus.[412]

Beispiel: In dem Kampf zwischen Mediterraneo und Ozeanien ist es zu einem Stellungskrieg gekommen. Seit Wochen findet keine Landgewinnung statt. General G von Ozeanien befiehlt, um die Schlagkraft seiner Truppen zu erhöhen, die Verwendung von Dum-Dum-Geschossen. Hat sich G eines Kriegsverbrechens schuldig gemacht?

---

[408] Vor diesem Hintergrund ist es nicht ganz korrekt davon zu sprechen, dass die Verbrechensbegehung nach dem IStGHSt *ipso iure* rechtswidrig sei, vgl. *Jesse* (2009), S. 297. Vor allem bei Distanzangriffen ist eine komplexe Abwägung erforderlich, um die Rechtswidrigkeit der Handlung feststellen zu können.

[409] Auch wenn das Verbot der Vergewaltigung schon älter ist; als Kriegsverbrechen bestraft wurde Vergewaltigung durch den JStGH im Fall *Prosecutor v. Furundzija*, Urteil, Verfahrenskammer, 10.12.1998, §§ 165–186 mit ausführlicher Herleitung und Begründung; vgl. *Zahar/Sluiter* (2008), S. 129 ff.

[410] Zur Strafbarkeit der Rekrutierung und Verwendung von Kindersoldaten nach dem IStGHSt ausführlich *Suárez* (2009), S. 103 ff.

[411] Zu ABC-Waffen *Peterson* (2009), S. 139 ff.

[412] Vgl. *Satzger* (2010), § 16 Rn. 71.

1. Für eine Strafbarkeit des G nach Art. 8 Abs. 1, 2 lit. b) (xix) IStGH müssten die Voraussetzungen des objektiven Tatbestands erfüllt sein. Zunächst müsste ein „bewaffneter Konflikt" vorliegen. Das ist der Fall, denn es besteht eine Auseinandersetzung zwischen zwei Parteien, zu deren Lösung zu militärischen Mitteln gegriffen wird. Da es sich um zwei Staaten handelt, besitzt der Konflikt einen internationalen Charakter. Als Handlung kommt die Verwendung von Geschossen, die sich im Körper des Menschen leicht ausdehnen, in Betracht. „Dum-Dum-Geschosse" sind der Prototyp dieser besonders gefährlichen Geschosse. Allerdings verwendet G diese Geschosse nicht selbst, sondern ordnet eine Verwendung an. Die Strafbarkeit kann sich deshalb nur aus mittelbarer Täterschaft (Art. 25 Abs. 3 lit. a) Var. 3 IStGHSt) oder Vorgesetztenverantwortlichkeit (Art. 28 IStGHSt) ergeben. Hier kommt eine mittelbare Täterschaft in Betracht, da der organisatorische Machtapparat von G ausgenützt wird, um höhere Schäden beim Feind zu erreichen. Eine Anordnung nach Art. 35 Abs. 3 lit. b) IStGHSt tritt dahinter zurück.
2. In subjektiver Hinsicht müsste G Kenntnis bezüglich des internationalen bewaffneten Konflikts und der Gefährlichkeit der Geschosse (Art. 30 Abs. 3 IStGHSt) aufweisen, sowie wissentlich und willentlich den Einsatz dieser Geschosse durch die Soldaten durchführen (Art. 30 Abs. 1, Abs. 2 lit. a) IStGHSt). Dies ist hier der Fall.
3. Da keine Strafbarkeitsausschließungsgründe vorliegen, ist G strafbar nach Art. 8 Abs. 1, 2 lit. b) (xix) i. V. mit Art. 25 Abs. 3 lit. a) Var. 3 IStGHSt.

Der Einsatz anderer Kampfmittel, die geeignet sind, **überflüssige Verletzungen**   **153**
oder Leiden hervorzurufen, ist nur dann strafbar, wenn sie nach humanitärem Völkerrecht verboten sind und von der Staatenkonferenz des IStGH anerkannt werden (xx). Zum jetzigen Zeitpunkt besteht demnach in (xx) zwar eine Blankettvorschrift, aber keine entsprechenden Ausfüllungsvorschriften.[413] Hieran wird deutlich, wie schwer es für die Staaten offensichtlich ist, sich auf Verbote zu einigen. Ganz offensichtlich fehlen etliche Kampfmittel, die nach humanitärem Völkerrecht verboten sind, wie Landminen, Laserwaffen und bakterielle Kampfstoffe. Bislang ist deren Einsatz aber nicht speziell unter Strafe gestellt, was nicht bedeutet, dass die kriegerische Maßnahme nicht als „Methode der Kriegsführung" strafbar ist.

2 Im nicht internationalen Konflikt

Findet die konkrete Handlung im nicht internationalen Konflikt statt, so ist in jedem   **154**
Fall Art. 8 Abs. 2 lit. c)/d) IStGHSt (gemeinsamer Art. 3 GK) anwendbar, soweit es sich nicht nur um innere Unruhen handelt. In solch einem Fall liegt – wie gesehen – bereits kein völkerrechtlich relevanter „bewaffneter Konflikt" vor. Zusätzlich ist nach Art. 8 Abs. 2 lit. e)/f) IStGHSt Haager Recht anwendbar, wenn der bewaffnete Konflikt „lang andauernd" ist.

a) Genfer Recht, Art. 8 Abs. 2 lit. c)/d) IStGHSt

Anders als Art. 8 Abs. 2 lit. a) IStGHSt definiert lit. c) den **geschützten Personenkreis** selbst. Dazu gehören „Personen, die nicht unmittelbar an den Feindseligkeiten

---

[413] Zum Hintergrund dieser an sich überflüssigen Vorschrift, s. Triffterer/*Cottier* (2009), Art. 8 Rn. 186.

teilnehmen, einschließlich der Angehörigen der Streitkräfte, welche die Waffen gestreckt haben, und der Personen, die sich durch Krankheit, Verwundung, Gefangennahme oder eine andere Ursache außer Gefecht befinden."[414] Nach Genfer Recht
sind also die am Kampf aktiv Beteiligten im internen Konflikt nicht geschützt. Daran wird deutlich, dass die Staaten bei der Formulierung der Genfer Konventionen
darauf geachtet haben, dass bei internen Angelegenheiten das Privileg eines „Kom-
battanten-Status" für Kämpfer nicht gelten soll.

155 Als Tathandlungen sind gegenüber den **geschützten Personen** verboten: (i) Angriffe auf Leib oder Leben, explizit wird neben der Tötung auch die Folter genannt,
(ii) Verletzungen der Menschenwürde, (iii) Geiselnahme und (iv) Verurteilungen
ohne rechtsstaatliches, gerichtliches Verfahren.

> **Beispiel:** Staat X ist Opfer eines groß angelegten terroristischen Anschlags geworden. Um
> weitere Anschläge zu verhindern, dringen Spezialtruppen von X mit Billigung des Sicher-
> heitsrats der VN in das Territorium von Staat Y ein und nehmen mehrere Hundert vermeint-
> liche Terroristen fest. Diese werden in ein extra-territoriales Gefangenenlager verbracht
> und dort ohne gerichtliche Überprüfung ihrer Festnahme, und ohne Zugang zu rechtlicher
> Beratung festgehalten und unter Androhung von Folter „intensiv" befragt. Die Regierung
> von Staat X steht auf dem Standpunkt, dass für Terroristen als „unrechtmäßige Kämpfer"
> die Genfer Konventionen nicht anwendbar seien.

b) Haager Recht, Art. 8 Abs. 2 lit. e)/f) IStGHSt

156 Ist der nicht internationale Konflikt **lange andauernd**, kommt eine revidierte und
gekürzte Liste der „Haager" Straftatbestände unter lit. b) zur Anwendung. Statt 26
Unterabsätze sind es unter lit. e) derer nur zwölf. Die Regelungen beziehen sich
ausschließlich auf die Methode der Kriegsführung, während Mittel der Kriegsführung unerwähnt bleiben. Wichtig ist allerdings, dass auch im nicht internationalen
Konflikt nach lit. e)/lit. f) die Grundregeln des Haager Rechts Anwendung finden,
namentlich das Diskriminierungsgebot und das Verhältnismäßigkeitsprinzip (s. o.
Rn. 150).

Dass der internationale und der nicht internationale, lang anhaltende Konflikt
sich rechtlich annähern, ist demnach offensichtlich. Auch in der Terminologie geht
das Römische Statut sehr weit, wenn es etwa in lit. e) (ix) von „gegnerischen Kombattanten" spricht. Das kann als deutliches Zeichen dafür gewertet werden, dass
auch die Staaten zwischen diesen Konflikttypen keinen Unterschied mehr machen,
jedenfalls nicht bezogen auf den Schutz der Zivilbevölkerung und der sonst geschützten Personen.

---

[414] *Zahar/Sluiter* (2008), S. 119 plädieren dafür, diesen Schutzbereich auf die Kriegsverbrechen
insgesamt auszudehnen. Unter deren Prämisse, dass Art. 3 GK die Grundnorm aller Kriegsverbrechen darstellt, ist das konsequent, mit einer methodisch sauberen Auslegung von Art. 8 IStGHSt
aber nicht zu vereinbaren.

V Subjektive Voraussetzungen

Im subjektiven Tatbestand müssen sich die objektiven Tatbestandsmerkmale spie-   **157**
geln. Hierfür gilt zunächst die Grundregel des allgemeinen Teils (s. u. Rn. 18), dass
nur vorsätzliches Verhalten strafbar ist. Speziell für die Kriegsverbrechen muss
darauf hingewiesen werden, dass sich der Vorsatz selbstverständlich sowohl auf die
Einzeltat als auch auf die **systemischen Voraussetzungen** und den **funktionellen
Zusammenhang** beziehen muss. Das bedeutet, dass der Täter, zusätzlich zum Vorsatz bezogen auf die Einzeltat, sich bewusst sein muss, dass ein bewaffneter Konflikt
besteht und seine Tat mit diesem in Zusammenhang steht.[415] Dabei genügt es, dass
der Täter in Kenntnis seiner Zugehörigkeit zu den Streitkräften handelt. Die rechtliche Wertung des Konfliktcharakters muss der Täter hingegen nicht nachvollziehen.

Hinsichtlich der Einzeltat ist jeweils genau zu arbeiten. Zum einen sind die ein-   **158**
zelnen Tatbestandsmerkmale dahingehend zu untersuchen, ob sie eine Handlung,
einen Erfolg oder einen Umstand beschreiben, da nach Art. 30 IStGHSt die jeweiligen subjektiven Voraussetzungen entsprechend differenziert zu betrachten sind.
Zusätzlich ist aber darauf zu achten, ob die Einzeltat **spezielle Vorsatzerfordernisse** aufstellt (vgl. Art. 30 Abs. 1 IStGHSt). So spricht etwa Art. 8 Abs. 2 lit. a) (i)
IStGHSt von vorsätzlicher Tötung oder (iii) von der vorsätzlichen Verursachung
großer Leiden sowie (vi) vom vorsätzlichen Führen eines Angriffs. Die Problematik
wird erst dadurch deutlich, wenn man den englischen Konventionstext betrachtet.
Dort steht nämlich jeweils „*wilful*" bzw. „*wilfully*",[416] was mit „vorsätzlich" nur un-
zulänglich übersetzt ist. Allerdings lässt sich auch aus dem englischen Begriff keine
eindeutige Folge ableiten, denn dort sind Begriffe wie „*intentional*", „*reckless*" und
„*negligent*" gebräuchlich, aber nicht „*wilful*".[417]

Zur Lösung dieser misslichen Situation wird vorgeschlagen, die „bewusste Fahrlässigkeit" im Sinne der englischen „*recklessness*" in die entsprechenden Tatbestände
mit einzubeziehen.[418] Meines Erachtens ist das nicht erforderlich. „*Recklessness*"
meint im Wesentlich das Gleiche wie „*dolus eventualis*" im Sinne der deutschen
Strafrechtsdogmatik, d. h. das Erkennen des Risikos der möglichen Rechtsgutsverletzung und das billigende Inkaufnehmen dieses Erfolges.[419] Gleichwohl ist darauf
zu achten, dass auch nach dieser Interpretation die subjektiven Anforderungen des
Art. 30 IStGHSt und des Art. 8 Abs. 2 lit. a) (i), (iii) und (iv) IStGHSt differieren.
Bei Art. 30 IStGHSt ist nämlich der Eventualvorsatz gerade nicht mit umfasst.

---

[415] Vgl. *Werle* (2007), Rn. 979; Zu einem anderen Ergebnis käme man nach der Konzeption von
Ahlbrecht/Kirsch (2008), Rn. 1169, der in diesem Kontextelement eine bloße Zuständigkeitsvor-
aussetzung sieht. Danach wäre der Kontext irrelevant für den Vorsatz.

[416] Basierend auf Art. 130 GK III; Art. 11 Abs. 4 ZP I und Art. 85 Abs. 3, 4 ZP I.

[417] Vgl. dazu *Safferling* (2008), S. 344.

[418] So der JStGHSt, *Prosecutor v. Delalic et al.*, T. Ch.Urteil, Verfahrenskammer, 16. 11. 1998,
§§ 432 ff.; zustimmend Cassese/Gaeta/Jones/*Bothe* (2002), S. 392; *Satzger* (2010), § 15 Rn. 66;
Werle (2007), Rn. 982; *Zahar/Sluiter* (2008), S. 123.

[419] Dazu ausführlich *Safferling* (2008), S. 360 ff; 483.

VI Strafzumessung

159   Hinsichtlich der Strafzumessung schweigt das IStGHSt. Konkrete Strafrahmen finden sich nicht. Immerhin bezog sich bereits das Genfer Recht auf den Schuldgrundsatz, wenn in Art. 67 und 68 GK IV für die Strafrechtsprechung in besetzten Gebieten festgestellt wird, dass die **Strafe der Schwere des Vergehens angemessen** sein soll.[420] Auch wenn diese Kriterien unmittelbar nur für Besetzungsgerichte und nicht für die Strafzumessung der „*grave breaches*" gelten, kann aus den Vorschriften gleichwohl abgeleitet werden, dass der Schuldgrundsatz in diesem Sinne ein allgemeiner Rechtsgrundsatz ist, der bei Strafzumessung insgesamt zu gelten habe.

160   Grundsätzlich kann auch nicht davon gesprochen werden, dass Kriegsverbrechen im Allgemeinen weniger schwer wiegen als Verbrechen gegen die Menschlichkeit, Völkermord oder Aggression.[421] Systematisch kann das jedenfalls weder aus der Übergangsbestimmung in Art. 124 IStGHSt geschlossen werden, die als reiner politischer Kompromiss keine Aussage treffen wollte über die Strafwürdigkeit und im Übrigen in Art. 15*bis* und 15*ter* IStGHSt hinsichtlich der Aggression eine Parallele findet, die auch gewiss keine geringere Strafschwere ausdrücken wollte; noch kann Art. 33 Abs. 2 IStGHSt angeführt werden, wonach die Anordnung von Völkermord und Verbrechen gegen die Menschlichkeit stets offensichtlich rechtswidrig ist. Diese Anordnung spricht nur für die Offensichtlichkeit der Strafbarkeit, aber nicht für die Schwere des Deliktsvorwurfs. Allenfalls rein tatsächlich kann angeführt werden, dass Kriegsverbrechen auch im beschränkten Einwirkungsfeld eines einzelnen Soldaten stattfinden können und **wegen der geringen Reichweite** eine geringere Schwere aufweisen. Für die schwersten Straftäter, die vor dem IStGH strafrechtlich verfolgt werden (sollen), trifft diese rein tatsächliche Einschränkung allerdings nicht zu.

VII Übungsfälle

161   **Fall 1:** In Equatoriana tobt seit fünf Jahren ein Bürgerkrieg, in dem der arme Süden versucht, sich mit seinen paramilitärischen Verbänden „Unabhängiger Süden" (US) von der Regierung im reichen Norden unabhängig zu machen und einen eigenen Staat zu gründen. Die Regierungstruppen haben in dem unzugänglichen Gebiet im Süden große Schwierigkeiten, die Kontrolle zu behalten. T ist Aufseher in einem Gefangenenlager der Regierungsarmee, in dem aufständische Kämpfer interniert sind. Um Informationen über feindliche Pläne zu erhalten, foltert er den Anführer O der US.
Hat sich T eines Kriegsverbrechens schuldig gemacht?

Lösungshinweise: Durch die Folterung des O könnte T den Tatbestand eines Kriegsverbrechens in Form eines nach Art. 8 Abs. 2 lit. c) IStGHSt strafbaren Verstoßes gegen den gemeinsamen Artikel 3 der Genfer Konventionen verwirklicht haben.

---

[420] Vgl. dazu auch *Ambos* (2008), § 6 Rn. 20.

[421] So aber *Melloh* (2010), S. 320 mit den im Folgenden widerlegten Argumenten.

I. Objektiver Tatbestand

Dieser setzt voraus: Erstens, dass ein nationaler bewaffneter Konflikt vorliegt, sodass der Anwendungsbereich des gemeinsamen Art. 3 der Genfer Konventionen eröffnet ist (1.). Und außerdem, dass K eine der in Art. 8 Abs. 2 lit. c) angeführten verbotenen Handlungen (2.) an einer geschützten Person (3.) im funktionell Zusammenhang mit dem Konflikt (4.) verübt hat.

1. Vorliegen eines bewaffneten Konfliktes i. S. d. Art 8 Abs. 2 lit. c) IStGHSt. Ein bewaffneter Konflikt liegt grundsätzlich vor, wenn es zu bewaffneter Gewalt zwischen unterschiedlichen staatlichen oder auch nicht-staatlichen Akteuren kommt. In Equatoriana besteht seit fünf Jahren ein Bürgerkrieg zwischen Regierungstruppen und der US als nationaler Rebellengruppe. Es handelt sich also um einen nicht internationalen Konflikt. Im Falle eines innerstaatlichen Konfliktes ist für Art. 8 Abs. 2 lit. c/d) IStGHSt erforderlich, dass es sich bei der Situation nicht lediglich um innere Unruhen oder nur vereinzelte Gewalttaten handelt. In Anbetracht der Tatsache, dass der Bürgerkrieg nunmehr bereits fünf Jahre andauert und die Regierungstruppen erhebliche Schwierigkeiten haben, die Kontrolle über den Süden aufrecht zu erhalten, liegt jedenfalls eine Auseinandersetzung von ausreichender Intensität und Dauer vor. Eine darüber hinaus gehende organisatorische Struktur seitens der US ist für Art. 8 Abs. 2 lit. c) anders als für Art. 8 Abs. 2 lit. e)/f) IStGHSt nicht erforderlich.

2. Vornahme einer verbotenen Handlung i. S. d. Art 8 Abs. 2 lit. c) IStGHSt. Nunmehr müsste T eine der im gemeinsamen Art. 3 GK verbotenen und nach Art. 8 Abs. 2 lit. c) IStGHSt strafbaren Handlungen vorgenommen haben. Indem T den O „foltert", hat er einen Angriff auf Leib und Leben des O i. S. d. Art. 8 Abs. 2 lit. c) (i) IStGHst verübt. Fraglich ist nur, ob es sich dabei um Folter i. S. d Art 8 Abs. 2 lit. c) (i) Alt. 4 IStGHSt oder „grausame Behandlung" (Alt. 3) handelt. Eine völkerrechtliche Definition der Folter findet sich in Art. 1 Abs. 1 der Folterkonvention. Danach unterscheidet sich Folter von anderen Misshandlungen darin, dass sie zweckgerichtet zur Erreichung bestimmter Ziele erfolgt. Ein solches Ziel stellt u. a. die Erpressung von Aussagen oder eine sonstige Nötigung dar. Die Misshandlung des O diente der Nötigung zur Preisgabe von Informationen. Damit war das Handeln des T Folter i. S. d Art. 8 Abs. 2 lit. c) (i) Alt. 4 IStGHst.

3. Begehung zu Lasten einer geschützten Person i. S. d. Art 8 Abs. 2 lit. c) IStGHSt. Diese Handlungen sind im Rahmen des Art 8 Abs. 2 lit. c) IStGHSt allerdings nur strafbar, falls dem Opfer O der Status einer geschützten Person zukommt. Geschützte Personen im Rahmen eines nicht-internationalen Konfliktes sind nach Art. 8 Abs. 2 lit. c) IStGHst bzw. gemeinsamer Art. 3 Abs. 1 GK Personen, die nicht direkt an den Feindseligkeiten teilnehmen; u. a. ausdrücklich auch Mitglieder der bewaffneten Streitkräfte, welche infolge Gefangennahme außer Kampf gesetzt wurden. Bei O handelt es sich um einen Anführer der US. In Anbetracht der Tatsache, dass die US eine paramilitärische Organisation ist, ist anzunehmen, dass nicht zwischen ihrer politischen und militärischen Führung unterschieden werden kann. Jedenfalls ist davon auszugehen, dass O zum Zeitpunkt seiner Gefangennahme ein militärischer Befehlshaber der US war und somit als Teil der bewaffneten Streitkräfte anzusehen ist. Zum Zeitpunkt der Tat befand sich O in Gefangenschaft der gegnerischen Konfliktpartei, d. h. er befindet sich außerhalb des Konflikts (hors de combat) und ist demnach eine geschützte Person i. S. d. Art 8 Abs. 2 lit. c) IStGHst.

4. Funktionell Zusammenhang zwischen Konflikt und Einzeltat. Als Kriegsverbrechen strafbar ist die Einzeltat des T jedoch nur, wenn sie in einem funktionalen Zusammenhang mit dem bewaffneten Konflikt steht. D. h. die Tat muss explizit auf Grund und nicht nur anlässlich des Konfliktes begangen worden sein. Bei T handelt es sich um einen Aufseher in einem Lager, in dem ausschließlich Aufständische interniert sind. D. h. er ist offizieller Angehöriger der Regierungstruppen und handelte explizit in dieser Funktion, um durch die Folterung des O Informationen über die Pläne des Feindes zu erlangen, und nicht aus persönlichen Motiven. Jedenfalls ist seine Tat eine Handlung im

Rahmen des Bürgerkrieges und nicht nur anlässlich des selbigen. Demnach besteht auch der notwendige Zusammenhang zwischen Konflikt und Einzeltat.

Das Handeln des T erfüllt damit den objektiven Tatbestand eines Kriegsverbrechens gem. Art. 8 Abs. 2 lit. c) (i) IStGHst.

II. Subjektiver Tatbestand
Nach Art. 30 IStGHSt hängt die Strafbarkeit des Täters davon ab, dass er den objektiven Tatbestand willentlich und wissentlich verwirklicht hat.

1. Dabei muss sich T der tatsächlichen Umstände bewusst gewesen sein, aus welchen sich die Bewertung des Bürgerkrieges als bewaffneter Konflikt i. S. d. Art. 8 Abs. 2 IStGHSt und der Status des O als geschützte Person ergibt. T als Lageraufseher war sich der kriegerischen Auseinandersetzung in seinem Land bewusst und wusste darüber hinaus, dass O, der sich in seiner Obhut befand und daher besonders schutzbedürftig war, Anführer der US war. Demnach wusste der T sowohl um die Umstände, welche den Bürgerkrieg als bewaffneten Konflikt qualifizieren, als auch um die Umstände, welche O den Status einer geschützten Person verliehen.

2. In Kenntnis dieser Umstände müsste T nunmehr die Folter des O bewusst und gewollt durchgeführt haben. Davon ist nach den Angaben im Sachverhalt auszugehen. Die Anforderungen des Art. 30 IStGHSt sind folglich erfüllt. Das Handeln des T ist damit auch subjektiv tatbestandsmäßig.

III. Strafbarkeitsausschließungsgründe sind keine ersichtlich.
Ergebnis: Durch die Folter des O hat der T den Tatbestand eines Kriegsverbrechens in der Begehungsform eines Angriffes auf Leib und Leben einer im gemeinsamen Art. 3 der Genfer Konventionen geschützten Person durch Folter gem. Art. 8 Abs. 2 lit. c) (i) Alt. 4 IStGHSt verwirklicht.

162 **Fall 2:** Mediterraneo wird von dem erheblich größeren und wirtschaftlich sehr viel potenterem Nachbarland Ozeanien überfallen. Die Truppen von O rücken rasch in M vor, da die militärischen Mittel von M nicht ausreichen, um sich gegen die gut ausgestatte Armee von O zur Wehr zu setzen. Der Präsident von M befiehlt daher den Angriff auf eine große Solaranlage in der Wüste von O. Ohne diese Anlage gerät die Energieversorgung in O in erhebliche Schwierigkeiten und der Truppenvorstoß müsste abgebrochen werden.

a. M befiehlt die Verwendung von konventionellen Waffen, wodurch die Anlage erheblich beschädigt und die meisten zivilen Mitarbeiter getötet werden.

b. M befiehlt den Einsatz einer taktischen Atombombe, wodurch die Anlage auf Jahrzehnte hin unbrauchbar wird, sämtlich Mitarbeiter sofort getötet werden, weitere Opfer unter der Zivilbevölkerung aber nicht zu beklagen sind.

Wie hat sich P jeweils nach dem Statut des IStGH strafbar gemacht?

Lösungshinweise:

Fall 2a.):

A. Strafbarkeit gemäß Art. 7 IStGHSt

P könnte sich des Verbrechens gegen die Menschlichkeit gem. Art. 7 Abs. 1 lit. a) IStGHSt strafbar gemacht haben, indem er den Angriff der Solaranlage befiehlt und Zivilisten dabei getötet werden.
Art. 7 Abs. 1 lit. a) IStGHSt stellt die vorsätzliche Tötung unter Strafe. Jedoch wäre hierzu zunächst das Vorliegen einer Gesamttat in Form eines ausgedehnten oder systematischen Angriffs gegen die Zivilbevölkerung erforderlich. Durch den Angriff getroffen werden zunächst ausschließlich die Mitarbeiter der Anlage, keine weitere Zivilbevölkerung. Die Anlage kann jedoch relativ schnell wieder repariert werden, sodass nicht von einem mittel-

baren Angriff auf die Zivilbevölkerung durch mangelnde Energieversorgung ausgegangen werden kann. Demnach hat sich P nicht nach Art. 7 IStGHSt des Verbrechens gegen die Menschlichkeit schuldig gemacht.

B. Strafbarkeit gemäß Art. 8 IStGHSt

P könnte sich wegen Kriegsverbrechen nach Art. 8 lit. a) (i), (iv), b) (i), (ii), (xii), (iv) IStGHSt strafbar gemacht haben, indem er den Angriff auf die Solaranlage durchführen lässt, bei dem viele zivile Mitarbeiter sterben.

I. Tatbestand

Objektiver TB

   1. Gesamttat

      a. Bewaffneter Konflikt. Erfordernis eines Kriegsverbrechens ist das Vorliegen eines bewaffneten Konflikts, d. h. die Verbrechen müssen im Rahmen einer mit militärischer Waffengewalt ausgetragenen Auseinandersetzung geschehen. Nach dem „Überfall" von O auf M ist diese Voraussetzung erfüllt.

      b. Internationaler oder nationaler Konflikt. Für die Anwendbarkeit des humanitären Völkerrechts ist zu klären, ob es sich hierbei um einen internationalen oder nationalen Konflikt handelt. Nachdem die Gewalt zwischen zwei verschiedenen Staaten stattfindet, sind hier die Vorschriften über den internationalen Konflikt anwendbar.

   2. Einzeltaten

P hat den Angriff durch die von ihm befehligten Militärs durchführen lassen. Er ist für dieses Handeln individuell strafrechtlich verantwortlich nach Art. 25 Abs. 3 lit. a) IStGHSt, wenn man davon ausgeht, dass er die Tat kraft seiner Befehlsgewalt durch einen anderen begeht (Tatherrschaft durch Organisationsherrschaft). Die strafrechtliche Verantwortlichkeit kann sich alternativ auch aus Art. 25 Abs. 3 lit. b) IStGHSt ergeben, wenn man die Tatherrschaft ablehnt, denn P hat die Bombardierung angeordnet.

      a. Art. 8 Abs. 2 lit. a) IStGHSt (Verletzung des Genfer Rechts): P könnte sich durch den Angriff der vorsätzlichen Tötung nach Art. 8 Abs. 2 lit. a) (i) strafbar gemacht haben. Dabei ist zunächst erforderlich, dass die Opfer nach GK IV zum geschützten Personenkreis gehören. Das ist allerdings nur dann der Fall, wenn sich die Opfer in der Hand der gegnerischen Partei befunden haben (Art. 4 I GK IV); d. h. die Opfer müssen sich auf einem von der gegnerischen Konfliktpartei kontrollierten Gebiet befinden. Das ist hier nicht der Fall, so dass eine Strafbarkeit nach Art. 8 Abs. 2 lit. a) ausscheidet.

      b. Art. 8 Abs. 2 lit. b) IStGHSt. Allerdings könnte sich P nach Art. 8 Abs. 2 lit. b) anderer Verstöße gegen das Kriegsrecht strafbar gemacht haben.

        aa. 8 Abs. 2 lit. b) (i) IStGHSt

          (1) Angriff auf Zivilpersonen. Möglicherweise hat sich P des Angriffs auf Zivilpersonen schuldig gemacht. Angriff ist nach Art. 49 ZP I jede Form der Gewaltanwendung, also auch die Bombardierung eines Kraftwerks. Zusätzlich ist erforderlich, dass die angegriffenen Personen Zivilisten i. S. v. Art. 50 ZP I sind. Da die Arbeiter im Kraftwerk nicht zum Militär gehören und nicht an Kampfhandlungen teilnehmen (Art. 43 ZP I), sind sie Zivilpersonen.

(2) Schranke/Rechtfertigung. Allerdings sind gem. Art. 51 Abs. 5 lit. b) ZP I Kollateralschäden hinzunehmen, die verhältnismäßig zum erwarteten unmittelbaren und konkreten militärischen Vorteil sind. Hier werden zwar zivile Mitarbeiter getötet, darüber hinaus ist jedoch im Sachverhalt keine weitere Schädigung der Zivilbevölkerung ersichtlich. Nach ein paar Wochen kann die Anlage auch wieder in Betrieb genommen werden, sodass es zu keiner Schädigung der Zivilbevölkerung durch mangelnde Energieversorgung zu kommen scheint. Dagegen muss O seinen Truppenvorstoß abbrechen, was einen konkreten, unmittelbaren Vorteil für M bedeutet.

bb. Art. 8 Abs. 2 lit. b) (ii) IStGHSt. P könnte sich schuldig gemacht haben, ein geschütztes ziviles Objekt angegriffen zu haben. Nach Art. 52 Abs. 2 S. 1 ZP I sind Angriffe auf militärische Ziele zu beschränken. Im Zweifelsfall gilt gemäß Art. 52 Abs. 3 ZP I die Vermutung, es handele sich um ein ziviles Objekt. Allerdings ergibt sich hier aus Art. 52 Abs. 2 S. 2 ZP I, dass die Zerstörung unter den Umständen des betreffenden Zeitpunkts erlaubt sein kann, wenn das Objekt wirksam zu militärischen Handlungen beiträgt und durch die Zerstörung ein eindeutiger militärischer Vorteil entsteht. O muss seinen Truppenvorstoß abbrechen. Ein eindeutiger militärischer Vorteil für M ist gegeben.

cc. Art. 8 Abs. 2 lit. b) (iv) IStGHSt. Des Weiteren könnte sich P strafbar gemacht haben, wenn er einen Angriff in Kenntnis führte, dass dieser Verluste von Menschenleben und Verwundung von Zivilpersonen verursachen könnte. Allerdings lässt sich hier wiederum eine immanente „Schranke" des Art. 8 Abs. 2 lit. b) (iv) IStGHSt feststellen, wonach die militärische Notwendigkeit den Angriff rechtfertigen kann. Die militärischen Mittel von M reichen nicht aus, um M gegen O zu verteidigen. Zum erwarteten militärischen Vorteil ist der Angriff jedenfalls nicht eindeutig unrechtmäßig.

II. Ergebnis

P hat sich nicht nach Art. 8 IStGHSt strafbar gemacht.

163 **Fall 2b.):** Der Unterschied zu Fall 2 a.) liegt in der Wahl der Mittel. Dabei ist zunächst zu untersuchen, ob das humanitäre Völkerrecht nicht ein generelles Verbot des Einsatzes von Nuklearwaffen kennt. Das ist nach der Mehrheitsansicht des IGH nicht der Fall (vgl. Gutachten zum Einsatz von Nuklearwaffen – ICJ Reports 1996, 66). Der Einsatz unterliegt somit den allgemeinen Regeln des humanitären Völkerrechts und des Völkerstrafrechts.

a. Danach ist zunächst zu prüfen, ob der Einsatz nach Art. 8 Abs. 2 lit. b) (xvii) IStGHSt unter das Verbot der Verwendung vergifteter Waffen fällt. Das ist abzulehnen, weil hier nur chemische Waffen gemeint sind.

b. Weiter könnte Art. 8 Abs. 2 lit. b) (xx) IStGHSt erfüllt sein, wenn die Atomwaffe ihrer Natur nach unterschiedslos wirkt. Das ist nicht abstrakt zu klären, sondern im konkreten Fall zu betrachten. Die hier eingesetzte Waffe kann sehr wohl gezielt und kontrolliert eingesetzt werden, so dass diese Voraussetzung ebenfalls nicht erfüllt ist.

c. Schließlich könnte der Einsatz erhebliche Schäden in der Umwelt verursachen, strafbar nach Art. 8 Abs. 2 lit. b) (iv) IStGHSt. Allerdings ist hier wiederum der militärische Vorteil ins Verhältnis zu setzen, so dass auch hier, angesichts der Bedrohungssituation für den kleinen Staat M der militärische Nutzen überwiegt (hier strahlt das Selbstverteidigungsrecht des *ius ad bellum* nach Art. 51 UN-Charter auf die Interpretation von Art. 8 IStGHSt aus).

Die weitere Prüfung entspricht oben Fall 2 a.).

D Aggression

Article 8 *bis*

Crime of aggression

1. For the purpose of this Statute,"crime of aggression" means the planning, preparation, initiation or execution, by a person in a position effectively to exercise control over or to direct the political or military action of a State, of an act of aggression which, by its character, gravity and scale, constitutes a manifest violation of the Charter of the United Nations.
2. For the purpose of paragraph 1,"act of aggression" means the use of armed force by a State against the sovereignty, territorial integrity or political independence of another State, or in any other manner inconsistent with the Charter of the United Nations. Any of the following acts, regardless of a declaration of war, shall, in accordance with United Nations General Assembly resolution 3314 (XXIX) of 14 December 1974, qualify as an act of aggression:
   a. The invasion or attack by the armed forces of a State of the territory of another State, or any military occupation, however temporary, resulting from such invasion or attack, or any annexation by the use of force of the territory of another State or part thereof;
   b. Bombardment by the armed forces of a State against the territory of another State or the use of any weapons by a State against the territory of another State;
   c. The blockade of the ports or coasts of a State by the armed forces of another State;
   d. An attack by the armed forces of a State on the land, sea or air forces, or marine and air fleets of another State;
   e. The use of armed forces of one State which are within the territory of another State with the agreement of the receiving State, in contravention of the conditions provided for in the agreement or any extension of their presence in such territory beyond the termination of the agreement;
   f. The action of a State in allowing its territory, which it has placed at the disposal of another State, to be used by that other State for perpetrating an act of aggression against a third State;
   g. The sending by or on behalf of a State of armed bands, groups, irregulars or mercenaries, which carry out acts of armed force against another State of such gravity as to amount to the acts listed above, or its substantial involvement therein.

I Einführung

Der Tatbestand des Verbrechens der Aggression ist sicherlich von allen internationalen Kernverbrechen der heikelste. Das überrascht nicht, da der Vorwurf der Aggression bzw. des Führens eines Angriffskriegs deutlich mit der staatlichen Politik und damit der staatlichen Souveränität zu tun hat.[422] Zwar knüpft die Straftat der Aggression – wie die anderen internationalen Verbrechen auch – an eine **individuelle Verantwortlichkeit** an und kriminalisiert nicht den Staat insgesamt; gleichwohl trifft der Vorwurf moralisch auch den Staat als solchen, da die Aggression im- **164**

---

[422] Vgl. *Werle* (2007), Rn. 1137.

mer nur **von einem Staat** ausgehen kann. Außerdem ist der Aggressionstatbestand rechtlich verknüpft mit dem VN-System der kollektiven Sicherheit, das auf dem grundsätzlichen Gewaltverbot fußt, aber gleichwohl komplexe Ausnahmen bzw. Rechtfertigungen akzeptiert.

Den Vertretern auf der Römischen Konferenz gelang es auch nicht, in diesem Punkt Einigkeit zu erzielen. Immerhin – denn schon das muss als Erfolg gewertet werden – wurde ein „Platzhalter" vorgesehen, in dem die Aggression grundsätzlich als Verbrechen bezeichnet wird (Art. 5 Abs. 1 lit. d) IStGHSt), die tatbestandliche Ausgestaltung aber einer **Nachfolgekonferenz** zur römischen Konferenz von 1998 vorbehalten blieb (Art. 5 Abs. 2, 121, 123 IStGHSt).[423] Diese hat im achten Jahr nach der Errichtung des IStGH in Kampala (Uganda) stattgefunden und als Ergebnis konnte nach intensiven Vorarbeiten, gleichwohl überraschend[424] ein Straftatbestand (Art. 8*bis* IStGHSt) präsentiert werden, der mit verschiedenen Zulässigkeitsfragen gekoppelt ist (Art. 15*bis, ter* IStGHSt).[425] Als Teil des **Kompromisses** hat man sich allerdings auch darauf verständigt, dass die Anwendung des Tatbestands die Ratifikation der Statutsänderung durch mindestens 30 Mitgliedstaaten voraussetzt und außerdem erst nach dem 01.01.2017 erfolgen kann (Art. 15*bis* Abs. 3; 15*ter* Abs. 3 IStGHSt). Der „Wartezustand" des Aggressionsverbrechens ist demnach noch nicht ganz beendet.[426]

Bei historischer Betrachtung wirkt der Status Quo der letzten Jahre und Jahrzehnte anachronistisch. Im **Nürnberger Prozess** gegen die deutschen Hauptkriegsverbrecher sollte nämlich genau das erreicht werden: Die Etablierung einer Strafnorm des „Verbrechens gegen den Frieden", wie es in Art. 6 a) IMTSt hieß.[427] Das von Robert Jackson in Nürnberg gegebene Versprechen, dass zwar Kriege durch Strafrecht nicht verhindert werden können, dass aber internationales Recht für den Erhalt der Friedensordnung kämpfen muss, ist *in praxi* daher immer noch nicht

---

[423] Art. 5 Abs. 2 IStGHSt lautet: Der Gerichtshof übt die Gerichtsbarkeit über das Verbrechen der Aggression aus, sobald im Einklang mit den Artikeln 121 und 123 eine Bestimmung angenommen worden ist, die dieses Verbrechen definiert und die Bedingungen für die Ausübung dieser Gerichtsbarkeit festlegt. Diese Bestimmung muß mit den einschlägigen Bestimmungen der Charta der Vereinten Nationen vereinbar sein.

[424] Gar als „Wunder von Kampala" bezeichnet von *Schmalenbach*, JZ 2010, 745. Zu den Verhandlungen im Einzelnen s. *Kreß/von Holtzendorff*, JICJ 8 (2010), 1197.

[425] Der Text ist enthalten in Resolution RC/Res. 6 (Advanced Version, 28.06.2010), angenommen in der 13. Plenarsitzung der Überprüfungskonferenz in Kampala am 11.06.2010 durch Konsens. Abrufbar unter www.icc-cpi.int/iccdocs/aps_docs/Resolution/RC-Res.6-ENG.pdf.; sowie unter: www.icwc.de/rechtsquellen.

[426] Der Begriff stammt von *Tomuschat*, Die Friedens-Warte 73 (1998), 335, 337.

[427] Das wird im letzten Abschnitt der Eröffnungsrede von Robert H. Jackson sehr deutlich, IMT Bd. 2 S. 181–183. Ebenso die Erklärung von Justice Jackson im Rahmen der Verhandlungen am 25.07.1945, s. Jackson Report (1949), 383 ff.

eingelöst.[428] Immerhin hat die Weltgemeinschaft den Weg dorthin wieder eingeschlagen.

1 Historische Entwicklung

a) Die Situation vor dem Zweiten Weltkrieg

Der Krieg war noch zu Beginn des 20. Jahrhunderts als legitimes Mittel der Politik **165** zur Durchsetzung staatlicher Interessen anerkannt.[429] Auch auf den Haager Friedenskonferenzen wurde der Griff zu den Waffen nicht verboten. In der Folge des Ersten Weltkriegs wurden etwa durch den Völkerbund verschiedene Versuche unternommen, der friedlichen Streitbeilegung völkerrechtlich den Vorrang einzuräumen.[430] Ein entscheidender Schritt zur Änderung der unbeschränkten Kriegsführung gelang mit dem **Briand-Kellogg-Pakt** vom 27.08.1928 (dazu auch § 4 Rn. 25). Im Jahr 1939 zählte dieser Vertrag 63 Ratifikationen von 67 Staaten, so dass von einer universellen Geltung ausgegangen werden kann.[431] Der Vertrag brachte aber kein absolutes Kriegsverbot, denn zur Durchsetzung von Völkerrecht gegenüber einem Rechtsbrecher ebenso wie zur Selbstverteidigung war der Einsatz militärischer Mittel erlaubt.[432] Trotz dieser Kriegsächtung entfesselte Nazi-Deutschland mit dem Einmarsch in Polen am 01.09.1939 einen Aggressionskrieg, der in den folgenden sechs Jahren bis zu diesem Zeitpunkt ungeahntes Leid über ganz Europa brachte.

b) Nürnberg und die Folge

Im Londoner Statut des IMT Nürnberg stand das Verbrechen gegen den Frieden an **166** **erster Stelle** (Art. 6 IMTSt). Das entsprach vor allem der amerikanischen Strategie, den Angriffskrieg strafrechtlich zu ahnden,[433] was von der sowjetischen Seite uneingeschränkte Unterstützung fand, obwohl sie in dieser Frage selbst keine weiße Weste aufweisen konnte.[434] In den Diskussionen im Sommer 1945 in London, war

---

[428] Vgl. dazu auch *Kranzbühler* (1949), S. 20, der den Tatbestand des Angriffskriegs als ein „Vorgriff auf eine internationale Gemeinschaft" ansah, „die man damals erhoffte, die sich aber nicht verwirklich hat".

[429] Vgl. etwa *von Liszt* (1920), S. 275.

[430] Vgl. die Beispiele bei *Grewe* (2000), S. 616 ff.

[431] Vgl. dazu *Werle* (2007), Rn. 1146.

[432] *Grewe* (2000), S. 621.

[433] Vgl. dazu auch *Kranzbühler* (1949), S. 19.

[434] Vgl. dazu *Hirsch*, American History Review 2008, 701, 706 f. Wenige Tage nach dem deutschen Angriff folgte am 17.09.1939 der sowjetische Angriff auf Polen. Auf eine Aufteilung Polens hatten sich die Außenminister *von Ribbentrop* und *Molotow* im geheimen Zusatzprotokoll zum deutsch-russischen Nichtangriffspakt am 24.08.1939 verständigt. Dieses Protokoll versuchte Ver-

das Meinungsbild in dieser Frage allerdings nicht so einheitlich, wie es im Prozessverlauf schien. Vor allem die französische Verhandlungsdelegation war der Meinung, dass ein Straftatbestand des Angriffskriegs gegen das **Rückwirkungsverbot** verstieß.[435] Die Schwierigkeiten während der Verhandlungen lagen vor allem in der Strafbarkeit von Individuen. Das Entfesseln eines Angriffskriegs wurde nämlich vor allem von der französischen Delegation ausschließlich der Verantwortung des Staates zugeschrieben. Allerdings konnten sich die Franzosen in diesem Punkt nicht durchsetzen und akzeptierten schließlich eine Strafbarkeit auf der Grundlage eines Verstoßes gegen den Pariser Vertrag (*Briand-Kellogg*-Pakt, s. o. Rn. 165) in Verbindung mit Kriegsverbrechen.[436]

Auch in der Terminologie war man uneins: Ein Vorschlag von *Robert Jackson* vom 31.07.1945 war überschrieben mit „*The Crime of War*".[437] Der Begriff „*The Crimes against Peace*" wurde dann auf Vorschlag des sowjetischen Delegationsleiters General *Nikitschenko* am 02.08.1945 in Art. 6 a) IMTSt eingefügt. Diese Nomenklatur geht zurück auf das Völkerrechtslehrbuch des sowjetischen Delegationsmitglieds Professor *Trainin*.[438] Schließlich erhielt das Statut folgenden schlichten Wortlaut, der kaum als Definition bezeichnet werden kann:

> Verbrechen gegen den Frieden: Nämlich Planen, Vorbereitung und Einleitung oder Durchführung eines Angriffskrieges oder eines Krieges unter Verletzung internationaler Verträge, Abkommen oder Zusicherungen oder Beteiligungen an einem gemeinsamen Plan oder an einer Verschwörung zur Ausführung einer der vorgenannten Handlungen;

167 Ein weiterer Streitfall unter den Delegierten war die Frage der **Verschwörung** zum Verbrechen gegen den Frieden. Auch hier formulierte die französische Delegation Vorbehalte gegen ein umfassendes Zurechnungskonzept auf der Grundlage eines gemeinsamen Planes.[439]

Gegen alle 22 Nürnberger Angeklagten wurde der Vorwurf des Verbrechens gegen den Frieden erhoben. Trotz erheblicher Anstrengungen der Verteidiger, die Verbrechen gegen den Frieden als Verstoß gegen das Rückwirkungsverbot von der Verfolgung auszuschließen, wurden **zwölf Angeklagte** entsprechend verurteilt.[440] Schließlich war die Beweislage erdrückend.[441] Die umstrittene Verschwörungsanklage wurde (nur) für das Verbrechen gegen den Frieden vom IMT akzeptiert.

---

teidiger Seidl vehement im Nürnberger Prozess als Beweis vorzulegen, was ihm schließlich auch gelang. Auswirkungen auf die Verurteilungen wegen Art. 6 a) IMTSt hatte das allerdings nicht.

[435] Vgl. die Ausführungen von Professor Gros am 19.07.1945, Jackson Report (1949), 295.

[436] Vgl. Professor Gros am 25.07.1945, Jackson Report (1949), 385 f.

[437] Vgl. Revision of Definition of „Crimes", Submitted by American Delegation, 31.7.1945, Jackson Report (1949), 395.

[438] Jackson Report (1949), 416 f.

[439] Vgl. Jackson Report (1949), 387 ff.; vgl. dazu auch *Safferling*, KritV 2010, 65.

[440] Das waren: Göring, Heß, von Ribbentrop, Keitel, Rosenberg, Frick, Funk, Dönitz, Raeder, Jodl, Seys-Inquart und von Neurath.

[441] Eine Zusammenfassung der im Nürnberger Prozess vorgetragenen Beweisführung findet sich bei *Harris* (2008).

Verbrechen gegen den Frieden wurden auch im Kontrollratsgesetz Nr. 10 und in Art. 5 a) des IMTFO unter Strafe gestellt. In den **Nürnberger Nachfolgeprozessen** wurde zwar der Versuch unternommen, auch Industrielle[442] und Diplomaten für den deutschen Angriffskrieg zur Rechenschaft zu ziehen; es gelang aber nur bei wenigen führenden Mitarbeitern des Auswärtigen Amtes im sog. **Wilhelmstraßenprozess.**[443]

Schließlich wurde das Verbot des Angriffskriegs in den **Nürnberger Prinzipien** **168** mit Resolution 95 (I) am 11.12.1946 von der Generalversammlung der VN bestätigt. Gleichwohl blieb der Straftatbestand vor allem in Deutschland umstritten und symbolisierte für Viele – insbesondere angesichts des geheimen Zusatzprotokolls zum *Molotow-Ribbentrop*-Pakt vom 23.08.1939 – den Inbegriff der „Siegerjustiz" (dazu § 4 Rn. 36 und § 8 Rn. 1).[444] In dieser Hinsicht geriet das Verbrechen der Aggression nicht in Vergessenheit, es kam aber nach den Verfahren im Zusammenhang mit dem Zweiten Weltkrieg nicht mehr zur Anwendung.[445]

Allerdings stellt die Charta der VN das **Gewaltverbot** an die erste Stelle der **169** Regelungen der Beziehungen der Staaten untereinander (Art. 2 Nr. 4 Charta VN), knüpft daran aber keine strafrechtlichen Folgen für Individuen. Auch die wichtige **Resolution 3314** (XXIX) v. 14.12.1974 zur Definition der Aggression der Generalversammlung der VN, erwähnt eine strafrechtliche Verantwortung nur am Rande.[446] Gleichwohl dürfte auf der Grundlage von Nürnberg und Tokio die Strafbarkeit des Angriffskrieges gewohnheitsrechtlich verbürgt sein.[447]

c) Die Römische Konferenz

Die ***Ad hoc*-Tribunale der VN** kennen das Aggressionsverbrechen nicht. Im Fall **170** Jugoslawiens wäre ein solcher Tatbestand zur Lösung des Konflikts sicher kontraproduktiv gewesen, im Falle des Völkermordes in Ruanda stellte sich die Frage der Aggression nicht. Vor diesem Hintergrund mag es fast erstaunen, dass auf der Römischen Konferenz über die Einfügung des „Verbrechens gegen den Frieden" in neuzeitlichem Gewand verhandelt wurde.

An der Strafwürdigkeit einer völkerrechtswidrigen Aggression bestanden und bestehen kaum Zweifel.[448] Die Schwierigkeiten liegen daher auch weniger im

---

[442] Im sog. Krupp-Prozess wurde der Angeklagte Alfried Krupp von dem Vorwurf der Verschwörung und den Verbrechen gegen den Frieden freigesprochen, vor allem wegen komplizierter und offenbar nicht konsensfähiger Zurechnungsfragen, vgl. *Kastner* (2001), S. 264.

[443] U.S. Military Tribunal Nürnberg, Urt. v. 14.04.1949. Verurteilt wurden Keppler und Lammers; die Verurteilungen von von Weizsäcker und Wörmann wurden aufgehoben. Siehe auch *Kastner* (2001), S. 267 f.; *Werle* (2007), Rn. 1151.

[444] Vgl. dazu etwa *Kranzbühler* (1949), S. 7 f.; s. auch o. Fn. 434.

[445] Das meint wohl *Cassese* (2008), S. 152.

[446] Lediglich allgemein wird ausgeführt, dass ein Aggressionskrieg ein Verbrechen gegen internationales Recht darstellt, das internationale Verantwortlichkeit auslöse; vgl. Art. 5 Abs. 2 der Resolution.

[447] So auch *Werle* (2007), Rn. 1154–1156.

[448] Vgl. *Kreß*, ZStW 115 (2002), S. 294, 297.

Grundsätzlichen als in der **praktisch-technischen Umsetzung**.[449] Der politische
Charakter des Aggressionstatbestands schließlich erschwert die Definition, denn
zentraler Anknüpfungspunkt für die Bestrafung ist immer das staatliche Handeln[450].
Auch der Rechtsausschuss der VN (ILC) hat sich in seinem Draft Code 1996 um
eine Definition des Aggressionsverbrechens gedrückt.[451] Allerdings enthielt der
ILC-Entwurf die Vorschrift, dass der Sicherheitsrat der VN zunächst das Vorliegen
einer Aggression feststellen muss, bevor strafrechtliche Verfahren gegen verantwortliche Individuen durchgeführt werden können.[452]

171   Auf der Römischen Konferenz trafen zwei Lager aufeinander.[453] Während die
eine Seite, vor allem arabische und afrikanische Staaten für einen breiten Tatbestand auf der Grundlage der Definition in Resolution 3314 votierten, sprachen sich
andere Staaten, darunter auch Deutschland für eine schlanke Lösung aus, die auf
eindeutige Fälle zugeschnitten sein sollte. Umstritten war außerdem die **Rolle des
Sicherheitsrates**. Es wurde bald klar, dass unter Zeitdruck ein Kompromiss in dieser wichtigen Frage nicht möglich sein würde, und so wurde, auch um die Verabschiedung des Statuts insgesamt nicht zu gefährden,[454] die Definition aufgeschoben
unter gleichzeitiger grundsätzlicher Anerkennung der Strafwürdigkeit und der Zuständigkeit des IStGH.[455]

d) Die Review Conference in Kampala

172   Die Staatenversammlung des IStGH (*Assembly of State Parties – ASP*) setzte auf
einer ihrer ersten Sitzungen im Jahr 2002 eine spezielle Arbeitsgruppe zum Verbrechen der Aggression (*Special Working Group for the Crime of Aggression*) ein, um
den Willen zur **ernsthaften Lösung der Definitionsfrage** zu dokumentieren und
eine Entscheidung auf der Nachfolgekonferenz zur Römischen Konferenz von 1998
(*Review Conference*) vorzubereiten.[456] Die Arbeitsgruppe erarbeitete einen Kom-
promissvorschlag, der von der Staatenversammlung der Überprüfungskonferenz
(31.05. bis 11.06.2010) zur Entscheidung vorgelegt werden konnte.[457] Erschwert
wurde der Einigungsprozess durch den späten, aber umso intensiveren Einstieg der
USA in die Verhandlungen im Jahr 2009.

---

[449] *Neubacher* (2005), S. 449.

[450] *Petty*, Hastings Journal 31 (2008), 1, 2.

[451] Vgl. Yb ILC 1996, Vol. 2 Part 2, 42 f.

[452] Vgl. zur Kritik an diesem Vorgehen *Ronneberg* (1998), S. 185 ff.

[453] Vgl. dazu Triffterer/*Zimmermann*, Art. 5 Rn. 22–25.

[454] Vgl. zu den Verhandlungen *Arsanjani*, AJIL 93 (1999), 22, 29 f. sowie *Müller-Schieke*, LJIL
14 (2001), 409, 413.

[455] *Ambos* (2008), § 7 Rn. 254 m. w. N.

[456] ICC-ASP/1/Res. 1 v. 09.09.2002.

[457] ICC-ASP/8/Res. 6 v. 26.11.2009 – Annex II.

Am 11.06.2010 schließlich verabschiedeten die Vertreter der Mitgliedstaaten mit Resolution 6 im **Konsens** eine Definition von Aggression einschließlich einiger Modifikationen zum prozessualen Vorgehen bei der Verfolgung des Verbrechens.[458] Dabei wurde auch auf die Bedeutung des Aggressionstatbestands hingewiesen:

> It is understood that aggression is the most serious and dangerous form of the illegal use of force.[459]

Der Kompromiss ist getragen einerseits von der Verständigung, dass nur die **173** schwersten Fälle, die eine offensichtliche Verletzung (*manifest violation*) der VN-Charta darstellen, Aggressionsverbrechen sind, und anderseits von der Überzeugung, dass der Sicherheitsrat der VN letztlich für die Feststellung einer Aggressionshandlung seitens eines Staates zuständig ist.[460]

Die Regelung tritt allerdings erst nach 30 Ratifikationen in Kraft (Art. 15*bis* Abs. 2 und Art. 15*ter* Abs. 2 IStGHSt). Zusätzlich wurde noch eine doppelte Hürde eingebaut:

1. Vor dem 01.01.2017 kann der IStGH Aggression nicht verfolgen; den Staaten ist also ein siebenjähriger „*breathing-room*" eingeräumt worden, um sich auf die Strafbarkeit der Aggression einzustellen.
2. Die Mitgliedstaaten müssen nach dem Stichtag mit 2/3-Mehrheit dem Inkrafttreten der Aggressionsvorschriften (erneut) zustimmen (sog. **Aktivierungsentscheidung**; vgl. Art. 15*bis* Abs. 3 und Art. 15*ter* Abs. 3 jeweils i. V. mit Art. 121 Abs. 3 IStGHSt).

Durch diese Regelung wurde das im IStGHSt vorgesehen Verfahren bei Vertragsänderungen anlässlich einer Überprüfungskonferenz nach Art. 123 Abs. 3 i. V. mit Art. 121 Abs. 3 bis 7 IStGHSt für den Fall der Aggression modifiziert, wonach Änderungen der Straftaten nur für diejenigen Staaten gelten, welche die Neuerung auch selbst ratifiziert haben (**Konsensprinzip** – Art. 121 Abs. 5 IStGHSt). Ob das überhaupt zulässig ist, mag bezweifelt werden. Die Staatenvertreter setzten damit aber ein deutliches Zeichen dafür, dass sie die „Herren der Verträge", auch des Römischen Statuts, sind.

Die Res. 6 enthält in Annex II eine Ergänzung der **Verbrechenselemente** zu Art. 8*bis* IStGHSt. Der Kampala-Kompromiss wird darüber hinaus in Annex III begleitet von einer Liste sog. *understandings*, die einige Klarstellungen für die Interpretation enthalten, ohne den Inhalt der Normen zu verändern. Diese Erklärungen waren vor allem ein Zugeständnis an die USA, die so dazu gebracht werden konnten, der Res. 6 zuzustimmen.

---

[458] Resolution RC/Res. 6 (Advanced Version, 28.06.2010), angenommen in der 13. Plenarsitzung der Überprüfungskonferenz in Kampala am 11.06.2010 durch Konsens.

[459] RC/Res. 6 – Annex III § 6.

[460] Über die Rolle des Sicherheitsrats wurde besonders intensiv gerungen, vgl. *Schmalenbach*, JZ 2010, 745, 746 f.

2 Geschütztes Rechtsgut

174 Das durch das strafbewehrte Verbot des Angriffskriegs **geschützte Rechtsgut** ist ähnlich wie bei den anderen völkerstrafrechtlichen Kernverbrechen umstritten (vgl. § 4 Rn. 66). Allerdings tritt hier der kollektive Charakter deutlicher zu Tage als etwa bei den Kriegsverbrechen. Bedeutsam scheint hier der Zusammenhang mit der VN-Charta und das darin enthaltene System kollektiver Sicherheit.

a) Allgemein

Durch die strafrechtliche Verfolgung der Aggression soll verhindert werden, dass ein Staat einen anderen Staat mit Waffengewalt überfällt. Als dahinter stehendes Rechtsgut könnte daher die **Souveränität der Nationalstaaten** gesehen werden. Damit bliebe die Rechtsverletzung aber letztlich bilateral im Verhältnis zwischen angreifendem und angegriffenem Staat. Um den globalen, völkerstrafrechtlichen Charakter zu erfassen, muss aber ein wahrhaft „internationales Rechtsgut" gefunden werden, das die Weltgemeinschaft als ganzes angeht. Daher wird auf das **friedliche Zusammenleben der Völker**, den weltweiten Frieden und die internationale Sicherheit abgestellt.[461] Damit wird die Antwort auf die Frage nach dem Rechtsgut aber eher verwässert als greifbar gemacht.

Außerdem wird behauptet, dass sich die Schwierigkeiten in der Formulierung des Schutzgutes vor allem daraus ergeben, weil die Rechtsverletzung im Vergleich zu den anderen Kernverbrechen, Völkermord, Verbrechen gegen die Menschlichkeit und Kriegsverbrechen, weniger fassbar und sichtbar ist.[462] Das ist aber nur dann der Fall, wenn man – wie *Neubacher* – auf die Menschenrechte als Schutzgut abstellt. Individualrechte bzw. Menschenrechte sind durch einen Akt der Aggression nicht *per se* betroffen. So können auch Kriegsverbrechen und Verbrechen gegen die Menschlichkeit mit einem Angriffskrieg einhergehen – zwingend miteinander verbunden sind die Tatbestände indes nicht.[463] Ein Individualrecht im Sinne eines „Rechts auf Frieden" ist, soweit man überhaupt von der Existenz eines solchen Rechtes ausgeht, zu unbestimmt, als dass es zur Begründung des Aggressionsverbrechens hinreichen könnte. Das mit dem Verbot des Angriffskriegs geschützte Rechtsgut lässt sich deshalb **individualrechtlich nicht** erklären. Vielmehr geht es hier ausschließlich um Staaten als originäre Völkerrechtssubjekte.

---

[461] Vgl. *Ambos* (2008), § 7 Rn. 253.

[462] Vgl. *Neubacher* (2005), S. 447.

[463] Die Trennung von Angriffskrieg und Kriegsverbrechen war bei der Errichtung des IMT Nürnberg ja gerade umstritten, wobei sich die amerikanische und sowjetische Position, zwischen *war crimes* and *crimes against peace* zu unterscheiden durchgesetzt hat (s. oben Rn. 166).

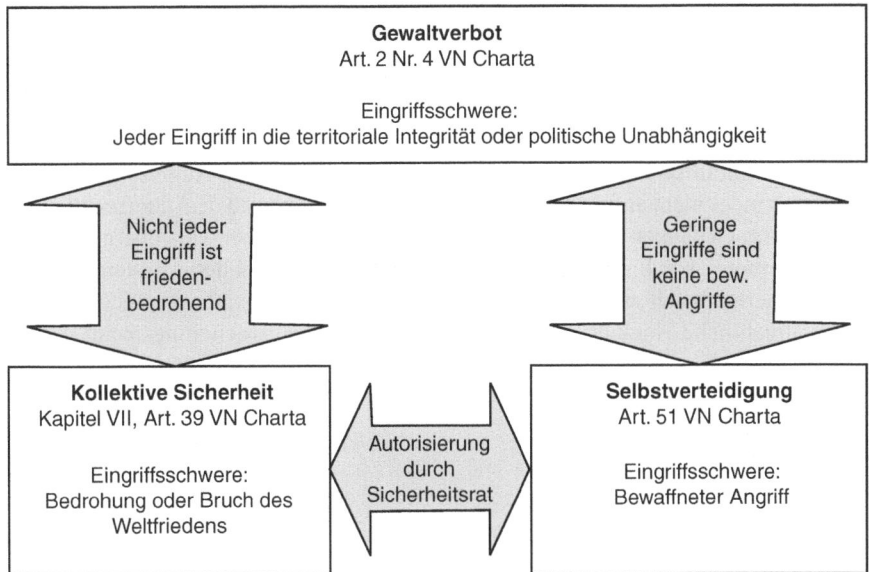

Abb. 9 Spannungsverhältnis Gewaltverbot der VN-Charta

b) Bedeutung der VN-Charta

Zur Klärung des völkerrechtlichen Schutzgutes ist daher (wiederum) auf die in der   **175**
VN-Charta verbürgten Grundprinzipien abzustellen. Dort findet sich an prominenter Stelle das **umfassende Gewaltverbot** als Rückgrat des geordneten Zusammenlebens der Völker (Art. 2 Nr. 4 VN-Charta). In diesem Gewaltverbot drückt sich
der Respekt vor der Souveränität der Staaten, ihrer territorialen Integrität und politischen Unabhängigkeit aus. Darauf basiert das komplexe und nicht widerspruchs-
freie Friedenssicherungsrecht der VN-Charta. Das Gewaltverbot wird in zweierlei
Hinsicht durchbrochen:

1. Das (inhärente) **Selbstverteidigungsrecht** gibt Staaten das Recht, Waffengewalt
   auszuüben, wenn sie sich einem „bewaffneten Angriff" ausgesetzt sehen (Art. 51
   Charta VN).
2. Der **Sicherheitsrat** kann im Falle eines Bruchs oder einer Bedrohung des Frieden
   und im Falle einer „Aggression" militärisches Eingreifen autorisieren (Art. 39,
   42 Charta VN).

Aus den jeweils unterschiedlichen Voraussetzungen und Eingriffsintensitäten ergibt   **176**
sich ein **Spannungsverhältnis** (vgl. Abb. 9), das bislang nicht schlüssig aufgelöst
werden konnte.

Dieses System lässt viele Zweifelsfragen offen.[464] Die Friktionen entstehen vor allem in den unterschiedlichen Eingriffsschwellen, da nach dem Wortlaut der Vorschriften geringfügige Gewalteingriffe nicht zur Entstehung des Selbstverteidigungsrechts führen.[465] Erwähnt seien außerdem die Fragen, ob eine **präventive** (oder gar präemptive) **Notwehr** den Einsatz von Waffengewalt legitimiert,[466] und ob eine „**humanitäre Intervention**"[467] gerechtfertigt ist. Das Aggressionsverbrechen zielt indes nicht auf diese Zweifelsfälle, sondern – gemäß dem strafrechtlichen *ultima ratio*-Gedanken – auf eindeutige Fälle offensichtlicher Verstöße gegen das Gewaltverbot. Es soll demnach das in der VN Charta enthaltene System kollektiver Sicherheit nach außen hin absichern. Der Aggressionstatbestand stellt somit die strafrechtliche Flankierung des internationalen Friedenssicherungsrechts dar.[468]

3 Prüfungsschema

177 **I. Objektiver Tatbestand**

1. Tatumstand: Vorliegen eines „*act of aggression*"

(a) Vorliegen einer der in Art. 8 *bis* (2) Satz 2 lit. a) *bis* g) IStGHSt beschriebenen Situationen

(b) Vorliegen von „*use of armed force by a State*"

(aa) "*against the sovereignty, territorial integrity or political independence of another State*" (Art. 8 *bis* (2) Satz 1 1.Alt. IStGHSt)

(bb) "*in any other manner inconsistent with the Charter of the United Nations*" (Art. 8 *bis* (2) Satz 1 2.Alt. IStGHSt)

---

[464] Vgl. dazu auch *Schmalenbach*, JZ 2010, 745, 747.

[465] So auch die Auslegung des IGH: IGH Reports 1986, 14, § 249. In der jüngeren Rechtsprechung hat der IGH diese restirktive Interpretation von Art. 51 Charta VN bestätigt. IGH Case Concerning Oil Platforms (Islamic Republic of Iran/USA), Reports 2003, 161. Vgl. hierzu auch die *Dissenting Opinion* von Richter *Simma* im Fall IGH Cases Concerning Oil Platforms, ICJ Reports 2003, 328 und andere kritische Stimmen: Ipsen/*Fischer*, § 59 Rn. 28; ebenso *Herdegen*, VR (2010), § 34 Rn. 15; *Kempen/Hillgruber* (2007), Kap. 7 Rn. 99 und *Verdross/Simma* (1984), § 472.

[466] Vgl. *Randelzhofer*, in: Simma (Hg.), Art. 51 Rn. 39; *Franck*, AJIL 97 (2003), 607, 611; *Herdegen*, Völkerrecht, § 34 Rn. 18; *Grzeszick*, AVR 41 (2003), 484, und *Greenwood*, San Diego ILJ 4 (2003), 7. Die Terminologie ist hier uneins. Gelegentlich wird „präventiv" auch als der weitere und „präemptiv" als der engere Begriff verwendet.

[467] Dagegen *Deiseroth*, NJW 1999, 3084; *Randelzhofer*, in Simma (Hg.), Art. 2(4) Rn. 53 ff.; *Brownlie*, Principles of International Law, S. 711 f.; *Verdross/Simma*, Völkerrecht, § 472; ebenso *Lretzau*, ZaöRV 64 (2004), 281, 300, der mit der Entstehungsgeschichte der Charta VN argumentiert; auch *Goodman*, AJIL 100 (2006), 107 ff., der allerdings für die „Legalisierung" der Humanitären Intervention eintritt. Für ein Recht auf humanitäre Intervention vgl. *Greenwood*, EA 1993, 93 ff. und *Johnstone*, EJIL 15 (2004), 813, 822.

[468] *Neubacher* (2005), S. 447.

2. Qualifikation des Tatumstands (*"by its character, gravity and scale, constitutes a manifest violation of the Charter of the United Nations"*) (Art. 8 *bis* (1) a.E. IStGHSt)

3. **Tathandlung:** *"planning, preparation, initiation or execution"*

4. Besondere **Täterqualifikation:** *"person in a position effectively to exercise control over or to direct the political or military action of a State"* (s. auch Art. 25 (3 *bis*) IStGHSt)

II. Subjektiver Tatbestand

1. Vorsatz nach Art. 30 IStGHSt

   (a) Hinsichtlich der Tatumstände nach I. 1. a) bzw. b) Kenntnis nach Art. 30 Abs. 3 IStGHSt

   (b) Hinsichtlich der Tathandlungen I. 3. mind. *dolus directus* nach Art. 30 Abs. 2 lit. a) IStGHSt

   (c) Hinsichtlich der Täterqualifikation nach I. 4. Kenntnis der Umstände, welche die Führungsposition begründen nach Art. 30 Abs. 3 IStGHSt

2. Bewusstsein hinsichtlich der Umstände, welche die Qualifikation der Tat nach I. 2. begründen nach Art. 30 Abs. 3 IStGHSt.

III. Strafausschließungsgründe

II Die Kampala-Reglung im Einzelnen

Der Kampala-Kompromiss hinsichtlich der Strafbarkeit der Aggression zerfällt im Wesentlichen in zwei Komponenten: **178**

1. Die **materiell-rechtliche Definition** des Straftatbestands der Aggression und
2. Modifizierungen des IStGHSt hinsichtlich der **Gerichtsbarkeit** des IStGH und der **formellen** Verfahrensvoraussetzungen.

Dabei verdient die **Rolle des Sicherheitsrats** der VN besondere Aufmerksamkeit, die allerdings die Definition des Straftatbestands nicht berührt, sondern nur im Rahmen der Verfolgungsvoraussetzungen zu Tage tritt.

1 Tatbestand der Aggression

Die Definition von Aggression im Straftatbestand Art. 8*bis* IStGHSt lässt sich in drei Elemente einteilen:[469]   **179**

---

[469] *Ambos* (2008), § 7 Rn. 253 spricht von einer Doppelnatur und einem Makro- und Mikrobereich. Das ist in der Sache richtig, begrifflich aber zu pauschal.

1. **Staatselement**: Der eigentliche Aggressionsakt als manifester Verstoß gegen die VN-Charta („*act of aggression*");
2. **Handlungselement**: Der individuelle Tatbeitrag zu diesem Aggressionsakt bestehend aus planen, vorbereiten, beginnen oder ausführen („*crime of aggression*");
3. **Funktionselement**: Die besondere Täterqualifikation als Führungsperson eines Staates.

Daraus wird deutlich, dass die Aggression ein **Sonderdelikt** ist, das nur staatliche Führungspersonen als Täter kennt. Zudem knüpft die Strafbarkeit an staatliches Handeln an, das über spezifische Handlungsweisen Individuen zugerechnet werden kann. Anders als bei Völkermord, Verbrechen gegen die Menschlichkeit oder Kriegsverbrechen, bei denen jeweils die Handlung des Individuums der alleinige Anknüpfungspunkt für die Strafbarkeit darstellt, handelt es sich bei dem Verbrechen der Aggression um eine abgeleitete strafrechtliche Verantwortlichkeit.

a) Staatliches Element

180   Das staatliche Element der Aggression richtet sich allein nach Völkerrecht und kann in dreifacher Hinsicht unterteilt werden:

- Die **allgemeine Definition** einer staatlichen Aggression (Art. 8*bis* Abs. 2 S. 1 IStGHSt);
- Die **Liste der staatlichen Akte**, die auf der Grundlage der 1974er Resolution *per se* eine Aggression enthalten (Art. 8*bis* Abs. 2 S. 2 lit. a) bis g) IStGHSt), und
- Die **Schwereklausel**, wonach der aggressive Akt auf Grund seines Charakters, der Schwere oder des Ausmaßes eine offensichtlichen Charta-Verstoß darstellen muss (Art. 8*bis* Abs. 1 a. E. IStGHSt).

181   Ein Akt der Aggression bedeutet die Verwendung von **Waffengewalt** seitens eines Staates, die gerichtet ist gegen die Souveränität, die territoriale Integrität oder die politische Unabhängigkeit eines anderen Staates oder auf andere Weise der VN-Charta widerspricht (Art. 8*bis* Abs. 2 S. 1 IStGHSt). Unstrittige Aggressionsakte sind der **Resolution 3314 (XXIX)** der VN-Generalversammlung vom 14.12.1974 entnommen. Darunter fallen Invasion (lit. a.), Bombardierung (lit. b.), Hafen- oder Küstenblockade (lit. c.), Angriff der Streitkräfte eines anderen Staates (lit. d.) und vor allem auch die Entsendung bewaffneter Gruppen oder Söldner, um gegen einen anderen Staat erhebliche Gewalt auszuüben (lit. g.).

182   Liegt eine entsprechende Handlung des Staates vor, ist zu prüfen, ob diese auch einen **offenkundigen Verstoß** gegen die VN-Charta darstellt (*manifest violation*). Diese generelle Qualifizierung des Verstoßes kann sich aus dem Charakter, der Schwere und dem Ausmaß der Handlung ergeben. Nur dann ist der aggressive Akt auch strafbar.[470]

---

[470] Vgl. dazu auch *Ambos* (2008), § 7 Rn. 255; vgl. auch *Satzger* (2010), § 16 Rn. 78.

- *Character:* Betrifft das „Wesen" der staatlichen Handlung. Dahinter verbergen sich vor allem der Anlass für die Aggression und ihr politischer Zweck. Dabei handelt es sich um ein normatives Kriterium.
- *Gravity:* Betrifft die Erheblichkeit bzw. Intensität der Handlung in vertikaler Hinsicht. Hierbei handelt es sich um ein quantitatives Kriterium mit fließenden Grenzen.
- *Scale:* Betrifft das Ausmaß, die Konsequenzen und Extension der Handlung in vertikaler Hinsicht. Auch hierin liegt ein quantitatives Kriterium mit fließenden Grenzen.

Der Zusammenhang zwischen diesen Kriterien ist in den *understandings* (Nr. 7) etwas näher erläutert. Demnach genügt ein einzelnes Kriterium nicht für die Erfüllung eines qualifizierten Charta-Verstoßes. Unter den mehreren vorliegenden Kriterien ist eine Gesamtabwägung vorzunehmen.[471]

Für den **Prüfungsaufbau** bedeutet dies, dass zunächst geprüft wird, ob die staat-   **183** liche Handlung unter einen der in Art. 8*bis* Abs. 2 S. 2 lit. a) bis g) IStGHSt genannten Akte zu subsumieren ist. Ist das der Fall, ist nur noch die Schwereklausel zu prüfen. Ist das nicht der Fall kann gleichwohl nach der allgemeinen Definition ein Akt der Aggression vorliegen. Auch dann ist die Schwereklausel einschlägig.

Um die Schwierigkeiten in der Auslegung zu verdeutlichen, folgendes

Beispiel: Der Staat Mediterraneo legt erheblichen Wert auf die Einhaltung der Menschenrechte und die Verfolgung internationaler Straftäter. Der im Nachbarland Ozeanien herrschende Diktator D wird von Mediterraneo als Völkermörder und Kriegsverbrecher bezeichnet, der vor den IStGH gehöre. Um dem Terrorregime in Ozeanien endlich ein Ende zu bereiten, schickt Präsident P von Mediterraneo eine kleine Eliteeinheit der Armee, um in dem Palast des Diktators einzudringen und D zu entführen, um ihm den Prozess zu machen. Der Plan gelingt, insgesamt zehn Soldaten landen mit zwei Hubschraubern auf dem Dach des Palastes und verlassen Ozeanien bereits nach 30 Minuten wieder mit D. Hat sich P der Aggression schuldig gemacht?

Dabei muss zunächst untersucht werden, ob ein „act of aggression" vorliegt. Dazu muss ein Verstoß gegen die VN Charta gegeben sein.

a) Da nur eine kleine militärische Eliteeinheit kurzfristig ozeanisches Staatsgebiet betritt liegt Art. 8*bis* Abs. 2 lit. a) IStGHSt nicht vor. Gleichwohl wurde das Hoheitsgebiet Ozeaniens verletzt, so dass das Gewaltverbot des Art. 2 Nr. 4 VN-Charta betroffen ist.

b) Ob dieser Verstoß gegen das Gewaltverbot offensichtlich (*manifest*) war, bemisst sich nach den soeben genannten Kriterien: *character, gravity* and *scale*.

  (1) Ausmaß (*scale*): Das Ausmaß der Verletzung ist eher oberflächlicher Natur, denn es waren nur wenige Soldaten beteiligt, die Verletzung war nur von sehr kurzer Dauer und es sind keine Opfer zu beklagen, außer dem entführten D.

  (2) Schwere (*gravity*): Ein Angriff gegen eine einzelne Person ist grundsätzlich keine besonders intensive Verletzung der staatlichen Souveränität. Allerdings handelt es sich hier nicht um eine beliebige Person, sondern um das Staatsoberhaupt. Es ist demnach nicht nur die territoriale Hoheit, sondern auch die politische Selbständigkeit von Ozeanien massiv betroffen.

  (3) Wesen (*character*): Aus normativen Gesichtspunkten ließe sich einerseits anführen, dass ein Angriff zum Zwecke der Herbeiführung eines Regierungswechsels beson-

---

[471] Ausführlich dazu *Kreß/von Holtzendorff*, JICJ 8 (2010), 1197, 1205 ff.

ders verwerflich ist, da er die politische Unabhängigkeit des Staates unterminiert. Andererseits lag es im Interesse von Mediterraneo, die Menschenrechte zu schützen und D der internationalen Strafverfolgung zuzuführen. Diese Interessen decken sich mit den Vorstellungen der VN, deren Ziel es ist, die Sicherheit und das Wohlergehen der Völker sicherzustellen. Der vorliegende Fall hat Ähnlichkeit mit dem Fall der humanitären Intervention, die uU auch völkerrechtskonform sein kann (s. o. Rn. 176). Ein verwerflicher Zweck kann demnach nicht ausgemacht werden.

(4) *Gesamtabwägung:* Von den drei Kriterien ist das Schwerekriterium erfüllt, das Ausmaß erreicht sicher keine offensichtliche Chartawidrigkeitsstufe. Das Wesen des Angriffs ist wenigstens unentschieden. Da die Offenkundigkeit aber nicht auf nur ein Kriterium gestützt werden darf, liegt kein „*act of aggression*" i. S. von Art. 8*bis* IStGHSt vor.

Im Ergebnis liegt bereits kein staatlicher Angriffsakt vor, der eine Strafverfolgung der verantwortlichen Individuen rechtfertigen würde. Das bedeutet natürlich nicht, dass die VN-Charta nicht durch Mediterraneo verletzt wurde. Sie wurde nur nicht auf strafbare Weise verletzt.

b) Individuelles Handlungselement

184 Das staatliche Element, d. h. der vom Staat durchgeführte aggressive Akt, muss sich im Verhalten eines Individuums widerspiegeln. Mit anderen Worten: Der Täter muss zu der staatlichen Aggression einen individuellen Beitrag geleistet haben. Ein solcher kann in der **Planung, der Vorbereitung, der Einleitung oder der Ausführung** (*planning, preparation, initiation or execution*) des Aggressionsaktes bestehen. Erst in dieser Handlung liegt das eigentliche "*crime of aggression*".

Für die konkrete Tathandlung kommen – mangels anderweitiger Anordnung – die Begehungsformen des **Art. 25 Abs. 3 IStGHSt** in Betracht.[472] Es wird demnach auch hier zwischen Täterschaft und Teilnahme nach den allgemeinen Regeln differenziert (s. dazu § 5 Rn. 6). Eine weitere Bestimmung zur Art und Schwere des Tatbeitrags fehlt; der Ausschluss unwesentlicher Tatbeiträge wird funktionell von der nun folgenden spezifischen Täterqualifikation übernommen.

c) Täterqualifikation

185 Nach Art. 25 Abs. 3*bis* IStGHSt gilt für alle Täterschafts- und Beteiligungsformen, dass nur Personen verfolgt werden können, die eine Position bekleiden, in der sie tatsächlich die **politischen und militärischen Aktivitäten** eines Staates kontrollieren oder anweisen können.

Art. 25 Abs. 3*bis*
In respect of the crime of aggression, the provision of this article shall apply only to persons in a position effectively to exercise control over or to direct the political or military action of a State.

---

[472] Ein Einheitstäterkonzept, wie es verschiedentlich vorgeschlagen wurden, konnte sich demnach nicht durchsetzen; vgl. *Clark*, LJIL 2002, 859, 881.

Täter oder Teilnehmer eines Aggressionsverbrechens kann demnach nur ein Mitglied der **effektiven Führungselite** eines Staates sein. Damit soll verhindert werden, dass die gesamte Bevölkerung eines Staates für das Führen eines Angriffskrieges als strafbar angesehen wird. Deshalb ist das Verbrechen der Aggression ein
Sonderdelikt für die Staatsführer, sog. „Führungsverbrechen".[473]

2 Subjektiver Aggressionstatbestand

Im subjektiven Tatbestand werden keine besonderen Anforderungen gestellt. Über-   **186**
legungen hinsichtlich eines „überschießenden und aggressiven Gesamttat-Ziels",
dergestalt, dass die Aggression in der Absicht der Gebietsannexion oder der Einmischung in innere Angelegenheiten erfolgen muss, konnten sich nicht durchsetzen.[474]
Der Täter muss hinsichtlich der objektiven Merkmale **vorsätzlich** i. S. von Art. 30
IStGHSt gehandelt haben.

Zu den Tatumständen, die dem Täter bewusst sein müssen i. S. von Art. 30
Abs. 3 IStGHSt, zählen das **staatliche Element**, also das Vorliegen eines Aktes der
Aggression seitens des Staates, sowie die **Täterqualifikation**, also die eigene Füh-
rungsposition. Die Tathandlung in Form des Planens, Vorbereitens, Beginnens oder
Ausführens muss der Täter vorsätzlich i. S. von *dolus directus* nach Art. 30 Abs. 2
lit. a) IStGHSt begangen haben.

Die restlichen Elemente des objektiven Tatbestands stellen rechtliche Wertun-   **187**
gen dar; zum einen der Umstand der allgemeinen Charta-Widrigkeit der staatlichen
Handlung und zum anderen die Offenkundigkeit dieses Verstoßes. Grundsätzlich
muss der Täter nur **die Umstände kennen**, welche der rechtlichen Wertung zu
Grunde liegen. Er muss die rechtliche Wertung selbst nicht nachvollziehen (vgl.
oben § 5 Rn. 34). Diese allgemeine Regel wird in den Verbrechenselementen auf
komplizierte Art und Weise ausgedrückt.

Elements of Crimes
4. The perpetrator was aware of the factual circumstances that established that such a use of
   armed force was inconsistent with the Charter of the United Nations.
5. The act of aggression, by its character, gravity and scale, constituted a manifest violation
   of the Charter of the United Nations.
6. The perpetrator was aware of the factual circumstances that established such a manifest
   violation of the Charter of the United Nations.

Gemeint ist – in Übereinstimmung mit Art. 30 IStGHSt –, dass die richterliche
Feststellung, ob ein Verstoß „*manifest*" ist, nach objektiven Kriterien zu erfolgen
hat und somit von den Vorstellungen des Täters unabhängig ist.[475] Die Tatsachen-
grundlage, die zu dieser Feststellung führt, muss dem Täter indes bekannt sein.[476]

---

[473] Vgl. *Satzger* (2010), § 16 Rn. 79.
[474] Vgl. dazu *Kreß*, ZStW 115 (2003), S. 303 ff.; *Kempen/Hillgruber* (2007), 11. Kap. Rn. 49.
[475] Vgl. Elements of Crimes Art. 8*bis* Introduction Nr. 3.
[476] Vgl. Elements of Crimes Art. 8*bis* Elements Nr. 6.

Beispiel: Der Präsident P von Ozeanien schickt seine Truppen auf eine dem Staatsgebiet unmittelbar vorgelagerte Insel in der sicheren Annahme, diese Insel gehöre zu Ozeanien. In Wahrheit wurde sie 150 Jahre zuvor mit dem Nachbarland Mediterraneo gegen ein Stück Festland getauscht. Hat sich P des Verbrechens der Aggression strafbar gemacht?
Ein staatlicher aggressiver Akt liegt vor, denn das Staatsgebiet eines anderen Staates wurde mit Truppen angegriffen und besetzt. Dieses Verhalten verstößt auch objektiv gegen die VN-Charta und P erfüllt als Präsident die Täterqualifikation. Im subjektiven Tatbestand ist allein fraglich, ob P die tatsächlichen Umstände, welche den Chartaverstoß begründen, kannte. Da er glaubte, es handle sich um eigenes Staatsgebiet, fehlte ihm die Vorstellung eines für die Charta-Widrigkeit wesentlichen Umstands, nämlich dass die territoriale Integrität eines anderen Staates verletzt wird. Somit fehlt der subjektive Tatbestand nach Art. 30 Abs. 3 IStGHSt, und P unterliegt einem Tatumstandsirrtum nach Art. 32 Abs. 1 IStGHSt.

3 Durchsetzung: Ausübung der Gerichtsbarkeit

188 Das Verbrechen der Aggression kann nicht sofort und unmittelbar verfolgt werden.[477] Die Art. 15*bis* und 15*ter* sind kraft ihres Wortlautes (*Exercise of jurisdiction over the crime of aggression*) sowie systematisch spezielle **formelle Voraussetzungen**, die zusätzlich zu Art. 13 IStGHSt zu prüfen sind. In der Substanz ist das eine (grobe) Vereinfachung, denn die Vorschriften enthalten spezifische Aussagen zum Inkrafttreten der Norm (1), zur Zuständigkeit *ratione temporis* (2) und Modifikationen der "*trigger mechanisms*" (Art. 13 IStGHst, s. oben § 6 Rn. 17) für die Staatenüberweisung und die *proprio motu*-Kompetenz des Anklägers einerseits (3) und für die Sicherheitsratsüberweisung andererseits (4).

Wichtig ist festzuhalten, dass diese Sonderreglungen ausschließlich für das Verbrechen der Aggression gelten. Hinsichtlich anderer Kernverbrechen, die möglicherweise auch im Zusammenhang mit einer Aggression verübt worden sind, gelten diese Einschränkungen nicht, sondern es bleibt bei den **allgemeinen** Zuständigkeits- und Zulässigkeitsvoraussetzungen (s. § 7 Rn. 12 ff.). Das stellen Art. 15*bis* Abs. 10 und Art. 15*ter* Abs. 5 IStGHSt noch einmal klar.

a) Inkrafttreten

189 Die Voraussetzungen für das Inkrafttreten des Aggressionstatbestandes und seiner Ausübungsvorschriften ergeben sich aus den insoweit gleich lautenden Art. 15*bis* Abs. 2 und 15*ter* Abs. 2 IStGHSt. Danach tritt die Vorschrift erst ein Jahr, nachdem mindestens 30 Staaten die Änderungen des IStGHSt ratifiziert haben, in Kraft. Dabei haben die Vertreter auf der Überprüfungskonferenz, die nach Art. 123 Abs. 3 IStGHSt eigentlich an das Vertragsänderungsverfahren nach Art. 121 Abs. 3 bis 7 IStGHSt gebunden sind, dieses Verfahren kurzer Hand abgeändert.[478] Nach Art. 121

---

[477] Die Fragen der prozessualen Umsetzung und der Rolle des Sicherheitsrates in diesem Prozess waren auf der Kampala-Konferenz ungleich umstrittener als die materiellen Verbrechensvoraussetzungen, vgl. *Schmalenbach*, JZ 2010, 745, 746 f.

[478] Allerdings könnte man auch den Standpunkt einnehmen, dass wegen Art. 5 Abs. 1 und 2 IStGHSt in seiner bisherigen Fassung die Gerichtsbarkeit über den Tatbestand der Aggression

Abs. 5 IStGHSt ist bei einer Veränderung der Straftaten das Inkrafttreten nicht von einem speziellen Quorum abhängig; es gilt vielmehr das **Konsensprinzip**, wonach die (neue) Straftat nur für und gegen den Staat gilt, der sie kraft Ratifikation anerkannt hat. Mit Art. 15*bis* Abs. 2 und Art. 15*ter* Abs. 2 IStGHSt wurden hingegen 30 Ratifikationen für das Inkrafttreten der Vorschriften für erforderlich aber auch ausreichend erklärt. Im Gegenzug wurde den Staaten ein *Opt-out* eingeräumt (dazu unten Rn. 191). Dieses Vorgehen kann "*softly consent based regime*" genannt werden.[479] Das bedeutet im Übrigen auch, dass der Aggressionstatbestand auch gegen einen Staat angewandt werden kann, der die IStGHSt-Ergänzung selbst nicht ratifiziert hat.

b) Zuständigkeit *ratione temporis*

Durch Art. 15*bis* Abs. 3 und Art. 15*ter* Abs. 3 IStGHSt wird Art. 11 IStGHSt modi-   **190**
fiziert. Danach können nur solche Taten verfolgt werden, die – das Inkrafttreten der Vorschriften nach Art. 15*bis* Abs. 2 bzw. Art. 15*ter* Abs. 2 IStGHSt vorausgesetzt – nach dem 01.01.2017 und nach einer (erneuten) Zustimmung von mindestens 2/3 der Mitgliedstaaten begangen wurden. Dass alle drei Elemente – Inkrafttreten, Zeitablauf und erneute Zustimmung – erforderlich sind, ergibt sich aus dem Annex III zu RC/Res. 6.[480]

c) Staatenüberweisung und Eigeninitiative

Für den Fall der Staatenüberweisung (Art. 13 lit. a) IStGHSt) oder des selbstän-   **191**
digen Ermittelns des Anklägers (Art. 13 lit. c) IStGHSt) gelten darüber hinaus die Voraussetzungen des Art. 15*bis* Abs. 4–8 IStGHSt:

- Jeder Vertragsstaat kann jederzeit per Deklaration gegenüber der Kanzlei des IStGH die Zustimmung zur Gerichtsbarkeit des IStGH über das Verbrechen der Aggression zurückziehen (***opt-out-mechanism***). Diese Deklaration kann allerdings nur vor dem aggressiven Akt erfolgen und gilt drei Jahre lang (Art. 15*bis* Abs. 4 IStGHSt).
- Taten, die von Angehörigen von Nichtmitgliedstaaten oder auf dem Territorium von Nichtmitgliedstaaten begangen werden, können nicht verfolgt werden (Art. 15*bis* Abs. 5 IStGHSt; bzw. Abs. 4 i. V. m. Art. 12 IStGHSt).
- Liegen diese Voraussetzungen nicht vor und ist der Ankläger der Meinung, es bestünden hinreichende Anhaltspunkte für das Vorliegen eines Aggressionsver-

---

von den Vertragsstaaten automatisch anerkannt wird, da darüber bereits auf der Konferenz in Rom grundsätzlich Einigkeit erzielt wurde. Vgl. auch *Kreß/von Holtzendorff*, JICJ 8 (2010), 1197, 1215.

[479] Ausführlich dazu *Kreß/von Holtzendorff*, JICJ 8 (2010), 1197, 1213 f.

[480] Annex III: Understandings regarding the amendments of the Rome Statute of the International Criminal Court on the Crime of Aggression, RC/Res. 4 v. 11.06.2010, S. 6 Nr. 3. Vgl. *Schmalenbach*, JZ 2010, 745, 752.

brechens (vgl. Art. 53 Abs. 1 IStGHSt), muss sich der Ankläger zunächst vergewissern, ob der **Sicherheitsrat** der VN bereits festgestellt hat, dass die betreffende Situation eine Aggression darstellt. Der Generalsekretär der VN ist von der Situation in Kenntnis zu setzen (Art. 15*bis* Abs. 6 IStGHSt).

- Sobald der Sicherheitsrat für den Vorfall eine Aggression feststellt, kann der Ankläger mit den Ermittlungen fortfahren.
- Gibt der Sicherheitsrat auch sechs Monate nach der Inkenntnissetzung des Generalsekretärs der VN durch den Ankläger keine Erklärung ab, und liegt auch keine Maßnahme nach Art. 16 IStGHSt seitens des Sicherheitsrates vor, muss der Ankläger zunächst die Erlaubnis der Vorverfahrenskammer nach Art. 15 IStGHSt einholen, bevor er mit den Ermittlungen fortfahren kann.

d) Sicherheitsratsüberweisung

192   Im Fall der Sicherheitsratsüberweisung nach Art. 13 lit. b) IStGHSt gilt der weniger komplexe Art. 15*ter* IStGHSt.[481] In Annex III wird klargestellt, dass auch für diese Form der Überweisung das Inkrafttreten der Änderungen (Art. 15*ter* Abs. 2 IStGHSt) und die Voraussetzungen *ratione temporis* (Art. 15*ter* Abs. 3 IStGHSt) eingehalten werden müssen.[482] Nur die **Zustimmung** des betroffenen Staates ist – wie in Art. 13 lit. b) IStGHSt auch – nicht erforderlich.[483]

Da die Sicherheitsratsüberweisung die Feststellung des Vorliegens einer staatlichen Aggression umfasst, sind keine weiteren Voraussetzungen für die Ermittlungen des Anklägers erforderlich. Unter den allgemeinen Voraussetzungen des Art. 53 IStGHSt kann die Strafverfolgung eingeleitet werden.

4 Zusammenfassende Betrachtung der Rolle des Sicherheitsrates

193   Die kurze Übersicht über die Definition und die Verfolgungsvoraussetzungen verdeutlicht die **politische Einflussnahmemöglichkeit** des Sicherheitsrates der VN. Diese ist allerdings reduziert auf das Staatselement, denn der Sicherheitsrat hat keine Möglichkeit, auf die Strafverfolgung im Einzelnen Einfluss zu nehmen, außer nach der allgemeinen Regel des Art. 16 IStGHSt. Außerdem muss sich der IStGH nicht an die Feststellung einer Aggression durch den Sicherheitsrat oder irgendein anderes Gremium gebunden fühlen. Art. 15*bis* Abs. 9 und Art. 15*ter* Abs. 4 IStGHSt machen deutlich, dass der Gerichtshof in seiner Subsumtion frei und eben nicht an politische Vorgaben gebunden ist. Der Sicherheitsrat kann demnach nur den staat-

---

[481] „Unspektakulär" nennt ihn *Schmalenbach*, JZ 2010, 745, 751; Einzelheiten auch bei *Kreß/von Holtzendorff*, JICJ 8 (2010), 1197, 1211 f.

[482] Annex III: Understandings regarding the amendments of the Rome Statute of the International Criminal Court on the Crime of Aggression, RC/Res. 4 v. 11.06.2010, S. 6 Nr. 1.

[483] Annex III: Understandings regarding the amendments of the Rome Statute of the International Criminal Court on the Crime of Aggression, RC/Res. 4 v. 11.06.2010, S. 6 Nr. 2.

lichen Akt völkerrechtlich bewerten. Davon hängt freilich das Tätigwerden des Anklägers ab.

5 Prüfungsschema: Verfahrensvoraussetzungen Aggression

A. Gerichtsbarkeit   **194**

1. Persönlich: Natürliche Personen über 18 Jahre (Art. 25, 26 IStGHSt)
2. Zeitlich: Tatbegehung nach

   a. Inkrafttreten (Art. 15*bis/ter* Abs. 2 IStGHSt),
   b. dem 01.01.2017, und
   c. dem Beschluss der Mitgliedstaaten (Art. 15*bis/ter* Abs. 3 IStGHSt).

3. Materiell: Verbrechen der Aggression nach Art. 5 d) IStGHSt

B. Auslösemechanismen

1. Staatenübertragung nach Art. 13 lit. a), 14 oder
   proprio motu-Ermittlungen durch den Ankläger nach Art. 13 lit. c), 15
   IStGHSt

   a. Keine Ausschlusserklärung des betreffenden Staates (*opt-out*, Art.
      15*bis* Abs. 4 IStGHSt) und
   b. Begangen durch

      (1) einen Staatsangehörigen eines Mitgliedstaates, oder
      (2) auf dem Gebiet eines Mitgliedstaates (Art. 15*bis* Abs. 5
          IStGHSt), und

   c. Feststellung des Vorliegens einer Aggression durch den Sicher-
      heitsrat (Art. 15*bis* Abs. 6 und 7 IStGHSt), oder
   d. Ablauf der 6-Monatsfrist (Art. 15*bis* Abs. 8 IStGHSt) und Geneh-
      migung durch die Vorverfahrenskammer (Art. 15*bis* Abs. 8; 15
      IStGHSt).

2. Übertragung durch den VN-SR, Art. 13 lit. b), 15*ter* IStGHSt durch
   Kap. VII-Res. mit Feststellung des Vorliegens einer Aggression.

C. Komplementarität nach Art. 17 IStGHSt

6 Übungsfall

Terranien ist ein kleines, wasserarmes Land mit nur einem größeren Flusslauf, von dem   **195**
nicht nur der Wasserbedarf, sondern auch ein Großteil des Energiebedarfs gedeckt wird. In
einem extrem niederschlagsarmen Sommer spitzt sich die Ernährungslage der Bevölkerung

zu. Der Krisenstab, bestehend aus Präsident P, Verteidigungsminister V und Generalstabs-chef G, beschließt ein grenznahes Seengebiet im Nachbarland Atlantis militärisch zu beset-zen und so die Wasserversorgung in der eigenen Bevölkerung wiederherzustellen.

Variante 1: Kurz vor dem geplanten Einmarsch kommt es zu heftigen Regenfällen und der Wasserbedarf kann wieder gedeckt werden.

Variante 2: Die Armee besetzt bei geringer Gegenwehr der Verteidigungsarmee von A die Seenplatte von Atlantis, zieht sich nach einer Besserung der Lage zwei Monate später wieder zurück.

Variante 3: Die Armee besetzt die Seenplatte von Atlantis mit dem von P, V und G erklär-ten Ziel, dieses Gebiet langfristig zu annektieren, um nicht erneut in Versorgungsschwierig-keiten zu kommen.

Haben sich P, V und G jeweils wegen des Verbrechens der Aggression nach Art. 8*bis* IStGHst strafbar gemacht?

Lösungsvorschlag:

1. Objektiver Tatbestand

Zunächst müsste ein „Act of aggression" durch den Staat T vorliegen. In Betracht kommt hier eine Tathandlung nach Art. 8*bis* Abs. 2 S. 2 lit. a) IStGHSt.

In *Variante 1* liegt ein solcher Angriff seitens des Staates T nicht vor, denn die geplante Aktion wird wegen des einsetzenden Regens abgesagt. Einen Versuch dieses staatlichen Elements kann es indes nicht geben. Auch die Drohung mit Gewalt, die nach Art. 2 Nr. 4 VN-Charta ebenfalls verboten ist, stellt noch keine versuchte Gewaltanwendung dar.[484] Versucht werden könnte aber das „crime of aggression", also der individuelle Tatbeitrag, mit dem Ziel eines staatlichen Aggressionsaktes.[485] In unserem Fall wären die potentiel-len Täter aber vom Versuch zurückgetreten (Art. 25 Abs. 3 lit. f) IStGHSt, dazu auch § 5 Rn. 108). Eine Bestrafung von P, V und G wegen „Verschwörung" zum Angriffskrieg schei-det mangels Strafbarkeit nach dem IStGHSt aus.[486]

In *Variante 2* liegt ein Aggressionsakt vor, denn es liegt eine militärische Invasion i. S. von Art. 8*bis* Abs. 2 S. 2 lit. a) IStGHSt vor. Dieser Aggressionsakt müsste eine manifeste Ver-letzung der VN-Charta darstellen. Das bemisst sich nach dem Wesen, der Schwere und dem Ausmaß der Rechtsverletzung. Hier könnte vorgebracht werden, dass die Besetzung nur kurze Zeit dauerte, nur einen kleinen Teil des Staatsgebiets von A betraf und außerdem zum Überleben der eigenen Bevölkerung erforderlich war. Nach alldem scheint die Verletzung der VN-Charta nicht sehr ausgeprägt. Es liegt deshalb kein hinreichender Aggressionsakt vor.

In *Variante 3* schließlich liegt ein Aggressionsakt vor, denn die Seenplatte von A soll durch T langfristig annektiert werden (s. Art. 8*bis* Abs. 2 S. 2 lit. a) IStGHSt), was einen schweren Verstoß gegen das Gewaltverbot darstellt.

Demnach ist weiter zu prüfen, ob das individuelle Handlungselement erfüllt ist. P, V und G agieren jeweils als Mittäter hinsichtlich der Planung, Vorbereitung und Durchführung der Aktion (Art. 25 Abs. 3 lit. a) IStGHSt). Ebenso weisen sie die erforderlichen Täterquali-fikationen auf, da sie kraft ihrer Position die politischen und militärischen Aktivitäten des Staates T kontrollieren und steuern können (Art. 25 (3 *bis*) IStGHSt).

2. Subjektiver Tatbestand

P, V und G müssen jeweils die subjektiven Tatbestandselemente nach Art. 30 IStGHSt in eigener Person erfüllen. Dazu ist zunächst Kenntnis des Angriffsaktes des Staates nach

---

[484] In diese Richtung aber *Cassese* (2008), S. 161.

[485] Missverständlich hier *Ambos* (2008), § 7 Rn. 255, der ohne weitere Begründung verlangt, dass die „Aggression mindestens in das Versuchsstadium gelangt ist". Unklar hier auch *Satzger* (2010), § 16 Rn. 78.

[486] Für strafwürdig hält die Verschwörung *Cassese* (2008), S. 161.

Art. 30 Abs. 3 IStGHSt erforderlich. Ebenso muss ihnen ihre Führungsposition bewusst sein. Es ist auch davon auszugehen, dass sie den Angriff planen und durchführen wollen und daher absichtlich nach Art. 30 Abs. 2 lit. a) IStGHSt handeln. Schließlich müssen die tatsächlichen Umstände, welche den schweren Verstoß gegen die VN-Charta begründen, bekannt sein. Davon kann im vorliegenden Fall ausgegangen werden, denn schließlich wollten die Täter eine generelle Veränderung der Staatsgrenzen herbeiführen.

3. Straffreistellungsgründe

Möglicherweise handeln P, V und G aber zur Abwendung einer drohenden Gefahr für die Bevölkerung und daher im Notstand nach Art. 31 Abs. 1 lit. d) (ii) IStGHSt (dazu o. § 5 Rn. 49). Eine Notstandslage liegt nach den etwas dürftigen Angaben des Sachverhalts wohl vor, soweit erhebliche Gesundheitsschäden oder Todesfälle bei ungehindertem Ablauf des Geschehens unter der Bevölkerung zu erwarten sind. Allerdings kommt eine Straffreiheit dann nicht in Betracht, wenn der Täter einen größeren Schaden herbeiführen will, als er abzuwenden trachtet. Das muss hier bejaht werden, denn P, V und G wollen nicht nur die unmittelbar drohende Gefahr beseitigen, sondern die Seenplatte von A langfristig besetzen. In *Variante 3* haben sich P, V und G also gemeinschaftlich des Verbrechens der Aggression strafbar gemacht.

Literatur

Alvarez, Symposium: The International Tribunal for Former Yugoslavia Comes of Age/Nuremberg Revisited: The Tadic Case, EJIL 7 (1996), 245

ders., Afghanistan-Einsatz der Bundeswehr und Völker(straf)recht, NJW 2010, 1725

Ambos, What does ‚intent to destroy' in genocide mean, International Review of the Red Cross 91 (2009), S. 833

Arsanjani, Devolopments in International Criminal Law: The Rome Statute of the International Criminal Court, AJIL 93 (1999), 22

Barth, Genozid. Völkermord im 20. Jahrhundert, 2006

Basak, Luftangriffe und Strafrechtsdogmatik, HRRS 2010, 513

Cassese, The Martens Clause: Half a Loaf or Simply Pie in the Sky?, EJIL 2000, 187

Clark, Rethinking Aggression as a Crime and Formulationg Its Elements: The Final Worc-Product of the Preparatory Commission of the International Criminal Court, LJIL 15 (2002), 859

Cooper, Raphael Lemkin and the Struggle for the Genocide Convention, 2008

Cottier, Völkerstrafrechtliche Verantwortlichkeit für Kriegsverbrechen in internen Konflikten, in: Erberich et al. (Hrsg.), Frieden und Recht, Assistententagung Öffentliches Recht, 1998

De Beco, War Crimes in International Versus Non-International Armed Conflicts: "New Wine in Old Wineskins"?, in: ICLR 8 (2008), 319

Deiseroth, „Humanitäre Intervention" und Völkerrecht, NJW 1999, 308

Dutton, The Psychology of Genocide, Massacres, and Extreme Violence. Why 'Normal' People Come to Commit Atrocities, 2007

Franck, What Happens Now? The United Nations After Iraq, AJIL 97 (2003), S. 607

Gattini, Evidentiary Issues in the ICJ's Genocide Judgement, JICJ 5 (2007), 889

Gierhake, Zum Erfordernis eines „ausgedehnten oder systematischen Angriffs gegen die Zivilbevölkerung" als Merkmal der Verbrechen gegen die Menschlichkeit, ZIS 2010, 676

Gil Gil, Die Tatbestände der Verbrechen gegen die Menschlichkeit und des Völkermordes im Römischen Statut des Internationalen Strafgerichtshofs, ZStW 112 (2000), S. 381

Gornig, Der „gerechte" Krieg, Festschrift für Christoph Elsas, 2010, S. 470

Greenawalt, Rethinking Genocidal Intent: The Case for a knowledge-based Interpretation, Colum. L. R. 99 (1999), S. 2259

Greenwood, Customary Status of the 1977 additional Protocols, in: Delissen/Tanja (Hrsg.), Humanitarian Law of Armed Conflict, 1991, S. 93.

ders., Gibt es ein Recht auf humanitäre Intervention? in: EA (Europa Archiv) 1993, 93

ders., International law and the Pre-emptive Use of Force: Afghanistan, Al-Qaida and Iraq, San Diego International Law Journal 4 (2003), 7

Grzeszick, Staatsgewalt in der UN-Charta zwischen Gewaltverbot und Selbstverteidigung, AVR 2003, 484

Jesse, Der Verbrechensbegriff des Römischen Statuts, 2009

Johnstone, The UN-US Relations after Iraq: The End of the World (Order) as we know it?, EJIL 15 (2004), S. 813

Khan, Eine Erinnerung an Solferino (24. Juni 1859), JZ 2009, 621

Kirsch, Der Begehungszusammenhang der Verbrechen gegen die Menschlichkeit, 2009

Kreß, Strafrecht und Angriffskrieg im Lichte des „Falles Irak", ZStW 115 (2002), S. 294

Lretzau, The Role of Military Force in Foreign Relations, Humanitarian Intervention and the Security Council, in: ZaöRV 64 (2004), 281

Lüders, Die Strafbarkeit von Völkermord nach dem Römischen Statut für den IStGH, 2004

Manske, Verbrechen gegen die Menschlichkeit als Verbrechen an der Menschheit, 2003

Melloh, Einheitliche Strafzumessung in den Rechtsquellen des ICC-Statuts, 2010

Meseke, Der Tatbestand der Verbrechen gegen die Menschlichkeit nach dem Römischen Statut des Internationalen Strafgerichtshofs, 2004

Meyer, Die Verantwortlichkeiten von Vertragsstaaten nach der Völkermordkonventionen, HRRS 8 (2007), S. 218

Müller-Schieke/Kaye, Defining the Crime of Aggression under the Statute of the International Criminal Court, LJIL 14 (2001), 409

Osten, Der Tokioter Kriegsverbrecherprozess und die japanische Rechtswissenschaft, 2003

Peterson, Die Strafbarkeit des Einsatzes von biologischen, chemischen und nuklearen Waffen als Kriegsverbrechen nach dem IStGH-Statut, 2009

Petty, Sixty Years in the Making: The Definition of Aggression for the International Criminal Court, Hastings International and Comparative Law Review, 31 (2008), 1

Ratner/Abrams/Bischoff, Accountability for Human Rights Atrocities in International Law, 2009

Robinson, Defining „Crimes against Humanity", AJIL 93 (1999), 43

Ronneberg, Der Tatbestand des Verbrechens gegen den Frieden, 1998

Safferling, Die Atomwaffe unter der Arktis, NZWehrr 1998, 177

ders., The Justification of Punishment in International Criminal Law, ARIEL 4 (1999), 123

ders., Zwangsarbeit vor US-amerikanischen Gerichten, NJW 2000, 1922

ders., Schüsse auf Journalisten, in: Jura Sonderheft Examensklausurenkurs 2004, 56

ders., Wider die Feinde der Humanität, JuS 2001, 738

Safferling/Conze (Hg.), The Genocide Convention 60 Years after ist Adoption, 2010

Safferling/Kirsch, Die Strafbarkeit von Bundeswehrangehörigen in Auslandseinsätzen: Afghanistan ist kein rechtsfreier Raum, JA 2010, 81

Schabas, The Jelisic Case and the Mens Rea of the Crime of Genocide, LeidenJIL 14 (2001), 125

Schaller, Humanitäres Völkerrecht und nichtstaatliche Gewaltakteure, Studie von der Stiftung Wissenschaft und Politik (SWP) 2007

Schircks, Die Martens'sche Klausel: Rezeption und Rechtsqualität. Reihe Völkerrecht und Außenpolitik, 2002

Schmalenbach, Das Verbrechen der Aggression vor dem Internationalen Strafgerichtshof: Ein politischer Erfolg mit rechtlichen Untiefen, JZ 2010, 745

Shaw, What is Genocide?, 2007

Stahn, Internationaler Menschenrechtsschutz und Völkerstrafrecht, KJ 1999, 352

Stelter, Gewaltanwendung unter und neben der UN-Charta, 2007

Ticehurst, The Martens Clause and the Laws of Armed Conflict, International Review of the Red Cross 1997, 125–134

Tomuschat, Das Statut von Rom für den Internationalen Strafgerichtshof, Die Friedens-Warte 73 (1998), 335

Vest, Genozid durch organisatorische Machtapparate 2002

ders., Gerechtigkeit für Humanitätsverbrechen?, 2006

von der Groeben, Criminal Responsibility of German Soldiers in Afghanistan: The Case of Colonel Klein, GLJ 11 (2010), 469

Werle, Deutsche Rechtsprechung zur Zerstörungsabsicht beim Völkermord und die Europäische Menschenrechtskonvention, in: Festschrift für Wilfried Küper, 2007, S. 675

Werle, Individual Criminal Responsibility in Article 25 ICC Statute, JICJ 5 (2007), 972

Werle/Jessberger, Complicity in Genocide versus Aiding and Abetting, JICJ 3 (2005), 35

Werle/Nerlich, Die Strafbarkeit von Kriegsverbrechen nach deutschem Recht, in: HuV-I 2002, S. 124

Zick, Die Konflikttheorie der Theorie sozialer Identität, in: Bonacker (Hrsg.), Sozialwissenschaftliche Konflikttheorien. Eine Einführung, 4. Aufl. 2008, S. 409

Weitere Literaturhinweise zur Aggression finden sich bei *Kreß/von Holtzendorff,* The Kampala Compromise on the Crime of Aggression, JICJ 8 (2010), 1197, 1187 Fn. 30

§ 7 Der Internationale Strafgerichtshof

Der IStGH ist das internationale Strafgericht der Zukunft. Durch ihn wird Völker- **1**
strafrecht direkt, d.h. unmittelbar, auf internationaler Ebene durchgesetzt. Er basiert, wie bereits erwähnt (s. 4 Rn. 6) auf einer **vertraglichen Grundlage**, dem
am 17.7.1998 verabschiedeten und am 01.07.2002 in Kraft getretenen Römischen
Statut für den IStGH.[1] Damit steht er auf solidem völkerrechtlichem Boden und
ist nicht den gleichen Zweifeln ob der Legalität der Einrichtung ausgesetzt wie
seine „Vorgänger", der IMT, IMTFO, der JStGH oder der RStGH (vgl. 4 Rn. 12).
Er ist eine internationale Organisation mit eigenständiger Völkerrechtssubjektivität
(Art. 4 Abs. 1 IStGHSt).

Als vertragliche **internationale Organisation** ist der IStGH eigenständig und
anders als der IGH[2] oder die *Ad hoc*-Tribunale[3] institutionell unabhängig von den
VN. Dass trotz dieser rechtlichen Trennung eine besondere Beziehung zwischen
den VN und dem IStGH besteht, wird sich im Folgenden noch zeigen (s. Art. 2
IStGHSt). Die vertragliche Grundlage des IStGH hat für die Kompetenzen allerdings einen wichtigen Nachteil: Die Tätigkeit des Gerichts ist auf die Mitgliedschaft von Staaten angewiesen gemäß dem völkerrechtlichen **Konsensprinzip**.[4]
Der IStGH ist demnach (noch) kein Weltgericht im umfassenden Sinne, weil trotz
der momentan 113 Mitgliedstaaten noch keine flächendeckende Zustimmung zum
Römischen Statut erreicht wurde. Das hat zur Folge, dass die Kompetenzen und die
Zuständigkeit des Gerichtshofs sehr komplex ausfallen. Bevor wir uns damit beschäftigen, aber zunächst ein Blick auf den Aufbau des IStGH.

Die internationale Organisation IStGH wird „geleitet" von der Staatenversammlung, die von einem Sekretariat („Bureau") koordiniert wird. Auf der Grundlage
von Art. 112 IStGHSt bestimmt diese einmal im Jahr zusammenkommende **Vertragsstaatenversammlung** über den Haushalt, über die gesetzlichen Grundlagen
(Statut und VBO) und wählt die Richter.

---

[1] A/CONF.183/9.

[2] Der IGH ist ein Organ der VN, vgl. Art. 7 und Kap. XIV der VN-Charta.

[3] Der JStGH und der RStGH sind Unterorgane der VN, nach Art. 7 Abs. 2 VN-Charta eingerichtet
durch den SR auf der Grundlage von Kap. VII der VN-Charta.

[4] Vgl. dazu grundlegend: *Verdross/Simma* (1984), § 77.

C. Safferling, *Internationales Strafrecht*,   271
DOI 10.1007/978-3-642-14914-6_7, © Springer-Verlag Berlin Heidelberg 2011

I Aufbau

2 Ein voll handlungsfähiges Strafgericht benötigt eine ganze Reihe unterschiedlicher Einheiten. Der IStGH ähnelt strukturell den beiden *Ad Hoc*-Tribunalen. Dabei ist es nicht ganz einfach, aber rechtsstaatlich erforderlich, in Umsetzung des **Gewaltenteilungsprinzips** das Gericht als Teil der Judikative unabhängig auszugestalten, auch wenn in dem gleichen Vertrag die Anklagebehörde als Teil der exekutiven Gewalt mitbegründet wird.[5] Das IStGHSt versucht diesen Bedenken mit einer Dreiteilung zu begegnen (s. Abb. 1), indem es die gerichtlichen Spruchkörper von der Anklagebehörde (*Office of the Prosecutor*) und der Kanzlei (*Registry*) als reine Verwaltungseinheit organisatorisch und institutionell trennt (vgl. Art. 34 IStGHSt).

1 Präsidium

3 Das Präsidium setzt sich aus dem jeweils mit einfacher Mehrheit der Richter für drei Jahre gewählten **Präsidenten**, sowie dem ersten und zweiten **Stellvertretenden Präsidenten** zusammen (Art. 38 Abs. 1 IStGHSt). Diese sind für die ordnungsgemäße Verwaltung des IStGH verantwortlich, mit Ausnahme der Anklagebehörde (Art. 38 Abs. 3 a) IStGHSt). Das Verhältnis zu der unabhängigen Anklagebehörde

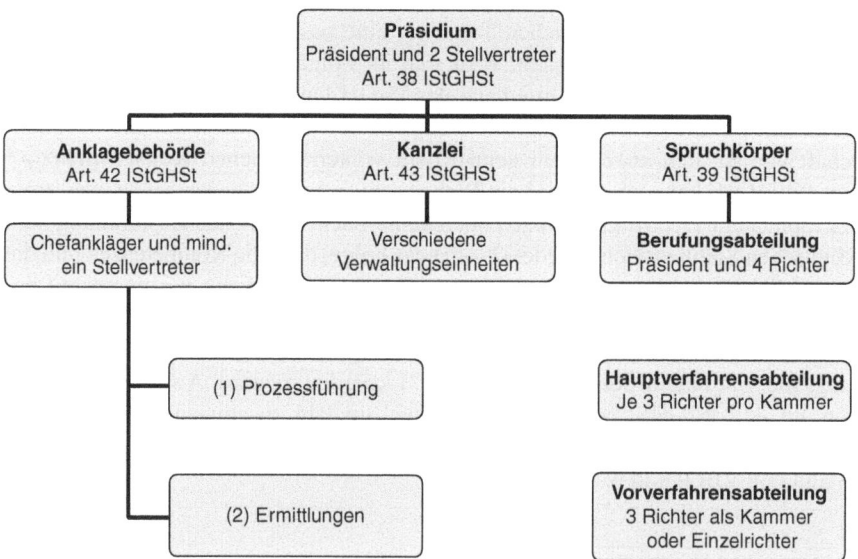

Abb. 1 Aufbau IStGH

---

[5] Vgl. dazu *Safferling* (2003), 55 ff.

ist in Art. 38 Abs. 3 IStGHSt geregelt, wonach der Präsident in Angelegenheiten von beiderseitigem Interesse Einvernehmen mit dem Chefankläger herstellen muss.

Der Kanadier Philippe Kirsch als 1. Präsident des IStGH wurde im Jahr 2009 von dem Koreaner Sang-Hyun Song abgelöst. Erste Stellvertreterin ist Fatoumata Dembele Diarra aus Mali, zweiter Stellvertreter der deutsche Richter Hans-Peter Kaul.

2 Richter

Die 18 Richter, die dem IStGH angehören, sind verschiedenen **Abteilungen** zu-   4
gewiesen. Nach Art. 34 IStGHSt wird zwischen der Vorverfahrens-, der Hauptver-fahrens- und der Rechtsmittelabteilung unterschieden. Ein Wechsel zwischen den Abteilungen ist nur zwischen Vor- und Hauptverfahrensabteilung möglich, nicht hingegen zur Rechtsmittelabteilung (Art. 39 Abs. 4 IStGHSt).

Die Richter werden von der **Versammlung der Vertragsstaaten** auf Vorschlag der Mitgliedstaaten in geheimer Wahl gewählt. Sie müssen die Qualifikationen mit-bringen, die sie in dem jeweiligen Mitgliedstaat für das höchste Richteramt benö-tigen, einen „untadeligen Charakter" haben und wenigstens eine Gerichtssprache beherrschen. Neben einer geographischen Ausgewogenheit und einer ebenmäßigen Repräsentanz der wichtigsten Rechtssysteme der Welt in der Herkunft der Rich-ter muss bei deren Wahl auch auf eine angemessene Verteilung von Völkerrecht-lern und Strafrechtlern bzw. Personen mit forensischer Erfahrung geachtet werden. Art. 36 IStGHSt sieht hierfür ein komplexes System vor.[6]

Die Richterwahl und der -proporz sind nicht ohne Kritik geblieben.[7] Es han-   5
delt sich auch in diesem Punkt um einen **Kompromiss**, der versucht, nicht nur die Befindlichkeiten der Staaten zu beruhigen, sondern auch dem Mischcharakter des IStGH als straf- und völkerrechtliches Gericht gerecht zu werden. Dass in der Pra-xis noch ganz andere Faktoren, wie die politische Durchsetzbarkeit einer Perso-nalie, eine nicht unerhebliche Rolle spielt, ist bei höchsten Gerichten auch in den Nationalstaaten ein offenes Geheimnis.

3 Kanzlei

Die Kanzlei ist nach Art. 43 IStGHSt für alle verwaltungstechnischen Fragen zu-   6
ständig, die nicht in den Bereich der Rechtsprechung fallen, und für den „**Dienst-leistungsbereich**" des IStGH. Sie ist hierarchisch unterhalb des Präsidiums an-gesiedelt und muss die Selbständigkeit der Anklagebehörde achten. Der Kanzler („Registrar") wird auf Vorschlag des Präsidenten im Benehmen mit der Staatenver-

---

[6] Vgl. dazu auch *Safferling* (2003), 95–97.

[7] Vgl. etwa *Bohlander*, New Criminal Law Review 12 (2009), 529 ff.

sammlung für fünf Jahre mit einmaliger Wiederwahlmöglichkeit von den Richtern gewählt (Art. 43 Abs. 4 IStGHSt, Regel 12 VBO). Die Italienerin Silvana Arbia hat 2008 den 1. Kanzler des IStGH, den Franzosen Bruno Cathala, abgelöst.

7   Die Geschäftsordnung der Kanzlei („Regulations of the Registry")[8] sieht folgende Aufgabenbereiche vor:

* **Verwaltung** des Gerichtsgebäudes, der Gerichtssäle, Organisation der Übersetzungen und „Aktenführung"
* **Opfer-** und **Zeugenschutz** (Regel 16–19 VBO)
* **Opferbeteiligung** und **Entschädigung** (Regel 81 GO-Gericht, s. unten Rn. 50 ff.)
* **Verteidigerbüro** (Regel 20–22 VBO, Regel 77 GO-Gericht; s. unten Rn. 10)
* **U-Haft**-Fragen
* Information der Öffentlichkeit, insbes. Presse und „**Outreach**"

4 Anklagebehörde (Office of the Prosecutor – OTP)

8   Die Anklagebehörde (OTP) stellt eine **unabhängige Organisationseinheit** mit eigener Verwaltungsstruktur dar (Art. 42 Abs. 1 IStGHSt). Der Chef-Ankläger wird von der Vertragsstaatenversammlung für die Dauer von neun Jahren gewählt, wobei eine Wiederwahl ausgeschlossen ist. Seit 2003 wird diese Position von dem Argentinier Luis Moreno-Ocampo bekleidet. Ihm zur Seite steht zur Zeit eine Stellvertreterin. Der Chefankläger bildet zusammen mit den Leitern der drei Hauptabteilungen der Anklagebehörde, Ermittlung, Prozessführung und Zuständigkeit/Kooperation, das „Executive Committee" der OTP:[9]

9   Diese drei Abteilungen (*divisions*), s. Abb. 2, bilden in der konkreten Arbeit jeweils „*joint teams*" (Regulation 32 GO-OTP). D.h. es arbeiten jeweils Mitarbeiter der verschiedenen Untereinheiten („Investigation", „Prosecution" und „Jurisdiction") jeweils als Experten zusammen. Je nach Verfahrensstand variiert die Zusammenstellung dieser *joint teams*. So werden zu Beginn mehr „Investigators" benötigt, aber auch die „Prosecutors" sollen gleich bei den Ermittlungen involviert sein, um die gerichtliche Durchsetzung optimal vorbereiten zu können. Diese *joint teams* erstatten regelmäßig dem *Executive Committee* Bericht und erhalten von dort strategische und politische Weisungen. Da sich jeweils eigene und sehr komplexe Fragestellungen auftun, ist die Bildung von **Spezialeinheiten** sicherlich sinnvoll. Ein guter Ermittler ist eben noch kein guter Prozessanwalt und umgekehrt. Alle fraglichen Einheiten möglichst früh an der Arbeit zu beteiligen, ist für prozesstaktisches Denken und Arbeiten notwendig.

Neben diesen drei Hauptabteilungen gibt es noch zwei Zusatzabteilungen („*support sections*"), vgl. Regulation 10 ff. GO-OTP: Die **Services Section**: zuständig für

---

[8] ICC-BD/01-03-06-Rev. 1 v. 6.3.2006.
[9] Vgl. Regulation 4 Abs. 1 der Geschäftsordnung von OTP, ICC-BD/05-01-09 v. 23.04.2009.

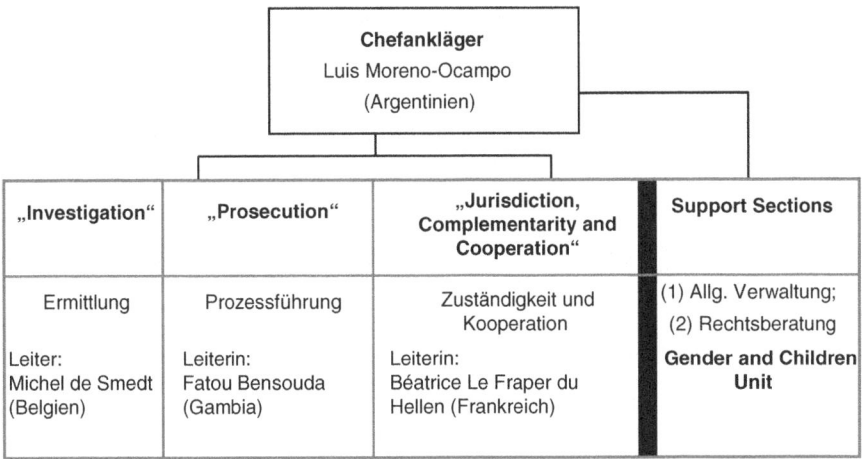

Abb. 2 Struktur von OTP. Stand 2010

Haushalt, Übersetzungen, Verwaltung der Beweismittel und allgemeine Management-Fragen; sowie die in der täglichen Gerichtspraxis aus nahe liegenden Gründen sehr wichtige **Legal Advisory Section** (Rechtsberatungsabteilung). Komplettiert wird die Organisation durch die **Gender and Children Unit**, die für die Beratung in Fragen sexueller oder geschlechtsspezifischer Gewalt und Gewalt gegen Kinder zuständig ist (Art. 42 Abs. 9 IStGHSt).

5 Verteidigung (Office of the Public Counsel for the Defence – OPCD)

Die Verteidigung am IStGH ist zwar kein eigenes Organ des Gerichts, ist aber dennoch gerichtsnah institutionalisiert.[10] Die Kanzlei hat auf der Grundlage von Regel 77 GO-Gericht ein **Verteidigerbüro** eingerichtet, das selbständig und unabhängig operieren kann. Zu den Aufgaben gehört die Wahrnehmung von Verteidigerinteressen im Rahmen des Vorermittlungsverfahrens (dazu unten Rn. 60), Unterstützung der Strafverteidigung im Verfahren, Agieren als *Ad hoc*-Counsel oder Bereitschaftsverteidiger, sowie Vermittlung im Fall von Streit zwischen Mandant und Verteidi-

10

---

[10] Ein ähnliches Modell wurde beim SCSL entwickelt. Nach Rule 45 der VBO des SCSL wurde beim Kanzler des Gerichtshofs ein Verteidigerbüro eingerichtet. Die Erfahrungen mit dieser Vorgehensweise waren offenbar positiv, vgl. *Pierello/Wierda*, in: International Center for Transitional Justice (Hg.), The Special Court for Sierra Leone under Scrutiny, 2006, abrufbar unter: http://www.ictj.org/static/Prosecutions/Sierra.study.pdf.

ger. An der Organisation, Planung oder Verwaltung des IStGH nimmt das Verteidigerbüro nicht teil.

Ein Angeklagter am IStGH kann sich grundsätzlich **selbst vertreten**, vgl. Wortlaut von Art. 55 Abs. 2 und 67 Abs. 1 d) IStGHSt. Er kann sich einem Wahlverteidi-
ger anvertrauen oder sich einen Pflichtverteidiger beordnen lassen.[11] Ob das Gericht
trotz des Wunsches nach Selbstverteidigung einen Strafverteidiger beiordnen kann,
ist umstritten.[12]

> **Beispiel:** Vor dem JStGH haben zwei sehr prominente Angeklagte, der frühere serbische
> Ministerpräsident Slobodan Milosevic, und der bosnische Serbenführer Radovan Karadzic
> ihre Verteidigung jeweils selbst in die Hand genommen und den Verfahrenskammern damit
> einige Probleme bereitet. Das Recht, sich selbst zu verteidigen, ist vor allem im anglo-
> amerikanischen Strafprozess verbreitet und die Vorstellung eines aufgezwungenen Vertei-
> digers fremd.[13] Im deutschen Recht hingegen muss aus rechtsstaatlichen Gründen, etwa bei
> Verbrechen, ein Verteidiger bestellt werden (vgl. §§ 140 ff. StPO).[14] Bei Milosevic wurde
> schließlich aus gesundheitlichen Gründen ein Rechtsbeistand beigeordnet.[15] Auch Karadzic
> erhielt einen Beistand, weil er „substantially and persistently obstructed the proper and
> expeditious conduct of his trial".[16] Dieser Rechtsbeistand hat allerdings nur eine ergänzen-
> den Funktion, um ein zügiges und rechtsstaatliches Verfahren gewährleisten zu können.

6 Opfervertretung (Office of the Public Counsel for Victims – OPCV)

11   Das Büro der Opfervertretung, das von der Kanzlei auf der Grundlage von Regel 81
GO-Gericht eingerichtet wurde, ist ein Novum in der internationalen Gerichtsorga-
nisation. Die hervorgehobene Stellung der Opferbeteiligung am Verfahren erfordert
eine entsprechende Vertretung. Demnach ist es die Aufgabe dieses Büros, **die effektive Beteiligung der Opfer** in jeder Phase des Verfahrens zu unterstützen.

Mitarbeiter der OPCV sollen die Opferanwälte bei ihrer Arbeit unterstützen und
können dabei auch selbst vor Gericht auftreten (Regel 81 GO-Gericht).

---

[11] Einzelheiten bei Ahlbrecht/*Kirsch* (2008), Rn. 1439 ff.

[12] Vgl. dazu etwa Triffterer/*Schabas*, Art. 67 Rn. 30.

[13] Vgl. etwa US Supreme Court *Faretta v. California*, 422 US 806, 817 (1975).

[14] Vgl. dazu grundlegend BVerfGE 63, 380, 390.

[15] Vgl. JStGH, *Prosecutor v. Milosevic*, Reasons for Decision on Assignment of Defence Counsel,
Verfahrenskammer, 22.09.2004, §§ 33, 66; Decision on Interlocutory Appeal of the Trial Chamber's Decision on the Assignment of Defense Counsel, Berufungskammer, 01.11.2004, § 13; vgl.
auch JStGH, *Prosecutor v. Seselj*, Decision on Appeal Against the Trial Chamber's Decision on
Assignment of Counsel, Berufungskammer, 20.10.2006.

[16] JStGH, *Prosecutor v. Karadzic*, Decision on Appointment of Counsel and Order on Further Trial
Proceedings, Verfahrenskammer, 05.11.2009, §§ 21 f.

II Verfahrensvoraussetzungen

Die Zulässigkeitsprüfung eines Strafverfahrens am IStGH ist auf Grund der er-   **12**
forderlichen Rücksichtnahme auf die Staatensouveränität überkomplex, erschwert
noch durch eine uneinheitliche Terminologie.[17] Eine „automatische Zuständigkeit"
für die völkerrechtlichen Kernverbrechen konnte sich in Rom (leider) nicht durchsetzen.[18] Demnach muss zwischen (1) verschiedenen Fragen der **Gerichtsbarkeit**, (2) Auslösemechanismen („*trigger mechanisms*") und (3) dem Grundsatz der
Komplementarität unterschieden werden. Alle drei Voraussetzungen müssen, wie
in Abb. 3 dargestellt, kumulativ gegeben sein:

1 Gerichtsbarkeit

Fragen der Gerichtsbarkeit sind im Wesentlichen identisch an nationalen und inter-   **13**
nationalen Gerichten.[19] Man kann zwischen sachlicher, zeitlicher, formeller und
persönlicher Gerichtsbarkeit unterscheiden:

a) Sachlich

Für die sachliche Gerichtsbarkeit (*ratione materiae*) verweist **Art. 5 IStGHSt** auf
die Kernverbrechen: Völkermord, Verbrechen gegen die Menschlichkeit, Kriegsverbrechen und das Verbrechen der Aggression. Diese *core crimes* werden in den
Art. 6–8 IStGHSt genau ausgeführt. Auch das Aggressionsverbrechen ist nun in

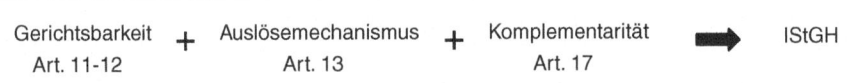

Abb. 3 Verfahrensvoraussetzungen

---

[17] Die Darstellung orientiert sich, soweit möglich, an dem Sprachgebrauch des IStGHSt in der
amtlichen deutschen Übersetzung. Allerdings ist diese selbst nicht immer einheitlich (vgl. etwa
Art. 1, in dem „Jurisdiction" einmal mit „Gerichtsbarkeit" und einmal mit „Zuständigkeit" übersetzt wird).
[18] Einzelheiten bei *Ambos* (2008), § 8 Rn. 4 f.
[19] Man würde im nationalen Recht allerdings eher den Begriff „Zuständigkeit" verwenden; siehe
nochmals die Erläuterung in Fn. 17 sowie die von *Ambos* (2008) verwendeten Begriffe. *Werle*
(2007) spricht wie hier eher von „Gerichtsbarkeit".

Art. 8*bis* IStGHSt enthalten und löst demnach sachlich die Gerichtsbarkeit des IStGH aus.[20]

b) Zeitlich

14   Die Gerichtsbarkeit *ratione temporis* ergibt sich aus Art. 11 IStGHSt. Danach kann der IStGH erst tätig werden, wenn das vermeintliche Verbrechen nach dem 01.07.2002 begangen wurde, also nach der Errichtung des Gerichts. Tritt ein Staat erst später dem Statut bei, richtet sich die zeitliche Zuständigkeit nach dem Inkrafttreten des IStGH für diesen Staat, es sei denn, es liegt eine **Erklärung nach Art. 12 Abs. 3 IStGHSt** vor, durch die der Staat einer zeitlichen Vorverlagerung zustimmt (Art. 11 Abs. 2 IStGHSt).[21] Eine Verlagerung über den 01.07.2002 hinaus ist allerdings nicht möglich.[22]

Die Beschränkung der Gerichtsbarkeit in zeitlicher Hinsicht auf die Errichtung des Gerichtshofs ergibt sich auch aus dem menschenrechtlich verbürgten **Rückwirkungsverbot** (vgl. Art. 15 IPbpR; Art. 7 EMRK[23]), das in Art. 22 IStGHSt niedergelegt ist.[24] Zwar sind menschenrechtlich für Verbrechen, welche gegen die Grundregeln der zivilisierten Völker verstoßen, Ausnahmen vorgesehen (vgl. Art. 15 Abs. 2 IPbpR; Art. 7 Abs. 2 EMKR), gleichwohl sollte der IStGH eine unangreifbare Regelung erhalten. Das hängt auch mit dem Umstand zusammen, dass das Römische Statut die Straftatbestände selbst enthält und nicht nur – wie der JStGH und der RStGH – auf völkergewohnheitsrechtliche Strafnormen verweist.

c) Formell

15   Eine weitgehende Einschränkung der Gerichtsbarkeit des IStGH ergibt sich aus dem **Erfordernis des Art. 12 IStGHSt**. Wie bereits erwähnt, konnten sich die Verhandlungsteilnehmer nicht darauf verständigen, dass dem IStGH universelle Zuständigkeit zukommt.[25] Vielmehr wurde in Art. 12 Abs. 2 a) und b) IStGHSt eine zweifache Beschränkung und in Art. 12 Abs. 3 IStGHSt eine Erweiterungsmöglichkeit vorgesehen. Demnach besteht Gerichtsbarkeit nur dann, wenn

---

[20] Das vormals in Art. 5 Abs. 2 IStGHSt vorgesehene Moratorium ist mit der Verabschiedung des Aggressionstatbestands am 28.06.2010 aus dem IStGHSt gestrichen worden, vgl. oben § 96 Rn. 164 ff.

[21] Triffterer/*Williams*, Art. 11 Rn. 10 f., die diese Beschränkung bedauern.

[22] Vgl. *Ambos* (2008), § 8 Rn. 6.

[23] Dazu ausführlich 913 Rn. 64 f.

[24] Triffterer/*Williams*, Art. 11 Rn. 9.

[25] Zur universellen Zuständigkeit, s. Rn. 17 ff. Die Frage, ob der Wortlaut des Art. 5 IStGHSt doch für eine grundsätzlich universelle Gerichtsbarkeit spricht und deren Anwendung lediglich für den Moment durch Art. 12 IStGHSt beschränkt ist, scheint aus historischen Gründen unwahrscheinlich. Art. 5 und Art. 12 IStGHSt regeln jeweils unterschiedliche Aspekte der Gerichtsbarkeit.

1. die Tat auf dem Hoheitsgebiet eines Mitgliedstaates (**Territorialitätsprinzip**), Art. 12 Abs. 2 a) oder
2. von einem Staatsangehörigen eines Mitgliedstaates (**aktives Personalitätsprinzip**) begangen wurde, Art. 12 Abs. 2b), oder
3. der Tatort- oder Täterstaat ist kein Vertragsstaat, unterwirft sich aber *ad hoc* der Zuständigkeit des IStGH, Art. 12 Abs. 3 (**Unterwerfungserklärung**).

Die Ausübung der Gerichtsbarkeit in Fällen, die eine der drei genannten Voraussetzungen erfüllen, ist aber nicht *per se* gegeben, sondern ist abhängig von den sog. Auslösemechanismen (*trigger mechanisms*) – dazu sogleich Rn. 17 ff. Daneben besteht im Übrigen noch die Möglichkeit, dass Vertragsstaaten die Gerichtsbarkeit für Kriegsverbrechen auf ihrem Hoheitsgebiet oder zugunsten ihrer Staatsangehörigen sieben Jahre lang ausschließen, vgl. Art. 124 IStGHSt.

d) Persönlich

Der IStGH ist nur für **natürliche Personen** zuständig (Art. 25 Abs. 1 IStGHSt). Die **16** Staatenverantwortlichkeit, die parallel bestehen bleibt, muss auf anderem Wege, etwa vor dem IGH, eingefordert werden (Art. 25 Abs. 4 IStGHSt). Nach Art. 26 IStGHSt kann vor dem Gericht nur gegen Personen ermittelt werden, die bei Tatbegehung das 18. Lebensjahr bereits vollendet hatten. Es handelt sich hierbei um eine reine Gerichtsbarkeitsregel *ratione personae* und nicht – wie in § 19 StGB – um eine Frage der Schuldfähigkeit. Vor nationalen Gerichten wäre demnach ein Verfahren gegen Jugendliche möglich.[26]

2 Ausübung der Gerichtsbarkeit (Auslösemechanismen – Trigger Mechanisms)

Art. 13 IStGHSt nennt drei Auslösemechanismen, mit unterschiedlichen Rückwir- **17** kungen auf die Gerichtsbarkeitsfragen nach Art. 12 IStGHSt.

1. Ein Vertragsstaat überweist die „Situation" an den IStGH, Art. 13 a), 14 (**Staatenüberweisung**);
2. Der Sicherheitsrat der VN überweist die „Situation" an den IStGH, Art. 13 b) (**Überweisung durch den Sicherheitsrat**);
3. die Anklagebehörde wird von Amts wegen tätig, Art. 13 c), 15 (***Ex officio-Befugnis***).

Diese Voraussetzungen sind im Einzelnen erörterungsbedürftig. Vorab kann aber festgehalten werden, dass die Überweisung sich immer nur auf eine **„Situation"** insgesamt beziehen kann. Darunter zu verstehen ist eine zeitlich und räumlich ab-

---

[26] Vgl. Triffterer/*Clark/Triffterer*, Art. 26 Rn. 23 f.

gegrenzte Konfliktlage.[27] Innerhalb einer Situation entstehen im Zuge der Ermittlungen verschiedene Fälle („**cases**") gegen eine oder mehrere Einzelpersonen, die möglicherweise zur Anklage gelangen. Es kann demnach niemals die Strafverfolgung einer einzelnen Person vom IStGH verlangt werden, was auch einen ziemlich deutlichen Verstoß gegen die Unabhängigkeit der Justiz darstellen würde. Ebenso wenig kann verlangt werden, dass der IStGH eine „Situation" einseitig ermittelt. Es kann immer nur bezogen auf alle beteiligten Konfliktparteien die Situation abstrakt nach Den Haag überwiesen werden.[28]

a) Staatenüberweisung

18 Auf der Grundlage von Art. 13 a) und 14 IStGHSt kann ein Staat eine bestimmte Situation dem IStGH übertragen, mit der Bitte zu untersuchen, ob Verbrechen i.S. von Art. 5 IStGHSt begangen worden sind. Die Erfahrung, insbesondere im Zusammenhang mit den Europarat, wo ebenfalls eine Staatenbeschwerde möglich ist[29], zeigt, dass Staaten im Allgemeinen aus Furcht vor diplomatischen Zerwürfnissen eher zurückhaltend sind, andere Staaten „anzuschwärzen". Überraschender Weise hat sich am IStGH aber eine andere, nicht vorgesehene Praxis etabliert, nämlich die der **Selbstüberweisung**.[30] Da solche *self-referrals* im IStGHSt nicht explizit untersagt sind, wird man sie für zulässig erachten müssen, zumal sie mit dem Wortlaut des Art. 13 a) IStGHSt problemlos vereinbar sind.

> **Beispiel:** Am 19.4.2004 ist bei OTP ein Schreiben des Präsidenten der Demokratischen Republik Kongo eingegangen, worin darum ersucht wird, auf dem gesamten Staatsgebiet Kernverbrechen i.S. von Art. 5 Abs. 1 IStGHSt zu ermitteln. Am 26.6.2004 erklärt der Chef-Ankläger, dass offizielle Ermittlungen aufgenommen werden. Im weiteren Verfahren wurde diese Vorgehensweise nicht beanstandet. Die Situationen in Uganda und der Zentralafrikanischen Republik sind auf die gleiche Weise zum IStGH gelangt.

Von zurzeit fünf anhängigen Situationen wurden drei durch Selbstüberweisung dem IStGH übertragen.

19 Die Selbstüberweisung ist aber **nicht** ganz **unproblematisch**. Wenn Regierungen ihre „Hilflosigkeit" in Bezug auf die Strafverfolgung zugeben, geschieht das gewiss nicht ohne Grund. Häufig liegt der Verdacht nahe, dass Rebellengruppen der Strafverfolgung des IStGH überstellt und die eigenen Reihen vor Bestrafung geschützt werden sollen. Selbst wenn der IStGH-Ankläger nach allen Seiten ermitteln kann und muss, spielt die Zusammenarbeit mit den nationalen Behörden eine entscheidende Rolle. Nationalstaaten, insbesondere die selbst überweisenden, haben demnach großen praktischen Einfluss auf den Fortgang der Strafverfolgung.

---

[27] Eine Definition von „Situation" enthält das am IStGH anwendbare Recht nicht; vgl. aber Regulation 20 Geschäftsordnung der Kanzlei zum formalen Ablauf.

[28] Siehe zum Verhältnis von „Situation" und „Case" *de Gurmendi*, in: *Lee* (1999), S. 175, 180 f. Siehe in Bezug auf Art. 12 Abs. 3 IStGHSt auch *Stahn/El Zeidy/Olásolo*, AJIL 2005, 421, 427.

[29] Vgl. Art. 33 EMRK; dazu 913 Rn. 8 f.

[30] Siehe dazu *Gaeta*, JICJ 2 (2004), 949.

b) Überweisung durch den Sicherheitsrat

Der Sicherheitsrat der VN kann dem IStGH mittels einer **Kap. VII-Resolution** eine 20
„Situation" an den IStGH unterbreiten, Art. 13 b) IStGHSt. Rechtsdogmatisch in-
teressant an dieser Vorschrift ist der Umstand, dass darin dem SR eine Kompetenz
zugesprochen wird, die sich sonst nur aus der VN-Charta ergeben kann. Unbedingt
zu beachten sind die Voraussetzungen der Art. 39 ff. VN-Charta.

Im Grunde handelt es sich bei dieser Kompetenz um nichts anderes als die Anerkennung der „**juristischen Intervention**", wie sie zur Errichtung der *Ad hoc*-
Tribunale etabliert wurde.[31] Anstatt selbst ein Tribunal zu schaffen, kann der SR
nunmehr den IStGH „verwenden" und sich seiner als institutionalisiertes *Ad hoc*-
Tribunal bedienen.

In der Situation Darfur im Sudan ist entsprechend verfahren worden. In der SR Resolution
1593 (2005) wurde die Situation dem IStGH übermittelt.[32]

Diese Möglichkeit hat für den SR der VN den handfesten Vorteil, dass er keine kost-
spieligen eigenständigen Strukturen schaffen muss, sondern sich einer bestehenden
Institution im Übrigen kostenlos bedienen kann.[33] Diese Form der Überweisung
wird auch – trotz der politischen Wechselhaftigkeit des SR – in Zukunft Bedeutung
haben.[34]

Die SR-Überweisung ist auch deshalb ein besonders schlagkräftiges Instrument,
weil sie **nicht auf Vertragsstaaten** i.S. von Art. 12 Abs. 2 IStGHSt angewiesen ist.
Der SR kann seine Kompetenz weltweit ausüben, so dass eine Prüfung des Territorialitätsprinzips und des aktiven Personalitätsprinzips unterbleiben kann.

c) *Proprio motu*-Tätigwerden des Anklägers

Ohne Überweisung, sondern **kraft eigener Autorität** kann der Chefankläger unter 21
den Voraussetzungen von Art. 13 c), 15 IStGHSt tätig werden. Diese Möglichkeit
ist für die politische Unabhängigkeit der internationalen Strafjustiz von sehr großer
Bedeutung und stieß auf der Römischen Konferenz auf teilweise erbitterten Widerstand.[35] Den Kritikern wurde in einem Punkt entgegen gekommen. Der Chef-
Ankläger benötigt zur Einleitung von Ermittlungen die **Autorisierung durch die
Vorverfahrenskammer**, vgl. Art. 15 Abs. 3 u. 4 IStGHSt. Er muss dazu darlegen,
dass eine „hinreichende Grundlage" (*reasonable basis*) für die Aufnahme offizieller

---

[31] Vgl. auch *Satzger* (2010), § 14 Rn. 16.

[32] SR Res. 1593 v. 31.03.2005; die USA, die die Einrichtung eines hybriden Tribunals in Afrika
bevorzugt hätten, haben sich im Übrigen der Stimme enthalten, was dadurch erreicht wurde, dass
Personen, die aus Nichtvertragsstaaten stammen, trotz dieser Überweisung nicht durch den IStGH
verfolgt werden können (vgl. ebenda, § 6).

[33] Vgl. SR Res. 1593 para. 7, wo klargestellt wird, dass allein die Vertragsstaaten des IStGH die
Kosten tragen unterstützt durch weitere – freiwillige – Spenden.

[34] Vgl. auch *Safferling* (2003), S. 83 f.

[35] Zur Situation der USA vgl. etwa *Scheffer*, AJIL 93 (1999), 12.

Ermittlungen gegeben ist. Allein im Zeitraum zwischen 01.08.2008 und 30.6.2009 sind bei der Anklagebehörde 4.870 „Strafanzeigen" durch Privatpersonen oder Nichtregierungsorganisationen eingegangen.[36]

> Der Ankläger hat trotz dieser immens hohen Anzeigerate bislang nur einmal von dieser Möglichkeit Gebrauch gemacht. In Bezug auf Kenia wurde die Situation der Gewalttätigkeiten nach den Wahlen in den Jahren 2007/2008 der Vorverfahrenskammer II vorgelegt. Trotz der verhältnismäßig niedrigen Schwelle konnte die Kammer keine Einstimmigkeit erzielen. Nach Ansicht des deutschen Richters Kaul sind die Voraussetzungen der Verbrechen gegen die Menschlichkeit hier nicht erfüllt (vgl. 96 Rn. 44 ff.).[37] Nach Angaben von OTP werden fünf weitere Situationen „beobachtet": Afghanistan, Elfenbeinküste, Georgien, Kolumbien und Palästina.[38]

3 Komplementarität

22   Ein weiterer Prüfungspunkt im Rahmen der Zulässigkeit eines Verfahrens vor dem IStGH ist der Grundsatz der Komplementarität (s. u. Tab. 1). Hierbei handelt es sich um ein **grundlegendes Strukturprinzip**, welches den Zuständigkeitskonflikt zwischen der direkten und der indirekten Durchsetzung von Völkerstrafrecht grund-

Tab. 1 Komplementarität nach Art. 17 IStGHSt

Grundsatz	Ausnahme
a) ein zuständiger Staat führt Ermittlungen/ Strafverfolgung durch	Staat war nicht willens oder in der Lage zur ernsthaften Durchführung
b) ein zuständiger Staat hat Ermittlungen durchgeführt und sich gegen ein Verfahren entschieden	Staat war nicht willens oder in der Lage zur ernsthaften Durchführung
c) Betreffende Person ist bereits gerichtlich belangt	Art. 20 Abs. 3: – Verfahren diente dazu, betreffende Person vor internationaler Strafverfolgung zu schützen; – Verfahren war nicht unabhängig/unparteiisch entsprechend den völkerrechtlich anerkannten Grundsätzen eines ordnungsgem. Verfahrens und ist unvereinbar mit der Absicht, die betreffende Person vor Gericht zu stellen
d) Die Sache wiegt nicht schwer genug	

---

[36] Insgesamt lagen bis zu diesem Zeitpunkt 8.242 „Kommunikationen" vor; vgl. Report of the ICC, 17.9.2009, UN Doc.A/64/356, S. 13.

[37] IStGH, *Situation in the Republic of Kenya*, Decision Pursuant to Article 15 of the Rome Statute on the Authorization of an Investigation into the Situation in the Republic of Kenya, Vorverfahrenskammer, 31.03.2010, mit abweichender Meinung Richter *Kaul*. Dazu *Chaitidou*, ZIS 2010, 726, 734 und *Gierhake*, ZIS 2010, 676.

[38] Vgl. Report of the ICC, 17.9.2009, UN Doc.A/64/356, S. 13.

sätzlich zugunsten letzterer löst. Der IStGH fungiert demnach (nur) als Ergänzung der nationalen Strafjustiz, der grundsätzlich nur dann tätig wird, wenn die nationale Strafjustiz *nicht willens* oder *nicht in der Lage* ist, die Strafverfolgung der Kernverbrechen zu gewährleisten. Dieses Grundprinzip ist als wesentliches Strukturmerkmal bereits in der Präambel (§ 10) und in Art. 1 IStGHSt ausgedrückt und in Art. 17 IStGHSt ausformuliert.

a) Inhalt

Demnach hat ein sachlich zuständiges nationales Gericht Vorrang gegenüber dem IStGH, wenn es seine Jurisdiktion (auf der Grundlage etwa des Universalitätsprinzips) ausüben will. Allerdings belässt es das Römische Statut nicht bei einer rein formellen Prüfung, sondern sieht einen **normativen Test** vor, über den der IStGH letztlich in der Lage ist, eine gewisse Kontrolle über die nationale Justiz auszuüben. Diese vollzieht sich auf zwei Ebenen: **23**

1. **Unfähigkeit:** Die nationalen Behörden sind aus tatsächlichen oder rechtlichen Gründen nicht in der Lage, die Völkerrechtsverbrechen zu ahnden.

- *Tatsächliche Gründe*: Die staatlichen Strukturen sind (aufgrund der bewaffneten Auseinandersetzungen) zusammengebrochen. Sog. „*failed state*"-Szenario; vgl. Art. 17 Abs. 3 IStGHSt.[39]
- *Rechtliche Gründe*: Das nationale Rechtssystem sieht keine Straftatbestände vor, um die Völkerstraftaten angemessen zu verfolgen. Es fehlt demnach an einer umfassenden nationalen Implementierung des Römischen Statuts. Wieweit der Respekt vor der nationalen Rechtsordnung in diesem Punkt gehen muss oder kann, zeigt folgendes.

Beispiel: A wird wegen der Organisation von Massenvergewaltigung im internationalen bewaffneten Konflikt beschuldigt. Die nationale Staatsanwaltschaft erwägt eine Anklage wegen mehrfacher Vergewaltigung (etwa § 177 StGB) sowie als Mitglied einer bewaffneten Bande (etwa §§ 129, 129a StGB), und klagt nicht Verbrechen gegen die Menschlichkeit an, weil es eine Vorschrift entsprechend § 7 Abs. 1 Nr. 6 VStGB im nationalen Recht nicht gibt. Ist die nationale Justiz damit rechtlich „unfähig" die Völkerstraftat angemessen abzuurteilen?[40] Der entscheidende Faktor wird dabei in der Stigmatisierungswirkung zu sehen sein. Wenn der makrokriminelle, kollektive Aspekt, sowie die Schwere der Straftat im Schuldausspruch angemessen zum Ausdruck kommen, könnte sich der IStGH – auch in Anbetracht der beschränkten eigenen Ressourcen – mit dem nationalen Verfahren zufrieden geben. Das wäre im Beispiel etwa durch die Verurteilung als Mitglied einer bewaffneten Bande gewährleistet.

- Die Unfähigkeit zur Strafverfolgung kann sich auch aus **Völkerrecht** ergeben. So dürfen Staatsoberhäupter während sie das Amt bekleiden nicht durch nationale Gerichte verfolgt werden. Hier wäre allein der IStGH zuständig.

---

[39] Zum „*failed state*" im Völkerrecht s. *Kempen/Hillgruber* (2007), 2. Kap. Rn. 9.

[40] Dazu auch *Satzger* (2010), § 14 Rn. 19, der auf die Klarstellung der Unrechtsdimension abstellt.

Beispiel: In der Situation Darfur hat der IStGH einen Haftbefehl gegen den amtierenden Ministerpräsidenten Al Bashir erlassen. Ein deutsches Oberlandesgericht hätte nicht entsprechend tätig werden können, denn das Staatsoberhaupt genießt während seiner Amtszeit vor nationalen Gerichten persönliche Immunität (dazu auch § 95 Rn. 60 ff.).[41]

24 2. **Unwilligkeit:** Nach Art. 17 Abs. 2 IStGHSt weisen folgende Indizien auf die Unwilligkeit zur rechtsstaatlichen Strafverfolgung hin:

- Das Verfahren wurde letztlich zum Schutz der betreffenden Person vor Strafverfolgung durchgeführt (sog. Scheinverfahren oder *sham-proceedings*).
- Die Strafverfolgung wurde unrechtmäßig verzögert.
- Das Verfahren ist insgesamt nicht unabhängig und unparteiisch durchgeführt worden.

Die Überprüfung der nationalen Strafverfahren anhand dieser normativen Gesichtspunkte ist **konfliktträchtig**. Der Konflikt wird noch dadurch verschärft, dass der IStGH selbst die Kompetenz hat, über das Vorliegen der Voraussetzungen von Art. 17 IStGHSt zu entscheiden, wie sich aus Art. 18 und 19 IStGHSt ergibt.[42] Politisch ist ein gewisses Bedrohungspotential auf die Vertragsstaaten durch den IStGH durchaus gewollt. Dieser kann dadurch entstehen, dass ein Tätigwerden des IStGH *de facto* impliziert, dass der zuständige Staat unfähig oder unwillig ist, die Strafverfolgung selbst durchzuführen. Der internationalen Reputation eines Staates ist eine solche Stigmatisierung sicher nicht förderlich.[43]

25 3. **Ausreichende Schwere:** Nach Art. 17 Abs. 1 d) IStGHSt kommt ein weiteres normatives Kriterium hinzu. Danach ist der IStGH – wie auch in der Präambel zum Ausdruck kommt – nur für die „schwersten" Verbrechen zuständig, welche den Frieden, die Sicherheit und das Wohlergehen der gesamten Welt betreffen. Man wird zwar zugestehen müssen, dass dieses Schwerekriterium, das im Übrigen an verschiedenen Stellen des Römischen Statuts auftaucht (vgl. etwa Art. 53 IStGHSt), schwer zu judizieren ist, da objektivierbare Kriterien schwer zu finden sind. Es soll aber umgekehrt verhindert werden, dass der IStGH sich mit reinen Befehlsempfängern auseinandersetzt. Das kann besser und schneller durch nationale Behörden erfolgen. Der IStGH soll sich um die Befehlshaber und politischen Führer kümmern.

Im *Lubanga*-Fall hat die Vorverfahrenskammer I die „Schwere" nach der Quantität der Opfer, der Schwere der individuellen Schuld und nach der Qualität der Auswirkungen auf die betroffenen Gesellschaften beurteilt.[44] Sie ist damit auf Kritik gestoßen, da die Vereinigung der verschiedenen Ansätze zu undurchsichtig scheint.[45] Am ehesten wird man differenziert vorgehen können und nach dem Deliktsvorwurf unterscheiden. Ein maßgebliches

---

[41] Siehe zu diesem Komplex auch *Akande*, JICJ 7 (2009), 333.

[42] *Satzger* (2010), § 14 Rn. 22 spricht hier von Kompetenz-Kompetenz; siehe auch IStGH, *Prosecutor v. Bemba*, Confirmation, Vorverfahrenskammer, 15.07.2009, § 23.

[43] Vgl. auch *Ambos* (2008), § 8 Rn. 10.

[44] IStGH, *Prosecutor v. Lubanga*, Warrant of Arrest, Vorverfahrenskammer, 10.02.2006, §§ 45 ff.

[45] Vgl. *Schabas*, JICJ 6 (2008), 731; und Triffterer/*Williams/Schabas*, Art. 17 Rn. 28.

Kriterium bleibt in jedem Fall der individuelle Schuldvorwurf, wie er sich (auch) aus dem Maß der konkreten Beteiligungsform ergibt.

b) Anwendbarkeit

Fraglich ist indes, ob die Komplementarität für alle „Auslösemechanismen" in **26** gleicher Weise gilt. Bei der **Überweisung durch den SR** der VN nach Art. 13 b) IStGHSt ist eine Anwendbarkeit von Art. 17 IStGH nur partiell sinnvoll.[46] Zwar unterscheidet der Wortlaut des IStGHSt nicht. Handelt aber der SR auf der Grundlage von Kap. VII VN-Charta, so sind alle Mitgliedstaaten der VN hieran gebunden; der IStGH erhält dadurch – ähnlich wie bei den *Ad hoc*-Tribunalen – Priorität vor den nationalen Gerichten. Diese Priorität erstreckt sich allerdings nicht auf sämtliche Fälle, sondern nur auf die „schwersten", für die nach Art. 17 d) IStGHSt der IStGH zuständig ist.

Im Fall einer **Staatenverweisung**, insbesondere der Selbstüberweisung, einer Situation an den IStGH ist die Frage nicht eindeutig zu beantworten. So ist einerseits die Selbstüberweisung Ausdruck der Unfähig- oder Unwilligkeit, die erforderlichen Verfahren selbst durchzuführen.[47] Andererseits soll sich der Staat durch die Überweisung auch nicht vollständig entmündigen (müssen). Der Fall ist bislang nicht entschieden. Man wird wohl davon ausgehen müssen, dass grundsätzlich der übertragende Staat nicht einfach selbst strafverfolgend tätig werden darf, da er sich sonst selbstwidersprüchlich verhält (*venire contra factum proprium*).[48] Allerdings wäre durch Verhandlungen eine Rückübertragung oder die Einräumung einer Vorrangstellung der nationalen Justiz durchaus vorstellbar.

Daneben bleibt aber die „**Schwereklausel**" nach Art. 17 d) anwendbar, d.h. dass **27** im Einzelfall bei Personen niederen Rangs und Taten geringerer Schwere die nationale Justiz zuständig ist. Der IStGH soll gerade nur für die wichtigen und schweren Fälle zuständig sein.

4 Einflussmöglichkeiten des Sicherheitsrats

Der Sicherheitsrat hat neben der Möglichkeit der Situationsübertragung nach **28** Art. 13 b) IStGHSt auch die Kompetenz, die Strafverfolgung nach Art. 16 IStGHSt aus politischen Gründen **aufzuschieben**. Auch hier ist erforderlich, dass der SR eine Kap. VII-Resolution erlässt. Das ist insofern überraschend, als der SR dem-

---

[46] AA die hM, vgl. *Cassese* (2008), S. 344; *Ambos* (2008), § 8 Rn. 10 m.w.N.

[47] In diese Richtung *Satzger* (2010), § 14 Rn. 14.

[48] *Ambos* (2008), § 8 Rn. 7 m.w.N.

nach feststellen muss, dass die Welt-Sicherheit und der internationale Frieden durch die Ermittlungen des IStGH gerade bedroht werden.[49]

Unklar ist auch, wer im **Konfliktfall** das letzte Wort hat. So wäre es (theoretisch) vorstellbar, dass der IStGH die Rechtmäßigkeit der SR-Resolution überprüft und zu dem Ergebnis kommt, dass die Voraussetzungen nach Kap. VII VN-Charta nicht vorliegen. Dann wäre der Weg für Ermittlungen grds. offen.[50] Ob der IStGH eine solche Verschärfung des Konflikts intendiert, ist eher unwahrscheinlich. Art. 16 IStGHSt ist auch ein Ausdruck des Grundkonflikts zwischen Frieden und Gerechtigkeit.[51]

> **Beispiel:** Der SR der VN hat zum ersten Mal von der Ermächtigung nach Art. 16 IStGHSt durch Res. 1422 (2002) Gebrauch gemacht.[52] Dabei kam man den Vorbehalten der USA gegenüber dem IStGH entgegen, indem man durch diese Resolution eine Strafverfolgung von Teilnehmern einer VN-Mission für zwölf Monate pauschal aufschob.[53] Dieser Aufschub wurde in Res. 1487 (2003)[54], wie bereits in Res. 1422 angekündigt, erneuert.[55] Mit den Voraussetzungen von Art. 16 IStGHSt i.V.m. Art. 39 ff. VN-Charta ist dieses Vorgehen nicht zu vereinbaren, denn dazu bräuchte es einer Bedrohung des Friedens oder der kollektiven Sicherheit i.S. des Art. 39 VN-Charta. Die Resolution wurde im Jahr 2004 nicht verlängert.
>
> Weitere Fälle betrafen konkrete Situation: Res. 1497 (2003)[56] bezog sich auf die Situation in Liberia und verwies Straftaten von Staatsangehörigen von Nichtvertragsstaaten, die in der VN Stabilisierungstruppe in Liberia involviert sind, allein den nationalen Gerichten zu. Art. 16 IStGHSt wurde hier nicht genannt. Durch Res. 1593 (2005)[57], mittels der die Situation in Darfur an den IStGH überwiesen wurde (vgl. Rn. 20), wurde mit VN-Mitarbeitern in Darfur ähnlich verfahren.

5 Prüfungsschema: Verfahrensvoraussetzungen

29   **A. Gerichtsbarkeit**

1. **Sachlich:** Verbrechen i.S. von Art. 5 IStGH
2. Keine Suspendierung der Strafverfolgung von Kriegsverbrechen nach Art. 124.
3. **Zeitlich:** Tatbegehung nach dem 1.7.2002, Art. 11

---

[49] Vgl. Triffterer/*Bergsmo/Pejic*, Art. 16 Rn. 23.

[50] Vgl. *Stahn*, EJIL 14 (2003), 85, 101: dafür spräche auch, dass der IStGH als Vertragsorgan die Kompetenz besitzt, das Römische Statut verbindlich auszulegen.

[51] Vgl. *Safferling*, FS Stöckel (2010), S. 521, 524 ff.

[52] VN SR Res. 1422 v. 12.7.2002.

[53] Vgl. dazu von Vitzthum/*Schröder*, 7. Abschn. Rn. 46; vgl. auch *Kreß*, Blätter für deutsche und internationale Politik 2002, 1087 ff.

[54] VN SR Res. 1487 v. 12.6.2003.

[55] Vgl. auch *Stahn*, EJIL 14 (2003), 85, 91 ff.

[56] VN SR Res. 1497 v. 1.8.2003.

[57] VN SR Res. 1593 v. 31.3.2005.

4. Formell:

   a. Territorialitätsprinzip, Art. 12 Abs. 2 a) oder

   b. Aktives Personalitätsprinzip, Art. 12 Abs. 2 b) oder

   c. *Ad hoc* Unterwerfung nach Art. 12 Abs. 3.

5. Persönlich: Natürliche Personen über 18 Jahre (Art. 25, 26)

B. Auslösemechanismen

1. Staatenübertragung, Art. 13 a), 14, oder
2. Übertragung durch VN-SR, Art. 13 b), dann A.5) nicht zu prüfen, oder
3. *Ex officio* Ermittlung durch Ankläger, Art. 13 c), 15
   Genehmigung der Ermittlungen durch die Vorverfahrenskammer

C. Komplementarität

1. Staat führt Strafverfolgungsmaßnahmen durch, ist aber nicht willens oder in der Lage, die Strafverfolgung durchzuführen, Art. 17 Abs. 1 a)
2. Staat hat Strafverfolgung eingestellt, was aber Ausdruck seiner Unwilligkeit oder Unfähigkeit ist, die Strafverfolgung durchzuführen, Art. 17 Abs. 1 b)
3. Staat hat bereits ein Strafverfahren durchgeführt, das aber, Art. 17 Abs. 1 c); 20 Abs. 3,

   a. sich als Scheinverfahren darstellt oder

   b. sonst nicht unabhängig und unparteiisch durchgeführt wurde.

4. Die erforderliche Schwere des Falls ist nicht gegeben, Art. 17 Abs. 1 d).

III Verfahren

Der IStGH ist ein internationales Gericht mit einer eigenen Verfahrensordnung. **30** Dabei handelt es sich um **Völkerstrafprozessrecht** (zum Begriff § 4 Rn. 13). Im Rahmen dieser Darstellung kann keine ausführliche Erörterung der einzelnen Verfahrensabschnitte oder Probleme erfolgen. Gleichwohl soll auf einige grundlegende, methodisch wie praktische Schwierigkeiten hingewiesen werden.

1 Grundlagen des Völkerstrafprozessrechts

a) Gesetzliche Grundlagen

Die rechtliche Grundlage des Prozessrechts stellt das Römische Statut dar (IStGHSt). **31** Ergänzende Regelungen – auf zweiter Stufe – finden sich in der **Verfahrens- und**

Beweisordnung, den von der Vertragsstaatenversammlung verabschiedeten *Rules of Procedure and Evidence*. Normhierarchisch auf dritter Stufe stehen von den jeweiligen Organisationseinheiten aufgestellte **Geschäftsordnungen**, die *Regulations of the Court*[58], *Regulations of the Registry*[59] und *Regulations of the Office of the Prosecutor*[60]. Die Stufen 2 und 3 müssen jeweils mit dem Statut in Einklang stehen (vgl. Art. 21 IStGHSt).[61]

b) Konflikt der Strafverfahrenstraditionen

32 Das Völkerstrafprozessrecht laborierte von Anfang an an der Dichotomie der großen Strafrechtstraditionen der Welt. Der Konflikt wird gemeinhin umschrieben als „Common Law" *versus* „Civil Law", also das **angloamerikanische** gegen das **kontinentaleuropäische** Strafverfahrensrecht. In der Tat sind die beiden Ansätze – bei idealistischer Betrachtungsweise – sehr unterschiedlich (s. Tab. 2).[62] In manchen Bereichen scheinen sie gar unvereinbar zu sein.[63] So ist etwa nach dem deutschen Prozessrechtsverständnis der Prozess auf die Suche nach der materiellen Wahrheit ausgerichtet, die von einem Richter durchgeführt wird, der die gesamte Ermittlungsakte kennt. Die Wahrheitsermittlung ist nicht absolut, sondern sie ist durch Grundrechte bzw. Rechte des Angeklagten eingeschränkt. Hingegen kommt es nach angloamerikanischem Verständnis gar nicht so sehr auf das Ergebnis an; es genügt, dass sich die „Wahrheit" aus dem ergibt, was im Verfahren von den Parteien vorgetragen wird. Wichtiger ist der Weg dorthin, nämlich der faire „Wettkampf" zwischen den grundsätzlich mit gleichen Waffen ausgestatteten Parteien: Ankläger

Tab. 2 Unterschiede Strafprozess

	Kontinental	Angloamerikanisch
Ermittelndes Element	Materielle Wahrheit	Prozessuale Wahrheit
Prozessuales Element	Grundrechtsschutz	Waffengleichheit
Strafendes Element	Richter (+ Schöffen)	Jury (Geschworene)

---

[58] Regulations of the Court v. 26.5.2004, ICC-BD/01-01-04.

[59] Regulations of the Registry v. 6.3.2006, ICC-BD/01-03-06-Rev. 1.

[60] Regulations of the Office of the Prosecutor v. 23.04.2009, ICC-BD/05-01-09.

[61] So richtigerweise auch IStGH, *Prosecutor v. Lubanga*, Judgment on the appeals of Mr. Lubanga Dyilo and the Prosecutor against the Decision of Trial Chamber I of 14 July 2009 entitled "Decision giving notice to the parties and participants that the legal characterisation of the facts may be subject to change in accordance with Regulation 55(2) of the Regulations of the Court", Berufungskammer, 08.12.2009, entgegen der Mehrheit der Verfahrenskammer I in der Entscheidung IStGH, *Prosecutor v. Lubanga*, Decision giving notice to the parties and participants that the legal characterisation of the facts may be subject to change in accordance with Regulation 55(2) of the Regulations of the Court, 14.7.2009; beachte auch die abweichende Meinung des Vorsitzenden Richters Fulford v. 17.7.2009.

[62] S. dazu auch die Gegenüberstellung bei *Cassese* (2008), S. 353 ff. und Cassese/Gaeta/Jones/Orie, S. 1427. S. auch *van Caenegem*, European Law in the Past and the Future, 2002, S. 51 ff.

[63] Vgl. dazu *Trüg* (2003); *Weigend*, ZStW 100 (1988), S. 733; *Ambos*, ICLR 3 (2003) 1; zuletzt auch *Jackson*, JICJ 7 (2009), 17; *Skilbeck*, JICJ 8 (2010), 451.

und Verteidigung. Der Richter hat lediglich die Aufgabe, Fairness zwischen den Parteien zu gewährleisten, während das Schuldurteil von der Jury, den Geschworenen, und damit von juristischen Laien gefällt wird.

Aus diesen **strukturellen Unterschieden** ergeben sich weitere Folgen; so ist im angloamerikanischen Rechtskreis die Anklagebehörde Partei des Verfahrens, während sie nach deutschem Verständnis als „objektivste Behörde der Welt" auch zu Gunsten des Beschuldigten ermitteln muss.[64] Der Grundsatz der freien Beweiswürdigung nach deutschem Recht (§ 261 StPO)[65] kontrastiert mit strikten Beweisregeln, durch die vor allem die Geschworenen in die Rolle versetzt werden sollen, ohne komplizierte Abwägungen hinsichtlich der Wertigkeit eines Beweises zu einem Urteil gelangen zu können.

Beide Verfahrentypen gibt es in dieser **Reinform** letztlich nicht mehr; nicht zuletzt **33** durch den Einfluss der Rspr. des EGMR, insbesondere zu Art. 6 EMRK (vgl. § 13 Rn. 75 ff.) entwickeln sich die beiden Konzepte aufeinander zu. Gleichwohl bleibt das wechselseitige Misstrauen spürbar, wenn auf internationaler Ebene rechtsvergleichend über Strafverfahrensrecht gesprochen wird.[66] Auch die Arbeit internationaler Tribunale leidet unter den so unterschiedlichen Vorstellungen von Prozessrecht.

c) Schaffung eines Völkerstrafprozessrechts

Das Verfahrensrecht am IStGH basiert auf einem einzigartigen **Kompromiss-** **34** **papier**[67] und ist schon deshalb in der Lage, sich zu einer eigenständigen Rechtsordnung zu entwickeln. Ohne Ansehung der unterschiedlichen Traditionen und der Herkunft der beteiligten Personen sollte sich hier ausgerichtet an den Zielen und Zwecken internationaler Strafjustiz und den menschenrechtlichen Vorgaben im Rahmen des Verfahrensrechts eine autonome Verfahrensordnung etablieren. Als Herangehensweise scheint hier ein entsprechend **funktional-normativer Ansatz** geeignet, die rechtlichen Texte hin zu einem akzeptablen System auszugestalten.

> **Funktional:** Ausgerichtet an Ziel und Zweck internationaler Strafverfahren.
> **Normativ:** Untadelige Umsetzung der menschenrechtlichen Vorgaben.

(1) Funktionalität

Ziel und Zweck des IStGH in kurzen Worten zu umschreiben, fällt nicht leicht. Im **35** Einleitungskapitel wurde bereits darauf hingewiesen, dass eine Übertragung natio-

---

[64] Spöttelnd *v. Liszt*, DJZ 1901, 179, 180.

[65] Vgl. dazu *Beulke* (2010), Rn. 22 f.

[66] Vgl. etwa *Schomburg*, Vereinte Nationen 2009/1, S. 3; *Ahlbrecht/Kirsch* (2008), Rn. 1333–1345; *Gordon*, Columbia Journal for Transnational Law 45 (2007), 635.

[67] *Kreß*, JICJ 1 (2003), 607

naler Strafzwecktheorien nicht uneingeschränkt nachvollzogen werden kann. Ein wichtiges Ziel ist sicherlich, eine **funktionstüchtige Strafrechtspflege** am IStGH zu ermöglichen.[68] Im Rahmen der komplementären Ausgestaltung des IStGH ist daher auch eine Selbstbeschränkung auf die Hauptverantwortlichen für Menschheitsverbrechen erforderlich. Gleichwohl sind die Verfahren „Massenverfahren". Auch wenn nur wenige Täter auf der Anklagebank sitzen, können doch unzählige Opfer beteiligt sein. Mit diesem Phänomen ist prozessual umzugehen durch die Errichtung schlanker und konzentrierter Strukturen, damit die Verfahren nicht zeitlich und personell aus den Fugen geraten. Eine der wesentlichen prozessualen Folgen dieses Erfordernisses ist der Verzicht auf Geschworene.[69]

36   Dazu ist im internationalen Strafverfahren die **Dokumentationspflicht** der Ereignisse von besonderer Bedeutung. Mehr noch als im nationalen Recht soll die historische Wirklichkeit sich im Prozess widerspiegeln, auch wenn sich das aufgrund der prozessualen Rahmenbedingungen allenfalls im Ansatz verwirklichen lässt (vgl. auch § 4 Rn. 79 ff.). Damit einher geht die Überzeugung, dass die Opfer einen Anspruch darauf haben, dass die „Wahrheit" festgestellt wird.[70] Diese Funktion kann nur erfüllt werden, wenn von einem grundsätzlich **materiellen Wahrheitsbegriff** ausgegangen wird.[71] Dazu scheint es prozessual vorteilhaft, die Wahrheitsfindung nicht allein den Parteiinteressen von Ankläger und Verteidiger zu überlassen. Deshalb ist die **Anklagebehörde** des IStGH der Objektivität verpflichtet und muss auch zugunsten des Angeklagten ermitteln (Art. 54 Abs. 1 a) IStGHSt). Außerdem sollten auch die **Richter** mit der Wahrheitssuche beauftragt sein. Diesen umstrittenen Punkt regelt das Römische Statut nicht ausdrücklich, gibt den Richtern aber immerhin die Möglichkeit zusätzliche Beweise zu verlangen (Art. 64 Abs. 6 d) und Art. 69 Abs. 3 S. 2 IStGHSt).

(2) Normativität

37   Das Statut selbst bringt in Art. 21 Abs. 3 IStGHSt den Grundsatz der **Menschenrechtskonformität** deutlich zum Ausdruck. Die Liste der zu berücksichtigenden Menschenrechte beschränkt sich aber nicht nur auf die Beschuldigten- (Art. 55 IStGHSt) und Angeklagtenrechte (Art. 67 IStGHSt). Auch Opfer und Zeugen haben menschenrechtliche Positionen, die beachtet werden müssen; in Art. 68 Abs. 1 und 2 IStGHSt wird auch dies betont. In jedem Verfahrensstadium müssen diese normativen Grundlagen des Verfahrensrechtes beachtet werden.

---

[68] Zur Funktionstüchtigkeit der Strafrechtspflege vgl. auch *Landau*, NStZ 2007, 121.

[69] Dazu auch *Safferling* (2003), S. 209 ff.

[70] Vgl. *Ambos*, in: Ambos/Large/Wierda (Hg.), Building a Future on Peace and Justice, 2009, S. 19, 34 ff.

[71] Das IStGHSt deutet dies in Art. 65 Abs. 1 c) IStGHSt an, wenn im Falle eines Geständnisses die zugrunde liegenden Tatsachen durch weitere Indizien bestätigt werden müssen; vgl. dazu *Gordon*, Columbia Journal for Transnational Law 45 (2007), 635, 697, für den diese Vorschrift bezeichnender Weise eine der innovativsten Ansätze des IStGH-Verfahrens überhaupt darstellt.

2 Generelle Probleme

Die Tätigkeit der *Ad hoc*-Tribunale hat eine ganze Reihe an kritischen Fällen gezeigt, **38**
die auch für den IStGH von Bedeutung sein werden. Die Frage der Beschuldigten-
und Angeklagtenrechte (a), des Opferschutzes (b), der Opferbeteiligung (c) sowie
der internationalen Kooperation (d) werden hier aufgegriffen und kurz diskutiert.

a) Beschuldigten- und Angeklagtenrechte

Im modernen Strafprozess sind Rechte der Verteidigung wichtig. Der vermeintliche
Täter ist nicht nur der Gegenstand der Ermittlungen und des Verfahrens, sondern er
ist Verfahrenssubjekt. Das gilt im nationalen wie im internationalen Prozess. Die
Bedeutung der Menschenrechte für den IStGH wurde bereits erörtert (§ 4 Rn. 105).
In der praktischen Umsetzung zeigt sich diese Wichtigkeit in besonderer Weise im
Verfahrensrecht in Form von Beschuldigten- und Angeklagtenrechte.

(1) Der normative Rahmen

Das Römische Statut enthält im Vergleich zu den *Ad hoc*-Tribunalen und den gro- **39**
ßen Menschenrechtspakten (IPbpR und EMRK) nicht nur eine Liste an Rechten für
den Angeklagten (Art. 67 IStGHSt), sondern normiert auch Rechte im Vorverfahren
(Art. 55 IStGHSt). Die Angeklagtenrechte nach Art. 63, 66 und 67 IStGHSt orientieren sich im Wesentlichen an Art. 14 IPbpR und Art. 6 EMRK unter Berücksichtigung
der dazu ergangenen Rechtsprechung. Das zeigt folgende Übersicht der Tab. 3.

Art. 55 IStGHSt greift die Fortentwicklung, die das „fair trial"-Prinzip insbeson- **40**
dere durch den EGMR erfahren hat, proaktiv auf und normiert einige grundlegende
Rechte, die dem Beschuldigten und anderen beteiligten Personen im Vorverfahren
zustehen (s. Tab. 4).[72]

(2) Verfahrensdauer

Bedingt durch die immense Komplexität der Fälle vor internationalen Strafge- **41**
richten kommt dem Recht des Angeklagten auf ein **beschleunigtes Verfahren**
eine besondere Bedeutung zu. Sowohl Art. 21 Abs. 4 lit. c) JStGHSt als auch
Art. 67 Abs. 1 lit. c) IStGHSt beinhalten in wörtlicher Übereinstimmung mit
Art. 14 Abs. 3 lit. c) IPbpR das Recht des Angeklagten auf ein Urteil ohne unan-
gemessene Verzögerung. Darüber hinaus normieren Art. 20 Abs. 1 JStGHSt und
Art. 64 Abs. 2 IStGHSt die Pflicht der Hauptverfahrenskammern, eine zügige
Verfahrensführung sicherzustellen.[73] Sowohl an den *Ad Hoc*-Tribunalen als auch

---

[72] Dazu ausführlich *Safferling*, in: Renzikowski (2004), S. 168.

[73] Hierzu IStGH, *Prosecutor v. Lubanga*, Judgment on the appeal of the Prosecutor against the
decision of Trial Chamber I entitled "Decision on the release of Thomas Lubanga Dyilo", Berufungskammer, 21.10.2008, Dissenting Opinion of Judge Georghios M. Pikis, § 15.

Tab. 3 Angeklagtenrechte

IStGHSt	EMRK
Art. 63	
Anwesenheit des Angeklagten	EGMR *Colozza/Italien*, Serie A Nr. 89
Art. 66: Unschuldsvermutung	
(1) Jeder gilt als unschuldig, solange seine Schuld nicht in Übereinstimmung mit dem anwendbaren Recht vor dem Gerichtshof nachgewiesen ist.	Art. 6 (2)
(2) Die Beweislast für die Schuld des Angeklagten liegt beim Ankläger.	EGMR *Barberà/Spanien*, Serie A Nr. 146
(3) Für eine Verurteilung des Angeklagten muss der Gerichtshof von der Schuld des Angeklagten so überzeugt sein, dass kein vernünftiger Zweifel besteht.	EGMR *Österreich/Italien*, Y.B. 6 (1963), 740 *Velikova/Bulgarien*, Slg. 2000-VI (bezogen auf Konventionsverletzungen)
Art. 67	
(1) Der Angeklagte hat Anspruch darauf, dass über die gegen ihn erhobene Anklage öffentlich (Grundsatz der Öffentlichkeit) nach Maßgabe dieses Statuts und in billiger Weise (Recht auf ein faires Verfahren) unparteiisch (unparteiische Durchführung des Verfahrens) verhandelt wird; außerdem hat er in gleicher Weise (Gleichheit vor Gericht) Anspruch auf folgende Mindestgarantien:	- Art. 6 (1) - Art. 14
(a) Er ist unverzüglich und im einzelnen in einer Sprache, die er vollständig versteht und spricht, über Art, Grund und Inhalt der gegen ihn erhobenen Anklage zu unterrichten (Unterrichtungsrecht)	Art. 6 (3) a
(b) Er muss hinreichend Zeit und Gelegenheit zur Vorbereitung seiner Verteidigung und zum freien und vertraulichen Verkehr mit einem Verteidiger seiner Wahl haben	Art. 6 (3) b EGMR *Can/Österreich*, Serie A Nr. 96
(c) Es muss ohne unangemessene Verzögerung ein Urteil gegen ihn ergehen (Beschleunigungsgebot)	Art. 6 (1) „innerhalb angemessener Frist"
(d) vorbehaltlich des Art. 63 Abs. 2 muss er bei der Verhandlung anwesend sein und sich selbst verteidigen dürfen (Selbstverteidigung) oder durch einen Verteidiger seiner Wahl verteidigen lassen (Recht auf einen Wahlverteidiger); falls er keinen Verteidiger hat, ist er über das	Art. 6 (3) c EGMR *Croissant/Deutschland*, Serie A Nr. 237-B

Tab. 3 (Fortsetzung)

Recht, einen Verteidiger in Anspruch zu nehmen, zu unterrichten; ihm ist vom Gerichtshof ein Verteidiger beizuordnen, wenn dies im Interesse der Rechtspflege erforderlich ist, und zwar unentgeltlich, wenn ihm die Mittel zur Bezahlung eines Verteidigers fehlen (Recht auf Beiordnung eines Pflichtverteidigers)	
(e) Er darf Fragen an die Belastungszeugen stellen oder stellen lassen und das Erscheinen und die Vernehmung der Entlastungszeugen unter den für die Belastungszeugen geltenden Bedingungen erwirken (Waffengleichheit im Zeugenbeweis).	- Art. 6 (3) d
Er darf auch Gründe, welche die Strafbarkeit ausschließen, geltend machen und	- keine Entsprechung
sonstige aufgrund dieses Statuts zulässige Beweismittel beibringen.	- keine Entsprechung
(f) Er kann die unentgeltliche Beiziehung eines sachkundigen Dolmetschers und die Übersetzungen verlangen, die erforderlich	Art. 6 (3) e
sind, um dem Gebot der Fairness Genüge zu tun, wenn Teile des Verfahrens oder dem Gerichtshof vorgelegte Schriftstücke nicht in einer Sprache gehalten sind, die der Angeklagte vollständig versteht und spricht (Recht auf Beiziehung eines Dolmetschers).	
(g) Er darf nicht gezwungen werden, gegen sich selbst als Zeuge auszusagen oder sich schuldig zu bekennen, und er darf schweigen, ohne dass sein Schweigen bei der Feststellung von Schuld oder Unschuld in Betracht gezogen wird (Schweigerecht).	EGMR *Murray/Vereinigtes Königreich*, Slg. 1996-I *Averill/Vereinigtes Königreich*, Slg. 2000-VI
(h) Er kann eine unbeeidigte mündliche oder schriftliche Erklärung zu seiner Verteidigung abgeben.	- keine Entsprechung
(i) Es darf ihm weder eine Umkehr der Beweislast noch eine Widerlegungspflicht auferlegt werden.	Art. 6 Abs. 2

am IStGH beginnt das Verfahren mit der Festnahme der Person und endet mit einer endgültigen Verurteilung des Angeklagten.[74]

---

[74] JStGH, *Prosecutor v. Pandurević und Trbic*, Decision on Vinko Pandurevic's Interlocutory Appeal Against the Trial Chamber's Decision on Joinder of Accused, Berufungskammer, 24.01.2006, § 21; ferner *Lahiouel*, in: May u.a., (2000), 197, 200; Triffterer/*Schabas*, Art. 67 Rn. 27.

Tab. 4 Vorverfahrensrechte

Art.55 IStGHSt	EMRK
(1) Bei Ermittlungen aufgrund dieses Statuts	Art. 6 (3) „Jede angeklagte Person": Ab Mitteilung, dass Verdacht besteht, EGMR *Eckle/Deutschland,* Serie A Nr. 51
(a) darf eine Person nicht gezwungen warden, sich selbst zu belasten oder sich schuldig zu bekennen (Freiheit von Selbstbelastungszwang);	EGMR *Funke/Frankreich,* Serie A Nr. 256-A EGMR *Saunders/Vereinigtes Königreich,* Slg. 1996-VI
(b) darf eine Person nicht Zwang, Nötigung oder Drohung, Folter oder einer anderen Form grausamer, unmenschlicher oder erniedrigender Behandlung oder Strafe unterworfen werden (Folterverbot);	Art. 3 EGMR *Irland/Vereinigtes Königreich,* Serie A Nr. 25
(c) werden einer Person, deren Vernehmung in einer Sprache erfolgt, die sie nicht vollständig versteht und spricht, unentgeltlich ein sachkundiger Dolmetscher und die Übersetzungen zur Verfügung gestellt, die erforderlich sind, um dem Gebot der Fairness Genüge zu tun (Recht auf Beiziehung eines Dolmetschers);	Art. 6 (3) e
(d) darf eine Person nicht willkürlich festgenommen oder in Haft gehalten werden und darf einer Person die Freiheit nur aus Gründen und in Übereinstimmung mit Verfahren entzogen werden, die in diesem Statut vorgesehen sind (Willkürverbot).	Art. 5
(2) Bestehen Verdachtsgründe, dass eine Person ein der Gerichtsbarkeit des Gerichtshofs unterliegendes Verbrechen begangen hat, und steht ihre Vernehmung entweder durch den Ankläger oder durch einzelstaatliche Behörden entsprechend einem Ersuchen nach Teil 9 unmittelbar bevor, so hat sie außerdem folgende Rechte, über die sie vor der Vernehmung zu informieren ist:	
(a) das Recht, vor der Vernehmung darüber belehrt zu warden, dass Verdachtsgründe bestehen, wonach sie ein der Gerichtsbarkeit des Gerichtshofs unterliegendes Verbrechen begangen hat (Unterrichtungsrecht);	Art. 6 (3) a
(b) das Recht zu schweigen, ohne dass dieses Schweigen bei der Feststellung von Schuld oder Unschuld in Betracht gezogen wird (Schweigerecht);	EGMR *Saunders/Vereinigtes Königreich,* Slg. 1996-VI *Averill/Vereinigtes Königreich,* Slg. 2000-VI
(c) das Recht, sich durch einen Verteidiger ihrer Wahl verteidigen zu lassen (Recht auf einen Wahlverteidiger) oder, falls sie keinen Verteidiger hat, auf Bestellung eines Verteidigers, wenn dies im Interesse der Rechtspflege erforderlich ist; fehlen ihr die Mittel zur Bezahlung eines Verteidigers, so ist ihr in einem solchen Fall ein Verteidiger unentgeltlich zu bestellen (Recht auf Bestellung eines Pflichtverteidigers), und	Art. 6 (3) c
(d) das Recht, in Anwesenheit eines Rechtsbeistandes vernommen zu werden, sofern sie nicht freiwillig auf ihr Recht auf Rechtsbeistand verzichtet hat.	EGMR *Murray/Vereinigtes Königreich,* Slg. 1996-I

Die Angemessenheit der Verfahrensdauer bestimmt sich anhand einzelner Kriterien und der **Umstände des jeweiligen Einzelfalles**.[75] Folgende Kriterien sind hierbei von Bedeutung:

1. Die Dauer der Verzögerung,
2. Die Komplexität und der Umfang des Verfahrens,
3. Das Verhalten der Parteien,
4. Das Verhalten der Behörden und
5. Der Schaden für den Angeklagten– sofern vorhanden.[76]

Vor· dem IStGH ist das Beschleunigungsgebot des Art. 67 Abs. 1 lit. c) IStGHSt   **42** bislang im Zusammenhang mit der Verfahrenseinstellung im Fall *Lubanga Dyilo* relevant geworden.[77] Wurde eine Verletzung des Rechts auf ein Urteil ohne unangemessene Verzögerung festgestellt, kann als Kompensation das Strafmaß im Fall eines Schuldspruchs herabgesetzt werden.[78]

Das IStGHSt enthält mit Art. 60 Abs. 4 eine **zusätzliche Regelung** in Bezug auf eine zügige Verfahrensführung. Diese gilt (1) nur für Untersuchungshäftlinge, (2) lediglich während des Vorverfahrens (*„prior to trial"*) und ist (3) ausschließlich auf Verzögerungen durch die Anklagebehörde beschränkt. In Anlehnung an das spezielle Beschleunigungsgebot während der Untersuchungshaft gemäß Art. 5 Abs. 3 S. 2 EMRK und Art. 9 Abs. 3 S. 2 IPbpR wird durch diese Vorschrift der Gedanke verdeutlicht, dass insbesondere der Untersuchungshäftling einen Anspruch auf ein beschleunigtes Verfahren hat und dass sein Freiheitsentzug nicht von unangemessener Dauer sein darf.

(3) Verteidigerrechte

Als besonders wichtiger Aspekt hat sich in der Praxis die Offenlegung von Be-   **43** weismitteln (*disclosure of evidence*) herausgestellt.[79] Anders als im deutschen Strafverfahren, in dem § 147 StPO ein umfassendes Akteneinsichtsrecht der Verteidigung vorsieht, gibt es im Parteienprozess, dem auch der IStGH zumindest

---

[75] JStGH, *Prosecutor v. Mrđa*, Decision on Darko Mrdja's Request for Provisional Release, Verfahrenskammer, 15.04.2002, § 42; RStGH, *Prosecutor v. Karemera*, Decision on Prosecutor's Interlocutory Appeal against Trial Chamber III Decision of 8 October 2003 Denying Leave to File an Amended Indictment, Berufungskammer, 19.12.2003, §§ 13 ff.

[76] RStGH, *Prosecutor v. Mugiraneza*, Decision on Prosper Mugiraneza's Interlocutory Appeal from Trial Chamber II Decision of 2 October 2003 Denying the Motion to Dismiss the Indictment, Demand Speedy Trial and for Appropriate Relief, Berufungskammer, 27.02.2004, JStGH, *Prosecutor v. Perišić*, Decision on motion for sanctions for failure to bring the accused to trial without undue delay, Verfahrenskammer, 23.11.2007, § 13.

[77] Dazu IStGH, *Prosecutor v. Lubanga*, Judgment on the appeal of the Prosecutor against the decision of Trial Chamber I entitled "Decision on the release of Thomas Lubanga Dyilo", Berufungskammer, 21.10.2008, § 81.

[78] RStGH, *Prosecutor v. Barayagwiza*, Decision on Prosecutor's Request for Review or Reconsideration, Berufungskammer, 31.03.2000, § 75.

[79] Siehe zur *disclosure* in Strafverfahren allgemein etwa *Niblett* (1997).

im Vorverfahren im Prinzip folgt,[80] keine Verfahrensakte in unserem Sinne. Es bleibt grundsätzlich den Parteien überlassen, das Beweismaterial zu sammeln und vorzutragen.[81] Sie können jedoch zur Wahrung der Verfahrensfairness gegenüber dem Beschuldigten sowie aus Gründen der **Prozessökonomie** und **Wahrheitsfindung** verpflichtet werden, der jeweils anderen Partei sowie dem Gericht im Vorhinein relevante Beweismittel zur Verfügung zu stellen. Waren die Offenlegungspflichten beim Nürnberger IMT ganz in der damaligen Tradition insbesondere der USA noch sehr begrenzt,[82] lässt sich im internationalen wie im nationalen Recht seit Mitte des 20. Jahrhunderts ein Trend zu weitergehenden Offenlegungspflichten ausmachen.[83] Der IStGH bietet in seinem Statut und insbesondere seiner VBO hier die – im Vergleich zu den UN-Tribunalen – bisher **umfassendste Regelung** der *Disclosure*.[84] Vereinfacht gesprochen muss die Anklage alle Beweismittel offen legen, die sie im Verfahren einzuführen plant, sowie der Verteidigung sämtliches potenziell entlastende Material zur Verfügung stellen. Die Verteidigung muss ihrerseits bestimmte Verteidigungsstrategien offen legen und ebenfalls in begrenztem Umfang Einsichtnahme in ihre Beweismittel gestatten. Wichtige Ausnahmen können sich aus Zeugenschutz- und nachrichtendienstlichen Gründen ergeben.

44   Die besondere Bedeutung und Brisanz der *Disclosure* zeigt sich schon daran, dass die Verfahrenskammer im *Lubanga*-Prozess bereits zweimal wegen mangelnder Offenlegung von entlastendem Beweismaterial durch Anklagebehörde das Verfahren **vorläufig eingestellt** hat.[85]

b) Opfer- und Zeugenschutz

45   Zum Schutz der Opfer und Zeugen können – wie auch im nationalen Recht – besondere Maßnahmen angeordnet werden. Opferzeugen sind in mehrfacher Hinsicht in besonderem Maße gefährdet. Zum einen laufen sie Gefahr, durch eine öffentliche Aussage, insbesondere im Fall eines aggressiven Kreuzverhörs, erheblichen psychischen Belastungen ausgesetzt zu werden, indem sie das Trauma der Verbrechens-

---

[80] Siehe zur allgemeinen Struktur des IStGH-Verfahrens bereits oben 1.

[81] *Damaška*, in: *Cassese* (2009), 175, 176.

[82] Siehe etwa die Nachweise bei *May/Wierda* (2002), S. 69 ff.

[83] Siehe für die USA statt aller *LaFave* (2009), § 20.1; für die *Ad Hoc*-Tribunale nochmals *May/ Wierda* (2002), S. 73 ff.

[84] Siehe Art. 67 Abs. 2 IStGHSt, sowie Regeln 76–84 VBO.

[85] IStGH, *Prosecutor v. Lubanga*, Decision on the consequences of non-disclosure of exculpatory materials covered by Article 54(3)(e) agreements and the application to stay the prosecution of the accused, together with certain other issues raised at the Status Conference on 10 June 2008, Verfahrenskammer, 13.06.2008; sowie Redacted Decision on the Prosecution's Urgent Request for Variation of the Time-Limit to Disclose the Identity of Intermediary 143 or Alternatively to Stay Proceedings Pending Further Consultations with the VWU, Verfahrenskammer, 08.07.2010. Siehe zu diesem Komplex *Ambos*, New Criminal Law Review (2009), S. 543–568.

Maßnahme zum Schutz des Zeugen	Rechte des Angeklagten
Ausschluss der Öffentlichkeit, Art. 68 Abs. 2 Var. 1 IStGHSt; Regel 87 Abs. 3 e) VBO	Recht auf öffentliches Verfahren, Art. 67 Abs. 1 IStGHSt, Art. 14 Abs. 1 IPbpR; Art. 6 Abs. 1 EMRK
Beweispräsentation durch elektronische oder sonstige besondere Mittel, Art. 68 Abs. 2 Var. 2 IStGHSt; Regel 87 Abs. 3 c) VBO	Recht auf Konfrontation Art. 67 Abs. 1 e) IStGHSt, Art. 14 Abs. 3 d) IPbpR; Art. 6 Abs. 3 d) EMRK
Zurückhaltung der Identität, Art. 68 Abs. 5 IStGHSt, Regel 87 Abs. 3 VBO	Recht auf Konfrontation Art. 67 Abs. 1 e) IStGHSt, Art. 14 Abs. 3 d) IPbpR; Art. 6 Abs. 3 d) EMRK

Abb. 4 Zeugenschutz – Angeklagtenrechte

zufügung erneut erleben (sog. **sekundäre Viktimisierung**[86]). Zum anderen kann im Extremfall **Leib und Leben gefährdet** sein, wenn ihnen oder ihrer Familie Sanktionen angedroht werden für den Fall einer für den Angeklagten ungünstigen Aussage.[87] Grundsätzlich sind Zeugen nicht nur Mittel der Wahrheitsfindung und als solche Objekt des Verfahrens, sondern stehen unter menschenrechtlichem Schutz (vgl. etwa Art. 2 oder 8 EMRK).

Die **Rechtsgrundlage** für Schutzmaßnahmen findet sich in Art. 64 Abs. 6 e) und 68 Abs. 1 u. 2, 4 u. 5 IStGHSt. Der Schutz bezieht sich auf die Sicherheit, körperliche und psychische Integrität, die Würde und die Privatsphäre von Opfern und Zeugen. Offensichtlich entsteht dabei ein Konflikt mit den Angeklagtenrechten in Art. 67 IStGHSt, insbesondere mit dem Konfrontationsrecht in Art. 67 Abs. 1 e) IStGHSt.[88] Deshalb müssen alle Maßnahmen des Opfer- und Zeugenschutzes mit den Angeklagtenrechten und der Verfahrensfairness insgesamt abgestimmt werden, vgl. Art. 68 Abs. 1 S. 3 IStGHSt.

46

Folgende **Maßnahmen**, die von der *Victims and Witness Unit* koordiniert werden,[89] können angeordnet werden:[90]

1. Beratung und Behandlung von gefährdeten oder traumatisierten Opfern durch die Abteilung für Opfer und Zeugen bei der Kanzlei (Art. 43 Abs. 6 IStGHSt).

---

[86] Vgl. dazu *Bock*, ZStW 119 (2007), S. 664, 666 f.

[87] *Abo Youssef*, Die Stellung des Opfers im Völkerstrafrecht, 2008, S. 125; *Bock*, ZStW 119 (2007), 664, 676 ff.

[88] Dazu auch oben Rn. 38 ff. und zur vergleichbaren Lage nach Art. 6 Abs. 3 lit. d) EMRK s. § 13 Rn. 86 ff.

[89] Vgl. auch Ahlbrecht/*Kirsch* (2008), Rn. 1454.

[90] Eine detaillierte Beschreibung findet sich etwa bei: *Abo Youssef*, Die Stellung des Opfers im Völkerstrafrecht, 2008, S. 129–140. Aus rechtsvergleichender Sicht auch: *Safferling* (2003), S. 226–239.

2. Anordnung von Schutzmaßnahmen und Sicherheitsvorkehrungen durch die Anteilung für Opfer und Zeugen (Art. 43 Abs. 6 IStGHSt).
3. Ausschluss der Öffentlichkeit des Verfahrens (Art. 68 Abs. 2 Var. 1 IStGHSt).
4. Beweispräsentation durch elektronische oder sonstige besondere Mittel (Art. 68 Abs. 2 Var. 2 IStGHSt).
5. Zurückhaltung der Identität des Zeugen (Art. 68 Abs. 5 IStGHSt, Regel 87 Abs. 3 VBO).

47   Die Maßnahmen 3)–5) können in die Rechte des Angeklagten eingreifen (s. Abb. 4). Es sind daher weitere Voraussetzungen zu erfüllen, um den Eingriff zu legitimieren. Die Maßnahmen nach 3) und 4) werden vor allem im Fall von Opfern von Sexualdelikten oder Kindern als Opfer einer Straftat angewendet.[91]

> **Beispiel:** Der ehemalige Kindersoldat K soll gegen L aussagen, für den er mehrere Monate lang als „Personenschützer" gearbeitet hat. K ist von der Atmosphäre im Gerichtssaal und der Anwesenheit von L sehr eingeschüchtert und verweigert die Aussage. Der vorsitzende Richter schließt zur Entspannung der Lage auf der Grundlage von Art. 68 Abs. 2 IStGHSt und Regel 88 VBO die Öffentlichkeit aus. Der Ausschluss der Öffentlichkeit ist hier rechtmäßig, da es sich beim Grundsatz der Öffentlichkeit des Verfahrens um ein demokratisches Teilhabe- und Kontrollrecht handelt, das im Einzelfall zurückzutreten hat.[92]

> **Beispiel:** Das Opfer multipler Vergewaltigungen O soll gegen den Haupttäter K aussagen. O ist immer noch erheblich traumatisiert. Der Ankläger beantragt, dass O nicht in Anwesenheit von K, sondern in einem Nebenraum über eine Video-Verbindung befragt wird und ein Psychologe zur Betreuung anwesend ist. Eine solche Anordnung kann getroffen werden nach Regel 87 Abs. 3 c) VBO und Regel 88 Abs. 2 VBO. Die Rechtfertigung einer solchen Maßnahme ergibt sich aus dem Umstand, dass die Verteidigung in der Lage ist, über die Videoverbindung die Zeugin zu befragen. Nach der Rspr. des EGMR hat diese Aussage dann aber einen (leicht) eingeschränkten Beweiswert.[93]

48   Die problematischste Maßnahme ist die nach 5). Voraussetzungen dafür sind:[94]

- Es liegt eine ernste Gefährdung für die Sicherheit des Zeugen oder dessen Familie vor.
- Die Rechte des Angeklagten und die Verfahrensfairness dürfen davon nicht beeinträchtigt sein.

Wann dies der Fall ist, ist umstritten und wird in den gesetzlichen Grundlagen des IStGH nicht näher erläutert. Nach der Rechtsprechung des JStGH müssen folgende Voraussetzungen erfüllt sein:[95]

1. Es muss eine wirkliche Bedrohungslage vorliegen;
2. Der Ankläger muss die Unerlässlichkeit des Zeugen für seine Beweisführung untermauern;

---

[91] Vgl. Triffterer/*Donat-Cattin* Art. 68 Rn. 21.

[92] Vgl. *Safferling* (2003), S. 226–237 insbesondere auch zur Rspr. des EGMR.

[93] Vgl. EGMR, *van Mechelen/Niederlande*, Rep. 1997-III; *Haas/Deutschland*, NStZ 2007, 103; dazu auch *Safferling*, NStZ 2006, 75.

[94] Triffterer/*Donat-Cattin*, Art. 68 Rn. 15 ff., 33, der dafür plädiert, die gesamten Angeklagtenrechte im Lichte des Opferschutzes zu interpretieren.

[95] JStGH, *Prosecutor v. Tadic*, Decision on the Prosecutor's Motion Requesting Protective Measures for Victims and Witnesses, Verfahrenskammer, 10.08.1995.

3. Es dürfen keine Indizien gegen die Glaubwürdigkeit des Zeugen erkennbar sein;
4. Es darf keine andere, gleich effiziente Schutzmöglichkeit bestehen.

Darüber hinaus muss das Verfahren folgende Kriterien beachten:

5. Die Richter müssen die Identität des Zeugen in jedem Fall kennen;
6. Die Richter müssen den Zeugen während der Aussage beobachten können, um seine Glaubwürdigkeit abschätzen zu können;
7. Der Verteidiger muss den Zeugen befragen können, soweit dessen Identität geschützt bleibt.

Die VBO des IStGH sieht eine ganze Reihe einzelner Möglichkeiten zum Schutz **49** besonders gefährdeter Zeugen durch Zurückhalten der Identität vor. Der Zeuge kann unter einem Pseudonym auftreten (Regel 87 Abs. 3 d) VBO), die Aussage kann aus den öffentlichen Dokumenten entfernt werden (Regel 87 Abs. 3 a) VBO) und die Beteiligten können verpflichtet werden, die Identität des Zeugen nicht Preis zu geben (Regel 87 Abs. 3 b) VBO). Aus diesen Einzelanordnungen lässt sich schließen, dass die Verfahrensbeteiligten und damit auch die Verteidigung, die Zeugenidentität kennen müssen. Eine vollständige Anonymität des Zeugen gegenüber dem Angeklagten oder dessen Verteidiger ist also nicht möglich.[96]

c) Opferbeteiligung

Unabhängig von der Opfergefährdung ist die Frage der **Opferbeteiligung**. Seit ei- **50** nigen Jahrzehnten ist im nationalen Strafrecht eine Tendenz hin zu einer stärkeren Integration von Opfern in den Strafprozess zu beobachten.[97] Die ursprüngliche Idee einer vollständigen Mediatisierung des Opfers durch den Staatsanwalt wird zunehmend in Frage gestellt, und der Ursprungskonflikt zwischen Täter und Opfer wird zunehmend in den Mittelpunkt gerückt. Damit entwächst das Opfer der reinen Zeugenrolle und wird am Verfahren beteiligt. Diese originäre Beteiligung hat aber möglicherweise wiederum Rückwirkung auf die Zeugenstellung, denn wenn das Opfer seine Interessen im Verfahren vertritt und auch volle Aktenkenntnis besitzt, reduziert sich die Aussageverlässlichkeit.

Die grundsätzliche Tendenz hin zu einer stärkeren Opferbeteiligung am Ver- **51** fahren hat auch im Römischen Statut ihren Niederschlag gefunden. Art. 68 Abs. 3 IStGHSt sieht deshalb vor, dass Opfer am Strafverfahren teilnehmen können. Außerdem sieht Art. 75 IStGHSt vor, dass Opfer über einen Entschädigungsfonds Reparationsansprüche geltend machen können. Beide Beteiligungsformen sind bislang noch nicht befriedigend gelöst. Trotzdem erfreut sich die Opferbeteiligung, wie sich aus Tab. 5 ergibt, erheblicher Beliebtheit in der Praxis.

---

[96] Vgl. die in diesem Punkt großzügigere Rspr. des BGHSt 46, 93 und 51, 150 und des BVerfG – 2 BvR 547/08 – Entscheidung der 2. Kammer des 2. Senats v. 8.10.2009, StV 2010, S. 337 m. Anm. *Safferling*. Auch bei vollständiger Zeugenanonymität kann die Aussage des allen Beteiligten unbekannten Zeugen zur „Abrundung" der gesamten Beweissituation herangezogen werden, solange durch einen eingeschränkten Beweiswert, die Fairness des Verfahrens insgesamt gewahrt bleibt.

[97] Dazu ausführlich *Safferling*, ZStW 122 (2010), S. 87 ff.; vgl. auch Zappalà, JICJ 8 (2010), 137.

Tab. 5 Opferzulassungen IStGH Stand: Dezember 2010

Situationen	Fälle	Beteiligte Opfer
Demokratische Republik **Kongo** Dok. Nr. ICC-01/04	Thomas Lubanga Dyilo Dok. Nr. ICC-01/04-01/06	104
	Germain Katanga und Mathieu Ngudjolo Chui Dok. Nr. ICC-01/04-01/07	363
	Callixte Mbarushimana Dok. Nr. ICC-01/04-01/10	–
Uganda Dok. Nr. ICC-02/04	Joseph Kony et al. Dok. Nr. ICC-02/04-01/05	40
Zentralafrikanische Republik Dok. Nr. ICC-01/05	Jean-Peirre Bemba Gombo Dok. Nr. ICC-01/05-01/08	135 Weitere 1.200 Opfer haben Beteiligung im Hauptver- fahren beantragt.
Dafur/Sudan Dok. Nr. ICC-02/05	Omar Hassan Ahmad Al Bashir Dok. Nr. ICC-02/05-01/09	12
	Ahmad Muhammad Harun und Ali Muhammad ali Abd-Al-Rahman Dok. Nr. ICC-02/05-01/07	6
	Bahar Ibriss Abu Garda Dok. Nr. ICC-02/05-02/09	87
	Abdallah Banda Abaker Nourain und Aleh Mohammed Jerbo Jamus Dok. Nr. ICC-02/05-03/09	89
Kenia Dok, Nr. ICC-01/09		406 nur bezogen auf die Situation.

(1) Opferdefinition

52   Regel 85 VBO versucht eine Definition von „Opfer" für die Belange des IStGH, die sich an die VN-Deklaration zum Opferschutz anlehnt.[98] Auch diese VN-Definition bezieht sich indes nur auf „normale" Verbrechen im nationalen Kontext. **Opfer von Makrokriminalität** unterscheiden sich aber auf vielfältige Art und Weise vom „Verletzten"[99] einer Straftat im meist bilateralen Konflikt des nationalen Strafrechts. Je höher im Übrigen der Täter in der Hierarchie des verbrecherischen Regimes steht, desto schwieriger ist die Zuordnung von individuellen Opfern. Beim Schreibtisch- oder Distanztäter erschwert sich die Identifizierung individueller Opfer zu just dieser einen Tat.

---

[98] Vgl. UN Declaration of Basic Principles of Justice for Victims of Crime and Abuse of Power; UN Doc. A/RES/40/43 v. 29.11.1985.

[99] Die StPO verwendet den Begriff „Opfer" nicht, sondern spricht stets nüchtern vom „Verletzten" der Straftat; vgl. etwa § 395 StPO; dazu *Safferling*, ZStW 122 (2010), S. 87, 92.

Es erscheint daher sinnvoll, im völkerstrafrechtlichen Kontext **Opfer als eine Gesamtheit** zu betrachten. Opfer ist nicht das Individuum als solches, sondern das Individuum in seiner kollektiven Verbundenheit.[100]

Ein Beteiligungssystem, das konzeptionell (aber nicht funktionell) der Nebenklage der StPO (§§ 395 ff. StPO) durchaus ähnlich ist,[101] herrscht an den Außerordentlichen Kammern in den Gerichten Kambodschas (ECCC).[102] Dort können sich individuelle Opfer am Strafverfahren gegen die Khmer Rouge-Anführer beteiligen.[103] Der Fall 002 macht deutlich, dass darin eine infrastrukturelle Überforderung des Strafverfahrens liegt. Auch deshalb ist man in Phnom Penh zu einem Repräsentationssystem übergegangen und hat Opfer in einzelne Gruppen eingeteilt.

(2) Opferbeteiligungsformen

Die Beteiligung erfolgt in der Regel über einen Repräsentanten des Opferkollektivs. **53** Das Gericht kann von den Opfer(gruppen) verlangen, sich durch einen Anwalt vertreten zu lassen; vgl. Regel 90 VBO.

Die **Beteiligung** ist in jeder Phase des Verfahrens möglich.[104] Bereits im Vorverfahren (Regel 50 VBO),[105] ebenso wie im Zwischenverfahren (Art. 17 Abs. 3 IStGHSt), im Haupt- und im Berufungsverfahren (Art. 68 Abs. 3 IStGHSt, Regel 89–91 VBO) sind Opfer zu beteiligen. Auch im Haftprüfungsverfahren wurden bereits Opfervertreter zugelassen.[106] Für die Beteiligung müssen die Opfer von der jeweils zuständigen Kammer individuell **zugelassen** werden.[107] Nach Art. 68 Abs. 3 IStGHSt und Regel 89 VBO muss dazu zunächst die Opfereigenschaft nachgewiesen und außerdem dargelegt werden, dass „persönliche Interessen" des Antragstel-

---

[100] Zur näheren Begründung: *Safferling*, ZStW 115 (2003), S. 352, 369 ff.

[101] Zu den Unterschieden: *Safferling*, ZStW 122 (2010), S. 87.

[102] Zur „*civil party*"-participation vgl. Art 23 der Internal Rules der ECCC. Eine Textversion ist abrufbar unter http://www.eccc.gov.kh/english/internal_rules.aspx, Stand: April 2009.

[103] Vgl. *Studzinsky*, ZIS 2009, 43.

[104] Zur Rspr.-Entwicklung am IStGH in dieser Frage s. *Safferling*, ZStW 122 (2010), S. 87, 107 ff.

[105] Vgl. IStGH, *Situation in the Democratic Republic of Congo*, Decision on the Applications for Participation in the Proceedings of VPRS 1, VPRS 2, VPRS 3, VPRS 4, VPRS 5 and VPRS 6, Vorverfahrenskammer, 17.01.2006, § 54.

[106] IStGH, *Prosecutor v. Lubanga*, Judgment on the Appeal of Mr. Thomas Lubanga Dyilo Against the Decision of Pre-Trial Chamber I entitled "Décision sur la demande de mise en liberté provisoire de Thomas Lubanga Dyilo", Berufungskammer, 13.02.2007. Unter Berufung auf diese Entscheidung wurden auch an den ECCC *in re Nuon*, Decision on Civil Party Participation in Provisional Detention Appeals, Vorverfahrenskammer, 20.03.2008, Opfer im Haftprüfungsverfahren zugelassen; dazu *Turner*, AJIL 103 (2009), 116.

[107] IStGH, *Prosecutor v. Lubanga*, Judgment on the Appeal of Mr. Thomas Lubanga Dyilo Against the Decision of Pre-Trial Chamber I entitled "Décision sur la demande de mise en liberté provisoire de Thomas Lubanga Dyilo", Berufungskammer, 13.02.2007, § 44.

lers gerade durch diesen Verfahrensabschnitt betroffen sind.[108] Antragsformulare
bietet die Kanzlei an.[109]

54   Die **Opferbeteiligung** geschieht durch schriftliche Stellungnahmen, s. Regel
102 VBO, und durch Teilnahme am Verfahren, Regel 89, 91 VBO. Letztere kann
nur über einen Repräsentanten erfolgen und erstreckt sich auf Anwesenheit, Abgabe
von Stellungnahmen und Anträgen und – nach entsprechender Genehmigung der
Kammer – auch auf ein Fragerecht. Damit erhält das Opfer – über den Repräsentanten – durchaus eine parteiähnliche Stellung. Dass damit erhebliche Probleme
verbunden sind, zeigt folgendes

> **Beispiel:** Im Fall *Lubanga* vor dem IStGH hatten die Opfervertreter den Antrag gestellt,
> das Gericht möge den Fall unter geänderten rechtlichen Gesichtspunkten würdigen, da die
> Umstände des Falles nicht nur – wie angeklagt – auf die Rekrutierung und Verwendung
> von Kindersoldaten als Kriegsverbrechen hindeute, sondern auch auf sexuelle Ausbeutung
> und Sklaverei als Kriegsverbrechen und Verbrechen gegen die Menschlichkeit. Würde man
> dies zulassen, wären die Opfer zu einem 2. Ankläger avanciert, was zu einer erheblichen
> Privatisierung des Strafverfahrens führen würde.[110]

(3) Opferentschädigung

55   Opfer haben nach Art. 75 IStGHSt einen Anspruch auf Entschädigung, d.h. **Wie-**
dergutmachung, Kompensation und Rehabilitation, weiter ausgeführt in den
Regeln 94–99 VBO.[111] Danach kann das Gericht den Angeklagten zur Leistung
von Naturalrestitution verpflichten. In aller Regel wird der nach Art. 79 IStGHSt
eingerichtete „*Trust Fund*" die Kompensationszahlungen abwickeln und Reha-
bilitationsmaßnahmen durchführen.[112] Nach wie vor ist aber der Zusammenhang
zwischen Opferkollektiv und Opferindividuen nicht klar.[113] Ebenso nebulös ist der
eigentliche Charakter der in Art. 75 IStGHSt angesprochenen Entschädigungszah-

---

[108] In diesem Punkt war sich die Berufungskammer nicht einig. Während die Opfereigenschaft,
wenn sie einmal anerkannt ist, erhalten bleibt, sind die „persönlichen Interessen" jeweils neu zu
prüfen; vgl. IStGH, *Prosecutor v. Lubanga*, Judgment on the Appeal of Mr. Thomas Lubanga
Dyilo Against the Decision of Pre-Trial Chamber I entitled "Décision sur la demande de mise en
liberté provisoire de Thomas Lubanga Dyilo", Berufungskammer, 13.02.2007, § 44. *Judge Sang
Hyun Song*, der jetzige Präsident, ist hingegen für eine einmalige Zulassung für alle Instanzen, die
allerdings widerrufen oder modifiziert werden kann. Das wäre sicherlich die praktikablere Lösung.

[109] Auf der Grundlage von Regulation 86 Abs. 1 Geschäftsordnung des Gerichts.

[110] Die Berufungskammer hat dieses Vorgehen schließlich untersagt, s. IStGH, *Prosecutor v. Lubanga*, Judgment on the appeals of Mr. Lubanga Dyilo and the Prosecutor against the Decision
of Trial Chamber I of 14 July 2009 entitled "Decision giving notice to the parties and participants
that the legal characterisation of the facts may be subject to change in accordance with Regulation
55(2) of the Regulations of the Court", Berufungskammer, 08.12.2009.

[111] Zu den einzelnen Entschädigungsformen vgl. *Abo Youssef*, Die Stellung des Opfers im Völkerstrafrecht, 2008, S. 162 ff., 165–171; *Safferling* ZStW 115 (2003), S. 352, 378–381. Vgl. dazu
insgesamt auch *Zegveld*, JICJ 8 (2010), 79.

[112] *Bock*, ZStW 119 (2007), S. 664, 679.

[113] Vgl. dazu auch *Abo Youssef*, Die Stellung des Opfers im Völkerstrafrecht, 2008, S. 176–179.

lungen. Sollen diese tatsächlich den zivilrechtlichen Schadenersatzanspruch darstellen oder sind sie Teil einer strafrechtlichen Sanktion?[114] Schwierig wird neben der praktischen Abwicklung auch die Frage des Verhältnisses zu parallel erhobenen Klagen vor Zivilgerichten auf Ersatz des individuellen Schadens. Es scheint deshalb angemessen, außer in den Fällen eines eindeutigen bilateralen Zuschnitts des Konflikts zwischen dem Angeklagten und einigen wenigen Opfern, die Entschädigung insgesamt über den Opferfonds abzuwickeln und auf kollektive Entschädigung oder symbolische Zahlungen zu beschränken.[115]

Organisatorisch tritt der *Trust Fund for Victims* (TFV) als eigenständige Einheit **56** des IStGH in Erscheinung, was auch durch eine eigene Webpage zum Ausdruck kommt.[116] Er besteht aus fünf Direktoren und einer entsprechenden Bürokratie. Neben der Abwicklung von Reparationszahlungen fällt ihm nach Regel 98 Abs. 5 VBO noch die Aufgabe zu, generelle Opferhilfsprojekte zu unterstützen. Dazu gehört physische und psychische Rehabilitation und materielle Unterstützung. Zurzeit werden 34 Projekte vom TFV unterstützt.

> Vor den ECCC wurden bereits im Fall 001, in dessen Rahmen noch die „alten Regeln" angewandt wurden[117], fast alle der zahlreichen Reparationsforderungen der Opfer zurückgewiesen. Das Gericht führte unter anderem aus, das Wesen solcher Entschädigungen liege gerade darin, dass der Verurteilte sie selbst tragen müsse. Allerdings habe das Gericht keine Kompetenz, solche von ihm selbst gewährten Forderungen durchzusetzen. Hierfür seien allein kambodschanische Gerichte zuständig. Obendrein scheine der Verurteilte mittellos zu sein. Weiterhin könne man auch mangels Gerichtsbarkeit über diese keine staatlichen Behörden oder gar den Staat selbst zur Zahlung von Entschädigungen verurteilen. Schlussendlich zählten die Richter einzig die Opfer namentlich im Urteil auf und gaben jeweils an, in welcher Weise die Genannten von den Taten des Verurteilten betroffen waren. Darüber hinaus entschied man, sämtliche entschuldigenden und Verantwortung gegenüber den Opfern anerkennenden Aussagen des (geständigen) Verurteilten zusammenzustellen und auf der Webpage des Gerichts zu veröffentlichen.[118]

d) Kooperation

Eines der großen Probleme im Völkerstrafprozessrecht stellt die fehlende Exeku- **57** tivmacht dar. Weder die *Ad hoc* Tribunale noch der IStGH verfügen über eigene Polizeikräfte. Zur **Durchsetzung** von Ermittlungsmaßnahmen und Haftbefehlen, ebenso wie zur Vollstreckung der Urteile sind die internationalen Gerichte auf die Kooperation von Nationalstaaten angewiesen.

Da die *Ad hoc*-Tribunale durch eine Resolution des SR der VN nach Kap. VII der VN-Charta geschaffen wurden, ist *de iure* jeder Mitgliedstaat der VN zur Kooperation verpflichtet (vgl. Art. 25 VN-Charta; Art. 29 Abs. 1 JStGHSt; Art. 28 Abs. 1

---

[114] Nach Regulation 88 (1) soll der Registrar ein Formblatt erstellen für die Anmeldung von Reparationsansprüchen. Genaueres enthält diese Vorschrift indes auch nicht.

[115] Ausführlicher dazu *Safferling*, ZStW 115 (2003), S. 352, 381.

[116] S. http://www.trustfundforvictims.org.

[117] ECCC, *Case File/Dossier No. 001/18-07-2007/ECCC/TC*, v. 26.07.2010, § 635.

[118] ECCC, *Case File/Dossier No. 001/18-07-2007/ECCC/TC*, v. 26.07.2010, §§ 661 und 663.

RStGHSt).[119] *De facto* allerdings ist auch hier – insbesondere was die Verhaftungen von verdächtigen Personen anbelangt – die Mitwirkung insbesondere von betroffenen Staaten häufig zurückhaltend und bedarf eines gewissen politischen Drucks.[120]

58   Schwieriger noch ist die Situation am IStGH. Der Durchsetzungsapparat basiert auf einem **komplexen Kooperationsmodell**, das stark an behäbige internationale Rechtshilfeverfahren erinnert, die auf horizontaler Gleichstufigkeit der Staaten basieren und auf diplomatische Übermittlungswege angewiesen sind.[121] Die Zusammenarbeit ist in Teil IX IStGHSt geregelt, wonach jeder Mitgliedstaat zur uneingeschränkten Zusammenarbeit mit dem IStGH verpflichtet ist (Art. 86 IStGHSt) und entsprechende Rechtsgrundlagen im nationalen Recht schaffen bzw. anpassen muss (Art. 88 IStGHSt).[122] Der Bundesgesetzgeber hat diese Vorgabe umgesetzt und mit dem IStGH-Zusammenarbeitsgesetz außerhalb des IRG eine Rechtsgrundlage für die Kooperation mit dem IStGH geschaffen.[123] Neben allgemeinen Verfahrensvorschriften (Art. 87 IStGHSt) finden sich Regeln zur Überstellung (Art. 89–92, 101, 102 IStGHSt) und zu sonstigen Rechtshilfemaßnahmen (Art. 93–96, 99 IStGHSt). Vgl. dazu unten § 8 Rn. 30 ff. bzw. 39 ff. mit Beispielsfällen.

3 Verfahren im Überblick

59   Der Verfahrensablauf unterscheidet sich strukturell nicht grundsätzlich von dem nationalen Strafverfahren auf der Grundlage der StPO. Die einzelnen Verfahrensabschnitte lassen sich wie in Abb. 5 folgt einteilen.

a) Vorverfahren

Dass das Vorverfahren am IStGH besondere Bedeutung hat, ist bereits durch die Darstellung der **Zulässigkeitsfragen**, die in diesem Verfahrensabschnitt geklärt werden müssen, hinreichend deutlich geworden (s. Rn. 12 ff.). Die Frage der Gerichtsbarkeit und die Auslösemechanismen sind aber natürlich nur eher untergeordnete Aspekte, denn das Ziel des Vorverfahrens ist es, Ermittlungen wegen des Verdachts einer (Völker-)Straftat i.S. des Art. 5 IStGHSt durchzuführen. Vor dem

---

[119] Vgl. dazu insbesondere JStGH, *Prosecutor v. Blaskic*, Judgment on the Request of The Republic of Croatia for Review of the Decision of Trial Chamber II of 18 July 1997, Berufungskammer, 29.10.1997, §§ 29 ff. u. 38 ff.

[120] Vgl. *Melčić/Safferling*, in: Melčić (2007).

[121] Vgl. *Ambos* (2008), § 8 Rn. 55 zu den politischen Hintergründen.

[122] *Ambos* (2008), § 8 Rn. 58.

[123] Das IStGHG ist ein abschließendes Spezialgesetz i.S. des § 74a IRG.

Abb. 5 Verfahrensstadien

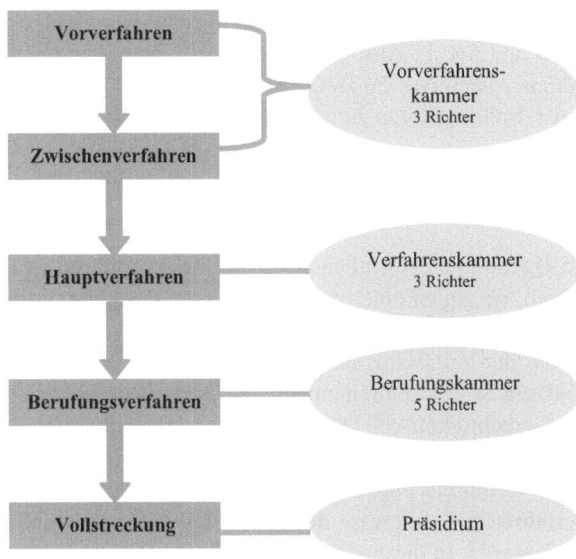

eigentlichen (förmlichen) Ermittlungsverfahren sieht das IStGHSt ein **Vorermittlungsverfahren** vor.[124]

Parallel zu den Ermittlungen vollzieht sich die Entwicklung von einer „**situation**" hin zu einem „**case**" (dazu auch oben Rn. 17). Formal ist dieser Schritt von der Beschäftigung mit der allgemeinen Lage hin zu einer individuellen Strafverfolgung abhängig von dem Eingang eines Antrags auf Erlass eines Haft- oder Vorführbefehls, vgl. Regulation 20 Abs. 2 GO-Kanzlei.[125]

(1) Vorermittlungsverfahren (pre-investigation), Art. 53 Abs. 1 IStGHSt

In diesem Verfahrensabschnitt muss der Ankläger die ihm vorliegende Information **60** dahingehend überprüfen, ob daraus „**hinreichende Verdachtsgründe**" (*reasonable basis*) hervorgehen, die für die Begehung einer Straftat nach Art. 5 IStGHSt sprechen, ob die Komplementaritätsanforderungen nach Art. 17 IStGHSt gegeben sind, und ob das Verfahren im „Interesse der Gerechtigkeit" liegen würde.

Die negative Formulierung von Art. 53 Abs. 1 IStGHSt verdeutlicht, dass grundsätzlich ein Verfahren betrieben werden soll. Im Rahmen dieses Verfahrensabschnitts stehen dem Ankläger keine weitergehenden **Ermittlungsbefugnisse** zu; er kann lediglich Auskünfte von Staaten, den VN, IGOs, NGOs oder anderen verläss-

---

[124] Die Terminologie ist unterschiedlich. Ahlbrecht/*Kirsch* (2008), Rn. 1375, 1385 spricht von „Vorprüfungsverfahren"; *Ambos* (2008), § 8 Rn. 20a spricht von „Vorermittlungsverfahren"; *Cassese* (2008), S. 396 verwendet den Begriff „preliminary probing"; die Geschäftsordnung des Anklägers spricht von „preliminary examination and evolution of the information".

[125] Dazu auch Ahlbrecht/*Kirsch* (2008), Rn. 1386.

lichen Quellen einholen, sowie Zeugenaussagen entgegennehmen (vgl. Regel 104
VBO und Art. 15 Abs. 2 IStGHSt). Außerdem kann er – wie auch im weiteren Verfahren – nach Art. 56 IStGHSt (bzw. Regel 47 VBO) vorgehen, wenn der Beweis
sonst droht, verloren zu gehen (*unique investigative opportunity*).

(2) Ermittlungsverfahren (investigation), Art. 53 Abs. 2 IStGHSt

61   Im eigentlichen (förmlichen) Ermittlungsverfahren (s. Abb. 6) muss der Ankläger
prüfen, ob gegen eine bestimmte Person der „**begründete Verdacht**" (*reasonable
grounds*) besteht, dass diese eine Straftat i.S. von Art. 5 IStGHSt begangen hat.
Ist das der Fall, wird, soweit die Zulässigkeitsvoraussetzungen des IStGH gegeben
sind, ein Strafverfahren eingeleitet, es sei denn ein solches läge nicht „im Interesse
der Gerechtigkeit".[126] Der IStGH folgt demnach grundsätzlich dem **Legalitätsprinzip**,[127] denn nur im Ausnahmefall kann aus Opportunitätsgründen, die Durchführung
eines Verfahrens abgelehnt werden.[128] Außerdem wird die (politische) Frage, ob ein
Verfahren im „Interesse der Gerechtigkeit" liegt, nicht vom Ankläger alleine beantwortet.[129] In diesem Punkt steht die Entscheidung der OTP unter dem Vorbehalt
der Genehmigung durch die Vorverfahrenskammer, Art. 53 Abs. 3 b) IStGHSt.[130]

(3) Ermittlungsmaßnahmen

62   Wird ein Ermittlungsverfahren eröffnet, sind die Ermittlungen in objektiver Art und
Weise zu führen, d.h. der Ankläger muss auch zugunsten des Anklagten ermitteln,
Art. 54 Abs. 1 a) IStGHSt. Die **Ermittlungsbefugnisse** ergeben sich aus Art. 54
Abs. 3 IStGHSt. Hier zeigt sich nun das Dilemma, dass der Ankläger auf die Ko-
operation der Mitgliedstaaten angewiesen ist und aus Respekt vor der territorialen
Souveränität nicht ohne Zustimmung des betroffenen Staates dessen Territorium
betreten darf, Art. 54 Abs. 2 IStGHSt.[131] Im Rahmen des Kooperationsmodells in
Teil IX IStGHSt obliegt der Schutz der Grund- und Menschenrechte der betroffe-
nen Personen, Verdächtigen oder Zeugen, grundsätzlich den Mitgliedstaaten, vgl.
Art. 99 Abs. 1 IStGHSt. Daraus ergibt sich ein zweistufiges System:

---

[126] Zu den politisch heiklen Auswahlfragen vgl. *Goldston*, JICJ 8 (2010), 383.

[127] Dazu *Volk* (2010), § 18 Rn. 7.

[128] S. auch Triffterer/*Bergsmo/Kruger* Art. 53 Rn. 7.

[129] Unklar ist indes, was hier genau zu prüfen ist. Art. 53 Abs. 2 c) IStGHSt nennt noch die De-
liktsschwere, die Interessen der Opfer, das Alter des Täters und seine Rolle bei der Verbrechensbegehung. Bislang ist keine Entscheidung in dieser Hinsicht ergangen; vgl. dazu auch *Kreß*, JICJ
1 (2003), 603, 607

[130] Grundlegend dazu auch: *Schabas*, JICJ 6 (2008), 731.

[131] Das Statut sieht zwei Ausnahmen vor: (1) Nach Art. 54 Abs. 2 b) i.V. mit Art. 57 Abs. 3 d)
bei einem „failed state"; (2) nach Art. 54 Abs. 2 b) i.V. mit Art. 99 Abs. 4 IStGHSt, wenn keine
Zwangsmittel angewendet werden müssen im Rahmen einer antizipierten generellen Einwilligung
des Mitgliedstaates.

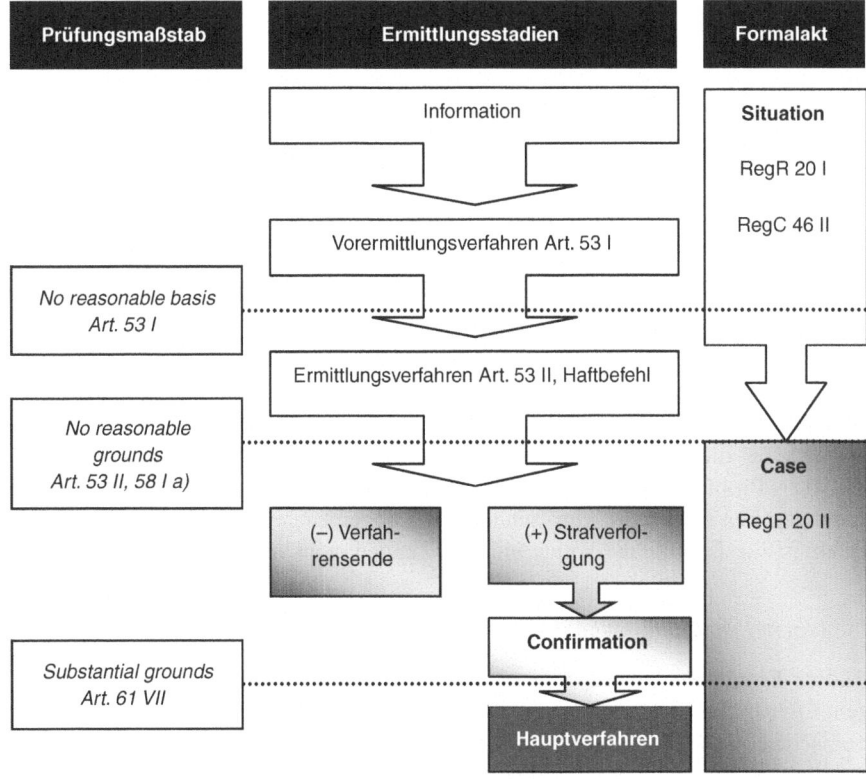

Abb. 6 Übersicht Ermittlungsstadien

Im Statut werden die Ermittlungsmaßnahmen in zwei Gruppen eingeteilt:

1. Maßnahmen bezogen auf **die Anwesenheit einer Person** nach Art. 54 Abs. 3 b) IStGHSt;
2. Alle **anderen Ermittlungsmaßnahmen** nach Art. 54 Abs. 3 a) i.V. mit Art. 93 IStGHSt.

(a) Maßnahmen zur Sicherstellung der Anwesenheit

Um die Anwesenheit des Verdächtigen sicherzustellen, biete das IStGHSt dem An- **63** kläger zwei Möglichkeiten: (1) Haftbefehl (*warrant of arrest*) oder (2) Vorführbefehl (*summons to appear*).

Voraussetzung für einen **Haftbefehl** ist zunächst der begründete Verdacht (*reasonable grounds*),[132] dass die Personen eine Straftat i.S. des Art. 5 IStGHSt begangen

---

[132] Im Vergleich zum deutschen Recht ist der Maßstab deutlich geringer. Nach § 112 StPO muss ein „dringender Tatverdacht" bestehen.

hat, Art. 58 Abs. 1 a). Als zusätzlich erforderliche Haftgründe werden in Art. 58 Abs. 1 b) IStGHSt genannt, die nur alternativ vorliegen müssen: (1) um die Anwesenheit der Person während des Strafverfahrens zu gewährleisten, (2) Verdunkelungsgefahr und (3) Wiederholungsgefahr. Der Haftbefehl wird vom Ankläger bei der Vorverfahrenskammer beantragt. Die Vollstreckung des Haftbefehls erfolgt durch die Mitgliedstaaten, Art. 59 mit Teil IX IStGHSt. Der Verhaftete hat das Recht, eine regelmäßige Überprüfung der Voraussetzungen der U-Haft zu verlangen nach Art. 60 Abs. 2–4 IStGHSt.

64   Ein **Vorführbefehl** unterscheidet sich vom Haftbefehl darin, dass keine Haftgründe vorliegen; es kann also davon ausgegangen werden, dass der Verdächtige der Aufforderung des Gerichts, zu erscheinen, nachkommt und deshalb keine Untersuchungshaft erforderlich ist, Art. 58 Abs. 7 IStGHSt.

Unverzüglich nach der Ankunft am IStGH findet eine Anhörung vor der Vorverfahrenskammer statt, Art. 60 Abs. 1 IStGHSt. Für die **Anhörung des Verdächtigen** gelten die besonderen Rechte des Art. 55 IStGHSt, s. dazu oben Rn. 38 ff.

65   Auch für die **Befragung sonstiger Personen** als Zeugen gilt Art. 55 Abs. 1 IStGHSt. Problematisch ist indes, dass dem Ankläger keine Möglichkeit an die Hand gegeben wurde, die Anwesenheit von Zeugen zu gewährleisten. Ein Vorführbefehl ist für die Fälle der Weigerung von Zeugen nicht vorgesehen.[133]

(b) Andere Ermittlungsmaßnahmen

66   Andere **Ermittlungsmaßnahmen**, wie Tatortuntersuchungen, Hausdurchsuchungen, forensische Untersuchungen (DNA-Test, Blutuntersuchungen etc.) oder elektronische Überwachungsmaßnahmen sind im IStGHSt nicht explizit geregelt; hinsichtlich der Voraussetzungen im Einzelnen wird auf die nationalen Rechtsordnungen verwiesen. Immerhin haben Mitarbeiter der Anklagebehörde (in aller Regel) das Recht bei den Ermittlungen anwesend zu sein.[134]

Dieses Modell kann sich für den späteren Angeklagten sehr **nachteilig** auswirken, denn eine Rechtsverletzung durch nationale Behörden kann vor dem IStGH erst im Rahmen der Hauptverhandlung vorgebracht werden, wobei die Kammer entscheidet, ob das entsprechende Beweismittel zugelassen wird oder nicht, Art. 69 Abs. 7 IStGHSt.

b) Zwischenverfahren

67   Nach Abschluss der Ermittlungen stellt der Ankläger eine (vorläufige) „**Anklageschrift**" (*document containing the charges*)[135] zusammen, die von der Vorverfahrenskammer in einem mündlichen Verfahren (Anhörung) überprüft und bestätigt werden

---

[133] Vgl. dazu *Kreß*, in: Radtke (2007), S. 37, 56. Anders am JStGH, vgl. *Zahar/Sluiter* (2008), S. 368–372.

[134] Vgl. *Meißner* (2003), S. 240 ff.; allerdings ist dies nur im Rahmen des nationalen Rechts möglich; d.h. IStGH-Mitarbeiter können auch ausgeschlossen werden.

[135] See IStGH, *Prosecutor v. Bemba*, Confirmation, Vorverfahrenskammer, 15.06.2009, § 17.

muss (*confirmation*), Art. 61 IStGHSt. Diese soll neben der Beschreibung der Tatvorwürfe auch die Auflistung der Beweismittel enthalten, auf die sich die Anklage stützt, vgl. Regel 121 Abs. 3 IStGHSt, Regel 52 GO-Gericht. Erst durch diese – erforderlichenfalls korrigierende – Bestätigung entsteht die endgültige Anklageschrift.[136]

> **Beispiel:** Bereits im Fall *Lubanga* hat die Vorverfahrenskammer entsprechende Korrekturen an der Anklageschrift vorgenommen. Nach Meinung der Richter wurde darin nicht richtig zwischen internationalem und nicht internationalem Konflikt differenziert. Die Bestätigung der Anklageschrift wurde zwar gewährt, indes mit der Maßgabe, dass bis zum 02.06.2003 ein internationaler Konflikt bestand und daher die Verwendung von Kindersoldaten nach Art. 8 Abs. 2 lit. b) (xxiv) IStGHSt strafbar sei, und ab diesem Zeitpunkt der Konflikt nicht-international war, so dass sich die Strafbarkeit aus Art. 8 Abs. 2 lit. e) (vii) IStGHSt ergäbe.[137]

Der Maßstab für die Bekräftigung wird mit dem Vorliegen eines „**dringenden Tatverdachts**" (*substantial grounds*) umschrieben, Art. 61 Abs. 7 IStGHSt. Er liegt damit deutlich über dem „begründeten Verdacht" für den Erlass eines Haftbefehls nach Art. 58 Abs. 1 a) IStGHSt zugleich aber auch deutlich unter dem *proof beyond reasonable doubt* nach Art. 66 Abs. 3 IStGHSt.   **68**

Die in Art. 61 IStGHSt beschriebene **Anhörung** (*confirmation hearing*) verlangt einen erheblichen Aufwand und zeugt einmal mehr von der strikten richterlichen Kontrolle des Anklägers. Über den konkreten Verlauf des Termins entscheidet der Vorsitzende, Regel 121 Abs. 1 VBO. 30 Tage vor der Anhörung sind dem Beschuldigten ebenso wie der Kammer eine Liste der Beweismittel des Anklägers vorzulegen, die er in der Verhandlung einzuführen plant, Regel 121 Abs. 3 VBO. Ebenso muss der Beschuldigte eine Liste seiner Beweise, so er sie denn vorbringen möchte, 15 Tage vor dem Termin vorlegen (Regel 121 Abs. 6 VBO). Das gesamte Material wird von der Kanzlei in einer Art **Akte** (*record*) zusammengestellt, Regel 121 Abs. 10 VBO.[138]

Die Anhörung selbst hat den Charakter einer **Verhandlung**, d.h. die Parteien können – nach Verlesung der vorläufigen Anklageschrift – jeweils ihre Sicht der Dinge darstellen und Beweise präsentieren, vgl. Art. 61 Abs. 5 u. 6 IStGHSt mit Regel 122 Abs. 7 VBO. Der Beschuldigte sollte bei der Anhörung anwesend sein, was aber nicht zwingend ist.[139] Die Kammer kann das Verfahren aussetzen und weitere Ermittlungen bzw. eine Erweiterung der Anklage anregen nach Art. 61 Abs. 7 IStGHSt. Das letzte Wort gebührt dem Beschuldigten, Regel 122 Abs. 8 VBO. Im Grund handelt es sich bei diesem Vorverfahren um eine vorgezogene **Mini-Hauptverhandlung**.   **69**

Nach der Bestätigung der Anklage wird vom Präsidium eine Hauptverfahrenskammer bestimmt, Art. 61 Abs. 11 IStGHSt i.V. mit Regel 130 VBO. Die Verant-   **70**

---

[136] Ahlbrecht/*Kirsch* (2008), Rn. 1420.

[137] Vgl. IStGH, *Prosecutor v. Lubanga*, Confirmation, Vorverfahrenskammer, 29.01.2007, §§ 200 ff.

[138] Dies impliziert jedoch nicht eine Übernahme des kontinentaleuropäischen Aktenprinzips, s.o. Rn. 43.

[139] Vgl. die verschiedenen Ausnahmen nach Regel 123–126 VBO.

wortung für den weiteren Prozessverlauf geht damit auf die Hauptverfahrenskammer über, die auch die gesamte von der Kanzlei zusammengestellte Akte erhält, Regel 131 VBO.

c) Hauptverfahren

(1) Vorbereitung

71   Bevor das Hauptverfahren eröffnet werden kann, sind vorbereitende Schritte zu gehen. Zur Planung der Hauptverhandlung wird eine (oder mehrere) *Status Conference* abgehalten, Regel 132 VBO. Dass auch im Völkerstrafrecht „**Absprachen**" möglich sind, zeigt die teilweise unrühmliche Praxis des JStGH.[140] Nach Art. 65 Abs. 5 IStGHSt ist die Verhandlungskammer allerdings nicht an derartige Absprachen gebunden.[141] In aller Regel findet die Hauptverhandlung in Den Haag am Sitz des IStGH statt. Die Kammer kann aber anderweitig entscheiden, Art. 62 IStGH mit Regel 100 VBO.

(2) Wesentliche Prinzipien

72   Einige **wesentlichen Prinzipien** werden im Statut festgelegt: Der Angeklagte hat während der Verhandlung anwesend zu sein, Art. 63 IStGHSt; er gilt als unschuldig, bis zum Beweis des Gegenteils, wobei die Beweislast bei der Anklagebehörde liegt, Art. 66 und Art. 67 Abs. 1 i) IStGHSt.[142] Der Angeklagte hat ein Recht auf ein faires Verfahren, Art. 67 IStGHSt. Er kann nicht gezwungen werden, auszusagen, aber er hat das Recht, sich mündlich oder schriftlich zu äußern. Opfer- bzw. Opfervertreter sind am Prozess zu beteiligen nach Art. 68 Abs. 3 IStGHSt.

(3) Stellung des Gerichts

73   Der Vorsitzende Richter leitet die Verhandlung, Art. 64 Abs. 8 b) IStGHSt i.V. mit Regel 140 VBO und Regel 42 GO-Gericht. Die Kammer kann Verfahren verbinden oder trennen, Regel 136 VBO. Darüber hinaus hat das Gericht die Möglichkeit, sich in die Beweisaufnahme einzumischen; es können von den Richtern Fragen an Zeugen gestellt und zusätzliche Beweise angefordert werden, Art. 64 Abs. 6 IStGHSt.[143] Auch wenn das IStGHSt eine ausdrückliche **Verpflichtung** des Gerichts zur Ermittlung der **Wahrheit** von Amts wegen nicht kennt, machen die be-

---

[140] Vgl. die deutlichen Worte von Richter Schomburg in seiner Dissenting Opinion im Fall JStGH, *Prosecutor v. Deronjic*, Sentencing Judgment, Verfahrenskammer, 30.03.2004, §§ 4, 6, 10, 19 f.

[141] Vgl. *Ambos* (2008), § 8 Rn. 31a m.w.N.

[142] Zur Bedeutung der Unschuldsvermutung im prozessualen Gefüge allgemein vgl. *Volk* (2010), § 8 Rn. 4.

[143] Im englischen Prozessrecht ist das so gut wie ausgeschlossen, vgl. *Sprack* (2008), 20.86–88.

reits genannten Vorschriften Art. 64 Abs. 6 lit. d) und Art. 69 Abs. 3 S. 2 IStGHSt deutlich, dass die Wahrheitsermittlung zentrale Bedeutung hat und auch vom Gericht angestrebt werden muss.[144] Der Kammer stehen die gesamten Materialien des bisherigen Verfahrens zur Verfügung (Regel 131 VBO); allerdings sind die Richter nicht verpflichtet, sich diese Akte (*record*) auch anzusehen.[145]

Die Kammer entscheidet außerdem über die **Zulassung von Beweisen** nach Art. 64 Abs. 9 a) und 69 Abs. 7 IStGHSt.[146]   **74**

(4) Ablauf

Die Verhandlung beginnt mit der Verlesung der Anklageschrift, Art. 64 Abs. 8 a)   **75**
IStGHSt. Daraufhin kann sich der Angeklagte für **schuldig** bekennen. Tut er dies, prüft die Kammer in einem abgekürzten Verfahren nach Art. 65 IStGHSt lediglich, ob das Schuldbekenntnis freiwillig und informiert abgelegt wurde, und ob es von den Unterlagen der Anklagebehörde bestätigt wird.[147] Andernfalls wird in die **Beweisaufnahme** eingetreten.[148]

Der Ablauf der Hauptverhandlung ist im Übrigen offen. Art. 76 IStGHSt legt   **76**
nahe, dass die Hauptverhandlung zweigeteilt ist, d.h. dass erst nach der Feststellung der Schuld des Angeklagten über die Strafhöhe verhandelt wird (sog. **Schuldinterlokut**).[149] Über alles Weitere kann der Vorsitzende entscheiden, Art. 64 Abs. 8 b) IStGHSt, muss es aber nicht, sondern kann den Ablauf der Beweispräsentation dem Ankläger und der Verteidigung überlassen, Regel 140 Abs. 1 VBO.[150]

Hier lassen sich verschiedene Vorgehensweisen vorstellen. So kann etwa die Kam-   **77**
mer Themen vorgeben und die Parteien dazu jeweils ihre Beweise präsentieren lassen. Möglich ist aber auch der **reine Parteienvortrag** i.S. des „*two-case approach*", wonach zunächst nur der Ankläger seinen „*case*" präsentiert und erst im Anschluss daran die Verteidigung das Wort erhält.

Die Zeugenpräsentation in der Form des (formellen) **Kreuzverhörs**[151] ist zwar   **78**
in Regel 140 Abs. 2 VBO vorgesehen, ist aber nicht zwingend. Die Vorschrift soll

---

[144] Kritisch Ahlbrecht/*Kirsch* (2008), Rn. 1427.

[145] Vgl. *Kreß*, in: Radtke (2007), 37, 50.

[146] Dazu ausführlich *Safferling* (2003), S. 291–314.

[147] Zu den Hintergründen des „*guilty plea*" und den Anforderungen des IStGH, vgl. *Safferling* (2003), S. 272–276.

[148] Eine volle Beweisaufnahme kann trotz eines Schuldbekenntnisses durchgeführt werden, wenn die Kammer glaubt, dass dies im „Interesse der Gerechtigkeit, insbesondere im Interesse der Opfer" erforderlich sei nach Art. 65 Abs. 4 IStGHSt.

[149] Dazu *Safferling* (2003), S. 269–272. Zwingend ist diese Zweiteilung aber nicht, vgl. *Kreß*, in: Radtke (2007), S. 37, 49.

[150] Erst wenn die Parteien sich nicht einigen können, muss der Vorsitzende entscheiden, Regel 140 Abs. 1 VBO.

[151] Vgl. zum englischen Recht *Sprack* (2008), 20.43; im Kontext des Völkerstrafprozesses allgemein: *Safferling* (2003), S. 283–288; speziell zum JStGH: *Zahar/Sluiter* (2008), S. 375–378.

wohl eher daran erinnern, dass die Kammer in jedem Fall – also auch bei einem Kreuzverhör im formellen Sinn – selbst Fragen stellen darf.

> In der ersten Hauptverhandlung am IStGH folgt der englische Vorsitzende auch eher dem angloamerikanischen Modell der Beweisführung durch die Parteien in der Form der *two-cases*. Zu Beginn wurde sowohl dem Ankläger wie auch der Verteidigung die Möglichkeit zu einem Eröffnungsplädoyer eingeräumt.

Der Vorsitzende schließt die Beweisaufnahme und gibt den Parteien die Möglichkeit zu einem **Schlussplädoyer**; die Verteidigung hat auch hier das **letzte Wort**, Regel 141 VBO.

(5) Urteil

79   Die Kammer berät im Geheimen, Art. 74 Abs. 4 IStGHSt, Regel 142 VBO. Der Termin zur öffentlichen **Urteilsverkündung** muss rechtzeitig bekannt gegeben werden. Das Urteil muss schriftlich verfasst und mit Gründen versehen werden, Art. 74 Abs. 5 IStGHSt.

Eine Verurteilung kann nur erfolgen, wenn die Kammer „**keine vernünftigen Zweifel**" an der Schuld des Angeklagten hat (*beyond reasonable doubt*), Art. 66 Abs. 3 IStGHSt. Angesichts dieses Maßstabes überrascht es, dass gleichwohl die Verurteilung auf einer Mehrheitsentscheidung der Kammer (2:1) basieren kann, Art. 74 Abs. 3 IStGHSt. So müsste der Umkehrschluss lauten, dass der Richter, der gegen eine Verurteilung stimmt, „unvernünftige" Zweifel an der Schuld des Angeklagten hat. Es bleibt daher zu hoffen, dass die Kammern den in Art. 74 Abs. 3 IStGHSt ausgedrückten Wunsch nach Einstimmigkeit ernst nehmen.[152]

d) Rechtsmittelverfahren

80   Sowohl der Ankläger wie auch die Verteidigung können gegen eine Entscheidung Rechtsmittel einlegen. Das Rechtsmittelverfahren ist zweigeteilt:

1. Rechtsmittel gegen ein **Endurteil** (gegen Freispruch, Verurteilung, Strafhöhe) nach Art. 81 IStGHSt.
2. Rechtsmittel gegen **andere Entscheidungen** – „*Other Appeal*" (OA) nach Art. 82 IStGHSt.

Das Rechtsmittel gegen ein Endurteil entspricht nach deutschem Verständnis weder der Berufung noch der Revision. Sollte ein Fehler in der Tatsachenerhebung festgestellt werden, wird in aller Regel an die Verfahrenskammer **zurückverwiesen**, Art. 83 Abs. 2 b) IStGHSt. Hat nur der Angeklagte das Rechtsmittel eingelegt, gilt der Grundsatz des Verbots der *reformatio in peius*, Art. 82 Abs. 2 S. 3 IStGHSt). Diese Urteilsbeschwerde ist innerhalb von 30 Tagen nach Bekanntmachung des

---

[152] Triffterer/*Triffterer*, Art. 74 Rn. 30.

Urteils einzulegen; innerhalb von 90 Tagen ist sie zu begründen (Regel 150 Abs. 1 VBO i.V. mit Regel 57 GO-Gericht). Das Verfahren ist im Übrigen gleich wie das vor der Verfahrenskammer, Art. 83 Abs. 1 IStGHSt.

Der „*Other appeal*" entspricht am ehesten einer (sofortigen) **Beschwerde** nach   **81**
der StPO.[153] Darunter fallen Zulässigkeitsentscheidungen oder Haftfragen. Auch andere Umstände, die wesentlichen Einfluss auf die Verfahrensfairness oder das Ergebnis des Verfahrens haben können, sind nach Zulassung der Ausgangskammer rechtsmittelfähig, vgl. Art. 82 Abs. 1 d) IStGHSt.

Die vielfältigen Möglichkeiten ein OA-Verfahren anzustrengen, verzögern die **Dauer der Strafverfahren** erheblich, auch wenn ihnen nicht notwendigerweise Suspensiveffekt zukommt, vgl. Art. 82 Abs. 3 IStGHSt. Gleichwohl ist zur Entwicklung einer konsistenten Verfahrensordnung ein solches Vorgehen angezeigt. Sobald die Verfahrensordnung gefestigte Konturen aufweist, wird auch das Interesse an den OA-Verfahren zurückgehen.

Daneben gibt es noch ein **Wiederaufnahmeverfahren** unter den Voraussetzun-   **82**
gen von Art. 84 IStGHSt.

e) Vollstreckungsverfahren

Die Vollstreckung der Urteile kann der IStGH nicht alleine gewährleisten. Auch hier   **83**
ist er auf die **Kooperation der Mitgliedstaaten** angewiesen, vgl. Teil X IStGHSt. Die Überwachung der Vollstreckungshaft obliegt dem Präsidium des IStGH.

Literatur

Abass, The International Criminal Court and Universal Jurisdiction, ICLR 2006, 349

Abo Youssef, Die Stellung des Opfers im Völkerstrafrecht, 2008

Akande, The Legal Nature of Security Council Referrals to the ICC and its Impact on Al Bashir's Immunities, JICJ 7 (2009), 333

ders., Confidential Investigations (Article 54(3)(e) ICC Statute) vs. Disclosure Obligations, New Criminal Law Review (2009), 543

ders., International Criminal Procedure: "Adversarial", "Inquisitorial" or Mixed?, ICLR 3 (2003) 1

Bock, Das Opfer vor dem Internationalen Strafgerichtshof, ZStW 119 (2007), S. 664

Bohlander, Pride and Prejudice or Sense and Sensibility? A Pragmatic Proposal for the Recruitment at the ICC and other International Criminal Courts, New Criminal Law Review 12 (2009), 529

Cárdenas Aravena, Wann darf der Internationale Strafgerichtshof ermitteln oder verfolgen?, in: Hankel (Hg.), Die Macht und das Recht, 2008, S. 127

Chaitidou, Rechtsprechungsübersicht: Aktuelle Entwicklungen am Internationalen Strafgerichtshof, ZIS 2010, 726

Damaška, Problematic Features of International Criminal Procedure, in Cassese (2009), 175

de Gurmendi, The Role of the International Prosecutor, in: *Lee* (Hrsg.), The International Criminal Court: The Making of the Rome Statute – Issues, Negotiations, Results, Den Haag 1999, 175

---

[153] Einzelheiten dazu bei Ahlbrecht/*Kirsch* (2008), Rn. 1437.

Gaeta, Is the Practice of 'Self-Referrals' a Sound Start for the ICC?, JICJ 2 (2004), 949

Gierhake, Zum Erfordernis eines "ausgedehnten oder systematischen Angriffs gegen die Zivilbevölkerung" als Merkmal der Verbrechen gegen die Menschlichkeit, ZIS 2010, 676

Goldston, More Candour about Criteria, JICJ 8 (2010), 383

Gordon, Toward an International Criminal Procedure: Due Process Aspirations and Limitations,
Columbia Journal for Transnational Law 45 (2007), 635

Hoffmeister/Knoke, Das Vorermittlungsverfahren vor dem Internationalen Strafgerichtshof – Prüf-
stein für die Effektivität der neuen Gerichtsbarkeit im Völkerstrafrecht, ZaöRV 59 (1999) 785

Jackson, Finding the Best Epistemic Fit for International Criminal Tribunals, JICJ 7 (2009), 17

Kreß, Der Internationale Strafgerichtshof und die USA Hintergründe der Sicherheitsratsresolution
1422, Blätter für deutsche und internationale Politik 2002, 1087

ders., 'Self-referrals' and 'Waivers of Complementarity': Some Considerations in Law and Policy,
JICJ 2 (2004), 944

ders., The Procedural Law of the ICC in Outline – The Anatomy of a Unique Compromise', JICJ
1 (2003), 607

ders., Grundlagen des Völkerstrafprozessrechts, in: Radtke u.a. (2007), S. 37

Lahiouel, The Right of the Accused to an Expeditious Trial, in May, u.a., Essays on ICTY Procedure and Evidence in Honour of Gabrielle Kirk McDonald, 2000, 197

Landau, Die Pflicht des Staates zum Erhalt einer funktionstüchtigen Strafrechtspflege, NStZ 2007,
121

Melčić/Safferling, Das Kriegsverbrechertribunal in Den Haag – Rechtsgrundlagen und Entwicklung, in Melčić (Hg.), Der Jugoslawienkrieg, 2. Aufl. 2007

Murphy, No Free Lunch, No Free Proof, JICJ 8 (2010), 539

Niblett, Disclosure in Criminal Proceedings, 1997

Olásolo, The Triggering Procedure of the ICC, Procedural Treatment of the Principle of Complementarity, and the Role of Office of the Prosecutor, ICLR 2005, 121

SáCouto/Cleary, The Gravity Threshold of the ICC, American University International Law Review 2008, 807

Safferling, Die EMRK und das Völkerstrafprozessrecht, in: Renzikowski (2004), S. 145

ders., Das Opfer völkerrechtlicher Verbrechen, ZStW 115 (2003), 352

ders., Verdeckte Ermittler im Strafverfahren – deutsche und europäische Rechtsprechung im Konflikt?, NStZ 2006, 75

ders., Die Rolle des Opfers im Strafverfahren – Paradigmenwechsel im nationalen und internationalen Recht?, ZStW 122 (2010), S. 87

ders., Frieden durch Völkerstrafrecht? Politische und rechtliche Bedingungen für eine nachhaltige
Friedenswirkung, Festschrift für Heinz Stöckel, 2010, S. 521

Safferling/Hartwig, Das Recht zu Schweigen und seine Konsequenzen, ZIS 2009, 784

Schabas, Prosecutorial Discretion v. Judicial Activism at the ICC, JICJ 6 (2008), 731

Scheffer, The United States and the International Criminal Court, AJIL 93 (1999), 12

Schomburg, Vereinte Nationen 2009/1, S. 3

Skilbeck, Frankenstein's Monster. Creating a New International Procedure, JICJ 8 (2010), 451

Stahn, The Ambiguities of Security Council Resolution 1422 (2002), EJIL 14 (2003), 85

ders., Complementarity, Amnesties and Alternative Forms of Justice: Some Interpretative Guide-
lines for the ICC, JICJ 3 (2005), 695

ders., TheAmbiguities of SC Res. 1422, EJIL 14 (2003), 85

Stahn/El Zeidy/Olásolo, The International Criminal Court's *Ad Hoc* Jurisdiction Revisited, AJIL
2005, 421

Studzinsky, Nebenklage vor den Extraordinary Chambers of the Courts of Cambodia (ECCC) –
Herausforderung und Chance oder mission impossible?, ZIS 2009, 44

Trüg, Lösungskonvergenzen trotz Systemkonvergenzen im deutschen und US-amerikanischen
Strafverfahren, 2003

Turner, 'Decision on Civil Party Participation in Provisional Detention Appeals. Case No. 002/19-
09-2007-ECCC/OCIJ (PTC01), 20 March 2008', AJIL 103 (2009) 116

van Caenegem, European Law in the Past and the Future, 2002
von Liszt, Die Stellung des Verteidigers in Strafsachen, DJZ 1901, 179
Weigend, Wechselverhör in der Hauptverhandlung, ZStW 100 (1988), S. 733
Zappalá, The Rights of Victims v. The Rights of the Accused, JICJ 8 (2010), 137
Zegveld, Victims' Reparation Claims and International Criminal Courts, JICJ 8 (2010), 79

§ 8 Nationale Durchsetzung in Deutschland

I Deutschland und das Völkerstrafrecht

Völkerstrafrecht war in Deutschland lange Zeit umstritten.[1] Der Grund für diese   **1**
Skepsis liegt in dem Nürnberger Prozess und der sich anschließenden weiteren
Strafverfolgung früherer NS-Täter. Hinter dem von vielen Deutschen geteilten Vorwurf der „**Siegerjustiz**" verbirgt sich der Unmut über die Einseitigkeit der Bestrafung, denn die Verbrechen der Alliierten, insbesondere der stalinistischen Sowjetunion, blieben letztlich ungesühnt. Auch die politischen Äußerungen blieben verhalten bis ablehnend gegenüber den völkerstrafrechtlichen Nachwehen des 2. Weltkriegs. Aus diesem Grunde wurde die EMRK nur mit dem Vorbehalt ratifiziert, dass
Art. 7 Abs. 2 EMRK im Lichte des Art. 103 Abs. 2 GG auszulegen sei.[2] Hinzu kam
der gesellschaftlich schwierige Prozess der Aufarbeitung des NS-Unrechtsregimes.[3]

In den frühen 1990er Jahren änderte sich diese Skepsis rasch und grundlegend.
Ursächlich für diese Entwicklung war neben einem fortschreitenden Generations-
wechsel sicherlich auch das Ende des SED-Regimes. Die strafrechtliche Aufarbeitung der „Mauerschützen"-Fälle brachte der deutschen Justiz ähnliche Rechtsfragen
wie die NSG-Verfahren.[4] Außerdem entschloss sich die Internationale Gemeinschaft angesichts der Menschenrechtsverletzungen auf dem Balkan, den **JStGH**
einzurichten (s. oben § 4 Rn. 47 ff.). Diese Maßnahme lässt auch Nürnberg in einem
anderen Licht erscheinen, denn damit ist die Verurteilung der deutschen Hauptkriegsverbrecher durch ein internationales *Ad hoc*-Tribunal kein Einzelfall mehr.[5]

Im Zusammenhang mit der Errichtung des JStGH stand Deutschland selbst in   **2**
der Pflicht, vermeintliche Kriegsverbrecher aus dem Balkan, die sich in Deutschland aufhielten, strafrechtlich zu **verfolgen**. *Dusko Tadic*, der vor dem JStGH zum
Testfall geriet, wurde in diesem Zusammenhang in München festgenommen und
wegen Völkermordes (§ 220a StGB a. F.) angeklagt. Kurz vor Eröffnung der Haupt-

---

[1] Zur Geschichte auch MK/*Werle*, Einl. VStGB Rn. 18 ff.

[2] Vgl. *Meyer-Ladewig* (2006), Art. 7 Rn. 12 f.

[3] Vgl. dazu jüngst *Weinke* (2008).

[4] Vgl. dazu *Safferling*, in: Conze u.a. (2009), S. 203–221.

[5] Vgl. *Kreß*, in: Reginbogin/Safferling (2006), S. 235, 238.

C. Safferling, *Internationales Strafrecht*,   317
DOI 10.1007/978-3-642-14914-6_8, © Springer-Verlag Berlin Heidelberg 2011

verhandlung ersuchte das JStGH um Überstellung nach Den Haag, dem die Bundesrepublik auch nachgab und damit ihre Kooperationsbereitschaft unter Beweis stellte.[6] Andere Verfahren wurden vor dem BayObLG[7] bzw. dem OLG Düsseldorf[8] durchgeführt.

3   Auf dem Weg zur Diplomatischen **Konferenz in Rom** im Jahr 1998 wurden die Anstrengungen verstärkt. Die große und mit erheblichem Potential ausgestattete Delegation des Auswärtigen Amtes erhielt viel Respekt und schaffte es, an der einen oder anderen Stelle das Römische Statut erheblich zu beeinflussen. Die Ratifikation des IStGHSt durch den Bundestag erfolgte verhältnismäßig rasch und mit großer Einmütigkeit.[9]

Damit war der Prozess der Umsetzung des Völkerstrafrechts in das deutsche Recht noch lange nicht abgeschlossen. Das auf dem **Komplementaritätsprinzip** fußende IStGHSt zwingt zwar die Mitgliedstaaten nicht zu einer Harmonisierung des nationalen und internationalen Rechts, legt dies aber nahe, wenn man jedenfalls – im Rahmen der Komplementarität (s. dazu o. § 7 Rn. 22 ff.) – nicht als „unwillig" oder „unfähig" bezeichnet werden will, Völkerstraftaten effektiv zu verfolgen. Deshalb wurde eine Expertengruppe eingerichtet, die ein Völkerstrafgesetzbuch (VStGB) erarbeiten sollte.[10] Aber auch das Zusammenarbeitsregime unter Teil IX des IStGHSt erfordert die innerstaatliche Umsetzung. Insgesamt ergeben sich drei Ebenen, auf denen die deutsche Rechtslage den internationalen Gegebenheiten nach der Verabschiedung des Römischen Statuts angepasst werden musste:

1. **Materiell-rechtliche Ebene:** Völkerstrafgesetzbuch (unten II)
2. **Prozessuale Ebene:** Nationale Durchsetzung auf der Grundlage des Weltrechtspflegeprinzips und (innerstaatlich) gegenüber der eigenen Armee (unten III)
3. **Kooperationsebene:** Die Zusammenarbeit mit dem IStGH bei Verhaftungen und sonstigen Ermittlungsmaßnahmen (unten IV).

4   Nicht zuletzt unter dem Druck der Mauerschützenprozesse und Strafverfahren gegen Mitglieder des Politbüros[11] nahm die Bundesregierung den **Vorbehalt** gegen Art. 7 Abs. 2 EMRK zurück und beendete somit den deutschen Sonderweg.[12]

---

[6] *Kreß*, JZ 2006, 981.

[7] BayObLG NJW 1998, 392, mit Anm. *Safferling*, AJIL 92 (1998), 528.

[8] BGHSt 45, 64 (*Jorgic*); BVerfG NJW 2001, 1848; EGMR *Jorgic/Deutschland*, Urteil v. 12.07.2007; s. *Werle*, FS Küper, 2007, S. 675.

[9] Ratifikation BGBl. 2000 II 1393; das Statut wurde bei zwei Enthaltungen und einer Gegenstimme mit großer parteiübergreifender Mehrheit angenommen.

[10] *Kreß* (2000).

[11] Das zeigte insbesondere der Fall vor dem EGMR *Streletz, Kessler, Krenz/Deutschland*, 22. März 2001, Rep. 2001-II; zuvor BVerfGE 95, 96; dazu auch *Werle*, NJW 2001, 3001; *Peters* (2003), S. 6.

[12] Der 6. Bericht der Bundesregierung über ihre Menschenrechtspolitik in den auswärtigen Angelegenheiten und in anderen Politikbereichen (Human Rights Report), 2000/2002, 36 unter: www.bmj.bund.de/media/archive/267.pdf.

II VStGB (Materielle Ebene)

1 Grundlegende Schwierigkeiten

Mit dem VStGB soll das deutsche materielle Strafrecht an das IStGHSt angepasst   **5**
werden und die Entwicklung des humanitären Völkerrechts und des Völkerstrafrechts widerspiegeln, in dem die Verbrechen gegen das Völkerrecht unter Strafe
gestellt werden.[13] Man wollte demnach nicht nur den Anforderungen des Komple-
mentaritätsprinzips gerecht werden, sondern auch eine **moderne Kodifikation** des
Völkerstrafrechts mit Vorbildcharakter schaffen.

Die Anpassung der deutschen Rechtslage war aus drei Gründen erforderlich:[14]

1. Das deutsche Strafrecht kannte bis auf § 220a StGB a. F. **keine Umsetzung
   internationaler Bestrafungspflichten** in das nationale Recht. Weder Kriegsverbrechen noch Verbrechen gegen die Menschlichkeit waren als solche im
   deutschen Strafrecht vorhanden. Entsprechende Straftaten hätten allenfalls als
   „einfache" Verbrechen verfolgt werden können.[15]
2. Ein Rückgriff auf (völker-)**gewohnheitsrechtliche** Straftatbestände kommt nach
   Art. 103 Abs. 2 GG (*nullum crimen sine lege scripta*) nicht in Betracht.[16]
3. Eine unmittelbare Anwendung des IStGHSt, das nach der Ratifikation über
   Art. 59 Abs. 2 GG als einfaches Gesetz im deutschen Recht Gültigkeit hat,
   scheitert daran, dass die Verbrechenstatbestände nach Art. 5-8 IStGHSt nicht
   „*self-executing*" (vollzugsfähig) sind. Darüber lässt sich zwar trefflich streiten,
   denn die Normen sollen – anders als beim JStGH/RStGH – nicht nur Zustän-
   digkeitsvorschriften darstellen; letztlich verlangt aber das System der Komplementarität einerseits und die Rechtsklarheit andererseits, dass eine **eindeutige
   Rechtsgrundlage** im deutschen Recht geschaffen wird.[17]

2 Allgemeiner Teil

Das VStGB unterscheidet entsprechend der deutschen Kodifikationstradition zwi-   **6**
schen einem allgemeinen und einem besonderen Teil. Der Allgemeine Teil der
§§ 1-5 VStGB beschränkt sich auf die **Regelung weniger Spezifika** und verweist
ansonsten über § 2 VStGB in das StGB.[18] Diese Sonderreglungen beziehen sich auf
das Strafanwendungsrecht (§ 1 VStGB), das Handeln auf Befehl (§ 3 VStGB), die

---

[13] Vgl. Gesetzesentwurf der Bundesregierung – Völkerstrafgesetzbuch, BR-Drucks 29/02.

[14] Vgl. dazu auch *Satzger* (2010), § 17 Rn. 8–13.

[15] Ausführlich dazu MK/*Werle*, Einl. VStGB Rn. 25–31

[16] Dazu umfangreich: *Roxin* (2006), § 5 Rn. 7 ff.

[17] Vgl. *Satzger* (2010), § 17 Rn. 13.

[18] Zu den Gründen für dieses Vorgehen vgl. MK/*Weigend*, § 2 VStGB Rn. 1.

Tab. 1 Überblick IStGHSt – VStGB

	IStGHSt	StGB/VStGB	§ 8 Rn.
a. Notwehr	Art. 31 Abs. 1 lit. c)	§ 32	8
b. Notwehrexzess	Nicht geregelt	§ 33	9
c. Erlaubnistatbestands-irrtum	Nicht geregelt; möglich wäre analoge Anwendung von Art. 32 Abs. 1	Führt zur Aufhebung des Vorsatzschuldvor-wurfs und zur Anwen-dung von § 16 S. 2	10
d. Unvermeidbarer Verbotsirrtum	Art. 32 Abs. 2	§ 17	11
e. Vorgesetztenverant-wortlichkeit	Art. 28	§ 4, 13	12
f. Verjährung	Art. 29: Unverjährbarkeit sämt-licher Tatbestände	§ 5: Unverjährbarkeit nur für Verbrechen (§ 12 StGB)	13

Vorgesetztenverantwortlichkeit (§ 4 VStGB), die teilweise aber auch im BT (§§ 13, 14 VStGB) geregelt ist, und die Verjährung (§ 5 VStGB). Die Regelung des VStGB hat in diesem Fällen als *lex specialis* Vorrang vor den Regelungen des StGB.[19]

7   Einige Felder bieten **Konfliktpotential** zwischen deutschem Strafrecht und dem IStGHSt. Im Rahmen des AT sind dies vor allem folgende in Tab. 1 ausgewiesene Bereiche.

Dazu ist im Einzelnen zu sagen:

a) Notwehr

8   Auf eine Sonderregelung des Notwehrrechts wurde im VStGB bewusst verzichtet, auch wenn das Notwehrrecht nach Art. 31 Abs. 1 c) IStGHSt anders als § 32 StGB nur **verhältnismäßige** Reaktionen auf rechtswidrige Angriffe straffrei stellt.[20] Angesichts der Rechtsprechung des BGH zur „Gebotenheit" der Notwehr sind unterschiedliche Ergebnisse allerdings unwahrscheinlich.

b) Notwehrexzess

9   Überschreitet der Täter die Grenzen der Notwehrhandlung aus Furcht oder Schrecken (asthenische Affekte), ist er nach § 33 StGB exkulpiert,[21] während das IStGHSt keine Straffreiheit vorsieht. Ggf. kann hier auf Art. 31 Abs. 3 IStGHSt rekurriert

---

[19] MK/*Weigend*, § 2 VStGB Rn. 6.

[20] Vgl. *Ambos* (2002), S. 830 f. Ähnlich MK/*Weigend*, § 2 VStGB Rn. 18, der außerdem die praktische Bedeutung dieser Abweichung gegenüber dem IStGHSt zu Recht als sehr gering einstuft.

[21] Vgl. dazu statt aller, *Kühl* (2005), § 12 Rn. 126 ff.

und ein entsprechender **Entschuldigungsgrund** im Einzelfall anerkannt werden.[22] Allerdings ist es eher unwahrscheinlich, dass ein Hauptverantwortlicher (und nur solche sind für den IStGH von Interesse) darlegen kann, in einem (nicht vorwerfbaren) asthenischen Affekt gehandelt zu haben.

c) Erlaubnistatbestandsirrtum

Trotz der Meinungsvielfalt hinsichtlich der rechtlichen Einordnung des Erlaubnistatbestandsirrtums im deutschen Strafrecht wird fast einhellig auf seine Relevanz gepocht und in der Regel nach § 16 S. 2 StGB eine Bestrafung wegen der **Vorsatztat** abgelehnt.[23] Das IStGHSt kennt keine Vorschrift und eine Rechtspraxis konnte sich noch nicht entwickeln. Parallel zum deutschen Recht könnte allerdings Art. 32 Abs. 1 IStGHSt analog angewendet werden.[24]

d) Verbotsirrtum

Der unvermeidbare Verbotsirrtum ist nach dem IStGHSt entsprechend der angloamerikanischen Regel, *error iuris non nocet*, strafbar.[25] Das widerspricht kategorisch dem deutschen **Schuldgrundsatz**. Allerdings wird es auch hier praktisch kaum zu Konflikten kommen. Legt man die sehr restriktive Rechtsprechung zur Frage der Vermeidbarkeit an und berücksichtigt man ferner, dass der IStGH nur für die Hauptverantwortlichen von Massenverbrechen zuständig sein soll, ist kaum vorstellbar, dass jemals auf einen unvermeidbaren Verbotsirrtum erkannt werden wird.[26]

11

e) Vorgesetztenverantwortung

Zu echten Problemen kann es aber im Hinblick auf die **Vorgesetztenverantwortung** kommen. Die Regelungskonzepte von Art. 28 IStGHSt und den §§ 4, 13 und 14 VStGB unterscheiden sich erheblich voneinander.[27] Art. 28 IStGHSt behandelt vorsätzliches und fahrlässiges Verhalten von Vorgesetzten grundsätzlich gleich. Das

12

---

[22] Vgl. MK/*Weigend*, § 2 VStGB Rn. 18, der darauf hinweist, dass der IStGH in solchen Fällen kaum Interesse an einer Strafverfolgung haben dürfte.

[23] Vgl. statt aller: *Wessels/Beulke*, § 11 Rn. 467 ff.

[24] So Cassese/Gaeta/Jones/*Eser*, S. 945; *Satzger* (2010), § 17 Rn. 22; auch MK/*Weigend*, § 2 VStGB Rn. 13. Zur Diskussion um den Erlaubnistatbestandsirrtum in Deutschland und England vgl. *Safferling* (2008), S. 210 f., 392 ff.

[25] Vgl. MK/*Weigend*, § 2 VStGB Rn. 12.

[26] Anders *Satzger* (2010), § 15 Rn. 42; § 17 Rn. 23, der für eine korrigierende Auslegung von Art. 32 Abs. 2 IStGHSt votiert; wie hier aber MK/*Weigend*, § 2 VStGB Rn. 12.

[27] So auch BGH, Beschluss v. 17.06.2010 – AK 3/10 Rn. 40 = JZ 2010, 960 m. Anm. *Safferling*.

VStGB differenziert aber gerade zwischen vorsätzlicher Nichtverhinderung der Völkerstraftat eines Untergebenen (§ 4 VStGB), der vorsätzlichen bzw. fahrlässigen Verletzung der Aufsichtspflicht (§ 13 VStGB) sowie der vorsätzlichen Unterlassung der Meldung einer Straftat (§ 14 VStGB). Eine pauschale Zurechnung wie Art. 28 IStGHSt passt nicht in die Systematik des deutschen Strafrechts.[28]

Allerdings wird im Ergebnis wahrscheinlich auch hier kein wirklicher Konflikt entstehen können, denn das Fehlen der Berücksichtigung des Schuldgrundsatzes auf Tatbestandsebene im IStGHSt muss durch eine **Anpassung des Strafmaßes** ausgeglichen werden.

f) Verjährung

13 Mit der Vorgesetztenverantwortlichkeit hängt auch das nächste Konfliktfeld zusammen. Nach VStGB ist die **Verjährbarkeit** nur für Verbrechen (§ 12 StGB, § 2 VStGB) aufgehoben.[29] D. h. die Verstöße gegen die Aufsichts- und Meldepflicht nach §§ 13, 14 VStGB verjähren als Vergehen nach der allgemeinen Frist des § 78 Abs. 2 Nr. 4 StGB, § 2 VStGB in fünf Jahren.[30]

In diesem Punkt kann tatsächlich eine Situation entstehen, in der eine Strafverfolgung in Deutschland nicht mehr möglich ist, wohingegen der IStGH noch tätig sein könnte. Im Rahmen des **Komplementarität** von Art. 17 IStGH könnte die deutsche Verjährungsregel entweder vom IStGH als verfahrensbeendend und vorrangig akzeptiert werden oder der IStGH müsste feststellen, dass Deutschland nicht willens und in der Lage ist, Straftaten nach Art. 28 IStGHSt zu verfolgen und könnte selbst ein Verfahren anstrengen. Dann wäre freilich zu klären, ob eine Überstellung des Verdächtigen seitens der Bundesregierung erfolgen muss, dazu sogleich (Rn. 30 ff.).

3 Besonderer Teil

14 Im Besonderen Teil, in den §§ 6–14 VStGB, werden die **einzelnen Straftaten** gegen das Völkerrecht aufgezählt. Dabei handelt es sich in der Substanz um die gleichen Verbrechen wie in Art. 6–8 IStGHSt, aber in einer teilweise etwas anderen Systematik. Der Tatbestand des Völkermordes entspricht in § 6 VStGB dem des Art. 6 IStGHSt. Im Kontext der Verbrechen gegen die Menschlichkeit nach § 7

---

[28] Vgl. *Satzger* (2010), § 17 Rn. 25; auch MK/*Weigend*, § 4 VStGB Rn. 6.

[29] Als Begründung für diese Abweichung wird auf die Schwere des Schuldvorwurfs abgestellt und auf Art. 3 Abs. 1 GG, vgl. BT-Drucks. 14/8524, S. 19, zustimmend MK/*Weigend*, § 5 Rn. 10. Ein sachlicher Grund für die Ungleichbehandlung könnte mE aber in dem Vorwurf der Verstoßes gegen Völkerstrafrecht gesehen werden, vgl. *Satzger* NStZ 2002, 125 (129).

[30] Vgl. MK/*Weigend*, § 5 VStGB Rn. 10.

VStGB sind einzelnen begriffliche Unterschiede zu verzeichnen, ohne dass dies nennenswerte Konsequenzen auf die Anwendung haben dürfte.[31]

Im 2. Abschnitt des Besonderen Teils unternimmt das VStGB den Versuch einer **15** schlüssigen **Systematisierung der Kriegsverbrechen.** Dabei wird nicht (mehr) unterschieden zwischen internationalem und nicht internationalem bewaffneten Konflikt. Die Verbrechensgliederung erfolgt nach der normativen Substanz der Vorschriften, wobei eine Anlehnung jeweils an das Genfer und das Haager Konzept (s. o. § 6 Rn. 108 ff.) deutlich hervortritt:[32]

1. § 8 VStGB Kriegsverbrechen gegen Personen;
2. § 9 VStGB Kriegsverbrechen gegen Eigentum und sonstige Rechte;
3. § 10 VStGB Kriegsverbrechen gegen humanitäre Operationen und Embleme;
4. § 11 VStGB Kriegsverbrechen des Einsatzes verbotener Methoden der Kriegsführung;
5. § 12 VStGB Kriegsverbrechen des Einsatzes verbotener Mittel der Kriegsführung.

Gelegentlich geht das VStGB wegen der Aufgabe der Unterscheidung nach der Konfliktart (nationale bzw. international) über das IStGHSt hinaus. So fehlt etwa eine Vorschrift der Strafbarkeit wegen unverhältnismäßig hoher **Kollateralschäden** in Art. 8 Abs. 2 lit. e) IStGHSt für den nicht internationalen Konflikt, während nach § 11 Abs. 1 Nr. 3 VStGB eine Strafbarkeit besteht.[33]

Bei der Prüfung der Strafbarkeit anhand der Vorschriften des VStGB ist darauf **16** zu achten, dass die Tat **auch nach StGB strafbar sein kann.** Das StGB bleibt selbstverständlich neben dem VStGB anwendbar.[34] Allerdings sind die Grundlagen des Konfliktvölkerrechts bei der Beurteilung der Strafbarkeit nach StGB zu beachten, wenn die Tat im Zusammenhang mit einem bewaffneten Konflikt begangen wurde. Eine legitime Tötung nach VStGB kann nicht nach StGB strafbar sein. Insoweit ist das VStGB *lex specialis*.[35]

4 Konflikttiefe

Trotz dieser soeben beschriebenen Konflikte zwischen der deutschen Rechtslage **17** und dem Römischen Statut muss das VStGB als erfolgreiche und ausreichende

---

[31] Die Bezugnahme auf § 226 StGB in § 6 Abs. 1 Nr. 2 und § 7 Abs. 1 Nr. 8 VStGB hat kaum Auswirkungen, da – wie der Wortlaut klar macht („insbesondere") – keine „schwere Verletzung" i.S. des § 226 StGB vorliegen muss, vgl. MK/*Werle/Burchards*, § 7 VStGB Rn. 92; anders wohl *Satzger* (2010), § 17 Rn. 29.

[32] MK/*Ambos*, Vor §§ 8 ff, Rn. 17 f.

[33] Vgl. dazu auch *Safferling/Kirsch*, JA 2010, 81.

[34] Für eine generelle Sperrwirkung des VStGB gegenüber dem StGB spricht sich allein *Hertel*, HRRS 2010, 339 aus. Dagegen *Basak*, HRRS 2010, 513.

[35] Vgl. GBA, Verfügung v. 16.04.2010 – 3 BJs &/10–4, NStZ 2010, 581, 582 Rz. 8; *Safferling/ Kirsch*, JA 2010, 81; zustimmend *Ambos,* NJW 2010, 1725 ff. und *von der Groeben*, GLJ 11 (2010), S. 469 ff; *Basak*, HRRS 2010, 513.

Kodifizierung des Völkerstrafrechts für Deutschland gewertet werden. Erfolgreich ist sie, weil es gelungen ist, die internationalen Vorgaben in die eigene Systematik des deutschen Strafrechts zu integrieren. Das gilt vor allem für den Allgemeinen Teil, der im IStGHSt rudimentär und kompromisshaft geregelt ist, und
gegenüber der – freilich oft übertriebenen – dogmatischen Zergliederung des deutschen Allgemeinen Teils oberflächlich und beinahe naiv wirkt. Das gilt auch für den
Besonderen Teil, in dem der mutige Schritt gegangen wird, die Tatbestände modern
und schlüssig zu ordnen und zudem, wo möglich, einen höheren Bestimmtheitsgrad
zu Teil werden zu lassen.

Dort wo es zu Friktionen kommt, kann es theoretisch zu einem Machtkampf
zwischen Den Haag und Karlsruhe kommen, wenn der internationale Ankläger eine
Strafverfolgung an sich zieht, obwohl die deutsche Justiz eine solche abgelehnt hat.
Dazu müsste er nach **Art. 17 IStGHSt** behaupten, die deutschen Strafverfolgungsbehörden seien nicht „willens und in der Lage", ihren internationalen Verfolgungs-
pflichten nachzukommen. Das wäre natürlich ein harter Vorwurf.

18   Zu einem solchen Szenario wird es freilich nicht kommen. Das liegt zum einen
daran, dass in den schweren Fällen gegen die **Hauptverantwortlichen**, für die der
IStGH zuständig ist, aus praktischen Gründen die Konfliktsituationen – wie oben
dargelegt wurde – sehr gering sind (Rn. 3, 17). Das liegt zum anderen aber auch
daran, dass der IStGH darauf achten wird, dass das Komplementaritätsprinzip in
Kooperation mit den Mitgliedstaaten ausgeformt und durchgeführt wird. Dafür
sprechen nicht nur ökonomische Gründe. Der IStGH muss auch darauf achten,
seine Glaubwürdigkeit und die Zusammenarbeit mit den Mitgliedstaaten auszubauen. Schließlich ist er auf die **Kooperation** der Mitgliedstaaten angewiesen und
muss auch dafür Sorge tragen, dass potentielle neue Mitglieder nicht abgeschreckt
werden. Das Komplementaritätsprinzip wird also vom IStGH unter größtmöglicher
Schonung der Staatssouveränität angewendet werden.

III Nationale Durchsetzung (Prozessuale Ebene)

19   Das System der Komplementarität setzt wie bereits erwähnt voraus, dass die nationale (indirekte) und die internationale (direkte) Durchsetzungsebene von Völkerstrafrecht sich gegenseitig ergänzen. Die **nationalen Justizbehörden** müssen
demnach prinzipiell in der Lage sein, die Tatbestände des Römischen Statuts anzuwenden und durchzusetzen.

1 Weltrechtspflege

20   Dreh- und Angelpunkt der Zuständigkeit der deutschen Strafverfolgungsorgane ist
die Erweiterung des Strafanwendungsrechts durch die Integrierung des uneingeschränkten **Weltrechtspflegeprinzips** in das deutsche Recht durch § 1 VStGB (vgl.

dazu auch § 2 Rn. 2, 5 f.). Demnach gilt das deutsche VStGB für alle darin enthaltenen Straftatbestände (§§ 6–14 VStGB) unabhängig vom Tatort und ohne Bezug zum Inland.

Zu dieser expliziten Nennung des Wegfalls des Erfordernisses des Inlandsbezugs sah sich der Gesetzgeber gezwungen, weil die frühere Rspr. zum Völkermord (§ 220a StGB a. F.) die Zuständigkeit deutscher Gerichte nach § 6 Nr. 1 StGB a. F. nur bejahte, wenn ein „legitimierender inländischer Anknüpfungspunkt" vorlag.[36] Vor dem Hintergrund allgemeiner prozessualer Überlegungen überrascht diese Einschränkung allerdings wenig. Auch im internationalen Zivilverfahrensrecht wird in aller Regel ein *„genuine link"* zum Inland verlangt, um die Zuständigkeit zu begründen.[37] Allerdings geht es bei Völkerstrafrecht um etwas anderes. Hier bedient sich die Internationale Gemeinschaft der nationalen Gerichte, um die eigenen Grundwerte mit strafrechtlichen Mitteln schützen zu können. Ein solcher umfassender Schutz ist nur mittels einer umfassenden Zuständigkeit der nationalen Gerichte möglich.

Dieser unbeschränkte Anwendungsbereich muss gleichwohl praktikabel ausgestaltet werden und effektiv durchgeführt werden können. Für Auslandstaten gilt hier bereits das **Opportunitätsprinzip** nach § 153 c StPO. Für die Straftaten, die nach dem VStGB strafbar sind, gilt aber § 153 f StPO als Spezialgesetz (§ 153 c Abs. 1 S. 2 StPO).[38] Mit dieser Vorschrift wird das Verfolgungsermessen der Staatsanwaltschaft eingeschränkt.[39] Danach gilt bei Taten mit Inlandsbezug und bei Taten mit Beschuldigten, die Deutsche i. S. von Art. 116 GG sind,[40] das **Legalitätsprinzip**, d. h. es besteht ein Verfolgungszwang.[41] Demnach müssen auch Taten von Bundeswehrangehörigen, die im Auslandseinsatz begangen werden, durch die Staatsanwaltschaft verfolgt werden.[42]   **21**

Ebenso besteht **Verfolgungszwang**, wenn die Tat keinen Inlandsbezug aufweist, aber weder ein zuständiger Nationalstaat noch ein internationales Strafgericht verfolgend tätig wird. Hierin kommt das Komplementaritätsprinzip deutlich zum Vorschein, denn das System soll in der Verschränkung nationaler und internationaler Strafverfolgung keine Lücken aufweisen.[43]   **22**

Bei der Geltung des **strengen Legalitätsprinzips** wäre die deutsche Strafverfolgung nicht nur hoffnungslos überlastet; sie würde sich auch vom Anspruch her überheben.[44] Die deutsche Strafverfolgung muss sich daher nicht nur vertikal im   **23**

---

[36] Vgl. BGHSt 45, 65 v. Anm. *Lagodny/Nill-Theobald*, JR 2000, 25 f; *Lüder*, NJW 2000, 270.

[37] Vgl. *Geimer* (2009), Rn. 377; *Jahr*, RabelsZ 54 (1990), 481, 500.

[38] *Satzger* (2010), § 17 Rn. 38.

[39] Vgl. OLG Stuttgart, NStZ 2006, 117 m. Anm. *Singelnstein/Stolle*, ZIS 2006, 118.

[40] Vgl. LR/*Beulke* (2005), § 153 c Rn. 14.

[41] *Meyer-Goßner* (2010), § 153 f Rn. 1.

[42] Vgl. zum Fall Oberst Klein: GBA, Verfügung v. 16.04.2010 – 3 BJs 6/10–4, NStZ 2010, 582; *Safferling/Kirsch*, JA 2010, 81; *Ambos* NJW 2010, 1725.

[43] Vgl. *Ambos* (2008), § 3 Rn. 100.

[44] Vgl. MK/*Ambos* § 1 VStGB Rn 27: „Das Auftreten Deutschlands als ‚Weltpolitist' [soll] vermieden werden".

Hinblick auf den IStGH bewehren,[45] sondern auch ihren Platz in horizontaler Hinsicht im Verbund mit den anderen Nationalstaaten finden. § 153 f StPO entscheidet sich in diesem Punkt für eine Priorität des tatnäheren ausländischen Gerichts.[46] Das ist durchaus im Sinne des komplementären Zuständigkeitssystems des IStGH. Voraussetzung dafür ist aber ein rechtsstaatliches Strafverfolgungssystem in dem entsprechenden ausländischen Staat. Durch ein vorschnelles Bejahen dieser Voraussetzung entstehen erneut Verfolgungslücken, die durch § 1 VStGB gerade vermieden werden sollen. Ähnlich Art. 17 IStGH müsste die Staatsanwaltschaft bewerten, ob die Strafverfolgung in dem entsprechenden Staat wirklich flächendeckend, umfassend und fair durchgeführt wird.

§ 153 f StPO

1) Extraterritoriale Völkerstraftat (§ 153 f i.V. mit § 153 c Abs. 1 Nr. 1 u. 2 StPO)
2) Verfolgungspflicht, wenn

a) Täter ist Deutscher
Ausnahme: Verfolgung durch internationales Strafgerichts oder anders zuständiges nationales Gericht (§ 153 f Abs. 1 S. 2 StPO)

b) Täter ist Ausländer

-> bei *Inlandsbezug* (§ 153 f Abs. 1 S. 1 StPO).
Ausnahme: Überstellung an internationales Strafgericht oder Auslieferung an andere Staat zulässig und beabsichtigt (§ 153 f Abs. 2 S. 2 StPO)

-> wenn *kein Inlandsbezug*, Tat aber nicht durch internationales Strafgericht oder anderes zuständiges nationales Gericht verfolgt wird (§ 153 f Abs. 2 S. 1 StPO)

24   Trotz dieser detaillierten Regelung sind einige Begriffe unklar. So wird es unterschiedlich beurteilt, ob die „Tat" wie in § 264 StPO zu beurteilen ist oder ob „Tat" i. S. von § 153 f Abs. 2 S. 1 Nr. 4 StPO auf den **Gesamtkomplex** (*situation*) bezieht.[47] Das würde die Verfolgungspflicht der deutschen Staatsanwaltschaft zu weitgehend einschränken.[48]

Kritisch ist auch das Erfordernis des **Inlandsbezugs**. Wenn etwa auf den Aufenthalt des Beschuldigten im Inland abgestellt wird, stellt sich die Frage, ob es ausreicht, dass die Person sich auf der Durchreise befindet und wie hoch die An-

---

[45] Zum Verhältnis zwischen § 153 f StPO und Art. 17 IStGHSt vgl. *Meyer-Goßner* (2010), § 153 f Rn. 6.

[46] Vgl. MK/*Ambos*, § 1 VStGB Rn. 26.

[47] So etwa GBA, JZ 2005, 312.

[48] Vgl. *Kreß*, ZIS 2007, 520.

forderungen an die Staatsanwaltschaft sind, dass nachgewiesen wird, warum eine zukünftige Einreise unwahrscheinlich ist.[49]

> Bislang ist die Vorschrift einer Belastungsprobe unterzogen worden. Durch eine Strafanzeige gegen Donald Rumsfeld u. a. sollte die deutsche Justiz vor allem die Verantwortlichen für den Folterskandal von Abu Ghraib, einem irakischen Gefängnis, vom Frühjahr 2004 strafrechtlich verfolgen. Es wurde schließlich kein Ermittlungsverfahren durchgeführt, weil die *de facto* zuständige USA strafverfolgend tätig geworden ist.[50] Es wurden zwar einige Militärgerichtsverfahren in den USA durchgeführt, obere Befehlshaber wurden aber nicht zur Rechenschaft gezogen.[51] Eine normative Überprüfung der Verfolgungsbemühungen seitens der USA durch den GBA ist allerdings unterblieben.[52]

2 Zuständigkeit

a) Staatsanwaltschaft als Herrin des Verfahrens

Die Entscheidung über die Strafverfolgung nach § 153 f StPO obliegt der **Staatsanwaltschaft**. Diese kann auch nach der Eröffnung des Hauptverfahrens die öffentliche Klage zurücknehmen. Das Gericht kann das nicht und muss der Rücknahme auch nicht zustimmen (§ 153 f Abs. 3).[53] Auch im Klageerzwingungsverfahren ist die Ermessensentscheidung der Staatsanwaltschaft grds. nicht überprüfbar; es wird lediglich geprüft, ob die sachlichen Voraussetzungen von § 153 f Abs. 1 und 2 StPO überhaupt vorliegen.[54]

25

b) Funktionelle Zuständigkeit

Nach § 120 Abs. 1 Nr. 8 i. V. mit § 142 a Abs. 1 GVG ist der **Generalbundesanwalt** für die Verfolgung von Straftaten nach dem VStGB zuständig.[55] Damit wurde für die sensible politische Materie eine konzentrierte Verfolgungszuständigkeit des GBA geschaffen.[56]

26

Diese Zuweisung gilt explizit allerdings nur für Straftaten nach dem VStGB. Ist die Tat „nur" nach **einfachem Strafrecht** strafbar, ist fraglich, ob allein der Umstand, dass die Handlung im Rahmen eines bewaffneten Konflikts stattgefunden hat, dem GBA Zuständigkeit vermittelt. Andernfalls wäre beim Soldaten die Staats-

---

[49] Vgl. dazu auch SK/*Weßlau*, § 153 f Rn. 3; *Basak*, KritV 2007, 333, 356.

[50] OLG Stuttgart NStZ 2006, 117.

[51] Zu Recht kritisch MK/*Ambos*, VStGB, § 1 Rn. 30 f. m.w.N.

[52] Vgl. GBA, JZ, 2005, 311.

[53] Vgl. *Meyer-Goßner* (2010), § 153 f Rn. 10.

[54] So auch OLG Stuttgart, NStZ 2006, 117, zustimmend *Kreß*, ZIS 2007, 521.

[55] Vgl. auch *Safferling/Kirsch*, JA 2010, 81, 85; dazu auch *Basak*, HRRS 2010, 513.

[56] *Werle/Jessberger*, JZ 2002, 733.

anwaltschaft am Ort der Heimatkaserne zuständig (§ 8 StPO i. V. m. § 9 BGB). Von einer Zuständigkeit des GBA könnte man ausgehen, wenn die neue Kompetenznorm in Art. 96 Abs. 5 Nr. 3 GG, die von „Kriegsverbrechen" spricht, untechnisch verstanden wird.[57] Das überzeugt dogmatisch allerdings kaum, denn der Verweis auf das VStGB ist im Grundgesetz nur deshalb unterblieben, weil die Verfassung aus normhierarchischen Gründen nicht auf ein einfaches Bundesgesetz Bezug nehmen kann. Bleibt die Annahme einer Annexkompetenz, die sich auf zweifache Weise begründen ließe: (1) Es geht in den Fällen von Straftaten durch deutsche Soldaten auch um das Ansehen der Bundesrepublik Deutschland. Für diese auswärtigen Angelegenheiten ist der GBA die passende Stelle.[58] (2) Im Kontext eines bewaffneten Konflikts ist der GBA besser geeignet die Ermittlungen durchzuführen, weil dort Erfahrungen im Verhalten in Konfliktgebieten gebündelt sind und der Umgang mit Geheimdokumenten auf wenige Behörden beschränkt bleibt. Eine Entscheidung des BGH in dieser Frage steht noch aus.

27   Für die Durchführung des Strafverfahrens sind die **Staatsschutzsenate** bei den OLGen zuständig (§ 120 Abs. 1 Nr. 8 GVG).

> **Beispiel:** Der Soldat der Bundeswehr A ist in Afghanistan im Einsatz. Als Informationen über einen bevorstehenden Anschlag mit sog. rollenden Bomben, d. h. in einem Auto sitzende Selbstmordattentäter, ruchbar werden, richtet die Bundeswehr mehrere Kontrollposten auf den Einfallstraßen rund um das Lager ein. A ist zur Sicherung eines solchen „Check-Points" eingeteilt. Nach einiger Zeit nähert sich ein Pkw dem Kontrollposten mit hoher Geschwindigkeit. Trotz Aufforderungen, anzuhalten und mehrere Warnschüsse, kommt der von O gesteuerte Wagen rasch auf den Kontrollpunkt zu. In der Meinung, es handle sich um eine rollende Bombe, zielt A unmittelbar auf den Fahrer und erschießt ihn. Im Wagen befindet sich indes kein Sprengstoff; O hatte lediglich Drogen transportiert und fürchtete bei einer Kontrolle durch die Bundeswehr deshalb verhaftet zu werden. Wie hat sich A strafbar gemacht und welche StA ist zuständig?

> **Lösungshinweise:** A könnte sich zunächst gemäß § 8 Abs. 1 Nr. 1 VStGB wegen der Begehung eines Kriegsverbrechens strafbar gemacht haben. Er tötete O im Rahmen seiner Dienstausübung als Sicherungsposten eines „Check-Points" im afghanischen Krisengebiet und damit im Zusammenhang mit einem nichtinternationalen bewaffneten Konflikt. O ist als Zivilist auch dem in § 8 Abs. 6 VStGB bestimmten geschützten Personenkreis zuzuordnen. Der objektive Tatbestand der Kriegsverbrechen nach dem VStGB wäre somit erfüllt. A hielt O aber für einen Selbstmordattentäter und somit für eine Person, die unmittelbar an Feindseligkeiten teilnahm und deren Tötung legitim gewesen wäre. Eine Strafbarkeit nach § 8 Abs. 1 Nr. 1 VStGB scheitert mithin an dem fehlenden Vorsatz des A, eine geschützte Person zu töten.
> Ähnliches gilt für eine Strafbarkeit des A wegen des Einsatzes verbotener Methoden der Kriegsführung nach § 11 Abs. 1 Nr. 1 VStGB. Der objektive Tatbestand liegt zwar vor, allerdings ist auch hier der objektiv gegebene Angriff gegen eine einzelne Zivilperson nicht vom Vorsatz des A umfasst.
> Es bleibt die Strafbarkeit des A nach dem StGB zu prüfen. In Betracht kommt zunächst eine Strafbarkeit nach § 212 Abs. 1 StGB. Der objektive Tatbestand ohne Weiteres zu bejahen. Auch der subjektive Tatbestand liegt vor, da A vorsätzlich in Bezug auf die Tötung eines

---

[57] Eingefügt durch Gesetz v. 26.07.2002, BGBl. I S. 2863.

[58] Zu einem vergleichbaren Fall im Außenwirtschaftsrecht vgl. BGHSt 53, 128 = NStZ 2009, 335; dazu *Safferling*, NStZ 2009, 604, 610.

Menschen handelte. Die Unterscheidung nach dem geschützten Personenkreis kommt in diesem Rahmen nicht zum Tragen. Der Rechtfertigungsgrund der Notwehr nach § 32 StGB scheitert bereits an dem Erfordernis des Angriffs, da O keinen Anschlag verüben wollte. Hingegen ist die Schuld, bedingt durch das Vorliegen eines Erlaubnistatbestandsirrtums, zu verneinen. Wäre die Vorstellung des A von O als einem Selbstmordattentäter richtig gewesen, wäre auch dessen Tötung legitim. A befindet sich demnach in einem Erlaubnistatbestandsirrtum, der nach § 16 Abs. 1 StGB analog den Vorsatzschuldvorwurf entfallen lässt. Die Strafbarkeit wegen fahrlässiger Begehung der Tat bleibt nach § 16 Abs. 2 StGB allerdings unberührt.

A könnte sich also allenfalls nach § 222 StGB strafbar gemacht haben. Hier ist bereits die objektive Sorgfaltspflichtverletzung zu verneinen, da A um die Informationen über einen bevorstehenden Anschlag wusste und in Ansehung vorheriger Aufforderungen und Warnschüsse davon ausgehen musste, dass es sich bei O um einen Selbstmordattentäter handelte. Eine Verletzung seiner Sorgfaltspflicht kann ihm nicht vorgeworfen werden.

Zuständig für die Durchführung des Strafverfahrens gegen A ist nach § 120 Abs. 1 Nr. 8 i. V. m. § 142a Abs. 1 GVG der Generalbundesanwalt, da zunächst die Verwirklichung von Straftatbeständen des VStGB nicht auszuschließen ist. Die Zuständigkeit des GBA im Wege einer Annexkompetenz bleibt auch dann aufrechterhalten, wenn allein Straftatbestände aus dem StGB in Betracht kommen.

IV Zusammenarbeit mit dem IStGH (Kooperationsebene)

Da der IStGH keine eigene Ermittlungs- oder Vollstreckungsbehörde hat, ist er für die Durchsetzung prozessualer Handlungen auf die **Mitwirkung der Mitgliedstaaten** angewiesen. Hierfür lassen sich drei verschiedene Bereiche ausmachen: **28**

1. **Verhaftung- und Überstellung** von Personen an den IStGH;
2. Zusammenarbeit bei der **Beweissicherung** (sonstige Rechtshilfemaßnahmen); und
3. **Vollstreckung**.

In Teil IX des IStGHSt finden sich genauere Bestimmungen ausgehend von der **allgemeinen Kooperationspflicht** der Mitgliedstaaten nach Art. 86 IStGHSt für die Überstellung und sonstige Rechtshilfemaßnahmen. In Teil X des IStGHSt ist die Vollstreckung geregelt. Der Bundesgesetzgeber hat durch das IStGH-Gesetz (Gesetz über die Zusammenarbeit mit dem Internationalen Strafgerichtshof)[59] die erforderliche innerstaatliche Rechtsgrundlage außerhalb des IRG (Gesetz über die internationale Rechtshilfe in Strafsachen)[60] als abschließendes Spezialgesetz i. S. des § 74 a IRG[61] geschaffen und ist somit der Verpflichtung aus Art. 88 IStGHSt nachgekommen.   **29**

---

[59] IStGH-G v. 21.06.2002, BGBl. 2002 I 2144, verkündet als Art. 1 des Gesetzes zur Ausführung des Römischen Statuts des IStGH.

[60] IRG v. 27.06.1994, BGBl. I S. 1537.

[61] Ahlbrecht/*Kirsch* (2008), Rn. 1367.

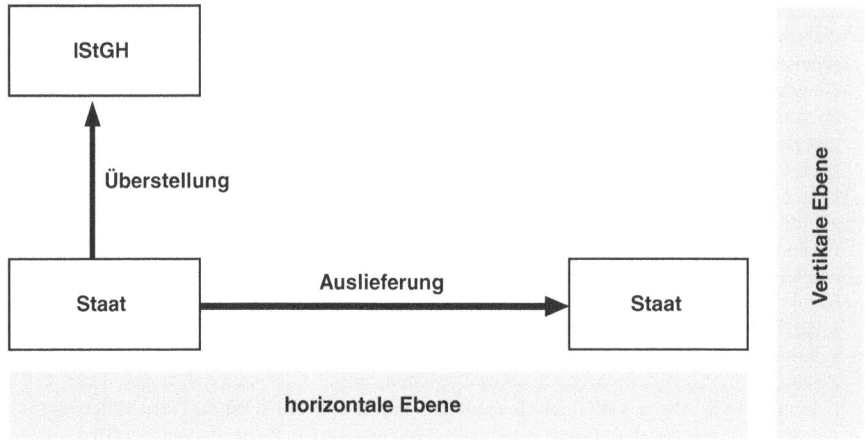

Abb. 1 Auslieferung – Überstellung

1 Festnahme und Überstellung

30   Die Festnahme und Überstellung eines Verdächtigen ist die wichtigste prozessuale
Maßnahme, bei welcher der IStGH auf die Kooperation der Mitgliedstaaten angewiesen ist. Die Voraussetzungen für den **Erlass eines Haftbefehls** durch den IStGH
sind geregelt in Art. 58, 59 IStGHSt, die von den Vorschriften Art. 89-92 IStGHSt
ergänzt werden. Die Korrespondenznormen finden sich im deutschen Recht in
§§ 2–39 IStGHG.

Zur **Begriffsklärung** sei zunächst darauf hingewiesen, dass es sich hier nicht
um eine Auslieferung, sondern um eine Überstellung handelt (s. Abb. 1).[62] Auch
wenn sich die erforderlichen rechtlichen Schritte sehr ähneln, sind die beiden Begriffe sauber zu trennen. Von Auslieferung spricht man im Verhältnis zwischen zwei
Staaten (horizontale Ebene). Überstellung bedeutet die Abgabe einer Person an eine
nicht staatliche, übergeordnete Stelle (vertikale Ebene).

31   Für die Umsetzung der Kooperationspflichten wurde Art. 16 GG dahingehend
geändert, dass nunmehr **auch deutsche Staatsangehörige** an den IStGH überstellt
werden können. Ob diese Änderung zwingend erforderlich war, ist angesichts der
Komplementarität fraglich; schließlich kann die Bundesrepublik selbst die Strafverfolgung durchführen und muss deshalb keinen Deutschen nach Den Haag über-
stellen. Zur Klarstellung und als Verdeutlichung des politischen Willens zur uneingeschränkten Kooperation war die Grundgesetzänderung aber sicher richtig.[63]

Gelangt ein Überstellungsgesuch vom IStGH an die Bundesrepublik, wird unverzüglich (vgl. Art. 59 Abs. 1 IStGHSt) ein **zweifaches Verfahren** in Gang gesetzt:

a. Entscheidung über die **Überstellung** und
b. Entscheidung über **Festnahme und Überstellungshaft**.

---

[62] Dazu auch *Meißner* (2003), S. 109 f.
[63] So auch *MacLean*, ZRP 2002, 260, 262.

Das Verfahren wird insgesamt von der Staatsanwaltschaft durchgeführt (§§ 7 Abs. 2; 20 IStGHG).

a) Entscheidung über die Überstellung

Das Verfahren, das zur Entscheidung über die Überstellung durchzuführen ist, erinnert an das **zweistufige klassische Auslieferungsverfahren**.[64] Dabei wird unterschieden zwischen der Zulässigkeitsentscheidung und die sich daran anschließende Bewilligung. Während die **Zulässigkeit** eine rechtliche Prüfung darstellt, die von einem Gericht gegebenenfalls mit mündlicher Verhandlung durchzuführen ist (§ 20 IStGHG), enthält die **Bewilligung** eine politische Entscheidung, die auf Regierungsebene (Bundesministerien) zu treffen ist (§ 6 IStGHG). Für die Zulässigkeitsprüfung sind die OLGe zuständig (§§ 7 Abs. 1, 8 IStGHG). Die Entscheidung ist zu begründen und den Beteiligten bekannt zu machen (§ 22 IStGHG); die Bewilligung wird vom Bundesjustizministerium und dem Auswärtigen Amt im gegenseitigen Einvernehmen erteilt (§ 68 Abs. 1 IStGHG). **32**

Der Inhalt der Zulässigkeitsprüfung ist letztlich auf die Prüfung der formellen Voraussetzungen für die Überstellung, wie sie in Art. 91 IStGHSt und § 5 IStGHG beschrieben sind, beschränkt. Im Übrigen wird der Haftbefehl der IStGH Vorverfahrenskammer **inhaltlich nicht überprüft**;[65] mit der Einschränkung, dass – nach dem allgemeinen Rechtsgrundsatz des § 73 IRG[66] – bei Verstoß gegen wesentliche Grundsätze der deutschen Rechtsordnung, die Überstellung verweigert werden kann.[67] **33**

In § 32 IStGHG ist auch ein **verkürztes Verfahren** vorgesehen. In diesem Fall kann, wenn die betroffene Person zustimmt, auf die gerichtliche Prüfung der Zulässigkeit verzichtet werden (vgl. § 6 IStGHG).

b) Haftfragen

Parallel dazu wird geprüft, ob die verdächtige Person zu **inhaftieren** ist. Nach Eingang des Überstellungsgesuchs werden zunächst Fahndungsmaßnahmen ergriffen, um den Aufenthalt der gesuchten Person zu ermitteln. Die Festnahme erfolgt dann entweder vorläufig (§ 15 IStGHG) oder auf der Grundlage eines Überstellungshaftbefehls (§ 14 IStGHG). In beiden Fällen ist unmittelbar im Anschluss an die Festnahme die Vorführung vor den nächsten **Amtsrichter** erforderlich (erste Vernehmung), der die Staatsangehörigkeit und die Identität des Festgenommen feststellt, ihn über die Gründe für seine Verhaftung informiert und ihn über sein Schweige- **34**

---

[64] Damit sollte eine strukturelle Vergleichbarkeit der verschiedenen Verfahren beibehalten und einer zunehmenden Rechtsunsicherheit vorgebeugt werden.

[65] Vgl. *Kreß*, NStZ 2000, 617, 623; *MacLean*, ZRP 2002, 260, 262;

[66] Dazu *Schomburg/Lagodny/Gleß/Hackner* (2006), § 73 Rn. 1.

[67] Zu diesem allgemeinen Erfordernis vgl. Ahlbrecht/*Kirsch* (2008), Rn. 1402.

recht sowie das Recht der Verteidigerkonsultation nach § 31 IStGHG belehrt (vgl. §§ 14 Abs. 2, 15 Abs. 2 IStGHG; vgl. auch Art. 53 Abs. 2 IStGHSt).[68] Spätestens nach der ersten Vernehmung ist dem Verdächtigen ein Verteidiger beizuordnen (§ 31 Abs. 2 IStGHG). Der Festgenommene kann sich gegen seine Verhaftung zur Wehr setzen; zuständig für die Entscheidung über die Rechtmäßigkeit der Haft ist dann wiederum das OLG.

35   Die Überstellungshaft ist **in der Regel anzuordnen**. Hier schlägt das restriktive IStGH-Recht auf das deutsche Recht durch (Art. 59 Abs. 4 IStGHSt). Die Vorschriften der §§ 112 ff StPO gelten nicht. Demnach werden weder der dringende Tatverdacht noch die Haftgründe vom OLG nachgeprüft. Die Prüfung nach Art. 58 Abs. 1 lit. a) und b) IStGHSt durch die Vorverfahrenskammer am IStGH ist für die deutschen Gerichte insoweit bindend. Gleichwohl kann das OLG den Haftbefehl außer Vollzug setzen (vgl. auch Art. 59 Abs. 3 IStGHSt), wenn es der Meinung ist, dass die Anwesenheit des Verdächtigen auch ohne Inhaftierung gewährleistet werden kann (§ 16 Abs. 2 u. 3 IStGHG). Der IStGH ist in jedem Fall zu informieren und ist zur Stellungnahme berechtigt. Nach § 24 IStGHG ist der zu Überstellende letztmalig in Überstellungshaft zu nehmen, sobald die Bewilligung der Überstellung erfolgt ist. Schnellstmöglich (vgl. Art. 59 Abs. 7 IStGHSt) hat dann seine Überführung an den IStGH zu erfolgen, wo er nach Art. 60 IStGHSt dem Richter vorgeführt wird.

c) Durchbeförderung

36   Ein Sonderfall der Überstellung ist die sog. Durchbeförderung nach Art. 89 Abs. 3 IStGHSt i. V. mit §§ 34 ff. IStGHG. Relevant ist dieses Verfahren dann, wenn eine verdächtige Person von einem anderen Staat aus (**Überstellungsstaat**) an den IStGH überstellt wird, dazu aber deutsches Hoheitsgebiet überquert werden muss. Auch hier ist das Verfahren zweistufig: Das OLG prüft die Zulässigkeit auf der Grundlage der eingegangenen Unterlagen und erlässt einen Durchbeförderungshaftbefehl. Nur wenn ein solcher vorliegt, kann die Durchbeförderung bewilligt werden. Kann die Maßnahme nicht am Tag nach der Überstellung beendet werden, ist die Person dem Amtsrichter vorzuführen (§ 37 Abs. 5 IStGHG).

2 Vollstreckung

37   Der IStGH hat keine eigene Justizvollzugsanstalt und ist deshalb auch für die Vollstreckung seiner Urteile auf die Zusammenarbeit mit den Mitgliedstaaten angewiesen. Geregelt ist die **Vollstreckungskooperation** in Teil X (Art. 103–111) IStGHSt. Zuständig für die Durchführung der Vollstreckung ist das Präsidium des IStGH (Regel 199 VBO). Im deutschen Recht werden die Vorgaben durch §§ 40–46

---

[68] Vgl. dazu ausführlich Ahlbrecht/*Kirsch* (2008), Rn. 1396 ff.

IStGHG umgesetzt. Danach bedarf es – anders als bei der zwischenstaatlichen Vollstreckungshilfe – keiner transformierenden Exequaturentscheidung durch deutsche Gerichte; die Entscheidung des IStGH wird unmittelbar vollstreckt.[69]

Beim IStGH wird nach Art. 103 Abs. 1 IStGHSt eine **Liste mit Staaten** geführt, die sich grundsätzlich bereiterklärt haben, die Vollstreckung von Freiheitsstrafen für den IStGH zu übernehmen (Regel 200 VBO). Die Entscheidung darüber, wo die Vollstreckung stattfindet, berücksichtigt nach Art. 103 Abs. 2 IStGHSt auch die Meinung des Verurteilten und dessen Nationalität. Für die Vollstreckung in Deutschland bedarf es eines Ersuchens des IStGH an das Bundesjustizministerium und das Auswärtige Amt (§ 68 Abs. 1 IStGHG) unter Zusendung der rechtskräftigen Verurteilung und der rechtskräftigen Entscheidung über die Höhe der verhängten Strafe (§ 41 IStGHG).

Für die **Durchführung und Dauer** der Strafhaft bleibt der IStGH zuständig   **38**
(Art. 106 IStGHSt). Die Vorschriften des StGB zur Aussetzung des Strafrests sind daher nicht anzuwenden (§ 41 Abs. 2 IStGHG). Hierfür gilt Art. 110 IStGHSt. Allerdings können im Fall der Flucht des Verurteilten von der Bundesrepublik Maßnahmen zur Ergreifung getroffen werden, ohne dass der IStGH zustimmen müsste (Art. 111 IStGHSt, § 42 Abs. 1 IStGHSt).[70] Die Kosten für die Vollstreckung tragen der Bund und das Bundesland, welches die Vollstreckung durchführt, gemeinsam (Regel 208 VBO; § 41 Abs. 6 IStGHG).

Neben der Freiheitsstrafe können **Geldstrafe** (§ 43 IStGHG) und **Verfallsanordnung** (§ 44 IStGHG) zur Vollstreckung anstehen (Art. 109 IStGHSt). Außerdem können Wiedergutmachungsanordnungen nach Art. 75 IStGHSt im Inland vollstreckt werden (vgl. § 45 IStGHG). Hinsichtlich der Verfallsanordnung lässt Art. 109 Abs. 2 IStGHSt die Berücksichtigung von Interessen Dritter ausdrücklich offen. Nach § 44 Abs. 4 IStGHG ist daher die Verfallsanordnung des IStGH nicht bindend, soweit beeinträchtigte Dritte im Verfahren nicht gehört wurden, die Anordnung einer zivilrechtlichen Entscheidung in Deutschland widerspricht oder Grundstücksrechte Dritter betroffen sind. Möglicherweise wird daher zugunsten unterhaltspflichtiger Kinder des Verurteilten eine Verfallsanordnung nicht vollstreckt.[71]

3 Sonstige Rechtshilfe

Auch in sonstigen Fällen besteht die **grundsätzliche Pflicht** der nationalen Behör-   **39**
den zur Rechtshilfe (vgl. Art. 93 IStGHSt und § 47 Abs. 1 IStGHG). Einzelheiten sind geregelt in Art. 93–99 IStGHSt und §§ 47–63 IStGHG. Auch hier gilt wie beim Haftbefehl, dass die materiellen Grundlagen des Ersuchens von deutscher Seite aus nicht hinterfragt werden. Ausnahmsweise kann bei Konflikten mit fundamentalen Verfassungsprinzipien nach Art. 93 Abs. 3 IStGHSt über die Maßnahme mit dem

---

[69] Hierzu *MacLean*, ZRP 2002, 260, 263.
[70] Vgl. Triffterer/*Strijards*, Art. 111.
[71] Beispiel nach Triffterer/*Schabas*, Art. 109 Rn. 7.

IStGH verhandelt werden.[72] Zu diesem Zweck sieht § 48 IStGHG einen Aufschub der Erledigung vor.[73] Der Mitgliedstaat kann allerdings die Zusammenarbeit verweigern, wenn die Offenbarung des ersuchten Materials nationale Sicherheitsinteressen verletzt (Art. 93 Abs. 4 i. V. mit Art. 72 IStGHSt).

Die Legaldefinition der Rechtshilfe in § 47 Abs. 2 IStGHG ist im Vergleich zum sonstigen Verständnis der zwischenstaatlichen Rechtshilfe in Strafsachen sehr weit. Neben der Auslieferung werden nach traditionellem Verständnis darunter lediglich Zustellungen, die Befragung von Zeugen und die Herausgabe von Beweismitteln gefasst.[74] Nach dem IStGHG fallen auch **Ermittlungsmaßnahmen** unter den Begriff Rechtshilfe, wie Telekommunikationsüberwachung, Wohnraumüberwachung und sonstiges Abhören außerhalb von Wohnungen (vgl. § 59 IStGHG und Art. 93 IStGHSt).[75] Da der IStGH über keine eigene Polizeikräfte verfügt, ist er darauf angewiesen, dass das gesamte Instrumentarium der Fahndungs- und Ermittlungsmaßnahmen per Rechtshilfe zur Verfügung gestellt wird. Allerdings lässt Art. 93 IStGHSt eine **schwierige Lücke:** Zeugen können nicht zwangsweise vorgeführt werden.[76]

40 Mitarbeiter des IStGH oder von ihm beauftragte Personen dürfen den Ermittlungsmaßnahmen, die von den deutschen Behörden und in deren alleiniger Verantwortung durchgeführt werden, **beiwohnen** (§ 60 IStGHG, Art. 99 Abs. 1 IStGHSt). Die Selbstvornahme von Ermittlungsmaßnahmen durch Mitarbeiter des IStGH ist bei Maßnahmen mit Zwangscharakter stets ausgeschlossen; bei Vernehmungen, Augenscheinseinnahme und ähnlichen Maßnahmen ohne Zwangswirkung kann dem IStGH gestattet werden, dass er diese selbst auf deutschem Boden durchführt (§ 62 IStGHG in Umsetzung von Art. 99 Abs. 4 IStGHSt).

In den Vorschriften des IStGHG wird das verfassungsrechtliche Erfordernis des **Richtervorbehalts** konsequent umgesetzt. Maßnahmen mit Zwangscharakter können daher nicht ohne richterliche Anordnung verhängt werden. Das ist insoweit begrüßenswert, weil das IStGHSt selbst außerhalb von Verhaftungen keine richterliche Genehmigung für Ermittlungsmaßnahmen vorsieht. Nach § 59 Abs. 3 IStGHG ist das OLG für die jeweils erforderliche richterliche Anordnung zuständig.

41 Zum besseren Verständnis werden die jeweiligen Voraussetzungen an zwei Beispielsfällen im Kontext der deutschen Rechtslage erläutert:

> **Beispiel 1:** Der Kongolese Z hält sich in Hamburg bei Verwandten auf. Der Ankläger des IStGH ist nach längeren Ermittlungen der Ansicht, dass es sich bei Z um einen Milizenführer handelt, gegen den der Verdacht von Straftaten nach Art. 7 und 8 IStGHSt besteht. Er beantragt bei der zuständigen Vorverfahrenskammer einen Haftbefehl nach Art. 58 IStGHSt. Zur Vollstreckung des daraufhin erlassenen Haftbefehls muss sich der IStGH an die Bundesrepublik Deutschland wenden. Wie erreicht der Ankläger die Verhaftung und Überstellung von Z nach Den Haag?

---

[72] Ein generelles Verweigerungsrecht gewährt Art. 93 Abs. 3 IStGHSt hingegen nicht; vgl. *Meißner* (2003), S. 216 f.

[73] s. *Kreß*, NStZ 2000, 617, 623; *MacLean*, ZRP 2002, 260, 264.

[74] Vgl. *MacLean*, ZRP 2002, 260, 263 f.; *Grützner/Pötz/Kreß*, Internationaler Rechtshilfeverkehr, Bd. 5, IV A 1.3, Rn. 22; *Meißner*, NJ 2002, 347.

[75] Zu den einzelnen Maßnahmen in Art. 93 vgl. *Meißner* (2003), S. 190 ff.

[76] Vgl. Triffterer/*Kreß/Prost*, Art. 93 Rn. 1.

Lösungshinweise: Der Haftbefehl ist nach § 68 Abs. 1 IStGHG durch den Kanzler des IStGH an das Bundesministerium der Justiz im Wege eines Rechtshilfeersuchens nach Art. 89 Abs. 1 IStGHSt zu übermitteln. Das Justizministerium entscheidet im Einvernehmen mit dem Auswärtigen Amt über die Bewilligung der Überstellung.

Da sich Z bei Verwandten in Hamburg aufhält, ist das OLG Hamburg sachlich und örtlich zuständig, vgl. §§ 7 Abs. 1, 8 Abs. 1 IStGHG. In Bezug auf die Festnahme und Anordnung von Überstellungshaft sind nach § 9 IStGHG die entsprechenden Fahndungsmaßnahmen durch die Staatsanwaltschaft beim OLG Hamburg einzuleiten. Gemäß § 10 IStGHG ist die Überstellungshaft anzuordnen. Dies geschieht durch einen Überstellungshaftbefehl, den das OLG Hamburg gegen Z erlässt. Nach erfolgreicher Fahndung und Festnahme von Z ist dieser unverzüglich dem Richter des nächsten Amtsgerichts vorzuführen, § 14 Abs. 1 IStGHG. Danach bestimmt die StA bei dem OLG Hamburg, in welcher Haftanstalt Z unterzubringen ist, § 18 Abs. 2 IStGHG.

Parallel hierzu läuft das Verfahren zur Entscheidung über die Überstellung. Ausgehend davon, dass Z sich nicht mit einer vereinfachten Überstellung nach § 32 IStGHG einverstanden erklärt, bedarf es für die Bewilligung der Überstellung zunächst der Zulässigkeit nach § 6 IStGHG. Die Entscheidung des OLG Hamburg über die Zulässigkeit der Überstellung von Z wird durch die Staatsanwaltschaft beantragt, §§ 7 Abs. 2, 20 Abs. 1 IStGHG. Das OLG Hamburg prüft nach § 5 Abs. 1 IStGHG, ob die in Art. 91 Abs. 2 IStGHSt bezeichneten Unterlagen vorgelegt wurden. In Übereinstimmung mit den §§ 20 Abs. 3, 21 IStGHG kann das OLG Hamburg eine mündliche Verhandlung durchführen, um die Zulässigkeit der Überstellung festzustellen. Erklärt das OLG Hamburg die Überstellung für zulässig, kann das Bundesministerium der Justiz im Einvernehmen mit dem Auswärtigen Amt die Überstellung von Z bewilligen. Erst dann kann Z nach Den Haag überstellt werden.

Beispiel 2: Im Ermittlungsverfahren gegen den vermeintlichen Kriegsverbrecher N erhärtet sich der Verdacht, dass er mit V aus Deutschland intensive geschäftliche Kontakte unterhält. Um die näheren Umstände klären zu können, will der Ankläger am IStGH die Büroräume des V in Düsseldorf durchsuchen lassen. Wie ist zu verfahren?

42

Lösungshinweise: Für die Maßnahme der Durchsuchung, und damit zusammenhängend der Beschlagnahme und Herausgabe, als Form der sonstigen Rechtshilfe sind die §§ 47 ff. IStGHG maßgebend. Das diesbezügliche Ersuchen ist an das Bundesministerium der Justiz zu richten. Ebenso wie im Rahmen des Ersuchens um Überstellung, kann hier unterschieden werden zwischen der Entscheidung über die Herausgabe von Gegenständen und die Entscheidung über die Durchsuchung der Geschäftsräume des V.

Die Durchsuchung der Geschäftsräume des V muss durch das OLG Düsseldorf angeordnet werden, § 49 Abs. 2, 3 IStGHG. Die StA bereitet dabei die Entscheidung über die Durchsuchung gemäß § 49 Abs. 4 IStGHG vor. Die Maßnahme der Durchsuchung ist vorgesehen in § 52 Abs. 1 S. 2 IStGHG. Auch wenn das Ersuchen des Anklägers lediglich eine Durchsuchung zur Klärung der näheren Umstände der geschäftlichen Kontakte beinhaltet, sieht § 52 Abs. 2 IStGHG die Möglichkeit zur Beschlagnahme von Gegenständen vor. Maßgeblich für die Beschlagnahme ist nach § 51 Abs. 1 Nr. 1 IStGHG, dass die Gegenstände als Beweismittel für ein Verfahren gegen N vor dem Gerichtshof dienen können.

Betreffend die Entscheidung über die Herausgabe der in den Geschäftsräumen des V beschlagnahmten Gegenstände ist für die Frage der Zulässigkeit zunächst § 51 Abs. 2 IStGHG zu beachten. Zuständig für die Entscheidung über die Zulässigkeit dieser Herausgabe ist gemäß § 50 Abs. 1 S. 2 IStGHG das OLG Düsseldorf. Hat das OLG positiv über die Zulässigkeit der Herausgabe entschieden, muss diese letztendlich bewilligt werden. Als Vorbehalt sieht § 50 Abs. 1 S. 1 IStGHG vor, dass die Anordnung der Durchsuchung und Beschlagnahme durch das OLG Düsseldorf erfolgt sein muss. Ist die Herausgabe bewilligt worden, so führt die StA Düsseldorf diese durch, § 49 Abs. 4 S. 2 IStGHG.

V Fazit

43   Deutschland hat, wie eingangs erwähnt, in vielerlei Hinsicht eine **Vorreiterrolle** hinsichtlich der Verbreitung und Durchsetzung übernommen bzw. übernehmen wollen. Dass die konsequente Verfolgung dieser Rolle nicht immer leicht werden wird, hat die Diskussion um die strafrechtliche Verantwortung von Bundeswehrangehörigen im Zusammenhang mit dem Afghanistan-Einsatz deutlich gemacht.[77] Die Vorgaben, die der Gesetzgeber im VStGB und im IStGHG festgelegt hat, müssen in der Praxis umgesetzt werden. Dieser Prozess steht noch ganz am Anfang. Die Glaubwürdigkeit des deutschen Bemühens, eine rechtsstaatlichen Anforderungen genügende und effektive internationale Strafjustiz zu etablieren, muss sich in der praktischen Umsetzung erst noch beweisen.

44   Seit der Kampala-Nachfolgekonferenz und der Verabschiedung einer Definition des Straftatbestands der Aggression ist außerdem zu entscheiden, ob das VStGB entsprechend ergänzt wird. In §§ 80, 80a StGB ist zwar die Vorbereitung eines Angriffskrieges und die Aufstachelung zum Angriffskrieg in Umsetzung des Verfassungsauftrags nach Art. 26 Abs. 1 GG unter Strafe gestellt;[78] aus historischen Gründen sind diese Straftatbestände beschränkt auf den Geltungsbereich des StGB bzw. die Beteiligung Deutschlands an einem solchen Angriffskrieg.[79] Eine Anpassung an die Definition von Kampala und eine Überführung des Tatbestands in das VStGB wären konsequent.

Literatur

Ambos, Afghanistan-Einsatz der Bundeswehr und Völker(straf)recht, NJW 2010, 1725

Basak, Der Fall Rumsfeld – ein Begräbnis dritter Klasse für das Völkerstrafrecht?, KritV 2007, 333

ders., Luftangriffe und Strafrechtsdogmatik, HRRS 2010, 513

Engelhart, Der Weg zum Völkerstrafgesetzbuch – eine kurze Geschichte des Völkerstrafrechts, Jura 2004, 734

Gropengießer, The Crimnal Law of Genocide. The German Perspective, ICLR 2005, 329

Hertel, Soldaten als Mörder? Zum Verhältnis von VStGB und StGB anhand des Kundus-Bombardements, HRRS 2010, 339

Jahr, Internationale Geltung nationalen Rechts, RabelsZ 54 (1990), 481

Kreß, Vom Nutzen eines deutschen Völkerstrafgesetzbuchs, 2000

ders., Völkerstrafrecht in Deutschland, NStZ 2000, 617

ders., Versailles, Nürnberg, Den Haag: Deutschland und das Völkerstrafrecht, JZ 2006, 981

ders., Nationale Umsetzung des Völkerstrafgesetzbuches, ZIS 2007, 515

ders., Germany and International Criminal Law: Continuity or Change?, in Reginbogin/Safferling (2006), 235

---

[77] Dazu *Safferling/Kirsch*, JA 2010, 81.

[78] Die Frage des Vorliegens eines Angriffskriegs ist im Rahmen der Beteiligung der Bundeswehr am Irak-Krieg relevant geworden, vgl. BVerwGE 127, 302.

[79] Vgl. Lackner/*Kühl*, § 80 Rn. 1.S. auch GBA, JZ 2003, 908 m. Anm. *Kreß*.

Lüder, Eröffnung der deutschen Gerichtsbarkeit für den Völkermord im Kosovo?, NJW 2000, 269

MacLean, Gesetzesentwurf über die Zusammenarbeit mit dem Internationalen Strafgerichtshof, ZRP 2002, 260

Meißner, Die Zusammenarbeit mit dem Internationalen Strafgerichtshof nach dem Römischen Statut, 2003

ders., Das Gesetz zur Ausführung des Römischen Statuts des Internationalen Strafgerichtshofs, NJ 2002, 347

Peters, Einführung in die Europäische Menschenrechtskonvention, 2003

Safferling, Das Völkerstrafgesetzbuch, Annual for German and European Law 1 (2003), 366

ders., Die Gefährdung der „auswärtigen Beziehungen" der Bundesrepublik Deutschland als strafwürdiges Verhalten im Außenwirtschaftsverkehr, NStZ 2009, 604

ders., German Participation in the Nuremberg Trials and Its Implications for Today, in: Griech-Polelle (Hg.), "The Nuremberg War Crimes Trial and Its Policy Consequences for Today", 2009, S. 33

ders., Die strafrechtliche Aufarbeitung der SED-Diktatur, in: Conze/Gajdukowa/Koch-Baumgarten (Hg.), Die demokratische Revolution von 1989 – Politik, Geschichte, Recht, 2009, 203

ders./Kirsch, Die Strafbarkeit von Bundeswehrangehörigen bei Auslandseinsätzen: Afghanistan ist kein rechtsfreier Raum, JA 2010, 81

Satzger, Das neue Völkerstrafgesetzbuch – Eine kritische Würdigung, NStZ 2002, 125

Singelnstein/Stolle, Völkerstrafrecht und Legalitätsprinzip, ZIS 2006, 118

*von der Groeben,*Criminal Responsibility of German Soldiers in Afghanistan: The Case of Colonel Klein, GLJ 11 (2010), S. 469

Weinke, Eine Gesellschaft ermittelt gegen sich selbst, 2008

Werle, Konturen eines deutschen Völkerstrafrechts, JZ 2001, 886

ders., Rückwirkungsverbot und Staatskriminalität, NJW 2001, 3001

ders., Die deutsche Rechtsprechung zur Zerstörungsabsicht beim Völkermord und die Europäische Menschenrechtskonvention, in: FS Wilfried Küper, 2007, S. 675

Werle/Jessberger, Das Völkerstrafgesetzbuch, JZ 2002, 725

Werle/Nerlich, Die Strafbarkeit von Kriegsverbrechen nach deutschem Recht, in: HuV-I 2002, S. 124

Wirth, Germany's New International Code: Bringing a Case to Court, JICJ 1 (2003), 151

Zimmermann, Bestrafung völkerrechtlicher Verbrechen durch deutsche Gerichte nach In-Kraft-Treten des Völkerstrafgesetzbuchs, NJW 2002, 3068

ders., Auf dem Weg zu einem deutschen Völkerstrafgesetzbuch, ZRP 2002, 97

Europäisches Strafrecht

§ 9 Grundlagen

I Einleitung

Europarecht hat sich aus völkerrechtlichen Verträgen entwickelt, die auch heu- **1**
te noch seine primärrechtliche Grundlage bilden. Dies sind heute vor allem der
EU-Vertrag (EUV) und der Vertrag über die Arbeitsweise der Europäischen Union
(AEUV). Europa blieb aber nicht bei einer rechtlich geordneten, zwischenstaat-
lichen Kooperation stehen, sondern wollte einen engeren Zusammenschluss in der
Form eines dynamischen Integrationsprozesses. Die Folge war die Etablierung des
Europarechts als einer **eigenständigen, supranationalen Rechtsordnung** auf der
Grundlage der Verträge. Die Europäische Union ist ausgestattet mit eigener Rechts-
persönlichkeit und eigener Rechtssetzungskompetenz im Rahmen der Verträge.
Insofern ist Europarecht nicht mehr nur zwischenstaatliches Recht, wie das Völkerrecht. Es basiert auf den Gründungsverträgen der EU, dem sog. **Primärrecht**,
das in der Art einer Konstitution (Verfassung) die europäischen Institutionen, ihre
Handlungsformen, die Grundprinzipien der EU, ebenso wie die Grundfreiheiten
und durch die EU-Grundrechtecharta nun auch die Grundrechte festlegt. Auf dieser Grundlage wird das europäische **Sekundärrecht** erlassen. Das sind Rechtsvorschriften, die auf der Grundlage der primärrechtlichen Kompetenz in dem dort festgelegten Verfahren und der dafür vorgesehenen Form erlassen werden.

Europäisches Recht kann man grob in zwei Teilbereiche einteilen: **2**

1. **Verfassungsrechtlicher Teil:** Recht der Europäischen Institutionen und der Einfluss der Grundfreiheiten.
2. **Einfachrechtlicher Teil:** Rechtsvereinheitlichungsmechanismen durch europäische Rechtssetzung.

Die Besonderheiten des supranationalen Europarechts zeigen sich vor allem in diesem zweiten Teil. Hier findet eine einzigartige **Ebenenverschränkung** zwischen
der europäischen und der jeweils nationalen Ebene der Mitgliedstaaten statt. Dabei
werden – vereinfacht gesprochen – auf europäischer Ebene gewisse Politiken festgelegt und in verschiedenen Rechtsakten umgesetzt. Auf nationaler, mitgliedstaatlicher Ebene müssen diese Ziele in das heimische Recht umgesetzt werden. Damit
verschwimmen die Grenzen zwischen supranationaler und nationaler Ebene, da die

C. Safferling, *Internationales Strafrecht,*
DOI 10.1007/978-3-642-14914-6_9, © Springer-Verlag Berlin Heidelberg 2011

wesentlichen Leitentscheidungen bereits auf europäischer Ebene getroffen werden, die eigentliche Übertragung in durchsetzbares und demokratisch legitimiertes
Recht, auf der Ebene der Mitgliedstaaten erfolgt. Die Überwachung, dass diese Umsetzung auch den Interessen der EU entsprechend durchgeführt wird, obliegt dem
Europäischen Gerichtshof (EuGH).

3   Die **Diffusion der europäischen Normen** in das nationale Recht spielt sich in
allen Rechtsbereichen – im Zivilrecht, Verwaltungsrecht und eben auch im Strafrecht und Strafprozessrecht – ab.

> Wenn also von **Europäischem Strafrecht** gesprochen wird, geht es zumeist
> um europäisiertes Strafrecht, d. h. um nationales Strafrecht, das unter dem
> Einfluss des Europarechts besonderen Voraussetzungen unterliegt.

Das im zweiten Teil dieses Buches diskutierte Völkerstrafrecht unterscheidet sich
hiervon deutlich.

> Das **Völkerstrafrecht** ist eine eigenständige Strafrechtsordnung mit eigenem
> materiellem und prozessualem Recht auf internationaler Ebene.

Es ist materiell-rechtlich zwar beschränkt auf die völkerstrafrechtlichen Kernverbrechen Völkermord, Verbrechen gegen die Menschlichkeit, Kriegsverbrechen und
Aggression, zugleich ist es aber ausgestattet mit eigenen Zurechnungs- (Völkerstrafrecht Allgemeiner Teil) und Durchsetzungsregeln (Völkerstrafprozessrecht).

Diskussionen um die Einführung eines „**Strafrechts der EU**" mit eben solchen
eigenständigen Tatbeständen und Zurechnungsregeln wie sie im Völkerstrafrecht
existieren gibt es zwar seit längerem, bislang ist es aber nicht zu einer Umsetzung
entsprechender Entwürfe gekommen.

4   Aus der Sicht des Europäischen Strafrechts muss die europäische Kriminalpolitik als Triebfeder zu verstehen sein. In diesem Rahmen leisten die Mitgliedstaaten
der EU als „Herren der Verträge" einen entscheidenden Beitrag für die Entwicklung, Tragweite und Perspektiven des Europäischen Strafrechts. Die oben erwähnte
dynamische Entwicklung der „Europäisierung des Strafrechts" findet beispielsweise in dem wechselhaften Ablauf des Geschehens über eine Europäische Verfassung
ihren Niederschlag, da durch ihr Inkrafttreten bereits die Frage nach der richtigen
Verortung des Strafrechts zu beantworten gewesen wäre.[1]

Nach dem bisherigen Stand der Entwicklung des Europarechts lassen sich daher drei
grundlegende Erscheinungsformen des „**Europäischen Strafrechts**" unterscheiden:

---

[1] Vgl. *Heger,* ZStW 117 (2005), S. 630, 643, bezogen auf eine Verortung des Umweltstrafrechts in
der ersten oder dritten Säule der EU. Zu dieser Zeit war der Reformvertrag von Lissabon allerdings
noch nicht geplant, da dieser ja erst eine Konsequenz des Scheiterns der Europäischen Verfassung
darstellte.

- Strafrecht der EU als echtes Europäisches Kriminalstrafrecht;
- Europäisiertes nationales Strafrecht;
- Kooperationsrecht und Institutionen zur strafrechtlichen Zusammenarbeit.

In diesem einleitenden Kapitel sollen zunächst die Grundlagen des Europäischen Strafrechts dargelegt werden. Dabei geht es zuerst um verschiedene terminologische Besonderheiten und die Geschichte der europäischen Integration, wobei ein besonderer Fokus auf den zunehmenden Verlust an Souveränität für die Mitgliedstaaten zugunsten einer Verstärkung der EU gelegt wird. Zudem werden die Struktur der EU und ihre Handlungsformen ebenso wie einige rechtsmethodische Besonderheiten erörtert.

II Begriff

Begrifflich wird in aller Regel zwischen dem Europäischen Strafrecht im weiteren   5
und im engeren Sinne unterschieden:[2]

1 Europäisches Strafrecht im weiteren Sinne

a) Definition

Zum Europäischen Strafrecht im weiteren Sinne zählen vor allem zwei Bereiche:

1. All jene strafrechtlichen und strafverfahrensrechtlichen Normen und Praktiken, welche auf das Recht und die **Aktivitäten des Europarates** zurückgehen und Auswirkungen auf das nationale Strafrecht haben (z. B. EMRK).
2. Zudem werden alle **nationalen Strafrechtsnormen** hinzugezählt, welche durch Unionsrecht inhaltlich berührt, modifiziert oder ergänzt werden („europäisierte nationale Regelungen").[3]

b) Gegenstandsbereich des Europäischen Strafrechts im weiteren Sinne

- Normen, welche auf die Beratungen des Europarates zurückgehen, insbesondere die EMRK (s. § 13 Rn. 1 ff.).
- Die Bedeutung der EMRK für die deutsche Rechtsordnung, da ein Verstoß eines deutschen Strafurteils gegen die EMRK einen Wiederaufnahmegrund i.S.d. § 359 Nr. 6 StPO darstellen kann (s. § 13 Rn. 126).
- Sonstige strafrechtliche Abkommen (52 Abkommen), welche durch den Europarat vorgelegt wurden, darunter materiell-rechtliche und formell-rechtliche

---

[2] Vgl. nur *Ambos* (2008), § 9 Rn. 15 f.

[3] Siehe *Satzger* (2010) § 2 Rn. 3; *Hecker* (2010), § 1 Rn. 6.

Übereinkommen (z. B. Bekämpfung des Terrorismus oder Abkommen über die Datennetzkriminalität).

2 Europäisches Strafrecht im engeren Sinne

a) Definition

6 Das Europäische Strafrecht im engeren Sinne ist ein Sammelbegriff, der all jene strafrechtlichen und strafverfahrensrechtlichen Normen und Praktiken umfasst, welche auf das **Recht und die Aktivitäten der EU** zurückgehen und zu einer weitgehenden Harmonisierung des nationalen Strafrechts führen sollen.[4]

b) Gegenstandsbereich des Europäischen Strafrechts im engeren Sinne

- Zielbestimmungen in Art. 4 Abs. 3 EUV (s.u. § 9 Rn. 71, 75, 79, 101).
- Grundsatz des Anwendungsvorrangs des Unionsrechts (s.u. Rn. 100).
- Europarechtskonforme Auslegung des nationalen Rechts (s. § 11 Rn. 15 f.).
- Vorabentscheidungsverfahren nach Art. 267 AEUV (s. § 12 Rn. 83).
- Assimilierung, d. h. primärrechtliche Verweisungen auf nationales Strafrecht (s. § 11 Rn. 28).
- Blankettnormen bzw. Blankettverweisungen nationaler Strafgesetze auf das Europarecht (s. § 11 Rn. 54 ff.).

3 Europäisches (Kriminal-) Strafrecht

7 Der Begriff „Europäisches Kriminalstrafrecht" ist im nationalen oder im europäischen Recht nicht festgelegt. In Schrifttum und Lehre wird hierunter im Wesentlichen **strafrechtlich relevantes Unionsrecht** aber auch nationales, durch Unionsrecht beeinflusstes Strafrecht verstanden.

Gleichwohl existieren auch Normen der Verwaltung mit Sanktionscharakter. Dieses „Verwaltungsstrafrecht" ist ähnlich unserem Ordnungswidrigkeitenrecht. Als **Sanktionsformen** sind hier vorgesehen:

1. Geldbußen;
2. Sonstige finanzielle Sanktionen (etwa Rückzahlungsaufschläge oder Kautionsverfall);
3. Sonstige Rechtsverluste (etwa Lizenzverlust, Kürzung von Beihilfen).

---

[4] MK/*Ambos* (2003), Vor §§ 3–7 Rn. 7.

Angesichts dieser Situation muss zwischen den unterschiedlichen Sanktionen differenziert und das spezifisch strafrechtliche herausgearbeitet werden. Dabei ist von folgender Abgrenzung auszugehen:

> Es handelt sich beim **Europäischen Kriminalstrafrecht** um all diejenigen Sanktionsnormen, welche eine Freiheitsstrafe und/oder ein finanzielles Übel androhen, welches – bei Uneintreibbarkeit – in eine (Ersatz-) Freiheitsstrafe umgewandelt werden kann.[5]

Der **Freiheitsstrafe** kommt in dieser Definition eine entscheidende Rolle zu. Sie ist letztlich die typische Form der Kriminalstrafe, stellt die repressivste Rechtsfolge für delinquentes Verhalten dar und ist deshalb das Erkennungsmerkmal schlechthin für einen Straftatbestand.   **8**

Unklar ist indes, welche Bedeutung das die Strafnorm tragende „**sozialethische Unwerturteil**" hat bzw. haben soll. Während im deutschen nationalen Strafrecht jeder Sanktionsnorm eine gesellschaftliche Verhaltensnorm zu Grunde liegt,[6] lässt sich diese soziale Legitimation einer Strafnorm im Europäischen Sanktionenrecht empirisch nicht immer nachweisen.

III Geschichtliche Entwicklung der Integration

Das Bemühen um eine dauerhafte und nachhaltige europäische Integration entspringt den Erfahrungen zweier Weltkriege in der ersten Hälfte des 20. Jh. Ein eindrucksvolles Beispiel des politischen Willens zum **europäischen Einigungsprozess** bildet die sog. „Züricher Rede" des damaligen britischen Premierministers Winston Churchill am 19.09.1946, in der er die Gründung der „Vereinigten Staaten von Europa" unter der Führung Frankreichs und Deutschlands anmahnte.[7] Die Notwendigkeit eines solchen Zusammenschlusses wurde auch im Zusammenhang mit dem heraufziehenden „kalten Krieg" gesehen – schließlich war es auch Churchill, der bereits im März 1946 von dem „eisernen Vorhang" sprach, der Europa nun teilte – denn das westliche Europa sollte als „Block" gegen den sowjetischen Einflussbereich aufgebaut werden.   **9**

---

[5] Siehe *Satzger* (2010), § 8 Rn. 1 ff.

[6] Vgl. *Freund* (2009), § 1 Rn. 12 ff.

[7] Das Vereinigte Königreich sah Churchill im Übrigen eher am Rande involviert. Das Commonwealth und die transatlantische Achse waren wichtiger als die Teilnahme am europäischen Integrationsprozess.

1 Von London über Rom nach Lissabon

10   Der eigenständige Entwicklungsprozess des Europäischen Strafrechts ist untrennbar mit der Fortentwicklung des Europarechts insgesamt verbunden. Man kann daher mit Blick in die jüngere Vergangenheit von einem Prozess der Europäisierung im Hinblick auf die Strafrechtssysteme der EU-Mitgliedstaaten sprechen. Dieser Prozess ist kein statischer, sondern verläuft im Rahmen einer **dynamischen** Entwicklung.[8] Daher muss insbesondere auch betont werden, dass er sich noch in Gang befindet und nicht abgeschlossen ist (s. Übersicht in Abb. 1).

Zu Beginn des Prozesses der europäischen Einigung stand die Gründung des **Europarates** am 05.05.1949 in London mit dem Ziel, die gemeinsamen europäischen Ideale und Grundsätze zu schützen und zu fördern. Bereits im darauf folgenden Jahr wurde in Rom die **Europäische Menschenrechtskonvention** (EMRK) verabschiedet, die nicht nur Ausdruck dieser Ideale und Grundsätze ist, sondern auch ein spezifisches System vorsieht, um die Konventionsrechte zu schützen (ausführlich hierzu § 13).

11   Im Zentrum der europäischen Entwicklung standen dann zunächst wirtschaftliche Interessen. Durch einen Zusammenschluss der wirtschaftlich wie militärisch wichtigen Kohle- und Stahlproduktion (sog. **Montanunion**) von Frankreich und Deutschland, die nach den Plänen des französischen Außenministers *Robert Schuman* und seinem Mitarbeiter *Jean Monnet* von einem unabhängigen supranationalen Organ überwacht werden sollte, wurde 1951 der Startschuss zum europäischen Einigungsprozess gesetzt. Kurz darauf, im Jahr 1957, wurden in Rom die Europäische Atomgemeinschaft und die umfassende Europäische Wirtschaftsgemeinschaft, die im Kern eine Zollunion darstellt, gegründet.[9]

Ein **politischer Einigungsprozess** war hingegen nicht so rasch und unkompliziert möglich.[10] So scheiterte im Jahr 1952 der Vertrag über die Europäische Verteidigungsgemeinschaft an der Ablehnung durch die französische Nationalversammlung.[11] Erst im Vertrag von Maastricht und der Gründung der Europäischen Union im Jahr 1992 wurde eine gemeinsame Außen- und Sicherheitspolitik (GASP) wieder Bestandteil der Integrationspläne. Mit der Gründung der EU wurde auch der Bereich der polizeilichen und justiziellen Zusammenarbeit (PJZ) in den Katalog der Integrationsthemen aufgenommen. Erst in diesem Zusammenhang betraten das materielle Strafrecht und das Strafverfahrensrecht deutlich sichtbar die europäische Bühne. Strafrecht ist insoweit eine verspätete europäische Rechtsmaterie.

12   Außerhalb der EU entwickelte sich eine verstärkte Zusammenarbeit in **polizeilichen und justiziellen Angelegenheiten** im Kontext des sog. Schengener Abkommens und vor allem des Schengener Durchführungsübereinkommens (SDÜ). Neben dem Fall der Grenzkontrollen steht hier vor allem die „Internationalisierung"

---

[8] *Hecker* (2010), § 1 Rn. 1 ff.

[9] *Herdegen*, EuR (2010), § 4 Rn. 5.

[10] *Bieber/Epiney/Haag* (2011), § 1 Rn. 23 f.

[11] *Herdegen*, EuR (2010), § 4 Rn. 1.

- 05.05.1949: Gründung des **Europarates** in London,
- 1950: *Monet-/Schuman-Plan*, welcher die Zusammenlegung der Kohle- und Stahlproduktion (damals Schlüsselindustrien) Deutschlands und Frankreichs festlegte,
- 04.11.1950: Verabschiedung der **EMRK** in Rom (In Kraft seit 03.09.1953),
- 18.04.1951: Gründung der EGKS (**Montanunion**) als Folge des *Monet-/Schuman-Plans* in Paris,
- 23.03.1957: Gründung der **EWG** und der **EAG** im Zuge der „**Römischen Verträge**",
- 14.06.1985: Übereinkommen zwischen den Regierungen der Staaten der Benelux-Wirtschaftsunion, der Bundesrepublik Deutschland und der Französischen Republik betreffend den schrittweisen Abbau der Kontrollen an den gemeinsamen Grenzen („**Schengen I**"),
- 07.02.1992: Gründung der **EU** im „Maastrichter Vertrag". Aus der EWG wird die EG,
- 26.03.1995: Inkrafttreten des **Schengener Durchführungsübereinkommens** (SDÜ) vom 19.06.1990,
- 02.10.1997: Stärkung des Europäischen Parlaments und Integration von Europol in die PJZS im Rahmen des „**Amsterdamer Vertrags**",
- 07.12.2000: Feierliche Proklamation der **Charta der Grundrechte** der Europäischen Union, welche jedoch zu diesem Zeitpunkt noch keine Rechtskraft besitzt,
- 26.02.2001: Im Zuge des „**Vertrags von Nizza**" kommt es zu einer Neuregelung der Stimmverteilung im Rat, zudem wird vom Einstimmigkeitsprinzip abgerückt. Weiterhin kommt es zu einer Reform des Gerichtssystems. In diesem Rahmen wird das Gericht erster Instanz aufgewertet,
- 01.01.2002: Einführung des **Euro** (€) als Barzahlungsmittel zunächst in 18 europäischen Ländern,
- 29.10.2004: Unterzeichnung des **Verfassungsvertrags** in Rom durch den Europäischen Konvent. Die Ratifizierung scheiterte jedoch am Veto Frankreichs und der Niederlande,
- 27.05.2005: Vertrag über die Vertiefung der grenzüberschreitenden Zusammenarbeit, insbesondere zur Bekämpfung des Terrorismus, der grenzüberschreitenden Kriminalität und der illegalen Migration („**Prümer Vertrag**"),
- 13.12.2007: Unterzeichnung des „**Vertrags von Lissabon**" („Reformvertrag"), welcher die Europäische Union weitgehend umstrukturieren soll. Eine Ratifizierung scheiterte zwischenzeitlich an einem Veto der Iren.
- 01.12.2009: **Inkrafttreten** des „Vertrags von Lissabon". Gleichzeitig erlangt die Charta der Grundrechte der Europäischen Union Rechtskraft.

Abb. 1 Entwicklungsschritte der Europäischen Integration

des *ne bis in idem*-Grundsatzes durch Art. 54 SDÜ im Zentrum des strafrechtlichen Einigungsprozesses. Der Schengen-Besitzstand wurde im Vertrag von Amsterdam in die Europäische Union überführt (dazu u. § 12 Rn. 71).

13   Jüngst ist mit dem **„Reformvertrag" von Lissabon**, am 01.12.2009, ein weiterer Meilenstein in der Geschichte der Europäischen Union genommen worden.[12] Der Reformvertrag bewirkt nämlich nicht nur für das Europarecht an sich diverse nachhaltige Veränderungen, sondern führt letztlich auch zu einer wesentlichen Fortentwicklung des Europäischen Strafrechts selbst. Der Lissabonner Vertrag enthält die wesentlichen strukturellen Veränderungen, die in der geplanten, aber niemals realisierten Europäischen Verfassung enthalten waren.[13]

     Inhaltlich wird dadurch einerseits eine Änderung des Vertrags über die Europäische Union (EUV) herbeigeführt. Auf der anderen Seite modifiziert er den Vertrag zu Gründung der Europäischen Gemeinschaft und benennt ihn in Vertrag über die **Arbeitsweise der Europäischen Union** (AEUV) um. Die Union tritt damit an Stelle der Europäischen Gemeinschaft, deren Rechtsnachfolgerin sie ist.[14]

2 Entwicklung der Mitgliedstaaten

a) Entwicklung bis Lissabon

14   Zu den **Gründungsmitgliedern** der Gemeinschaft im Jahr 1951 gehören Deutschland, Frankreich, Belgien, Italien, Luxemburg sowie die Niederlande. Im Jahr 1973 kam es zur **„ersten Norderweiterung"** der Union, durch den Beitritt Irlands, Dänemarks und des Vereinigten Königreichs. Zwar bemühte sich auch die norwegische Regierung um einen Beitritt, die Bevölkerung lehnte einen solchen jedoch im Rahmen einer Volksabstimmung ab. 1981 trat Griechenland, 1986 Portugal und Spanien im Zuge der **„Süderweiterung"** der EU bei. Durch die Deutsche Einheit wurde die frühere DDR mit Wirkung vom 03.10.1990 in die Gemeinschaft eingegliedert, die dadurch eine erste kleine Osterweiterung erfuhr. Im Rahmen der **„zweiten Norderweiterung"** traten 1995 Österreich, Finnland und Schweden bei. Die Einwohner Norwegens votierten weiterhin gegen einen Beitritt, gleichwohl sich die Regierung Norwegens intensiv darum bemüht hatte.

     Die EU war mittlerweile zu einer erheblichen Wirtschaftsmacht herangewachsen, die vor allem für die jungen osteuropäischen Demokratien eine enorme Attraktivität ausstrahlte. Ab 1999 wurden mit ost- und mitteleuropäischen Staaten Beitrittsverhandlungen aufgenommen. Im Jahr 2004 kam es dann mit der **„Osterweiterung"** zur bisher größten Erweiterung in der Geschichte der EU. Es wurden mit Estland, Lettland, Litauen, Polen, Tschechien, Slowenien, der Slowakei und Ungarn

---

[12] Siehe die konsolidierte Fassung des EU-Vertrags sowie des Vertrags über die Arbeitsweise der Europäischen Union im AblEU 2008 Nr. C 115, 1 vom 9. Mai 2008. Die alte Fassung des EU-Vertrags wird nachfolgend mit der Bezeichnung EUV a.F. gekennzeichnet.

[13] *Satzger* (2010), § 7 Rn. 7.

[14] Art. 1 Abs. 3 EUV.

sowie Malta und Zypern gleich zehn neue Mitgliedstaaten aufgenommen. Diese Erweiterung unterschied sich in vielerlei Hinsicht von der davor erfahrenen Vergrößerung der EU. Zum einen lag der wirtschaftliche und rechtsstaatliche Standard in einigen dieser Länder erheblich unter dem Niveau der bisherigen Mitgliedstaaten, so dass vorab ein aufwändiges Programm zur Heranführung dieser Beitrittskandidaten durchgeführt wurde.[15] Zum anderen wurde mit Zypern ein *de facto* geteiltes Land in die EU aufgenommen. Zuletzt sind im Jahr 2007 Rumänien und Bulgarien der Union beigetreten.[16] Die Ausdehnung der EU verdeutlicht die Karte in Abb. 2.

b) Beitrittskandidaten

Die Landkarte der EU ist noch nicht endgültig abgesteckt. Mit einer ganzen Reihe   **15** weiterer Staaten wird über einen Beitritt verhandelt. Dazu gehören mit Kroatien

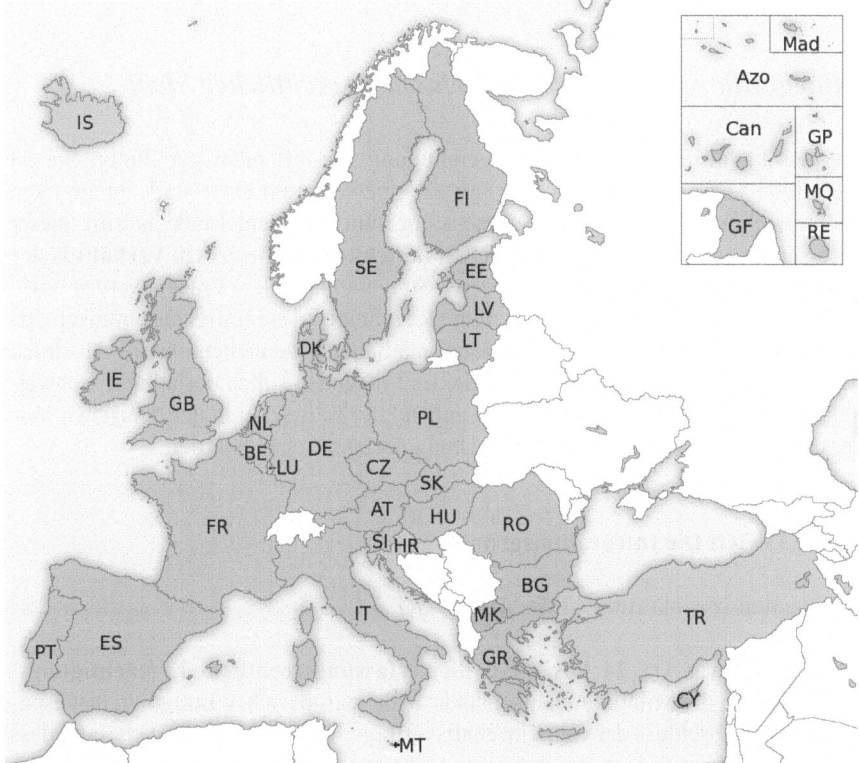

Abb. 2 Mitgliedstaaten der EU (Stand 2010)

---

[15] *Bieber/Epiney/Haag* (2011), § 1 Rn. 38.
[16] Siehe zur historischen Entwicklung *Streinz* (2008), § 2.

und Mazedonien zwei ehemalige jugoslawische Teilrepubliken und mit Island ein europäischer Inselstaat. Seit 2005 wird auch mit der **Türkei** über einen Beitritt verhandelt. Die Verhandlungen sind „offen". Als zeitlicher Rahmen wurde ein Zeitraum von zehn bis fünfzehn Jahren angesetzt. Der Beitritt der Türkei ist höchst umstritten und berührt in der Tat die Grundprinzipien der EU, da die EU dadurch nicht nur geographisch den europäischen Kontinent verlassen würde, sondern auch die Wertehomogenität unter den Mitgliedern neu definiert werden müsste.[17]

Als weitere **potentielle Beitrittskandidaten** gelten: Montenegro, Albanien, Serbien, Bosnien und Herzegowina und das Kosovo. Auch hier stellen sich teilweise erhebliche politische Schwierigkeiten, nicht zuletzt deshalb weil die noch jungen ehemaligen jugoslawischen Teilrepubliken sich noch im Transitionsprozess nach den blutigen Auseinandersetzungen in den 1990er Jahren befinden (dazu o. § 4 Rn. 45). Für die Neuaufnahme von Mitgliedstaaten ist jedenfalls die Zustimmung aller bisherigen Mitgliedstaaten erforderlich, was den Erweiterungsprozess sicher verkompliziert.

3 Integrationsgeschichte aus verfassungsrechtlicher Sicht

16   Die Geschichte der Europäischen Vereinigung verläuft nicht geradlinig. Sie ist beeinflusst von politischen Kompromissen einerseits und einer stark integrativen Rechtsprechung des EuGH andererseits. In zunehmendem Maße betrifft dieser Europäisierungsprozess die Frage nach **Staatlichkeit** und nach dem **Verhältnis der Union zu den Mitgliedstaaten** und deren Souveränität. Diese Fragen werden umso drängender, je mehr sich die Union in die Regelungen des Strafrechts einmischt, da Strafrecht von jeher als Hort der nationalstaatlichen Eigenheiten und als Ausdruck der Staatssouveränität angesehen wurde. Im Folgenden sollen deshalb die Schwierigkeiten dieses Integrationsprozesses anhand der Entwicklung der deutschen Verfassung und der Verfassungsrechtsprechung nachgezeichnet werden.

a) Art. 23 GG: Die Integrationsgrundlage

(1) Situation vor Inkrafttreten des Art. 23 GG

17   Ursprünglich war **Art. 24 Abs. 1 GG die verfassungsrechtliche Ermächtigungsgrundlage** für die Mitarbeit Deutschlands an der europäischen Einigung, insbesondere für den Abschluss der Gemeinschaftsverträge.[18] Art. 24 Abs. 1 GG besagt, dass es dem Bund gestattet ist, durch Gesetz Hoheitsrechte auf zwischenstaatliche Einrichtungen zu übertragen. Das BVerfG konkretisierte die Integrationsermächtigung

---

[17] Vgl. *Herdegen*, EuR (2010), § 4 Rn. 38 f.

[18] Maunz/Dürig/*Scholz* (2010), Art. 23 Rn. 1; Sachs/*Streinz* (2009), Art. 23 Rn. 3; *Geiger* (2009), S. 26.

schließlich dahingehend, dass sich aus Art. 24 Abs. 1 GG nicht nur die Ermächtigung zur Übertragung von Hoheitsrechten ergebe, sondern die Norm auch den innerstaatlichen Rechtsraum gegenüber supranationalem Recht öffne und dessen Vorrang vor innerstaatlichem Recht anordne, jedoch nur bis hin zur Grenze der unabdingbaren Schranken, die den Kernbereich der Verfassung vor den Auswirkungen der Integration schützten.[19]

(2) Entstehung des Art. 23 GG

Ob die Norm des Art. 24 Abs. 1 GG, welche lediglich allgemein eine Übertragung von Hoheitsrechten auf zwischenstaatliche Einrichtungen legitimiert, für die immer weiter voranschreitende europäische Integration und die damit einhergehende Übertragung weiterer wichtiger Hoheitsrechte auf die Europäischen Gemeinschaften ausreichte, war jedoch sehr fraglich. Die Skepsis dahingehend kam insbesondere vor dem Hintergrund der **Unterzeichnung des Vertrages von Maastricht** und der damit einhergehenden Gründung der Europäischen Union[20] auf.[21] Die Europäische Union konnte nicht mehr als eine zwischenstaatliche Einrichtung im Sinne des Art. 24 Abs. 1 GG angesehen werden, sondern stellte vielmehr den Beginn des Übergangs zu einer **eigenstaatlichen Einrichtung** supranationaler Qualität dar.[22] Insofern konnte die deutsche Mitwirkung an der europäischen Integration nicht mehr auf Art. 24 Abs. 1 GG gestützt werden. Aus diesem Grund wurde im Jahre 1992 Art. 23 GG als spezielle verfassungsrechtliche Grundlage für die Mitwirkung Deutschlands an der europäischen Einigung und die Übertragung von Hoheitsrechten an supranationale Organe neu geschaffen.[23] Er ist am 25.12.1992 in Kraft getreten.[24] Der Vertrag von Maastricht wurde am 07.02.1992 unterzeichnet[25] und ist am 01.11.1993 in Kraft getreten.[26] Das Vertragsgesetz zur Ratifikation des Vertrages von Maastricht beruht bereits auf Art. 23 GG.

18

(3) Bedeutung des Art. 23 GG

In der Präambel des Grundgesetzes bekennt sich Deutschland, „von dem Willen beseelt, als gleichberechtigtes Glied in einem vereinten Europa dem Frieden der

19

---

[19] BVerfGE 37, 271, 277 ff.

[20] Vgl. Art. 1 Abs. 1 des Vertrages über die Europäische Union (EUV), BGBl. 1992 II, 1253.

[21] Maunz/Dürig/*Scholz*, Art. 23 Rn. 1.

[22] Vgl. die *Gemeinsame Verfassungskommission von Bundestag und Bundesrat* in ihrer Empfehlung für den neuen Art. 23 GG, BT-Drucks. 12/6000 S. 20.

[23] Im Verhältnis zu Art. 24 Abs. 1 GG ist Art. 23 GG somit *lex specialis*. Vgl. Maunz/Dürig/*Scholz* (2010), Art. 23 Rn. 3.

[24] BGBl. 1992 I, 2086.

[25] BGBl. 1992 II, 1253.

[26] BGBl. 1993 II, 1947.

Welt zu dienen". Diese Formulierung wird als sog. verfassungsrechtliche Grundentscheidung zur Einigung Europas angesehen.[27] Dieses Bekenntnis zur Teilnahme Deutschlands an der europäischen Einigung musste jedoch auf eine verfassungsrechtliche Grundlage gestützt werden. Diese Grundlage besteht mittlerweile in Art. 23 GG. Dieser wird auch als „**Artikel der europäischen Einigung**" bezeichnet[28] und stellt die zentrale Ermächtigungsnorm für die Mitwirkung Deutschlands an der europäischen Einigung dar.

Insbesondere legt Art. 23 GG in seinem Abs. 1 S. 1 die **Staatszielbestimmung** der „Europäischen Union" fest, indem es heißt, dass Deutschland zur Verwirklichung eines vereinten Europa bei der Entwicklung der Europäischen Union mitwirke. Ebenso in Art. 23 Abs. 1 S. 1 GG ist die sog. **Struktursicherungsklausel** manifestiert, wonach die Europäische Union „demokratischen, rechtsstaatlichen, sozialen und föderativen Grundsätzen und dem Grundsatz der Subsidiarität verpflichtet ist und einen diesem Grundgesetz im wesentlichen vergleichbaren Grundrechtsschutz gewährleistet".

20   Von besonderer Bedeutung ist Art. 23 Abs. 1 S. 2 GG, wonach „der Bund hierzu durch Gesetz mit Zustimmung des Bundesrates Hoheitsrechte übertragen" kann. Die **Übertragung dieser Rechte** erfolgt dabei auf supranationale Organe. Das Verfahren hierzu ist im Einzelnen in Art. 23 Abs. 2–7 GG geregelt. Art. 23 Abs. 1 S. 3 GG begrenzt schließlich die weitere Entwicklung der Europäischen Union jedoch dahingehend, dass die in Art. 79 Abs. 3 GG genannten Verfassungsgrundsätze durch die europäische Integration nicht berührt werden dürfen (sog. **Bestandssicherungsklausel**).

b) Übersicht über die verfassungsgerichtliche Rechtsprechung

21   Als **Hüter des Grundgesetzes** ist das BVerfG in besonderer Art aufgefordert, zu dem Verhältnis zwischen der EU und Deutschland als Mitgliedstaat Stellung zu beziehen. In einer ganzen Reihe von Entscheidungen hat das BVerfG wichtige Aussagen zu dieser Frage getroffen, deren Bedeutung weit über das interne deutsche Recht hinausgeht. Das liegt nicht nur an der Wichtigkeit Deutschlands für die EU insgesamt, sondern auch an dem Respekt, den das BVerfG innerhalb Europas (und darüber hinaus) genießt.

Die folgende Übersicht belegt, dass sich auch die höchsten deutschen Richter schwer tun, eine klare Linie in der Frage, **wie viel europäische Integration** zu Lasten der Souveränität Deutschlands und zu Lasten der Staatsstruktur, wie sie sich aus dem GG ergibt, noch zulässig ist, zu behaupten. Die Dynamik des Europäisierungsprozesses macht selbstverständlich vor dem BVerfG nicht halt.

---

[27] BVerfGE 73, 339, 386; Sachs/*Streinz* (2009), Art. 23 Rn. 1.

[28] Vgl. Maunz/Dürig/*Scholz* (2010), Art. 23 Rn. 1.

(1) „Solange-I"-Beschluss des BVerfG vom 29.05.1974[29]

Ausgangspunkt für eine Reihe von Entscheidungen, in denen sich das BVerfG mit **22** der Frage des Verhältnisses zwischen sekundärem Gemeinschaftsrecht und nationalem Verfassungsrecht, hier insbesondere den Grundrechten, beschäftigte, bildet der **„Solange-I"-Beschluss**. Gegenstand dieses konkreten Normenkontrollverfahrens war die Vorlage eines deutschen Gerichts, das eine EG-Verordnung für unvereinbar mit den Grundrechten des Grundgesetzes hielt. Es zeichnete sich vor allem dadurch aus, dass die EG per Übertragung von Hoheitsrechten nach Art. 24 Abs. 1 GG (Art. 23 GG wurde erst im Jahr 1992 eingeführt. Vorher erfolgte die Übertragung von Hoheitsrechten auf supranationale Gemeinschaften über Art. 24 GG, dessen Anwendungsbereich jedoch schnell überdehnt war.) durchaus zum Erlass von Rechtsakten befugt wurde, die ihrerseits wiederum unmittelbare Wirkung in Deutschland entfalteten und hiermit auch die Grundrechte der Bürger betreffen könnten. Doch das BVerfG beendete das Verfahren mit den Feststellungen, dass der Vorrang des sekundären Gemeinschaftsrechts seine Grenzen in den Grundrechten des GG findet (**Anwendungs-, aber kein Geltungsvorrang**). Es lässt sich demnach festhalten, dass, solange ein vergleichbarer Grundrechtsschutz auf europäischer Ebene nicht gewährleistet ist, sich das BVerfG vorhält, europäische Rechtsakte an den Grundrechten zu prüfen.

(2) „Solange-II"-Beschluss des BVerfG vom 22.10.1986[30]

Ausgangspunkt für den **„Solange II"-Beschluss** des BVerfG bietet eine Verfassungs- **23** beschwerde, in der die Beschwerdeführerin, die gewerbsmäßig Pilzkonserven aus Nicht-EU-Staaten in die Bundesrepublik einführt, rügt, dass eine Gemeinschaftsverordnung, die die Einfuhr von u. a. Pilzerzeugnissen reglementiert, nicht mit den deutschen Grundrechten des GG vereinbar sei. In Anlehnung an den nicht ganz unumstritten gebliebenen „Solange-I"-Beschluss entschied das BVerfG in diesem Verfahren, dass eine Übertragung von Hoheitsbefugnissen auf die Gemeinschaft immer von der Verfassung in Form des GG umgrenzt sein muss. Unter Anerkennung eines ausreichenden Grundrechtsschutzes auf der Gemeinschaftsebene führte das Gericht weiterhin aus, dass das BVerfG sein Kontrollrecht nur noch dann selbst ausübt, wenn auf Gemeinschaftsebene ein ausreichender Grundrechtsschutz durch den EuGH nicht mehr gegeben ist und ebenso die Wesensgehalte der Grundrechte des GG als unabdingbare Grundrechtsstandards nicht mehr gewährleistet sind.

---

[29] BVerfGE 37, 271 ff.; dazu: *Rupp*, NJW 1974, 2153 ff.; *Lörcher*, JuS 1993, 1011 ff.; *Riegel*, NJW 1975, 1049 ff.

[30] BVerfGE 73, 339 ff.; dazu: *Heinz*, DÖV 1987, 851 ff.; *Limbach*, EuGRZ 2000, 417 ff.; *Scherer*, JA 1987, 483 ff.

(3) „Maastricht-Urteil" des BVerfG vom 12.10.1993[31]

24　Wegweisend für die Frage der Grenzen der europäischen Integration entschied das BVerfG in seinem „Maastricht-Urteil" im Jahr 1993, das gelegentlich auch „Solange-III" genannt wird, dass der EU-Vertrag von Maastricht generell mit dem deutschen GG vereinbar ist. Zur Frage des Grundrechtsschutzes betonte das Gericht auch in Bezug zu den „Solange-I und II"-Entscheidungen, dass es seine Gerichtsbarkeit in einem **Kooperationsverhältnis zum EuGH** ausübt und erkennt damit erneut einen ausreichenden Grundrechtsschutz auf der Gemeinschaftsebene an. In Bezug auf die Problematik, ob die EU das **Demokratieprinzip** untergrabe, entschieden die Richter, dass dem Bundestag stets Aufgaben und Befugnisse von substantiellem Gewicht verbleiben müssen. Dies bedeutet, dass ausdrücklich keine sog. „**Kompetenz-Kompetenz**" (dazu u. Rn. 52) der Union existiert, sondern vielmehr das Prinzip der begrenzten Einzelermächtigung, Art. 5 EUV (Maastrichter Fassung), gilt. Unübertragbar bleiben demgemäß gerade die „wesentlichen Bereiche demokratischer Gestaltung". Die Einhaltung dieser Eckpfeiler überwacht das BVerfG und behält sich vor, „**ausbrechende Rechtsakte**" der EU für den deutschen Hoheitsbereich für nicht verbindlich zu erklären.[32] Nach *Haltern* geht das BVerfG mit den Elementen: Kooperationsverhältnis und ausbrechender Rechtsakt nach einer Strategie von Zuckerbrot und Peitsche vor.[33]

(4) „Euro-Urteil" des BVerfG vom 31.03.1998[34]

25　Die als „**Euro-Entscheidung**" bekannt gewordene Verfassungsbeschwerde zum BVerfG richtete sich gegen die Teilnahme Deutschlands an der Währungsunion und wurde dennoch als „offensichtlich unbegründet" zurückgewiesen. Gerügt wurden hier die Verletzungen von Rechten aus Art. 38 Abs. 1 und 14 Abs. 1 GG. Dazu wird ausgeführt, dass die Mitwirkung an der Währungsunion schon im Maastricht-Vertrag vorgesehen war und diese auch durch Art. 23 und 88 S. 2 GG gedeckt sei. Ebenso wurde im Maastricht-Vertrag auch schon die Einführung einer gemeinsamen Währung vorgesehen, wofür der EGV jedoch ein Entscheidungsverfahren vorsieht, in dem die rechtlichen und wirtschaftlichen Voraussetzungen der Währungsunion geprüft werden sollen. Bedeutung hat in diesem Zusammenhang hingegen, dass dem Bürger gleichzeitig die Möglichkeit einer inhaltlichen Überprüfung eben dieser „parlamentarisch mitzuverantwortenden Entscheidung" im Rahmen einer Verfassungsbeschwerde verwehrt bleibt.

---

[31] BVerfGE 89, 155 ff.; dazu: *Tietje*, JuS 1994, 197 ff.; *Götz*, JZ 1993, 1081 ff.; *Lenz*, NJW 1993, 3038 f.

[32] BVerfGE 89, 155, 188.

[33] Vgl. *Haltern* (2007), Rn. 985 ff., 995 ff.

[34] BVerfGE 97, 350 ff.; dazu: *Siekmann*, EWiR 1998, 743 f.; *Sachs*, JuS 1999, 705 ff.

(5) „Bananenmarktentscheidung" des BVerfG vom 07.06.2000[35]

In Korrespondenz zur „Solange-II"-Entscheidung sowie zum „Maastricht-Urteil" **26** befasste sich das BVerfG im Jahr 2000 abermals mit der Problematik des Grundrechtsschutzes auf Gemeinschaftsebene. Die Beschwerdeführer dieser Vorlage zum BVerfG und Kläger der vorherigen Instanzen sind Importeure von Bananen und rügen, dass sie durch die gemeinsame Marktorganisation für Bananen („Bananenmarktordnung") in ihrer Einfuhr von Bananen aus Drittstaaten beschränkt seien, da speziell diese Art der Einfuhr durch die Bananenmarktordnung lizenziert sei. Ebenso sei die Anwendung der in der Bananenmarktordnung niedergeschriebenen Einfuhrlizenzen wegen Verstoßes gegen das GG verfassungswidrig. Die Richter jedoch stellten klar, dass eine Verfassungsbeschwerde oder sonstige Vorlage eines Gerichts, welche die **Verletzung von Grundrechten** durch sekundäres Gemeinschaftsrecht rügt, immer dann als unzulässig gilt, wenn nicht dargelegt wird, dass der unabdingbare Schutz von Grundrechtsstandards generell nicht mehr gewährleistet ist. Dem ist ebenso immanent, dass das BVerfG seine Rechtsprechung dann nicht ausübt, wenn und soweit durch den EuGH ein Grundrechtsschutz auf Gemeinschaftsebene gewährleistet wird, der dem Schutzniveau des bundesdeutschen Grundgesetzes entspricht und ebenso die Wesensgehalte der Grundrechte darin zur Geltung kommen.

(6) Entscheidung des BVerfG zum Europäischen Haftbefehl vom 18.07.2005[36]

Der nationale Umsetzungsakt des Europäischen Haftbefehls in Form des Europäi- **27** schen Haftbefehlsgesetzes (EuHbG) wurde vom BVerfG in seiner Entscheidung vom 18.07.2005 für verfassungswidrig und nichtig erklärt. Als Grund hierfür gibt das Gericht an, dass das betreffende Gesetz unverhältnismäßig in die Grundrechte auf **Auslieferungsfreiheit nach Art. 16 GG** und die **Rechtsweggarantie gem. Art. 19 Abs. 4 GG** eingreife. Gerügt wird in diesem Zusammenhang gerade, dass der dem Bundesgesetzgeber zugestandene Spielraum für die Umsetzung des Rahmenbeschlusses nicht ausreichend erschöpft und es in diesem Zuge versäumt wurde, den Auslieferungsschutz des GG stärker zu berücksichtigen. Denn schließlich dürfe der Verfolgte bei Taten, welche einen Inlandsbezug aufweisen, auf den Auslieferungsschutz des Art. 16 Abs. 2 GG vertrauen. Gleichermaßen wurde der Annahme eines Ausschlusses des Rechtsweges gegen die Bewilligung der Auslieferung eine Absage erteilt, sofern es sich hierbei um eine Auslieferung in ein EU-Land handelt.

In dieser Entscheidung wird der Versuch unternommen, der Integrationsdynamik Zügel anzulegen und die Bedeutung des GG hervorzuheben. In der Umsetzung des

---

[35] BVerfGE 102, 147 ff.; dazu: *Huber*, EuZW 1997, 517 ff.; *Mayer*, EuZW 2000, 685 ff.; *Classen*, JZ 2000, 1157 ff.
[36] BVerfGE 113, 273 ff.; dazu: *Hufeld*, JuS 2005, 865 ff.; *Knopp*, JR 2005, 448 ff.; *Mitsch*, JA 2006, 448 ff.

EU-Rechts ist der Bundesgesetzgeber deshalb an das Grundgesetz gebunden und er hat trotz Art. 23 GG die Grundstruktur des GG zu wahren.

(7) „Lissabon-Urteil" des BVerfG vom 30.06.2009[37]

28   Mit dem Vertrag von Lissabon wurden die Grenzen der europäischen Integration neu festgelegt. Das „Lissabon-Urteil" des BVerfG ist deshalb im Lichte der vorangegangenen „Maastricht-Entscheidung" sowie der Entscheidung zum Europäischen Haftbefehl zu betrachten. Es wird in diesem Zusammenhang grundsätzlich festgestellt, dass die Grenzen der europäischen Integration, die sich aus Art. 23 Abs. 1 S. 3, 79 Abs. 3 GG sowie Art. 1 und 20 GG ergeben, nicht durch das deutsche Zustimmungsgesetz zum Vertrag von Lissabon verletzt sind. Ebengleich erteilten die Richter der Annahme eines „europäischen Bundesstaates" eine deutliche Absage und stellten klar, dass es sich bei der EU um einen reinen „Staatenverbund" handelt. Aus diesen Grundannahmen entwickelt das Gericht drei Forderungen im Wechselspiel der „Integrationsverantwortung" und der „Kontrollvorbehalte":[38]

1. **Grundrechtlicher Kontrollvorbehalt:** Das BVerfG hat in der Konsequenz der Solange-Rechtsprechung und der Bananenmarktordnungsentscheidung eine Auffangverantwortung zum Schutz der „im Wesentlichen vergleichbaren Grundrechtsordnung" (vgl. auch Art. 23 Abs. 1 S. 1 GG).
2. **Kompetenzrechtlicher Kontrollvorbehalt:** Das BVerfG kontrolliert die Einhaltung der Kompetenzordnung der EU-Verträge, jedenfalls dann, wenn eine „ersichtliche" Kompetenzüberschreitung vorliegt und erklärt „ausbrechende Rechtsakte" für unverbindlich.
3. **Identitätskontrolle:** Das BVerfG prüft materiell, ob der unantastbare Kerngehalt der Verfassungsidentität des GG gewahrt ist.

Das BVerfG hat für diese Entscheidung heftige Kritik einstecken müssen und eine lebhafte Debatte über Identität und Integration ausgelöst.[39]

(8) „Mangold-Entscheidung" des BVerfG vom 06.07.2010[40]

29   In der Tradition des „Ja, aber"-Urteils über den Vertrag von Lissabon befassten sich die obersten Bundesrichter in Karlsruhe im Verfahren „Mangold/Honeywell" nun mit der im Lissabon-Urteil angelegten Frage, ob eine durch das BVerfG vorgenom-

---

[37] BVerfGE 123, 267 ff.; dazu: *Hahn*, ZEuS 2009, 583 ff.; *Zimmermann*, Jura 2009, 844 ff.; *Ambos / Rackow*, ZIS 2009, 397 ff.

[38] Vgl. dazu *Chr. Calliess*, in: Baus/Borchard/Krings (2010), S. 111, 115–121.

[39] Zusammenfassend: *Ruffert*, Zeitschrift für Staats- und Europawissenschaften 7 (2009), 381 ff.; zur gesamteuropäischen Debatte vgl. auch *Denninger*, JZ 2010, 969.

[40] BVerfG, 2 BvR 2661/06 = NZA 2010, 995, Anm. *Gehlhaar*, NZA 2010, 1053; dazu auch: *Reich*, EuZW 2007, 198 f.; *Böhm*, JZ 2008, 324 ff.; *Gerken/Rieble/Roth/Stein/Streinz* (2009).

mene Kontrolle von „**ausbrechenden Rechtsakten**" jenseits der europäischen Verträge möglich ist (sog. „*ultra-vires*-Kontrolle"). Das vorliegende Verfahren hat ein Urteil des EuGH zu den deutschen Hartz-Reformen zum Gegenstand, in dem das Gericht einen Verstoß gegen das europarechtlich anerkannte Grundrecht des Verbots der Altersdiskriminierung feststellt. Eben dieses Grundrecht, auf das sich der EuGH beruft, ist jedoch nicht im AEUV als europarechtliche Primärrechtsquelle kodifiziert, sodass hier ein Fall der Aneignung von gesetzgeberischen Befugnissen des EuGH selbst vorliegen könnte. Gleichfalls erklärten die Richter des EuGH in ihrem Mangold-Urteil deutsches Recht (hier: § 14 Abs. 3 S. 4 TzBfG) für unvereinbar mit dem europäischen Gemeinschaftsrecht, sodass dieses nicht mehr angewendet werden durfte. Hierin könnte jedoch auch eine **Kompetenzüberschreitung des EuGH** gesehen werden. Doch dies widerlegten wiederum entschieden die Richter des BVerfG in ihrem Beschluss vom 06.07.2010: Das in eine Verfassungsbeschwerde gekleidete Verfahren hatte eine Entscheidung des BAG zum Gegenstand, welches die Grundsätze der „Mangold-Entscheidung" des EuGH angewandt und auch nicht dem EuGH zur Vorabentscheidung vorgelegt hatte. Entgegen aller Kritik lehnten die Karlsruher Richter mit einem Entscheidungsverhältnis von 7:1 in ihrem Urteil eine Kompetenzüberschreitung des EuGH ab und stellten fest, dass dessen Vorgehensweise nicht gegen deutsches Verfassungsrecht verstoße. Zu den Aufgaben des BVerfG in Bezug auf die Kontrolle von Rechtsakten der Union heißt es, dass eine „europarechtsfreundliche" *ultra-vires*-Kontrolle durch das BVerfG nur dann in Betracht kommt, wenn es sich um **schwerwiegende Verstöße** gegen „übertragene Kompetenzen" handelt. Auch wurde der Annahme einer unzulässigen Rechtsfortbildung durch den EuGH eine strenge Absage erteilt.

Erwähnenswert scheint an dieser Stelle die *abweichende Meinung* des Bundesverfassungsrichters Landau, der kritisiert, dass die Senatsmehrheit die Anforderungen an ein *ultra-vires*-Handeln der Unions- und Gemeinschaftsorgane überspanne, indem sie fordere, dass der Kompetenzverstoß „hinreichend qualifiziert" sein müsse. In Anwendung der im „Lissabon-Urteil" gefundenen Grundentscheidungen müsse jedes hoheitliche Handeln demokratisch legitimiert sein, was hingegen bei Kompetenzverletzungen von Gemeinschafts- und Unionsorganen gerade fehle. Weiter führt Landau an, dass der EuGH die ihm zustehende Kompetenz zur Auslegung des Gemeinschaftsrechts mit seinem „Mangold-Urteil" offenbar überschritten habe, was von der Senatsmehrheit offen gelassen wurde. Das BAG hätte sich demnach nicht auf das „Mangold-Urteil" des EuGH berufen dürfen, sondern § 14 Abs. 3 S. 4 TzBfG anwenden und alle „Möglichkeiten" ausschöpfen müssen, um der „sich abzeichnenden Spannungslage" entgegenzuwirken.

30

(9) Resümee

Ob die Mangold-Entscheidung letztlich die Kapitulation vor dem Integrationsprozess bedeutet, kann noch nicht abschließend bewertet werden. Allerdings ist deutlich zu sehen, dass die Verfassungsrichter eine echte Konfrontation mit der Union scheuen. Zwar wurde durch das Urteil zum Europäischen Haftbefehl dem

31

nationalen Gesetzgeber deutlich zu verstehen gegeben, dass das Bemühen um die europäische Einheit nicht die Aufgabe rechtsstaatlicher Grundsätze des GG bedeuten könne. Ebenso deutlich wurde im Lissabon-Urteil durchgängig eine **restriktive Interpretation** der auf die EU übertragenen Kompetenzen angemahnt und die Bedeutung des Parlaments für den Europäisierungsprozess im Sinne einer **Integrationsverantwortung** unterstrichen. Bislang hat sich das Gericht aber gescheut, den so geschaffenen Maßstab konsequent umzusetzen und eine strenge „*ultra vires*"-Kontrolle durchzuführen. Einen europäischen Rechtsakt als „**ausbrechenden Rechtsakt**" zu deklarieren und für verfassungswidrig zu erklären, wäre sicherlich eine Kampfansage an die EU – und die Bundesregierung – mit unabsehbaren Folgen für den weiteren Verlauf der europäischen Integration.

32 Eines muss dabei aber stets beachtet werden: Ein Verfassungsgericht kann einen klaren politischen Willen niemals aufhalten. Politisch gewollte Veränderungen können zwar verzögert werden, verhindern lassen sie sich mit den Mitteln eines Verfassungsgerichts hingegen nicht. Das zeigt zuletzt auch die Billigung des **Euro-Rettungsschirms**, wo immense finanzielle Summen allein durch exekutives Handeln der Regierungen bereitgestellt wurden, ohne dass die nationalen Parlamente ihrer Integrationsverantwortung nachkommen konnten.[41]

IV Struktur der Europäischen Union

1 Einleitung

33 Die EU ist – wie schon öfters erwähnt wurde – eine **supranationale Institution**. Damit gemeint ist, dass

> durch die Übertragung von Hoheitsrechten durch die Mitgliedstaaten die staatliche Hoheitsgewalt durch Unionsgewalt substituiert wird und die Grundlage des Unionshandelns eine weitgehend verselbstständigte Willensbildung darstellt.

Die Union ist also zu einer eigenständigen Willensbildung fähig und kann – in den zugewiesenen Kompetenzbereichen – eigene Staatsgewalt ausüben. Daraus ergibt sich, dass die Rechtsordnung der Union eine verselbstständigte, **autonome Rechtsordnung** darstellt.[42] Damit verbunden ist auch die Fähigkeit, Regelungen zu erlassen, die ohne weitere nationalstaatliche Umsetzungsakte unmittelbar für Einzelne Rechte und Pflichten begründen (sog. **Durchgriffswirkung**).

---

[41] BVerfG v. 10.06.2010 – 2 BvR 1099/10 – einstweilige Anordnung = NJW 2010, 2418.

[42] Vgl. EuGH, Rs. C-6/64, Slg. 1964, 1254, 1269 – *Costa/E.N.E.L.*; *Herdegen*, EuR (2010), § 5 Rn. 11.

2 Allgemein zur Struktur der Europäischen Union

a) Grundlagen der Europäische Union

Grundlage der Union sind der **Vertrag über die Europäische Union** (EUV) so-   **34**
wie der Vertrag über die **Arbeitsweise der Europäischen Union** (AEUV). Bei-
de Verträge stehen gleichrangig nebeneinander. Die Union tritt nun an Stelle der
Europäischen Gemeinschaft, deren Rechtsnachfolgerin sie ist.[43] Damit ist auch die
Differenzierung zwischen der Europäischen Union und der Europäischen Gemein-
schaft sowie dem Recht der EU und dem Recht der EG beendet. Zudem erhält die
Union dadurch eine eigene Rechtspersönlichkeit, womit sich die wissenschaftliche
Diskussion um die Rechtspersönlichkeit der (alten) EU erledigt hat.[44]

Weiterhin wird die früher in Art. 1 Abs. 3 EUV a. F. zum Ausdruck gekommene **Drei-Säulen-Struktur**, bestehend aus den Europäischen Gemeinschaften, der
Gemeinsamen Außen- und Sicherheitspolitik (GASP) sowie der polizeilichen und
justiziellen Zusammenarbeit in Strafsachen (PJZ), aufgehoben. Weil aber einige der
Rechtsakte der EU noch in dem alten Maastrichter System ergangen sind und sich
vielfach Literaturansichten oder auch EuGH-Entscheidungen nur vor dem Hintergrund der früheren Struktur verstehen lassen, wird das Drei-Säulen-Modell hier
kurz erläutert:

(1) Das Maastrichter Drei-Säulen-Modell

Nach dem Vertrag von Maastricht bildete die Europäische Union (EU) das Dach   **35**
über insgesamt drei voneinander zu trennende Bereiche (s. Abb. 3).

– Als **1. Säule** fungierte die **Europäische Gemeinschaft (EG)**. Nur diese war supranational und eigenständig. Grundlage ihres Handelns war der EG-Vertrag. Zu
  den darin „vergemeinschafteten" Regelungsbereichen gehörten: Außenhandel,

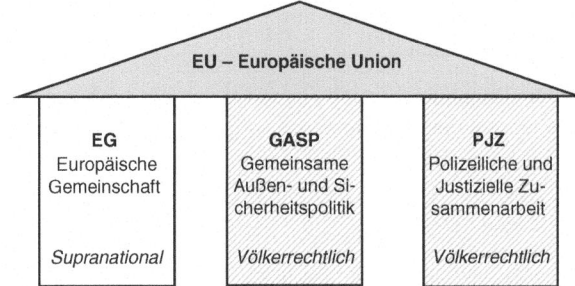

Abb. 3 EU – Das
Maastricht-Modell

---

[43] Art. 1 Abs. 3 EUV.

[44] *Streinz/Ohler/Herrmann* (2005), S. 32, 33. Zur früheren Diskussion, siehe *Streinz* (2008), § 3
Rn. 134; *Stumpf,* in: Schwarze (2009), Art. 1 EUV a.F., Rn. 10.

Zollunion, Binnenmarkt, Landwirtschaftspolitik, Strukturpolitik, Wirtschafts-
und Währungsunion, Unionsbürgerschaft, Verbraucherschutz, Gesundheits- und
Sozialpolitik, Kultur und Bildung, Forschung, Umwelt.

- Die **2. Säule** umfasste die **Gemeinsame Außen- und Sicherheitspolitik
  (GASP)**. Die Grundlage stellte der EUV dar. Dabei ging es um Friedensschutz,
  Menschenrechte, Entwicklungszusammenarbeit und Sicherheitspolitik.
- In der **3. Säule** war die **polizeiliche und justizielle Zusammenarbeit (PJZ)**
  niedergelegt. Regelungsbereiche stellten nach dem EUV die Verbrechensbe-
  kämpfung, vor allem mit Bezug zur organisierten Kriminalität, die polizeiliche
  Kooperation, die Visumspolitik und die Drogenpolitik dar.

36   Im Gegensatz zur 1. Säule waren die Säulen 2 und 3 nicht „vergemeinschaftet".
      Die GASP und die PJZ nahmen demnach **nicht** Teil an der **Supranationalität** der
      Rechtsordnung der EG, sondern stellten lediglich besonders institutionalisierte For-
      men der völkerrechtlichen, sog. **intergouvernementalen Zusammenarbeit** zwi-
      schen den EU-Mitgliedstaaten dar. Das bedeutet auch, dass in diesen Regelungsbe-
      reichen keine Kompetenzen an eine supranationale Institution übertragen wurden,
      sondern die Letztverantwortung immer bei den Mitgliedstaaten als Völkerrechts-
      subjekte lag.

      Diese Unterscheidung ist für das Verständnis der Maastricht-Struktur wesentlich.
      Unübersehbar waren indes auch **Tendenzen**, verschiedene eigentlich der 3. Säule
      zuzuordnenden Regelungsmaterien nach und nach zu „**vergemeinschaften**", d. h.
      als Annexkompetenz der 1. Säule zuzuschlagen (s. dazu u. § 10 Rn. 28), und einzel-
      ne völkerrechtliche Handlungsformen den Rechtsformen der Gemeinschaft (EG)
      anzugleichen, wie etwa die Rechtswirkungen des Rahmenbeschlusses, die durch
      den EuGH denen der Richtlinie angepasst wurden (s.u. Rn. 90).

(2) Das Lissabonner Einheitsmodell

37   Die etwas komplizierte Drei-Säulen-Struktur war Anfang der 1990er Jahre notwen-
      dig, um die Eingriffe in die **Souveränität** der Mitgliedstaaten überschaubar zu hal-
      ten. Letztlich erwies sich dieses Unterfangen aber als kaum durchführbar und zwar
      aus drei Gründen:

1. Die Regelungsbereiche lassen sich nicht sauber voneinander trennen;
2. Zunehmende Kompetenzkonflikte der Säulen untereinander erschweren die
   Zusammenarbeit;
3. Die in der 3. Säule erprobte (völkerrechtliche) Zusammenarbeit hatte sich weitgehend bewährt.

Im Verfassungsvertrag und in etwas „abgespeckter" Version nun im Lissabonner
Vertrag wurde die künstlich erscheinende Säulenstruktur in einer einheitlichen EU
aufgelöst mit der Konsequenz, dass die früheren Säulen 2 und 3 auch in die supranationale Rechtsordnung integriert wurden (s. Abb. 4).

Abb. 4 EU: Das
Lissabon-Modell

EU – Europäische Union

- Zollunion, Grundfreiheiten, Verkehr, Wettbewerb, Wirtschaft und Währung, Sozialpolitik, Verbraucherschutz, Umwelt, Entwicklungspolitik
- Raum der Freiheit, der Sicherheit und des Rechts
- Gemeinsame Aussen- und Sicherheitspolitik

Supranational

Die Regelungen über die **GASP** befinden sich nun in Titel V (Art. 23 ff. EUV) des **38** EU-Vertrags im Rahmen der Vorschriften über das auswärtige Handeln der Union. Die PJZ wurden dem Titel VI des AEUV über den **Raum der Freiheit, der Sicherheit und des Rechts** zugeordnet (Art. 67–89 AEUV). Dieser enthält zusätzlich zur polizeilichen- und justiziellen Zusammenarbeit in Strafsachen auch die justizielle Zusammenarbeit in Zivilsachen sowie Vorschriften zur Politik im Bereich Grenzkontrollen, Asyl und Einwanderung. Die drei Säulen umfassende Tempelstruktur wurde in ein einheitliches europäisches Haus umgeformt, in dem allenfalls verschiedene Stockwerke für die unterschiedlichen Regelungsbereiche, gekennzeichnet als „interne Politiken", vorgesehen sind.

Mit dieser neuen Struktur wurden der „gemeinsame Markt" und der „Raum der Freiheit, der Sicherheit und des Rechts" unter ein gemeinsames Dach gestellt. Damit werden nun auch die zur Schaffung des gemeinsamen Marktes entwickelten Maßnahmen auf die frühere PJZ übertragen.[45]

b) Die Änderungen durch den Vertrag von Lissabon im Überblick

Hier werden im Überblick die wichtigsten Änderungen der EU durch den Vertrag **39** von Lissabon wiedergegeben:[46]

- **Stärkung** von **Demokratie** und Transparenz durch stärkere Einbeziehung des Europäischen Parlaments, der nationalen Parlamente und der Bürger der EU.
- „**Doppeltes Mehrheitsprinzip**" im Rat, d. h. es müssen einer Entscheidung 55 Prozent der Staaten, die zugleich 65 Prozent der Bevölkerung der EU repräsentieren, zustimmen.
- **Auflösung der Säulenstruktur** und damit der Unterscheidung zwischen EG und EU.
- Umbenennung des EG-Vertrags in „Vertrag über die Arbeitsweise der Europäischen Union" (AEUV). Man spricht nicht länger von „Gemeinschaftsrecht", sondern nur noch einheitlich von „**Unionsrecht**".

---

[45] Vgl. *Klip* (2009), S. 20 ff.
[46] Vgl. auch *Herdegen*, EuR (2010), § 4 Rn. 31.

- Konstituierung der **EU als rechtsfähige Organisation**.
- Schaffung eines **gewählten Präsidenten** des Europäischen Rates.
- Stärkung des „**Hohen Vertreters** der Union für Außen- und Sicherheitspolitik".[47]

3 Rechtsnatur und Abgrenzung der EU zu sonstigen supranationalen Institutionen

40   Diese Änderungen der Struktur der EU durch den Lissabonner Vertrag werfen erneut die Frage nach der Rechtsnatur der EU auch im Vergleich zu anderen multilateralen Organisationen auf. Für einen Bundesstaat würden der EU nach wie vor die nach der Drei-Elemente-Lehre erforderlichen Elemente fehlen, da sie weder Staatsgewalt, noch Staatsvolk oder Staatsgebiet besitzt. Zudem kommt ihr nicht die für einen Staat typische Möglichkeit zu, sich neue Kompetenzen zu erschließen (fehlende Kompetenz-Kompetenz, s. dazu u. Rn. 51). Die EU ist demnach ein Verbund, der zwischen dem Völkerrecht und traditionellen staatsrechtlichen Kategorien angesiedelt ist.[48] Man wird sie wohl als **Staatenverbund** *sui generis* ansehen müssen.[49] Im Gegensatz zu anderen internationalen Organisationen, wie etwa den VN, kommt der EU die Fähigkeit zu, Entscheidungen auch gegen den Willen der Mitgliedstaaten zu treffen.

41   *4 Exkurs: Die 3-Elemente-Lehre*

Nach dieser von *Georg Jellinek* begründeten Lehre sind die drei konstituierenden Merkmale eines Staates das Staatsgebiet, das Staatsvolk und die (effektiv ausgeübte) Staatsgewalt. Nur soweit alle **drei Merkmale kumulativ** vorliegen, ist die Staatsqualität im völkerrechtlichen Sinne gegeben. Das Staatsgebiet ist dabei ein zum dauernden Aufenthalt von Menschen geeigneter natürlicher Teil der Erdoberfläche. Ein Staatsvolk ist die Gesamtheit der Personen, die einem Staat zugeordnet sind und völkerrechtlich zugeordnet werden dürfen. Die Staatsgewalt stellt die originäre Herrschaftsgewalt des Staates über sein Gebiet und die auf ihm befindlichen Personen dar.[50]

---

[47] Im Jahr 1999 war der Hohe Vertreter für die Gemeinsame Außen- und Sicherheitspolitik im Rahmen der GASP eingeführt worden. Im Lissabonner Vertrag wird dieser Position mit dem Amt des Kommissars für Außenbeziehungen zusammengelegt.

[48] *Kirsch* (2008), S. 229.

[49] BVerfGE 89, 155 ff.

[50] *Ipsen,* StaatsR I (2010), § 1 Rn. 5.

5 Die Organe der Europäischen Union

Durch den Vertrag von Lissabon wurde der institutionelle Rahmen der Europäi-   **42**
schen Union **wesentlich geändert**. So wurde etwa, als Folge der Verschmelzung
der bisherigen Säulenstruktur der EU, der Europäische Rat in das Organgefüge mit
integriert. Ausdrücklich zu den Organen zählt nun auch die Europäische Zentralbank.[51] Eine Sonderstellung genießt das Amt des Hohen Vertreters der Union für
Außen- und Sicherheitspolitik.[52]

a) Die wichtigsten Organe der EU im Überblick

(1) Europäisches Parlament

Vorschriften bzgl. des Europäischen Parlaments befinden sich in Art. 14 EUV und   **43**
Art. 223 ff. AEUV. Das Parlament setzt sich wie bisher aus **direkt gewählten Vertretern** der Mitgliedstaaten zusammen, deren Anzahl 750 nicht übersteigen darf.[53]

Das Parlament wird gemeinsam mit dem Rat als Gesetzgeber tätig und übt gemeinsam mit diesem Haushaltsbefugnisse aus. Es erfüllt zudem Aufgaben der politischen Kontrolle und Beratungsfunktionen nach Maßgabe der Verträge und wählt
den Präsidenten der Kommission.[54] Das Europäische Parlament ist damit nicht nur
nahezu völlig **gleichberechtigter Gesetzgeber** neben dem Rat, sondern wird zudem auch im Rahmen der Aufzählung der Organe an symbolträchtiger erster Stelle
in Art. 13 Abs. 1 EUV aufgeführt.[55]

(2) Europäischer Rat

Die Aufgaben des Europäischen Rates werden in Art. 15 EUV und Art. 235 ff. AEUV   **44**
konkretisiert. Er besteht aus den **Staats- und Regierungschefs** der Mitgliedstaaten,
dem Präsidenten des Europäischen Rates und dem Kommissionspräsidenten. Wie
bisher legt der Europäische Rat die politische Zielvorstellung der EU fest. Legisla-
tivfunktionen werden von ihm nicht wahrgenommen.[56]

---

[51] Eine Aufzählung der Organe findet sich in Art. 13 Abs. 1 EUV. Vgl. zu Institutionen, Organen
und Kompetenzen, *Ruffert,* in: Hatje/Schwarze (Hrsg.), Der Reformvertrag von Lissabon, EuR
2009, Beih.1, 31 ff.

[52] Vgl. *Streinz/Ohler/Herrmann* (2010), S. 48.

[53] Art. 14 Abs. 2 EUV.

[54] Art. 14 Abs. 1 EUV.

[55] *Streinz/Ohler/Herrmann* (2010), S. 52.

[56] Art. 15 Abs. 1 EUV.

> **Beachte:** Der Europäische Rat ist nicht mit dem Europarat zu verwechseln, der als eigene internationale Organisation vor allem die Förderung und Durchsetzung von Menschenrechten zum Ziel hat. Sein wichtigstes Instrument ist die EMRK, die vom EGMR überwacht wird (vgl. u. § 13).

(3) Rat

45 Vorschriften im Hinblick auf den Rat („**Ministerrat**") sind in Art. 16 EUV und Art. 237 ff. AEUV geregelt. Er setzt sich aus Vertretern der nationalen Regierungen auf Ministerebene zusammen. Er ist gemeinsam mit dem Europäischen Parlament der Gesetzgeber der Europäischen Union.[57]

(4) Europäische Kommission

46 Vorschriften über die Arbeit der Europäischen Kommission finden sich in Art. 17 EUV und in Art. 244 ff. AEUV. Ihre Aufgaben haben sich gegenüber der bisherigen Rechtslage kaum verändert. Die Kommission wird auch als „**Hüterin der Verträge**" bezeichnet, weil ihre Hauptaufgabe in der Überwachung der Einhaltung und Anwendung des Unionsrechts liegt.[58]

(5) Gerichtshof der Europäischen Union

47 Die Vorschriften über den Gerichtshof finden sich in Art. 19 EUV und Art. 251 ff. AEUV. Er trägt nunmehr den Titel „**Gerichtshof der Europäischen Union**". Dies umfasst den Gerichtshof, das Gericht (früher „Gericht erster Instanz") sowie die Fachgerichte (Art. 19 Abs. 1 S. 1 EUV).

Der Gerichtshof ist nach Maßgabe der Verträge für die einheitliche Auslegung des Unionsrechts zuständig.[59] Er besteht aus einem Richter je Mitgliedstaat und wird in seiner Arbeit durch Generalanwälte unterstützt (Art. 19 Abs. 2 EUV).

(6) Europäische Zentralbank und Europäischer Rechnungshof

48 Regelungen über die Tätigkeit der Europäischen Zentralbank und des Europäischen Rechnungshofs befinden sich lediglich im Vertrag über die Arbeitsweise der Europäischen Union (vgl. Art. 282 ff. und Art. 285 ff. AEUV). Die Europäische Zentral-

---

[57] Art. 16 Abs. 1 EUV.

[58] *Von der Groeben/Schwarze* (2003), Art. 211 EG, Rn. 11 ff. Zu weiteren Aufgabengebieten vgl. Art. 17 Abs. 1 EUV.

[59] Einzelheiten etwa bei *Bieber/Epiney/Haag* (2011), § 9.

bank betreibt dabei gemeinsam mit den nationalen Zentralbanken die **Währungs-politik** der EU (Art. 282 Abs. 1 AEUV). Dem Rechnungshof obliegt die **Haus-haltskontrolle** sowie die Überprüfung der Einnahmen und der Ausgaben der Union (Art. 285 Abs. 1 AEUV).

b) Sonderfall: Hoher Vertreter der Union für Außen- und Sicherheitspolitik

Eine Sonderstellung nimmt der Hohe Vertreter der Union für Außen- und Sicher-   **49**
heitspolitik ein. Er ist zwar selbst kein Organ der EU, gleichwohl aber Mitglied in mehreren Organen. Er ist gleichzeitig Mitglied des Rates sowie der Kommission (Art. 18 Abs. 3, 4 EUV).

Der Hohe Vertreter leitet die Gemeinsame Außen- und Sicherheitspolitik der Union und **vertritt die EU** in diesem Aufgabenbereich (Art. 18 Abs. 2, 27 Abs. 2 EUV). Er wird vom Europäischen Rat mit Zustimmung des Kommissionspräsidenten ernannt (Art. 18 Abs. 1 EUV).

V Grundprinzipien der EU

Aus der soeben geschilderten Struktur der EU ergeben sich einige **rechtliche**   **50**
Grundprinzipien, die sämtliches Handeln der Organe der EU betreffen, im Straf-recht aber besonderer Aufmerksamkeit bedürfen. Im Folgenden werden deshalb die wichtigsten Prinzipien vorab einzeln erläutert:

1. Prinzip der begrenzten Einzelermächtigung
2. Subsidiaritätsprinzip
3. Verhältnismäßigkeitsprinzip
4. Strafrechtliches Schonungsgebot
5. Effizienzprinzip – *effet utile*
6. Unionstreue

Diese Prinzipien bilden die Grundlage für das **Verhältnis** zwischen der EU und den Mitgliedstaaten.

1 Prinzip der begrenzten Einzelermächtigung

a) Bedeutung

Grundlegend für das Prinzip der begrenzten Einzelermächtigung (Prinzip der be-   **51**
grenzten Einzelzuständigkeit; *compétence d'attribution*) ist, dass die Handlungs-fähigkeit der Union sich allein aus den Kompetenzen ergibt, die ihr die einzelnen

Mitgliedstaaten in den Gründungsverträgen zugeschrieben haben.[60] Hieraus ergibt sich zwangsläufig, dass jedwedes Tätigwerden der Union sowie derer Organe von einer **Ermächtigungsgrundlage** gedeckt sein muss, was gerade das Prinzip ausmacht. Hieraus erwächst ebenso eine nur begrenzte Kompetenz der Union, Sachverhalte zu regeln, sodass ihr gleichermaßen keine sog. „Kompetenz-Kompetenz" zur Schaffung einer eigenen Kompetenz zusteht.

52   b) Exkurs: Begriff der Kompetenz-Kompetenz

(1) Bedeutung

Eine Kompetenz-Kompetenz (*compétence de la compétence*) zeichnet sich gerade dadurch aus, dass sie einem staatlichen Organ die Befugnis gibt, seinerseits wiederum **eigene Kompetenzen zu begründen**. Gerade im Falle der Europäischen Union bedeutet dies, dass sie eben keine Kompetenz-Kompetenz besitzt, da sie ihre eigenen Kompetenzen nicht selbst erweitern oder sich gar neuen Kompetenzen zuschreiben kann.[61]

(2) Herkunft

53   Historisch betrachtet entstammt die Frage nach einer *compétence de la compétence* der **Schiedsgerichtsbarkeit**:[62] Hier wird in einem Verfahren zwischen zwei Parteien dem *ad hoc* zur Entscheidung angerufenen Schiedsgericht die eigene Kompetenz zur Entscheidung der Frage zugestanden, ob es aus der Schiedsgerichtsübereinkunft heraus überhaupt die Kompetenz besitzt, über die Streitsache zwischen den Parteien zu entscheiden. Nähert man sich der Frage nach einer Kompetenz-Kompetenz aus staatsrechtlicher Sicht, so drängt sich die Entscheidung des BVerfG zum Maastricht-Vertrag vom 12.10.1993 (s.o. Rn. 24) auf. Die Richter befanden hier, dass dem EU-Mitgliedstaat immer die „wesentlichen Bereiche demokratischer Gestaltung" verbleiben müssten, sodass folglich der Deutsche Bundestag auch weiterhin über Aufgaben von substantiellem Gewicht zu entscheiden hat.

(3) Aufgabe

54   Aus ihrer engen Verknüpfung mit dem Grundsatz der begrenzten Einzelermächtigung stellt die fehlende Kompetenz-Kompetenz der EU vor allem die staatliche Souveränität der Mitgliedstaaten sicher. Das herausragende

---

[60] *Herdegen*, EuR (2010), § 8 Rn. 59 ff; *Hobe* (2010), Rn. 118 ff.

[61] BVerfGE 75, 223, 242 – *Kloppenburg*; *Satzger* (2001), S. 33

[62] *Safferling* (2003), S. 93, m.w.N; *Schäfer*, FS Henckel, 1995, S. 732 ff.

Votum der Richter im Maastricht-Urteil verdeutlicht in diesem Zuge auch, dass die Mitgliedsstaaten gerade als „Herren der Verträge" über die Befugnisse und Ziele als Grenzen der Unionstätigkeiten bestimmen.[63]

c) Regelung

Geregelt ist das Prinzip der begrenzten Einzelermächtigung in **Art. 5 Abs. 1 und 2 EUV**. Bis zum Inkrafttreten des Lissabon-Vertrages war es in Art. 5 EGV kodifiziert.   55

d) Herkunft

Seiner ursprünglichen Bedeutung und seinem originären Zweck nach galt das Prinzip der begrenzten Einzelermächtigung als struktureller Grundsatz der Europäischen Gemeinschaften, was etwa auch in Art. 3, 7 Abs. 1 oder 249 EGV zum Ausdruck kam.[64] Durch die Verabschiedung des Vertrages von Lissabon und der Einführung des Vertrages über die Arbeitsweise der EU in 2009 gewinnt das Prinzip der begrenzten Einzelermächtigung jedoch noch mehr an Bedeutung, da nach Art. 2 AEUV die Union ihre Aufgaben „nach Maßgabe des Vertrages" erfüllt und so nur **innerhalb der ihr zugewiesenen Befugnisse** tätig wird.[65]   56

e) Aufgabe

Die primäre Aufgabe des Prinzips der begrenzten Einzelermächtigung besteht darin, das grundsätzliche Bestehen der Europäischen Union zu sichern, denn die Union kann ihre eigene **Rechtssetzungsbefugnis** nur auf den Willen der einzelnen Mitgliedsstaaten stützen.[66]. Auch verdeutlicht dies, dass erst durch die Zuweisung von Hoheitsrechten an die Union dem Souveränitätsprinzip der jeweiligen Mitgliedstaaten Rechnung getragen wird. Das BVerfG misst dem Prinzip der begrenzten Einzelermächtigung gerade deshalb eine fundamentale Bedeutung zu.[67]   57

---

[63] *Streinz* (2008), Rn. 63a, 132.

[64] *Oppermann/Classen/Nettesheim* (2009), § 12 Rn. 5.

[65] *Herdegen*, EuR (2010), § 8 Rn. 59 f.

[66] *Hecker* (2010), § 4 Rn 45; *Oppermann/Classen/Nettesheim* (2009), § 12 Rn 3.

[67] BVerfGE 89, 155, 209 f. – *Maastricht*.

2 Subsidiaritätsprinzip

a) Bedeutung

58 Das Prinzip der Subsidiarität ist eine rechtlich verbindliche Regel, die die Ausübung der Kompetenzen innerhalb der EU zum Gegenstand hat und so stets verlangt, dass eine Maßnahme daraufhin überprüft werden muss, ob sie nicht auf mitgliedstaatlicher Ebene ausreichend verwirklicht werden kann.[68] Hieraus ergibt sich ebenso die enge Verzahnung mit dem Prinzip der begrenzten Einzelermächtigung, sodass die an der Rechtsetzung auf Unionsebene beteiligten Organe immer die Durchführung ihrer Maßnahmen rechtfertigen und begründen müssen.[69]

b) Regelung

59 Das Subsidiaritätsprinzip ist in Art. 5 Abs. 1 Satz 2, Abs. 3 Unterabs. 1 EUV niedergeschrieben und war bis zum Inkrafttreten des Lissabonner Vertrages in Art. 5 Abs. 2 EGV verankert.

c) Herkunft

60 Die Herkunft des Subsidiaritätsprinzips ist stark christlich-sozial geprägt. Geht man der Begrifflichkeit auf den Grund, so findet man den Grundgedanken eines subsidiären Handelns bereits in der **katholischen Soziallehre**.[70] Von christlichen Sozialethikern ist das Prinzip der Subsidiarität als „gesellschaftliches Allgemeingut" charakterisiert worden, das jedoch durch die Sozialenzyklika *Quadragesimo anno* des Papstes Pius XI (1931) bedeutend anthropologisch geprägt wurde. Das *Vaticanum II* (Zweites Vatikanisches Konzil) schließlich brachte die grundlegende ordnungspolitische Dimension des Subsidiaritätsprinzips hervor, wonach allgemein gesprochen „umfassendere Gemeinschaften sich in den Dienst der je kleineren Sozietäten" zu stellen haben und so Rahmenbedingungen schaffen sollen, die deren „Funktionsfähigkeit fördern". Hiervon ausgehend entwickelte sich das Subsidiaritätsprinzip schlussendlich zu einem normativen Rechtsbegriff der staatlichen Gemeinschaft auf der Grundlage des Grundgesetzes[71] sowie der Europäischen Gemeinschaften und Union.

---

[68] Sachs/*Streinz* (2009), Art. 23 Rn. 39 f.; *Herdegen*, EuR (2010), § 6 Rn. 26 ff; *Hecker* (2010), § 8 Rn 50; *Oppermann/Classen/Nettesheim* (2009), § 12 Rn. 23 ff.

[69] Vgl. auch *Klip* (2009), S. 34 f.

[70] Grundlegend dazu: *Baumgartner*, in: Nörr/Oppermann (1997), S. 13 ff.

[71] Vgl. Anmerkungen zur Fn. 58.

d) Aufgabe

Grundsätzlich sind nur solche Manahmen der EU mit dem Subsidiaritätsprinzip	**61**
vereinbar, die auch die Kriterien der Erforderlichkeit und Effizienz erfüllen. Es verfolgt als **Kompetenzausübungsschranke** den Zweck, dass die EU nur in solch
einem Fall tätig wird, in dem die Ziele der in Betracht gezogenen Maßnahme von
den Mitgliedstaaten weder auf zentraler, lokaler oder regionaler Ebene ausreichend
verwirklicht werden können, und so wegen ihres Umfangs oder ihrer Wirkung auf
Ebene der Union besser realisiert werden können.

3 Verhältnismäßigkeit

a) Bedeutung

Große Bedeutung gewinnt der neben dem Subsidiaritätsprinzip bestehende Grund-	**62**
satz der Verhältnismäßigkeit, welcher das Handeln der EU aus **rechtsstaatlicher
Sicht begrenzt** und so das Verhältnis der Union zu den sie tragenden Mitglied-
staaten reglementiert. Es schreibt nunmehr vertraglich die Voraussetzungen des
Handelns der EU-Organe vor, sodass hierdurch zwangsläufig eine Abgrenzung der
Kompetenzen der EU und der Mitgliedstaaten erreicht wird.

b) Regelung

Umfassend kodifiziert ist das Verhältnismäßigkeitsprinzip in Art. 5 Abs. 4 EUV
(ex-Art. 5 Abs. 3 EGV).

c) Herkunft

Das Gebot der Verhältnismäßigkeit geht verfassungsrechtlich auf einen grundle-	**63**
genden **Interessenausgleich** zwischen widerstreitenden Interessen zurück, die nach
einer Gesamtabwägung zu einem sachgerechten Ausgleich geführt werden müssen.[72] Betrachtet man die Historie der Verhältnismäßigkeit allgemein, so lässt sie
sich begrifflich auf das sog. **Übermaßverbot**[73] zurückführen, das schon im Preußi-
schen Allgemeinen Landrecht (in § 10 Teil II Titel 17 für das Polizeirecht) verankert
war. Die jahrelange, zunächst jedoch vorsichtige Rechtsprechung des Bayerischen

---

[72] Sachs/*Sachs* (2009), Art. 20 Rn. 145 ff.; Hömig/*Antoni* (2010), Art. 20 Rn. 13 ff.

[73] Grundlegend dazu: *Stern* (1984), S. 861 f.; *ders.* (1994), S. 763; Maunz/Dürig/*Grzeszick* (2010),
Art. 20 VII Rn. 107 ff.; BVerfGE 67, 178; 90, 173; 105, 36 setzten die Begrifflichkeiten „Übermaßverbot" und „Verhältnismäßigkeit i.e.S." gleich.

Verfassungsgerichtshofes und des BVerfG[74] führte schließlich zur Anerkennung des Grundsatzes der Verhältnismäßigkeit als verfassungsrechtliches Prinzip. Auf europäischer Ebene war die Verhältnismäßigkeit vom EuGH schon als Grundsatz des Gemeinschaftsrechts anerkannt[75] und ist im Zuge des EGV (jetzt: EUV) nun auch vertraglich festgeschrieben.[76]

d) Aufgabe

64   Der Verhältnismäßigkeitsgrundsatz stellt sicher, dass die Organe der EU nicht uferlos Maßnahmen zur Regelung von Sachverhalten ergreifen; vielmehr beschränkt und regelt das Verhältnismäßigkeitsprinzip die Handlungen der Organe und stellt dabei sicher, dass die von den Organen ergriffenen Maßnahmen nicht über das Maß hinausgeht, das zur Erreichung der Ziele der Verträge notwendig ist (**Interventionsminimum**). Es besteht darüber hinaus ein „Protokoll über die Anwendung der Grundsätze der Subsidiarität und der Verhältnismäßigkeit", das dem damaligen EGV durch den Vertrag von Amsterdam hinzugefügt wurde und das die Grundsätze der Anwendung der beiden Prinzipien festlegt.

e) Schema einer Verhältnismäßigkeitsprüfung

65   1. **Legitimer Zweck:**
   Legitim ist grundsätzlich jeder Zweck, der nicht schon von vornherein rechtswidrig ist.
2. **Geeignetheit:**
   Von der Geeignetheit der Maßnahme ist auszugehen, wenn sie die Wahrscheinlichkeit des Erfolgseintritts erhöht[77] und somit der Erfolg gefördert werden kann.[78]
3. **Erforderlichkeit:**
   Die Maßnahme darf nicht über das zur Verfolgung des Zwecks notwendige Maß hinausgehen. Dazu müsste das mildeste Mittel gleicher Geeignetheit eingesetzt worden sein.[79]
4. **Verhältnismäßigkeit** i.e.S. (Zumutbarkeit, Angemessenheit, Übermaßverbot):

---

[74] BayVGH n. F. 1 II, 81 (91); n. F. 8 II 34 (37), seitdem st. Rspr.; BVerfGE 3, 383, 399; 7, 377, 405, 407 f., seitdem st. Rspr.

[75] EuGH, Rs. C-359/92, Slg. 1994, I-3683 – *Deutschland/Rat*

[76] *Emmerich-Fritsche* (2000); *Koch* (2003).

[77] BVerfGE 67, 175; 96, 23.

[78] BVerfGE 30, 316; 67, 173; 96, 23.

[79] BVerfGE 53, 145 f.; 68, 219; 92, 273.

Eine Maßnahme ist auch verhältnismäßig im engeren Sinne, wenn nach einer umfangreichen Gesamtbewertung die Nachteile, die aus ihr hervorgehen, nicht außer Verhältnis zu dem zu erreichenden Zweck stehen und diese somit angemessen und zumutbar sind.[80]

4 Beachtung nationaler Besonderheiten: Strafrechtliches Schonungsgebot

a) Bedeutung

Der Einflussnahme des europäischen Gesetzgebers auf die nationalen Rechtsord- **66**
nungen der Mitgliedstaaten ist durch das Prinzip der Subsidiarität und der Verhältnismäßigkeit eine Grenze gesetzt.[81] Speziell auf das sensible Gebiet des Strafrechts bezogen tritt ferner der **strafrechtliche Schonungsgrundsatz** hinzu, der seiner Bedeutung nach die Harmonisierungsbefugnisse der EU in Bezug auf eine Strafrechtsangleichungskompetenz (Art. 83 Abs. 1 AEUV) sowie eine Annexkompetenz (Art. 83 Abs. 2 AEUV) beschränkt. Je massiver also einzelne Harmonisierungsmaßnahmen der EU in die nationalen Strafrechtssysteme eingreifen, desto bedeutsamer müssen sie für die Funktionsweise der EU sein.[82]

b) Regelung

Eine genaue begriffliche Niederschrift des strafrechtlichen Schonungsgebots **67**
lässt sich im EUV direkt nicht finden. Jedoch gewährt das Zusammenspiel der in Art. 5 EUV kodifizierten Kompetenzausübungsschranken mit dem Grundsatz der Achtung der nationalen Identitäten der Mitgliedstaaten aus Art. 4 Abs. 2 EUV die Annahme eines strafrechtlichen Schonungsgebots. Art. 4 Abs. 2 S. 1 EUV verpflichtet zur Achtung der **nationalen Identitäten** der Mitgliedstaaten, zu denen auch die hinter dem Strafrecht stehenden **sozio-kulturellen Wertvorstellung** gehören.[83]

c) Herkunft

Der strafrechtliche Schonungsgrundsatz ist seiner Herkunft nach denknotwendig **68**
mit dem Kriminalstrafrecht der Mitgliedstaaten verbunden, sodass ihm ein beson-

---

[80] BVerfGE 67, 178; 90, 173; 105, 36.

[81] *Gropp* (2005), § 1 Rn. 61q; *Hecker* (2010), § 8 Rn. 55 f.

[82] *Mansdörfer,* HRRS 2010, 11, 19.

[83] *Böse*, ZIS 2010, 76, 85; *Hecker* (2010), § 8 Rn. 50; *Satzger* (2010), § 9 Rn. 9.

derer Stellenwert in den mitgliedstaatlichen Rechtsordnungen zukommt. Es ist nach
allgemeinem Verständnis die besondere Eigenschaft des Kriminalstrafrechts, dass
es sehr eng mit den sozial-ethischen Vorstellungen der Rechtsgemeinschaft[84] verbunden ist, was eine äußerst **sensible Handhabung** dieses Bereiches erfordert. Die
Verwurzelung des unionsrechtlich anerkannten strafrechtlichen Schonungsgrund-
satzes in den Rechtsordnungen der Mitgliedstaaten macht deutlich, dass ein enger
Bezug zu dem Souveränitätsverständnis der Mitgliedstaaten besteht und so neben
den sozio-kulturellen auch gesellschaftspolitische Gesichtspunkte die Herkunft des
Schonungsgebots prägen.

Das bereits aus Art. 6 Abs. 3 EUV a. F. und Art. 10 EGV abgeleitete strafrechts-
spezifische Schonungsgebot als rechtliche Begründung für „die politische For-
derung, das Strafrecht in besonderem Maße vor unverhältnismäßigen Eingriffen
durch das europäische Recht zu bewahren", wird dahingehend konkretisiert, „dass
bei Sanktionsverpflichtungen in EG- und EU-Rechtsakten jedenfalls ein Bruch mit
den Grundprinzipien des nationalen Strafrechts nicht gefordert werden darf."[85] Der
schonende Umgang mit Ermächtigungen in Bezug auf strafrechtliche Normen wird
auch vom BVerfG gefordert.[86]

d) Aufgabe

69   Als Aufgabe des strafrechtlichen Schonungsgebots ist besonders die **Beschränkung der Harmonisierungsbefugnisse** der Union hervorzuheben. Die nationalen
Rechtsordnungen und Strafrechtssysteme sollen hierdurch vor Systembrüchen be-
wahrt werden, die etwa durch eine zu starke Europäisierung der nationalen Strafrechtsnormen auftreten könnten, da diesen wiederum eine spezifische sozial-ethi-
sche Werteordnung des Mitgliedstaats vorgelagert ist.[87] Außerdem soll im Zuge
der engen Verzahnung mit dem Souveränitätsverständnis der Mitgliedstaaten eine
Wahrung der nationalen Identitäten und Staatlichkeiten erzielt werden[88], was gleichermaßen durch die Prinzipien der begrenzten Einzelermächtigung, der Subsidiarität und der Verhältnismäßigkeit flankiert wird. Teilweise dient es als Begründung
dafür, dass nach der Rechtsprechung des EuGH den EU-Mitgliedstaaten keine ver-
schuldensunabhängige Strafverpflichtung abverlangt werden könne.[89]

Das BVerfG hat im Rahmen des Urteils zum EuHB die begrenzte gegenseitige
Anerkennung von Entscheidungen in Strafsachen als gegenüber einer Harmonisierung des Strafrechts schonenderen Weg zur Wahrung der nationalen Identität bezeichnet:[90]

---

[84] Vgl. auch *Klip* (2009), S. 36 f.; *Satzger* (2001), S. 159 ff.

[85] *Satzger* (2001), S. 92 ff., 98.

[86] Im Lissabon-Urteil: BVerfGE 123, 267 ff.

[87] *Hecker* (2010), § 7 Rn. 29.

[88] BVerfGE 113, 273.

[89] *Heger,* ZStW 117 (2005), S. 630, 645.

[90] BVerfGE 113, 273.

„Die in der „Dritten Säule" der Europäischen Union praktizierte Zusammenarbeit einer begrenzten gegenseitigen Anerkennung ist ein auch unter Subsidiaritätsgesichtspunkten (Art. 23 Abs. 1 GG) schonender Weg, um die nationale Identität und Staatlichkeit in einem einheitlichen europäischen Rechtsraum zu wahren."

5 Effizienzprinzip – effet utile

a) Bedeutung

Der Begriff des sog. *effet utile* (alternativ auch unter den Bezeichnungen *„ut res* **70** *magis valeat quam pereat"* oder *„favor contractus"* bekannt) stammt aus dem Französischen und bezeichnet in einfacher, wörtlicher Übersetzung grundsätzlich eine **nützliche bzw. praktische Wirkung**. Der dahinter stehende Rechtsgedanke ist durch das Wiener Übereinkommen vom 23. Mai 1969 über das Recht der Verträge (WÜV) anerkannt. Im Kontext des Europarechts ist der Grundsatz so zu verstehen, dass bei Auslegung des Unionsrechts dessen „praktische Wirksamkeit"[91] bzw. „nützliche Wirkung"[92] erzielt werden soll.[93]

b) Regelung

Bis zum Inkrafttreten des Lissabon-Vertrages am 01.12.2009 ließ sich eine Kodifikation des *effet utile* in Art. 10 EGV (ex-Art. 5) finden. Art. 4 Abs. 3 EUV (Lissabonner Fassung) enthält nunmehr eine primärrechtliche Niederschrift des Effektivitätsgrundsatzes. **71**

c) Herkunft

Der Rechtsgedanke des *effet utile* ist seiner historischen Entwicklung nach aus der **72** **ständigen Rechtsprechung des EuGH** entstanden[94]. Schon früh begann deshalb der EuGH damit, Regeln festzusetzen, die wiederum als Richtschnur für mitgliedstaatliches Verwaltungsrecht galten. Genügte nun eben dieses Verwaltungsrecht der Mitgliedstaaten den Regeln des EuGH nicht, so konnte dieses auch im Wege der Durchführung von EU-Recht nicht angewandt werden.[95] So kommt es etwa, dass

---

[91] Vgl. etwa EuGH, Rs. C-48/75, Slg. 1976, 497 ff., 517 – *Noël Royer*; Rs. C-792/79, Slg. 1980, 119 ff., 131 – *Camera Care*; Rs. C-246/80, Slg. 1981, 2311 ff, 2328 – *Broekmeulen*.

[92] Vgl. etwa EuGH, Rs. 9/70, Slg. 1970, 825 ff., 838 – *Leberpfennig*.

[93] *Herdegen*, EuR (2010), § 8 Rn. 47 f.

[94] *Streinz* (2008), § 5 Rn. 444 ff.

[95] *Arndt/Fischer* (2008), S. 212; *Oppermann/Classen/Nettesheim* (2009), § 13 Rn. 40 m.w.N.

der Gerichtshof dieses Prinzip schon vor dem Inkrafttreten des Vertrages von Maastricht zur Entfaltung der Gemeinschaftskompetenzen angewendet hat.[96]

d) Aufgabe

73   Hinter diesem Grundsatz steht besonders das Anliegen des Gerichtshofes, dass Gemeinschaftsnormen bzw. nun Normen des Unionsrechts so auszulegen sind, dass ihnen auch ein **praktischer Nutzen** zu Gute kommt.[97] Dies wird vor allem dadurch erreicht, dass die Zwecke, die hinter den jeweiligen Normen stehen und durch die Verträge auch konkretisierbar sind, im Wege der Auslegung zu beachten sind bzw. sie im Umkehrschluss nicht zu verfehlen sind.[98] Natürlich gibt es auch Fälle, in denen mehrere Auslegungsalternativen möglich sind: Hier ist sodann derjenigen Variante der Vorzug zu gewähren, welche dazu geeignet ist, die praktische Wirksamkeit der betroffenen Norm zu wahren.[99]

6 Unionstreue – Loyalitätspflicht

a) Bedeutung

74   Der Grundsatz der loyalen Zusammenarbeit ist einer der tragenden Pfeiler der supranationalen Rechtsordnung, vormals der EG, seit Lissabon der gesamten EU. Auch der häufig verwendete Begriff der „**Unionstreue**" unterstreicht die Wichtigkeit durch eine fast beschwörend wirkende Terminologie.[100] Auch aus der systematischen Stellung des Art. 4 EUV ergibt sich der **konstitutive Charakter** der Vorschrift, dessen Bedeutung weit über die eines Auslegungsprinzips oder den allgemeinen Grundsatz „*pacta sunt servanda*" hinausgeht.[101]

Die Formulierung ist nunmehr die einer **wechselseitigen Verpflichtung**.[102] Auch seitens der Union besteht demnach die Pflicht, die Eigenständigkeit der Mitgliedstaaten zu achten und sie bei der Wahrnehmung ihrer Aufgaben zu unterstützen. Die

---

[96] *Rösler*, Osaka University Law Review 1997 (Vol. 44), S. 55, 66 f.

[97] *Mosiek* (2003), S. 6.

[98] EuGH, Rs. 13/72, Slg. 1973, 27 ff., 41 f. – *Niederlande/Kommission*; Rs. C-300/89, Slg. 1991, I-2867 ff. – *Kommission/Rat*; *Pescatore*, ELR 1983, 155 ff., 177.

[99] EuGH, Rs. 187/87, Slg. 1988, 5013 ff. – *Saarland u.a./Minister für Industrie, Post- und Fernmeldewesen und Fremdenverkehr u.a.*; Rs. C-434/97, Slg. 2000, I-1129 ff. – *Kommission/Frankreich*; BVerfGE 6, 55, 72.

[100] Vgl. dazu auch Calliess/Ruffert/*Kahl* (2007), Art. 10 EGV Rn. 2 ff.

[101] Deutlich Grabitz/Hilf/*von Bogdandy* (2010), Art. 10 EGV Rn. 2; *Geiger* (2010), Art. 10 EGV Rn. 1.

[102] Auch die vormalige Formulierung in Art. 10 EGV wurde als wechselseitige Verpflichtung verstanden, vgl. EuGH, Rs. 230/81, Slg. 1983, 255 – *Luxemburg/EP*.

Unionstreue ist im Lissabonner Vertrag eine gegenseitige Verpflichtung zur Rücksichtnahme und Loyalität.[103]

b) Regelung

Die Pflicht der Mitgliedstaaten zur **loyalen Zusammenarbeit** ist in Art. 4 Abs. 3 **75** EUV niedergelegt. Zuvor befand sich die Pflicht, die Organe der EG bei der Erfüllung ihrer vertraglichen Aufgaben zu unterstützen, in Art. 10 EGV bzw. Art. 5 EWG.

c) Herkunft

In verschiedenen föderalen Staatssystemen findet sich das Prinzip der „**Bundes- 76 treue**" als Fundament des Zusammenhalts der Rechts- und Staatsgemeinschaft.[104] So ist etwa auch im GG das Prinzip der Bundestreue als wechselseitige Verpflichtung zur Rücksichtnahme zwischen Bund und Ländern zwar nicht explizit, aber nach der **Rspr. des BVerfG** dennoch fest verankert.[105] Zwar ist die EU kein Bundesstaat, sondern ein Staatenverbund, gleichwohl ist es auch zur Verwirklichung dieser Struktur notwendig, dass sich die jeweiligen Glieder respektieren und achten.[106] Für eine wechselseitige Treueverpflichtung ist eine Bundesstaatlichkeit im Sinne des GG sicherlich keine notwendige Voraussetzung.[107]

Die Vorschrift der Unionstreue ist seit dem 01.01.1958 im Wesentlichen unverändert Bestandteil des Europarechts (damals Art. 5 EWG). Die Notwendigkeit der Loyalitätspflicht seitens der Mitgliedstaaten gegenüber der Gemeinschaft wurde demnach bereits von den Vätern der Gemeinschaft als **Strukturbedingung** für das Gelingen der europäischen Integration angesehen. Die Norm hat enorm zu Beständigkeit und Stabilität der europäischen Entwicklung beigetragen und wird sogar als Teil der „Erfolgsgeschichte der europäischen Integration" bezeichnet.[108]

Die wesentliche Fortentwicklung hat das Loyalitätsprinzip durch den EuGH **77** erhalten. So hat der EuGH die einseitige Formulierung des Art. 5 EWG bzw. Art. 10 EGV durchbrochen und der Gemeinschaft selbst die Pflicht zur Loyalität gegenüber ihren Mitgliedstaaten auferlegt, da die Pflicht zur Zusammenarbeit „ihrer Natur nach beiderseitig" sei.[109] Außerdem hat er in reichhaltiger Judikatur

---

[103] S. *Herdegen*, EuR (2010), § 6 Rn. 14.

[104] S. von der Groeben/Schwarze/*Zulegg* (2003), Art. 10 EGV Rn. 1.

[105] S. BVerfGE 6, 309; 12, 205.

[106] *Lück* (1992), S. 135 ff. hält die Prinzipien der Bundestreue und der Gemeinschaftstreue (jetzt Unionstreue) gar für deckungsgleich.

[107] So richtigerweise Calliess/Ruffert/*Kahl* (2007), Art. 10 EGV Rn. 6.

[108] So Calliess/Ruffert/*Kahl* (2007), Art. 10 EGV Rn. 1.

[109] Vgl. EuGH, Rs. C-339/00, Slg. 2003, I-11757, Rn. 72 – *Irland/Kommission*; vgl. auch Rs. C-275/00, Slg. 2002, I-10943, Rn. 49 – *First und Franex*.

die Pflichten der Mitgliedstaaten konkretisiert und fortentwickelt.[110] Dazu gehören die Pflicht zur **europarechtskonformen Auslegung** (s. u. § 11 Rn. 15 ff.) und die Pflicht zum Schutz von Unionsinteressen mit den Mitteln des Strafrechts (sog. **Anweisungskompetenz** der Union, s.u. § 10 Rn. 31 f.).

d) Aufgabe

78   Das Prinzip der Unionstreue soll die **föderale Struktur** der Union auf Dauer schützen und erhalten.[111] Seitens der Union besteht die Pflicht der Rücksichtnahme auf die mitgliedstaatlichen rechtlichen und kulturellen Eigenheiten und Identitäten (vgl. auch Art. 4 Abs. 2 EUV), um der Gefahr einer zunehmenden Zentralisierung vorzubeugen. Demnach ist auch auf die nationalen Verfassungen Rücksicht zu nehmen.[112] Im Einzelnen geschieht dies durch die Beachtung des Prinzips der begrenzten Einzelermächtigung (o. Rn. 51), der Subsidiarität (o. Rn. 58) und der Verhältnismäßigkeit (o. Rn. 62).[113]

Demgegenüber sind die Mitgliedstaaten verpflichtet, die gemeinsamen Ziele der Union mit allen geeigneten Maßnahmen zu unterstützen und jegliche Beeinträchtigungen der Vertragsziele zu unterlassen. Diese Pflicht ergibt sich auch aus dem **Grundsatz des Vorrangs** des Unionsrechts (u. Rn. 100 ff.) und dem Grundsatz des *effet utile* (o. Rn. 70 f.). Da die Union für die Durchsetzung des Europarechts auf die Mitgliedstaaten angewiesen ist, kann ohne die Verpflichtung zur effektiven Umsetzung und Durchführung des EU-Rechts durch die Mitgliedstaaten die Union als Rechtsgemeinschaft nicht überleben.[114]

79   Dieses Bild (Abb. 5) der wechselseitigen Einflussnahme und Abhängigkeiten von europäischer und nationaler Ebene zeigt sich vor allem in dem Verhältnis zwischen EuGH und BVerfG, also denjenigen Rechtsprechungsorganen, die auf den jeweiligen Ebenen die Letztentscheidungsbefugnis besitzen: Während das BVerfG die Verantwortung hat, die **Verfassungsidentität** des GG zu wahren, hat es die grundsätzliche Integritätsfreundlichkeit von Art. 23 zu berücksichtigen und sich zugleich der Unionstreue nach Art. 4 Abs. 3 EUV unterzuordnen. Demgegenüber hat der EuGH die Verantwortung für eine funktionstüchtige fortschreitende **Integration** der EU, muss aber nach Art. 4 Abs. 2 EUV zugleich die Identitäten der Mitgliedstaaten zu wahren und Subsidiarität und Verhältnismäßigkeit zu beachten. Die „Integrationsverfassung" des Lissabonner Vertrages wird von beiden obersten

---

[110] Vgl. im Einzelnen dazu: Calliess/Ruffert/*Kahl* (2007), Art. 10 EGV Rn. 24 ff.; Übersicht bei: *Bieber/Epiney/Haag* (2011), § 2 Rn. 64.

[111] Vgl. *Giegerich* (2003), S. 431 ff.

[112] Vgl. Grabitz/Hilf/*von Bogdandy* (2010), Art. 10 EGV Rn. 82.

[113] Vgl. *Bieber/Epiney/Haag* (2011), § 2 Rn. 61.

[114] Vgl. dazu Calliess/Ruffert/*Kahl* (2007), Art. 10 EGV Rn. 8, 24 ff.: „schlechterdings fundamental"; Grabitz/Hilf/*von Bogdandy* (2010), Art. 10 EGV Rn. 1 f. spricht von einer „kaum zu überschätzenden Rolle"; *Bieber/Epiney/Haag* (2011), § 2 Rn. 64 halten diese Pflichten für „unabdingbar".

Abb. 5 Verhältnis EU –
Mitgliedstaaten

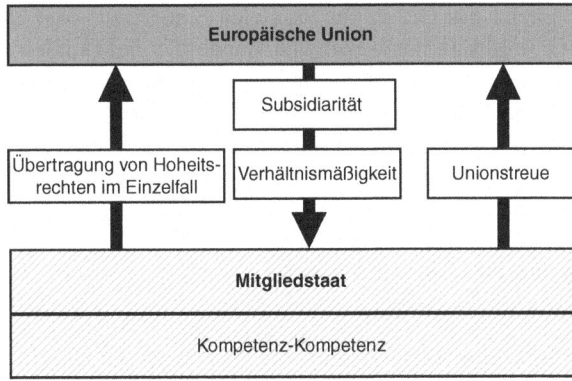

Gerichten von unterschiedlichen Polen aus fortentwickelt und kann in der Tat nur über ein wechselseitiges Kooperationsverhältnis gelingen.[115]

VI Handlungsformen der Europäischen Union

Die Handlungsformen der EU-Organe ergeben sich aus dem **Primärrecht**, namentlich dem AEUV, vgl. Art. 13 Abs. 2 S. 1 EUV. Die Rechtsakte der Unionsorgane werden deshalb auch **europäisches Sekundärrecht** genannt. Den formalen Rahmen dieser Sekundärrechtsakte bildet Art. 288 AEUV. Einzelheiten über die Begründung, die äußere Form und das Wirksamwerden der Rechtsakte finden sich in Art. 296 und 297 AEUV. Das Gesetzgebungsverfahren ist in Art. 293 ff. AEUV niedergelegt. Von diesen formellen Voraussetzungen („Wie") ist die Frage der Rechtssetzungsbefugnis („Ob") zu unterscheiden. Diese ergibt sich aus den Kompetenzen der Verträge, die in § 10 für das Strafrecht näher behandelt werden.   **80**

Die Handlungsformen der EU wurden im Lissabonner Vertrag zusammengefasst. Da die frühere Unterscheidung zwischen den verschiedenen Säulen aufgegeben wurde, ist auch die Differenzierung zwischen den in den verschiedenen Säulen möglichen Rechtsakten hinfällig. In der Übergangszeit ist aber die Kenntnis der Handlungsformen der 3. Säule (PJZ) erforderlich, so dass diese am Ende dieses Abschnittes aufgegriffen wird.   **81**

Die Handlungsformen der EU unterscheiden sich wesentlich von den aus dem **nationalen Kontext** bekannten Rechtsakten.

Im **nationalen Recht** wird gemeinhin unterschieden zwischen:[116]

1. Parlamentsgesetz (Gesetz im formellen Sinne);
2. Verordnung und
3. Satzung.

---

[115] Vgl. dazu auch *von Danwitz*, in: Baus/Borchard/Krings (2010), S. 85, 86 ff.

[116] Vgl. statt aller *Maurer* (2010), § 17 Rn. 3 ff.

Während das Gesetz im formellen Sinne nach dem Gesetzgebungsverfahren des GG im Zusammenwirken von Bundestag und Bundesrat zustande kommt, handelt es sich bei der Verordnung um einen materiellen Rechtsakt, der von der Exekutive, also der Verwaltung zur gleichmäßigen Gesetzesanwendung erlassen wird. Der Vorrang des (formellen) Gesetzes ist dabei zu beachten (vgl. Art. 80 GG). Eine Satzung schließlich ist eine Regelung einer Selbstverwaltungskörperschaft im Rahmen ihrer eigenen Angelegenheiten, also etwa die Satzung einer Gemeinde zur Benutzung eines Spielplatzes oder einer Universität zur Regelung der Voraussetzungen zur Zulassung als Doktorand.

82 Im **Unionsrecht** sind in Art. 288 AEUV vier verschiedene Rechtshandlungen vorgesehen, die den nationalen Rechtsakten in keiner Weise entsprechen:

1. Verordnung;
2. Richtlinie;
3. Beschluss und
4. Empfehlung/Stellungnahme.

Die Einzelheiten bzgl. der Voraussetzungen, der Adressaten und der Wirkung werden im Folgenden kurz dargelegt. Die Handlungsformen stehen nicht unbedingt in einem hierarchischen Verhältnis zueinander. Unterschiedliche Regelungsziele legen ggf. unterschiedliche Handlungsformen nahe.[117]

1 Verordnung

83 Die Verordnung wird in Art. 288 Abs. 2 AEUV geregelt. Sie hat allgemeine Geltung, ist in allen ihren Teilen verbindlich und gilt unmittelbar in jedem Mitgliedstaat.[118] Der Verordnung kommt wegen der unmittelbaren Wirkung auch sog. Durchgriffswirkung auf den Einzelnen zu. Ein nationaler Umsetzungsakt ist demnach grundsätzlich nicht erforderlich.

Wegen der **unmittelbaren Wirkung** auch gegenüber Individuen kommt für eine europäische Rechtsetzung im Strafrecht nur die Verordnung als Handlungsform in Betracht. Da aber bislang eine Strafrechtssetzungskompetenz abgelehnt wurde (s. § 10 Rn. 22), sind Verordnungen bislang nur mittelbar über nationale Gesetze für das Individuum unmittelbar verbindlich geworden. Das beschreibt etwa folgendes

Beispiel: Mit EU-Verordnung Nr. 961/2010 des Rates vom 25.10.2010 („Iran-Embargo-Verordnung")[119] hat die EU Handel mit dem Iran verboten (vgl. Art. 2 der VO). Nach

---

[117] Zur Normhierarchie vgl. *Bieber/Epiney/Haag* (2011), § 6 Rn. 28, 50 ff.

[118] *Herdegen,* EuR (2010), § 8 Rn. 35.

[119] AblEU 2010 Nr. L 281, 1 unter Aufhebung von Verordnung (EG) Nr. 423/2007.

Art. 37 der Iran-Embargo-Verordnung müssen die Mitgliedstaaten dieses Verbot operationalisieren, d.h. entsprechende Sanktionsandrohungen im nationalen Gesetz einführen, damit auf dieser Grundlage Einzelpersonen bei Verstoß gegen die Ausfuhrbestimmungen bestraft werden können. In Deutschland erfolgt die Umsetzung durch § 34 AWG.

Verordnungen enthalten gelegentlich auch Regelungen, die gegenüber Einzelnen **84** unmittelbar gelten. Sie haben dann den Charakter eines „**Beschlusses**" (s.u. Rn. 88) und können entsprechend Art. 263 Abs. 4 AEUV vor dem EuGH von der betroffenen Person angegriffen werden.

Dieses Vorgehen ist vor allem im Bereich der Terrorbekämpfung relevant geworden.[120] Mit Verordnung (EG) Nr. 467/2001 hatte der Rat u. a. auch die Anordnung getroffen, gegen bestimmte Personen und Unternehmen, bei denen der Verdacht besteht, dass sie mit Al Qaida oder den Taliban in Verbindung stehen, bestimmte restriktive Maßnahmen zu verhängen.[121] In diesem Zusammenhang wurden etwa auch Konten eingefroren. Diese Maßnahmen erfolgten in Umsetzung der Resolutionen 1267 (1999) und 1333 (2000) des Sicherheitsrates der Vereinten Nationen, deren Ziele der Rat der Europäischen Union am 15.11.1999 in dem Gemeinsamen Standpunkt 1999/727/GASP[122] und am 26.02.2001 dem Gemeinsamen Standpunkt 2001/154/GASP[123] über restriktive Maßnahmen gegen die Taliban übernommen hatte. Die Erstellung der Listen der entsprechend sanktionierten Personen und Unternehmen oblag dem Sanktionsausschuss.

In dem Urteil des EuGH in Sachen *Kadi* stellte der Gerichtshof fest, dass trotz dieser unmittelbaren Wirkung gegen individuelle Personen bzw. Unternehmen grundsätzlich die Rechtsform der VO nach Art. 288 Abs. 2 AEUV (damals Art. 249 EG) vorläge.[124] Der EuGH legitimiert damit eine abstrakte und allgemeine Bestimmung der Adressaten in der VO selbst, die durch eine im Anhang enthaltene und im Übrigen ständig anzupassende Liste individualisiert werden. Die VO wurde mit Wirkung für Kadi dennoch für nichtig erklärt, weil ihm keine Rechtsschutzmöglichkeiten gegeben waren und somit Kadi in seinem Eigentumsrecht aus Art. 1 1. ZP EMRK verletzt war.[125]

2 Richtlinie

Die Richtlinie wird durch Art. 288 Abs. 3 AEUV näher beschrieben. Die Richtlinie **85** richtet sich allein an die Mitgliedstaaten; sie ist lediglich hinsichtlich ihrer Ziele verbindlich. Eine **Umsetzung** erfolgt durch die Mitgliedstaaten selbst innerhalb

---

[120] EuGH Urteil v. 03.09.2008 – Rs. C-402/05 P u.a. – *Kadi u.a.*

[121] Verordnung (EG) Nr. 467/2001 des Rates über das Verbot der Ausfuhr bestimmter Waren und Dienstleistungen nach Afghanistan, über die Ausweitung des Flugverbots und des Einfrierens von Geldern und anderen Finanzmitteln betreffend die Taliban von Afghanistan; ABlEG 2001 Nr. L 139, 9.

[122] ABlEU 1999 Nr. L 294, 1.

[123] ABlEU 2001 Nr. L 57, 1.

[124] EuGH, Rs. C-402/05, Slg. 2008, I-06351, Rn. 237–247 – *Kadi/Rat und Kommission.*

[125] EuGH, Rs. C-402/05, Slg. 2008, I-06351, Rn. 365–372 – *Kadi/Rat und Kommission.*

festgelegter Umsetzungsfristen. Den Mitgliedstaaten wird jedoch die mit einer Umsetzung einhergehende Wahl der Form und der Mittel überlassen.[126]

Das Rechtssetzungsverfahren in Bezug auf eine Richtlinie ist demnach zweistufig:

- **EU-Ebene:** Regelungsprogramm wird für die Mitgliedstaaten verbindlich erlassen (Richtlinie)
- **Nationale Ebene:** Mitgliedstaaten setzen den Regelungsinhalt im innerstaatlichen Recht um (nationale Durchführungsbestimmungen)

Diese Zweistufigkeit führt in mancherlei Hinsicht zu Reibungen. Eines der Hauptprobleme ist die Rechtzeitigkeit der Umsetzung und damit verbundene Verzögerungen bei der Durchsetzung des EU-Rechts. Während dieser **Verzögerungen** kann die Richtlinie bereits gewisse Vorwirkungen zeitigen, um zu verhindern, dass die Ziele der Richtlinie nachhaltig beschädigt werden.[127] Nicht fristgemäße oder unzulängliche Umsetzung von Richtlinien kann auch zur unmittelbaren Anwendung der Richtlinie[128] und/oder zu Schadenersatzpflicht des säumigen Staates führen.[129] Außerdem ist es dem Mitgliedstaat verwehrt, im materiellen Regelungsbereich der Richtlinie abweichende Bestimmungen zu treffen. Insofern entwickelt die Richtlinie für den nationalen Gesetzgeber eine Sperrwirkung.[130] Umstritten ist auch, inwiefern eine Richtlinie Drittwirkung entfalten kann.[131] Für das Strafrecht können diese vom EuGH entwickelten Folgen allerdings wegen des Bestimmtheitsgrundsatzes kaum relevant werden.

86   Bedeutung hat die Richtlinie vor allem im Bereich der **Rechtsangleichung**.[132] Durch die Beschränkung der Verbindlichkeit auf die Ziele der Richtlinie und die Offenheit in der Art und Weise der Umsetzung können die vielfach erheblichen Unterschiede in den Rechtsordnungen der Mitgliedstaaten schrittweise angepasst werden.[133] Dabei wird die Souveränität der Rechtssetzungsorgane der Mitgliedstaaten weitgehend – jedenfalls formal – beachtet.

Einen gewissen Einbruch in diese Differenzierung zwischen Ziel und Form bildet die sog. **Anweisungskompetenz.** Danach steht es dem europäischen Sekundärrechtsgeber zu, die Mitgliedstaaten mittels Richtlinie zu verpflichten, strafrechtliche Sanktionen zu erlassen. Damit wird die freie Wahl der Mittel erheblich ein-

---

[126] *Herdegen*, EuR (2010), § 8 Rn. 36.

[127] Vgl. dazu etwa BVerwGE 107, 1, 22 zur Flora-Fauna-Habitat-Richtlinie und deren Relevanz bei der Planung einer Autobahn hinsichtlich der dadurch erforderlichen Ausweisung bestimmter Schutzgebiete.

[128] Vgl. etwa EuGH, Rs. 8/81, Slg. 1982, 53 – *Becker*.

[129] Seit EuGH, Rs. C-6/90, C-9/90, Slg. 1991, I-5357 – *Francovich*; später EuGH, Rs. C-46/93, C-48/93, Slg. 1996, I-1029 – *Brasserie du pêcheur*.

[130] *Bieber/Epiney/Haag* (2011), § 6 Rn. 35.

[131] Vgl. dazu EuGH, Rs. C-442/98, Slg. 2000, I-5047 – *Unilever Italia*, Rn. 45 ff. Speziell zum Diskriminierungsverbot: EuGH, Rs. C.144/04, Slg. 2005, I-9981 – *Mangold*.

[132] *Satzger* (2010), § 7 Rn. 22, 23.

[133] *Bieber/Epiney/Haag* (2011), § 6 Rn. 32.

geschränkt, da die Richtlinie vorschreibt, dass der nationale Gesetzgeber bei Verstößen gegen die Richtlinie strafrechtliche Sanktionen, die wirksam, abschreckend und verhältnismäßig sind, vorsehen muss.[134] Einzelheiten zur Anweisungskompetenz nach Art. 83 AEUV bei § 10 Rn. 47.

Die Zweistufigkeit der Richtliniengesetzgebung verdeutlicht eine wichtige methodische Konsequenz: Für die Auslegung eines nationalen Rechtsaktes, der zur Umsetzung einer EU-Richtlinie erlassen wurde, muss auf den Rechtsakt der ersten Stufe Rücksicht genommen werden. Man spricht deshalb von **richtlinienkonformer Auslegung** (dazu auch § u. Rn. 105). **87**

> **Beispiel:** Mit Richtlinie 2008/99/EG vom 19.11.2008 über den strafrechtlichen Schutz der Umwelt[135] bestimmt die Gemeinschaft (jetzt Union), dass gewisse umweltgefährdende Handlungen von den Mitgliedstaaten unter Strafe gestellt werden müssen. Die Grundlage für die Richtlinie stellt die sog. Anweisungskompetenz dar, die vom EuGH im Vorfeld dieser Richtlinie entwickelt worden war.[136] Die strafbaren Handlungen sind in Art. 4 RiL enthalten und reichen von Umweltverschmutzung (lit. a.) über Umgang mit radioaktiven Substanzen (lit. e.) bis hin zur Tötung von (lit. f.) oder Handel mit (lit. g.) geschützten Tierarten. Vorsätzliche und grob fahrlässige Verstöße müssen mindestens unter Strafe gestellt werden. Außerdem müssen wirksame, abschreckende und verhältnismäßige Sanktionen gegen Unternehmen vorgesehen werden, deren leitende Mitarbeiter gegen die Handlungspflichten verstoßen haben (Art. 6 und 7 RiL). Die Umsetzung hatte bis zum 26.12.2010 zu erfolgen. Im StGB sind zwar etliche Vorschriften zum Schutz der Umwelt enthalten (§§ 324 ff. StGB), die RiL geht aber teilweise darüber hinaus. Außerdem ist eine Anpassung des Bundesjagdgesetzes und der Abfallverbringungsbußgeldverordnung erforderlich. Bislang liegt zwar ein Referentenentwurf des Bundesministeriums der Justiz vor, die Umsetzung ist aber noch nicht in Kraft.

3 Beschluss

Der Beschluss ersetzt die früher in Art. 249 Abs. 4 EGV geregelte Entscheidung. Er ist in Art. 288 Abs. 4 AEUV aufgeführt. Beschlüsse dienen der Regelung eines Einzelfalls und sind – wie die Verordnung – in allen ihren Teilen **verbindlich**.[137] Soweit sie nur an bestimmte Adressaten gerichtet sind, sind sie nur für diese verbindlich. Daher muss der Beschluss nunmehr, anders als früher die Entscheidung, nicht mehr an einen bestimmten Adressaten gerichtet sein.[138] Anders als die vorma- **88**

---

[134] Auch außerhalb des Strafrechts wurden bereits Anforderungen an die Art der Umsetzung und die Wahl des Mittels festgelegt. So ist etwa im Bereich des Umweltrechts die Festsetzung gewisser Standards durch bloße verwaltungsinterne Ausführungsvorschriften kritisiert worden; vgl. EuGH, Rs. C-361/88, Slg. 1991, I-2567 – *TA Luft*, Rn. 20.

[135] ABlEU 2008 Nr. 7 328, 28.

[136] Vgl. dazu u. § 10 Rn. 31.

[137] *Bieber/Epiney/Haag* (2011), § 6 Rn. 40.

[138] *Streinz/Ohler/Herrmann* (2010), S. 77; *Fischer* (Vertrag von Lissabon 2010), S. 395. Zum Rechtsschutz, siehe *Everling,* in: Hatje/Schwarze (Hrsg.), Der Reformvertrag von Lissabon, EuR 2009, Beih.1, 71 ff.

lige Entscheidung können in einem Beschluss auch abstrakt-generelle Regelungen enthalten sein.

Die Beschlüsse werden in der Regel von der Kommission erlassen; sie unterliegen deshalb keinen speziellen Formvorschriften, solange aus dem Inhalt hervorgeht, dass dieser rechtlich bedeutsam ist und der Unterzeichnende zuständig ist, eine wirksame Bindung einzugehen.[139] Die Entscheidung kann auch mündlich ergehen.[140] Für den strafrechtlichen Bereich ist diese Handlungsform kaum relevant.

4 Empfehlung und Stellungnahme

89   Empfehlung und Stellungnahme nach Art. 288 Abs. 5 AEUV sind unverbindliche Regelungsakte (ebenso wie vormals nach Art. 249 Abs. 5 EGV). Empfehlungen spricht ein Unionsorgan aus eigener Initiative aus; Stellungnahmen erfolgen nach Anfrage.[141] Relevanz erhalten Empfehlungen und Stellungnahmen lediglich mittelbar, indem innerstaatliche Gerichte Empfehlungen zu berücksichtigen haben, wenn diese die Auslegung von Unionsrecht betreffen.[142]

5 Exkurs: frühere Handlungsformen

90   In der früheren Dritten Säule der EU, der sog. polizeilichen und justiziellen Zusammenarbeit (PJZ), die keinen supranationalen Charakter hatte, sondern rein auf intergouvernementaler Zusammenarbeit fußte, gab es notwendigerweise andere Handlungsformen. Die Maßnahmen waren in Art. 34 Abs. 2 EUV a. F. enthalten. Das waren:

1. Gemeinsame Standpunkte nach Art. 34 Abs. 2 S. 2 lit. a) EUV a. F.
2. Rahmenbeschlüsse nach Art. 34 Abs. 2 S. 2 lit. b) EUV a. F.
3. Beschlüsse nach Art. 34 Abs. 2 S. 2 lit. c) EUV a. F. und
4. Übereinkommen nach Art. 34 Abs. 2 S. 2 lit. d) EUV a. F.

Von besonderer Bedeutung war allein der Rahmenbeschluss, der **eng an die Richtlinie aus Art. 249 Abs. 3 EGV a. F. angelehnt** war. Er richtete sich ebenso wie diese verbindlich an die Mitgliedstaaten der Gemeinschaft und musste im innerstaatlichen Recht umgesetzt werden. Der Rahmenbeschluss verlangte eine **Angleichung der nationalen Rechts- und Verwaltungsvorschriften**. Er war für die Organe und Behörden der Mitgliedstaaten einschließlich der Legislative unmittelbar verbind-

---

[139] Vgl. zur „Entscheidung": EuGH, Rs. 21/64, Slg. 1964, 241 – *Dalmas.*

[140] *Bieber/Epiney/Haag* (2011), § 6 Rn. 40.

[141] *Bieber/Epiney/Haag* (2011), § 6 Rn. 41.

[142] Vgl. EuGH, Rs. C-322/88, Slg. 1989, 4407 – *Grimaldi.* Dazu auch *Herdegen,* EuR (2010), § 8 Rn. 54.

lich. Den für die Umsetzung zuständigen nationalen Stellen verblieb zur Erreichung des Zieles die Wahl der Form und der Mittel.

Als Besonderheit ist hervorzuheben, dass in Art. 34 Abs. 2 S. 2 lit. b) S. 2 **91** EUV a. F. explizit festgelegt wurde, dass die Rahmenbeschlüsse **keine unmittelbare Wirkung** entfalten sollten.[143] Damit sollte verhindert werden, dass der Rahmenbeschluss eine ähnliche Entwicklung erfährt wie die Rechtsprechung des EuGH zur unmittelbaren Anwendbarkeit von EG-Richtlinien (Art. 249 Abs. 3 EGV a. F.).[144] Der EuGH fand trotzdem Mittel und Wege, die Bedeutung des Rahmenbeschlusses vor allem über das Erfordernis der rahmenbeschlusskonformen Auslegung des nationalen Rechts erheblich auszuweiten (s. dazu im Einzelnen u. § 11 Rn. 51).

VII Methodologie

Zur Rechtsmethode wurden bereits allgemeine Ausführungen in § 4 getätigt. Auf   **92** diese Grundlagen sei hier verwiesen. Die folgenden Darstellungen zum anwendbaren Recht und zur Auslegung hinsichtlich des Unionsrechts verstehen sich insofern als Ergänzung.

1 Anwendbares Recht

Mit dem Vertrag von Lissabon wurde eine einheitliche Europäische Union geschaffen, deren Grundlage der Vertrag über die Europäische Union sowie der Vertrag über die Arbeitsweise der Europäischen Union ist. Dies hat zur Aufhebung einer Unterscheidung zwischen Gemeinschafts- und Unionsrecht geführt, man spricht nun vielmehr von einem einheitlichen Unionsrecht.[145] Man unterscheidet allerdings wie bisher zwischen **Primär**- und **Sekundärrecht** der Europäischen Union.[146]

a) Primärrecht

Das Primärrecht setzt sich aus den beiden Verträgen (**EU-Vertrag und AEU-**   **93** **Vertrag**) zusammen. Diese sind nach Art. 1 Abs. 2, 3 EUV rechtlich gleichrangig und bilden die „**Grundordnung**" der Union und können deshalb auch als „Verfas-

---

[143] Dazu auch Grabitz/Hilf/*Röben* (2010), Art. 34 EUV Rn. 16–22.

[144] Vgl. dazu *Herdegen*, EuR (2010), § 8 Rn. 45 ff.

[145] *Streinz/Ohler/Herrmann* (2010), S. 76, 77.

[146] 17. Erklärung zum Vorrang, Vertrag von Lissabon, ABlEU 2008 Nr. C 115, 344. Aufgrund des Wortlauts der 17. Erklärung zum Vorrang zum Vertrag von Lissabon (…die Verträge und das von der Union auf der Grundlage der Verträge gesetzte Recht…), kann auch weiterhin von einer Differenzierung zwischen primärem und sekundärem Unionsrecht ausgegangen werden.

sung" bezeichnet werden.[147] Ebenfalls zum Primärrecht gehören die Anhänge und
Protokolle zu den Verträgen.[148]

Nach Art. 6 Abs. 1 EUV stehen die in der **Grundrechtecharta** verbürgten
Grundrechte gleichrangig neben den Verträgen. Demnach verfügt die Union jetzt
über einen bislang fehlenden Grundrechtskatalog. Außerdem gelten die Grundrechte, wie sie in der EMRK verbürgt sind und wie sie sich aus den gemeinsamen Ver-
fassungsüberlieferungen der Mitgliedstaaten ergeben, als **allgemeine Grundsätze**
des Unionsrechts (Art. 6 Abs. 3 EUV). Diese Rechtswirkung hat der EuGH seit
längerem anerkannt,[149] so dass die Regelung im Lissabonner Vertrag nur deklaratorischen Charakter hat.

b) Sekundärrecht

94   Das sekundäre Unionsrecht wird auch als **abgeleitetes Unionsrecht** bezeichnet und
wird durch die Organe der EU auf Grundlage der Verträge geschaffen.[150] Der aus
Art. 249 EGV bekannte Katalog wird dabei im Wesentlichen durch Art. 288 AEUV
übernommen. Es existieren daher **verbindliche Handlungsformen** wie Verordnung, Richtlinie und Beschluss (Art. 288 Abs. 2–4 AEUV) sowie unverbindliche
Handlungsformen wie Empfehlung oder Stellungnahme (Art. 288 Abs. 5 AEUV).[151]

c) Bedeutung der Menschenrechte

95   Der Lissabon-Vertrag verpflichtet die Europäische Union weit über das bisherige
Maß hinaus auf die Einhaltung von Grund- und Menschenrechten.[152] Die Grundrechtecharta ist seither **Teil des europäischen Primärrechts** (s. Rn. 99) und tritt
als zweites verbindliches menschenrechtliches Dokument neben die EMRK, die in
ihren Rechtsprinzipien bereits seit längerem für die EU verbindlich war (s. Rn. 96).
Die Grundrechtecharta und die EMRK werden in Zukunft eine zentrale Rolle für
die Anwendung und Auslegung des Europarechtes spielen, weshalb hier kurz der
jeweilige Anwendungszusammenhang dieser Dokumente dargestellt werden soll.

---

[147] *Herdegen*, EuR (2010), § 8 Rn. 5; vgl. auch *Chr. Calliess*, in Baus/Borchard/Krings (2010),
S. 111, 112 f.

[148] Art. 51 EUV.

[149] Vgl. EuGH, Rs. 11/70, Slg. 1970, 1125 – *Internationale Handelsgesellschaft*; Rs. 4/73, Slg.
1974, 491 – *Nold*; Rs. 44/79, Slg. 1979, 3727 – *Hauer*.

[150] *Herdegen*, EuR (2010), § 8 Rn. 34.

[151] Einzelheiten o. Rn. 89.

[152] *Heger*, ZIS 2009, 406, 408.

(1) EMRK

Sämtliche Mitgliedstaaten der EU sind bereits als Vertragsstaaten der EMRK an de-   **96**
ren Gewährleistungen gebunden.[153] Die EU selbst konnte der EMRK bislang allerdings aus rechtlichen Gründen nicht beitreten.[154] Auf Seiten der EU wurden jedoch
im Zuge des **Vertrags von Lissabon** die rechtlichen Möglichkeiten eines Beitritts
zur EMRK geschaffen. Nach Art. 6 Abs. 2 EUV tritt die Union der EMRK bei.
Damit wurde ein erstes Hindernis für den Beitritt der EU zur EMRK überwunden.
    Auf Seiten der EMRK war ein Beitritt nach Art. 59 Abs. 1 S. 1 EMRK bislang
nur Mitgliedern des Europarats möglich. Der Europarat konnte jedoch nur Staaten
aufnehmen. Die Voraussetzungen zum Beitritt der EU zur EMRK wurden allerdings
mit dem 14. Zusatzprotokoll zur EMRK bereits im Jahr 2004 geschaffen. Hier wurde die Einführung eines Art. 59 Abs. 2 EMRK beschlossen, welcher vorsieht, dass
„die Europäische Union ... dieser Konvention beitreten" kann.[155]
    Nach der Ratifizierung des **14. Zusatzprotokolls** durch die russische Duma am   **97**
15.01.2010 ist das Protokoll nun seit dem 01.06.2010 in Kraft. Damit ist ein Beitritt der EU zur EMRK nun grundsätzlich möglich. Um diesen umzusetzen, müssen
jedoch noch weitere Hürden überwunden werden. Es muss nämlich weiterhin noch
ein Beitrittsvertrag zwischen den bisherigen Konventionsstaaten und der EU ausge-
handelt werden.[156] Hinzu kommt, dass der Vertrag von Lissabon in Art. 218 AEUV
ein sehr kompliziertes Verfahren vorsieht, welches den Abschluss des Beitritts der
EU zur EMRK zum Ziel hat. Hier bedarf es zunächst der Zustimmung des Europäischen Parlaments sowie eines einstimmigen Beschlusses des Rates.[157]
    Mit dem Beitritt der EU zur EMRK ist diese auch dem **Rechtsschutzsystem** des   **98**
EGMR unterworfen. Jeder Unionsbürger kann sich demnach mit der Behauptung,
durch einen Hoheitsakt der EU in seinen Rechten verletzt zu sein, nach Straßburg
wenden. Insofern schließt sich eine nicht unerhebliche Rechtsschutzlücke für die
rechtsunterworfenen Bürger in Europa.

(2) Grundrechtecharta

Im Rahmen von Art. 6 Abs. 1 EUV wird nun auch die Grundrechtecharta der EU   **99**
rechtlich anerkannt, welche bislang lediglich „feierlich proklamiert"[158] worden war.
Die Grundrechtecharta ist zwar selbst nicht Teil des Lissabon-Vertrags, sie steht
aber nach Art. 6 Abs. 1 EUV auf einer Stufe mit den EU-Verträgen und ist somit
auch bindend für die EU.[159]

---

[153] S. dazu auch u. § 13 Rn. 7 ff.
[154] EuGH, Gutachten 2/94, Slg. 1996 I, 1759.
[155] Dazu auch *Brodowski*, ZIS 2010, 749 ff.
[156] *Satzger* (2010), § 11, Rn. 14.
[157] Vgl. Art. 218 Abs. 6–8 AEUV.
[158] So geschehen auf dem Gipfel von Nizza am 7. Dezember 2000.
[159] *Satzger* (2010), § 11, Rn. 15.

Die Grundrechtecharta gilt nach ihrem Anwendungsbereich sowohl für **Organe und Einrichtungen der Europäischen Union** als auch für die Mitgliedstaaten, wenn diese das Recht der EU durchführen.[160] Jede Rechtssetzung der Union muss sich nun an den Gewährleistungen der Grundrechtecharta messen lassen.[161] Über die Einhaltung der Grundrechte wacht der EuGH.

2 Verhältnis zum nationalen Recht

a) Grundfragen

100   Aus dem bisher Gesagten sollte deutlich geworden sein, dass das Europarecht eine **eigenständige Rechtsordnung** neben der Rechtsordnung des Mitgliedstaates darstellt. Existieren mehrere Rechtsordnungen nebeneinander, so entsteht die Frage nach dem Verhältnis der beiden Systeme.[162] In der Regel wird – etwa bei bundesstaatlichen Konstrukten – die Verfassung eine Kollisionsnorm vorsehen, aus der sich ergibt, dass die gemeinsame Rechtsordnung hierarchisch über der Partikularrechtsordnung steht. So verhält es sich etwa in Art. 31 GG, der in aller geziemenden Schlichtheit feststellt: „Bundesrecht bricht Landesrecht".

Eine solche explizite Kollisionsregel kennt das Europarecht nicht. Zwar war eine entsprechende Norm in Art. 5 des Verfassungsvertrages von 2004 vorgesehen, die aber aus symbolischen Gründen nicht in den Lissabonner Vertrag übernommen wurde.[163] Allerdings ergibt sich der im Übrigen logisch richtige **Vorrang des Unionsrechts** vor jedem innerstaatlichen Recht aus einer schon frühzeitig gefestigten Rechtsprechung des EuGH. Die Frage ist also gar nicht vordringlich, ob das EU-Recht Vorrang hat, sondern auf welche Art und Weise dieser Vorrang dogmatisch konstruiert wird. Gangbar sind nämlich zwei Wege:

1. **Geltungsvorrang:** Das kollidierende nationale Recht ist nichtig.
2. **Anwendungsvorrang:** Das kollidierende nationale Recht bleibt wirksam, ist aber im Fall des Konfliktes nicht anwendbar, sondern tritt insoweit zurück.

Es versteht sich von selbst, dass die Kollisionslösung im Wege des Anwendungsvorrangs den schonenderen Eingriff in die Rechtsordnung des Mitgliedstaates darstellt.[164]

---

[160] Art. 51 der Grundrechtecharta; vgl. auch *Herdegen*, EuR (2010), § 8 Rn. 31.

[161] *Heger,* ZIS 2009, 406, 408.

[162] Dazu auch *Haltern* (2007), Rn. 600 ff.

[163] Vgl. *Bieber/Epiney/Haag* (2011), § 3 Rn. 37.

[164] *Haltern* (2007), Rn. 931, 940.

b) Gerichtshof der Europäischen Union

Es besteht nach Auffassung des Gerichtshofs der Europäischen Union ein **Anwendungsvorrang** des Unionsrechts vor nationalem Recht.[165] Zur Begründung für den Anwendungsvorrang wird die Eigenständigkeit der EU-Rechtsordnung angeführt, welche nicht auf einen innerstaatlichen Rechtsanwendungsbefehl angewiesen ist. Zudem sind die Mitgliedstaaten nach Art. 4 Abs. 3 EUV verpflichtet, Maßnahmen zu unterlassen, die der Verwirklichung der Ziele der EU entgegenwirken könnten (Loyalitätspflicht der EU gegenüber den Mitgliedstaaten, s.o. Rn. 74).

101

c) BVerfG

Grundsätzlich geht auch das BVerfG von einem **Anwendungsvorrang** des Unionsrechts aus.[166] Allerdings wurde dieser Vorrang in Bezug auf die Gewährleistungen des Grundgesetzes nicht ganz ohne Vorbehalt eingeräumt. Eine Ausnahme von dem Grundsatz des Anwendungsvorrangs wird lediglich für den Fall angenommen, dass die Gewährung eines unabdingbaren **Grundrechtsstandards** nach Maßgabe des Grundgesetzes nicht mehr gesichert erscheint.[167]

102

3 Auslegung

Die Frage der Auslegung des Europarechts hat zwei Ebenen: Zum einen ist das Europarecht selbst auszulegen, also diejenigen Normen, die einer Rechtsquelle des Unionsrechts entspringen (Primär- und Sekundärrecht). Zum anderen ist das nationale Recht zu betrachten, das vor dem Hintergrund europäischer Normen auszulegen ist. Es geht also auch um europäisiertes nationales Recht.

103

a) Europäisches (supranationales) Recht

Die Auslegung des Unionsrechts selbst folgt den allgemeinen Regeln, wie sie auch für völkerrechtliche Verträge Anwendung finden (dazu oben § 4 Rn. 98):

104

---

[165] Grundlegend zum Vorrang des Unionsrechts EuGH, Rs. 6/64, Slg. 1964, 1251 – *Costa/ENEL*. Vgl. die 17. Erklärung zum Vorrang, Vertrag von Lissabon, ABlEU 2008 Nr. C115, 344. Dort ist nun das Gutachten des Juristischen Dienstes des Rates vom 22. Juni 2007 zum Vorrang des Unionsrechts in der Fassung des Dokuments 11197/07 (JUR 260) aufgenommen worden.

[166] Erstmals ausdrücklich in BVerfGE 31, 145, 174.

[167] Vgl. BVerfG, NJW 2000, 3124.

- Wortlaut
- Systematik
- Historisch
- Teleologisch

Von besonderer Bedeutung ist hier die teleologische, **dynamische Interpretation**, die von dem Grundprinzip der effektiven Umsetzung des Europarechts geprägt ist (s.o. Rn. 70 f. zum *effet utile*). Die Betonung dieses Grundsatzes hat in der Rechtsprechung des EuGH zu einem enormen Maß an rechtsfortbildendem Richterrecht geführt.[168] Die Kritik des BVerfG daran und die Warnung vor „ausbrechenden Rechtsakten" wurde bereits dargestellt (s.o. Rn. 29 ff.).

b) Europäisiertes (nationales) Recht

105 Das nationale Recht ist zunächst ebenfalls nach dem bekannten Auslegungskanon zu interpretieren (s.o. § 4 Rn. 89). Zur Herstellung von Konformität zwischen dem nationalen Recht und dem europäischen Recht ist das Recht der Mitgliedstaaten darüber hinaus stets **europarechtskonform** auszulegen.[169] Durch diese Herangehensweise kann ein Konflikt zwischen den beiden Ebenen vermieden und außerdem eine gleichmäßige Anwendung des Unionsrechts in allen Mitgliedstaaten gewährleistet werden. Die Verpflichtung zur unionsrechtskonformen Auslegung entstammt dem Grundsatz der Unionstreue (vgl. o. Rn. 74).[170] Zur Bedeutung und zu den Grenzen dieses Grundsatzes im strafrechtsrelevanten Bereich vgl. § 11 Rn. 43.

Literatur

Ambos/Rackow, Erste Überlegungen zu den Konsequenzen des Lissabon-Urteils des Bundesverfassungsgerichts für das Europäische Strafrecht, ZIS 2009, 397

Baumgartner, „Jede Gesellschaftstätigkeit ist ihrem Wesen nach subsidiär" – Zur anthropologischen und theologischen Begründung der Subsidiarität, in: Nörr/Oppermann (Hrsg.), Subsidiarität: Idee und Wirklichkeit. Zur Reichweite eines Prinzips in Deutschland und Europa, 1997

Blommestijn, A Legal Conflict between the Duty to Arrest and the Customary Status of Head of State Immunity. Die Karawane zur Europäisierung zieht weiter, ZIS 2010, 428

---

[168] Vgl. *Herdegen*, EuR (2010), § 8 Rn. 73 ff. Demgegenüber meint allerdings der deutsche EuGH-Richter *von Danwitz*, dass der EuGH bei weitem nicht jede Gelegenheit zur Vergemeinschaftung ergriffen habe, vgl. *von Danwitz*, in: Bazs/Borachard/Krings (2010), S. 85, 89 f. Für Entscheidungen im strafrechtlichen Bereich ist der Trend aber unverkennbar, vgl. u. § XX Rn. XX.

[169] *Bieber/Epiney/Haag* (2011), § 3 Rn. 36; zur richtlinienkonformen Auslegung auch *Haltern* (2007), Rn. 709 ff.

[170] Vgl. EuGH, Rs. 14/83, Slg. 1984, 1891 – *von Colson & Kamann*; Rs. 106/89, Slg. 1990, I-4135 – *Marleasing*.

Böhm, Umfang und Grenzen eines europäischen Verbots der Altersdiskriminierung im deutschen Recht, JZ 2008, 324

Böse, Die Entscheidung des Bundesverfassungsgerichts zum Vertrag von Lissabon und ihre Bedeutung für die Europäisierung des Strafrechts, ZIS 2010, 76

Brodowski, Strafrechtsrelevante Entwicklungen in der Europäischen Union – ein Überblick, ZIS 2010, 376–749

Cremer, Lissabon-Vertrag und Grundgesetz, Jura 2010, 296

Denninger, Identität versus Integration?, JZ 2010, 969

Emmerich-Fritsche, Der Grundsatz der Verhältnismäßigkeit als Direktive und Schranke der EG-Rechtsetzung, 2000

Everling, Rechtsschutz in der Europäischen Union nach dem Vertrag von Lissabon, in: Hatje/Schwarze (Hrsg.), Der Reformvertrag von Lissabon, EuR Beiheft 1/2009, 71

Frenz, Subsidiaritätsprinzip und -klage nach dem Vertrag von Lissabon, JURA 2010, 641

Gerken/Rieble/Roth/Stein/Streinz, „Mangold" als ausbrechender Rechtsakt, 2009

Götz, Das Maastricht-Urteil des Bundesverfassungsgerichts, JZ 1993, 1081

Hahn, Mehr Demokratie wagen: „Lissabon"-Entscheidung und Volkssouveränität, ZEuS 2009, 583

Heger, Literaturbericht: Lehrbücher zum internationalen Strafrecht, ZStW 117 (2005), S. 630

ders., Perspektiven des Europäischen Strafrechts nach dem Vertrag von Lissabon, ZIS 2009, 406

Heinz, Grundrechtsschutz und Gemeinschaftsrecht, DÖV 1987, 851

Herrmann, Der Vertrag von Lissabon – Ein Überblick, JURA 2010, 161

Huber, Das Kooperationsverhältnis zwischen BVerfG und EuGH in Grundrechtsfragen – Die Bananenmarktordnung und das Grundgesetz, EuZW 1997, 517

Hufeld, Der Europäische Haftbefehl vor dem BVerfG, JuS 2005, 865

Kirsch, Demokratie und Legitimation der EU, 2008

Jaekel, Das Recht des Austritts aus der Europäischen Union – zugleich zur Neuregelung des Austrittsrechts gem. Art. 58 EUV in der Fassung des Vertrages von Lissabon, JURA 2010, 87

Koch, Der Grundsatz der Verhältnismäßigkeit in der Rechtsprechung des Gerichtshofs der Europäischen Gemeinschaften, 2003

Lenz, Der Vertrag von Maastricht nach dem Urteil des Bundesverfassungsgerichts, NJW 1993, 3038

Limbach, Die Kooperation der Gerichte in der zukünftigen europäischen Grundrechtsarchitektur, EuGRZ 2000, 417

Lörcher, Das Verhältnis des europäischen Gemeinschaftsrechts zu den Grundrechten des Grundgesetzes, JuS 1993, 1011

Lück, Die Gemeinschaftstreue als allgemeines Rechtsprinzip im Recht der Europäischen Gemeinschaft – ein Vergleich zur Bundestreue im Verfassungsrecht der Bundesrepublik Deutschland, 1992

Mansdörfer, Das europäische Strafrecht nach dem Vertrag von Lissabon – oder: Europäisierung des Strafrechts unter nationalstaatlicher Mitverantwortung, HRRS 2010, 11

Mayer Grundrechtsschutz gegen europäische Rechtsakte durch das BVerfG: Zur Verfassungsmäßigkeit der Bananenmarktordnung, EuZW 2000, 685

ders., Der Vertrag von Lissabon im Überblick, JuS 2010, 189

Mitsch, Der Europäische Haftbefehl, JA 2006, 448

Mosiek, Effet utile und Rechtsgemeinschaft. Zugleich ein Beitrag zur Kompetenzordnung der Europäischen Gemeinschaften, 2003

Pescatore, The Doctrine of „Direct Effect": An Infant Desease of Community Law, ELR 1983, 155

Reich, Mangold und kein Ende – oder doch?, EuZW 2007, 198

Riegel, Zum Verhältnis zwischen gemeinschaftsrechtlicher und innerstaatlicher Gerichtsbarkeit, NJW 1975, 1049

Rösler, Zur Staatshaftung der Bundesrepublik Deutschland aus Verletzung europäischen Gemeinschaftsrechts, Osaka University Law Review 1997 (Vol. 44), S. 55

Ruffert, Institutionen, Organe und Kompetenzen – der Abschluss eines Reformprozesses als Gegenstand der Europawissenschaft, in: Hatje/Schwarze (Hrsg.), Der Reformvertrag von Lissabon, EuR Beiheft 1/2009, 31

ders., Nach dem Lissabon-Urteil des Bundesverfassungsgerichts – zur Anatonie einer Debatte, Zeitschrift für Staats- und Europawissenschaften 7 (2009), 381

Rupp, Zur bundesverfassungsgerichtlichen Kontrolle des Gemeinschaftsrechts am Maßstab der Grundrechte, NJW 1974, 2153

Sachs, Rechtsprechungsübersicht – Zurückverweisung der Euro-Verfassungsbeschwerde, JuS 1999, 705

Schäfer, Die Einrede der Kompetenz-Kompetenz des Schiedsgerichts, FS Henckel, 1995, 732

Scherer, Solange II – Ein grundrechtspolitischer Kompromiß. Zum Verhältnis von Gemeinschaftsrecht und nationalem Verfassungsrecht nach dem Solange-II-Beschluß des BVerfG, JA 1987, 483

Siekmann, Einführung des EURO, EWiR 1998, 743

Streinz/Ohler/Herrmann, Die neue Verfassung für Europa, 2005

dies.; Der Vertrag von Lissabon zur Reform der EU, 2010

Tietje, Europäischer Grundrechtsschutz nach dem Maastricht-Urteil, „Solange III"? – BverfG, NJW 1993, 3047, JuS 1994, 197

Würtenberger/Kunz, Die Mitwirkung der Bundesländer an der Europäischen Union, JA 2010, 406

Zimmermann, Die Auslegung künftiger EU-Strafrechtskompetenzen nach dem Lissabon-Urteil des Bundesverfassungsgerichts, Jura 2009, 844.

§10 Strafrecht auf Unionsebene

I Ausgangslage

Bereits aus ihrem Gesamtgefüge ergibt sich, dass die Union als eine supranationale 1
internationale Organisation hoheitlich handeln und auch rechtsetzend tätig werden
darf.[1] Schwierigkeiten bereitet jedoch im Rahmen des Kompetenzgefüges der EU,
eine klare Aussage in Bezug auf die Reichweite einzelner Kompetenzen zu treffen.
Eine originäre Kompetenz der EG zur Setzung von Kriminalstrafrecht wurde bisher
von einer absolut herrschenden Meinung abgelehnt.[2] Dagegen wurde eine „**Anweisungskompetenz**" der (alten) EG zur Harmonisierung der Rechtsordnungen der
Mitgliedstaaten im Bereich des Strafrechts, wenn auch häufig nur zähneknirschend,
bejaht.[3]

Nach dem Scheitern der **Europäischen Verfassung** (VerfV) ersetzt der Vertrag
von Lissabon, welcher im Dezember 2007 unterzeichnet wurde und am 01.12.2009
in Kraft trat, den VerfV.[4] Dabei wurden im Rahmen des Reformvertrages (RefV)
die wesentlichen Regelungen des VerfV übernommen wie etwa die Auflösung der
Säulenstruktur und die damit einhergehende Abschaffung der Unterscheidung zwischen EG und EU. Aufgrund dessen hat die Union nun eine einheitliche Rechtspersönlichkeit erhalten.[5]

Im gleichen Zuge ist durch den RefV auch der EG-Vertrag in **Vertrag über die** 2
Arbeitsweise der Europäischen Union (AEUV), umbenannt worden, wobei der
Ausdruck Gemeinschaft einheitlich durch den Begriff der Union ersetzt wurde. Der
Vertrag von Lissabon ist jedoch kein echter Verfassungsvertrag, da hierzu die ent-
sprechende Symbolik wie etwa die Hymne oder die Fahne fehlte.[6] Daher wird der
Vertrag von Lissabon auch nicht als Verfassungsvertrag, sondern als Reformvertrag

---

[1] Vgl. dazu etwa *Schweitzer* (2008), Rn.16; vgl. auch o. § 9 Rn. 1.

[2] *Satzger* (2010), § 7 Rn. 21–30; *Hecker* (2010), § 4 Rn. 72.

[3] Siehe Nachweise bei *Hecker* (2010), § 8 Rn. 35.

[4] Synopsen etwa bei *Fischer* (2008); *Streinz/Ohler/Herrmann* (2010).

[5] Siehe Art. 47 EU, vgl. *Streinz/Ohler/Herrmann* (2010), S. 40.

[6] Vgl. *Bieber/Epiney/Haag* (2011), § 1 Rn. 30.

C. Safferling, *Internationales Strafrecht,*
DOI 10.1007/978-3-642-14914-6_10, © Springer-Verlag Berlin Heidelberg 2011

bezeichnet.[7] Gleichwohl handelt es sich beim EUV und AEUV funktional um die Verfassung der EU.[8]

Durch den Übergang von Europäischer Union und Europäischer Gemeinschaft zu einer einheitlichen Europäischen Union stellt sich die Frage nach dem Strafrecht der EU neu. Es muss nun weniger mit Blick auf eine Befugnis zur Harmonisierung des Strafrechts diskutiert werden. Angesichts der neu entstandenen Kompetenzen im Rahmen des AEUV muss im Weiteren vielmehr die Frage in **Richtung von Umfang und Reichweite** dieser Befugnisse gestellt werden.[9] Die frühere dritte Säule der EU ist nunmehr zu einem zentralen Bestandteil der neuen EU aufgewertet worden: Der **Raum der Freiheit, der Sicherheit und des Rechts** ist eines der primären Ziele und damit auch Leitbild für zukünftiges Handeln. **Kriminalpolitisches Handeln** steht somit neben anderem im Zentrum europäischer Politik und Rechtssetzung (dazu unten II).[10] Die sich daraus ergebende Dynamik für den Strafrechtssetzungsprozess und insbesondere für die Auslegung der Kompetenzen in diesem Bereich ist noch nicht abzusehen. Der Kompetenzrahmen hat sich bereits im Laufe der letzten Jahrzehnte vor allem durch die Rechtsprechung des EuGH verändert und ist durch den AEUV noch einmal erheblich ausgeweitet worden. Das bezieht sich vor allem auf das materielle Recht (s. unten III), aber auch auf das Strafverfahrensrecht (unten IV).

II Raum der Freiheit, der Sicherheit und des Rechts

1 Allgemeines

3   Nach Art. 67 Abs. 1 AEUV orientiert sich die Ausgestaltung des Europäischen Strafrechts nach dem **Vertrag von Lissabon** an einem Raum der Freiheit, der Sicherheit und des Rechts, in dem die Grundrechte und die verschiedenen Rechtsordnungen und -traditionen der Mitgliedstaaten geachtet werden. Dieser einheitliche Rechts- und Freiheitsraum wird nun gem. Art. 3 Abs. 2 EUV noch vor dem Europäischen Binnenmarkt nach Art. 3 Abs. 3 EUV genannt und erhält damit eine hervorgehobene Position. Die Tätigkeit der EU verschiebt sich daher von einer stark wirtschaftlich orientierten Ausrichtung hin zu einer umfassenden Ordnungsmacht. Damit wird sicher auch der Versuch unternommen, mit der Kriminalitätsentwicklung Schritt zu halten. Mehr wirtschaftliche Freiheit im Unionsraum bietet schließlich auch mehr Entfaltungsmöglichkeiten für **(organisierte) Kriminalität**. Viele Probleme lassen sich deshalb auch kaum mehr auf nationaler Ebene lösen. Kriminalitätsbekämpfung ist ein europäisches Problem.

---

[7] *Schäfer,* in: Dauses (Hrsg.), Handbuch des EU-Wirtschaftsrechts, A.II., Rn. 440 ff.

[8] S. dazu auch o. § 9 Rn. 93.

[9] Kritisch zum Lissabon-Vertrag insoweit BVerfG, NJW 2009, 2267 ff.

[10] Vgl. dazu auch *Kubiciel,* GA 2010, 99.

Diese Notwendigkeit ist schon im **Vertrag von Maastricht** aus dem Jahr 1992 **4** erkannt worden. Die Mitgliedstaaten der EU wollten den Raum der Freiheit, der Sicherheit und des Rechts aber durch **intergouvernementales Handeln** entwickeln (vgl. Art. 29 EUV a. F.) und brachten damit ihre Skepsis gegenüber supranationalem strafrechtlichem Handeln zum Ausdruck.[11] Eine bedeutende Bestätigung erfuhr die Fokussierung auf den Raum der Freiheit, der Sicherheit und des Rechts durch die Schlussfolgerungen des Europäischen **Rates von Tampere** im Oktober 1999. Im Zuge des weiteren Konstitutionalisierungsprozesses der Union und auf der Grundlage der in dieser Zeit gemachten Erfahrungen wird diese Vorsicht im AEUV abgelegt und die Freiheit und Sicherheit der Unionsbürger zu einem **supranationalen Tätigkeitsbereich.**

a) Freiheit

Damit verlassen die Architekten des Binnenmarktes den Bereich des **wirtschaft-** **5** **lichen Handelns**, der für die Unionsbürger in den letzten Jahrzehnten einen enormen Zuwachs an Freiheit beschert hat. Die Durchsetzung der Warenverkehrs- und Dienstleistungsfreiheit, der Arbeitnehmerfreizügigkeit und Diskriminierungsverbote hat ebenso zu einer erheblichen Erweiterung der Handlungsspielräume beigetragen wie die Verwirklichung der unbeschränkten Reisefreiheit durch das Schengener Abkommen und die Einführung des Euro.

b) Sicherheit

Strafrechtliches Handeln hat demgegenüber genau den gegenteiligen Effekt: es **6** wirkt für den Bürger **freiheitsbeschränkend**. Schon allein deshalb ist zur Vorsicht zu raten und davor zu warnen, Regelungsinstrumente, die aus dem ursprünglichen Betätigungsfeld stammen, unbesehen auf die strafrecht-repressiven Maßnahmen zu übertragen. Freiheitseinschneidende Regelungen bedürfen jeweils besonderer **rechtlicher Legitimation**, die nach bisheriger Überzeugung allein die Staatsgewalt der jeweiligen Mitgliedstaaten aufbringen konnte.

Die im ersten Schritt erreichte Freiheit muss selbstverständlich geschützt werden. Für diese „Sicherung" wird in dem durch Lissabon erfolgten zweiten Schritt das erforderliche Fundament gegossen. Es ist nun die Aufgabe der Akteure, von der Kommission, den nationalen Regierungen bis hin zum EuGH und den nationalen Gerichten, diese Grundlagen in ein **gesamteuropäisches Strafrechtssystem** auszubauen, das den freiheitlichen Ansprüchen genügt. Die Freiheit steht an erster Stelle. Der Sicherheitsaspekt demgegenüber dient der Gewährleistung der Freiheit und ist kein Selbstzweck.

---

[11] Vgl. *Herdegen*, EuR (2010), § 20 Rn. 10 ff. Vgl. dazu die Drei-Säulen-Struktur der EU vor Lissabon, § 9 Rn. 53.

c) Recht

7   Neben den Garantien der Freiheit und der Sicherheit steht als drittes Merkmal das
     „Recht". Damit wird nun im Unterschied zu den erstgenannten nicht ein zu verwirk-
     lichendes Ziel angesprochen, sondern es bezieht sich auf die **Verwirklichungsform**
     von Freiheit und Sicherheit, nämlich der Garantie des **Rechtsstaats**. Die Gewähr-
     leistung von Sicherheit ist somit den allgemeinen rechtsstaatlichen Grenzen unter-
     worfen, d. h. dem Grundsatz der Gesetzmäßigkeit staatlichen Handelns, der Be-
     stimmtheit, der Verhältnismäßigkeit sowie der Garantie, gegen hoheitliche Eingrif-
     fe den Rechtsweg beschreiten zu können.

d) Zusammenhänge

8   Diese Interpretation verdeutlicht die Zusammenhänge zwischen den genannten
     Prinzipien **Freiheit, Sicherheit und Recht**. Sie stehen nicht bloß kumulativ neben
     einander, sondern stehen in einem wechselseitigen Verhältnis. Die Freiheit steht als
     oberstes Ziel europäischen Handelns und soll durch sicherheitsbezogenes Handeln
     garantiert werden, das den Anforderungen des Rechtsstaats genügt. In einer Kurz-
     formel zusammengefasst heißt es somit:

     Ein Raum der Freiheit durch Sicherheit im Recht.

2 Programmatik der inneren Sicherheit

9   Der Bereich der Freiheit, der Sicherheit und des Rechts wird aufgrund von Teil
     3, Titel V, Art. 67 und 82 ff. AEUV nun zu **einer von 24 internen Politiken** der
     Europäischen Union. Davon ist eine ganze Reihe von Maßnahmen umfasst. Dazu
     zählen:

     • **Abschaffung der Grenzkontrollen** im Binnenbereich (vgl. Art. 77 Abs. 1 lit. a)
       AEUV) und wirksame Überwachung der Außengrenzen (Art. 77 Abs. 1 lit. b)
       und c) AEUV).
     • Gemeinsame **Asyl- und Einwanderungspraxis** (Art. 78 und 79 AEUV).
     • Justizielle Zusammenarbeit in **Zivilsachen** (Art. 81 AEUV).
     • Justizielle Zusammenarbeit in **Strafsachen** (Art. 82 ff. AEUV).
     • **Polizeiliche Zusammenarbeit** (Art. 87 ff. AEUV).

10   Die „Innere Sicherheit" ist demnach nicht ausschließlich Thema dieses Titels, wohl
     aber eines der Hauptanliegen. Im Rahmen dieser Darstellung interessiert vor allem
     der Bereich der Zusammenarbeit in Strafsachen und der polizeilichen Zusammen-
     arbeit. Die Politik der inneren Sicherheit erfährt in dieser Hinsicht durch Art. **67**

Abs. 3 AEUV eine weitere Konkretisierung. Danach wirkt die Union darauf hin, durch verschiedene Maßnahmen ein hohes Maß an Sicherheit zu gewährleisten. Im Einzelnen sind die folgenden Maßnahmen vorgesehen:

- Verhütung und Bekämpfung von Kriminalität;
- Verhütung und Bekämpfung von Rassismus und Fremdenfeindlichkeit;
- Koordinierung und Zusammenarbeit von Polizeibehörden und Organen der Strafrechtspflege;
- Gegenseitige Anerkennung strafrechtlicher Entscheidungen;
- Angleichung strafrechtlicher Rechtsvorschriften.

Dieser Katalog umfasst sowohl **programmatische** Punkte, wie auch Maßnahmen zur, Umsetzung. Als Programm wird die Bekämpfung von Kriminalität und Rassismus angegeben. Als problematisch erweist sich dabei grundsätzlich die fehlende substantielle Beschränkung, die sich in der kaum fassbaren Weite des politischen Ziels der Bekämpfung von „Kriminalität und Rassismus" zeigt. Eine thematische Einschränkung ist hier nur über allgemeine Prinzipien wie Subsidiarität, Erforderlichkeit und Verhältnismäßigkeit möglich.

Sodann werden **drei konkrete Maßnahmen** genannt, die in Zukunft die gesetzgeberischen und operativen Initiativen der EU im Bereich der Kriminalitätsbekämpfung prägen werden. In drei Schlagworten sind das:

1. Koordinierung,
2. Gegenseitige Anerkennung und
3. Rechtsangleichung.

a) Koordinierung

Die Maßnahmen zur Koordinierung von Strafverfolgung sind seit langem Gegenstand nicht unerheblicher Diskussion und seit jeher umstritten. Sie werden in jeweils unterschiedlichen Zusammenhängen relevant. So vollzieht sich der Bereich der Koordination und Zusammenarbeit von Polizei- und anderen Justizbehörden vor allem durch die Schaffung von **Institutionen** auf europäischer Ebene, die diesem Ziel dienen. Dazu gehört Europol (vgl. Art. 87 ff AEUV) ebenso wie Eurojust (Art. 85 AEUV), aus der bald eine europäischen Staatsanwaltschaft (Art. 86 AEUV) hervorgehen soll, und auch OLAF (s. u. § 12 Rn. 21 ff.). **11**

b) Gegenseitige Anerkennung

Das Prinzip der **gegenseitigen Anerkennung** ist im Bereich des Verfahrensrechts beheimatet und hat zum Ziel, prozessuale Abläufe innerhalb des Unionsgebiets zu beschleunigen und zu vereinfachen (vgl. Art. 82 AEUV). Eine bereits etablierte Maßnahme stellt hier der **Europäische Haftbefehl** dar, der in allen Mitgliedstaaten der EU gleichermaßen vollstreckt werden muss (vgl. dazu u. § 12 Rn. 47 ff.). **12**

Eine europäische Beweisanordnung ist auf den Weg gebracht, weitere europäische Maßnahmen im Sinne der gegenseitigen Anerkennung sind denkbar. Dass hier die Strafverfahren der einzelnen Mitgliedstaaten miteinander in Konflikt geraten, liegt auf der Hand.

c) Rechtsangleichung

13   Schließlich ist im Bereich der Rechtsangleichung das materielle, aber auch das prozessuale Strafrecht betroffen. Im materiellen Recht erweist sich die thematische Öffnung auf allgemeine Kriminalitätsbeschränkung als besonders gefährlich für die Mitgliedstaaten, da hier auf die Fragen der Strafwürdigkeit, Strafbedürftigkeit und Angemessenheit der Rechtsfolge unmittelbar eingewirkt werden kann. Die **Angleichung von Rechtsnormen** ist sicherlich ein geeignetes Mittel, um einen gemeinsamen Rechtsraum zu kreieren; es entsteht dadurch aber auch unmittelbar die Gefahr der Negierung und Missachtung nationaler Eigenheiten und rechtskultureller Besonderheiten. Die Möglichkeit der Rechtsangleichung wird zwar durch die Kompetenzvorschriften des Art. 83 AEUV ausdifferenziert; ob dadurch eine Beschränkung erreicht wird, ist noch zu erörtern (vgl. u. Rn. 54 ff.).

d) Strategische Leitlinien

14   Der Rat der EU hat im Jahr 2005 in seinem „Haager Programm zur Stärkung von Freiheit, Sicherheit und Recht in der Europäischen Union" (sog. **Haager Programm**), die Wichtigkeit dieses Bereichs für die Weiterentwicklung der EU unterstrichen und in Anknüpfung an Tampere eine neue Agenda entwickelt.[12]

Nach dem **Lissabonner Vertrag** legt der Europäische Rat die strategischen Leitlinien für die gesetzgeberische und operative Programmplanung im Raum der Freiheit, der Sicherheit und des Rechts fest (vgl. Art. 68 AEUV). Er wird durch Art. 69 AEUV nochmals zur Achtung des **Subsidiaritätsprinzips** und des **Verhältnismäßigkeitsgrundsatzes** verpflichtet (dazu o. § 9 Rn. 58 ff.), was durch die nationalen Parlamente kontrolliert werden soll. Die neuerliche Erwähnung neben Art. 5 EUV verdeutlicht die Gefahr, die von den Herren der Verträge selbst gesehen wird, der übermäßigen Einmischung der europäischen Ebene in die nationalen Strafrechtsordnungen. Andererseits wird die Dynamik und Effizienz der Zusammenarbeit in Strafsachen nach Art. 71 AEUV von einem ständigen Ausschuss, den der Rat einrichtet, überwacht und gefördert. Untätigkeit wird man in diesem Bereich also nicht erwarten können.

15   So wurde Ende 2009 „Das **Stockholmer Programm** – Ein offenes und sicheres Europa im Dienste und zum Schutz der Bürger"[13] vom Rat der EU als neues Programm für den Zeitraum 2010–2014 angenommen. In stärkerem Maße als bis-

---

[12] ABlEU 2005 Nr. C 53, 1 ff.

[13] Angenommen am 11.12.2009, Ratsdok. 17024/09.

her wird darin auf Grund- und Menschenrechte Rücksicht genommen,[14] was auch durch einen Beitritt der EU zur EMRK ermöglicht werden soll (dazu unten § 13 Rn. 10 ff.). Ferner soll das Vertrauen der Mitgliedstaaten untereinander gestärkt werden, was als Grundlage für eine effektive Kooperation angesehen wird.[15] Dazu ist auch der Bereich der Aus- und Fortbildung von Polizei- und Justizdienst zu intensivieren.[16]

III Strafrechtsbezogene Kompetenzen – Überblick

1 Überblick

Die EU kann sich Betätigungsfelder, in der Terminologie des EU-Vertrages **Zu-**   **16** **ständigkeiten** genannt, nicht selber aussuchen. Sie besitzt gerade keine „Kompetenz-Kompetenz" (vgl. o. § 9 Rn. 52 ff.). Die Mitgliedstaaten müssen einzelnen Kompetenzen auf die europäische Ebene verlagern (Prinzip der begrenzten Einzelermächtigung nach Art. 5 Abs. 1 u. 2 EUV, vgl. § 9 Rn. 51). Die Übertragung von Kompetenzen kann auf zwei Arten erfolgen:

- **ausschließliche** Zuständigkeit der EU oder
- **geteilte Zuständigkeit** zwischen den Mitgliedstaaten und der EU, Art. 2 AEUV.

Ausweislich des Art. 2 Abs. 2 in Verbindung mit Art. 4 Abs. 2 lit. j) AEUV besteht   **17** im Bereich des Strafrechts nun grundsätzlich eine geteilte Zuständigkeit von Union und Mitgliedsstaaten in einem durch Art. 67 AEUV konkretisierten „Raum der Freiheit, der Sicherheit und des Rechts."[17] Eine vollständige Zuweisung an die EU ist daher nicht gegeben und es bleiben grundsätzlich die Mitgliedstaaten für das Strafrecht zuständig, „**sofern und soweit**" die Union ihre Zuständigkeit nicht ausgeübt hat (vgl. Art. 2 Abs. 2 S. 2 AEUV). Die Kompetenzen der Union zur Ausgestaltung des Raums der Freiheit, der Sicherheit und des Rechts wurden jedoch gegenüber der Vorgängerregelung in Art. 29 EUV a. F. erheblich erweitert. Folgende Maßnahmen können nun getroffen werden:

1. Nach Art. 82 Abs. 1 UAbs. 1 AEUV sind Maßnahmen zur Förderung der **Kooperation** der mitgliedstaatlichen **Strafverfolgungsbehörden** möglich.
2. Art. 82 Abs. 2 AEUV enthält eine Kompetenznorm zur **Angleichung** der Rechtsvorschriften im Bereich des **Strafverfahrensrechts.**
3. Art. 83 Abs. 1 AEUV enthält eine Kompetenznorm zur **Angleichung** der Rechtsvorschriften im Bereich des **materiellen Strafrechts.**

---

[14] Ebenda S. 3: „politische Priorität".

[15] Ebenda S. 5.

[16] Ebenda S. 8 ff.

[17] *Braum,* ZIS 2009, 419, 421.

Abb. 1 Strafrechtliche
Kompetenzen der EU

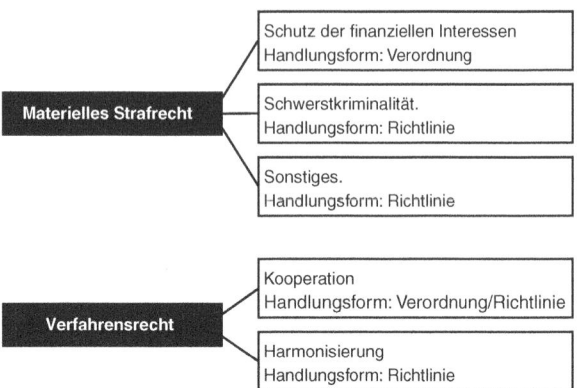

4. Art. 83 Abs. 2 AEUV beinhaltet eine **Harmonisierungskompetenz** für materielles Strafrecht.
5. Art. 325 AEUV enthält eine sachlich begrenzte eigene **Rechtssetzungskompetenz** der Europäischen Union zum Schutz ihrer finanziellen Interessen.
6. Art. 352 AEUV umfasst eine **Auffangkompetenz** zur Durchsetzung der Politiken.

Daraus ergeben sich die in der folgenden Abb. 1 dargestellten Betätigungsfelder für die EU:

2 Entwicklungsgeschichte

18   Im Folgenden soll die Entwicklungsgeschichte der einzelnen Kompetenzen des AEUV nachgezeichnet werden, um für die anschließende Auslegung der jeweiligen Kompetenzen die erforderlichen Grundlagen für das Verständnis von Herkunft und Umfang der Normen zu legen.

a) Materielles Recht

(1) Betrugsbekämpfung

19   Die Betrugsbekämpfung steht seit jeher im **Mittelpunkt** der strafrechtlichen Aktivitäten der EU bzw. der EG.[18] Das liegt natürlich daran, dass seitens der Gemeinschaftsorgane ein hohes Interesse am Schutz des eigenen Haushalts besteht. Die

---

[18] Der Schutz der EU-Finanzinteressen wird auch als „Motor der Entwicklung eines europäischen Strafrechts" bezeichnet; vgl. *Hecker* (2010), § 14 Rn. 4.

heutige EU und die frühere EG finanzieren seit der Finanzreform der Europäischen Gemeinschaften im Jahr 1970 ihre Aktivitäten selbst,[19] d. h. sie verwaltet einen eigenen Haushalt und ist bei der Durchführung einzelnen Maßnahmen nicht auf die jeweilige Finanzierung durch die Mitgliedstaaten abhängig.[20] Die Schutzbedürftigkeit des Europäischen Haushalts weist dementsprechend eine Einnahmen- und eine Ausgabenseite auf.

Die **Eigenmittel** umfassen:

- Agrarabschöpfungen
- Zuckerabgaben
- Zölle
- Mehrwertsteuereigenmittel
- Bruttosozialprodukteigenmittel
- Sonstige Einnahmen.

Dem stehen verschiedene **Ausgaben** gegenüber, die sich aus den vertraglich vorgesehenen Befugnissen der EU/EG ergeben, zu deren Erfüllung die eigenen Finanzmittel eingesetzt werden müssen:

20

- Agrarsubventionen
- Strukturmaßnahmen
- Umsetzung einzelner Politiken im Binnenraum
- Umsetzung einzelnen Politiken in Drittstaaten
- Verwaltungskosten

Wie dringlich ein effektives Vorgehen zum Schutz des Gemeinschaftshaushalts ist, verdeutlicht das **Schädigungspotential**. So wurde im Jahr 2004 auf der Grundlage der Berichterstattungspflicht der Mitgliedstaaten[21] ein Betrag von insgesamt 982 Mio. Euro als Schaden errechnet.[22]

Spezifische Maßnahmen zur Bekämpfung betrügerischer Praktiken, die gegen den Haushalt der EU/EG gerichtet sind, wurden aber erst mit dem Vertrag von **Maastricht** in das Primärrecht implementiert.[23] Adressat der Regelung waren die Mitgliedstaaten, die „mit der Unterstützung" der Kommission Maßnahmen zum Schutz des Gemeinschaftshaushalts im jeweiligen nationalen Recht vorsehen sollten.[24] Im Vertrag von **Nizza** wurde diese Vorschrift nicht nur umnummeriert in Art. 280 EG, sondern auch insofern modifiziert, als die Mitgliedstaaten nunmehr „in Zusammenarbeit" mit der Kommission zur Betrugsbekämpfung verpflichtet

21

---

[19] Vgl. *Dannecker,* ZStW 108 (1996), S. 577.

[20] Vgl. Callies/Ruffert/*Waldhoff,* Art. 280 Rn. 1.

[21] Nach Art. 280 Abs. 5 EG a.F.

[22] Vgl. Betrugsbekämpfung, Jahresbericht 2004 der Kommission, KOM (2005) 323 endg., S. 8 f. Manche Schätzungen sprechen von 10 bis sogar 20 % des Gesamthaushalts; vgl. Callies/Ruffert/ *Waldhoff,* Art. 280 Rn. 1.

[23] Art. 209a EGV eingefügt als Art. G Nr. 77 EU-Vertrag von Maastricht. Dazu im Einzelnen auch *Walter* ZStW 117 (2005), S. 912, 916 ff. und *Weigend,* ZStW 116 (2004), S. 275, 288.

[24] Vgl. Grabitz/Hilf/*Magiera,* Art. 280 Rn. 1 f.

waren. Die **allgemeine Loyalitätspflicht** aus ex-Art. 10 EGV (jetzt Art. 4 Abs. 3 EU, vgl. o. § 9 Rn. 74 ff.) wurde durch diese Norm hinsichtlich des Schutzes des Gemeinschaftsbudgets spezifiziert.[25]

Artikel 280 [Bekämpfung von Betrug zum Nachteil der EG]

(1) Die Gemeinschaft und die Mitgliedstaaten bekämpfen Betrügereien und sonstige gegen die finanziellen Interessen der Gemeinschaft gerichtete rechtswidrige Handlungen mit Maßnahmen nach diesem Artikel, die **abschreckend** sind und in den Mitgliedstaaten einen **effektiven Schutz** bewirken.

(2) Zur Bekämpfung von Betrügereien, die sich gegen die finanziellen Interessen der Gemeinschaft richten, ergreifen die Mitgliedstaaten **die gleichen Maßnahmen**, die sie auch zur Bekämpfung von Betrügereien ergreifen, die sich gegen ihre eigenen finanziellen Interessen richte. (…)

(4) Zur Gewährleistung eines effektiven und gleichwertigen Schutzes in den Mitgliedstaaten beschließt der Rat gemäß dem Verfahren des Artikels 251 nach Anhörung des Rechnungshofs die **erforderlichen Maßnahmen** zur Verhütung und Bekämpfung von Betrügereien, die sich gegen die finanziellen Interessen der Gemeinschaft richten. Die Anwendung **des Strafrechts der Mitgliedstaaten** und ihrer Strafrechtspflege bleiben von diesen Maßnahmen unberührt.

22   Art. 280 EGV a. F. stellt in Abs. 1 zunächst die Wichtigkeit des Themas fest und verbindet – wenigsten mittelbar – die zu ergreifenden Maßnahmen zum Schutz des finanziellen Interessen der EG mit strafrechtlichen Sanktionen, wenn auf „abschreckende" und „effektive" Maßnahmen abgestellt wird. In Abs. 2 werden die Mitgliedstaaten verpflichtet, ihr nationales Strafrecht auf den Schutz der finanziellen Interessen der EG auszudehnen, d. h. den europäischen Sachverhalt dem nationalen gleichzustellen (**Assimilierungsklausel**). Im deutschen Strafrecht sind hier als zu assimilierende Vorschriften etwa der Subventionsbetrug in § 264 StGB und die Steuerhinterziehung nach §§ 369 ff AO zu erwähnen.

Nach Art. 280 Abs. 4 S. 1 EGV a. F. kann die EG „erforderliche Maßnahmen zur Bekämpfung von Betrügereien" treffen. Hierin könnte man – schon nach der damaligen Fassung – eine **originäre Kompetenz** zur Schaffung strafrechtlicher Normen erblicken[26]; die h. M. sah darin allerdings keine Strafrechtssetzungskompetenz. Zur Begründung wurde dabei auf den Wortlaut des Art. 280 Abs. 4 S. 2 EGV a. F. verwiesen, der einen strafrechtlichen Vorbehalt enthält.

23   Außerdem wurde auf Betreiben der Kommission von den Mitgliedstaaten im Rahmen der PJZ der dritten Säule der EU das **Übereinkommen betreffend den Schutz der finanziellen Interessen der EG** (sog. PIF-Konvention)[27] vom 26.07.1995[28] verabschiedet, das allerdings erst am 17.10.2002 nach Abschluss der Ratifizierungsphase in Kraft treten konnte. Dadurch sollte ein unionsweit einheitliches Betrugsstrafrecht geschaffen werden. Die schleppende Umsetzung dieses völkerrechtlichen Übereinkommens brachte die Kommission dazu, einen Richtlinien-

---

[25] Grabitz/Hilf/*Magiera*, Art. 280 Rn. 7.

[26] Dies wurde auch von einer Mindermeinung vertreten, vgl. *Satzger* (2001), S. 106 oben.

[27] PIF = Protection des intérêts financiers.

[28] ABlEG 1995 Nr. C 316, 49 mit 1. Zusatzprotokoll, ABlEG 1996 Nr. C 313, 2, und 2. Zusatzprotokoll, ABlEG 1997 Nr. C 191, 1.

vorschlag über den strafrechtlichen Schutz der finanziellen Interessen der Gemeinschaft v. 23.05.2001 einzubringen.[29] Als Ermächtigungsgrundlage sollte Art. 280 Abs. 4 EGV a. F. dienen.

Hierin zeigt sich, dass die Vorschrift des Art. 280 EG a. F. nicht unerhebliche **24 Abgrenzungsschwierigkeiten** zur PJZ der dritten Säule der EU mit sich brachte, denn nach Art. 29 EGV a. F. war im Bereich der intergouvernementalen Zusammenarbeit auch der Kampf gegen Betrügereien ein Themenkomplex. Art. 280 EGV a. F. sollte aber stets vorrangig sein (vgl. Art. 29 Abs. 1 EUV a. F.), jedoch besaß nach Ansicht des EuGH die EG keine Kompetenz zur Festlegung von Art und Maß der Strafe.[30] Weitere Schwierigkeiten ergaben sich aus der trotz Assimilierung zu beobachtenden Rechtszersplitterung und Uneinheitlichkeit im Vorgehen gegen Betrügereien zu Lasten der EG. Die unübersichtliche Rechtslage führte zu spürbaren Beeinträchtigungen des Wettbewerbs und mangelnder Rechtssicherheit.[31]

Die Bestrebungen, diese Missstände zu beheben, wurden von der Kommission in **25** zwei Richtungen geführt. Zum einen wurde im Bereich des **materiellen Rechts** eine Rechtsakte ausgearbeitet, wodurch der strafrechtliche Schutz der EG/EU insgesamt festgelegt werden sollte (sog. *Corpus Juris*). Wegen der Diskussionen um die Kompetenz zum Erlass eines solchen Rechtsakts wurden die Bemühungen letztlich nicht zum Abschluss gebracht.[32] Zum anderen wurde im **institutionellen** Bereich die Einrichtung einer Europäischen Staatsanwaltschaft vorbereitet.[33] Keines der beiden Modelle konnte sich unmittelbar durchsetzen bzw. wurde durch den Prozess um die Europäische Verfassung und den Lissabonner Vertrag gleichsam überholt. In Art. 325 AEUV wird schlicht auf den Strafrechtsvorbehalt des Art. 280 Abs. 4 EGV a. F. verzichtet.[34]

(2) Harmonisierung

Neben dieser Sonderkompetenz zum Schutz der finanziellen Interessen der EG, ent- **26** wickelten sich die **Rechtsetzungsmöglichkeiten** auch in anderen Bereichen. Diese Entwicklung ist anhand der EuGH-Rspr. nachzuvollziehen:

(a) Die Entscheidung in der Rechtssache: Amsterdam Bulb[35]

Diesem richtungsweisenden Votum des Gerichts liegt ein Vorabentscheidungsverfahren aus den Niederlanden zu Grunde, die eine nationale Ausführungsverordnung zu den gemeinsamen EG-Verordnungen über die Marktorganisation für lebende

---

[29] Kom (2001) 272 endg.

[30] EuGH, Rs. C-440/05, Slg. 2007, I-9097, Rn. 52 f.

[31] Callies/Ruffert/*Waldhoff*, Art. 280 EGV Rn. 2.

[32] Zum *Corpus Juris* vgl. unten Rn. 94.

[33] Vgl. Grünbuch zum strafrechtlichen Schutz der finanziellen Interessen der EG und zur Einrichtung einer Europäischen Staatsanwaltschaft, KOM (2001) 715 endg.; dazu unten Rn. § 12 Rn. 36 ff.

[34] Ähnlich waren die Planungen in Art. III-415 VerfV, der Art. 280 EG a.F. umsetzten sollte.

[35] EuGH, Rs. 50/76, Slg. 1977, 137, 152, 155 – *Amsterdam Bulb* = EuGHE 1977, 137, 152, 155.

Pflanzen und Waren des Blumenhandels erlassen haben. Diese niederländische
Ausführungsverordnung enthält Strafandrohungen für Übertretungen eben dieser
EG-Verordnungen, woraus sich die für das Vorabentscheidungsverfahren zentrale
Frage ergibt: Kann ein Mitgliedsstaat ohne besonderer Ermächtigung seinerseits
Strafnormen erlassen, um die Anwendung und Durchsetzung des Gemeinschafts-
rechts sicherzustellen? Kernaussage des EuGH-Urteils in Sachen „Amsterdam
Bulb" zur Frage des Europäisierten Strafrechts ist, dass grundsätzlich eine Befugnis
der Mitgliedsstaaten zur strafrechtlichen Sanktionierung von Verstöße gegen Gemeinschaftsrecht besteht. Die Luxemburger Richter erkannten auf Basis des Art. 10
EGV (*„effet utile"*, jetzt: Art. 4 Abs. 3 Abs. 2. Siehe § 9 Rn. 70) an, dass die Befugnisse der Mitgliedsstaaten zur Sanktionierung von Verstößen gegen Gemeinschaftsrecht nur dann begrenzt seien, wenn die gemeinschaftliche Regelung abschließen-
den Charakter habe. Dies sei wiederum durch Auslegung zu ermitteln.

(b) Entscheidung „Griechischer Mais" des EuGH[36]

27   In der auf den Grundsätzen des Urteils in Sachen „Amsterdam Bulb" aufbauenden
Entscheidung im Fall „Griechischer Mais" wurden prägende Grundsätze über die
generelle Verpflichtung der Mitgliedsstaaten, ihre Rechtsordnung zwecks effektiver
Durchsetzung der gemeinsamen Interessen zu öffnen, getroffen. Im vorliegenden
Fall wurde durch griechische Beamte Mais offiziell als „griechisch" deklariert, obwohl es sich um Mais jugoslawischer Herkunft handelte. Für diesen Mais wären
Agrarabschöpfungen zu Gunsten der EG fällig gewesen, die nun aufgrund der Deklaration als „griechischer Mais" umgangen und nicht erhoben wurden. Eine anschließende Ahndung dieses Vorgehens durch die griechischen Behörden blieb aus,
sodass folglich ein Vertragsverletzungsverfahren gegen den Mitgliedsstaat Griechenland eingeleitet wurde. Der EuGH begründete in dieser als *„leading case"* für
das Europäische Strafrecht geltenden Entscheidung die Pflicht der Mitgliedsstaaten,
Verstöße gegen Gemeinschaftsrecht zu sanktionieren. Infolgedessen entwickelte
sich die in der Entscheidung im Fall *„Amsterdam Bulb"* geschaffene **Befugnis** der
Mitgliedsstaaten zur Sanktionierung von Verstößen zu einer **Durchsetzungspflicht**
des Gemeinschaftsrechts auch mittels strafrechtlicher Sanktionen. Abgeleitet wurde
die Pflicht aus der Annahme einer Garantenstellung des Mitgliedsstaates nach Art. 5
EWG-Vertrag (jetzt: Art. 4 Abs. 3 EUV, Gemeinschaftstreue, vgl. § 9 Rn. 74 f.). Die
Mitgliedsstaaten können nun mittels derer nationalen strafrechtlichen Vorschriften
zur Durchsetzung der Interessen und Ziele der Gemeinschaft verpflichtet werden.
Die konkrete Wahl der Sanktion verbleibt im Machtbereich der Mitgliedsstaaten,
wohingegen die Verpflichtung der Loyalität durch die Aufstellung der „Mindesttri-
as" einer **wirksamen, verhältnismäßigen und abschreckenden Sanktion** konkretisiert wurde.

---

[36] EuGH, Rs. 68/88, Slg. 1989, 2965 – *Griechischer Mais* = EuGHE 1989, 2965 ff.

(c) Entscheidung des EuGH zum Rahmenbeschluss über den Schutz der Umwelt
   durch das Strafrecht

In seinem Urteil vom 13.09.2005 urteilte der Gerichtshof zu einem Rahmenbe-   **28**
schluss über den Schutz der Umwelt durch das Strafrecht.[37] Der streitige Rahmenbeschluss definierte eine **Reihe von Umweltstraftaten** als vorsätzliche und fahr-
lässige Delikte und verpflichtete die Mitgliedstaaten, strafrechtlichen Sanktionen in
diesem Zusammenhang vorzusehen.[38]

Der EuGH stellte klar, dass der Umweltschutz eines der wesentlichen Ziele der
Gemeinschaft darstelle und der Gemeinschaft daher die Möglichkeit eröffnet sei,
die **ihrer Meinung nach nötigen und erforderlichen Maßnahmen in Bezug auf
das Strafrecht der Mitgliedsstaaten mittels Richtlinie** vorzuschreiben. Dadurch
soll die Wirksamkeit der zum Erreichen dieses Ziels erlassenen Rechtsnormen sichergestellt werden. Allerdings unterliege grds. weder das Straf- noch das Strafprozessrecht dem Zuständigkeitsbereich der Gemeinschaft.[39]

Die Europäische Kommission interpretierte das Urteil dahingehend, dass in Zukunft **alle Kompetenzbereiche der EG** mit strafrechtlichen Sanktionen versehen
werden können. Die Rechtsprechung zum Umweltrecht soll damit auch auf andere
Kompetenzbereiche übertragen werden. Allerdings müsse eine Notwendigkeit für
strafrechtliche Maßnahmen zur Durchsetzung der Zielsetzungen der EG bestehen.[40]
Dagegen wird teilweise vorgebracht, dass ein Transfer der Rechtsprechung nicht
zwingend sei, denn das Urteil habe letztlich nur zu einer Klärung über die Wahl der
Rechtsgrundlage aus der ersten oder dritten Säule beigetragen.[41]

(d) Rahmenbeschluss über strafrechtliche Sanktionen bei der Bekämpfung
   der Verschmutzung durch Schiffe

Auch ein Urteil aus dem Jahr 2007[42] stützt die Annahme einer **Annexkompetenz**   **29**
der alten EG im Bereich des Strafrechts. Im zugrunde liegenden Sachverhalt hatte der Rat einen Europäischen Rahmenbeschluss über strafrechtliche Sanktionen
bei der Bekämpfung der Verschmutzung durch Schiffe[43] nach Art. 34 Abs. 2 lit. b
EUV a. F. zur Angleichung der Rechts- und Verwaltungsvorschriften der Mitgliedsstaaten erlassen. Dieser Rahmenbeschluss sollte die Mitgliedstaaten verpflichten,
den strafrechtlichen Rahmen zur Bekämpfung der Verschmutzung durch Schiffe zu
erlassen und die bereits zu dieser Materie existierende Richtlinie zu ersetzen. Der

---

[37] Rahmenbeschluss 2003/80/JI.

[38] Rahmenbeschluss 2003/80/JI, Art. 2 und 3.

[39] EuGH, Rs. C-176/03, Slg. 2005, I-7879 ff. – *Kommission./. Rat.*

[40] Mitteilung der Kommission über die Folgen des Urteils des Gerichtshofs, KOM/2005/0583
endg.

[41] *Foerster,* (Umwelt-) Strafrechtliche Maßnahmen im Europarecht, 67 ff.

[42] EuGH, Rs. C-440/05, Slg. 2007, I-9097 ff. – *Kommission./. Rat.*

[43] Rahmenbeschluss 2005/667/JI des Rates vom 12. Juli 2005.

Rahmenbeschluss wurde vom EuGH als nichtig angesehen, da er einerseits inhaltlich und andererseits formell mit dem Gemeinschaftsrecht nicht konform war.

30   Zunächst sei der **Rahmenbeschluss** nach Auffassung des EuGH auf der fal-
schen Kompetenzgrundlage erlassen worden. Der EG-Vertrag habe einen eigenen
Kompetenztitel hinsichtlich der Verkehrspolitik, um welche es inhaltlich in dem
Rahmenbeschluss ging. Nach Ansicht des Gerichtshofes gehe die Zuständigkeit des
EG-Vertrags, bei einer Zuständigkeitskonkurrenz von EG- und EU-Vertrag, vor.

Weiterhin sei der Rahmenbeschluss nach Meinung des EuGH auch hinsichtlich
seines Inhalts **gemeinschaftsrechtswidrig**. Er beinhalte Bestimmungen bezüglich
Art und Maß der anzuwendenden strafrechtlichen Sanktionen, welche nach den
Ausführungen des Gerichtshofes nicht in den Zuständigkeitsbereich der Gemeinschaft fallen. Gleichwohl sieht er eine Kompetenz der EG, zu auch auf das Strafrecht der Mitgliedsstaaten wirkenden Maßnahmen, um zur Erreichung der Ziele
von aufgrund des EG-Vertrags erlassenen Maßnahmen hinzuwirken, „wenn die Anwendung wirksamer, verhältnismäßiger und abschreckender strafrechtlicher Sanktionen durch die zuständigen nationalen Behörden eine zur Bekämpfung schwerer
Beeinträchtigungen der Umwelt unerlässliche Maßnahme darstellt."[44]

(e) Zusammenfassung: Stand vor Lissabon

31   Zusammenfassend kann festgehalten werden, dass nach dem Urteil des EuGH zu
dem Rahmenbeschluss über strafrechtliche Sanktionen bei der Bekämpfung der
Verschmutzung durch Schiffe nun eine **Übertragung der Rechtsprechung** auf
andere Politikbereiche möglich ist und es sich somit nicht mehr nur um eine „Aus-
reißer-Rechtsprechung" handeln kann.[45] Die zu erlassenden strafrechtlichen Sanktionen der EG müssten sich allerdings auf eine geschriebene Kompetenzgrundlage
der Gemeinschaft stützen lassen (Politiken und Grundfreiheiten) sowie unter dem
Vorbehalt der Notwendigkeit stehen, schwere Defizite bei Umsetzung und Gewährleistung der Wirksamkeit von Zielen der EG nachzuweisen.[46] Eine Grenze wurde
seitens des EuGH in der Weise gezogen, dass die in diesem Sinne erlassenen strafrechtlichen Vorschriften nicht Art und Maß der Strafbarkeit vorsehen dürfen.[47]

Diese Kompetenz der früheren EG zum Tätigwerden im Strafrecht wird anschau-
lich als **Anweisungskompetenz** bezeichnet (vgl. Abb. 2).[48] Die EG ist also in der
Lage, die Mitgliedstaaten zu verpflichten („anzuweisen"), strafrechtliche Maßnahmen zur Durchsetzung einer EU Politik zu erlassen, soweit dies zur Durchsetzung
der Ziele erforderlich ist. Diese Anweisung bezieht sich allerdings lediglich auf das
„Ob" strafrechtlicher Gesetzgebung, nicht auf das „Wie".

---

[44] EuGH, Rs. C-440/05, Slg. 2007, I-9097, Rn. 66 – *Kommission./. Rat.*

[45] Vgl. auch *Ambos* (2008), § 11 Rn. 30a.

[46] *Jung,* EG-Rechtssetzungsbefugnis im Kriminalstrafrecht, 42 und 47.

[47] EuGH, Rs. C-440/05, Slg. 2007, I-9097, Rn. 70 – *Kommission./. Rat.*

[48] Vgl. dazu auch *Lachmayer/Bauer*, Praxiswörterbuch Europarecht, 2008, S. 34 f. (Stichwort Anweisungskompetenz).

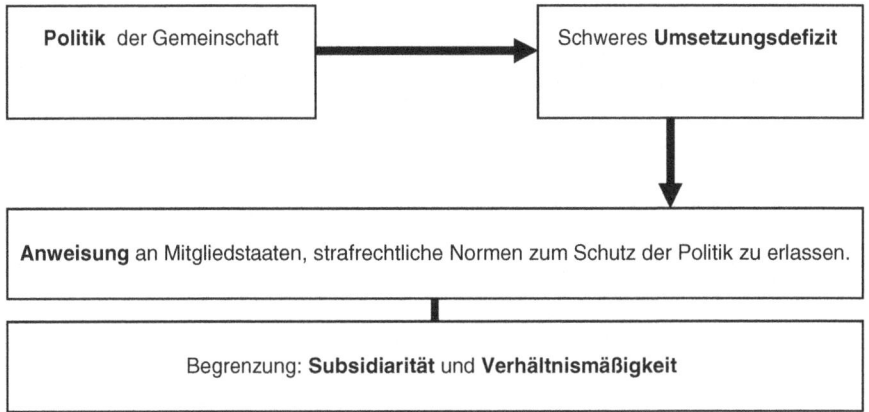

Abb. 2 Anweisungskompetenz

Rechtsdogmatisch ist diese Kompetenz – in Anlehnung an die verfassungsrecht- **32** liche Terminologie – eine **Annexkompetenz**. Der Annexkompetenz unterliegen Neben- und Hilfsgebiete, die keine eigene Sachmaterie darstellen, sondern nur die Vorbereitung oder Durchführung eines Sachgebiets betreffen. Hat die EU im Hauptgebiet kraft ausdrücklicher Zuweisung die Kompetenz zur Gesetzgebung, unterliegen auch diese Annexgebiete (in diesem Fall das Strafrecht) dieser Zuweisung.

Die **dogmatische Begründung** für diese Anweisungskompetenz war sehr umstritten. Teilweise wurde die Legitimität aus der Loyalitätsverpflichtung der Mitgliedstaaten (Art. 4 Abs. 3 EU, ex-Art. 10 EGV) abgeleitet und damit eher auf eine konsensuale Herleitung abgestellt;[49] teilweise wurde auch auf die sog. *implied powers*-Lehre abgestellt und damit eher verfassungsrechtlich argumentiert.[50] Außerdem wurden die allgemeine Harmonisierungskompetenz nach Art. 94 ff EGV sowie die Abrundungskompetenz des Art. 308 EGV als Grundlage angeführt.[51]

Für die Säulenstruktur der früheren EU (dazu § 9 Rn. 35) ergab sich daraus ein **33** **Vorrang** der 1. (EG) gegenüber der 3. Säule (PJZS). Soweit nämlich die (supranationale) Gemeinschaft zum Handeln berechtigt ist, ist ein (völkerrechtliches) Vorgehen innerhalb der 3. Säule gesperrt.[52]

b) Verfahrensrecht

Strafverfahrensrecht ist in noch stärkerem Maße als materielles Strafrecht von **34** unterschiedlichen Rechtstraditionen geprägt.[53] Als Motor der Entwicklung eines

---

[49] So etwa EuGH, Rs. 68/88, Slg. 1989, 2965 – *Griechischer Mais* = EuGHE 1989, 2965, Rn. 23 ff.

[50] In diese Richtung *Hecker* (2010), § 8 Rn. 31; eher kritisch: *Ambos* (2008), § 11 Rn. 30.

[51] Vgl. dazu *Ambos* (2008), § 11 Rn. 31.

[52] EuGH, Rs. C-176/03, Slg. 2005, 38, 52 ff. – *Kommission./. Rat*; kritisch *Heger* JZ 2006, 312, *Rosenau*, ZIS 2008, 13 f.

[53] Vgl. dazu auch § 7 Rn. 32.

einheitlichen Rechtsraums auch im Hinblick auf Strafverfolgung und Strafverfahren dient daher auch weniger das Bestreben der Harmonisierung dieser divergierenden verfahrensrechtlichen Kulturen, sondern das Prinzip der **gegenseitigen Anerkennung** (vgl. dazu ausführlich u. Rn. 76 ff.). Das auf wechselseitigem Vertrauen basierende Prinzip der gegenseitigen Anerkennung macht eine Vereinheitlichung im Grunde überflüssig. Dieses die europäische Kriminalpolitik seit dem Europäischen Rat von Tampere prägende Prinzip wurde erstmals im Vertrag von Lissabon in Art. 82 Abs. 1 S. 1 AEUV primärrechtlich normiert.[54]

Im Bereich des Verfahrensrechts ist die Aktivität der europäischen Rechtsetzung seit längerem deutlich sichtbar. Bislang vollzogen sich die Durchsetzung des **Prinzips der gegenseitigen Anerkennung** und die Teil-Harmonisierung im Bereich des Verfahrensrechts vornehmlich innerhalb der 3. Säule der EU, der PJZS. In einzelnen Rahmenbeschlüssen wurden teils sehr umstrittene Konzepte der Rechtsvereinheitlichung vorangebracht:

(1) Europäischer Haftbefehl

35   Die erste konkrete Maßnahme im Bereich der gegenseitigen Anerkennung von strafjustiziellen Akten stellt der sog. Europäische Haftbefehl dar. Der am 13.06.2001 vom Rat der EU verabschiedete „Rahmenbeschluss über den Europäischen Haftbefehl und die Übergabeverfahren zwischen den Mitgliedstaaten"[55] beruht politisch auf den Schlussfolgerungen des Europäischen Rates von Tampere von 1999.[56] Im Kern geht es um die **Überwindung traditioneller Auslieferungsinstrumente** und die Beschleunigung der Überstellung durch die grundsätzliche Anerkennung der gerichtlichen Entscheidung über die Inhaftierung aus den Mitgliedstaaten (dazu im Einzelnen u. Rn. 76 ff.).

(2) Europäische Beweisanordnung

36   Dieser Ansatz wurde hinsichtlich justizieller Entscheidungen, die Beweise betreffen, im Rahmenbeschluss des Rates vom 18.12.2008 über die „Europäische Beweisanordnung zur Erlangung von Sachen, Schriftstücken und Daten zur Verwendung in Strafsachen"[57] konsequent weiterentwickelt. Damit wird das bisherige System der **Rechtshilfe in Strafsachen** zwischen den Mitgliedstaaten zur Erlangung von Sachen, Schriftstücken und Daten zur Verwendung in Strafsachen dem Prinzip der gegenseitigen Anerkennung angepasst.[58]

---

[54] *Satzger* (2010), § 10 Rn. 43.

[55] Vgl. ABlEG 2002 Nr. L 190, 1.

[56] Vgl. Schlussfolgerungen des Vorsitzes. Tampere Europäischer Rat, 15./16.10.1999, Rn. 35.

[57] ABlEG 2008 Nr. L 350.

[58] Vgl. *Kotzurek,* ZIS 2006, 123; *Krüßmann,* StV 2008, 458.

(3) Beschuldigten- und Opferrechte

Einen Kernbereich des Strafverfahrensrechts betrifft der Rahmenbeschluss **37**
2001/220/JI des Rates vom 15.03.2001 über die Stellung des Opfers im Strafverfahren.[59] Dieser enthält sehr präzise **Anweisungen für die Mitgliedstaaten**, wie die
Stellung des Opfers im Strafverfahren ausgestaltet sein muss.[60] So enthält Art. 3 Rb
etwa ein Anhörungsrecht des Opfers und Art. 8 spezifische Schutzbestimmungen,
wie etwa der Ausschluss der Öffentlichkeit für den Fall von negativen Folgen für
das Opfer. Dieser Rahmenbeschluss ist zudem Beleg für den dynamischen Charakter des Europarechts innerhalb der PJZS der früheren dritten Säule, da der EuGH
in der Entscheidung *Maria Pupino* diesem Rahmenbeschluss *de facto* unmittelbare
Wirkung zugesprochen hat, indem es das italienische Strafverfahrensrecht rahmenbeschlusskonform ausgelegt hat (ausführlich dazu unten Rn. 89 ff.).[61]

(4) Grundsatz der Verfügbarkeit

Eines der Hauptanliegen einer effizienten Strafverfolgung ist der **Informations-** **38**
austausch zwischen den betroffenen Behörden. Um Barrieren bei der grenzüberschreitenden Kommunikation zu beseitigen, sollte das Prinzip der gegenseitigen
Anerkennung *mutatis mutandis* auf den Informationsfluss Anwendung finden, so
dass in einem Mitgliedstaat vorhandene Information in jedem anderen Mitgliedstaat verfügbar sein soll, ohne ein umständliches Rechtshilfeverfahren (Grundsatz
der Verfügbarkeit).[62] Das Europäische Rechtshilfeübereinkommen das zunächst auf
diese Sachverhalte Anwendung fand, erwies sich als kompliziert und schwerfällig.[63]
Im Rb. 2006/960/JI des Rates v. 18.12.2006 über die Vereinfachung des Austauschs
von Informationen und Erkenntnissen zwischen den Strafverfolgungsbehörden der
Mitgliedstaaten der Europäischen Union sollte der Zugang „assimiliert" werden.[64]
Erst der Rahmenbeschluss 2009/315/JI des Rates vom 26.02.2009 über die Durchführung und den Inhalt des Austauschs von Informationen aus dem Strafregister
zwischen den Mitgliedstaaten brachte indes eine Harmonisierung der Zugangsvoraussetzungen zu den Strafregistern der Mitgliedstaaten.[65] Der noch weitergehende

---

[59] ABlEG 2001 Nr. L 82, 1.

[60] *Kuhn*, ZRP 2005, 125; *Leutheusser-Schnarrenberger*, StraFo 2007, 267; *Kirsch*, StraFo 2008,
448.

[61] EuGH, Rs. C-105/03, Slg. 2005, I-5258 – *Maria Pupino*.

[62] Vgl. dazu *Meyer*, NStZ 2008, 188 und *Braum*, KritV 2008, 82. Ausführlich *Böse* (2007).

[63] Europäisches Übereinkommen v. 20.04.1959 über die Rechtshilfe in Strafsachen, CETS No. 30.

[64] ABlEU 2006 Nr. L 386, 89; AblEU 2007 Nr. L 200, 637; Berichtigung: ABlEU 2007 Nr. L 75,
26.

[65] ABlEU 2009 Nr. L 93, 23.

Vorschlag der Kommission zum Austausch von Information nach dem Grundsatz der Verfügbarkeit ist bislang noch nicht Wirklichkeit geworden.[66]

39 Im Schengen Raum (vgl. § 12 Rn. 70 ff.) ist im Rahmen der grenzüberschreitenden polizeilichen Zusammenarbeit das sog. **Schengener Informationssystem** (SIS) eingerichtet worden (Art. 92–119 SDÜ). Seit März 1995 kooperieren hier derzeit 16 Staaten[67] mittels eines computergestützten polizeilichen Fahndungssystems, das Online-Zugriffe auf polizeiliche Fahndungsdaten erlaubt. Die Überführung des Schengen Acquis in die Gemeinschaft (bzw. nun Union) führte dazu, dass das SIS nunmehr ein **Europäisches Informationssystem** (EIS) darstellt.[68] Über das SIS kann eine Ausschreibung zur Fahndung erfolgen, sei es zum Zwecke der Auslieferung (Art. 95 SDÜ), der Abschiebung (Art. 96 SDÜ), der bloßen Aufenthaltsermittlung bei Vermissten (Art. 97 SDÜ), zum Zwecke der Durchführung eines Strafverfahrens oder der Teilnahme an einem Strafverfahren als Zeuge (Art. 98 SDÜ) und zur Registrierung oder Kontrolle (Art. 99 SDÜ). Auch nach Gegenständen kann im SIS gefahndet werden (Art. 100 SDÜ). Die Ausschreibung zur Festnahme im SIS ist als Ausschreibung i. S. von § 131 StPO zu werten und demnach analog § 98 Abs. 2 S. 2 StPO anfechtbar.[69]

(5) Angleichung von Verfahrensgarantien

40 Nach einem Vorschlag der Kommission für einen Rahmenbeschluss des Rates über bestimmte Verfahrensrechte in Strafverfahren innerhalb der EU, sollen die Verfahrensrechte im Unionsgebiet angeglichen werden.[70] Die **Angleichung der Beschuldigten- und Angeklagtenrechte** wird allgemein als dringlich empfunden, da dem mobilen Unionsbürger im gesamten Unionsraum Strafverfahren drohen und daher zu seinem Schutz ein harmonisierter Standard unerlässlich ist.

Gleichwohl konnte sich eine solch weit reichende Angleichung bislang nicht durchsetzen. Immerhin hat der Rat der Europäischen Union – Justiz und Inneres – die Entschließung des Rates vom 30.11.2009 über einen Fahrplan zur Stärkung der Verfahrensrechte von Verdächtigung oder Beschuldigten in Strafverfahren angenommen.[71] Dadurch soll „Schritt für Schritt" das Vertrauen der Mitgliedstaaten in die jeweiligen Verfahrensordnungen gestärkt werden.[72]

---

[66] Vorschlag für einen Rahmenbeschluss des Rates über den Austausch von Informationen nach dem Grundsatz der Verfügbarkeit v. 12.10.2005, KOM (2005), 490 endg.; dazu *Meyer*, NStZ 2008, 188 ff.

[67] Das sind: Belgien, Dänemark, Deutschland, Finnland, Frankreich, Griechenland, Island, Italien, Luxemburg, Niederlande, Norwegen, Österreich, Portugal, Schweden, Schweiz und Spanien.

[68] *Hecker* (2010), § 5 Rn. 49.

[69] Vgl. OLG Celle, NStZ 2010, 534.

[70] Vorschlag der Kommission v. 28.04.2004, KOM (2004) 328 endg.

[71] Vgl. ABlEU 2009 Nr. C 295, 1.

[72] Vgl. dazu *Brodowski*, ZIS 2010, 376, 382.

IV Kompetenzen im Materiellen Strafrecht

1 Strafrechtssetzungskompetenzen der EU nach Art. 325 und 79 AEUV

a) Art. 325 AEUV

Art. 325 AEUV ermächtigt die Europäische Union zu **Maßnahmen zur Verhütung** **41** **und Bekämpfung von Betrügereien**, die sich gegen die finanziellen Interessen der Union richten. Hier wird zwar nicht explizit von eigener Strafrechtssetzungskompetenz der EU gesprochen, jedoch wird man aus folgenden Gründen die Vorschrift in diesem Sinne interpretieren müssen:[73]

– Im Hinblick auf Art. 325 AEUV spricht vor allem der **offene Wortlaut** für eine eigene Strafrechtssetzungskompetenz der Europäischen Union. So spricht Art. 325 Abs. 4 AEU von „erforderlichen Maßnahmen", welche erlassen werden können. Art. 82 Abs. 2 und 83 Abs. 1 AEU sprechen jeweils von „Mindestvorschriften durch Richtlinien". Im Umkehrschluss könnte man somit unter den erforderlichen Maßnahmen im Sinne von Art. 325 AEU auch eine unmittelbar anwendbare Verordnung verstehen. Damit wäre der Weg für eine originäre Rechtsgrundlage nach Maßgabe des Unionsrechts geebnet.
– Zudem lässt die **Entstehungsgeschichte** der Norm, im Vergleich zu ihrer Vorgängerregelung im gescheiterten Verfassungsvertrag (VerfV) auf die Annahme einer echten Strafrechtssetzungskompetenz der EU schließen. Aufgrund der weitgehenden Übereinstimmung des VerfV mit dem RefV können die zu Art. III-415 VerfV gemachten Ausführungen auch für den RefV Geltung beanspruchen. Denn auch im RefV fehlt schließlich bei Art. 325 AEUV, welcher Art. 280 EGV weitgehend entspricht, der strafrechtliche Vorbehalt, womit ein wichtiges Argument gegen eine originäre Strafrechtssetzung der (alten) Europäischen Gemeinschaft entfällt.
– Die EU als supranationale Institution mit quasi-staatlichem Charakter muss in der Lage sein, die eigenen Organe und den Haushalt **selbst effektiv zu schützen**, ohne von den Mitgliedstaaten abhängig zu sein. Strafrechtliche Verbotsnormen sind als *ultima ratio* ein legitimes, sogar erforderliches Mittel, um diesen Schutz zu gewährleisten.
– Art. 86 Abs. 1 AEUV, der die Einführung einer Europäischen Staatsanwaltschaft vorsieht, nimmt explizit auf die Straftaten zum Nachteil der finanziellen Interessen der EU Bezug. Auch darin wird somit deutlich, dass die Betrugsstrafbarkeit im Primärrecht eine **Sonderrolle** einnimmt und neben besondere Institutionen auch starke Kompetenzen treten sollen.

---

[73] Vgl. dazu *Satzger*, KritV 2008, 17, 15; *Mansdörfer*, HRRS 2010, 11, 18; vgl. auch *Hecker* (2010), § 14 Rn. 43 f.; *Satzger* (2010), § 8 Rn. 24 f.

42   Art. 325 AEUV lässt letztlich eine Auslegung dahingehend zu, dass auf Grundlage
dieses neuen Betrugsbekämpfungsartikels erstmals **echte supranationale Straftatbestände** erlassen werden könnten, wenn auch beschränkt auf den Bereich des
Wirtschaftsstrafrechts bzw. der Betrugsbekämpfung. Damit wird der EU zwar keine
Kompetenz für ein einheitliches Europäisches Strafrecht zugestanden, gleichwohl
eine partielle supranationale Strafrechtskompetenz für den Bereich des Art. 325
AUV bejaht.[74]

b) Art. 33 AEUV

43   Eine vergleichbare Formulierung findet sich in Art. 33 AEUV zum **Schutz des
Zollwesens**. Auch hier war in der Vorgängervorschrift des Art. 135 S. 2 EGV ein
strafrechtlicher Vorbehalt, der in der jetzigen Fassung bewusst weggelassen wurde.[75] Der Schutz des Zollwesens steht in engem inhaltlichen Zusammenhang zum
Schutz der finanziellen Interessen der EU, wie er in Art. 325 AEUV zum Ausdruck
kommt.[76] Er betrifft gleichsam die Einnahmenseite der Finanzen der EU.
        Die offene Formulierung und das Fehlen eines ausdrücklichen Vorbehalts sowie
die inhaltliche Nähe zu Art. 325 AEUV sprechen für die Annahme, dass Art. 33
AEUV eine **Kompetenz zum Erlass supranationaler Straftatbestände** eröffnet.[77]

c) Art. 79 AEUV

44   Art. 79 AEUV könnte ebenfalls zum Erlass von eigenständigen Strafrechtsbestim-
mungen der Europäischen Union herangezogen werden. Gem. Art. 79 Abs. 2 AEUV
wird die EU ermächtigt, Maßnahmen zur Bekämpfung der **illegalen Einwanderung
und des Menschenhandels**, insbesondere des Handels mit Frauen und Kindern, zu
erlassen. Hiermit könnten auch strafrechtliche Maßnahmen gemeint sein.[78] Denn
dadurch, dass Art. 79 Abs. 2 lit. d) AEUV von einer „Bekämpfung" des Menschenhandels spricht, könnte man den Wortlaut in diesem Zusammenhang in Richtung

---

[74] So auch die Mehrheit der Sachverständigen im Unterausschuss Europarecht des Rechtsausschus-
ses des Dt. BT *Albrecht, Satzger, Kokott, Böse* in ihren Stellungnahmen zum Expertengespräch des
Dt. BT am 28.11.2007 „Entsteht ein einheitliches Europäisches Strafrecht?", siehe Nachweise
bei *Fromm,* EG-Rechtsetzungsbefugnis im Kriminalstrafrecht, S. 62, 63; Entsprechend *Calliess,*
ZEuS 2008, 3, 37; *Fromm,* EG-Rechtssetzungsbefugnis im Kriminalstrafrecht, S. 73, 74; *Rosenau,*
ZIS 2008, 9, 16.

[75] Das systematische Argument von Grabitz/Hilf/*Voß*, Art. 135 Rn. 17, wonach die eigenständige
Regelung der Zusammenarbeit in Strafsachen in Art. 82 ff AEUV (hier bezogen auf Art. III-171 ff
VerfV) eine Strafrechtssetzungskompetenz ausschlösse, vermag wie auch bei Art. 325 AEUV
nicht zu überzeugen.

[76] Von der Groeben/Schwarze/*Doelle/Kuhl*, Art. 135 Rn. 36 f.

[77] Ebenso *Satzger* (2010), § 8 Rn. 25.

[78] Vgl. *Walter*, ZStW 117 (2005), S. 912, 918 f.

einer strafrechtsrelevanten Regelung interpretieren.[79] Das ist freilich weit weniger eindeutig als in Art. 325 AEUV. Gegen die Annahme einer Strafrechtssetzungskompetenz sprechen vor allem zwei Gründe:

– Während der Schutz der Finanzen ein ureigenes Interesse der EU darstellt und es der EU als supranationaler internationaler Organisation gar nicht verwehrt werden könnte, die eigenen Organe und den eigenen Haushalt zu schützen und dies in letzter Konsequenz auch mit den Mitteln des Strafrechts, berührt der illegale Menschenhandel die Interessen der EU nicht unmittelbar. Primär sind die **Territorialitätsinteressen** der Mitgliedstaaten betroffen.[80]
– **Systematisch** erscheint es widersprüchlich, wenn in Art. 83 Abs. 2 AEUV in Bezug auf die Kompetenz zum Erlass von Mindestvorschriften der Menschenhandel bereits Erwähnung findet, eine weitere Kompetenz zur originären Strafrechtssetzung vorzusehen.

Diese Gegenargumente sind zwar dogmatisch schlüssig und stimmig, schätzen aber **45** den **dynamischen Charakter des Europarechts** zu gering. Das gilt zunächst für das zweite, systematisch geprägte Argument, denn die systematische Homogenität hat bei der Auslegung des europäischen Primärrechts keinen hohen Stellenwert.[81] Das liegt sicherlich auch daran, dass es sich beim AEUV nicht um eine „Kodifikation" im westeuropäischen Sinne handelt (zur Methodik vgl. oben § 4 Rn. 84 ff.), hat aber auch mit der großen Bedeutung der europäischen Kriminalpolitik bei der Interpretation von Rechtsnormen zu tun.[82]

In dieser Hinsicht ist zu betonen, dass die Kommission sich des Themas „Men- **46** schenhandel" in der EU schon seit längerem angenommen hat.[83] Zuletzt ist hier der Richtlinienvorschlag vom 29.03.2010 zu nennen, der in das ordentliche Gesetzgebungsverfahren eingebracht wurde.[84] Für die Kommission ist Menschenhandel eine moderne **Form der Sklaverei und der Zwangsarbeit**, deren effektive Bekämpfung nur über gemeinsame Anstrengungen möglich ist. Diese Aktivitäten stehen im Zusammenhang mit einer ganzen Reihe weitere Politiken der EU, wie Kinderschutz, Opferschutz, Opferentschädigung oder Verfahrensrechte. Menschenhandel ist auch durch Art. 5 Abs. 3 der Grundrechtecharta explizit und absolut verboten, wodurch ein lückenloser Rechtsschutz gegen diese Form der organisierten Kriminalität gewährleistet werden soll.[85] Im Stockholmer Programm (dazu o. Rn. 15)

---

[79] *Satzger* (2010), § 8 Rn. 26.
[80] *Heger,* ZIS 2009, 406, 416.
[81] Ebenso *Satzger* (2010), § 8 Rn. 26.
[82] Vgl. dazu allgemein *Haltern* (2007), S. 13.
[83] Dazu auch *Brodowski,* ZIS 2010, 376, 382.
[84] KOM(2010) 95 endgültig v. 23.03.2010
[85] Meyer/*Borowsky*, Art. 5 Rn. 38 f.

werden dringend neue strafrechtliche Maßnahmen zum Schutz vor Menschenhandel auf EU-Ebene gefordert.[86]

Das Verbot des Menschenhandels genießt demnach **höchsten Stellenwert** im EU-Recht. Auch wenn zunächst auf Richtlinienebene auf der Grundlage von Art. 83 Abs. 1 AEUV vorgegangen wird[87], liegt die Annahme nahe, dass, zumal bei ausbleibenden Erfolgen der bisherigen Maßnahmen, die EU auf der Grundlage von Art. 79 AEUV Verordnungen zum Schutz gegen Menschenhandel erlassen wird.[88]

2 Allgemeine Ermächtigung bei besonders schwerer, grenzüberschreitender Kriminalität nach Art. 83 Abs. 1 AEUV

a) Grundlagen

47   Mit Art. 83 Abs. 1 AEUV erhält die Union nun auch eine **ausdrückliche Kompetenz** auf die Harmonisierung des mitgliedstaatlichen Strafrechts hinzuwirken. Diese Kompetenz reicht nun nicht bis zur unmittelbaren Schaffung von Strafrechtsnormen auf EU-Ebene, sondern umfasst lediglich den **Befehl zum Erlass strafrechtlicher Normen** durch die Mitgliedstaaten. Sie bezieht sich auf Mindestvorschriften zur Festlegung von Straftaten und Strafen. Handlungsform ist die Richtlinie.

Diese Kompetenz schließt nicht unmittelbar an die bis zum Lissabonner Vertrag ergangene Rechtsprechung des EuGH zur Anweisungskompetenz an (s. o. Rn. 31 ff.). Hier fehlt die Rückkopplung an eine spezifische Politik der EU; Anknüpfungspunkt hier ist vielmehr die **allgemeine Politik zur Schaffung eines Raumes der Freiheit, der Sicherheit und des Rechts**, innerhalb derer grenzüberschreitende Kriminalitätsbekämpfung einen hohen Rang einnimmt. Außerdem handelt es sich nicht mehr nur um eine bloße „Anweisung" zum Erlass „wirksamer, abschreckender und verhältnismäßiger" Maßnahmen. Vielmehr können die Mitgliedstaaten mittels Richtlinien zur Schaffung von konkret festgelegten Straftatbeständen mit vorgegebenen Rechtsfolgen verpflichtet werden. Die Art und Weise der Umsetzung war von der Anweisungskompetenz vorher nicht umfasst, denn die EG konnte nur das „Ob", nicht aber das „Wie" der Strafgesetzgebung bestimmen. Es sollte daher an dieser Stelle nicht (mehr) von Anweisungskompetenz gesprochen werden.

---

[86] Vgl. Stockholmer Programm, Ratsdok. 17024/09, S. 44 ff., 76.

[87] Die Maßnahmen des Stockholmer Programms beziehen sich explizit auf Art. 83 Abs. 1 AEUV als Kompetenzgrundlage, ebenda S. 28.

[88] A. A. *Mansdörfer*, HRRS 2010, 11, 18, der eine Mindestharmonisierung hier für ausreichend erachtet.

b) Voraussetzungen: Katalog der Kriminalitätsbereiche

In Art. 83 Abs. 1 UAbs. 2 AEUV werden verschiedene Bereiche **besonders schwe-**   **48**
rer Kriminalität ausdrücklich benannt. Es handelt sich um die folgenden Fallgruppen:

* Terrorismus
* Menschenhandel und sexuelle Ausbeutung von Frauen und Kindern
* Illegaler Drogenhandel
* Illegaler Waffenhandel
* Geldwäsche
* Korruption
* Fälschung von Zahlungsmitteln
* Computerkriminalität
* Organisierte Kriminalität

Diese Aufzählung wird man wohl als **abschließend** ansehen müssen, denn bei
einer Erweiterung durch die Aufnahme weiterer Fallgruppen ist nach Art. 83 Abs. 1
UAbs. 3 AEUV vorzugehen und der Katalog explizit zu erweitern (dazu unten
Rn. 51 ff.).[89] Auffallend sind gleichwohl die politische Herkunft der Begriffe, mit
denen die Fallgruppen umschrieben werden, und die damit verbundene Weite.

c) Einschränkungen

Eine gewisse **Einschränkung** wird nach Art. 83 Abs. 1 AEUV dadurch vorgenom-   **49**
men, dass lediglich in Bereichen, die „aufgrund der Art oder der Auswirkung der
Straftaten oder aufgrund einer besonderen Notwendigkeit, sie auf einer gemeinsamen Grundlage zu bekämpfen, eine grenzüberschreitende Dimension haben." Diese
„Einschränkung" ist allerdings noch konkretisierungsbedürftig, da sie auf den ersten Blick sehr offen formuliert wirkt.

Einen dahingehenden Versuch hat das BVerfG bereits unternommen und eine
enge Auslegung gefordert, da die darauf folgende Übertragung von Hoheitsrechten
einer besonderen Rechtfertigung bedürfe.[90] Nach Ansicht des BVerfG ist hierfür erforderlich, dass ein politischer Wille zur grenzüberschreitenden Bekämpfung
vorliegt und sich aus der Art und den Auswirkungen der Straftat die besondere Notwendigkeit der gemeinsamen Bekämpfung ergeben würde. Während der Wortlaut
also ein Alternativverhältnis zwischen Art und Auswirkung der Straftat einerseits
und der Notwendigkeit des gemeinsamen Vorgehens andererseits nahelegt, sieht das
BVerfG darin ein kumulatives Verhältnis.[91]

---

[89] So auch *Mansdörfer*, HRRS 2010, 11, 16.

[90] BVerfG, NJW 2009, 2267 ff., Rn. 359.

[91] So auch *Mansdörfer*, HRRS 2010, 11, 16, der dem BVerfG vorwirft, es überschreite die „Wortlautgrenze des Vertrages".

Abb. 3 Harmonisierungskompetenz

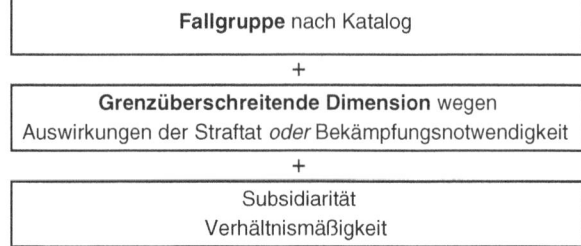

50   Die Harmonisierungskompetenz kann demnach nur unter folgenden, in Abb. 3
aufgezählten Bedingungen ausgeübt werden:

d) Erweiterungsmöglichkeit

51   Art. 83 Abs. 1 UAbs. 3 AEUV enthält eine **dynamische Blankettermächtigung**[92]
zur Erweiterung des Katalogs der Kriminalitätsbereiche „je nach Entwicklung der
Kriminalität". Der hierfür erforderliche Beschluss des Rates muss allerdings einstimmig und mit Zustimmung des Europäischen Parlaments erfolgen.

        Diese Blankettermächtigung lässt letztlich eine Aufweichung der Kriminalitäts-
bereiche zu, die im Rahmen von Art. 83 AEU geregelt werden können. Jedoch muss
der Europäischen Union auch die Möglichkeit verbleiben, auf **neue Kriminalitätsbereiche** angemessen reagieren zu können. Denn die Verfolgung von grenzüberschreitender Kriminalität stellt eine immer größer werdende Herausforderung dar.
Im Zuge eines zusammenwachsenden Europas sowie einer zunehmenden Globalisierung erscheint ein allzu begrenztes, statisches Strafrecht auf Ebene der EU letztlich nicht mehr ausreichend.

52   Grenzüberschreitende Kriminalität wird vor allem durch wirtschaftliche, politische sowie technische Veränderungen bewirkt. Die **vielfältigen technischen Veränderungen** im Bereich der grenzüberschreitenden Kriminalität zeigen sich insbesondere an der Nutzung globaler Datennetzwerke zum Zwecke einer Deliktsbegehung. Wirtschaftliche Veränderungen eröffnen neue Märkte für grenzüberschreitende Delikte etwa im Bereich Menschenhandel, Drogen- und Waffenhandel oder
internationale Produktfälschungen. Auch politische Veränderungen der Globalisierung und Europäisierung wie die Öffnung von Staatsgrenzen, ein grenzfreier Perso-
nen-, Dienstleistungs-, Kapital- und Warenverkehr innerhalb Europas schaffen neue
Möglichkeiten für grenzüberschreitende Delikte.[93]

        Diesen Herausforderungen kann somit nur dadurch begegnet werden, dass sich
auch der Bereich des Europäischen Strafrechts entsprechend anpasst. Die bloße
Kundgabe eines **politischen Willens** zur Bekämpfung bestimmter Kriminalitäts-

---

[92] Vgl. *Mansdörfer*, HRRS 2010, 11, 16.

[93] *Sieber,* ZStW 121 (2009), S. 3, 4.

felder soll hierzu allerdings nicht ausreichen.[94] Um dem Bedarf der Ermächtigung gerecht zu werden, müsste sich die Kriminalität letztlich in einem konkreten Sektor und in einem bestimmten Zeitraum nachweislich **verändern**.[95] Diese Beschränkungen stellen allerdings keine besonders hohen, bzw. bloß formale Hürden dar, denn eine Begründung von relevanten Veränderungen lässt sich (fast) immer finden. Eine strenge Kontrolle durch den EuGH kann ebenfalls nicht erwartet werden, denn nach seiner bisherigen Rechtsprechung stehen die Weichen stets im Zweifel für eine europäische Lösung.[96] Allein ausschlaggebend ist daher *de facto* der politische Wille der Mitgliedstaaten.

Das **BVerfG** stellt diese Erweiterungskompetenz unter den Vorbehalt des Art. 23   **53**
Abs. 1 S. 2 GG, da es darin eine Klausel zur Vertragsänderung erblickt.[97] Die Bundesregierung kann demnach der Anwendung der Blankettermächtigung nur nach vorheriger Billigung durch das Parlament zustimmen. Das ist nunmehr im Integrationsverantwortungsgesetz (§ 7 Abs. 1 IntVG) explizit niedergelegt.[98]

3 Angleichungskompetenz in harmonisierten Politikbereichen nach Art. 83 Abs. 2 AEUV

a) Grundlagen

Neben der Ermächtigung zur Angleichung der Strafvorschriften der Mitgliedstaaten   **54**
in Feldern schwerer, grenzüberschreitender Kriminalität in Art. 83 Abs. 1 AEUV enthält Art. 83 Abs. 2 AEUV eine vergleichbare Kompetenz zur Angleichung von Strafvorschriften in Bereichen der Politiken der EU, in denen bereits Harmonisierungsmaßnahmen durchgeführt wurden. Eine solche Kompetenz zur Strafrechtsharmonisierung hatte der EuGH in zwei umstrittenen Entscheidungen zuvor bereits für zulässig erklärt. Die Konsequenz der beiden Urteile ließ schließlich eine entsprechende **zielorientierte strafrechtliche Annexkompetenz** der EG zu. (s. dazu o. Rn. 28 f. u. 32). Durch die Einführung des Art. 83 Abs. 2 AEUV wurde die Rechtsprechung des EuGH nun im Zuge des Lissabon-Vertrags kodifiziert und weiterentwickelt. Die Einschränkung des EuGH, dass den Mitgliedstaaten Art und Maß der strafrechtlichen Sanktion vorbehalten bleiben, ist nun aufgrund der eindeutigen Regelung in Art. 83 Abs. 2 AEUV allerdings obsolet.[99]

Damit ist ebenso wie für Art. 83 Abs. 1 AEUV (s. o. Rn. 47) auch hier der Be-   **55**
griff der „Anweisungskompetenz" irreführend. Der europäische Gesetzgeber kann

---

[94] *Heger,* ZIS 2009, 406, 412.

[95] Entsprechend für die Regelung in der gescheiterten Europäischen Verfassung *Walther,* ZStW 117 (2005), S. 921, 926.

[96] Vgl. *Satzger* (2010), § 9 Rn. 41 – für Art. 83 Abs. 2 AEUV.

[97] BVerfG NJW 2009, 2267, 2288, Rn. 363.

[98] Vgl. *Satzger* (2010), § 9 Rn. 35.

[99] *Heger,* ZIS 2009, 406, 413.

die Mitgliedstaaten nämlich nicht mehr nur verpflichten, überhaupt mit strafrechtlichen Mitteln die Durchsetzung einer Unionspolitik zu unterstützen, sondern er ist ermächtigt Tatbestandsvoraussetzungen und Rechtsfolgen in Form von Mindestvorschriften vorzuschreiben. Der Begriff „**Angleichungskompetenz**" erweist sich hierfür als passender.

Unpassend scheint darüber hinaus der Begriff Annexkompetenz. Dieser bezieht sich nämlich auf ungeschriebene Erweiterungen bestehender Kompetenzen. Art. 83 Abs. 2 AEUV enthält demgegenüber eine **ausdrückliche und eigenständige** Ermächtigungsgrundlage, die lediglich auf andere Unionspolitiken Bezug nimmt, sich aber nicht (kraft Sachzusammenhangs) aus diesen ableitet.

b) Voraussetzungen: Harmonisierte Unionspolitik

56 Grundsätzlich findet Art 83 Abs. 2 AEUV auf jedes Politikfeld der EU Anwendung. Allerdings müssen auf diesem Gebiet bereits Regelungen durch die EU erlassen worden sein. Damit wird sichergestellt, dass nicht nur strafrechtliche Vorschriften erlassen werden, sondern bereits **andere Maßnahmen** zur Rechtsvereinheitlichung getroffen worden sind. Es ergibt sich auch aus dem Wortlaut, dass strafrechtliche Maßnahmen erst nach – und nicht etwa gleichzeitig mit – anderen Harmonisierungsanstrengungen ergriffen werden dürfen.[100] Eine besondere Qualität müssen diese vorherigen Harmonisierungsbestrebungen aber nicht aufweisen.[101]

c) Einschränkungskriterium: Unerlässlichkeit

57 Eine Begrenzung der Vorschrift wird dadurch erreicht, dass eine Angleichung des Strafrechts „**unerlässlich**" für eine wirksame Durchführung der Unionspolitik sein muss. Dazu verlangt das BVerfG, dass „nachweisbar feststehen [muss], dass ein **gravierendes Vollzugsdefizit** tatsächlich besteht und nur durch Strafdrohung beseitigt werden kann"[102], und verlangt demnach nicht nur einen besonderen Durchsetzungsmangel und die Berücksichtigung des strafrechtlichen *ultima ratio*-Prinzips, sondern auch die Anlegung eines objektiven Maßstabs.[103]

Ob sich diese sehr mitgliederfreundlichen Anforderungen durchsetzen können, ist freilich nach den bisherigen Erfahrungen mit der EuGH-Rechtsprechung eher zweifelhaft.[104] So steht eher zu befürchten, dass die Begründungspflicht zu einer reinen Formalität degeneriert und außerdem die **Einschätzungsprärogative** der Kom-

---

[100] Vgl. *Satzger* (2010), § 9 Rn. 41.

[101] A. A. *Walter,* ZStW 117 (2005), S. 929, der fordert, es müsse auf Unionsebene bereits eine außerstrafrechtliche Verbotsvorschrift erlassen worden sein.

[102] BVerfG NJW 2009, 2288, Rn. 362.

[103] Restriktiv auch *Heger,* ZIS 2009, 406, 409; und zum VerfV: *Walter,* ZStW 117 (2005), 912, 928.

[104] Kritisch auch *Satzger* (2010), § 9 Rn. 41.

mission und des Rates den Vorzug vor einem objektiven Maßstab erhält, wie das bereits vom EuGH hinsichtlich der Anweisungskompetenz angenommen wurde.[105]

Allerdings ist auch zu berücksichtigen, dass der Nachweis einer zwingenden empirischen Erforderlichkeit zum einen kaum zu führen sein wird, zum anderen vom Gesetzgeber aber auch ehrlicherweise nicht verlangt werden kann. Auch der nationale Gesetzgeber hat – wie das BVerfG deutlich gemacht hat[106] – einen gewissen Spielraum bei der Anwendung strafrechtlicher Mechanismen zum Schutz wichtiger Gemeinschaftsgüter. Einen solchen **Spielraum** wird man dem europäischen Gesetzgeber auch zugestehen müssen.[107] Außerdem ist zu berücksichtigen, dass im Bereich des Art. 83 Abs. 2 AEUV die ursprüngliche Kompetenz zur Rechtssetzung bereits auf europäischer Ebene verortet ist. In der Sache handelt es sich schließlich um eine aus den Politiken der EU **abgeleitete Kompetenz**, auch wenn sie nun ausdrücklich normiert ist. Bei funktionaler Betrachtung ist demnach zu konstatieren, dass dem nationalen Gesetzgeber der Regelungsbereich, um den es jeweils konkret geht, insgesamt ohnedies entzogen ist.[108]

58

4 Wirkungen des Handlungsbefehls: Mindestharmonisierung

Die Kompetenzen nach Art. 83 Abs. 1 und 2 AEUV sind auf sog. Mindestharmonisierung beschränkt. Die Ermächtigung bezieht sich auf Straftaten und Strafen, d. h. auf die Tatbestandsvoraussetzungen und die Rechtsfolgen. Dabei soll es sich um „Mindestvorschriften" handeln, weshalb den Mitgliedstaaten ein Ausgestaltungsspielraum zukommen muss, wonach zumindest schärfere Maßstäbe möglich sein müssen und zwar sowohl hinsichtlich einer Ausweitung der verbotenen Verhaltensweisen wie hinsichtlich der Höhe der vorgesehenen Strafen.[109] Die strengeren nationalstaatlichen Regelungen dürfen nicht gegen sonstiges Europarecht, also etwa die Grundfreiheiten oder das Diskriminierungsverbot, verstoßen (dazu u. § 9 Rn. 1).[110]

59

a) Tatbestandsseite

Die Festlegung des strafbaren Verhaltens erfolgt durch die Formulierung von Straftatbeständen. Dabei geht es um die Umschreibung verbotener Verhaltensweisen sowie um Definitionen zentraler Begriffe.

60

---

[105] Vgl. *Safferling*, GLJ 10 (2009), 1383, 1388.

[106] Vgl. BVerfGE 120, 224 (sog. Inzest-Entscheidung).

[107] S. dazu *Mansdörfer*, HRRS 2010, 11, 17; vgl. auch *Kubiciel*, GA 2010, 99, 105 f.

[108] So auch *Hecker* (2010), § 8 Rn. 48.

[109] Vgl. auch hier BVerfG NJW 2009, 2267, 2288 Rn. 363 wo von „substantiellen Ausgestaltungsspielräumen" die Rede ist.

[110] Vgl. etwa RiL zum Schutz der Umwelt, 2008/99/EG, ABlEU 2008 Nr. 1328, S. 28; Erwägungsgrund 13.

Beispiel: In der Richtlinie über den strafrechtlichen Schutz der Umwelt finden sich entsprechend in Art. 2 eine Reihe von Begriffsbestimmungen, wie etwa in Art. 2 b) „geschützte wildlebende Tier- und Pflanzenarten". Dazu wird – wie häufig – auf andere Richtlinien und umfangreiche Anlagen verwiesen. Im Beispielsfalle etwa wird u. a. der Anhang IV der Richtlinie 92/43/EWG des Rates vom 21.05.1992 (sog. FFH-Richtlinie) zur Erhaltung der natürlichen Lebensräume sowie der wildlebenden Tiere und Pflanzen in Bezug genommen.[111] Daraus ergibt sich beispielsweise, dass der wildlebende Wolf (*canis lupus*) ein geschütztes Tier i. S. der Richtlinie ist.
In Art. 3 RiL werden die strafbaren Handlungen umschrieben. So ist etwa die Tötung von (Art. 3 f.) oder der Handel mit (Art. 3 g.) geschützten Tierarten verboten, mit Ausnahme der Fälle, in denen die Handlung eine unerhebliche Menge dieser Exemplare betrifft und unerhebliche Auswirkungen auf den Erhaltungszustand der Art hat.

61   Die Bestimmung der tatbestandlichen Handlung hat in aller Regel Auswirkungen auf den **Allgemeinen Teil** des Strafrechts.[112] So stellen sich regelmäßig Fragen des subjektiven Tatbestandes oder der Täterschaft und Teilnahme. Nicht selten wird auch die Versuchsstrafbarkeit relevant. Aus Sicht des deutschen Strafrechts prekär ist die Verantwortlichkeit juristischer Personen, da sich nach StGB nur natürliche Personen strafbar machen können. Hier muss es dem deutschen Gesetzgeber möglich sein, auf Ordnungswidrigkeitenrecht auszuweichen.[113] Ob und inwieweit der europäische Gesetzgeber hier ins Detail gehen kann, ist unklar. Bislang existiert auf europäischer Ebene kein gemeinsamer Allgemeiner Teil – im Gegenteil, die Zurechnungskonzepte unterscheiden sich teilweise erheblich. Insofern können auch die Strafbarkeiten trotz im Wesentlicher identischer Straftatbestände divergieren.

Beispiel: Im Beispielsfall der Umweltschutzrichtlinie legt Art. 3 fest, dass neben vorsätzlichem Verhalten auch grob fahrlässiges Verhalten strafbar sein muss. Außerdem verlangt Art. 4, dass Anstiftung und Beihilfe unter Strafe gestellt werden, ohne diese Teilnahmeformen allerdings zu definieren. Schließlich sind auch juristische Personen nach Art. 6 der RiL verantwortlich zu machen.

b) Rechtsfolgen

62   Die Richtlinie kann die Ausgestaltung der Sanktionen gänzlich den Mitgliedstaaten überlassen und lediglich darauf hinweisen, dass die Strafen „wirksam, abschreckend und verhältnismäßig" sein sollen.[114] Als Rechtsfolge können aber auch sog. **Mindesthöchststrafen** vorgesehen werden. Der Rat hat sich bereits im Jahr 2002

---

[111] Flora-Fauna-Habitat-Richtlinie, ABlEG 1992 Nr. L 206, 7.

[112] S. auch *Satzger* (2010), § 9 Rn. 44.

[113] Vgl. *Hecker* (2010), § 8 Rn. 37.

[114] So etwa Art. 5 der RiL zum strafrechtlichen Schutz der Umwelt oder Art. 10 der RiL über Mindeststandards für Sanktionen und Maßnahmen gegen Arbeitgeber, die Drittstaatsangehörige ohne rechtmäßigen Aufenthalt beschäftigen, 2009/52/EG, ABlEU 2009 Nr. L 168, S. 24.

mit dem Problem befasst und noch zum Vorgehen bei Rahmenbeschlüssen in der ehem. 3. Säule folgendes System entwickelt:[115]

- Niveau 1: Höchststrafen von mindestens 1 Jahr bis zu 3 Jahren Freiheitsstrafe;
- Niveau 2: Höchststrafen von mindestens 2 Jahren bis zu 5 Jahren Freiheitsstrafe;
- Niveau 3: Höchststrafen von mindestens 5 Jahren bis zu 10 Jahren Freiheitsstrafe;
- Niveau 4: Höchststrafen von mindestens 10 Jahren Freiheitsstrafe (Fälle, in denen sehr schwere Strafen erforderlich sind).

Eine weitere inhaltliche Ausgestaltung dieser Niveaustufen erfolgt allerdings nicht. Die Harmonisierung der Strafrechtssysteme der Mitgliedstaaten hinsichtlich der zu verhängenden Strafen leidet unter den stark **divergierenden Strafzumessungssystemen**. Die Höchststrafen haben daher kaum Auswirkungen auf den eigentlichen Zumessungsakt und bilden daher eine weitgehend symbolische Harmonisierung.[116]

5 „Opting-Out" in Art. 83 Abs. 3 AEUV

a) Grundlagen

Die soeben beschriebenen Kompetenzen zum Erlass von Richtlinien im Bereich des materiellen Strafrechts erweitern die Möglichkeiten der Einflussnahme seitens der EU erheblich. Durch die Auflösung der Säulenstruktur ist Strafrecht nun auch Gegenstand **supranationaler Rechtssetzung**; was vor Lissabon lediglich im Rahmen der intergouvernementalen Zusammenarbeit der 3. Säule und damit von der Zustimmung der Mitgliedstaaten im Einzelfall abhängig war, bzw. innerhalb der 1. Säule nur in Form einer Anweisungskompetenz möglich war, kann nun insgesamt durch Richtlinien fortentwickelt werden.   **63**

Um den Sondercharakter des Strafrechts als Ausdruck besonderer Rechtstraditionen und -kulturen der Mitgliedstaaten wenigstens ansatzweise sichtbar zu machen, wird in Art. 83 Abs. 3 AEUV den Staaten die Möglichkeit eingeräumt, einen Richtlinienentwurf abzulehnen. Diese Option wird häufig als „**Notbremsenregelung**" bezeichnet, was allerdings ihre Rechtswirkung nicht richtig wiedergibt, denn der oder die Mitgliedstaaten, welche eine Rechtsentwicklung nicht mittragen wollen, können diese in letzter Konsequenz nicht verhindern. Stimmen mindestens neun Mitgliedstaaten für die Maßnahme, so kommt es zwischen diesen zu einer „Verstärkten Zusammenarbeit" nach Art. 20 Abs. 2 EU und Art. 329 Abs. 1 AEUV. Eher als um eine Notbremse, die ja den gesamten Zug zum Stehen bringt, handelt es sich daher um einen *Opt-Out*-Mechanismus, also um eine Ausstiegsklausel.

---

[115] Vgl. Schlussfolgerungen des Rates über einen Ansatz zur Angleichung der Strafen v. 24./25.04.2002, Ratsdokument 9141/02.

[116] So *Satzger* (2010), § 9 Rn. 45 mwN.

b) Voraussetzungen und Verfahren

(1) Voraussetzungen

64 Substantiell ist für die Anwendung der Ausstiegsklausel erforderlich, dass nach Ansicht eines Mitgliedstaates ein Richtlinienentwurf „grundlegende Aspekte seiner Strafrechtsordnung" tangiert. Dabei ist zu betonen, dass die Ansicht des Mitgliedstaates ausschlaggebend ist und sein muss, da andernfalls der Zweck der Ausstiegsklausel verfehlt werden würde. Gleichwohl darf der Staat **keine sachfremden Erwägungen** zur Begründung seines Misstrauens anführen. Seine Einschätzungsprärogative kann im Rahmen einer allgemeinen Missbrauchskontrolle daher vom EuGH überprüft werden.[117]

Unklar ist indes, was generell unter die „grundlegenden Aspekte der Strafrechtsordnung" fällt. Berührungen mit einzelnen nationalen Eigenheiten werden demnach nicht ausreichen, vielmehr muss es sich um fundamentale Grundentscheidungen des Strafrechtssystems handeln.[118]

> **Beispiel:** Die Frage, ob die Unterscheidung zwischen beendetem oder unbeendetem Versuch i. S. von § 24 Abs. 1 StGB nach dem Tatplan oder vom Rücktrittshorizont her zu treffen ist,[119] ist gewiss ein deutsches Spezifikum, aber keines, das die Grundpfeiler der deutschen Strafrechtsordnung berührt. Auch wenn der BGH (mittlerweile) den Rücktrittshorizont als maßgebliche Perspektive ansieht,[120] wäre schließlich eine Beurteilung nach dem Tatplan auch vertretbar.[121]

> **Gegenbeispiel:** Das strafrechtliche Fundamentalprinzip schlechthin ist im deutschen Recht der Schuldgrundsatz, wonach nur dann bestraft werden kann, wenn dem Täter seine Tat individuell vorwerfbar ist, d. h. wenn er auf der Grundlage der Kenntnis der bestimmenden Tatumstände im konkreten Fall anders hätte handeln können. So stellt auch das BVerfG in der Lissabon-Entscheidung fest, dass der Schuldgrundsatz von Verfassungs wegen nicht preisgegeben werden kann.[122]

(2) Verfahren

(a) Europäische Ebene

65 Hat ein Mitgliedstaat **Bedenken** gegen einen Richtlinienentwurf, so kann er beantragen, dass der Europäische Rat mit dem Vorgang befasst wird. Das hat die Aussetzung des Gesetzgebungsverfahrens zur Folge. Wird im Europäischen Rat innerhalb

---

[117] Vgl. *Satzger* (2010), § 9 Rn. 48.

[118] Vgl. *Mansdörfer*, HRRS 2010, 11, 20.

[119] Vgl. dazu *Wessels/Beulke*, AT, Rn. 632.

[120] Vgl. BGHSt 31, 170; 33, 295 oder 35, 90.

[121] S. etwa Schönke/Schröder/*Eser*, § 24 Rn. 18a.

[122] BVerfG NJW 2009, 2289, Rn. 364.

von vier Monaten Einvernehmen unter den Mitgliedstaaten erzielt, wird das ordentliche Gesetzgebungsverfahren fortgesetzt.

Wird kein Einvernehmen erzielt, so ist der Richtlinienentwurf **gescheitert**.[123] Allerdings können neun oder mehr Mitgliedstaaten auf der Grundlage des Richtlinienentwurfs eine sog. „Verstärkte Zusammenarbeit" begründen (Art. 326–334 AEUV).

(b) Nationale Ebene

Welche verfahrensrechtlichen Voraussetzungen auf nationaler Ebene zu beachten   **66**
sind, regeln die nationalen Rechtsordnungen selbst. Das deutsche Recht legt die vom BVerfG betonte **Integrationsverantwortung** des **nationalen Parlaments**[124] zugrunde. In § 9 IntVG ist deshalb vorgesehen, dass auf einen entsprechenden Beschluss des Bundestages hin der deutsche Ratsvertreter einen Antrag auf Befassung des Europäischen Rates nach Art. 83 Abs. 3 UAbs. 1 AEUV stellen muss. Sind Länderkompetenzen betroffen kann auch der Bundesrat eine solche Weisung an den Ratsvertreter erlassen, §§ 9 Abs. 2, 5 Abs. 2 IntVG.

c) Analogiefähigkeit der Vorschrift

Die Ausstiegsklausel bezieht sich ausdrücklich nur auf die Kompetenzen des Art. 83   **67**
Abs. 1 und 2 AEUV. Es stellt sich indes die Frage, ob sie nicht **analog** auch auf die **Strafrechtssetzungskompetenzen** in Art. 325, 33 und 79 Abs. 2 AEUV (dazu oben Rn. 41 ff.) anwendbar ist. Mit dem Argument, dass die Strafrechtssetzung eine sehr viel weiter gehende Kompetenz darstellt als die Kompetenzen zur Angleichung der nationalen Strafrechtsvorschriften und die Ausstiegsklausel daher erst recht auch für diese gelten muss, könnte eine solche Analogie durchaus begründet werden.[125] Sie ist trotzdem abzulehnen und zwar aus folgenden Gründen:

1. Wortlaut und Systematik sprechen gegen eine Analogie, da es bereits an einer **Regelungslücke** zu fehlen scheint.
2. Bei der Strafrechtssetzungskompetenz nach Art. 325 u. 33 AEUV sind die Mitgliedstaaten in ihrer Souveränität nicht in gleichem Maße betroffen wie bei Art. 83 AEUV, da es sich hier um den Schutz originärer Unionsrechtsgüter handelt. Es fehlt somit an der **Vergleichbarkeit** der beiden Kompetenzen.
3. Die Strafrechtssetzungskompetenz greift auch deshalb nicht in die Souveränität der Mitgliedstaaten ein, weil durch sie „nur" ein Strafrecht **auf europäischer Ebene** geschaffen werden kann, das nationale Strafrecht aber davon nicht betroffen wird.
4. Die Vorschrift von Art. 83 Abs. 3 AEUV ist als **Kompromissregelung** generell für Analogien ungeeignet.

---

[123] *Satzger* (2010), § 9 Rn. 46.
[124] BVerfG NJW 2009, 2289 Rn. 365.
[125] Vgl. *Walter,* ZStW 117 (2005), S. 924 zum VerfV.

5. Außerdem ist eine Ausnahmeregelung wie die Ausstiegsklausel grundsätzlich **restriktiv** anzuwenden.

68   Allenfalls könnte daran gedacht werden, die Vorschrift analog anzuwenden, wenn der Europäische Gesetzgeber unter Berufung auf die Strafrechtssetzungskompetenz eine **Richtlinie** (und keine Verordnung) erlässt. Da die Richtlinie im nationalen Recht umgesetzt werden muss, ist sie geeignet, in die nationalen Strafrechtsordnungen einzugreifen.[126] Dieses Argument stellt aber letztlich zu formal auf die gewählte Handlungsform (Richtlinie) ab. Damit erhöht sich zwar die Vergleichbarkeit der Materien hinsichtlich der Durchsetzbarkeit im Sinne des Argumentes 3 oben, die anderen Gegenargumente bleiben aber unverändert bestehen. Eine analoge Anwendung ist daher insgesamt abzulehnen.

d) Bewertung

69   Es handelt sich bei Art. 83 Abs. 3 AEUV offensichtlich um einen **politischen Kompromiss**[127], der den Beweis seiner Praktikabilität noch antreten muss. Sicher ist es richtig, dass die Einflussmöglichkeit auf die Entwicklung des europäischen Strafrechts seitens der Mitgliedstaaten dadurch erheblich vergrößert wird, zumal in Art. 83 Abs. 1 und 2 AEUV wie gesehen kaum justiziable Einschränkungen der Kompetenzausübung erkennbar sind.

Allerdings sollte dieser Mechanismus nicht überbewertet werden. Es handelt sich eben gerade **nicht um ein Vetorecht** in dem Sinne, dass die Verwirklichung der Norm grundsätzlich verhindert werden kann,[128] sondern nur um eine **Ausstiegsklausel**. Wenn der politische Wille der Mehrheit der Staaten, sowie des Rates, der Kommission und des Parlamentes zur Durchsetzung der vorgeschlagenen Richtlinie vorhanden sind, wird der politische Druck auf den einzelnen Mitgliedstaat hoch sein. Der Druck wird noch zunehmen, wenn einige Mitgliedstaaten in der Form der Verstärkten Zusammenarbeit mit der Umsetzung der Richtlinie fortfahren.

70   Richtig ist sicher auch der Hinweis, dass die Streitigkeiten über strafrechtliche Maßnahmen umso geringer sein werden, je stärker sich der europäische Gesetzgeber an **überkommenen kriminalpolitischen Leitlinien** orientiert.[129] Das von der Wissenschaftsinitiative *European Criminal Policy Initiative* erarbeitete „Manifest zur europäischen Kriminalpolitik" bietet hier wertvolle Anregungen.[130] Dort wird vor allem betont, dass Strafrecht nicht als bloßer Durchsetzungsmechanismus begriffen werden kann, wie das seitens der EU häufig der Fall zu sein scheint.[131] Strafrecht muss in seiner Funktion des Rechtsgüterschutzes ernst genommen und stets

---

[126] Vgl. dazu *Satzger* (2010), § 9 Rn. 52 f.

[127] Vgl. *Suhr*, ZEuS 2009, 708.

[128] So aber *Satzger* (2010), § 9 Rn. 46; *Mansdörfer*, HRRS 2010, 11, 20.

[129] Dazu *Satzger* (2010), § 9 Rn. 49 und *ders.*, ZIS 2009, 691.

[130] Veröffentlicht in ZIS 2009, 697 ff.

[131] Dazu auch *Safferling*, GLJ 10 (2009), 1383.

als *ultima ratio* der gesellschaftlichen Reaktionsmöglichkeiten eingesetzt werden. Trotz des europäischen Charakters dieser Initiative ist der Einfluss der deutschen Strafrechtskultur hier nicht zu übersehen. Die Realität der europäischen Kriminalpolitik weist in eine andere Richtung: Die Ausweitung strafrechtlicher Mechanismen aus rein funktionaler Notwendigkeit.

6 Auffangkompetenz nach Art. 352 AEUV

In Art. 352 AEUV ist die sog. **Vertragsabrundungskompetenz** enthalten, wonach   **71** die EU allgemein befugt ist, zur Verwirklichung eines der Ziele der Verträge gesetzgeberisch tätig zu werden (ex Art. 308 EGV). Davon ausgenommen sind lediglich Maßnahmen der Gemeinsamen Außen- und Sicherheitspolitik (Art. 352 Abs. 4 AEUV). Der Bereich der polizeilichen und justiziellen Zusammenarbeit ist wenigstens über Art. 83 AEUV für Harmonisierungsmaßnahmen offen (vgl. Art. 352 Abs. 3 AEUV), so dass keine grundsätzlichen Einwände gegen eine Anwendung dieser Kompetenz ersichtlich sind.[132]

Allerdings dürfte die Bedeutung der Vorschrift für das Strafrecht nicht besonders hoch sein. Die **strafrechtsbezogenen Harmonisierungskompetenzen** sind durch Art. 83 AEUV bereits sehr weit gefasst, so dass ein Rückgriff auf Art. 352 AEUV nicht erforderlich sein wird. Das gilt vor allem für Art. 83 Abs. 2 AEUV, der allerdings ein Tätigwerden der EU von bereits erfolgten Harmonisierungsmaßnahmen abhängig macht (s. o. Rn. 56). Das fehlt bei Art. 352 AEUV. Das Erfordernis vorheriger außerstrafrechtlicher Harmonisierungen bringt aber gerade den strafrechtlichen *ultima ratio*-Aspekt zum Ausdruck. Ein Rückgriff auf Art. 352 AEUV in Fällen, in denen noch keine Harmonisierungsanstrengungen seitens der EU erfolgt sind, erscheint daher als ungerechtfertigte Umgehung einer sachlich richtigen und angemessenen Voraussetzung und ist deshalb abzulehnen.

7 Rechtsprechung des BVerfG zum Lissabon-Vertrag

Die Strafrechtssetzungskompetenzen des AEUV sind im Urteil des BVerfG zum   **72** Lissabon-Vertrag ein **wesentlicher Bezugspunkt**.[133] Das BVerfG macht in der Entscheidung deutlich, dass seiner Ansicht nach, auch nach Inkrafttreten des Vertrags von Lissabon ein „demokratisches Defizit" der Europäischen Union besteht. Das

---

[132] Vgl. Grabitz/Hilf/*Winkler*, Art. 308 EG Rn. 179.

[133] BVerfG, NJW 2009, 2267 ff.; zustimmend *Ambos/Rackow*, ZIS 2009, 397 ff.; *Lecheler*, JZ 2009, 1156; *Gärditz/Hillgruber*, JZ 2009, 872; kritisch, *Classen*, JZ 2009, 881; ablehnend hingegen *Oppermann*, EuZW 2009, 473 ff. und *Calliess*, NJW 2009, XIV; Vgl. weiterhin *Nettesheim*, NJW 2009, 2867; *Meyer*, NStZ 2009, 657; *v. Bogdany*, NJW 2010, 1 ff. Bedenken bzgl. der Umsetzung der vom BVerfG aufgestellten Maßstäbe hat *Schünemann*, ZIS 2009, 393, 395.

Gericht arbeitet heraus, das nach seiner Auffassung grds. einzig das Prinzip der begrenzten Einzelermächtigung der Ausgangspunkt des Tätigkeitsbereichs der Europäischen Union sein sollte. Eine entsprechend gegebene Kompetenz im Bereich des Strafrechts müsse dabei eng, auf keinen Fall aber extensiv, ausgeübt werden. Dies gilt sowohl für den Modus der gegenseitigen Anerkennung als auch für eine Kompetenz zur Harmonisierung des Strafrechts.

73   Im Hinblick auf die grenzüberschreitende Dimension, welche im Zuge einer gegenseitigen Anerkennung bisher politisch erforderlich war, muss nunmehr ein **Nachweis** anhand von Art und Auswirkungen einer Straftat **empirisch** belegt sein.[134] Die Entscheidung zeigt eindeutig, dass der Vertrag von Lissabon „auf der Kippe" stand.[135]

Insoweit mahnt das BVerfG insbesondere eine strikte Bindung gegebener Kompetenzen an das Schuldprinzip[136] an. Letztlich sieht das BVerfG in der konkretisierenden Ausfüllung der **Kompetenzen** nach Art. 82 und 83 AEU eine dem Bedeutungsgehalt einer Vertragsänderung gleichwertige Entscheidung. Die daraus folgende demokratische Pflicht sei eine entsprechende Ausübung der Integrationsverantwortung des deutschen Gesetzgebers über eine Zustimmung von Bundestag und Bundesrat.[137]

V Kompetenzen im Bereich des Strafverfahrensrechts

74   Nach dem **Stockholmer Programm** (s. o. Rn. 15) ist die Schaffung einer „echten europäischen Strafverfolgungskultur" Ziel der weiteren Rechtsetzung der EU auf der Grundlage des AEUV.[138] Der Lissabonner Vertrag sieht dazu ein zweigleisiges Vorgehen vor:

1. Grundlage ist die **Kooperation** der Mitgliedstaaten in möglichst umfassender Verwirklichung des Prinzips der gegenseitigen Anerkennung, Art. 82 Abs. 1 AUEV.
2. Zur optimalen Umsetzung des Prinzips der gegenseitigen Anerkennung können einheitliche **Mindestvorschriften** festgelegt werden, Art. 82 Abs. 2 AEUV.

Die **Harmonisierung** des Strafverfahrensrechts ist demnach **nachrangig** zur **Kooperation** und von dieser abhängig, was auch durch Art. 67 Abs. 3 AEUV zum Ausdruck gebracht wird (s. Abb. 4). Mit dem nun explizit festgeschriebenen Prinzip der gegenseitigen Anerkennung in Strafsachen, sollen vor allem Kompetenzkonflikte

---

[134] BVerfG, NJW 2009, 2267 ff., Rn. 359.

[135] *Braum,* ZIS 2009, 418, 423.

[136] Zum Schuldprinzip, siehe *Safferling,* Vorsatz und Schuld, 213 ff.

[137] Dazu *Hahn,* EuZW 2009, 758 ff.

[138] Vgl. dazu *Brodowski*, ZIS 2010, 376, 377.

Abb. 4 Harmonisierung –
Kooperation

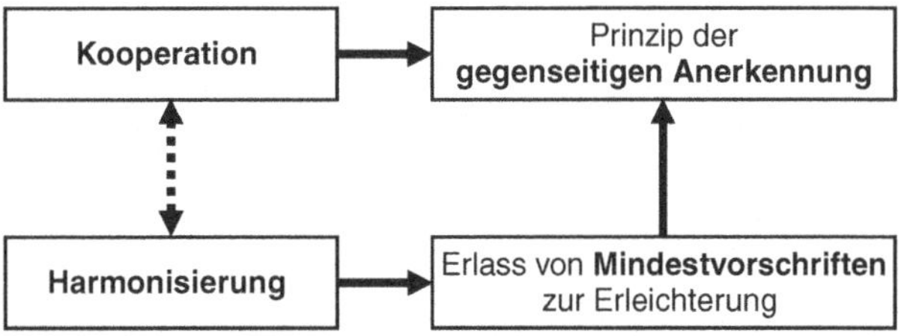

Kooperation	⟶	Prinzip der gegenseitigen Anerkennung

| Harmonisierung | ⟶ | Erlass von **Mindestvorschriften** zur Erleichterung |

zwischen den Mitgliedstaaten vermieden und die Zusammenarbeit der nationalen Justizbehörden bei Strafvollzug und Strafverfolgung weiter erleichtert werden.[139]

Festzuhalten ist auch, wie das **Verhältnis** der Kompetenz im Bereich der Ko- **75** operation (Art. 82 Abs. 1 AEUV) und derjenigen im Bereich der Harmonisierung (Art. 82 Abs. 2 AEUV) beschaffen ist: Auf der Grundlage von Art. 82 Abs. 1 können keine Harmonisierungsmaßnahmen erfolgen. Das ergibt sich aus dem Wortlaut der Vorschrift insgesamt.[140] Umgekehrt kann die Harmonisierung nur in einem Bereich erfolgen, in dem bereits Kooperation praktiziert wird, denn die Mindestvorschriften erfüllen einzig den Zweck, die Durchsetzung des Prinzips der gegenseitigen Anerkennung zu erleichtern. Die Harmonisierung hat insoweit eine **dienende Funktion.**

1 Kooperation

a) Grundsatz der gegenseitigen Anerkennung

Eine **gegenseitige Anerkennung** wird von Art. 67 Abs. 2, 3 und Art. 82 Abs. 1 **76** AEUV bzgl. gerichtlicher Urteile und Entscheidungen ausdrücklich angeordnet und sogar vor eine Harmonisierung des nationalen Strafrechts gestellt.[141] Dies kommt insbesondere in Art. 67 Abs. 3 AEUV zum Ausdruck:

> „Die Union wirkt darauf hin, durch Maßnahmen zur Verhütung und Bekämpfung von Kriminalität sowie von Rassismus und Fremdenfeindlichkeit, zur Koordinierung und Zusammenarbeit von Polizeibehörden und Organen der Strafrechtspflege und den anderen zuständigen Behörden sowie durch gegenseitige Anerkennung strafrechtlicher Entscheidungen und erforderlichenfalls durch die Angleichung der strafrechtlichen Rechtsvorschriften ein hohes Maß an Sicherheit zu gewährleisten.“

Art. 67 Abs. 3 AEUV stellt zunächst auf Maßnahmen zur Verhütung und Bekämpfung von Kriminalität, die Zusammenarbeit von Polizeibehörden und Organen der Strafrechtspflege und auf **die gegenseitige Anerkennung** strafrechtlicher Entscheidungen ab. Als letzter Schritt soll „erforderlichenfalls“ durch die Angleichung straf-

---

[139] *Mansdörfer,* HRRS 2010, 11, 15.

[140] Vgl. *Satzger* (2010), § 10 Rn. 45.

[141] Zu Herkunft und Bedeutung des Prinzips der gegenseitigen Anerkennung s.u. § 12 Rn. 40 ff.

rechtlicher Rechtsvorschriften ein hohes Maß an Sicherheit gewährleistet werden. Dies kann in dem Sinne verstanden werden, dass zunächst alle anderen Maßnahmen keinen Erfolg gebracht haben, bevor die Angleichung der strafrechtlichen Vorschriften in Betracht gezogen wird.

Das Prinzip der gegenseitigen Anerkennung ist nur bezogen auf **gerichtliche** Urteile und Entscheidungen. Es bedarf demnach stets eines richterlichen Aktes und Strafverfolgungs- oder Strafvollstreckungsmaßnahmen seitens der Staatsanwaltschaft oder der Polizei fallen nicht darunter.

b) Rechtssetzungskompetenz zur Verwirklichung des Prinzips der gegenseitigen Anerkennung

77   Das in Art. 82 Abs. 1 UAbs. 1 AEUV enthaltene Prinzip der gegenseitigen Anerkennung bildet zwar die rechtliche Grundlage der Kooperation, muss aber noch kompetenziell umgesetzt werden. Das erfolgt in Art. 82 Abs. 1 UAbs. 2 AEUV, wonach die Europäische Union Maßnahmen erlässt, um

- Regeln und Verfahren **festzulegen**, mit denen die Anerkennung aller Arten von Urteilen und gerichtlichen Entscheidungen in der gesamten Union sichergestellt wird;
- **Kompetenzkonflikte** zwischen den Mitgliedstaaten zu **verhindern** und **beizulegen**;
- die **Weiterbildung** von Richtern und Staatsanwälten sowie Justizbediensteten zu fördern;
- die Zusammenarbeit zwischen Justizbehörden oder entsprechenden Behörden der Mitgliedstaaten im Rahmen der **Strafverfolgung** sowie des Vollzugs und der Vollstreckung von Entscheidungen zu erleichtern.

Diese vier möglichen Maßnahmen reichen unterschiedlich weit in die nationalen Rechtsordnungen hinein, dienen aber allesamt der „gegenseitigen Anerkennung" bzw. der Bildung wechselseitigen Vertrauens. Dieses Vertrauen dient gleichsam als moralische Grundlage für die Durchsetzung des Prinzips der gegenseitigen Anerkennung in den Mitgliedstaaten. Dabei lässt sich unterscheiden zwischen der originären Rechtssetzungskompetenz (1), einer Regelungskompetenz (2) und flankierenden Maßnahmen (3).

(1) Rechtssetzungskompetenz

78   Für die Kompetenz zur Rechtssetzung lassen sich zwei Ebenen unterscheiden:

Gerichtliche Entscheidungen. Die entscheidende **Kompetenzgrundlage** zur Rechtssetzung findet sich demnach in **Art. 82 Abs. 1 UAbs. 2 lit. a)** AEUV. Die EU kann die „gegenseitige Anerkennung" durch den Erlass von Vorschriften sicherstellen. Die Anerkennung bezieht sich hierbei ausschließlich auf gerichtliche Entscheidungen. Mit der allgemeinen Ermächtigung zur Schaffung von „Maßnahmen" im

Sinne des Art. 82 Abs. 1 UAbs. 1 AEUV steht der EU das gesamte Instrumentarium aus Art. 288 AEUV zur Verfügung. Daher wäre es im Rahmen dieser Kompetenz möglich, statt einer Verordnung oder Richtlinie auch Beschlüsse, Stellungnahmen oder Empfehlungen abzugeben.

> **Beispiel:** Entscheidende Maßnahmen wurden hier bereits in der Form von Rahmenbeschlüssen gefasst. Dazu zählt der Rb 2002/584/JI über den europäischen Haftbefehl und die Übergabeverfahren zwischen den Mitgliedstaaten, v. 13.06.2002. Dazu zählt ebenso der Rb 2008/978/JI über die europäische Beweisanordnung zur Erlangung von Sachen, Schriftstücken und Daten zur Verwendung in Strafsachen, v. 18.12.2008.[142]

Andere Entscheidungen. Außerhalb gerichtlicher Entscheidungen kann die Kompetenz nach **Art. 82 Abs. 1 UAbs. 2 lit. d)** AEUV weiterhelfen. Hier geht es um die Zusammenarbeit im Rahmen der Strafverfolgung, des Vollzugs und der Vollstreckung von Entscheidungen zwischen Justizbehörden, also etwa den Staatsanwaltschaften. Trotz der unterschiedlichen Formulierung liegt darin der wesentliche Unterschied zwischen den Befugnissen lit. a) und d).[143]   **79**

> **Beispiel:** Am 05.01.2010, also nach Inkrafttreten des Lissabonner Vertrags, brachten insgesamt zwölf Mitgliedstaaten den Vorschlag einer RiL über die Europäische Schutzanordnung in das Gesetzgebungsverfahren ein, die sich auf Art. 82 Abs. 1 UA 2 lit. d) AEUV als Rechtsgrundlage stützt.[144] Dabei geht es um die europaweite Ausdehnung einer spezifischen Opferschutzmaßnahme. Diese Maßnahmen sind rein präventiver Natur und zielen darauf ab, „das Leben, die physische oder psychische Integrität, die Freiheit oder die sexuelle Integrität einer Person zu schützen" (Art. 1 Nr. 1 RiL-E). Dazu können anderen Personen Verbote oder Verpflichtungen auferlegt werden, beispielsweise Kontaktverbote. Durch eine europäische Schutzanweisung wären alle Mitgliedstaaten verpflichtet, die dort angeordneten Schutzmaßnahmen jeweils durchzusetzen.
> Weil in einigen Mitgliedstaaten innerstaatliche Schutzanordnungen keine (straf-)gerichtlichen Entscheidungen voraussetzen, sondern verwaltungs- oder auch zivilrechtlicher Natur sind, kommt Art. 82 Abs. 1 UAbs. 2 lit. a) AEUV als Kompetenzgrundlage nicht in Betracht. In Deutschland etwa sind für derlei Maßnahmen nach dem Gewaltschutzgesetz die Zivilgerichte zuständig. Wegen dieses Umstandes ist der Bundesrat der Ansicht, dass die RiL dem Subsidiaritätsprinzip widerspricht und nicht mit der Kompetenzgrundlage des Art. 82 AEUV in Einklang zu bringen ist, da zivilrechtliche Entscheidungen davon nicht betroffen seien. Konsequenterweise hat der BR Subsidiaritätsrüge nach Art. 12 lit. b) EUV eingereicht.[145]

(2) Regelungskompetenz

Entstehen zwischen den Mitgliedstaaten Kompetenzkonflikte, so kann die EU Maßnahmen erlassen, um diese Konflikte zu verhindern bzw. wenn sie bereits ausgebrochen sind, diese beizulegen. Hier geht es nicht nur um eine Förderung oder Unterstützung der Mitgliedstaaten, sondern um die Gewährleistung effektiver Verfahren,   **80**

---

[142] vgl. *Satzger* (2010), § 10 Rn. 35.

[143] So auch *Satzger* (2010), § 10 Rn. 44.

[144] Vgl. Ratsdok. 17513/09; dazu auch *Satzger* (2010), § 10 Rn. 46.

[145] Vgl. BR-Drucks 43/10 v. 26.03.2010.

um mit Kompetenzstreitigkeiten verbundene Reibungsverluste in der Rechtsdurchsetzung und Strafverfolgung zu vermeiden. Erforderlichenfalls können das Europäische Parlament und der Rat den Konflikt durch **unmittelbar wirkende Maßnahmen** wie Verordnung oder Beschluss entscheiden.

> **Beispiel:** Im Rb 2009/948/JI v. 30.11.2009 zur Vermeidung und Beilegung von Kompetenzkonflikten in Strafverfahren soll verhindert werden, dass in mehreren Mitgliedstaaten parallele Verfahren gegen dieselbe Person durchgeführt werden.[146] Durch frühzeitigen Informationsaustausch kann eine spätere Auseinandersetzung um den *ne bis in idem*-Grundsatz vermieden werden. Sobald ein Mitgliedstaat den begründeten Verdacht hat, dass in einem anderen Mitgliedstaat ebenfalls ein Verfahren erfolgt, muss er tätig werden und sich erkundigen (Art. 5 Abs. 1 Rb). Die angeschriebene Behörde muss Auskunft erteilen (Art. 6 Rb). Gegebenenfalls müssen direkte Konsultationen zwischen den betreffenden Mitgliedstaaten aufgenommen werden (Art. 10 Rb).

(3) Flankierende Maßnahmen

81   Als unterstützende Maßnahmen kann und soll die EU die Weiterbildung von Richtern und Staatsanwälten und Justizbediensteten fördern. Hierbei handelt es sich vor allem um eine **vertrauensbildende Maßnahme**, da durch Wissen im Bereich des Europäischen Rechts und des Strafrechts der Mitgliedstaaten Vorurteile abgebaut und so die Kooperationsbereitschaft erhöht werden.

> **Beispiel:** Im Haager Programm von 2005[147] wurden gegenseitiges Vertrauen und Vertrauensbildung angemahnt. Insbesondere soll die Vernetzung der Justiz verstärkt werden, um eine gemeinsame europäische Rechtskultur zu entwickeln. Dazu gehört das Netz der Räte für das Justizwesen, das Europäische Netz der obersten Gerichtshöfe sowie das Europäische Justiz-Ausbildungsnetz.[148] Gerade das European Judicial Training Network (EJTN) ist von der EU in diesem Zusammenhang zu fördern.[149]

2 Harmonisierung des Strafverfahrensrechts

82   Der EU ist es nach Art. 82 Abs. 2 AEUV ermöglicht worden, unter Berücksichtigung der Unterschiede zwischen den Rechtsordnungen und Traditionen der Mitgliedstaaten, den Erlass von Mindestvorschriften in Form von Richtlinien im Bereich des Strafverfahrensrechts vorzunehmen. Diese Harmonisierungsvorschrift ist sehr viel defensiver als die entsprechenden Befugnisse für das materielle Strafrecht nach Art. 83 Abs. 1 und 2 AEUV. Außerdem verdeutlicht der Wortlaut der Vorschrift den „**dienenden Charakter**" der Harmonisierung im Vergleich zum Prinzip der

---

[146] Vgl. *Brodowski*, HRRS 2010, 376, 384.

[147] Haager Programm zur Stärkung von Freiheit, Sicherheit und Recht in der EU, ABlEU 2005 Nr. C 53, 1.

[148] Ebenda S. 11 f.

[149] Vgl. www.ejtn.net mit reichhaltigen Weiterbildungsangeboten für Richter und Staatsanwälte.

gegenseitigen Anerkennung und betont, dass Angleichung im Bereich des Strafverfahrens nur als *ultima ratio* in Betracht zu ziehen ist.[150]

Neben diesen allgemeinen Restriktionen bestimmt Art. 82 Abs. 2 AEUV auch nur **bestimmte Bereiche** der Rechtsangleichung überhaupt für fähig. Harmonisierung des Strafverfahrens ist daher nur punktuell möglich. Dabei handelt es sich um folgende Bereiche:

- Die **Zulässigkeit von Beweismitteln** auf gegenseitiger Basis zwischen den Mitgliedstaaten (lit. a.);
- Die **Rechte des Einzelnen** im Strafverfahren (lit. b.);
- Die **Rechte der Opfer** von Straftaten (lit. c.);
- **Sonstige spezifische Aspekte** des Strafverfahrens, die zuvor vom Rat durch Beschluss bestimmt worden sind; dieser Beschluss wird vom Rat einstimmig nach Zustimmung des Europäischen Parlaments erlassen (lit. d.).

Der letztgenannte Punkt über „spezifische Aspekte des Strafverfahrens" eröffnet **83** hier einen weiten Spielraum und lässt Zweifel an der Bestimmtheit der Befugnis insgesamt aufkommen.[151] Die grundsätzlich als abschließend anzusehende Liste möglicher Harmonisierungsbereiche erhält durch die Generalklausel in lit. d) eine fragwürdige Offenheit. Da es jedoch in der Ermächtigung um ein **Mindestschutzniveau** geht, werden damit – in Bezug auf den Umsetzungsinhalt – keine strukturellen Veränderungen einhergehen (können). Somit werden unterschiedliche Gewichtungen des Ermittlungsverfahrens, der Hauptverhandlung oder von Rechtsmitteln im Ergebnis unberührt bleiben.[152]

Zugleich bleibt es den Mitgliedstaaten unbenommen, ein **höheres Schutzniveau** vorzusehen, was Art. 83 Abs. 2 UAbs. 3 AEUV ausdrücklich betont. Diese Vorschrift drückt zwar insofern Selbstverständliches aus als die Harmonisierungsbefugnis nur einen Mindeststandard betrifft; gleichwohl kann es in der praktischen Umsetzung Schwierigkeiten geben. Die einzelnen Harmonisierungsbereiche überschneiden sich teilweise deutlich, was bei Rechten des Einzelnen und Rechten der Opfer besonders sichtbar wird. Wenn also etwa Opferrechte verstärkt werden, kann sich das zu Lasten der Angeklagtenrechte auswirken. Es muss aber sichergestellt sein, dass das höhere Schutzniveau in einem Punkt nicht zu einem Unterschreiten des Mindeststandards in einem anderen Bereich führt.[153]

a) Zulässigkeit von Beweismitteln (lit. a)

Diese Ermächtigung ist beschränkt auf die **Regelung der Zulässigkeit von Be-** **84** **weismitteln.** Es geht also um die Frage, ob Beweise, die in einem Mitgliedstaat gewonnen wurden, in einem anderen Mitgliedstaat verwendet werden können.[154]

---

[150] *Satzger* (2010), § 10 Rn. 51.
[151] *Heger,* ZIS 2009, 406, 411.
[152] *Mansdörfer,* HRRS 2010, 15.
[153] Diese Gefahr wird auch gesehen von *Satzger* (2010), § 10 Rn. 58.
[154] Vgl. *Satzger* (2010), § 10 Rn. 53.

Davon abzugrenzen ist die europäische Beweisanordnung, die auf dem Prinzip der gegenseitigen Anerkennung basiert und deshalb unter Art. 82 Abs. 1 UAbs. 2 lit. a) AEUV fällt. Auf Grund einer Europäischen Beweisanordnung muss wie beim Europäischen Haftbefehl ein Vollstreckungsstaat die Entscheidung des Anordnungsstaates, eine Sache, ein Schriftstück oder Daten als Beweismittel zu erlangen, vollziehen. Die Harmonisierungsermächtigung hier betrifft Fälle, in denen ein bereits in einem Mitgliedstaat vorhandenes Beweismittel in einem anderen Mitgliedstaat im Strafverfahren verwendet werden kann.

> **Beispiel:** Staatsanwalt A aus Frankfurt/Main benötigt zur Klärung eines Subventionsbetrugs zu Lasten der EU Kontoauszüge der Bankverbindung des Beschuldigten B in Frankreich. Da der Betrug zu Lasten der EU in der Liste des Art. 14 Abs. 2 Rb EuBewAO enthalten ist, kann A eine europäische Beweisanordnung beantragen, die nach Art. 8 Rb EuBewAO nach Frankreich übermittelt wird. Die französischen Behörden werden als Vollstreckungsbehörden die Kontoauszüge beschlagnahmen und an A nach Deutschland übermitteln, wenn keine Versagungsgründe nach Art. 13 RbEuBewAO vorliegen.
>
> In einem Korruptionsskandal, der von der StA Düsseldorf untersucht wird, kann die ermittlungsrichterliche Vernehmung des Begünstigten B wesentlich zur Aufklärung beitragen. B sitzt in einem rumänischen Gefängnis und wurde vom Ermittlungsrichter in Bukarest vernommen, ohne dass ein Verteidiger anwesend war. Die Frage, ob das Vernehmungsprotokoll des rumänischen Richters von der StA Düsseldorf verwendet werden kann, hängt nicht von einer europäischen Beweisanordnung ab, sondern davon, ob das Protokoll in Deutschland als zulässig anzusehen ist. Hierfür kann die EU nunmehr Mindeststandards festlegen.

85   Die Beispiele verdeutlichen die Gefahr, die bei gegenseitiger Anerkennung entstehen kann, wenn nicht wenigstens ein **Minimum an gleichwertigen Garantien** im Unionsraum verwirklicht ist. Ist das Vernehmungsprotokoll im Beispielsfall anzuerkennen, könnte das zu erheblichen Problemen hinsichtlich der Rechtsstaatlichkeit und Fairness des Verfahrens führen.

b) Rechte des Einzelnen (lit. b.)

86   Wenn der Vertragstext von Rechten des Einzelnen spricht, meint er primär – aber nicht ausschließlich – die **Rechte des Angeklagten**. Auch Rechte von Zeugen können darunter verstanden werden.[155] Bereits darin zeigt sich eine bedenkliche „Relativität der Angeklagtenrechte" im Verständnis der EU. Dazu passen die bisher erfolglosen Versuche, Verfahrensrechte auf europäischer Ebene zu normieren. Ein Rahmenbeschluss über bestimmte Verfahrensrechte innerhalb der EU konnte sich nicht durchsetzen.[156] Damit bleibt das Schutzniveau im Unionsraum auf dem partiell relativ niedrigen Stand der EMRK.

Auf der Rechtsgrundlage von Art. 82 Abs. 2 UAbs. 2 lit. b) AEUV können **Mindeststandards** mittels Richtlinie durchgesetzt werden. Allerdings ist die Weite dieser Ermächtigungsnorm umstritten. Liest man die Norm extensiv, so kann im Grun-

---

[155] Vgl. *Satzger* (2010), § 10 Rn. 58; ähnlich BVerfG NJW 2009, 2288 Rn. 353.

[156] Entwurf KOM (2004) 328 endg. Dieser Entwurf basiert auf der Grundlage des Grünbuchs der Kommission über Verfahrensgarantien in Strafverfahren innerhalb der EU, KOM (2003) 75 endg.

de fast jede strafprozessuale Vorschrift Gegenstand einer Richtlinie sein, weil fast jede Vorschrift wenigstens mittelbar Einfluss auf die Stellung der Verdächtigen oder Beschuldigten hat. Legt man eine restriktive Auslegung an, können nur unmittelbar den Einzelnen schützende Vorschriften durch Richtlinien harmonisiert werden. Um den Charakter einer spezifischen Ermächtigung nicht gänzlich auszuhebeln, wird man eine enge Lesart hier anlegen müssen.[157]

Im **Stockholmer Programm** wurde trotz des Scheiterns bisheriger Versuche,   **87** sich auf ein einheitliches Vorgehen zu verständigen, ein „Fahrplan zur Stärkung der Verfahrensrechte von Verdächtigen oder Beschuldigten im Strafverfahren" festgelegt.[158] Darin vorgesehen sind folgende Maßnahmen:

- Übersetzungen und Dolmetschleistungen;
- Belehrung über die Rechte und Unterrichtung über die Beschuldigung;
- Rechtsbeistand und Prozesskostenhilfe;
- Kommunikation mit Angehörigen, Arbeitgebern und Konsularbehörden;
- Besondere Garantien für schutzbedürftige Verdächtige oder Beschuldigte;
- Erstellung eines Grünbuchs über die U-Haft.

Die Kommission wird ersucht, in diesen Bereichen Gesetzgebungsvorschläge vorzubereiten. Im Bereich der Dolmetschleistungen und Übersetzungen ist dies bereits geschehen. Der Rat der EU und das Parlament haben eine **Richtlinie über das Recht auf Dolmetsch- und Übersetzungsleistungen** im Strafverfahren angenommen[159], welche die Mitgliedstaaten bis zum 27.10.2013 umzusetzen haben.[160] Ein Vorschlag für eine Richtlinie über das Recht auf Belehrung im Strafverfahren wurde ebenfalls bereits vorgelegt.[161]

Das schrittweise und partikularisierte Vorgehen wird die Europäisierung der Ge-   **88** währleistungen im Strafverfahren sicherlich nicht beschleunigen und gleichermaßen die **Gesamtkohärenz** des Vorgehens erschweren. Hinsichtlich der Verfahrensrechte ist freilich zu beachten, dass im Bereich des Primärrechts hier bereits erhebliche Fortschritte zu verzeichnen sind. Sowohl die Grundrechtecharta wie auch die EMRK enthalten Verfahrensgarantien, die für die Mitgliedstaaten und für die EU selbst unmittelbare Gültigkeit haben (vgl. Art. 6 EUV). Gleichwohl bedürfen diese **Menschen- und Grundrechte** der Ausgestaltung in spezifisches Verfahrensrecht.

---

[157] Vgl. *Satzger* (2010), § 10 Rn. 55.

[158] Vgl. Entschließung des Rates v. 30.11.2009, ABlEU 2009, Nr. C 295, 1 – Anhang; übernommen in das Stockholmer Programm durch Ratsdok. 17024/09, S. 17.

[159] ABlEU 2010 Nr. L 280, 1.

[160] Die Richtlinie ist nicht zu Unrecht auf erhebliche Kritik gestoßen, da sie einen Minimalkompromiss enthält und nicht zur Verbesserung der Angeklagtenrechte beiträgt; vgl. *Brodowski*, ZIS 2010, 749, 754; *Brand*, DRiZ 2010, 94.

[161] Vgl. KOM (2010) 392 endg. V. 20.07.2010; dazu auch *Brodowski*, ZIS 2010, 749, 754.

c) Opferrechte

89 Der Rahmenbeschluss über die **Stellung des Opfers** im Strafverfahren wurde bereits lange vor Lissabon am 15.03.2001 verabschiedet[162] und hat bereits europäische Rechtsgeschichte geschrieben. Der EuGH hat im *Maria Pupino*-Fall klargestellt, dass auch für den Rahmenbeschluss die Maxime der effektiven Umsetzung der europäischen Vorgaben im nationalen Recht gilt. Der Rahmenbeschluss wurde dadurch „vergemeinschaftet". Nach Art. 82 Abs. 2 UAbs. 2 lit. c) AEUV erübrigt sich nun diese extensive Lesart, da nunmehr die EU die Möglichkeit hat, mittels Richtlinie vorzugehen.

Der Rahmenbeschluss sieht vor, dass **Opfer** – gemeint sind nur natürliche Personen[163] – in den nationalen Rechtsordnungen grundsätzlich als solche **anzuerkennen und zu unterstützen**.[164] Darauf aufbauend sind innerhalb des Strafverfahrens dem Opfer verschiedene Rechte zu gewähren:

- Anhörungsrecht (Art. 2 Rb Opferschutz);
- Beweiserbringungsrecht (Art. 2 Rb Opferschutz);
- Recht auf Information (Art. 4 Rb Opferschutz);
- Kommunikationsgarantien (Art. 5 Rb Opferschutz);
- Recht auf unentgeltliche Beratung bzw. Rechtsbeistand (Art. 6 Rb Opferschutz);
- Recht auf Erstattung der durch die Verfahrensbeteiligung entstandenen Ausgaben (Art. 7 Rb Opferschutz);
- Schutz der Privatsphäre des Opfers (Art. 8 Rb Opferschutz);
- Schutz bei der Beteiligung am Strafverfahren insbesondere als Zeuge (Art. 8 Rb Opferschutz), darunter fällt etwa die Möglichkeit aus Schutzzwecken außerhalb des Strafverfahrens aussagen zu dürfen[165];
- Recht auf Entschädigung (Art. 9 Rb Opferschutz).

90 Außerdem wird die Einrichtung eines Täter-Opfer-Ausgleich (s. § 46 a StGB) unterstützt (Art. 10 Rb Opferschutz), die Etablierung spezieller Opfereinrichtungen angeregt (Art. 13 Rb Opferschutz) und die spezifische Ausbildung von Justizpersonal angeregt (Art. 14 Rb Opferschutz).

Eine Erweiterung des Opferschutzes bringt auch die Entscheidung des EuGH im Fall *Katz* hinsichtlich der Ersatzprivatklage:

> **Beispiel:**[166] In dem Vorlageersuchen des Ungarischen Gerichtshofs in Budapest zum EuGH geht es um die Frage, inwiefern ein nationales Gericht zur Anhörung eines Opfers im Ersatzklageverfahren auch als Zeuge berechtigt ist. Diese Frage stellt sich gerade vor dem beson-

---

[162] Rb des Rates v. 15.03.2001 über die Stellung des Opfers im Strafverfahren (2001/220/JI, ABl. L 82 v. 22.03.2001, S. 1)

[163] Vgl. Art. 1 lit. a Rb Opferschutz zur Definition; bestätigt durch EuGH 2007, I-5557, Rs. C-467/05 – *Dell'Orto*.

[164] Vgl. dazu auch *Safferling*, ZStW 122 (2010), S. 87 ff.

[165] So besagter *Maria Pupino*-Fall, EuGHE 2005, I-5285 – Rs. C-105/03.

[166] Nach EuGH, Rs. C-404/07, Slg. 2008, I-7697 – *György Katz/István Roland Sós* (Stellung des Opfers im Strafverfahren).

deren Hintergrund des ungarischen Strafprozessrechts, nach dem das Opfer einer Straftat auch als sog. „Ersatzprivatkläger" an Stelle der Staatsanwaltschaft Anklage erheben kann und in diesem Zuge ihm auch die Befugnisse der Anklagebehörde zustehen. Die Richter des vorlegenden Gerichtshofs in Budapest wiesen einen entsprechenden Antrag des Klägers Katz, der als Opfer zugleich im Rahmen der Ersatzprivatklage als Zeuge gehört werden wollte, ab. Sie begründeten ihre Entscheidung damit, dass auch ein Staatsanwalt schließlich nicht Zeuge sein könne, sodass dies der Ersatzkläger auch gegen sich gelten lassen müsse. Katz machte in der mündlichen Verhandlung wiederum geltend, das Gericht verletze mit seiner Entscheidung die Grundsätze des fairen Verfahrens und der Waffengleichheit, welche sich aus Art. 6 EMRK ergeben. Der im ersten Rechtszug entscheidende Gerichtshof in Budapest hat hieraufhin das Verfahren ausgesetzt und dem EuGH zur Vorabentscheidung der Frage, ob auf Basis des Rb 2001/220 ein nationales Gericht ein Opfer im Rahmen des Ersatzklageverfahrens auch als Zeugen hören muss, vorgelegt. Der EuGH befand in seiner Entscheidung, dass durch den Rahmenbeschluss in den Mitgliedstaaten generell ein hohes Opferschutzniveau einzurichten sei. Dies gewährleiste sodann, dass Opfer in einem Strafverfahren gehört werden und auch Beweismaterial liefern können, doch zur konkreten Ausgestaltung dieser Ziele werde den Behörden ein weites Ermessen zugestanden. Zur Frage der Anhörung eines Opfers als Zeuge im Rahmen einer Ersatzprivatklage entschieden die Luxemburger Richter, dass der Rahmenbeschluss ein nationales Gericht hierzu nicht verpflichten könne. Dem Opfer muss aber stets die Möglichkeit gegeben werden, vor Gericht aussagen zu können, was wiederum als Beweismittel Eingang in das Verfahren finden kann.

d) Sonstige (lit. d.)

Die Ermächtigung nach lit. d) trägt den Charakter einer **Generalklausel**.[167] Um den Einwirkungsbereich aber nicht über Gebühr auszudehnen, ist der Wortlaut ernst zu nehmen und eine Beschränkung der Befugnis auf „**spezifische Aspekte**" vorzunehmen. Demnach ist es nicht möglich, ein einheitliches Gesamtverfahren vorzulegen. Die einzelnen zu regelnden Bereiche müssen zuvor durch einen einstimmigen Ratsbeschluss und Zustimmung des Parlaments festgelegt werden. Die Parallele zu Art. 83 Abs. 1 UAbs. 3 AEUV wird hier deutlich; allerdings kann von dem Einstimmigkeitserfordernis abgewichen werden gemäß der „Brückenklausel" in Art. 48 Abs. 7 EUV. Dieser Übergang kann nach § 4 Abs. 1 IntVG nur unter Beteiligung des Bundestages zustande kommen.[168] Eine generelle Beteiligung des Parlaments ist allerdings – anders als bei Art. 83 Abs. 1 UAbs. 3 – nicht erforderlich (vgl. § 7 IntVG).[169]

91

Beispiel: Denkbar wäre evtl. eine Initiative zur einheitlichen Regelung „heimlicher Ermittlungsmethoden" im Strafverfahren. Eine Harmonisierung in diesem Bereich wäre der gegenseitigen Anerkennung von Beweisen sicherlich zuträglich, würde aber nicht nur der Zulässigkeit von Beweismitteln nach UAbs. 2 lit. a) unterfallen, da es auch um die „Erhebung" und nicht nur um die „Verwertung" von Beweismitteln ginge. Auch die Kompetenz hinsichtlich der Verfahrensrechte nach UAbs. 2 lit. b) wäre keine taugliche Grundlage, da die Regelung heimlicher Ermittlungsmethoden über die Bedeutung von Verfahrensrechten hinausgeht. Voraussetzung wäre ein mit Zustimmung des Parlaments gefasster einstimmiger

---

[167] Vgl. auch *Zimmermann*, Jura 2009, 850.

[168] Nach den Vorgaben des BVerfG NJW 2009, 2289, Rn. 366, 2295 Rn. 419.

[169] Das wird kritisiert von *Hahn*, EuZW 2009, 761.

Beschluss des Rates, dass die „heimlichen Ermittlungsmethoden" einen zu regelnden „spezifischen Aspekt" des Strafverfahrens darstellen.

3 Ausstiegsklausel nach Art. 82 Abs. 3 AEUV

92   Fühlt sich ein Mitgliedstaat durch eine Maßnahme dieser Art aber in „grundlegenden Aspekten seiner Strafrechtsordnung" berührt, kann er allerdings nach Art. 82 Abs. 3 AEUV von seinem „**Vetorecht**" Gebrauch machen und beantragen, dass der Europäische Rat mit dieser Frage befasst wird. Dieses „*Opting-out*" läuft parallel zu der entsprechenden Befugnis in Art. 83 Abs. 3 AEUV (vgl. dazu oben Rn. 63 ff.).

Weiterhin eröffnet Art. 82 Abs. 3 AEUV in diesem Falle die Möglichkeit einer **verstärkten Zusammenarbeit** von mindestens neun Mitgliedstaaten auf Basis des Entwurfs der entsprechenden Richtlinie.

VI Weitere Maßnahmen

93   Nach Art. 84 AEUV können das Europäische Parlament und der Rat gem. dem ordentlichen Gesetzgebungsverfahren Maßnahmen festlegen, um das Vorgehen der Mitgliedstaaten im Bereich der **Kriminalprävention** zu fördern und zu unterstützen. Der Umfang dieser Kompetenz ist im Einzelnen unklar; ausgeschlossen ist jedenfalls, dass unter dem Deckmantel der „Förderung der Kriminalprävention" Rechtsharmonisierung in den Mitgliedstaaten verlangt wird. Das stellt der Wortlaut der Vorschrift eindeutig klar.

94   Im **Stockholmer Programm** (s. o. Rn. 15)[170] werden verschiedene Betätigungsfelder erläutert.

*   Förderung der sozialen Integration soll die Entstehung von Kriminalität effektiv verhindern. Die Kriminalitätserfahrung der Unionsbürger ist in der Regel verbunden mit gespürten sozialen Integrationsdefiziten.
*   Austausch von Erfahrungen mit verschiedenen Bekämpfungsmechanismen in den Mitgliedstaaten.
*   Erhöhung des Wissens über die Entstehung und die Mechanismen von grenzüberschreitender organisierter Kriminalität.

Konkret zu ergreifende Maßnahmen sind neben der Verstärkung der administrativen Zusammenarbeit vor allem die Einrichtung einer **Beobachtungsstelle für Kriminalprävention** (*Observatory for the Prevention of Crime* – OPC) im Rahmen des *European Crime Prevention Network* (EUCPN), deren Aufgabe es ist, Wissen über Kriminalität (etwa durch Statistiken) und Kriminalprävention zu sammeln, zu

---

[170] Angenommen am 11.12.2009, Ratsdok. 17024/09, S. 42 ff.

analysieren und zu verbreiten. Bis spätestens 2013 soll die Kommission einen Vorschlag zur Einrichtung der OPC vorlegen.

VII Verfahren der Strafrechtssetzung

1 Gesetzgebungsverfahren der EU

Die strafrechtlichen Kompetenzen werden im „ordentlichen Gesetzgebungsver-   **95**
fahren" wahrgenommen. Dieses ergibt sich aus Art. 289 AEUV. Danach werden
Verordnungen, Richtlinien oder Beschlüsse vom Europäischen Parlament und dem
Rat gemeinsam angenommen auf Vorschlag der Kommission. Dieses sog. **Mitent-
scheidungsverfahren** ergibt sich aus Art. 294 AEUV.

Danach unterbreitet die Kommission dem Europäischen Parlament und dem Rat
einen Gesetzgebungsvorschlag. Das Parlament legt in **erster Lesung** seinen Standpunkt fest, der dem Rat zugeleitet wird. Akzeptiert der Rat den Standpunkt, kommt
das Gesetz in dieser Fassung zustande. Ist der Rat nicht einverstanden, legt er seinen
Standpunkt in erster Lesung fest und übermittelt dies dem Parlament. Das Parlament kann nun – **in zweiter Lesung** – entweder die Änderungen akzeptieren, wovon auch ausgegangen wird, wenn es sich drei Monate lang nicht äußert. Dann gilt
der Gesetzesakt als erlassen. Oder es lehnt mit Mehrheitsbeschluss die Änderungen
des Rates ab, dann ist der betreffende Rechtsakt nicht erlassen. Schließlich kann
die parlamentarische Mehrheit erneut Änderungen vorschlagen und diese wiederum dem Rat zuleiten. Billigt der Rat diese Änderungen, ist der Rechtsakt erlassen;
billigt er sie nicht oder nicht vollständig, so wird das Ping-Pong-Spiel beendet und
ein Vermittlungsausschuss eingerichtet. Die Kommission hat jeweils das Recht,
Stellungnahmen beizufügen, und nimmt an der Arbeit des Vermittlungsausschusses
teil. Der vom Vermittlungsausschuss erarbeitete Entwurf kann dann von Parlament
und Rat binnen sechs Wochen angenommen werden (**dritte Lesung**); damit ist der
Gesetzesakt erlassen, sonst gilt er als nicht erlassen.

Dieses komplexe Verfahren stellt die Bedeutung des Europäischen **Parlaments**
heraus, das nun in der Tat ein europäisches Gesetz verhindern kann; es unterstreicht
aber auch die Bedeutung der Kommission, auf deren Vorschlag die Gesetzesinitiative beruht, und deren Einfluss auf das Gesetzgebungsverfahren durch Stellungnahmen und Anwesenheit nicht unterschätzt werden sollte.

2 Stärkung nationaler Parlamente

Ein Anliegen des Lissabon-Vertrags war die stärkere **demokratische Legitimation**   **96**
von Rechtsakten der EU. Zu diesem Zweck werden nach Art. 12 EUV die nationalen
Parlamente stärker in Entscheidungsprozesse eingebunden. Der Lissabon-Vertrag

statuiert insoweit Informationspflichten gegenüber den nationalen Parlamenten und macht diese zu Hütern des Subsidiaritätsgrundsatzes.[171]

Im Bereich der Polizeilichen und Justiziellen Zusammenarbeit wird diese Aufgabe noch einmal besonders betont. Im Rahmen der Justiziellen Zusammenarbeit in Strafsachen nach Kapitel 4, Art. 82 ff. AEUV sowie der Polizeilichen Zusammenarbeit nach Kapitel 5, Art. 87 ff. AEUV tragen die nationalen Parlamente bei Gesetzesvorschlägen oder Gesetzesinitiativen Sorge für die **Beachtung des Subsidiaritätsprinzips** nach Maßgabe des Protokolls über die Anwendung der Grundsätze der Subsidiarität und der Verhältnismäßigkeit.[172]

97   Nach Art. 5 des Protokolls über die Anwendung der Grundsätze der Subsidiarität und der Verhältnismäßigkeit werden die Gesetzesentwürfe[173] im Hinblick auf Subsidiarität und Verhältnismäßigkeit begründet. Die nationalen Parlamente können aufgrund von Art. 6 des Protokolls binnen acht Wochen nach dem Zeitpunkt der Übermittlung eigene Stellungnahmen über die Vereinbarkeit des Subsidiaritätsprinzips mit einem Gesetzesentwurf abgeben. Die Stellungnahmen der nationalen Parlamente können letztlich zu einer **Überprüfung des Gesetzesentwurfs** führen, soweit eine nach Art. 7 des Protokolls erforderliche Anzahl an Stellungnahmen erreicht wurde.

Schließlich steht den Mitgliedstaaten nach Art. 8 des Protokolls auch der **Weg zum EuGH** offen, der nach Art. 263 AEUV für Klagen wegen Verstoßes eines Gesetzgebungsaktes gegen das Subsidiaritätsprinzip zuständig ist.

3 Ausstiegsklausel/Notbremsverfahren

98   Da das Strafrecht nach wie vor als eine sensible, von nationalen Traditionen und Wertvorstellungen geprägte Materie angesehen wird, kann jeder Mitgliedstaat dem Entwurf einer Richtlinie auf Grundlage des Art. 82 Abs. 3 oder 83 Abs. 3 AEUV **widersprechen**, wenn er „grundlegende Aspekte seiner Strafrechtsordnung" durch die Maßnahme berührt sieht.

Art. 82 Abs. 3 UAbs. 2, 83 Abs. 3 UAbs. 2 AEUV eröffnen allerdings die Möglichkeit einer **verstärkten Zusammenarbeit** von mindestens neun Mitgliedstaaten auf Grundlage des Richtlinienentwurfs. Das bedeutet, dass zwar aus Sicht des Mitgliedstaats die Gesetzesinitiative in seinem Bereich keinen Erfolg hat; gleichwohl kann er die Einführung der Neuerung in anderen EU Mitgliedstaaten nicht verhindern. Die „Notbremse" oder das „Vetorecht", wie diese Möglichkeiten häufig genannt werden,[174] haben daher nur begrenzte Bedeutung und gleichen daher eher einer Ausstiegsklausel, einem „*Opt-out*-Mechanismus".

---

[171] *Mansdörfer,* HRRS 2010, 11, 19.

[172] Protokoll Nr. 2, AblEU 2008 Nr. C 115/ 206.

[173] Hierzu siehe Art. 3 des Protokolls Nr. 2.

[174] *Sieber,* ZStW 121 (2009), S. 1, 56.

4 Verstärkte Zusammenarbeit

a) Grundlagen

Das Instrument der *Verstärkten Zusammenarbeit* ist normiert in Art. 20 EUV und in **99**
Art. 326 bis 334 AEUV. Sinn und Zweck ist die Gewährleistung **flexibler Entscheidungsmechanismen für einen kleinen Kreis von Mitgliedstaaten**, damit diese in
der Integration weiter voranschreiten können.[175] Gemäß Art. 20 Abs. 2 S. 1 EUV
darf eine *Verstärkte Zusammenarbeit* jedoch nur dann aufgenommen werden, wenn
der Rat zu dem Schluss gelangt ist, dass die mit der Zusammenarbeit verfolgten
Ziele von der Union in ihrer Gesamtheit nicht innerhalb eines vertretbaren Zeitraumes verwirklicht werden können. Insofern ist sie *ultima ratio*.

b) Voraussetzungen

Eine *Verstärkte Zusammenarbeit* ist nur unter den in Art. 20 EUV und Art. 326, 327 **100**
und 329 AEUV genannten Voraussetzungen möglich. Sie ist nur zulässig, sofern sie
darauf ausgerichtet ist, die Ziele der Union zu fördern, ihre Interessen zu schützen
und diesen zu dienen sowie ihren **Integrationsprozess zu stärken**. Außerdem muss
sie die Verträge und das Recht der Union beachten und darf sich nicht auf Bereiche
erstrecken, welche unter die ausschließliche Zuständigkeit der Union fallen. Ferner darf sie den Binnenmarkt und den wirtschaftlichen, sozialen und territorialen
Zusammenhalt nicht beeinträchtigen und keine Behinderung oder Diskriminierung
des Handels zwischen den Mitgliedstaaten darstellen sowie die Wettbewerbsbedingungen zwischen diesen nicht verzerren. Schließlich müssen sich an der *Verstärkten Zusammenarbeit* mindestens neun Mitgliedstaaten beteiligen, welche die
Zuständigkeiten, Rechte und Pflichten der nicht an der Zusammenarbeit beteiligten
Mitgliedstaaten beachten müssen und den nicht beteiligten Staaten muss die Mitwirkung an der *Verstärkten Zusammenarbeit* jederzeit offen stehen.

c) Verfahren

Art. 329 AEUV regelt das Verfahren zur Begründung einer *Verstärkten Zusam* **101**
menarbeit. Hiernach müssen die Mitgliedstaaten, welche eine solche Zusammenarbeit eingehen möchten, einen **Antrag** an die Kommission stellen. Diese schlägt
dem Rat ggf. die Ermächtigung zur Einleitung einer *Verstärkten Zusammenarbeit*
vor. Die **Ermächtigung** hierzu wird vom Rat nach Zustimmung des Europäischen
Parlaments erteilt. Im Falle der Art. 82 und 83 AEUV genügt eine Mitteilung der
Mitgliedstaaten, welche eine *Verstärkte Zusammenarbeit* eingehen wollen, an das
Europäische Parlament, den Rat und die Kommission. In diesem Fall gilt die Er-

---

[175] *Haratsch/König/Pechstein* (2010), Rn. 84.

mächtigung als erteilt. Den nicht beteiligten Mitgliedstaaten ist gemäß Art. 331 AEUV die Möglichkeit eröffnet, sich später einer bereits bestehenden *Verstärkten Zusammenarbeit* anzuschließen.

d) Durchführung/Wirkungsweise

102 Im Rahmen einer *Verstärkten Zusammenarbeit* können alle Mitgliedstaaten des Rates an dessen Beratungen teilnehmen, wodurch sichergestellt wird, dass auch die nicht beteiligten Staaten über alles **informiert** sind, was im Rahmen der *Verstärkten Zusammenarbeit* geschieht.[176] Stimmberechtigt sind jedoch lediglich die an der Zusammenarbeit beteiligten Staaten (Art. 20 Abs. 3 EUV, Art. 330 S. 1 AEUV). Die beteiligten Mitgliedstaaten können die Organe, Verfahren und Mechanismen der EU in Anspruch nehmen.

Die Rechtsakte, welche im Rahmen der *Verstärkten Zusammenarbeit* ergehen, haben die Rechtsnatur und die Wirkungsweise, welche das Unionsrecht den jeweiligen Maßnahmen auch ansonsten zuweist.[177] Allerdings sind an die jeweiligen Rechtsakte gemäß Art. 20 Abs. 4 S. 1 EUV nur die an der Zusammenarbeit beteiligten Staaten gebunden. Tatsächlich angewandt wurde die *Verstärkte Zusammenarbeit* erstmals 2010 auf dem Gebiet des Scheidungsrechts.[178]

VIII Zukunftsprojekte

103 Lange Zeit standen zwei Gesetzgebungsprojekte der EU im Zentrum der Diskussion um das Europäische Strafrecht, das sog. **Corpus Juris** der strafrechtlichen Regelungen zum Schutze der finanziellen Interessen der EU (1.) und das **Grünbuch** der Kommission zum Schutz der finanziellen Interessen der EG und zur Schaffung einer Europäischen Staatsanwaltschaft (2.). Beide „Zukunftsprojekte" sind nun bereits etwas betagt und konnten sich bislang als solche nicht durchsetzen, was zum einen an der politischen Sprengkraft dieser Vorhaben, aber auch an der fehlenden Strafrechtssetzungskompetenz der EU lag. Die Kompetenzen haben sich durch den Lissabon-Vertrag erheblich verändert und insbesondere über Art. 325 Abs. 4 AEUV erhält die EU – wie gesehen (vgl. o. Rn. 41) – eine originäre Strafrechtssetzungskompetenz zum Schutz der finanziellen Interessen der EU, so dass diese Projekte wieder mit Leben erfüllt werden könnten. Die bisherige Entwicklung zeigt aber,

---

[176] *Haratsch/König/Pechstein* (2010), Rn. 86.

[177] *Haratsch/König/Pechstein* (2010), Rn. 86.

[178] Es einigten sich 14 Mitgliedstaaten auf eine gemeinsame Neuregelung des Scheidungsrechts im Wege einer *Verstärkten Zusammenarbeit*. Die Ermächtigung des Rates zur Eingehung dieser *Verstärkten Zusammenarbeit* ist hier abrufbar: http://eur-lex.europa.eu/LexUriServ/LexUriServ. do?uri=OJ:L:2010:189:0012:0013:DE:PDF. Eine entsprechende Verordnung zur Neuregelung der genannten Materie existiert hingegen noch nicht.

dass im Rahmen des Strafrechts kaum mit einem umfassenden Gesetzgebungsprojekt zu rechnen ist. Die EU geht vielmehr in kleinen Schritten vor und bedient sich dabei einzelner Maßnahmen, die in den „Zukunftsprojekten" bereits vorgesehen waren.[179] Sie werden deshalb an dieser Stelle kurz vorgestellt.

1 Corpus Juris

Bei dem *Corpus Juris* strafrechtlicher Regelungen zum Schutze der **finanziellen**   **104**
Interessen der EU[180] handelt es sich um einen Kodex materiell-rechtlicher sowie prozessualer Vorschriften, die besonders vor Betrügereien zu Lasten des EU-Haushalts schützen sollen.[181] Er geht zurück auf eine von der Kommission einberufene wissenschaftliche Arbeitsgruppe, die ihren ersten Entwurf bereits 1997 vorgelegt hat. Eine überarbeitete Fassung wurde im September 1999 präsentiert, die in Anlehnung an den Ort der Abschlusskonferenz häufig als *Corpus Juris Florence* (oder als *Corpus Juris 2000*) bezeichnet wird.[182] Darin wird der Versuch unternommen, auf der Grundlage eines freiheitlichen Strafrechtsverständnisses ein gerechtes und zugleich effizientes Sanktionssystem für den gesamten europäischen Rechtsraum zum Schutz des EU-Haushalts zu schaffen.[183]

Besonderer Teil. Das Corpus Juris umfasst im „Besonderen Teil" acht Straftat-   **105**
bestände:

- Art. 1: Betrügereien zum Nachteil des Gemeinschaftshaushalts und gleichgestellte Delikte;
- Art. 2: Betrügereien bei der Erteilung von Aufträgen;
- Art. 3: Geldwäsche und Hehlerei;
- Art. 4: Bildung einer kriminellen Vereinigung;
- Art. 5: Bestechung und Bestechlichkeit;
- Art. 6: Amtspflichtverletzung;
- Art. 7: Amtsmissbrauch;
- Art. 8: Bruch des Dienstgeheimnisses.

Allgemeiner Teil. In einem „Allgemeinen Teil" finden sich Regelungen zur Straf-   **106**
zumessung, zum Vorsatz (Art. 9), zu Irrtümern (Art. 10), zur Täterschaft (Art. 11),

---

[179] Vgl. auch *Hecker* (2010), § 14 Rn. 33 f.

[180] Die begriffliche Anlehnung an das *Corpus Iuris Civilis* des römischen Kaisers Justinian bzw. das *Corpus Iuris Canonici*, als Sammlung des römisch-katholischen Kirchenrechts, scheint freilich angesichts der mageren 39 Artikel sehr vermessen, unterstreicht aber die Bedeutung, welche die Verfasser dieser Materie für die Europäische Gesetzgebung beimessen.

[181] Die deutsche Übersetzung kann unter diesem Link eingesehen werden: http://ec.europa.eu/ anti_fraud/green_paper/links.html.

[182] Vgl. *Braum,* JZ 2000, 493.

[183] Vgl. *Delmas-Marty*, Corpus Juris, S. 28.

zur Strafbarkeit des Versuchs (Art. 11 *bis*),[184] zur Verantwortung innerhalb von Unternehmen (Art. 12) und zur Verantwortlichkeit von juristischen Personen selbst (Art. 13). Strafbar sind nur vorsätzliche Verstöße gegen einen der genannten Tatbestände, mit Ausnahme von Taten nach Art. 1 (Betrügereien), bei denen Leichtfertigkeit ausreichend ist (vgl. Art. 9).

107 Die **Sanktionen** (Art. 14–17) sind für alle Tatbestände identisch und belaufen sich auf Freiheitsstrafe von bis zu fünf Jahren (in schweren Fällen bis zu sieben Jahren) und/oder Geldstrafe von höchstens 365 Tagessätzen bei einer maximalen Höhe von 3.000 Euro. Gegen juristische Personen sind Geldstrafen bis zu zehn Mio. Euro, der Ausschluss von öffentlichen Subventionen oder gerichtliche Überwachung möglich. Außerdem können Tatmittel, Taterträge und der Gewinn aus der Straftat eingezogen werden. Die Strafzumessung selbst hat sich am Schuldgrundsatz zu orientieren.

108 **Strafverfahren**. Zur Verfolgung dieser Tatbestände wird eine Europäische Staatsanwaltschaft eingerichtet, die für den gesamten Raum der EU zuständig sein soll (Art. 18). Während des Ermittlungsverfahrens wird die EuStA von einem Freiheitsrichter kontrolliert, der die Einhaltung der justiziellen Freiheitsrechte gewährleisten soll (Art. 25*bis*). Die Strafverfahren selbst werden vor nationalen Gerichten durchgeführt (Art. 26, 27). Es gilt die Unschuldsvermutung (Art. 29). Hinsichtlich der Angeklagtenrechte wird pauschal auf die EMRK bzw. den IPbpR verwiesen (Art. 31). Gerade dieser letzte Punkt zeigt eine große Schwachstelle im *Corpus Juris* auf. Der pauschale Verweis auf menschenrechtliche Garantien kann für eine Gesamtverfahrensordnung nicht hinreichen.[185]

2 Grünbuch der Kommission zum Schutz der finanziellen Interessen der EG und zur Schaffung einer Europäischen Staatsanwaltschaft

109 Es handelt sich um ein **Diskussionspapier**, in welchem die Schaffung einer Europäischen Staatsanwaltschaft, Maßnahmen zur grenzüberschreitenden Strafverfolgung und einheitliche materiell-rechtliche Tatbestände in den Mitgliedstaaten erörtert werden.[186] Die im *Corpus Juris* entwickelten Modelle finden sich zum Teil in diesem Grünbuch wieder.[187]

> **Exkurs:** Unterschied zwischen einem „**Grünbuch**" und einem „**Weißbuch**": Ein sog.
> „Grünbuch" ist eine Art Diskussionspapier, in welchem die EU-Kommissare Ideen zu

---

[184] Vgl. *Safferling*, ZStW 118 (2006), S. 682, 702–707.

[185] Vgl. auch die Kritik bei *Braum*, JZ 2000, 493, 498 ff.; *Salditt*, StV 2003, 136 f.; *Wattenberg*, StV 2000, 95, 96 ff.

[186] KOM (2001) 715 endg. V. 11.12.2001, siehe unter: http://europa.eu und die „Follow-Up-Mitteilung" der Kommission in KOM (2003) 128 endg. V. 19.03.2003. Dazu auch *Hetzer*, Kriminalistik 2005, 419, 426 ff.

[187] Vgl. *Hecker* (2010), § 14 Rn. 35; *Satzger* (2010), § 8 Rn. 37.

einem bestimmten Thema sammeln. Alle betroffenen Kreise sollen dadurch die Möglichkeit einer Stellungnahme erhalten. Im Idealfall folgt auf das „Grünbuch" ein sog. „Weißbuch". Dieses enthält dann konkrete Vorschläge für bestimmte politische Bereiche, aus welchen auch verbindliche Regelungen entstehen können.

Darin enthalten sind Vorschläge zu einem europaweiten **Betrugstatbestand** (auf der Grundlage von Art. 280 EGV a. F.), außerdem wird der Grundsatz der **gegenseitigen Anerkennung** als Leitprinzip des europäischen Ermittlungsverfahrens eingeführt. Institutionell wird die Schaffung einer supranationalen **Strafverfolgungsbehörde** vorgesehen, die bei Finanzstraftaten nicht nur ermittelt, sondern auch vor zuständigen Gerichten der Mitgliedstaaten die Anklage vertritt.

110

Die im Grünbuch vorgesehenen Maßnahmen sind partiell bereits umgesetzt worden. So wurde mit **Art. 325 AEUV** eine Strafrechtssetzungskompetenz der EU für den Bereich des Schutzes der finanziellen Interessen der EU vorgesehen. Das Prinzip der gegenseitigen Anerkennung ist in **Art. 82 Abs. 1 UAbs. 1 AEUV** als Grund- und Leitprinzip der europaweiten Strafverfolgung anerkannt. Schließlich sieht der Lissabonner Vertrag in **Art. 86 AEUV** die Schaffung einer Europäischen Staatsanwaltschaft vor (dazu unten § 12 Rn. 26 ff.). Die grundlegenden Ziele des Grünbuchs sind deshalb im AEUV bereits umgesetzt.

Literatur

Allegrezza, Critical Remarks on the Green Paper on Obtaining Evidence in Criminal Matters from one Member State to another and Securing its Admissibility, ZIS 2010, 589 ff.

Ambos, Transnationale Beweiserlangung – 10 Thesen zum Grünbuch der EU-Kommission „Erlangung verwertbarer Beweise in Strafsachen aus einem anderen Mitgliedstaat", ZIS 2010, 557 ff.

Bader, Voraussetzungen einer kriminellen Vereinigung – Anmerkung zum BGH-Urteil vom 03.12.2009 (3 StR 277/09; NJW 2010, 1979), NJW 2010, 1986

Böse, Der Rechtsstaat am Abgrund? – Zur Skandalisierung des EU-Geldsanktionengesetzes. Replik auf Schünemann/Roger, ZIS 2010, 515, ZIS 2010, 502 ff.

Böse, Die Entscheidung des Bundesverfassungsgerichts zum Vertrag von Lissabon und ihre Bedeutung für die Europäisierung des Strafrechts, ZIS 2010, 76 ff.

Brand, Dolmetscherrechte für Beschuldigte: Magerer zweiter Versuch, DRiZ 2010, 94

Braum, Das „Corpus Juris" – Legitimität, Erforderlichkeit und Machbarkeit, JZ 2000, 493 ff.

Braum, Europäisches Strafrecht im Fokus konfligierender Verfassungsmodelle. Stoppt das Bundesverfassungsgericht die europäische Strafrechtsentwicklung?, ZIS 2009, 419 ff.

Brodowski, Strafrechtsrelevante Entwicklungen in der Europäischen Union – ein Überblick, ZIS 2010, 376 ff.

ders., Strafrechtsrelevante Entwicklungen in der Europäischen Union – Ein Überblick, ZIS 2010, 376; 749

Busemann, Freie Verkehrsfähigkeit von Beweisen statt Garantien für das Strafverfahren? Transnationale Beweiserlangung – 10 Thesen zum Grünbuch der EU-Kommission, ZIS 2010, 552 ff.

Busemann, Strafprozess ohne Grenzen? Freie Verkehrsfähigkeit von Beweisen statt Garantien für das Strafverfahren?, ZIS 2010, 552 ff.

Chr. Calliess, Auf dem Weg zu einem einheitlichen europäischen Strafrecht? Kompetenzgrundlagen und Kompetenzgrenzen einer dynamischen Entwicklung, ZEuS 2008, 3 ff.

Dannecker, Strafrechtlicher Schutz der Finanzinteressen der Europäischen Gemeinschaft gegen Täuschung, ZStW 108 (1996), S. 577 ff.

Dörr, Recht auf Freiheit – Keine Strafe ohne Gesetz, EGMR, Urt. V. 17.12.2009 – 19359/04, NJW 2010, 2495, JuS 2010, 1121 ff.

Fischer, Der Vertrag von Lissabon, 2008

Fromm, „Der strafrechtliche Schutz der finanziellen Interessen der Europäischen Gemeinschaften durch das EU-Übereinkommen vom 26. Juli 1995" – Eine kritische Zwischenbilanz, Einordnung in die aktuelle Rechtsprechung des EuGH und Ausblicke in die Zukunft, HRRS 2008, 87 ff.

ders., Der strafrechtliche Schutz der Finanzinteressen der EG, 2008

Gröblinghoff, Die Verpflichtung des deutschen Strafgesetzgebers zum Schutz der Interessen der Europäischen Gemeinschaften, 1995

Heger, Perspektiven des Europäischen Strafrechts nach dem Vertrag von Lissabon. Eine Durchsicht des (wohl) kommenden EU-Primärrechts vor dem Hintergrund des Lissabon-Urteils des BVerfG vom 30.06.2009, ZIS 2009, 406 ff.

Jung, EG-Rechtssetzungsbefugnis im Kriminalstrafrecht, 2009

Krüßmann, Grenzüberschreitender Beweistransfer durch Europäische Beweisanordnung? Ein kritischer Blick auf den Rahmenbeschluss des Rates, StV 2008, 458 ff.

Kubiciel, Das „Lissabon"-Urteil und seine Folgen für das Europäische Strafrecht, GA 2010, 99

Leutheusser-Schnarrenberger, Der Europäische Beschuldigte, StraFo 2007, 267 ff.

Mansdörfer, Das Europäische Strafrecht nach dem Vertrag von Lissabon – oder: Europäisierung des Strafrechts unter nationalstaatlicher Mitverantwortung, HRRS 2010, 11

ders., Synopse des für das europäische Strafrecht relevanten europäischen Primärrechts nach dem Vertrag von Lissabon mit der Rechtslage nach dem Vertrag von Nizza, HRRS 2010, 24 ff.

Mittwoch, Die Vereinheitlichung des Privatrechts in Eurora – auf dem Weg zu einem Europäischen Zivilgesetzbuch?, JuS 2010, 767 ff.

Roger, Zur demokratischen und rechtsstaatliche Bresthaftigkeit des EU-Geldsanktionengesetzes, ZIS 2010, 515 ff.

Ruegenberg, „Das Corpus Juris als Grundlage eines Europäischen Strafrechts", ZStW 112 (2000), S. 269 ff.

Schavoir-Ysselstein, Brief aus Brüssel, VW 2000, 862 ff.

Schierholt, Stellungnahme zum Grünbuch der Europäischen Kommission zur Erlangung verwertbarer Beweise in Strafverfahren aus einem anderen Mitgliedstaat, ZIS 2010, 567 ff.

Schünemann, Stellungnahme zum Grünbuch der EU-Kommission „Erlangung verwertbarer Beweise in Strafsachen aus einem anderen Mitgliedstaat" (KOM [2009] 624 endg.), ZIS 2010, 92 ff.

Stiebig, Strafrechtssetzungskompetenz der Europäischen Gemeinschaft und Europäisches Strafrecht: Skylla und Charybdis einer europäischen Odyssee?, EuR 2005, 466

Streinz/Ohler/Herrmann, Der Vertrag von Lissabon zur Reform der EU, 2010

Sulk, Internationalisierung Innerer Sicherheit auf völkerrechtlicher Ebene. Rechtliche Maßnahmen der Vereinten Nationen zur Bekämpfung des Terrorismus und der Organisierten Kriminalität, JURA 2010, 683 ff.

Tinkl, Die Ungleichbehandlung eigener und fremder Staatsbürger im deutschen Auslieferungsrecht – Verstoß gegen das europäische Diskriminierungsverbot und gegen das grundgesetzliche Bestimmtheitsgebot, ZIS 2010, 320 ff.

Zieschang, Chancen und Risiken der Europäisierung des Strafrechts, ZStW 113 (2001), S. 255 ff.

§ 11 Europäisiertes nationales Strafrecht

„Europäisches Strafrecht" bedeutet nicht nur, dass strafrechtliche Normen auf europäischer – supranationaler – Ebene, sei es unmittelbar im Sinne einer originären Rechtssetzungskompetenz oder mittelbar im Sinne von Richtlinien, geschaffen werden können. Der Begriff umfasst auch die „Europäisierung" des nationalen Strafrechts. Damit gemeint sind die   **1**

> Einflüsse, die europäische Normen auf die Ausgestaltung und Anwendung des nationalen Strafrechts der Mitgliedstaaten haben.

Die **Diffusion des europäischen Rechts** auf das Recht der Mitgliedstaaten ist in anderen Rechtsbereichen seit langem bekannt;[1] Begriffe wie „Europäisierung des Privatrechts" oder „Gemeinschaftsprivatrecht"[2] sind ebenso geläufig wie „Europäisierung des Verwaltungsrechts" oder „gemeineuropäisches Verwaltungsrecht".[3]

Die häufig kolportierte Ansicht, dass das Strafrecht „**unionsresistent**" bzw. eine   **2**
„**europarechtliche Tabuzone**"[4] sei, gründete zwar auf dem (ursprünglichen) Fehlen einer europäischen Strafrechtssetzungskompetenz im Primärrecht und einem starren Verständnis des Souveränitätsprinzips, entsprach aber nie der Realität. Das Ziel eines gemeinsamen Europäischen Marktes kann nicht vor dem Strafrecht stehen bleiben, sondern fordert Gemeinschafts- bzw. Unionstreue der Mitgliedstaaten in sämtlichen Rechtsgebieten. In diesem Kapitel werden die unterschiedlichen Einflüsse der supranationalen Ebene auf das deutsche (nationale) Strafrecht, sowohl primärrechtlich (unten II.) als auch sekundärrechtlich (unten III.), dargelegt; zunächst ist aber ein Blick auf die Grundlagen dieser Europäisierung des Strafrechts zu werfen.

---

[1] Vgl. auch *Coing*, NJW 1990, 937, der in seinem Aufsatz mit dem Titel „Europäisierung der Rechtswissenschaft" das Strafrecht nicht erwähnt.

[2] Vgl. etwa *Schulte-Nölke/Vogel*, EuR 2002, 750; *Langenbucher*, in: dies. (2008), S. 2 ff.; *Heiderhoff* (2005).

[3] *Schoch*, JZ 1995, 109; *Ruffert*, DÖV 2007, 761; *Maurer* (2009), § 2 Rn. 31 ff.

[4] Vgl. *Schack*, ZZP 1995, 47.

C. Safferling, *Internationales Strafrecht*,   443
DOI 10.1007/978-3-642-14914-6_11, © Springer-Verlag Berlin Heidelberg 2011

I Grundlagen der Diffusion des Europäischen Strafrechts

1 Sonderrolle des Strafrechts

a) Notwendigkeiten

3 Grundlage der Diffusion des Europarechts in das nationale Recht einschließlich des Strafrechts ist sicher das **dynamische Kompetenzgefüge** der EU.[5] Die europarechtlichen Kompetenzen knüpfen an zu verwirklichende Ziele an und nicht – wie etwa das eher **statische Kompetenzgefüge** des Grundgesetzes – an Sachgebiete. Es wird also nicht „das Strafrecht" wie in Art. 74 Abs. 1 Nr. 1 GG einer bestimmten Ebene zugewiesen, sondern es geht um die Verwirklichung etwa der „Niederlassungsfreiheit" in Art. 49 ff. AEUV oder des „Umweltschutzes" in Art. 191 ff. AEUV. Die Durchsetzung dieser Ziele erfolgt notwendigerweise nicht auf einer einzigen Ebene, sondern wirkt sich auf eine ganze Reihe von Rechtsgebieten aus. Das bedeutet nicht stets, dass der Erlass von strafrechtlichen Normen für die Durchsetzung eines Unionsziels erforderlich ist; in jedem Fall darf das nationale Strafrecht die Unionspolitiken aber nicht behindern. Zur Erläuterung folgendes

> **Beispiel:** Rechtsanwalt R hat an einer Universität in England einen „Master"-Kurs besucht und möchte den ihm dort verliehenen Titel des LL.M. auf seinem Briefkopf verwenden. Dazu bedarf es einerseits einer verwaltungsrechtlichen Lösung der Anerkennung ausländischer Akademischer Titel, was in Deutschland wegen der Kulturhoheit der Länder durch die Landeswissenschaftsministerien erfolgt; zugleich darf R aber auch nicht wegen § 132 a StGB wegen Missbrauchs von Titeln strafrechtlich verfolgt werden. Er wäre in seiner Dienstleistungs- und Niederlassungsfreiheit beschränkt.[6] Im Übrigen haben heute alle Bundesländer eine standardmäßige Anerkennung der im europäischen Ausland erworbenen LL.M.-Titel verfügt.

4 Die europäischen Ziele wirken sich also auf sämtliche Rechtsgebiete, in jeweils unterschiedlicher Intensität aus (s. Abb. 1). Strafrechtliche Verbote dürfen bei der Verwirklichung dieser Ziele keine Hürden aufstellen.

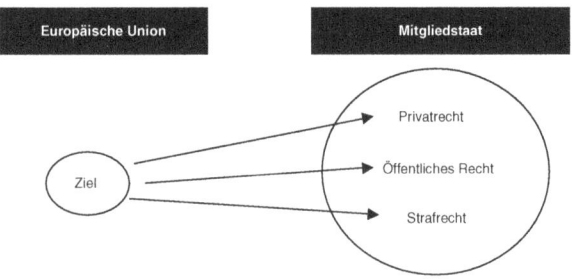

Abb. 1 Einwirkung des EU-Rechts

---

[5] Vgl. *Satzger* (2010), § 9 Rn. 2.

[6] Vgl. dazu den Fall EuGH, Rs. C-19/92, Slg. 1993, I-1663 – *Kraus*.

b) Besonderheiten

Gleichwohl bleibt zu berücksichtigen, dass Strafrecht einen **besonderen Stellen-** 5
wert im Rechtsgefüge der Mitgliedstaaten einnimmt. Da die Strafgewalt besonders eng mit der staatlichen Souveränität identifiziert wird, reagieren die Staaten
sensibel auf Einflüsse von „außen". So führt das BVerfG aus:

> Die Sicherung des Rechtsfriedens in Gestalt der Strafrechtspflege ist seit jeher eine zentrale
> Aufgabe staatlicher Gewalt.[7]

Das anerkennt auch der EuGH:

> Somit spiegelt das Strafrecht deutlicher als andere Rechtsgebiete zumeist die konkreten
> kulturellen, moralischen, finanziellen und sonstigen Positionen einer Gesellschaft wider
> und ist besonders empfänglich für gesellschaftliche Veränderungen. Es gibt jedoch keine
> einheitliche Auffassung vom Wesen des Strafrechts, und die Mitgliedstaaten mögen sehr
> unterschiedliche Vorstellungen haben, wenn es darum geht, Zweck und Wirkung des Straf-
> rechts näher zu bestimmen. Es ist daher schwierig, über das Strafrecht im Allgemeinen und
> ohne speziellen nationalen Bezug zu sprechen.[8]

Aufgrund dieser kulturellen, historisch gewachsenen und auch sprachlich geprägten 6
Eigenheiten verknüpft das **BVerfG** Strafrecht in besonderer Weise mit dem **Demo-**
kratieprinzip, wenn es in der Lissabon-Entscheidung ausführt:

> Die Pönalisierung sozialen Verhaltens ist aber nur eingeschränkt aus europaweit geteilten
> Werten und sittlichen Prämissen normativ ableitbar. Die Entscheidung über strafwürdiges
> Verhalten, über den Rang von Rechtsgütern und den Sinn und das Maß der Strafandrohung
> ist vielmehr in besonderem Maße dem demokratischen Gesetzgeber überantwortet.[9]

(1) Strafbarkeit

Die Strafgewalt ergibt sich demnach aus der jeweiligen Rechts- und Wertegemein- 7
schaft. Das vorstehende Zitat aus der Lissabon-Entscheidung zeigt aber bereits eine
grundsätzliche, häufig jedoch vernachlässigte Weichenstellung in der **Frage der**
Legitimität transnationaler Strafnormen. Wenn das BVerfG darauf hinweist,
dass sich die Pönalisierung nur „eingeschränkt" aus geteilten Werten und Prämis-
sen ableiten lässt, so bedeutet dies doch im Umkehrschluss, dass es auch Bereiche
geben muss, in denen eine solche Ableitung möglich ist. Anders ausgedrückt: nicht
jede strafrechtliche Regelung berührt notwendigerweise die kulturellen Besonderheiten der Mitgliedstaaten; ebenso kann es europaweite sittliche Werte geben, die
auch gemeinschaftlich geschützt werden können. Dazu folgende Beispiele:

> **Beispiel 1:** Die Mitgliedstaaten der EU fühlen sich durch die Atompolitik des Iran bedroht
> und verhängen ein Handelsembargo gegen den Iran. Verstöße gegen dieses Embargo sol-
> len strafrechtlich geahndet werden. Hierbei handelt es sich nicht nur um eine nationale

---

[7] BVerfGE 123, 267 = NJW 2009, 2287, Rn. 355.

[8] EuGH Generalanwalt *Ján Mazák* am 28.06.2007, C-440/05, §§ 67–69.

[9] BVerfGE 123, 267 = NJW 2009, 2274 Rn. 253.

Angelegenheit, deren Durchsetzung allein dem deutschen Außenwirtschaftsgesetz (AWG) obliegt.[10]

Beispiel 2: Der Wert des menschlichen Lebens wird in den Mitgliedstaaten unterschiedlich hoch eingeschätzt und entsprechend variiert der strafrechtliche Schutz. Das gilt sowohl für die Strafbarkeit des Schwangerschaftsabbruchs wie für die sog. aktive Sterbehilfe. Während in Deutschland etwa die Abtreibung nach § 218 StGB grundsätzlich verboten ist und nur die betroffene Frau straffrei bleibt, ist etwa in den Niederlanden die Abtreibung grundsätzlich straffrei. Der strafrechtliche Schutz des ungeborenen Lebens ist also abhängig von den jeweils gesellschaftlichen Wertvorstellungen, die sich – wie im Fall der Abtreibung in Deutschland – möglicherweise erst nach langen Diskussionen und unter erheblichen Spannungen herausbilden.

8 Dass sich die Verhältnisse auch verschieben können und eine zunächst weitgehend national geprägte Besonderheit auf die europäische Ebene „**hochzonen**" kann, zeigt das folgende

Beispiel 3: Lange Zeit galt die Strafbarkeit der Auschwitzlüge nach § 130 Abs. 3 StGB als deutscher Sonderfall, der mit der deutschen Vergangenheitspolitik in enger Verbindung steht. Der Holocaust wird heute aber auch als Teil der europäischen Geschichte gesehen, woraus sich eine gesamteuropäische Verantwortung ergibt. Im Rb zur Bekämpfung von Rassismus und Fremdenfeindlichkeit ist nun in Art. 1 neben der Verharmlosung sämtlicher nach dem IStGHSt strafbarer Handlungen auch folgende Strafvorschrift enthalten[11]

c) das öffentliche Billigen, Leugnen oder gröbliche Verharmlosen von Verbrechen nach Artikel 6 der Charta des Internationalen Militärgerichtshofs im Anhang zum Londoner Abkommen vom 8. August 1945 gegenüber einer Gruppe von Personen oder einem Mitglied einer solchen Gruppe, die nach den Kriterien der Rasse, Hautfarbe, Religion, Abstammung oder nationale oder ethnische Herkunft definiert werden, wenn die Handlung in einer Weise begangen wird, die wahrscheinlich zu Gewalt oder Hass gegen solch eine Gruppe oder gegen ein Mitglied solch einer Gruppe aufstachelt.

Den Mitgliedstaaten bleibt zwar ein gewisser Spielraum bei der Umsetzung insoweit, als sie nur verpflichtet sind, entsprechende Taten unter Strafe zu stellen, die entweder geeignet sind, die öffentliche Ordnung zu stören oder Beleidigungen enthalten, die generelle Strafwürdigkeit der Leugnung des Holocausts im Unionsgebiet ist mit dem Rb aber ausgedrückt.

9 Diese Beispiele zeigen, dass die **Differenzierung** zwischen nationaler und europäischer Ebene diffiziler ist als zunächst vermutet. Auch bei der Abgrenzung nach sozial-ethischen und gesellschaftspolitischen Grundvorstellungen muss genau analysiert werden, welche Bereiche diese Geltung beanspruchen können.

(2) Kriminalpolitik

10 Die gesellschaftlichen Grundvorstellungen spiegeln sich aber nicht nur in einzelnen Straftatbeständen wider, sondern werden auch durch **kriminalpolitische** Entschei-

---

[10] Vgl. dazu BGHSt 53, 128 und *Safferling*, NStZ 2009, 604. Der Fall liegt in Wirklichkeit sehr viel komplizierter, da hier auch Einflüsse der Vereinten Nationen zu beachten sind.

[11] Rb 2008/913/JI des Rates v. 28.11.2008 zur strafrechtlichen Bekämpfung bestimmter Formen und Ausdrucksweisen von Rassismus und Fremdenfeindlichkeit.

dungen ausgedrückt.[12] So herrscht in einem Staat eher eine Tendenz zur Entkriminalisierung gewisser sozialer Probleme (etwa bei „weichen Drogen"), während in einem anderen Staat eine „härtere Gangart" bevorzugt wird. Auch auf diese historisch und gesellschaftlich verankerten Neigungen hat die europäische Kriminalpolitik Rücksicht zu nehmen, da sie anderenfalls Gefahr läuft, Akzeptanzschwierigkeiten in den Mitgliedstaaten zu generieren.

Daraus resultiert das sog. strafrechtliche Schonungsgebot. Darunter versteht man ein zurückhaltendes Vorgehen seitens der EU und die Rücksichtnahme auf nationale Besonderheiten im Strafrecht. Rechtlich wird dieses Schonungsgebot aus der Pflicht zur Achtung der nationalen Identitäten der Mitgliedstaaten nach Art. 4 Abs. 2 S. 1 EUV sowie der Loyalitätspflicht der Union gegenüber den Mitgliedstaaten nach Art. 4 Abs. 3 EUV abgeleitet, wonach die EU berechtigte Interessen der Mitgliedstaaten berücksichtigen muss.[13] Von einem **strafrechtsspezifischen Schonungsgebot** spricht auch das BVerfG (dazu auch o. § 9 Rn. 66).[14]

2 Grundprinzipien der Europäisierung

Bevor auf die konkreten Einflüsse durch Primär- und Sekundärrecht eingegangen wird, werden nun einige Grundprinzipien der „Europäisierung des Strafrechts" vorangestellt. Dabei gilt für den Strafanwender, dass er auch bei der Prüfung nationalen Strafrechts das Unionsrecht nicht aus dem Blick verlieren darf. Gibt es einschlägige Vorschriften im EU-Recht, hat dieses grundsätzlich Vorrang (sog. **Anwendungsvorrang**, vgl. auch o. § 9 Rn. 100) auch im Strafrecht. Bei der Anwendung von Strafrecht sind deshalb drei Stufen zu unterscheiden:

11

a. **Einschlägigkeit** von Europarecht: Zunächst ist zu untersuchen, ob eine Norm des Unionsrechts für die Falllösung einschlägig ist. Ist sie das, ist sie vorrangig zu beachten.

b. Möglichkeit der **europarechtskonformen Auslegung**: Es ist zu untersuchen, ob die nationale Vorschrift durch Auslegung mit dem Unionsrecht in Einklang zu bringen ist.

c. Lösung im **Konfliktfall**: Ist auf zweiter Stufe keine Lösung gefunden worden, stehen zwei Normbefehle also unvereinbar nebeneinander, wird das nationale Recht insoweit „neutralisiert".

Dazu im Einzelnen:

---

[12] Vgl. *Satzger* (2010), § 9 Rn. 8.

[13] Vgl. *Satzger* (2010), § 9 Rn. 9; *Hecker* (2010), § 8 Rn. 55 (zur Ausübung der Kompetenzen); *Böse*, ZIS 2010, 76, 85.

[14] BVerfGE 123, 267 = NJW 2009, 2274, 2287.

a) Anwendungsvorrang des Unionsrechts bei Einschlägigkeit

12 **Anwendungsvorrang** bedeutet, dass eine kollidierende nationale Norm im Kollisionsfall unangewandt bleibt, auch wenn sie grundsätzlich Bestand hat und daher für andere Fälle, in denen etwa kein Unionsrecht entgegensteht, weiterhin angewendet wird. Anders verhält es sich bei dem sog. **Geltungsvorrang**, bei welchem die nationale Norm im Kollisionsfall nichtig wird. Dem Anwendungsvorrang ist jedoch der Vorzug einzuräumen, da dieser einer einheitlichen Anwendung des Unionsrechts Rechnung trägt, ohne die nationale Rechtsordnung unnötig zu beeinträchtigen.[15] Das nationale Strafrecht wird also weitestgehend geschont.[16]

(1) EuGH

13 Im Zuge des Falles *„Zanetti"*[17] entschied der Gerichtshof, dass die Auslegung des nationalen italienischen Abfallbegriffs nicht mit der Richtlinie 75/442 EG vereinbar sei. Im Falle einer Kollision von Gemeinschaftsrecht und nationalem Recht ergibt sich nach der Rechtsprechung des EuGH grds. ein Anwendungsvorrang des Gemeinschaftsrechts vor einer kollidierenden nationalen Norm.[18] Zur Begründung für den Anwendungsvorrang wird die **Eigenständigkeit der EU-Rechtsordnung** angeführt, welche nicht auf einen innerstaatlichen Rechtsanwendungsbefehl angewiesen ist.[19] Zudem sind die Mitgliedstaaten nach Art. 4 Abs. 3 EUV verpflichtet, Maßnahmen zu unterlassen, die der Verwirklichung der Ziele der EU entgegenwirken könnten.

> **Grundlegend:** Der EuGH hat erstmals in der Rechtssache *Costa/E.N.E.L.*[20] eingehend begründet, dass ein Vorrang des Unionsrechts kraft Eigenständigkeit existiert. Dabei wird vorwiegend auf den Aspekt der Funktionsfähigkeit der Union abgestellt, welcher eine einheitliche und gleichmäßige Geltung des Unionsrechts in allen Mitgliedstaaten erfordert. Diese einheitliche Geltung darf nicht durch einseitige mitgliedstaatliche Maßnahmen in Frage gestellt werden. Würden die Mitgliedstaaten die einheitliche Geltung des Unionsrechts bestreiten, wäre die Funktionsfähigkeit der Union ebenso wenig gewährleistet wie die Verwirklichung ihrer vertraglichen Ziele.

---

[15] *Streinz* (2008), Rn. 222; siehe auch *Schweitzer* (2010), Rn. 42 ff.; Vgl. dazu die 17. Erklärung zum Vorrang des Unionsrechts, Vertrag von Lissabon, ABlEU 2008 Nr. C 115, 344.

[16] Zum Schonungsgebot s. o. Rn. 66.

[17] EuGH NJW 1991, 2622.

[18] EuGH, Rs. 6/64, Slg. 1964, 1251 – „*Costa/ENEL*".

[19] Vgl. dazu auch *Herdegen* (2010), § 10 Rn. 1.

[20] EuGH, Rs. 6/64, Slg. 1964, 1251 – „*Costa/ENEL*".

(2) BVerfG

Grundsätzlich geht auch das BVerfG von einem **Anwendungsvorrang** des Unions-   **14**
rechts aus.[21] Allerdings wurde dieser Vorrang in Bezug auf die Gewährleistungen
des Grundgesetzes nicht immer ganz ohne Vorbehalt eingeräumt. Eine Ausnahme
von dem Grundsatz des Anwendungsvorrangs wird allerdings lediglich für den Fall
angenommen, dass die Gewährung eines unabdingbaren Grundrechtsstandards
nach Maßgabe des Grundgesetzes nicht mehr gesichert erscheint.[22] Der Eintritt
eines solchen Falles ist aber nicht ersichtlich.[23]

b) Loyalitätsgebot: Unionsrechtskonforme Auslegung

(1) Begründung

Das Loyalitätsgebot des Art. 4 Abs. 3 EUV (ex Art. 10 EGV; vgl. dazu auch o. § 9   **15**
Rn. 74 ff.)) verpflichtet die Mitgliedstaaten als solche, zugleich aber auch sämtliche Träger der öffentlichen Gewalt in den Mitgliedstaaten, also etwa auch die
nationalen Gerichte, durch eine europarechtskonforme Auslegung nationaler Straftatbestände, den Unionsrechtsgütern einen ebenso guten Schutz wie den nationalen
Rechtsgütern zu gewährleisten. Der **Anwendungsvorrang** des Unionsrechts wird
hier besonders schonend für die Mitgliedstaaten umgesetzt, da es dann nicht zu
einer Neutralisierungswirkung des Unionsrechts gegenüber dem nationalen Recht
kommt, sondern ein Konflikt letztlich auf der Ebene des nationalen Rechts überhaupt vermieden wird.[24] Neben der Konfliktvermeidung ist ein weiteres Ziel der
unionsrechtskonformen Auslegung die Herstellung der Einheitlichkeit der Unionsrechtsordnung, da das Unionsrecht in allen Mitgliedstaaten angewendet werden
muss. Methodisch ist diese Form der Auslegung mit der verfassungskonformen
Auslegung vergleichbar (s. o. § 4 Rn. 92). Deshalb gilt:

> **Unionsrechtskonforme Auslegung:** Das Gericht hat bei mehreren im natio-
> nalen Recht möglichen Auslegungsvarianten diejenige zu wählen, die nicht
> zu einer Kollision mit EU-Recht führt.

Es sind hinsichtlich des Unionsrechts zahlreiche unmittelbar anwendbare Rechts-   **16**
akte zu berücksichtigen. Zu nennen sind etwa die **Grundfreiheiten** bezüglich des

---

[21] Erstmals ausdrücklich in BVerfGE 31, 145, 174.
[22] Vgl. BVerfG NJW 2000, 3124. Vgl. *Schulte-Herbrüggen,* ZEuS 2009, 343 ff.
[23] Zum Verhältnis grundlegend: *Di Fabio,* NJW 1990, 947.
[24] Vgl. *Satzger* (2010), § 9 Rn. 87.

primären Unionsrechts sowie unmittelbar anwendbare **Verordnungen** hinsichtlich des Sekundärrechts.[25] Unabhängig von einer unmittelbaren Anwendbarkeit von Unionsrechtsnormen hat das Unionsrecht grundsätzliche Relevanz hinsichtlich der Auslegung des nationalen Rechts, d. h. das nationale Recht muss mit dem Unionsrecht insgesamt und seinen Zielen in Einklang gebracht werden. Hier ist insbesondere die **Richtlinie**, bzw. der ehem. **Rahmenbeschluss**, zu nennen, die zwar (in aller Regel) nicht unmittelbar gelten, aber hinsichtlich des zu verwirklichenden Ziels verbindlich sind.

(2) Grenzen

17   Die unionskonforme Auslegung hat allerdings auch Grenzen: Besondere Beachtung kommt hinsichtlich der Auslegung des Strafrechts der **Wortlautgrenze** nationaler Strafnormen zu. Soweit eine Auslegung den möglichen Wortsinn überschreitet oder den gesetzgeberischen Zweck in das Gegenteil verkehrt, kann sie zum Zwecke der unionskonformen Auslegung nicht herangezogen werden. Der verfassungsrechtliche **Bestimmtheitsgrundsatz** aus Art. 103 Abs. 2 GG, § 1 StGB begrenzt hier den Beurteilungsspielraum nationaler Gerichte auch hinsichtlich der unionskonformen Auslegung.[26] Insoweit gilt für das Strafrecht ein engerer Auslegungsspielraum als in anderen Rechtsgebieten.[27]

Eine weitere Grenze ergibt sich aus dem EU-Recht selbst. Laut der Rechtsprechung des EuGH findet die europarechtskonforme Auslegung ihre Grenze in den **allgemeinen Rechtsgrundsätzen**, welche Teil des Unionsrechts sind, insbesondere dem Grundsatz der Rechtssicherheit und dem Rückwirkungsverbot.[28] Auch hier hat der EuGH die Besonderheiten des Gesetzlichkeitsprinzips für das Strafrecht betont und mit Verweis auf den *nullum crimen*-Satz in Art. 7 EMRK begründet.[29]

18   Ein spezifisches Problem stellt die **„strafbarkeitserweiternde" europarechtskonforme Auslegung** dar.[30] Der Beschuldigte wird durch ein solches Vorgehen benachteiligt, weil er im Vergleich zur früheren Auslegung durch die unionskonforme Auslegung schlechter steht.[31] Eine solche Wirkung ist nicht grundsätzlich ausge-

---

[25] Denkbar ist hinsichtlich des Sekundärrechts auch eine unmittelbare Wirkung von Richtlinien, soweit die hierfür notwendigen Voraussetzungen vorliegen. Grundlegend dazu EuGH „*Francovich*", NJW 1992, 165 ff. Siehe auch § 9 Rn. 85.

[26] *Satzger* (2010), § 9 Rn. 90.

[27] Allgemein zur Methodik s. auch oben § 4 Rn. 88 ff.

[28] EuGH, Rs. 80/86, Slg. 987, 3969 – *Kolpinghius Nijmegen*.

[29] Vgl. EuGH, Rs. C-74/95, C-129/95, Slg. 1996, I-6609 – *Telecom Italia*. Zu Art. 7 EMRK s. u. § 13 Rn. 58 ff.

[30] Zum Begriff zu Recht kritisch: *Hecker* (2010), § 10 Rn. 59.

[31] Ablehnend deshalb: *Brechmann* (1994), S. 275 ff. und *Köhne* (1997), S. 107 f.

schlossen (wie im Übrigen auch sonst sich die Rspr. zu Ungunsten des Angeklagten ändern kann[32]), steht allerdings nach der Rspr. des EuGH unter zwei Bedingungen:

- Die Auslegung muss mit dem Wortlaut des (nationalen) Straftatbestands vereinbar sein und
- der EU-Rechtsakt muss selbst hinreichend bestimmt sein.

Der EuGH bezieht das Gesetzlichkeitsprinzip also auf den Straftatbestand und die EU-Norm (etwa eine Richtlinie) insgesamt. Beide verschmelzen miteinander und müssen in ihrer Gesamtheit hinreichend bestimmt sein. Unsicherheiten in der Richtlinie gehen somit nicht zu Lasten des Beschuldigten.[33]

(3) Beispielsfälle

Zur Erläuterung der Wirkungsweise der unionsrechtskonformen Auslegung auf Straftatbestände folgendes   **19**

> **Beispiel:** Der schauspielerisch begabte H gibt sich als Mitglied der Europäischen Kommission aus und wird in dieser Funktion in Deutschland dienstlich tätig. Macht er sich dadurch strafbar? [34]

> **Lösungshinweise:** Möglicherweise hat H hier eine Amtsanmaßung gemäß § 132 StGB begangen. Die Vorschrift soll ausschließlich die staatliche Autorität und das Ansehen des Staatsapparates schützen. Dies wird beeinträchtigt, wenn amtliche Tätigkeiten von Unbefugten ausgeführt werden und daher der Eindruck erweckt wird, dass Amtshandlungen unter staatlicher Kontrolle zustande gekommen sind.[35] Problematisch ist hier jedoch die Frage, ob es sich bei einem öffentlichen Amt im Sinne des § 132 StGB um ein *inländisches* Amt handeln muss. Teilweise wird die Amtsanmaßung unter Hinweis auf das Fehlen einer § 132 a Abs. 1 Nr. 1 und 4 StGB entsprechenden Regelung in § 132 StGB auf inländische öffentliche Ämter beschränkt. Dann wäre H hier nicht nach § 132 StGB zu bestrafen, da er sich nicht eines inländischen öffentlichen Amtes bedient hat.[36] Allerdings sieht der Wortlaut von § 132 StGB eine Beschränkung auf inländische öffentliche Ämter nicht vor. Auch existiert keine Legaldefinition des öffentlichen Amtes im StGB (etwa in § 11 StGB). Zudem existiert keine Gleichstellungsregelung in § 132 StGB wie sie sich in § 132 a StGB bzgl. Amts- und Dienstbezeichnungen und Uniformen befindet.
> Erstrebenswert erscheint hier jedoch eine europarechtskonforme Auslegung des Begriffes unter Einbeziehung von Amtsträgern, welche der EU zugeordnet werden. Der Einwand hinsichtlich des Fehlens einer § 132 a Abs. 1 Nr. 1 und 4 StGB entsprechenden Regelung zur Gleichstellung von inländischen und ausländischen Amts- und Dienstbezeichnungen bzw. Uniformen kann nicht überzeugen, da sich der Begriff des öffentlichen Amtes sprach-

---

[32] Vgl. BVerfGE 18, 224, 240; BGHSt 41, 101, 111. Zum Problem der Rechtsprechungsänderung und einem damit zusammenhängenden Verbotsirrtum vgl. *Safferling* (2008), S. 229 ff.

[33] Dazu *Satzger* (2010), § 9 Rn. 91 f.; *Hecker* (2010), § 10 Rn. 51 ff. Dort auch zu dem Problem der Normspaltung, wenn etwa eine Richtlinie im strafrechtlichen Kontext enger ausgelegt werden muss als im außerstrafrechtlichen Zusammenhang.

[34] Siehe dazu Fall 15 in *Satzger* (2010), § 9 Rn. 86, 98; vgl. auch *Hecker* (2010), § 10 Rn. 64 ff.

[35] Schönke/Schröder-*Lenckner/Sternberg-Lieben* (2010), § 132 Rn. 1 mit weiteren Nachweisen.

[36] So *Fischer* (2010), § 132 Rn. 4.

lich nicht zwingend auf § 132 a Abs. 1 Nr. 1 und 4 StGB bezieht.[37] Aufgrund der vielfältigen Kompetenzen der EU könnte ein Missbrauch durch eine unbefugte Inanspruchnahme dieser Funktionen zu einem schweren Vertrauensverlust beim Bürger führen. Ein solcher Vertrauensverlust kann zu einer erheblichen Störung der Aufgabenerfüllung der Union beitragen. Die EU bedarf daher eines vergleichbaren strafrechtlichen Schutzes wie ihn § 132 StGB für den innerstaatlichen Bereich vorsieht.[38]

Somit erscheint es interessengerecht, Amtsträger der EU mit in den Schutzbereich von § 132 StGB einzubeziehen. H wäre folglich nach § 132 StGB zu bestrafen.

20 Ein weiterer Fall betrifft die Auslegung der Tatbestände der **Geldwäsche** (§ 261 StGB) und **Hehlerei** (§ 259 StGB):

> **Beispiel:**[39] Die Angeklagten betrieben einen Handel mit Flugzeugersatzteilen in erheblichem Umfang. Im Rahmen dieser Tätigkeit erwarben sie Ersatzteile von den Mitarbeitern der Firma D. Diese hatten die Flugzeugteile allerdings bei der Firma D entwendet. Die Angeklagten gingen hingegen davon aus, dass es sich bei den gelieferten Teilen um ausgesonderte Teile handelte und dass es den Mitarbeitern gestattet sei, diese auf eigene Rechnung zu veräußern.

> **Lösungshinweise:** Ausgangspunkt des Problems bildet § 261 Abs. 5 StGB, der für die subjektive Seite der Geldwäsche in Bezug auf die deliktische Herkunft des inkriminierten Gegenstands auch leichtfertiges Verhalten ausreichen lässt. Dies hat nämlich zur Konsequenz, dass bei vorsatzloser Verwirklichung des objektiven Tatbestandes der Hehlerei nach § 259 Abs. 1 StGB dennoch eine Bestrafung wegen Geldwäsche möglich ist. Man könnte darin eine Umgehung des Vorsatzerfordernisses der Hehlerei sehen und für eine Sperrwirkung plädieren. Die Tatalternativen des Sich- oder Einem-Dritten-Verschaffens in § 259 Abs. 1 StGB einerseits und § 261 Abs. 2 Nr. 1 StGB andererseits sind nämlich identisch, so dass im Falle des Vorliegens einer Katalogstraftat i. S. v. § 261 Abs. 1 S. 2 StGB häufig beide Tatbestände erfüllt sein werden.

> Diese Auslegung steht im Widerspruch zum Willen des Gesetzgebers, auch auf subjektiver Ebene im Bereich der Anschlussdelikte bei besonders gefährlich eingestuften Vortaten Lücken zu schließen. Weiterhin betonen alle europa- und völkerrechtlichen Vorgaben die Gefahr für den legalen Finanz- und Wirtschaftskreislauf aufgrund des Einschleusens inkriminierter Vermögenswerte und die daraus resultierende Notwendigkeit, diese effektiv zu bekämpfen. Diese Erkenntnis gewinnt der BGH aus der Einbeziehung der 3. Geldwäscherichtlinie.[40]

> Eine Sperrwirkung würde zudem den unterschiedlichen Schutzrichtungen des § 259 StGB einerseits und des § 261 StGB andererseits nicht ausreichend Rechnung tragen. Das von § 259 StGB geschützte Rechtsgut ist das Vermögen. Hingegen hat der Straftatbestand des § 261 StGB einen eigenständigen Unrechtsgehalt und stellt nicht nur eine besondere Form der Beteiligung an der Vortat dar. Er zielt auf die Gewährleistung des staatlichen Zugriffs auf Vermögensgegenstände aus besonders gefährlichen Straftaten ab und mithin auf die Abwendung besonderer Gefahren für die Volkswirtschaft und damit den Staat. Ist also der objektive Tatbestand der Hehlerei erfüllt, kann aber ein entsprechender Vorsatz nicht nach-

---

[37] SK-*Rudolphi*, § 132 Rn. 5.

[38] *Satzger* (2010), § 8 Rn. 109; a. A. SK/*Rudolphi*, § 132 Rn. 5, MK/*Hohmann* (2005), § 132 Rn. 8, LK/*Krauß* (2006), § 132 Rn. 13, der einen Verstoß gegen das Analogieverbot sieht.

[39] BGHSt 50, 347, 355. Dazu auch *Safferling/Menz*, Jura 2008, 382; *Herzog/Hoch*, StV 2008, 524; *Schramm*, wistra 2008, 245.

[40] Richtlinie 2005/60/EG des Europäischen Parlaments und des Rates vom 26. Oktober 2005 zur Verhinderung der Nutzung des Finanzsystems zum Zwecke der Geldwäsche und der Terrorismusfinanzierung.

gewiesen werden, so entfaltet der Hehlereitatbestand keine Sperrwirkung gegenüber einer Strafbarkeit wegen Geldwäsche.

Häufig wird auch die Auslegung des **Abfallbegriffs** als Beispiel angeführt (sog. Pyrolyse-Urteil des BGH). **21**

> **Beispiel:**[41] Angeklagt waren die Geschäftsführer eines Unternehmens, das sich auf die Entsorgung von Sonderabfällen mit Rohstoff- und Energierückgewinnung spezialisiert hatte. Im konkreten Fall ging es um die Wiederverwertung von verunreinigtem Pyrolyse-Öl. Da längere Zeit kein Abnehmer gefunden werden konnte, lagerte das Öl – ohne behördliche Genehmigung – in Kesselwagen auf dem Grundstück der Firma. Strafbar ist dieses Verhalten nach § 326 Abs. 1 Nr. 4 StGB, wenn es sich dabei um „Abfall" i. S. von § 326 Abs. 1 StGB handelt. Das Landgericht hatte diese Frage verneint, weil die Angeklagten das Öl noch veräußern wollten, es sich also nicht als „Abfall", sondern als ein Wirtschaftsgut darstellt. Diese Auslegung entspricht dem gewillkürten oder subjektiven Abfallbegriff.[42] Der BGH stellt dagegen fest, dass die Weiterverwertung des fraglichen Stoffes kein entscheidender Faktor bei der Bestimmung von „Abfall" darstellt. Es kommt allein darauf an, ob der Täter sich „des Stoffes als für ihn wertlos geworden entledigen, d. h. sich davon befreien will, um ihn der Entsorgung zuzuführen oder zuführen zu lassen". Dieses in Anlehnung an das damals gültige Abfallgesetz gefundene Ergebnis wird vom BGH sodann an einschlägigen EG-Richtlinien und relevanten Entscheidungen des EuGH gemessen,[43] wo ein objektiver Abfallbegriff vorherrschend ist (sog. Zwangsabfall).

In dieser Entscheidung spricht der BGH zwar – anders als die Zivilsenate[44] – nicht explizit von richtlinienkonformer Auslegung – diese Terminologie hält erst im „Scalping-Urteil"[45] Einzug und wird im „Freenet-Beschluss"[46] fortgeführt; auch wird nicht begründet, warum die Richtlinie und die Rechtsprechung des EuGH relevant seien. In der Sache aber hat der BGH die Hinzuziehung von Unionsrecht in dieser Entscheidung dem strafrechtlichen Auslegungskanon hinzugefügt.[47]

c Konfliktfälle

Gelangt der Rechtsanwender trotz unionskonformer Auslegung zu keinem Ergebnis, hat im Rahmen des Anwendungsvorrangs des Unionsrechts die nationale Vorschrift zu weichen. Sie kann im konkreten Fall nicht angewendet werden; sie wird also **22**

---

[41] BGHSt 37, 333; dazu *Schmitz*, JA 1992, 31; *Sack*, JR 1991, 338; *Franzheim/Kreß*, JR 1991, 402; *Horn*, JZ 1991, 886.

[42] *Stark* (2009), S. 100 ff., 171 ff.

[43] Das waren in diesem Fall: Richtlinien 75/442/EWG des Rates vom 15. Juli 1975 über Abfälle (ABl Nr. L 194 vom 25. Juli 1975, S. 47) und 78/319/EWG des Rates vom 20. März 1978 über giftige und gefährliche Abfälle (ABl Nr. L 84 vom 31. März 1978, S. 43).

[44] Vgl. nur zuletzt BGH NJW 2010, 2651.

[45] BGHSt 48, 373 Rn. 16; dazu *Kudlich*, JR 2004, 191; *Vogel*, NStZ 2004, 242; *Gaede/Mühlbauer*, wistra 2005, 9.

[46] BGH NJW 2010, 882 Rn. 17; dazu *Vogel*, JZ 2010, 370; *Klöhn*, DB 2010, 769; *Gehrmann*, wistra 2010, 346.

[47] *Hecker* (2010), § 10 Rn. 55–58; *Ambos* (2008), § 11 Rn. 43.

durch das EU-Recht neutralisiert (**Neutralisierungswirkung**).[48] Voraussetzung für diese Neutralisierungswirkung ist eine **echte Kollision** zwischen Unionsrecht und nationalem Strafrecht. Dies bedeutet, dass der nationale Straftatbestand mit einer **unmittelbar anwendbaren Vorschrift** des Unionsrechts kollidieren muss.[49] Dies ist insbesondere bei Grundfreiheiten der EU der Fall, da diese grundsätzlich unmittelbare Anwendung finden.[50]

(1) Kollision auf Tatbestandsseite

23   Erforderlich sind zwei entgegenstehende gesetzliche Verhaltensanweisungen, wenn also das nationale Strafrecht ein Verhalten bei Strafandrohung verbietet, während es durch unmittelbar anwendbares Unionsrecht erlaubt ist. Wegen Nichtbeachtung einer mit Unionsrecht unvereinbaren Vorschrift dürfen keine Sanktionen erfolgen.[51]

> **Beispiel:** Der deutsche Staatsbürger A ist für ein internationales Wettbüro (W) mit Sitz in London tätig und bietet Sportwetten in der bayerischen Stadt E an. Dabei nimmt er die Wetten in Deutschland an und leitet diese auf elektronischem Wege zu W nach London. Das (fiktive) bayerische Staatslotteriegesetz sieht dabei keine Erlaubniserteilung an natürliche Personen vor. Ziel soll der Schutz der Bürger vor Spielsucht und Abhängigkeit sein. Die Einnahmen aus den staatlich lizenzierten Betrieben sollen nach dem Willen des Gesetzgebers direkt der Staatskasse zugute kommen und so den Haushalt „konsolidieren". Zudem wird in extremer Art und Weise Werbung für die staatlichen Betriebe gemacht. Damit soll zusätzlich für „Umsatz" gesorgt werden. W besitzt eine britische Lizenz als Buchmacher. A hat allerdings keine nach dem bayerischen Staatslotteriegesetz erforderliche Lizenz. Kann A nach § 284 StGB bestraft werden? [52]
>
> A ist Veranstalter von Sportwetten und damit eines Glücksspiels im Sinne von § 284 StGB, da er den organisatorischen Rahmen bereitstellt und die Wetten einem breiten Publikum zugänglich macht.[53] Da A keine behördliche Erlaubnis zur Veranstaltung eines Glücksspiels besitzt, fällt sein Verhalten grundsätzlich unter den Tatbestand des § 284 StGB.
>
> Dieses Ergebnis könnte jedoch im Lichte des Europarechts anders zu bewerten sein. Das Gesetz könnte gegen die Dienstleistungsfreiheit verstoßen. Die Veranstaltung von Sportwetten lässt sich nämlich als eine Dienstleistung einordnen, die grenzüberschreitende Tätigkeit ist dabei auch bei alleiniger Überschreitung der Wetten auf elektronischem Wege möglich (Korrespondenzdienstleistung).[54] Die Dienstleistungsfreiheit verbietet nun sowohl Diskriminierungen als auch Beschränkungen von Dienstleistungen in der EU. Hier kann eine Beschränkung der Dienstleistungsfreiheit gegeben sein, da eine Erlaubnis zum Tätigwerden natürlichen Personen durch das bayerische Staatslotteriegesetz unterschiedslos verweigert wird. Daher liegt eine Beschränkung der Dienstleistungsfreiheit vor.

---

[48] Vgl. *Satzger* (2010), § 9 Rn. 78.

[49] *Satzger* (2010), § 9 Rn. 88.

[50] *Streinz* (2008), § 5 Rn. 407.

[51] EuGH, Rs. 8/77, Slg. 1977, 1495, Rn. 6 – *Sagulo*.

[52] Siehe dazu EuGH, Rs. C-338/04, C-359/04, C-360/04, Slg. 2007, I-1891 – *Placanica* = EuZW 2007, 209; OLG München, NJW 2006, 3588 m. Anm. *Moosbacher*.

[53] Schönke/Schröder-*Eser/Heine* (2010), § 284, Rn. 12.

[54] *Safferling/Scholz,* JA 2009, 353, 355.

Es könnte jedoch eine Rechtfertigung für die Beschränkung vorliegen. Diese müsste mit Blick auf das verfolgte Ziel verhältnismäßig sein.[55] Ein Genehmigungsvorbehalt kann grds. ein adäquates Mittel darstellen, um Wett- oder Spielsucht zu vermeiden sowie kriminellen oder betrügerischen Zwecken vorzubeugen. Eine Rechtfertigung ist allerdings zweifelhaft, soweit ein Mitgliedstaat auf der einen Seite den Genehmigungsvorbehalt verlangt, auf der anderen Seite aber eine starke Ausweitung des Wett- und Spielbetriebs zum Zweck der Einnahmerzielung durchführt.[56] Im Rahmen des Staatslotteriegesetzes sollen vor allem finanzielle Erwägungen im Vordergrund stehen. Das eigentliche Ziel dieses Vorbehalts ist nicht die Bekämpfung der Spielsucht. Dies kann jedoch über ein reines Staatsmonopol nicht erreicht werden, wenn die Einnahmen nicht auch zur Bekämpfung der Spielsucht genutzt werden und zudem extensive Werbung dafür gemacht wird. Daher liegt hier eine Beschränkung der Dienstleistungsfreiheit vor, welche nicht über zwingende Erfordernisse des Allgemeinwohls gerechtfertigt werden kann und letztlich unverhältnismäßig ist.

Da A eine behördliche Erlaubnis lediglich aufgrund einer europarechtswidrigen nationalen Regelung versagt wurde, muss in diesem Fall eine Neutralisierungswirkung des Unionsrechts eintreten. Diese führt hier zu einer Straflosigkeit des A.

(2) Kollision in der Rechtsfolge

Möglich sind auch sich **widersprechende Rechtsfolgen**. Das ist dann der Fall, wenn die im nationalen Strafrecht vorgesehene Strafe die unionsrechtliche Obergrenze überschreitet. Solche Kollisionsfälle sind selten, aber hinsichtlich des primärrechtlich verbürgten und daher unmittelbar anwendbaren Diskriminierungsverbotes sowie des Verhältnismäßigkeitsprinzips denkbar. In aller Regel wird sich eine solche Kollision aber im Rahmen der **Auslegung** bereinigen lassen, indem etwa die unverhältnismäßige Höhe der Sanktion auf ein verhältnismäßiges Maß reduziert wird. Bleibt die Kollision bestehen, wird der gesamte Straftatbestand neutralisiert, was dazu führt, das der Bestrafung insgesamt die Grundlage entzogen wird.[57]

24

Beispiel: Nach griechischem Recht folgte als automatische Sanktion für bestimmte Betäubungsmittelverstöße zusätzlich zu Haft- oder Geldstrafe die Ausweisung auf Lebenszeit. Im konkreten Fall wurde eine italienische Staatsangehörige, *Donatella Calfa*, wegen des Besitzes von ausschließlich zum Eigenverbrauch bestimmten Drogen zu einer geringen Freiheitsstrafe verurteilt und auf Lebenszeit ausgewiesen.[58]

In der Sanktion der lebenslangen Ausweisung sah der EuGH einen Verstoß gegen die negative (oder passive) Dienstleistungsfreiheit, d. h. das Recht Dienstleistungen als Touristin in Anspruch nehmen zu können, die von Art. 56 AEUV mit geschützt wird. Die über Art. 62 i. V. m. Art. 52 AEUV grundsätzlich mögliche Rechtfertigung kann in diesem Fall die Sanktion nicht legitimieren, weil dazu das persönliche Verhalten der Verurteilten eine gegenwärtige Gefährdung der öffentlichen Ordnung darstellen müsste.[59] Es hätte demnach

---

[55] EuGH, Rs. C-338/04, C-359/04, C-360/04, Slg. 2007, I-1891 – *Placanica* = EuZW 2007, 209 ff.

[56] EuGH, Rs. C-234/01, Slg. 2003, 13031 ff. – *Gambelli*, siehe jüngst EuGH, Rs. C-42/07, Slg. 2009, I-9735, Rn. 51 – *Liga Portugesa*.

[57] Vgl. *Satzger* (2010), § 9 Rn. 83.

[58] Fall nach EuGH, Rs. C-348/96, Slg. 1999, I-11 – *Donatella Calfa*.

[59] Dazu auch RL 2004/38/EG, ABlEU 2004 Nr. L 158, 77 und die Vorgängervorschrift RL 64/221/EWG.

eine Prüfung der Sanktion im Einzelfall erfolgen müssen, so dass die automatische Ausweisung auf Lebenszeit europarechtswidrig war.

II Einwirkung des Primärrechts

25   Das Unionsprimärrecht enthält Vorschriften, die sich zwar nicht unmittelbar auf
die Strafrechtsordnung beziehen, aber allgemeine Vorgaben enthalten, die im nationalen Recht der Mitgliedstaaten insgesamt Beachtung finden müssen. Sie wirken
demnach auch auf das **materielle Strafrecht** ein. Dabei ist eine zweifache Stoß-
richtung gegenüber dem Strafrecht der Mitgliedstaaten zu beobachten (vgl. auch
Abb. 2):

1. Das Primärrecht wirkt **strafrechtsbegrenzend**, da die Strafnormen der Mitgliedstaaten mit den Grundfreiheiten und Grundrechten vereinbar sein müssen
   (EU-Obergrenze).
2. Das Primärrecht wirkt **strafrechtserweiternd**, soweit es gebietet, europäische Sachverhalte mit den Mitteln des nationalen Strafrechts zu schützen
   (EU-Untergrenze).

Neben diesen Einwirkungen auf die Strafbarkeit kann EU-Recht auch auf die **Strafhöhe** oder die Sanktionsart einwirken (unten 3.). Schließlich ist es auch möglich,
dass Primärrecht Einfluss auf **Strafverfahrensrecht** ausübt (u. Rn. 41)

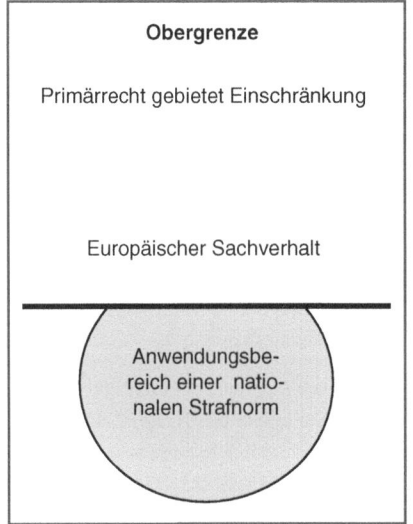

Abb. 2 Wirkung auf materielles Strafrecht

1 EU-Obergrenze für die Strafbarkeit

Von Bedeutung sind hier insbesondere die **Grundfreiheiten** und nunmehr auch die 26
Grund- und Menschenrechte der Grundrechtecharta und der EMRK. Es geht also
ganz allgemein um den Schutz vor staatlichen Maßnahmen (hier: strafrechtliche
Maßnahmen).[60] Durch den Vertrag von Lissabon hat sich daran grundsätzlich nichts
geändert, bis auf die Erweiterung des Primärrechts um die Grundrechtecharta und
die EMRK.[61] Es darf kein nationales Strafrecht erlassen werden, welches im Widerspruch zum Unionsrecht steht. Zur Beurteilung ist das gesamte, für die jeweiligen
Mitgliedstaaten verbindliche Recht heranzuziehen.

Letztlich handelt es sich hierbei um eine Prüfung, die sehr ähnlich der **verfas-** 27
sungsrechtlichen Prüfung der Vereinbarkeit mit Grundrechten ist. Die zu über-
prüfende Maßnahme des Mitgliedstaates liegt in der Anwendung einer Strafrechtsnorm. Dazu ist zunächst zu prüfen, ob eine Grundfreiheit überhaupt einschlägig ist.
Das ist nur dann der Fall, wenn ein europarechtlicher Anknüpfungspunkt vorliegt,
wofür es in aller Regel eines **grenzüberschreitenden** Sachverhalts bedarf. Sodann
ist zu untersuchen, ob der Schutzbereich eröffnet ist. Anschließend ist festzustellen,
ob die Strafbarkeit einen Eingriff in den Schutzbereich darstellt. Muss das bejaht
werden, kann der Konflikt gegebenenfalls mittels einer unionskonformen Auslegung der nationalen Strafrechtsnorm beseitigt werden. Gelingt das nicht, schlägt der
Anwendungsvorrang des EU-Rechts voll durch und die nationale Strafrechtsnorm
ist „neutralisiert".

Prüfungsschema: Europarechtskonformität von Strafrechtsnormen

1. Anwendbarkeit des Europarechts
2. Schutzbereichseröffnung der Grundfreiheit
3. Eingriff durch die nationale Strafrechtsnorm
4. Rechtfertigung des Eingriffs
5. Möglichkeit der unionskonformen Auslegung
6. Neutralisierung der nationalen Strafnorm

2 EU-Untergrenze der Strafbarkeit

Der Einfluss der EU auf die Untergrenze der Strafbarkeit kann sich nach der Recht- 28
sprechung des EuGH in **zweierlei Richtung** auswirken (s. auch Abb. 3):

- Zum einen ist es erforderlich, dass die europäischen Sachverhalte und die nationalen Sachverhalte in strafrechtlicher Hinsicht gleichbehandelt werden. Dieses
Gebot der Gleichbehandlung wird auch **Assimilierungspflicht** genannt (a.).

---

[60] Vgl. *Herdegen,* EuR (2010), § 14 Rn. 11.
[61] *Satzger* (2010), § 9 Rn. 10.

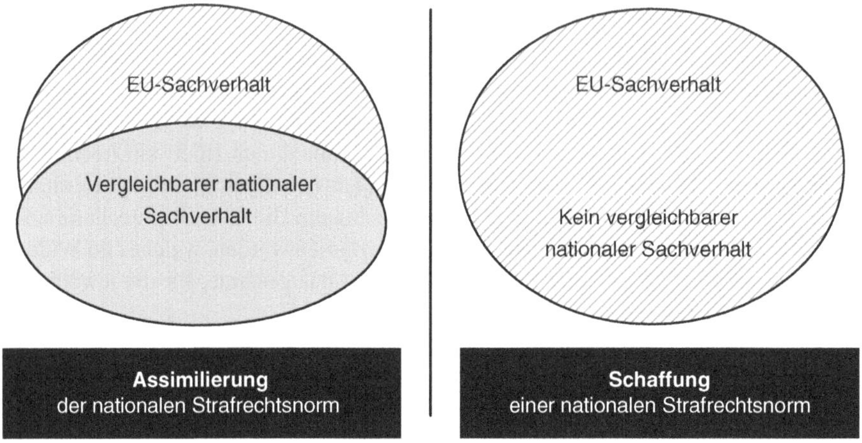

Abb. 3 Assimilierung – Kriminalisierung

- Zum anderen kann eine **Pflicht zur Kriminalisierung** bestehen, so dass der Mitgliedstaat gehalten sein kann, für einen speziellen europäischen Sachverhalt Strafrechtsnormen vorzusehen (b.).[62]

Es existiert demnach ein **zweistufiges System**: Zunächst müssen die Mitgliedstaaten ihre nationalen Normen auf die EU-Sachverhalte ausdehnen; ist dies nicht möglich, müssen sie strafbewehrte Verbote schaffen.

29   Der Grund für die Beeinflussung der Untergrenze der Strafbarkeit durch die EU liegt vor allem an der **fehlenden Kompetenz**, die ihr als eigenständiger Rechtspersönlichkeit zustehenden Rechtsgüter mit den Mitteln des Strafrechts zu schützen. Diese Rechtsgüter können sich auf die Finanzen, das Personal oder auch die sachlichen Mittel beziehen. Zur Erläuterung folgende Beispiele:

Beispiel 1: Im Foyer des Europäischen Hauses am Pariser Platz in Berlin, der Vertretung der EU in Deutschland, randaliert Besucher A. Trotz eines Verweises aus dem Gebäude verweilt A, bis er vom Sicherheitsdienst auf die Straße begleitet wird. Handelt es sich um einen Hausfriedensbruch durch A? Die Antwort ist selbstverständlich: ja! Das deutsche Strafrecht schützt in § 123 Abs. 1 StGB das Hausrecht, egal ob der Hausrechtsinhaber ein deutscher Beamter, eine Privatperson oder ein europäischer Beamter ist.

Beispiel 2: Beleidigt und tritt A die Beamten des Sicherheitsdienstes, stellt sich aber die Frage, ob der nach § 194 bzw. § 230 StGB erforderliche Strafantrag auch vom Leiter des Berliner Büros gestellt werden darf, um das Ansehen der Kommissionsvertretung in Deutschland zu schützen? Nach § 194 Abs. 3 bzw. § 230 Abs. 2 StGB ist das bei Beleidigung oder Verletzung deutscher Amtsträger i. S. von § 11 Nr. 2 StGB möglich, aber gilt das auch für EU-Beamte?

Beispiel 3: Landwirt L will Subventionen von der EU. Er behauptet daher Agrarflächen stillzulegen, sie nur noch zur Erosionsvermeidung zu bepflanzen und verstärkt in die Vieh-

---

[62] Die Terminologie ist nicht ganz einheitlich. So wie hier *Satzger* (2010), § 9 Rn. 27.

zucht investieren zu wollen. Zum Ausbau und energieeffizienten Umbau seines Stalls werden ihm Direktzahlungen von der Kommission zugesprochen – die fraglichen Agrarflächen werden von ihm allerdings weiterhin wirtschaftlich genutzt, eine Sanierung des Stalls unterbleibt ebenso. Macht sich L des Subventionsbetrugs nach § 264 StGB schuldig, auch wenn es sich um EU-Fördergelder handelt?

Beispiel 4: Um einen günstigen Ausgang für seinen Fall zu gewährleisten, lädt der Großunternehmer G zwei Richter des EuGH zu einem Luxuswochenende auf seine Yacht im Mittelmeer ein. Hat er damit einen Bestechungsversuch unternommen?

Beispiel 5: A, welcher vor dem EuGH als Zeuge geladen ist, sagt in der Verhandlung vor dem Gerichtshof unter Eid vorsätzlich falsch aus. A ist amerikanischer Staatsbürger mit Wohnsitz in Deutschland. Kann er nach § 154 StGB bestraft werden?

Diese Beispiele zeigen, dass Rechtsgüter der EU in vielerlei Hinsicht Gefahren ausgesetzt sind. Sowohl die sachlichen Mittel wie Gebäude, das Personal aber auch die „europäische Rechtspflege" können Angriffen ausgesetzt sein, die einen strafrechtlichen Schutz erforderlich machen. Mehrfach angesprochen wurde auch bereits der Haushalt der EU, der vor Missbrauch geschützt werden muss. Da aber in keinem der angesprochenen Fälle ein unmittelbarer strafrechtlicher Schutz auf EU-Ebene besteht, muss sich die Union auf die „Hilfe" der Mitgliedstaaten verlassen, die „ihr" Strafrechtssystem zum Schutz der EU zur Verfügung stellen (müssen). Die Pflicht der Mitgliedstaaten, entsprechend vorzugehen, ergibt sich aus dem **Loyalitätsgebot** nach Art. 4 Abs. 3 EUV (ex Art. 10 EGV; vgl. dazu o. § 9 Rn. 74 ff.). Bezogen auf die Finanzinteressen der EG wurde das Assimilierungsprinzip aus Art. 280 Abs. 2 EGV hergeleitet.[63] Hierfür wird man nun auf die entsprechende Vorschrift im Lissabonner Vertrag, Art. 325 Abs. 2 AEUV zurückgreifen können. Wegweisend für diese Anpassungserfordernisse des nationalen Strafrechts an europäische Vorgaben war die Entscheidung des EuGH im Fall „Griechischer Mais" (s. dazu o. § 10 Rn. 27).

30

a) Gebot der Gleichbehandlung: Assimilierungspflicht[64]

Eine Möglichkeit, der Loyalitätsverpflichtung nachzukommen, besteht in der **Assimilierung** der bestehenden Strafrechtsnormen. Wenn der Mitgliedstaat in seiner eigenen Rechtsordnung Sanktionsnormen für vergleichbare innerstaatliche Verstöße kennt, muss er deren Anwendungsbereich auf den parallel gelagerten europäischen Sachverhalt ausdehnen. Eine solche Ausdehnung ist selbstverständlich aus dem System des nationalen Strafrechts zu entwickeln und hat die Auslegungsgrenzen, insbesondere die Erfordernisse der Wortlautgrenze, zu wahren. Ein solcher Fall besteht etwa im obigen

31

Beispiel 5:[65] A könnte nach § 154 StGB strafbar sein. Dann müsste der EuGH als ein „Gericht" oder eine „zur Abnahme von Eiden zuständige Stelle" im Sinne des § 154 StGB

---

[63] *Hecker* (2010), § 7 Rn. 2–7; *Satzger* (2001), S. 188.

[64] *Satzger* (2010), § 9 Rn. 27.

[65] Siehe dazu *Hecker* (2010), § 7 Rn. 10 ff.

einzuordnen sein. Geschütztes Rechtsgut ist nach herkömmlichem Verständnis jedoch lediglich die innerstaatliche Rechtspflege, welche durch falsche Aussagen gefährdet wird.[66] Möglicherweise kommt aber eine Anwendung des deutschen Strafrechts nach § 5 StGB in Betracht. Danach soll das nach § 3 StGB grundsätzlich auf Inlandstaten beschränkte deutsche Strafrecht zugunsten bestimmter inländischer Rechtsgüter auch auf Auslandstaten erstreckt werden.[67] Nach § 5 Nr. 10 StGB gilt deutsches Strafrecht jedoch lediglich beschränkt für im Ausland begangene Aussagedelikte. Die praktische Bedeutung dieser Bestimmung liegt bei Falschaussagen vor ausländischen Stellen im Zusammenhang mit einem deutschen Verfahren, speziell bei Rechtshilfeverfahren.[68] Der von A vor einem ausländischen Gericht begangene Meineid ist somit zunächst nicht nach § 154 StGB strafbar. Das deutsche Strafrecht wird jedoch durch Art. 30 der EuGH-Satzung überlagert.[69] Art. 30 der Satzung des EuGH verpflichtet die Mitgliedstaaten zur Verfolgung von Falschaussagen vor dem EuGH.[70] Dieser verlangt, dass jeder Mitgliedstaat die Eidesverletzung eines Zeugen oder Sachverständigen wie eine vor seinem eigenen in Zivilsachen zuständigen Gericht begangene Straftat behandelt und auf Anzeige des Gerichtshofs den Täter vor seinen zuständigen Gerichten verfolgt.[71] Durch diese Assimilierungsbestimmung soll die Funktionsfähigkeit der supranationalen Gerichtsbarkeit geschützt werden.[72] Infolge der vorzunehmenden Assimilierung müsste § 154 StGB nun wie folgt gelesen werden:

Wer vor Gericht oder einer anderen zur Abnahme von Eiden zuständigen Stelle oder vor dem Gerichtshof der Europäischen Union falsch schwört, wird mit Freiheitsstrafe nicht unter einem Jahr bestraft."

Eine solche Assimilierung ist jedoch nun nicht mehr notwendig. Der deutsche Gesetzgeber hat im Rahmen der Einführung des neuen § 162 StGB[73] selbst klargestellt, dass Falschaussagen vor internationalen Gerichten – und damit auch vor dem EuGH – ebenso bestraft werden wie Falschaussagen vor nationalen Gerichten.[74] A kann daher von einem deutschen Gericht wegen Meineids nach § 154 i. V. m. § 162 StGB verurteilt werden.

32 Zur Klarstellung wird also das deutsche Strafrecht angepasst (assimiliert). So geschehen auch im

Beispiel 3: L hat über subventionserhebliche Tatsachen i. S. von § 264 Abs. 8 Nr. 2 StGB getäuscht i. S. von § 264 Abs. 1 Nr. 1 StGB. Zu Subventionen i. S. von § 264 Abs. 1 StGB zählen nach § 264 Abs. 7 Nr. 2 StGB auch Leistungen aus öffentlichen Mitteln nach dem Recht der EU. Das vorher teilweise lückenhafte deutsche Recht wurde durch das EG-FinanzschutzG vom 10.09.1998[75] angepasst und damit das Übereinkommen über den Schutz der finanziellen Interessen der EG vom 26.07.1995 umgesetzt.[76]

33 Bei der Frage des **Amtsträgerbegriffs** oder der **Definition des Richters** nach § 11 Abs. 1 Nr. 2 bzw. Nr. 3 StGB ist die Situation uneinheitlich.

---

[66] BGHSt 45, 16, 25; Schönke/Schröder/*Lenckner* (2010), Vorbem §§ 153 ff. Rn. 2.

[67] Schönke/Schröder/*Eser* (2010), § 5 Rn. 1.

[68] Schönke/Schröder/*Eser* (2010), § 5 Rn. 18.

[69] *Hecker* (2010), § 7 Rn. 13.

[70] Vgl. im nationalen Strafrecht § 154 StGB.

[71] Art. 30 der EuGH-Satzung.

[72] *Hecker* (2010), § 7 Rn. 13.

[73] Neugefasst durch das Gesetz zur Umsetzung des Rahmenbeschlusses des Rates der Europäischen Union zur Bekämpfung der sexuellen Ausbeutung von Kindern und der Kinderpornographie vom 31.10.2008.

[74] Vgl. dazu *Sinn,* NJW 2008, 3526.

[75] BGBl. 1998 II, 2322.

[76] ABlEU 1995 Nr. C 316, 48. Vgl. dazu auch *Dannecker*, ZStW 108 (1996), S. 577.

Beispiel 4: G macht sich einer Vorteilsgewährung nach § 333 Abs. 2 StGB schuldig, wenn die EuGH-Richter als „Richter" i. S. dieser Vorschrift anzusehen sind, denen er für ihre richterliche Tätigkeit einen Vorteil in Form einer Reise versprochen hat. Nach § 11 Abs. 1 Nr. 3 StGB sind Richter nur Berufsrichter nach deutschem Recht. Hier bestimmt allerdings das EU-Bestechungsgesetz,[77] dass europäische Richter für die Vorschriften der §§ 331 ff. StGB als Richter i. S. von § 11 Abs. 1 Nr. 3 StGB anzusehen sind; vgl. § 1 Abs. 1 Nr. 1 lit. b) EUBestG.

Beispiel 2: Die Ausübung der Strafantragsbefugnis für die Behörde ist dem Vorgesetzten des beleidigten oder verletzten Amtsträgers vorbehalten. Dieses Antragsrecht ist ein eigenes Antragsrecht, da die Behörde selbst in ihrem Ansehen betroffen ist und sich zur Wehr setzen können muss, aber auch ihre Fürsorgepflicht gegenüber dem Mitarbeiter wahren will.[78] Nach § 11 Abs. 1 Nr. 2 StGB ist Amtsträger aber nur der deutsche Amtsträger. Auch hier greift grds. das EUBestG ein, das aber nur für §§ 332 ff. StGB, § 263 StGB und § 370 AO gilt. Für § 194 und § 230 StGB bleibt es daher bei dem deutschen Amtsträgerbegriff. Eine Assimilierung der deutschen Vorschriften scheint hier schwierig zu sein, da eine explizite Ausweitung für die Fälle der Antragsbefugnis gerade nicht existiert. Hier besteht demnach noch Anpassungsbedarf.

b) Pflicht zur Kriminalisierung

Besteht keine vergleichbare Norm im nationalen Recht oder ist die innerstaatlich vorgesehene Sanktion nicht ausreichend, kann der Mitgliedstaat verpflichtet sein, **„wirksame, verhältnismäßige und abschreckende" Sanktionen** für Verletzungen von Unionsrecht bzw. EU-Rechtsgütern zu verhängen.[79] Im Fall „Griechischer Mais"[80] hat der EuGH aus dem Loyalitätsprinzip nach Art. 10 EGV (jetzt Art. 4 Abs. 3 EUV) eine Garantenstellung der Mitgliedstaaten hergeleitet, woraus sich die Pflicht ergibt, das nationale Strafrecht zur Durchsetzung der Ziele und Interessen der EU fruchtbar zu machen. Den Mitgliedstaaten bleibt die Wahl der Sanktionen, allerdings müssen diese zumindest „wirksam, verhältnismäßig und abschreckend" sein.

Diese Rechtsprechung hat in Anbetracht der **Strafrechtssetzungskompetenzen** des Art. 325 AEUV zum Schutz der finanziellen Interessen der EU und Art. 33 AEUV zum Schutz des Zollwesens ihre eigenständige Bedeutung verloren, da sie gleichsam in diesen Kompetenzen aufgegangen ist. Solange aber die EU von diesen Kompetenzen noch keinen Gebrauch gemacht hat, bleibt die Verpflichtung der Mitgliedstaaten bestehen.

34

---

[77] EU-Bestechungsgesetz vom 10.09.1998; BGBl. 1998 II, 2340.

[78] Vgl. dazu nur Schönke/Schröder/*Lenckner* (2010), § 194 Rn. 10.

[79] Vgl. *Satzger* (2010), § 9 Rn. 27.

[80] EuGHE 1989, 2965 = EuZW 1990, 99 mit Anmerkung von *Bleckmann;* „leading case" des Europäischen Strafrechts, siehe ebenso *Hecker* (2010), § 7 Rn. 27–31.

3 Auswirkungen auf die Rechtsfolge

35   Das EU-Primärrecht kann auch Auswirkungen auf die **Sanktionen** haben. Hier kommen – wie bei der Obergrenze der Strafbarkeit (s. o. Rn. 28 ff.) – vor allem die Grundfreiheiten und Grundrechte als Beschränkung in Betracht. Diese gelten für sämtliche hoheitlichen Maßnahmen und deshalb auch für die strafrechtliche Sanktion, auch wenn Bestimmungen bezüglich Art und Maß anzuwendender strafrechtlicher Sanktionen nach den Ausführungen des EuGH grundsätzlich nicht in den Zuständigkeitsbereich der Gemeinschaft fallen.[81] Es handelt sich dabei gerade nicht um explizite Anordnungen der Sanktionshöhe oder der Sanktionsart, sondern um eine allgemeine Wirkung des Primärrechts auf das nationale Recht.

36   Voraussetzung für die Einschlägigkeit des Primärrechts ist wiederum die grundsätzliche Anwendbarkeit; d. h. es muss sich in aller Regel um einen grenzüberschreitenden Sachverhalt handeln. Ferner muss der Schutzbereich der Grundfreiheit oder des Grundrechts eröffnet und durch die Verhängung der Sanktion auch tangiert sein. Ob tatsächlich eine Verletzung vorliegt, entscheidet der EuGH anhand der Kriterien **Verhältnismäßigkeit** und **Diskriminierungsverbot**.[82]

Die Europarechtswidrigkeit der Sanktion kann sich aus der Höhe der Sanktion (a.), aber auch der Sanktionsart (b.) ergeben. In beiden Fällen kann folgendes Prüfungsschema helfen:

Prüfungsschema: Europarechtskonformität strafrechtlicher Sanktionen

1. Anwendbarkeit des Europarechts
2. Schutzbereichseröffnung der Grundfreiheit
3. Eingriff durch die nationale Strafrechtsfolge
4. Mögliche Rechtfertigungstatbestände
5. Verhältnismäßigkeit des Eingriffs
6. Verstoß gegen das Diskriminierungsverbot

---

a) Sanktionshöhe

37   Bei der angedrohten Sanktionshöhe ist letztlich der Zusammenhang zum Ge- bzw. Verbot entscheidend. So kann es sein, dass eine Strafnorm bei der Anwendung auf eine Person aus dem EU-Ausland **einen anderen materiellen Gehalt** erfährt als bei der Anwendung auf einen inländischen Sachverhalt. Wird etwa nach § 132 a StGB derjenige bestraft, der ohne Genehmigung einen ausländischen akademischen Titel führt, den er aber verdientermaßen im Ausland erworben hat, so wird er nicht dafür bestraft, dass er die Allgemeinheit in die Irre geführt hat und den Schein besonderer Fähigkeiten hervorgerufen hat, wie ein Deutscher, der sich etwa als „Dr."

---

[81] EuGH, Rs. C-440/05, Slg. 2007, I-9097, Rn. 70 ff. – *Kommission/Rat.*
[82] Vgl. *Satzger* (2010), § 9 Rn. 19.

bezeichnet, ohne jemals ein Promotionsverfahren durchlaufen zu haben.[83] Er wird letztlich dafür bestraft, dass er es versäumt hat, um Genehmigung zu ersuchen, also für einen rein verwaltungstechnischen Vorgang.[84] Das ist unverhältnismäßig und diskriminierend.

Besondere Bedeutung haben in dieser Hinsicht die Führerscheinfälle, da die **Anerkennung von Fahrerlaubnissen** aus dem EU-Ausland wegen der unterschiedlichen Prüfungsstandards und Umgehungsmöglichkeiten oftmals fraglich ist. Hier ein   **38**

> **Beispiel:**[85] Der dem Votum des Gerichts zugrunde liegende Sachverhalt handelt von einer Griechin, die in Besitz eines griechischen, aber keines deutschen Führerscheins war. Sie wurde deshalb in Deutschland wegen Fahrens ohne Fahrerlaubnis nach § 4 VO über den internationalen Kraftfahrzeugverkehr i. V. m. § 21 Abs. 1 Nr. 1 StVG angeklagt, weil sie es versäumt habe, binnen Jahresfrist ihren griechischen in einen deutschen Führerschein umschreiben zu lassen. Dies war ihr auch durch deutsches Recht, in diesem Fall durch die damals gültige Richtlinie 80/1263/EWG, vorgeschrieben. Es stand nun zur Frage, ob nicht das Unionsrecht einer Verurteilung wegen Fahrens ohne Fahrerlaubnis entgegen stehen würde. Das Gericht entschied zusammenfassend, dass ein Mitgliedstaat grundsätzlich kein nationales Strafrecht neu schaffen bzw. aufrecht erhalten darf, das im Widerspruch zum Unionsrecht steht (Entscheidung im Fall *„Sagulo"*, EuGHE 1977, 1495). Zu dessen Beurteilung ist das jeweils verbindliche gesamte Unionsrecht heranzuziehen. Hinsichtlich der Sanktionshöhe erachtete der Gerichtshof eine Gleichstellung des Fahrens ohne Fahrerlaubnis mit dem Fall der Frau *Skanavi*, die es lediglich versäumte, ihre gültige griechische Fahrerlaubnis umzuschreiben, für unverhältnismäßig. Eine Ahndung solch eines Verhaltens wäre demnach europarechtswidrig. Es bleibt daher festzuhalten, dass auch die Höhe der angedrohten Strafe denselben Schranken unterliegen muss wie die ihr zugrunde liegende Primärnorm. Für das Unionsrecht als „Untergrenze" hingegen wird seitens des EuGH lediglich die aus dem Fall *„Griechischer Mais"* hervorgehende „Mindesttrias" einer wirksamen, verhältnismäßigen und abschreckenden Sanktion verlangt, sodass die Wahl der konkreten Sanktion auch dem Mitgliedstaat selbst überlassen ist.

b) Sanktionsart

Nicht nur die Sanktionshöhe, auch die **Sanktionsart** kann gegen Unionsrecht verstoßen, wenn sie unverhältnismäßige Einschränkungen der Grundfreiheiten darstellt. Eine solche Europarechtsrelevanz muss sich aber aus speziellen Umständen ergeben. Der Umstand allein, dass eine Freiheitsstrafe die Ausübung der Grundfreiheiten für die Dauer der Haft beschränkt, reicht für eine europarechtswidrige Sanktionsart nicht aus. Das zeigt folgendes   **39**

> **Beispiel:** Im Fall *„Friedrich Kremzow gg. die Republik Österreich"*[86] war Hintergrund der Vorlagefrage, dass eine lebenslange Freiheitsstrafe für einen EU-Ausländer auch immer gleichzeitig eine Beschneidung seines Rechts auf Freizügigkeit bedeuten könnte, da er

---

[83] Zu den Rechtsgütern des § 132 a StGB vgl. etwa *Fischer* (2010), § 132a Rn. 2.

[84] Vgl. bereits oben Rn. 3 und EuGH, Rs. 19/92, Slg. 1993, I-1663 – *Kraus*.

[85] *Satzger* (2010), § 9 Rn. 18 f.

[86] EuGH, Rs. 299/95, Slg. 1997, I-2629 – *Kremzow gg. Republik Österreich*; dazu *Okresek*, ÖJZ 1997, 889.

sich bei der Verbüßung nicht frei innerhalb der EU bewegen könne. Der Entscheidung der Luxemburger Richter liegt ein Verfahren des wegen Mordes und illegalen Waffenbesitzes zu 20 Jahren Haft verurteilten Friedrich Kremzow vor dem EGMR zugrunde, in dem er die Verletzung seines Rechtes auf selbstständige Verteidigung aus Art. 6 Abs. 3 lit. c) EMRK in seinem Verfahren rügte.[87] Der EGMR stellte eine Menschenrechtsverletzung fest, woraufhin sich der Verurteilte erneut an die österreichischen Gerichte wandte, um so eine Herabsetzung seiner 20-jährigen Freiheitsstrafe zu erreichen. Der österreichische Oberste Gerichtshof legte nun die streitige Frage über die ungestörte Ausübung aller Freiheiten, insbesondere der Freizügigkeit, zur Klärung dem EuGH vor. Der EuGH entschied daraufhin, dass eine „rein hypothetische Aussicht" auf die Ausübung der Grundfreiheit noch nicht den Anwendungsbereich des Unionsrechts eröffne. Die Beschränkung des Freizügigkeitsrechtes bei einer Haftstrafe sei demnach eine regelmäßige Begleiterscheinung, die für sich noch keine Anwendung der Unionsvorschriften rechtfertige.[88]

40 Dieser Entscheidung liegt sicherlich die Überlegung zugrunde, dass die **Freiheitsstrafe** als rechtliche und gesellschaftliche Reaktion auf Straftaten allgemein akzeptiert und anerkannt ist. Bei anderen Strafsanktionen hingegen kann man zu einem anderen Urteil gelangen. Das gilt etwa im Fall *Donatella Calfa* (s. o. Rn. 24), in dem das verhängte Einreiseverbot auf Lebenszeit als unionsrechtswidrig angesehen wurde. Ähnlich könnte bei einem Berufsverbot oder auch bei einer Ausweisung argumentiert werden.[89] In diesen Fällen zielt die Sanktion direkt auf die Beschränkung einer Grundfreiheit und ist nicht nur – wie im Fall der Freiheitsstrafe – Begleiterscheinung.[90]

4 Einwirkung des Primärrechts auf nationales Strafverfahrensrecht

41 Wenn das Primärrecht für das gesamte nationale Rechtssystem zu beachten ist, gilt dies selbstverständlich auch für das Strafverfahrensrecht. Das ist in der Tat der Fall, selbst wenn die EU – wie anhand der Kompetenzen nach Art. 82 AEUV bereits gesehen (s. o. § 10 Rn. 74 ff.) – nur mit **großer Zurückhaltung** auf das nationale Strafverfahrensrecht einwirken kann und offenbar will. „*Leading case*" in dieser Hinsicht ist ein Fall aus Südtirol.

> **Beispiel:** Im Fall „*Bickel und Franz*"[91] ging es um folgenden Sachverhalt: In einem Vorabentscheidungsverfahren legte ein Gericht der Provinz Bozen (Italien) dem EuGH den Fall zur Klärung der Frage vor, ob die beiden deutschsprachigen in Bozen Angeklagten Herr Bickel (österreichischer Staatsangehöriger) und Herr Franz (deutscher Staatsangehöriger) einen Anspruch auf Durchführung des Strafverfahrens in deutscher Sprache haben, der sich auf Art. 12 EGV (ex-Art. 6, jetzt: Art. 18 AEUV) stützt. Das Gericht sprach für solche Fälle, in denen eine „Minderheitenregelung" in einem Mitgliedstaat existiert, den Angeklagten

---

[87] EGMR, *Kremzow/Österreich*, Urteil v. 21.09.1993, Serie A Nr. 268-B.

[88] EuGH, Rs. 299/95, Slg. 1997, I-2629, Rn. 17 f. – *Kremzow gg. Republik Österreich*.

[89] *Satzger* (2010), § 9 Rn. 22 f.

[90] *Satzger* (2010), § 9 Rn. 23.

[91] EuGH, Rs. C-274/96, Slg. 1998, I-7637 – *Bickel und Franz*.

das Recht zur Verhandlungsführung in deren eigener Sprache zu. Als „Minderheitenregelung" galt hier eine Vorschrift der Provinz Bozen, die die Möglichkeit zur Prozessführung in der Landessprache des Angeklagten eröffnet, wenn dieser die italienische Sprache nicht beherrscht und zur deutschsprachigen Bevölkerungsgruppe in der Provinz gehört.

In diesem Fall hat das EU-Primärrecht letztlich das italienische Verfahrensrecht modifiziert und auf dort nicht vorgesehene aber vergleichbare Fälle mit trans-europäischem Charakter ausgedehnt.

III Einwirkung von Sekundärrecht

Die Einwirkung von europäischem Sekundärrecht auf das nationale Strafrecht ist auf zwei verschiedene Arten möglich: **42**

1. Richtlinienkonforme Auslegung und
2. Blankettnormen.

Da es bislang keine originären europäischen Straftatbestände gibt, benötigt das europäische Sekundärrecht immer einen **nationalen Umsetzungsakt** in der Form eines nationalen Gesetzes. Die europäischen Inhalte können entweder eher mittelbar über Transformationsgesetze oder durch direkte Inbezugnahme über Blankettnormen im nationalen Recht Wirkungen entfalten.

1 Richtlinienkonforme Auslegung

Die sog. richtlinienkonforme Auslegung ist ein konkreter Anwendungsfall der allgemeinen **unionsrechtskonformen Auslegung** (o. Rn. 15).[92] Konformität muss hier zu einem speziellen Sekundärrechtsakt, nämlich einer Richtlinie hergestellt werden. Grundlage für diese Auslegung ist immer ein nationales Transformationsgesetz. Dieses, auf der Grundlage einer EU-Richtlinie erlassen, ist formal ein nationales Gesetz. Dessen Charakter als Transformationsgesetz macht es aber materiell zu EU-Recht und es ist deshalb im Lichte der europäischen Regelung auszulegen.   **43**

Richtlinien sind gem. Art. 288 UAbs. 3 AEUV der zweite Regelungstypus des europäischen Sekundärrechts nach der Verordnung. Sie richten sich nur an die Mitgliedstaaten und verpflichten diese, den Inhalt der Richtlinie in nationalen Durchführungsbestimmungen umzusetzen. Dabei sind Form und Mittel jeweils den Mitgliedstaaten überlassen; das **Ziel der Richtlinie** ist hingegen verbindlich (s. auch o. § 9 Rn. 85). Für den Einzelnen kann die Richtlinie grundsätzlich keine Rechte und Pflichten begründen; dafür bedarf es stets eines parlamentarischen Umsetzungsaktes des Mitgliedstaates. Für das Strafrecht bedeutet dies, dass eine Richtlinie   **44**

---

[92] Vgl. *Hecker* (2010), § 10 Rn. 2.

grundsätzlich keine strafbewehrten Ge- und Verbote enthalten kann, an die sich der Bürger zu halten hat.[93]

Bevor die Methode der richtlinienkonformen Auslegung genauer betrachtet wird (unten b.) muss noch ein wichtiger Ausnahmefall besprochen werden: die unmittelbare Anwendbarkeit einer Richtlinie (a.).

a) Exkurs: Unmittelbare Anwendbarkeit von Richtlinien

45 Die Definition der „Richtlinie", die ihrem Ziel nach verbindlich, in Form und Mittel jedoch variabel ist, verdeutlicht, dass die Richtlinie nicht unmittelbar anwendbar ist, sondern erst über die nationale Gesetzgebung umgesetzt werden muss. Dass dieses Umsetzungserfordernis für die Durchsetzung des zu erreichenden Ziels sehr hinderlich sein kann, lässt sich leicht einsehen. Die Rechtsprechung des EuGH hat deshalb unter gewissen Bedingungen der Richtlinie eine **unmittelbare Wirkung** zugesprochen. Folgende Voraussetzungen müssen erfüllt sein:[94]

- Die Richtlinie muss **hinreichend bestimmt und unbedingt sein** (*self-executing*).
- Die **Umsetzungsfrist** muss abgelaufen oder die Richtlinie darf nicht hinreichend umgesetzt worden sein.
- Die Richtlinie muss ein **subjektives Recht zugunsten eines Einzelnen** begründen.
- Grundsätzlich entfaltet eine unmittelbar anwendbare Richtlinie nur Wirkungen im **Verhältnis Bürger-Staat** (vertikal).[95]

Die Richtlinie kann unmittelbar also immer nur **zugunsten** des Bürgers gelten, weshalb eine strafbegründende Wirkung niemals unmittelbar eintreten kann.[96]

46 Als Begründung für eine unmittelbare Anwendbarkeit der Richtlinie kann angeführt werden, dass die Mitgliedstaaten für ihre schuldhafte Nichtumsetzung innerhalb der vorgesehenen Frist **sanktioniert** werden sollen. Zudem werden der *„effet utile"* und Art. 4 Abs. 3 EUV (ex Art. 10 EGV), die Pflicht der Mitgliedstaaten zur Unionstreue, herangezogen, da die Europäische Union nicht funktionieren kann, soweit ihre rechtsverbindlichen Maßnahmen keine Wirkung entfalten können (dazu auch o. § 9 Rn. 74 ff.). Das BVerfG hat diese Wirkung als Rechtsfortbildung im Rahmen der europäischen Rechtstradition gebilligt.[97]

---

[93] *Satzger* (2010), § 9 Rn. 56.

[94] Vgl. dazu auch *Herdegen,* EuR (2010), § 8 Rn. 45.

[95] Zum Sonderproblem der horizontalen Wirkung von Richtlinien zwischen Privaten siehe EuGH „*Unilever/Italia*", EuZW 2001, 251. Ingesamt *Herdegen,*EuR (2010), § 8 Rn. 48 ff.

[96] Vgl. EuGH, Rs. 8/81, Slg. 1982, 53, Rn. 21 ff. – *Becker.*

[97] BVerfGE 75, 223, 241 ff.

b) Richtlinienkonformität

Für die Mitgliedstaaten stellt sich nach Erlass einer Richtlinie die Frage der **Trans-** **47**
formation ins innerstaatliche Recht. Gibt es bereits Gesetze, die das in der Richtlinie enthaltene Ziel zum Gegenstand haben, lässt sich in der Rechtsanwendung
daran anknüpfen; andernfalls muss der Gesetzgeber tätig werden. In jedem Fall ist
bei der Auslegung der Normen die Richtlinie zu beachten.

(1) Anknüpfungspunkt

Der Gesetzgeber ist nicht verpflichtet, den **Wortlaut der Richtlinie** in das natio- **48**
nale Recht zu übertragen. Sind bereits Normen vorhanden, welche dem sachlichen
Regelungsziel der Richtlinie entsprechen, muss keine eigene Transformationsge-
setzgebung mehr erfolgen. Das bestehende nationale Recht unterliegt aber dann der
richtlinienkonformen Auslegung, so dass in der Folge einzelne Tatbestandsmerkmale gegebenenfalls neu, eben unter Berücksichtigung der europäischen Vorgaben,
zu interpretieren sind.[98]
Gibt es keine Anknüpfungsnorm im nationalen Recht, muss der Gesetzgeber tätig werden. Die **Richtlinienkonformität** bezieht sich dann vor allem auf diesen
gesetzlichen Umsetzungsakt. Auch nach der eigentlichen Umsetzung erfolgte Gesetzgebung muss den Zielen der Richtlinie dienen und ist entsprechend konform
auszulegen.[99]

(2) Interpretationsakt

Die Pflicht zur richtlinienkonformen Auslegung beginnt erst nach Ablauf der in **49**
der Richtlinie vereinbarten Umsetzungsfrist.[100] Der Bezugspunkt ist zwar zunächst
die Richtlinie als europäischer Sekundärakt; gegebenenfalls muss aber auch der
primärrechtliche Hintergrund reflektiert werden.[101]
Die Berücksichtigung des EU-Primärrechts wird vor allem dann relevant, wenn **50**
die Richtlinie grundsätzlich den Mitgliedstaaten ein **strengeres Regiment** erlaubt.
Die über das in einer Richtlinie vereinbarte Maß hinausgehenden Wirkungen können ihrerseits mit Primärrecht in Konflikt geraten (s. dazu o. Rn. 26 f.).
Grenzen setzt der richtlinienkonformen Auslegung das Verbot der **rückwirken-**
den Verschärfung der strafrechtlichen Verantwortlichkeit.[102] Außerdem die **Wort-**
lautgrenze und sonst anerkannte Maßstäbe der Gesetzesauslegung. Interpretation

---

[98] Vgl. Beispiel bei *Hecker* (2010), § 10 Rn. 16.

[99] Vgl. EuGH, Rs. 397/01, Slg. 2004, I-8835, Rn. 115 – *Pfeiffer*.

[100] Vgl. EuGH, Rs. 212/04, Slg. 2006, I-6057, Rn. 115 – *Adeneler*.

[101] *Hecker* (2010), § 10 Rn. 22.

[102] Vgl. EuGH, Rs. 387/02 u. a., Slg. 2005, I-3565, Rn. 74 – *Berlusconi*.

contra legem zur Erreichung des Richtlinienziels ist daher ausgeschlossen.[103] Das hat der BGH in seiner jüngsten Entscheidung zur „Kameradschaft Sturm 34" bestätigt.[104] Hier sah sich der Senat wegen der Wortlautgrenze an einer erweiternden rahmenbeschlusskonformen Auslegung des Begriffs der „kriminellen Vereinigung" nach § 129 StGB an den Vereinigungsbegriff des Rahmenbeschlusses zur Organisierten Kriminalität gehindert.[105] Eine weitere Ausdehnung der „kriminellen Vereinigung" sei nur durch den Gesetzgeber möglich.

c) Rahmenbeschlusskonformität

51   Die Ausführungen zur unionsrechtskonformen bzw. richtlinienkonformen Auslegung gelten für alle Rechtsakte, die auf der Grundlage des AEUV erlassen wurden und für Richtlinien nach dem vorherigen Recht. Problematisch sind hingegen **Rahmenbeschlüsse**, die nach Art. 34 EUV a. F. im Rahmen der Dritten Säule der Maastricht-Union erlassen wurden.[106] Nach Art. 9 des Protokolls Nr. 26 zu Übergangsbestimmungen[107] bleiben diese Rahmenbeschlüsse erhalten, behalten aber ihre bisherigen Rechtswirkungen und mutieren nicht etwa automatisch zu Richtlinien. Nach Art. 34 Abs. 2 lit. b) EUV a. F. gleichen Rahmenbeschlüsse zwar strukturell der Richtlinie, sind aber ausweislich des Wortlauts mit einer entscheidenden Veränderung versehen: sie entfalten keine unmittelbare Wirkung.

51   Im Fall „*Maria Pupino*" allerdings postulierte der EuGH eine europarechtliche Pflicht zur **rahmenbeschlusskonformen** Auslegung des nationalen Rechts und assimilierte damit Richtlinie und Rahmenbeschluss hinsichtlich ihrer Wirkungen weitgehend. In dieser Entscheidung verdeutlicht der EuGH sein Verständnis von der dynamischen Entwicklung des Europarechts; deshalb sei sie hier etwas genauer berichtet.

52   **Beispiel:** Maria Pupino ist von Beruf Kindergärtnerin. Das italienische Tribunale Firenze leitete 2001 ein Strafverfahren gegen sie ein, da sie im Verdacht stand, zahlreiche Delikte des „Missbrauchs disziplinarischer Mittel" im Sinne des Art. 571 Codice penale (CP, italienisches StGB) an einigen der ihr anvertrauten Kinder begangen zu haben. Laut Angabe der betroffenen Kinder soll sie diese regelmäßig geschlagen, ihnen mit der Verabreichung von Beruhigungsmitteln und dem Zukleben ihres Mundes gedroht und sie am Toilettenbesuch gehindert haben. In der Folge stellte die Staatsanwaltschaft beim Ermittlungsrichter den Antrag, gemäß Art. 392 Abs. 1 des Codice di procedure penale (CPP, italienische StPO) acht Kinder als Opfer und Zeugen zu befragen, da die Beweiserhebung wegen ihres geringen Alters und psychischen Zustands nicht bis zur Hauptverhandlung aufgeschoben werden

---

[103] EuGH, Rs. 105/03, Slg. 2005, I-5258, Rn. 47 – *Pupino*.

[104] Vgl. BGHSt 54, 216 m. Anm. *Bader* NJW 2010, 1986; *Zöller*, JZ 2010, 908.

[105] Art. 1 des Rahmenbeschlusses des Rates vom 24.10.2008 zur Bekämpfung der organisierten Kriminalität, ABlEG 2008 Nr. L 300, 42.

[106] Der Rahmenbeschluss existiert nach dem Vertrag von Lissabon nicht mehr, terminologisch bleibt der Begriff allerdings zur Beschreibung des Inhalts im Rahmen der GASP erhalten, *Streinz/ Ohler/Herrmann* (2010), S. 78.

[107] ABlEU 2008 Nr. C 115, 322.

könne. Ferner ersuchte sie, die Befragung im Rahmen der von Art. 398 Abs. 5 CCP vorgesehenen besonderen Modalitäten zum Schutz der Würde, des Privatlebens und des seelischen Gleichgewichts von Minderjährigen vorzunehmen. Die Beschuldigte widersprach jedoch diesem Antrag, da keiner der in Art. 392 Abs. 1 CCP vorgesehenen Fälle vorliege. Der Ermittlungsrichter beim Tribunale Firenze bringt dagegen vor, dass der Antrag der Staatsanwaltschaft nach den einschlägigen nationalen Bestimmungen abgelehnt werden müsse, da die genannten Bestimmungen die Befugnis des Ermittlungsrichters, ein Beweissicherungsverfahren durchzuführen und besondere Modalitäten der Beweissammlung und -erhebung anzuwenden, auf Sexualdelikte und Delikte mit sexuellem Hintergrund beschränkten. Angesichts dessen sind ihm Zweifel an der Vereinbarkeit der Art. 392 Abs. 1 und 398 Abs. 5 italienische StPO mit den Art. 2, 3 und 8 des Rahmenbeschlusses 2001/220/JI vom 15.3.2001 des Rates über die Stellung des Opfers im Strafverfahren (im Folgenden: Rb) gekommen. Er hat daher das Verfahren ausgesetzt und den EuGH ersucht, sich zur Tragweite dieser Bestimmungen zu äußern.

Fragestellung: Bei diesem Fall stellen sich vor allem zwei Fragen:

1. Ist der Rahmenbeschluss unmittelbar anwendbar?
2. Besteht eine Pflicht zur rahmenbeschlusskonformen Auslegung des nationalen Rechts?

Lösungshinweise: Der EuGH hat eine unmittelbare Wirkung lediglich in Bezug auf EG-Richtlinien, welche eine den Rahmenbeschlüssen ähnliche Struktur aufweisen, anerkannt.[108] Nach dieser Rechtsprechung kann sich der Bürger im Verhältnis zum Staat[109] unter bestimmten Voraussetzungen auf für ihn günstige Richtlinienbestimmungen berufen. Einer entsprechenden Rechtsfortbildung durch den Gerichtshof im Rahmen der 3. Säule steht allerdings die eindeutige Regelung in Art. 34 Abs. 2 lit. b) S. 3 EUV a. F. entgegen, wonach ein RB keine unmittelbare Wirkung entfalten kann.

Der EuGH stellt fest, dass sich der Wortlaut des Art. 34 Abs. 2 lit. b) EUV a. F. sehr eng an den Wortlaut des Art. 249 Abs. 3 EG über die Verbindlichkeit von Richtlinien anlehnt. Der daraus folgende zwingende Charakter von Rb verpflichtet die nationalen Behörden und Gerichte somit zur europarechtskonformen Auslegung ihres Rechts. Der Umstand, dass die Zuständigkeiten des EuGH nach Art. 35 EUV a. F. weniger weit reichen als jene nach dem EG-Vertrag und die Tatsache, dass es kein vollständiges Rechtsschutzsystem gibt, das die Rechtmäßigkeit der Handlungen der Organe im Rahmen von Titel VI gewährleisten soll, stehen dieser Annahme nicht entgegen. Die Verfasser des Vertrages über die Europäische Union hielten es nämlich durchaus für angebracht, den Rückgriff auf Rechtsinstrumente mit entsprechenden Wirkungen wie im EG-Vertrag vorzusehen, um einen wirksamen Beitrag zur Verfolgung der Ziele der Union zu leisten. Dem stehe auch nicht entgegen, dass der EU-Vertrag im Gegensatz zum EG-Vertrag keine Regelung wie jene des Art. 10 EGV (jetzt Art. 4 Abs. 3 EUV) enthalte, auf die sich der EuGH in seiner Rechtsprechung teilweise gestützt habe, um die Verpflichtung zu europarechtskonformer Auslegung des nationalen Rechts zu rechtfertigen. Die EU könnte ihre Aufgabe nämlich kaum erfüllen, wenn der Grundsatz der loyalen Zusammenarbeit, wonach die Mitgliedstaaten alle geeigneten Maßnahmen allgemeiner oder besonderer Art zur Erfüllung ihrer Verpflichtungen nach dem Recht der Europäischen Union zu treffen haben, nicht auch für die dritte Säule der polizeilichen und justiziellen Zusammenarbeit in Strafsachen gelten würde. Der EuGH kommt folglich zu dem Ergebnis, dass der Grundsatz europarechtskonformer Auslegung auch auf

---

[108] EuGH, Rs. C-6/90 und C-9/90, Slg. 1991, 5357ff. – *Francovich* = NJW 1992, 165 ff.

[109] Zum Sonderproblem der horizontalen Wirkung von Richtlinien zwischen Privaten siehe EuGH, Rs. 443/90, Slg. 2000, I-7535 – *Unilever/Italia* = EuZW 2001, 251 ff.

Rb, die im Rahmen von Titel VI des Vertrages über die Europäische Union ergangen sind, Anwendung findet.

Daraus folgt, dass das vorlegende Gericht das nationale Recht bei dessen Anwendung so weit wie möglich in einer mit Wortlaut und Zweck des Rb übereinstimmenden Weise auszulegen hat, um das mit ihm angestrebte Ergebnis im Sinne des Art. 34 Abs. 2 lit. b) EUV a. F. zu erreichen. Diese Verpflichtung wird allerdings durch die allgemeinen Rechtsgrundsätze und insbesondere durch den Grundsatz der Rechtssicherheit und das Rückwirkungsverbot begrenzt. Sie darf nicht dazu führen, dass durch einen Rahmenbeschluss die strafrechtliche Verantwortlichkeit derjenigen, die gegen die Vorschriften dieses Beschlusses verstoßen, festgelegt oder verschärft wird. Die erwähnten Bestimmungen des CPP betreffen jedoch nicht den Umfang der strafrechtlichen Verantwortlichkeit der Betroffenen, sondern den Verfahrensablauf und die Modalitäten der Beweiserhebung. Die Verpflichtung der Gerichte, bei der Auslegung der einschlägigen Vorschriften des nationalen Rechts den Inhalt eines Rb heranzuziehen, endet aber, wenn dieser nicht so angewandt werden kann, dass ein Ergebnis erzielt wird, das mit dem durch den Rb angestrebten Ziel vereinbar ist. Somit darf der Grundsatz europarechtskonformer Auslegung nicht zu einer Auslegung *contra legem* des nationalen Rechts führen. Daher ist es die Aufgabe des vorlegenden Gerichts zu prüfen, ob das nationale Recht so angewendet oder ausgelegt werden kann, dass kein dem Rb widersprechendes Ergebnis erzielt wird.[110] Daher besteht eine grundsätzliche Pflicht zur rahmenbeschlusskonformen Auslegung des nationalen Rechts.

3 Verweisungen auf Richtlinien und Verordnungen (Blankettnormen)

54   Aufgrund der Tatsache, dass der EU eine Strafrechtssetzungskompetenz in vielen Bereichen fehlt, müssen die nationalen Strafvorschriften diese „Lücke" ausfüllen und Verhaltensnormen, die auf EU-Ebene erlassen werden, auf nationaler Ebene mit Strafe bewehren. Hierbei kommt es also zu einem **Zusammenspiel** von nationalem Strafrecht und Unionsrecht. Die konkrete Ausgestaltung hängt insbesondere davon ab, ob die Verhaltensvorschriften in Form einer Richtlinie oder in Form der Verordnung gekleidet sind.[111]

a) Richtlinien

55   Um Verbindlichkeit zu erlangen, muss eine Richtlinie gemäß Art. 288 Abs. 3 AEUV zunächst einmal in nationales Recht umgesetzt werden. Es existiert zwar die Möglichkeit einer unmittelbaren Wirkung von Richtlinien[112], jedoch greift dieser Grundsatz lediglich zu Gunsten des Bürgers und nicht zu dessen Lasten ein (s. o. Rn. 45). **Verhaltensvorschriften** in Richtlinien werden daher erst durch die Umsetzung in

---

[110] EuGH, Rs. 105/03, Slg. 2005, I-5258, Rn. 47 – *Pupino* = NJW 2005, 2839.

[111] *Satzger* (2010), § 9 Rn. 68.

[112] siehe *Streinz* (2008), § 5 Rn. 433 und oben Rn. 45.

das nationale Recht für das Strafrecht relevant.[113] Die Verschränkung der Ebenen kommt somit erst auf der Ebene der richtlinienkonformen Auslegung zum Tragen.

b) Verordnungen

Anders verhält es sich bei einer unmittelbar anwendbaren **Verordnung** im Sinne des Art. 288 Abs. 2 AEUV. Ein Transformationsakt ist hier nicht erforderlich. Allenfalls könnte man eine lediglich den Inhalt der Verordnung wiederholende nationale Norm in Betracht ziehen. Eine solche Normwiederholung ist dem nationalen Gesetzgeber jedoch untersagt, weil hierdurch der europarechtliche Ursprung der Norm verschleiert würde.[114]   **56**

Aufgrund dieser Problematik wird hier mit sog. **Blankettnormen**[115] gearbeitet, welche auf die entsprechende Ursprungsnorm verweisen. Eine solche Blankettnorm ordnet im nationalen Recht eine Rechtsfolge an, deren tatbestandliche Voraussetzungen jedoch an eine unionsrechtliche Verordnung geknüpft sind.[116] Der Rechtsunterworfene muss den Inhalt der europäischen Vorschrift in die Blankettnorm „hineinlesen", um zu erfahren, welches Verhalten strafbar ist (s. Abb. 4).[117]   **56**

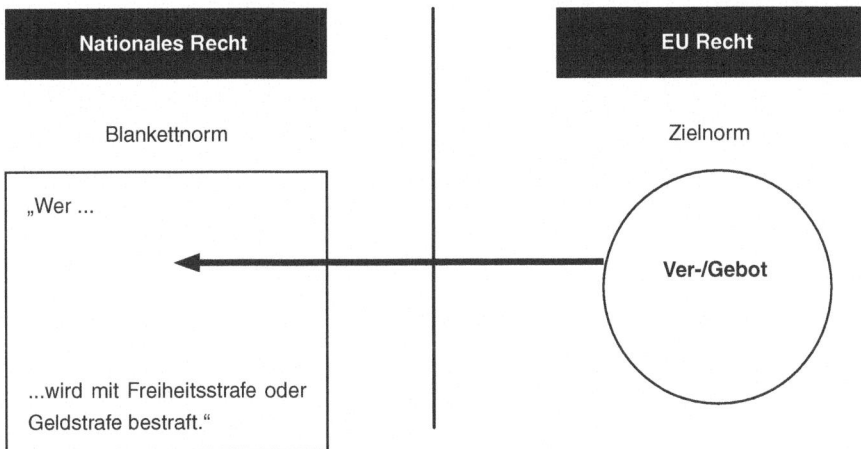

Abb. 4 Blankettnorm

---

[113] Vgl. *Satzger* (2010), § 9 Rn. 56.

[114] Ständige Rechtsprechung des EuGH, siehe Nachweise bei *Satzger* (2001), S. 199.

[115] Hier existieren „einfache" sowie „qualifizierte" Blankettnormen. Zum Ganzen unter Bezugnahme auf die besondere verfassungsrechtliche Problematik bei „qualifizierten" Blankettnormen, MK/*Freund* (2007), Vor §§ 95 AMG, Rn. 45 ff. Dazu auch *Satzger* (2010), § 9 Rn. 59 ff.; *Hecker,* (2010), § 7 Rn. 105.

[116] Dies ist allerdings auch in Bezug auf andere Regelungsakte möglich.

[117] Anzutreffen ist dies insbesondere im Arzneimittelstrafrecht, siehe MK/*Freund* (2007), Vor §§ 95 AMG, Rn. 45 ff.

Die nationale Vorschrift ist die **Blankettnorm**, die auf eine **Zielnorm** aus der EU-Rechtsordnung verweist. Das auf EU-Ebene angesiedelte Ver- oder Gebot wird somit in den nationalen Tatbestand „inkorporiert" und über den nationalen Straftatbestand mit einer Sanktionsfolge versehen. Das EU-Recht wird so integraler Bestandteil des nationalen Rechts, bleibt aber gleichwohl selbstständiger Teil der europäischen Rechtsordnung. Die europäische Norm bleibt demnach was Zustandekommen, Geltung, Veränderbarkeit und auch Auslegung anbelangt den Regeln des Europarechts unterworfen.[118]

57   Es gibt **zwei Arten von Verweisungen**:

1. Nimmt die Blankettnorm eine spezifische Zielnorm in einer bestimmten Fassung in Bezug, spricht man von einer **statischen Verweisung**;

Beispiel statische Verweisung: Heinrich (H) betreibt als einsamer Bauer einen alten Kälber- und Rindermastbetrieb, mit dem er jahrelang schon keinen großen Gewinn mehr erwirtschaften konnte. H ist verärgert, will er doch nach zahlreichen erfolglosen Zuchtversuchen und sinkenden Absatzzahlen für sein Schlachtvieh wieder einmal „voll durchstarten" und einen großen Erfolg bei der diesjährigen Jungbullenshow landen. Grund des großen Aufruhrs an H's Hofe sind seine Rinder und Kälber, die mittlerweile seit mehreren Tagen an unübersehbar großen Hautekzemen leiden und dazu nur noch lahmend über die Weiden trotten. H sieht sich gezwungen, schleunigst etwas gegen diese „Seuche" zu unternehmen, da er sonst es den Nachbarbauern wieder „nicht zeigen könne". Er begibt sich deshalb ohne Konsultation eines Veterinärs an seine Hausapotheke und findet neben zahlreichen Homöopathika und Naturheilmitteln ein veraltetes Breitbandantibiotikum mit dem Wirkstoff „Chloramphenicol", das sich zur Bekämpfung bakterieller Infektionskrankheiten eignet. Ihm ist bewusst, dass der Einsatz dieses Medikamentes bei zur Schlachtung bestimmten Tieren verboten ist, doch kann er es sich einfach nicht leisten, schon wieder ohne den Preis für das beste Schlachtvieh nach Hause zu kommen. Eine Behandlung mit den vorhandenen „Alternativpräparaten" lehnt er aufgrund der akuten Zeitnot ab. H bereitet daraufhin im Stall alles für die Behandlung der erkrankten Tiere vor, treibt die Herde zur Fütterung in den Stall und verabreicht schließlich dem erkrankten, schlachtreifen Vieh die Injektionslösung mit Chloramphenicol. Hat sich Bauer Heinrich (H) strafbar gemacht?

Lösungshinweise: Eine Strafbarkeit des H könnte sich hier aus § 95 Abs. 1 Nr. 11 Arzneimittelgesetz (AMG) ergeben. Die Vorschrift bestimmt, dass jedes Verabreichen eines in Art. 5 Abs. 2 der Verordnung (EWG) 2377/90 genannten Stoffes einem dort genannten Tier mit Freiheitsstrafe bis zu drei Jahren oder Geldstrafe geahndet wird. Blickt man nun auf Art. 5 Abs. 2 der Verordnung, so stellt dieser klar, dass eine „Verabreichung von in Anhang IV [der Verordnung] aufgeführten Stoffen an Tiere, die zur Nahrungsmittelerzeugung genutzt werden", in der ganzen Gemeinschaft verboten ist. Folgt man der Verweisungskette nun in den Anhang IV, so findet sich dort eine genauere Eingrenzung der Stoffe; darunter auch der von H verabreichte pharmakologisch wirksame Stoff Chloramphenicol. § 95 Abs. 1 Nr. 11 AMG gilt demnach als deutsche Blankettstrafnorm, die eine Zuwiderhandlung gegen unmittelbar geltende Rechtsakte der EU (hier: Verordnung (EWG) 2377/90) unter Strafe stellt. Indem H nun vorsätzlich seinem Vieh das Präparat mit dem Wirkstoff Chloramphenicol verabreichte, hat er sich nach § 95 Abs. 1 Nr. 11 AMG iVm Art. 5 Abs. 2 VO (EWG) 2377/90 strafbar gemacht.

---

[118] Ausführlich *Satzger* (2010), S. 230 ff.

2. Bezieht die Blankettnorm die Zielnorm in ihrer jeweils gültigen Fassung ein, so wird sie als **dynamische Verweisung** bezeichnet.[119] **58**

Beispiel dynamische Verweisung: M hat eine kleine Firma, die spezielle Mikroprozessoren herstellt, die vor allem in sog. Sporthandys verwendet werden. Sie sind auch bei extremer Hitze und bei extrem niedrigen Temperaturen noch einsatzfähig. Eines Tages erhält er überraschend einen Anruf aus Libyen von einem Staatsbetrieb, der 200.000 seiner Prozessoren bestellt. M ist über die Geschäftsentwicklung hoch erfreut und liefert die vereinbarte erste Marge von ca. 10.000 Stück. Hat sich M strafbar gemacht?

Lösungshinweise: Die Strafbarkeit ergibt sich hier aus § 34 Abs. 2 AWG. Danach ist strafbar, wer gegen § 33 Abs. 4 S. 1 AWG verstößt und dabei die Sicherheitsinteressen der Bundesrepublik Deutschland verletzt. Das zentrale Handlungsverbot ergibt sich also aus der Ordnungswidrigkeitsvorschrift, die erst durch das Hinzutreten zusätzlicher Umstände zur Strafnorm erwächst. In § 33 Abs. 4 S. 1 AWG wird nun dynamisch auf die sog. dual-use-VO der EG verwiesen.
Konkretisiert wird diese Verweisung durch die Rückverweisungsklausel in § 70 Abs. 5a S. 1 Nr. 1 der AWV.
Dort nun wird auf das Handlungsverbot des Art. 3 Abs. 1 der Dual-Use-VO verwiesen, wonach es verboten ist, Waren und Material, das im Anhang aufgelistet ist, ohne Genehmigung in das Ausland zu liefern. Nach § 70 Abs. 5a S. 2 AWV sind die Anhänge in ihrer jeweils gültigen Fassung zu Grunde zu legen.
In der fast 300 Seiten umfassenden Anlage finden sich im Titel 3 A001 Mikroprozessoren.

Die Rechtsanwendung wird durch diese Verweisungstechnik natürlich schwierig. **59** Der Betroffene darf sich, da es ja keine entsprechende Sammlung mit einschlägigen EU-Rechtsakten gibt, selbst auf die Suche nach den relevanten EU-Verordnungen machen und läuft Gefahr, keine, die falsche oder eine nicht mehr gültige Verordnung zu finden. Um dem Rechtsunterworfenen hier entgegen zu kommen sind diese Blankettverweisungen häufig verbunden mit einer **Rückverweisung** in nationale Verordnungen. Damit erhält der Bundes-Verordnungsgeber die Möglichkeit, diejenigen EU-Verbotstatbestände zu identifizieren, die nach nationalem Strafrecht strafbewehrt sein sollen. Das zur Rechtsfindung erforderliche Vorgehen lässt sich bei der dynamischen Verweisung wie in Abb. 5 folgt schematisieren:

Eine solche hyperkomplexe Konstruktion findet sich in einer ganzen Reihe weiterer strafrechtlicher Nebengesetze. Darunter fallen: **60**

- Arzneimittelrecht, § 95 Abs. 1 AMG
- Lebensmittelrecht, § 58 LFGB
- Naturschutzrecht, § 69 BNatSchG
- Sortenschutzgesetz, § 39 Abs. 1 Nr. 2 SortSchG
- Markengesetz, § 144 Abs. 2 Marken G
- Chemikaliengesetz, § 27 b Abs. 1 ChemG

---

[119] Zur dynamischen Verweisung und ihrer Rolle bei der Umsetzung von EU-Rechtsakten vgl. *Milej*, EuR 2009, 577.

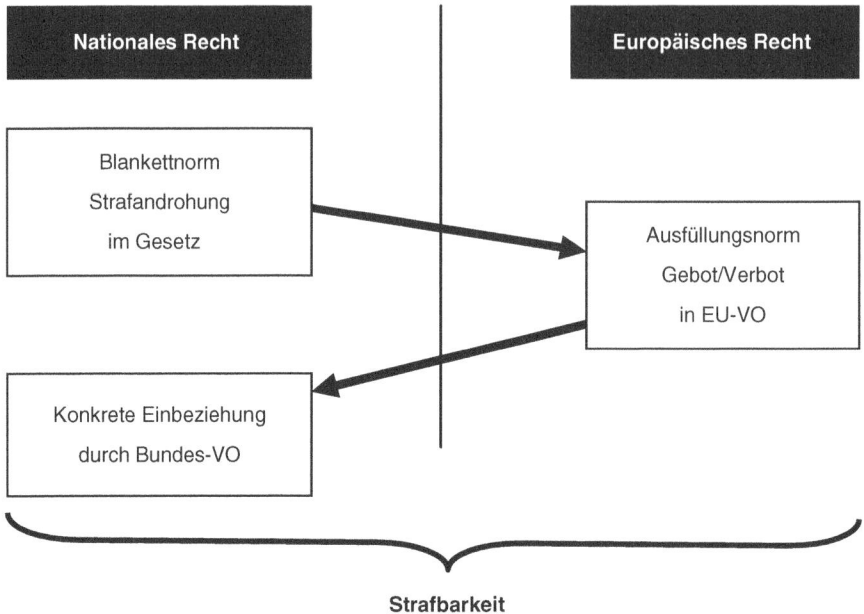

Abb. 5 Dynamische Verweisungen

c) Bestimmtheitsgrundsatz

61 Bedenken an der Verfassungsmäßigkeit dieser Blankettgesetzgebung ergeben sich
aus dem **Bestimmtheitsgrundsatz** des Art. 103 Abs. 2 GG. Denn auch und gerade
hinsichtlich des Strafrechts gilt im Grundsatz: Der rechtsunterworfene Bürger hat
ein Recht auf klar formulierte Strafgesetze, um sein Verhalten so einzurichten, dass
er eine Strafbarkeit vermeiden kann.[120] Das hat zwei Komponenten:[121]

1. **Parlamentsvorbehalt**: Der Gesetzgeber hat selbst über die Voraussetzungen der
   Strafbarkeit von Verhaltensweisen zu entscheiden.
2. **Freiheitsgewährleistende Funktion**: Konkrete Umschreibung der tatbestandlichen Voraussetzungen.

62 In aller Regel gilt, dass die Normadressaten bereits anhand des Wortlauts der gesetzlichen Vorschrift voraussehen können müssen, ob ein Verhalten strafbar ist oder
nicht.[122] Die erforderliche Abstraktheit von allgemeinen Gesetzen und damit auch
von Strafnormen erlaubt aber auch die Verwendung **wertausfüllungsbedürftiger
Begriffe** bis hin zu Generalklauseln.[123] Tatsächlich lässt sich die Bestimmtheit eines

---

[120] Vgl. BVerfGE 25, 269, 285; 75, 329, 341.

[121] Zuletzt BVerfG v. 23.06.2010 – 2 BvR 2559/08; 105/09; 491/09 zur Verfassungsmäßigkeit von
§ 266 StGB „Untreue" = NJW 2010, 3209; vgl. *Saliger*, NJW 2010, 3195; *Safferling*, NStZ 2011,
376.

[122] Vgl. BVerfGE 92, 1, 12.

[123] BVerfGE 75, 329, 341 f.

einzelnen Straftatbestandes erst im Wege einer wertenden Gesamtbetrachtung unter Berücksichtigung möglicher Regelungsalternativen entscheiden.

Diese allgemeinen Erwägungen gelten nicht nur bei der Blankettgesetzgebung **63** kombiniert mit einem **europarechtlichen Einschlag**, sondern immer. Bei der Blankettgesetzgebung gibt es einige zusätzliche Kriterien zu beachten. Verweisungen auf andere Normen innerhalb eines Straftatbestands sind nicht grundsätzlich ausgeschlossen, sei die Ausfüllungsnorm nun nationalen oder europäischen Ursprungs. Das heißt auch, dass allein das komplizierte Auffinden der relevanten Normen und das Bestehen einer langen Verweisungskette *per se* noch nicht zur Unbestimmtheit i. S. von Art. 103 Abs. 2 GG führen.[124] Sind mehrere Normen zur Strafbegründung relevant, stellt sich aber die Frage, auf welche der Vorschriften für die Bewertung der Bestimmtheit abzustellen ist (s. u. 1.). Sodann ist zu fragen, welcher Maßstab für die Bestimmbarkeit des Inhalts der Norm herangezogen wird (u. 2.), und es sind schließlich einige Besonderheiten wegen der Einwirkung der europäischen Ebene zu beachten.

(1) Gegenstand

Bezüglich der Blankettnormen verlangt das BVerfG, dass sowohl die verweisen- **64** de nationale Blankettnorm als auch die Ausfüllungs- bzw. Zielvorschrift als Verweisungsobjekt hinreichend bestimmt sein müssen, um den Anforderungen des Bestimmtheitsgrundsatzes im Sinne des Art. 103 Abs. 2 GG gerecht zu werden.[125] Problematisch sind Blankettregelungen hinsichtlich des verfassungsrechtlichen Bestimmtheitsgrundsatzes deshalb, weil der Bürger nicht sofort auf einen Blick in der **verweisenden Norm** einen Verbotstatbestand erkennen kann. Er muss somit die verweisende Norm (Blankettnorm) und das Verweisungsobjekt (die Zielnorm) im Zusammenhang lesen, um ein Verständnis in Bezug auf den Verbotstatbestand zu erhalten.[126]

(2) Maßstab

Abzustellen ist dabei hinsichtlich des Bürgers auf einen verständigen Rechtsunter- **65** worfenen.[127] Allerdings wird hier eine weitere Einschränkung vorgenommen. Für die Bestimmtheit wird nämlich auf den **durchschnittlichen Empfänger** der Vorschrift abgestellt.[128] Das bedeutet, dass in den obigen Beispielsfällen die Gruppen der Landwirte bzw. Handeltreibendeen als verständige Experten herangezogen werden, um die Bestimmtheit zu evaluieren. Ihnen ist nicht nur zumutbar, dass ihnen die entsprechende Begrifflichkeit vertraut ist, sondern auch, dass sie wissen, wo sie

---

[124] Vgl. BGHSt 42, 219 mit Bezug auf das BNatSchG a. F.

[125] BVerfGE 23, 265, 270.

[126] Vgl. auch MK/*Schmitz* (2003), § 1 Rn. 49.

[127] BVerfGE 78, 374, 389; *Satzger* (2010), § 9 Rn. 64.

[128] BVerfGE 48, 48, 57.

suchen müssen, um die aktuellsten Verhaltensanweisungen der EU ausfindig zu machen. Für das „**Expertenstrafrecht**" ist also auf den durchschnittlichen Experten als Normadressat abzustellen.[129]

(3) Besonderheiten

66 Bei Verweisungen auf eine europarechtliche Zielnorm ergeben sich aufgrund der **Natur des Verweisungsobjekts** zusätzliche Besonderheiten:[130]

- Die grundsätzliche Berücksichtigung sämtlicher **Amtssprachen** der Union hinsichtlich der Auslegung des Unionsrechts erschwert die Auslegung.[131]
- Es handelt sich bei der Unionsrechtsordnung um eine autonome Rechtsordnung. Daher existieren **teilweise unterschiedliche Regelungstechniken** sowie andere Rechtsakte als im nationalen Recht.
- Die Rechtsakte der EU und die nationalen Gesetze und Rechtsverordnungen finden sich in **unterschiedlichen Publikationsorganen**. Das erschwert die Rechtsfindung erheblich.

(4) Bewertung

67 Die Kriterien der Bestimmtheitsprüfung sind individuell an sämtliche Blanketttatbestände samt Ausfüllungsnorm anzulegen. Dabei ist nach Verweisungstypen (s. o. Rn.) zu differenzieren:

1. Eine **statische Verweisung** wird zumeist als verfassungskonform angesehen. Eine solche verhindert eine „apokryphe Delegation" von Gesetzgebungsbefugnissen, da das Verweisungsobjekt explizit vom gesetzgeberischen Regelungswillen mit umfasst wird.[132]
2. **Dynamische Verweisungen** erschweren bereits die Rechtsfindung erheblich, denn ohne Angabe einer konkreten Fundstelle muss der Rechtsunterworfene selbst auf die Suche nach der jeweils aktuellsten Fassung einer einschlägigen EU-Verordnung gehen. Erschwerend kommt hinzu, dass EU-Verordnungen häufig und rasch geändert werden, ihrerseits gegebenenfalls auf andere Rechtsakte bzw. seitenlange Anlagen verweisen und kaum konsolidierte Fassungen erstellt werden. Ein solches „Verweisungswirrwarr" kann man als unzumutbar bewerten und deshalb für verfassungswidrig halten.[133] Im Rahmen dieser Verhältnismäßigkeitsprüfung muss aber die Höhe der angedrohten Sanktion und der Charakter von Expertenregelungen Berücksichtigung finden. Je spezieller die Materie

---

[129] Vgl. *Satzger* (2010), § 9 Rn. 64.

[130] Siehe bei *Satzger* (2010), § 9 Rn. 66.

[131] Vgl. EuGH, Rs. C-64/95, Slg. 1996, I-5105, Rn. 17 – *Konservenfabrik Lubella Friedrich Bueker GmbH & Co KG/Hauptzollamt Cottbus.*

[132] Vgl. *Hecker* (2010), § 7 Rn. 81; *Enderle* (2000), S. 266.

[133] So *Satzger* (2010), § 9 Rn. 68; vgl. auch *Dannecker*, Jura 2006, 95, 101.

und je enger und professionalisierter der Adressatenkreis, desto eher wird man erwarten können, dass der Rechtsanwender weiß, wie und wo er sich entsprechend informieren kann.[134]

Ein weiteres Problem mit dem Bestimmtheitsgebot ergibt sich aus dem **Parlaments-vorbehalt.** Vor allem durch die Rückverweisungsklauseln entsteht die Gefahr, dass das strafbewehrte Verbot nicht in einem Parlamentsgesetz enthalten ist, sondern sich tatsächlich erst aus einer Rechtsverordnung ergibt. Die Inbezugnahme einer Verordnung wird vom BVerfG allerdings dann im Hinblick auf Art. 103 Abs. 2 und Art. 80 Abs. 1 S. 2 GG für zulässig erachtet, wenn sich für den Bürger die Art des Straftatbestands sowie die Art und das Maß der Strafe hinreichend deutlich aus der formell-gesetzlichen Grundlage ergeben.[135] Aus einer Verordnung dürften sich allenfalls „Spezifizierungen" ergeben.[136] **68**

Diese Voraussetzungen werden für den Fall der Verweisung auf ein EU-Verbot oder Gebot mittels einer **Rechtsverordnung** sehr kritisch gesehen.[137] In der Tat ergibt sich der wesentliche Inhalt des strafbaren Verhaltens erst aus der Rechtsverordnung, die auf den EU-Rechtsakt verweist. Letztlich dient diese Technik aber nur dazu, dem Rechtsanwender die Rechtsfindung zu erleichtern. Außerdem werden die Verhaltensweisen im Gesetz bereits umschrieben. Auch wenn diese Umschreibungen sehr abstrakt gehalten sind, geben sie doch Hinweise auf die strafbaren Handlungen. **69**

d) Strafbarkeitslücken und *lex mitior* (§ 2 Abs. 3 StGB)[138]

Ein weiteres Problem ergibt sich bei Blankettnormen aus der Wandelbarkeit der unterschiedlichen Normen auf den jeweiligen Ebenen. Ändert sich also etwa die EU-Verordnung, so muss das deutsche Recht wenigstens auf VO-Ebene angepasst werden, da sonst die Verweisung ins Leere läuft. Auch wenn dieser Zustand nur kurze Zeit andauert, so ist für diesen Zeitraum (Zwischenrechtslage) ein Zustand der Straflosigkeit eingetreten, der nach § 2 Abs. 3 StGB ein „milderes Strafgesetz" darstellt (sog. **Meistbegünstigungsklausel**)[139]. Das bedeutet, dass Täter, die immer nach dem jeweils mildesten Gesetz bestraft werden müssen, überhaupt nicht bestraft werden können, da die mildeste Rechtslage eben die Straflosigkeit darstellt. **70**

Bei statischen Verweisungen ist dieser Zustand sehr leicht vorstellbar, denn jede Veränderung der Zielnorm lässt die Verweisung „ins Leere" laufen; aber auch bei dynamischen Verweisungen – wenn sie denn zulässig sind – kann ein solcher Rechtszustand eintreten. Das gilt vor allem bei gesetzlich vorgesehenen Rückverweisungsklauseln. Deshalb stellt sich die Frage, ob solche Strafbarkeitslücken rückwirkend beseitigt werden können. Damit ist zu klären, ob § 2 Abs. 3 StGB **71**

---

[134] Grundsätzlich *Milej*, EuR 2009, 577.

[135] BVerfGE 75, 329, 342; BVerfG NJW 1992, 107.

[136] Vgl. BVerfGE 14, 185 f.

[137] Vgl. *Satzger* (2010), § 9 Rn. 70; *Hecker* (2010), § 7 Rn. 105 f.

[138] *Satzger* (2010), § 8 Rn. 82.

[139] *Lackner/Kühl* (2010), § 2 Rn. 3.

grundsätzlich Verfassungsrang genießt.[140] Nach Ansicht des EuGH gehört die Meistbegünstigungsklausel allerdings zu den „gemeinsamen Verfassungstraditionen der Mitgliedstaaten".[141] Zudem ist die *lex mitior*-Regel auch in Art. 49 Abs. 1 S. 3 EU-Grundrechtecharta enthalten und geht in diesem Punkt ebenso wie Art. 15 Abs. 1 S. 3 IPbpR über Art. 7 Abs. 1 EMRK hinaus.[142] Auch wenn diese Vorschrift nur von milderen „Strafen" spricht, gilt sie für alle täterbegünstigenden Gesetzesänderungen wie § 2 Abs. 3 StGB.[143]

72   Es liegt nahe, zur Beantwortung der Frage nach der konkreten Anwendbarkeit der *lex mitior*-Regel **keinen rein formalistischen Ansatz** zu verfolgen, sondern materiell nach dem Schutzzweck und der Angriffsrichtung des Blanketttatbestandes zu fragen und bei gleich bleibendem Tatsubstrat nicht von einer beachtlichen Änderung auszugehen.[144] Geht es also nur um technische Änderungen und Änderungen der Modalitäten, sind diese Modifikationen der Zielnorm bei der Meistbegünstigungsklausel nicht zu berücksichtigen.

Literatur

Böse, Die Entscheidung des Bundesverfassungsgerichts zum Vertrag von Lissabon und ihre Bedeutung für die Europäisierung des Strafrechts, ZIS 2010, 76 ff.

Coing, Europäisierung der Rechtswissenschaft, NJW 1990, 937

Dannecker, Strafrechtlicher Schutz der Finanzinteressen der Europäischen Gemeinschaft gegen Täuschung, ZStW 108 (1996), S. 577

ders., Die Entwicklung des Strafrechts unter dem Einfluß des Gemeinschaftsrechts, Jura 1998, 79 ff.

ders., Das materielle Strafrecht im Spannungsfeld des Rechts der Europäischen Union, Jura 2006, 95

Di Fabio, Richtlinienkonformität als ranghöchstes Normauslegungsprinzip? Überlegungen zum Einfluss des indirekten Gemeinschaftsrechts auf die nationale Rechtsordnung, NJW 1990, 947

Enderle, Blankettstrafgesetze: Verfassungs- und strafrechtliche Probleme von Wirtschaftsstraftatbeständen, 2000

Franzheim/Kreß, Die Bedeutung der EWG-Richtlinien über Abfälle für den strafrechtlichen Abfallbegriff, JR 1991, 402

Gaede/Mühlbauer, Wirtschaftsstrafrecht zwischen europäischem Primärrecht, Verfassungsrecht und der richtlinienkonformen Auslegung am Beispiel des Scalping, Vistra 2005, 9

Klöhn, Insiderhandel vor deutschen Strafgerichten – Implikationen des freenet-Beschlusses des BGH, DB 2010, 769

Köhne, Die richtlinienkonforme Auslegung im Umweltstrafrecht: dargestellt am Abfallbegriff des § 326 Abs. 1 StGB, 1997

Kudlich, Börsen-Gurus zwischen Zölibat und Strafbarkeit – Scalping als Straftat?, JR 2004, 191

Milej, Zur Verfassungsmäßigkeit der Umsetzung des Gemeinschaftsrechts durch dynamische Verweisungen und Rechtsverordnungen, EuR 2009, 577

---

[140] Das wird mehrheitlich abgelehnt, vgl. Schönke/Schröder/*Eser* (2010), § 2 Rn. 16.

[141] EuGH, Rs. 387/02 u. a., Slg. 2005, I-3565, Rn. 74 – *Berlusconi*.

[142] Vgl. zur Entstehungsgeschichte *Bernsdorff/Borowsky* (2002), S. 40.

[143] Meyer/*Eser* (2006), Art. 49 Rn. 34.

[144] Vgl. Schönke/Schröder/*Eser* (2010), § 2 Rn. 26.

Pastor Munoz, Europäisierung des Strafrechts und mitgliedschaftliche nationale Besonderheiten in der nationalen Union. Zugleich: Einige Überlegungen zu den Grenzen und Grundlagen einer legitimen europäischen Kriminalpolitik, GA 2010, 84 ff.

Ruffert, Von der Europäisierung des Verwaltungsrechts zum Europäischen Verwaltungsverbund, DÖV 2007, 761

Safferling, Die Gefährdung der „auswärtigen Beziehungen" der Bundesrepublik Deutschland als strafwürdiges Verhalten im Außenwirtschaftsverkehr, NStZ 2009, 604

ders./Menz, Sonderbare Vorkommnisse im Krematorium, Jura 2008, 382

ders./Scholz, „Sportwetten in Europa", JA 2009, 353

Schack, Rechtsangleichung mit der Brechstange des EuGH – vom Fluch eines falsch verstandenen Diskriminierungsverbots, ZZP 1995, 47

Schlenker, Rückschrittsverbot und Grundgesetz, 1986

Schmitz, Erläuterte Entscheidungen – Strafrecht BT – Unbefugte Abfallbeseitigung, strafrechtlicher Begriff des Abfalls und seine Lagerung, JA 1992, 31

Schoch, Die Europäisierung des Allgemeinen Verwaltungsrechts, JZ 1995, 109

Schramm, Zum Verhältnis von (gewerbsmäßiger) Hehlerei (§§ 259, 260 StGB) und Geldwäsche (§ 261 StGB), wistra 2008, 245

ders., Acht Fragen zum Europäischen Strafrecht, ZJS 2010, 615

Schulte-Herbrüggen, Der Grundrechtsschutz in der Europäischen Union nach dem Vertrag von Lissabon, ZEuS 2009, 343

Schulte-Nölke/Vogel, Europäische Forschergruppe zur Systematisierung des geltenden Gemeinschaftsprivatrechts (Acquisgruppe) gegründet, EuR 2002, 750

Serini, Sanktionen der Europäischen Union bei Verstoß eines Mitgliedstaats gegen das Demokratie- oder Rechtsstaatsprinzip, 2009

Sinn, Die Einbeziehung der internationalen Rechtspflege in den Anwendungsbereich der Aussagedelikte, NJW 2008, 3526

Stark, Der Abfallbegriff im europäischen und im deutschen Umweltrecht, 2009

Strohmayr, Kompetenzkollisionen zwischen europäischem und nationalem Recht, 2006

Terhechte, Art. 351 AEUV, das Loyalitätsgebot und die Zukunft mitgliedstaatlicher Investitionsschutzverträge nach Lissabon, EuR 2010, 517 ff.

Unruh, Die Unionstreue, EuR 2002, 41 ff.

Vogel, Scalping als Kurs- und Marktpreismanipulation, NStZ 2004, 252

§ 12 Strafverfolgung in Europa

In Zusammenhang mit den Kompetenzen der EU in Bezug auf Strafprozessrecht **1**
in Art. 82 AEUV wurde bereits Grundlegendes zur Strafverfolgung in Europa ausgeführt. Dieses Kapitel widmet sich nun konkret verschiedenen Kooperations- und
Durchsetzungsmechanismen zur europaweiten Strafverfolgung. Dabei ist auch hier
daran zu erinnern, dass es keine europäischen Strafgerichte gibt, die einem europäischen Strafprozessrecht folgen – anders als im Völkerstrafrecht, wo verschiedene
Gerichtshöfe Völkerstrafrecht auch auf internationaler Ebene durchsetzen können
(s. o. § 7). Zum Schutz europäischer Rechtsgüter muss sich die EU deshalb auf die
nationalen Behörden und Gerichte der Mitgliedstaaten verlassen. Gleichwohl gibt
es eine ganze Reihe **gemeinsamer Institutionen**, die im Bereich der Strafverfolgung im gesamten europäischen Raum unterstützend tätig werden. Diese Strafver-
folgungsinstitutionen auf EU-Ebene sollen zunächst dargestellt werden (A).

Die Entwicklung eines Raumes der Freiheit, der Sicherheit und des Rechts (s. **2**
§ 10 Rn. 12) baut auf dem **Prinzip der gegenseitigen Anerkennung** auf (vgl.
Art. 82 Abs. 1 S. 1 AEUV), das sich in verschiedenerlei Hinsicht bereits im Bereich
der strafrechtlichen Zusammenarbeit etabliert hat (dazu unten B). Als wichtigste
Maßnahme in diesem Kontext gilt der Europäische Haftbefehl, der die Fahndung im
Europäischen Raum erheblich vereinfacht und daher beschleunigt.

Schließlich ist auf den **Schengener Raum** einzugehen. Es handelt sich dabei
zwar formell nicht um eine Maßnahme der „Verstärkten Zusammenarbeit" i. S. von
Art. 326 ff. AEUV, ist einer Solchen aber sehr ähnlich. Vor allem das Schengener
Durchführungsübereinkommen (SDÜ) enthält eine für die strafrechtliche Zusammenarbeit immens wichtige Vorschrift zum Verbot der Doppelbestrafung und bekräftigt somit des Prinzip der gegenseitigen Anerkennung auch außerhalb des AEUV (C).

A Europäische Institutionen

Das Strafverfolgungssystem der EU basiert auf dem Gedanken der **Kooperation** **3**
der Strafverfolgungsbehörden und Gerichte der Mitgliedstaaten. Da auf EU-Ebene keine Behörden mit eigenen Ermittlungsbefugnissen geschaffen werden können

C. Safferling, *Internationales Strafrecht,*
DOI 10.1007/978-3-642-14914-6_12, © Springer-Verlag Berlin Heidelberg 2011

und sollen, unterstützt die EU die Kooperation und Koordination der Strafverfolgungsmaßnahmen der Mitgliedstaaten durch besondere Institutionen. Dazu zählt zunächst **Europol**, die als Europäisches Polizeiamt den Informationsaustausch zwischen den Mitgliedstaaten befördern soll (I). Ergänzt und flankiert wird Europol durch **Eurojust** als Parallelkonstruktion auf Seiten der Justiz (II). Das Europäische Amt für **Betrugsbekämpfung** (OLAF) ist eine Abteilung der Kommission und soll Unregelmäßigkeiten bei der Abwicklung haushaltsbezogener Geschäfte feststellen (III). Art. 86 AEUV enthält nunmehr eine Rechtsgrundlage zur Schaffung einer **Europäischen Staatsanwaltschaft**, also einer eigenständigen Europäischen Strafverfolgungsbehörde (IV). Daneben existieren noch eine ganze Reihe weitere Formen der Zusammenarbeit und **Netzwerke** zur Unterstützung der Kriminalitätsbekämpfung in Europa (V).

I Europol

4   Europol ist die **europäische Polizeibehörde** mit Sitz in Den Haag.[1] Diese Institution geht als Nachfolgerin aus der Europäischen Drogenstelle (EDS) hervor. Bereits im Jahr 1992 wurde im Rahmen des Vertrags von Maastricht die Einrichtung eines europäischen Polizeiamtes in Art. K 3 EUV (Art. 30 EU-Nizza Fassung) vorgesehen. Allerdings benötigte der Aufbau dieser Institution eine längere Vorbereitungszeit.[2] Daher wurde im Jahr 1993 die EDS gegründet, deren originäres Ziel zunächst der Informationsaustausch und die Verbesserung der operativen Kooperation auf der bekämpfung des Drogenhandels sowie der Geldwäsche war. Erst am 26. Juli 1995 unterzeichneten die Mitgliedstaaten auf Grundlage von Art. 31 EU (Amsterdamer Fassung) das Übereinkommen über die Errichtung eines Europäischen Polizeiamtes.[3] Nachdem dieses Übereinkommen am 01.10.1998 in Kraft getreten war, nahm Europol am 1. Juli 1999 seine Arbeit auf.

5   Europol kam unter der Säulenstruktur der früheren EU (s. o. § 9 Rn. 35) eine Art „**Zwitterstellung**" zu, da sie einerseits ein Instrument der intergouvernementalen Zusammenarbeit im Rahmen der dritten Säule darstellte, aber andererseits eine eigene Rechtspersönlichkeit sowie Rechts- und Geschäftsfähigkeit besaß.[4] Die damit verbundene Schwerfälligkeit – schließlich bedurfte jede Veränderung der völkerrechtlich erforderlichen Ratifikation durch die Mitgliedstaaten – wurde bereits

---

[1] Informationen sind erhältlich unter www.europol.europa.eu (allerdings nur in englischer Sprache).

[2] Zur Entstehung siehe *Milke* (2003), S. 23 ff.

[3] Sog. Europol-Übereinkommen, ABlEG 1995 Nr. C 316, 2; BGBl. 1997 II, 2154, ergänzt durch das Protokoll über die Zuständigkeit des EuGH für Vorabentscheidungsverfahren, ABlEG 1996 Nr. C 299, 2 und das Protokoll über die Vorrechte und Immunitäten für Europol-Bedienstete (sog. Immunitätenprotokoll), ABlEG 1997, Nr. C 221, 2, BGBl. 1998 II, 975.

[4] *Ambos* (2008), § 13 Rn. 6 a.

durch Ratsbeschluss vom 06.04.2009 beseitigt und Europol auf eine flexiblere, sekundärrechtliche Grundlage gestellt.[5]

Nunmehr ist in Kapitel 5 von Titel IV des AEUV die polizeiliche Zusammenarbeit unter den Mitgliedstaaten explizit geregelt und Europol erhält in Art. 88 AEUV eine **primärrechtliche Grundlage**. Auf der Basis von Art. 88 Abs. 2 AEUV sind daher in Zukunft Aufbau, Arbeitsweise, Aufgabenbereich und die Tätigkeitsbereiche im ordentlichen Gesetzgebungsverfahren durch Verordnung festzulegen.[6] Europol ist demnach eine Agentur der EU mit eigener Rechtspersönlichkeit.[7]

1 Organisation

Europol besteht aus zwei Hauptorganen.[8] Zum einen dem **Direktor** als gesetzlicher   6
Vertreter, der die der Institution übertragenen Aufgaben erfüllt. Zu nennen sind hier etwa die laufende Verwaltung, Personalverwaltung und weitere zugewiesene Aufgaben. Das zweite Hauptorgan ist der **Verwaltungsrat**. Dieser wird von den Mitgliedstaaten besetzt und entscheidet über grundlegende Fragen außerhalb des fachlichen Aufgabenbereichs des Polizeiamtes. Europol besitzt außerdem einen eigenen Finanzkontrolleur, der Ausgaben und Einnahmen überprüft. Jeder Mitgliedstaat ernennt eine eigene Kontrollinstanz, die vor allem die Gewährleistungen des Datenschutzes überwacht. Diese nationalen Kontrollinstanzen bilden eine **gemeinsame Kontrollinstanz** (Art. 34 Europol-Beschluss).[9]

Europol hat sich inzwischen zur **zentralen Schaltstelle** bei der Verbrechensbekämpfung im europäischen Rechtsraum entwickelt. Sie beschäftigt ca. 600 Bedienstete, davon ca. 100 von den nationalen Behörden abgeordnete Verbindungsbeamte („European Liaison Officer" – ELO) aus über 30 Staaten. Diese Verbindungsbeamten sollen die Interessen ihrer jeweiligen Entsendestaaten übernehmen und die Einhaltung des nationalen Rechts gewährleisten.[10]

2 Ziele

Nach Art. 88 Abs. 1 AEUV hat Europol den Auftrag, die **Leistungsfähigkeit** der zu-   7
ständigen Behörden der Mitgliedstaaten zu verbessern und deren **Zusammenarbeit** zu erleichtern. Dieser Auftrag erstreckt sich auf die Verhütung und Bekämpfung

---

[5] Beschluss des Rates 2009/371/JI v. 06.04.2009 zur Errichtung des Europäischen Polizeiamts (Europol), ABlEU 2009 Nr. L 121, 37 auf Vorschlag der Kommission, vgl. KOM (2006) endg. 817.; dazu auch *Niemeier/Walter*, Kriminalistik 2010, 17.

[6] Für den Übergang gilt der Ratsbeschluss fort, bis dieser in eine Verordnung überführt ist, vgl. Art. 9 Protokoll über die Übergangsbestimmungen, ABlEU 2008 Nr. C 115, 322.

[7] Vgl. *Hecker* (2010), § 5 Rn. 59.

[8] *Satzger* (2010), § 10 Rn. 3.

[9] *Hecker* (2010), § 5 Rn. 60; *Satzger* (2010), § 10 Rn. 9.

[10] Vgl. *Schuster*, Kriminalistik 2000, 78.

zwei oder mehr Mitgliedstaaten betreffenden schweren Kriminalität, Terrorismus, und Kriminalitätsformen, die ein gemeinsames Interesse verletzen, das Gegenstand einer Politik der Union ist. Nach Art. 4 Abs. 1 Europol-Beschlusses fallen darunter: Drogenhandel, Schleuserkriminalität, Menschenhandel, vorsätzliche Tötung, Computerkriminalität, Korruption und Betrugsdelikte.[11]

3 Aufgaben

8   Die aus den Zielen resultierenden Aufgaben ergeben sich aus Art. 88 Abs. 2 lit. a) AEUV[12]:

- Erleichterung des Informationsaustausches zwischen den Mitgliedstaaten,
- Sammlung und Analyse von Informationen,
- Unterrichtung der Mitgliedstaaten über gewonnene Erkenntnisse,
- Erleichterung der Ermittlungen durch Daten-/Informationsvermittlung,
- Unterhaltung der nötigen Infrastruktur.

Art. 88 Abs. 2 lit.b) AEUV sieht zudem eine neue und sehr viel weiter gehende Befugnis vor:

- Koordinierung, Organisation und Durchführung von Ermittlungen und von operativen Maßnahmen, die gemeinsam mit den zuständigen Behörden der Mitgliedstaaten oder im Rahmen gemeinsamer Ermittlungsgruppen durchgeführt werden; ggf. auch in Verbindung mit Eurojust.

9   Zur Erfüllung seiner Aufgaben besitzt Europol ein **automatisiertes Informationssystem**, wodurch die Mitgliedstaaten auf die gesammelten Daten und Analysen zugreifen können (Art. 11 Europol-Beschluss). In dem Informationssystem werden sowohl personenbezogene als auch nicht personenbezogene Daten gespeichert.[13] Dazu gehören etwa: DNA-, Fingerabdruck- und Kfz-Registerdaten.[14]

Nach Art. 12 Abs. 1 Europol-Beschluss können z. B. Informationen über Personen gespeichert werden, die einer Straftat im Zuständigkeitsbereich von Europol verdächtig sind, wegen einer solchen Tat verurteilt sind oder bei denen die Gefahr der Begehung einer solchen Straftat besteht. Der Informationsfluss zwischen dem europäischen Polizeiamt und den Mitgliedstaaten wird durch die zuständigen nationalen Behörden sichergestellt, die ihrerseits **Verbindungsbeamte** (ELOs) zu Europol entsenden. Diese Position hat in Deutschland nach Art. 2 § 1 EuropolG das Bundeskriminalamt (BKA).[15] Daten aus Drittstaaten werden von Europol selbst eingespeist. Unmittelbaren Zugriff auf das Informationssystem haben ausschließ-

---

[11] Dazu auch *Satzger* (2010), § 10 Rn. 6.

[12] Zuvor: Art. 3 des EuropolÜ.

[13] *Hecker* (2010), § 5 Rn. 62; dazu auch *Manske*, Kriminalistik 2001, 105.

[14] Grabitz/Hilf/*Röben*, Art. 30 Rn. 6.

[15] Gesetz zur Umsetzung des Beschlusses des Rates 2009/371/JI vom 6. April 2009 zur Errichtung des Europäischen Polizeiamts (Europol-Gesetz); v. 16.04.1997 (BGBl. 1997 II, 2150), zuletzt geändert durch Artikel 1 des Gesetzes vom 31.07.2009 (BGBl. 2009 I, 2504).

lich die nationalen Verbindungsstellen, die Verbindungsbeamten sowie ein kleiner Kreis von Europol-Beamten (vgl. Art. 13 Abs. 1 Europol-Beschluss).

4 Ermittlungs- und Exekutivbefugnisse

Europol hat derzeit noch keine Ermittlungs- und Exekutivbefugnisse im Sinne einer **10** Anwendung von Zwangsmaßnahmen.[16] Hauptsächlich fungiert das europäische Polizeiamt momentan als **Sammlungsstelle** für Daten, welche eigenständig analysiert und die daraus gewonnenen Erkenntnisse den Mitgliedstaaten zur Verfügung gestellt werden.[17]

Nach Art. 88 Abs. 2 lit. b) AEUV kann Europol allerdings – wie auch schon zuvor unter Art. 6 Abs. 1 Europol-Beschluss – an nationalen Ermittlungsverfahren unterstützend teilnehmen in sog. **Joint Investigation Teams** (Gemeinsame Ermittlungsgruppen).[18] Auf dieser Grundlage sind Europol-Beamte häufig an operativen Einsätzen nationaler Polizei- und Zolldienststellen beteiligt. Dazu gehören polizeilich überwachte Drogengeschäfte, grenzüberschreitende Schwarzgeldbewegungen, Kfz-Verschiebungen, Menschenhändler- und Schleusernetze quer durch Europa.[19]

Allerdings darf Europol laut Art. 88 Abs. 3 AEUV operative Maßnahmen nur **11** **in Verbindung und in Absprache mit den Behörden** des Mitgliedstaats oder der Mitgliedstaaten ergreifen, deren Hoheitsgebiet betroffen ist. Weiterhin stellt Art. 88 Abs. 3 AEUV klar, dass die Anwendung von Zwangsmaßnahmen ausschließlich den zuständigen einzelstaatlichen Behörden vorbehalten bleibt.

5 Datenschutz

Datenschutz spielt eine wichtige Rolle. Die von einem Mitgliedstaat eingegebenen Daten unterfallen dem Datenschutz der jeweiligen Nationalstaaten;[20] für die von Europol eingegebenen, verarbeiteten oder übermittelten Daten gilt nach Art. 27 Europol-Beschluss das Übereinkommen des Europarates über den **Schutz des Menschen bei der automatischen Verarbeitung personenbezogener Daten** vom 12.01.1981[21] sowie aus speziellen datenschutzrechtlichen Bestimmungen des Europol-Beschlusses (Art. 29 Abs. 1 lit. b), Abs. 2–5). Über Beschwerden Einzelner im Falle von Auskunftsverweigerung, Berichtigungs- oder Lösungsanträgen entscheidet die gemeinsame Kontrollinstanz als Rechtsaufsichtsbehörde (vgl. Art. 32 Europol-Beschluss).

---

[16] *Ambos* (2008), § 13 Rn. 12; *Satzger* (2010), § 10 Rn. 6.

[17] *Fastenrath/Skerka,* ZEuS 2009, 219, 243.

[18] Dazu auch Grabitz/Hilf/*Röben*, Art. 30 Rn. 3 f.

[19] Vgl. *Hecker* (2010), § 5 Rn. 64.

[20] Für Deutschland also das Bundesdatenschutzgesetz (BDSG), i. d. F. v. 14.01.2003, BGBl. 2003 I, 66.

[21] ETS Nr. 108; BGBl. 1985 II, 538.

6 Kritik an Europol

13   Gegen die Arbeitsweise von Europol wird immer wieder eingewandt, dass das Führen der Verdächtigendatei und der Arbeitsdatei zu Analysezwecken das Prinzip der **Unschuldsvermutung** umkehren würde. Zudem nimmt das Amt sowohl repressive als auch präventive Aufgaben wahr, ohne dass diese Aufgabenbereiche getrennt wären.

Schließlich wird die weitgehende **Immunität** der Europol-Bediensteten kritisiert, welche den Mitarbeitern von Europol nach Art. 41 EuropolÜ in Verbindung mit Art. 8 Abs. 1 lit. a) des Protokolls über die Vorrechte und Immunitäten für Europol-Bedienstete gewährt.[22]

14   Weiterhin ist die fehlende effektive justizielle Einbindung von Europol als Behörde in Frage zu stellen, zumal lediglich eine *gemeinsame Kontrollinstanz* nach Art. 34 Europol-Beschluss die **allgemeine Rechtsaufsicht** ausübt. Eine gerichtliche Kontrolle durch den EuGH ist zurzeit im Wege der Vorabentscheidung nach ex-Art. 35 EUV möglich; wird der Ratsbeschluss durch eine Verordnung ersetzt, tritt volle Justiziabilität nach Art. 258 ff AEUV ein.[23] Fraglich ist daher, ob hierdurch noch den verfassungsrechtlichen Anforderungen des Art. 23 Abs. 1 GG in Verbindung mit Art. 79 Abs. 3 GG entsprochen wird.[24]

Schließlich ist auch die **parlamentarische Kontrolle** über Europol schwach ausgeprägt.[25] Das Europäische Parlament erhält jährlich einen Bericht über die Tätigkeiten von Europol. Zukünftige Veränderungen werden aber ohne die Zustimmung der Parlaments nicht mehr möglich sein, so dass sich durch Art. 88 Abs. 2 AEUV die Parlamentskontrolle bereits wesentlich verbessert hat.

II Eurojust

15   Das Gegenstück zu Europol auf Seite der Justiz bildet **Eurojust**.[26] Mit Ratsbeschluss vom 28.02.2002[27] ist diese europäische Stelle zur Verstärkung der Bekämpfung der schweren organisierten Kriminalität als Institution mit eigener Rechtspersönlichkeit errichtet worden, deren Sitz sich in Den Haag befindet.[28] Dieser Ratsbeschluss wurde durch das Eurojustgesetz in Deutschland umgesetzt.[29] In Art. 85 AEUV ist Eurojust nun primärrechtlich verankert.

---

[22] *Satzger* (2010), § 10 Rn. 10.

[23] *Hecker* (2010), § 5 Rn. 61.

[24] *Milke* (2003), S. 247 ff.; *Frowein/Krisch*, JZ 1998, 589; *Satzger* (2010), § 10 Rn. 9.

[25] Vgl. *Gleß*, EuR 1998, 748, 760 f.; *Hecker* (2010), § 5 Rn. 61.

[26] Weitere Information unter: www.eurojust.europa.eu.

[27] Beschluss des Rates 2002/187/JI, ABlEG 2002 Nr. L 63, 1 zuletzt geändert durch Beschluss des Rates 2009/426/JI, ABlEU 2009 Nr. L 138, 14.

[28] *Hecker* (2010), § 5 Rn. 73 f.

[29] Gesetz zur Umsetzung des Beschlusses (2002/187/JI) des Rates vom 28.02.2002 über die Errichtung von Eurojust zur Verstärkung der Bekämpfung der schweren Kriminalität (Eurojust-Gesetz), v. 12.05.2005, BGBl. 2005 I, 902.

1 Organisation

Eurojust besteht aus Verbindungsrichtern und Verbindungsstaatsanwälten, die aus   **16**
den Mitgliedstaaten jeweils entsandt werden. Jeder Mitgliedstaat entsendet jeweils
einen Beamten, dessen dienstrechtliche Stellung sich aus dem nationalen Recht ergibt. Entscheidungen werden im Kollegium (Gesamtheit der nationalen Mitglieder)
auf der Grundlage einer vom Rat mit qualifizierter Mehrheit gebilligten Geschäftsordnung getroffen.[30] Eurojust besteht dementsprechend zurzeit aus 27 Mitgliedern,
die aus ihren Reihen einen Präsidenten und Vizepräsidenten wählen.

2 Aufgaben und Befugnisse

Die Aufgabe von Eurojust besteht darin, die Zusammenarbeit unter den nationalen   **17**
Staatsanwaltschaften zu **koordinieren**. Es fungiert als eine Art „Dokumentations-
und Clearingstelle" zur Erleichterung grenzüberschreitender Strafverfolgung.[31]
Dabei sollen Zuständigkeitsfragen geklärt werden, um Doppelarbeit zu vermeiden.
Der Austausch der Information erfolgt über die jeweiligen nationalen Vertreter, die
entsprechenden Zugang zu den nationalen Datenbanken haben. Neben der Informa-
tionsübermittlung werden die nationalen Behörden durch Anregungen unterstützt,
z. B. hinsichtlich der Einleitung oder Durchführung von Ermittlungen oder im Rahmen der Rechtshilfe.[32]

Ebenso wie Europol ist auch Eurojust zur automatisierten **Datenverarbeitung**
autorisiert.[33] Im Hinblick auf den Datenschutz wurde auch hier ein eigener unabhängiger Datenschutzbeauftragter eingerichtet und eine gemeinsame Kontrollinstanz gebildet.[34]

3 Änderungen nach dem Vertrag von Lissabon

Laut Art. 85 Abs. 1 AEUV hat Eurojust den Auftrag, die Koordinierung und Zu-   **18**
sammenarbeit zwischen den nationalen Behörden zu unterstützen und zu verstär-
ken, die für die Ermittlung und Verfolgung von **schwerer Kriminalität** zuständig
sind, wenn zwei oder mehr Mitgliedstaaten betroffen sind oder eine Verfolgung auf
gemeinsamer Grundlage erforderlich ist. Eurojust stützt sich dabei auf die von den
Behörden der Mitgliedstaaten und von Europol durchgeführten Operationen und
gelieferten Informationen.

---

[30] Vgl. *Esser*, GA 2004, 711, 714.

[31] *Schomburg*, ZRP 1999, 239; *Satzger* (2010), § 10 Rn. 3.

[32] *Ambos* (2008), § 13 Rn. 19 ff.

[33] Vgl. *Satzger* (2010), § 10 Rn. 15.

[34] Zum Rechtsschutz gegen die Datenverarbeitung von Eurojust siehe die Ausführungen bei *Milke*
(2003), S. 286 ff.

19   Zu diesem Zweck legt Art. 85 Abs. 2 AEUV mögliche Tätigkeitsbereiche und Aufgaben von Eurojust fest, die der Erfüllung dieses Zweckes dienen können. Dazu gehören nach Art. 85 Abs. 1 lit. a) AEUV:

- Die **Einleitung von strafrechtlichen Ermittlungsmaßnahmen** sowie Vorschläge zur Einleitung von strafrechtlichen Verfolgungsmaßnahmen, die von den zuständigen nationalen Behörden durchgeführt werden, insbesondere bei Straftaten zum Nachteil der finanziellen Interessen der Union.
- Eurojust ist nach Art. 85 Abs. 1 lit. b) AEUV ebenfalls in die **Koordinierung** der in Art. 85 Abs. 1 lit. a) AEUV genannten Ermittlungs- und Verfolgungsmaßnahmen eingebunden.
- Weiterhin soll Eurojust laut Art. 85 Abs. 1 lit. c) AEUV der **Verstärkung der justiziellen Zusammenarbeit** dienen, unter anderem auch durch die Beilegung von Kompetenzkonflikten und die enge Zusammenarbeit mit dem Europäischen Justiziellen Netz.

20   Das Europäische Parlament und der Rat haben diese Aufgabenbereiche und Tätigkeiten nach dem ordentlichen Gesetzgebungsverfahren im Rahmen einer Verordnung festzulegen.

III OLAF

21   Eine weitere Institution stellt das Europäische Amt für Betrugsbekämpfung dar (*Office de la Lutte Anti-Fraude*, kurz: OLAF), dessen Aufgabe in der Bekämpfung von Betrug, Korruption und allen anderen rechtswidrigen Handlungen zum Nachteil der finanziellen Interessen der Union besteht. Der Sitz dieser Institution liegt in Brüssel. Es handelt sich hierbei um eine unabhängige Dienststelle der Kommission, die im Jahr 1999 als Nachfolgerin der ULCLAF (*Unité de Coordination de la Lutte Anti Fraude*) gegründet wurde.[35] Da es auch das Verhalten der EU-Behörden und der europäischen Beamten kontrolliert, übernimmt OLAF in gewisser Weise die Aufgaben einer internen *Compliance*-Stelle bzw. die eine EU-weiten Innenrevision.

1 Organisation

22   OLAF ist anders als Europol und Eurojust keine unabhängige Behörde mit eigener Rechtspersönlichkeit, sondern eine **Dienststelle der EU-Kommission**. Einzelheiten der Organisation und Arbeitsabläufe ergeben sich aus der OLAF-VO.[36] Trotz dieser organisatorischen Verquickung ist OLAF vollständig unabhängig in seiner Arbeit – anders als die Vorgängerinstitution ULCLAF, die eher einer *Task Force*

---

[35] Beschluss der Kommission v. 28.04.1999, 1999/352/EG, ABlEG 1999 Nr. L 136, 20.

[36] Verordnung (EG) Nr. 1073/1999 des Europäischen Parlaments und des Rats v. 25.05.1999 über die Untersuchungen des Europäischen Amtes für Betrugsbekämpfung (OLAF), ABlEG Nr. L 136, 1.

zur Koordinierung der Betrugsbekämpfung glich.[37] Anders ließe sich die interne Kontrollaufgabe gegenüber der Kommission nicht durchführen.[38]

OLAF wird angeführt von einem **Direktor** (Art. 12 OLAF-VO), der von der Kommission in Abstimmung mit dem Europäischen Parlament und dem Rat ernannt wird (vgl. Art. 5, 6 Kommissionsbeschluss) und die Durchführung der Untersuchungen zu leiten hat (Art. 6 Abs. 1 OLAF-VO). Dieser muss dem Parlament, dem Rat und dem Rechnungshof berichten (Art. 12 Abs. 3 UA 3 OLAF-VO).

Die Unabhängigkeit von OLAF wird durch einen **fünfköpfigen Überwachungsausschuss** sichergestellt (Art. 11 OLAF-VO). Dem Direktor steht außerdem ein Klagerecht vor dem EuGH zu, falls er die Unabhängigkeit des Amtes bedroht sieht (Art. 12 Abs. 3 UA 1 S. 2 OLAF-VO).

2 Aufgaben und Befugnisse

OLAF führt in voller Unabhängigkeit zwei verschiedene Arten von Untersuchungen durch: **23**

- **Externe Untersuchungen** nach Art. 3 OLAF-VO
- **Interne Untersuchungen** nach Art. 4 OLAF-VO

Die Befugnis, **externe** Untersuchungen durchzuführen, wurde der Kommission bereits in der VO (EG, EAG) 2988/95[39] und der VO (EG, EAG) 2185/96[40] eingeräumt. OLAF übt diese Befugnisse für die Kommission aus. Dazu können Kontrollen und Überprüfungen vor Ort, also in mitgliedstaatlichen Unternehmen, durchgeführt werden. Dies erfordert eine enge und regelmäßige Zusammenarbeit zwischen den zuständigen nationalen Behörden und der Koordinierung ihrer Maßnahmen gemäß den geltenden Kooperationsabkommen. OLAF hat in Bereichen, in denen Betrug zu Lasten der EU besonders lukrativ, ist für die jeweiligen Produkte (Zigaretten, Alkohol, Olivenöl u. a.) eigene *Task Groups* eingesetzt.

Interne Untersuchungen beziehen sich auf Organe, Einrichtungen, Ämter und   **24**
Agenturen der EU selbst. OLAF muss dazu ohne Voranmeldung Zugang zu sämtlichen Informationen und Räumlichkeiten der jeweiligen Stellen erhalten, darf Datenträger und Dokumente kopieren und gefährdetes Material sicherstellen.[41] Außerdem kann OLAF die Rechnungsführung der Stellen kontrollieren. Die Untersuchungen können sich auch auf Abgeordnete des Europäischen Parlaments erstrecken, die zur umfassenden Zusammenarbeit verpflichtet sind.[42]

OLAF kann lediglich **Verwaltungsuntersuchungen** durchführen. Die Einleitung von Straf- und Disziplinarverfahren ist nicht möglich, sondern bleibt den   **25**

---

[37] Vgl. *Weitendorf* (2007), S. 61 ff.
[38] Vgl. *Satzger* (2010), § 10 Rn. 18; *Gleß*, EuZW 1999, 618.
[39] ABlEG 1995 Nr. L 312, 1.
[40] ABlEG 1996 Nr. L 292, 2.
[41] Zu diesen Befugnissen vgl. *Kuhl/Spitzer*, EuR 2000, 671.
[42] *Ambos* (2008), § 13 Rn. 4.

Mitgliedstaaten vorbehalten (Art. 2 S. 2 OLAF-VO). Allerdings kann OLAF nach Ermittlung betrugsrelevanter Sachverhalte die Ergebnisse an die Strafverfolgungsbehörden der Mitgliedstaaten weiterleiten und dort Ermittlungsmaßnahmen auslösen.[43] Die Ermittlungshandlungen von OLAF sind aus strafprozessualer Sicht daher **verwaltungsrechtliche Vorermittlungen.**[44] Dabei ist durchaus kritisch anzumerken, dass es bislang keinen ausformulierten Katalog an Grundrechten der betroffenen Individuen gibt. Auch wenn die EMRK und die Grundrechtecharta gelten (vgl. § 13 Rn. 14), wäre es aus Rechtssicherheitsgründen dringend erforderlich, die OLAF-VO entsprechend zu erweitern. Diese Lücke bereitet im Übrigen auch Schwierigkeiten bei der späteren Rechtsverfolgung im Mitgliedstaat, da die Staatsanwaltschaften und Gerichte jeweils zu erforschen haben, ob die Rechte des Beschuldigten (etwa Belehrungspflichten) eingehalten wurden.[45] Intern sind die Rechte und Pflichten im „OLAF-Manual – Operational Procedure" geregelt.[46]

Den Mitgliedstaaten werden die erforderliche Unterstützung und das fachliche Wissen für die Betrugsbekämpfung angeboten. Weiterhin wirkt das Amt bei der **Betrugsbekämpfungsstrategie** der EU mit und leitet die erforderlichen Legislativmaßnahmen zur Verschärfung der einschlägigen Vorschriften ein.

IV Europäische Staatsanwaltschaft

26 Die Idee zur Schaffung einer Europäischen Staatsanwaltschaft hat die Kommission in einem **Grünbuch** am Ende des Jahres 2001 veröffentlicht.[47] Der Grund dafür liegt in dem Bedürfnis nach einer Verbesserung des Schutzes der Finanzinteressen der Union im Hinblick auf die Defizite bei der nationalen Strafverfolgung von grenzüberschreitenden Sachverhalten. Für eine Realisierung des Vorhabens ist aber Einstimmigkeit zwischen den Mitgliedstaaten erforderlich. Eine baldige Umsetzung ist daher von der politischen Einigung unter den Mitgliedstaaten abhängig und daher kaum zu prognostizieren.[48]

---

[43] *Von Bubnoff,* ZEuS 2002, 185, 200; *Hecker* (2010), § 4 Rn. 22.

[44] Vgl. *Ambos* (2008), § 13 Rn. 3.

[45] Vgl. dazu *Hetzer,* EurJCr. 2006, 20, 29, 35.

[46] OLAF-MANUAL v. 01.12.2009 abrufbar unter: http://ec.europa.eu/dgs/olaf/legal/manual/OLAF-Manual-Operational-Procedures.pdf

[47] Die Kommission schloss sich damit einem entsprechenden Vorschlag im Corpus Juris an, vgl. Art. 18 ff. Corpus Juris. Zur Entwicklungsgeschichte vgl. *Nürnberger,* ZIS 2009, 494, 496 ff.

[48] Siehe zum Projekt einer Europäischen Staatsanwaltschaft *Ambos* (2008), § 13 Rn. 24 ff.; *Hecker* (2010), § 14 Rn. 35 ff.; *Satzger* (2010), § 10 Rn. 21 ff.

1 Rechtsgrundlage

Im Zuge des Vertrags von Lissabon wurde die Möglichkeit zur Gründung einer   **27**
Europäischen Staatsanwaltschaft in Art. 86 Abs. 1 AEUV vorgesehen. Nach dieser
Vorschrift kann der Rat durch **Verordnungen** ausgehend von Eurojust eine Euro-
päische Staatsanwaltschaft zur Bekämpfung von Straftaten zum Nachteil der finan-
ziellen Interessen der Union einsetzen. Es bedarf hierzu jedoch eines einstimmigen
Ratsbeschlusses.

Soweit die Einstimmigkeit nicht erreichbar ist, besteht nach Art. 86 Abs. 1
UAbs. 3 AEUV auch hier die Möglichkeit einer **verstärkten Zusammenarbeit** auf
Grundlage des Entwurfs der Verordnung, soweit sich mindestens 9 Mitgliedstaaten
darauf verständigen (zu diesem Verfahren vgl. auch § 10 Rn. 101).

2 Zuständigkeit

Die Europäische Staatsanwaltschaft soll nach Art. 86 Abs. 2 AEUV, ggf. in Ver-   **28**
bindung mit Europol, zuständig sein für die strafrechtliche Untersuchung und Verfolgung sowie die Anklageerhebung in Bezug auf Personen, die als Täter oder Teilnehmer Straftaten zum **Nachteil der finanziellen Interessen** der Union begangen
haben. Die Zuständigkeit bezieht sich indes nicht nur auf die Kompetenzgrundlage
von Art. 325 AEUV (s. dazu o. § 10 Rn. 41), sondern auch auf alle Straftaten, die sich
zu Lasten des Haushalts der EU auswirken können, wie bspw. Korruptionsdelikte.

Darüber hinaus kann nach Art. 86 Abs. 4 AEUV der Europäische Rat gleich-   **29**
zeitig mit der Annahme der Verordnung oder im Anschluss daran einen Beschluss
zur Ausdehnung der Befugnisse der Europäischen Staatsanwaltschaft erlassen. Diese Ausdehnung kann sich auf die **Bekämpfung der schweren Kriminalität** mit
grenzüberschreitender Dimension beziehen sowie auf die strafrechtliche Untersuchung und Verfolgung bzw. Anklageerhebung in Bezug auf Personen, die als Täter
oder Teilnehmer schwere, mehr als einen Mitgliedstaat betreffende Straftaten begangen haben. Damit würde die Zuständigkeit der Europäischen Staatsanwaltschaft
auf die Bereiche des Art. 83 Abs. 1 AEUV ausgedehnt.[49] Damit entstehen erhebliche **Zuständigkeitskonflikte** mit den nationalen Strafermittlungsbehörden, die
sicherlich mit Blick auf den Subsidiaritätsgrundsatz zugunsten der Mitgliedstaaten
gelöst werden müssten.

3 Abläufe

Im Unterschied zu Europol und Eurojust ist die Europäische Staatsanwaltschaft   **30**
nicht nur eine Koordinations- und Informationsaustauschstelle für die Staatsanwaltschaften der Mitgliedstaaten. Vielmehr soll sie in ihrem Zuständigkeitsbereich
vor den zuständigen Gerichten der Mitgliedstaaten **die Aufgabe der Staatsanwalt-**

---

[49] Vgl. *Satzger* (2010), § 10 Rn. 22.

schaft wahrnehmen, vgl. Art. 86 Abs. 3 AEUV. Das heißt, sie führt in eigener Kompetenz Ermittlungen durch, hat eigene Eingriffsbefugnisse und vertritt die Anklage vor den Gerichten der Mitgliedstaaten.[50] Dafür erforderliche Regelungen sind nach Art. 86 Abs. 3 AEUV einer Verordnung vorbehalten. Dort müsste der Aufgabenbereich näher konkretisiert werden, es müssten eigene Verfahrensregeln geschaffen werden, die Verwertbarkeit von Beweisen müsste ebenso wie die Frage der gerichtlichen Kontrolle geregelt sein. Eine solche Verordnung wird nicht zu Unrecht als „Keimzelle eines supranationalen europäischen Strafprozessrechts" bezeichnet.[51]

31   Einen konkreten Vorschlag zu einer solchen Verordnung gibt es bislang nicht. Einzig aus dem eingangs erwähnten **Grünbuch** lassen sich einige Eckpunkte für die künftige Europäische Staatsanwalt herauslesen. Danach ist die EStA – ähnlich der deutschen StA – der Objektivität verpflichtet[52] und muss sowohl be- wie entlastende Umstände ermitteln.[53] Sie ist eine von den EU-Organen unabhängige Institution, d. h. die europäischen Staatsanwälte sind – im Gegensatz etwa zu den deutschen Staatsanwälten – nicht weisungsgebunden. Die Organisation ist sektoral vorgesehen. So steht an der Spitze der Institution zwar der „Europäische Staatsanwalt"; die Mitarbeiter sind aber jeweils aus den Mitgliedstaaten abgeordnete Staatsanwälte, die auch für „ihre" Mitgliedstaaten zuständig sind.[54]

32   Zur konkreten Durchsetzung bedient sich die EuStA der nationalen Ermittlungsbehörden und Gerichte nach **der jeweiligen *lex fori***, d. h. dem jeweils anwendbaren Prozessrecht.[55] Ein in den Mitgliedstaaten vorgesehener Ermittlungsrichter entscheidet über die Zulässigkeit der Maßnahmen (z. B. Hausdurchsuchungen, Beschlagnahme, Überwachung der Telekommunikation). Auf der Grundlage des Prinzips der **gegenseitigen Anerkennung** sind die in einem Mitgliedstaat angeordneten Zwangsmaßnahmen in jedem anderen Mitgliedstaat vollstreckbar. Zugleich sind die jeweils rechtmäßig erlangten Beweise ungeachtet nationaler Verwertungsregeln vor allen mitgliedstaatlichen Gerichten verwertbar.

4 Kritik

33   An dem Vorschlag wird heftig Kritik geübt.[56] Diese bezieht sich vor allem auf das Prinzip der **gegenseitigen Anerkennung**, das im Rahmen der Tätigkeit der EuStA eine zentrale Bedeutung einnimmt. Damit verbunden ist die Gefahr eines „Befugnis-Shoppings",[57] was bedeutet, dass sich die EuStA für die im Rahmen der

---

[50] *Nürnberger*, ZIS 2009, 494, 500.

[51] *Satzger* (2010), § 10 Rn. 22.

[52] *Hecker* (2010), § 14 Rn. 38 f., 41 f.

[53] *Hecker* (2010), § 14 Rn. 38.

[54] *Nürnberger*, ZIS 2009, 494, 498.

[55] *Radtke*, GA 2004, 1, 6.

[56] Kritisch auch *Hecker* (2010), § 14 Rn. 42.

[57] Der Begriff ist angelehnt an den Begriff des „forum-shoppings", der dem internationalen Zivilprozessrecht entstammt. Dazu etwa *Hecker* (2010), § 13 Rn. 38.

Ermittlungen erforderlichen Zwangsmaßnahmen jeweils diejenige Rechtsordnung aussuchen kann, welche die exzessivsten Befugnisse und die geringsten Eingriffsschwellen anbietet.[58] Die Anordnung der Zwangsmaßnahme ist in jedem Mitgliedstaat ohne Überprüfung von den örtlichen Behörden durchzusetzen. Damit entsteht ein gefährlicher **Prozessrechtsmix** und innerstaatliche Schutzmechanismen drohen sukzessive zu erodieren.

Besonderen Herausforderungen sähe sich freilich die **Strafverteidigung** ausgesetzt.[59] Dadurch, dass sich die Ermittlungen und die Zwangsmaßnahmen auf viele Mitgliedstaaten verteilen lassen, ist die Verteidigung gezwungen, in verschiedenen Foren mit verschiedenen Verfahrensordnungen aktiv zu werden. Das kann letztlich nicht geleistet werden. Deshalb wurde vorgeschlagen, der Europäischen Staatsanwaltschaft eine Verteidigerinstitution entgegen zu setzen, die bereits in einem frühen Stadium der Ermittlungen eingreifen kann. Deutsche Strafrechtswissenschaftler haben unter dem einprägsamen Titel „**Eurodefensor**" hierzu ein Konzept ausgearbeitet. Ein institutionelles Korrektiv zum Ausgleich der strukturellen Defizite zwischen Europäischer Staatsanwaltschaft und Verteidigung stellt sicher einen interessanten Ansatz dar, die Beschuldigten- und Angeklagtenrechte aufzuwerten und gegen die oben beschriebenen Gefahren zu schützen. An der politischen Durchsetzbarkeit bestehen indes erhebliche Zweifel. Schließlich handelt es sich bei einem offiziellen „Verteidigerbüro" um ein institutionelles Novum, das so in keinem Mitgliedstaat existiert. Ansätze hierzu sind zwar im Völkerstrafprozessrecht, etwa am Sondertribunal für Sierra Leone oder auch am IStGH zu beobachten (vgl. dazu o. § 7 Rn. 10). Die Ausprägung dieser Büros gestaltet sich aber eher als **Koordinationsstelle** für die Tätigkeit einzelnen Verteidiger, denn als institutionalisiertes Büro mit eigenen Kompetenzen. Außerdem muss die Frage erlaubt sein, ob eine solche Integration in die Strafverfolgungsbürokratie mit dem Selbstverständnis eines Strafverteidigers überhaupt vereinbar ist. Vielversprechender ist daher der Ausbau von Verteidigernetzwerken zur Erleichterung der Kooperation im transnationalen Kontext.

Bei aller berechtigter Kritik im Einzelnen muss aber auch festgestellt werden, dass eine europäische Staatsanwaltschaft für die Durchsetzung der Schutzinteressen der EU eine erhebliche **Effizienzsteigerung** bedeuten würde. Die transnationale Kooperation zwischen den Mitgliedstaaten wurde zwar stetig verbessert, birgt aber noch immer mannigfaltige Reibungsverluste. Außerdem könnte die EStA die polizeilichen Befugnisse, welche die EU – etwa über OLAF oder Europol – bereits wahrnimmt, leiten und kontrollieren, was momentan nicht geschieht.[60] Für die beschriebenen Risiken, etwa des „*forum shoppings*", lassen sich gewiss Lösungen finden, die rechtsstaatlichen Anforderungen genügen. Daran wird noch intensiv zu arbeiten sein.

34

35

---

[58] Vgl. *Ambos* (2008), § 13 Rn. 27.

[59] Dazu insgesamt *Gleß*, StV 2010, 400.

[60] So auch *Radtke*, GA 2004, 1, 13 ff.

V Kooperationsnetzwerke

36   Die justizielle Zusammenarbeit wird momentan unterstützt durch das Europäische
Justizielle Netzwerk (**European Judicial Network – EJN**).[61] Es wurde auf der
Grundlage einer Gemeinsamen Maßnahme[62], die am 07.08.1998 in Kraft getreten
ist, eingerichtet, die seit 16.12.2008 durch einen Ratsbeschluss ersetzt wurde.[63] Dahinter verbirgt sich ein Netzwerk aus über 300 nationalen Kontaktstellen, der Kommission und einem Sekretariat. Die große Zahl der Kontaktstellen ergibt sich aus
dem Bedürfnis, sämtliche Kriminalitätsbereiche abzudecken. In Deutschland sind
diese Kontaktstellen bei den Generalstaatsanwaltschaften und bei der Generalbun-
desanwältin angesiedelt.[64] Vertreter der Kontaktstellen treffen sich regelmäßig zur
Intensivierung der Kontakte.

Ziel dieses Netzwerkes ist die

- **Unterstützung und Beschleunigung** justizieller Zusammenarbeit;
- Bereitstellung **rechtlicher und praktischer Informationen** für zuständige Be-
  hörden; und
- **Hilfestellung bei Rechtshilfeersuchen** zu bieten.

37   Da die Kontaktstellen jeweils Listen der Justizbehörden und Verzeichnisse der örtlichen Behörden jedes Mitgliedstaates führen, ist es ihnen möglich, rasch die jeweils
richtige Anlaufstelle in jedem Mitgliedstaat zu finden und auf Anfrage mitzuteilen.
Zudem verfügen die Kontaktstellen über Informationen über das Gerichtswesen und
die Verfahrenspraxis und halten Texte der einschlägigen Rechtsinstrumente vor. Ein
Fokus des EJN ist die Durchsetzung des **Europäischen Haftbefehls**. So kann die
Kontaktstelle helfen bei der Frage, an wen ein Rechtshilfeersuchen bei einem Europäischen Haftbefehl geschickt werden muss, oder was dieser genau beinhaltet. Auf
der EJN-Webseite kann auf diese Hilfsangebote auch online zugegriffen werden.

B Maßnahmen auf der Grundlage der gegenseitigen Anerkennung

38   Die Europäische Union hat sich den Aufbau eines **Raums der Freiheit, der Sicherheit und des Rechts** als Ziel gesetzt. Der Europäische Rat ist am 15. und 16. Oktober 1999 in Tampere zu einer Sondertagung unter Berücksichtigung dieser Zielsetzung zusammengetreten. Die Schaffung eines solchen (Rechts-) Raumes setzt
einen grundsätzlichen Konsens der Mitgliedstaaten hinsichtlich des Verständnisses

---

[61] Informationen dazu unter: www.ejn-crimjust.europa.eu.

[62] Gemeinsame Maßnahme (98/428/JI) v. 29.06.1998, ABlEG 1998 Nr. L 191, 4. Dazu auch
Ambos (2008), § 13 Rn. 19.

[63] Ratsbeschluss 2008/976/JHA; ABlEU 2008 Nr. L 348, 130.

[64] Vgl. *Hecker* (2010), § 5 Rn. 66.

von Freiheit, Sicherheit und Recht voraus. Als gemeinsame Basis fungieren dabei die Grundsätze der Freiheit, der Demokratie, der Achtung der Menschenrechte und Grundfreiheiten sowie das Prinzip der Rechtsstaatlichkeit.[65]

Die polizeiliche und justizielle Zusammenarbeit in der Europäischen Union soll **39** zu diesem Maß an Sicherheit gehören. Der Grundsatz der **gegenseitigen Anerkennung** sollte daher nach Auffassung des Europäischen Rates zum Eckstein der justiziellen Zusammenarbeit sowohl in Zivil- als auch ein Strafsachen innerhalb der Union werden. Ursprünglich entwickelt, um die Verkehrsfähigkeit von Waren zu gewährleisten, ist nunmehr festzuhalten, dass alle im Bereich der PJZS erlassenen Rechtsakte auf dem Grundsatz der gegenseitigen Zusammenarbeit basieren.[66] Das Prinzip wird als eines der Grundlagen der Europäisierung des Strafrechts hier ausführlich dargestellt (unten I.). Sodann werden die einzelnen Maßnahmen vorgestellt, die das Prinzip der gegenseitigen Anerkennung konkret umsetzen.

Das sind:

- Der Europäische Haftbefehl (unten II.),
- die Europäische Beweisanordnung (unten III.),
- gegenseitige Anerkennung von Urteilen und Sanktionen (unten IV.).

Im „Haager Programm zur Stärkung von Freiheit, Sicherheit und Recht in der Europäischen Union"[67] wurde die Zielsetzung der Tagung von Tampere erneut aufgegriffen sowie ein **konkreter Aktionsplan** zur Umsetzung erforderlicher Maßnahmen zur Schaffung des angestrebten Raumes für Freiheit, Sicherheit und Recht vorgelegt.

I Prinzip der gegenseitigen Anerkennung

a) Herkunft

Das Prinzip der gegenseitigen Anerkennung entstammt der **Politik zur Herstellung** **40** **des Binnenmarktes.** Im Vordergrund stand dabei die Verkehrsfähigkeit von Waren sicherzustellen, ohne dass zunächst die Zulassungsverfahren in den Mitgliedstaaten harmonisiert werden müssen. Hat also beispielsweise eine alkoholhaltiges Getränk in Frankreich die erforderlichen Voraussetzungen, um nach französischem Recht als „Bier" bezeichnet werden zu können, so muss dieses Getränk im gesamten Binnenmarkt als „Bier" anerkannt und verkauft werden können.[68] Es werden also nicht zunächst die Brauregeln im gesamten Binnenmarkt harmonisiert, sondern die Brauregeln der Mitgliedstaaten werden wechselseitig als ausreichend akzeptiert.

---

[65] Vgl. die Schlussfolgerungen des Vorsitzes: http://www.europarl.europa.eu/summits/tam_de.htm.

[66] Siehe auch zur Problematik der Anwendung des Grundsatzes der gegenseitigen Anerkennung im Bereich der PJZS, *Satzger* (2010), § 10 Rn. 24 f.

[67] AblEU 2005 Nr. C 53, 1.

[68] Vgl. EuGH, verb. Rs. C-46/93 und 48/93, Slg. 1996-I, 1131 – *Brasserie de Pêcheur und Factortame*.

Über einige dieser Anerkennungszwänge wurde heftig gerungen, so auch über Bier, denn schließlich herrscht in Deutschland die Vorstellung, dass als „Bier" nur solche Getränke bezeichnet werden, die auch nach dem „**Reinheitsgebot**" herge-stellt worden sind.[69] Nun dürfen zwar für inländische Produkte härtere Regeln auf-gestellt werden, z. B. dass Brauereien in Deutschland nur nach dem Reinheitsgebot brauen dürfen, sog. **Inländerdiskriminierung**;[70] allerdings dürfen keine Einfuhr-beschränkungen für „Bier" errichtet werden, das zwar nicht nach dem Reinheits-gebot, aber nach dem jeweils in einem anderen Mitgliedstaat gültigen Brauereirecht hergestellt wurde.

41   Das Prinzip der gegenseitigen Anerkennung wurde dann aber auch auf justizielle Entscheidungen übertragen. So wurde etwa im **EuGVÜ** (Europäisches Gerichts-stand- und Vollstreckungsübereinkommen) vom 27.09.1968[71] die Geltung von zi-vilgerichtlichen Entscheidungen in sämtlichen Vertragsstaaten vorgesehen. Dieses Übereinkommen wird vielfach als der Beginn eines einheitlichen europäischen Justizraums angesehen.[72] Dieser völkerrechtliche Vertrag zwischen verschiedenen europäischen Staaten wurde schließlich „**vergemeinschaftet**" durch die sog. Brüs-sel-I-Verordnung (EuGVVO), vom 22.12.2000[73] und ist seitdem im gesamten euro-päischen Raum mit Ausnahme von Dänemark anwendbar.[74]

42   Die Übertragung dieses Prinzips auf **strafrechtliche Entscheidungen** war nach dieser Vorgeschichte im Bereich des Binnenmarktes ebenso wie im Bereich der jus-tiziellen Zusammenarbeit in Zivilsachen ein voraussehbarer und logischer Schritt. Mit der Vereinigung der Binnenmarktstruktur und der strafrechtlichen Zusammen-arbeit im Vertrag von Lissabon ist das Prinzip der gegenseitigen Anerkennung auch zum Leitprinzip im Bereich der polizeilichen und justiziellen Zusammenarbeit ge-worden.[75]

b) Inhalt

43   Im strafrechtlichen Kontext bedeutet das Prinzip der gegenseitigen Anerkennung Folgendes:

---

[69] Nach §§ 9, 10 Biersteuergesetz v. 14.03.1952 (BGBl. I 1952, 149) in der Fassung v. 14.12.1976 (BGBl. I 1976, 3341).

[70] Vgl. dazu Herdegen, EuR (2010), § 7 Rn. 19 ff.

[71] Sog. Brüsseler Übereinkommen, in Kraft getreten am 01.02.1973, BGBl. 1972 II, 774, wortlaut-gleich für die EFTA-Staaten im sog. Luganer-Übereinkommen v. 16.09.1988, BGBl. 1994 II, 2660.

[72] *Hess* (2010), S. 120.

[73] EG-VO 44/2001: Verordnung des Rates über die gerichtliche Zuständigkeit und die Anerken-nung und Vollstreckung von Entscheidungen in Zivil- und Handelssachen, AblEG 2000 Nr. L 12, 1.

[74] Dänemark hat mit der Gemeinschaft am 19.10.2005 völkerrechtlich vereinbart (ABlEU 2005 Nr. L 299, 62), dass die EuGVVO auch für und im Verhältnis zu Dänemark Anwendung findet. Dieses Abkommen ist am 01.07.2007 in Kraft getreten (ABlEU 2007 Nr. L 94, 70)

[75] Vgl. dazu auch *Klip* (2009), S. 15 ff. und S. 419 f.

> Eine in einem Mitgliedstaat ergangene justizielle Entscheidung muss in jedem anderen Mitgliedstaat als solche anerkannt werden.

Damit ist eine **substantielle Überprüfung** der anzuerkennenden Rechtsakte nicht mehr gestattet. Es findet keine *révision au fond* statt.[76] Die fehlende Kontrollmöglichkeit erstreckt sich dabei nicht nur auf das materielle Recht, sondern auch auf das Zustandekommen der jeweiligen Entscheidung, also auf das Prozessrecht.

c) Bedeutung

Das Prinzip der gegenseitigen Anerkennung **erleichtert** die grenzüberschreitende   **44** Zusammenarbeit enorm. Das gilt für den Warenverkehr, wonach zeitaufwendige Zweitgenehmigungen überflüssig werden. Das gilt auch für das frühere Rechtshilferecht, das sich mit der traditionellen Unterscheidung zwischen der rechtlichen Prüfungsstufe der Zulässigkeit und der politischen Prüfstufe der Bewilligung in einem einheitlichen Wirtschaftsraum als schwerfällig und unpraktikabel erweist.

Gegenseitige Anerkennung setzt aber ein hohes Maß **an wechselseitigem Vertrauen** in die jeweiligen Rechtsordnungen der Mitgliedstaaten voraus, da ja auf eine inhaltliche Überprüfung verzichtet wird. Dieses Vertrauen ersetzt schließlich die Harmonisierung der Rechtsordnungen.

d) Kritik

Die Übertragung von binnenmarktrechtlichen Faktoren auf die Zusammenarbeit in   **45** Strafsachen wird allgemein als höchst problematisch angesehen. Diese Zurückhaltung rührt von der **engen Verknüpfung des Straf- und Strafverfahrensrecht und dem Grundsatz der Staatssouveränität**. Die Warenverkehrsfreiheit ebenso wie zivilgerichtliche Entscheidungen berühren in weit geringerem Ausmaß staatliche Interessen. Außerdem unterscheiden sich die Strafjustizsysteme der Mitgliedstaaten sowohl in materiellrechtlich wie in verfahrensrechtlicher Hinsicht erheblich. Die Befürchtung liegt daher nahe, dass freiheitliche Strukturen und Fairnessrechte bei einer uneingeschränkten Anerkennung von strafrechtlichen Rechtsakten auf der Strecke bleiben. Demnach wird vielfach gefordert, dass im Strafrecht die Harmonisierung im Vordergrund steht, also eine Angleichung der Verfahrensrechte erfolgen muss, bevor Entscheidungen wechselseitig anerkannt werden können.

Den Kritikern ist darin Recht zu geben, dass die unionsweite wechselseitige Anerkennung von Produkten, die als „Bier" bezeichnet werden, die Unionsbürger weit   **46** weniger beeinträchtigt, als „frei übertragbare" Strafurteile, Haftbefehle oder Be-

---

[76] Vgl. dazu Geimer/Schütze/*Tschauner*, Bd. I, EuGVVO Art. 36 Rn. 1.

weisanordnungen.[77] Eine Fundamentalablehnung der Übertragung des Prinzips der gegenseitigen Anerkennung auf das Strafrecht ist aber mit dem politischen Willen der Mitgliedstaaten unvereinbar und daher eher kontraproduktiv. Gegenseitige Anerkennung von strafjustiziellen Akten ist nach Art. 82 Abs. 1 AEUV nunmehr das Leitprinzip für die Zusammenarbeit in Strafsachen. In Instituten wie dem Europäischen Haftbefehl vgl. unten 63 und der europäischen Beweisanordnung (unten Rn. XX) wurde dieses Leitprinzip bereits operationalisiert. Das Hauptaugenmerk sollte demnach auf die rechtsstaatliche Umsetzung dieser Rechtsinstitute gelegt werden.

II Der Europäische Haftbefehl

47   Am 13.06.2002 hat der Rat den Rahmenbeschluss über den Europäischen Haftbefehl und die Übergabeverfahren zwischen den Mitgliedstaaten (RbEuHb) erlassen.[78] Der RbEuHb wurde auf Art. 31 lit. a), b); 34 Abs. 2 lit. b) EU a. F. gestützt und stellt die erste **konkrete Ausformung** des Prinzips der gegenseitigen Anerkennung im Strafverfahren dar.[79] Insoweit wird dem RbEuHb ein „Vorbildcharakter" in Bezug auf nachfolgende Rechtsakte beigemessen.[80] Um die Dynamik und gegebenenfalls auch die Notwendigkeit des Rb ermessen zu können, wird zuvor in aller Kürze das traditionelle Auslieferungsrecht dargelegt.

1 Traditionelles Auslieferungsrecht

48   Auslieferung kann sich grundsätzlich auf die Durchführung eines Strafverfahrens beziehen (**Verfolgungsauslieferung**) oder auf die Vollstreckung eines bereits durchgeführten Strafverfahrens (**Vollstreckungsauslieferung**), vgl. § 3 IRG. Das traditionelle Auslieferungsrecht unterscheidet, wie das Rechtshilferecht insgesamt, zwischen zwei Ebenen: Der Zulässigkeitsprüfung und dem Bewilligungsbescheid (a). Außerdem ist nach den völkerrechtlichen Auslieferungsregeln stets die beiderseitige Strafbarkeit erforderlich (b).

a) Zulässigkeit und Bewilligung

49   Ein Auslieferungsersuchen wird von einem **ersuchenden Staat** stets an den anderen Staat als ein selbständiges Völkerrechtssubjekt gerichtet (**ersuchter Staat**).

---

[77] Die Gefahr für die Rechte des Einzelnen ist auch für *Klip* (2009), S. 419 f. die größte Gefahr des Prinzips der gegenseitigen Anerkennung.

[78] Rahmenbeschluss 2002/584/JI des Rates, AB1EG 2002 Nr. L 190,1.

[79] Hierzu grundlegend *Böse,* in: Momsen/Bloy/Rackow (2003), S 233 ff.

[80] *Rohlff* (2003), S. 35; *Satzger* (2010), § 10 Rn. 26.

Beispiel: Der deutsch-libanese A wird von den deutschen Behörden verdächtigt, Mitglied einer internationalen islamischen terroristischen Vereinigung zu sein. Der Generalstaatsanwalt ermittelt wegen §§ 129, 129 a, b StGB. A lebt seit einiger Zeit in Stockholm, wo er ein unauffälliges und angepasstes Leben führt. Eine Straftat hat er nicht begangen, nach schwedischem Recht ist die Mitgliedschaft in einer terroristischen Vereinigung nicht strafbar.

Nach klassischem Auslieferungsrecht müsste Deutschland ein Auslieferungsersuchen an Schweden richten. Dort würde ein **zweistufiges Verfahren** durchgeführt: Zunächst wird gerichtlich untersucht, ob eine rechtliches Auslieferungshindernis besteht (**Zulässigkeit der Auslieferung**). Auf der Grundlage dieser Entscheidung wird dann politisch entschieden, ob eine Auslieferung opportun ist (**Bewilligung der Auslieferung**).

b) Prinzip der beiderseitigen Strafbarkeit

Ein weiteres tragendes Prinzip des traditionellen Auslieferungsrechts besteht in   **50**
dem Prinzip der **beiderseitigen Strafbarkeit**. Das bedeutet, dass nicht nur im ersuchenden Staat die relevante Tat strafbar sein muss, sondern eben auch im ersuchten Staat. Beurteilt man obigen Beispielsfall nach klassischem Auslieferungsrecht, kann Schweden als ersuchter Staat die Auslieferung verweigern, da es um einen Tatvorwurf geht, der in Schweden selbst nicht für strafwürdig erachtet wird. Über dieses Prinzip wird sichergestellt, dass der ersuchte Staat nicht zum bloßen Handlanger des ersuchenden Staats wird, sondern seine eigene Rechtsordnung gegenüber dem Auslieferungsersuchen Priorität genießt. Die Staatssouveränität wird dadurch geschützt, wohingegen die Effektivität der Strafverfolgung nicht unerheblich leidet.

2 Der Ansatz des EuHb

Die beiden soeben beschriebenen Ecksteine des klassischen Auslieferungsrechts   **51**
stehen einem einheitlichen Raum der Sicherheit, der Freiheit und des Rechts eher hinderlich gegenüber. Das Vertrauen in die Rechtsordnung der Mitgliedstaaten sollte eine politische Überlagerung des Prozesses durch das **Bewilligungsverfahren** überflüssig machen; aus dem gleichen Grund erscheint das Prinzip der beiderseitigen Strafbarkeit als hinfällig.

Um dieser empfundenen Ineffizienz ein Ende zu bereiten, wurde im Rahmen der ehemals 3. Säule der EU ein Rahmenbeschluss zur Schaffung eines Europäischen Haftbefehls geschaffen.[81] Durch den RbEuHb wird festgelegt, dass der Europäische Haftbefehl eine in einem Mitgliedstaat ergehende justizielle Entscheidung darstellt, die in einem anderen Mitgliedstaat auf Basis der gegenseitigen Anerkennung zum Zweck der Festnahme und der Übergabe einer zur **Strafverfolgung** oder –**vollstre-**

---

[81] AblEG 2002 Nr. L 190, 1. Der Text des Rahmenbeschlusses ist auch bei *Schomburg/Lagodny/ Gleß/Hackner* (2006), III A d, nach Rn. 11 abgedruckt.

ckung gesuchten Person exekutiert wird.[82] Ein fremder Hoheitsakt (Haftbefehl) soll demnach so behandelt und vollstreckt werden wie ein eigener. Weder das zweistufige Auslieferungsverfahren noch der Grundsatz der beiderseitigen Strafbarkeit sollten beibehalten werden,[83] um so insgesamt die Effektivität des Auslieferungsverfahrens zu erhöhen.[84]

Im Einzelnen gilt folgendes:

52 • Auf eine **beiderseitige Strafbarkeit** kommt es nur dann an, wenn die Handlung, auf welcher der Europäische Haftbefehl basiert, nicht wegen einer von 32 im RbEuHb aufgelisteten Straftaten ausgestellt wurde und diese Straftat im Ausstellungsstaat mit einer Freiheitsstrafe oder einer freiheitsentziehenden Maßregel von mindestens drei Jahren bedroht ist.[85] Problematisch ist dabei jedoch, dass die Tatbestände durch den RbEuHb nur schlagwortartig umschrieben werden und dadurch eine Einordnung unter die nationalen Tatbestände schwer zu beantworten ist.[86]

• In Art. 3 und 4 des RbEuHb sind **Ablehnungsgründe** enthalten, welche eine Vollstreckung des Europäischen Haftbefehls ausschließen können. Zu den zwingenden Ablehnungsgründen zählen vor allem eine Amnestie, das Doppelbestrafungsverbot (*ne bis in idem*) oder die Strafunmündigkeit im Vollstreckungsstaat.[87] Ein fakultativer Ablehnungsgrund stellt etwa die Verjährung nach dem Recht des Vollstreckungsstaates, eine Verfahrenseinstellung oder eine rechtskräftige Entscheidung dar.[88]

• Weiterhin kann die Vollstreckung von bestimmten Bedingungen abhängig gemacht werden. So kann z. B. bei Haftbefehlen gegen **eigene Staatsangehörige** nach der Verurteilung eine Rücküberstellung ins Inland zwecks Strafvollstreckung verlangt werden.[89]

Letztlich besteht auch ein **Grundrechtsvorbehalt**, wonach unter Verweis auf die EMRK und EuGH-Rechtsprechung der Grundrechtsstandard eingehalten werden muss.

53 **Liste des Anwendungsbereichs des EuHb nach Art. 2 Abs. 2 RbEuHb**

1. Beteiligung an einer kriminellen Vereinigung,
2. Terrorismus,
3. Menschenhandel,
4. sexuelle Ausbeutung von Kindern und Kinderpornografie,

---

[82] Art. 1 Abs. 1, 2 RbEuHb.

[83] *Ambos* (2008), § 12 Rn. 56; *Hecker* (2010), § 12 Rn. 21; *Satzger* (2010), § 10 Rn. 26.

[84] *Hecker* (2010), § 12 Rn. 21.

[85] Art. 2 Abs. 2 RbEuHb.

[86] So etwa bei „Cyberkriminalität", „Nachahmung", „Produktpiraterie" oder „Fremdenfeindlichkeit", siehe dazu *Satzger* (2010), § 10 Rn. 27. Positiver hinsichtlich der Vereinbarkeit der Liste mit dem derzeitigen Grundbestand an gemeinsamen Straftatbeständen: *Hecker* (2010), § 12 Rn. 27.

[87] Art. 3 RbEuHb.

[88] Art. 4 RbEuHb.

[89] Art. 5 RbEuHb.

5. illegaler Handel mit Drogen und psychotropen Stoffen,
6. illegaler Handel mit Waffen, Munition und Sprengstoffen,
7. Korruption,
8. Betrugsdelikte, einschließlich Betrug zum Nachteil der finanziellen Interessen der Europäischen Gemeinschaften im Sinne des Übereinkommens vom 26. Juli 1995 über den Schutz der finanziellen Interessen der Europäischen Gemeinschaften,
9. Wäsche von Erträgen aus Straftaten,
10. Geldfälschung, einschließlich der Euro-Fälschung,
11. Cyberkriminalität,
12. Umweltkriminalität, einschließlich des illegalen Handels mit bedrohten Tierarten oder mit bedrohten Pflanzen- und Baumarten,
13. Beihilfe zur illegalen Einreise und zum illegalen Aufenthalt,
14. vorsätzliche Tötung, schwere Körperverletzung,
15. illegaler Handel mit Organen und menschlichem Gewebe,
16. Entführung, Freiheitsberaubung und Geiselnahme,
17. Rassismus und Fremdenfeindlichkeit,
18. Diebstahl in organisierter Form oder mit Waffen,
19. illegaler Handel mit Kulturgütern, einschließlich Antiquitäten und Kunstgegenstände,
20. Betrug,
21. Erpressung und Schutzgelderpressung,
22. Nachahmung und Produktpiraterie,
23. Fälschung von amtlichen Dokumenten und Handel damit,
24. Fälschung von Zahlungsmitteln,
25. illegaler Handel mit Hormonen und anderen Wachstumsförderern,
26. illegaler Handel mit nuklearen und radioaktiven Substanzen,
27. Handel mit gestohlenen Kraftfahrzeugen,
28. Vergewaltigung,
29. Brandstiftung,
30. Verbrechen, die in die Zuständigkeit des Internationalen Strafgerichtshofs fallen,
31. Flugzeug- und Schiffsentführung,
32. Sabotage

3 Umsetzung in Deutschland

Der RbEuHb war durch die Mitgliedstaaten bis Ende 2003 in nationales Recht um- **54** zusetzen. In Deutschland wurde der RbEuHb durch das Europäische Haftbefehlgesetz (EuHbG), welches am 23.08.2004 in Kraft trat, transformiert und wurde in die Systematik des Gesetzes über die **internationale Rechtshilfe in Strafsachen**

(**IRG**) integriert.[90] Dass sich der deutsche Gesetzgeber gegen eine partikulargesetz-liche Normierung und für eine Integration in das IRG entschieden hat, ist mehr als nur eine formale Entscheidung. Trotz der – wie eben gesehen – deutlichen Abkehr des RbEuHb vom klassischen Auslieferungsrecht, behandelt das deutsche Recht den EuHb als „nur" ein spezieller Unterfall des traditionellen Auslieferungsrechts und behält neben der Terminologie auch wenigstens formal die **Zweistufigkeit** des Auslieferungsverfahrens bei.[91]

a) Der Europäische Haftbefehl vor dem BVerfG

55   Die Umsetzung des Europäischen Haftbefehls in nationales Recht wurde jedoch durch das BVerfG für **verfassungswidrig** erklärt.[92] Das BVerfG sah in dem EuHbG einen unverhältnismäßigen Eingriff in das Grundrecht auf Auslieferungsfreiheit aus Art. 16 GG und die Rechtsweggarantie des Art. 19 Abs. 4 GG (s. auch o. § 9 Rn. 27). Ausgangsfall war ein Europäischer Haftbefehl aus Spanien, der einen Deutsch-Sy-rer wegen Mitgliedschaft in einer terroristischen Vereinigung betraf. Die Unterstüt-zung ausländischer terroristischer Vereinigungen war zum damaligen Zeitpunkt in Deutschland nicht strafbar. Erst mit der Einführung von § 129 b StGB wurde das Verbot der Mitgliedschaft in einer Terrororganisation auf das Ausland erstreckt.[93] Der deutsche Gesetzgeber, so das BVerfG, habe bei der Umsetzung des RbEuHb einen gewissen Spielraum besessen (Art. 4 Abs. 7 lit. a. RbEuHb), welchen er aller-dings nicht ausreichend ausgeschöpft habe. Es wäre nämlich im Transformationsge-setz eine stärkere Berücksichtigung des Auslieferungsschutzes des Grundgesetzes möglich gewesen. Zumindest bei Taten mit Inlandsbezug dürfe der Verfolgte in den Auslieferungsschutz des Art. 16 Abs. 2 GG vertrauen. Ferner sei der Ausschluss des Rechtsweges gegen die Bewilligung einer Auslieferung in ein EU-Land rechtswid-rig, da ein Verstoß gegen die Rechtsweggarantie vorliege.

b) Die Umsetzung der Vorgaben des BVerfG

56   Seit dem 02.08.2006 ist ein neues, überarbeitetes **Umsetzungsgesetz** zum Europäi-schen Haftbefehl in Kraft getreten[94], in dem die Vorgaben des BVerfGs aufgenom-men wurden.[95] Die Regelungen zum EuHb finden sich nun in §§ 78–83 i IRG. An der Struktur der formellen Zweistufigkeit und der terminologischen Integration in das klassische Auslieferungsrecht hat sich nichts geändert.

Folgende Punkte wurden indes modifiziert:

---

[90] Gesetz zur Umsetzung des Rahmenbeschlusses über den Europäischen Haftbefehl und die Übergabeverfahren zwischen den Mitgliedstaaten der Europäischen Union, BT-Drucks. 15/1718.

[91] Vgl. dazu auch BT-Drucks 15/1718, S. 1 ff.

[92] BVerfGE 113, 273.

[93] Eingefügt durch das 34. Strafrechtsänderungsgesetz v. 22.08.2002, BGBl. 2002 I, 3390.

[94] BGBl. 2006 I, 1721.

[95] *Ambos* (2008), § 12 Rn. 62.

- Nach § 80 Abs. 1 Nr. 2 und Abs. 2 Nr. 2 IRG gelten besondere Voraussetzungen für die Auslieferung Deutscher auf der Grundlage eines EuHb.[96] Hier gilt stets, dass zur Vollstreckung der Strafe die Rücküberstellung nach Deutschland möglich sein muss. Zudem ist eine Auslieferung nur zulässig, wenn die Tat einen maßgeblichen Bezug zum ersuchenden Mitgliedstaat aufweist (*genuine link*). Diese Tat kann als **reine Auslandstat** bezeichnet werden.[97] Liegt ein solcher Bezug nicht vor, kann nur ausgeliefert werden, wenn kein maßgeblicher Bezug zu Deutschland vorliegt (dann läge eine **reine Inlandstat** vor,[98] für die die deutsche Justiz vorrangig zuständig wäre) und die Tat auch nach deutschem Recht strafbar wäre, also dem Prinzip der beiderseitigen Strafbarkeit entsprochen wird.

Freilich ist fraglich, was jeweils mit „maßgeblichem Bezug" gemeint ist.[99] Das Gesetz bestimmt diesen Bezug **territorial**, dass also entweder die strafbare Handlung ganz oder in wesentlichen Teilen in dem jeweiligen Staat erfolgte und der Erfolg zumindest in wesentlichen Teilen dort eingetreten ist. Bei Taten mit typischerweise grenzüberschreitendem Charakter genügt es, wenn die Tat teilweise auf dem Hoheitsgebiet begangen wurde (vgl. § 80 Abs. 1 S. 2 und § 80 Abs. 2 S. 2 IRG).

57

Danach ergibt sich bei der Auslieferung Deutscher folgendes zusätzliches Prüfprogramm:

Prüfprogramm: Zulässigkeit der Auslieferung Deutscher bei EuHb

58

1. Grundlagen nach § 80 Abs. 1 IRG:

    - Nr. 1: Rücküberstellung nach Verurteilung, sofern Betroffener das wünscht, und
    - Nr. 2: *„genuine link"* zum ersuchenden Staat.

2. Fehlt Nr. 2 => § 80 Abs. 2 IRG

    - Rücküberstellung nach Verurteilung, und
    - kein Inlandsbezug, und
    - Tat auch nach deutschem Recht strafbar wäre.

- Die Entscheidungen im Bewilligungsverfahren können nunmehr auf Ermessensfehler hin untersucht werden, vgl. § 79 Abs. 2 IRG.[100] Damit wollte der Gesetzgeber den Erfordernissen des Art. 19 Abs. 4 GG gerecht werden, man hat aber zugleich das Verfahren nicht unerheblich verkompliziert. Geschuldet ist dieses umständliche Vorgehen freilich der überflüssigen Beibehaltung der **Zweistufigkeit**.[101]

---

[96] Dazu auch ausführlich *Hecker* (2010), § 12 Rn. 44 – 48.

[97] So *Ambos* (2008), § 12 Rn. 70.

[98] Begriff wiederum *Ambos* (2008), § 12 Rn. 70.

[99] Kritisch zu diesem Erfordernis: *Böhm*, NJW 2006, 2592, 2593; *Satzger* (2010), § 10 Rn. 30.

[100] Vgl. dazu auch *Hecker* (2010), § 12 Rn. 49.

[101] Vgl. *Satzger* (2010), § 10 Rn. 30.

- Nach § 81 IRG wird das Prinzip der **beiderseitigen Strafbarkeit** nach § 3 IRG durch Verweis auf Art. 2 Abs. 2 RbEuHb eingeschränkt. Durch diese Verweisung bleiben die Unwägbarkeiten der sehr breiten Deliktsgruppen, wie sie in Art. 2 Abs. 2 RbEuHb enthalten sind, bestehen. Hier hätte der deutsche Gesetzgeber durch eine Tatbestandsaufzählung die Bestimmtheit dieser Vorschrift ohne Not maßgeblich erhöhen können.

59   Prüfung der Auslieferungsvoraussetzungen beim EuHb

1. Zulässigkeitsentscheidung: § 83 IRG

a. Zuständigkeit: OLG, § 12 f. IRG

b. Formelle Prüfung: Vollständigkeit der Unterlagen, § 83 a IRG

d. Materielle Prüfung

(1) allgemeine Zulässigkeitsprüfung

- Im ersuchenden Staat ist nicht zu erwarten, dass Verfolgter diskriminiert wird, § 6 Abs. 2 IRG.
- Im ersuchenden Staat droht keine Todesstrafe, § 8 IRG.

(2) besondere Zulässigkeitsprüfung nach § 83 IRG

- Kein Verstoß gegen ne bis in idem.
- Verfolgte Person hat bereits das 14. Lebensjahr vollendet i.S.v. § 19 StGB.
- Kein Verfahren in Abwesenheit vorausgegangen.
- Droht dem Verfolgten lebenslange Haft, muss mind. nach 20 Jahren eine Prüfung der Aussetzung des Strafrestes möglich sein.

2. Bewilligungsentscheidung: § 83 b IRG

a. Zuständigkeit: Bundesjustizministerium; übertragbar auf Länderjustizministerien, § 74 IRG.

b. Materielle Kriterien zur Ablehnung der Auslieferung im Ermessen der Behörde:

- In Deutschland wird wegen der selben Tat ein Strafverfahren durchgeführt.
- In Deutschland wurde ein Strafverfahren bereits eingestellt.
- Das Ersuchen eines dritten Staates soll vorrangig bedient werden.
- Es wäre zu erwarten, das ersuchender Staat einem Auslieferungsersuchen Deutschland in einem vergleichbaren Fall nicht entsprechen würde.
- Bei einem Ausländer, der seinen ständigen Wohnsitz in Deutschland hat, kann § 80 IRG angewendet werden.

4 Der Europäische Haftbefehl vor dem EuGH

Im Rahmen eines **Vorabentscheidungsverfahrens**, welches der belgische Arbit-   **60**
ragehof angestrengt hatte, musste der EuGH eine Entscheidung in Bezug auf die
Gültigkeit des RbEuHb treffen.[102] Ein belgischer Anwaltsverband hatte zuvor Klage gegen das belgische Gesetz über den Europäischen Haftbefehl erhoben. Nach der
Ansicht des Anwaltsverbands verstoße das Gesetz gegen mehrere Bestimmungen
der belgischen Verfassung. Der Europäische Haftbefehl hätte zudem in einem Übereinkommen nach Art. 34 Abs. 2 lit. d) EU a. F. geregelt werden müssen. Weiterhin
wäre die Umsetzung des RbEuHb mit dem Grundsatz der Gleichheit und dem Legalitätsprinzip in Strafsachen nicht vereinbar.

Der EuGH hat entschieden, dass die Frage, ob der Europäische Haftbefehl in   **61**
Form eines Übereinkommens i. S. d. Art. 34 Abs. 2 lit. d) EUV oder eines Rahmenbeschlusses i. S. d. Art. 34 Abs. 2 lit. b) erlassen wird, im Ermessen des Rates der
Europäischen Union lag. Der Europäische Haftbefehl verstoße auch nicht gegen
den Grundsatz der **Gesetzesmäßigkeit** bzw. gegen das strafrechtliche Bestimmtheitsgebot, da für die Konkretisierung bzw. Definition der Katalogstraftaten und der
für sie angedrohten Strafen nämlich weiterhin das Recht des Ausstellungsstaates
maßgeblich sei. Der Grundsatz der Gleichheit und Nichtdiskriminierung sei ebenfalls nicht verletzt. Es fehle schon an einer **Ungleichbehandlung** (je nachdem, ob
sich der fragliche Sachverhalt im Vollstreckungsstaat oder außerhalb dieses Staates ereignet hat) des Rechtsunterworfenen. Die Lage eines Täters, der eine Straftat
begangen hat, die in der Liste genannt ist, sei anders, als die desjenigen, der ein
weniger schwerwiegendes Delikt begangen hat. Dies ergebe sich aus der Natur und
der Höhe des Strafmaßes der aufgelisteten Straftaten. Selbst wenn diese Lage ähnlich sein sollte, so sei jedenfalls ein Verzicht auf die beiderseitige Überprüfung der
Strafbarkeit, aufgrund der **Schwere der Beeinträchtigung** der öffentlichen Sicherheit und Ordnung der aufgelisteten Straftaten, gerechtfertigt.

In einem deutschen Fall hat der EuGH die Zulässigkeit der Regelungen des IRG
insgesamt offengelassen.[103] In einem niederländischen Fall hat er die Ablehnung
der Überstellung von Ausländern nach fünfjährigem rechtmäßigem Aufenthalt im
Inland für unionsrechtskonform gehalten.[104] Mit diesen Urteilen steht nun fest, dass
der viel diskutierte und kritisierte Europäische Haftbefehl grundsätzlich Bestand
haben wird.

---

[102] EuGH, Rs. C-303/05, Slg. 2007, I-3633, – *Advocaten voor de Wereld/Leden van de Minister-raad*; dazu auch *Ambos* (2008), § 12 Rn. 60a.

[103] EuGH, Rs. C-66/08, Slg. 2008, I-6041 – *Kozlowski*.

[104] EuGH, Rs. C-123/08, Abl. C 116 v. 09.05.2008. – *Wolzenburg*.

5 Beispielsfall

62   Der deutsche Staatsangehörige D wird in England wegen schwerer Körperverletzung im
Anschluss an das Halbfinalspiel Deutschland-England bei der EM 1996 gesucht. Im Jahr
2007 verlangt brit. das Foreign Office die Auslieferung nach England, da erst jetzt aufgrund
einer neu gefundenen Videoaufzeichnung die Identität von D geklärt werden konnte.

Fragen:

1. Könnte D auf der Grundlage eines Europäischen Haftbefehls an das Vereinigte Königreich ausgeliefert werden?
2. Muss die StA in München ein Verfahren einleiten?

Lösungshinweise:

Zu 1.) In dem vorliegenden Fall handelt es sich nach traditionellem Auslieferungsrecht um
eine sog. Verfolgungsauslieferung, die sich wiederum nach § 3 Abs. 2 IRG richtet. Mit dem
Europäischen Haftbefehl jedoch wurde das Verfahren der Auslieferung vereinfacht, doch
trotz dessen wird der EuHb in der Bundesrepublik nur als spezieller Unterfall des traditionellen Auslieferungsrechts behandelt (s. o. § 12 II 3). Die Prüfung der Auslieferungsvoraussetzungen beim EuHB erfolgt somit weiterhin in einem **zweistufigen Verfahren**,
sodass anfänglich die Zulässigkeit und Bewilligung zu untersuchen ist. Diese richten sich
nach §§ 83, b IRG. Die Zuständigkeit des OLG ergibt sich aus § 12 f. IRG, sodass bei formaler Vollständigkeit der Unterlagen (§ 83 a IRG) in die materielle Prüfung einzusteigen
ist. Sofern in dem ersuchenden Staat keine Todesstrafe droht (§ 8 IRG) und auch nicht zu
erwarten ist, dass der Verfolgte dort diskriminiert wird (§ 6 Abs. 2 IRG), gelten die allgemeinen Zulässigkeitserfordernisse als erfüllt, wovon in diesem Falle auszugehen sein wird.
Erst jetzt werden die besonderen Zulässigkeitserfordernisse nach § 83 IRG überprüft, die
hier aber unproblematisch gegeben sind. Die Zulässigkeitsprüfung wird bei Auslieferung
Deutscher noch durch ein **zusätzliches Prüfungsprogramm** ergänzt: Hierbei müssen die
Grundlagen nach § 80 Abs. 1 IRG gewahrt bleiben, was bedeutet, dass nach Nr. 1 eine
Rücküberstellung des Täters nach Verurteilung sicher gestellt sein muss (sofern der Betroffene dies wünscht) und dass nach Nr. 2 ein sog. „genuine link" zum ersuchenden Mitgliedstaat besteht. Dieser beschreibt, dass eine Auslieferung nur zulässig sein kann, wenn die
Tat einen maßgeblichen Bezug zum ersuchenden Staat aufweist. Die dem D vorgeworfene schwere Körperverletzung nach dem EM-Halbfinalspiel 1996 soll er auch in England
begangen haben, sodass die Tat als reine Auslandstat bezeichnet werden kann. Das Erfordernis eines „genuine link" ist mithin ausreichend erfüllt. Die Zulässigkeit des Aushilfeer-
suchens des brit. Foreign Office wird somit anzunehmen sein. Nun erfolgt die Prüfung der
Bewilligungsentscheidung nach § 83 b IRG, für die grundsätzlich das Bundesjustizministerium nach § 74 IRG zuständig ist. Eine Übertragung der Entscheidungsbefugnis auf die
Landesjustizministerien ist ebenso gestattet. Ein materielles Kriterium zur Ablehnung der
Auslieferung des D an das Vereinte Königreich könnte sich hier aus Art. 4 Nr. 4 RbEuHb
selbst ergeben, der als fakultativer Ablehnungsgrund die Vollstreckung des Europäischen
Haftbefehls ausschließen könnte. Dieser sieht vor, dass eine Strafverfolgung im ersuchten
Staat (hier: die Bundesrepublik Deutschland) abgelehnt werden kann, wenn eine Verjährung nach dem Recht des Vollstreckungsstaates eingetreten ist. Zu diesem Zwecke ist in das
deutsche Strafgesetzbuch zu blicken. Die dem D vorgeworfene schwere Körperverletzung
sieht nach § 226 eine Freiheitsstrafe von einem bis zu zehn Jahren vor. Wiederum bestimmt
§ 78 Abs. 3 Nr. 3 StGB, dass bei einer Tat, die im Höchstmaß mit Freiheitsstrafen von mehr
als fünf Jahren bis zu zehn Jahren bedroht ist, nach zehn Jahr Verfolgungsverjährung eintritt. D soll die schwere Körperverletzung bereits im Jahr 1996 begangen haben, wobei das
Foreign Office des Vereinten Königreiches erst elf Jahre später (2007) dessen Auslieferung
begehrt. In Deutschland als Vollstreckungsstaat ist die dem D vorgeworfene schwere Körperverletzung bereits nach §§ 226, 78 Abs. 3 Nr. 3 StGB verjährt, sodass das zuständige

Bundesjustizministerium (vertretungsweise auch das jeweilige ermächtigte Landesjustiz-ministerium) die Auslieferung ablehnen kann. D müsste somit nicht an das vereinte König-reich ausgeliefert werden.

Zu 2.) Zur Kläru ng der Frage, ob nun die Staatsanwaltschaft in München ein Verfahren ein-leiten müsste, muss beachtet werden, dass als besondere Voraussetzung der Auslieferung eines Deutschen nach § 80 Abs. 1 Nr. 2 und Abs. 2 Nr. 2 IRG ein „genuine link" zum ersuchenden Mitgliedsstaat (MS) bestehen muss. Besteht dieser maßgebliche Bezug der Tat zum ersuchen-den MS nicht, so kann auch nur ausgeliefert werden, wenn gerade kein maßgeblicher Bezug zum ersuchten MS, Deutschland, besteht. Ist hingegen ein maßgeblicher Bezug zu Deutsch-land erkennbar, so würde es sich bei der vorgeworfenen Tat um eine sog. Inlandstat handeln, für die die deutsche Justiz vorrangig zuständig wäre. Im vorliegenden Fall hingegen soll D aber die schwere Körperverletzung in England begangen haben, sodass hier – wie oben ver-deutlicht – eine reine Auslandstat vorliegt, die nicht in den Zuständigkeitsbereich der deut-schen Justizbehörden fällt. Die StA in München ist somit nicht gehalten, ein Verfahren gegen D einzuleiten.

II Europäische Beweisanordnung

Der Rahmenbeschluss über die **Europäische Beweisanordnung** zur Erlangung von Sachen, Schriftstücken und Daten zur Verwendung in Strafsachen (RbEuBa), ist nach langen Beratungen angenommen worden.[105] Er basiert – wie der Europäi-sche Haftbefehl – auf dem Prinzip der gegenseitigen Anerkennung und ist ähnlich strukturiert wie der RbEuHb (s. Abb. 1).[106]   **63**

Durch das Instrument der Europäischen Beweisanordnung soll es der Anord-nungsbehörde im ersuchenden Staat möglich sein, dass der Vollstreckungsstaat **bereits vorhandene und unmittelbar verfügbare Beweismittel**, die nach den Vorschriften des Prozessrechts des Vollstreckungsstaates erlangt wurden, dem An-   **64**

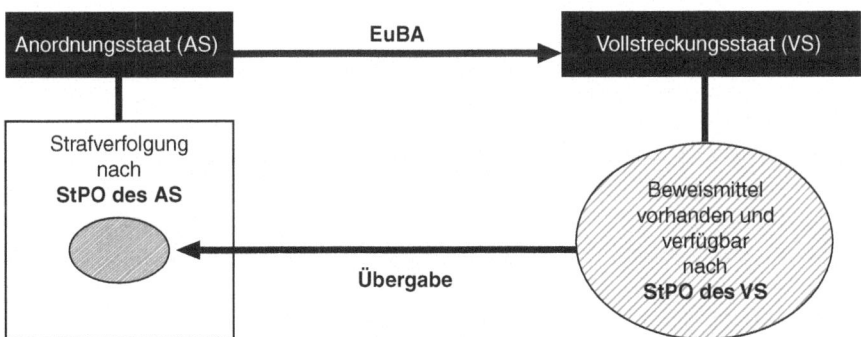

Abb. 1 Europäische Beweisanordnung

---

[105] Rahmenbeschluss 2008/978/JI des Rates, ABlEU 2008 Nr. L 350, 72. Zur Vorgeschichte vgl. *Satzger* (2010), § 10 Rn. 35.

[106] *Hecker* (2010), § 12 Rn. 10.

ordnungsstaat übergibt. Der Vollstreckungsstaat muss die europäische Beweisanordnung so behandeln, als wäre es eine Anordnung der eigenen Behörden (Art. 11 Abs. 1 RbEuBA). Nur aus den in Art. 13 genannten Gründen kann der Vollstreckungsstaat die Exekution der Beweisanordnung verweigern, also etwa aus Gründen der nationalen Sicherheit oder zu Durchsetzung des Doppelbestrafungsverbots. Auf die Straflosigkeit nach dem eigenen Rechtssystem kann der Vollstreckungsstaat nur dann verweisen, wenn keines der Fälle des Art. 14 Abs. 2 RbEuBA vorliegt. Der hier enthaltene Katalog ähnelt dem des RbEuHb.

Liste des Anwendungsbereichs der EuBa nach Art. 14 Abs. 2 RbEuBa

1. Beteiligung an einer kriminellen Vereinigung,
2. Terrorismus,
3. Menschenhandel,
4. sexuelle Ausbeutung von Kindern und Kinderpornografie,
5. illegaler Handel mit Drogen und psychotropen Stoffen,
6. illegaler Handel mit Waffen, Munition und Sprengstoffen,
7. Korruption,
8. Betrugsdelikte, einschließlich Betrug zum Nachteil der finanziellen Interessen der Europäischen Gemeinschaften im Sinne des Übereinkommens vom 26. Juli 1995 über den Schutz der finanziellen Interessen der Europäischen Gemeinschaften,
9. Wäsche von Erträgen aus Straftaten,
10. Geldfälschung, einschließlich der Euro-Fälschung,
11. Cyberkriminalität,
12. Umweltkriminalität, einschließlich des illegalen Handels mit bedrohten Tierarten oder mit bedrohten Pflanzen- und Baumarten,
13. Beihilfe zur illegalen Einreise und zum illegalen Aufenthalt,
14. vorsätzliche Tötung, schwere Körperverletzung,
15. illegaler Handel mit Organen und menschlichem Gewebe,
16. Entführung, Freiheitsberaubung und Geiselnahme,
17. Rassismus und Fremdenfeindlichkeit,
18. Diebstahl in organisierter Form oder mit Waffen,
19. illegaler Handel mit Kulturgütern, einschließlich Antiquitäten und Kunstgegenstände,
20. Betrug,
21. Erpressung und Schutzgelderpressung,
22. Nachahmung und Produktpiraterie,
23. Fälschung von amtlichen Dokumenten und Handel damit,
24. Fälschung von Zahlungsmitteln,
25. illegaler Handel mit Hormonen und anderen Wachstumsförderern,
26. illegaler Handel mit nuklearen und radioaktiven Substanzen,
27. Handel mit gestohlenen Kraftfahrzeugen,
28. Vergewaltigung,

29. Brandstiftung,
30. Verbrechen, die in die Zuständigkeit des Internationalen Strafgerichtshofs fallen,
31. Flugzeug- und Schiffsentführung,
32. Sabotage.

Diese Liste wurde in Anbetracht der Entscheidung des BVerfG zum EuHb von **65** Deutschland nicht unbesehen übernommen. In einer Erklärung, die dem Rb beigefügt ist, wird ausgeführt,[107] die in Art. 14 Abs. 2 RbEuBa aufgeführten Deliktsbereiche

> Terrorismus, Cyberkriminalität, Rassismus und Fremdenfeindlichkeit, Sabotage, Erpressung und Schutzgelderpressung sowie Betrug von der Überprüfung des Vorliegens der beiderseitigen Strafbarkeit abhängig zu machen, sofern für die Vollstreckung der Europäischen Beweisanordnung eine Durchsuchung oder Beschlagnahme erforderlich ist.

Ausnahmen werden nur gemacht, wenn der **Anordnungsstaat** eine **Garantie** abgibt, dass die Strafbarkeit in der Erklärung enthaltene spezifischen Verweise, Definitionen oder sonstige Kriterien erfüllt.[108] Nach Art. 18 Abs. 1 RbEuBa muss jedenfalls für die Fälle, in denen Zwangsmittel angewendet werden, gegen die Anerkennung und Vollstreckung der EuBa ein Rechtsbehelf verfügbar sein.[109]

Das vom Vollstreckungsstaat übergebene Beweismittel stellt im Verfahren des **66** Anordnungsstaates einen **prozessualen Fremdkörper** dar, da der Vollstreckungsstaat seine eigenen verfahrensrechtlichen Vorschriften anwenden muss. Allerdings muss sich die Anordnungsbehörde, um die Umgehung bestehender nationaler Schutzgarantien zur Erlangung von Beweismitteln zu vermeiden, davon überzeugen, dass sie die erforderlichen Sachen, Schriftstücke oder Daten **unter ähnlichen Umständen erlangen könnte**, wenn sie sich auf dem Hoheitsgebiet ihres eigenen Mitgliedstaates befinden würde. Der Anordnungsstaat kann nach Art. 12 RbEuBa auch Formvorschriften vorsehen, die der Vollstreckungsstaat zu beachten hat, solange diese nicht dem eigenen Prozessrecht widersprechen. Damit besteht für den Anordnungsstaat wenigstens im Ansatz die Möglichkeit, auf die Einhaltung von Beschuldigtenrechte zu drängen.

Dieser im RbEuBa vorgesehene Mechanismus bezieht sich also bislang nur auf **67** vorhandene und verfügbare Beweismittel.[110] Die Ausdehnung auf Beweismittel, die noch nicht vorliegen, aber ohne weiteres erhoben werden können, und auf Beweismittel, die zwar vorhanden sind, aber nicht ohne weiteres unmittelbar erhoben werden können, ist nur eine Frage der Zeit und bereits in der Planung.[111] Zur ersten

---

[107] AblEU 2008 Nr. L 350, 92.

[108] Als Erhöhung der Rechtssicherheit und Rechtsstaatlichkeit wird dies von *Satzger* (2010), § 10 Rn. 37 begrüßt.

[109] Vgl. *Hecker* (2010), § 12 Rn. 11.

[110] *Satzger* (2010), § 10 Rn. 36, 37.

[111] Vgl. Grünbuch, Erlangung verwertbarer Beweise in Strafsachen aus einem anderen Mitgliedstaat, KOM (2009), 624 endg.

Gruppe gehören, die Durchführung von Vernehmungen von Verdächtigen, Zeugen oder Sachverständigen oder auch die Implementierung heimlicher Ermittlungsmethoden, wie Telefonüberwachung. Zur zweiten Gruppe wären etwa die körperlichen Untersuchungen (etwa DNS-Proben), Sammeln, Untersuchen oder Auswerten vorhandener Daten.[112] Das im Grünbuch zur Schaffung einer EuStA[113] vorgesehene Konzept zur Schaffung eines europaweit verkehrsfähigen Beweises, wird demnach weiter verfolgt werden. Deutliche Hinweise darauf enthält auch das Stockholmer Programm.[114]

III Gegenseitige Anerkennung von Urteilen und sonstiger Sanktionen

68   Das Prinzip der **gegenseitigen Anerkennung** entfaltet seine Wirkung weiterhin auch in Situationen, in welchen es um die Vollstreckung von Sanktionen in einem Mitgliedstaat geht, die in einem anderen Mitgliedstaat der Union verhängt wurden.[115]

Hierzu gehört der **Rahmenbeschluss** des Rates über die Anwendung des Grundsatzes der gegenseitigen Anerkennung auf **Urteile und Bewährungsentscheidungen** im Hinblick auf die Überwachung von Bewährungsmaßnahmen und alternativen Sanktionen.[116] Die Kontrolle von Bewährungsauflagen über die staatlichen Grenzen hinaus kann freiheitserhöhende Wirkung haben, da die Aussetzung zur Bewährung nicht mehr abgelehnt werden kann, weil die Auflagen etwa bei Rückkehr in den Heimatstaat nicht überwacht werden können.[117]

69   Weiterhin sind an dieser Stelle die Rahmenbeschlüsse über die Anwendung des Grundsatzes der gegenseitigen Anerkennung von **Geldstrafen und Geldbußen**[118] sowie über die Anwendung des Grundsatzes der gegenseitigen Anerkennung auf **Einziehungsentscheidungen** zu nennen.[119]

Schließlich sieht die **Europäische Vollstreckungsordnung**[120] vor, dass die Straf- oder Maßregelvollstreckung in einem anderen Mitgliedstaat als dem Urteils-

---

[112] *Satzger* (2010), § 10 Rn. 38.

[113] Grünbuch zum strafrechtlichen Schutz der finanziellen Interessen der Europäischen Gemeinschaften und zur Schaffung einer Europäischen Staatsanwaltschaft, KOM (2001), 715 endg.

[114] Ratsdok. 17024/09 v. 02.12.2009, S. 23 (s. dazu auch oben § XX Rn. XX).

[115] Einen Überblick über die Bereiche der Zusammenarbeit gib *Ambos* (2008), § 12 Rn. 19, 20; *Satzger* (2010), § 10 Rn. 39.

[116] AblEU 2008 Nr. L 337, 102; dazu *Staudigl/Weber*, NStZ 2008, 17.

[117] Vgl. *Satzger* (2010), § 10 Rn. 41.

[118] Rahmenbeschluss 2005/214/JI, AblEU 2005 Nr. L 76, 16; dazu *Hecker* (2010), § 12 Rn. 52.

[119] Rahmenbeschluss 2006/783/JI, AblEU 2006 Nr. L 328, 59.

[120] Der vollständige Titel lautet: „Rahmenbeschluss der Rates über die Anwendung des Grundsatzes der gegenseitigen Anerkennung auf Urteile in Strafsachen, durch die eine freiheitsentziehende Strafe oder Maßnahme verhängt wird, für die Zwecke ihrer Vollstreckung in der EU" 2008/909/JI AblEU 2008 Nr. L 327, 27.

staat erfolgen kann. Das wird in aller Regel der Heimatstaat sein, in dem die Resozialisierungschancen höher einzustufen sind.[121]

Zuletzt wurden diese Rahmenbeschlüsse modifiziert in dem am 28.03.2009 in Kraft getretenen **Rahmenbeschluss** des Rates zur Stärkung der Verfahrensrechts und zur Stärkung der Anwendung des Grundsatzes der gegenseitigen Anerkennung auf Entscheidungen, die im Anschluss an eine Verhandlung ergangen sind, zu der die betroffene Person nicht erschienen ist.[122]

C Die Zusammenarbeit im Schengen-Raum

I Der „Schengen-Raum"

Neben der Zusammenarbeit in den Europäischen Gemeinschaften strebten im Jahre   **70**
1985 zunächst fünf EG-Staaten eine weitergehende politische Integration innerhalb Europas an. So unterzeichneten die Bundesrepublik Deutschland, Frankreich sowie die Beneluxstaaten Belgien, Luxemburg und die Niederlande am 14. Juni 1985 das sog. Schengener Übereinkommen, benannt nach dem Tagungsort in Luxemburg (**Schengen I**)[123]. Zielsetzung dieses Abkommens war insbesondere der Abbau der Grenzkontrollen zwischen den jeweiligen Mitgliedstaaten. Der Abbau der Personenkontrollen an den Binnengrenzen führte jedoch zu erheblichen sicherheitsrechtlichen Bedenken. Um diese zu zerstreuen, wurde am 19. Juni 1990 das sog. Schengener Durchführungsübereinkommen (**Schengen II – SDÜ**) von den gleichen Staaten abgeschlossen.[124] In Kraft getreten ist das SDÜ am 01. September 1993. Zu einer praktischen Anwendung der jeweiligen Einzelbestimmungen kam es jedoch erst nach Schaffung der erforderlichen technischen und rechtlichen Voraussetzungen (z. B. Einrichtung von Datenbanken und der dafür erforderlichen Datenschutzbehörden) am 26.03.1995 durch die so genannte „Inkraftsetzung".

Zusätzlich zu den ursprünglichen Übereinkommen Schengen I und Schengen   **71**
II gibt es noch zahlreiche Beitrittsprotokolle und -übereinkommen sowie sonstige Rechtsakte, welche die ursprünglichen Vereinbarungen erweitert, fortgebildet oder überlagert haben. Die Gesamtheit dieser Rechtsakte wird als der sog. „**Schengen-acquis**" oder auch „Schengener Besitzstand" bezeichnet.[125]

---

[121] Vgl. dazu *Hecker* (2010), § 12 Rn. 53.

[122] AblEU 2009 Nr. L 81, 24; dazu *Hauck*, JR 2009, 141; *Klitsch*, ZIS 2009, 11, 17.

[123] „Übereinkommen vom 14. Juni 1985 zwischen den Regierungen der Staaten der Benelux-Wirtschaftsunion, der Bundesrepublik Deutschland und der Französischen Republik betreffend den schrittweisen Abbau der Kontrollen an den gemeinsamen Grenzen".

[124] „Übereinkommen zur Durchführung des Übereinkommens von Schengen vom 14. Juni 1985 zwischen den Regierungen der Staaten der Benelux-Wirtschaftsunion, der Bundesrepublik Deutschland und der Französischen Republik betreffend den schrittweisen Abbau der Kontrollen an den gemeinsamen Grenzen vom 19. Juni 1990", BGBl. II 1993, 1013 ff.

[125] Die konsolidierte Fassung des Schengen-Besitzstands ist abrufbar unter: http://eur-lex.europa.eu/LexUriServ/LexUriServ.do?uri=OJ:L:2000:239:0001:0473:DE:PDF.

Erfolgte die Schengen-Zusammenarbeit ursprünglich nur auf völkerrechtlicher Basis, wurde sie durch das Schengen-Protokoll zum Amsterdamer Vertrag vom 02.10.1997 mit Wirkung vom 01.05.1999 in die EU einbezogen. Sie wurde **vergemeinschaftet**, also in Unionsrecht überführt.[126] Die Zusammenarbeit zwischen den Schengener Vertragsparteien erfolgte nunmehr seit dem 01.05.1999 im institutionellen und juristischen Rahmen der früheren dritten Säule (Polizeiliche und Justizielle Zusammenarbeit in Strafsachen – PJZS) der EU. Seither sind die Organe der EU für die Fortentwicklung des Schengener Rechts verantwortlich und der EuGH insbesondere für die Auslegung des SDÜ zuständig. Mit dem Inkrafttreten des Vertrages von Lissabon wurde die frühere dritte Säule in den einheitlichen Rahmen des Unionsrechts überführt, so dass die entsprechenden Politikbereiche nunmehr im AEUV geregelt sind.

72 Seit Abschluss von Schengen I gab es mehrere Erweiterungen der Zahl an Mitgliedstaaten. Inzwischen sind 28 Staaten dem Schengener Regelwerk beigetreten. Dies sind zunächst alle EU-Mitgliedsländer mit Ausnahme von Großbritannien und Irland. Zusätzlich wenden Norwegen, Island und die Schweiz als assoziierte Mitglieder den Schengen-Besitzstand vollumfänglich an.

Für Großbritannien und Irland gelten jeweils **Sonderregelungen**. Sie wenden nur einen geringen Teil der Schengen-Regelungen an, der Großteil hingegen findet auf sie so lange keine Anwendung, bis sie einen entsprechenden Antrag stellen. In Dänemark findet das Schengen-Recht zwar Anwendung, jedoch nur auf völkerrechtlicher Basis und nicht als Teil des Unionsrechts. Es kann von Fall zu Fall entscheiden, ob es das auf Unionsebene zustande gekommene Recht auf völkerrechtlicher Basis anwenden möchte oder nicht. Schließlich wenden auch Bulgarien, Rumänien und Zypern den Schengen-Besitzstand nur teilweise an.

Neben verschiedenen Einzelmaßnahmen der polizeilichen und justiziellen Zusammenarbeit, die das SDÜ vorsieht (s. unten II), sind vor allem das Schengener Informationssystem (unten II. 2) sowie das Doppelbestrafungsverbot nach Art. 54 SDÜ relevant (unten III).

II Polizeiliche und justizielle Zusammenarbeit auf Basis des SDÜ

1 Kooperationsmaßnahmen nach SDÜ

73 Im SDÜ ist ein ganzer Katalog an Zusammenarbeitsmaßnahmen enthalten, die sowohl der Kriminalprävention als auch der Strafverfolgung dienen sollen. Darunter fallen:

1. Polizeilicher Informationsaustausch nach Art. 39 SDÜ
2. Grenzüberschreitende Observation nach Art. 40 SDÜ

---

[126] „Protokoll zur Einbeziehung des Schengen-Besitzstands in den Rahmen der EU" (AblEG 1997 Nr. C 340, 93).

3. Grenzüberschreitende Nacheile nach Art. 41 SDÜ
4. Gleichstellung der Beamten nach Art. 42 SDÜ
5. Direkte Kommunikation nach Art. 44 SDÜ
6. Präventive Spontaninformation nach Art. 46 SDÜ
7. Entsendung von Verbindungsbeamten nach Art. 47 SDÜ
8. Besondere Rechtshilfevereinbarung nach Art. 48–49 SDÜ
9. Direkte Übersendung von gerichtlichen Urkunden nach Art. 52 SDÜ
10. Unmittelbare Übermittlung von Rechtshilfeersuchen zwischen Justizbehörden nach Art. 53 SDÜ
11. Staatenübergreifender Informationsaustausch nach Art. 57 SDÜ
12. Auslieferungsregelungen nach Art. 59–66 SDÜ
13. Übertragung der Vollstreckung von Strafurteilen nach Art. 67–69 SDÜ
14. Bildung gemeinsamer Arbeitsgruppen zur Bekämpfung von BtM-Kriminalität nach Art. 70 SDÜ
15. Kontrollierte Lieferung bei zur Bekämpfung von BtM-Kriminalität nach Art. 73 SDÜ

2 Das Schengener Informationssystem

Von besonderer Bedeutung ist außerdem das sog. **Schengener Informationssystem**   **74**
nach Art 92–119 SDÜ, kurz **SIS**. Dabei handelt es sich um ein computergestütztes polizeiliches Fahndungssystem. Die Mitgliedstaaten können jeweils online auf die dort enthaltenen Fahndungsdaten zugreifen. Wegen der Integration des Schengen Acquis in die EU (vgl. oben Rn. 71) ist das SIS nunmehr ein Europäisches Informationssystem (EIS). Auch Nichtvertragsstaaten wie das Vereinigte Königreich und Irland können seither am SIS partizipieren. Die Kooperation erfolgt durch Kontaktstellen in den Mitgliedstaaten, sog. SIRENE (Supplementary Information Request at the National Entry). In Deutschland ist dies das Bundeskriminalamt (BKA) in Wiesbaden.

Bei der Fahndung im SIS werden verschiedene Kategorien unterschieden: **75**

• Fahndung zur Auslieferung nach Art. 95 SDÜ
• Fahndung von Personen aus Drittländern, denen die Einreise verweigert wurde bzw. die zur Ausweisung und Abschiebung im Schengen Raum ausgeschrieben sind nach Art. 96 SDÜ
• Fahndung zur Aufenthaltsermittlung etwa bei Vermissten oder zur Gefahrabwehr nach Art. 97 SDÜ
• Fahndung zur Aufenthaltsermittlung für die Justiz von Angeklagten oder Zeugen nach Art. SDÜ
• Fahndung zur verdeckten Registrierung oder gezielten Kontrolle nach Art. 99 SDÜ
• Fahndung nach gewissen gestohlenen, unterschlagenen oder sonst abhandengekommenen Sachen nach Art. 100 SDÜ, soweit es sich nicht um Bagatellfälle handelt.

76   **Rechtsschutz** gegen Maßnahmen innerhalb des SIS sind auf zweifache Art und
Weise möglich: zum einen können die Datenschutzrechte vor den Gerichten jedes
Mitgliedstaates eingeklagt werden.[127] Zum anderen handelt es sich bei der Ausschreibung zur Fahndung im SIS um eine Maßnahme i. S. von § 131 StPO, so dass
nach hiergegen analog § 98 Abs. 2 S. 2 StPO Beschwerde eingelegt werden kann.[128]

III Das Doppelbestrafungsverbot (ne bis in idem)

1 Grundlegendes

77   Das Doppelbestrafungsverbot (*ne bis in idem*-Grundsatz) besagt, dass niemand wegen derselben Tat **mehrmals bestraft** werden kann. Dieser Grundsatz ist in allen
Mitgliedstaaten der Union anerkannt und zählt somit zu den allgemeinen Rechtsgrundsätzen des Unionsrechts.[129] Mittlerweile ist er rechtskräftig und verbindlich in
Art. 50 EU-Grundrechtecharta kodifiziert. Ferner ist das Doppelbestrafungsverbot
in Art. 4 Abs. 1 des 7. ZP zur EMRK und in Art. 14 Abs. 7 IPbpR enthalten.

Allerdings kommt dem *ne bis in idem*-Grundsatz sowohl auf nationaler als auch
auf europäischer Ebene aufgrund der Autonomie der verschiedenen Rechtsordnungen nur eine rechtsordnungsinterne Bedeutung zu, es gibt keine **allgemeine Regel
des Völkerrechts**, die ein Verbot einer staatenübergreifende Doppelbestrafung statuiert.[130] Grundsätzlich ist somit eine zweimalige Bestrafung durch unterschiedliche Hoheitsträger auch nach Art. 103 Abs. 3 GG möglich.[131] Jedoch verlangt das
sowohl auf nationaler als auch auf europäischer Ebene anerkannte Verhältnismäßigkeitsprinzip, dass im Falle einer zweiten Sanktionierung in einem anderen Staat,
die bereits verhängte Strafe bei der Bemessung der zweiten Sanktion berücksichtigt wird. Nach deutscher Terminologie würde die bereits im Ausland vollstreckte
Strafe auf die neu zu verhängende Strafe angerechnet, § 51 Abs. 3 StGB (sog. **An-
erkennungslösung**).[132]

78   Die grundsätzlich nur rechtsordnungsinterne Geltung des *ne bis in idem*-Grund-
satzes kann jedoch nicht befriedigen. In einem immer weiter zusammenwachsenden Europa mit dem Ziel der Schaffung eines einheitlichen Rechtsraumes ist die
Anerkennung eines transnationalen *ne bis in idem*-Grundsatzes ein Bedürfnis. Das
Prinzip der gegenseitigen Anerkennung sollte auch die Anerkennung von Urteilen
und anderen gerichtlichen Entscheidungen mit Rechtskraftwirkung umfassen. An-

---

[127] Vgl. *Gleß/Lüke*, Jura 2000, 400, 404; Hecker (2010), § 5 Rn. 52.

[128] So etwa OLG Celle, NStZ 2010, 534

[129] *Satzger* (2010), § 10 Rn. 63.

[130] BVerfGE 75, 1, 23; vgl. dazu auch *Specht* (1999), S. 46 und *Jung*, FS Schüler-Springorum,
S. 493.

[131] So bereits BVerfGE 12, 62, 66.

[132] Dazu *Fischer* (2010), § 51 Rn. 16; insgesamt *Safferling* (2003), S. 319–326.

dernfalls bestehen aufgrund der durchaus gegebenen Gefahr einer doppelten Bestrafung erhebliche praktische und auch menschenrechtliche Schwierigkeiten.

2 Transnationale Geltung in Europa

a) Gesetzliche Grundlagen

In einem auf gegenseitiger Anerkennung basierenden Raum der Freiheit, Sicher-   **79**
heit und des Rechts muss das **Doppelbestrafungsverbot** uneingeschränkt gelten.
Je intensiver das Bemühen um eine einheitliche Strafverfolgung im europäischen
Raum vorangetrieben wird, desto stärker wird das Bedürfnis, Verurteilungen und
Freisprüche unionsweit anzuerkennen.[133]
    Die Mitgliedstaaten der EU haben dies erkannt und mit dem Vertrag von Lissabon und der Integration der Grundrechtecharta in die Primärrechtsordnung dem
ne bis in idem-Grundsatz die unionsweite Gültigkeit zuerkannt (Art. 6 Abs. 1 EUV,
s. auch oben § 9 Rn. 99). In Art. 50 EU-Grundrechtecharta findet sich nun ein umfassendes transnationales *ne bis in idem*. Er lautet:

> Niemand darf wegen einer Straftat, derentwegen er bereits in der Union nach dem Gesetz
> rechtskräftig verurteilt oder freigesprochen worden ist, in einem Strafverfahren erneut verfolgt oder bestraft werden.

Bereits vor dem Lissabonner Vertrag wurde durch den Abschluss **völkerrechtlicher**   **80**
Verträge versucht, ein zwischen den EU-Staaten geltendes transnationales *ne bis
in idem* zu erreichen. Hierzu zählen insbesondere das Übereinkommen zwischen
den Mitgliedstaaten der EG über das Verbot der doppelten Strafverfolgung[134] und
die sich hiermit inhaltlich deckende Vorschrift des Art. 54 des Schengener Durchführungsübereinkommens (SDÜ), welches im Jahre 1995 in Kraft getreten ist.[135]
Art. 54 SDÜ lautet:

> Wer durch eine Vertragspartei rechtskräftig abgeurteilt worden ist, darf durch eine andere
> Vertragspartei wegen derselben Tat nicht verfolgt werden, vorausgesetzt, dass im Falle
> einer Verurteilung die Sanktion bereits vollstreckt worden ist, gerade vollstreckt wird oder
> nach dem Recht des Urteilsstaates nicht mehr vollstreckt werden kann.

Im Unterschied zu Art. 54 SDÜ verzichtet Art. 50 EU-Grundrechtecharta auf das
sog. „**Vollstreckungselement**". Zurzeit gelten also zwei nicht inhaltsgleiche Vorschriften zum Doppelbestrafungsverbot, deren Verhältnis erst geklärt werden muss.

---

[133] *Hecker* (2010), § 13 Rn. 20.
[134] BGBl. 1998 II, 2226, 2002 II, 600.
[135] BGBl. 1993 II, 1010.

b) Verhältnis zwischen Art. 50 Grundrechtecharta und Art. 54 SDÜ

81   Da nun das Europarecht im weiteren Sinne zwei selbständige Regelungen zum
           ne bis in idem-Prinzip kennt, ist zu untersuchen, in welchem **Verhältnis** diese zu-
           einander stehen. Normhierarchisch dürfte die Frage relativ leicht zu beantworten
           sein, denn Art. 50 Grundrechtecharta ist eine primärrechtliche Vorschrift, während
           Art. 54 SDÜ eine sekundärrechtliche Norm darstellt.[136] Das muss aber noch nicht
           heißen, dass Art. 54 SDÜ in jedem Fall zurückzustehen habe.

(1) Unterschiede

82   Die Grundrechtecharta und das SDÜ haben jeweils einen unterschiedlichen **terri-
           torialen Anwendungsbereich.**[137] Nicht alle EU-Mitgliedstaaten sind auch Teil
           des Schengen-Raumes (s. o. Rn. 70); umgekehrt partizipiert etwa die Schweiz am
           Schengenraum ohne Mitglied der EU zu sein.[138] Zum subjektiven Anwendungs-
           bereich ist Folgendes zu sagen: Das SDÜ gilt jeweils nur für die Anwenderstaaten.
           Explizit ist die Grundrechtecharta nur für die Organe und Einrichtungen der Union
           und für die Mitgliedstaaten nur bei der Ausführung des Rechts der Union verbind-
           lich, vgl. Art. 51 Abs. 1 S. 1 Grundrechtecharta. Da aber das Prinzip der gegen-
           seitigen Anerkennung für die Mitgliedstaaten nach Art. 82 Abs. 1 AEUV materiell
           die Ausführung von EU-Primärrecht darstellt, wird hier eine Bindungswirkung zu
           bejahen sein. Außerdem wird man anerkennen müssen, dass die Grundrechte der
           Charta einen ähnlichen **objektiven Erklärungsgehalt** haben wie die Grundrechte
           des GG und Ausstrahlungswirkung auf den gesamten Rechtsraum der EU samt der
           Mitgliedstaaten haben.[139]

(2) Gemeinsamkeiten

83   Für die Auslegung von Art. 54 SDÜ waren zunächst nur die nationalen Gerichte zu-
           ständig. Uneinheitliche und widersprüchliche Anwendung war die Konsequenz.[140]
           Die Möglichkeit einer Vereinheitlichung der Rechtsprechung durch den EuGH
           kam erst mit Inkrafttreten des Amsterdamer-Vertrages und der Möglichkeit über
           ex-Art. 35 EU für die Mitgliedstaaten die Zuständigkeit des EuGH im Vorabent-
           scheidungsverfahren anzuerkennen.[141] Dieser Befugnis ist es zu verdanken, dass zu
           Art. 54 SDÜ bereits eine stattliche Anzahl von Entscheidungen des EuGH vorliegt
           und einige Rechtsfragen als geklärt angesehen werden können. Nach dem Lissa-
           bonner Vertrag ergibt sich die EuGH-Zuständigkeit aus **Art. 19 Abs. 3 lit. b EUV**

---

[136] Vgl. *Satzger* (2010), § 10 Rn. 68.

[137] *Hecker* (2010), § 13 Rn. 18.

[138] Vgl. Assoziierungsabkommen zwischen der Schweiz, der EU und der EG v. 26.10.2004 und
Inkraftsetzung am 12.12.2008.

[139] Vgl. *Satzger* (2010), § 10 Rn. 68.

[140] *Satzger* (2010), § 10 Rn. 69.

[141] Vgl. dazu *Hecker* (2010), § 13 Rn. 22.

i. V. m. Art. 267 UA 1 lit. b AEUV für **Vorabentscheidungsverfahren** im Zusammenhang mit der **Auslegung des Art. 54 SDÜ**.

Auch wenn sich die Vorschriften im Wortlaut geringfügig unterscheiden, so ist doch nicht davon auszugehen, dass damit inhaltliche Veränderungen verbunden sind. Der EuGH wird seine Rechtsprechung zu Art. 54 SDÜ sicher auch bei der Auslegung von Art. 50 Grundrechtecharta zu Grunde legen.[142]

(3) Problem: Vollstreckungselement

Der deutlichste materielle Unterschied zwischen Grundrechtecharta und SDÜ ergibt sich aus dem beim Grundrecht fehlenden **Vollstreckungselement**. Jenseits der normhierarchischen Gegebenheiten wird man dieses Problem funktional lösen müssen und fragen, welche Bedeutung das Vollstreckungselement für die transnationale strafrechtliche Zusammenarbeit hat. Dazu ist es hilfreich, sich zwei Ebenen vorzustellen, die Verurteilungsebene und die Vollstreckungsebene. Das *ne bis in idem*-Prinzip setzt zunächst nur an der Verurteilungsebene an. Die Entscheidung in der Sache (Verurteilung, Freispruch usw.) wird wechselseitig anerkannt, um so zu verhindern, dass eine doppelte Strafverfolgung durchgeführt wird. Das Prinzip will einen Täter also vor **doppelter Strafverfolgung** schützen, aber **nicht vor der Vollstreckung**. Die Strafhaft etwa muss der Täter selbstverständlich absitzen, die Geldstrafe bezahlen. Flieht er nun aus dem Verurteilungsstaat entsteht die Gefahr, dass der Täter in einem anderen Staat der Vollstreckung entgeht. Nun gibt es zwei Möglichkeiten: entweder es gibt Kooperationen auf der Vollstreckungsebene, so dass der zweite Staat den Täter in den Verurteilungsstaat zurückschickt oder die Verurteilung anerkennt und sie selbst vollstreckt. Gibt es auf dieser Ebene keine Kooperation, kann eine Vollstreckung im zweiten Staat nur aufgrund einer neuen Primärentscheidung im zweiten Staat auf der Verurteilungsebene erfolgen. Das Vollstreckungselement in Art. 54 SDÜ soll genau hier eingreifen und gewährleisten, dass sich der zweite Staat einen „Vollstreckungstitel" schaffen kann, indem er ein zweites Strafverfahren durchführt, um so zu verhindern, dass der Täter überhaupt nicht bestraft wird.

Auf der Grundlage dieser **funktionalen Überlegungen** sind die Anwendungsbereiche wie folgt zu lösen: Soweit keine unionsweiten Maßnahmen vorhanden sind, welche die Vollstreckung im Unionsgebiet gewährleisten, muss das Vollstreckungselement anwendbar bleiben.[143] Das bedeutet umgekehrt, dass für den Fall der Freiheitsstrafe das Vollstreckungselement insoweit entbehrlich ist, als über den Europäischen Haftbefehl (s. o. Rn. 47) die Durchführung der Haft im Verurteilungsstaat gewährt wird. Das gilt nicht für die Fälle, in denen der Europäische Haftbefehl nicht ohne Einschränkung angewendet werden kann. So etwa bei der Auslieferung

84

85

---

[142] So auch *Hecker* (2010), § 13 Rn. 20.

[143] Anders hier *Satzger* (2010), § 10 Rn. 68, der davon ausgeht, dass Art. 54 SDÜ eine „einfachgesetzlich Schranke" zu Art. 50 Grundrechtecharta bildet. Zustimmend LG Aachen, StV 2010, 237 und zuletzt BGH 1 StR 57/10 v. 25.10.2010; zustimmend auch *Burchard/Brodowski*, StraFo 2010, 179.

Deutscher, denn nach § 80 Abs. 3 IRG ist eine Auslieferung deutscher Staatsbürger zur Vollstreckung einer Freiheitsstrafe nur bei Zustimmung des Betroffenen möglich. Verweigert er diese Zustimmung, was regelmäßig der Fall sein wird, ist also ein weiteres Verfahren möglich.

> Einen solchen Fall hatte unlängst der BGH zu entscheiden. Dabei ging es um einen in Italien im Jahr 2006 in Abwesenheit verurteilten Kriegsverbrecher. Das Landgericht München I war nicht gehindert ein zweites Strafverfahren durchzuführen, da Italien weder einen Auslieferungsantrag noch einen Antrag auf Vollstreckung des Urteils gestellt hatte. Eine Auslieferung wäre außerdem vermutlich an § 80 Abs. 3 IRG gescheitert, eine Vollstreckung des Urteils in Deutschland wäre wegen des Verfahrens *in absentia* nach § 49 Abs. 1 Nr. 2 IRG schwierig gewesen. In diesen Fällen hilft also der Europäische Haftbefehl nicht weiter, so dass es bei der Anwendung des Vollstreckungselements nach Art. 54 SDÜ bleibt.[144]

Anders verhält es sich bei der Geldstrafe. Hier gibt es (noch) kein EU-weites Durchsetzungsinstrument, so dass gegebenenfalls ein neues Verfahren durchgeführt werden muss, um eine nationale rechtstaatliche Grundlage für die Sanktionsdurchsetzung zu haben.

3 Die Auslegung des Art. 54 SDÜ im Einzelnen

86 Art. 54 SDÜ enthält folgende drei Voraussetzungen:

- Es muss eine rechtskräftige Aburteilung in einem Mitgliedstaat erfolgt sein.
- Diese Aburteilung muss dieselbe Tat betreffen und
- das Vollstreckungselement muss erfüllt sein.

Diese Voraussetzungen werden im Folgenden anhand der Rechtsprechung des EuGH und deutscher Gerichte dargestellt.

> **Beispiel:** Der deutsche Staatsangehörige D mit Wohnsitz in Deutschland wird in Belgien wegen Körperverletzung angeklagt, die er in Belgien begangen haben soll. Wegen derselben Tat hatte ebenso die StA Bonn gegen D ein Ermittlungsverfahren eingeleitet. Diese schlägt dem D vor, das Verfahren gegen Zahlung einer Geldbuße in Höhe von 1000 € einzustellen. D entrichtet den Betrag, so dass die StA Bonn das Strafverfahren ohne gerichtliche Zustimmung einstellt (s. §§ 153 a Abs. 1 S. 7 i. V. m. 153 Abs. 1 S. 2 StPO). Kann das belgische Gericht die Tat trotzdem noch aburteilen?

a) Rechtskräftige Aburteilung

87 Über die Interpretation dieses Rechtsbegriffes besteht momentan keine Einigkeit. Gesichert erscheint nur, dass zumindest freisprechende bzw. verurteilende Gerichtsurteile einer Vertragspartei einen Strafklageverbrauch im gesamten Rechtsraum bewirken.

---

[144] Vgl. BGH 1 StR 57/10 v. 25.10.2010 = NStZ-RR 2011, 7.

Der **BGH** vertritt bezüglich anderer Maßnahmen wie z. B. einer Einstellungsverfügung durch die StA (wie im oben genannten Fall) eine **eher restriktive Auffassung**, so dass er nur Urteilen bzw. gerichtlichen Entscheidungen einen Strafklageverbrauch zukommen lassen will.[145] Nach dieser Ansicht wäre im obigen Fall eine
Aburteilung durch das belgische Gericht weiterhin möglich, da es sich bei der Einstellungsverfügung durch die StA nicht um eine gerichtliche Entscheidung handelt.

Hingegen nimmt der **EuGH** eine beschuldigtenfreundliche, **extensive Ausle-**   **88**
gung des Art. 54 SDÜ vor. Er führt dahingehend aus, dass das Verbot der Doppelbestrafung auch für zum Strafklageverbrauch führende Verfahren gilt, in denen
die Staatsanwaltschaft eines Mitgliedstaates *ohne Mitwirkung eines Gerichtes* ein
in diesem Mitgliedstaat eingeleitetes Strafverfahren einstellt, „nachdem der Beschuldigte bestimmte Auflagen erfüllt und insbesondere einen bestimmten, von der
Staatsanwaltschaft festgesetzten Geldbetrag entrichtet hat."[146] Letztlich ist für die
Interpretation dieses Merkmals auf die **traditionellen Auslegungsmethoden** nach
Art. 31 ff. Wiener Übereinkommen über das Recht der Verträge (WVÜ) zurückzugreifen (vgl. dazu auch § 4 Rn. 98).

(1) Wortlaut der Norm

Der deutsche Gesetzestext spricht explizit von einem „**Urteilsstaat**" und auch in   **89**
Art. 55 SDÜ heiß es „ausländisches Urteil". Allerdings wird in Art. 57 SDÜ der
weite Begriff der Entscheidung benutzt. Betrachtet man den Wortlaut der deutschen
Fassung, so könnte man davon ausgehen, dass die Begriffe „rechtskräftig" und „abgeurteilt" in Art. 54 SDÜ darauf schließen lassen, dass lediglich gerichtliche Entscheidungen bzw. Urteile zu einem Strafklageverbrauch führen. Der EuGH jedoch
ist der Ansicht, dass allein die Bezeichnung der Entscheidung für die Beurteilung
keine Rolle spielen könne. Vielmehr müsse sich eine Person, gegen die ein Verfahren geführt wurde, nach der Beendigung dieses Verfahrens sicher sein können,
in einem anderen Mitgliedstaat nicht wieder der Strafverfolgung ausgesetzt zu
werden. In diesem Zusammenhang betont der EuGH die Wichtigkeit des **Rechts
auf Freizügigkeit**. Diese werde nur dann uneingeschränkt gewährleistet, wenn die
betreffende Person sicher sein könne, kein weiteres Verfahren in einem anderen
Mitgliedstaat befürchten zu müssen. Demnach sei der Wortlaut der Norm weit auszulegen, damit das Vertragsziel der Freizügigkeit und des *effet utile* möglichst effektiv erreicht werden können. Ein Festhalten am Vorliegen eines Urteils oder einer
gerichtlichen Entscheidung sei vielmehr ein zu formaler Gesichtspunkt.[147] Hiernach
wäre im obigen Fall eine Aburteilung durch das belgische Gericht also nicht mehr
möglich.

Von immenser Wichtigkeit ist jedoch, dass für die Auslegung des SDÜ nicht nur   **90**
der deutsche Wortlaut herangezogen werden darf, sondern sämtliche sprachlichen
Fassungen mit in die Interpretation einbezogen werden müssen. Der portugiesische

---

[145] BGH NStZ 1999, 250, 251; 579 f.

[146] EuGH, verb. Rs. C-385/01 und C-187/01, Slg. 2003, I-1345 – *Gözütök und Brügge*.

[147] EuGH, verb. Rs. C-385/01 und C-187/01, Slg. 2003, I-1345 – *Gözütök und Brügge*.

Wortlaut spricht eindeutig für eine Gerichtsentscheidung: *„definitivamente julga-do por um tribunal"*. Andererseits sind sowohl die niederländische Formulierung *„vonnis"* sowie der französische Ausdruck *„jugement"* hingegen extensiver i. S. allgemeiner (richterlicher) Entscheidungen zu verstehen.

Die Auslegung nach dem Wortlaut führt insofern zu **keinem eindeutigen Ergebnis**, da der Begriff „rechtskräftige Aburteilung" nicht nur förmliche Gerichtsurteile, sondern auch sonstige verfahrensabschließende und rechtskraftbewirkende Entscheidungen umfassen kann, bei denen kein Gericht mitgewirkt hat.

(2) Systematische Auslegung

91   In systematischer Hinsicht könnte für eine restriktive Auslegung das Verhältnis von Art. 54 zu Art. 58 SDÜ sprechen. Nach Art. 58 SDÜ stehen nämlich die vorstehenden Bestimmungen der Anwendung weitergehender Bestimmungen des nationalen Rechts über die Geltung des Verbots der Doppelbestrafung in Bezug auf „ausländische Justizentscheidungen" nicht entgegen. Hieraus folgert der BGH, dass Art. 54 SDÜ **lediglich Mindeststandards** garantieren soll, jedoch keine abschließende Regelung darstellt. Folglich steht es den Mitgliedstaaten frei, dass sie auf nationaler Ebene das Doppelbestrafungsverbot großzügiger ausgestalten. Sofern man also das Merkmal „rechtskräftige Aburteilung" als Unterfall des Oberbegriffs „ausländische Justizentscheidungen" versteht, könnte man daraus folgern, dass nur gerichtlichen Entscheidungen ein Strafklageverbrauch zukommt.

92   Diese Schlussfolgerung ist aber nicht zwingend, da das SDÜ weder eine Definition, noch eine Erläuterung des Begriffs „ausländische Justizentscheidungen" enthält. Auch der niederländische Wortlaut des Art. 58 SDÜ *„rechterlijke beslissingen"* spricht gegen die Auslegung des BGH, da er die Norm nicht auf nicht-richterliche Entscheidungen beschränkt.

(3) Teleologische Auslegung

93   Abschließend ist nun der **Sinn und Zweck** des Verbots der Doppelbestrafung näher zu betrachten, um hierdurch eine Präzisierung des Begriffs der „rechtskräftigen Aburteilung" zu erreichen. Ziel des Art. 54 SDÜ ist die effektive transnationale Strafverfolgung. Die generelle Zielvorgabe des SDÜ besteht nach dessen Präambel in der Verwirklichung eines gemeinsamen Binnenmarktes als Raum ohne Binnengrenzen, in dem die Grenzkontrollen abgebaut und eintretende Sicherheitsverluste durch andere Mittel der polizeilichen und justiziellen Zusammenarbeit kompensiert werden. Es soll ein Raum der Freiheit, der Sicherheit und des Rechts geschaffen werden.

Diese objektiv-rechtlichen Ziele werden durch einen subjektiv-rechtlichen Aspekt ergänzt. Durch das Verbot der Doppelbestrafung sollen nämlich auch die aus der engen justiziellen Zusammenarbeit der Mitgliedstaaten resultierenden Ermittlungs- und Verfolgungseingriffe (Grundrechtseingriffe) begrenzt werden. Insofern steht also der **menschenrechtliche Individualschutz** ebenso im Vordergrund.

Diese subjektive Komponente spricht eher für eine weite Auslegung des Art. 54 SDÜ i. S. d. EuGH, um einen maximalen Schutz des Einzelnen zu gewährleisten.

Hingegen ist die Einordnung des **objektiven Aspektes** komplizierter. Einerseits **94** kann einer effektiven Zusammenarbeit der Mitgliedstaaten durch eine weite Auslegung Rechnung getragen werden. Andererseits muss man berücksichtigen, dass eine effiziente transnationale Strafverfolgung auch von der Richtigkeit der verfahrensbeendenden Entscheidung abhängig ist. Dem Sicherheitsbedürfnis des zweitverfolgenden Staates ist nur dann genüge getan, wenn der Abschluss in einem Verfahren erfolgt, das auch die Richtigkeit der Entscheidung verbürgt. In diesem Zusammenhang kann ein gerichtliches Sachurteil wohl eher eine Richtigkeitsgewähr bieten als eine staatsanwaltschaftliche Einstellungsentscheidung.

Stellt man letztlich aber das Ziel eines **gemeinsamen Rechtsraumes** im Bereich **95** der Strafrechtspflege in den Vordergrund und berücksichtigt hierbei das fundamentale Prinzip der „gegenseitigen Anerkennung", könnte man es als maßgeblich erachten, dass die ergriffene Maßnahme nach dem Recht des Erstverfolgerstaates die erneute Verfolgung derselben Tat im Inland ausschließt. Folglich könnten z. B. auch staatsanwaltschaftliche Einstellungsentscheidungen einen Strafklageverbrauch im gesamten Rechtsraum der EU auslösen.

Es sprechen demnach gute Gründe sowohl für die restriktive Auslegung des BGH, als auch für die extensive des EuGH i. R. d. Art. 54 SDÜ.

b) Dieselbe Tat

Art. 54 SDÜ setzt weiterhin voraus, dass es sich um „dieselbe Tat" handelt. Frag- **96** lich ist, welcher **„Tatbegriff"** hier zugrunde zu legen ist. Die Bestimmung dieses Merkmals ist insofern schwierig, als dass die nationalen Tatbegriffe teilweise stark divergieren.

> **Beispiel:** Otto verdient sein Geld als Drogenkurier. Am 15. August 2005 transportiert er ein Kilogramm Kokain vom Traunstein nach Salzburg. In Österreich wird er am 17. August 2005 verhaftet und einen Monat später wegen „unerlaubter Einfuhr von Betäubungsmittel" zu einer Haftstrafe von drei Jahren verurteilt. Nach vorzeitiger Entlassung kehrt er Ende 2007 nach München zurück, wo er von der Polizei verhaftet wird. Das LG München I verurteilt O zu zwei Jahren Haft wegen „unerlaubter Ausfuhr von Betäubungsmittel" am 15. August 2005. In der Revision vor dem BGH fragt sich der zuständige Richter, ob hier nicht der EuGH eingeschaltet werden müsste. Prüfen Sie, ob eine Vorlage an den EuGH möglich wäre und ob das Urteil des LG München I gegen Europarecht verstößt. (Zur Lösung siehe unten Rn. 108)

Man könnte die materielle Rechtskraft eines Verfahrensabschlusses von der **Einhaltung bestimmter „europäischer" Mindestanforderungen** abhängig machen.[148] Diese Mindestanforderungen wären die Reichweite der Kognitionspflicht (Pflicht zur Aufklärung der Tat) sowie die Ausgestaltung der Sachverhaltsaufklärung

---

[148] So *Radtke/Busch*, NStZ 2003, 281, 286; *Bohnert/Lagodny*, NStZ 2000, 636, 640.

(mündliche Verhandlung oder Entscheidung nach Aktenlage) und das Erfordernis einer Begründung

97   Bei der Subsumtion dieser Mindestanforderungen würde man zu dem Ergebnis kommen, dass eine staatsanwaltschaftliche Einstellungsverfügung gem. § 153 a StPO nicht für eine transnationale Sperrwirkung gem. Art. 54 SDÜ ausreicht. Die Unterschiede zu einem gerichtlichen Sachurteil sind hinsichtlich der aufgestellten Mindestanforderungen zu gravierend.

Weiterhin erscheint auch die Entwicklung eines **neuen, eigenständigen europäischen Tatbegriffs** denkbar.[149] Danach soll eine rechtsgutsorientierte oder interessengeleitete Bestimmung des Tatbegriffs erfolgen. Nur soweit eine für einen Zweitverfolgerstaat besonders wichtige Rechtsgutsverletzung vom Unrechtsgehalt der angewendeten Straftatbestände im Erstverfolgungsstaat nicht erfasst werden würde, müsste dem Zweitverfolgerstaat die Gelegenheit zu einer eigenen Strafverfolgung gegeben werden. Bei der Vergleichbarkeit der Rechtsgüter bzw. der Art des Angriffs sei es ausreichend, dass beide Tatbestände „im Wesentlichen" identisch seien.

98   Andererseits könnte man generell auf den **Tatbegriff des Erstverfolgerstaates** abstellen.[150] Dieser habe insofern die Definitionsmacht über Verfahrensgegenstand (Tatbegriff) und Reichweite der strafprozessualen Erledigungswirkung eines rechtskräftigen Verfahrensabschlusses (materielle Rechtskraft). Dies resultiere daraus, dass es in der EU kein vereinheitlichtes Straf- und Strafprozessrecht gibt. Letztlich müsse es also dem Erstverfolgerstaat überlassen bleiben die strafprozessualen Erledigungsformen sowie deren jeweilige materielle Rechtskraft zu bestimmen.

99   Der **EuGH** lehnt die Bestimmung anhand einer identischen rechtlichen Einordnung in beiden verfolgungswilligen Staaten ab. Aufgrund der teilweise stark divergierenden nationalen Rechtsordnungen wäre ein solches Vorgehen nicht effektiv. Vielmehr entwickelt der EuGH deshalb einen **eigenständigen, materiellen Tatbegriff** und stellt darauf ab, ob sich das Geschehen als „Komplex von Tatsachen darstellt, die in zeitlicher und räumlicher Hinsicht sowie nach ihrem Zweck unlösbar miteinander verbunden sind."[151]

c) Vollstreckungselemente

100   Art. 54 SDÜ fordert zudem, dass die Sanktion *bereits vollstreckt worden ist, gerade vollstreckt wird* oder *nach dem Recht des Urteilsstaates nicht mehr vollstreckt werden kann*. Dieses Vollstreckungselement bleibt trotz der rechtlichen Verbindlichkeit des Art. 50 EU-Grundrechtecharta nach Inkrafttreten des Vertrages von Lissabon

---

[149] *Ambos* (2008), § 12 Rn. 49; *Böse*, GA 2003, 744, 758 ff.

[150] *Hecker* (2010), § 13 Rn. 57; *ders.*, StV 2001, 306, 309, der seine Ansicht durch die Urteile des EuGH, Rs. C-436/04, Slg. 2006, I-2333 – *van Esbroeck* und Rs. C-150/05, Slg. 2006, I-9327 – *van Straaten* bestätigt sieht.

[151] EuGH, Rs. C-436/04, Slg. 2006, I-2333 – *van Esbroeck*.

zumindest in gewissen Fallkonstellationen relevant (dazu siehe oben Rn. 84 ff.). Das Vollstreckungselement enthält drei Varianten.

- Die erste Variante betrifft den Fall, dass die Sanktion **bereits vollstreckt worden**   **101** **ist**. Dies ist nur dann erfüllt, wenn eine vollständige Erledigung der Vollstreckung gegeben ist. Dies ist z. B. bei Zahlung einer Geldstrafe, Verbüßung einer Gefängnisstrafe, Erlass einer Bewährungsstrafe oder durch Erfüllung von Auflagen der Fall.
- Die zweite Vollstreckungsvariante **(gerade vollstreckt wird)** meint eine Situa-   **102** tion, in der die Vollstreckung der verhängten Sanktion bereits eingeleitet wurde und noch andauert. Umstritten ist in diesem Kontext, ob eine Freiheitsstrafe, welche zur **Bewährung** ausgesetzt ist, ebenfalls darunter zu fassen ist.

  - **Einerseits** könnte man vertreten, dass bei einer Bewährungsstrafe der Verurteilte weitaus geringer belastet ist als bei einer Verurteilung ohne Aussetzung zur Bewährung und die Strafe mithin nicht gerade vollstreckt wird, insbesondere da sich der Verurteilte nicht im Strafvollzug befinde.[152]

  - Dem lässt sich jedoch **entgegenhalten**, dass auch bei einer Strafaussetzung zur Bewährung die Handlungsfreiheit des jeweils Betroffenen erheblich eingeschränkt ist. Zumeist muss der Verurteilte bestimmte Bewährungsauflagen erfüllen und bei Zuwiderhandlungen mit einem Widerruf der Bewährung rechnen und in einem solchen Falle die Strafe möglicherweise verbüßen. In der Rechtssache „*Kretzinger*" wurde diese Situation von der Generalanwältin dahingehend beschrieben, dass der auf Bewährung Verurteilte mit einem Damoklesschwert über seinem Haupt lebe.[153]

  - Für diese Ansicht spricht ebenso der **Sinn und Zweck** des Art. 54 SDÜ, da die Vorschrift eine Vollstreckungsvereitelung verhindern soll. Dies wird aber auch erreicht, wenn man bereits an den Beginn der Bewährungszeit als gegenwärtige Vollstreckung der Freiheitsstrafe anknüpft. Sollte der Erstverfolgerstaat nämlich seine Bewährung widerrufen, kann er den Aufenthaltsstaat entweder um Auslieferung des Verurteilten oder um Übernahme der Vollstreckung ersuchen.

Somit sieht die überwiegende Auffassung das zweite Vollstreckungselement auch   **103** bei einer zur Bewährung ausgesetzten Freiheitsstrafe als erfüllt an.[154]

- Die letzte Vollstreckungsvariante **(Unmöglichkeit der Vollstreckung)** erfordert, dass die Sanktion nach dem Recht des Urteilsstaates nicht mehr vollstreckt werden kann. Das praktisch relevanteste Beispiel ist dabei die **Vollstreckungsverjährung** im Urteilsstaat. Darüber hinaus kommen als weitere Möglichkeiten Amnestien oder Begnadigungen in Betracht. Betrachtet man den Wortlaut, so

---

[152] So OLG Saarbrücken, StV 1997, 359, 360.

[153] Schlussanträge der Generalanwältin *Sharpston*, Rs. C-288/05, Slg. 2007, I-6441, Rn. 49 – *Kretzinger*.

[154] EuGH, Rs. C-288/05, Slg. 2007, I-6441 – *Kretzinger*; BGHSt 46, 187; *Schomburg*, StV 1997, 383, 384; *Vogel*, FS Schroeder, S. 877, 890.

sind diese in jedem Fall unter das Merkmal der nicht mehr möglichen Vollstre-ckung zu subsumieren. Dem widerspricht jedoch Generalanwalt Colomer mit der Begründung, dass Amnestien und Begnadigungen einen weitgehend politi-schen Charakter hätten und somit keine Pflicht zur gegenseitigen Anerkennung solcher Justizakte bestehe.[155]

104   Weiterhin spricht der **Sinn und Zweck des Art. 54 SDÜ** dafür, dass die dritte Alter-native auch dann erfüllt ist, wenn der Verurteilungsstaat den Verurteilten ausweist und die Vollstreckung abbricht, so dass diese nur bei einer erneuten Einreise fort-gesetzt werden kann.

Schließlich bleibt noch zu klären, ob Art. 54 SDÜ auch voraussetzt, dass über-haupt jemals eine **Vollstreckung der Strafe möglich war**. Dem Wortlaut nach zu urteilen müsste dies der Fall sein („nicht *mehr* vollstreckt werden kann"). Mit der Klärung dieser Frage hat sich der EuGH in folgendem Fall auseinandergesetzt:

> Der flüchtige B wurde im Jahre 1961 durch ein französisches Gericht in Algerien in Abwe-senheit zum Tode verurteilt wegen Desertion und vorsätzlicher Tötung. Dieses Urteil hätte jedoch nicht vollstreckt werden können, da das französische Recht vorsah, dass vor der Vollstreckung ein erneutes Verfahren in Anwesenheit des B hätte erfolgen müssen. Nach 20 Jahren, in denen der B nicht gefasst werden konnte, trat schließlich Verjährung ein, wodurch eine Vollstreckung endgültig ausgeschlossen war. Demnach war die im Jahre 1961 verhängte Strafe zu keinem Zeitpunkt vollstreckbar.
> Ende 2001 wurde bekannt, dass Herr Bourquain im Raum Regensburg (Deutschland) wohnt. Am 11. Dezember 2002 erhob die Staatsanwaltschaft Regensburg gegen ihn wegen derselben Tat bei dem vorlegenden Gericht Anklage wegen Mordes gemäß § 211 des deut-schen Strafgesetzbuchs.

105   Wie bereits dargetan spricht der Wortlaut gegen eine Anwendung des Art. 54 SDÜ. Betrachtet man jedoch Sinn und Zweck dieser Norm, so kann dieses Ergebnis nicht als sachgerecht betrachtet werden. Art. 54 SDÜ soll insbesondere die **Freizügig-keit** von einmal sanktionierten Personen schützen. Wer einmal in einem Mitglied-staat verurteilt worden ist, soll nicht befürchten müssen, noch ein weiteres Mal in einem anderen Mitgliedstaat verurteilt zu werden und somit in seine Freizügigkeit beschränkt werden. Insofern kann es für die Auslegung des Art. 54 SDÜ also nicht darauf ankommen, ob die verhängte Strafe überhaupt einmal vollstreckbar war.

3 Konkurrenz zwischen Unionssanktionen und nationalen Sanktionen

106   Da dem *ne bis in idem*-**Grundsatz** nur rechtsordnungsinterne Bedeutung zukommt, lässt der EuGH bislang auch parallele Verfahren auf europäischer und nationaler Ebene wegen derselben Kartellverstöße explizit zu.[156]

Letztlich wird nur verlangt, dass die jeweils nach der anderen Rechtsordnung verhängte Sanktion bei der **Strafzumessung** berücksichtigt wird. Dies folgt im

---

[155] Schlussanträge des Generalanwalts *Colomer*, Rs. C-297/07, Slg. 2008, I-9425, Rn. 82 f. – *Bour-quain*.

[156] EuGH, Rs. 14/68, Slg. 1969, I-1 – *Farbenhersteller*.

Gemeinschaftsrecht aus dem Verhältnismäßigkeitsprinzip bzw. allgemeinen Billigkeitserwägungen. Im deutschen Recht ist diese Wertung dem § 51 Abs. 3 StGB zu entnehmen.

Allerdings kann diese Rechtsprechung auf der **Grundlage von Art. 50 Grund-** **107** **rechtecharta** nicht mehr aufrechterhalten werden. Da die EU nun selbst unmittelbar an ein transnational geltendes Doppelbestrafungsverbot gebunden ist, muss im Verhältnis zwischen Sanktion auf Unionsebene und Sanktion auf mitgliedstaatlicher Ebene die vorgängige Entscheidung jeweils anerkannt werden, so dass parallele oder nachgeschaltete Verfahren zukünftig grundsätzlich ausgeschlossen sind.

4 Übungsfall

Otto verdient sein Geld als Drogenkurier. Am 15. August 2005 transportiert er ein Kilo- **108** gramm Kokain von Traunstein nach Salzburg. In Österreich wird er am 17. August 2005 verhaftet und einen Monat später wegen „unerlaubter Einfuhr von Betäubungsmitteln" zu einer Haftstrafe von drei Jahren verurteilt. Nach vorzeitiger Entlassung kehrt er Ende 2007 nach München zurück, wo er von der Polizei verhaftet wird. Das LG München I verurteilt O zu zwei Jahren Haft wegen „unerlaubter Ausfuhr von Betäubungsmitteln" am 15. August 2005. In der Revision vor dem BGH fragt sich der zuständige Richter, ob hier nicht der EuGH eingeschaltet werden müsste. Prüfen Sie, ob eine Vorlage an den EuGH möglich wäre und ob das Urteil des LG München I gegen Europarecht verstößt.

I. Zulässigkeit der Vorlage nach Art. 19 Abs. 3 lit. b) EUV i. V. m. Art. 2 I UA 3, 4 Schengen-Protokoll

Die Zulässigkeitsvoraussetzungen des Vorlageverfahrens ergeben sich vorbehaltlich der Bedingungen des Art. 19 Abs. 3 lit. b) EUV aus Art. 267 AEUV.

1. Zuständigkeit

Der EuGH ist nach Art. 19 Abs. 3 lit. b) EUV i. V. m. Art. 267 UA 1 lit. b) AEUV für Auslegungsfragen des SDÜ im Vorabentscheidungsverfahren zuständig.

2. Vorlageberechtigung

Vorlageberechtigt ist jedes innerstaatliche Gericht; das jeweils letztinstanzliche Gericht ist zur Vorlage verpflichtet, Art. 267 UA 2 und 3 AEUV.[157] Der BGH müsste demnach die Auslegungsfrage dem EuGH vorlegen.

3. Vorlagegegenstand

Zulässiger Vorlagegegenstand sind Fragen im Zusammenhang mit der Auslegung des SDÜ. Problematisch ist hier die Frage, ob es sich bei „Ein- und Ausfuhr" um „dieselbe Tat" i. S. von Art. 54 SDÜ handelt. Somit liegt ein tauglicher Gegenstand vor.

4. Entscheidungserheblichkeit

Die Einschätzung der Erheblichkeit ist grundsätzlich Angelegenheit des vorlegenden Gerichts (vgl. EuGHE 2003, I-14527 Rn. 74, 4.12.2003, Rs. C-448/01 „EVN und Wienstrom"). Die Vorlagefrage wäre nur dann nicht entscheidungserheblich, wenn die Frage ersichtlich in keinem Zusammenhang zur Realität oder zum Ausgangsrechtsstreit steht, es

---

[157] Vgl. *Haratsch/Koenig/Pechstein* (2010), Rn. 563.

sich um eine rein hypothetische Frage handelt oder der Sachverhalt vom EuGH bereits entschieden wurde (EuGHE 2006, I-6471 11.7.2006, Rs. C-13/05 „Chacón Navas"). Das ist hier allerdings nicht der Fall.

5. Vorlagefrage

Der EuGH ist nicht berechtigt, das Gemeinschaftsrecht auf einen bestimmten Sachverhalt anzuwenden; er kann allerdings bei seiner Auslegung, soweit dies dem innerstaatlichen Gericht dienlich ist, den Sachverhalt, wie er sich aus den Akten ergibt, bei der Auslegung des Gemeinschaftsrechts heranziehen. Dieses Recht ergibt sich aus der in Art. 267 AEUV begründeten Zusammenarbeit zwischen dem EuGH und den nationalen Gerichten.[158] Eine Vorlagefrage könnte demnach lauten: „Was ist unter ‚derselben' Tat i. S. v. Art. 54 SDÜ zu verstehen? Insbesondere: Ist die Ausfuhr von einem Kilogramm Kokain aus Deutschland dieselbe Tat wie die Einfuhr dieses Kilogramms nach Österreich?"[159]

Das Vorlageverfahren ist somit zulässig.

II. Begründetheit der Vorlage

Möglicherweise liegt hier ein Verstoß gegen Art. 54 SDÜ vor. Dazu müssten drei Elemente erfüllt sein: (1) Es muss eine rechtskräftige Verurteilung in einem Mitgliedstaat vorliegen; (2) es muss sich dabei um dieselbe Tat handeln; (3) das Vollstreckungselement muss gegeben sein.

1. Rechtskräftige Aburteilung

Diese Voraussetzung ist hier erfüllt, weil O in Österreich zu einer Haftstrafe von drei Jahren verurteilt worden ist. Fraglich ist diese Bedingung vor allem dann, wenn kein formales Urteil vorliegt, sondern auf anderem Wege das Verfahren nach nationalem Recht endgültig beendet wird (siehe oben Rn. 101).

2. „Dieselbe Tat"

Die Auslegung dieses Elements ist insoweit problematisch, als die nationalen Tatbegriffe teilweise stark divergieren. Der EuGH entwickelt deshalb einen eigenständigen, materiellen Tatbegriff und stellt darauf ab, ob sich das Geschehen als Komplex von Tatsachen darstellt, die in zeitlicher und räumlicher Hinsicht sowie nach ihrem Zweck unlösbar miteinander verbunden sind.[160] Der hier vorliegende Fall der „Ein- und Ausfuhr" von Betäubungsmitteln am 15. August 2005 bildet einen einheitlichen Tatvorgang, der nicht getrennt voneinander betrachtet werden kann. Es handelt sich demnach um dieselbe Tat.

3. Vollstreckungselement

Nach Art. 54 SDÜ ist es weiterhin erforderlich, dass die Sanktion bereits vollstreckt worden ist, gerade vollstreckt wird oder nach dem Recht des Urteilsstaats nicht mehr vollstreckt werden kann. Im vorliegenden Fall ergibt sich die Frage, ob die vorzeitige Entlassung des O aus der Haft in Österreich Auswirkungen auf diese Voraussetzungen hat. Es ist davon auszugehen, dass mit der Aussetzung des Strafrestes zur Bewährung die Strafe noch nicht endgültig vollstreckt ist. Allerdings wird sie bis zum Ablauf der Bewährungszeit gerade vollstreckt.[161] Das ergibt sich auch aus dem Sinn und Zweck des Vollstreckungselements, durch das verhindert werden soll, dass der sich der Strafvollstreckung Entziehende vom „ne bis in idem"-Grundsatz profitieren kann.

---

[158] Vgl. dazu EuGH, Rs. C-150/05, Slg. 2006, I-9327, Rn. 37 – *van Straaten*.

[159] Vgl. EuGH, Rs. C-150/05, Slg. 2006, I-9327, Rn. 30 – *van Straaten*.

[160] EuGH, Rs. C-436/04, Slg. 2006, I-2333 – *van Esbroeck*.

[161] EuGH, Rs. C-288/05, Slg. 2007, I-6441 – *Kretzinger*.

Die Vorlagefrage ist daher wie folgt zu beantworten:

„Die strafbaren Handlungen, die in der Ausfuhr und der Einfuhr derselben Betäubungsmittel bestehen und in verschiedenen Vertragsstaaten dieses Übereinkommens strafrechtlich verfolgt worden sind, sind grundsätzlich als „dieselbe Tat" im Sinne des genannten Artikels 54 SDÜ anzusehen, wobei die abschließende Beurteilung Sache der zuständigen nationalen Gerichte ist."[162]

Literatur

Ahlbrecht, Der Rahmenbeschluss-Entwurf der Europäischen Beweisanordnung – eine kritische Bestandsaufnahme, NStZ 2006, 70

Allegrezza, Critical remarks on the Green Paper on Obtaining Evidence in Criminal Matters from one Member state to another and Securing its Admissibility, ZIS 2010, 589

Ambos, Transnationale Beweiserlangung – 10 Thesen zum Grünbuch der EU-Kommission „Erlangung verwertbarer Beweise in Strafsachen aus einem anderen Mitgliedstaat", ZIS 2010, 557

Anagnostopoulos, Ne bis in idem in der EU: Offene Fragen, FS Hassemer, 2010, S.1121

Bachmaier Winter, European investigation order for obtaining evidence in the criminal proceedings – Study of the proposal for a European directive, ZIS 2010, 580

Baldus, Europol und Demokratieprinzip, ZRP 1999, 263

Beaucamp, Primärrechtsschutz gegen Maßnahmen des Europäischen Polizeiamts, DVBl 2007, 806

Biehler, Konkurrierende nationale und internationale strafrechtliche Zuständigkeit und das Prinzip ne bis in idem, ZStW 116 (2004), S. 256

Böhm, Das neue Europäische Haftbefehlsgesetz, NJW 2006, 2529

Bohnert/Lagodny, Art. 54 SDÜ im Lichte der nationalen Wiederaufnahmegründe – Zugleich Besprechung von BGH, Urteil vom 10.6.1999 – 4 StR 87/98, NStZ 2000, 636

Böse, Das Prinzip der gegenseitigen Anerkennung in der transnationalen Strafrechtspflege der EU – Die „Verkehrsfähigkeit" strafgerichtlicher Entscheidungen, in: Momsen/Bloy/Rackow, Fragmentarisches Strafrecht, Beiträge zum Strafrecht, Strafprozessrecht und zur Rechtsvergleichung, 2003, 233

ders., Der Grundsatz „ne bis in idem" in der Europäischen Union, GA 2003, 744

ders., Die Immunität von Europol – ein unterschätztes Verfolgungshindernis?, NJW 1999, 2416

Braum, Das Prinzip der gegenseitigen Anerkennung – Historische Grundlagen und Perspektiven europäischer Strafrechtsentwicklung, GA 2005, 681

Braum, Die Informalität europäischer Betrugsermittlung, wistra 2005, 401

Brüner/Spitzer, Der Europäische Staatsanwalt – ein Instrument zur Verbesserung des Schutzes der EU-Finanzen oder ein Beitrag zur Verwirklichung eines Europas der Freiheit, der Sicherheit und des Rechts?, NStZ 2002, 393

Brüner/Spitzer, Kosmetischer Eingriff oder Großer Wurf?, EuR 2008, 859

Burchard/Brodowski, Art. 50 Charta der Grundrechte der Europäischen Union und das europäische ne bis in idem nach dem Vertrag von Lissabon, StraFo 2010, 179

Busemann, Freie Verkehrsfähigkeit von Beweisen statt Garantien für das Strafverfahren?, ZIS 2010, 552

Dannecker, Die Garantie des Grundsatzes „ne bis in idem" in Europa, FS Kohlmann, 2003, S. 593

Engel, Befugnis, Kontrolle und Entwicklung von Europol, 2006

Esser, Der Beitrag von Eurojust zur Bekämpfung des Terrorismus in Europa, GA 2004, 711

Esser/Herbold, Neue Wege für die justizielle Zusammenarbeit in Strafsachen – Das Eurojust-Gesetz, NJW 2004, 2421

---

[162] Vgl. dazu EuGH, Rs. C-150/05, Slg. 2006, I-9327, Rn. 53 – *van Straaten.*

Fastenrath/Skerba, Sicherheit im Schengen-Raum nach dem Wegfall der Grenzkontrollen – Mechanismen und rechtliche Probleme grenzüberschreitender polizeilicher und justizieller Zusammenarbeit, ZEuS 2009, 219

Fawzy, Die Errichtung von Eurojust – Zwischen Funktionalität und Rechtsstaatlichkeit, 2005

Freyer, Europol, Kriminalistik 2003, 80

Frowein/Krisch, Der Rechtsschutz gegen Europol, JZ 1998, 589

Fuchs, Bemerkungen zur gegenseitigen Anerkennung justizieller Entscheidungen, ZStW 116 (2004), S. 368

Gleß, Beweisrechtsgrundsätze einer grenzüberschreitenden Strafverfolgung, 2006

dies., Das Europäische Amt für Betrugsbekämpfung (OLAF), EuZW 1999, 618

dies., Europa – eine Herausforderung für die Strafverteidigung, StV 2010, 400

dies., Kontrolle über Europol und seine Bediensteten, EuR 1998, 748

dies., Europol, NStZ 2001, 623

dies., Zum Prinzip der gegenseitigen Anerkennung, ZStW 116 (2004), S. 353

dies./Grote/Heine (Hrsg.), Justizielle Einbindung und Kontrolle von Europol, 2001

dies./Lüke, Rechtsschutz gegen grenzüberschreitende Strafverfolgung in Europa, Jura 2000, 400

dies./Lüke, Strafverfolgung über die Grenzen hinweg – Formen der Zusammenarbeit europäischer Länder zur Kriminalitätsbekämpfung, Jura 1998, 70

dies, Rechtsschutz gegen grenzüberschreitende Strafverfolgung in Europa, Jura 2000, 400

Hauck, Richterlicher Anpassungsbedarf durch den EU-Rahmenbeschluss zur Anerkennung strafgerichtlicher Entscheidungen in Abwesenheit des Angeklagten?, JR 2009, 141

Hecker, Das Prinzip „Ne bis in idem" im Schengener Rechtsraum (Art. 54 SDÜ), StV 2001, 306

ders., Europäisches Strafrecht: Transnationales Doppelbestrafungsverbot, JuS 2010, 176

Heine, Europol und Europäisierung des Rechts – Grundprobleme und Perspektiven, auch für die Schweiz, in: FS Trechsel, 2002, S. 237

Hetzer, Fight against Fraud and Protection of Fundamental Rights in the European Union, EurJCr. 2006, 20

Hummer, Der Vertrag von Prüm – „Schengen III" ?. EuR 2007, 517

Jagla, Auf dem Weg zu einem zwischenstaatlichen ne bis in idem im Rahmen der Europäischen Union, 2007

Jung, Internationalisierung des Grundsatzes *ne bis in idem*, FS Schüler-Springorum, 1993, S. 493

Juppe, Die gegenseitige Anerkennung strafrechtlicher Entscheidungen in Europa, 2007

Kahlke, Eurojust – Auf dem Weg zu einer Europäischen Staatsanwaltschaft? – Die justizielle Zusammenarbeit in Strafsachen innerhalb der Europäischen Union, 2004

Kaifa-Gbandi, Aktuelle Strafrechtsentwicklung in der EU und rechtsstaatliche Defizite, ZIS 2006, 521

Klitsch, Der neue EU-Rahmenbeschluss zu Abwesenheitsverurteilungen – ein Appell zur Revision, ZIS 2009, 11

Kniebühler, Transnationales „ne bis in idem", 2005

Kotzurek, Gegenseitige Anerkennung und Schutzgarantien bei der Europäischen Beweisanordnung, ZIS 2006, 123

Kretschmer, Das Urteil des BVerfG zum Europäischen Haftbefehlsgesetz, Jura 2005, 780

ders., Europol, Eurojust, OLAF – was ist das und was dürfen die?, Jura 2007, 169

Krüßmann, Grenzüberschreitender Beweistransfer durch Europäische Beweisanordnung, StraFo 2008, 458

Kuhl/Spitzer, Das Europäische Amt für Betrugsbekämpfung (OLAF), EuR 2000, 671

Lagodny, Teileuropäisches „ne bis in idem" durch Art. 54 SDÜ, NStZ 1997, 265

Mansdörfer, Das Prinzip des ne bis in idem im europäischen Strafrecht, 2004

Manske, Das „Europol-Informations-System" (Europol-IS), Kriminalistik 2001, 105

Milke, Europol und Eurojust: zwei Institutionen zur internationalen Verbrechensbekämpfung und ihre justitielle Kontrolle, 2003

Niemeier/Walter, Neue Rechtsgrundlage für Europol, Kriminalistik 2010, 17

Niestedt/Boeckmann, Verteidigungsrechts bei internen Untersuchungen des OLAF – das Urteil Franchet und Byk des Gerichts erster Instanz und die Reform der Verordnung (EG) Nr. 1073/1999, EuZW 2009, 70

Nürnberger, Die zukünftige Europäische Staatsanwaltschaft – Eine Einführung, ZJS 2009, 494

Petri, Europol – Grenzüberschreitende polizeiliche Tätigkeit in Europa, 2001

Plöckinger/Leidenmühler, Zum Verbot doppelter Strafverfolgung nach Art. 54 SDÜ, wistra 2003, 81

Pohl, Vorbehalt und Anerkennung: Der Europäischen Haftbefehl zwischen Grundgesetz und europäischem Primärrecht, 2009

Radtke, Der Europäische Staatsanwalt – Ein Modell für Strafverfolgung in Europa mit Zukunft, GA 2004, 1

Radtke/Busch, Transnationaler Strafklageverbrauch in der Europäischen Union – EuGH, Urt. v. 11.2.2003, NStZ 2003, 281

Ratzel, Europol – das Europäische Polizeiamt, Kriminalistik 2007, 284

Roger, Europäisierung des Strafverfahrens – oder nur der Strafverfolgung?, GA 2010, 27

Rohlff, Der Europäische Haftbefehl, 2003

Satzger, Strafverteidigung in einem veränderten europäischen und internationalen Umfeld – neue Herausforderungen für einen Berufsstand, in: FS Widmaier, 2009, S. 551

Scheuermann, Das Prinzip der gegenseitigen Anerkennung im geltenden und künftigen Europäischen Strafrecht, 2009

Schierholt, Stellungnahme zum Grünbuch der Europäischen Kommission zur Erlangung verwertbarer Beweise in Strafsachen aus einem anderen Mitgliedstaat, ZIS 2010, 567

Schomburg, Internationales „ne bis in idem" nach Art 54 SDÜ – Zugleich eine Anmerkung zu einem Urteil des OLG Saarbrücken v 16-12-1996 – Ss 90/95 122/95, StV 1997, 383

ders., Justizielle Zusammenarbeit im Bereich des Strafrechts in Europa: EUROJUST neben Europol!, ZRP 1999, 263

ders., Strafrecht und Rechtshilfe im Geltungsbereich von Schengen II, NJW 1995, 1931

Schünemann, Die Entscheidung des BVerfG zum Europäischen Haftbefehl, StV 2005, 681

ders./Roger, Stellungnahme zum Grünbuch der EU-Kommission „Erlangung verwertbarer Beweise in Strafsachen aus einem anderen Mitgliedstaat" (KOM [2009] 624 endg.), ZIS 2010, 92

Schuster, Europäisierung der Polizeiarbeit, Kriminalistik 2000, 78

Specht, Die zwischenstaatliche Geltung des Grundsatzes *ne bis in idem*, 1999

Spencer, The Green Paper on obtaining evidence from one Member state to another and securing its admissibility: the Reaction of one British lawyer, ZIS 2010, 602.

Staudigl/Weber, Europäische Bewährungsüberwachung, NStZ 2008, 17

Stein, Zum europäischen ne bis in idem nach Artikel 54 des Schengener Durchführungsübereinkommens, 2004

Stiegel, Grünbuch der Kommission zur Schaffung einer Europäischen Staatsanwaltschaft, ZRP 2003, 172

Suhr, Die polizeiliche und justizielle Zusammenarbeit in Strafsachen nach dem „Lissabon"-Urteil des Bundesverfassungsgerichts

Thomas, Das Recht auf Einmaligkeit der Strafverfolgung, 2002

Tuffner, Das Schengener Informationssystem (SIS), Kriminalistik 2000, 39

Vogel, Europäischer Haftbefehl und deutsches Verfassungsrecht, JZ 2005, 801

v. Heintschel-Heinegg/Rohloff, Der Europäische Haftbefehl, GA 2003, 44

Vogel, Internationales und europäisches ne bis in idem, FS Schroeder, 2006, S. 877

von Arnauld, Die Europäisierung des Rechts der inneren Sicherheit, JA 2008, 327

von Bubnoff, Institutionelle Kriminalitätsbekämpfung in der EU – Schritte auf dem Weg zu einem europäischen Ermittlungs- und Strafverfolgungsraum, ZEuS 2002, 185

Voß, Europol – Polizei ohne Grenzen? – Strafrechtliche Immunitätenregelungen und Kontrolle von Europol, 2003

Weitendorf, Die interne Betrugsbekämpfung in den Europäischen Gemeinschaften durch das Europäische Amt für Betrugsbekämpfung (OLAF), 2007

Würz, Das Schengener Durchführungsübereinkommen, 1997

Zöller, Die transnationale Geltung des Grundsatzes ne bis in idem nach dem Vertrag von Lissabon, FS Krey, 2010, S. 501

§ 13 Europäische Menschenrechtskonvention

A Entstehung und Bedeutung der EMRK

Das **Europäische Strafrecht** beschränkt sich, wie bereits eingangs erwähnt (§ 9   **1**
Rn. 5, 6), nicht nur auf das Unionsrecht und dessen Einfluss auf das nationale
Recht. Zum Europäischen Strafrecht im weiteren Sinne zählt auch die EMRK, die
nicht dem Europäisierungsprozess, wie er sich im Rahmen der EG und der EU entwickelte, angehört, sondern auf völkerrechtlicher Basis ein **eigenständiges System
des Menschenrechtsschutzes** bildet, das erheblichen Einfluss auf die nationalen
(Straf-)Rechtsordnungen ausübt.

Die EMRK ist eines der erfolgreichsten völkerrechtlichen Dokumente der jüngeren Geschichte. In insgesamt 47 Mitgliedstaaten schützt die EMRK die Menschenrechte von etwa **800 Millionen Menschen**. Das Besondere dieser Konvention
liegt aber nicht nur in ihrer breiten Zustimmung, sondern ist vor allem darin begründet, dass sie für jeden Bürger der Mitgliedstaaten die Möglichkeit einer Individualbeschwerde zum Europäischen Gerichtshof für Menschenrechte in Straßburg
(EGMR) bietet und damit die **Effektivität des Menschenrechtsschutzes** im Vergleich zu anderen Konventionen erheblich verstärkt.

Die EMRK ist organisatorisch eingebettet in den **Europarat**, dessen Geschichte,
Struktur und Organisation kurz erläutert werden soll, bevor auf die EMRK, ihre
einzelnen Gewährleistungen und die Durchsetzung näher eingegangen wird.

I Europarat

1 Geschichte

Der Europarat ist eine internationale Organisation, die am 05.05.1949 in Straßburg   **2**
gegründet wurde.[1] Dieser Gründungsakt stellt einen der ersten Schritte hin zur Errichtung eines gemeinsamen Europäischen Hauses dar, um durch eine starke euro-

---

[1] *Ehlers*, Jura 2000, 372, 373.

C. Safferling, *Internationales Strafrecht,*   531
DOI 10.1007/978-3-642-14914-6_13, © Springer-Verlag Berlin Heidelberg 2011

päische Vernetzung in Organisationen aber auch im **Bekenntnis zu gemeinsamen Grundwerten**, eine Wiederholung der Zerstörung durch die zwei Weltkriege zu verhindern. Bereits Ende der 1940er Jahre verbreitete sich indes auch die Ansicht, Westeuropa als Gegenblock zum sowjetischen totalitären Kommunismus zusammenzuführen.[2] Die Institution des Europarates darf aber nicht mit dem Rat („Ministerrat") oder dem Europäischen Rat verwechselt werden.[3]

Gem. Art. 1 der Satzung ist Ziel des Europarates eine engere Verbindung bzw. **Zusammenarbeit** zwischen den Mitgliedstaaten zum Schutze und zur Förderung der Ideale und Grundsätze, insbesondere der Menschenrechte und Grundfreiheiten. Mangels Übertragung von Hoheitsrechten durch die Vertragsstaaten besitzt der Europarat aber anders als die EU keine eigene Rechtssetzungsbefugnis.

3   Eine Voraussetzung der **Mitgliedschaft** ist gem. Art. 3 der Satzung die Verpflichtung zur Rechtsstaatlichkeit. Momentan umfasst diese internationale Organisation 47 Vertragsstaaten; möglich ist es auch, einen „Beobachterstatus" einzunehmen (z. B. Kanada, Israel und Mexiko). Die geographische Ausdehnung erstreckt sich damit von der Atlantikküste bis zur Pazifikküste, vom nördlichen Polarkreis bis zum Kaukasus.

Das Europa des Europarates

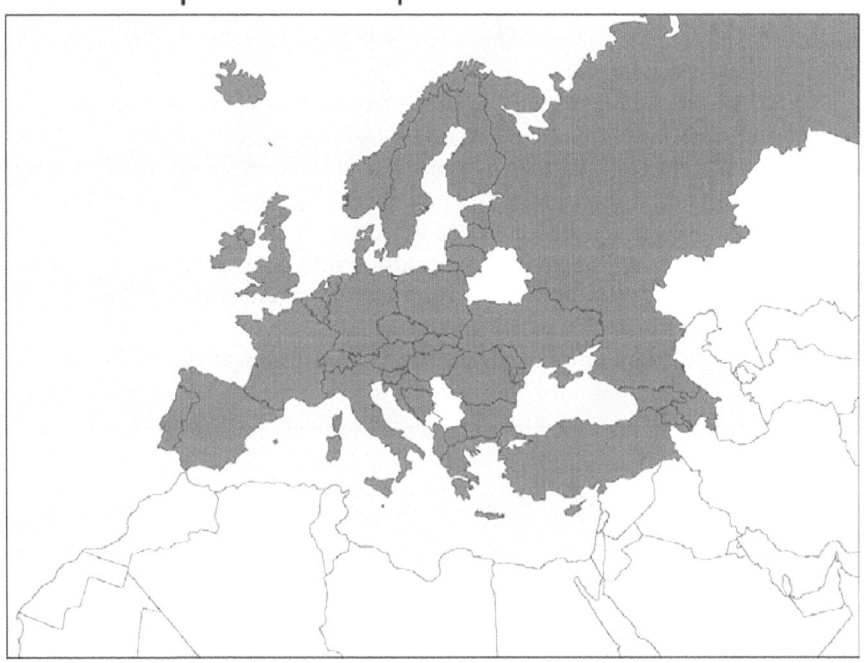

■ Mitgliedstaaten des Europarates

---

[2] Vgl. *Grote,* in: Grote/Marauhn (2006), Kap. 1 Rn. 10.
[3] Siehe dazu die Grundlagen in Kapitel 5.

2 Organisation und Struktur

Die Organe des Europarates sind das **Ministerkomitee**, die **parlamentarische Ver-** 4
sammlung (Art. 10 der Satzung) und der **Kongress** der Gemeinden und Regionen
Europas; zu deren Unterstützung gibt es noch ein gemeinsames Sekretariat.

Der Europäische Gerichtshof für Menschenrechte (EGMR) sowie das Anti-
Folter-Komitee sind hingegen keine Organe des Europarates, sondern Organe der
sie tragenden **Konventionen** (EMRK bzw. Anti-Folter-Konvention).

3 Aktivitäten mit Bezug zum Strafrecht

Neben der EMRK, die einen erheblichen Einfluss auf das Strafrecht hat, aber kein 5
originär strafrechtliches Dokument darstellt, sind im Rahmen des Europarates eine
beachtliche Reihe Verträge mit strafrechtlichen Bezügen verabschiedet worden.
Keines dieser Dokumente hat die Bedeutung der EMRK erlangt, gleichwohl sind
sie innerstaatlich nach entsprechender Ratifizierung zu beachten. Zu den materiell-
rechtlichen Abkommen zählen:

- **Folterverbot**: Zusätzlich zu Art. 3 EMRK wurde am 26.11.1987 ein Europäisches Übereinkommen zur Verhütung von Folter und unmenschlicher oder er-
  niedrigender Behandlung oder Strafe geschlossen.[4] Zur Überwachung wurde ein
  „Ausschuss" eingesetzt.[5]
- **Geldwäsche**: Übereinkommen über Geldwäsche sowie Ermittlungen, Beschlagnahme und Einziehung von Erträgen aus Straftaten vom 08.11.1990.[6]
- **Terrorismus**: Übereinkommen zur Bekämpfung des Terrorismus vom
  27.01.1977[7] nebst Änderungsprotokoll vom 15.05.2003[8]; Übereinkommen zur
  Terrorismusprävention vom 16.05.2005[9]; Übereinkommen über Geldwäsche,
  Terrorismusfinanzierung sowie Ermittlungen, Beschlagnahme und Einziehung
  von Erträgen aus Straftaten vom 16.05.2005.[10]
- **Biomedizin**: Übereinkommen über Menschenrechte und Biomedizin vom
  04.04.1997.[11]

---

[4] BGBl. 1989 II, 946; BGBl. 1990 II, 491, in der aktuellen Fassung vom 01.03.2002 in BGBl.
2002 II, 1019.

[5] Vgl. Art. 1 Europ. Anti-Folter-Übereinkommen; dazu *Cassese* (1996).

[6] BGBl. 1998 II, 519 ff.

[7] BGBl. 1978 II, 321 ff.

[8] Council of Europe Treaty Series No. 190, abrufbar unter: http://conventions.coe.int/Treaty/
Commun/QueVoulezVous.asp?NT=190&CM=8&DF=08/09/2010&CL=GER.

[9] Council of Europe Treaty Series No. 196, abrufbar unter: http://conventions.coe.int/Treaty/
Commun/QueVoulezVous.asp?NT=196&CM=8&DF=08/09/2010&CL=GER.

[10] Council of Europe Treaty Series No. 198, abrufbar unter: http://www.conventions.coe.int/
Treaty/Commun/QueVoulezVous.asp?NT=198&CM=1&DF=08/09/2010&CL=ENG.

[11] Council of Europe Treaty Series No. 164, abrufbar unter: http://conventions.coe.int/Treaty/
Commun/QueVoulezVous.asp?NT=164&CM=8&DF=08/09/2010&CL=GER.

- **Cybercrime**: Übereinkommen über Datennetzkriminalität vom 23.11.2001.[12]

6 Die verfahrensrechtlichen Abkommen betreffen zumeist den Bereich der Zusammenarbeit in Strafsachen. Dazu gehören:

- Europäisches **Auslieferungsübereinkommen** vom 13.12.1957.[13]
- Europäisches **Rechtshilfeübereinkommen** vom 20.04.1959.[14]
- Europäisches Übereinkommen über die internationale Geltung von Strafurteilen vom 28.05.1970.[15]
- Übereinkommen über die **Überstellung** verurteilter Personen vom 21.03.1983.[16]
- Übereinkommen über die **Entschädigung** für Opfer von Gewalttaten vom 24.11.1983.[17]

II Die EMRK

7 Am 04.11.1950 wurde in Rom die EMRK verabschiedet. Sie trat am 03.09.1953 in Kraft. Bei der EMRK handelt es sich um das **bedeutendste völkerrechtliche Abkommen**, das im Rahmen des Europarates abgeschlossen wurde. Die Entstehung ist eng verknüpft mit den Erfahrungen der systematischen Menschenrechtsverletzungen durch das NS-Regime in Deutschland insbesondere während des 2. Weltkriegs.[18] Die Einsicht, dass das nationale Recht nicht ausreicht, um die fundamentalen Grundwerte des menschlichen Miteinanders zu wahren, beförderte die Anstrengungen, in einem verbindlichen Dokument supranational Mindeststandards an Menschenrechten festzulegen.

Die EMRK stellt die erste **rechtsverbindliche internationale Menschenrechtskodifikation** dar. Sie wird durch 14 Zusatzprotokolle ergänzt, die teils materiellrechtliche, teils verfahrensrechtliche Regelungen enthalten.[19]

1 Durchsetzung der Verpflichtungen

8 Die Einhaltung der Verpflichtungen aus der EMRK durch die Vertragsstaaten wird durch eine **Individual- bzw. Staatenbeschwerde** (Art. 34 bzw. 33 EMRK) kontrolliert. Diese Beschwerden können vor dem Europäischen Gerichtshof für Menschen-

---

[12] BGBl. 2008 II, 1242.

[13] BGBl. 1964 II, 1370 ff.

[14] BGBl. 1964 II, 1386 ff.

[15] Council of Europe Treaty Series No. 70, abrufbar unter: http://conventions.coe.int/Treaty/Commun/QueVoulezVous.asp?NT=070&CM=8&DF=08/09/2010&CL=GER.

[16] BGBl. 1991 II, 1007.

[17] BGBl. 1996 II, 1120 f.; BGBl. 1997 II, 740.

[18] Vgl. *Grabenwarter* (2009), § 1 Rn. 1.

[19] Vgl. *Grabenwarter* (2009), § 1.

rechte (EGMR) in Straßburg erhoben werden[20], dessen Entscheidung dann für die betreffenden Staaten rechtsverbindlich ist (Art. 46 Abs. 1 EMRK).[21]

In der Praxis sind Staatenbeschwerden eher selten, allerdings kann ihnen eine große politische Funktion zukommen. Zu beachten ist aber, dass der EGMR erst dann angerufen werden kann, wenn der **innerstaatliche Instanzenzug** ausgeschöpft wurde und keine Rechtsbehelfe mehr verbleiben (auch keine Verfassungsbeschwerde), vgl. Art. 35 Abs. 1 EMRK.[22]

Der EGMR stellt keine „**Superrevisionsinstanz**" dar, so dass nationale Urteile oder Verwaltungsakte durch eine Entscheidung des Gerichtshofes nicht unmittelbar aufgehoben werden.[23] Der EGMR kann mangels Exekutivbefugnissen nur Restitution in Form von Entschädigungszahlungen gegen die handelnden Staaten verhängen. Vielmehr sind die Mitgliedstaaten dazu verpflichtet, den festgestellten Rechtsverstoß abzustellen und zukünftig vergleichbare Verstöße zu unterlassen. Die **Bindungswirkung** besteht zunächst nur „*inter partes*", also zwischen den Verfahrensbeteiligten (s. u. Rn. 22 ff.). Das nationale Recht kann hingegen weder durch die Konventionsgarantien noch von den Urteilen des EGMR verdrängt werden. Die innerstaatlichen Stellen trifft aber eine Pflicht zur konventionskonformen Auslegung und Anwendung nationaler Normen, soweit diese einer derartigen Interpretation zugänglich sind. Letztlich ist jedoch der Gesetzgeber dafür verantwortlich, eine konventionskonforme Rechtslage herzustellen.[24]

9

2 Verhältnis zur Europäischen Union

a) Bisherige Rechtslage

Art. 6 Abs. 2 EUV a. F. stellte klar, dass die Union die Grundrechte im Sinne der Konvention „achtet".[25] Erstaunlich erscheint zunächst, dass weder die (alte) EG noch die EU die EMRK ratifiziert hat, wohl aber ihre Mitgliedstaaten. Der Grund hierfür liegt allerdings darin, dass die Konvention die Aufnahme einer internationalen Organisation nicht vorsieht (s. Art. 59 Abs. 1 EMRK) und der EG/EU-Vertrag **keine ausdrückliche Kompetenz** zum Abschluss eines Vertrages für den Bereich der Menschenrechte vorsah. Weiterhin würde ein solcher Beitritt über die Grenzen des alten Art. 308 EG[26] hinausgehen und eine Vertragsänderung erfordern. Der EU

10

---

[20] Zur Zulässigkeit der Individualbeschwerde s. unten Rn. 26.

[21] *Eisele,* JA 2005, 390, 392.

[22] *Ipsen* (2010), Rn. 46.

[23] *Ambos* (2008), § 11 Rn. 100.

[24] *Diehm* (2006), S. 100 ff.

[25] Diese Klausel hat sich aus der Rechtsprechung des EuGH entwickelt, der die Gemeinschaftsgrundrechte aus den allgemeinen Rechtsgrundsätzen entwickelt hat, vgl. etwa EuGH, Rs. C-4/73, Slg. 1974, 491, Rn. 13 – *Nold/Kommission;* Dazu auch *Grabenwarter* (2009), § 4 Rn. 2.

[26] Nun Art. 308 AEUV.

fehlte es vor den Änderungen durch den Vertrag von Lissabon zudem an Rechtssubjektivität für den Abschluss eines (derartigen) völkerrechtlichen Vertrages.[27]

b) Änderungen durch den Reformvertrag von Lissabon

11   Nach der im Zuge des Vertrags von Lissabon eingetretenen Änderung des EU-Vertrages, sieht dieser in Art. 6 Abs. 2 EU nunmehr einen **Beitritt** der Europäischen Union zur EMRK vor. Weiterhin sieht Art. 6 Abs. 3 EU vor, dass die Grundrechte der EMRK als allgemeine Grundsätze Teil des Unionsrechts sind. Das bringt in der Sache jedoch keine Veränderung zur vorherigen Praxis.[28]

12   Für einen Beitritt der EU werden allerdings **einige Änderungen** innerhalb der EMRK erforderlich.[29] Dieser können nämlich nach Art. 59 Abs. 1 EMRK bisher lediglich Mitglieder des Europarates angehören. Der Europarat hat jedoch auf dieses Hindernis bereits reagiert und einen neuen Absatz 2 an Art. 59 EMRK eingefügt, der schlicht besagt: „Die Europäische Union kann dieser Konvention beitreten".[30] Der Rat der EU – Justiz und Inneres – hat bereits ein Verhandlungsmandat beschlossen, so dass offizielle Verhandlungen zum Beitritt der EU zur EMKR Anfang Juli 2010 beginnen konnten.[31]

13   Im Rahmen dieser Übereinkunft bzgl. des Beitritts der EU zur EMRK wird die Union dafür Sorge tragen, dass die besonderen Merkmale der EU und des Unionsrechts in Bezug auf die Beteiligung der EU in den Kontrollgremien der EMRK angemessen repräsentiert sind. Zudem will die Union sicherstellen, dass **Individualbeschwerden** sowie Beschwerden von Nichtmitgliedstaaten der Union und ihren Mitgliedstaaten ordnungsgemäß übermittelt werden. Letztlich soll die Übereinkunft auch die Zuständigkeiten der Union sowie die Befugnisse ihrer Organe unberührt lassen.[32]

c) Verhältnis der EMRK zur Grundrechtecharta

14   Die EU-Grundrechtecharta vom 07.12.2000[33] ist nach Art. 6 Abs. 1 EU Bestandteil der Primärquellen des EU-Rechts. Sie ist gleichsam der **Grundrechtskatalog** der EU, ähnlich den Art. 1–20 GG.

---

[27] Vgl. EuGH, Rs. C-2/94, Gutachten 2/94, Beitritt der Gemeinschaft zur Konvention zum Schutz der Menschenrechte und Grundfreiheiten, Slg. 1996, I-1759; Vgl. *Grabenwarter* (2009), § 4.

[28] Vgl. *Grabenwarter* (2009), § 4 Rn. 4.

[29] Einzelheiten dazu bei *Brodowski*, ZIS 2010, 749 ff.

[30] *Streinz/Ohler/Herrmann* (2010), S. 132.

[31] Vgl. dazu *Brodowski*, ZIS 2010, 376, 377, 749 m. w. N.

[32] Siehe das Protokoll Nr. 8 zum Vertrag von Lissabon über Art. 6 Abs. 2 EU über den Beitritt der EU zur EMRK.

[33] EU-Grundrechtecharta v. 07.12.2000 in der Fassung vom 12.12.2007.

Zugleich binden die Konventionsrechte als die **gemeinsame Verfassungstradi-tion** der Mitgliedstaaten auch die EU und ihre Organe, was durch einen Beitritt be-stätigt wird. Damit unterwirft sich die juristische Person EU der gleichen externen Kontrolle wie jeder Mitgliedstaat. Das Verhältnis der EMKR zur Grundrechtecharta ist demnach parallel zu dem Verhältnis der EMRK zu den Grundrechten des Mit-gliedstaates (s. dazu untern Rn. 18).

Die inhaltliche **Verwobenheit** der einzelnen Rechte in der Charta und der Kon-vention ergibt sich nicht nur aus der Entstehungsgeschichte der Charta, sondern auch daraus, dass zur Auslegung der Charta nach Art. 5 der Präambel auch die Rechtsprechung des EGMR als Rechtsquelle genannt wird. Damit dürfte eine weit-gehende inhaltliche Übereinstimmung der beiden Dokumente einhergehen.[34]   **15**

d) Verhältnis zwischen EuGH und EGMR

Da einerseits die EU/EG die Konventionsrechte zu „achten" hatte, andererseits aber   **16**
allein der EuGH für die Überwachung der EG-Organe zuständig war, ergab sich bis-lang ein (theoretisches) Konfliktfeld zwischen dem EuGH und dem EGMR, gepaart mit der Gefahr der **Partikularisierung** der Menschenrechts-Rechtsprechung.[35] Der EuGH hat sich aber im Wesentlichen an der Rechtsprechung des EGMR orientiert, so dass es zu keinen (wesentlichen) inhaltlichen Widersprüchen gekommen ist.

Mit einem Beitritt der EU zur EMRK würde der EGMR – wie bei den Mitglied-   **17**
staaten – die Funktion eines **externen Kontrollorgans** über Handlungen der EU-Organe einschließlich der Entscheidungen des EuGH übernehmen. Das Verhältnis zwischen EuGH und EGMR würde sich als ähnlich dem zu einem nationalen Ver-fassungsgericht, etwa dem BVerfG, darstellen.

B Die EMRK und nationales Recht

I Grundlagen

Das **Verhältnis** der EMRK zum **nationalen Recht** hängt von der jeweiligen Rechts-   **18**
ordnung der Mitgliedstaaten ab. Im Gegensatz zum Europarecht kommt ihr deshalb auch kein „Anwendungsvorrang" zu. Sie ist ein völkerrechtlicher Vertrag, dessen Rang sich wiederum nach dem innerstaatlichen (Verfassungs-) Recht richtet. Nach dem **Grundgesetz** richtet sich die innerstaatliche Geltung der EMRK in Deutsch-land nach den Art. 25 bzw. 59 Abs. 2 GG. Was das genau bedeutet, ist umstritten:

---

[34] Vgl. *Grabenwarter* (2009), § 4 Rn. 9.

[35] Vgl. *Ambos* (2008), § 10 Rn. 10.

19 Zum Teil wird vertreten, dass der EMRK **Verfassungsrang** zukommt. Zur Begründung wird angeführt, dass die normativen Bestimmungen des ersten Abschnitts der Konvention allgemeine Regeln des Völkerrechts i. S. d. Art. 25 GG seien und somit dem innerstaatlichen Recht vorgingen.[36]

Andere sprechen der EMRK einen **höheren Rang als dem GG** zu, da sie in weiten Teilen überpositives vorstaatliches Recht enthalte. Insofern ginge sie staatlich gesetzten Normen vor. Weiterhin wird auch unter Hinweis auf Art. 25 GG behauptet, dass das Völkerrecht dem innerstaatlichen Recht vorginge.[37]

20 Die überwiegende Ansicht räumt der EMRK jedoch nur den Rang **eines einfachen Bundesgesetzes** ein.[38] Gem. Art. 59 Abs. 2 GG wird nämlich ein völkerrechtlicher Vertrag durch das deutsche Zustimmungsgesetz in das nationale Recht transformiert (Transformationstheorie). Der Rang des transformierten Rechts wird dann durch den Rang des Zustimmungsgesetzes festgelegt. Dies hat zur Konsequenz, dass die EMRK letztlich aber keinen höheren Rang besitzen kann als das Transformationsgesetz selbst (Bundesgesetz).

Hierfür spricht, dass sich ein Verfassungsrang mit der „*lex lata*" kaum vereinbaren lässt. Denn Art. 25 GG würde voraussetzen, dass die gesamte EMRK eine Regel des Völkerrechts darstellt, was aber gerade nicht der Fall ist. Die EMRK stellt allenfalls **partikuläres Völkergewohnheitsrecht** dar. Zudem fällt die EMRK als Völkervertragsrecht gerade nicht unter Art. 25 GG.

21 In Deutschland nimmt die Konvention demnach gem. Art. 59 Abs. 2 GG den Rang eines einfachen Bundesgesetzes ein. Dies hat zur Folge, dass gleichrangiges **nachfolgendes Recht**, welches im Widerspruch zur EMRK steht, dieser nach dem Grundsatz „*lex posterior derogat legi priori*" vorginge.

II Rechtsprechung des BVerfG

1 Die besondere Stellung der EMRK

22 Das BVerfG hat in einem sehr umstrittenen Verfahren im Jahr 2004 grundlegend zur Geltung der EMRK und der Rechtsprechung des EGMR in Deutschland Stellung bezogen (sog. *Görgülü*-**Beschluss**).[39] In einem familienrechtlichen Ausgangsfall hatte das deutsche Gericht (OLG Naumburg) offen gegen ein Urteil des EGMR judiziert, welches der Kläger des Ausgangsverfahrens in Straßburg zuvor erstritten hatte. Das BVerfG folgt im Grundsatz zwar der dualistischen Meinung, dass die

---

[36] *Bleckmann*, EuGRZ 1994, 149.

[37] Vgl. den Überblick bei *Grabenwarter* (2009), § 3 und *Diehm* (2006), S. 65 ff.

[38] KK/StPO-*Schädler* (2008), Vorb. MRK Rn. 4.

[39] BVerfGE 111, 307 = NJW 2004, 3407 = JZ 2004, 1171 m. Anm. *Klein*; vgl. dazu auch *Mayer-Ladewig/Petzold*, NJW 2005, 15; *Hartwig*, German Law Journal 6 (2005), S. 869 ff.; *Esser*, StV 2005, 348.

EMRK nur einfachen Gesetzesrang genießt (s. o. Rn. 20), legt aber dann fest, dass auf Grund der **Völkerrechtsfreundlichkeit** des Grundgesetzes alle Staatsorgane einschließlich der Gerichte sämtliche Gesetze **konventionskonform** auszulegen hätten. Als Auslegungshilfe hierfür ist die Rechtsprechung des EGMR heranzuziehen.

Nach der Ansicht des BVerfG sind die Gerichte kraft des **Rechtsstaatsprinzips** 23 nach Art. 20 Abs. 3 GG verpflichtet, die EMRK und die Urteile des EGMR, welche den aktuellen Entwicklungsstand der Konvention widerspiegeln, bei der Urteilsfindung zu berücksichtigen. Das geschieht im Rahmen der gängigen Auslegungsmethodik (vgl. § 4 Rn. 90) und ist ergebnisoffen, d. h. der Straßburger Judikatur muss nicht gefolgt werden, wenn gewichtige Gründe dagegen sprechen. In den Urteilsgründen muss die **Auseinandersetzung** mit der Konvention allerdings nachvollzogen werden können. Ein Versäumnis in dieser Hinsicht berechtigt den Betroffenen zur Anrufung des BVerfG mittels der Verfassungsbeschwerde.[40]

2 Übertragung auf Strafrecht

Endgültig geklärt ist die Frage der Bedeutung der EMRK und der Rechtsprechung 24 des EGMR dadurch aber nicht[41]; vielmehr zeigt eine ganze Reihe von Fällen der letzten Jahre, dass das Verhältnis zwischen nationalem Recht und EMRK, zwischen BVerfG und EGMR spannungsgeladen ist.[42] Gerade strafrechtliche und strafprozessuale Fälle machen deutlich, dass die verfassungsrechtliche Rechtsprechung im Grunde zwar richtig ist, aber in den **strafrechtlichen Bereich übertragen** werden muss. Anders als im zivilrechtlichen Ausgangsfall des *Görgülü*-Beschlusses besteht im Bereich des Strafrechts ein Machtgefälle zwischen Staat und Betroffenem. Individuelle Rechtspositionen Dritter spielen hierbei kaum eine Rolle. Da die EMRK-Verpflichtungen aber gerade staatliche Macht kontrollieren und beschränken wollen, muss hier die Berücksichtigung der EMRK und der Vorgaben des EGMR intensiver ausfallen. Das normative Ziel der EGMR-Urteile muss deshalb **zwingend** umgesetzt werden; den nationalen Gerichten steht allein ein Umsetzungsspielraum zu in dem Bemühen, die Vorgaben strukturell und systematisch in das nationale Recht einzupassen. In der Frage des „Ob" der Berücksichtigung ist die Frage eindeutig: Der EMRK und der EGMR-Rechtsprechung ist zwingend zu folgen. Allein die Frage des „Wie" hängt von einer schlüssigen Integration der zu verwirklichenden Ziele durch das nationale Recht ab.

---

[40] *Satzger*, Jura 2009, 759, 760.

[41] vgl. *Tomuschat*, German Law Journal 11 (2010), S. 513.

[42] Zuletzt etwa: EGMR, *Jalloh/Deutschland*, Urteil v. 11.07.2006 (Große Kammer), Rep. 2006-IX; siehe hierzu auch *Safferling*, JURA 2008, 100; EGMR, *Gäfgen/Deutschland*, Urteil v. 1.6.2010 (Große Kammer); und EGMR, *M./Deutschland*, Urteil v. 17.12.2009.

C Gewährleistungen der EMRK

I Grundlagen

1 Subsidiärer Grundrechtsschutz

25 Die EMRK bildet ein **supranationales Rechtsschutzsystem**, das die Einhaltung von menschenrechtlichen Mindeststandards in den Mitgliedstaaten garantieren soll. Vorrangig sind stets die nationalen Rechtsordnungen und die nationalen Schutzmechanismen. Die EMRK ist gleichsam das Sicherheitsnetz für den Fall, dass staatliche Organe versagen. In diesem Sinne ist das System subsidiär.[43]

Daraus folgt

- in materieller Hinsicht, dass die Mitgliedstaaten selbstverständlich nicht gehindert sind, einen höheren grundrechtlichen Standard vorzusehen (sog. **Günstigkeitsprinzip** nach Art. 53 EMRK);[44]
- in prozessualer Hinsicht, dass der EGMR immer erst nach Erschöpfung aller nationalen Rechtsschutzmöglichkeiten angerufen werden kann (**Subsidiarität** des EGMR);
- in Hinblick auf den **Prüfungsmaßstab**, dass immer nur Konventionsrechte und nicht die Anwendung des innerstaatlichen Rechts vom EGMR überprüft werden, es sei denn, die EMRK verweist selbst auf nationales Recht;
- im Hinblick auf den **Prüfungsumfang**, dass den nationalen Behörden ein weiter Beurteilungsspielraum zugestanden wird;
- im Hinblick auf die konkrete Verletzung, dass der Mitgliedstaat zunächst die Möglichkeit hat, diese selbst zu beseitigen.

2 Völkerrechtlicher Charakter der EMRK

26 Ein völkerrechtlicher Vertrag gilt grundsätzlich nur zwischen den Vertragsparteien. Diese verpflichten sich mit der Ratifizierung der EMRK, den ihrer Jurisdiktion unterworfenen Personen die Konventionsrechte zu sichern, Art. 1 EMRK.[45] Die Rechte selbst ergeben sich aber unmittelbar aus der Konvention und bedürfen nicht der Übertragung in nationales Recht. Damit gelten die in der EMRK verbürgten Menschenrechte **unmittelbar gegenüber dem Einzelnen**. Der Staat verpflichtet sich weiterhin, die Ausübung des Rechts auf Zugang zum EGMR durch Einlegung einer Individualbeschwerde nicht zu behindern, Art. 34 S. 2 EMRK, sowie die endgültigen Urteile des EGMR anzuerkennen und durchzuführen, Art. 46 Abs. 1 EMRK.

---

[43] Vgl. auch *Satzger* (2010), § 11 Rn. 20.

[44] Das Günstigkeitsprinzip bedeutet, dass die nationalen Grund- und Menschenrechte keine Beschränkung oder Minderung durch die EMRK erfahren dürfen. Für den Betroffenen gilt jeweils die „günstigere" Vorschrift. Vgl. *Grabenwarter* (2009), § 2 Rn. 15.

[45] *Meyer-Ladewig* (2006), Einl. Rn. 26.

Auch **juristische Personen** können die Rechte aus der EMRK geltend machen, **27** soweit sie ihrem Wesen nach auf diese anwendbar sind (vgl. die ähnliche Regelung in Art. 19 Abs. 3 GG). Das gilt auch für juristische Personen des öffentlichen Rechts, soweit sich diese funktional vom Staat trennen lassen. Der Staat selbst kann allenfalls im Rahmen der Staatenbeschwerde nach Art. 33 EMRK (s. u. Rn. 8) als aus der Konvention „Berechtigter" gelten.

Ähnlich wie bei den nationalen Grundrechten stellt sich auch hier die Frage der **28** „**Drittwirkung** der Menschenrechte". Grundsätzlich werden Privatpersonen durch die EMRK nicht verpflichtet. Mittelbar allerdings ergeben sich durchaus Berücksichtigungspflichten über den objektiven Gehalt der Menschenrechte.

3 Objektiver Gehalt der Konventionsrechte

Die Rechte der EMRK sind als klassische Abwehrrechte des Individuums gegen- **29** über dem Staat konzipiert. Die EMRK umfasst grundsätzlich bürgerliche und politische Rechte. Mittlerweile ist aber anerkannt, dass sich die Bedeutung der Konventionsrechte nicht darin erschöpft, sondern ihnen auch ein **objektiver Wertegehalt** innewohnt, der von den Mitgliedstaaten beachtet und umgesetzt werden muss. Der EGMR spricht hier davon, dass die EMRK ein *constitutional instrument* sei.[46] Die Menschenrechte der EMRK haben in diesem Punkt eine ähnliche Entwicklung durchgemacht wie die Grundrechte des GG, deren objektiver Wertegehalt schon sehr früh vom BVerfG im *Lüth*-Urteil anerkannt wurde.[47]

Der EGMR hat in Bezug auf Art. 2 EMRK darüber hinausgehend eine Recht- **30** sprechung entwickelt, wonach die Konvention den Mitgliedstaaten nicht nur willkürliche Tötungshandlungen verbietet, sondern auch den Auftrag enthält, das **Lebensrecht** der Einwohner **aktiv** zu schützen. Zu diesem Schutz gehört es etwa auch, dass Tötungsdelikte strafrechtlich effektiv verfolgt werden.[48] Art. 2 EMRK enthält somit einen **positiven Schutzauftrag** und eine konkrete Handlungsanweisung für die Mitgliedstaaten. Diese Rechtsprechung wurde auch auf Art. 3 EMRK übertragen. Eine Verletzung von Art. 3 EMRK kann auch dann vorliegen, wenn der Staat glaubhafte Misshandlungsvorwürfe nicht strafrechtlich verfolgt bzw. nicht angemessen ermittelt.[49] Wirkt sich die Schutzverpflichtung auf das Verhältnis zwischen

---

[46] Vgl. EGMR, *Loizidou/Türkei* (Preliminary Objections), Urteil v. 23.03.1995, Serie A Nr. 310, § 75.

[47] BVerfGE 7, 198 (Lüth-Urteil).

[48] EGMR, *Streletz, Kessler und Krenz/Deutschland*, Urteil v. 22.03.2001 (Große Kammer), Rep. 2001-II, § 86; *Mastromatteo/Italien*, Urteil v. 24.10.2002 (Große Kammer), Rep. 2002-VIII, § 89; zu den Erfordernissen im Einzelnen, s. *Meyer-Ladewig* (2006), Art. 2 Rn. 7–14; vgl. *Lagodny*, in: *Renzikowski* (Hrsg.), Die EMRK im Privat-, Straf- und Öffentlichen Recht, 2004, S. 83 ff.; *Grabenwarter* (2009), § 20 Rn. 16–19.

[49] EGMR, *Labita/Italien*, Urteil v. 06.04.2000, Rep.. 2000-IV, §§ 130–136; *Meyer-Ladewig* (2006), Art. 3 Rn. 2–4 c.

Privaten aus, kann man von einer mittelbaren Drittwirkung der Konvention sprechen.[50]

31 Die Konventionsrechte haben – ähnlich den Grundrechten des GG – somit eine
dreifache Funktion:

1. **Abwehrrechte** des Einzelnen gegen staatliches Handeln.
2. **Objektiver Wertegehalt**, der sich in der gesamten Rechtsordnung (also auch im Verhältnis von Privatpersonen untereinander) widerspiegeln muss.
3. **Aktive Schutzpflichten**, die den Staat verpflichten, ein System der effektiven Verwirklichung der Konventionsrechte aufzubauen.

> **Beispiele:** Zu 1: Die strafrechtlichen Ermittlungsbehörden hören ohne gesetzliche Grund-
> lage ein Telefongespräch mit, das im Strafverfahren gegen den Angeklagten verwendet
> wird. Art. 8 EMRK gewährt ein Abwehrrecht gegen dieses staatliche Handeln.[51]
> Zu 2: Das Recht auf Leben genießt im Konventionszusammenhang oberste Autorität. Die-
> ser objektive Wertegehalt verbietet es den Mitgliedstaaten aktive Sterbehilfe zu gestatten.[52]
> Zu 3: Der Gefangene X behauptet, im Gefängnis des Mitgliedstaats I unmenschlicher und
> erniedrigender Behandlung ausgesetzt zu sein. Trotz wiederholter Beschwerden unterneh-
> men die Strafverfolgungsbehörden in I nichts. Der Konventionsverstoß ergibt sich hier aus
> diesem Nichtstun, denn zu einem umfassenden Schutz der Konventionsrechte gehört auch
> die Einleitung eines offiziellen Untersuchungsverfahrens.[53]

II Methodische Fragen

32 Für die **Grundlagen der Methodik** kann auf das Einführungskapitel zum Völkerstrafrecht verwiesen werden, oben § 4 Rn. 84. Hier seien lediglich einige Besonderheiten der Auslegung der EMRK genannt.

1 Die autonome Interpretation

33 Die EMRK hat sich mit ihrem spezifischen Schutzauftrag und ihrer gerichtlichen
Durchsetzung durch den EGMR zu einem **eigenen materiell begrenztem Rechtssystem** entwickelt. In ihrer Eigenschaft als supranationales System muss sie losge-
löst von den Rechtssystemen der Mitgliedstaaten betrachtet werden. Der EGMR hat
dafür den Terminus der „**autonomen Interpretation**" entwickelt.[54] Damit ist gemeint, dass die Auslegung der Konvention aus sich selbst heraus erfolgen muss. Im

---

[50] Vgl. dazu *Grabenwarter* (2009), § 20 Rn. 14 f.

[51] Vgl. EGMR, *Kruslin/Frankreich*, Urteil v. 24.04.1990, Serie A Nr. 176-A.

[52] Vgl. EGMR, *Pretty/Vereinigtes Königreich*, Urteil v. 29.04.2002, Rep. 2002-III.

[53] EGMR, *Labita/Italien*, Urteil v. 06.04.2000, Rep. 2000-IV.

[54] Seit EGMR, *Deweer/Belgien*, Urteil v. 27.02.1980, Serie A Nr. 35, §§ 43 ff. ständige Rechtsprechung; dazu *Gaede* (2006), S. 79–81.

Konventionstext verwendete Begriffe müssen deshalb unabhängig von den Rechtsordnungen der Mitgliedstaaten verstanden und entwickelt werden.[55] Hierbei mag ein rechtsvergleichender Blick hilfreich sein, die Rechtsfindung kann aber dadurch nur unterstützt werden (s. o. § 4 Rn. 96).[56]

2 Die klassischen Auslegungsmethoden

Als völkerrechtlicher Vertrag ist die EMRK den Auslegungsprinzipien des WVÜ verpflichtet (vgl. oben § 4 Rn. 98). Es gelten auch hier die Schwierigkeiten in der **Wortlautinterpretation** wegen der verschiedenen authentischen Sprachen.[57] Die historische Interpretation mit ihrer im Völkerrecht ohnedies herrschenden geringen Bedeutung wird hinsichtlich der EMRK noch weiter zurückgedrängt.[58] Die Konvention als „*living instrument*" muss den jeweiligen sozialen, wirtschaftlichen und politischen Gegebenheiten angepasst werden („*must be interpreted in the light of present-day conditions*").[59]   **34**

Das bedeutet, dass für die Auslegung der Konventionsnormen die Entwicklung der einzelnen Rechte durch die Rechtsprechung des EGMR zwingend einbezogen werden muss. Anders kann der von der Konvention gewährte Schutz in seiner momentanen Ausübung nicht erfasst werden.[60] Methodisch ist dies Teil der dynamischen Interpretation als Unterfall der **teleologischen Auslegung** (s. o. § 4 Rn. 99).[61] In Bezug auf die EMRK ist dies nicht nur legitim, sondern zwingend, um dem Charakter eines Verfassungsdokumentes Ausdruck zu verleihen.   **35**

3 Die „Gesamtabwägung"

Einer der wichtigsten Bestandteile der Anwendung der EMRK ist die sog. „Gesamtabwägung". Zur Beurteilung einer Rechtsverletzung wird stets auf den **gesamten Vorgang** abgestellt, das Verhalten der staatlichen Behörden insgesamt in den Blick genommen und zu der Schwere der Rechtsverletzung ins Verhältnis gesetzt.[62]   **36**

---

[55] Vgl. *Satzger*, Jura 2009, 759, 760.

[56] Vgl. *Grabenwarter* (2009), § 5 Rn. 11, der mE die Erwartungen an die Rechtsvergleichung zu hoch setzt.

[57] Für die EMRK sind aber nur die englische und französische Fassung authentisch, vgl. Schlussklausel der Konvention.

[58] Ausführlich zur historischen Interpretation der EMRK *Grabenwarter* (2009), § 5 Rn. 5–7.

[59] Vgl. EGMR, *Tyrer/Vereinigtes Königreich*, Urteil v. 25.04.1978, Serie A Nr. 26, S. 15; *Marckx/Belgien*, Urteil v. 13.06.1979, Serie A Nr. 31, S. 19.

[60] Deutlich *Meyer-Ladewig* (2006), Einl. Rn. 30.

[61] Dazu auch *Grabenwarter* (2009), § 5 Rn. 12 ff.

[62] Vgl. etwa EGMR, *Jalloh/Deutschland*, Urteil v. 11.07.2006 (Große Kammer), Rep. 2006-IX, §§ 95 ff.; *Khan/Vereinigtes Königreich*, gilt wegen der Schrankenlosigkeit des Folterverbots

Dadurch gelingt es dem EGMR, den Beurteilungsspielraum der nationalen Behörden und Gerichte auszuweiten und die staatliche Souveränität zu wahren.

Die Gesamtabwägung zwischen den verletzten Rechten und dem öffentlichen Interesse an der Verfolgung der Straftat und der Bestrafung des Täters darf allerdings nicht dazu führen, dass die Konventionsrechte **„ausgehöhlt"** (*„extinguished"*) werden.[63] Bei der Herstellung der „praktischen Konkordanz" zwischen den betroffenen Rechtsgütern und Interessen ist demnach ein Kernbereich zu beachten, der abwägungsresistent ist. Zur stärkeren Konturierung dieses Kernbereichs weist der EGMR darauf hin, dass insbesondere Art und Grad der Verletzung sowie das Vorhandensein hinreichender Verfahrensgarantien berücksichtigt werden müssen.[64] Handfeste Kriterien sind damit freilich nicht gewonnen.

37 Das **Gesamtabwägungsdogma** hat auf der Ebene des EGMR aus den genannten Gründen sicherlich seine Berechtigung. Es verringert gleichwohl die Überzeugungskraft und Schutzintention des Gerichtshofs, da Menschenrechtsverletzungen schließlich sanktionslos bleiben, etwa weil sich der Staat besonders angestrengt hat, diese zu vermeiden.[65]

III Wichtige materielle Gewährleistungen der EMRK

1 Allgemeiner Überblick

38 Die Konventionsrechte sind gleichermaßen im Text der EMRK selbst sowie in den Zusatzprotokollen enthalten. Sie lassen sich in vier Kategorien einteilen:[66]

- Freiheitsrechte (Art. 2, 3, 8, 9, 12 EMRK, Art. 1 u. 2 ZP 1);
- Gleichheitsrechte (Art. 14 EMRK, Art. 5 ZP 7 und ZP 12);
- Politische Rechte (Art. 10, 1 EMRK, Art. 3 ZP 1);
- Justizgrundrechte (Art. 5, 6 EMRK, Art. 2 und 4 ZP 7).

Urteil v. 12.05.2000, Rep. 2000-V, § 34 und *Allan/Vereinigtes Königreich*, Urteil v. 05.11.2002, Rep. 2002-IX, § 42 jeweils zu Art. 6 EMRK.

[63] vgl. EGMR, *Heaney u. McGuiness/Irland*, Urteil v. 21.12.2000, Rep. 2000-VII, §§ 57 f.

[64] EGMR, *Jalloh/Deutschland*, Urteil v. 11.07.2006 (Große Kammer), Rep. 2006-IX § 101. Diese Ausführungen beziehen sich explizit nur auf die Abwägung der Selbstbelastungsfreiheit, sie lassen sich aber entsprechend verallgemeinern.

[65] Ein besonders deutlicher Fall: EGMR, *Haas/Deutschland*, Urteil v. 17.11.2005 = NStZ 2007, 103; m. krit. Anm. *Esser*; vgl. auch *Gaede*, JR 2006, 292, 296.

[66] Vgl. *Ambos* (2008), § 10 Rn. 13; *Peters* (2003), S. 4; *Satzger* (2010), § 11 Rn. 26.

2 Spezielle strafrechtsrelevante Gewährleistungen

Im strafrechtlichen Kontext werden mehrere der in der Konvention enthaltenen **39** Rechte auf unterschiedliche Art und Weise relevant. Dazu gehören neben einer Reihe von „Abwehrrechten" natürlich vor allem die „Verfahrensgarantien". Im Einzelnen zählen dazu:

- Recht auf Leben, Art. 2 EMRK;
- Folterverbot, Art. 3 EMRK;
- Verbot unmenschlicher oder erniedrigender Strafe, Art. 3 EMRK;
- Verbot der Todesstrafe, Art. 1 ZP 13;
- Rechte von Gefangenen, Art. 5 EMRK;
- Recht auf Verfahrensfairness, Art. 6 Abs. 1 u. 3 EMRK;
- Unschuldsvermutung, Art. 6 Abs. 2 EMRK;
- Gesetzlichkeitsprinzip, Art. 7 EMRK;
- Recht auf Achtung der Privatsphäre, Art. 8 EMRK;
- Meinungsfreiheit, Art. 10 EMRK;
- Rechtsmittel in Strafsachen, Art. 2 Abs. 1 ZP 7;
- Doppelbestrafungsverbot, Art. 4 Abs. 1 ZP 7.

Die Bestimmungen sind von höchst **unterschiedlicher Ausprägung und Wirkung**. Während etwa Art. 6 Abs. 3 EMRK teilweise sehr präzise Rechtspositionen enthält, etwa das Recht auf einen Übersetzer, sind andere Rechte vage und müssen sorgfältig auf ihren strafrechtsbezogenen Gehalt hin untersucht werden. Einige Rechte wirken eher auf das Verfahren, andere wirken eher auf das materielle Strafrecht. Im Folgenden sollen die Rechte im Einzelnen kurz dargestellt werden.

3 Prüfung

Die Prüfung von Konventionsverletzungen lässt sich nicht durch ein Schema erledigen. Vielmehr muss (mindestens) nach **Abwehrrechten** und nach **Verfahrensgarantien** unterschieden werden.[67]   **40**

a) Abwehrrechte

Als **Abwehrrechte** gelten im strafrechtlichen Kontext Art. 2, 8 und 10 EMRK. Für **41** Art. 3 EMRK gilt wegen der Schrankenlosigkeit des Folterverbots ein abgewandeltes Schema (s. u. Rn. 49 ff.). Die Prüfung der Art. 8 und 10 EMRK erfolgt im Wesentlichen nach dem aus der Grundrechtsprüfung des BVerfG bekannten Reihenfolge:[68]

---

[67] So etwa *Satzger* (2010), § 11 Rn. 28.
[68] Vgl. dazu auch *Satzger* (2010), § 11 Rn. 28.

I. **Schutzbereichseröffnung:** Anwendungsbereich
II. **Eingriff** in den Schutzbereich durch eine staatliche Maßnahme
III. **Rechtfertigung** des Eingriffs

1. Schranke

a. *Allgemeine* Schranken nach Art. 15-17 **EMRK** für Notstand
b. *Spezielle* Schranken bei Art. 8-11 EMRK jeweils Abs. 2
c. *Immanente* Schranken bei Fehlen einer expliziten Schranke

2. Schranken-Schranke
3. Verhältnismäßigkeit des Eingriffs

b) Verfahrensgarantien

42 Für die Verfahrensgarantien von Art. 5, 6, 7 EMRK und Art. 2 u. 4 ZP 7 lassen sich kaum allgemeine Prüfungskriterien aufstellen, da Struktur und Inhalt der Vorschriften sehr speziell sind. Im Wesentlichen kann man sich aber auch hier an dem dreigliedrigen Schema orientieren:

I. **Schutzbereichseröffnung:** Anwendungsbereich
II. **Eingriff** in den Schutzbereich durch eine staatliche Maßnahme
III. **Rechtfertigung.**

IV Einzelne Rechte

1 Art. 2 Abs. 1 EMRK, Recht auf Leben

43 Das „Recht auf Leben" steht an der Spitze des Menschenrechtskatalogs. Diese hervorstechende Stellung verdeutlicht die **fundamentale Bedeutung** der Garantie im Konventionskontext.[69] Es ist die Voraussetzung für alle anderen Grundrechte.[70]

a) Schutzbereich

44 Der Begriff „Leben" ist für den Schutzbereich maßgeblich. Unumstritten ist das **geborene menschliche Leben** ohne Einschränkungen in sozialer und wirtschaft-

---

[69] *Grabenwarter* (2009), § 20 Rn. 1.
[70] EGMR, *Pretty/Vereinigtes Königreich*, Urteil v. 29.04.2002, Rep. 2002-III, § 37.

licher Hinsicht und ohne Ansehung von Alter, Krankheit und Geschlecht von Art. 2 EMRK geschützt. Mit dem Tod endet der Schutzbereich. Die „negative Freiheit", also das Recht, das eigene Leben zu beenden, ist von Art. 2 EMRK allerdings nicht umfasst.[71] Aktive Sterbehilfe wäre somit konventionswidrig.

Nicht geklärt ist hingegen die Frage, ob auch das **ungeborene Leben** den Schutz von Art. 2 EMRK genießt.[72] Das hat wichtige Auswirkungen auf die Zulässigkeit der Abtreibung in den nationalen Rechtsordnungen, die in den meisten Mitgliedstaaten nicht unter Strafe steht.[73] Ebenso beeinflusst es den Umgang mit der embryonalen Forschung oder den medizinischen Reproduktionsmöglichkeiten, der in den Mitgliedstaaten ebenfalls höchst unterschiedlich ausfällt. Der EGMR überlässt den Beginn des Lebensschutzes dann auch den Mitgliedstaaten und enthält sich einer eindeutigen Stellungnahme mit Verweis auf die veränderlichen gesellschaftlichen Verhältnisse, die für die Auslegung der EMRK als *„living instrument"* von Bedeutung sind.[74]

b) Eingriffe

Jede **staatliche Tötungshandlung** stellt einen Eingriff in das Recht auf Leben dar, **45** unabhängig von ihrer Zielgerichtetheit.[75] Darunter fallen insbesondere Tötungen durch Schusswaffengebrauch von Sicherheitskräften oder Armeeangehörigen. Möglich sind auch Impfungen oder Erkrankungen auf Grund von Atomunfällen.[76] Damit ein Eingriff vorliegt, muss das Opfer grundsätzlich zu Tode gekommen sein; eine schwere Verletzung genügt für einen Eingriff in Art. 2 nicht.[77] Allerdings kommt dann ein Eingriff durch mangelhafte Ermittlungen im Bezug auf die Umstände der Tat in Betracht.[78]

c) Rechtfertigung

Art. 2 EMRK nennt einige **explizite Schranken**. Die Todesstrafe ist zwar nach dem **46** Wortlaut von Art. 2 Abs. 1 S. 2 EMRK nicht ausgeschlossen, jedoch wurde von allen Mitgliedstaaten das ZP 6 zur Abschaffung der Todesstrafe ratifiziert, das die Vollstreckung der Todesstrafe nur noch in Kriegszeiten legitimiert. Mit der Ratifikation des ZP 13 ist die Todesstrafe absolut verboten.

---

[71] EGMR, *Pretty/Vereinigtes Königreich*, Urteil v. 29.04.2002, Rep. 2002-III, § 39 ff.

[72] Zu einzelnen Entscheidungen der Kommission vgl. *Grabenwarter* (2009), § 20 Rn. 3 m. w. N.

[73] Vgl. *Satzger*, Jura 2009, 759, 762.

[74] EGMR, *Vo/Frankreich*, Urteil v. 08.07.2004, Rep. 2004-VIII, §§ 82 ff. (Abtreibung) und *Evans/Vereinigtes Königreich*, Urteil v. 10.04.2007, §§ 54 ff. (In-Vitro-Fertilisation).

[75] Vgl. *Ambos* (2008), § 10 Rn. 56; *Satzger* (2010), § 11 Rn. 30.

[76] EGMR, *L.C.B./Vereinigtes Königreich*, Urteil. v. 09.06.1998, Rep. 1998-VIII, §§ 36 ff.

[77] EGMR, *Osman/Vereinigtes Königreich*, Urteil v. 28.10.1998, Rep. 1998-VIII, §§ 115 ff.

[78] EGMR, *Yasa/Türkei*, Urteil v. 02.09.1998, Rep. 1998-VI, §§ 92 ff.

Die Schrankenregelung des Abs. 2 nennt **drei Situationen**, in denen die Tötung eines Menschen gerechtfertigt ist, wenn und soweit die Gewaltanwendung unbedingt erforderlich war.

(1) Tötung zur Verteidigung von Menschen. Diese Ausnahme ist problematisch im Hinblick auf die deutsche **Notwehrregelung** des § 32 StGB, insb. bei der Tötung zur Verteidigung von Sachwerten.

> Nach h. M. in Deutschland ist dem Notwehrrecht im Verhältnis zwischen Privatpersonen durch die EMRK aber keine Grenze gesetzt, da diese ihrem Sinn und Zweck nach nur hoheitliches Handeln binden will.[79] Diese Ansicht greift allerdings zu kurz, denn sie übersieht, dass nach der jüngeren Rechtsprechung des EGMR dem Mitgliedstaat eine Schutzpflicht zukommt und die Konvention darüber hinaus Drittwirkung entfaltet (vgl. oben Rn. XX).[80] Grundsätzlich umfasst das Tötungsverbot von Art. 2 EMRK sämtliche Tötungshandlungen, d. h. eine Beschränkung auf absichtliche oder mit direktem Vorsatz ausgeführte Tötungen lässt sich kaum begründen.[81]

47 Auch beim **finalen Todes- bzw. Rettungsschuss** zur Abwendung rechtswidriger Gefahren von Dritten ist die Rechtfertigung strittig. Hierbei legt der EGMR den Schwerpunkt auf die Erforderlichkeit der Tötungsmaßnahme, die sich aus einer Beurteilung der Bedrohungslage *ex ante* ergibt.[82] Auch wenn *ex post* festgestellt wird, dass keine Bedrohung bestand, kann der Rettungsschuss daher gerechtfertigt sein.[83]

(2) Tötung anlässlich der Festnahme. Eine absichtliche Tötung kann von dieser Rechtfertigungsvorschrift nicht umfasst sein, da diese außer Verhältnis zu dem Ziel der Festnahme oder Fluchtverhinderung steht.[84]

(3) Tötung zur Unterdrückung eines Aufruhrs oder Aufstandes. Die EMRK spielt hier auf einen staatsbedrohenden öffentlichen Notstand an.[85] Die Rechtfertigung greift daher nur bei einem revolutionären Geschehen oder unkontrollierbaren Ausschreitungen großer Menschenmengen ein. Auch hier gilt das Verhältnismäßigkeitsprinzip.

d) Schutzauftrag

48 Dem Staat kommt aus Art. 2 Abs. 1 EMRK ein **spezifischer Schutzauftrag** zu. Der Staat ist verpflichtet, ein wirksames strafrechtliches System zu erlassen und durchzusetzen, um Verletzungen des Rechts auf Leben zu verhindern, zu unterdrücken

---

[79] Vgl. etwa *Jescheck/Weigend* (1996), § 32 V; *Fischer* (2010), § 32 Rn. 40; MK/*Erb* (2003), § 32 Rn. 13 ff.

[80] So auch *Grabenwarter* (2009), § 20 Rn. 13. Anders etwa *Satzger* (2010), § 11 Rn. 33, der die positive Schutzverpflichtung des Staates zwar grds. anerkennt, aber ihr keine Geltung zwischen Privaten zukommen lassen will.

[81] So auch *Ambos* (2008), § 10 Rn 56; anders *Satzger* (2010), § 11 Rn. 33, der mit dolus eventualis begangene Tötungen aus dem Schutzbereich ausklammern will.

[82] EGMR, *McCann, Farrel u. Savage/Vereinigtes Königreich*, Urteil v. 27.9.1995, Serie A Nr. 324.

[83] Vgl. *Ambos* (2008), § 10 Rn. 57.

[84] *Grabenwarter* (2009), § 20 Rn. 14.

[85] *Grabenwarter* (2009), § 20 Rn. 15.

oder zu bestrafen.[86] Bei „tötungsverdächtigen" Todesfällen muss von Amts wegen eine zügige, unvoreingenommene und unabhängige Untersuchung stattfinden.[87]

Ferner muss der Staat etwa vor ärztlichen Kunstfehlern schützen, indem er ein **48** **effektives Ahndungssystem** vorsieht.[88] Auch bei der Verursachung von Schäden aufgrund von staatlich verordneten Impfungen oder Schädigungen durch kollektive Risiken (Atomkraftwerke) muss der Staat alles Erforderliche getan haben, um die Risiken zu kontrollieren und zu minimieren.[89] Besondere Schutzpflichten bestehen gegenüber Gefangenen, da diese der staatlichen Obhut in besonderer Weise anvertraut sind.[90]

2 Art. 3 EMRK, Folterverbot

Der allgemein als „Folterverbot" umschriebene Art. 3 EMRK umfasst neben der **49** eigentlichen Folter auch die unmenschliche oder erniedrigende Strafe oder Behandlung. Die Vorschrift schützt materiell die **Menschenwürde**, die körperliche **Unversehrtheit** und auch die **psychische Integrität** des Menschen.[91] Es ist die einzige Konventionsgarantie, die keine Ausnahmen zulässt.[92] Das hat Auswirkungen auf die Prüfung (s. u. Rn. 53).

Die Frage der **Verwertung** von Beweismittel, die unter Verstoß von Art. 3 EMRK gewonnen wurden, wird vom EGMR unter Art. 6 thematisiert und ist so grundsätzlich der Gesamtabwägung fähig (s. dazu die Fallbeispiele unten Rn. 55; 57).[93]

a) Schutzbereich

Die **drei genannten Misshandlungsformen** lassen sich nicht strikt voneinander **50** trennen. Auch wenn sie grundsätzlich in einem Stufenverhältnis zueinander stehen[94], sind die Übergänge fließend. Die Definitionen lauten wie folgt:

---

[86] Vgl. EGMR, *Streletz, Kessler u. Krenz/Deutschland*, Urteil v. 22.03.2001, Rep. 2001-II, § 86; *Jordan/Vereinigtes Königreich*, Urteil v. 04.05.2001, § 107.

[87] Vgl. dazu etwa EGMR, *Ekinci/Türkei*, Urteil v. 18.07.2000, § 78; weitere Fälle bei *Grabenwarter* (2009), § 20 Rn. 18.

[88] Das Ahndungssystem muss nicht notwendigerweise strafrechtlich sein, vgl. EGMR, *Calvelli u. Ciglio/Italien*, Urteil v. 17.01.2002, Rep. 2002-I, § 51.

[89] Vgl. *Meyer-Ladewig* (2006), Art. 2 Rn. 4 f.

[90] Vgl. EGMR, *Tanribilir/Türkei*, Urteil v. 16.11.2000, §§ 70 ff.

[91] Ähnlich *Grabenwarter* (2009), § 20 Rn. 20 f.; vgl. auch EGMR, *Irland/Vereinigtes Königreich*, Urteil v. 18.01.1978, Serie A Nr. 25, § 167; *Tomasi/Frankreich*, Urteil v. 27.08.1992, Serie A Nr. 241-A, § 115.

[92] *Meyer-Ladewig* (2006), Art. 3 Rn. 1.

[93] Vgl. *Satzger*, Jura 2009, 759, 765.

[94] *Grabenwarter* (2009), § 20 Rn. 21.

Folter ist die vorsätzliche unmenschliche Behandlung, die sehr schweres und grausames Leiden verursacht.[95]

Die VN Anti-Folterkonvention[96] kann als Auslegungshilfe für die Interpretation von Art. 3 EMRK herangezogen werden, eine bindende Wirkung hat ihr der EGMR bislang allerdings nicht zugestanden.[97] Nach anfänglich sehr restriktiver Auslegung des Folterbegriffs durch den EGMR wird nunmehr drei Aspekten stärkere Bedeutung beigemessen, die zu einer Ausweitung des Folterbegriffs führen:

1. Der systematische Charakter der menschenunwürdigen Behandlung[98],
2. die Dauer[99] und
3. der sexuelle Bezug der Behandlung[100].

Die Abwägung hat am Einzelfall zu erfolgen und beruht nicht auf starren Kriterien. Der EGMR legt dabei einen *individualisierten* Maßstab zu Grunde und erforscht die Wirkung der Behandlung auf das Opfer je nach dessen Konstitution.

51   „**Unmenschlich**" ist die vorsätzliche und beständige Verursachung körperlicher Verletzungen oder physischen oder psychischen Leids.[101]

„**Erniedrigend**" ist eine Behandlung dann, wenn sie beim Opfer Angst, Beklemmung oder Unterlegenheit auslöst und geeignet ist, das Opfer zu demütigen, zu erniedrigen und möglicherweise seinen körperlichen oder moralischen Widerstand zu brechen.[102]

---

[95] Die Leitentscheidung hierzu bildet der Fall EGMR, *Irland/Vereinigtes Königreich*, Urteil v. 18.01.1978, Serie A Nr. 25, § 167. Die Kommission hatte die sog. fünf Vernehmungstechniken noch als Folter angesehen; vgl. zum Folterbegriff auch *Peters* (2003), S. 43.

[96] G.A. Res. 39/46, UN Doc. A/39/51 (1984); in Kraft getreten am 26. 06. 1987, von Deutschland ratifiziert (BGBl. 1990 II, 246).

[97] Vgl. EGMR, *Selmouni/Frankreich*, Urteil v. 28.07.1999, Rep. 1999-V; *Jalloh/Deutschland*, Urteil v. 11.07.2006 (Große Kammer), Rep. 2006-IX, Richter *Zupancic* weicht in seiner Meinung von der Interpretation der Mehrheitsentscheidung ab und hält Folter für einen (Straf-)Tatbestand mit „*dolus specialis*", d. h. dass Folter – wenigstens mit *dolus eventualis* – darauf ausgerichtet sein muss, Informationen zu erhalten, zu bestrafen, einzuschüchtern oder zu diskriminieren (a. a. O. S. 40).

[98] *Bank*, in: Grote/Marauhn (2006), Kap. 11 Rn. 30.

[99] Etwa EGMR, *Selmouni/Frankreich*, Urteil v. 28.07.1999, Rep. 1999-V, § 104: Die Bf. war „während mehrerer Tage der Vernehmungen wiederholt und lange andauernd Gewalttätigkeiten ausgesetzt."

[100] Etwa EGMR, *Aydin/Türkei*, Urteil v. 25.09.1997 (Große Kammer), Slg. 1997-VI, wo das Opfer während der Haft vergewaltigt wurde.

[101] EGMR, *Labita/Italien*, Urteil v. 06.04.2000, Rep. 2000-IV, § 120.

[102] EGMR, *Jalloh/Deutschland*, Urteil v. 11.07.2006 (Große Kammer), Rep. 2006-IX, § 68, mit Verweis auf EGMR, *Hurtado/Schweiz*, Urteil v. 28.01.1994, Serie A Nr. 280-A, § 67.

Nicht vom Schutzbereich umfasst sind Schmerzen oder Leiden, die sich lediglich aus **gesetzlich zulässigen Sanktionen** ergeben, dazu gehören oder damit verbunden sind. Darunter fallen die Unannehmlichkeiten, die mit rechtmäßiger Inhaftierung verbunden sind.

Zusammenfassend kann festgehalten werden, dass Folter eine gesteigerte Form der unmenschlichen und erniedrigenden Behandlung meint, die vor allem aus Stigmatisierungsgründen ausgesprochen wird.[103] Auf der zweiten Stufe steht die unmenschliche Behandlung, die ebenfalls vorsätzliche Schmerzzufügung verlangt; auf dritter Stufe schließlich steht die erniedrigende Behandlung, bei der es nicht auf den Vorsatz, sondern auf die Eignung zur Demütigung ankommt.[104] **52**

b) Prüfungsschema

Da Art. 3 EMRK ein **schrankenloses Menschenrecht** darstellt, wendet der EGMR hier auch nicht das ansonsten übliche Prüfungsschema nach Schutzbereich und Rechtfertigung an. Offenbar ist der EGMR auch nicht gewillt, die fehlende explizite Einschränkbarkeit im Konventionstext durch immanente Schranken zu ersetzen.[105] Das Folterverbot ist einer Abwägung nicht zugänglich. Der dogmatische Ansatzpunkt für die Relativierung des körperlichen Eingriffs ist für den EGMR die *Eingriffsschwere* als Schutzbereichsschwelle.[106] Danach ist Art. 3 EMRK nicht verletzt, wenn die zugefügten Leiden unvermeidbar mit einer bestimmten Form an *berechtigter* Behandlung oder Strafe verbunden sind.[107] **53**

I. Schutzbereich
  1. Folter
  2. Unmenschliche Behandlung
  3. Erniedrigende Behandlung

II. Eingriffsschwere
  Abhängig von den Umständen des Einzelfalls muss ein Mindestmaß an Schwere erreicht sein

---

[103] Folterhandlungen sollen als „besonders schändlich" gebrandmarkt werden; so schon EGMR, *Irland/Vereinigtes Königreich*, Urteil v. 18.01.1978, Serie A Nr. 25, § 167; sowie *Selmouni/Frankreich*, Urteil v. 28.07.1999, Rep. 1999-V, § 96.

[104] Vgl. zu dieser Abstufung auch *Meyer-Ladewig* (2006), Art. 3 Rn. 6.

[105] *Peters* (2003), S. 44 geht hingegen von immanenten Schranken auf einer Rechtfertigungsebene bei Art. 3 EMRK aus; anders *Grabenwarter* (2009), § 20 Rn. 35.

[106] Vgl. *Satzger*, Jura 2009, 759, 763.

[107] EGMR, *Jalloh/Deutschland*, Urteil v. 11.07.2006 (Große Kammer), Rep. 2006-IX, § 68 mit Verweis auf EGMR, *Labita/Italien*, Urteil v. 06.04.2000, Rep. 2000-IV, § 120; vgl. auch *Peters* (2003), S. 44 mit Verweis auf weitere Rechtsprechung.

c) Schutzpflichten

54 Ähnlich wie bei Art. 2 EMRK ergeben sich auch aus Art. 3 EMRK positive Schutzpflichten für den Staat (s. o. Rn. 29 f.). Um diesen gerecht zu werden, muss er geeignete **Schutzmaßnahmen** vorsehen und ist verpflichtet, bei Verdacht auf Folter
oder unmenschlicher bzw. erniedrigender Behandlung effektive und unabhängige
Ermittlungsmaßnahmen einzuleiten.[108] Diese Schutzpflichten gelten insbesondere
im Bereich der Haftbedingungen, da hier die Menschenrechtsberechtigten unmittelbar der staatlichen Gewalt ausgesetzt sind.

55 d) Fallbeispiele

(1) Androhung von Folter: Der Fall Gäfgen/Deutschland[109]

> G hatte einen elfjährigen Jungen in seine Gewalt gebracht und getötet, um von der Fami-
> lie des – bereits toten – Kindes ein Lösegeld zu erpressen. Nachdem G drei Tage nach
> der Entführung bei der Abholung des Geldes beobachtet und festgenommen worden war,
> konzentrierten sich die polizeilichen Ermittlungen zunächst auf die Feststellung des Auf-
> enthaltsorts des Opfers; es wurde vorläufig davon ausgegangen, dass das Kind noch am
> Leben sei und in einem Versteck festgehalten werde. Während der Zeit der Vernehmung
> des G fand die Polizei in dessen Wohnung einen wesentlichen Teil des Lösegeldes und
> einen Zettel, auf dem Einzelheiten der Tatvorbereitung aufgeschrieben waren. Diese Funde
> ergaben, dass G als Allein- oder Mittäter der Entführung dringend verdächtig war. Da G
> durch sein Aussageverhalten die behördlichen Nachforschungen mehrfach bewusst fehl-
> geleitet hatte, wies *Wolfgang Daschner* (D) den E an, bei der weiteren Befragung des G
> diesem mit dem Einsatz physischen Zwangs zu drohen, um G zur Preisgabe des Verstecks
> zu veranlassen. D war damals stellvertretender Behördenleiter des im Übrigen zuständi-
> gen urlaubsabwesenden Polizeipräsidenten, E leitete als „amtierender Leiter K 12" den in
> die Untersuchungen eingebundenen Unterabschnitt „Allgemeine Ermittlungen". D und E
> wussten, dass die Beweislage nicht sicher und insbesondere noch ungeklärt war, ob neben
> G Mittäter existierten, die über das Schicksal des Kindes mitbestimmten. (…) Über seine
> Anordnung und das weitere Geschehen fertigte D einen schriftlichen Vermerk an, in dem es
> unter anderem heißt: „Zur Rettung des Lebens des entführten Kindes habe ich angeordnet,
> dass G nach vorheriger Androhung unter ärztlicher Aufsicht durch Zufügung von Schmer-
> zen (keine Verletzungen) erneut zu befragen ist. Die Feststellung des Aufenthaltsorts des
> entführten Kindes duldet keinen Aufschub; insoweit besteht für die Polizei die Pflicht, im
> Rahmen der Verhältnismäßigkeit alle Maßnahmen zu ergreifen, um das Leben des Kindes
> zu retten. Die Befragung des G dient nicht der Aufklärung der Straftat, sondern ausschließ-
> lich der Rettung des Lebens des entführten Kindes."
>
> **Lösungshinweise:** Hier stellt sich die Frage, ob G durch die Androhung von Schlägen
> seitens D in seinem Recht aus Art. 3 EMRK verletzt wurde.

---

[108] Vgl. EGMR, *Labita/Italien*, Urteil v. 06.04.2000, Rep. 2000-IV §§ 130–136; *Meyer-Ladewig* (2003), Art. 3 Rn. 2–4 c.

[109] EGMR, *Gäfgen/Deutschland*, Urteil v. 30.06.2008 (Kammer) und Urteil v. 01.06.2010 (Große
Kammer). Dazu auch LG Frankfurt, NJW 2005, 692; *Erb,* NStZ 2005, 593; *Götz,* NJW 2005, 953.

1. Der Schutzbereich des Art. 3 EMRK umfasst drei Begehungsformen: a) Folter, b) unmenschliche Behandlung und c) erniedrigende Behandlung. Unter Folter wird die vorsätzliche unmenschliche Behandlung, die sehr schweres und grausames Leiden verursacht, verstanden. Eine unmenschliche Behandlung ist bei vorsätzlicher und beständiger Verursachung körperlicher Verletzungen oder physischer oder psychischen Leids gegeben. Als tatsächlicher Ansatzpunkt kommt die Drohung mit der Zufügung erheblicher Schmerzen gegenüber G für den Fall seines weiteren beharrlichen Schweigens in Betracht. Aufgrund der Tatsache, dass G bis zu dieser Drohung geschwiegen hatte und danach genaue Angaben machte, wird deutlich, dass ihn die Drohung in erhebliche Angst versetzt haben muss. Angstzustände sind eine Form psychischen Leids, so dass der Schutzbereich des Art. 3 EMRK eröffnet ist.

2. a) Eine Rechtfertigung des Eingriffs in den Schutzbereich ist bei Art 3 EMRK nicht möglich; allerdings prüft der EGMR, ob eine Misshandlung ein Mindestmaß an Schwere hat. Andernfalls wird der Anwendungsbereich des Art. 3 EMRK nicht für eröffnet angesehen. Die Beurteilung dieses Mindestmaßes hänge von den gesamten Umständen des Falls ab, z. B. von der Dauer der Behandlung, ihren körperlichen oder seelischen Folgen und zuweilen dem Geschlecht, Alter und Gesundheitszustand des Opfers.[110] Da der Beschwerdeführer im Laufe der polizeilichen Ermittlungen zunächst beharrlich geschwiegen hatte, dann jedoch unter dem Eindruck der Drohung detaillierte Angaben insbesondere zum Fundort der Leiche machte, stellt der Gerichtshof fest, dass die realen und direkten Drohungen mit vorsätzlicher und unmittelbar bevorstehender Misshandlung, bei G erhebliche Angst, Qual und seelisches Leiden verursachten.[111] Diese Behandlung erreiche somit das erforderliche Mindestmaß an Schwere und falle mithin in den Anwendungsbereich des Art. 3 EMRK.

b) Festzustellen bleibt nun allerdings noch, welche der drei Verwirklichungsformen vorliegt. Dabei ist von entscheidender Bedeutung, dass physische Schmerzen nicht zugefügt, sondern lediglich angedroht wurden. Nach Ansicht des EGMR kann auch die bloße Androhung von Folter bereits als Folter i. S. d. Art. 3 EMRK eingestuft werden, wenn die Angst vor den körperlichen Schmerzen so grausam ist, dass von psychischer bzw. seelischer Folter gesprochen werden kann. Maßgeblich hierfür sind immer die Umstände des Einzelfalles, insbesondere wie stark der ausgeübte Druck und wie groß das verursachte seelische Leiden war.[112] Der Gerichtshof kommt zu dem Schluss, dass die bei G angewandte Vernehmungsmethode unter den Umständen seines Falls zwar schwerwiegend genug gewesen sei, um eine nach Art. 3 EMRK verbotene unmenschliche Behandlung darzustellen, sie aber nicht das Maß an Grausamkeit hatte, um die Schwelle zur Folter zu erreichen.[113] Insbesondere dauerte die Vernehmung unter Folterandrohung lediglich 10 Minuten an.

Demnach wurde G in seinem Recht aus Art. 3 EMRK verletzt. Dies jedoch nicht, wie von ihm behauptet, durch Folter im Sinne dieses Artikels, sondern durch eine unmenschliche Behandlung.

3. Aufgrund der Tatsache, dass der handelnde Polizeibeamte D in dem Glauben handelte, der Junge sei noch am Leben und er somit der Auffassung war, er könne ihn durch sein Handeln retten, könnte möglicherweise eine Rechtfertigung in Betracht kommen. Wie jedoch bereits oben dargetan, ist Art. 3 EMRK ein schrankenlos gewährleistetes Recht. Es gibt weder geschriebene noch ungeschriebene Schranken, so dass das Verbot sämtlicher gegen Art. 3 EMRK verstoßender Behandlungen umfassend und absolut gilt. Eine Auffassung in der juristischen Lehre, welche in so oder so ähnlich gelagerten Fällen eine sog. *Rettungsfolter* zulassen möchte, konnte sich nicht durchsetzen.[114]

---

[110] EGMR, *Gäfgen/Deutschland*, Urteil v. 01.06.2010 (Große Kammer), § 88.

[111] EGMR, *Gäfgen/Deutschland*, Urteil v. 01.06.2010 (Große Kammer), § 103.

[112] EGMR, *Gäfgen/Deutschland*, Urteil v. 01.06.2010 (Große Kammer), § 108.

[113] EGMR, *Gäfgen/Deutschland*, Urteil v. 01.06.2010 (Große Kammer), § 108.

[114] Vgl. hierzu insbesondere *Brugger,* VBlBW 1995, 414 ff., 446 ff.; *ders.*, JZ 2000, 165 ff.

56   *(2) Abschiebung: Der Fall* Soering/Vereinigtes Königreich[115]

S steht in Verdacht, in Texas (USA) einen Mord begangen zu haben. Mittlerweile befindet er sich im Vereinigten Königreich. Dort beantragen die USA die Auslieferung von S. S wehrt sich gegen das Auslieferungsersuchen mit dem Argument, dass ihm in Texas die Todesstrafe drohe. Nach Erschöpfung des Rechtswegs in England wendet er sich an den EGMR und rügt einen Verstoß gegen Art. 2 und 3 EMRK für den Fall der Auslieferung in die USA.

Lösungshinweise: Im Fall *Soering/Vereinigtes Königreich* stellte sich die Frage, ob eine Auslieferung in die USA, wo dem S die Todesstrafe drohte, gegen Art. 3 EMRK verstößt.

1. Von besonderer Bedeutung ist in diesem Fall, ob der Schutzbereich des Art. 3 EMRK ein Abschiebungs- und Auslieferungsverbot umfasst.
   a. Eine Abschiebung oder eine Auslieferung stellt zunächst keine Handlung dar, welche als Folter oder unmenschliche bzw. erniedrigende Behandlung qualifiziert werden könnte. Durch sie werden unmittelbar keine schweren und grausamen Leiden verursacht und auch keine schweren körperlichen Verletzungen zugefügt. Nach der Rechtsprechung des EGMR ist der Schutzbereich des Art. 3 EMRK jedoch dann tangiert, wenn der betroffenen Person in dem Staat, in welchen sie abgeschoben oder an welchen sie ausgeliefert werden soll, Folter oder unmenschliche bzw. erniedrigende Behandlung durch staatliche Organe oder auch nicht-staatliche Stellen droht.[116]
   b. Der Gerichtshof hatte nunmehr zu entscheiden, ob die drohende Todesstrafe zu einer Erweiterung des Schutzbereichs von Art. 3 EMRK in Form eines Auslieferungshindernisses führt. Die Todesstrafe an sich konnte nicht als Ansatzpunkt für einen Verstoß gegen Art. 3 EMRK herangezogen werden. Da Art. 2 Abs. 1 S. 2 EMRK vorsieht, dass die Vollstreckung eines Todesurteils, das ein Gericht wegen eines Verbrechens verhängt hat, für das die Todesstrafe gesetzlich vorgesehen ist, legitim ist, konnte dies nicht als Folter oder unmenschliche bzw. erniedrigende Behandlung gesehen werden.
   Allerdings erkannte der EGMR in der Situation vor der Hinrichtung und in dem zu befürchtenden sog. „Todeszellensyndrom" eine Verursachung erheblicher psychischer Leiden und somit eine unmenschliche Behandlung im Sinne von Art. 3 EMRK.[117] Diese hat auch das Mindestmaß an Schwere, um in den Schutzbereich zu fallen. Insofern erweiterte der Gerichtshof den Schutzbereich des Art. 3 EMRK zu einem Auslieferungshindernis, falls der auszuliefernden Person nach der Auslieferung die Todesstrafe droht. Demnach hätte im Falle einer Auslieferung des S in die USA, wo diesem die Verhängung der Todesstrafe drohte, ein Verstoß gegen Art. 3 EMRK vorgelegen.
2. Heute benötigt man den Rückgriff auf den Schutzbereich des Art. 3 EMRK nicht mehr, da sich ein Auslieferungshindernis im Falle der drohenden Todesstrafe nun bereits aus dem 6. Zusatzprotokoll zur EMRK, in welchem das Verbot der Todesstrafe grundsätzlich anerkannt wird, ergibt. Dieses ZP ist mittlerweile mit Ausnahme von Russland von allen Vertragsstaaten ratifiziert worden.

---

[115] EGMR, *Soering/Vereinigtes Königreich*, Urteil v. 07.07.1989, Serie A Nr. 161; dazu auch *Satzger* (2010), § 11 Rn. 45 ff.

[116] EGMR, *Chahal/Vereinigtes Königreich*, Urteil v. 15.11.1996 (Große Kammer), Rep. 1996-V, §§ 74, 107; *Satzger* (2010), § 11 Rn. 46.

[117] EGMR, *Soering/Vereinigtes Königreich*, Urteil v. 07.07.1989, Serie A Nr. 161, §§ 81 ff.

(3) Brechmittel-Entscheidung: Der Fall Jalloh/Deutschland[118] **57**

Polizeibeamte in Zivil beobachten, wie J kleine Plastikbeutel aus dem Mund nimmt und jeweils anderen Personen gegen Geld übergibt. Sie vermuten, dass diese Beutel Betäubungsmittel enthalten und nehmen J fest, der bei der Festnahme „etwas herunterschluckt". Im Polizeipräsidium ordnet der Dienst habende Staatsanwalt S, um den Fahndungserfolg nicht zu gefährden, an, dass dem J ein Brechmittel verabreicht wird, damit dieser den Plastikbeutel „exkorporiert". Im Krankenhaus weigert sich J, das Medikament zu schlucken und wird daraufhin von Polizeibeamten fixiert, so dass der anwesende Arzt dem J zwangsweise mittels einer Nasen-Magen-Sonde ein Brechmittel einführen kann. Daraufhin erbricht J einen Plastikbeutel („Bubble") mit 0,2 Gramm Kokain.

Lösungshinweise: Wiederum stellt sich die Frage, ob J durch die zwangsweise Verabreichung eines Brechmittels in seinem Recht aus Art. 3 EMRK verletzt wurde.

1. Als tatsächlicher Anhaltspunkt für eine Verletzung des Art. 3 EMRK kommt hier die zwangsweise Verabreichung eines Brechmittels mittels einer Nasen-Magen-Sonde, wodurch das von J geschluckte Kokainbeutelchen sichergestellt werden sollte, in Betracht (zum Schutzbereich vgl. o. Rn. 50 ff.). Durch diese Behandlung wurden J beachtliche Schmerzen zugefügt. Zudem führte sie bei ihm zu erheblichen Angstzuständen. Demzufolge kommt ein Eingriff in Art. 3 EMRK in Betracht.
2. Der EGMR prüft zusätzlich, ob die durchgeführte Misshandlung ein Mindestmaß an Schwere aufweist. Ist dies nicht der Fall, so kommt eine Verletzung von Art. 3 EMRK nicht in Betracht. Wie bereits oben beschrieben, hängt die Beurteilung dieses Mindestmaßes von den gesamten Umständen des Falls ab. Von besonderer Bedeutung dabei ist hier, dass es sich um einen medizinischen Eingriff bei einer inhaftierten Person gegen deren Willen zur Sicherung von Beweismitteln handelte. Dies könnte möglicherweise dazu führen, dass das Mindestmaß an Schwere überhaupt nicht erreicht wurde.
Der Gerichtshof stellt fest, dass eine Maßnahme, die aus Sicht gefestigter medizinischer Grundsätze als therapeutische Notwenigkeit geboten ist, grundsätzlich nicht als unmenschlich oder erniedrigend eingestuft werden könne.[119] Insbesondere könnten solche Maßnahmen, welche ausschließlich dem Wohl des Inhaftierten dienten, nicht als unmenschlich oder erniedrigend gelten. Darüber hinaus seien medizinische Eingriffe gegen den Willen des Inhaftierten auch dann nicht kategorisch ausgeschlossen, wenn diese nicht therapeutischen Zwecken dienten, sondern ausschließlich zur Sicherung etwaiger Beweise für die Beteiligung der betroffen Person an einer Straftat durchgeführt werden.[120] In diesem Fall müsse jedoch das Erfordernis des medizinischen Eingriffs zur Beweisgewinnung in überzeugender Form gerechtfertig sein, insbesondere wenn der Eingriff darauf ausgerichtet sei, den materiellen Beweis für die angelastete Straftat aus dem Körper des Betroffenen zu gewinnen.[121] Im Bezug auf den konkreten Fall stellt der EGMR fest, dass die Verabreichung eines Brechmittels als medizinische Notwendigkeit angesehen werden konnte, da J der Tod durch Vergiftung drohte, falls der Kokain-Beutel in seinem Magen geplatzt wäre.[122] Allerdings hatten sich die Behörden bei der Anordnung der Brechmittelvergabe auf § 81 a StPO gestützt. Diese Norm rechtfertigt medizinische Eingriffe gegen den Willen des

---

[118] EGMR, *Jalloh/Deutschland*, Urteil v. 11.07.2006 (Große Kammer), Rep. 2006-IX; dazu *Safferling* Jura 2008, 100.

[119] EGMR, *Jalloh/Deutschland*, Urteil v. 11.07.2006 (Große Kammer), Rep. 2006-IX, § 69.

[120] EGMR, *Jalloh/Deutschland*, Urteil v. 11.07.2006 (Große Kammer), Rep. 2006-IX, § 70.

[121] EGMR, *Jalloh/Deutschland*, Urteil v. 11.07.2006 (Große Kammer), Rep. 2006-IX, § 71.

[122] EGMR, *Jalloh/Deutschland*, Urteil v. 11.07.2006 (Große Kammer), Rep. 2006-IX, § 75.

Betroffenen zur Beweissicherung, wenn kein gesundheitlicher Nachteil zu befürchten ist. Demnach bezieht sich § 81 a StPO nicht auf solche Maßnahmen, welche das Ziel verfolgen, eine drohende Gefahr für den Betroffenen abzuwenden. Sie ist somit repressiver und nicht präventiver Natur. Darüber hinaus sei unbestritten, dass das Brechmittel verabreicht worden sei, ohne zuvor die Risiken abzuwägen, welche mit einem Verbleib des Plastikbeutels im Körper des J verknüpft gewesen sind.[123]

Wie bereits erwähnt, führt jedoch allein die Tatsache, dass der medizinische Eingriff ausschließlich zur Beweisgewinnung durchgeführt wurde, nicht dazu, dass die Maßnahme automatisch in den Anwendungsbereich des Art. 3 EMRK fällt. Allerdings muss die Durchführung eines solchen Eingriffs einer strengen Abwägung unterliegen.

Das zwangsweise Verabreichen eines Brechmittels war in diesem Fall somit nicht unerlässlich. Vielmehr hätten die Behörden das Ausscheiden des Beutels auf natürlichem Wege abwarten können. Darüber hinaus stellt die Verabreichung eines solchen Mittels eine nicht nur unerhebliche Gefahr für Leib und Leben der betroffenen Person dar. Ferner hat die Art und Weise der Verabreichung des Mittels bei J zu Furcht und Schmerzen geführt, denn er wurde von vier Personen festgehalten und das Mittel zwangsweise durch eine Nasen-Magen-Sonde injiziert. Ebenso ist die anschließende Wartezeit bis zur Entfaltung der Wirkung des Mittels mit psychischen Leiden verbunden gewesen, da J in dieser Zeit fixiert war und unter Aufsicht stand. Dies stellt eine erhebliche Demütigung des J dar.

In Anbetracht der Gesamtumstände kommt der Gerichtshof zu dem Schluss, dass die an J durchgeführte Maßnahme das Mindestmaß an Schwere erreicht, um in den Anwendungsbereich des Art. 3 EMRK zu fallen.[124] J war durch die Maßnahme einer unmenschlichen und erniedrigenden Behandlung unterworfen und wurde somit in seinem Recht aus Art. 3 EMRK verletzt.

3 Art. 7 EMRK, „nullum crimen, nulla poena sine lege"

58 In Art. 7 EMRK wird das **Gesetzlichkeitsprinzip** normiert. Die Bedeutung dieser rechtsstaatlichen Fundamentalnorm im Gefüge der Konventionsrechte zeigt sich vor allem daran, dass die Vorschrift (ähnlich wie Art. 3 EMRK) notstandsfest ist, vgl. Art. 15 Abs. 2 EMRK. Art. 7 enthält eine wirksame Garantie gegen willkürliche Verfolgung, Verurteilung und Bestrafung.[125]

Im nationalen deutschen Recht hat das Gesetzlichkeitsprinzip **Verfassungsrang**, **Art. 103 Abs. 2 GG**, und steht gleichsam als Leitmotiv in § 1 StGB über dem materiellen Strafrecht. Art. 7 EMRK und Art. 103 Abs. 2 GG sind allerdings nicht immer deckungsgleich.

a) Schutzbereich

59 Die Begriffe „Recht" und „Strafe" sind autonom auszulegen (s. o. Rn. 33).[126] Unter „**Recht**" versteht der EGMR das „Gesetz", wie es etwa in Art. 8 Abs. 2 EMRK ver-

---

[123] EGMR, *Jalloh/Deutschland*, Urteil v. 11.07.2006 (Große Kammer), Rep. 2006-IX, § 75.

[124] EGMR, *Jalloh/Deutschland*, Urteil v. 11.07.2006 (Große Kammer), Rep. 2006-IX, § 75 ff.

[125] Vgl. EGMR, *Streletz, Kessler und Krenz/Deutschland*, Urteil v. 22.03.2001, Rep. 2001-II, § 50.

[126] Vgl. *Satzger* (2010), § 11 Rn. 79; *Meyer-Ladewig* (2006), Art. 7 Rn. 6.

wendet wird.[127] Damit umfasst es sowohl geschriebenes, als auch das in *common law*-Staaten übliche ungeschriebene Recht.[128]

Unter „Strafe" wird **jede Sanktion** verstanden, die nach einer Verurteilung für eine strafbare Handlung auferlegt worden ist oder zumindest aus **Anlass der Begehung einer Straftat** verhängt wird.[129] Damit ist der Schutzbereich auf präventive Maßnahmen zur Verhinderung einer Straftat nicht anwendbar. Disziplinarverfahren mit Strafcharakter ebenso wie Verwaltungsstrafverfahren (Ordnungswidrigkeiten) liegen jedoch innerhalb des Schutzbereiches.[130] Art. 7 EMRK ist hingegen nicht anwendbar auf Verfahrensrecht und Strafvollzugsvorschriften.[131] Ebenso fallen Verjährungsvorschriften nicht in den Schutzbereich.[132]

Die Anwendbarkeit von Art. 7 Abs. 1 EMRK ist unlängst in einem Verfahren gegen Deutschland wieder aktuell geworden hinsichtlich der Frage, ob im deutschen zweispurigen System der Strafen und Maßregeln der Besserung und Sicherung[133] das Rückwirkungsverbot auch für letztere gilt. Hierzu siehe folgendes

> **Beispiel:** [134]M wurde im Jahr 1986 nach einer bereits langen kriminellen Karriere wegen versuchten Mordes und Raubes zu fünf Jahren Haft mit anschließender Sicherungsverwahrung verurteilt. Zum damaligen Zeitpunkt galt für die Sicherungsverwahrung nach § 67 d StGB a. F. eine absolute Höchstgrenze von zehn Jahren. Im Jahr 1998 wurde mit dem Sexualdeliktsbekämpfungsgesetz[135] diese Frist aufgehoben und stattdessen in § 67 d Abs. 3 StGB dem Gericht die Möglichkeit gegeben, die Sicherungsverwahrung aufrecht zu erhalten, solange beim Täter ein Hang zu gefährlichen Straftaten besteht. Als M im Jahr 2001 seine Entlassung nach zehnjähriger Verwahrung erreichen wollte, lehnte das Gericht dies mit Verweis auf § 67 d StGB ab.
> Der EGMR legt den Begriff „Strafe" in Art. 7 Abs. 1 EMRK autonom aus, um festzustellen, ob die Sicherungsverwahrung in Deutschland als „Strafe" angesehen werden muss.[136] Dabei wird auf die Praxis der Durchführung abgestellt und kein wesentlicher Unterschied zum Strafvollzug festgestellt.[137] Und auch bei funktionaler Betrachtung könne kein erheblicher Unterschied ausgemacht werden, denn auch die Strafhaft diene der Sicherung der Bevölkerung vor gefährlichen Straftätern. Zudem seien für die Verhängung der Maßregel auch die Strafgerichte zuständig. Deshalb fällt die Sicherungsverwahrung unter den Begriff „Strafe" und Deutschland wurde wegen einer Verletzung des Rückwirkungsverbots verurteilt. Die Sicherungsverwahrung muss demnach in Deutschland völlig neu geregelt werden. Bislang gibt es dazu ein Diskussionsentwurf des Bundesjustizministeriums.[138]

60

---

[127] EGMR, *S.W./Vereinigtes Königreich*, Urteil v. 22.11.1995, Serie A Nr. 335-B, § 35.

[128] *Meyer-Ladewig* (2006), Art. 7 Rn. 6.

[129] Vgl. *Satzger* (2010), § 11 Rn. 79 m. w. N.

[130] Vgl. *Grabenwarter* (2009), § 24 Rn. 130; *Meyer-Ladewig* (2006), Art. 7 Rn. 10.

[131] Vgl. *Frowein/Peukert* (2009), Art. 7 Rn. 5.

[132] EGMR, *Coeme u. a./Belgien*, Urteil v. 22.06.2000, Rep. 2000-VII, § 145; auch *Meyer-Ladewig* (2006), Art. 7 Rn. 7.

[133] Vgl. dazu *Streng* (2002), Rn. 280.

[134] EGMR, *M/Deutschland*, Urteil v. 17.12.2009; vgl. dazu *Kinzig*, NStZ 2010, 233.

[135] Gesetz zur Bekämpfung von Sexualdelikten und anderen gefährlichen Straftaten v. 26.01.1998, BGBl. 1998 I, 160.

[136] EGMR, *M/Deutschland*, Urteil v. 17.12.2009, § 126.

[137] Ibid. § 127 f.

[138] Vgl. Diskussionsentwurf des BMJ: Gesetz zur Neuregelung des Rechts der Sicherungsverwahrung und zur Stärkung der Führungsaufsicht, v. 30.06.2010.

b) Umfang der Gewährleistung

61 Aus Art. 7 Abs. 1 EMRK lassen sich **drei verschiedene Gebote** ableiten:

(1) Bestimmtheitsgebot

Straftatbestände müssen **hinreichend klar und bestimmt** formuliert sein, sowohl hinsichtlich des Verbotstatbestands wie auch hinsichtlich der Strafandrohung. Da die EMRK nicht nur für Rechtsordnungen mit kodifiziertem Recht, sondern auch für Staaten des *common law* gilt, muss das Strafgesetz nicht geschrieben sein, so wie das etwa Art. 103 Abs. 2 GG verlangt.[139]

Die **Auslegung der Rechtsnormen durch die Gerichte** muss in jedem Fall zur Bestimmung der Normen herangezogen werden. Den nationalen Gerichten obliegt es schließlich auch, das nationale Recht anzuwenden und auszulegen. Der EGMR überprüft lediglich, ob es sich um eine willkürliche Entscheidung handelt. Letztendlich kommt es auch hier darauf an, dass der Rechtsunterworfene in hinreichendem Maße vorhersehen kann, ob sein Verhalten strafbar ist oder nicht. Dies ist aus der Sicht des Betroffenen *ex ante* zu beurteilen.[140]

62 Der EGMR ist sehr zurückhaltend mit dem Vorwurf, ein Gesetz sei zu unbestimmt. Das zeigte sich auch in den *Mauerschützen*-Fällen, in denen die Vorhersehbarkeit der Bestrafung für die einzelnen Grenzsoldaten angesichts ihrer Indoktrination und des faktischen Belobigungssystems tatsächlich kaum möglich war. Dazu der EGMR:

> even a private soldier could not show total, blind obedience to orders which flagrantly infringed not only the GDR's own legal principles but also internationally recognised human rights, in particular the right to life, which is the supreme value in the hierarchy of human rights.[141]

Die Bestimmtheit ist einzelfallabhängig unter Berücksichtigung des Normkomplexes und des jeweiligen Adressatenkreises abzuwägen. An unterschiedliche Berufsgruppen können daher unterschiedliche Anforderungen gestellt werden.

Beispiel: C ist Geschäftsführer eines großen Supermarktes in Frankreich. Um die Angebotspalette zu erweitern, verkauft er auch Vitamin C und 70 %igen Alkohol. Nach französischem Recht ist es nicht erlaubt, „medizinische Produkte" in Supermärkten zu verkaufen. C wird entsprechend der mehrheitlichen Rechtsprechung französischer Gerichte verurteilt. Hier stellte der EGMR fest, dass das französische Gesetz nicht zu unbestimmt sei. Insbesondere hätte C als Manager die Rechtspraxis kennen und sich bei Unklarheit informieren müssen.[142]

---

[139] Vgl. zum Erfordernis der „*lex scripta*", *Roxin*, AT/1 (2006), § 5 Rn. 9 und Sachs/*Degenhart* (2009) Art. 103 Rn. 63 f.

[140] Vgl. dazu EGMR, *Witt/Deutschland*, Urteil v. 08.01.2007, in Bezug auf § 240 StGB.

[141] EGMR, *K.-H.W./Deutschland*, Urteil v. 22.03.2001, Rep. 2001-II, § 75.

[142] EGMR, *Cantoni/Frankreich*, Urteil v. 15.11.1996 (Große Kammer), Rep. 1996-V, § 35.

(2) Analogieverbot

Analogieschlüsse zu Lasten des Täters sind als Ausfluss des **Verbots extensiver**   **63**
Auslegung nach Art. 7 Abs. 1 EMRK ausgeschlossen.[143] Im Einzelfall ist die Abgrenzung problematisch.[144]

(3) Rückwirkungsverbot

Das **Rückwirkungsverbot** ergibt sich unmittelbar aus dem Wortlaut der Vorschrift.   **64**
Die Tat muss zur Zeit der Begehung nach nationalem oder internationalem Recht
strafbar sein. Darunter fallen auch rückwirkende Strafschärfungen. Ähnlich wie
beim Bestimmtheitsgebot wird dem Mitgliedstaat ein weiter Spielraum zugestanden. Für die Wahrung des Gesetzlichkeitsprinzips reicht es aus, dass die rechtliche
Konsequenz einer Handlung seit längerer Zeit absehbar war.[145]

Konfliktträchtig ist hierbei die Abgrenzung zur **richterlichen Rechtsfortbildung**. Das gilt vor allem für ein Rechtssystem, das vor allem auf Richterrecht beruht. Ein besonders deutlicher Beispielsfall kommt daher aus England:

> **Beispiel:** R war von englischen Gerichten bestätigt, durch das House of Lords wegen
> Vergewaltigung seiner Ehefrau verurteilt worden. Nach englischem Recht war die Vergewaltigung in der Ehe indes nicht strafbar entsprechend der (eigenartigen) Vorstellung des
> *common law*, dass die Frau ihr mit der Ehe eingegangenes generelles Einverständnis in den
> Geschlechtsverkehr mit dem Ehegatten nicht widerrufen könne.[146] Auch durch ein Gesetz
> von 1976, das „unrechtmäßigen Geschlechtsverkehr" (*unlawful sexual intercourse*) unter
> Strafe stellte, änderte sich an dieser Rechtsprechung nichts, da der Beischlaf während der
> Ehe von den Gerichten immer als „rechtmäßig" angesehen wurde. Im Verfahren gegen
> R wurde diese Rechtsprechung jedoch geändert und die Frage der „Rechtmäßigkeit" als
> völlig überflüssige und damit hinfällige gesetzliche Voraussetzung bezeichnet.[147] Diese
> Rechtsprechung war auch deshalb prekär, weil das Unterhaus eine Streichung der „Rechtmäßigkeit" wiederholt (zuletzt zwei Jahre vor der Tat) abgelehnt hatte.
> Die Verurteilung von R wurde vom EGMR gehalten.[148] Dabei macht der EGMR deutlich,
> dass richterliche Interpretation in jedem Rechtssystem erforderlich, ja unvermeidlich ist.
> Ein Gesetz muss den gesellschaftlichen Gegebenheiten angepasst werden (können). Im Fall
> wurde kein neues Gesetz geschaffen oder gegen das Analogieverbot verstoßen, denn die
> Handlung als solche war bereits vorher strafbar. Die Anpassung der Rechtsprechung an
> die gesellschaftlichen Moralvorstellungen entspricht vielmehr einer linearen Entwicklung.
> Insofern war die Rechtsprechungsänderung vorhersehbar.

---

[143] Vgl. EGMR, *Kokkinakis/Griechenland*, Urteil v. 25.05.1993, Serie A Nr. 260-A, § 52.

[144] Vgl. *Satzger* (2010), § 11 Rn. 81.

[145] *Ehlers,* Jura 2000, 372, 374; Vgl. *Grabenwarter* (2009), § 24 Rn. 128 ff.

[146] Vgl. *Smith/Hogan* (1992), S. 472.

[147] Vgl. *R. v. R.* [1991] 1 All England Law Reports 747; [1991] 2 All England Law Reports 257
(Court of Appeal); [1991] 4 All ER 481 (House of Lords).

[148] EGMR, *C.R./Vereinigtes Königreich*, Urteil v. 22.11.1995, Serie A Nr. 335-C. Vgl. auch *S.W./
Vereinigtes Königreich*, Urteil v. 22.11.1995, Serie A Nr. 335-B.

65   Die Strafbarkeit kann sich auch aus internationalem Recht, d. h. **Völkerstrafrecht**, ergeben. Nationales Recht kann daher dann rückwirkend angewendet werden, wenn zum Tatzeitpunkt bereits eine entsprechend hinreichend bestimmte und vorhersehbare **völkerrechtliche Strafbarkeit** bestand.[149] Eine Bezugnahme auf das internationale Recht war bei den Mauerschützenprozessen nicht erforderlich, da die Taten bereits nach nationalem DDR-Recht strafbar waren.[150]

> **Beispiel:** Bei den „Mauerschützenfällen" wurde vom EGMR eine Verletzung von Art. 7 EMRK verneint, da der Rechtfertigungsgrund des § 27 DDR-GrenzG schon gegen das in der DDR-Verfassung verankerte Recht auf Leben verstoßen habe. Zudem verstoße die Tötung von „Grenzverletzern" auch gegen den von der ehemaligen DDR ratifizierten Art. 6 Abs. 1 IPbürgR. Letztlich sei es absehbar gewesen, dass die Grenzkontrollen im Widerspruch zu garantierten Grundfreiheiten (Ausreisefreiheit etc.) standen.

c) Ausnahme

66   Art. 7 Abs. 2 EMRK enthält eine (letztlich überflüssige) Ausnahme vom Rückwirkungsverbot nach Abs. 1, die zur nachträglichen (deklaratorischen) Rechtfertigung der Nürnberger Prozesse in die Konvention aufgenommen wurde (sog. **Nürnberg Klausel**).[151] Danach sind Taten, die gegen die allgemeinen Rechtsgrundsätze der zivilisierten Staaten verstoßen, auch dann strafbar, wenn sie nach nationalem Recht nicht gegen Strafnormen verstoßen.

Überflüssig ist die Ausnahme deshalb, weil nach **Abs. 1** zur Verurteilung bereits eine **Strafbarkeit nach Völkerstrafrecht** ausreicht, auch wenn das nationale Recht entgegensteht. Allerdings ist der Duktus der Vorschrift ein anderer. Während Abs. 1 auf positives internationales Recht abstellt, erhebt Abs. 2 einen moralisch-normativen Anspruch. Mit der Kodifizierung des Völkerstrafrechts im Römischen Statut (s. § 4 Rn. 17) hat sich die Situation in mancherlei Hinsicht geklärt.

> Als rechtsgeschichtliche Randnotiz sei bemerkt, dass die junge Bundesrepublik Deutschland gegen diese Klausel bei der Ratifizierung im Jahr 1952 einen Vorbehalt erklärt hatte; diesen hat sie erst am 5.10.2001 – auch in Reaktion auf das Verfahren gegen *Streletz, Kessler u. Krenz* vor dem EGMR – offiziell zurückgenommen.[152]

---

[149] Vgl. *Grabenwarter* (2009), § 24 Rn. 135.

[150] Vgl. EGMR, *Streletz, Kessler u. Krenz/Deutschland*, Urteil v. 22.03.2001, Rep. 2001-II, § 105, wo allerdings internationales Recht geprüft wird; vgl. *Werle,* NJW 2001, 3001, 3007 f.

[151] Vgl. dazu *Grabenwarter* (2009), § 24 Rn. 136.

[152] S. der 6. Bericht der Bundesregierung über ihre Menschenrechtspolitik in den auswärtigen Angelegenheiten und in anderen Politikbereichen (Human Rights Report), 2000/02, 36 abrufbar unter: www.bmj.bund.de/media/archive/267.pdf.

4 Art. 5 EMRK, Freiheitsentzug

Art. 5 gewährleistet **persönliche Freiheit** und schützt vor willkürlicher Freiheits-   **67**
entziehung durch den Staat. Das Recht auf **richterliche Kontrolle** freiheitsentzie-
hender Maßnahmen wird garantiert.[153] Art. 5 EMRK enthält vergleichsweise detaillierte Regelungen, was als Beleg für die mannigfaltigen Umgehungsversuche von
Staaten gelten kann.

a) Schutzbereich

Schutzgut des Art. 5 EMRK ist die persönliche Freiheit des Einzelnen in Form der   **68**
physischen Fortbewegungsfreiheit.[154] Demnach schützt die Vorschrift vor willkürlicher Festnahme und Freiheitsentziehung. Nicht vom Schutzbereich umfasst ist
die angemessene Behandlung während der Unterbringung (hier gelten Art. 3 und 8
EMRK).[155]

b) Eingriff

Ein Eingriff in den Schutzbereich besteht bei **jeder Freiheitsentziehung durch**   **69**
staatliche Organe, d. h. durch jede Maßnahme der staatlichen Gewalt, durch die
jemand gegen seinen Willen an einem bestimmten, begrenzten Ort für eine gewisse
Dauer festgehalten wird.[156] Bloße (kurzfristige) Einschränkungen der Bewegungs-
freiheit (vgl. Art. 2 ZP 4) stellen keine Eingriffe dar.[157] Die Abgrenzung erfolgt nach
den Umständen des Einzelfalls, Art, Dauer und Auswirkungen der Maßnahme.[158]

c) Rechtfertigung

Art. 5 Abs. 1 nennt eine ganze Reihe von Gründen, nach denen die staatliche Frei-   **70**
heitsentziehung zulässig ist. Voraussetzung dafür ist jedoch stets, dass die Festsetzung auf einer innerstaatlichen Rechtsgrundlage fußt. Dabei ist stets das **Güns-**
tigkeitsprinzip zu beachten (o. Rn. 25), wonach die EMRK nur einen Mindeststandard verbürgt und das nationale Recht strengere Anforderungen und somit ein
höheres Schutzniveau aufstellen kann. Das innerstaatliche Verfahren muss in jedem

---

[153] *Grabenwarter* (2009), § 21 Rn. 1.

[154] IK-EMRK/*Renzikowski* (2009), Art. 5 Rn. 15 f.

[155] *Grabenwarter* (2009), § 21 Rn. 2.

[156] *Frowein/Peukert* (2009), Art. 5 Rn. 9.

[157] *Meyer-Ladewig* (2006), Art. 5 Rn. 2; *Ambos* (2008), § 10 Rn. 36.

[158] Vgl. EGMR, *Amuur/Frankreich*, Urteil v. 25.06.1996, Rep. 1996-III, §§ 41–43, Internierung in
einer Transitzone des Flughafens.

Fall eingehalten werden, was der EGMR auch überprüft, da diese Verpflichtung Teil des Konventionsrechts ist.[159] Daraus ergibt sich folgendes Prüfungsschema:

I.   Schutzbereichseröffnung
II. Eingriff
III. Rechtfertigung

    1. Vorliegen einer *innerstaatlichen Rechtsgrundlage*
    2. *Einhaltung* des innerstaatlichen Verfahrens
    3. Vorliegen eines *Haftgrundes*

       a. Gerichtliche Verurteilung
       b. Nichtbefolgung einer rechtmäßigen Anordnung, Erzwingung oder Erfüllung einer gesetzlichen Verpflichtung
       c. U-Haft und Präventivhaft
       d. Erziehung und Vorführung Minderjähriger
       e. Gefahr für die öffentliche Sicherheit
       f. Unerlaubte Einreise, Abschiebung und Auslieferung

    4. Verhältnismäßigkeit der Maßnahme

Zwei Haftgründe haben für den strafrechtlichen Bereich besondere Wichtigkeit: lit. a) die gerichtliche Verurteilung und lit. c) die U-Haft.

(1) Gerichtliche Verurteilung

71   Eine Freiheitsentziehung ist bei einer Verurteilung durch ein **zuständiges Gericht** gerechtfertigt. Entscheidend für die Qualifikation als „Gericht" ist die Unabhängigkeit von der Exekutive und die Einhaltung rechtsstaatlicher Verfahrensgarantien (im Sinne von Art. 6 EMRK).[160] Rechtskraft der Entscheidung ist indes nicht erforderlich und auch die materielle Richtigkeit der Entscheidung ist nicht Gegenstand der Überprüfung durch den EGMR, der eben keine „Superrevisionsinstanz" ist.[161]

    Eine „Verurteilung" setzt voraus, dass der Täter **schuldhaft** gehandelt hat. Festsetzungen von Sicherungsverwahrung als Maßregel durch ein Gericht fallen deshalb nur dann unter lit. a), wenn sie zugleich mit der schuldangemessenen Strafe

---

[159] Vgl. EGMR, *Benham/Vereinigtes Königreich*, Urteil v. 10.06.1996, Rep. 1996-III, § 41 und zuletzt *M/Deutschland*, Urteil v. 17.12.2009, § 90.

[160] Vgl. *Ambos* (2008), § 10 Rn. 38; *Meyer-Ladewig* (2006), Art. 5 Rn. 6.

[161] Vgl. *Meyer-Goßner* (2010), Art. 5 EMRK Rn. 2.

festgesetzt werden oder eine kausale Verknüpfung zu dieser aufweisen.[162] Anderenfalls liegt eine Maßnahme nach lit. e) vor.[163]

(2) U-Haft und Präventivhaft

U-Haft kann angeordnet werden, wenn ein **hinreichender** Tatverdacht der Be-   72
gehung einer Straftat gegeben ist. Damit sind die Voraussetzungen im Vergleich
zur StPO gelockert, denn dort wird in den §§ 112 ff. StPO ein **dringender** Tatverdacht und das Vorliegen eines spezifischen Haftgrundes (Wiederholungsgefahr,
Verdunkelungsgefahr, Fluchtgefahr) verlangt. Prüfungsmaßstab ist aber jeweils das
nationale Recht, da anderenfalls die Inhaftierung nicht „rechtmäßig" i. S. von Art. 5
EMRK ist.

Präventivhaft setzt voraus, dass die konkrete Gefahr der Begehung einer Straftat durch den Inhaftierten zu besorgen ist.[164]

d) Rechte des Festgenommenen

Art. 5 EMRK enthält neben den Voraussetzungen für eine menschenrechtskonfor-   73
me Freiheitsentziehung spezifische Rechte des Inhaftierten:

1. **Recht auf Information** nach Art. 5 Abs. 2 EMRK. Dem Verhafteten müssen
   unverzüglich die wesentlichen rechtlichen und tatsächlichen Gründe für seine
   Inhaftierung bekannt gegeben werden, damit er von seinem Recht auf Haftkontrolle (nach Abs. 4) wirksam Gebrauch machen kann.
2. **Recht auf unverzügliche Vorführung vor einen Richter** nach Art. 5 Abs. 3
   EMRK. Als Schutz vor staatlicher Willkür sind die Gründe für die Verhaftung
   von Amts wegen und nicht erst auf Antrag von einem unabhängigen Richter zu
   prüfen. Die Vorführung hat rasch zu erfolgen. Ein Zeitraum von mehr als vier
   Tagen kann nur ausnahmsweise noch hingenommen werden.[165]
3. **Recht auf unverzügliche Entscheidung** nach Art. 5 Abs. 3 S. 1 HS 2 EMRK.
   Die Dauer der U-Haft stellt einen sehr sensiblen Bereich dar und ist in der Praxis
   enorm wichtig. Die Vorschrift korrespondiert mit der allgemeinen Beschleuni-
   gungsmaxime in Art. 6 Abs. 1 S. 1 EMRK, ist hier aber sehr viel strenger. Entscheidend sind die Umstände des Einzelfalls. Danach sind der Tatverdacht, die

---

[162] Das wurde etwa bei der Festsetzung von lebenslanger Freiheitsstrafe und der Entscheidung
über eine weitere Inhaftierung aus Sicherungsgründen bejaht, vgl. EGMR, *Kafkaris/Zypern*, Urteil
v. 12.02.2008, §§ 118–121.
[163] EGMR, *M/Deutschland*, Urteil v. 17.12.2009, §§ 95 ff.
[164] EGMR, *M/Deutschland*, Urteil v. 17.12.2009, § 102.
[165] Vgl. EGMR, *Tas/Türkei*, Urteil v. 14.11.2000, § 86.

Schwere der Tat, die zu erwartende Strafe und die Sorgfalt der Strafverfolgungsbehörden abzuwägen.[166]

4. **Richterliche Haftkontrolle** nach Art. 5 Abs. 4 EMRK. Zusätzlich zur automatischen Kontrolle der Haftgründe nach Abs. 3 hat der Inhaftierte das Recht, eine
Haftprüfung zu beantragen. Dazu muss ein effektiver und wirksamer Rechtsbehelf im staatlichen Recht zur Verfügung stehen. Das Überprüfungsverfahren
muss justizförmig im Sinne von Art. 6 EMRK sein und innerhalb kurzer Zeit zu
einer Entscheidung führen. Dazu wird verlangt, dass der Inhaftierte bzw. sein
Verteidiger zur Vorbereitung der Überprüfung Einsicht in die Akten erhält.[167]
Diese Haftprüfung muss in angemessenen Abständen möglich sein.

5. **Recht auf Entschädigung** nach Art. 5 Abs. 5 EMRK. Das nationale Recht muss
einen Anspruch auf Entschädigung wegen Verletzung der Voraussetzungen von
Art. 5 EMRK vorsehen. Diese Verletzung muss nicht schuldhaft sein.

V Wichtige verfahrensrechtliche Gewährleistungen der EMRK

74   Unter menschenrechtlichen Gesichtspunkten sind die **Verfahrensrechte** von **besonderer Bedeutung**. Gleichmäßigkeit in der Rechtsanwendung und der Ausschluss von prozessualer Willkür zählen zu den wichtigsten Errungenschaften der
Aufklärung.[168] Bis heute können sie nicht als Selbstverständlichkeit gleichsam ab-
gehakt werden; vielmehr müssen sie sich politisch immer neu beweisen und sich
gegen Sicherheitsinteressen durchsetzen.

Den verfahrensbezogenen Rechten der EMRK kommt eine besondere Bedeutung zu, da sie in strafprozessualer Hinsicht weitergehende bzw. speziellere Rechte
gewährleisten als teilweise das innerstaatliche Recht.[169] Die zentrale Norm bildet
hierbei **Art. 6 EMRK**, aus der **Mindestgarantien** erwachsen, die in jedem nationalen (rechtsstaatlich geprägten) Strafverfahren zu berücksichtigen sind. Insgesamt
statuiert die Norm das Recht auf ein **faires Verfahren** („*fair-trial*"-Grundsatz) und
übt wie keine zweite Gewährleistung der EMRK Einfluss auf das nationale Recht
aus.

Zusätzlich wirkt das **Recht auf Schutz der Privatsphäre nach Art. 8 EMRK**
auf das Strafverfahren ein, insbesondere im Bezug auf den Schutz von Opfern und
Zeugen oder hinsichtlich der Frage der Zulässigkeit von (heimlichen) Ermittlungsmaßnahmen. Ergänzt werden diese verfahrensrechtlichen Grundlagen durch das

---

[166] Vgl. EGMR, *Cevizovic/Deutschland*, Urteil v. 29.07.2004; s. auch *Meyer-Ladewig* (2006),
Art. 5 Rn. 36.

[167] Vgl. EGMR, *Garcia Alva/Deutschland*, Urteil v. 13.02.2001, § 39. Hier wird das Akteneinsichtsrecht aus dem Prinzip der Waffengleichheit abgeleitet, da Art. 6 EMRK auch für dieses Verfahren gilt.

[168] Zur Entwicklung vgl. *Safferling* (2003), S. 21 ff.

[169] So auch *Satzger* (2010), § 11 Rn. 57.

Recht auf Rechtsmittel (Art. 2 Abs. 1 ZP 7) und das Verbot der Doppelbestrafung (Art. 4 Abs. 1 ZP 7).

1 Art. 6 EMRK

Das Recht auf ein „faires Verfahren" nach Art. 6 EMRK ist in der Rechtsprechung des EGMR die **bedeutendste Vorschrift**. In mehr als der Hälfte aller Verurteilungen wurde eine Verletzung von Art. 6 EMRK festgestellt.[170] Das belegt einerseits die Bedeutung von rechtlichen Verfahren im Rechtsstaat allgemein, andererseits verdeutlicht es aber auch die Vielschichtigkeit der Vorschrift, die natürlich nicht nur im Strafverfahren zur Anwendung gelangt. **75**

a) Struktur und Anwendbarkeit

(1) Struktur

Art. 6 EMRK ist eine **komplexe und vielschichtige Vorschrift**.[171] Die Überschrift „Recht auf ein faires Verfahren" ist insofern treffend, als sie auf ein gewisses unterbewusstes Vorverständnis und allgemeines Gerechtigkeitsgefühl anspielt. Sie ist andererseits in ihrer Allgemeinheit **konturenlos** und kaum aussagekräftig. Jeder mag andere Vorstellungen darüber haben, was „noch fair" oder „ganz und gar unfair" ist. Einen solch schwammigen Begriff zum Rechtsbegriff zu befördern, birgt das Risiko der Beliebigkeit in der Rechtsanwendung und einer Vertuschung struktureller Probleme. **76**

Art. 6 EMRK bleibt indes nicht bei der allgemeinen Fairness stehen, sondern entwickelt eine ganze Reihe **konkreter Anforderungen** an einen Strafprozess. Dabei handelt es sich dogmatisch und strukturell um unterschiedliche Gewährleistungen. In Art. 6 Abs. 1 EMRK etwa werden **institutionelle Eckpfeiler** der Strafjustiz entwickelt, etwa dass das Gericht unabhängig und unparteiisch, dass der Prozess öffentlich und innerhalb einer angemessenen Frist abgeschlossen sein muss. Diese Gewährleistungen haben zunächst den Charakter objektiver Rahmenbedingungen, die in der Gerichtsverfassung der Mitgliedstaaten umgesetzt werden müssen. Freilich erwachsen daraus auch konkrete Ansprüche für die Betroffenen, z. B. dass etwa ein befangener Richter abgelehnt werden kann oder dass das Verfahren zügig durchzuführen ist.

Eine sehr differenzierte Ausprägung erfährt das Fairnessprinzip durch **Abs. 3**. Die darin enthaltenen **Mindeststandards** gewähren den Beschuldigten sehr konkrete Rechtspositionen, wie das Recht auf einen Verteidiger und auf angemessene Vorbereitung der Verteidigung oder das Recht auf einen Dolmetscher. Strukturell **77**

---

[170] Vgl. den Bericht: 50 Years of Activity, S. 6.
[171] Ausführlich dazu *Safferling* (2003), S. 24 ff.

gehören Abs. 1 und Abs. 3 deshalb zusammen und werden in der Rechtsprechung des EGMR auch stets gemeinsam erörtert.

78   Die strukturelle Verbindung zwischen Abs. 1 und 3 wird vom EGMR mittels der sog. **Gesamtabwägung** zum Ausdruck gebracht (s. o. Rn. 36 f.). Demnach liegt auch bei einem Verstoß gegen die Mindestgarantien von Abs. 3 noch nicht automatisch eine Verletzung von Art. 6 EMRK vor, es sei denn, das Verfahren erweist sich als „insgesamt unfair". Diese Herangehensweise erweist sich für die Durchsetzung der Angeklagtenrechte oftmals als nachteilig, da auch offenkundige Verstöße über die Gesamtbetrachtung „geheilt" werden können.

In Art. 6 Abs. 2 EMRK ist ein weiteres rechtsstaatliches Grundprinzip enthalten, das sich auf das gesamte Strafverfahren[172] (und darüber hinaus)[173] auswirkt, die sog. **Unschuldsvermutung**.

(2) Anwendbarkeit

79   Nach dem Wortlaut von Art. 6 EMRK ist der Schutzbereich erst dann eröffnet, wenn gegen den Betroffenen eine **„strafrechtliche Anklage"** erhoben wurde. Das wäre nach § 170 Abs. 1 StPO erst nach Abschluss der staatsanwaltschaftlichen Ermittlungen der Fall. Gemäß dem Grundsatz der „autonomen Interpretation" der Konventionsrechte interpretiert der EGMR die Worte *„charged with a criminal offense"* aber nicht formal, sondern materiell. Demnach ist Art. 6 EMRK schon dann anwendbar, sobald einer Person öffentlich mitgeteilt wird, dass gegen sie der Verdacht der Begehung einer Straftat besteht.[174]

Art. 6 EMRK gilt auch im **Bußgeldverfahren**, bei entsprechender Vergleichbarkeit mit dem Strafverfahren nach der Natur des Vergehens sowie nach Art und Schwere der Sanktion auch im **Disziplinarverfahren**[175] und im **Auslieferungsverfahren**[176].

b) Art. 6 Abs. 1 EMRK

80   In Art. 6 Abs. 1 EMRK sind im Bezug auf strafrechtliche Verfahren einige wichtige Strukturprinzipien enthalten:

---

[172] Vgl. EGMR, *Minelli/Schweiz*, Urteil v. 25.03.1983, Serie A Nr. 62, § 30.

[173] Vgl. *Safferling* (2003), S. 170 f. zur öffentlichen Vorverurteilung.

[174] Vgl. EGMR, *Adolf/Österreich*, Urteil v. 26.03.1982, Serie A Nr. 49, § 30; *Eckle/Deutschland*, Urteil v. 15.07.1982, Serie A Nr. 51; vgl. auch *Meyer-Ladewig* (2006), Art. 6 Rn. 14; *Esser* (2002), S. 51–71.

[175] Vgl. EGMR, *Engel u. a./Niederlande*, Urteil v. 08.06.1976, Serie A Nr. 22, §§ 81 f.

[176] Vgl. *Meyer-Goßner* (2010), Art. 6 EMRK Rn. 1.

(1) Organisationsgarantie

Das Gericht muss **auf Gesetz beruhen**, es muss unabhängig und unparteiisch sein. Demnach ist der Staat verpflichtet, ein effektives Rechtsschutzsystem zu errichten und den tatsächlichen Zugang dazu auch zu gewähren. Sondergerichte sind demnach ausgeschlossen.[177] Die **Unabhängigkeit** wird durch eine institutionelle Trennung von der Exekutive und den Parteien gewährleistet, was nach dem äußeren Erscheinungsbild beurteilt wird. **Unparteiisch** ist das Gericht dann, wenn die Richter objektiv und persönlich unbefangen sind.[178]

(2) Verfahrensgarantien

Das Verfahren an sich muss öffentlich stattfinden (sog. **Öffentlichkeitsgrundsatz**). **81** Durch die Öffentlichkeit soll eine demokratische Kontrolle des Verfahrens ermöglicht werden. Diese hat indes zurückzutreten, wenn andere Interessen betroffen sind und diese überwiegen. Nach Art. 6 Abs. 1 S. 2 EMRK sind dies: öffentliche Ordnung, nationale Sicherheit, Jugendschutz, Schutz der Privatsphäre sowie die Interessen der Rechtspflege. Die Urteilsverkündung muss stets öffentlich sein.

Mit der Öffentlichkeit ist auch das **Mündlichkeitsprinzip** verbunden, das zwar nicht unmittelbar in Art. 6 Abs. 1 EMRK erwähnt ist, sich aber daraus ergibt.[179]

Das Verfahren muss zügig durchgeführt werden (sog. **Beschleunigungsmaxi- 82 me**). Allein 26 % der Verurteilungen des EGMR betreffen Verfahrensverzögerungen und auch Deutschland ist bereits 54 Mal für verschleppte Verfahren verurteilt worden.[180] Bei der Prüfung einer konventionswidrigen Verzögerung ist folgendermaßen vorzugehen:[181]

I.   Berechnung der Verfahrensdauer

1. Beginn des Verfahrens:
   Grds. mit *Erhebung der Anklage* i.S.d. Art. 6 Abs. 1 EMRK, d.h. mit der amtlichen Mitteilung durch die zuständige Behörde von dem Verdacht, eine strafbare Handlung begangen zu haben
2. Ende des Verfahrens: Grds. mit *rechtskräftigem Verfahrensabschluss*

II.   Kriterien für „Angemessenheit"

1. Bedeutung der Sache für den Beschwerdeführer
   Bei Haftsachen zusätzliche Beschleunigung durch Art. 5 Abs. 3 EMRK

---

[177] Vgl. *Grabenwarter* (2009), § 24 Rn. 31 m. w. N.

[178] Vgl. etwa EGMR, *Schwarzenberger/Deutschland*, Urteil v. 10.8.2006, Nr. 75737/01.

[179] Vgl. *Safferling* (2003), S. 239 f. m. w. N.

[180] Vgl. den Bericht des EGMR, 50 Years of Activity, S. 14.

[181] Vgl. etwa EGMR, *Metzger/Deutschland*, Urteil v. 31.05.2001; *Bock/Deutschland*, Urteil v. 29.03.1989, Serie A Nr. 150, § 82. Zum Prüfungsschema auch *Satzger*, Jura 2009, 759, 766.

2. Komplexität des Falles
   Maßgebend: Art, *Umfang und Schwere* des Tatvorwurfs
3. Verhalten des Beschwerdeführers
   Ist die Verfahrensverzögerung dem Bf. zurechenbar?
4. Verhalten der Behörde
   Grds.: Konventionsstaaten sind *verpflichtet*, ihr Verfahren so einzurichten, dass sie den Anforderungen des Art. 6 Abs. 1 EMRK gerecht
   werden zu können.

83 Jeder Mitgliedstaat ist verpflichtet, das Verfahren so auszugestalten, dass es nicht zu
unangemessenen Verzögerungen kommt. In der Praxis stößt die Umsetzung dieser Vorgabe auf Grund notorischer Überlastung der Justiz und ebenso notorischer
Unterausstattung rasch an Grenzen. So ist auch Deutschland in einer Vielzahl von
Fällen wegen Verstoßes gegen Art. 6 Abs. 1 S. 1 EMRK auf Grund überlanger Verfahrensdauer verurteilt worden.[182] Das BVerfG hat diese „Rügen" stets sehr ernst
genommen und teilweise sehr präzise Handlungsanweisungen erlassen, die in der
Praxis manchmal nur unter enormen Anstrengungen erfüllbar sind.[183] Straßburger
„Einmischung" kann im Einzelfall allerdings nur dadurch vermieden werden, dass
auf nationaler Ebene bei erkannter Menschenrechtsverletzung eine Kompensation
geschaffen und dadurch der „Opferstatus" im Sinne des Art. 34 EMRK aufgehoben
wird. Dazu haben die Strafsenate des BGH in einer langwierigen Entwicklungsgeschichte die sog. **Vollstreckungslösung** entwickelt, wonach als „Entschädigung"
für eine überlange Verfahrensdauer ein im Urteil festzusetzender Teil der verhängten Strafe als bereits verbüßt gilt.[184] Anzeichen deuten darauf hin, dass der EGMR
diese Lösung akzeptieren will; nun ergreift der Gesetzgeber die Initiative – erneut
nach dem gescheiterten Untätigkeitsbeschwerdegesetz aus dem Jahr 2005[185] – und
will einen Schadenersatz von 100 €/Monat für Verfahrensverzögerungen einführen.[186] Wie sich die beiden Kompensationsmöglichkeiten – Vollstreckungslösung
einerseits und Schadenersatzzahlungen andererseits – zueinander verhalten, ist
weithin unklar.

---

[182] EGMR, *Voggenreiter/Deutschland*, Urt. vom 8.1.2004, Rep. 2004-I; *Uhl/Deutschland*, Urt.
vom 10.2.2005.

[183] BVerfG – 2 BvR 2652/07 – Entscheidung der 3. Kammer des 2. Senats vom 23.1.2008, StV
2008, 198, 199 m. Anm. *Herrmann*, StRR 2008, 155; Das BVerfG fordert mehr als einen Ver-
handlungstag im Schnitt pro Woche im Strafverfahren. Allgemein zum Beschleunigungsgebot im
Strafverfahren: *Pieroth/Hartmann*, StV 2008, 276.

[184] Beschluss des Großen Senats für Strafsachen des BGH, 17.1.2008, NJW 2008, 860.

[185] Referentenentwurf eines Gesetzes über die Rechtsbehelfe bei Verletzung des Rechts auf ein
zügiges gerichtliches Verfahren (Untätigkeitsbeschwerdengesetz) vom 22.8.2005, abrufbar unter:
http://www.bdfr.de/Untaetigkeitsbeschwerde_BMJ.pdf

[186] Referentenentwurf eines Gesetzes über den Rechtsschutz bei überlangen Gerichtsverfahren und
strafrechtlichen Ermittlungsverfahren vom 15.03.2010, abrufbar unter: http://www.bmj.bund.de/
files/7ac62d430ae5ef71e9a5e4 cda5 cc9900/4467/RefE_Rechtsschutz_ueberlange_verfahren.pdf

c) Art. 6 Abs. 3 und Abs. 1 EMRK: Verfahrensfairness

Die konkreten Inhalte der **Verfahrensfairness** werden, wie bereits dargelegt, aus   **84**
einer **Gesamtschau der einzelnen Garantien** aus Art. 6 Abs. 1 und Abs. 3 EMRK
ermittelt. Methodisch geht der EGMR bei der Prüfung des Verfahrens entsprechend
zweistufig vor:[187]

1. Verletzung eines **bestimmten Verfahrensrechts**
2. **Fairness** des Verfahrens in der **Gesamtwürdigung**

Als Ausfluss des allgemeinen Fairnessgebots wird die sog. „**Waffengleichheit**" an-   **85**
gesehen.[188] Wörtlich verstanden müssen demnach beide Seiten des Rechtsstreits
gleichwertige Möglichkeiten haben, auf die Entscheidung des Gerichts einzuwir-
ken. Das mag für einen Zivilprozess angehen, für das Strafverfahren mit **Amts-
ermittlungsgrundsatz** und daraus resultierender (struktureller) Ungleichheit der
„Parteien" ist der Begriff jedoch wenig hilfreich bzw. irreführend.[189] Im deutschen
Strafprozess gibt es nach hM begrifflich keine Parteien.[190] Aber selbst im englischen Strafprozess, der Ankläger und Verteidigung als Prozessparteien sieht, wird
der Begriff „Waffengleichheit" der Prozessrealität kaum mehr gerecht.

Der Begriff der „Waffengleichheit" ist auch nicht erforderlich, da über die **Garantie des rechtlichen Gehörs**, die in verschiedenen Rechten in Art. 6 Abs. 3
EMRK enthalten ist, die Situation des Beschuldigten in hinreichendem Maße durch
verschiedene Rechte geschützt ist. Zu diesen Rechten zählen:

lit. a.) die Unterrichtung über die Beschuldigung,
lit. b.) die Vorbereitung der Verteidigung,
lit. c.) eine effektive Verteidigung,
lit. d.) das Frage- und Konfrontationsrecht sowie
lit. e.) der Anspruch auf einen Dolmetscher.

Im Folgenden werden einige wichtige Problemfelder des allgemeinen Fairnessprin-
zips exemplarisch herausgegriffen und näher beleuchtet:

---

[187] Vgl. *Satzger*, Jura 2009, 759, 767.

[188] Siehe zum Grundsatz der Waffengleichheit *Safferling,* NStZ 2004, 181 ff.

[189] Vgl. dazu *Peters* (1985), S. 62. Anders *Ambos*, ZStW 115 (2003), S. 583, 592, für den die Waffengleichheit gewissermaßen das Leitprinzip für einen fairen Strafprozess darstellt.

[190] Vgl. *Meyer-Goßner* (2010), Einl. Rn. 9. Lesenswert dazu auch *von Liszt*, DJZ 1901, 179.

(1) Konfrontationsrecht

86 Besondere Bedeutung kommt insbesondere dem **Frage- und Konfrontationsrecht** des Beschuldigten aus Art. 6 Abs. 3 lit. d.) EMRK zu.[191] Hiernach hat der Angeklagte das Recht, Fragen an Belastungszeugen zu stellen oder stellen zu lassen. Allerdings hat die Befragung des Zeugen dabei nicht zwingend in der Hauptverhandlung in Anwesenheit des Angeklagten zu erfolgen.

Sofern ein Zeuge nur im Ermittlungsverfahren oder sonst außerhalb der Hauptverhandlung vernommen worden ist, muss dem Angeklagten entweder zu dem Zeitpunkt, in dem der Zeuge seine Aussage macht oder in einem späteren Verfahrensstadium die Möglichkeit eingeräumt werden, den Zeugen selbst oder durch **seinen Verteidiger befragen** zu lassen. Bei unerreichbaren und anonymen Zeugen wird ausnahmsweise von dem Befragungsrecht abgesehen, wobei hierfür hohe Anforderungen gelten.[192]

87 Die Rechtsprechung des EGMR verlangt für Belastungszeugen **dreierlei:**[193]

1) Der Zeuge muss in der Hauptverhandlung **anwesend sein.**
   Ist er das nicht, so muss
2) dieses Fehlen **prozessual kompensiert** werden, etwa durch die Befragung durch den Verteidiger außerhalb der Hauptverhandlung; in *jedem* Fall hat
3) eine solche Zeugenaussage nur **eingeschränkten Beweiswert**, so dass die Verurteilung nicht maßgeblich auf diesem Beweismittel beruhen darf.

Der BGH nimmt auf diese Rechtsprechung Bezug, legt sie aber unter Billigung des BVerfG[194] anders aus, indem auf die 2. Stufe im Grunde gänzlich verzichtet und nur auf der 3. Stufe der Beweiswert auf eine „**Abrundungsfunktion**" reduziert wird.[195] Der BGH wendet dabei ohne weitere Begründung wie der EGMR die Gesamtabwägungslehre an.[196]

---

[191] Zur Rspr. des EGMR: EuGRZ 1987, 147; StV 1990, 481; NJW 2003, 2297; JR 2006, 289. Zum Konflikt von deutscher und europäischer Rechtsprechung, *Safferling,* NStZ 2006, 75.

[192] Demnach muss das nationale Gericht alles unternommen haben, um die Anwesenheit des Zeugen zu gewährleisten, vgl. EGMR, *Haas/Deutschland*, Urteil v. 17.11.2005.

[193] Vgl. dazu EGMR, *Doorson/Niederlande*, Urteil v. 26.03.1996, Rep. 1996-II, § 76; EGMR, *van Mechelen/Niederlande*, Urteil v. 23.04.1997, Rep. 1997-III; *Haas/Deutschland*, Urteil v. 17.11.2005. Zu der drei-stufigen Prüfung ausführlich KK/StPO-*Schädler* (2008), MRK Art. 6 Rn. 54–60.

[194] Zuletzt: BVerfG – 2 BvR 547/08 – Entscheidung der 2. Kammer des 2. Senats vom 08.10.2009, NJW 2010, 925 = StV 2010, 337 m. Anm. *Safferling.*

[195] Leitentscheidungen: BGHSt 46, 93; 51, 150; dazu auch *Cornelius,* NStZ 2008, 244 und *Esser,* NStZ 2007, 106. Kritisch auch *Safferling,* NStZ 2006, 75, 80.

[196] BGHSt 46, 93, 104; 51, 150.

(2) Effektive Verteidigung

Für eine effektive Verteidigung ist es unerlässlich, dass **möglichst frühzeitig** ein   **88**
Verteidiger beigeordnet werden kann. Anderenfalls besteht die Gefahr irreparabler
Nachteile für den Angeklagten.[197] Dem mittellosen Beschuldigten muss ein Verteidiger **unentgeltlich** zur Verfügung gestellt werden, wenn die Verteidigung im
Interesse der Rechtspflege liegt.[198] Dem Beschuldigten muss es außerdem gestattet
sein, ohne Einschränkungen und **vertraulich** mit seinem Anwalt kommunizieren
zu können.[199]

Aus dem Grundsatz des fairen Verfahrens ergibt sich auch ein Recht zur **Akteneinsicht**.[200] Der Verteidigung muss der Zugang zu den Dokumenten, die den Beschuldigten entlasten können, gewährleistet sein.[201] Zumindest ist eine leichtfertige
Verweigerung der Akteneinsicht wegen der Gefährdung des Untersuchungszwecks
(§ 147 II StPO) konventionswidrig.[202]

(3) Tatprovokation

Auch die „**Lockspitzel-Fälle**" (*agent provocateur*) sind in diesem Zusammenhang   **89**
problematisch, da eine nicht tatgeneigte Person zu einer Straftat provoziert wird.
Der EGMR sieht hierin einen klaren Verstoß gegen den „*fair trial*"-Grundsatz.[203]
Durch den BGH wird zwar ein Verstoß ebenfalls bejaht, aber letztlich soll er durch
eine Strafmilderung kompensiert werden, so dass im Rahmen der Gesamtabwägung
der Prozess gleichwohl insgesamt als „fair" erscheint. Ein Beweisverwertungsver-
bot als Konsequenz des Verstoßes gegen Art. 6 EMRK lehnt er hingegen ab.[204]

d) Art. 6 Abs. 2 EMRK

Nach der **Unschuldsvermutung** gilt jeder Beschuldigte so lange als unschuldig,   **90**
bis seine Schuld rechtskräftig festgestellt ist.[205] Ein Verstoß hiergegen liegt nach
der Rechtsprechung des EGMR z. B. dann vor, wenn der Widerruf der Aussetzung
der Strafvollstreckung zur Bewährung gem. § 56 f Nr. 1 StGB auf Grund Begehung
einer neuen Straftat geschieht, ohne dass zuvor die neue Straftat schon abgeurteilt

---

[197] Vgl. *Ambos* (2008), § 10 Rn. 27.

[198] Vgl. EGMR, *Pakelli/Deutschland*, Urteil v. 25.04.1983, Serie A Nr. 64, § 31; vgl. auch *Esser*
(2002), S. 474 ff. und *Gaede* (2007).

[199] Vgl. *Ambos* (2008), § 10 Rn. 28.

[200] Vgl. *Esser* (2002), S. 424 ff.

[201] Da es sich hier um einseitigen Zugang zu den Ermittlungsergebnissen der Staatsanwaltschaft
handelt, scheint mir das Prinzip der Waffengleichheit hier nicht einschlägig, so aber *Ambos* (2008),
§ 10 Rn. 25.

[202] EGMR, *Foucher/Frankreich*, Urteil v. 17.02.1997, Rep. 1997-II.

[203] EGMR, *Teixeira de Castro/Portugal*, Urteil v. 09.06.1998, Rep. 1998-IV.

[204] BGHSt 45, 321, 326 ff.

[205] Vgl. *Meyer-Goßner* (2010), Art. 6 EMRK Rn. 15.

worden ist oder der Verurteilte diese neue Tat im Beisein des Verteidigers gestanden hat.[206] Weiterhin kann sich aus Art. 6 Abs. 2 EMRK eine staatliche Pflicht dazu ergeben, eine Vorverurteilung durch die Medien zu unterbinden.

91   Der wichtigste Ausfluss der Unschuldsvermutung liegt aber in ihrer Kehrseite, dem **Recht zu Schweigen** und sich nicht selbst zu belasten (*nemo tenetur se ipsum prodere*). Die EMRK hat, anders als etwa Art. 14 Abs. 3 lit. g) IPbpR, das Schweigerecht nicht explizit normiert.[207] Die normative Verankerung ist deshalb umstritten und oft wird auch eine Ableitung aus dem allgemeinen Fairnessgedanken vertreten.[208] Einigkeit herrscht jedoch darüber, dass das Schweigerecht zum **Kernbestand** von Art. 6 EMRK zugehörig ist.[209] Davon umfasst ist einerseits das Recht zu schweigen, ohne dass daraus negative Schlüsse gezogen werden dürfen,[210] ebenso wie das Prinzip, dass die Staatsanwaltschaft die Schuld des Angeklagten nachweisen muss, ohne dazu auf Beweismittel zurückzugreifen, die durch Zwang oder Druck auf den Angeklagten erlangt wurden.[211] Ein **absolutes Verwertungsverbot** ergibt sich allerdings nur für Aussagen, die durch Folter i. S. von Art. 3 EMRK erlangt wurden. Für Beweiserlangen mittels unmenschlicher und erniedrigender Behandlung will der EGMR die Gesamtabwägungsfrage zulassen.[212]

Der EGMR stellt dabei die folgenden Überprüfungsparameter auf:[213]

1. Art und Schwere des Zwangs,
2. Gewicht des öffentlichen Interesses an der Verfolgung der Straftat,
3. das Vorhandensein angemessener Verfahrensgarantien und
4. die Verwertung des Beweises im Besonderen.

> **Beispiel:** Im Fall *Jalloh* (s. o. Rn. 57) wurde von der Mehrheit der Richterinnen und Richter des EGMR unter Anwendung der genannten Kriterien eine Verletzung des Schweigerechts angenommen, weil der Eingriff in die körperliche Integrität schwer war und es dem Opfer, da es der deutschen Sprache nur eingeschränkt mächtig war, unmöglich war, sich effektiv zur Wehr zu setzen, und weil (angeblich) keine ärztliche Voruntersuchung stattgefunden hat.

---

[206] EGMR, *Böhmer/Deutschland*, Urteil v. 03.10.2002.

[207] Vgl. dazu ausführlich *Safferling/Hartwig*, ZIS 2009, 784 ff.

[208] *Meyer-Ladewig* (2006), Art. 6 Rn. 52; LR/*Gollwitzer* (2005), Art. 6 MRK Rn. 248; *Grabenwarter* (2009), § 24 Rn. 119; *Satzger* (2010), § 11 Rn. 70 ff. (Herleitung aus der Waffengleichheit); wie hier: *Ambos* (2008), § 10 Rn. 19.

[209] EGMR, *Murray/Vereinigtes Königreich*, Urteil v. 08.02.1996, Rep. 1996-I, § 45; *Saunders/Vereinigtes Königreich*, Urteil v. 17.12.1996, Rep. 1996-VI, § 68.

[210] Allerdings steht dies nach der Rspr. des EGMR unter dem Vorbehalt der Gesamtabwägung, vgl. *Safferling/Hartwig*, ZIS 2009, 784 ff.

[211] Vgl. dazu *Satzger* (2010), § 11 Rn. 71.

[212] Vgl. dazu *Safferling*, Jura 2008, 100, 108.

[213] EGMR, *Jalloh/Deutschland*, Urteil v. 11.07.2006 (Große Kammer), Rep. 2006-IX, §§ 117–121; vgl. *Safferling*, Jura 2008, 100, 108, zustimmend *Satzger* (2010), § 11 Rn. 71.

2 Art. 8 EMRK

Der **Schutz des Privatlebens** ist im modernen Leben von überragender Wichtig- **92**
keit. Insbesondere im Zusammenhang mit Gefahrenabwehr und Strafverfolgung
nimmt die staatliche Kontrolle und Überwachung stetig zu.[214]

a) Schutzbereich

Art. 8 EMRK enthält den Schutz der Privatsphäre in vier Einzelgarantien:

1. Schutz des **Privatlebens**,
2. der **Familie**,
3. der **Wohnung** und
4. des **Briefverkehrs**.

Diese Garantien weisen viele Überschneidungen auf und lassen sich nicht immer
eindeutig voneinander trennen.[215] Gemeinsam bilden sie den Freiraum des Einzelnen **zur freien Entfaltung der Persönlichkeit**.[216]

Art. 8 EMRK schützt sowohl den Einzelnen vor unrechtmäßigen staatlichen Eingriffen und ist somit ein **klassisches Abwehrrecht**; er legt dem Staat aber auch
die Handlungspflicht auf, die Achtung der verbürgten Rechte aktiv zu schützen.[217]
Berechtigte sind sowohl natürliche wie auch juristische Personen. Für juristische
Personen gilt etwa der Schutz der Geschäftsräume oder der Korrespondenz, aber
auch der Bereich des Datenschutzes.[218]

b) Eingriff

Die Eingriffspalette ist auf Grund der Vielzahl der in Art. 8 EMRK enthaltenen **93**
Garantien entsprechend groß. Für den strafprozessualen Bereich kommen insbesondere Eingriffe durch **Maßnahmen im Rahmen polizeilicher Ermittlungen** und
erkennungsdienstlicher Behandlungen in Betracht. Dazu zählen Durchsuchungen,
Beschlagnahme, Abgabe von Fingerabdrücken oder Blutentnahmen. Auch heim-
liche Ermittlungsmethoden wie Telefon- oder Wohnraumüberwachung bei einem
Beschuldigten oder einem Dritten stellen Eingriffe in Art. 8 EMRK dar. Gleichfalls

---

[214] Vgl. dazu bereits den Fall EGMR, *Klaas u. a./Deutschland*, Urteil v. 06.09.1978, Serie A Nr. 28.

[215] Vgl. *Grabenwarter* (2009), § 22 Rn. 1.

[216] Im Grundgesetz finden sich diese Garantien in verschiedenen Grundrechten: Art. 2 Abs. 1 GG:
freie Entfaltung der Persönlichkeit; Art. 6 GG: Schutz der Familie; Art. 10 GG: Brief- und Fern-
meldegeheimnis; Art. 13 GG: Schutz der Wohnung; sowie Art. 2 Abs. 1 iVm Art. 1 Abs. 1 GG: das
Allgemeine Persönlichkeitsrecht.

[217] S. *Satzger* (2010), § 11 Rn. 87.

[218] EGMR, *Stés Colas Est u. a./Frankreich*, Urteil v. 16.04.2002, Rep. 2002-III § 40 f.; *Grabenwarter* (2009), § 22 Rn. 4.

wird in den Schutz persönlicher Daten durch Speicherung oder Verwendung eingegriffen.

94 Auch der Zeuge in einem Strafprozess kann in seinem Privatleben tangiert sein. Die Aussage eines **Opfers**, insbesondere von Kindern, kann für dieses eine starke Belastung (sekundäre Viktimisierung) darstellen.

c) Rechtfertigung

95 In Art. 8 Abs. 2 EMRK nennt die Konvention **explizite Grundrechtsschranken**. Voraussetzung für eine Rechtfertigung des Eingriffs ist zunächst, dass die eingreifende Maßnahme auf einer gesetzlichen Ermächtigungsgrundlage basiert. Darüber hinaus muss er zur Verwirklichung einer der dort genannten Ziele in einer demokratischen Gesellschaft notwendig sein. Schließlich ist die Verhältnismäßigkeit zu prüfen. Die **Verhältnismäßigkeitsprüfung** ist bei Art. 8 EMRK auch deshalb besonders wichtig, weil die in Abs. 2 genannten Schranken ein recht breites Spektrum abdecken und für den Einzelfall eingeengt werden müssen.

(1) Gesetzliche Grundlage

96 Wenn Art. 8 Abs. 2 EMRK eine gesetzliche **Ermächtigungsgrundlage** verlangt, so ist damit eine konkrete, hinreichend bestimmte Rechtsvorschrift gemeint, die den Schutz verfahrensrechtlich absichert. Die Voraussetzungen für den staatlichen Eingriff müssen darin im Einzelnen festgelegt sein.[219]

(2) Einzelne Ziele

97 Eingriffe in den Schutzbereich sind möglich zum Schutz der nationalen und öffentlichen **Sicherheit**, des **wirtschaftlichen Wohls** eines Landes, zur Aufrechterhaltung der **Ordnung**, zum Schutz der **Gesundheit und Moral**, sowie zur **Verhütung von Straftaten** und für den **Schutz der Rechte und Freiheiten** anderer. Eingriffe zur Strafverfolgung sind explizit nicht erwähnt, können aber zur Aufrechterhaltung der öffentlichen Ordnung erforderlich sein.

(3) Geheime Ermittlungsmaßnahmen

98 Geheime Ermittlungsmaßnahmen sind für den demokratischen Rechtsstaat und die grundrechtlichen Gewährleistungen besonders heikel. Deshalb muss nach der Rechtsprechung des EGMR bereits die **Ermächtigungsgrundlage** besondere Anforderungen erfüllen. Der Umfang des behördlichen Ermessens und die Art der Ausübung der Maßnahme müssen im Gesetz hinreichend bestimmt sein. Das bedeutet – ähnlich wie bei Art. 7 Abs. 1 EMRK (s. o. Rn. 61) –, dass der Betroffene

---

[219] EGMR, *Malone/Vereinigtes Königreich*, Urteil v. 02.08.1984, Serie A Nr. 82, § 67.

den Gehalt der möglichen Maßnahmen erkennen können muss.[220] Ist das nicht der Fall, gilt die Maßnahme nicht als „gesetzlich vorgesehen" i. S. von Art. 8 Abs. 2 EMRK.[221]

Darüber hinaus sind an die Erforderlichkeit und **Verhältnismäßigkeit** der Maßnahme strenge Anforderungen zu stellen. Stets ist im Einzelfall das öffentliche Interesse an der Durchführung der Maßnahme, das sich aus der Schwere der in Frage kommenden Straftat ergibt, gegenüber dem Eingriff in das Persönlichkeitsrecht abzuwägen.[222]

(4) Datenspeicherung

Datenbanken werden zur Verbrechensbekämpfung immer wichtiger. Moderne wissenschaftliche Methoden ermöglichen rasche Ermittlungserfolge. Die Speicherung von DNS-Profilen und Fingerabdrücken verstößt indes gegen das Menschenrecht auf Datenschutz (informationelle Selbstbestimmung). Auch hier werden an die Verhältnismäßigkeit strenge Anforderungen gestellt. **99**

> **Beispiel:** Zur Erleichterung der forensischen Verbrechensbekämpfung legt das englische Recht fest, dass sämtliche Informationen über DNS-Profile auf unbestimmte Zeit gespeichert werden ohne Ansehung der Person und ohne Unterschied hinsichtlich der Anlasstat. Der EGMR sah hierin einen Verstoß gegen das Verhältnismäßigkeitsprinzip.[223] Die unterschiedslose Speicherung ist schon wegen der hohen Missbrauchsgefahr zweifelhaft. Nach § 81 g StPO ist in Deutschland eine Speicherung nur bei einer Straftat von erheblicher Bedeutung oder einer Straftat gegen die sexuelle Selbstbestimmung zulässig, wenn zusätzlich die Gefahr neuer, einschlägiger Straftaten besteht. Die Speicherung erfolgt zentral beim BKA.[224]

3 Rechtsmittel, Art. 2 Abs. 1 ZP 7

Art. 6 EMRK sieht keinen Anspruch auf ein **Rechtsmittel** in Strafsachen vor, anders als etwa Art. 14 Abs. 5 IPbpR. Das Fakultativprotokoll Nr. 7, das dem IPbpR in diesem Punkt nachempfunden wurde, sollte dem Abhilfe schaffen.[225] Allerdings ist die Ratifizierung nicht verpflichtend, so dass es – etwa in Deutschland mangels Ratifizierung – nicht in Kraft ist. **100**

---

[220] EGMR, *Kruslin/Frankreich*, Urteil v. 24.04.1990, Serie A Nr. 176-A, § 27; *Huvig/Frankreich*, Urteil v. 24.04.1990, Serie A Nr. 176-B, § 26; detailliert: *Weber und Saravia/Deutschland*, Urteil v. 29.06.2006, Rep. 2006-XI, §§ 93–95, bestätigt in: *Liberty u. a./Vereinigtes Königreich*, Urteil v. 01.07.2008, §§ 62 ff. Dabei ging es um die Zulässigkeit strategischer Abhörmaßnahmen, für die der gleiche Maßstab gelten soll wie für individuelle Maßnahmen.

[221] EGMR, *Bykov/Russland*, Urteil v. 10.03.2009.

[222] Vgl. EGMR, *Peck/Vereinigtes Königreich*, Urteil v. 28.01.2003, Rep. 2003-I, § 79.

[223] EGMR, *S. u. Marper/Vereinigtes Königreich*, Urteil v. 04.12.2008.

[224] Vgl. dazu *Wollweber*, NJW 2002, 1771.

[225] *Grabenwarter* (2009), § 24 Rn. 147.

Vorgesehen ist eine **Rechtskontrolle auf einer instantiell höheren Ebene**. Dabei muss es sich aber nicht um eine Berufung handeln, sondern es genügt, dass bei Rechtsfehlern die Möglichkeit besteht, an die Vorinstanz zurückzuverweisen.[226] Die konkrete Ausgestaltung der zweiten Instanz obliegt dem Vertragsstaat. Das Verfahren muss den wesentlichen Anforderungen des Art. 6 EMRK genügen.[227]

101   In Art. 2 Abs. 2 ZP 7 sind **drei Situationen** vorgesehen, für welche der nationale Gesetzgeber Ausnahmen vorsehen kann: Das sind (1) Bagatellsachen, (2) Fälle, in denen das oberste Gericht das Verfahren in erster Instanz durchgeführt hat, und (3) Fälle, in denen die Verurteilung erst in zweiter Instanz aufgrund eines Rechtsmittels gegen den Freispruch der ersten Instanz erfolgte.

4 Verbot der Doppelbestrafung, Art. 4 Abs. 1 ZP 7

102   Der Grundsatz „*ne bis in idem*" ist in der EMRK nicht enthalten, wiederum im Gegensatz zu Art. 14 Abs. 7 IPbpR und auch Art. 103 Abs. 3 GG. In Art. 4 Abs. 1 ZP 7 wurde zum Schließen dieser Lücke ein **Doppelbestrafungs- und Doppelverfolgungsverbot** eingeführt.

a) Inhalt

Das Doppelbestrafungs- und Doppelverfolgungsverbot ist an die Mitgliedstaaten adressiert. Diese müssen ihre nationalen Rechtssysteme entsprechend ausgestalten. Es gilt aber nur innerstaatlich und nicht grenzüberschreitend. Im zwischenstaatlichen Kontext gilt der Grundsatz lediglich in Form des **Anrechnungsprinzips**, d. h., dass die bereits im Ausland verbüßte Strafe auf die Vollstreckung im Inland angerechnet wird.

Voraussetzung ist ein **endgültig abgeschlossenes strafrechtliches Verfahren**. Demnach genügt eine bloße „Einstellung" des Verfahrens, die nicht in Rechtskraft erwächst, nicht.[228] Wegen der strafbaren Handlung, die Gegenstand dieses ersten Verfahrens war, darf kein zweites Verfahren wegen derselben oder wenigstens teilidentischen Vorschriften geführt werden.[229] Wird ein völlig anderes Unrecht angeklagt, gilt das Verbot nicht. Die Unterscheidung, die auf verschiedene Tatbegriffe (materiell oder prozessual) abhebt, ist im Detail nicht geklärt.[230]

---

[226] *Peters* (2003), S. 148 f.

[227] *Grabenwarter* (2009), § 24 Rn. 149.

[228] Vgl. *Grabenwarter* (2009), § 24 Rn. 143.

[229] EGMR, *Franz Fischer/Österreich*, Urteil v. 29.05.2001, §§ 25, 29.

[230] Vgl. zuletzt EGMR, *Zolotukhin/Russland*, Urteil v. 10.02.2009, §§ 80 ff.

b) Verhältnis zu Art. 54 SDÜ

Art. 54 SDÜ regelt im Unterschied zu Art. 4 Abs. 1 ZP 7 das Verbot der Doppel-   **103**
bestrafung im transnationalen Kontext. Unter Anlehnung an das Prinzip der gegenseitigen Anerkennung folgt Art. 54 SDÜ der **Erledigtenlösung**, d. h. es kann kein
weiteres Verfahren durchgeführt werden, weil die Erstentscheidung im Drittland
den Rechtsstreit „erledigt" hat. Für die Auslegung der Vorschrift ist der EuGH zuständig, der bereits eine umfangreiche Judikatur dazu entwickelt hat. Zu Einzelheiten s. § 12 Rn. 86-105.

D Individualbeschwerde zum EGMR

I Der Menschenrechtsgerichtshof

Der EGMR ist weltweit eine **einzigartige Institution**. Ein einziges Gericht ist für   **104**
800 Millionen Menschen in 47 Staaten zuständig. Die Rechtsprechung des EGMR
betrifft Staaten, die auf eine sehr lange demokratische Tradition zurückblicken (wie
z. B. England), Staaten, die auf eine starke Verfassung und den darin enthaltenen
intensiven Grundrechtsschutz stolz sind (wie z. B. Deutschland), bis hin zu Staaten,
die nach Jahrzehnten diktatorischer Unterdrückung erste freiheitlich-rechtsstaatli-
che Gehversuche unternehmen (wie viele der jungen osteuropäischen Staaten). Gerade seit dem Fall der Berliner Mauer hat sich die Zusammensetzung des Europarates und damit auch des EGMR maßgeblich gewandelt, wodurch der Gerichtshof
inhaltlich und strukturell neu ausgerichtet wurde.

1 Geschichte und Reform

Die Geschichte des EGMR ist die Entwicklung von einem Konventionskontroll-   **105**
organ hin zu einem wie ein „gewöhnliches" Verfassungsgericht operierenden Recht-
sprechungsorgan,[231] bis hin zu einem neuartigen Organ einer externen staatlichen
Strukturkontrolle als Garant und Motor des Konstitutionalisierungsprozesses.[232]
Diese Entwicklung lässt sich in drei Phasen beschreiben.

- **Phase 1 (Gründungsphase)**: Dem EGMR war die Europäische Menschen-
  rechtskommission vorgeschaltet. Erst wenn die Kommission, die nicht aus unabhängigen Richtern, sondern aus (weisungsgebundenen) Kommissären bestand,
  eine Konventionsverletzung festgestellt hatte, wurde der Fall an den EGMR ab-
  gegeben.

---

[231] Vgl. etwa *Goerlich*, in: Esser u. a. (Hrsg. 2006), S. 101, 121 f.
[232] Vgl. *Walter*, ZaöRV 1999, 961 ff.

Tab. 1 Fallzahlen EGMR

Jahr	Neueingänge	Unerledigte Fälle
1957–1997	Insgesamt 39.000 Beschwerden	
1999	8.400	
2003	27.300	65.000
2009	57.200	119.300

- **Phase 2 (Umstrukturierungsphase)**: Mit dem am 01.11.1998 in Kraft getretenen Zusatzprotokoll Nr. 11 wurde die Kommission und mit ihr das schwerfällige zweistufige Prüfungssystem abgeschafft. Seither gehen die Beschwerden direkt und ausschließlich an den Gerichtshof.
- **Phase 3 (Konsolidierungsphase)**: Zur Effektivierung des Rechtsschutzsystems des EGMR wurde mit Protokoll Nr. 14, verabschiedet am 13.05.2004,[233] in Kraft seit 01.06.2010, mit dem Einzelrichter eine neue funktionelle Instanz geschaffen und dadurch die Zulässigkeitsprüfung beschleunigt.

  Angesichts der Entwicklung der Fallzahlen, wie sie in Tab. 1 wiedergegeben sind, war diese Reform dringend erforderlich.[234]

106   Durch die stärkere Aussonderung der Fälle soll der EGMR die Möglichkeit erhalten, sich auf **wichtige Menschenrechtsfragen konzentrieren** zu können. Als Filter wirkt in prozessualer Hinsicht die Einzelrichterentscheidung und in materieller Hinsicht das neu eingeführte **besondere Schwerekriterium**. Schließlich sollen strukturelle Menschenrechtswidrigkeiten in Mitgliedstaaten in Musterverfahren schneller identifiziert werden können, um gleich gelagerte Fälle rasch erledigen zu können.

Die „Osterweiterung" des Europarates hat den Schwerpunkt der Arbeit des EGMR deutlich verlagert. Etwa 2/3 der Fälle stammen aus osteuropäischen Staaten und der Türkei.[235] In diesen jungen Mitgliedstaaten haben die Grund- und Menschenrechte einen anderen Stellenwert und eine andere historische Bedeutung. Hier ist viel „Grundlagenarbeit" durch den EGMR erforderlich. Damit verliert der Einzelfall an Bedeutung, während der Blick auf das Rechtssystem und die **strukturelle Verwirklichung der Konventionsrechte** insgesamt stärker wird. Das subsidiär gedachte Schutzsystem des EGMR[236] wird durch einige Staaten in Transitionsprozessen vor neue Herausforderungen gestellt, wenn sich erhebliche strukturelle Defizite auftun, bzw. das Justizsystem nicht funktioniert und „Straßburg" die letzte oder gar einzige Hoffnung ist.

---

[233] Vgl. amtliche Übersetzung im Zustimmungsgesetz vom 21.02.2006, BGBl. 2006 II, 138.

[234] Zahlen auf dem Stand vom 01.01.2010 stammen aus dem Bericht des EGMR: 50 Years of Activity, 2010 abrufbar unter www.echr.coe.int.

[235] Russland, 28,1 %; Türkei, 11 %; Ukraine 8,4 %; Rumänien 8,2 %; Polen 4,0 %; Georgien 3,4 %; Moldawien 2,8 %; Serbien 2,7 % und Slowenien 2,7 %. Quelle wie oben.

[236] *Meyer-Ladewig/Petzold*, NJW 2009, 3749, 3753.

2 Struktur

Der Gerichtshof besteht aus den verschiedenen **Spruchkörpern** und der **Kanzlei**   **107**
(vgl. u. Abb. 1). Dort werden auch sog. Berichterstatter (Mitarbeiter) beschäftigt,
welche den Richtern zuarbeiten, diesen aber nicht unmittelbar unterstellt sind,
Art. 25 EMRK (anders etwa als beim BVerfG oder auch beim IStGH).

Nach dem 14. Zusatzprotokoll gibt es nunmehr **folgende Spruchkörper**, Art. 26
EMRK:

- **Einzelrichter**, Art. 27 EMRK
- **Ausschuss**, bestehend aus drei Richtern, Art. 28 EMRK
- **Kammer**, bestehend aus sieben Richtern, Art. 29 EMRK. Die Besetzung kann
  auf fünf Richter reduziert werden, Art. 26 Abs. 2 EMRK.
- **Große Kammer**, bestehend aus 17 Richtern, Art. 31 EMRK

Das **Plenum,** bestehend aus allen 47 Richtern, wählt den Präsidenten, zwei Vizepräsidenten, sowie den Kanzler und dessen Stellvertreter, bestimmt die Zusammensetzung der Kammern und deren Präsidenten für einen bestimmten Zeitraum, und
beschließt die Verfahrensordnung, Art. 25 EMRK.

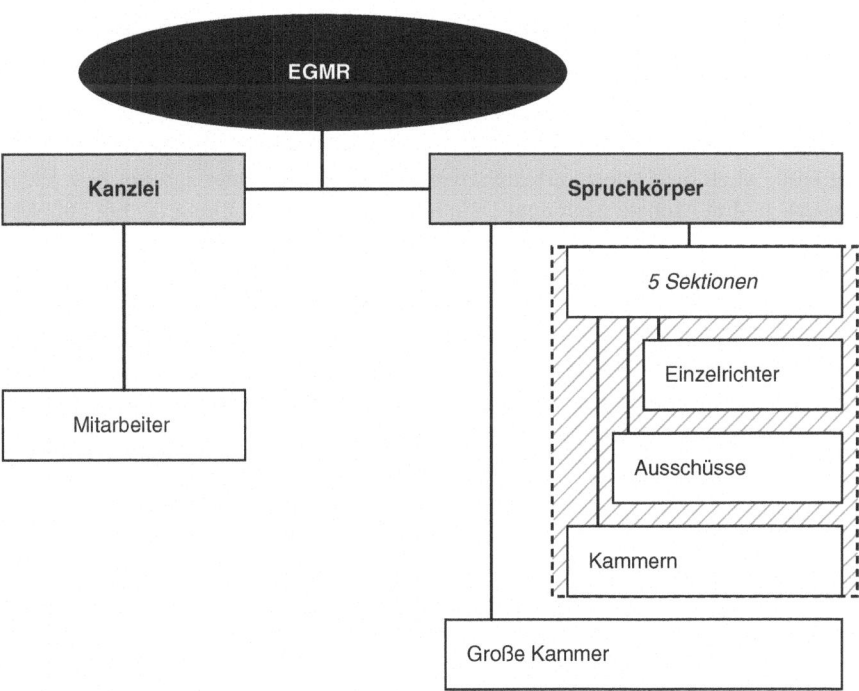

Abb. 1 Aufbau des EGMR

Mit Ausnahme der Großen Kammer sind die Spruchkörper insgesamt fünf unterschiedlichen **Sektionen** zugeteilt, innerhalb derer die Zuweisung in die einzelnen Funktionen erfolgt, vgl. § 25 GeschO.

Die **Amtszeit** der Richter ist nun auf neun Jahre festgelegt, ohne Möglichkeit der Wiederwahl, Art. 23 EMRK.[237]

3 Verfahrensablauf (Individualbeschwerde)

108 Nach Eingang der Beschwerde bei der Gerichtskanzlei weist der Präsident des Gerichts den Fall einer **Sektion** zu (§ 52 GeschO).[238] Erscheint der Fall offensichtlich unzulässig, erfolgt die Ablehnung durch einen Einzelrichter der Sektion, andernfalls wird die Beschwerde zur weiteren Prüfung an einen Ausschuss oder eine Kammer weitergeleitet (Art. 27 EMRK, § 49 Abs. 1 GeschO). Zur Vorbereitung des weiteren Verfahrens wird ein Richter als **Berichterstatter** bestimmt (§ 49 Abs. 2, 3 GeschO). Auf Vorschlag des Berichterstatters wird der Fall an einen Einzelrichter, einen Ausschuss oder eine Kammer überwiesen. Der **Ausschuss** kann dann mit der Rechtsfindung beauftragt werden, wenn die der Rechtssache zugrunde liegende Frage der Auslegung oder Anwendung der EMRK bereits in einer gefestigten Rechtsprechung des EGMR entschieden ist (Art. 28 Abs. 1 EMRK; § 53 GeschO). Andernfalls ist eine Kammer zuständig. Entscheidungen des Einzelrichters und der Ausschüsse sind unanfechtbar (Art. 27 Abs. 2, Art. 28 Abs. 2 EMRK).

109 In Verfahren vor der **Kammer** kann über die Zulässigkeit und Begründetheit gemeinsam verhandelt und entschieden werden (Art. 29 Abs. 1 EMRK, § 54 A GeschO). In der Hauptsache kann vor der Kammer eine mündliche Anhörung stattfinden, die grundsätzlich öffentlich ist (Art. 40 EMRK, §§ 59, 63 GeschO).[239]

Die Kammern entscheiden durch Urteil (Art. 42 EMRK), das aber erst **endgültig** wird, wenn die Parteien erklären, nicht die Große Kammer anrufen zu wollen, spätestens drei Monate nach dem Datum des Urteils, sofern kein Antrag auf Verweisung erfolgt ist oder, wenn der Antrag auf Verweisung von der Großen Kammer abgelehnt worden ist (Art. 44 Abs. 2 EMRK).

Die **Große Kammer** übernimmt demnach die Funktion einer zweiten Instanz; die Verweisung an die Große Kammer muss zugelassen werden. Das geschieht durch einen Ausschuss von fünf Richtern der Großen Kammer (Art. 43 Abs. 2 EMRK). Wird die Verweisung angenommen, so entscheidet die Große Kammer durch Urteil (Art. 43 Abs. 2 EMRK).

---

[237] Früher sechs Jahre mit der Möglichkeit zur einmaligen Wiederwahl. Durch die Veränderung soll die Unabhängigkeit der Richter gestärkt werden.

[238] Vgl. dazu Ahlbrecht/*Esser* (2008), Rn. 144–260.

[239] Ausnahmen sind nach § 63 Abs. 2 GeschO zum Schutze nationaler Sicherheitsinteressen oder der Privatsphäre einer betroffenen Partei zulässig – vgl. auch Art. 6 Abs. 1 EMRK.

4 Besonderheiten

Im Vergleich zu nationalen Gerichten weist der EGMR einige Besonderheiten auf.   **110**
Auffallend ist zum einen die **Richterwahl**. Jeder Mitgliedstaat hat einen Richter,
der auf Vorschlag des jeweiligen Mitgliedstaates hin von der Parlamentarischen Versammlung des Europarates gewählt wird (Art. 22 EMRK). Dieser Richter vertritt
auch in gewisser Weise „sein" Land im Richtergremium. Das ist nicht nur faktisch
so, da er schließlich das Rechtssystem in seinem Herkunftsland am besten kennt
und deshalb eine wichtige innergerichtliche Informationsquelle darstellt. Nach § 53
Abs. 3 EMRK kann der Ausschuss den Richter des beklagten Mitgliedstaates auch
formal hinzuziehen. Den Kammern und der Großen Kammer gehört der Richter,
der für den beklagten Staat gewählt wurde, **von Amts wegen** an, Art. 26 Abs. 4
EMRK. Das erinnert zugleich an die völkerrechtliche Herkunft des EGMR.[240]
Ein Einzelrichter kann aber einen Fall aus seinem Herkunftsland nicht bearbeiten,
Art. 26 Abs. 3 EMRK.

Die **Zusammensetzung** der einzelnen Spruchkörper mit Richtern von unter-   **111**
schiedlicher Herkunft mit ihren eigenen (Rechts-)Traditionen, Sprache und Kultur,
mit jeweils anderem Staatsverständnis und jeweils divergenten Erfahrungen mit Regierungen, Rechtsstaat und Menschenrechten bringt eine nicht unerhebliche **Spannung** in die Arbeit des EGMR. Diese Gegebenheiten müssen bei der Zusammensetzung der Sektionen nach § 25 Abs. 2 GeschO besondere Berücksichtigung finden.
Derartige Unterschiede finden sich selbstverständlich in allen internationalen Gerichten. Allerdings hat der EGMR mehr als andere internationale Gerichte, wie der
IGH oder der IStGH, die Rechtsordnungen der Mitgliedstaaten zum Thema. Diese
werden am Maßstab der Menschenrechte gemessen. Eine Berücksichtigung der jeweiligen Terminologie, Struktur und Praxis der Mitgliedstaaten ist deshalb Pflicht.

II Verfahrensarten im Überblick

Der EGMR kennt zwei verschiedene Verfahrensarten, (1) Staatenbeschwerde und   **112**
(2) Individualbeschwerde. In den letzten Jahren hat sich eine Praxis entwickelt, die
als „**Musterverfahren**" umschrieben werden kann, in dem mehrere gleich gelagerte Fälle aus einem Mitgliedstaat zeitgleich abgehandelt werden (3).

1 Staatenbeschwerde

In Art. 33 EMRK ist die sog. **Staatenbeschwerde** vorgesehen. Jeder Mitgliedstaat   **113**
kann den EGMR anrufen mit der Behauptung, ein anderer Mitgliedstaat habe die

---

[240] In der völkerrechtlichen Schiedsgerichtsbarkeit bestimmen die beteiligten Parteien jeweils
einen beisitzenden Richter. Auch vor dem IGH gibt es – als Reminiszenz an seine schiedsge-
richtliche Herkunft – die Möglichkeit, dass betroffene Staaten *Ad hoc*-Richter bestimmen, Art. 31
IGHSt; vgl. *Verdross/Simma* (1984), § 190.

EMRK einschließlich der Zusatzprotokolle verletzt. Diese Verfahrensart konnte sich nicht durchsetzen. Bislang wurden nur sechs solcher Verfahren durchgeführt, die allesamt **politisch höchst brisant** waren. Dazu zählen der Nordirlandkonflikt[241], die Zypernfrage[242] und zuletzt eine Beschwerde Georgiens gegen Russland wegen der Vorfälle in Abchasien und Südossetien.

Diese relativ geringe Anzahl an Staatenbeschwerden überrascht nicht sehr, denn schließlich muss jeder Staat, der mit dem Finger auf einen anderen Staat zeigt, fürchten, selbst unter genaue Beobachtung und gegebenenfalls in Kritik zu geraten. Eine Form der **Selbstanzeige** – wie beim IStGH – wäre mit dem Wortlaut von Art. 33 EMRK nicht vereinbar und auch widersinnig.

2 Individualbeschwerde

114 Durchschlagenden Erfolg muss man aber der – für den Beschwerdeführer kosten-freien – **Individualbeschwerde** gem. Art. 34 EMRK bescheinigen. Nach Erschöpfung des nationalen Rechtswegs kann ein einzelner den EGMR anrufen mit der Behauptung, selbst in einem Konventionsrecht durch einen Mitgliedstaat verletzt worden zu sein (zu den Zulässigkeitsvoraussetzungen im Einzelnen vgl. u. Rn. 117-124). Die Individualbeschwerde erfüllt damit einerseits die Funktion, **Einzelfallge-rechtigkeit** herzustellen; sie ist andererseits aber auch das Mittel, um den demokra-tischen Rechtsstaat zu schützen.[243] Insofern hat sie große strukturelle Bedeutung, die weit über die Bedeutung des Einzelfalls hinausgeht.

115 Deshalb ist der EGMR auch keine „**Superrevisionsinstanz**"[244], wie er selbst immer wieder betont. Er ist beschränkt auf die Überprüfung der Einhaltung der **Konventionsrechte**. Mit einem Urteil wird gegebenenfalls eine Verletzung dieser Rechte festgestellt und dem Kläger eine Entschädigung nach Art. 41 EMRK zuge-sprochen. Unmittelbare Wirkung auf den staatlichen Hoheitsakt hat das Urteil hin-gegen nicht. Das nationale Recht wird jedoch nicht auf seine richtige Anwendung hin überprüft.

Diese Zurückhaltung ist in der Rspr. des EGMR nicht durchweg erkennbar. Die Richter scheuen nicht davor zurück, teilweise deutliche Feststellungen zu treffen, welche Vorgehensweise aus ihrer Sicht **menschenrechtskonform** ist und welche nicht. Gelegentlich gibt er auch präzise Anweisungen hinsichtlich der Ausgestal-tung des nationalen Rechts.

3 Musterverfahren

116 Musterverfahren sind Zusammenfassungen von Individualbeschwerden. Wenn aus einem Land eine besondere Häufung von ähnlich gelagerten Fällen erkennbar wird,

---

[241] EGMR, *Irland/Vereinigtes Königreich*, Urteil v. 18.01.1978, Serie A Nr. 25.

[242] EGMR, *Zypern/Türkei*, Urteil v. 10.05.2001, Rep. 2001-IV.

[243] Vgl. *Meyer-Ladewig/Petzold*, NJW 2009, 3749, 3751.

[244] *Meyer-Ladewig/Petzold*, NJW 2009, 3749, 3751.

kann ein Fall als Musterverfahren vor einer Kammer durchgeführt werden. Die weiteren Fälle können dann rascher durch **Ausschüsse** erledigt werden, welche die Entscheidung im Musterverfahren ihrer Entscheidung zu Grunde legen. Dabei handelt es sich letztlich nur um eine organisatorische Vereinfachung und Beschleunigung. An der grundsätzlichen Verfahrensart als Individualbeschwerde ändert sich dadurch nichts.

III Individualbeschwerde im Besonderen

Wegen ihrer besonderen Bedeutung wird die Individualbeschwerde hier ausführlicher behandelt.   **117**

1 Der Weg nach Straßburg

Die Individualbeschwerde muss **schriftlich** beim EGMR eingelegt werden.[245] Dazu   **118**
sind im Internet Beschwerdeformulare auch in deutscher Sprache abrufbar. Der Beschwerdeführer muss den Sachverhalt genau schildern und Kopien der staatlichen Hoheitsakte (Verwaltungsakte oder Urteile), durch welche er sich in seinen Menschenrechten verletzt fühlt, beifügen. Außerdem ist der verletzte Konventionsartikel anzugeben und die Rechtsverletzung muss begründet werden. Gelingt das nicht, läuft der Beschwerdeführer Gefahr, dass seine Beschwerde bereits frühzeitig als unzulässig, weil „offensichtlich unbegründet", abgewiesen wird (vgl. Art. 35 Abs. 3 lit. a) EMRK). Erforderlich sind zudem Ausführungen zu den einzelnen Zulässigkeitsvoraussetzungen (vgl. Prüfungsschema u. Rn. 124).

a) Opferstatus

Die Individualbeschwerde ist grundsätzlich nur bei **Selbstbetroffenheit** möglich,   **119**
d. h. eine Popularklage ist nicht statthaft (vgl. Art. 34 EMRK).[246] Der Beschwerdeführer muss darlegen, dass er selbst, gegenwärtig und unmittelbar Opfer der Menschenrechtsverletzung ist.[247] Eine Ausnahme gilt nur für den Fall des Todes des Opfers nach Art. 2 Abs. 1 und für den Fall der Folter nach Art. 3 Abs. 1 EMRK. Hier können auch Dritte, Ehegatten oder nahe Familienangehörige, für das eigentliche Opfer ein Verfahren vor dem EGMR anstrengen.[248]

---

[245] Dazu Ahlbrecht/*Esser* (2008), Rn. 113–131 mit praktischen Hinweisen.

[246] Vgl. EGMR, *Ilhan/Türkei*, Urteil v. 27.06.2000, Rep. 2000-VII, § 52. Dazu auch Ahlbrecht/*Esser* (2008), Rn. 68–82.

[247] *Grabenwarter* (2009), § 13 Rn. 13 ff.

[248] Vgl. *Meyer-Ladewig* (2006), Art. 34 Rn. 12.

120   Die Betroffenheit ist nach Art. 35 Abs. 3 lit. b) EMRK seit dem 14. Zusatzprotokoll durch ein **Schwerekriterium** verschärft worden. Der Betroffene muss „erhebliche Nachteile" (*significant disadvantage*) für seine Person nachweisen können.

> **Beispiel:** Dem russischen Staatsbürger K wurde von einem russischen Gericht eine staatliche Entschädigung in Höhe von 22,50 Rubel zugesprochen, was weniger als einen Euro ausmacht. Seine Menschenrechtsbeschwerde wurde als unzulässig abgewiesen, weil er keinen erheblichen Nachteil erlitten hat. Dabei wurde festgehalten, dass zur Entscheidung über den Nachteil die Gesamtumstände des Falls gewürdigt werden müssen und wenigstens ein Minimum an Schwere (*minimum level of severity*) gegeben sein müsse.[249]

Das gilt indes nicht, wenn der Fall überhaupt noch nicht gerichtlich überprüft wurde.

> **Beispiel:** X wurde in Mitgliedstaat M von der geheimen Staatspolizei entführt und ohne gerichtlichen Beschluss mehrere Monate festgehalten. Ein Rechtsbehelf gegen solche Maßnahmen ist im nationalen Recht von M nicht vorgesehen. Bemühungen von X, vor den ordentlichen Gerichten gehört zu werden, führten zu keinem Ergebnis. Hier wäre das Schwerekriterium bereits deshalb erfüllt, weil der Fall von X gar nicht von einem (nationalen) Gericht überprüft werden konnte. Da auch ein Rechtsweg nicht ausgeschöpft werden kann, ist die Beschwerde zulässig.

b) Ausschluss des Opferstatus

121   Eine Folge der **subsidiären Struktur des Rechtsschutzes** durch den EGMR besteht darin, dass auch bei erfolgter Menschenrechtsverletzung der Mitgliedstaat die Möglichkeit hat, diese zu heilen und damit den Opferstatus i. S. der Zulässigkeitsvoraussetzungen zu beseitigen.[250] Die Individualbeschwerde ist demnach unzulässig, wenn der Mitgliedstaat bereits angemessen auf die erfolgte Verletzung reagiert hat und der Betroffene (materiell oder ideell) entschädigt worden ist.[251]

Diese **Kompensation** muss sich aber unmittelbar auf den speziellen Fall beziehen und darf sich nicht in der Verhinderung zukünftiger Rechtsverletzungen erschöpfen.[252] D. h. der Staat muss

- die Menschenrechtsverletzung **ausdrücklich** oder der Sache nach **anerkennen** und
- im Einzelfall eine **angemessene Kompensation** leisten, die auch in einem symbolischen Akt, etwa der Verurteilung des für die Menschenrechtsverletzung verantwortlichen Täters, liegen kann.

---

[249] EGMR, *Korolev/Russland*, Entscheidung vom 01.07.2010.

[250] Deutlich EGMR, *Gäfgen/Deutschland*, Urteil v. 30.6.2008 (Kammer), Rn. 76; vgl. auch *Satzger*, Jura 2009, 759, 761.

[251] Vgl. *Esser*, NStZ 2008, 660.

[252] Dazu *Satzger* (2010), § 11 Rn. 22.

Ob diese Voraussetzungen vorliegen, wird vom EGMR im Rahmen der Zulässig- **122**
keitsprüfung untersucht.

> **Beispiel:** Die Frage der ausreichenden Kompensation, die zum Ausschluss der Opfereigen-
> schaft führt, wurde im Fall *Gäfgen* von verschiedenen Spruchkörpern innerhalb des EGMR
> unterschiedlich beantwortet (s. zum Fall oben Rn. 55). Obgleich der EGMR im Rahmen des
> Kammerurteils vom 30.06.2008[253] einen Verstoß gegen die Rechte des G aus Art. 3 EMRK
> angenommen hatte, wurde Deutschland nicht wegen einer Verletzung dieses Menschen-
> rechts verurteilt. Dies hatte seinen Grund darin, dass der Gerichtshof davon überzeugt war,
> dass die innerstaatlichen Gerichte dem Beschwerdeführer ausreichend Genugtuung geleis-
> tet hatten und der Verstoß gegen Art. 3 EMRK somit kompensiert worden war. G konnte
> demnach nicht mehr behaupten, weiterhin Opfer einer Verletzung des Art. 3 EMRK zu
> sein. Dieses Urteil wurde allerdings nicht einstimmig gefällt. Eine Richterin verfasste ein
> Sondervotum, in welchem sie eine fortdauernde Verletzung des G in Art. EMRK bejahte.
> Gegen das Urteil der Kammer legte G Beschwerde ein, so dass der Fall an die Große Kam-
> mer des EGMR verwiesen wurde. Diese urteilte am 01.06.2010 mit elf zu sechs Stimmen,
> dass G weiterhin Opfer einer Verletzung des Art. 3 EMRK sei.[254]
> Der Gerichtshof war zwar überzeugt, dass die deutschen Gerichte, sowohl im Strafver-
> fahren gegen den Beschwerdeführer als auch in demjenigen gegen die Polizeibeamten,
> ausdrücklich und eindeutig anerkannt hatten, dass die Behandlung des Beschwerdeführ-
> rers bei seinem Verhör gegen Art. 3 EMRK verstoßen hatte. Er stellte jedoch fest, dass
> die der Nötigung im Amt bzw. Verleitung eines Untergebenen zur Nötigung im Amt für
> schuldig befundenen Polizeibeamten nur zu sehr geringen Geldstrafen auf Bewährung ver-
> urteilt worden waren. Somit kam die Große Kammer zu dem Schluss, dass die Bestrafung
> der Polizeibeamten nicht den notwendigen Abschreckungseffekt hatte, um vergleichbaren
> Konventionsverletzungen vorzubeugen. Angesichts dieser Überlegungen war der Gerichts-
> hof der Auffassung, dass die deutschen Behörden dem Beschwerdeführer keine ausrei-
> chende Abhilfe für seine konventionswidrige Behandlung gewährt hatten.
> Allerdings wurde das gegen G durchgeführte Strafverfahren als insgesamt fair angesehen,
> so dass ein Verstoß gegen Art. 6 EMRK verneint wurde. Demnach kann G auch keine Wie-
> deraufnahme seines Strafverfahrens nach § 359 Nr. 6 StPO verlangen.

c) Rechtswegerschöpfung

Ein wesentlicher Punkt im Rahmen der Zulässigkeitsprüfung ist die Erschöpfung **123**
des **innerstaatlichen Rechtswegs**, vgl. Art. 35 Abs. 1 EMRK.[255] Diese Voraussetzung wird sowohl formal als auch normativ überprüft.[256] Demnach müssen sämtliche zur Verfügung stehende Rechtsmittel im Inland ausgeschöpft worden sein.
In Deutschland zählt dazu etwa auch die Verfassungsbeschwerde zum BVerfG. In
diesen Verfahren muss wenigstens sinngemäß die Konventionsverletzung geltend
gemacht worden sein. Das Versäumen innerstaatlicher Fristen geht zu Lasten des
Beschwerdeführers, es sei denn, der Konventionsverstoß liegt gerade in der zu
kurz bemessenen Frist. Der Rechtsweg ist dann nicht zu beschreiten, wenn dies

---

[253] EGMR, *Gäfgen/Deutschland*, Urteil v. 30.06.2008 (Kammer).

[254] EGMR, *Gäfgen/Deutschland*, Urteil v. 01.06.2010 (Große Kammer).

[255] Vgl. hierzu auch Ahlbrecht/*Esser* (2008), Rn. 83–103.

[256] Vgl. *Meyer-Ladewig* (2006), Art. 35 Rn. 5.

offensichtlich aussichtslos wäre. In den beiden letzt genannten Fällen überprüft der EGMR demnach die Rechtsstaatlichkeit des nationalen Rechtsschutzsystems.

2 Prüfungsschema: Zulässigkeit

124   **I. Zuständigkeit des EGMR**

1. *ratione temporis*

   – Ausgeschlossen, wenn gerügte Verletzung vor in Kraft treten der Konvention lag.
   – Möglicherweise aber Dauerverletzung – *Loizidou* und *Fürst Hans-Adam.*

2. *ratione loci*

   – Vgl. Art. 1 EMRK: Staatsgebiet.
   – Möglicherweise aber effektive Kontrolle über ein fremdes Gebiet – *Loizidou.*
   – Territorialer Bezug aber erforderlich – *Bankovic.*
   – Eventuell auch Auslieferungsfälle – *Soering.*

3. *ratione materiae*

   – Zurechenbarkeit staatlichen Handelns.
   – Problematisch bei Handeln Privater – möglicherweise aber Unterlassen des Staates.
   – Problematisch bei Handeln der EU/EG – *Matthews.*

II. Parteibezogene Zulässigkeitsvoraussetzungen (*ratione personae*) – Art. 34 EMRK

1. Parteifähigkeit

   – Jede natürliche Person, nichtstaatliche Organisation oder Personengruppe.

2. Beschwer (Opfereigenschaft)

   a. Selbstbetroffenheit

   – Ausschluss der Popularklage.
   – Ausnahme: Prozessstandschaft bei Folteropfern.

   b. Gegenwärtigkeit

   – Vergangene Verletzung nur, wenn nicht geheilt (Bsp: Strafverfahren).
   – Zukünftige Verletzung nur, wenn Rechtsverletzung wahrscheinlich und Abwarten unzumutbar ist.

   c. Unmittelbarkeit

- Liegt vor bei Individualakten (VA oder Urteil),
- Fraglich bei Gesetzen. Zulässig dann, wenn entweder bei der Anwendung des Gesetzes kein Ermessen besteht oder das Gesetz ein direktes Verbot enthält.

III. Local Remedy (Rechtswegerschöpfung) – Art. 35 Abs. 1 EMRK

   1. Sinngemäße Geltendmachung der EMRK-Rechte

- Keine Nennung der EMRK erforderlich.
- In Dtl. auch Verfassungsbeschwerde vor BVerfG, nicht aber Wiederaufnahmeverfahren.

   2. Formgemäße Durchführung des Verfahrens im Mitgliedstaat–
      Verfahren im Mitgliedstaat muss form- und fristgerecht durchgeführt worden sein, um Mitgliedstaat die Möglichkeit zu geben, Konventionsverstoß zu beseitigen. Ausnahme: wenn Form/Frist selbst konventionswidrig erscheint, d. h. EGMR überprüft Entscheidungen der mitgliedstaatlichen Gerichte substantiell – *Ankerl.*
   3. Effektivität des Verfahrens im Mitgliedstaat

- Rechtsweg muss effektive Abhilfe schaffen können, d. h. EGMR überprüft grds. Ausgestaltung des innerstaatlichen Rechtswegs – *Akdivar.*

   4. Ausnahmen: Sinnlosigkeit des Rechtsmittels

- Völlige Untätigkeit des Mitgliedstaates.
- Völlige Aussichtslosigkeit des innerstaatlichen Verfahrens.

IV.   Frist – Art. 35 Abs. 1 EMRK

- Sechs Monate nach letztinstanzlicher innerstaatlicher Entscheidung.

V.   Form – Art. 35 Abs. 2 lit. a EMRK

- Keine anonymen Kommunikationen.

VI. Missbrauchsausschluss – Art. 35 Abs. 3 EMRK

VII. Entgegenstehende Rechtskraft (*res iudicata*) – Art. 35 Abs. 2 lit. b EMRK

- Bei übereinstimmenden Beschwerden – identity of cause and object.

VIII. Anderweitige Rechtshängigkeit – Art. 35 Abs. 2 lit. b EMRK
Andere internationale Instanzen: HRC, UN Anti-Folter-Kommission. Nicht: 1266/1583-Verfahren vor der UN-Kommission für Menschenrechte, da keine individuelle Kommunikation möglich.

IV Urteile

125 „Urteile" nennt der EGMR Entscheidungen, die in der Sache ergehen.[257] Die Abweisung eines Verfahrens wegen Unzulässigkeit wird durch eine **„Entscheidung"** erlassen.

1 Art

Es lassen sich drei Arten von Urteilen unterscheiden:

- **Feststellungsurteil**: In dem Urteil wird festgestellt, dass der beklagte Staat ein Konventionsrecht verletzt hat.
- **Leistungsurteil**: Dem Opfer kann nach Art. 41 EMRK eine „gerechte Entschädigung" zugesprochen werden.
- **Vorläufige Maßnahmen** können bereits im Vorfeld erlassen werden, um die Entstehung oder Intensivierung einer Schädigung zu verhindern (§ 39 GeschO).

2 Wirkung

126 Das Urteil ist nur zwischen den Parteien **bindend** (Art. 46 Abs. 1 EMRK) und entfaltet keine unmittelbare Wirkung in anderen Mitgliedstaaten. „Moralisches" Gewicht haben die Entscheidungen freilich auch in anderen Staaten (dazu auch oben Rn. 9).

Die Urteile entfalten indes im Mitgliedstaat **keine kassatorische Wirkung**. Die konkrete Umsetzung ist Sache des jeweiligen Mitgliedstaates. Die belastenden Rechtsakte sind demnach zu beseitigen. In der Bundesrepublik bestehen dafür folgende Möglichkeiten:

- § 48 VwVfG: Rücknahme eines Verwaltungsaktes;
- § 359 Nr. 6 StPO: **Wiederaufnahme** des Strafverfahrens nach festgestellter Konventionswidrigkeit, allerdings gilt dies nur für denjenigen, der Partei des Beschwerdeverfahrens vor dem EGMR war, nicht auch für ähnliche Fälle Dritter;[258]
- § 580 Nr. 8 ZPO: Restitutionsklage (gültig auch über § 153 Abs. 1 VwGO; § 177 Abs. 1 SGG; § 79 ArbGG und § 134 FGO).

Dazu kann nach Art. 41 EMRK der EGMR die Zahlung einer angemessenen **Entschädigung** in Geld an den Verletzten verlangen (Leistungsurteil s. o. Rn. 125). Die Durchführung des Urteils wird vom Ministerkomitee des Europarates überwacht, vgl. Art. 46 Abs. 2 EMRK.

---

[257] Dazu insgesamt auch Ahlbrecht/*Esser* (2008), Rn. 261–332.
[258] Dazu *Meyer-Goßner* (2010), § 359 Rn. 52.

Literatur

Ambos, Der Europäische Gerichtshof für Menschenrechte und die Verfahrensrechte: Waffengleichheit, partizipatorisches Vorverfahren und Art. 6 EMRK, ZStW 115 (2003), S. 583

Bleckmann, Verfassungsrang der Europäischen Menschenrechtskonvention?, EuGRZ 1994, 149

Brodowski, Strafrechtsrelevante Entwicklungen in der Europäischen Union – ein Überblick, ZIS 2010, 376 und ZIS 2010, 749

Brugger, Examensklausur im öffentlichen Recht – Übungsklausur, VBlBW 1995, 414

ders., Examensklausur im öffentlichen Recht, VBlBW 1995, 446

ders., Vom unbedingten Verbot der Folter zum bedingten Recht auf Folter?, JZ 2000, 165

Cornelius, Konfrontationsrecht und Unmittelbarkeitsgrundsatz, NStZ 2008, 244

Diehm, Die Menschenrechte der EMRK und ihr Einfluss auf das deutsche Strafgesetzbuch, 2006

Ehlers, Die Europäische Menschenrechtskonvention, Jura 2000, 372

Eisele, Die Bedeutung der Europäischen Menschenrechtskonvention für das deutsche Strafverfahren, JA 2005, 390

Erb, Notwehr als Menschenrecht – Zugleich eine Kritik der Entscheidung des LG Frankfurt am Main im Fall Daschner, NStZ 2005, 593

Esser, Auf dem Weg zu einem europäischen Strafverfahrensrecht – Die Grundlagen im Spiegel der Rechtsprechung des Europäischen Gerichtshofs für Menschenrechte (EGMR) in Straßburg, 2002

ders., Die Umsetzung der Urteile des EGMR im nationalen Recht – ein Beispiel für die Dissonanz völkerrechtlicher Verpflichtungen und verfassungsrechtlichen Vorgaben?, StV 2005, 348

ders., EGMR in Sachen Gäfgen v. Deutschland (22978/05), Urt. v. 30.6.2008, NStZ 2008, 657

Gaede, Fairness als Teilhabe – Das Recht auf konkrete und wirksame Teilhabe durch Verteidigung gemäß Art. 6 EMRK, 2007

Görlich, Der EGMR als europäischer Verfassungsgerichtshof – dargestellt anhand des Urteils Matthews./. Vereinigtes Königreich, in: Esser u.a. (Hrsg.), Die Bedeutung der EMRK für die nationale Rechtsordnung, 2004

Grabenwarter, Europäische Menschenrechtskonvention, 4. Aufl., 2009

Hartwig, Much Ado About Human Rights: The Federal Constitutional Court Confronts the European Court of Human Rights, German Law Journal 6 (2005), S. 869

Huber, Der Beitritt der Europäischen Union zur europäischen Menschenrechtskonvention, 2008

Jung, Die Europäische Menschenrechtskonvention und das deutsche Strafrecht, EuGRZ 1996, 370

Kadelbach, Der Status der Europäischen Menschenrechtskonvention im deutschen Recht – Anmerkungen zur neuesten Rechtsprechung des BVerfG, Jura 2005, 480

Kieschke, Die Praxis des Europäischen Gerichtshofs für Menschenrechte und ihre Auswirkungen auf das deutsche Strafverfahrensrecht, 2003

Kinzig, Das Recht der Sicherungsverwahrung nach dem Urteil des EGMR in Sachen M. gegen Deutschland, NStZ 2010, 233

Kühl, Der Einfluss der Europäischen Menschenrechtskonvention auf das Strafrecht und Strafverfahrensrecht der Bundesrepublik Deutschland, ZStW 100 (1988), S. 406 (Teil 1), S. 601 (Teil 2)

Lagodny, Schutz des Lebens durch Strafverfahren im Lichte von Art. 2 EMRK und Folgerungen für das Legalitätsprinzip, in: Renzikowski (Hrsg.), Die EMRK im Privat,- Straf- und Öffentlichen Recht, Grundlagen einer europäischen Rechtskultur, 2004, S. 83

Meyer-Ladewig/Petzold, Die Bindung deutscher Gerichte an Urteile des EGMR – Neues aus Straßburg und Karlsruhe, NJW 2005, 15

dies., 50 Jahre Europäischer Gerichtshof für Menschenrechte, NJW 2009, 3749

Michl, Cadit crux? – Das Kruzifix-Urteil des Europäischen Gerichtshofs für Menschenrechte, Jura 2010, 690

Pache/Rösch, Die neue Grundrechtsordnung der EU nach dem Vertrag von Lissabon, EuR 2009, 769

Peters, Einführung in die Europäische Menschenrechtskonvention, 2003

Pieroth/Hartmann, Das verfassungsrechtliche Beschleunigungsverbot in Haftsachen, StV 2008, 276

Safferling, Audiatur et altera pars – die prozessuale Waffengleichheit als Prozessprinzip?, NStZ 2004, 181

ders., Verdeckte Ermittler im Strafverfahren – deutsche und europäische Rechtsprechung im Konflikt?, NStZ 2006, 75

ders., Die zwangsweise Verabreichung von Brechmittel: Die StPO auf dem menschenrechtlichen Prüfstand, Jura 2008, 100

ders./Hartwig, Das Recht zu schweigen und seine Konsequenzen, ZIS 2009, 784

Satzger, Der Einfluss der EMKR auf das deutsche Straf- und Strafprozessrecht – Grundlagen und wichtige Einzelprobleme, Jura 2009, 759

Tomuschat, The Effects of the Judgments of the European Court of Human Rights According to the German Constitutional Court, German Law Journal 11 (2010), S. 513

Walter, Die Europäische Menschenrechtskonvention als Konstitutionalisierungsprozess, ZaöRV 1999, 961

Weigend, Die Europäische Menschenrechtskonvention als deutsches Recht – Kollisionen und ihre Lösung. StV 2000, 384

Werle, Rückwirkungsverbot und Staatskriminalität, NJW 2001, 3001

Wollweber, DNA-Analysen und Richtervorbehalt, NJW 2002, 1771

Ziegenhahn, Der Schutz der Menschenrechte bei der grenzüberschreitenden Zusammenarbeit in Strafsachen, 2002

Literatur

Abo Youssef (2008) Abo Youssef, Omar Al-Farouq, Die Stellung des Opfers im Völkerstrafrecht, Zürich 2008.

Ahlbrecht (1999) Ahlbrecht, Heiko, Geschichte der völkerrechtlichen Strafgerichtsbarkeit im 20. Jahrhundert, Baden-Baden 1999.

Ahlbrecht/*Autor* (2008) Ahlbrecht, Heiko/Böhm, Klaus-Michael/Esser, Robert/Hugger, Heiner/ Kirsch, Stefan/Rosenthal, Michael, Internationales Strafrecht in der Praxis, Heidelberg u.a. 2008.

Ambos (2002) Ambos, Kai, Der Allgemeine Teil des Völkerstrafrechts, Berlin 2002.

Ambos (2008) Ambos, Kai, Internationales Strafrecht, 2. Aufl. München 2008.

Ambos/Large/Wierda (2009) Ambos, Kai/Large, Judith/Wierda, Marieke (Hrsg.), Building a Future on Peace and Justice – Studies on Transitional Justice, Peace and Development, Berlin u.a. 2009.

Arndt/Fischer (2008) Arndt, Hans-Wolfgang/Fischer, Kristian, Europarecht, 9. Aufl. Heidelberg 2008. Band 1, §§ 1-51 StGB, München 2003. Band 1, §§ 1-51 StGB, München 2003. Band 2, §§ 80-184 f. StGB, München 2005. Band 2, §§ 80-184 f. StGB, München 2005. Band 5, Nebenstrafrecht I, München 2007.

Baus/Borchard/Krings (2010) Baus, Ralf Thomas/Borchard, Michael/Krings, Michael (Hrsg.), Europäische Integration und Deutsche Verfassungsidentität, St. Augustin/Berlin 2010.

Beck/Burchard/Fateh-Moghadam (2011) Beck, Susanne/Burchard, Christoph/Fateh-Moghadam, Bijan (Hrsg.), Strafrechtsvergleichung als Problem und Lösung, Baden-Baden 2011.

Bernsdorff/Borowsky (2002) Bernsdorff, Norbert/Borowsky, Martin, Die Charta der Grundrechte der Europäischen Union, Baden-Baden 2002.

Beulke (2010) Beulke, Werner, Strafprozessrecht, 11. Aufl., Heidelberg 2010.

Bieber/Epiney/Haag (2011) Bieber, Roland/Epiney, Astrid/Haag, Marcel, Die Europäische Union, 9. Aufl. Baden-Baden 2011.

Boas/Bischoff/Reid (2008) Boas, Gideon/Bischoff, James L./Reid, Natalie L., Elements of Crimes under International Law, Cambridge 2008

Böse (2007) Böse, Martin, Der Grundsatz der Verfügbarkeit von Informationen in der strafrechtlichen Zusammenarbeit der Europäischen Union, Göttingen 2007.

Brechmann (1994) Brechmann, Winfried, Die richtlinienkonforme Auslegung, München 1994.

Buckley-Zistel (2008) Buckley-Zistel, Susanne, Transitional Justice als Weg zu Frieden und Sicherheit, Working Paper Series 2008, www.sfb-governance.de/publikationen/sfbgov_wp/ wp15/index.html

Burghardt (2008) Burghardt, Boris, Die Vorgesetztenverantwortlichkeit im völkerrechtlichen Straftatsystem, Berlin 2008.

Calliess/Ruffert/*Bearbeiter* (2007) Calliess, Christian/Ruffert, Matthias (Hrsg.), EUV/EGV. Das Verfassungsrecht der Europäischen Union mit Europäischer Grundrechtecharta. Kommentar, 3. Aufl. München 2007.

C. Safferling, *Internationales Strafrecht,*
DOI 10.1007/978-3-642-14914-6, © Springer-Verlag Berlin Heidelberg 2011

Cassese (1996) Cassese, Antonio, Inhumane States: Imprisonment, Detention and Torture in Europe Today, Cambridge 1996.

Cassese (2008) Cassese, Antonio, International Criminal Law, 2. Aufl. Oxford 2008

Cassese (2009) Cassese, Antonio, The Oxford Companion to International Criminal Justice, Oxford 2009.

Cassese/Gaeta/Jones/Autor Cassese, Antonio/Gaeta, Paola/Jones, John R.W.D. (Hrsg.), The Rome Statute for the International Criminal Court. A Commentary, Oxford 2002.

Cryer/Friman/Robinson/Wilmshurst (2010) Cryer, Robert/Friman, Hakan/Robinson, Darryll/Wilmshurst, Elizabeth, An Introduction to International Criminal Law and Procedure, 2. Aufl. Cambridge 2010.

Dahm/Delbrück/Wolfrum (1989) Dahm, Georg/Delbrück, Jost/Wolfrum, Rüdiger, Völkerrecht Bd. I/1: Die Grundlagen. Völkerrechtssubjekte, Berlin u.a. 2. Aufl. 1989.

Dahm/Delbrück/Wolfrum (2002) Dahm, Georg/Delbrück, Jost/Wolfrum, Rüdiger, Völkerrecht Bd. I/2: Der Staat und andere Völkerrechtssubjekte; Räume unter internationaler Verwaltung, Berlin u.a. 2. Aufl. 2002.

Delmas-Marty, Corpus Juris Vervaele, John A. E./Delmas-Marty, Mireille (Hrsg.), La mise en oeuvre du Corpus Juris dans les Etats Membres, Antwerpen 2000.

Dörrmann (2004) Dörmann, Knut, Elements of War Crimes under the Statute of the International Criminal Court: Sources and Commentary, Oxford 2004

Drumbl (2007) Drumbl, Mark, Atrocity, Punishment and International Law, Cambridge 2007.

Dubber (2005) Dubber, Markus D., Einführung in das amerikanische Strafrecht, München 2005.

Enderle Enderle, Bettina, Blankettstrafgesetze: Verfassungs- und strafrechtliche Probleme von Wirtschaftsstraftatbeständen, Frankfurt am Main 2000.

Eser/Kreicker/Bearbeiter Eser, Albin/Kreicker, Helmut, Nationale Strafverfolgung völkerrechtlicher Verbrechen im internationalen Vergleich, Bd. 1, Freiburg im Breisgau 2003.

Fischer (2010) Fischer, Klemens, Der Vertrag von Lissabon – Text und Kommentar zum europäischen Reformvertrag, 2. Aufl. Baden-Baden u.a. 2010.

Fischer StGB Fischer, Thomas, Strafgesetzbuch und Nebengesetze, 57. Aufl. München 2010.

Fischer/Kreß/Lüder (Hg.), Fischer, Horst/Kress, Claus, Lüder, Sascha Rolf (Hrsg.), International and National Prosecution of Crimes under International Law, Berlin 2001.

Freund (2009) Freund, Georg, Strafrecht Allgemeiner Teil: Personale Straftatlehre, 2. Aufl. Berlin, Heidelberg 2009.

Fromm Fromm, Ingo E., EG-Rechtssetzungsbefugnis im Kriminalstrafrecht, Baden-Baden 2009

Frowein/Peukert (2009) Frowein, Jochen A./Peukert, Wolfgang, Europäische Menschenrechtskonvention: EMRK-Kommentar, 3. Aufl. Kehl am Rhein 2009.

Geiger (2009) Geiger, Rudolf, Grundgesetz und Völkerrecht mit Europarecht, 4. Aufl. München 2009.

Geiger (2010) Geiger, Rudolf u.a. (Hrsg.), EUV, AEUV: Vertrag über die Europäische Union und Vertrag über die Arbeitsweise der Europäischen Union. Kommentar, 5. Aufl. München 2010.

Geimer (2009) Geimer, Reinhold, Internationales Zivilprozessrecht, 6. Aufl. Köln 2009.

Geimer/Schütze/Bearbeiter Geimer, Reinhold/Schütze, Rolf A., Internationaler Rechtsverkehr in Zivil- und Handelssachen, 39. Aufl. München 2010.

Gerken/Rieble/Roth/Stein/Streinz (2009) Gerken, Lüder/Rieble, Volker/Roth, Günter H./Stein, Torsten/Streinz, Rudolf, „Mangold" als ausbrechender Rechtsakt, München 2009.

Giegerich (2003) Giegerich, Thomas, Europäische Verfassung und deutsche Verfassung im transnationalen Konstitutionalisierungsprozess: Wechselseitige Rezeption, konstitutionelle Evolution und föderale Verflechtung, Berlin u.a. 2003.

Grabenwarter (2009) Grabenwarter, Christoph, Europäische Menschenrechtskonvention, 4. Aufl. München 2009.

Grabitz/Hilf/Bearbeiter (2010) Nettesheim, Martin (Hrsg.), Grabitz, Eberhard / Hilf, Meinhard, Das Recht der Europäischen Union, Loseblatt, 42. Aufl. München 2010.

Grewe (2000) Grewe, Wilhelm G., The Epochs of International Law, Berlin u.a. 2000.

Gropp (2005) Gropp, Walter, Strafrecht Allgemeiner Teil, 3. Aufl. Berlin 2005.

Grote/Marauhn/Bearbeiter (2006) Grote, Rainer/Marauhn, Thilo (Hrsg.), EMRK, GG – Konkordanzkommentar zum europäischen und deutschen Grundrechtsschutz, Tübingen 2006.

Grützner/Pötz/Kreß Grützner, Heinrich/Pötz, Paul/Kreß, Claus, Internationaler Rechtshilfeverkehr in Strafsachen, Band 5, Loseblatt, 3. Aufl. Heidelberg 2007.

Hager (2009) Hager, Günter, Rechtsmethoden in Europa, Tübingen 2009.

Haltern (2007) Haltern, Ulrich, Europarecht. Dogmatik im Kontext, 2. Aufl. Tübingen 2007.

Haratsch/Koenig/Pechstein (2010) Haratsch, Andreas/Koenig, Christian/Pechstein, Matthias, Europarecht, 7. Aufl. Tübingen 2010.

Hart/Honoré (1985) Hart, H.L.A./Honoré, Tony, Causation in the Law, 2. Aufl. Oxford 1985.

Hassel (2009) Hassel, Katrin, Kriegsverbrechen vor Gericht, Baden-Baden 2009.

Hecker (2010) Hecker, Bernd, Europäisches Strafrecht, 3. Aufl. Berlin 2010.

Heiderhoff (2005) Heiderhoff, Bettina, Gemeinschaftsprivatrecht, München 2005.

Herdegen, EuR (2010) Herdegen, Matthias, Europarecht, 12. Aufl. München 2010.

Herdegen, VR (2010) Herdegen, Matthias, Völkerrecht, 9. Aufl. München 2010.

Hess (2010) Hess, Burkhard, Europäisches Zivilprozessrecht – ein Lehrbuch, Heidelberg 2010.

Hobe (2008) Hobe, Stephan, Einführung in das Völkerrecht, 9. Aufl. Tübingen und Basel 2004.

Hobe (2010) Hobe, Stephan, Europarecht, 5. Aufl. Baden-Baden 2010.

Hömig/Bearbeiter (2010) Hömig, Dieter (Hrsg.), Grundgesetz für die Bundesrepublik Deutschland. Kommentar, 9. Aufl. Baden-Baden 2010.

IK-EMRK/Bearbeiter (2009) Golsong, Heribert/Karl, Wolfram/Wildhaber, Luzius, u.a. (Hrsg.), Internationaler Kommentar zur Europäischen Menschenrechtskonvention, Loseblatt, 12. Lfg. 2009.

Ipsen (2008) Ipsen, Knut, Völkerrecht, 5. Aufl., München 2008.

Ipsen (StaatsR I 2010) Ipsen, Jörn, Staatsrecht I – Staatsorganisationsrecht, 22. Aufl. München 2010.

Ipsen (StaatsR II 2010) Ipsen, Jörn, Staatsrecht II – Grundrechte, 13. Aufl. München 2010.

Jescheck/Weigend (1996) Jescheck, Hans-Heinrich/Weigend, Thomas, Lehrbuch des Strafrechts, Allgemeiner Teil, 5. Aufl. Berlin 1996.

Kaleck/Ratner/Singelnstein/Weiss (2007) Kaleck, Wolfgang/Ratner, Michael/Singelnstein, Tobias/Weiss, Peter (Hrsg.), International Prosecution of Human Rights Crimes, Berlin 2007.

Kastner (2001) Kastner, Klaus, Von den Siegern zur Rechenschaft gezogen, Nürnberg 2001.

Kempen/Hillgruber (2007) Kempen, Bernhard/Hillgruber, Christian, Völkerrecht, München 2007.

Kirsch (2005) Kirsch, Stefan (Hrsg.), Internationale Strafgerichtshöfe, Baden-Baden 2005.

Kirsch (2008) Kirsch, Andrea, Demokratie und Legitimation in der EU, Baden-Baden 2008.

KK/StPO-Bearbeiter (2008) Hannich, Rolf (Hrsg.), Karlsruher Kommentar zur Strafprozessordnung: mit GVG, EGGVG und EMRK, 6. Aufl. München 2008.

Kranzbühler (1949) Kranzbühler, Otto, Rückblick auf Nürnberg, Hamburg 1949.

Kühl (2005) Kühl, Kristian, Strafrecht Allgemeiner Teil, 5. Aufl. München 2005.

La Haye (2008) La Haye, Eve, War Crimes in Internal Armed Conflicts, Cambridge 2008.

Lachmayer/Bauer Lachmayer, Konrad/Bauer, Lukas (Hrsg.) Praxiswörterbuch Europarecht, Wien u.a. 2008.

Lackner/Kühl (2010) Lackner, Karl / Kühl, Kristian, Strafgesetzbuch. Kommentar, 27. Aufl. München 2010.

LaFave (2009) LaFave, Wayne, Criminal Procedure, 5. Aufl. St. Paul Minn. 2009.

Langenbucher (2008) Langenbucher, Katja (Hrsg.), Europarechtliche Bezüge des Privatrechts, 2. Aufl. Baden-Baden 2008.

Larenz/Canaris (1995) Larenz, Karl/Canaris, Claus-Wilhelm, Methodenlehre der Rechtswissenschaft, 3. Aufl. Berlin u.a. 1995.

Lehmler (1999) Lehmler, Lutz, Die Strafbarkeit von Vertreibungen aus ethnischen Gründen im bewaffneten nicht-internationalen Konflikt, Baden-Baden 1999.

LK/Bearbeiter (2006) Jähnke, Burkhard/Laufhütte, Heinrich Wilhelm/Odersky, Walter (Hrsg.), Leipziger Kommentar zum Strafgesetzbuch, Band 5, 12. Aufl. Berlin 2006.

LR/Bearbeiter (2005) Rieß, Peter (Hrsg.), Löwe-Rosenberg – Die Strafprozeßordnung und das Gerichtsverfassungsgesetz: Großkommentar. Band 8, MRK/IPBPR, 25. Aufl. Berlin 2005.

Lüder, in: FS Fleck Lüder, Rolf, Die Geschichte der Verfolgung von Kriegsverbrechen, in: Fischer, Horst et al. (Hrsg.): Krisensicherung und Humanitärer Schutz - Crisis Management and Humanitarian Protection, Festschrift für Dieter Fleck, Berlin 2004, S. 365.

Maunz/Dürig/*Bearbeiter* (2010) Herzog, Roman / Scholz, Rupert / Herdegen, Matthias / Klein, Hans H. (Hrsg.), Maunz/Dürig, Grundgesetz. Kommentar, Loseblatt, 60. Aufl., München 2010.

Maurer (2009) Maurer, Hartmut, Allgemeines Verwaltungsrecht, 17. Aufl. München 2009.

Maurer (2010) Maurer, Hartmut, Staatsrecht I, 6. Aufl. München 2010.

May / Wierda (2002) May, Richard / Wierda, Marieke, International Criminal Evidence, Ardsley 2002.

May, u.a. (2000) May, Richard / Tolbert, David / Hocking, John / Roberts, Ken / Jia, Bing Bing / Mundis, Daryl / Oosthuizen, Gabriël, Essays on ICTY Procedure and Evidence in Honour of Gabrielle Kirk McDonald, Den Haag u.a. 2000.

Meißner (2003) Meißner, Jörg, Die Zusammenarbeit mit dem Internationalen Strafgerichtshof nach dem Römischen Statut, München 2003.

Melčić (2007) Melčić, Dunja (Hrsg.), Der Jugoslawienkrieg, 2. Aufl. Wiesbaden u.a. 2007.

Meyer-Goßner (2010) Meyer-Goßner, Lutz, Strafprozessordnung: Gerichtsverfassungsgesetz, Nebengesetze und ergänzende Bestimmungen, 53. Aufl. München 2010.

Meyer-Ladewig (2006) Meyer-Ladewig, Jens, Europäische Menschenrechtskonvention: Handkommentar, 2. Aufl. Baden-Baden 2006.

Meyer/*Bearbeiter* (2006) Meyer, Jürgen (Hrsg.), Charta der Grundrechte der Europäischen Union. Kommentar, 2. Aufl. Baden-Baden 2006.

MK/*Bearbeiter* von Heintschel-Heinegg, Bernd/Joecks, Wolfgang/Miebach, Klaus (Hrsg.), Münchener Kommentar zum Strafgesetzbuch, München 2003, 2005, 2007.

Mosiek (2003) Mosiek, Marcus, Effet utile und Rechtsgemeinschaft. Zugleich ein Beitrag zur Kompetenzordnung der Europäischen Gemeinschaft, Münster 2003.

Neubacher (2005) Neubacher, Frank, Kriminologische Grundlagen einer internationalen Strafgerichtsbarkeit, Tübingen 2005.

Niblett (1997) Niblett, John, Disclosure in Criminal Proceedings, Oxford 1997.

NK/Bearbeiter Kindhäuser, Urs/Neumann, Ulfrid/Paeffgen, Hans-Ullrich (Hrsg.), Nomos Kommentar zum StGB, 3. Aufl. 2010.

Nörr/Oppermann Nörr, Knut Wolfgang/Oppermann, Thomas (Hrsg.), Subsidiarität: Idee und Wirklichkeit: Zur Reichweite eines Prinzips in Deutschland und Europa, Tübingen 1997.

Oehler (1983) Oehler, Dietrich, Internationales Strafrecht, 2. Aufl. Köln 1983.

Oppermann/Claasen/Nettesheim (2009) Oppermann, Thomas/Claasen, Claus Dieter/Nettesheim, Martin, Europarecht, 4. Aufl. München 2009.

Osten (2003) Osten, Philipp, Der Tokioter Kriegsverbrecherprozess und die japanische Rechtswissenschaft, Berlin 2003.

Peter (1985) Peter, Karl Strafprozeß: ein Lehrbuch, 4. Aufl. Heidelberg 1985.

Peters (2003) Peters, Anne, Einführung in die Europäische Menschenrechtskonvention: mit rechtsvergleichenden Bezügen zum deutschen Grundgesetz, München 2003.

Peterson (2009) Peterson, Ines, Die Strafbarkeit des Einsatzes von biologischen, chemischen und nuklearen Waffen als Kriegsverbrechen nach dem IStGH-Statut, Berlin 2009.

Reginbogin/Safferling (2006) Reginbogin, Herbert/Safferling, Christoph (Hrsg.), Die Nürnberger Prozesse – Völkerstrafrecht seit 1945, München 2006.

Rengier, AT (2010) Rengier, Rolf, Strafrecht Allgemeiner Teil, München 2010.

Renzikowski (2004) Renzikowski, Joachim (HRsg.), Die EMRK im Privat-, Straf- und Öffentlichen Recht – Grundlagen einer europäischen Rechtskultur, Zürich u.a. 2004.

Romano/Nollkaemper/Kleffner (2004) Romano, Cesare/Nollkaemper, André/Kleffner, Jann (Hrsg.), Internationalized Criminal Courts, Oxford 2004.

Roxin (2006) Roxin, Claus, Strafrecht Allgemeiner Teil – Band 1 Grundlagen. Der Aufbau der Verbrechenslehre, 4. Aufl. München 2006.

Sachs/*Bearbeiter* (2009) Sachs, Michael (Hrsg.), Grundgesetz. Kommentar, 5. Aufl. München 2009.

Safferling (2003) Safferling, Christoph, Towards an International Criminal Procedure, Oxford 2003.

Safferling (2008) Safferling, Christoph, Vorsatz und Schuld, Tübingen 2008.

Safferling/Conze (2010) Safferling, Christoph/Conze, Eckart (Hrsg.), The Genocide Convention Sixty Years after ist Adoption, Den Haag 2010.

Satzger (2001) Satzger, Helmut, Die Europäisierung des Strafrechts, Köln u.a. 2001.

Satzger (2010) Satzger, Helmut, Internationales und Europäisches Strafrecht, 4. Aufl. Baden-Baden 2010.

Sautner (2010) Sautner, Lyane, Opferinteressen und Strafrechtstheorien, Innsbruck u.a., 2010.

Schabas (2009) Schabas, William A., Genocide in International Law: The Crimes of Crimes, 2. Aufl. Cambridge 2009.

Schabas (2010) Schabas, William, An Introduction to the International Criminal Court, 3. Aufl., Cambridge 2007.

Schomburg/Lagodny/Gleß/Hackner (2006) Schomburg, Wolfgang/Lagodny, Otto/Gleß, Sabine/ Hackner, Thomas, Internationale Rechtshilfe in Strafsachen – Kommentar zum Gesetz über die internationale Rechtshilfe in Strafsachen (IRG), 4. Aufl. München 2006

Schönke/Schröder/*Bearbeiter* (2010) Schönke, Adolf / Schröder, Horst (Hrsg.), Strafgesetzbuch. Kommentar, 28. Aufl. München 2010.

Schulz (2009) Schulz Sabine, Transitional Justice und hybride Gerichte, Münster 2009.

Schwarze/Bearbeiter (2009) Schwarze, Jürgen (Hrsg.), EU-Kommentar, 2. Aufl. Baden-Baden 2009.

Schweitzer (2010) Schweitzer, Michael, Staatsrecht III: Staatsrecht, Völkerrecht, Europarecht, 10. Aufl. Heidelberg 2010.

Shaw (2008) Shaw, Malcolm N., International Law, 6. Aufl. Cambridge 2008.

SK/*Bearbeiter* Rudolphi, Hans-Joachim / Wolter, Jürgen (Hrsg.), Systematischer Kommentar zum Strafgesetzbuch, Loseblatt, Neuwied Stand: 2008.

Smith/Hogan (1992) Smith, J.C./Hogan, Brian, Criminal Law, 7. Aufl. London 1992.

Sprack (2008) Sprack, John, A practical approach to criminal procedure, Oxford 2008.

Stark (2009) Stark, Sebastian C., Der Abfallbegriff im europäischen und im deutschen Umweltrecht, Frankfurt am Main u.a. 2009.

Stein/von Buttlar (2009) Stein, Torsten/von Buttlar, Christian, Völkerrecht, 12. Aufl. Köln u.a. 2009.

Stern (1984) Stern, Klaus, Das Staatsrecht der Bundesrepublik Deutschland. 1. Grundbegriffe und Grundlagen des Staatsrechts, Strukturprinzipien der Verfassung, 2. Aufl. München 1984.

Stern (1994) Stern, Klaus, Das Staatsrecht der Bundesrepublik Deutschland. 3. Halbbd. 2. Grundrechtstatbestand, Grundrechtsbeeinträchtigungen und Grundrechtsbegrenzungen, Grundrechtsverluste und Grundpflichten, Schutz der Grundrechte, Grundrechtskonkurrenzen, Grundrechtssystem, München 1994.

Streinz (2008) Streinz, Rudolf, Europarecht, 8. Aufl. Heidelberg u.a. 2008.

Streinz/Ohler/Herrmann (2005) Streinz, Rudolg/Ohler, Christoph/Herrmann, Christoph, Die neue Verfassung für Europa, München 2005.

Streinz/Ohler/Herrmann (2010) Streinz, Rudolf/Ohler, Christoph/Herrmann, Christoph, Der Vertrag von Lissabon zur Reform der EU: Einführung mit Synopse, 3. Aufl. München 2010.

Streng (2002) Streng, Franz, Strafrechtliche Sanktionen: Die Strafzumessung und ihre Grundlagen, 2. Aufl. Stuttgart 2002.

Suárez (2009) Suárez, Gregoria Palomo, Kindersoldaten und Völkerstrafrecht – Die Strafbarkeit der Rekrutierung und Verwendung von Kindersoldaten nach Völkerrecht, Berlin 2009.

Taylor (1992) Taylor, Telford, The Anatomy of the Nuremberg Trials, 1993.

Triffterer/*Autor* Triffterer, Otto (Hrsg.), Commentary on the Rome Statute of the International Criminal Court, 2. Aufl. München 2009.

Ueberschär (2000) Ueberschär, Gerd R. (Hrsg.), Der Nationalsozialismus vor Gericht, München 2000.

Van Caenegem (2002) Van Caenegem, R.C., European Law in the Past and the Future, Cambridge 2002.

Verdross/Simma (1984) Verdross, Alfred/Simma, Bruno, Universelles Völkerrecht: Theorie und
    Praxis, 3. Aufl. Berlin 1984.
Vitzthum/*Autor* (2010) Vitzthum, Wolfgang (Hg.), Völkerrecht, 5. Aufl. Berlin 2010.
Volk (2010) Volk, Klaus, Grundkurs StPO, 7. Aufl. München 2010.
Von der Groeben/Schwarze/*Bearbeiter* (2003) Groeben, von der, Hans / Schwarze, Jürgen (Hrsg.),
    Kommentar zum Vertrag über die Europäische Union und zur Gründung der Europäischen Ge-
    meinschaft, 6. Aufl. München 2003.
Von Liszt (1920) Von Liszt, Franz, Das Völkerrecht, 11. Aufl. Berlin 1920.
Werle (2007) Werle, Gerhard, Völkerstrafrecht, 2. Aufl. Tübingen 2007.
Wessels/Beulke Wessels, Johannes/Beulke, Werner, Strafrecht Allgemeiner Teil: Die Straftat und
    ihr Aufbau, 40. Aufl. Heidelberg 2010.
Zahar/Sluiter (2008) Zahar, Alexander/Sluiter, Göran, International Criminal Law, Oxford 2008.
Zippelius (2006) Zippelius, Reinhold, Juristische Methodenlehre, 10. Aufl. München 2006.

Sachwortverzeichnis

C. Safferling, *Internationales Strafrecht,*
DOI 10.1007/978-3-642-14914-6, © Springer-Verlag Berlin Heidelberg 2011

The manufacturer's authorised representative in the EU is Springer
Nature Customer Service Centre GmbH, Europaplatz 3, 69115 Heidelberg,
Germany. If you have any concerns regarding our products, please
contact ProductSafety@springernature.com

Printed and bound by CPI Group (UK) Ltd, Croydon, CR0 4YY
27/04/2026
02097658-0005